南明史

顾诚 著

北京日报出版社

图书在版编目（CIP）数据

南明史 / 顾诚著 .-- 北京：北京日报出版社，
2022.7（2025.2 重印）
ISBN 978-7-5477-4289-1

Ⅰ．①南… Ⅱ．①顾… Ⅲ．①中国历史－南明 Ⅳ．
① K248.4

中国版本图书馆 CIP 数据核字 (2022) 第 075218 号

审图号：GS（2021）7830 号

南明史

作　　者：顾　诚
责任编辑：王　莹
特邀编辑：丁　虹　　沈　骏
特约编辑：胡宝亮
封面设计：温海英
出版发行：北京日报出版社
地　　址：北京市东城区东单三条8-16号东方广场东配楼四层
邮　　编：100005
电　　话：发行部：（010）65255876
总编室：（010）65252135
印　　刷：河北中科印刷科技发展有限公司
经　　销：各地新华书店
版　　次：2022年7月第1版
2025年2月第5次印刷
开　　本：710毫米×1000毫米　1/16
印　　张：58.5
字　　数：800千字
定　　价：238.00元

顾诚（1934—2003），北京师范大学历史系教授，博士生导师，明清史专家

谈治史

历史学是一门科学。它没有什么随意性，不像文学作品。它追求的是实事求是，弄清历史真相。中国有重视历史的传统，在史学中受推崇的也是信史，所谓"信史"也就是要求史家的记载或著作可信。如果记载、论述有错误，后来的学者就会进行考证，纠谬。西方人常说："历史是过去的记录"；"今天的新闻就是明天的历史"。"记录"和"新闻"往往因为同当局的利益相关，不一定可靠，所以史学工作者往往要通过种种办法（如考古发掘、利用解密的档案、访问知情者）来恢复历史的本来面目。

过去有一种说法："史料即史学"。这自然带有很大的片面性，因为：一、有许多史料本身就不可靠或不完全可靠；二、历史科学工作者在广泛收集史料进行考证甄别的基础上，还必须深入研究，找出其内在联系，探讨其规律性，形成史学观点和理论体系。

但是，史学观点和史学理论必需建立在大量收集可信的史料基础上，否则这类观点和理论就是作者头脑中虚构的产物，经不起事实的检验。理论来源于实践，而且要受实践的检验。马克思主义理论的形成和发展就是一个典型的例子。

引起某种理论，找几条史料加以"印证"，这种方法未必可取，因为社会生活非常复杂，找出个别或少数例子去"证明"所谓的理论都很容易，但这很难说是反映普遍性的规律；

研究历史是要有理论指导的，但是在正确的理论指导下，研究任何一个具体的历史问题还是要付出大量劳动，（见63）从基础的工作（弄清历史真相）开始。总之一句话，治史没有捷径可走。走捷径炮制出来的"成果"往往是假冒伪劣产品。目前，很多人对史学界的学风表示担心，学风不正就是走捷径既然治史的基本要求是首先弄清历史真相，史料的真实性就应当成为注意的焦点。

史籍中许多问题不可靠，而长期为人们接受，仔细一探讨就发觉完全不是那么回事。

~~这一类问题在史学著作中多不胜举。~~我曾探讨过元末明初的一些问题，如沈万三的问题、朱元璋的问题，明末农民战争的历史，南明史，~~材料多得很~~，各种记载中的错误不计其数。重要的史实错误也不少。~~现~~只能举一两个例子来说明。（研究生会有专攻方向，这例子是让大家注意一下。）

就以明末农民战争来说，李自成的家世和怎样投身起义以后，荥阳大会的问题、李岩问题、大顺政权为什么会失败的问题、李自成的结局问题，都是很值得研究的。

~~一、李自成来之隰州驿的卒之中。都说他带侄儿李过去甘肃投军，在金县杀官起义。~~

《明史》卷309．流贼·李自成传

一、四、荥阳大会。十三家七十二营崇祯八年聚会于河南荥阳，张献忠（八大王）与罗汝才（曹操）各执己见，李自成起立发言，提出分兵定向，"一夫犹奋，况十万众乎。"

"一夫犹奋，况十万众乎！官兵无能为也。宜分兵定所向，利钝听之天。"于是，十三家分东南西北四路迎战官军，留一支军队居中策应"。

据《荥阳县志》（载文章说是该城月日）、吴伟业《绥寇纪略》、河南巡抚玄默《剿贼图记》、河南巡按金光辰《两河封事》均不记农民军首领聚会荥阳，且当时农民军活动情况（均分路西北走避兵锋，无分兵定向，且李自成此时尚未成为首领）证明荥阳大会并无其事。（而史书均说得清清楚楚李自成在荥阳大会上的一段发言）

二、李岩问题。几乎在清前期各种有关明末农民起义的著作中都讲到李自成军中有一个重要的将领和谋士名叫李岩，有关他的"事迹"多极了，仅次于李自成。据说李岩原名李信，崇祯十三年在河南参加李自成起义军。《明史·李自成传》也记载："杞县举人李信者，逆案中尚书李精白子也。尝出粟振饥民，民德之曰：'李公子活我。'会绳伎红娘子反，掳信，强委身焉。信逃归，官以为贼，囚狱中。红娘子来救，饥民应之，共出信。"（与卢氏举人牛金星共投李自成）"自成大喜，改信名曰岩。""岩复造谣词曰：'迎闯王，不纳粮。'使儿童歌以相煽，从自成者日众。" 下文又说："李岩者，故劝自成以不杀收人心者也。及陷京师，保护懿安皇后（天启之后）令自尽。又独于士大夫无所拷掠，金星等大忌之。定州之败，河南州县多反正，自成召诸将议，岩请率兵往。金星阴告自成曰：'岩雄武有大略，非能久下人者。河南，岩故乡，假以大兵，必不可制。十八子之谶（宋献策之谶"十八子，主神器"），得非岩乎？'因谮其欲反。自成令金星与岩饮，杀之，贼众俱解体。"　按照这种说法，李岩是在崇祯十三年参加李自成起义军的，到崇祯十七年（顺治元年，大顺永昌元年，1644）六月，大顺军在山海关被清军击败，放弃北京，退入山西时被杀。前后不过四年，可是给人的印象是李岩参加起义以后，出谋画策，李自成起义军就所向无敌，攻占了北京，崇祯帝朱由检自缢煤山（景山），推翻了明王朝。其他的私家史书（如计六奇《明季北略》）还记载，大顺军进入北京以后，李岩上疏条陈四事，李自成拒绝采纳，所以在北京站不住脚。两个月后李岩被杀，起义军就内部离心离德，终至一败涂地。可见，李岩对李自成起义的成败是何等重要。

1944年为纪念闯王进京三百年，郭沫若写了一篇《甲申三百年祭》，文中大量地采用了野史中关于李岩的活动，后来又补写了一篇《关于李岩》。《甲申三百年祭》发表后受到广泛的注意，在延安被定为"整风文献"，许多老干部都认真阅读过这篇文章，影响是很大的。建国以后，研究农民战争史长期成为热门。1964年到1965年史学界还曾就李岩的评价问题展开过一场热烈的讨论，多数是肯定李岩，把他看作李自成起义军中正确路线的代表，少数人从阶级分析出发，认为李岩是明朝兵部尚书（李精白）

的儿子，出身大官僚地主，自己又是举人。他参加农民起义不论是真的，也至少是投机，不会起什么好作用。当然，也还有些折衷的看法。《人民日报》、《光明日报》、《文汇报》都发表了"综述"。香港还把讨论文章汇集起来出了一本《李岩评价问题讨论集》。这说明对李岩的评价问题有一段时间是炒得很热的。但是，对李岩的问题并没有作认真深入的研究。

通过仔细查考明末至清前期的第一手材料，可以发现在野史笔记中大量关于李岩的"事迹"都是不可靠的。

比如，说他是河南杞县举人。康熙三十二年修的《杞县志》，编纂者专门写了一篇《李公子辨》，斩钉截铁地说，我们杞县没有这么一个人。说他是大司马（兵部尚书）李精白的儿子，查一下李精白的材料，他根本不是杞县人，而是颍州卫人（颍州卫在今安徽阜阳县）。李精白是天启朝魏忠贤掌权时当过山东巡抚，（兵部尚书是加衔）他有两个儿子，一子早死，另一子名李麟，在崇祯末年组织乡勇十五年同河南"土贼"袁时中作战中死去。所以说李岩是"大司马李精白"的儿子根本扯不上边。康熙年间，河南归德府（今商丘）人郑廉写了一本《豫变纪略》，当时他已经看到邹漪《明季遗闻》、彭孙贻《流寇志》等书中记载"杞县李岩"的故事，觉得非常可笑，因为他在李自成、罗汝才联营进攻开封时自己就被掳到罗汝才的队伍里，知道根本没有一个李将军李岩，而且他说，他家距杞县只有一百多里，在杞县他有许多熟人，可以断定杞县没有一个充当李自成部将的李岩，所以他称李岩为"乌有先生"，郑重地忠告有志著史者不要以讹传讹。这些清初的第一手材料完全可以证明李岩其人其事根本站不住。

我们还应该注意到，既然说李岩是崇祯十三年参加李自成起义军的。这以后正是李自成起义军大发展时期，十三年冬攻克洛阳，杀福王朱常洵，三攻开封，围城打援，歼灭明朝大量有生兵力。十五年基本占领黄河以南的河南全境，并进军湖广襄阳，十六年初在襄阳建立中央政权，自成称奉天倡义文武大元帅，同年九月在河南郏县歼灭孙传庭部陕西官军主力，随即破潼关，入西安，收西北三边。十七年元旦在西安建国大顺，渡河东征，占领太原、大同、经宣府（宣化）、居庸关入北京。据说李岩是制将军，一直跟着李自成进入北京。可是，问题出来了，各地地方志记载大顺军将领和大顺政权派设官吏的记载相当多（参见《明末农民战争史》后附表），在野史中记载李岩的活动那么多，却没有一个人记载自己见过李岩。比如说，大顺军三月十九日进入北京，四月二十九日撤出北京，在北京停留了四十三天。明朝在北京的大小官员就多达三、四千人，这些人大抵是通过科举考试做官的，能写文章，有的人被大顺政权录用，有的人被抓去追赃助饷，同大顺军的接触是比较多的，就是找不到一个人说自己见过李岩这个大顺军中的重要人物。

至于说两个月后李自成因牛金星挑拨在山西杀害李岩，根据李自成西撤的可靠材料来看也完全没有根据。

这样，我们在探讨李岩的问题上，就陷入了一种难以解释的矛盾。一方面记载李岩的"事迹"多得很，非常细致具体，有的还很生动。另一方面，找可靠材料去印证就全部落空。究竟是什么原因造成这种离奇的状况呢？

经过长期反复查考，发现李岩的传说来源有两个：

一个是明亡之前，李自成起义进入河南时，有一种传说，李自成就是李岩（言）。如顾炎武《明季实录》记"闯贼的名自成，一名李炎，米脂人。"曹宏昌《藏堂遗文》〈上王总兵书〉中说，"且闻其更名李兖，以为应儿兄士之谣。"1645年四月李自成在湖北通山九宫山麓被地主乡勇头目程九伯打死，《程氏宗谱》记九伯杀"闯贼李延"。~~近来看到一篇文章，说有人从李自成遇难处附近的农民手中买到刻有"米脂李延"的佩剑，据说这把剑已经在他家传了十七代。~~李自成家本来是非常穷困的，他参加起义前是陕北驿卒（马夫）。可是在他所领导的起义军成为明王朝腹心大患时，不少同起义军没有接触的人把他称为"李公子"，如《明季北略》的编者计六奇写的按语说："予幼闻贼信急，咸云李公子乱，而不知有李自成。及自成入京，世犹疑即李公子，而不知李公子乃李岩也。"闯王进京以前，在北京的刑部尚书写的《定思小记》中说："愚民素实乐祸，俱言李公子至，贫人给银五两，往往如望岁焉。"可见，在早期的传说中"李公子"、李岩（炎、兖、延）都指的是李自成。不能排除李自成曾经用"李延"的名字。这是李岩的传说来源之一。换句话说，李岩（李延）就是李自成。如果去年（2000年）通城县博物馆负责人冯绰私下从通山县九宫山下李自成遇难处附近村民手中购买的"米脂李延"宝剑经鉴定后是真的话，那么，李岩就是李自成就可以判断有了重要物证。（冯绰是主张通城说的，他断言李延是李自成的侄儿，这是没有任何根据的）

另一个原因更重要，就是编小说。明朝后期到清初，官绅文人中间流行编写小说、传奇、戏剧作为时政斗争的手段，往往是事情还在进行，小说传奇就编写刻印出来了。就李自成起义来说，在甲申年山海关战役失败放弃北京之后仅仅两个月，就有西吴懒道人编了一本《剿闯小史》，从书中称清方为"虏"和寄希望于南明弘光朝廷的"中兴"，可以判定这部小说出笔很早（因为1645年五月弘光朝廷即覆亡）。懒道人编写《剿闯小史》，既收集了不少他所能收集到的真实情况，但也虚构了不少情节，把李岩作为李自成的重要部将的基本情节已经编造出来。《剿闯小史》一发卖，对江南文人的影响很大，许多人分不清真伪。到顺治八年，化名蓬蒿子的《定鼎奇闻》出版，这本小说的特点是由尊明改为尊清。在李岩的叙述上不仅因袭了《剿闯小史》的旧文，还增补了不少情节。(比如郭沫若《甲申三百年祭》中引用的李岩作《劝赈歌》在《剿闯小史》中还没有，是蓬蒿子撰《定鼎奇闻》时新编的。《定鼎奇闻》后来又改名《新世宏勋》，流传稍广。康熙十年计六奇编成的《明季北略》，卷二十三就是这段摘取《新世宏勋》的内容，经过加工，大大减少了小说的气味。

《李岩质疑》 78年5月 迄今仍有争议。

5 李岩问题相关的还有李自成结局。《明史》据吴伟业《绥寇纪略·通城击》写为通城。建国后郭沫若写"李诚墓碑"。50年代中期《历史教学》、《历史研究》发表了学者考证，认为李自成牺牲于湖北通山县九宫山麓。郭沫若声明"撤销"他为通城写的碑文，赞成通山说。到80年代初，湖南一些学者和文人依据乾隆十三年澧州知州何璘写的一篇文章，大肆鼓吹李自成顺治二年兵败后，躲在石门县夹山寺做了和尚，即"奉天玉和尚"。(奉天倡义大元帅，玉乃王字加一点)。在学术界又引起重大争议。石门县还把奉天玉和尚的墓修成"闯王陵"。经过十几年的争议，开专门会议，始终没有取得一致。面临对峙，这一些大通史中也两说并存。其实，石门为僧说很难站住脚：何璘1750年据一种传说写的文章，距李自成牺牲已过一百多年；2.顺治二年五月李自成被通山乡勇打死后，各种文献（清方、南明）自然没有他的活动，说他去做和尚，可是他牺牲后大顺军还有二十多万。3.奉天玉和尚同清初石门县几任知县有往来，说是隐居也显然不符事实。

小说的混入史籍。姚雪垠《李自成》《商洛壮歌》等若干情节引入北京师大等三校编教材。蒋介石之母为何称郑家。《金陵春梦》(唐人)郑三发子，中正为"宗郑"。浙江王氏家谱(嵊县)表明不致讹误。八十年代后族人拿出铁证，才平息了这种荒唐的传说。《三国志》张飞的字到《三国演义》中改了。可见这类例子多得很。

~~其家族的遗产~~。沈万三的故事在中国民间流传很广，我小时就听过沈万三聚宝盆的故事，那时也不知道他是哪一朝代的人。近年来掀起一股沈万三热，电视中称“江南第一水镇”——周庄（江苏昆山市），沈万三的故居就在这里，一个几个人的小镇，每年旅游的人多达七十万。史书中（包括《明史》）都记载沈万三是苏州大富豪——富可敌国，朱元璋建南京城，让他出钱包修一段城墙，沈万三又讨好皇帝，主动提出出钱犒赏明帝国军队，每人白银一两。朱元璋借口他企图收买自己的军队，要把他处斩抄家。经马皇后劝说，没杀，充军到云南去了。誉为《辞海》、79年版《辞源》这类权威性的工具书，在《沈万三（山）》条下就是这么写的。史学界对明初相关史话著也是这样写。作家余秋雨《文化苦旅》中有一篇《江南小镇》不仅写了周庄沈万三的故事，还描写了他与朱元璋的心理活动。把沈万三写成在明朝初年（洪武年间）受朱元璋迫害，可以说自明中期以来直到现在众口一词。由于宣传得很多，我就想下点功夫研究一下沈万三究竟是个什么样人物，这对明初政治史、社会史、文化史都有关意义。（前天，6月5日晚上看中央电视台节目，讲到周庄，仍是这么讲）

认准目标后，花了大约半年时间，到各图书馆查阅元末明初文集、地方志，沙里淘金，终于把沈万三和他的家族情况大致弄清楚了，在一些基本问题上推翻了历来为人们普遍接受的说法。

首先谈一下沈万三的生活年代，据我的查考。

一、沈万三在元朝末年就已经病死，他本人并没有活到明朝建立，当然不可能受到朱元璋迫害。根据是我们查到沈万三家族中好几块墓志铭和同沈万三家族关系很深的元末明初文人王行等人的著作，这些文献提供了沈万三家族的许多第一手准确材料。沈万三的父亲沈祐，原居于南浔，后来移居到苏州长洲县东蔡村，这里土地肥沃，元初荒地很多。沈祐以垦荒起家，他有两个儿子：沈富（即沈万三）、沈贵（即沈万四）。经过父子两代的经营，沈家成了苏州府（元朝称平江路）的首富，占地跨数县，多达数千顷。后来移家住于周庄（今属昆山市）。沈富（万三）有三个儿子：沈荣、沈旺、沈达卿（茂？）；沈贵（万四）有两个儿子：沈德昌、沈汉杰。还有不少孙子和重孙，构成一个在苏州府颇有影响的大家族。我们并没有找到沈万三、沈万四本人的墓志铭，如果找到这种史料，那么事情就简捷得多。但是，根据沈万三（富）、沈万四（贵）子孙的墓志铭等材料，还是可以弄清不少情况，作出大致可靠的论断。比如，沈万三的儿子沈荣的墓志铭就记载~~记载~~他父亲是沈富（万三）、母亲曾氏。沈荣生于元大德十年（1306）正月，死于明洪武九年（1376）八月，活了七十一岁。沈荣有两个儿子，长子沈森，次子沈彬。据沈森墓志铭记载，沈森生于元天历二年（1329），死于洪武九年七月，比沈荣还早一个月，活了四十八岁。既然沈万三（富）的儿子沈荣在洪武九年去世时已经七十一岁，那么洪武元年（1368）他应当是六十二岁。沈万三要是活着的话，他在洪武元年至少是年过八十。可是明朝大量野史（后来写入《明史》《马皇后传》）都说朱元璋想把沈万三杀掉，经马皇后劝阻，最后是充军云南。我们知道朱元璋派大将傅友德、蓝玉、沐英率兵三十万进军云南是在洪武十四年，到十五年平定该地。按年龄推算，沈万三在明军平定云南时至少在九十五岁以上，到云南山高水险，路途遥远，这是根本不可能的。何况，沈荣的墓志铭里，记载其父沈富（万三）去世以后，由他主持家务。上面已经说过，沈荣是在洪武九年活到七十一岁病故的。沈万三去世肯定要早得多。沈万三在世时（元中期）曾同袁桷、冯子振有来往，冯子振每到苏州来，常住在沈万三家里，给他题了"积善"两个大字。沈荣在父亲死后，曾经建了一座"积善堂"来纪念。"积善堂"建于元末，有名僧释妙声（释妙声在明朝建立时已六十多岁，洪武三年被朝廷召到南京）作《沈氏积善堂》诗为证。这就确切地证明沈万三（富）在元朝末年已经去世。~~为他建"积善堂"的儿子沈荣也只活到洪武初年。~~沈万三的另一个儿子沈述卿（茂）在元末明初同苏州地区的著名文人高启（高季迪，洪武七年因罪被腰斩）、杨基、释道衍（姚广孝）、王行交情很深，在这些人写给沈述卿的诗文中都没有正面提及沈万三，特别是王行曾经两度在沈述卿家坐馆，教育他的儿子和侄子（即沈万三的孙子、曾孙），为沈家写了十几篇文章，可是除了在沈荣、沈森的墓志铭中提到其父、祖为沈富（万三）外，没有一点感情色彩的记叙，然可见他未必见过沈万三。沈万三还有一个儿子沈旺，曾在洪武年间活得比较长，但年纪也很大，沈旺的长子沈庄在洪武十九年下狱后病死，年纪四十，沈旺本人在洪武十九年当在六十岁左右。此外，沈荣（万四）的孙子沈玠（其父沈汉杰死于洪武四年）在洪武二十一年应荐任户部员外郎。考虑到沈富、沈荣的子孙在洪武年间的年龄状况，我们也可以间接推知他们兄弟二人的生活年代（即应在元朝，未能入明）。这样，我们就有充分的把握推翻野史、正史《明史·马后传》、《纪纲传》中关于沈万三一直活到明朝初年，受到朱元璋打击的种种不实之辞。

二、探讨沈万三家族事迹，并不是纠正为流传下来的民间传说和史籍中记载的错误。主要是通过沈氏家族探讨元明之际东南财赋之区（苏、松、嘉、湖、杭）的社会情况和明初政治斗争的一个侧面，借以深化这方面的研究。

四、江南首富沈万三家族是怎样发家致巨富的，历来有"力田"说和"通番"说（还是指迷信的聚宝盆、点化术）。从可信材料来看，沈家自沈祐起就是靠占有越来越多的田地和发放高利贷到元末明初成为"江南第一家"，弘治《吴江县志》记载，当时的田租和高利贷是非常沉重的。

地主把田租给佃户，每亩收租米一石五～一石八斗。"小民乏用之际，借富家米一石，至秋则还二石。"借银钱五分起息。"故吴人有'出门加一'之谚。所以富者愈富，贫者愈贫。"沈氏家族正是通过占有多达数千顷（几十万亩）田地，征收了额地租和发放了利贷，成为江南首富的。

三、沈万三家族的覆败。沈万三（富）、沈万四（贵）兄弟并没有活到明朝建立，但是他们的子孙在洪武年间仍然是苏州地区的首富，拥有巨大的财力。民间有"四富四沈，地名四方"的说法。"四沈"大概是指沈万三的三个儿子（荣、旺、达卿）、沈万四的孙子沈玠。尽管沈氏家族已分为四家，人们还是习惯地称沈氏家族为"沈万三家"。在洪武中期以前，这个沈氏家族虽然也受到过朱元璋的惩罚，如洪武十九年沈旺的儿子（万三孙）沈至、沈庄曾一度在南京下狱，不久释放。大约在同一年沈万三的女婿陆仲和被牵入"胡党（胡惟庸）"被处斩抄家。但是，沈氏家族总体来说还是受到保护的，不仅继续拥有庞大的家产，而且有的派充粮长（负责征收一万家的田赋），甚至沈万四之孙沈玠还被荐举到朝廷任户部右侍郎（洪武二十一年）。沈家的一败涂地是在洪武二十六年朱元璋以大将军、凉国公蓝玉谋反为名，大抓"蓝党"，把沈家（四沈）一网打尽。朱元璋的炮制蓝玉谋反案，有它特定的时代背景。朱元璋称帝以后，立长子朱标为皇太子，一直注意培养训练，好让他顺利接班。不料，洪武二十五年朱标病死（38岁），打乱了嫡太子的部署，立孙儿朱允炆为皇太孙（洪武十年生）。朱元璋耽心朱允炆太年轻，缺乏治国经验，驾驭不了宿将功臣和潜在的敌对势力。于是以蓝玉谋反为名，把拥有等了实力的武功集团和拥有经济实力的江南豪绅全遭剿除。在这种形势之下，开国功臣和将领以及富豪之家大批遭到灭顶之灾。沈氏家族被卷入"蓝党"直接原因是抓住王行作中介人。王行在元末明初是颇有名气的文人，一辈子以教书为生，他在沈万三的儿子沈达卿家两度坐馆，又在蓝玉家两次当家庭教师（先后教蓝玉之子蓝碧瑛、小蓝庆林），都是多年的西席老夫子。在蓝玉案发之前，沈氏家族的一些人认为蓝玉不仅贵为公爵，而且蓝玉的姐姐（常遇春妻）的女儿是懿文太子朱标的正妃，尽管不是朱允炆的生母，但总是皇太孙的嫡妃。所以就托王行介绍结识蓝玉。蓝党案发，王行和沈氏家族全部卷入，成年男子全部被杀，家产籍没无遗。就当时政治局势而言，即使没有王行从中搭桥，朱元璋也不会放过这个号称"富可敌国"的沈氏家族。洪武二十六年九月朱元璋颁布的《赦蓝党胡党诏》就说"族诛已万五千人矣"。直到洪武三十一年朱元璋病死前夕还在下令处决"胡蓝党犯"。可见，所谓"胡党"、"蓝党"不过是朱元璋为了消灭可能成为危及大明帝国的潜在势力的一种借口。

通过剖析沈万三家族的兴衰，不仅可以澄清有关沈万三本人的许多讹传，更重要的是加深对元明之际江南社会状况，以及洪武朝政局的了解。

在历史上，把传说误认为真相是常见的事。而拨开迷雾，看清真相，使历史学建立在科学的基础上，而不是沙滩上，则是需要下功夫去研究的。

恩格斯说："即使只是在一个单独的历史实例上发展唯物主义的观点，也是一项要求多年冷静钻研的科学工作……"就拿沈万三这一个家族为例，我们不清楚的地方还多得很。

注：以上为作者《谈治史》手稿，手稿有散佚。

我与明史（代自序）

顾　诚

我1934年11月出生于江西省南昌市。1950年高中一年级时患病休学，痊愈后尚未到开学时间，正好南昌市人民政府干部训练班招生，我就报名参加，录取后学习3个月，分配到南昌市人民检察委员会工作。1957年考入北京师范大学历史系。参加高考，以求深造，自然是希望多读点书，在业务上有所成就。但客观形势却不允许，入学以后大量的时间被政治运动和繁重的体力劳动所侵占。4年的大学生活，我从课堂上学得的知识相当有限，倒是在那个特殊的年代里通过一些非正常的途径培养了独立治学的能力。

1959年夏天，我所在的年级同学参加勤工俭学，任务是给故宫博物院明清档案部（后来的中国第一历史档案馆）整理档案，地点在校内工会俱乐部，故宫的工作人员用汽车把档案运来。原来的档案是按时间（日期）顺序用纸包裹的，我们的工作是拆包后按内容分类再加包裹。这批档案是乾隆末到嘉庆初的，正是白莲教起义和湘黔川三省交界地区苗民起义的时期。一个暑假我亲手接触了这么多清代原始档案，大开了眼界。完成这项工作后，新学期刚开始，本年级同学又全体出动去密云县劳动，我在工地只住了一个晚上，接到通知回校另有任务。站在拉物料的大卡车上回到学校，才知道系里为体现全面发展，要拿出科研成果于新中国成立10周年时向党献礼，课题自己选择。时间紧迫得很，幸好刚整理过故宫档案，就决定以乾嘉苗民起义为课题去故宫借档案。故宫明清档案部的同志真慷慨，一口答应。把这部分档案借来后，我立即没日没夜地苦读、摘要，另从校图书馆借来严如煜的《苗防备览》和相关地方志做参考，稍稍清理出个头绪就动手写“书”，实际是一边看一边写。系里派了两位同班患肺结核病刚刚痊愈正在休养的同学（王君、张建华）协助，做提修改意见和誊清工作。经过一个月的苦干，7万多字的誊清稿终于在10月初交到系里，题目就叫《清代乾嘉年间的苗民起义》。那时我们的思想真单纯，完成了任务，档案归还故宫，成稿既不署名，上交后也未留下片纸只字，这本誊清稿究竟怎么“献礼”，下落如何，就一概不问了。在学生阶段，有机会自选题目独立进行“研究”，可说是一次很好的锻炼。这是我接触明清史的开始。

大学期间真正读了点书是在“三年困难”时期。这一时期学生的粮食定量虽然没有减少，副食品却严重缺乏，不仅肉类每月凭票供应半斤，食油二两，连蔬菜也少到只能用水煮，不能炒。营养严重不足，许多同学得了浮肿病。同学们虽然每天饥肠辘辘，却换来了读书的时间。在物资极度缺乏的情况下，同学们在精神上却如释重负。我个人的经历又有点不同。1960年初，中宣部和教育主管部门正抓全国高校的统编教材，世界现代史是重要领域。由北京大学、中国人民大学、北京师范大学、北京师范学院（今首都师范大学）、河北师范学院（今河北师范大学）抽调世界现代史教师和少数学生组成编写组，由北大周一良先生负责，成立了一个大组的领导班子。编写组先在人大铁狮子胡同校舍内，不久搬到北京大学，住进刚建成的十三公寓，几个月以后又搬到二里沟的北京市委党校四号楼，从工作开始到初稿完成大约有一年多时间。可笑的是，我被调去时是历史系三年级学生，世界现代史是四年级开设的课程，换句话说是去编写自己还没有学过的课程的全国通用教材。尽管颇为奇特，我在边干边学中逐渐适应，到后半年还担任了分组的组长，除了自己分担的章节以外，要负责修改组内教师撰写的稿子。由于在编写工作中表现出初步的工作能力，1961年暑假前结束世界现代史编写工作回到学校，即被通知毕业后留系工作，从此开始了我的教师生涯。

留系工作后，系主任白寿彝先生正搭班子研究中国史学史，成立了一个小组，组内有赵光贤先生、郭澎、一位姓赵的先生，还有我。当时，白先生住在西单武功卫，我们大约每月去他家一次，汇报工作并听取指示。白先生分配给我的任务是探讨明代史学。经白先生同意，我先阅读了王世贞的史学著作，如《弇州史料》《弇山堂别集》，参考一些相关评论史料，写了一篇《王世贞的史学》，交给白先生。他又指示我去研究《明史》的纂修过程，这个课题有新中国成立前出版的李晋华先生写的《明史纂修考》，白先生的意思是偏重史学思想方面兼顾明史的纂修过程。我提出可否逐步进行，由于当时万斯同的《明史稿》颇难见到，就先从王鸿绪的《横云山人史稿》同《钦定明史》入手。经白先生同意后，自己买了一部线装本《明史》，借来《横云山人史稿》，逐篇对读，凡遇《钦定明史》做了修改处，哪怕一句话，甚至关键性的几个字都抄录下来。对读完毕，把两部书不同处列表写出，这份对照表一共有50多张大幅稿纸。再查阅《清实录》等书中有关撰修明史的记载，特别是康熙皇帝几次谕旨，最后写成一篇《从王鸿绪的〈明史稿〉到〈钦定明史〉》的论文。把论文稿连同对照表呈交白先生，他转交赵贞信先生处理，从此不知下落。依稀记得我的论文基本意思是：康熙审阅了《明史稿》后，发觉其中对明朝皇帝和某些大臣的指斥甚多，很不满意，指示纂修大臣应严格掌握分寸；后来修成的《钦定明史》显然体现了康熙的意图，删改之处多是掩饰明朝统治者的阴暗面。白先生给我的新任务是研究谈迁的《国榷》。工作刚开始，白先生又另有打算，对中国史学史研究组的人员和工作方法进行全面调整，原先组内人员由系里另行安排工作，另选了两位年轻教师和外校来进修史学史的教师重组史学史课题班子，组内人员从研读《史记》打基本功开始。人事变动的内幕有时很难说清楚，我离开史学史组绝不意味着白先生对我的工作不满意，后来他曾两次找我谈要我回史学史组，是党总支没有同意。在史学史组待了一年，即1961年9月到1962年8月，最大的收获是认真阅读了上述几种明史基本史籍，还在中国书店买了一部木刻本的谷应泰的《明史纪事本末》、石印本昭梿的《啸亭杂录》、线装本魏源的《圣武记》以及中华书局排印的“晚明史料丛书”等著作，自行研读，基本上掌握了明代历史的线索，也培养了我对明清史的爱好。这以后我的工作岗位虽屡经变动，仍不能忘情于明清史。如1965年发表在《光明日报》史学版上的《对朱元璋政权性质转化问题的商榷》一文就是当时的“业余”作品。

离开史学史组以后，系里把我调到世界现代史教研室。1965年暑假后，我作为历史系三年级的班主任和同学一道赴山西长治参加农村“四清”。在乡下期间，接到系里通知，学校成立了外国问题研究所，我和系里三位更年轻的教师被调到外研所美国问题研究室。上班时我们室负责阅读新到的美国报纸、杂志，从中选择问题，整理成系统的资料。到现在我还是不清楚为什么在当时的时代背景下，会允许外研所花费宝贵的外汇订阅多种外国刊物（除美国问题研究室订阅美国报刊外，外国教育、苏联文学、苏联哲学三个研究室也订了不少国外相关报刊），而且在当时也没有一个上级部门过问我们的工作。这样糊里糊涂地跟着转了几年。混到1971年，我除了上班时间勉强应付外，星期日和业余时间就用来研读明清史。这里，我要特别感谢历史系资料室管理员马国靖先生，那时校图书馆和系资料室都一概封闭不准借阅，我私下找着她，请代帮忙借些书看，她毫不推辞地答应了，在下午下班后系里师生都去食堂吃饭的时候，带我进入资料室挑选书籍藏在大书包里带回宿舍阅读。读完后又以同样方式请她换借其他书籍。这种秘密活动如果被发现，马先生是要吃大亏的，幸好每借一次书总得隔相当一段时间，持续的时间虽长，却从未被人撞见过。另外，有一点也附带说一下，在“文化大革命”之前我摘录的明清史资料已经不少，有那么一堆（我不习惯用卡片，因为卡片既贵又太小，一条长的史料得抄几张卡片，所以改用小张稿纸和笔记本抄录）。“文化大革命”初期，我静下心来把书籍和抄录的史料检阅一遍，把其中凡是可能作为思想政治问题上纲的东西统统送到当时颇为兴旺的废纸收购摊，按1斤1角多钱的价格全卖了。在处理抄摘的史料时我留了个心眼儿，把有关农民起义的史料保存起来，即便有人看到这也是历史上的“红线”材料，而从朱元璋起的与帝王将相有关的史料都进了造纸厂。这就是后来重理业务以探讨明末农民起义为起点的一个重要原因。1971年以后干的私活就是探讨明末农民战争，外研所实行坐班制，只有星期日和晚上时间可以利用，从系资料室能借到的书又非常有限，我就利用每年一个月的探亲假到南京图书馆查阅地方志和其他史料。当时南京图书馆在颐和路二号，离我哥哥家近在咫尺，但南图也不对外开放。靠着哥哥多年在江苏省政府工作的关系，他找了一位负责这方面工作的熟人开了一张介绍信，大意是“因革命工作需要”派某某同志来查阅有关古籍。南京图书馆在不开馆的情况下破例让我在二楼阅览室阅读。一个月时间看来不长，可是带有目的地专心致志读书，还是收获不小的。几次南京之行，解决了不少在北京找不着书看的困难。回想起来，许多学术界同行是在1976年“四人帮”垮台，甚至1978年党的十一届三中全会以后才重理旧业，我多争取了5年左右的时间（尽管不是全部时间），不能不说是一件幸事。

1977年我再也不愿意留在外国问题研究所了，正式写报告要求回历史系中国古代史教研室工作。外研所的负责人见我态度坚决，同意我回系。不料到系里一谈，系领导除表示欢迎外，却让我到世界现代史教研室工作，这种安排完全不符合我的原意，我就说：“我的专业是明清史，如果系里要我去世界现代史教研室，那我还不如留在外研所不回来。”系领导知道事情不能弄僵，就笑着说：“到中古史教研室也可以，不过你不要说自己的专业是明清史，就说是兴趣吧！”这年10月我终于回到了历史系中国古代史教研室，但系领导的话明显地表现出不相信我在明清史方面有什么专长，不过有兴趣而已。为了证明自己在这方面还是下过功夫的，我决定要尽快拿出点成果，选的题目就是《李岩质疑》。这个问题我探讨的时间相当长，材料和基本论点早已形成，很快我就把稿子写了出来，1978年5月发表在《历史研究》杂志上。由于观点新颖，立论有据，在国内外引起了比较广泛的注意。李岩的问题在郭沫若的名著《甲申三百年祭》和随后的《关于李岩》中占了相当大的篇幅，而前者因曾作为延安整风文献流传甚广，影响远远超过史学界。1964年到1965年还在报刊上展开了一场李岩评价问题的学术讨论。我的文章却是依据可靠史料证明在李自成起义军中并不存在这位“制将军李岩”，如果一定要说历史上存在李岩，那就是李自成另有一个名字叫李延（或传写成李炎、李兖、李严），就像某些史籍中的“李公子”实际上指的是李自成一样。做出这样一个判断绝不是轻率的，我在探讨明末农民起义的过程中，除了细读清初几部有关“流寇”的专著外，还广泛查阅了当时任职官员的文集、相关记载、档案和地方志，仅以地方志为例，凡是起义军到过的府、州、县志就查了1000多部。在这样相当彻底的普查基础上，不仅未能查到一条可以证明李岩存在的史料，反而找出许多证据表明史籍中有关李岩的生平、事迹全不可靠。那么，清初以来的一些史籍中为什么会冒出那么多栩栩如生的李岩“事迹”呢？在反复研究之后，终于从计六奇的《明季北略》卷二十三中得到启发，那些包括李岩在内的许多荒诞之词都是来自小说。1644年旧历七月间，距离李自成起义军撤出北京、南明弘光朝廷建立不过两三个月，化名西吴懒道人创作的《剿闯小史》即已刊刻成书发卖，清初这部小说又做了补充，先后改名为《定鼎奇闻》和《新世宏勋》，类似的还有《樵史通俗演义》等，这些书既收集了邸报之类的材料，有部分真实性，但也羼入了大量作者虚构的情节，其中就包括了李岩的故事。由于小说出现较早，在民间流传甚广，清初史家编纂有关“流寇”的史籍时就已经真伪莫辨，误采入书。最典型的是康熙十年成书的计六奇《明季北略》，该书明确记载引用了《新世宏勋》（见商务印书馆排印本第558页），而卷二十三《补遗》则几乎全是照《新世宏勋》的原文删削而成，这就是李岩的“事迹”在《明季北略》中最为丰富的原因。郭沫若《甲申三百年祭》引用得最多的史籍正是《明季北略》。以上就是虚构人物李岩被误认为信史的大致过程。直到查出李岩“事迹”的由来后，我才断定李岩如明末清初河南人郑廉所说是“乌有先生”。自然，学术界不少人仍然认为确有李岩其人其事，这也是很正常的。我只想说，自从《李岩质疑》于1978年发表之后，我继续阅读了相当多的明清之际的史籍文献，至今未发现一条可以证明李自成之外存在着另一个“李公子”或李岩的可靠证据。把李岩的问题写得这么长，只是说明治史的不容易，类似的情况在我探讨过的课题中还有很多。

1984年我的《明末农民战争史》由中国社会科学出版社出版。这部书在史料的收集、史事的考证、论点的分析上都较之前人有相当大的推进。书的下限只写到李自成的大顺政权、张献忠的大西政权覆亡为止，大顺军和大西军余部的抗清斗争拟放在《南明史》中叙述。南明的历史在辛亥革命前后和抗日战争时期都曾经受到爱国志士的关注，掀起过热潮，先后有柳亚子、谢国桢等先生的专著问世。但是，南明史覆盖面太广，它包括了清方扑灭各地抗清武装谋求统一的活动，南明几个小朝廷的史实，大顺军、大西军先后联明抗清的历程，郑成功等在东南沿海的斗争，以及清统治区内反清复明的活动。不仅头绪纷杂，而且各种史籍、文献的记载又常常互有出入，最困难的还是由于南明是失败的一方，大量文献资料被毁灭，留下的部分中时人记载的数量极大，而作者入清以后往往有所顾忌，不愿据事直书，再加上清朝统治稳定后屡兴文字狱，大量收缴销毁“违碍”书籍，更增加了关键史料不足的困难。为了整理出头绪，尽量恢复历史的原貌，只有大量查阅档案、文集、各种私家记述、地方志等文献和非常有限的实物，进行综合研究。《南明史》直到1996年才完稿，次年由中国青年出版社出版。有人评论这部著作是“十年磨一剑”，其实我很难说清自己在这部书稿上花费的岁月。因为南明史资料的收集工作有相当一部分是在探讨明末农民起义的史实时就已同步进行，开始写作初稿固然是在1982年11月《明末农民战争史》交稿以后，可是中间又停顿了两三年，原因是《明末农民战争史》

交稿后曾同中国社会科学出版社签订了合同，预定在三至五年内交出《南明史》稿。大约写了一半章节的初稿，出版社通知我，他们奉命集中力量出版“当代中国”丛书，无力顾及其他书籍，建议《南明史》推迟交稿，这意味着单方面废除合同。而我当时正对明代卫所制度颇感兴趣，认为明代卫所制度绝不像一般史籍中说得那么简单，似乎只是明前期的一种军事制度，中期以后即为募兵制度所取代，而是同明帝国许多领域密切相关的重要课题。最初感到卫所制度值得研究还同李岩问题有关。许多史籍里都说李岩是河南杞县举人，大司马李精白（大司马即兵部尚书，李精白在天启年间任山东巡抚，加兵部尚书衔）的儿子。查李精白的材料时，除了弄清他同“李岩”毫无关系，还发现他祖上是山东曹县人，明初跟随大将军徐达北征后定卫于颍川卫；颍川卫位于南直隶阜阳县境，而隶属于河南都司。因此，李精白作为卫籍人士必须到河南开封去参加乡试，而不能像同居于阜阳县境内的民籍生员要到南京乡试。《阜阳县志》选举志表列本县举人名单中相当一部分下注“河南中式”，这些参加河南乡试中举的就是世代居住于阜阳县境内而属于颍川卫籍的人。从此，我开始注意到明人传记中卫籍的问题，如李东阳、焦竑、杨嗣昌、史可法、何腾蛟、王锡衮以至清初著名学者王夫之、万斯同都是卫籍，他们上距祖军原籍少则四代，多则八九代。但卫籍人士的籍贯在史籍中弄得很乱，有的写祖军原籍，如说史可法是河南祥符人，李东阳是湖广茶陵人；有的又写世代所居的卫籍。这不仅在写人物传记时常造成混乱和谬误，更重要的是令人难以明白明太祖实行的卫所制度在人口迁徙、边疆开发等方面起到的深远影响。

在阅读《明实录》和《清实录》时常常看到大量卫所是呈现为一种地理单位的记载（如水旱地震灾害、兴建城池之类）。如果说卫所仅是明代的一种军事组织，那么，入清以后约一百来年怎么还保存那么多明代的“军事组织”？清代文献（如实录、官员奏疏、地方志）中常见改卫所为州县或在内地把卫所人丁、田地并入附近州县的记载，这些都说明卫所在明代建立以来很大程度上是一种军事系统管辖下的地理单位。

以前的史籍中也曾注意到明代一些卫所是管辖一片地方的，因而有“实土卫”与“非实土卫”的说法。史学大师谭其骧先生主编的《中国历史地图集》明代部分也标明了大片边疆地区归某某都司、行都司管辖，为研究明代疆域做出了重大贡献。我在广泛探讨明代各种类型卫所的基础上，提出了明帝国疆土是分为两大系统管辖的论点，即行政系统（县、州——府、州——布政使司、直隶府、州——六部）和军事系统（卫、直隶都司的千户所——都司、行都司、直隶卫——五军都督府）各自管辖两种不同的“地理单位”。州县是一种明显的地理单位，绝大多数卫所也是一种地理单位就比较难以理解。我只是按实际情况指出绝大多数卫所中有的管辖土地周边四至比较清晰，而相当一部分内地卫所管辖的屯田往往分散在附近州县的自然境内或辖地与州县犬牙交错，在地图上是无法标示出来的。尽管如此，这些卫所的土地与人口不属州县管辖，其数字也不纳入州县统计之内。由此就涉及社会经济领域中的几个重大课题，一是明帝国的耕地数，二是明代官、民田数，三是清初耕地数较明代是增加还是减少，等等。国内外史学界关于明初以来存在两种相距甚大的全国耕地数始终得不到正确解释，都同卫所问题有关。我探讨的结果是指出《明实录》中每年末所记“是岁天下田地数”仅仅是由户部综合以州县为基础的行政系统数字，没有包括军事系统管辖的耕地（屯田和卫所辖区内的民田）在内，因而是不全面的；而为国内外史学家判定为不可信的明初以来约850万顷以上的数字则包括了行政与军事两大系统的耕地数，只有这一数字才是真实可靠的。至于史学界长期关心的明代官、民田数大抵都是依据《明史·食货志》所说“官田视民田得七之一”。我则指出这同样是行政系统辖地内的官、民田数，就全国而言，军事系统的屯田全部属于官田，若把这一部分计算在内，明代官田在总田额中所占比例就要大得多。对于清初顺治末年至康熙前期全国的耕地数字，学者们常根据《清实录》与《明实录》绝大多数年份所记数字相比，误认自顺治末年起清代耕地数已超过明朝万历清丈以前的数字。我则指出自明末以来连年战乱、灾荒频仍，田地抛荒极为严重，何况顺治后期全国尚未统一，耕地数较之明朝全盛时期是大幅度下降的，即由万历三十年的1100万顷减至500万顷左右。清代耕地数的上升并超越明代经历了相当长的时期。这一论断只需把清代所修方志中“赋役”类所记“原额”与历年数普遍查对一下即可认定，况且还有许多官、私文书可以印证。就是说，《清实录》中所记数字并没有错误，问题是清代包括卫所在内的全国耕地数都已汇集到户部。我对卫所的基本观点已发表在《明前期耕地数新探》《卫所制度在清代的变革》《谈明代的卫籍》《明帝国疆土的管理体制》4篇论文里。原来设想进一步收集史料，围绕卫所问题对明帝国相关领域的影响和到清代的改制进行综合研究，写一部专著，但这项工作深入不易，距成书还有相当一段距离。

我对明清史的兴趣比较广泛。为了探讨朱元璋大明帝国的建立，不能不上溯到元末社会和元末群雄争霸；而为适应教学和指导研究生的需要，对明清史籍也必须较广泛地阅读。人的精力毕竟有限，深入研究一个比较大的课题往往需要多年的时间才能做得比较像样子。比如明清社会的演变，它们在中国历史上的地位和在世界史上的位置理应成为明清史工作者研究的中心课题，自己在这方面只能随时注意积累材料，远谈不上做深层次探讨。20世纪90年代以来，读书之志未减，写出的论文却寥寥可数，自觉汗颜。只是为应付约稿，写了几篇元末明初史事的稿子，如《靖难之役与耿炳文、沐晟家族》，中心内容是论证耿炳文在靖难之役中于真定死难，而绝大多数史籍（包括《明史》本传）都说他在战败后被建文帝召回，由李景隆接替，燕军占领京师（南京）后，耿炳文腼颜投降，永乐初刑部尚书郑赐、都御史陈瑛劾奏耿炳文“衣服器皿僭饰龙凤、玉带僭用红鞓”（《明太宗实录》卷三十五记于永乐二年十月，“上曰：先朝老臣亦为此乎，命速改之”。未言炳文自杀。《明史》卷一百三十《耿炳文传》记于“燕王称帝之明年”则当为永乐元年，并云“炳文惧，自杀”）。我查考出耿炳文的妹妹是沐英续配夫人，黔国公沐晟的生母。沐晟后来为表哥耿琦写的墓志铭明言舅父耿炳文战死于真定，朝廷（指建文帝）痛惜不已，以很高的规格予以祭葬。

永乐初廷臣劾奏本指其葬礼“逾制”，碑文肯定有碍于新主子，《明太宗实录》记永乐帝“命速改之”也是指的坟墓应予毁改。这正如永乐元年十月礼部言开平王常遇春祠坟“建文中增修过度，请复其旧。从之”（《明太宗实录》卷二十四，按，常遇春女为建文帝嫡母）。所以，说耿炳文在南京投降了永乐帝，后来畏罪自杀根本不可信。又如朱文正是朱元璋大哥的儿子，由于他在大明立国前夕被叔父朱元璋处死，《明太宗实录》等书中只记载他被任命为大都督、扼守南昌抗击陈友谅围攻，然后是得罪而死，其他事迹都因忌讳而付之阙如。由于材料缺乏，诸家明史多不为他单独立传。我依据颇为罕见的朱元璋《御制纪非录》等书把朱文正同朱元璋的关系和大致生平草成一文，题为《朱文正事迹稽考》，即肯定他是没有看到大明帝国建立的开国元勋。至于沈万三的故事，我在儿童时代就听过他家有聚宝盆。近年来随着文学、艺术、旅游等事业的发展，沈万三的老家江苏昆山市周庄声名大噪，可是沈万三究竟是个什么人物，什么时代的人，却大抵是依据明朝以来的传说和野史笔记把他说成是明初洪武年间的首富，后来被朱元璋充军云南。由于宣传得太火爆了，我觉得有必要认真探讨一下。除手头摘录的史料外，我还集中一段时间去北京图书馆查阅元末明初人士文集和相关的明、清地方志。终于查清了沈万三（沈富）本人和他的家族的基本情况，依据他的几个子侄的墓志铭等确切史料，断定沈万三在元朝末年已经去世，并没有活到明朝建立，史籍中有关他在洪武年间的活动纯属讹传。不过，他和弟弟沈万四（沈贵）的后裔在洪武年间确实是江南巨富，最后在洪武二十六年被网入蓝玉党案遭到抄家灭族之祸。这篇文章澄清了广泛流传的沈万三故事，对于了解元末明初地主豪绅的经济实力和朱元璋致力于消除“隐患”也不无帮助。

上面大致谈了自己学习明清史的过程和心得。几十年来能做出一些成绩，得益于勤奋。我觉得养成坐图书馆的习惯非常重要。从20世纪70年代后期起的很长一段时间里，我除了上课和其他必须参加的活动外，往往是整天到北京图书馆善本部、古籍部和科学院图书馆看书。早晨带上稿纸、笔记本和一个馒头蹬车直奔图书馆，中午休息时间吃个馒头，在附近转悠一会儿，继续阅读摘抄史料，直至闭馆才回家。读书的方法是提出书后，先翻阅一遍，遇到有价值的史料，把事先准备好的小纸条夹在书内作为标记，大约看到一半，就动手抄录。一条史料抄在一张稿纸上，半天时间差不多总是七八张（按行不按格抄写），字数少的可达到十张，一天下来总有十几张；笔记本大抵是记下与当时研究问题无关的零星史料或简要备忘录。晚上一定要把摘抄的材料仔细阅读一遍，遇有语句不通等情况，可能有误字漏字，用红笔画出，第二天再核对原书，从而在很大程度上避免了摘抄史料时的笔误。检阅所抄材料还会发现有的问题应从其他史籍中寻找印证，即记于笔记本上，以便及时提取书籍。骑自行车去图书馆，冬天是最困难的，有时顶风而行实在费劲，严寒甚至会冻得手指麻木。这种工作方式确实有点辛苦，但在图书馆中一坐，好书在手，乐在其中，回家后检阅收获，每有意外之喜。且不说关系到历史上重大问题的史实，就拿我在《明末农民战争史》后面附的“大顺政权所设各地官员表”来说，多数是从地方志的“灾祥”“兵燹”“纪事”之类记载中查出的，每找到一个大顺政权任命的地方官员的名字和职务都能使我高兴一阵。这部书出版后，我在读书的过程中还发现一些新的史料，可以为该表补充十名以上官员。坐图书馆可以充分利用时间潜心研读，有时还需要到外地图书馆去查阅。为了写《南明史》，1992年，我到昆明去阅读云南省图书馆的藏书和参观云南省博物馆的藏品，因须阅读的书籍较多，连原来计划途经贵阳时去安龙实地考察一下都限于时间只好作罢。有时因情况不明，重要史籍会失之交臂。如研究明代的耕地数字，我提出明代疆土由行政系统和军事系统分别管辖的论点，虽然依据了大量的地方志和其他相关记载的材料加以论证，但最能说明问题的是万历十年山西巡抚辛应乾主持编制的《山西丈地简明文册》，原书就藏在北京大学图书馆。这部书的前三册是山西布政司所辖各府州地亩及征粮数，第四册和第五册则是山西都司所辖耕地屯田与征收籽粒数。直到1991年山西省社会科学院张海瀛先生的研究论文发表后（《明史研究》创刊号），我才知道还存在这么一部极有价值的文献。1993年他的《张居正改革与山西万历清丈研究》出版，将《山西丈地简明文册》全部影印附于书后，使这一原始文献得以广泛流传。举出这个例子是想说明治学的第一步收集史料并非易事。这方面的事例不胜枚举，在不断读书的过程中往往发现自己发表过的著作中存在缺陷和失误。知识是没有止境的，在我涉猎过的明清史领域内，我清醒地认识到自己的知识相当有限，许多问题仅具一般常识，甚至毫无所知。实事求是地对待学问，实事求是地看待自己，切忌把治学看得太容易，切忌过高估计个人的能耐。至于在理论和观点问题上，则遵行“百家争鸣”的方针，不必强调一律，既不想把个人看法强加于他人，也不想违心迎合某种思潮或论点。这就是我对本文《我与明史》的总体看法。

原版序论

南明的历史在我国史册上占有重要的地位，它包括了大顺军攻克北京以及随之而来的清兵进入山海关问鼎中原以来一直到康熙三年（1664）夔东抗清基地覆灭的各地反清运动的历史。从不同的角度看，它是群雄争霸，又是明朝的延续，也是清初历史的一个主要组成部分。称之为南明，是因为以崇祯皇帝朱由检为首的在北京的明朝廷业已覆亡，这段时期的战斗主要在南方展开，又是在复兴明朝的旗帜下进行，而弘光、隆武、鲁监国、永历朝廷都是在南方建立的。但是，抗击清朝的暴虐统治，并不仅仅局限于南方，陕西、甘肃、山西、河北、山东、河南等地的抗清运动连绵不断，波涛迭起，清廷统治者多次感到患生肘腋，不得不动用重兵围剿。这是就地域而言，南明史的覆盖面并不只限于南方。如果就时间来探讨，南明史的上限过去和现在的史学家大抵是以弘光朝廷在南京继统为标志，本书作者认为南明的历史应该从甲申三月十九日北京被大顺军攻克、崇祯朝廷覆亡开始。这是因为朝廷虽然覆亡，明朝政权仍然控制着江南半壁江山，尽管在具体时间上（1644年三月至五月）相差不远，但我们应该着眼于全国形势的演变，而不能拘泥于南明帝位的继统。如果因为甲申三月十九日到同年五月初三日明朝统治区没有皇帝（或监国）而把这段时间排除在南明史以外，就会在后来的历史叙述中难以自圆其说，因为弘光帝被俘在1645年五月，隆武帝继统在同年闰六月；隆武帝被擒杀在1646年八月，永历帝继统在同年十月，其间都有一两个月的帝位空缺。“国统”三绝不等于南明史三绝，这是稍加思索就能明白的道理。同样理由，南明史的下限不以1662年永历帝朱由榔被俘杀告终，而是以李来亨茅麓山战役作为结束。当然，把南明史的下限一直拉到清康熙二十二年（1683）施琅进军台湾，郑克塽、刘国轩投降，也是一种认识和叙述的方法，因为郑氏家族在台湾始终奉行明朝永历正朔，虽然皇帝和朝廷早已不存在。本书没有采取这种方法，原因是康熙十二年到二十年（1673—1681）发生了三藩之变，其间郑经是参与了的。三藩之变同明清之际的一系列重大事件有密切关联。三藩（若考虑到原定南王藩下的孔四贞、孙延龄夫妇与线国安等人，也可以说是四藩）的形成实际上是由于满洲贵族因自身力量不足以征服全国不得不笼络一部分汉族军阀，而且这次变乱也确实带有民族斗争的色彩；可是把三藩之变同南明史扯在一起毕竟不大合适。所以，在本书中叙述郑氏家族事迹仅限于郑成功去世为止。

这本书同过去各种南明史著（自清初以来）相比较，有两个主要的特点：一是它基本上是以大顺军余部、大西军余部、“海寇”郑成功等民众抗清斗争为主线，而不是以南明几个朱家朝廷的兴衰为中心。二是贯串全书的脉络是强调历时二十年汉族和其他民族（如西北等地的回族、西南等地的多种少数民族）百姓反抗满洲贵族征服斗争终归失败的主要原因是内部矛盾重重、钩心斗角，严重分散、抵消了抗清力量。多尔衮、福临等满洲贵族不仅代表着一种比较落后的生产方式，而且兵力和后备兵员非常有限，单凭自己的八旗兵根本不可能征服全国，汉族各派抗清势力的失败在很大程度上是自己打倒了自己。说得准确一点，明清易代，是中华民族内部落后的、人数不多却彪悍的满族上层人士，勾结汉族中最反动的官绅地主，利用矛盾坐收渔翁之利，窃取了农民大起义的胜利果实。满洲贵族入主中原以后，在较为先进的汉文化影响下，自身发展取得阶段性的飞跃。清王朝在一段时期里是朝气蓬勃的，国势相当强盛，对于中国这个多民族国家的发展起了重要的积极作用。然而，就另一方面来说，满洲贵族推行的民族歧视政策引起国内政局大动荡，打断了中国社会发展的正常进程，也是不容忽视的。

历史进展的事实提供了最有力的证据。中国在明朝中期以前在世界上处于领先地位，中期以后在科学技术等方面已经逐渐落后，但是直到明朝末年中国同西欧国家之间的差距并不大，被大顺军推翻的明朝最后一个皇帝朱由检统治时期还是孜孜于引进西方科技，特别是火器和历算，不少士大夫也抛除畛域之见，注意吸收西方的新知识，尽管他们的目的是挽救行将灭亡的明帝国。清朝统治的建立是以全国生产力大幅度破坏为代价的，稳定后的统治被一些人大加吹捧，称之为康雍乾盛世。正是当中国处于这种“盛世”的一百多年里，同西方社会发展水平的距离拉得越来越大。“盛世”过后不到五十年（如果按照某些学者吹捧康、雍、乾三帝的思路来看，乾隆之后在位二十五年的嘉庆也应该算是个励精图治的好皇帝，至少不能说是无道昏君），爆发了中英鸦片战争，随之而来一幕幕丧权辱国的悲剧，使大清帝国的腐朽落后暴露无遗。本书作者在所著《明末农民战争史》中以确凿的事实证明了大顺军推翻明王朝接管整个黄河流域几乎对社会生产没有造成什么破坏，并且扫荡或狠狠打击了那些严重阻碍生产力发展的贵族官绅势力。如果这一势头不被满洲贵族和变节的吴三桂等汉族军阀官绅所打断，中国社会将在明代已经取得成就的基础上实现较快的发展，近三百来年的历史也许是另外一种样子。“以史为鉴”是中国的传统，可惜过去绝大多数史家制作的镜子里，侏儒们被拔高了，坚毅挺拔的形象被歪曲了，甚或被挤出了镜框以外，成了道地的哈哈镜。本书作者力图运用可靠的史实，重新描绘明清易代的这段历史；由于材料的不足，肯定不能尽如人意。希望通过这部书的出版，给读者提供一些较为接近真相的描述和论点。

也许有人在看了这本书以后，会断言作者批判的锋芒只是指向清朝统治者（包括满洲贵族和汉族官绅中的拥清派），而对起自农民的大顺军和大西军则出于偏爱而处处掩饰。这是不正确的。因为书中首先批评了李自成领导的大顺政权在关键时刻在政治上和军事部署上犯下了难以挽回的大错，后面又指出了在李自成牺牲以后大顺军始终没有形成一个较为稳定的领导核心，长期各自为战，未能在抗清斗争中发挥更大作用。对张献忠的非议在《明末农民战争史》内已说得很清楚；孙可望在前期是位出类拔萃的人物，后来飞扬跋扈，导致大局逆转，终致众叛亲离，仓皇出降，本书毫无回护之处。至于南明政权的腐朽、内讧本书同样做了如实的揭露。读者不难发现，书中不仅鞭笞了朱由崧、朱常淓、朱由榔等南明统治者的昏庸懦弱，对一些直到现在仍备受人们景仰的人物如史可法、何腾蛟、瞿式耜、郑成功都颇有微词。有的读者可能会问：你对南明许多杰出人物是不是指责得过分了一点？我的回答很简单，如果这些著名人物都像历来的史籍描写得那么完美，南明根本不会灭亡，这些人也将作为明朝的中兴将相名垂青史。

历史进程的必然性和偶然性是史学界长期关心的问题。在我看来，必然性只有一条：就是社会要发展，要前进，其间可能出现短期的逆转和曲折。至于统治王朝的建立和统治者的更替大抵都属于偶然因素。只不过人们太习惯于把既成事实当作历史必然，就本质而言，这同封建史籍中的“天命眷顾”没有多大区别。明朝自万历中期以来，朝政日益腐败，内忧外患纷至沓来，覆亡不可避免，接替的可能是大顺王朝，可能是清王朝，甚至可能是孙可望掌握实权的朝廷，也不能排除在较长时间处于分裂的局面。本书作者着重分析的是各派势力的成败得失，而以哪一种势力取胜对中国社会生产破坏最小，最有利于推动我国社会前进为褒贬的标准。讲必然性，我认为在当时社会条件下，明朝覆亡以后，中国仍将建立一个封建王朝，社会仍将处于封建制度的框架内（商品经济的发展或萎缩将视社会生产力的发展或破坏而定），只有这一点是肯定的。差异在于各派势力实行的政策和手段不同，对中国社会发展进程的影响也将不同。如果把既成事实都说成是历史的必然，那么，学习和研究历史就没有多大用处。历史科学的万古长青，就是教导后来者借鉴历史上成功的经验，避免重蹈失败的覆辙，使我们的事业做得更顺一些，不要倒行逆施，为中华民族的兴盛做出贡献。时髦了一阵的“史学危机”论可以休矣，明智的中国人将从自己丰厚的历史遗产中汲取教益，把振兴中华的宏伟事业推向前进。

凡　例

一、这部书以学术价值为前提。不满足于“言必有据”“无一字无出处”，而是力求在史实上考订准确。有些问题难以下结论，只好暂时存疑，同时在正文或注解中指出疑点所在。

二、引用材料尽可能保持原文，不改译成现代汉语——尽管这样做对某些读者不方便，但史学工作者和有一定文化素养的文史爱好者大抵是喜欢看到史籍原文的。凡属本书作者认为是后人托名伪造的文献一概摒弃不用，如明末遗民刘彬的《晋王李定国列传》之类。

三、南明史事头绪纷杂，本书既不能写成通鉴体，又不能写成纪事本末体，为方便计大致按照时间顺序就问题分章节叙述，章节间尽量互相照应。

四、在时间上年份一般注明相应的公历，月日一律用旧历，以便于查对引用书目。

五、对南明以来包括“正史”、野史、“遗民”作品直至近人影响较大的著作中存在的谬误或偏见，在适当地方依据准确史料予以澄清，以免以讹传讹。

六、本书引用史料大多数是作者在各图书馆和档案馆阅读时抄录的笔记，虽在摘录时经过核对，力求准确，但也不敢说绝对没有笔误。如果有人未见原书而从本书中转引史料，请注明引自本书。这不仅是著作权问题，更重要的是对读者负责和学术上的良心体现。

七、在史学著作中附上插图和地图，有助于增加读者阅读的兴趣并提供方便。本书在撰写过程中也颇有此意，收集了一些图片。然而，南明史牵涉面太广，选用插图和绘制地图成了一个难题。何况，南明是失败的一方，保留下来的实物绝大多数不是最有代表性的。如果要照顾到方方面面，势必出现能找到什么就拿出什么，未必能取得较佳效果。南明实物图片在相关著作中制版印出者业已不少，如台湾出版之《郑成功全传》书首图片即多达五十一页，永历“敕命之宝”已在数种书籍中刊出图片，南明一些重要人物的文籍也往往附有作者画像、手迹照片，各政权发行的货币见之于多种图集。本书若大批选入既缺乏新鲜感，又必然加重读者负担。犹豫再三，暂付阙如。如有再版机会再视情况而定。

目　录

第一章
明朝覆亡后的全国形势

第一节　明帝国的分崩离析

公元1644年，在中国干支纪年中为甲申年。这一年的历史上充满了风云突变、波涛迭起的重大事件，阶级搏斗和民族征战都达到高潮，又搅和在一起，在中华大地上演出了一幕幕可歌可泣、惊心动魄的场面。拿纪年来说，在明朝是崇祯十七年，清朝是顺治元年，大顺政权是永昌元年。三种纪年代表着三个互相敌对的政权，从此开始了逐鹿中原的斗争。

甲申三月十九日，大顺军攻克北京，明朝崇祯皇帝朱由检自缢身死，当天大顺皇帝李自成进入北京，标志着明朝的覆亡。在短短的两三个月里，大顺政权凭借兵威和深得民心，迅速地接管了整个黄河流域和部分长江流域的大片疆土，统治区包括了现在的陕西、宁夏、甘肃、青海、山西、河南、河北、北京、天津、山东全境以及湖北、江苏、安徽的部分地方。山海关外的明朝军队在平西伯吴三桂、辽东巡抚黎玉田的带领下撤入关内，并且同山海关总兵高第一道投降了大顺政权；清廷乘机派郑亲王济尔哈朗等收取了关外地区，这样就形成了大顺政权同清政权隔关相峙的局面。以崇祯帝为首的明中央朝廷葬身于农民起义的烈火

城市
主要作战地点
今国界
清初疆界
明清黄河
大同
北京
山海关
渤海
太原
黄河
黄海
大顺政权西京
西安
潼关
明清黄河
金沙江
澜沧江
怒江
弘光政权都城
太平府
南京
张献忠遇难处
保宁
西充
长江
兴山
弘光帝被俘处
东海
杭州
舟山
绍兴
重庆
通山
九宫山
潞王监国处
鲁监国建立处
李自成遇难处
南昌
隆武政权福京
孙可望行在
宝庆
衡州
隆武帝遇难处
赤尾屿
钓鱼岛
福州
贵阳
腾冲
磨盘山
汀州
永历帝驻地
安龙
桂林
赣州
厦门
台湾岛
澎湖
台南
太平洋
绍武政权建立处
永历政权建立处
阿瓦
（曼德勒）
广州
肇庆
新会
郑成功抗清基地
郑成功驱荷复台处
永历帝流亡处
东沙群岛
南海
海南岛

南明史事示意全图

中，并不意味着明朝统治的全面结束。当时，明朝残余势力盘踞的地方还很大。除了张献忠领导的大西军正处于进军四川途中以外，江淮以南的半壁江山仍然在明朝委任的各级官员统治之下，他们自居正统，继续奉行崇祯年号，从这个意义上说，南明的历史是从北廷的覆灭开始的，至于立君继统则是拥明势力内部的事。换句话说，历来的史籍把弘光朝廷的建立作为南明史的开端并不完全准确。

综观甲申三月至四月中旬的全国形势，可以做以下的概括：大顺政权和大西军是农民起义中形成的新兴势力，他们同明帝国一样是以汉族为主体的；区别是明朝残余势力控制的地区内继续维护着官绅地主的封建统治，而大顺军和大西军的领导人虽然已经有明显的蜕化倾向，但尚未达到质变的程度，他们实行的政策基本上仍然是打击官绅地主、保护农民利益。1644年春天和夏初，大顺军所向无敌，占领了包括北京在内的整个黄河流域，这一广袤地区的百姓欣喜若狂。连官绅地主除了极少数死心塌地效忠朱明王朝，绝大多数都认为明朝气数已尽，转而寄希望于大顺政权。长期以来，人们受“成则为王，败则为寇”的传统观念影响，以为官绅地主与大顺政权一直势不两立，这是不完全正确的。事实上自从1643年十月明陕西三边总督孙传庭部主力被大顺军歼灭以后，明朝官绅眼见大势已去，政治态度发生了根本的转变。他们当中的绝大多数人把明亡顺兴看成是历史上常见的改朝换代，为了自身利益纷纷归附以李自成为首的大顺政权。尽管其中有的人争先投靠，希冀跻身于新兴的大顺朝定鼎功臣之列；有的人虽心怀疑惧，但为形势所迫而随大溜。总之，在大顺军被清军击败以前，汉族官绅中的大批文官武将都以投靠大顺政权为唯一出路，而不可能设想去投靠偏处辽东的一个语言、风俗都有很大差异的满洲贵族为主体的清政权。顾炎武《日知录》中有一段话很值得注意：“有亡国，有亡天下。亡国与亡天下奚辨？曰：易姓改号，谓之亡国；仁义充塞，而至于率兽食人，人将相食，谓之亡天下。……保国者，其君其臣，肉食者谋之；保天下者，匹夫之贱，与有责焉耳矣！”[1]在汉族官绅看来，大顺政权取代明朝只是“易姓改号”，朱明王朝的挣扎图存是宗室、皇亲国戚、世袭勋臣之类“肉食者”的事，同一般官绅士民没有多大关系；而满洲贵族的入主中原则是“被发左衽”（剃头改制），“亡天下”了；天下兴亡，匹夫有责，都应当奋起反抗。这就是甲申之春汉族军民官绅的心理状态。正因如此，大顺军在短短三个月时间里就占领了包括京师在内的整个黄河流域，除了在宁武和保定两地稍遇抵抗以外（在保定城里“代帝亲征”的大学士李建泰也是主张投降的），到处是一派望风归附的景象。如史料所载，“晋民倡乱者皆传贼不杀不淫，所过不征税，于是引领西望”[2]；京师百姓也“幸灾乐祸，俱言李公子至贫人给银五两，往往如望岁焉”[3]。崇祯末年曾在朝廷任职的熊开元记，“癸未（1643）、甲申（1644）间，臣待罪阛扉，闻都人望贼如望岁，不啻三百矛刺心而血欲洒而无从也”[4]。大顺军占领北京时，不仅“百姓欢迎”[5]，明朝廷在京的两三千名官员自尽的只有二十人，其他“衣冠介胄，叛降如云”[6]。国子监生陈方策塘报中说：“我之文武诸僚及士庶人，恬于降附者，谓贼为王者之师，且旦晚一统也。”[7]史可法在奏疏中痛心疾首地说：“在北诸臣死节者寥寥，在南诸臣讨贼者寥寥，此千古以来所未有之耻也！”[8]

北京的明朝官员争先恐后地前往大顺政权吏政府报名请求录用，如少詹事项煜“大言于众曰：大丈夫名节既不全，当立盖世功名如管仲、魏征可也”[9]。给事中时敏声称：“天下将一统矣！”他赶往报名时吏

[1] 顾炎武《日知录》卷十三，《正始》条。
[2] 戴延栻《半可集》卷一，《蔡忠襄公传略》。
[3] 刘尚友《定思小纪》。
[4] 熊开元《鱼山剩稿》卷一，奏疏，隆武元年（1645）十一月二十二日疏。
[5] 查继佐《国寿录》卷一，《左中允刘理顺传》。
[6] 谈迁《国榷》卷一百一。
[7] 李天根《爝火录》卷二。
[8] 《史可法集》卷二，“为时事万分难支，中兴一无胜着”等事疏。
[9] 彭孙贻《平寇志》卷十。

政府大门已关闭，一时情急，敲门大呼："吾兵科时敏也！"才得以放人[1]。考功司郎中刘廷谏朝见时，丞相牛金星说："公老矣，须白了。"刘连忙分辩道："太师用我则须自然变黑，某未老也。"勉强被录用[2]。首席大学士魏藻德被关押在一间小房里，还从窗户中对人说："如愿用我，不拘如何用便罢了，锁闭作何解？"[3]1644年七月刘泽清致吴三桂信中写道："三面环观，曾有谁不降贼？"[4]次年八月在清摄政王多尔衮面前的一场争论也反映了当年情况。都给事中龚鼎孳等人指责内院大学士冯铨是明朝阉党；冯铨反唇相讥，说龚鼎孳曾投顺"李贼，竟为北城御史"。多尔衮问此事实否，龚说："实。岂止鼎孳一人，何人不曾归顺？魏征亦曾归顺唐太宗。"龚鼎孳急不择言，像项煜一样把李自成比为唐太宗，虽受到多尔衮的斥责，却是大顺军入京后绝大多数明朝廷官员的真实写照[5]。

明朝辽东军队和官员奉命撤入关内勤王，由平西伯吴三桂、辽东巡抚黎玉田带领于三月十三日全部进关，驻扎于昌黎、滦州、乐亭、开平一带[6]。当他们得知大顺军已经占领北京，明朝廷覆亡时，就同山海关总兵高第一道接受了李自成的招降，归附大顺政权；黎玉田被委任为大顺政权四川节度使，奉李自成之命与明朝投降总兵马科领军西行收取四川。至此，秦岭、淮河以北的明朝军队已全部收编，地方除辽东外均为大顺政权所接管。

---

[1] 彭孙贻《平寇志》卷十。

[2] 张正声《二素纪事》。

[3] 杨士聪《甲申核真略》。

[4] 《明清史料》丙编，第一本，第九十二页。

[5] 《清世祖实录》卷二十。

[6] 乾隆三十九年《永平府志》卷二，《封域志·纪事》。

第二节 大顺政权在政治上和军事上的失误

历史曾经给予李自成为首的大顺政权统一全国的机会。1644年春天，大顺军以秋风扫落叶之势迅速接管了包括山海关在内的黄河流域全部疆土，推翻了以朱由检为代表的明朝二百七十七年的统治。摆在李自成面前的任务是怎样才能站稳脚跟，实现一匡天下的目的。这一任务实际上取决于两点：一是他应当认识到辽东兴起的满洲贵族建立的清政权是同大顺政权争夺天下的主要对手，加强针对辽东的防务是新生的大顺政权存亡的关键。二是在汉族文官武将大批倒向自己的情况下，大顺政权必须在政策上做出重大调整，尽量缩小打击面，由打击官绅地主改为保护他们的利益。这二者是互相关联的。崇祯朝廷的覆亡除了它的腐败以外，主要原因是战略上两线作战，陷于左支右绌的窘境，造成两大对手力量不断地膨胀。大顺政权既然继承了明王朝的“遗产”，为避免重蹈崇祯朝廷的覆辙，理应在最大限度上争取汉族各阶层的支持。自明中期以后，缙绅势力已经成为社会上举足轻重的力量，能不能争取到他们的支持直接关系到大顺政权在管辖区内的稳定和遏制并随后解决辽东的民族对抗。

从当时形势分析，大顺政权的领导人如果能够高瞻远瞩，对全国形势有清醒的认识，完全可以采取正确的对策。首先，李自成必须放弃对官绅地主实行的追赃助饷政策，代之以轻徭薄赋、整顿吏治。就财政而言，李自成1643年以前，为维护贫苦农民利益实行三年免赋，以没收明朝藩王家产和对官绅追赃助饷来解决数量日增的军队和政权经费的需要，有其历史的必要性。占领北京以后，接收了明朝皇帝的内帑，没收同朱明王朝关系密切的宗室、国戚、勋贵（指明朝开国、靖难以来所封世袭公、侯、伯爵）、太监的全部家产，可以解决军队和政权的经费，即便需要向官绅士民征派部分赋役，为数也相当有限。只要采取这一措施，就足以赢得绝大多数汉族官绅的支持，结成共同对付满洲贵族的阵线。在这种情况下，清方面临的不是原先腐朽没落的明王朝，而是一个新兴的、充满活力的以汉族为主的政权，双方的力量对比将发生很大的变化，特别是随着时间的推移，大顺政权日益巩固，清方在人口（兵源数量）、物资方面的劣势肯定会越来越明显。

然而，以李自成为首的大顺军领导人并没有依据形势的变化在政策上做出必要的调整。他们仍然以农民利益的维护者自居，在管辖区内继续实行打击官绅地主的追赃助饷政策。学术界有一种流行的观点，认为农民起义中建立的政权都是封建政权。李自成起义军从1642年（明崇祯十五年）下半年开始在河南一些府县建立地方政权，1643年在襄阳建立中央政权，次年正月在西安正式立国建号。按照这种观点，甲申三月明王朝的灭亡不是被农民起义推翻，而是为一个新兴的封建政权所代替。可是，持上述观点的人却缺乏把自己的逻辑贯彻到底的勇气，因而陷于自相矛盾的境地。也有的史学工作者认为以李自成为首的农民政权推行的“免赋”政策并不是免征而是减免，这是不正确的。大量史实表明，大顺政权（包括其前身）在1644年六月兵败退回西安以前，在广袤的地区内都是以追赃助饷代替按田亩计征的赋税。各地文献都表明大顺政权委派的官员到任后几乎毫无例外地拘拿明朝官绅追赃助饷。如甲申三月，刘芳亮部占领大名府，“布州县伪官，毒掠缙绅”[1]。进占广平府之“次日，拷掠乡绅，以官职大小定银数之多寡，惨不可言”[2]。高阳县令王瑞图到任后，“奉贼令逼索乡绅，名曰助饷”[3]。灵寿县“伪令郭廉持符至灵寿，勒乡绅捐饷，恣为横暴”[4]。肥县县令石传声下车伊始即“置乡绅于狱，比饷银”[5]。临城县令段献珠履任后，“索饷银，

[1] 康熙十一年《重修大名府志》卷六，《年纪新志》；又见康熙十五年《元城县志》卷一，《年纪》。

[2] 乾隆十年《永年县志》卷十二，《兵纪》。

[3] 雍正八年《高阳县志》卷六，《杂志·兵事》。

[4] 康熙二十四年《灵寿县志》卷七，《孝义》；又见同书卷一，《地里》附《纪事》。

[5] 雍正十年《肥乡县志》卷二，《纪事》。

毁坊扁，免荒税”[1]。派往山东的大顺军将领郭升“以精贼数万略行齐鲁，张官置吏，四出赴任，旬日间遍于海岱。……奉其敕追掠缙绅，桁杨接踵，相望于道”[2]。济南府“有户政府从事张琚者，谓之催饷司，拷掠宦家子，俾助饷。其被掠者以万历来科目为断，计三十余家。刑具夹桚外，有铁梨花、吕公绦、红绣鞋之名”[3]。阳信县“夏四月，逆闯伪令搜罗邑绅子弟鬮赀助饷，各五百金，勒限追比”[4]。邹平县令王世传上任后“阳言鬮赀租，刑逼乡官，渐及富户，谓之追饷”[5]。北京聚集着明朝廷大批中央机构的官员，从三月下旬开始，未被大顺政权选用的官员大抵发往各营追赃助饷，“言卿相所有，非盗上则剥下，皆赃也”[6]。四月初八日，李自成发现这一举动在政治上已经造成不利影响，下令停止，被押官僚无论完赃与否一律释放，但各地的追赃活动一直延续到大顺军战败西撤为止。与此同时，我们却没有见到大顺政权在甲申五月以前有征收赋税的记载。某些文献由于文字含混给人以大顺政权在退回西安以前就曾征收赋税的印象，如果仔细研究一下其内容，不难发现所“征”得的银、粮一般都是整数，稍有常识的人都知道按亩计征的赋税不可能是整数，只有追赃才会出现这种情况；另一种是征发制造军需物品的翎毛（制箭用）、钢铁等，也不能说是正规的赋税制度。这些都说明大顺政权在北京的鼎盛时期没有制定赋税政策，仍然停留在追赃助饷的阶段。

应当承认大顺政权追赃助饷政策的革命性，它证明李自成虽然已经即位称帝，大将们受封侯、伯等爵，他们并没有忘记自己的穷苦兄弟，没有放弃维护农民利益的基本宗旨。但这也表明处于十字路口的大顺政

[1] 康熙三十年《临城县志》卷八，《述考志·事迹》。

[2] 乾隆五十三年《德州志》卷十二，艺文，程先贞《何振先传》。

[3] 乾隆三十七年《历城县志》卷四十一，列传七，《忠烈》。

[4] 乾隆二十四年《阳信县志》卷三，《灾祥》。

[5] 康熙三十四年《邹平县志》卷四，《职官》。

[6] 吴殳、戴笠《怀陵流寇始终录》卷十八。

权在关键时刻跟不上形势，陷于茫然失措的境地。李自成一方面采取了部分办法招徕官绅，一方面又大范围地以追赃助饷打击这个阶层。在追赃过程中官绅们巧取豪夺所得的家资难以保住，而且往往遭到刑拷，官绅体面扫地以尽，这对于大批归附大顺政权的官绅地主来说确实是始料未及的。官绅地主归附大顺政权，正是为了保护自身利益不惜在政治上变节，把过去痛骂的“闯贼”李自成当作新的靠山。然而，他们当中的绝大多数失望了，明朝廷中央官员被录用的占少数，地方官员由于大顺政权选用的原则是以未曾出仕的举人为重点，吸收的明朝官员所占比例很小，就整个官绅地主而言基本上处于被打击的地位。他们在饱尝铁拳之后，不胜愤慨地说：“是岂兴朝之新政哉，依然流贼而已矣。”[1]当大顺军所向无敌时，官绅们慑于大顺政权的兵威，一般不敢公开反抗，但已经暗中“人人饮恨，未及发也”[2]。有一种记载说庶吉士周钟因有文名受到丞相牛金星的重视，他积极参加大顺政权的活动，常说“江南不难平也”。一些明朝官员私下对他说：“闯残杀太甚，万难成事。”周钟回答道：“太祖（指朱元璋）初起亦然。”[3]其实，朱元璋在天下未定之时是“礼贤下士”的，对官员的大批屠戮和谪戍是在坐稳了皇帝的宝座以后。周钟的比拟并不适当，只是反映了被大顺政权录用的少数官员的一种希望。总之，李自成等大顺军领导人未能依据客观形势的变化及时调整政策，在接管区内大搞追赃助饷，把业已倒向自己的官绅地主推回到敌对地位，是极不明智的。当人们津津乐道“闯王进京”后如何如何腐化变质终于导致“群众”不满，归于失败的时候，本书作者却认为正是由于以李自成为首的大顺政权没有完成封建化的质变，才被汉族官绅勾结满洲贵族所扼杀。

在军事部署上，也突出地反映了李自成等大顺军领导人缺乏战略

[1] 郑廉《豫变纪略》卷六。

[2] 王度《伪官据城记》，见《荆驼逸史》。

[3] 钱䬻《甲申传信录》卷五。

眼光。从万历末年起辽东的满洲贵族军事力量日益崛起，成为明朝廷棘手的课题，而明末农民战争的全过程又是同明清之战交织进行的。为了抵御满洲贵族的进犯，明朝廷多次从陕西三边抽调兵将。按情理说，李自成在西安决策大举东征，以推翻明王朝为目标时，就应当对下一步迎战清军做到胸有成竹。事实却完全相反，他几乎没有意识到清军将是同自己争夺天下的主要对手。这首先表现在他在北京地区集结的军队不足以抵御清军大规模的进犯。大批主力部队分布在西北、湖广襄阳等四府、河南等地；进占山西、畿辅、山东以后，兵力进一步分散。这种部署对于稳定大顺政权统治区的局势虽然有积极作用，但是分兵驻防的结果势必造成在京师和京东地区缺乏足够的兵力。例如，李自成在湖广荆襄地区部署了以大将白旺为首的七万兵马，当大顺军向北京推进时，明军左良玉部乘机进攻湖广承天、德安；河南刘洪起等地主武装也同左良玉相呼应，颠覆当地的大顺政权。白旺上书请援，李自成当即决定派绵侯袁宗第带领一支相当庞大的军队由陕西奔赴湖广先击败左良玉部，随即北上河南平定了叛乱，直到大顺军在山海关战败，袁宗第和白旺的军队仍滞留于河南与湖广。这种局部的胜利只是导致了全局的失败。白旺七万之众完全可以牵制住左良玉部，不在于一城一地的得失，袁宗第所统右营为大顺军攻城野战的五大主力之一，本应调到北京地区，等到稳定辽东局势以后再回头收拾左良玉等手下败将，是易如翻掌的。李自成计不出此，说明他对用兵的轻重缓急缺乏战略头脑。

占领北京以后，李自成的麻痹轻敌思想进一步暴露出来。当时他身边的军队总数大约有十万人，受封侯爵的大将有刘宗敏、李过、刘芳亮、张鼐、谷英，加上明朝投降过来的军队，兵力也还可观。然而奇怪的是，李自成在大同留下了大将张天琳镇守，在真定委任了大将马重僖为节度使，唯独在京东山海关一带没有派遣“老本”嫡系大将去镇守。他的着眼点仅限于招降撤入关内的吴三桂、黎玉田和关门总兵高第，对关外虎视眈眈的清军却置之度外。开初，李自成对吴三桂、黎玉田率领的辽东官兵和山海关总兵高第的招降进行得很顺利，吴三桂在大顺政权“许以父子封侯”的条件下同黎玉田、高第一道归附大顺政权，吴三桂奉李自成之命率部由永平府前往北京“朝见新主”；黎玉田被委任为大顺政权四川节度使。李自成在招降了辽东和关门明朝官军后，似乎认为京东的问题已经解决，对清廷出兵干涉的危险毫无认识。他在山海关地区的军事部署只是派了几天以前在居庸关投降的明朝总兵唐通率领原部八千兵马接管山海关防务，而没有派大顺军嫡系大将出镇该地区。从他下令吴三桂率部进京和派原驻畿辅地区的明朝投降总兵马科率原部一万兵马同黎玉田一道远征四川来看，他根本没有料到清廷对明朝覆亡必然有分羹之心。似乎在他看来清兵在辽东的用兵和三次深入内地都是明朝的事，大顺政权从未同清军交锋，彼此无冤无仇，可以相安无事。也许是出于这种天真的考虑，他既不派大顺军主力前往山海关一带布防，又把同清军作战最有经验和实力的吴三桂部调来北京（召吴三桂本人入见是一回事，命其率部赴京又是一回事。联系到李自成命马科率部前往四川，很可能是想让吴三桂率部执行南下之类的任务），充分说明李自成对清军即将参加逐鹿中原的严峻形势毫无认识。即使不发生吴三桂叛变，仅凭唐通八千兵马也绝对抵挡不住清军的进犯。何况，李自成进京后，如果对吴三桂安抚得当，并立即派遣大顺军高级将领率主力协同吴军镇守山海关一带，吴三桂叛变的可能性很小，京东的局势也将比较稳定。

许多人轻信了封建史籍对大顺军的污蔑之词，断言李自成进京后领导集团腐化变质，丧失民心，终归失败。这种观点完全不符合事实。且不说不少亲历甲申燕京之变的人士记载大顺军在京期间纪律严明；就以时间而言，三月十九日大顺军进京，四月初十日左右得知吴三桂率部叛变回军攻占山海关，十三日晨李自成、刘宗敏亲率大军离京平叛，其间最大时限为二十三天。中国历史上许多王朝肇建伊始欣欣向荣，若干年之后壮志消磨，出现文恬武嬉的局面；却没有听说过在二十天左右就腐化得丧失战斗力的。再说，大顺军失败撤离北京后，清军入京立即将北京中、东、西三城居民全部逐出，下令剃头，总不会更得民心吧，为什么没有失败呢？可见，大顺政权之所以站不住脚，不是因为领导层变质，失去贫苦群众的支持；恰恰相反，由于它尚未完成质变，继续执行打击官绅地主的政策，引起缙绅们的强烈不满，因而不可能稳定自己的统治区，把汉族各阶层人士结成抗清的一致势力。军事上部署的失误又导致满洲贵族得以勾结汉族官绅，构成对大顺军压倒性的优势。说李自成等大顺军领导人因骄致败，是指他们目光短浅，骄傲轻敌；而绝不能解释为他们骄奢淫逸。明清之际，中国向何处去？这是历史上的一个重大问题，正确地总结这段历史，才能吸取经验教训，有效地利用我国丰富的社会、政治、军事遗产。

第三节　吴三桂叛变与山海关之战

吴三桂，辽东中后所人（今辽宁省绥中县）[1]，出身辽东军阀世家。他的父亲吴襄、舅父祖大寿[2]都曾任明朝总兵，同当地的将领官绅有着盘根错节的关系。由于祖大寿和三桂之兄吴三凤等明朝将领先后降清，吴三桂和他的部属又与清方营垒增添了一层暧昧关系。1644年三月，他被崇祯帝加封为平西伯，率部进关勤王，由于放弃关外土地，官绅家属和相当一部分辽东百姓跟随进关，安插未定，明朝就覆亡了。摆在吴三桂面前的形势是严峻的，他同山海关总兵（又称关门总兵）高第一共只有五万之众，在明末盛行的“家丁”制度下，其中真正能征敢战、装备

[1] 顺治五年二月十五日吴三桂“为恳请天恩事”揭帖称“本藩生于辽，长于辽，有祖先垅园葬立中后”，见《明清档案》第七册，A7—115号。《清史列传》卷八十，《吴三桂传》说他是“辽东人”，过于笼统。《清史稿》卷四百七十四，《吴三桂传》云：“吴三桂，字长伯，江南高邮人，籍辽东。”这里说的江南高邮人，是指他祖上从军以前的原籍，传至吴襄、吴三桂已无实际意义。三桂字月所，写作“字长伯”亦误。

[2] 按，祖氏为吴三桂继母，见《清世祖实录》卷二十一，顺治二年十一月吴三桂奏言。吴襄原任明辽东总兵，直到崇祯十六年底才调回北京，见崇祯十六年十一月十三日兵部塘报，《明清史料》乙编，第六本，第五七四页。

较佳的兵马只占少数。他们局促于关内永平府一隅之地，处于清、顺两大新兴势力之间，继续效忠明室是不现实的，因为以朱由检为首的明廷已经不存在，弘光朝廷还没有建立，他们同淮河以南的残明势力相距太远、音信不通，可走的道路就只有在降顺、降清之间做出选择。

清廷对吴三桂进行招降是比较早的，1642年（明崇祯十五年、清崇德七年）四月，清军攻克松山、锦州后，皇太极就致书吴三桂告以其舅氏祖大乐、祖大寿等“因系将军之戚”俱获保全，劝他“翻然悔悟，决计归顺”。又命三桂之兄吴三凤及祖可法、张存仁、裴国珍、胡弘先、姜新、陈邦选等以亲属、旧谊的关系写信晓以利害，竭力劝说其降清[1]。十月，皇太极再次致书吴三桂：“大清国皇帝敕谕宁远城吴大将军：今者明祚衰微，将军已洞悉矣。将军与朕，素无仇隙，而将军之亲戚，俱在朕处。惟将军相时度势，早为之计可也。”同时，又命祖大寿写信给吴三桂道：

宁锦间隔，不相通问者岁余矣。春时松山、锦州相继失陷，以为老身必死无疑。不期大清皇帝天纵仁圣，不但不加诛戮，反蒙加恩厚养。我祖氏一门以及亲戚属员，皆沾渥泽。而洪总督、朱粮厅辈亦叨遇优隆。自至沈阳以来，解衣推食，仆从田庐，无所不备，我已得其所矣，奉贤甥勿以为虑，但未知故乡光景何如耳。以愚意度之，各镇集兵来援辽左，未一月而四城失陷，全军覆没，人事如此，天意可知。贤甥当世豪杰，岂智不及此耶？再观大清规模形势，将来必成大事。际此延揽之会，正豪杰择主之时，若率城来归，定有分茅裂土之封，功名富贵，不待言也。念系骨肉至亲，故尔披肝沥胆，非为大清之说客耳。惟贤甥熟思之。虎骨靶小刀一柄，是贤甥素常见

[1] 《清太宗实录》卷六十，除皇太极敕谕外，收有张存仁、祖可法、裴国珍、吴三凤、胡弘先书信的主要内容。陈邦选、姜新书信见《明清史料》丙编，第一本，第八十五、八十六页。

者，故寄以取信。[1]

次年正月，吴三桂给祖大寿的回信“犹豫未决”。皇太极再次致书劝他“急图归顺，勉立功名”[2]。然而，在一年多时间里，吴三桂自觉回旋余地尚大，并没有接受清廷的招降。

到1644年三月明亡之时，吴三桂等撤入关内的辽东官员却很快决定接受大顺政权的招降。做出这一抉择首先是因为吴三桂等人获悉大批明朝文官武将都归附了大顺，其中不少人（如唐通、白广恩）在过去辽东战事中曾同吴三桂共事，大顺政权已是众望所归，颇有统一天下之势；其次，大顺政权同明王朝一样是以汉族为主体的政权，吴三桂等辽东官绅军民更易于接受；第三，吴三桂所部辽东官兵一直处于同清军对峙的地位，而同大顺军并没有多大恩怨，即如史籍所说：“以清兵仇杀多次，不欲返颜，乃修表谋归李贼。”[3]第四，就个人前途着想，吴三桂虽有一部分亲属降清，但他的父母等直系亲属居住在北京已处于大顺政权控制之下，归降或敌视大顺政权必将直接影响到他们的命运。何况，曾在辽东共事的总兵白广恩、姜瓖、马科、唐通等人都已跻身于大顺朝新贵之列，唐通兵力远逊于其，三月间才投向大顺就受封为定西伯，由他出面劝降，“盛夸自成礼贤，啖以父子封侯”[4]，对吴三桂有很大的吸引力。正是由于以上原因，吴三桂、黎玉田、高第迅速决定投靠大顺政权。山海关防务由李自成派来的唐通接管[5]。

---

[1] 《清太宗实录》卷六十三。

[2] 《清太宗实录》卷六十四。

[3] 《吴三桂纪略》，见《辛巳丛编》。

[4] 《清史列传》卷七十九，《唐通传》。

[5] 顺治元年六月山海关总兵高第“为钦奉令旨恭报挑过兵马实数仰祈睿鉴事”揭帖（原件藏第一档案馆）中明确讲到“伪镇唐通”调取关镇马匹和关门兵丁“投顺流寇”。高第上疏时距山海关战役不过一个多月，完全可以证明唐通接管了山海关防务，并且又证明了吴三桂、高第等辽东、关门兵将确实一度投降了大顺政权。

三月二十二日，吴三桂在永平府（府治在今河北省卢龙县）张贴告示，有“本镇率所部朝见新主，所过秋毫无犯，尔民不必惊恐”等语[1]，证明他已率领部下兵马前往北京准备接受李自成的新命了。三月二十六日左右，吴军行至河北玉田县，离北京已经不远了，吴三桂突然改变主意，由投降大顺转持敌对态度。产生这一急剧变化的原因在史籍中有三种说法：一是吴三桂听说他的父亲吴襄被大顺政权拘捕追赃[2]，一是误信从京中私自逃出的奴仆谎报吴襄全家被大顺军抄没[3]，第三种被人们津津乐道的说法是吴三桂留在北京的爱妾陈圆圆（又名陈沅）为大顺军将领所掠，于是“冲冠一怒为红颜”[4]。真实情况已难考定。吴三桂投降大顺，本意是维护和扩张自身利益，从北京传来的消息使他疑窦顿生，猜测李自成的召见很可能是一种骗局，将对自己采取不利行动。于是，他骤然变卦，带领部下兵马直奔山海关，从背后对镇守关门的唐通部发起突然袭击。唐通的兵力大约只是吴三桂部的五分之一，加以变生意外，猝不及防，山海关遂被吴三桂占领。唐通率残部撤往离山海关不远名叫一片石的地方，大顺政权委任的其他官员也纷纷逃回[5]。

吴三桂的叛变，使山海关地区顿时彤云密布，笼罩着一片紧张的战

[1] 《吴三桂纪略》，见《辛巳丛编》。

[2] 张怡《谀闻续笔》卷一记：吴三桂“闻其父大将军襄为所系，索饷二十万，乃惊曰：此诱我，剪所忌耳。乃率兵还。”杨士聪《甲申核真略》记：“吴襄者，三桂父也，在京为都督，被获将夹，复宥而宴之。吴知终不免，遣人贻书于子云。”下文又说：“吴襄书达三桂，并不言被夹，而赍书人误传已夹。三桂大痛愤，以道里日期计襄必死矣。”

[3] 彭孙贻《流寇志》（即《平寇志》）卷十一记载他听人转述吴三桂的幕客讲，吴三桂已决策投降李自成，“至永平，遇父襄苍头与一姬连骑东奔，惊问之，则襄姬与苍头通，乘乱窃而逃，诡对三桂曰：‘老将军被收，一门皆为卤，独与姬得脱，东归报将军，将军速为计。’三桂乃翻然复走山海，拥兵自守，使人乞师，共击贼也”。谈迁《国榷》卷一百一云：“吴三桂讹闻父襄遇害，即日自玉田还山海关。”

[4] 吴伟业《圆圆曲》，见《吴梅村诗集笺注》卷十；参见钱䮕《甲申传信录》卷八，《吴三桂入关之由》。

[5] 佘一元《哭李赤仙二律》诗序中说：“平西伯中途闻变，旋师山海，各官星散。”见光绪四年《临榆县志》卷二十。

争气氛。当地人士佘一元《述旧事诗》云“吴帅旋关日，文武尽辞行。士女争骇窜，农商互震惊”[1]，真切地反映了百姓们的惶惧不安。跟吴三桂采取同一立场的只有原山海关总兵高第和卫城（清代的临榆县）一小撮缙绅地主。关、辽两镇兵力合计不过五万，山海关一隅之地又难以筹措粮饷，“维时内无军需，外无援旅，人心汹汹，不保朝夕”[2]。吴三桂当然明白凭借这么一点军事和经济实力根本不足以同大顺政权抗衡，更谈不上在顺、清夹缝中求生存。他决定回师夺取山海关实际上意味着他在同大顺政权决裂之时已经把投靠清廷作为出路。为了给自己增添一些本钱，他不是率部出关以丧家之犬的形象向清方投降，而是玩弄手腕，一面“遣人东乞王师”，以京东要塞山海关城为见面礼；一面“遣人给贼缓师”，“以待本朝大兵”[3]。

李自成获悉吴三桂叛变占领山海关的消息后，经过紧张的商议，决定一面安抚吴襄，以吴襄的名义写信规劝吴三桂，希望借父子之情使他幡然变计；一面做好武力解决的准备，出兵平叛。四月十三日晨，李自成、刘宗敏亲自统率大军向山海关进发。随行的有明朝太子朱慈烺、永王、定王、晋王、秦王和吴襄等人，这说明李自成仍希望通过君、亲之义招降吴三桂。然而，由于吴三桂同清方勾结已成定局，招降的可能性不复存在了。

同李自成的麻痹大意相反，清廷统治者并不满足于占领辽东，随着明王朝的急剧衰微，他们趁火打劫的野心迅速膨胀起来，初期是想同农民军瓜分明帝国。皇太极去世前不久，对天下大势已做出了相当准确的判断，他说：“以朕度之，明有必亡之兆。何以言之？彼流寇内讧，土贼蜂起，或百万，或三四十万，攻城略地，莫可止遏。明所恃者

[1] 光绪四年《临榆县志》卷九，《舆地编四·纪要》。

[2] 光绪四年《临榆县志》卷二十，佘一元《哭李赤仙二律》序，其《述旧事诗五首》之三亦云：“仓库净如洗，室家奔匿多。关辽五万众，庚癸呼如何？”

[3] 光绪四年《临榆县志》卷二十一，《事实编四·乡型下》，程儒珍《关门举义诸公记》。

惟祖大寿之兵，并锦州、松山之兵，及洪承畴所领各省援兵耳，今皆败亡已尽，即有召募新兵，亦仅可充数，安能拒战？明之将卒，岂但不能敌我，反自行剽掠，自残人民，行赂朝臣，诈为已功；朝臣专尚奸谗，蔽主耳目，私纳贿赂，罚及无罪，赏及无功。以此观之，明之必亡昭然矣。”[1]在这以前，他命多罗饶余贝勒阿巴泰为奉命大将军统兵伐明时就曾指示：“如遇流寇，宜云尔等见明政紊乱，激而成变。我国来征，亦正为此。以善言抚谕之。申戒士卒，勿误杀彼一二人，致与交恶。”[2]由此可以窥知清廷早已处心积虑利用汉族内部阶级拼斗谋取渔翁之利。1643年八月皇太极病死，幼子福临即位，清廷实权落入摄政王多尔衮手中。次年正月，蒙古鄂尔多斯部落来告大顺军已经占领陕西[3]，多尔衮等立即在正月二十七日派使者往陕北同大顺军联络，信中说：“大清国皇帝致书于西据明地之诸帅：……兹者致书，欲与诸公协谋同力，并取中原，倘混一区宇，富贵共之矣。不知尊意何如耳。惟速驰书使，倾怀以告，是诚至愿也。”[4]大顺军榆林守将王良智收到来信时，李自成已亲统大军向北京推进。王良智虽将清廷来信一事报告了李自成，但大顺军领导人对清廷统治者急切于分享胜利果实的企图并没有给以重视。

联络大顺军共同灭明的图谋既未达成，多尔衮等清廷统治者也绝不肯放过扩张自身利益的良机。这年三月，清廷决定大举伐明。出师之前，范文程上书摄政诸王，指出明朝灭亡的大势已定，“窃惟成大业以垂休万世者此时，失机会而贻悔将来者亦此时”。“盖以为明劲敌者我国也，抑则流寇也。正如秦失其鹿，楚、汉逐之。虽与明争天下，实与

[1] 《清太宗实录》卷六十五。

[2] 《清太宗实录》卷六十三。

[3] 《清世祖实录》卷三。

[4] 《明清史料》丙编，第一本，第八十九页。

流寇角也。”[1]这就为多尔衮等人用兵提供了总体战略方针。四月初，传来了大顺军攻克北京、明廷覆亡的消息。多尔衮决定趁大顺军立脚未稳，迅速出兵。当时在清都沈阳的朝鲜使者向本国报告说：“顷日九王（指多尔衮）闻中国本坐空虚，数日之内，急聚兵马而行。男丁七十以下，十岁以上，无不从军。成败之判，在此一举。”[2]四月初九日，清摄政睿亲王多尔衮“统领满洲、蒙古兵三之二及汉军恭顺等三王、续顺公兵，声炮起行”[3]。动员兵力之多连清方人士也说“前后兴师，未有如今日之大举”[4]。清廷这次出兵同崇祯年间三次入口大不一样，战略目的已由掠夺财物子女变为进取中原。因此，多尔衮接受范文程、洪承畴的建议，严格约束军纪，规定“有抗拒者必加诛戮，不屠人民，不焚庐舍，不掠财物……军民秋毫无犯”[5]。进军路线则采纳了洪承畴的意见，准备由蓟州、密云破边墙而入，避免顿兵山海关坚城之下。

四月十五日，清军行至翁后，意外地遇上了吴三桂的使者副将杨珅、游击郭云龙，携带求援书信，内云：“三桂受国厚恩，悯斯民之罹难，拒守边门，欲兴师问罪，以慰人心。奈京东地小，兵力未集，特泣血求助。……王以盖世英雄，值此摧枯拉朽之会，诚难再得之时也。乞念亡国孤臣忠义之言，速选精兵，直入中协、西协；三桂自率所部，合兵以抵都门，灭流寇于宫廷，示大义于中国。则我朝之报北朝岂惟财帛，将裂地以酬，不敢食言。”[6]多尔衮当即决定改变进军路线，直趋山海关。他在回信中说：“伯虽向守辽东，与我为敌，今亦勿因前故尚复怀疑。……今伯若率众来归，必封以故土，晋为藩王，一则国仇得

[1] 缪荃孙《云自在龛笔记》所载有徐元文、韩菼跋文的范文程启本；参见《清世祖实录》卷四。

[2] 吴晗辑《朝鲜李朝实录中的中国史料》上编，卷五十八。

[3] 《清世祖实录》卷四。

[4] 吴晗辑《朝鲜李朝实录中的中国史料》上编，卷五十八。

[5] 《清世祖实录》卷四。

[6] 《清世祖实录》卷四。

报，一则身家可保，世世子孙长享富贵，如山河之永也。”[1]很明显，吴三桂的信在措辞上经过斟酌，以明朝孤臣的名义请求清方合兵共讨农民军，尽管当时明朝廷并不存在，“裂地以酬”也不是他所能决定的，无非是为自己投靠清朝蒙上一层遮羞布而已。多尔衮洞察其心，直截了当地以晋封藩王为诱饵，招降吴三桂。到吴三桂得知李自成亲统大顺军主力迫近山海关，再次派郭云龙催促清军火速来援时，就请求多尔衮“速整虎旅，直入山海”[2]。四月二十日，多尔衮接信知道形势紧迫，为了防止大顺军占领山海关，下令兼程前进。次日，清军以一天二百里的速度急行军，于当晚到达距关城十里的地方驻营。这时，大顺军与吴三桂、高第部关、辽兵正在激战之中。

为了明白山海关战役的胜负，分析一下参战各方兵力情况是必要的。大顺军开赴山海关时留下了老弱兵员一万守北京，随李自成、刘宗敏前往平叛的兵马为十万名[3]；吴三桂、高第的关、辽兵合计约为五万；而清军当时的全部兵力为十万[4]，除了摄政郑亲王济尔哈朗率领满、蒙八旗军队三分之一留守沈阳一带外，多尔衮所统满、蒙、汉军队为七八万人。自然，在三支军队中清军战斗力最强；吴三桂部是原明朝官军中的精锐；大顺军是自1641年（崇祯十四年）迅速扩展起来的队伍，大部分兵员素质不如清方，但是，他们是一股新兴势力，纪律严明，富于朝气，不像明朝官军那样腐败。由此可见，集结在北京地区的大顺军击破吴三桂、高第部原明朝关、辽兵是绰有余裕的；很可能李自

[1] 《清世祖实录》卷四。

[2] 《清世祖实录》卷四。

[3] 大顺军出征山海关的兵马数各书记载相距甚大，清方档案和《清实录》都说是二十万人；有的史籍说只有六万人。时山海关人佘一元《山海石河西义冢记》说战役中“凡杀数万人……然所杀间多胁从及近乡驱迫供刍糗之民，非尽寇盗也”。见佘一元《潜沧集》卷三，又见康熙八年《山海关志》卷九。可见，清方所记二十万除有夸大之处，还把大顺政权征发的民夫计算在内。

[4] 《大义觉迷录》卷一载雍正“上谕”说：“至世祖章皇帝入京师时，兵亦不过十万。夫以十万之众，而服十五省之天下，岂人力所能强哉！……其时统领士卒者，即明之将弁；披坚执锐者，即明之甲兵也。”

成入京之时调集的兵力也仅满足于此。而介于顺、清之间的吴三桂部则具有举足轻重之势：降顺则李自成的兵力约为来犯之清兵两倍，而且山海关要隘不致拱手让敌，即便在同清军作战中局部失利，大顺政权可征调的增援兵力较清方要大得多；吴三桂叛投清方，双方兵力对比和态势就颠倒过来，清、吴联军在数量上也占了优势。大顺政权在政治、军事上的失策，导致了山海关战役的失败和北京、畿辅、山东等地的易手。

四月十三日晨，大顺军由北京向山海关进发。行至三河县遇到了吴三桂派来的使者，谎称吴三桂仍愿意投诚，请求缓师[1]。在这关键时刻，李自成又一次受骗了，他派明朝降官密云巡抚王则尧以兵政府尚书的官衔去山海关同吴三桂谈判，随即放慢了进军速度。从北京到山海关大约五天可达，大顺军却在八天之后即四月二十日才进抵关西。这时，才知道王则尧已被拘押，吴三桂和高第的军队在关内沿石河一线做好了作战准备，除了武力解决，没有招降余地了。四月二十一日上午辰时（约为八时），山海关战役开始[2]。李自成为了全歼关辽兵，防止吴三桂部被击败后引残部出关降清，做出用兵部署：把主力放在石河西，另外派遣部分军队包抄至关内外，进攻山海关的东罗城、西罗城、北翼城。双方激战一昼夜，到二十二日上午吴三桂军已有不支之势，据守北翼城的一支吴军向大顺军投降[3]。

[1] 光绪四年《临榆县志》卷十九，《事实编二·乡型上》记："时议诈降缓贼，以待本朝大兵。"所派之人为高选、李友松、谭邃寰、刘克望四生员及刘台山、黄镇庵二乡耆，参见同书卷二十一，《事实编四·乡型下》及光绪《永平府志》卷六十五。

[2] 康熙八年《山海关志》卷五，《政事志·兵警》。

[3] 李光涛《明清档案论文集》中反复论证即使没有清兵助战，吴三桂军"足以制贼"，李自成"必败无疑"，见全书"自序"、第八页、三十九页、八十页、八十一页、七〇〇至七一〇页，台湾联经出版事业公司1986年版。李氏立论完全凭借山海关战役后吴三桂部下将领、义勇绅衿争功文书，似乎连《山海关志》《临榆县志》以及当时当地人佘一元等人著作全未参考。事实上，二十二日上午吴军已有瓦解之势，吴三桂深知危险，亲自率领数百骑同关城绅衿吕鸣章等冲出关外，至欢喜岭上的威远台叩见多尔衮，请求立刻出兵相救。"方见时，忽报北翼城一军叛降贼"（康熙八年《山海关志》卷五，《政事志·兵警》）。李氏之见，偏颇太甚。

吴三桂见情况危急，亲自带领部分兵马和当地乡绅冲出关门，请清军立即参战。多尔衮统率的清军二十一日晚驻营距关城十里，二十二日晨进至离关城仅二里的威远台（在名叫欢喜岭的小丘陵上，今名威远城，实误）观战[1]。经过几天的使者往返和亲身考察，多尔衮对吴三桂的处境和降清诚意已洞然于心。吴三桂到后当即“赐坐赐茶，面谕关门为第一功”[2]。他对吴三桂等官绅说道：“汝等愿为故主复仇，大义可嘉。予领兵来成全其美。先帝时事，在今日不必言，亦不忍言。但昔为敌国，今为一家。我兵进关，若动人一株草、一颗粒，定以军法处死。汝等分谕大小居民勿得惊慌。”[3]接着又吩咐吴三桂：“尔回，可令尔兵以白布系肩为号。不然，同系汉人，以何为辨？恐致误杀。”[4]说完，让吴三桂立即回关准备接应，同时下令清军从南水门、北水门、关中门三路进关。

清兵进关后，见大顺军从北山至海边排列成一字长蛇阵，多尔衮即令清军沿近海处鳞次布列，吴三桂军排列于清军的右边，采取重点突破战术。这时正值大风扬尘，能见度很低，清军得以从容布阵。少顷，风止，多尔衮一声令下，清军呼啸出击，万马奔腾，飞矢如蝗。大顺军虽拼死抵抗，但强弱易形，兵员同吴三桂军已鏖战一昼夜，面对以逸待劳的清军很快就被击败，阵容大乱，大将刘宗敏也负了伤。李自成立马小岗阜上见败局已定，下令急速撤退[5]。行至永平府范家店时，李自成决

[1] 佘一元《述旧事诗》云：“清晨王师至，驻旌威远台。平西招我辈，出见勿迟回。”见光绪四年《临榆县志》卷九。

[2] 顺治元年七月督理山海粮储户部员外郎吕鸣章等启本，见《顺治元年内外官署奏疏》。

[3] 康熙八年《山海关志》卷五。

[4] 《清世祖实录》卷四。

[5] 不少史籍记载清军投入战斗以前，大顺军毫无觉察，等到发现突阵而来的是清军，立即失魂落魄地奔逃。这和当时情况不符。大顺军同吴三桂部作战时包围了山海关，吴三桂往威远台请清军参战时是“冲”过大顺军阵地的，清军随即入关，大顺军不可能不知道。问题是获悉清军进至山海关地区，大顺军领导人已来不及檄调援军，只有凭手头兵力付之一掷了。

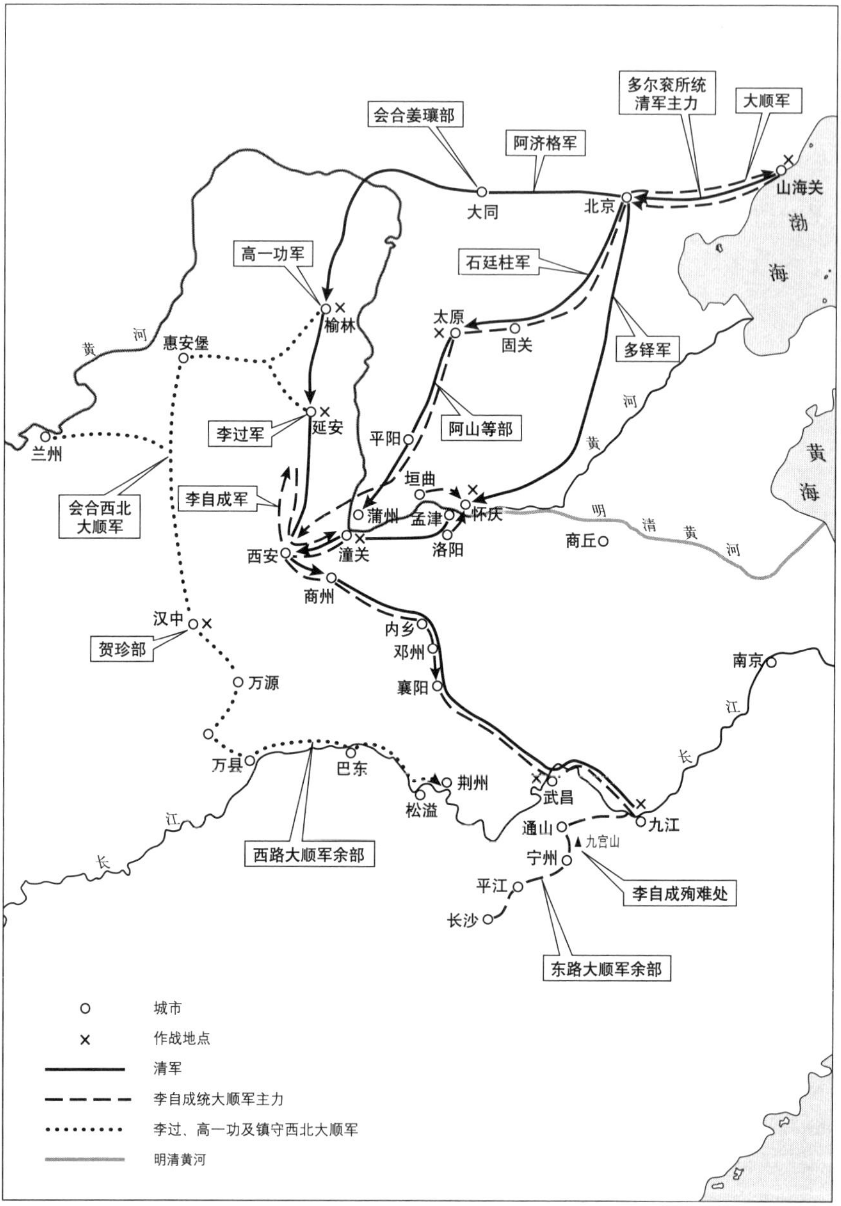

1644—1645年清军与大顺军作战图

定将吴襄处斩[1]。二十六日，回到北京，又杀吴三桂家属三十四口，可见李自成对吴三桂的勾引清兵、叛变欺诈极为痛恨。而吴三桂却在山海关战役刚刚结束就率领关辽军民剃发降清，由多尔衮承制封为平西王。

山海关战役是明清之际直接影响全国局势发展的一场关键性战役，对于推翻明朝后究竟是大顺朝廷还是清朝廷统治全国关系重大。战役的结果是清胜顺败，根本原因在于李自成等大顺军领导人目光短浅，政策和战略上犯了一系列重大错误。山海关战役的意义标志着：一、大顺军的历史使命从此由推翻明王朝转变为抗清斗争；二、清廷统治者梦寐以求的入主中原迈出了关键的一步；三、以吴三桂为倡首在汉族官绅中迅速形成了一股不可忽视的拥清派。

第四节　清军占领北京和大顺军西撤

大顺军败回北京以后，李自成曾经考虑过据守北京，二十七、二十八两日采取了备战措施，责令军民火速拆除城外羊马墙及护城河旁房屋[2]。但是，经过斟酌，大顺军领导人终于决定放弃北京，主动西撤。这是因为大顺军在北京地区不可能集中一支足以固守待援的兵力，跟踪而来的清军一旦围城，大顺政权的领导人物和败回兵将就可能成为瓮中之鳖；加上城内居民亲眼看到大顺军败阵而回的狼狈情况，讹言四起，潜在的敌对势力也待衅而动。在这种形势下，李自成断然决定二十九日在北京举行即位典礼后，立即率部西撤。离京前“分付阖城人民，俱各出城避难”[3]，同时下令放火焚毁明代宫殿和各门城楼。大顺军撤退时，“城中扶老携幼西奔者络绎不绝”，一些明朝降官如龚鼎

[1]　乾隆三十九年《永平府志》卷三，《封域志·纪事》。

[2]　杨士聪《甲申核真略》记此事云，“恐东兵攻城，故亟去之”。他本人也被抓去城外拆羊马墙。

[3]　李天根《爝火录》卷三引当时塘报。

孳、涂必泓等人也自动随军西行[1]。这说明大顺政权在当时仍有相当威望，城中官民对此后局势的变化尚难逆料。

清军在山海关地区做了短暂的休整，即向北京进发。四月三十日晚上，多尔衮在蓟州获悉大顺军已经撤离北京，命令多铎、阿济格和吴三桂等带领精兵火速追击，目的是进一步重创大顺军，尽量截留被大顺军运走的金银财物。他自己率领部分兵力于五月初二日由朝阳门进入北京。当时北京城里的官绅士民并不清楚吴三桂已经投降清朝等情况，纷纷传说吴军杀败大顺军，夺回明太子朱慈烺，即将送回北京即位，因此准备了皇帝的卤簿法驾出城迎接。没想到昂然而来的是清摄政王多尔衮，许多人大吃一惊偷偷溜走，少数官僚则将错就错地把多尔衮迎入劫后仅存的武英殿，拜倒在爱新觉罗皇室脚下。

五月初八日，清军在庆都（今河北省望都县）城东追上大顺军。李自成命蕲侯谷英率兵阻击，被清军击败，谷英阵亡。接着，清军又在真定（今河北省正定县）再次获胜。大顺军在畿辅已无法立足，经井陉退入山西，留精兵扼守固关[2]。追击的清军于五月十二日返回北京。

京师的再次易手，在明朝官绅中又一次造成重大的影响。大顺军进京时绝大部分明朝官绅都报名请用，清兵占领北京后相当一批汉族官绅出于民族隔阂不愿出仕清朝，纷纷南下。杨士聪在一封信中就说："弟联艅南来缙绅不下百余人"；"昨闻泛海诸臣，漂没者七十余艘。乐哉诸臣，幸得免于一留再留"[3]，其他先后南窜的官员为数当更多。顺治元年七月清吏部左侍郎沈惟炳在奏疏中写道："大清入来，规模宏大，安民和众，恩已着矣。而京官南去不返，似怀避地之心；高人决志林藏，似多避世之举。见在列署落落晨星，何以集事而襄泰运哉。"他

[1] 徐应芬（聋道人）《遇变纪略》。

[2] 边大绶《虎口余生记》。

[3] 《甲申核真略》附《答孙兴公书》，所谓"一留再留"是出仕大顺和清朝的一种隐晦说法。

建议“急行征聘，先收人望”，“此兴朝第一急务也”[1]。在争取汉族缙绅势力上，清廷显然技高一筹。大顺政权的追赃助饷，随后建立的南明弘光政权又以从逆的罪名追究南逃官绅曾经投降“闯贼”而大兴“顺案”，都使相当一部分官绅大失所望，另寻出路。多尔衮进京初期比较谨慎，遇事多听从范文程、洪承畴等汉族官僚的建议。为了取得汉族官绅地主的支持，他以为明帝复仇讨贼相标榜，进京后的第三天就下令：“官民人等为崇祯帝服丧三日，以展舆情。著礼部、太常寺备帝礼具葬。”[2]鉴于明朝后期党争激烈，在京的明朝官僚绝大多数又投降过大顺政权，多尔衮不失时机地广为招徕，入京之初就“大张榜示，与诸朝绅荡涤前秽”[3]。“令在京内阁、六部、都察院等衙门官员，俱以原官同满官一体办事”[4]。不久又进一步明确宣布：“凡文武官员军民人等，不论原属流贼，或为流贼逼勒投降者，若能归服我朝，仍准录用。”[5]这就是说不管是东林—复社党人还是魏忠贤阉党，是明朝官员还是大顺政权官员，只要归附清朝就官复原职，甚至加官晋级。其中突出的例子如涿州人冯铨在天启年间依附魏忠贤，爬到大学士，崇祯初革职为民，多尔衮入京后即以书征至，委任为内院大学士，而且因为他熟悉朝廷典故排名第一，位列范文程、刚林、祁充格、宁完我之前。冯铨受宠若惊，请求将名次移后，多尔衮说：“国家尊贤敬客，卿其勿让。”[6]陈名夏在大顺军进京后曾报名任职，清军入关他逃回南方，却被南明弘光朝廷视为“从贼逆臣”，要捉拿归案，他走投无路被迫重返北京投靠清廷，历任显官，一直做到大学士。顺治初年，清吏部向朝廷请示：周伯

[1] 顺治元年七月吏部左侍郎沈惟炳揭帖，见《明清史料》甲编，第一本，第六十九页。

[2] 《清世祖实录》卷五。

[3] 徐应芬《遇变纪略》。

[4] 《清世祖实录》卷五。

[5] 《清世祖实录》卷八。

[6] 《清史列传》卷七十九，《冯铨传》。

达在明朝任陕西关西道，在大顺政权中任甘肃节度使；刘达原为明朝临汾知县，大顺时期任巡按河南直指使，究竟应按明朝官级还是按大顺官级授职？清廷决定按大顺所授较高官职录用[1]。陈之龙在明朝为监军道，大顺政权委任为宁夏节度使，降清后仍任巡抚[2]。黄尔性在崇祯末年任明朝汉中府通判，大顺政权授职“道员”（防御使），降清后被英亲王阿济格委任为宁夏巡抚；富平县举人赵兆麟归附大顺政权后，仕至神木道（神木防御使），降清后也由阿济格委任为郧阳抚院。顺治三年正月，清廷吏部建议把他们降为道级官员，摄政王多尔衮裁决仍以“都堂”（巡抚）任用[3]。多尔衮还经常命降清的汉族官员荐举人才，形成门生旧友相率入朝的局面。自从明朝中叶以来，缙绅势力迅速膨胀，成为各地举足轻重的社会力量。多尔衮采取大包大揽、求“贤”若渴的方针，就奠定清朝统治而言是最成功的一着。1645年（清顺治二年、明弘光元年）正月，吏科都给事中朱徽在一份奏疏中说：“去岁五、六月间，人心粗定，引避者多，寮署一空，班行落寞。及摄政殿下宽仁好善之意，播于远迩，暨圣主膺箓御图以后（指上年十月清帝爱新觉罗·福临在北京即位），瑞叶天人，然后东西响应，多士云集，乃有今日，岂易易哉。”[4]这段话颇能说明清廷为争取汉族官绅的支持确实煞费功夫，效果也是很明显的。

在经济上，清廷也实行维护官绅地主利益的政策，宣布凡被起义农民夺去的田产一律“归还本主”[5]。甚至连“前朝勋戚赐田、己业，俱备照旧”[6]。同时规定各地征收田赋一律按万历年间册籍，停征崇祯

[1] 《清世祖实录》卷二十五。按，原文把周伯达的官职写作甘肃巡抚，刘达为两河巡按御史，是以明清官制来称呼大顺同级官员的。

[2] 陈之龙降清之初被英亲王阿济格委任为陕西三边总督，见《明清史料》甲编，第二本，第一〇四页；不久改任凤阳巡抚。

[3] 《清初内国史院满文档案译编》中册，第二五六页。

[4] 《明清档案》第二册，A2—119号，参见《清世祖实录》卷十三。

[5] 《清世祖实录》卷十五。

[6] 《明清史料》甲编，第一本，第七十五页引顺治元年谕旨。

时期加征的辽饷、剿饷和练饷。对于明朝世代受匠籍制度束缚的手工业工人也全部放免，取消他们对封建官府的人身依附关系。1645年（顺治二年）五月下诏："免山东章邱、济阳二县京班匠价。并令各省俱除匠籍为民。"[1]对明朝早已失去军事职能的卫所制度也着手改革，把卫所军士改为屯丁，遇有缺额"永不勾补"[2]。这些措施反映了清廷统治者鉴于明朝不顾人民死活横征暴敛终于导致自身覆亡，有意于减轻百姓负担的愿望。尽管清初社会生产大面积破坏，加以频繁用兵，军需孔急，朝廷颁布的"恩诏"很大程度上口惠而实不至。如时人谈迁记载："都人谣曰：恩诏纷纷下，差官滚滚来。朝廷无一事，黄纸骗人财。"[3]说明顺治年间和康熙初期的宣布减免赋税并没有多大实际意义，甚至由于奉差官员的敲诈勒索反而加重了人民的困苦。但是，这些政策具有长期性质，对于稳定人心，使流离失所的人口同抛荒的土地逐步重新结合起来，无疑有积极作用，为尔后社会生产的恢复和发展创造了比较有利的条件。

多尔衮刚进关时曾经严令沿途军民一律剃发结辫，遵从满俗。入京后又命令京师官民为崇祯帝吊孝三日后即剃发改制。这一举措立即引起汉族各阶层居民的强烈反感。当时在北京的朝鲜使臣回国后评论道："入关之初，严禁杀掠，故中原人士无不悦服。及有剃头之举，民皆愤怒。或见我人泣而言曰：'我以何罪独为此剃头乎'；如此等事，虽似决断，非收拾人心之道也。"[4]由于清廷立脚未稳，朝廷内新归附的汉官非议甚多，在野的更惊畏不至，多尔衮不得不暂时收敛，五月二十四日谕兵部道："予前因归顺之民无所分别，故令其剃发以别顺逆。今闻甚拂民愿，反非予以文教定民之本心矣。自兹以后，天下臣民照旧束

[1] 《清世祖实录》卷十六。

[2] 参见《清世祖实录》卷十五，顺治二年三月户、兵二部议复顺天巡抚宋权疏条。

[3] 谈迁《北游录》纪闻下。

[4] 《朝鲜李朝实录中的中国史料》上编，卷五十八。

发，悉从其便。”[1]同年七月，又规定“近简用各官，姑依明式速制本品冠服，以便莅事”[2]。

清廷占领北京初期采取的措施，在相当程度上改变了汉族居民记忆犹新的清军三次深入内地屠杀掳掠的残暴形象，特别是对汉族文武官绅招徕有方，不仅使自己迅速在畿辅以及附近地区站稳了脚跟，也为此后征服全国奠定了基础。

第五节　畿南、山东、晋北地方官绅反对大顺政权的叛乱

大顺军在山海关战役中失败的消息传开以后，原大顺政权管辖区内的明朝官绅认为时机已到，迅速纠集兵力发动叛乱，推翻当地的大顺政权。这些发动和参与叛乱的官绅绝大部分是以明朝为正统的，他们对山海关战役和清军入京的情况并不大了解，有的只知道大顺军被吴三桂部杀败；有的虽然知道清军入关，也以为只是吴三桂借用清方兵力。因此，他们打的旗帜大抵是“擒贼复明”。

四月二十七日，山东德州乡绅明朝御史卢世漼、赵继鼎、主事程先贞、大学士谢陞之弟生员谢陛发动叛乱，推举逃难到该地的明宗室庆藩奉国中尉、香河知县朱帅欽为盟主，假称济王[3]，号召远近。山东和北直隶的许多地方官绅群起响应，不到一个月就占领了山东省德州、省会济南府、东昌府、青州府、临清州、武定州、高唐州、滨州、海丰、蒲台、沾化、莱芜、陵县、乐陵、利津、济阳、商河、齐东、乐安、朝城、恩县、平原、德平、临邑、禹城、阳信、武城、宁津；北直隶的河间府（包括河间、任丘、肃宁、兴济、阜城等八州县）、大名府、

[1]　《清世祖实录》卷五。

[2]　《清世祖实录》卷六。

[3]　康熙十二年《德州志》卷十，《纪事》。

景州、冀州、沧州、吴桥、故城、武邑、交河、献县、武强、东光、饶阳、衡水、清河、曲周等，共四十多个地区[1]。朱帅锹在明朝宗室内的地位很低，只是由于原封在山东境内的鲁王、德王、衡王不是南逃就是被大顺军俘获，找不到合适人选，竟被推为“济王”作为复明的号召。朱帅锹发布的檄文中说：“不佞派居天裔，义切君亲，适税驾于德城，快凶流之正罪，谬当推戴，统众专征。……闻吾君犹存六尺之孤，况寰宇不止一成之藉。史司马（指明南京兵部尚书史可法）整旅江南，旌旆夹舳舻并进；吴总戎（指吴三桂）扬旂塞北，清兵挟汉将齐驱，屡有捷音，多方响应。知匡复之不远，识中兴之有期。……於戏，新市、平林究扫除于汉祖，思明、庆绪畴摇夺夫唐基，繇来滔天之恶必亡，伊我列祖之灵未坠。共成义举，早睹昌时。”[2]可见山东和河北南部的汉族官绅反叛大顺，是以“中兴”明朝为宗旨的。尽管以朱帅锹为代表的山东、畿南官绅对大顺政权极为仇视，他们的意图是要恢复明朝，在明室“天位未定”之际权宜设官置吏，以待“匡复”。清朝官员后来说他“假济王聚众，欲称尊号”，“遍授乡绅以侍郎、卿、寺之名”[3]；指责朱帅锹想自称尊号是他入清以后的政敌诬罔之词，但他确实曾经以“济王”的名义任命了一批不伦不类的官员，现存第一档案馆就有“山东济王府兵部主事臣张吕韬”于七月十三日给清廷的奏本[4]。朱帅锹檄文里明说“闻吾君犹存六尺之孤”，又特别提到“史司马整旅江南”，他自己只是“统众专征”，并没有用监国以上的名义，这些都说明朱帅锹和他的拥戴者仅限于为即将继统的明朝新君从大顺政权手中“收复失地”而已。

---

[1] 顺治元年七月庆藩奉国中尉朱帅锹启本，原录本藏第一档案馆。

[2] 康熙十二年《德州志》卷十，《纪事》；另据乾隆五十三年《德州志》卷十二《艺文》校补。按，这件檄文为德州生员李嗣宬代作。

[3] 顺治元年六月二十九日招抚山东户、工二部侍郎王鳌永启本，原件藏第一档案馆。

[4] 顺治朝奏本第五号，藏第一档案馆。

大顺军撤入山西以后，清军停止了追击，返回北京休息整顿，大约有一个月时间没有采取军事行动，所占地方不过是京师附近一带。李自成又一次犯了战略性的重大错误。他不是坐镇太原，火速从陕西等地调集军队入晋，加强山西防务；相反，却同刘宗敏等高级文官武将率领主力继续西撤，于六月初渡过黄河，返回西安。尽管他在固关留下了大将马重禧；在大同、阳和留下了制将军张天琳；在晋东南长治地区留下了大将刘忠；路过省会太原时留下明朝降将陈永福守御，“且授以坚壁清野之计”[1]；在晋西北保德地区留下了降将唐通；晋南临汾地区又有绵侯袁宗第统兵万人屯于挂甲庄[2]。兵力似乎颇为可观，但这些留守山西的军队各守汛地，缺乏一员威信卓著的将领统一指挥。由于大顺政权覆败后档案材料毁灭殆尽，我们无法得知李自成为什么要那么匆促地返回西安，为什么连长期担任前线总指挥的刘宗敏也没有留镇山西。清军占领畿辅地区后，山西就成了大顺政权同清方对峙的前线，李自成部署之不当又一次证明了他缺乏战略眼光。

五月初十日，一度投降大顺政权的明大同总兵姜瓖发动叛乱，“阳和军民约与镇城军民内应，于是杀（张）天琳及伪中军张黑脸，恢复大同”[3]。姜瓖占据大同地区后，初期也是以复明为号召，他拥戴“境内枣强王朱鼎䛹续先帝之祀”，“委以国政”[4]。按时间推算，这时李自成正在太原地区，却没有对这一雁北重镇发生的重大变故采取任何措施，而是继续西撤。姜瓖随即在清方拉拢下，很快归附了清廷。六月十六日，他接到清兵部信牌传达多尔衮的令旨：“大同总兵官姜瓖忠诚为国，擒杀伪将，平定大同、阳和等功，予甚嘉悦。但立枣强摄理国事，

[1] 康熙二十一年《阳曲县志》卷十二，《丛纪》。

[2] 雍正七年《临汾县志》卷五，《兵氛》。挂甲庄在临汾县城东北，见同书卷一，《图考·疆域图》。

[3] 顺治九年《云中郡志》卷十二，《外志》附《逆变》。

[4] 《清世祖实录》卷五。按，朱鼎䛹或作朱鼎珊，䛹字为言旁，不符合明宗室命名原则。

以延先祀等语，甚觉不宜，其枣强王可照旧守其本等爵级。……”姜瓖立即遵令用顺治年号“大张榜示，通行布告军民人等”[1]。这样，大同的复明变成了归清。

明恭顺侯吴惟英之弟吴惟华在多尔衮进京时拜迎马首，自告奋勇前往山西替清朝招安地方。多尔衮欣然同意。六月，吴惟华离京赴晋，在两三个月里联络一些明朝文官武将先后招降了代州、繁峙、崞县、五台[2]，攻克静乐、定襄等州县[3]，从而使清朝控制区扩大到太原以北。

姜瓖在大同叛变投清以后，又发生了唐通在晋、陕交界地区的叛乱。顺治元年八月初六日，清廷以摄政王多尔衮名义写信招降唐通。[4]唐通和姜瓖、吴三桂等人一样都擅长于见风转舵。大顺军兵败撤出畿辅后，他奉李自成之命镇守同陕西相邻的军事要地保德州、偏关地区。由于姜瓖的叛变，大同地区落入清方之手，唐通估计大顺政权难以同清廷抗衡，就在八月下旬以保德州为据点发动叛乱，文告改用明崇祯年号，西渡黄河袭击陕西府谷县，同大顺政权镇守陕北的亳侯李过激战达半月之久。由于变生意外，李过部损失较大。唐通占领了山西保德州、岢岚州、永宁州（今山西省吕梁市）、河曲县、兴县、岚县、临县和陕西府谷县、葭州（今佳县）一带。清朝委任的山西总兵高勋和唐通有一面之交，于九月初三日派人往保德招降唐通，初七日唐通回信表示愿意归附清朝。[5]十月十一日，他正式拜表投降清廷，改用顺治年号。[6]清廷于

[1] 顺治元年六月二十四日大同总兵姜瓖条陈，见《明清史料》丙编，第五本，第四〇一页。

[2] 顺治元年七月二十日督抚兵民招安山西大同等处地方恭顺侯吴惟华题本，见张伟仁主编，台湾联经出版事业公司出版《明清档案》第一册，A1—29号，参见罗振玉《清初史料丛编》所收《顺治元年八月吏曹章奏》。

[3] 顺治元年八月初一日吴惟华题本，见《明清档案》第一册，A1—71号。

[4] 《清世祖实录》卷七。

[5] 顺治元年九月初九日山西总兵高勋揭帖，见《明清档案》第一册，A1—104号。

[6] 顺治元年十月十一日唐通“为钦奉敕旨事”奏本，见《明清档案》第二册，A2—17号。

十一月将唐通由定西伯加封为定西侯。[1]唐通的叛变，不仅使山西北部全部沦入清方之手，而且由于唐军占领了府谷、黄甫川、清水营和葭州一带，在黄河西岸的陕西境内也建立了据点，对大顺政权的陕北防务构成了威胁。李自成深为愤慨，下令把唐通的母亲和儿子处死。[2]

历史证明，大顺政权在驾驭明朝降将上犯了一系列错误。从1644年到1645年，归附大顺的明朝旧将几乎毫无例外地叛变投敌，对于整个局势的逆转影响极为巨大。李自成的嫡系部队既不如清朝满洲八旗兵强劲，对于来附的明朝将领本应授予高官显爵，改编其军队；即便要任人器使，也应以嫡系大将统精兵为主，降将为辅。李自成宽厚有余，警惕不足，往往任用刚刚投降过来的明朝将领率领原部兵马独当一面。结果风向一转，叛乱四起，终致土崩瓦解，教训是非常深刻的。

[1] 顺治元年十二月唐通揭帖残本，见《明清档案》第二册，A2—101号。

[2] 顺治十一年正月二十日正黄旗正钦尼哈番唐通奏本，原件藏第一档案馆。

第二章
弘光朝廷的建立

第一节　继统问题上的纷争和史可法的严重失策

大顺军的攻克北京和崇祯帝的自尽，标志着明王朝的覆亡。但是，淮河以南绝大部分地区仍然处于明政府管辖之下。当大顺军向北京进军时，南方部分官员知道京师难保，已经做了从海路迎接太子朱慈烺来南京监国的准备。三月二十九日，即在北京失守十天之后，消息就传到了江苏淮安。四月初八日，淮安巡抚路振飞根据塘报向当地官绅宣布了京师失守的重大变故。[1]这里有两点值得注意，一是淮安距留都南京不远，南京六部等高级官员虽然很快得到了北京陷落的消息，却由于崇祯帝和他三个儿子的下落不明，不敢轻举妄动，他们严密封锁消息，“禁讹言”，内心里却焦急不安。“诸大老每集议事堂，惟相向攒眉，竟日无一语。或仰视屋之罘罳，咄嗟而已。间曰：‘事如不可知，将奈何？’竟以靴尖蹴地作叹息声，各各散走，以为常。”[2]

[1] 滕一飞《淮城纪事》，见冯梦龙编《甲申纪事》，《玄览堂丛书》影印本。
[2] 陈定生《书事七则》。

另一点是北京失陷的消息传到淮安时，福王朱由崧[1]、潞王朱常淓[2]以及周王、恒王都因逃难泊居于淮安城西湖咀。[3]朱由崧和朱常淓也必然想到这一事件对自己的前途可能发生的影响。

南京在明朝初年是帝国的首都，永乐年间迁都北京以后，南京作为留都一直保留了六部、都察院等一整套与北京相对应的中央机构。这种两京制度的特点是：皇帝和内阁大学士等决策人物都在北京，北京的六部等衙门是名副其实的中央权力机构；南京各衙门多为虚衔，公务清闲，任职官员被称为“吏隐”，但地位一般不低于北京相对应的衙门官员。在留都握有实权的是南京参赞机务兵部尚书、南京守备太监和提督南京军务勋臣。

自从大顺军兵临北京城下之日起，朝廷的一切政令无法发出，南京的高级官员大概在接到崇祯皇帝“命天下兵勤王”的诏书以后就再收不到邸报了。召兵紧急勤王和随之而来的音信不通，使南京各衙门大臣、守备太监、勋臣们越来越感到不安。四月初一日，以南京兵部尚书史可法领衔发布了“号召天下臣民起义勤王捐赀急事”的南都公檄，檄文中提到“南北之耗莫通，河山之险尽失”之类的“宗社危情”[4]，表明他们已经笼罩在一种不祥的预感之中。四月初七日，史可法率兵渡江准备北上“勤王”；几天之后，他误信了一个不可靠的消息，写信给南京詹事府詹事姜曰广说，崇祯帝已乘舟由海道南下，太子也从间道得以逃出，南京的官员们信以为真，一个个喜形于色，奔

[1] 朱由崧是明神宗的孙子，老福王朱常洵的长子，生于万历三十五年（1607）七月十五日，是崇祯帝朱由检的堂兄（朱由检生于万历三十八年十二月二十五日）。

[2] 朱常淓是神宗的侄儿，其父老潞王（翊镠）原封河南卫辉府。万历四十六年闰四月常淓袭封潞王，比朱由检、朱由崧高一辈。

[3] 上引《淮城纪事》。

[4] 计六奇《明季南略》卷一，《南都公檄》条。

走相告。[1]谁知第二天就传来了朱由检在三月十九日自尽于煤山的消息，这消息在四月十七日被从北京逃出来的原大学士魏炤乘证实。朝廷既已全部覆亡，作为留都的南京很自然地成了明朝半壁江山的政治中心。这里当政和在籍的大臣如雷轰顶，顿时乱成一团。对于他们来说，当务之急是立君。由于崇祯帝的三个儿子都被大顺军俘获，未能逃出北京，在没有直系皇位继承人的情况下，南京及其附近地方的大臣、勋贵、太监和拥兵自重的将帅就在拥立哪一位藩王的问题上展开了一场钩心斗角的争执。以血统亲近而言，崇祯帝的祖父神宗朱翊钧的子、孙还有福王朱由崧、惠王朱常润、桂王朱常瀛（瑞王朱常浩原封汉中，李自成军入陕他逃至四川重庆，甲申六月被大西军处死）；神宗兄弟的儿子则有潞王朱常淓。按照封建伦序观念，自然应该首先考虑福王、桂王、惠王。而在福、桂、惠三王中朱由崧又处于优先地位，这是因为：第一，三亲藩中福藩（老福王朱常洵）居长；第二，桂、惠二藩比崇祯帝高一辈，不如朱由崧援引“兄终弟及”（实际是弟终兄及）继统更为适宜；第三，桂、惠二王在崇祯十六年（1643）张献忠部进入湖南时逃往广西，距南京较远，福王却近在淮安。福王朱由崧在伦序和地理上占了明显的有利地位。在这里，我们应当特别注意东林—复社中一些骨干人士在继统问题上所起的恶劣作用，他们的一些偏见深入人心，一直沿袭到现在。事实上，当时的有识之士都主张由福王朱由崧继统，如淮抚路振飞“遗书南京兵部尚书史可法，

[1] 陈定生在《书事七则·书甲申南中事》内记载他亲自往见姜曰广，“姜公见余，握手喜曰：有一佳讯，昨史公书来，云：‘上已航海而南，东宫亦间道出矣。’出司马札示余，余时喜不胜”。这一讹传在李清《三垣笔记》中也有记载：“北都既陷，蒋辅德璟以致政抵高邮，云先帝已北来，有见之天津，与周后及内官数十人俱装饰一样。且云郡邑不宜遽设龙亭哭临。”蒋德璟在北京失守前夕以大学士致仕南归，史可法相信他的话自在意料当中。杨廷麟诗云：“可怜海上传南狩，犹向延秋望六师。”（《杨忠节公遗集》卷四，《恭挽大行烈皇帝六首》）杨廷麟时在江西，可见这一消息传布甚广。

谓伦序当在福王，宜早定社稷主”[1]。刘城《上阁部史公书》中说：“自都门失守，大行皇帝凶问频传，虽所传不一，大略颇同，公率先诸臣奉迎福藩殿下，临莅南京，此中外臣民之愿也。”下文说他见到的诏旨仍用监国名义，“未有御极之意”，他极力主张应该“早上尊号”，理由是“伦序应在福藩，大宝之御无可迟滞之端”[2]。给事中李清、章正宸，进士郑元勋等人也持相同态度。李清记载：“北都变闻，在籍钱宗伯谦益有迎潞王议。扬州郑进士元勋密语予：‘予语里人解少司马学龙曰：福从此始矣，神宗四十八年，德泽犹系人心，岂可舍孙立侄？况应立者不立，则谁不可立？万一左良玉挟楚，郑芝龙挟益，各挟天子以令诸侯，谁禁之者？且潞王既立，置福王于何地？死之耶？抑幽之耶？是动天下之兵也，不可。”接着又说章都谏正宸力主应“以福藩为国本”，“时草野闻立潞，皆不平；及（福）王监国，人心乃定”[3]。然而，江南士绅中的一部分东林党人却从狭隘私利出发，强烈反对由福藩继统，原因是朱由崧的祖母是备受神宗宠爱的郑贵妃，从万历到天启朝廷上围绕着储君问题展开的“妖书”“梃击”“移宫”等轰动一时的案件都同郑贵妃有关，何况正是由于东林党人的力争，神宗和郑贵妃希望立福王朱常洵（朱由崧的父亲）为太子的图谋才化为泡影。因此，他们担心一旦朱由崧登上帝位，重翻旧案，自己在政治上将会失势。在籍礼部侍郎钱谦益当时被视为东林党魁，他两次从原籍常熟赶往南京，以“立贤”为名，到处游说，提议迎立潞王朱常淓。支持钱谦益的有南京兵部侍郎吕大器、南京户部尚

[1] 归庄《左柱国光禄大夫太子太师吏部尚书兼兵部尚书武英殿大学士路文贞公行状》，见《归庄集》卷八。

[2] 刘城《峄桐集》，文，卷七。

[3] 李清《三垣笔记》卷下，《弘光》。祁彪佳（时任苏松巡按）在自己写的日记中也描写了五月初一日福王朱由崧到达南京时，“所过民家俱供香花，纵市人瞻仰，都人以纱灯数百盏来迎。生员、孝廉时有伏谒于道傍，人情欢豫”。次日，他在奏本中说：“昨者殿下驾入南都，士民欢悦，夹道拥观，即此人情，可卜天意。”见《祁忠敏公日记·甲申日历》。

书高弘图、右都御史张慎言、詹事府詹事姜曰广等人。一度具有举足轻重地位的首席大臣南京兵部尚书史可法是倾向于东林党的人物，他内心里对拥立福王有所顾忌，但又认为应该按伦序迎立神宗的子孙。

各种南明史籍在迎立问题上记载非常混乱，原因是弘光既立，先前持异议者不免改口，局外人士又难免轻信风闻和自我揣测，弄出种种误解。比较而言，最可靠的记载是直接参与其事的姜曰广所著《过江七事》[1]。按姜氏记载，当时“江南北诸绅”（指钱谦益等热衷于东林门户之见的官绅）“群起拥潞王”。作为实权人物的史可法处于进退两难的境地，他是东林党人左光斗的得意门生，自然对拥戴福藩继统心存疑虑，但又担心舍亲立疏将引起更大的政治风波。经过反复考虑，他暗自决定前往浦口同凤阳总督马士英商量在桂王与福王之中选定一人。史、马密商的结果是“以亲以贤，惟桂乃可”[2]。至于惠王朱常润不在议立之列是因为他迷信佛教，不懂世事。（朱常润次年降清后给清廷的奏疏中说：“臣自髫年皈依释教，性甘淡薄，只知焚祝，毫无外求。”[3]）第二天，史可法亲自写信给南京高级官员说明定策意见：“迎桂者何？以福、惠之有遗议也，乃舍而立桂也。其潞藩则仿古兵马元帅之制暂借

[1] 《过江七事》是弘光初任大学士的姜曰广被排斥后记叙自己在南京的亲身经历之作，史料价值很高。清代一些学者见到的传抄本大概未署作者姓名，而陈定生（贞慧）著有《书事七则》，由于书名相似，误挂于陈定生名下。谢国桢《晚明史籍考》、柳亚子《羿楼旧藏南明史料书目提要》（见《怀旧集》第一六八页）承袭其讹；拙著《明末农民战争史》第三四五页亦写作“陈贞慧：《过江七事》”。均误。只要仔细研究这部书，不难确定作者只能是姜曰广，其根据如下：一、陈定生一局外书生不可能知道其中委曲；二、书中所记过江七事全部以姜曰广的言行为核心，不可能为陈定生或他人所作；三、最重要的证据是甲申十月从北京逃回南京的张鹿征（曾出任弘光朝锦衣卫指挥使，清初改名张怡）著《谀闻续笔》卷一记：“南都初建，着数多舛，见姜公曰广所记七事。”其下引“计迎立”“持逆案”“正纠参”“裁镇将”等均节取姜氏《过江七事》原文。以张怡当时的地位和他对明代史事的关心，不致弄错作者。确定《过江七事》的著者为参与迎立并出任大学士的姜曰广，才不致将该书视为仅据风闻的泛泛之作。参见张怡《白云道者自述》。

[2] 姜曰广《过江七事》。

[3] 顺治二年十一月十九日朱常润奏本，见《顺治录疏》。

统兵马。”[1]南京的官绅对于这个折中方案比较满意，由南京礼部准备乘舆法物前往广西迎接桂王。就在这一关键时刻，马士英由浦口回到凤阳，突然得到报告守备凤阳太监卢九德勾结总兵高杰、黄得功、刘良佐决定拥立福王朱由崧。这里有几点值得注意：一、卢九德在万历末年曾在宫中为老福王朱常洵服役，由他出面联络三镇当出自朱由崧的幕后策划。李清记载：“时王闻，惧不得立，书召南窜总兵高杰与黄得功、刘良佐协谋拥戴。刘泽清素狡，先附立潞议，至是以兵不敌，改计从杰等。”[2]二、高杰、黄得功、刘良佐的积极参与拥立显然是为了攘取“定策之功”增强自己在政治上的地位。三、史可法之所以要亲赴浦口同马士英会商，正是因为士英身为凤阳总督，直接节制着高、黄、刘等总兵，借以取得军队支持。不料变生意外，马士英眼看手下大将全部自行投向福藩，如果再遵守同史可法达成的协议，自己只会被驾空、被淘汰，权力的欲望使他顾不上什么信义，抓住时机向福王朱由崧表示效忠。史可法还蒙在鼓里，继续写信给马士英申说朱由崧“贪、淫、酗酒、不孝、虐下、不读书、干预有司”七不可立的理由。[3]马士英既已改变初衷，参加拥立福王的行列，史可法的来信等于直接指斥行将即位的皇帝，把权力的剑柄交到了马士英手里。马士英立即以凤阳总督和三

---

[1] 姜曰广《过江七事》。

[2] 李清《南渡录》卷一。

[3] 黄宗羲《弘光实录钞》卷一。谈迁时为高弘图幕客，在《枣林杂俎》仁集，《史相国督师》条记：“而史先柬士英，有福藩不忠不孝等语。士英意胁之。史求还故牍，终不相忘。”又说：“嘉善吴进士亮中云，见史相国手札，福世子荒淫酗酒，不曾读书，云云。”彭士望曾在史可法幕中任职，也说：“史复马书有不忠、不孝、不仁、不知之语。”见《耻躬堂诗钞》卷十六，《山居感逝》诗。陈鼎《东林列传》卷二十三《吕大器传》云：吕大器时以兵部侍郎“兼署礼部，主潞议，不肯署，右都御史张慎言、詹事姜曰广皆然之，方列福王不孝、不弟等六事贻可法及士英。”李清《南渡录》卷一记：“南都诸臣……方列王不孝不弟等七款贻漕督史可法，转贻士英为立潞王。”同书卷四又记弘光元年二月行人司行人朱统鉷攻击姜曰广语：“曰广诬圣德有七不可。”按，史可法时任南京兵部尚书，不应称之为“漕督”；“七不可立”福王的条款无论是谁归纳出来的，史可法赞同并致书马士英当系事实。

镇名义正式致书南京守备太监韩赞周宣布拥立福王朱由崧。当南京各大臣被韩赞周邀请到家中传阅马士英的书信时，虽然不少人感到震惊，但是他们既无兵权，立桂、立潞的方案又已胎死腹中，失去了凭借，只好违心地表示同意。拥立潞王朱常淓的主要策划人物钱谦益的表现就颇为典型："钱谦益侍郎触暑步至胶东（指高弘图）第中，汗渴，解衣，连沃豆汤（指解暑之绿豆汤）三四瓯。问所立？胶东曰：'福藩。'色不怿，即告别。胶东留之曰：'天子毋容抗也。'钱悟，仍坐定，遽令仆市乌帽，谓：'我虽削籍，尝经赦矣，候驾龙江关。'"[1]东林党魁的态度如此，其他原先追随拥潞的人也可想而知了。[2]山东总兵刘泽清一度支持东林骨干拥立潞王，当他得知高杰、黄得功、刘良佐三镇的动向后，自知兵力不敌，立即随风转舵加入了拥立福王的行列。四月末，福王继统已成定局。

由于拥立定策问题对弘光一朝政局的影响极大，有必要做一点分析。前面说过，当时江南东林党人在朝、在野的势力很大，他们中间的骨干分子以"立贤"为名主张舍弃神宗嫡系子孙而拥立穆宗之孙潞王朱常淓，后来的事实证明朱常淓并不"贤"，他们的真正用意是排除福王以确保崇祯时期东林—复社党人在政治上的操纵权，特别是如果潞王以较远的宗支而被迎立，钱谦益等人有"定策"之功肯定可以飞黄腾达。一度处于权力中心的史可法优柔寡断，设想出拥立桂王的折中方案，以为桂、福二藩都是神宗嫡支，以桂抗福可以满足东林党人反对立福藩的愿望，又带着这个方案亲赴浦口同掌握实际兵权的凤阳总督马士英商量，自以为事出万全。结果风云突变，无论他主张拥立的是不是神宗嫡系，在朱由崧眼中他始终是反对自己黄袍加身的重要人物。就当时情况

[1] 谈迁《枣林杂俎》仁集，《异议》条。按，谈迁曾任高弘图幕客，所记当可信。

[2] 南京兵部侍郎吕大器（史可法的副手）原来积极支持钱谦益拥立潞王，五月初三日福王朱由崧出任监国，他"心怵前议，欲请后日即登极"，借以换取朱由崧的好感。见李清《南渡录》卷一。

来说，帝位候选人桂、惠二亲藩离南京较远，福、潞二藩近在淮安，史可法既然主张按照伦序迎立，就应该当机立断，把颠沛潦倒之中的福王朱由崧接来南京继统。这样，朱由崧必将对他刮目相看，马士英和四镇也没有可乘之机。当初私下酝酿立君人选时，史可法曾经对姜曰广说：“以齐桓之伯也，听管仲则治，听易牙、开方则乱。今吾辈之所立者，岂其不惟是听，而又何患焉？”[1]这表明史可法知道落魄之中的福王只要爬上皇帝的宝座，享尽人间富贵就心满意足，在这样一个同“察察为明”的崇祯帝截然相反的庸主下，朝廷大政必然落在自己这帮“君子”手里，事情可以办得很顺当。可是，史可法的这句话一传出去，“拥潞者闻之大哗。以询诸绅，又颇于福推恶。可法于是引避不言矣”[2]。

古语说：“当断不断，反受其乱。”史可法多少有点门户之见固然是原因之一，但他的致命弱点是缺乏雄才大略，总想处处应付，八方妥帖，最后落得个事与愿违。张怡有一段话说得很有意思：“弘光皇帝以播迁之余，丁大乱之后，九庙之焰未息，万姓之席未贴，虽卧薪枕鼓，不足示其殷忧；布衣帛冠，不足表其恭俭。而圣质等于肉糜，皇衷习于市肆，卧深宫而枕宦者，爱比顽童；开后庭以待丽华，惟湛旨酒。李煜、孟昶合为一人，归命、东昏将与同传矣。然而治乱不关其意，故上每任人而不疑；贤才各极其材，故下亦任事而不忌。向使李纲、寇准之流为之相，韩、岳、宗泽之俦为之将。将相同心，不忧中制，中外一德，可弥外忧，即发兵诛不道，远逊萧王（指东汉光武帝刘秀），岂敷天同左袒，至出赵构下哉！”[3]这话是颇有见地的。

在随机应变上，史可法显然不是马士英的对手。当史可法在南京被拥潞、拥嫡各派人士弄得左右为难时，特约马士英会商于浦口，推心置腹地谈了各方面的纷争和自己的折中意见，马士英认为这是自己参与定

[1] 姜曰广《过江七事》。

[2] 姜曰广《过江七事》。

[3] 张怡《謏闻续笔》卷四。

策的重要机会，正如他后来所说："立桂，史意也。予曰：亦佳，但须速耳。"[1]他甚至在同史可法达成协议后曾经邀请南京各衙门官员赴浦口当面宣布这一决定，借以显示自己是参与定策迎立桂王的第二号人物。谁知南京六部等大臣认为凤阳总督不过是地方高级官僚，无权召集朝廷大臣开会。自感扫兴的马士英回到凤阳，得知太监卢九德同高杰、黄得功、刘良佐已决定拥立福王，开始是大吃一惊，然而他毕竟屡经宦海浮沉，老于世故，看准了朱由崧要当皇帝已难阻止，有将帅统兵为后盾，有太监在旁翊赞，不足之处正是缺少一员大臣。马士英立即转向，同高杰、黄得功、刘良佐、卢九德等人在凤阳皇陵前立誓拥戴福王，成了定策第一文臣。为了取得在即将建立的南明朝廷首席大学士职位，他抓住史可法为拥立桂王而列举福王七不可立的来信作为把柄，又针对南京等地东林党人拥潞之声甚嚣尘上，带领兵马护送朱由崧直抵浦口，并且在立福已成定局的情况下发出表文声称："闻南中有臣尚持异议，臣谨勒兵五万，驻扎江干，以备非常，志危险也。"[2]这一着棋实在厉害，南京最高文臣史可法知道自己上了大当，攻击福王的书信落在马士英手里，白纸黑字，有口难言，他除了满腹悔恨地默默跟随福王朱由崧由浦口乘船前往南京就任监国以外，别无其他选择了。弘光一朝党争的激化、武将的跋扈，最后导致覆亡，关键都是从这里蔓延开来的。李清写道："使诸臣果以序迎，则上何至书召四镇，士英与杰又何得居功？非钱谦益、吕大器误之而何？"[3]钱谦益、吕大器固然是拥立潞王的主谋人物，但是真正一度拥有决策大权的是史可法[4]，他在这样的重大问题上态度游移，没有断然决定拥立福王，致使朱由崧求

[1] 姜曰广《过江七事》。

[2] 姜曰广《过江七事》。祁彪佳时任苏松巡按，在日记中记载，他四月二十九日"晤吕东川（兵部侍郎吕大器）于兵部火房。袖中出马瑶草（士英字）书云：已传谕将士奉福藩为三军主，而诸大帅且勒兵江上，以备非常矣"。见《祁忠敏公日记》《甲申日历》，可相参证。

[3] 李清《三垣笔记》卷下，《弘光》。

[4] 夏完淳《续幸存录》《南都大略》中说："南枢史可法实司拥立事。"

助于镇将，从此大权旁落，应当负主要责任。[1]

第二节　朱由崧的监国和称帝

四月二十九日，福王朱由崧在史可法陪同下，乘舟抵达南京城外燕子矶，南京官绅均往朝见。五月初一日，朱由崧登岸，先拜谒孝陵然后从朝阳门进城，驻于内守备府。谈迁记载了他目睹朱由崧进入南京的情况："初，迁闻王谒陵，出朝阳门外，万众伏候。见王乘辇，角巾半污旧，手摇白竹扇，有陇亩风。窃心幸之。不料淫佚败度，为怀愍之续也。"[2]文武百官朝见后商议立福王为主究竟应当立即登极为帝还是暂用监国名义，这里的区别是登极后就没有改变的余地，监国则尚有退步。有的大臣考虑到崇祯三子下落不明，而他们之中任何一人都是较各藩王更符合继承帝位的人选，因此主张再等待一段时间。初三日，朱由崧在南京就任监国，用黄金铸造监国宝，颁谕天下说：

……孤避乱江淮，惊闻凶讣，既痛社稷之墟，益激父母

[1] 关于南京立君的争执，各书记载颇有差异。如谈迁记：四月十四日史可法、张慎言、高弘图、姜曰广、吕大器等集议监国，"高、张之意属于雒阳（指福王，原封洛阳）；史颇不然之，意在卫辉（指潞王，原封卫辉府）。恐北耗未确，逡巡未决"。至二十七日，"史尚书之手札至，意专卫辉。寻又札云：雒阳、卫辉并南下，当拈阄孝陵之前，云云。亡何，总督凤阳马士英书来，奉福王发淮安，将及矣。即日守备南京太监韩赞周出迎。二十九日，王舟泊燕子矶，诸公驰候"（《枣林杂俎》仁集《定策本末》条）。李清《南渡录》卷一记："时北都失守，毅宗惨崩，以伦以序应属福王，而迎立潞王之议起。……时以废籍少宗伯两入留都倡议者，钱谦益也。于是，兵部侍郎吕大器主谦益议甚力，而右都御史张慎言、詹事姜曰广皆然之。丁忧山东佥事雷演祚、礼部郎中周镳亦往来游说。独逆案为民阮大铖与凤阳总督马士英密，且心冀燃灰，书言不可。"黄道周在《兴元纪略》中说史可法、张慎言等"咸主清河（指潞王）"（见《黄漳浦集》卷三十二，杂著）。

[2] 谈迁《枣林杂俎》仁集《定策本末》条。

之仇。矢不俱生，志图必报。然度德量力，徘徊未堪。乃兹臣庶，敬尔来迎，谓倡义不可无主，神器不可久虚，因序谬推，连章劝进，固辞未获，勉循舆情，于崇祯十七年五月初三日暂受监国之号，朝见臣民于南都，孤夙夜竞竞，惟思迅扫妖氛，廓清大难。德凉任重，如坠谷渊，同仇是助，犹赖尔臣民。其与天下更始，可大赦天下。[1]

就任监国之后，朱由崧依照廷臣会推，任命原南京兵部尚书史可法为东阁大学士兼礼部尚书，入阁办事；马士英加东阁大学士、兵部尚书、右副都御史衔，仍任凤阳总督。不久又以原詹事府詹事姜曰广为礼部左侍郎，与原礼部尚书王铎，二人兼东阁大学士入阁办事。以张慎言为吏部尚书，召刘宗周为都察院左都御史，其他衙门官员也先后做了安排。按照史可法、高弘图、张慎言等人的意向是尽量让“正人”占据要津，使朝廷建立之始有一番新气象。开初在安排朝廷重臣上，他们得以如愿以偿。然而，这种局面很快就改变了。争夺朝廷权力的较量先从首辅开始。按明代制度，南京兵部尚书位居留都百官之首，弘光朝廷初立，史可法就成为当然的首席大学士。在定策问题上史可法既被马士英出卖，得不到朱由崧的信任，包括勋臣在内的一些小人立即随风转舵。姜曰广记载，魏国公徐弘基等原先顶奉史可法不啻天人，“权寄稍移，下石随起”，竟然倡言可法“勤王无功”“可杀”[2]。马士英拥立福王本意就在攫取权力，他绝不会满足于加几个空衔而官居原职。于是，他先利用诚意帮刘孔昭争入内阁，当遭到其他官员以“我朝从无勋臣入阁之例”为理由坚决反对时，刘孔昭立即回答说：“即我不可，马瑶草（士英字）何不可？”朱由崧与马士英早有默契，当即决定召士英入阁辅政。史可法明知自己指斥福王的把柄落在马士英手里，现在马士英既以“定

[1] 李清《南渡录》卷一。
[2] 姜曰广《过江七事》。

策”首功备受朱由崧青睐，被召入阁辅政，江北不能没有重臣督师，因此，他“自请督师淮扬”。五月十二日朱由崧批准史可法出任督师[1]。

五月十五日，朱由崧正式即位为皇帝，改明年为弘光元年。第二天，马士英入阁主持政务兼任兵部尚书。史可法于十八日陛辞[2]。二十日渡江往淮阳督师[3]。尽管在整个弘光时期，史可法的加衔都略高于马士英，但在朱由崧监国仅半个月之后即被排挤出外，足以说明他的失势。黄宗羲有以下一段议论：“士英之所以挟可法，与可法之所以受挟于士英者，皆为定策之异议也。当是时，可法不妨明言：始之所以异议者，社稷为重、君为轻之义；委质已定，君臣分明，何嫌何疑而交构其间乎？城府洞开，小人亦失其所秘，奈何有讳言之心，授士英以引而不发之矢乎？”他接着写道：“臣尝与刘宗周言之，宗周以为然。语之可法，不能用也。”[4]这未免是书生之见。因为关键在于史可法在议迎立时列举了福王“七不可”的理由，对朱由崧的人品做了全面的攻击；弘光既立，作为人臣的史可法不可能无“讳言之心”，何况以“社稷为重”做解释等于说朱由崧不适合肩任宗社之重担。李清记马士英曾密疏言：“上之得位，由臣及四镇力，其余诸臣皆意戴潞藩；今日弹臣去，明日且拥立潞藩矣。上信其言，为雨泣久之。以后一切朝事，俱委士英。”[5]史出马入，在许多史籍中认为是弘光朝廷夭折的一个重大关键。诚然，史可法远较马士英清廉正直，但如果认为他留在朝廷秉政，就可以保障江左，进而恢复中原，那就未免对史可法的政治眼光和魄力估计太高了，也不了解南明酝酿立国之时史可法受东林党骨干分子的牵

[1] 《国榷》卷一百一。

[2] 计六奇《明季南略》卷一《诸臣升迁推用》条。按，此条上文云：五月初三日，“高、刘二帅书至，请可法渡江，欲其卸权于士英也”。初九日，“马士英自请入朝，拜疏即行”。这表明朱由崧、马士英、高杰、刘良佐等事先就已经在首席大学士人选上达成协议。

[3] 李清《南渡录》卷一；黄宗羲《弘光实录钞》卷一载于十八日。

[4] 黄宗羲《弘光实录钞》卷一。

[5] 李清《三垣笔记》卷下，《弘光》。

制业已铸下大错。他本人不可能得到新天子的信任还在其次，真正的关键在于按伦序应继承帝位的朱由崧眼看将被东林诸公排斥，为了登上大宝不得不求助于武将，这样才造成了本来无功可录的武将一个个以定策元勋自居。马士英的政治投机虽然保证了他个人地位的上升，但是导致弘光一朝武将跋扈局面的并不是他，而是史可法。一度掌握着拥立大权的史可法未能抓住这个稍纵即逝决定社稷安危大计的机会，定策之功落入军阀之手，弘光既立，无论他在朝辅政，还是在外督师，都改变不了武将胁制朝廷、无意进取的局面。史可法自食苦果，被迫让出首辅之位过江督师，只是证明他决策错误，事机已失，无可挽回。一批倾向东林党的士大夫大喊大嚷"秦桧在内，李纲在外"，国将不国，其实为时已晚。后来的史学家没有弄清事情的因果关系，重复旧说，无助于总结历史的经验教训。在历史上，当权人物可以犯这样、那样的错误，但在关键时刻的关键问题上一步错则步步错，史可法的悲剧正是从这里展开，弘光一朝的毫无作为以至于土崩瓦解主要原因也在这里。有关南明的大量史籍众说纷纭，大抵都没有说到点子上，本书特三致意焉。

第三节　四镇的形成和跋扈自雄

任何一个国家政权要想有所作为，必须首先保持内部稳定。内部稳定又在很大程度上取决于朝廷威望和文武官员的齐心合力。纵观明代史事，文臣、武将势力虽有消长，朝廷的威信却是至高无上的。大致来说，明初重武轻文，公侯多为开国、靖难元勋。然而，太祖朱元璋、成祖朱棣都是雄才大略的御将之材，勋臣地位虽高，仍不足以对朝廷构成威胁。明中期以后，承平既久，重文轻武之风积重难返，即以用兵而言，出任统帅者均为文臣，直至崇祯年间沿袭未改，武将拥兵自重虽已显露端倪，但迄于明朝北廷覆亡，除了崇祯帝有意包庇的左良玉以外，将领们还不敢违抗朝廷的调遣和朝廷所派重臣的节制，更谈不上操纵朝廷军国重务了。南明几个朝廷最大的特点和致命的弱点正在于依附武将。武将既视皇帝为傀儡，朝廷徒拥虚名，文武交讧，将领纷争，内耗既烈，无暇他顾，根本谈不上恢复进取。南明之不振种因于此，这种局面的始作俑者正是史可法。

史可法在定策问题上犹豫不决，导致朱由崧乞援于武将。弘光既立，高杰、黄得功、刘良佐、刘泽清以败军之将坐收“定策”之功，军阀操纵朝廷的局面业已形成。史可法自知铸下大错，还想竭力挽回。五月初八日他呈上“敬陈第一紧急枢务事”的启本中说：

> 从来守江南者，必于江北。即六朝之弱，犹争雄于徐、泗、颍、寿之间，其不宜画江而守明矣。但此时贼锋正锐，我兵气靡，备分则力单，顾远则遗近，不得不择可守之地，立定根基，然后鼓锐而前，再图进取。臣以为当酌地利，急设四藩。四藩者：其一淮、徐；其一扬、滁；其一凤、泗；其一庐、六。以淮、扬、泗、庐自守，而以徐、滁、凤、六为进取之基。凡各属之兵马钱粮，皆听其自行征取。如恢一城、夺一邑，即属其分界之内。……而四藩即用靖南伯黄得功、总镇高杰、刘泽清、刘良佐，优以礼数，为我藩屏，听督臣（指马士英）察酌，应驻地方，相机固守。江北之兵声既振，则江南之人情自安。黄得功已封伯，似应进侯；杰、泽清、良佐似应封伯。左良玉恢复楚疆，应照黄得功进侯。马士英合诸镇之功，爵赏似难异同。卢九德事同一体，听司礼监察叙。[1]

[1] 史可法的这件启本各书详略不一，系时也不一致。这里是依据《史可法集》卷一、计六奇《明季南略》卷一所载校补而成。启本中提及马士英事，在《史可法集》中作“至督臣频年讨贼，望重劳深，今既总统诸军，似应特行优异，此又自有睿裁，不俟臣言之赘矣”，文字虽与《明季南略》稍异，但史可法的意图是给马士英加官晋爵，仍旧“总统诸军”，不让他真正入阁办事是很明显的。

姜曰广记：“弘光御极，群臣上言：‘皇上龙飞应运，实惟总兵官，至高杰、黄得功、刘良佐、刘泽清早决大计，拥立圣躬，功在社稷，宜锡五等爵，剖符延世。’诏曰：‘可。’”[1]这说明史可法、姜曰广等人急于弥补自己在拥立问题上的失误，尽量笼络四镇换取朱由崧和支持他上台的人的好感，实际上是步马士英的后尘。然而，马士英已占先者，五月初九日到达南京。次日，朱由崧召见史可法、高弘图、姜曰广、马士英四人，让他们迅速议定用人、守江、设兵、理饷的事宜。十一日，史可法再次上启本除了重申设立四镇外还谈到了督师问题，他说：“有四镇，不可无督师，应驻扬州，适中调遣。”[2]弘光朝廷决定封高杰为兴平伯，镇守徐州、泗州地区；刘良佐封广昌伯，镇守凤阳、寿州地区；刘泽清封东平伯，镇守淮安、扬州地区；靖南伯黄得功加封侯爵，镇守滁州、和州一带。[3]史可法提出的四镇驻地和所谓进取之基都在南直隶境内，督师驻地更近在江北咫尺之地扬州。当时的一些人士都看出了史可法的毫无远图，意在保住江南。李清在采录了这两篇启本后感慨地写道：“然于青、兖、开、汝（指山东、河南一带），似置之不讲矣。”[4]张岱说：“以史阁部之设四镇，不设于山东、河南，乃设于南畿数百里之内，此则阁部之第一失著。”[5]曾任商丘知县的梁以樟上书史可法说：“守江非策也。公今以河南、山东为江南屏蔽，仿唐、宋节度、招讨使之制，于山东设一大藩，经理全省，以图北直；于河南设一大藩，经理全省，以固山、陕，择大臣才兼文武者任之，厚集兵饷，假

[1] 姜曰广《过江七事》。

[2] 《史可法集》卷一《启为遵旨速议等事》。按，史可法初八日、十一日两件启本，在李清《南渡录》卷一中被合并为一，牵连书于五月甲辰（十七日）下，显然不妥，朱由崧在十五日即帝位，官员上言当用奏疏，史可法所上为启本当在其监国之时，马士英初九日到南京入内阁办事在可法第二件启本中也有明确反映。

[3] 温睿临《南疆逸史》卷四十九。

[4] 李清《南渡录》卷一。

[5] 张岱《石匮书后集》卷三十八。

以便宜。于济宁、归德设行在，以备巡幸，示天下不忘中原，如此克服可期。若弃二省而守江北，则形势已屈，即欲偏安，不可得矣！又四镇咸跋扈，宜使分不宜使合，务别其忠顺强梗之情以懋劝之，而阁部大树兵以自强，乃可制也。”“可法心然其言，然卒不能用。”[1]

从表面看，这些议论都很正确。但考察一下当时的各种因素，史可法有不得已的苦衷。甲申五、六月间，南方诸臣只知道大顺军已占领整个黄河流域，前锋直逼淮上，高杰、刘泽清率部南逃，在这种形势下史可法为防止大顺军饮马长江，做出守淮、守江的部署有其特定的背景。六月中旬以后，大顺军兵败西撤，畿南、山东、河南等地官绅反叛大顺政权，陷于一片混乱当中。就弘光朝廷而言，趁清军尚未南下之时，出军北上，会合这些地方的官绅武装，扩大自己的管辖区，自然不失为一着高棋。史可法未必看不到这一点。问题是，高杰、黄得功、刘良佐、刘泽清已因“定策”有功，备受弘光帝和马士英的宠信，志骄气盈，一心追求的是在江北争夺繁华之地，既可过太平日子，又可就近要挟朝廷。史可法出任督师时已是“失势悯墨”之人，他根本指挥不了“四镇”，只好奔走调停于四镇之间，如奉骄子，一筹莫展。

下面对四镇的来历做一简单介绍。

黄得功，字虎山，开原卫人[2]，出身行伍。崇祯年间长期在南直隶的江北地区、河南一带同张献忠、革左五营等部义军作战，升至庐州总兵。明亡前夕随马士英平定河南永城叛将刘超，论功封为靖南伯。

刘良佐，字明辅，北直隶人，因常骑一匹杂色马，人称花马刘。崇祯年间统兵在宿松、庐州、六安一带同义军作战，升任总兵官。北都覆亡时他带的军队驻在河南正阳地区，甲申四月应凤阳总督马士英邀请率部进入南直隶，“沿途淫劫，临淮民闻其将至，严兵固守。良佐怒，攻

---

[1] 《鹿樵纪闻》卷上。

[2] 《鹿樵纪闻》卷上。《南疆逸史》卷四十九本传作合肥人，从军遂隶辽阳籍。

之，不下”[1]。马士英让他移驻寿县一带。关于刘良佐有一点需要特别注意，他的弟弟刘良臣早在1631年（明崇祯四年）大凌河之役时任游击，就已随总兵祖大寿投降清廷。[2]后来清军南下时，他不战而降当与此有关。

高杰，字英吾，陕西米脂人，原为李自成部将，绰号翻山鹞，投降明政府后多次参加对农民军的追剿，升任总兵。甲申初大顺军渡河东征，明朝武将大批归附，高杰因为同李自成有宿怨，不敢投降，率部由陕西经山西、河南怀庆一直逃到山东。高部进入山东时，见地方百姓对明朝廷已失去信心，盼望大顺军早日到来。为了顺利通过各州县并取得粮饷，高部将领竟然冒充为大顺军。康熙年间金乡知县沈渊记载了当地的一件掌故："犹忆闻之老者，谓当崇祯甲申三月（当为二月，见注）有号翻天鹞子者，高杰麾下将也。挟逃兵数千人假名'闯王安民'，兵薄金乡城。方是时，寇贼充斥，金乡官民守城，城门昼夜闭，而见贼言如此，喜其安民，方谋牛酒迎劳，且遥问安民何如？贼且作宣诏状，有'禁掳、禁杀，敢违者斩无赦'诸语，彼军士则狂走如骛，汹汹不可遏，守者方疑之。"[3]高杰在夺路狂奔之际，派使者到寿州同凤阳总督马士英联系。士英得知他部下有兵三万、马骡九千，立即回信让高杰部屯驻徐州，听从自己节制。[4]高杰赴寿州谒见马士英后回镇徐州，不久就凭借太监卢九德的穿针引线，成了"定策"元勋。

刘泽清，字鹤洲，山东曹县人，出身行伍，崇祯末年升至山东总兵。大顺军迫近北京时，崇祯帝命他率部火速入卫京师，他谎称坠马

[1] 李清《南渡录》卷一。

[2] 《清史列传》卷七十八《刘良臣传》。

[3] 乾隆三十三年《金乡县志》卷二十，艺文，沈渊《马义烈女祠碑阴记》；同书卷七，宦绩，《段可举传》记："甲申三月十六日，妖贼翻天鹞托闯官安民，计在赚城。"按，顺治十三年《新修丰县志》卷九《灾祥》记："十七年二月十六日，高杰兵数万由丰适徐，城门昼闭，民大恐。"金乡、丰县接境相邻，两县志所记均为十六日，但一作三月，一作二月，从当时形势看应为二月。

[4] 谈迁《国榷》卷一百。

受伤，拒不奉诏。不久大顺军进入山东，他带领主力向南逃至淮安。在南京诸臣商议立君的问题上，他起初迎合东林党人钱谦益、吕大器等主张拥立潞王朱常淓，后来得知黄得功、高杰、刘良佐和马士英已经决策拥立福王朱由崧，他自知兵力不敌，立即摇身一变，加入了拥福的行列。[1]四镇中高杰、黄得功兵力较强。高杰、刘泽清是望风而逃的败将，本应受到朝廷的惩罚；黄得功、刘良佐在甲申年间也无“功”可录，只是由于他们以兵力做后盾使朱由崧得以如愿以偿登上皇帝的宝座，都成了定策功臣。五月十七日，黄得功进封为靖南侯、高杰为兴平伯、刘泽清为东平伯、刘良佐为广昌伯；世守武昌的左良玉虽然没有参加定策，但他兵多将广，也进封为宁南侯。四镇的形成本不是因为为明室收复“失地”中做出过什么贡献，而是因为在策立上对朱由崧个人有功。就弘光、马士英而言，需要凭借他们的兵力慑服江南士绅；四镇也自恃有功，“天子乃我辈所立”，从此骄悍跋扈，一味麇集于南直隶江北地区争夺“善地”以自肥，进而挟制朝廷。

关于四镇封爵的问题，种根于迎立新君上的分歧。具体情节各书记载不完全相同。应延吉记甲申十一月史可法对他说：“天下事已不可为。先帝变日，予待罪南枢，分固应死，转念天下国家之重，庶几主器得人，希绍一成一旅之烈，不意决裂至此！揆厥所由，职由四镇尾大不掉。为今之计，惟斩四臣头悬之国门，以为任事不忠之戒，或其有济。昔之建议而封四镇者，高弘图也；从中主张赞成其事者，姜曰广、马士英也；依违其间，无所救正者，余也。”[2]黄宗羲的说法是：“马士英既借四镇以迎立，四镇遂为士英所结。史可法亦恐四镇之不悦己也，急封爵以慰之。君子知其无能为矣。”[3]姜曰广记：“先是，封事起仓

[1] 李清《三垣笔记》卷下，《弘光》。

[2] 应延吉《青燐屑》卷上。

[3] 黄宗羲《弘光实录钞》卷一。林时对在《阁部史忠靖公以四藩防江记》一文中也说“议立四藩，画地而封”是史可法的主意。贵池诸生刘城上书指出用人不妥，“公得书果悔，而事已无及”。见《留补堂文集选》。

卒，诸将条上事宜，上许焉。一切诛戮、署置、盐课、商税以及正供之赋，俱得便宜从事，俨然藩镇矣。”姜曰广和北大司寇（刑部尚书）解学龙等上言若不改变，“深酿地方忧”。马士英回答道：“史送之，令吾夺之，不能！”[1]弘光帝即位不久，江西总督袁继咸朝见时面奏：“封爵以劝有功。无功而伯，则有功者不劝；跋扈而伯，则跋扈者愈多。”朱由崧表面上赞成袁继咸的意见，叹气说：“事已成，奈何？”[2]实际上正如六月二十日国子监典籍李模疏中所言：“今日拥立之事，皇上不以得位为利，诸臣何敢以定策为名？甚至定策之名加之镇将。镇将事先帝，未闻效桑榆之收；事皇上，未闻彰汗马之绩。案其实亦在戴罪之科。予之定策，其何敢安？”[3]这话说到了问题的实质。南明的几个朝廷都是由武将拥立和操纵，但从来驾驭不了武将。武将既不以是否为国出力受赏罚，而是靠挟制朝廷加官晋爵，一旦形势不利，倒戈相向，保全富贵，自在意料当中。总而言之，南明立国之初，底子就没有打好，作为关键人物的史可法没有断然决策迎立福王朱由崧，利用皇权稳住大局，收拾残疆，是重大的失策；朱由崧眼看有当不上皇帝的危险，急忙派人召镇将拥立，授以“定策”之名。从此太阿倒持，军人专政，国已不国。军阀之间又矛盾重重，勇于私斗，怯于公战；文臣或依附某一军阀为靠山，或束手无策，放言高论者有之，引避远遁者有之，坐看江河日下，国土沦丧。南明之未能比拟于东晋、南宋，其源全出于此。后来在赣州殉难的隆武朝大学士杨廷麟曾赋诗寄慨云“帝京何日复，请将近承恩”，“王室犹多难，书生且论功”[4]，对弘光至隆武朝事做了简要的概括。

四镇既以定策功封爵，“人人有门生天子心”，桀骜不驯。督师大

[1] 姜曰广《过江七事》。

[2] 李清《三垣笔记》卷下，《弘光》。

[3] 《弘光实录钞》卷一。

[4] 杨廷麟《杨忠节公遗集》卷四《山中闻鸣鸟凄然噫之》。

学士史可法在讲话时常引用“圣旨”，高杰大不以为然，当面顶撞道：“旨、旨，何旨也！尔曾见皇极殿中有人走马耶！”黄得功有一次跪着听使者宣读诏书，觉得不合自己的意思，不待读完就爬起来，“攘袂掀案，大詈曰：去！速去！吾不知是何诏也！”[1]在极其重视君臣之分的中国封建社会里，这种场面是很罕见的。他们对廷臣有所不满时，就上疏云“乞付军前正法”。刘泽清在陛见弘光帝时大言无忌地说：“祖宗天下，为白面书生坏尽，此曹宜束之高阁。俟臣杀贼后，取而拂拭用之，以听其受享可也！今请罢制科勿设便。”[2]史可法在军中写信给大学士高弘图，“盛言‘镇锋恶，盍谨避之！’”[3]四镇的气焰如此嚣张，皇帝和廷臣也无可奈何，马士英虽然投机附和镇将得以位居首辅，但他同样受制于四镇和左良玉，毫无作为。[4]

四镇的驻地为：黄得功驻真州（今江苏省仪征市）、刘良佐驻寿州、刘泽清驻淮安，高杰原受命安顿家口于扬州城外然后统兵北征。可是，高杰贪图扬州富庶，要求将家口安置于城内。扬州的百姓见高杰部下士卒在附近村庄到处抢掠焚杀，“烟火蔽日”“僵尸遍野”，纷纷罢市登陴，不让高军入城。高杰恼羞成怒，于六月初七日下令攻城。扬州进士郑元勋从中调停，同高杰面议只让官兵家眷安置城内，不在城内驻军。不料扬州百姓群情激愤，当场击杀郑元勋。督师大学士史可法亲自来到扬州城外的高杰军营里，婉转劝说，一味姑息牵就，“阁部之行也，以川兵三百自随，杰疑之，可法即分与二百人，然杰疑如故。……杰防可法甚严，一切出入文移必呈杰始达可法。……可法留杰营月余，

[1] 姜曰广《过江七事》。

[2] 姜曰广《过江七事》。

[3] 姜曰广《过江七事》。

[4] 刘献廷《广阳杂记》卷一记弘光时马士英打算任用王重掌选事，“为高杰所参而止。疏中目重为狡童。藩镇骄横至此，从来所未有也”。

不得要领”[1]。经过反复磋商，最后决定把扬州附近的瓜洲作为高军安顿之地。

江北四镇是这样跋扈自雄，世镇武昌的宁南侯左良玉在崇祯年间就已尾大不掉，自行其是。弘光监国和即位的诏书颁到武昌，他一度拒绝开读，在湖广巡抚何腾蛟、部下监纪副总兵卢鼎等人的劝说下，才勉强开读成礼。南明其他将领如郑芝龙、方国安等人见大将如此，也各自盘算自身利益，不以国事为念。

第四节 弘光朝廷内部党争的激化

明后期的党争是统治集团内部矛盾激化的表现，它贯串于万历以后整个的生活中，一直延续到南明。崇祯在位的十七年间党争基本上限于在朝、在野的官绅当中；弘光以后军阀势力介入，朝中文臣往往以武将为靠山，使党争变得更加复杂尖锐。在一定意义上可以说，党争是导致明朝灭亡的一个重要原因。

南明第一个朝廷——南京政权从酝酿建立开始，就发生立福、立潞的争议，所谓“立贤”“立亲”不过是表面文章，实质上是不同利益集团为争夺新政权垄断地位的一场争斗。弘光即位的时候，全国已处于四分五裂的状态，清朝、大顺以至张献忠的大西政权都面临一个争取人才为己所用的问题，弘光政权也不例外。在争取人才方面，史可法是比较清醒的，当五月初起草监国诏书时，原稿起用废臣一款内有“除封疆（指任职期间所管地方失守）、逆案、计典、赃私不准起用”一语，他认为“国事之败坏非常，人才之汇征宜广，未可仍执往时之例”，把这

[1] 李清《南渡录》卷一。祁彪佳在日记中也说：“史道邻出淮阳视师，所携亲兵为总镇高杰所分，不能受约束。乃以南都随征将官于永绶、刘肇基、陈可立等家眷及亲丁暂住于京口。”见《祁忠敏公日记》《甲申日历》六月十三日条。

句话删去。一两天后正式发布时，连史可法也不知道是怎么回事，仍照原本发出。[1]后来史可法上言又引马士英奏曰："监国诏书，据阁臣史可法疏谓，逆案等事俱抹去，而吕大器添入之。是以戎臣而增减诏书也。"[2]总之，集中于南京附近江浙人文荟萃之地的一批官僚（他们大多是东林—复社人士）有一个如意盘算，一方面趁北都陷没，朝臣除极少数"死节"以外几乎都投降了大顺政权成为"从贼伪官"；一方面又以不准起用"逆案"等旧例为理由阻挡另一批在野官绅入仕，这样可以为自己控制从中央到地方的全部要津铺平道路。由于历史的原因，他们担心福王朱由崧即位可能掀翻逆案，使自己在政治上失势。朱由崧不得不凭借四镇武将的支持登上帝位，由此形成武将无功封爵、跋扈自雄的局面。四镇的遥控朝政，使东林—复社党人垄断朝政的图谋遭到重大挫折，这本来是他们自己种下的苦果。然而，一贯以清流自命的东林—复社骨干从来不肯承认自己私心自用，而是集中火力攻击投机取巧的马士英和他援引的阮大铖，似乎事情全坏在马阮乱政，掀翻逆案，正人君子联袂而去，众小人翩翩入朝，终于导致南京弘光政权的覆亡。这种观点由黄宗羲创立的浙东史派发扬光大，流传三百多年，至今尚未廓清。

弘光初立的时候，大臣多是东林—复社人士心目中的正人君子。这种局面没有维持多久，姜曰广、高弘图、张慎言、刘宗周等人相继被排挤出朝。然而，这并不是掀翻逆案的结果，直到弘光朝廷覆亡，列名魏忠贤逆案中的人物极少起用。何况，弘光朝廷面对的是大顺和清方，起用不起用逆案官绅无关大局。清兵进入北京后留用大批降闯官员、礼聘逆案首魁冯铨，是其成功之策，而不是失败之着。弘光朝廷内部矛盾酝酿和激化始终是围绕"定策"问题展开的。就东林—复社骨干人士而

[1] 史可法《请尊主权化诸臣水火疏》，见《史可法集》卷一。

[2] 黄宗羲《弘光实录钞》。按，当时南京六部官员有缺，吕大器以南京兵部侍郎兼署礼部事，颁诏为礼部职掌。吕大器性格刚强，删改监国诏书稿文大概是事实，但说他以"戎臣"增减则不妥。见陈鼎《东林列传》卷二十三《吕大器传》。

言，本意是从帮派利益出发反对迎立福王，福王既立，“天位已定”，东林—复社骨干人士希望破产。四镇和及时转舵的马士英以定策之功自诩，扬扬得意。东林—复社人士妒意倍增，他们不敢把矛头指向“当今皇帝”，只好把马士英作为攻击的靶子。

马士英固然不是救时之相，但把他打入另册，列入《明史》奸臣传是毫无道理的。至于把他同阮大铖挂在一起称之为“阉祸”更是无中生有。马士英热衷于权势，这在明末官场上是一种极为普遍的现象。在政治态度上，他原来倾向于东林—复社，陈子龙自撰年谱云：“贵阳（指马士英），先君同籍也，遇予亦厚。其人傥荡不羁，久历封疆。于门户之学，非素所深研也。”[1]杜登春《社事始末》说：“南中建国，贵阳马士英为娄东（指复社首领张溥）好友，一时拥戴窃柄，甚引重东林，起用钱（谦益）、徐（汧）、陈（子龙）、夏（允彝）诸君子。……复社中失节者（指在北京投降大顺政权）贵阳阳加叹恨，阴为矜怜，悉欲置末减。及福藩恣用私人，搜罗珰孽，而阮大铖辈尽起而谋国是，外则附贵阳以招权纳贿，内则实为珰人翻局之计。”[2]东林—复社人士抨击马士英最激烈的是他起用阮大铖。由于阮大铖名列崇祯初魏忠贤逆案，于是把掀翻逆案作为马士英的一条主要罪状，全线出击。然而，这条罪名能否成立很值得研究。

第一，阮大铖为人小有才，本非志节之士，这是一回事；他的列名魏忠贤逆案是否恰当又是一回事。归庄写道：“怀宁阮大铖，初本清流（东林）……阮在垣中（六科给事中）资既深，佥都御史左浮邱（光斗）其同乡也，因欲其掌科，而高邑冢宰、无锡都宪疑其人，以为不可；嘉善魏廓园（大中）初还朝，即转吏科都给事中。阮谓资应属己，而魏夺之，遂激而入邪人之党。……激成阮入彼党，未始非失计。盖阮

---

[1] 《陈子龙诗集》附录二。

[2] 杜登春《社事始末》，见《昭代丛书》续编卷十六。

实有可用之才，惜诸君子无使贪使诈之作用也。”[1]当魏忠贤声势煊赫之时，阮大铖并没有明显的劣迹，在朝时间也极短。他之所以列入“钦定逆案”原因是崇祯帝继位，魏忠贤刚刚垮台，朝廷上两派势力的争斗尚未明朗化，阮大铖急于入朝做官，草拟了两份内容不同的奏疏，一是专攻魏党，一是所谓“合并共算”，也就是既攻魏党又攻东林。他派人把疏稿送往北京请友人杨维垣相机行事。不料，杨维垣取己所需，把后一疏封进。这件两面开弓的奏疏通过邸报流传后，东林人士为之大哗。阮大铖因此以“阴行赞导”的罪名列入逆案第三等，永不叙用。平心而论，东林—复社人士门户之见极深，他们把阮大铖打成逆案很难自圆其说，比如说他谒见魏忠贤后随即行贿给魏的门子赎出名刺，就是莫须有的罪状；说他在魏忠贤得势之时即辞职还家是早已看出魏忠贤必定垮台，更站不住脚。阮大铖在魏忠贤垮台之后还看不清政局的走向，怎么能说他在天启年间就预知朱由校会短命、崇祯帝将即位？总之，“阴行赞导”的罪名难以成立。阮大铖触霉头是在崇祯初出于投机得罪了东林党人。王思任说他“时命偶谬，丁遇人疴，触忌招愆，渭泾倒置，遂放意归田，白眼寄傲，只于桃花扇影之下，顾曲辩挝”[2]。阮大铖政治上失意，借寓南京编演新戏，交结朋友，声歌自娱，这在当时的留都也是极平常的事。不料，顾杲、吴应箕、陈贞慧这批公子哥儿看得老大不顺眼，心想秦淮歌伎、莺歌燕舞乃我辈专利，阮胡子来凑什么热闹。崇祯十一年（1638）八月，他们写了一篇《留都防乱公揭》广泛征集签名，对阮大铖鸣鼓而攻之，文中充满了危言耸听的不实之词。阮大铖挂名“钦定逆案”，有口难辩，一败涂地；陈贞慧等人自以为痛打落水狗，功德无量。

崇祯十四年（1641），东林—复社人士以不光彩的手段，重贿司

[1] 《归庄集》卷十，杂著，随笔二十四则。

[2] 《王季重十种》，浙江古籍出版社排印本，第七十七页，《十错认春灯谜记序》。

礼监太监，使周延儒再次出任首辅。阮大铖为了东山再起，一面参与拼凑贿金，一面向“东林诸君子”苦苦哀求：“所不改心以相事者，有如兹水。”一些东林人士表示谅解，又遭到周镳等人的坚决反对。周延儒既然得到阮大铖的资助，又碍于东林骨干的要挟，采取折中办法，接受阮大铖的推荐，起用其同年好友、革职遣戍的原宣府巡抚马士英为凤阳总督。马士英自然对阮大铖有怀恩必报之念。他出任弘光朝廷首席大学士以后，就以定策和边才为名竭力推荐阮大铖，上疏说：“臣至浦口，与诸臣面商定策。大铖从山中致书于臣及操臣刘孔昭，戒以力扫邪谋，坚持伦序。臣甚韪之。但本官天启年间曾任吏科都，同官魏大中争缺，本官虽近让，与当时诸臣嫌隙遂开，因牵入魏忠贤逆案。其实本官既未建祠，未称功诵德，径坐以阴行赞导。夫谓之赞导，已无实迹，且曰阴行，宁有确据？故臣谓其才可用，罪可宥也。”马士英的上疏立即遭到东林—复社人士的强烈反对。他不顾其他阁臣异议，亲自票拟，六月间取得弘光帝同意：“召逆案为民阮大铖冠带来京陛见。”[1]阮大铖出仕已成定局；八月，弘光帝又依从安远侯柳祚昌的提议，不经朝臣会议，直接任命阮大铖为兵部添设右侍郎。[2]

第二，马士英建议起用阮大铖原意只是报知遇之恩，并没有掀翻“逆案”的意思，比起史可法开“逆案”之禁要保守得多。这点从他在奏疏中为阮大铖开脱“阴行赞导”的逆迹可以得到证明。陈子龙记载他曾劝告马士英不要“犯天下之怒”起用逆案人物阮大铖，马士英回答说：“逆案本不可翻也，止以怀宁一人才，不可废耳。”[3]马士英本是倾向东林的人物，他没有很深的门户之见，爬上首席大学士之后，颇想联络各方面人士，特别是东林—复社的头面人物，造成众望所归、和衷共济的局面。阮大铖被废置多年，不甘寂寞，安排适当官职，任才器

---

[1] 李清《南渡录》卷一。

[2] 李清《南渡录》卷二。

[3] 《陈子龙自撰年谱》，见《陈子龙诗集》附录二。

使，对弘光政权并不会造成多少损害。相形之下，东林骨干的迂腐褊狭令人惊异。他们当中的许多人出仕以来从来没有什么实际业绩，而是以讲学结社，放言高论，犯颜敢谏，“直声名震天下”，然后就自封为治世之良臣，似乎只要他们在位，即可立见太平。实际上根本不是这么回事。甲申夏初，明朝南方官绅处于国难当头之时，东林—复社的主要人物关心的焦点不是如何共赴国难，而是在残存的半壁江山内争夺最高统治权力。排除福王继统的阴谋破产后，他们又出于防微杜渐的考虑唯恐阮大铖被起用导致整个“逆案”掀翻。于是，抓住马士英推荐阮大铖一事大闹朝堂。名望甚高的刘宗周九月初三日上疏说：“大铖进退，关江左兴衰。”[1]人们议论明末以来的党争时，往往受东林骨干人士的影响，偏颇特甚。黄宗羲起的作用最为恶劣。他因为反清义士夏允彝的遗著《幸存录》持论比较公允，竟然大动肝火，专门写了一篇《汰存录》痛加驳斥，指责夏允彝“是非倒置”，所著《幸存录》是“不幸存录”。黄宗羲的基本论点只是一句话，东林人士是“君子”，与东林异调者为“小人”。夏允彝书中说：“东林之持论高，而于筹边制寇，卒无实着。”黄宗羲真不愧是刘宗周的弟子，反驳道：“夫筹边制寇之实着，在亲君子远小人而已。”这无异是说，东林—复社人士孜孜以求的正是一派掌权，达不到目的就破口大骂。被东林—复社人士奉为圭臬的刘宗周就是抱着这种态度行事的，他的儿子刘汋记载：“有朝绅为马士英解于先生曰：枢辅甚向慕先生；先生不吝一见，无有不归命者。所贵大君子以其能化小人为君子，今日国事为重，不宜拒绝太深。先生不答。后士英所亲再四言之，先生亦不答。”[2]

李清等人记载：“马辅士英初亦有意为君子，实廷臣激之走险。当其出刘入阮时，赋诗曰：‘苏蕙才名千古绝，阳台歌舞世无多。若使同

[1] 刘宗周《刘子全书》卷十八《纠逆案邪臣疏》。

[2] 刘宗周《刘子全书》卷四十，刘汋《刘子年谱录遗》。

房不相妒，也应快杀窦连波。’盖以若兰喻刘、阳台喻阮也。”[1]可见，马士英并没有排挤东林—复社人士的意思。直到弘光元年二月，诚意伯刘孔昭上言：“珰案昭雪，专为阴行赞导原无实迹者言之耳，若献媚有据，岂应翻案？”弘光朝廷接受了这一意见，下令“逆案无得滥雪”[2]。这又说明，整个弘光在位时期，并没有“掀翻逆案”。东林—复社人士的记载中常见一种说法：马士英、阮大铖针锋相对地提出：“彼攻逆案，吾作顺案相对耳。”实际上大量材料证明，朝野人士中对在北京投降大顺政权的官员大加挞伐和主持分等定案的主要是以气节自命的东林—复社人士。马士英曾经上疏要求惩办从“贼”诸臣，其中一段云：“更有大逆之尤如庶吉士周钟劝进未已，上书于贼，劝其早定江南。昨日病中，东镇刘泽清来见，诵其劝进表一联云：‘比尧舜而多武功，迈汤武而无惭德。’臣闻之不胜发指。其伯父周应秋、周维持皆为魏忠贤走狗，本犯复为闯贼之臣，枭獍萃于一门，宜加赤族。而其胞兄周铨，尚厕衣冠之列；其亲堂弟周镳，俨然寅清之署，均当从坐，以清逆党。”[3]这份奏疏斥责周应秋等“为魏忠贤走狗”，显然没有掀翻逆案的意思。弘光一朝诛杀“从贼伪官”仅光时亨、周钟、武愫三人，周镳的被牵连勒令自杀，另有原因，这里不再细说。

总之，把弘光一朝的党争说成是马、阮阉党同东林—复社“正人君子”的较量并不正确。核心问题始终是围绕着“定策”而展开的。李清记载了八月间在弘光帝面前的一场争论：“时阁臣士英与曰广同诋上前，曰广曰：皇上以亲以序合立，何功？士英厉声曰：臣无功，以尔辈欲立疏藩，绝意奉迎，故成臣功耳。”[4]阮大铖的起用虽出于马士英的

---

[1] 李清《三垣笔记》卷下，《弘光》。姜曰广《过江七事》云：士英已而时录一小词示曰广：“若使同官不相妒，也应快杀窦连波。”夏完淳《续幸存录》所记“阳台歌舞世无多”作“阳台欢舞世间无”。《鹿樵纪闻》所引字句与夏基本相同，但“快杀”作“乐杀”。姜曰广为当事人，所记可证确有此事。

[2] 李清《南渡录》卷四。

[3] 李清《南渡录》卷一。

[4] 李清《南渡录》卷二。

推荐，但他的受到重用，由削职为民被任为兵部侍郎、兵部尚书巡视江防，原因是他力主拥立福王，从而得到朱由崧的信任。弘光即位之后，原先主张立潞王朱常淓或持保留态度的大臣内心明白自己已经失势，朝廷大权实际上落入了“定策”武臣和迎合四镇的马士英等人手中，而这种局面又是他们一手造成的。他们像哑子吃黄连一样有苦难言，一部分人借攻阮大铖、攻四镇，想稳定自己的地位，结果败下阵来，自行引退，如兵部侍郎吕大器，大学士高弘图、姜曰广，吏部尚书张慎言；另一部分人则委曲求全，如史可法被迫交出首席大学士的职务，“自请督师”。弘光元年（1645）三月史可法在一篇奏疏中痛切陈词：“臣草疏甫毕，哀痛不胜，溯流穷源，因致追恨诸臣误国之事非一，而门户二字实为祸首。从门户生畛域，从畛域生恩怨，从恩怨生攻击。所以《春秋》之始，首严朋党之诛。而门户之名，竟结燕都之局！”[1]可见，他也意识到自己深受“门户”牵制之害。另一位东林钜子钱谦益的表现更具特色。他在南京立国前竭力鼓吹立潞；马士英、阮大铖得势后，又摇身一变，为马、阮唱赞歌。在奏疏中说：“臣观三十年来，文臣出镇，克奏肤功者，孙承宗后马士英一人耳。”又说：“先帝钦定逆案，一时握笔之臣，未免轻重有心，故出故入。……逆案之故入者，阮大铖当周宗建攻逆阉时实赞其议，安有引人攻阉而身反赞导者？”[2]由于他转变得快，由礼部侍郎升任尚书。

弘光立国仅仅一年时间，大臣联袂而去，给人们一种印象似乎是马、阮奸臣当道，驱逐群贤。实际上是因为参与定策者多为大臣，在定策中持异议者自必不安其位。另一个原因是那些致仕回家的大臣并没有料到清兵南下，弘光政权迅速瓦解，他们原以为可以雍容有度地在家乡或借寓之地（如张慎言）过乡绅日子，等待朝廷局面改观时东山再起。自然，他们又一次失算了。事实证明，弘光一朝的大臣当中没有一个安

[1] 李清《南渡录》卷五。
[2] 李清《南渡录》卷三。

邦定国之材。

朝廷大臣矛盾激化，旷日持久的唇枪舌剑，置国事于不顾。一些有识之士也感到国难当头，应当捐弃门户之见。七月，户科给事中熊汝霖上言："臣观目前大势，无论恢复未能，即偏安尚未稳。孜孜讨究，止应有兵饷战守四字，今改为异同恩怨四字。"[1]"徐谕德汧里居，感愤时事，贻同事书曰：今日贤邪之辨，不可不明，而异同之见，不可不化。以君民为心，则和一之至，不必合党同群，而自无不同。以职掌为务，则猷念各分，不必破党涣群，而自无不异。用人者执此为衡，其忠君爱民，精白乃心者为君子，否则小人；修职就业，竭节在公者为君子，否则小人。"[2]可是，弘光政权一直是在大臣和军阀的钩心斗角中苟且偷安，在内讧中粉墨登场，在内讧中分崩离析。

第五节　清廷接管畿南、山东等地和山东百姓的抗清斗争

1644年五月，大顺军西撤以后，山东、河北等地的大顺地方政权被明朝官绅颠覆；清军占领了北京附近地区，由于强制推行剃头等政策，京师附近的居民惶惧不宁，许多地方揭竿而起反对清朝的统治。三河、昌平、良乡、宛平、大兴、霸州、东安、武清、漷县、天津等地"盗贼""千百成群"[3]，以至"辇毂近地，几同化外"[4]，连京师所用的西山煤炭也因为道路阻隔无法运入城内。京师内外百姓流言四起，盛

[1]　李清《南渡录》卷二。

[2]　李清《三垣笔记》下，《弘光·补遗》。

[3]　顺治元年七月二十九日吏科都给事中孙承泽启本，见《明清史料》丙编，第五本，第四一三页。

[4]　顺治元年八月初五日兵部右侍郎金之俊启本，见《明清史料》丙编，第五本，第四一六页。参见《清世祖实录》卷五有关各条。

传清军将有屠民之举。[1]多尔衮等清廷统治者一再辟谣，安定民心，同时派兵遣将进行扫荡，“辇毂之下，盗贼窃发，及至捕获，少长尽置于法”，连“老稚不能弯弓操刃者”也滥加屠戮。[2]在这种情况下，清廷需要一段稳定自己在京畿地区的统治和养兵蓄锐的时间。何况大顺军尚扼守山西，清廷有所顾忌，不敢轻易以主力南下。因此，畿南、山东和豫东地区在两三个月里处于近似权力真空的局面。

弘光朝廷的按兵不动，给清廷以可乘之机。早在五月十二日，清都察院参政祖可法、张存仁就上言：“山东乃粮运之道，山西乃商贾之途，急宜招抚。若二省兵民归我版图，则财赋有出，国用不匮矣。”[3]同月二十五日，清廷派明降臣方大猷为监军副使招抚山东。六月初四日，又派明降臣王鳌永以户、工二部侍郎名义招抚山东、河南。[4]同月初十日，多尔衮派固山额真觉罗巴哈纳、石廷柱统兵收取山东[5]，十四日派固山额真叶臣领兵收取山西[6]。觉罗巴哈纳、石廷柱先声夺人发出檄文说：“奉摄政王令旨，各调兵马前往山东等处。所过地方官民出郭迎接，违者以抗师治罪。”同时又以平西王吴三桂名义大张文告，云为安抚残黎事称“摄政王简选虎贲数十万南下，牌仰山东等处速速投降”[7]。二十一日，巴哈纳等带领的清军进抵德州。朱帅钦和参与反叛大顺政权的明朝官绅“仍欲拒命”，不愿归附清朝。[8]只是由于“济王”部下都是些乌合之众，又得不到龟缩于江淮一带南明阁部史可法等

---

[1] 《清世祖实录》卷五、卷九。

[2] 《清世祖实录》卷十六。直到顺治五年八月，清廷还一度下令收缴畿辅民间一切武器和马匹；顺治六年三月弛禁，原因不是太平无事，而是“良民”受限，“贼反得利”，见同书卷四十、卷四十三。

[3] 《清世祖实录》卷五。

[4] 《清世祖实录》卷五。

[5] 《清世祖实录》卷五。

[6] 《清世祖实录》卷五。

[7] 南沙三余氏撰《南明野史》卷上。原文作六月初二日，可能为十二日之误。

[8] 顺治元年六月二十九日招抚山东、河南等处户、工二部右侍郎王鳌永启本，原件藏第一档案馆。

人的支援，德州知州张有芳唯恐贻祸地方，到处游说，朱帅锹等被迫解散部众，拜表归顺清廷。[1]畿南、山东大批州县就这样拱手让给了清朝。

值得注意的是，奉命收取山东的清军不仅兵力有限，而且由于清廷也看出自己真正的对手是大顺军，所以二十九日觉罗巴哈纳、石廷柱报告已平定了霸州、沧州、德州、临清之后，多尔衮并没有叫他们继续南下，而是在七月初三日下令将觉罗巴哈纳、石廷柱部调往山西，会同叶臣部合攻太原等地的大顺军。[2]这两部清军调走以后，王鳌永、方大猷临时拼凑了一些散兵游勇，不仅战斗力单薄，数额也只有几千人。顺治元年七月初三日清兵部右侍郎金之俊报告："山东全区，并无一贼"，"但目下虽幸无贼，独苦无官"。奉朱批："□（东）省并无一贼，抚臣亟当推用。这事情吏、兵二部确议速复。"[3]弘光君臣一味偏安江左，毫无进取之意，王鳌永、方大猷仅凭清朝的声威到处接管山东未附各州县。七月十二日王鳌永启本中说："臣于六月二十九日在德州拜疏后，七月初一日行至平原，值恩县土贼猖獗，恩、平两县相距二十余里，臣因留驻平原二日，遣官安抚。旋以省城（济南）土贼告急，人心汹汹，历城县知县朱廷翰络绎遣人催臣入省。臣随于初四日至禹城，初五日至济南，土贼闻臣至，各望风解散。臣亦分头遣官宣布圣朝德意。即有一二顽梗，地方官自足制之，可以不烦大兵。"下文说第二天（初六日）明权德府事泰安王朱由弫率领明德藩各郡王宗室具表归降，山东掌印都司苏邦政、济南府推官钟性朴等文武官员、乡绅也纷纷投顺。随后明朝署东昌道事工部主事于连跃以东昌府、临清州归附，青州府通判李懋学、推官彭钦以青州府城归附，而当时"省城营兵尽汰，中原全

[1] 据朱帅锹顺治元年七月二十二日给清廷的揭帖，说他在颠覆山东、河北大顺地方政权后，遣使往吴三桂处打听北京消息。"六月初八日才得返报，初九日遂遣使纳款，具明称王之故，以谢僭拟之罪"。见《明清档案》第一册，A1—33号。但王鳌永等人都认为他缺乏降清诚意。

[2] 《清世祖实录》卷六。

[3] 顺治元年七月初三日兵部右侍郎金之俊启本，见《明清档案》第一册，A1—12号。不久，方大猷即被委任为山东巡抚。

无，文武佐贰亦缺，无官可遣”[1]。直到八月间山东许多地方仍不愿归附清朝，例如距省会济南并不太远的新泰县在大顺政权委派的县令周祚鼎坚持下，六次拒绝王鳌永、方大猷的招降。[2]在这前后山东各地百姓的反清义举此伏彼起，都是一种自发的斗争，从来没有得到南明弘光朝廷的支持。

自从明末以来，山东一省地方性的农民起义连绵不断，明朝廷的统治已经很不稳固。大顺政权接管该省后，由于实行免赋政策，派遣的官员奉公守法，吏治严明，受到当地贫苦百姓的拥护。原先所谓的“土贼”有的自行解散归农，有的改编为大顺政权的地方武装，一度出现了多年未见的平静局面。大顺军主力西撤后，明朝官绅乘机颠覆大顺地方政权，实行反攻倒算，许多地方的农民又自发地组织武装同官绅势力作对。如靠近北直隶的冠县在大顺县令逃跑后，有“土贼裴守政、马瑞恒、刘桐相等蜂起”，两年后才被清政府镇压下去。[3]胶东地区随着大顺政权的瓦解也陷入一片混乱之中，许多地方在当地义军控制之下，原明朝设置在登州的防抚曾化龙也掌握部分兵力，盘踞地方。五月间，灵山卫义军张大雅、张千出、韩继本，高密县义军单之赏、张宇等部围攻胶州。六月初六日，曾化龙派登州守将滕胤玉等统兵击退义军，解胶州之围。昌邑县土豪李好贤率众向曾化龙投降，张大雅、张千出被擒杀。可是，曾化龙得知清军占领京畿以后，却丢下防守地区，同胶州知州郭文祥一道航海南逃。胶东地区处于无政府状态。清廷在这年秋天任命柯永盛为胶镇总兵，轻而易举地接管了该地。这一地区的义军胶州韩继本，高密单之赏、张宇，即墨黄宗贤、周六、丘尚佐、王尔玺，平度髰搭毛、翟五和尚、张广等部先后被柯永盛部清军扫灭。[4]《即墨县志》

[1] 顺治元年七月十二日招抚山东、河南等处户部右侍郎兼工部右侍郎王鳌永“为恭报收抚地方事”启本，原件藏第一档案馆。

[2] 顺治元年八月二十二日山东巡抚方大猷启本，原件藏第一档案馆。

[3] 道光十一年《冠县志》卷十《纪变》。

[4] 康熙十二年《胶州志》卷六《事纪》。

载："无赖贼郭尔标倡众为乱，诸孽附之。贼之在姑密胶东者亦相与为响应，众十余万，号十四营，环围即墨。"[1]当地绅衿先向明朝官员请援，毫无所得，改向清胶州总兵柯永盛求救，才将义军击溃。其时声势特别浩大的是兖州府、济宁州、曹州以至沂州府属蒙阴县[2]一带的农民起义。嘉祥满家洞有宫文彩"僭称擎天王，拥贼二万有奇"，傅家楼等地还有马应试（大顺政权授掌旅之职）、李文盛、宋二烟、杨鸿升、杨之华、阎清宇等领导的武装，为众不下数万。在大顺军西撤后，他们仍然"坚事逆闯"，"安心附逆，旗帜之上大书闯贼年号"[3]。顺治元年九月，清山东巡抚方大猷在"为塘报事"揭帖中写道："嘉祥地方满家洞土寇聚众数万攻破冯家等堡二十余处，杀人不计其数，捕官率领乡兵俱被杀伤，势甚紧急，恐该县被陷……"[4]

面对各地风起云涌的反清运动，清朝委派的官员束手无策，七月间巡抚方大猷在启本中说："今则无百姓、无官、无兵，而总因无饷。虽奉令旨准免三分之一，部臣王鳌永复推广德意请免新、练二饷。臣又除去荒地，止就成熟者姑征一分。然究竟民无以应也。久已抛弃农业，渐有从贼巢中观望来归，而一旦闻有开征之示，掉臂而返，有以相率从贼为得计者。此开征两字求之一百四州县中不过十数处耳。"[5]方大猷的启本说明了山东百姓留恋大顺政权的免征赋税，才以永昌年号为旗帜奋起抗清，这和当地明朝官绅的动向正好相反。它还清楚地反映了清廷虽然在名义上接管了山东，统治力量却非常单薄。

这年九月二十九日发生了青州之变。事情的经过是，原属大顺政

---

[1] 乾隆二十八年《即墨县志》卷十《艺文》，李笃行《御寇全城记》，范德显《解围记》。

[2] 康熙二十四年《蒙阴县志》卷八《兵燹》。

[3] 顺治元年九月河道总督杨方兴揭帖，见《明清史料》甲编，第一本，第八十五页。

[4] 见《明清档案》第一册，A1—158号。

[5] 顺治元年七月二十四日山东巡抚方大猷启本，原件藏第一档案馆。

权的一支军队同主力失去了联络，在旗鼓赵应元[1]和投降了大顺政权的明朝官员杨王休率领下来到青州。九月二十九日晨以入城拜会为名，乘机夺门而入。当时清廷委任的招抚山东、河南户、工二部侍郎王鳌永正在城内，赵应元派步兵上城头摆垛，自己带着骑兵直入王鳌永的部堂辕门。王鳌永以为赵应元是率部前来归降，突然看到兵将持刀露刃蜂拥而进，仓皇躲避到上房。后来听见人声鼎沸，“城内震地”[2]，又翻过院墙藏到姓房的乡绅家中。赵应元下令搜捕，“扬言拿获部堂者赏金五十两，拿获部堂下官一员者赏银十两”[3]。王鳌永被军士搜获，赵应元下令把他处斩。

赵应元收复青州，并不是为了重建大顺地方政权。据文献记载，他自己声称：“我也不愿做皇帝，只是扶立明朝一人。”[4]清山东巡抚方大猷的题本中说他以“拥立衡藩为号召计”[5]，定于十月初八日“扶衡王坐殿”。这位衡王却是个脓包，他在七月间已在王鳌永招诱下向清廷献上降书[6]，唯恐赵应元拥戴复明将招来杀身之祸，只知“涕哭，眼肿如桃”[7]。赵应元为了增强抗清力量，“四门竖旗招兵：有马给银四两八钱，骡兵给银三两八钱，步兵一两八钱，外加一钱”。山东昌乐、寿光等县的抗清武装首领赵慎宽、秦尚行、郭把牌、翟五和尚都派人来青州

---

[1] 吴伟业《绥寇纪略》卷九记李自成在崇祯十六年（1643）杀贺一龙事时说：“自成先用贺锦、刘希尧以收一龙之心膂曰赵应元，俾慰诱其众。”可见，赵应元原先是“革左五营”的将领，后属李自成。

[2] 顺治元年十月初五日山东巡抚方大猷题本，原件藏第一档案馆。参见顺治元年十月初三日方大猷“为塘报事”题本，《明清档案》第二册，A2—6号。

[3] 顺治元年十月初五日山东巡抚方大猷题本，原件藏第一档案馆。参见顺治元年十月初三日方大猷“为塘报事”题本，《明清档案》第二册，A2—6号。

[4] 顺治元年十月初五日山东巡抚方大猷题本，原件藏第一档案馆。参见顺治元年十月初三日方大猷“为塘报事”题本，《明清档案》第二册，A2—6号。

[5] 顺治元年十月初五日山东巡抚方大猷题本，原件藏第一档案馆。参见顺治元年十月初三日方大猷“为塘报事”题本，《明清档案》第二册，A2—6号。

[6] 《清世祖实录》卷六。

[7] 顺治元年十月初九日山东巡按御史朱朗鑅“为第六次紧急塘报事”题本，见《明清档案》第二册，A2—11号。

会商合作事宜。[1]

青州事件发生后，在省会济南的清山东巡抚方大猷惶惶不安，他手头只有兵马六百多人，防守省城还不够，只好请求清廷发“真满洲官兵一万，星夜南驰”。[2]清廷得报知道事态严重，派梅勒章京和托、李率泰领兵赶赴山东。十月初六日，和托、李率泰部到达济南，初八日前往青州。[3]早已降清的明青州守备李士元献计智取，他同清廷委任的青州道韩昭宣[4]等官绅暗中勾结，进入青州城内充当说客。李士元对赵应元威胁利诱，劝他转投清方，由巡抚上疏清廷解释青州之变“只以总督虐民诛之，其余不戮一人，今复以全城归命天子，则通侯之赏可立至矣”。赵应元果然受骗，带了甲士数百名出城同清将和托等会面，双方钻刀歃血对天起誓。当天晚上，赵应元在府城北门的瞻辰楼设筵，大张酒乐。清军按李士元等约定的计划，伏兵城外。席间炮声突发，李士元、韩昭宣和随从当场击杀赵应元、杨王休，赵军大乱。清军拥入城中，格杀招降余党，青州的反清事件遂告失败。[5]

第六节　1644—1645年河南的形势

1644年夏季以后，河南的局势也很复杂。大顺政权原已遍设官员的

[1]　见上引《明清档案》第二册，A2—11号。

[2]　见上引顺治元年十月初五日方大猷题本。

[3]　顺治元年十月初十日河道总督杨方兴“为恭报大兵赴青剿贼日期以慰睿怀东顾事”启本，见《明清档案》第二册，A2—15号。

[4]　韩昭宣原为明朝宁远兵备道，降清后于顺治元年七月被委任为山东布政司参议兼按察司佥事青州道，见《清世祖实录》卷六，又见顺治元年九月《北直河南山东山西职官名籍》，收入《史料丛刊初编》。韩昭宣后来在原籍山西反清被杀，见下文。

[5]　安致远《李将军全青纪事》，见康熙六十年《青州府志》卷二十二《艺文》。参见《清史列传》卷四《和托传》，卷七十八《王鳌永传》，《清世祖实录》卷九。

这块中原地区，已经由于主力西撤而四分五裂。大顺军只控制着豫西等部分地区，其他地方一部分为死灰复燃的明朝官绅所窃据，一部分被所谓“土寨豪杰”的地头蛇盘踞；清方也乘虚而入，攫取了河南省黄河以北的怀庆、彰德、卫辉三府。现简述如下：

五月间，明归德府知府桑开第得到大顺军战败放弃北京的消息，立即勾结原崇祯朝督师丁启睿的弟弟丁启光（任明朝参将）发动叛乱，逮捕大顺政权归德府管河同知、商丘、柘城、鹿邑、宁陵、考城、夏邑县令，于六月间解送南京向弘光朝廷献俘邀赏。[1]明河南援勦总兵许定国也纠集一批散兵游勇窃据睢州一带。原明朝兵部尚书张缙彦在北京投降了大顺，这时逃回新乡招集官绅、土寇，同许定国相勾结，与大顺政权为敌。

河南各地的土贼也乘势拥起，如刘洪起据汝宁，韩甲第据许州，李际遇据登封，李好据裕州，刘铉据襄城，“分辖各数百里，拥众各十余万”[2]。这些人的来历一般是明末地方性的反叛武装，后来同当地乡绅勾结，蜕变成一种封建割据势力。其中刘洪起兵力较强，他接受明朝的招抚，1644年春夏在河南发动叛乱，擒杀大顺政权委派的地方官员，被大顺政权绵侯袁宗第击败，率领残部逃入湖北，托庇于明将左良玉麾下。其他土贼由于实力有限，在崇祯末期往往在明朝廷和李自成农民军之间摇摆，哪方得势就倒向哪方。大顺军西撤后，他们当中不少人立即起来反叛，“愤张旗帜直书‘杀贼报仇’四字”[3]。仅韩甲第就“擒伪官十有余人”，颠覆了许州一带的大顺政权，但河南大顺军随即发起反击，在九月间将韩甲第勦杀。刘洪起也卷土重来，领兵直至永宁、杞县一带，与开封府推官陈潜夫一道为明朝收复“失地”，并在柳园（开封城北）击败大顺军陈德部（陈德乃陈永福之子，原为明将，后来又投降

[1] 郑廉《豫变纪略》卷六；陈济生《再生纪略》卷下。

[2] 顺治元年七月国子监司业薛所蕴启本，原件藏第一档案馆。

[3] 顺治元年七月国子监司业薛所蕴启本，原件藏第一档案馆。

清朝）。弘光朝廷得报后，委任陈潜夫为巡按御史，刘洪起为总兵官。不久，又任命张缙彦为河南总督，越其杰为河南巡抚（越其杰是马士英的姻亲）。

清廷方面也在稳固对畿辅地区统治的同时，把势力扩展到河南北部。七月，任命杨方兴为河道总督，苏弘祖为分巡河北道，申朝纪为分守河北道（按，明、清的河北道管辖范围是河南省黄河以北的彰德府、卫辉府、怀庆府，同现在的河北省无关），罗绣锦为河南巡抚；[1]八月又任命祖可法为河南卫辉总兵官，金玉和为河南怀庆副将（不久提升为怀庆总兵）[2]。八九月间，清廷委任的文官武将先后到任，基本上控制了河南省黄河以北地区。

可见，在1644年夏秋，河南省成为明、清、顺三方争夺的焦点之一。这年九月十八日，清山东分巡东昌道李栖凤报告他探听到的河南情况是："河南舞阳以东汝宁一带地方俱属总兵刘洪启（起）将官分据……河北（即指上述河南省黄河以北三府）一带地方俱属营头张天乙管，河南睢州一带地方俱属总兵许定国管。八月十二日定国率领兵马将归德府城池残破，蹂躏不堪。金陵口南至许州、舞阳、西平、遂平、临颍、郾城、扶沟、鄢陵、汝宁迤南等处地方俱属总兵刘洪启（起）管。流寇改禹州为均平府，襄县、南阳、襄阳、河南府（洛阳府）以西流寇牛头目领兵一支在各处镇守，以西俱流寇官，而郾城委知县二员，一属弘光，一属西寇。河南各处非兵即寇，各占一方，无处宁静。"[3]李栖凤的描述大致反映了当时河南三方对峙的情势，清方虽然已经在黄河以北三府设官，但当地的"土贼"营头势力还很大，统治并不稳固。

上面扼要介绍了1644年夏秋山东、河南两省的情况，不难看出清

---

[1] 《清世祖实录》卷六。

[2] 《清世祖实录》卷七。

[3] 《明清史料》，丙编，第五本，第四四二页。参见康熙《上蔡县志》卷十二《编年志》；康熙《西平县志》卷十，外志《灾变附近代兵革》；康熙《汝宁府志》卷十《武备·军功》；康熙《光州志》卷十《丛纪考》等地方志。

廷自五月至十月主力没有南下，以多尔衮为首的领兵诸王都群集在北京（郑亲王济尔哈朗原留守沈阳，九月才护送顺治帝来京）休息，只派了固山额真叶臣等人统兵进入山西同大顺军作战。大顺军西撤后，山东、河南的大顺政权基本瓦解，随即出现归属问题。除了豫西仍在大顺政权控制下，其他一些农民起义色彩较浓的地方武装依然心向大顺以外，绝大多数地区的明朝官绅和土杰豪强在擒杀大顺政权委派的官员以后，是以复明为旗号的。弘光政权由于“定策”引发的纷争以及武将以“拥立”之功蒙受上赏，于是文恬武嬉，坐失良机，主力部队如镇守武昌的左良玉部和建藩开府于南直隶境内的江北四镇都按兵不动。督师大学士史可法虽然在口头上也谈要恢复鲁、豫，乃至燕京，然而形格势禁，一筹莫展。李清记：“初四镇垂涎扬郡，可法不得已，许有警时各安顿家眷，谓彼此有分，可免独踞。且谓之有警，则无警不得驻耳。然以调停故，坐羁北伐，识者恨之。”[1]

[1] 李清《南渡录》卷二。

第三章
弘光朝廷的偏安江淮

第一节　基本国策——“借虏平寇”

对于清初我国社会的主要矛盾，史学界有不同意见。有的人认为从清兵入关占领北京起，民族矛盾就成了主要矛盾；也有人认为由明至清阶级矛盾一直处于主要地位。这些看法很值得商榷。因为如果认为阶级矛盾始终是主要矛盾，那就不能正确解释为时二十年左右仁人志士的抗清运动，更不能公正评价大顺、大西农民军联明抗清的正义性。而认为清军入关就标志着民族矛盾已经成为主要矛盾，显然不符合事实。甲申五月，无论是满洲贵族建立的清廷，还是在南京继统的弘光朝廷，都把大顺农民军视为死敌。直到清兵南下，弘光朝廷覆亡，清廷推行一系列民族征服、民族压迫政策，民族矛盾才上升为主要矛盾。[1]

在弘光立国的一年时间里，特别是在其前期，朝廷上下几乎全都沉浸在借用满洲贵族兵力扫灭“流寇”的美梦中。可以说“联虏平寇”（或称“借虏平寇”）是弘光朝廷的基本国策。奉行这一国策的背景已

[1]　参见1980年8月出版《清史论丛》第二辑载拙文《论清初社会矛盾》。

见上述。但是，还有必要指出它的基本思想有其历史渊源。崇祯年间，杨嗣昌任兵部尚书和大学士，深知朝廷兵力、财力不足以支持两线作战，曾经提出了“攘外必先安内”的建议[1]，具体内容是同清方达成和议，每年输送白银、缎帛等物，清方以少量人参、貂皮之类回报，实行互市；然后集中兵力扫除“流寇”。这在当时是迫不得已的办法，但并没有借助清方兵力对付义军的意思。随着整个局势的恶化，一些幕僚人士开始从总结历史经验出发，考虑借用北方少数民族兵力共同镇压汉族内部的农民起义。茅元仪写的《平巢事迹考》[2]和姚康撰《太白剑》[3]都是以唐朝末年平定黄巢起义作为借鉴，替执政大臣出谋划策。这两本小册子毫无学术价值，编纂的目的是借古喻今。茅元仪曾在大学士孙承宗幕中任职，姚康则曾充任南京兵部尚书史可法的幕僚。他们以唐朝平定黄巢起义为题目著书立论，用意是借历史经验说明唐朝平定像黄巢起义这样大规模的农民反抗，光靠有郭子仪、李光弼这样的大将不够，还需要借用李克用的沙陀兵，招降像朱温这类义军叛徒，才有中兴之望。

弘光朝廷建立的时候，正值吴三桂降清，联兵击败大顺军，占领北京。弘光君臣由于情报不明，对吴三桂同清朝的关系并不清楚，以为是吴三桂借清兵击败了“闯贼”，收复神京，一个个兴高采烈，称之为“功在社稷”的“义举”[4]。五月二十七日，大学士马士英疏“陈恢复大计”说：“吴三桂宜速行接济，在海有粟可挽，有金声桓可使；而又可因三桂以款虏。原任知县马绍愉、陈新甲曾使款奴。昔下策，今上策也。当咨送督辅以备驱使。”[5]次日，弘光朝廷即决定“封关门总兵平西伯吴三桂为蓟国公，给诰券、禄米，发银五万两、漕米十万石，

---

[1] 杨嗣昌《杨文弱先生集》卷九，《敬陈安内第一要务疏》。

[2] 收入曹溶《学海类编》第十六册。

[3] 桐城姚康休那著《太白剑》，所见为光绪乙未冬姚五桂堂重刊本。

[4] 李清《南渡录》卷一。

[5] 李清《南渡录》卷一；《国榷》卷一百一载于二十九日，文字略有不同，如“因三桂款建，使为两虎之斗”。

差官赍送”[1]。大学士王铎起草的加封赏赍吴三桂、黎玉田的敕谕颇能说明问题。在《敕谕破贼总兵官》一文中写道：“闻尔星统关兵大挫贼锐……是用晋尔侯世爵，加坐蟒一袭，纻丝八表里，银二百两，示宠异也。又尔部下士卒蓐食未饱，已令海上运漕十万石、银五万两接济犒劳……”[2]在《敕谕辽东巡抚黎玉田》文中写道：“兹特晋尔秩为兵部尚书，加赏纻丝十八端，银一百两，示旌也。且令漕米接济……”[3]王铎入阁在六月间，弘光君臣还不知道吴三桂四月下旬已经投降清朝被封为平西王；而黎玉田投降了李自成，这时正任大顺政权四川节度使，根本没有同吴三桂一道勾引清兵。弘光朝廷的消息不灵，于此可见。

人们常常受传统观念的影响，给史可法和马士英描绘成截然不同的脸谱。事实却表明，史可法与马士英之间的差异比后来的许多史学家想象的要小得多。他们两人的品质高下主要是在个人操守方面，而在基本政策上并没有多大分歧，都是“联虏平寇”方针的赞决者。正是这一方针导致了弘光政权的土崩瓦解。史可法在甲申六月间上疏道：

> 先帝以圣明之主，遘变非常，即枭逆闯之头，不足纾宗社臣民之恨。是目前最急者，莫逾于办寇矣。然以我之全力用之寇，而从旁有牵我者，则我之力分；以寇之全力用之我，而从旁有助我者，则寇之势弱。近辽镇吴三桂杀贼十余万，追至晋界而还。或云假虏以破贼，或云借虏以成功，音信杳然，未审孰是？然以理筹度，此时畿辅之间必为虏有。但虏既能杀贼，即是为我复仇。予以义名，因其顺势，先国仇之大，而特

[1] 《南渡录》卷一；《国榷》卷一百一。

[2] 王铎《拟山园选集》（北京图书馆善本部藏顺治十年刊八十一卷本）第二卷。按，诸书均记弘光朝廷封吴三桂为蓟国公，大学士王铎起草的敕谕中却明言“晋尔侯世爵”，很可能弘光朝廷对吴三桂封爵有个升格过程，几个月前吴三桂被崇祯帝封为平西伯，弘光朝廷初拟晋封侯爵，不久又决定加封公爵。

[3] 王铎《拟山园选集》卷二。

宥前辜；借兵力之强，而尽歼丑类，亦今日不得不然之着数也。前见臣同官马士英已筹及此。事期速举，讲戒需迟。今胡马闯（闻）已南来，而凶寇又将东突，未见庙堂之下，议定遣何官，用何敕，办何银币，派何从人？议论徒多，光阴易过。万一虏至河上，然后遣行，是虏有助我之心，而我反拒之；虏有图我之志，而我反迎之。所重者皇上之封疆，所轻者先帝之仇耻，既示我弱，益长虏骄，不益叹中国之无人，而北伐之无望邪！伏乞敕下兵部，会集廷臣，既定应遣文武之人，或径达虏主（指顺治帝），或先通九酋（指清摄政王多尔衮）。应用敕书，速行撰拟，应用银币，速行置办。并随行官役若干名数，应给若干廪费，一并料理完备。定于月内起行，庶款虏不为无名，灭寇在此一举矣。[1]

左都御史刘宗周六月间也上疏建议“亟驰一介，间道北进，或檄燕中父老，或起塞上夷王……苟仿包胥之义，虽逆贼未始无良心”[2]。总之，吴三桂的引狼入室，在弘光朝廷决策大臣中无不认为是一大快事，都主张应该尽早同吴三桂取得联系，借清军之力共灭“流寇”。

当朝廷大佬沉浸于“借虏平寇”的幻想中时，个别中下级官员反而比较有远见，主张应以自强为主。吏科都给事中章正宸上疏道：“今日江左形势视之晋、宋更为艰难，肩背腹心，三面受敌。”他要求朝廷既须“念先帝、先后殉社稷之烈”，又应“念三百年生养黔黎尽为被发左衽”，“断宜以进取为第一义。进取不锐，则守御必不坚”。他对形势的分析是：“近传闯渠授首，未可轻信。贼计甚狡，必亡走入秦，度

[1] 史可法《为款虏灭寇庙算已周，乞敕速行，以雪国耻事》奏疏，见冯梦龙《甲申纪事》，《玄览堂丛书》第一一五册。按，史可法这篇奏疏在清代刊印《史忠正公集》时因避讳改题为《请遣北使疏》，文字亦有删改。冯氏著作刊于弘光年间，史可法尚任督师大学士，自应以此本为准。

[2] 李清《南渡录》卷一。

暑必尽锐而出，与献贼合，睥睨长江。……又闻虏踞宫阙，动摇山东。而当国大臣仓惶罔措，但绍述陋说，损威屈体，隳天下忠臣义士之气，臣窃羞之，臣切痛之。”“失今不治，转弭秋高，虏必控弦南指，饮马长、淮；而贼又驰突荆襄，顺流东下。瓦解已成，噬脐何及？”[1]章正宸指责当国大臣绍述的“陋说”是指崇祯年间兵部尚书陈新甲主持的同满洲贵族和谈；他不赞成把清军看成义师，相反指出有披发左衽的危险。六月，给事中马嘉植上言：“今日可忧者，乞师突厥，召兵契丹，自昔为患。及今不备，万一饮马长、淮，侈功邀赏，将来亦何辞于虏？”[2]

七月上旬，弘光朝廷召集群臣讨论派遣使臣同清方联络事宜。兵科给事中陈子龙参与了集议，又经过弘光帝召对后，感到当国大臣“求好太急”，乃以“通敌实出权宜，自强乃为本计，恳乞严谕使臣无伤国体，更祈大诫疆臣急修武备事”上疏言事。疏中说：“自东敌逆节，兵帑不解几三十年，中国虚耗，实为祸本。但以运逢百六，寓宅东南，国家事力难支两敌，而东敌会师杀贼，为我报仇，虽蓄谋难测，而执词甚正。因之通好，少纾目前，以便并力于西，此亦谋国之苦心也。……以臣愚计，是行也，所授词于使臣者，第云彼以好来，我故以金帛报谢其酋长，犒劳其士卒，以见中朝之有礼；许之互市，以中其所须，使其马首不亟南可已。若夫地界、岁币等事或因遘机会有利国家是在大夫出疆之义耳，似不宜求好之太急也。……祖宗之地诚尺寸不可与人，然从来开疆辟土，必当以兵力取之，未闻求而可得者也。……若夫约敌灭贼以报不共戴天之仇，如唐人用回纥之师，事诚有之，然必中国自有信臣精卒如李、郭之将，朔方、陇右之兵而后可。若专恃他人之力，如宋人借金以灭辽，借元以灭金，则益其疾耳。”接着，他建议朝廷：“密敕诸将奋同仇之气，大整师徒。俟冬春之间，敌骑牵制于三晋，我则移淮

[1] 冯梦龙《甲申纪事》。

[2] 李清《南渡录》卷二。

泗之师以向倏谷，出全楚之甲以入武关，令川汉之将联络庄浪甘宁之义旅，或攻其胁，或拊其背，使敌当其一面，而我当其三面，不特逆贼可以一举荡灭，而大功不全出于敌，则中国之威灵震而和好可久矣。”[1]

章正宸、陈子龙等主张的自强之道，在弘光朝廷上全然行不通。原因是朱由崧登上帝位靠的是联络四镇，四镇既以“定策”封爵，已无进取之心，朝廷内部的纷争又造成文武大臣顾不上妥善经营北方事务。

弘光朝廷初建之时，大顺军在西面占领着湖北襄阳、荆州、德安、承天四府，东面进迫淮河流域，史可法、马士英等人针对当时的情况做出的军事部署是扼守武昌至南直隶一带。随着清兵占领畿辅，大顺军西撤，全国形势发生了很大的变化，山东和河南东部一度出现归属莫定的局面。在三方对峙的态势下，由于大顺政权已无力东顾，这一广袤地区就成了南明和清方争夺的焦点。上文已经说过，畿南、山东、河南官绅发动叛乱，颠覆当地的大顺政权，是以恢复明室为号召的。弘光朝廷本应乘此有利时机出兵北上，尽量扩大自己的统治区。这样，既可以防止清军南下，也不失为一种自强之道。然而，史可法、马士英等弘光朝廷重臣却裹足不前，一味株守江南。他们的内心怯弱是非常明显的，且不说万历末年以来明廷在同满洲贵族的征战中屡遭重大失败，一年之内的事实也表明弘光朝廷的主要军事支柱如左良玉、高杰、刘泽清都是避战先逃的败军之将，大顺军既被清军击败，可知强中更有强中手。于是，他们自以为最高明的策略是不越雷池一步，免得“挑激”清军，授以南下的口实。然后，卑词逊礼结好于清廷，维持偏安局面。史可法、马士英等人未必看不到南明军队即使不北上同清方争夺山东、河南，清廷迟早也会南下收取鲁、豫，同弘光朝廷接壤争地。但直到覆亡前夕，他们始终抱着和谈（款虏）的幻想，摆出一副谨慎可怜的样子，企图博得清廷的欢心。弘光朝廷这种先天的软弱性，使清廷不费吹灰之力轻易接管了黄河中下游大批州县。这些地区的许多官绅得不到弘光朝廷的兵力保

[1] 陈子龙《兵垣奏议》。

护，被迫归附清朝。

时人张怡是在清军进入北京以后南下的，他途中看到的情景是："过德州界，一路乡勇团结，以灭贼扶明为帜，所在皆然。至济南，回兵数千自相纠合，队伍整肃，器械精好。浚河置榷，凡舟必盘诘乃得过。即以所浚之土堆集两岸，仅容步，不可骑。而沿河民家塞向墐户，留一窦以通出入，防守颇严。引领南师，如望时雨。既闻弘光登极，史公督师，无不踊跃思郊。每遇南来客旅，辄讯督师阁部所至。使斯时乘其锐而用之，数十万义士因粮于众，人自为战，大功可立也。日复一日，坐失事机，灰忠义之心，隳朝食之气，谋之不臧，土崩瓦解，伊谁咎哉！"[1]参与济宁、兖州、济南反叛大顺、恢复明政权的郑与侨在《倡义记》中写道："是役也，当四海无主之日，前无所依，后无所凭，只以绅衿忠愤、乡勇血诚，遂使大憝立剪，名义以新。无奈江南诸执政鼠斗穴中，虎逸柙外，置李贼不共戴天之仇于不问，可胜叹哉！"[2]张怡、郑与侨痛斥了史可法、马士英不顾民族大义，顿兵不进，坐看国土沦丧的卑怯行径。实际上这正是弘光朝廷自以为得计的坐山观虎斗，避免引火烧身的退让政策必然导致的结果。上自朱由崧、史可法、马士英，下至南明地方官僚，当时都是以大顺政权为贼，视清方为友，存在一种强烈的感激清方、畏惧清方的混合心理。

在弘光朝廷的影响下，黄河流域明朝官员颠覆大顺地方政权以后，表现出来的彷徨失所，兵部职方司监军赞理主事凌駉的态度具有典型意义。他参与朱帅锹等人擒杀山东等地大顺官员时，以明臣自居；朱帅锹投降清朝以后他也晕头转向地跟着清廷委派的官员瞎忙，自告奋勇招抚两河（指今河南省）。八月初二日，清招抚山东、河南等处右侍郎王鳌永向清廷奏报："原任监军兵部职方司主事凌駉才猷博大，动合机宜，招抚两河事本官一力肩承，祈量改兵垣职衔，以便行事。"同月十三日

[1] 张怡《謏闻续笔》卷一。

[2] 乾隆五十年《济宁直隶州志》卷三十一，艺文。

多尔衮令旨批准“凌驷改授兵科给事中”[1]。八月二十九日凌驷给清廷上疏，年号称顺治元年，用的却是明朝授予的原衔和汉字官印[2]；到九月十二日，他改用清廷授予的“招抚河南等处地方兵科给事中”官衔，上钤满汉合璧关防[3]。与此同时他又给南明弘光朝廷不断报告军情[4]。后来清军南下，凌驷才恍然大悟，坚决反清，在河南归德府被杀[5]。他在那段时间里忽清忽明、亦清亦明的异常表现并不是他本人想左右逢源，而是深受弘光君臣奉行的“联虏平寇”政策的影响。甲申九月十一日，弘光朝廷“命巡按御史凌驷便宜联络北直、河南乡绅义士”，凌驷上言道：“方今贼势犹张，东师渐进。然使彼独任其劳，而我安享其逸，恐亦无以服彼心而伸我论。为今日计，或暂假便宜，权通北好，合兵讨贼。名为西伐，实作东防。俟逆贼已平，国势已立，然后徐图处置。若一与之抗，不惟兵力不支，万一弃好引仇，并力南向，其祸必中江淮矣。……夫有山东，然后有畿南，有畿南，然后有河北。临清者，畿南、河北之枢纽也。与其以天下之饷守淮，不若以两淮之饷守东。伏望皇上择一不辱命之使臣，联络北方，以弭后患，宣慰山东州县，以固人心。”[6]这说明凌驷内心里是向着弘光朝廷的。问题是包括史可法在内的南明君臣一味苟且偷安，以坐山观虎斗为上策，不愿派兵北上。

弘光朝廷在大顺军西撤后，对山东等地只做了一些表面文章。如五月十一日山东济宁官绅叛杀大顺政权官员，“传檄各路，号召忠义，一路由沂州达登莱，一路由济南达天津，一路由临清达河朔，一路由宿、徐达淮阳，一路由曹、单达颍、寿，以颍州守任民育济（宁）人也。民

[1] 《顺治元年八月吏曹奏章》，见罗振玉《清初史料丛编》。

[2] 见《明清档案》第一册，A1—120号。

[3] 同上书，第一册，A1—142号。

[4] 杨士聪《甲申核真略》记凌驷“为虏用，出示称顺治元年。然驷于南都亦发疏不绝”。

[5] 参见温睿临《南疆逸史》卷十一《凌驷传》。

[6] 李清《南渡录》卷三。

育见檄遣诸生李道生赍至南都。督辅史公手札褒奖”[1]。弘光朝廷于六月间任命王燮为山东巡抚[2]，丘磊为山东总兵；八月“命原任蓟督王永吉戴罪总督山东军务，仍同陈洪范等料理酬北事宜”[3]，十月十三日“马士英奏赐永吉斗牛服，以隆接待北使之体”[4]；九月十六日又任命王溁为登莱东江等处巡抚[5]。似乎弘光君臣并没有忘记山东，问题是没有武力做后盾，委任的方面大员根本不敢赴任，朝廷虽一再催促也无济于事[6]。李清记：“王齐抚燮、王东抚溁辞朝后，皆恇怯不行，观望淮上。虽疏纠旨催，充耳而已。予言于马辅士英，谓国法宜振。士英但曰：人言我愦愦，后人当思我愦愦。”[7]档案材料表明，弘光任命的巡抚、总兵仅派了几个使者进入山东清军未到的地方颁诏、遣牌，虚应故事就万事大吉。七月，清招抚山东、河南侍郎王鳌永给内院的启本中说：“南都情形昨有小疏入告，不知当作何方略？昨丘磊有遣牌系山东总兵，遣牌至济南缴。又闻有李中书赍捧哀诏沿河而来。”[8]同月二十四日清山东巡抚方大猷启本中说：“目下大兵已西，而江南传喜诏之官已封识济宁之库藏而去。”这种类似儿戏的举动适足以示弱，清廷随即命令方大猷将“济宁库藏……速行察解”[9]。八月初三日，原起兵反叛大顺政权的济宁知州朱光和当地乡绅潘士良、任孔当等人因为得

[1] 乾隆五十年《济宁直隶州志》卷三十一，艺文，郑与侨《倡义记》。

[2] 《南渡录》记六月二十五日任命王燮为山东巡抚，黄宗羲《弘光实录钞》记于二十八日。

[3] 李清《南渡录》卷二。

[4] 谈迁《国榷》卷一百三。

[5] 王溁任命为登抚日期，《南渡录》记于九月十五日，《国榷》记于同月十六日。

[6] 《国榷》记八月戊寅（二十三日）、辛巳（二十六日）连催王燮、丘磊赴任。

[7] 李清《三垣笔记》卷下，《弘光》。

[8] 《明清档案》第一册，A—125号，启本首页有“顺治元年八月初一日到”字样，可知作于七月。这位“李中书”很可能就是上引郑与侨《倡义记》中说的诸生李道生，他奉任民育之遣至南京，弘光朝廷大约给了个“中书舍人”的空衔。

[9] 顺治元年六月二十四日山东巡抚方大猷启本，原件藏第一档案馆。

不到南明弘光朝廷一兵一卒的支援，终于在清委山东巡抚方大猷的招致下，归顺了清朝。[1]

到八月间，奉使清廷的兵部左侍郎左懋第等奏："山东人心亟可收拾。命下廷议。时吏民人自为守，抚、镇不至，无所禀承。清人传檄责郡县献籍，渐奉遵依。识者惜之。"[2]九月二十六日史可法奏言："各镇兵久驻江北，皆待饷不进。听胡骑南来索钱粮户口册报，后遂为胡土。我争之非易，虚延岁月，贻误封疆，罪在于臣。适得北信，九陵仍设提督内臣，起罪辅冯铨，选用北人殆尽；或不忘本朝，意图南下，逃匿无从，是河北土地、人才俱失矣。乞速诏求贤，遍谕北畿、河北、山东在籍各官及科甲贡监，但怀忠报国，及早南来，破格用之。从之。"[3]史可法的奏疏不是主张南明军队向北推进就地因粮用人，而是借口镇兵缺饷，请求皇帝发诏求贤，让河北、山东的官绅南下，言外之意就是放弃山东、河北等地的百姓和土地。史可法节制的四镇之一东平侯刘泽清原是山东总兵，家在山东曹县，尽管当时清方驻山东兵力极少，清廷任命的山东巡抚方大猷在启本中自称"手无一兵"[4]，刘泽清并没有趁势收取桑梓之地。八月底，他派部将刘可成、阮应兆等率领一千多兵马前往临清祭祖[5]，在曹县"杀死乡官一十七家、百姓无算"，又在济宁同恢复明朝的回兵打仗，以泄私愤。九月初三日搬取家眷，招兵数百名撤回淮安。[6]刘泽清的这次"出兵"山东如入无敌之境，史可法不可能不知

---

[1] 顺治元年九月初五日河南（道）总督杨方兴"为钦奉遵依事"启本，见《顺治录疏》。李清《南渡录》卷二记，八月间弘光朝廷收到"山东济宁知州朱光、生员孙胤泰、乡民魏立芳等各疏请兵。既而不行，命补道官而已，不能救也"。

[2] 谈迁《国榷》卷一百二。

[3] 《国榷》卷一百三。

[4] 《明清史料》丙编，第五本，第四三六页。

[5] 顺治元年九月初六日河道总督杨方兴"为塘报事"启本原件。

[6] 顺治元年九月山东巡抚方大猷"为塘报事"揭帖中说阮应兆为副将，见《明清档案》第一册，A1—158号；上引杨方兴启本中则说阮应兆是刘泽清标下参将。

道，他的所谓“待饷不进”、山东等地“我争之非易”，完全是明末官场中惯用的敷衍之词，倒是“贻误封疆，罪在于臣”，可称实供。明翰林院官杨士聪是山东济宁人，他不胜感慨地写道：“其下东省，止一人一马，责取遵依，无不应者，积威之所劫也。及济宁不应，亦遂惨淡而去；继至者乃有十三人。使南中有千人之旅渡河先至，呼吸可通，二东（指明代山东、登莱二抚辖地，即今山东省）岂遂为虏有乎？”[1]

“君王莫听捐燕议，一寸山河一寸金。”[2]弘光朝廷立国之初，在许多史籍中被描写成“正人盈朝”的局面，似乎事情全坏在后来马士英、阮大铖结党乱政，正人君子联袂而去，以至于亡国。这是东林—复社人士的门户之见。事实上，当政的文武大臣（包括史可法在内）都是一批鼠目寸光的政治侏儒。大量材料证明，他们共同的特点都是以起义农民为敌，而对多次犯中原，这时已经攘取畿辅等地的清方则一味退让，在“借虏平寇”的如意算盘下，围绕“定策”“逆案”“顺案”争权夺利。对他们来说，只要能保住江南这块最肥沃的土地就足以荣家安身，黄河流域的大片疆土，数以千万计的百姓全被忘在脑后。倒是不肯入阁的崇祯朝大学士蒋德璟旁观者清，在疏中说：“昔唐、宋在江南时，河淮以北皆虏，故不得不偏安。今奴雏（指顺治帝）方幼，诸虏争权，河淮之北，奴骑不到。而闯寇闻亦久奔，间有一二逃将士兵假名行劫而已。中原士民，椎牛洒酒，以待王师之至。但使中外合力，文武同心，分道北征，指日清廓，大非晋、宋可拟也。”[3]然而，他的话没人听。当政大臣史可法、马士英等人唯恐出兵北上有同清廷争地之嫌，一味以“通好”为上策。

[1] 杨士聪《甲申核真略》（附录十二则）。

[2] 《金史》卷七十五《左企弓传》。

[3] 李清《南渡录》卷二。

第二节　清廷对南明弘光政权态度的变化

山海关战役后，清廷轻易地占领了北京及其附近地区，开初在总体战略上并没有定见。个别满洲贵族甚至主张“宜乘此兵威，大肆屠戮，留置诸王以镇燕都而大兵则或还守沈阳，或退保山海，可无后患”。摄政王多尔衮却因为皇太极曾经说过“若得北京，当即徙都，以图进取”，不同意就此止步。[1]不过，多尔衮设想的移都北京以图进取，究竟进取到多大范围，也心中无底。当时正在北京的张怡记载道：多尔衮刚入北京，为崇祯帝举哀三日，随即令汉族官民剃发改制。“剃发令下，有言其不便者曰：‘南人剃发，不得归。远近闻风惊畏，非一统之策也。九王（多尔衮）曰：‘何言一统？但得寸则寸，得尺则尺耳。’”[2]

六月间，多尔衮发布文告说：“深痛尔明朝嫡胤无遗，势孤难立，用移我大清宅此北土。厉兵秣马，必歼丑类，以靖万邦。非有富天下之心，实为救中国之计。咨尔河北、河南、江淮诸勋旧大臣、节钺将吏及布衣豪杰之怀忠慕义者，或世受国恩，或新膺主眷，或自矢从王，皆怀故国之悲，孰无雪耻之愿？予皆不吝封爵，特予旌扬。其有不忘明室，辅立贤藩，勠力同心，共保江左者，理亦宜然，予不汝禁。但当通和讲好，不负本朝，彼怀继绝之恩，共敦睦邻之谊。”下文又说：“若国无成主，人怀二心，或假立愚弱，实肆跋扈之邪谋；或阳附本朝，阴行草窃之奸宄。斯皆民之蟊贼，国之寇仇。俟予克定三秦，即移师南讨，殪彼鲸鲵，必无遗种。於戏，顺逆易判，勉忠臣义士之心；南北何殊，

[1]　吴晗《朝鲜李朝实录中的中国史料》，上编，卷五十八。

[2]　张怡《謏闻续笔》卷一。

同皇天后土之养。布告天下，咸使闻知。”[1]这件由清廷实际最高统治者颁发的诏书，在措辞上是颇有讲究的。它反映了多尔衮等人对于自己的实力究竟能够控制到多大的地盘还没有把握。因此，一方面把清方准备接管的地方暂限于河北、河南、江淮，即长江以北，示意“不忘明室”的南方汉族官绅可以“辅立贤藩”，“共保江左”；另一方面，又预先留下伏笔，以便一旦有机可乘时，可以随即宣布江左政权并非明朝“贤藩”，而是“假立愚弱”，那时移师南讨“民之蟊贼，国之寇仇”，就是名正言顺了。

清军入关初期，兵力有限，特别是满族人口稀少，补充兵员颇非易事。原来的明帝国虽分裂为山西以西的大顺政权和以南京为中心的南明政权，但地域辽阔，实力也相当可观。多尔衮摸不清底细，不敢贸然行事。在吴三桂的接引下，占领了北京和畿辅地区已属意外，他初期的意图很可能是勾结南明，共平“流寇”，实现南北分治。这一方针对于南明弘光政权具有很大的吸引力，他们鉴于自身的腐败无能，苟且偷安，因而对清方代平“流寇”表现出极大的兴趣。以为此策既行，自己坐享江南财赋充盈之地，依然可以过着纸醉金迷的太平日子，“联虏平寇”就成了弘光朝廷一厢情愿的上策。

然而，清廷的政策很快发生了变化。根本原因在于随着中国社会的发展，南方的经济地位不断上升，宋代以前出现过的南北分治的经济相

[1] 顾炎武《明季实录》，谈迁《国榷》卷一百二载此诏于六月辛未（十五日），尾注“中书舍人华亭李雯所草”。彭孙贻《流寇志》卷十三也在同日下记：“工部主事李逢甲为贼刑辱而死，其子李雯留京师，为清朝中书，九王（即清摄政王多尔衮）命作檄谕江南曰：……”这几种书的记载内容大致相同，个别字句略有出入。顺治年间刻本李雯《蓼斋集》附录了他起草的这件诏书，证明顾炎武、谈迁、彭孙贻所记可靠。现存顺治元年七月二十二日内院大学士冯铨、洪承畴“为甄别人才以慎职掌事”启本中说：“又有廪生李雯，兵部侍郎金之俊举荐，诸台臣同赴内院公荐。臣等取试一月，见其学问淹贯，文理精通，堪于制敕房办事。此二员皆应先授试中书舍人，例支半俸。”二十三日奉令旨：“是，吏部知道。”可见李雯在六月间就已经进入清廷内院试用，他起草的文书颇得清廷重臣的欣赏。

对平衡的基础已经不复存在。从元代以来以北京为中心的北方地区上自朝廷、达官贵人，下至部分军民都仰赖于南方漕运的粮食和其他物资。这种经济上的依赖性不是仅靠南方“朝廷”以“岁币”形式提供议定的金银、绸缎之类就能够解决的。降清的汉族官僚对此深有了解，例如甲申五月兵部右侍郎金之俊上言：“西北粒食全给于东南，自闯乱后，南粟不达京师，以致北地之米价日腾。”[1]同年九月，清河道总督杨方兴说得更明确：“不得江南，则漕运阻矣，将何以成天下？”[2]其次，降清的官僚中相当一部分是南方人士，他们唯恐出现南北朝的局面，自己将同故乡亲属分隶两个对立政权，关河阻隔，骨肉仳离，因而竭力怂恿满洲贵族决策南征，并且大谈其江南民风脆弱，不难平定。第三，事态的发展也为多尔衮等人决策提供了依据。自从五月间清军占领畿辅以来，除了在七月间发生过大顺军由山西反攻，占领井陉县城以外，南京的弘光政权龟缩于江淮以南，数十万大军割据自雄，鱼肉当地百姓，连大顺军西撤后归属未定的畿辅南部（约相当于今河北省南部）、山东、河南都没有采取有力措施加以“收复”。这几个因素凑在一起，使多尔衮等清廷决策人认定没有必要承认南明弘光朝廷，干脆以清代明，走统一全国之路。

七月二十八日，清摄政王多尔衮命弘光朝廷派来的副将何拱薇、参将陈万春带了一封信给史可法，全文如下：

> 清摄政王致书于史老先生文几：予向在沈阳，即知燕京物望咸推司马。及入关破贼，与都人士相接，识介弟（指史可法堂弟史可程）于清班，曾托其手勒平安，权致衷绪，未审何时得达。比闻道路纷纷，多谓金陵有自立者。夫君父之仇，不共戴天。《春秋》之义，有贼不讨，则故君不得书葬，新君不得书即位，所以防乱臣贼子，法至严也。闯贼李自成，称兵犯

[1] 《清世祖实录》卷十六。
[2] 《国榷》卷一百三。

阙，手毒君亲；中国臣民，不闻加遗一矢。平西王吴三桂介在东陲，独效包胥之哭。朝廷感其忠义，念累世之宿好，弃近日之小嫌，爰整貔貅，驱除狗鼠。入京之日，首崇怀宗帝、后谥号，卜葬山陵，悉如典礼。亲郡王、将军以下，一仍故封，不加改削；勋戚文武诸臣，咸在朝列，恩礼有加。耕市不惊，秋毫无犯。方拟秋高气爽，遣将西征，传檄江南，联兵河朔，陈师鞠旅，勠力同心，报乃君国之仇，彰我朝廷之德。岂意南州诸君子，苟安旦夕，弗审事机，聊慕虚名，顿忘实害，予甚惑之！国家之抚定燕都，乃得之于闯贼，非取之于明朝也。贼毁明朝之庙主，辱及先人。我国家不惮征缮之劳，悉索敝赋，代为雪耻。孝子仁人，当如何感恩图报？兹乃乘逆寇稽诛，王师暂息，遂欲雄踞江南，坐享渔人之利。揆诸情理，岂可谓平？将以为天堑不能飞渡，投鞭不足断流耶？夫闯贼但为明朝祟耳，未尝得罪于我国家也。徒以薄海同仇，特伸大义。今若拥号称尊，便是天有二日，俨为劲敌。予将简西行之锐，转旆东征；且拟释彼重诛，命为前导。夫以中华全力受制潢池，而欲以江左一隅兼支大国，胜负之数，无待蓍龟矣。予闻君子爱人以德，细人则以姑息。诸君子果识时知命，笃念故主，厚爱贤王，宜劝令削号归藩，永绥福禄。朝廷当待以虞宾，统承礼物，带砺山河，位在诸王侯上，庶不负朝廷伸义讨贼、兴灭继绝之初心。至南州诸彦，翩然来仪，则尔公尔侯，列爵分土，有平西之典例在。惟执事实图利之。挽近士大夫好高树名义，而不顾国家之急，每有大事，辄同筑舍。昔宋人议论未定，兵已渡河，可为殷鉴。先生领袖名流，主持至计，必能深维终始，宁忍随俗浮沉？取舍从违，应早审定。兵行在即，可西可东。南国安危，在此一举。愿诸君子同以讨贼为心，毋贪一身瞬息之荣，而重故国无穷之祸，为乱臣贼子所窃笑，予实有厚望焉。记有之：为善人能受尽言。敬布腹心，伫闻明教。江天在望，延跂为劳。书不尽意。[1]

多尔衮的书信反映了清廷对南明政权态度的全方位转变，即自封正统，否认弘光朝廷的合法地位，要求它无条件投降。信中充满了恫吓之词，甚至说什么“且拟释彼重诛，命为前导”，连抗清劲旅大顺军也被“借用”来作为迫胁手段，从另一方面看也反映了多尔衮自知兵力有限，以虚无缥缈的“联闯平南”壮大声势。按情理说，史可法阅读了多尔衮的来信，应当对清廷咄咄逼人的野心洞然于心，急讲自强之道。然而，他却依旧幻想通过和平谈判达到“联虏平寇”偏安江左的目的。他命进士黄日芳起草回信，黄日芳的答书原稿“词颇峻”。史可法审阅时唯恐触怒清廷，说“不必口角也”，亲手“删润”定稿[2]。其全文如下：

大明国督师、兵部尚书兼东阁大学士史可法顿首谨启大清国摄政王殿下：南中向接好音，法随遣使问讯吴大将军，未敢遽通左右，非委隆谊于草莽也，诚以大夫无私交，《春秋》之义。今倥偬之际，忽捧琬琰之章，真不啻从天而降也。讽读再三，殷殷致意。若以逆成尚稽天讨，为贵国忧，法且感且愧。惧左右不察，谓南中臣民偷安江左，顿亡君父之仇，故为殿下一详陈之。我大行皇帝敬天法祖，勤政爱民，真尧舜之主也。以庸臣误国，致有三月十九日之事。法待罪南枢，救援无及，师次淮上，凶闻遂来，地坼天崩，川枯海竭。嗟乎，人孰无君，虽肆法于市朝，以为泄泄者之戒，亦奚足谢先帝于地下

[1] 多尔衮致史可法书见《清史列传》卷二《多尔衮传》，《史可法集》所载文字略有出入。

[2] 谈迁《枣林杂俎》仁集《寓书史可法》条记：“史相国在扬州，清人寓书云：摄政王致书史相国执事，云云。自称本朝抬出，史相国字平行。黄纸如诏敕，又硃圈其句。华亭包尔庚于沔黄日芳处见之。”按，史可法在弘光朝方任大学士，多尔衮信原文称其为“相国”，上录书信仅称“老先生”，可能是后来修改。

哉！尔时南中臣民哀痛，如丧考妣，无不抚膺切齿，欲悉东南之甲，立剪凶仇。而二三老臣，谓国破君亡，宗社为重，相与迎立今上，以系中外之心。今上非他，即神宗之孙、光宗犹子，而大行皇帝之兄也。名正言顺，天与人归。五月朔日，驾临南都，万姓夹道欢呼，声闻数里。群臣劝进，今上悲不自胜，让再让三，仅允监国。迨臣民伏阙屡请，始于十五日正位南都。从前凤集河清，瑞应非一。即告庙之日，紫云如盖，祝文升霄，万目共瞻，欣传盛事。大江涌出楠梓数万，助修宫殿，是岂非天意哉！越数日，即令法视师江北，刻日西征。忽传我大将军吴三桂假兵贵国，破走逆成。殿下入都，为我先帝、后发丧成礼，扫清宫阙，抚戢群黎，且免剃发之令，示不忘本朝。此等举动，震古烁今，凡为大明臣子，无不长跽北向，顶礼加额，岂但如明谕所云感恩图报已乎！谨于八月，薄治筐篚，遣使犒师，兼欲请命鸿裁，连兵西讨。是以王师既发，复次江淮。乃辱明诲，引《春秋》大义来相诘责。善哉言乎，然此文为列国君薨，世子应立，有贼未讨，不忍死其君者立说耳。若夫天下共主，身殉社稷，青宫皇子，惨变非常，而犹拘牵不即位之文，坐昧大一统之义，中原鼎沸，仓卒出师，将何以维系人心，号召忠义，紫阳《纲目》踵事《春秋》，其间特书如莽移汉鼎，光武中兴；丕废山阳，昭烈践祚；怀、愍亡国，晋元嗣基；徽、钦蒙尘，宋高缵统，是皆于国仇未剪之日，亟正位号，《纲目》未尝斥为自立，卒以正统予之。至如玄宗幸蜀，太子即位灵武，议者疵之，亦未尝不许以行权，幸其光复旧物也。本朝传世十六，正统相承，自治冠带之族，继绝存亡，仁恩遐被。贵国昔在先朝，夙膺封号，载在盟府。后以小人构衅，致启兵端，先帝深痛疾之，旋加诛僇，此殿下所知也。今痛心本朝之难，驱除乱逆，可谓大义复著于《春秋》矣。若乘我国运中微，一旦视同割据，转欲移师东下，而以前导命元凶，义利兼收，恩仇倏忽，奖乱贼而长寇仇，此不惟孤本朝借力复仇之心，亦甚违殿下仗义扶危之初志矣。昔契丹和宋，止岁输以金缯；回纥助唐，原不利其土地。况贵国笃念世好，兵以义动，万代瞻仰，在此一举。若乃乘我蒙难，弃好崇仇，规此幅员，为德不卒，是以义始而以利终，贻贼人窃笑也，贵国岂其然欤？往者先帝轸念潢池，不忍尽戮，剿抚并用，贻误至今。今上天纵英明，刻刻以复仇为念。庙堂之上，和衷体国；介胄之士，饮泣枕戈；人怀忠义，愿为国死。窃以为天亡逆闯，当不越于斯时矣。语云："树德务滋，除恶务尽。"今逆成未伏天诛，谍知卷土西秦，方图报复。此不独本朝不共戴天之恨，抑亦贵国除恶未尽之忧。伏乞坚同仇之谊，全始终之德，合师进讨，问罪秦中，共枭逆成之头，以泄敷天之愤。则贵国义闻，照耀千秋，本朝图报，惟力是视。从此两国世通盟好，传之无穷，不亦休乎！至于牛耳之盟，则本朝使臣久已在道，不日抵燕，奉盘盂以从事矣。法北望陵庙，无涕可挥，身陷大戮，罪当万死。所以不即从先帝于地下者，实为社稷之故。传曰："竭股肱之力，继之以忠贞。"法处今日，鞠躬致命，克尽臣节而已。即日奖帅三军，长驱渡河，以穷狐鼠之窟，光复神州，以报今上及大行皇帝之恩。贵国即有他命，弗敢与闻。惟殿下实明鉴之。[1]

[1] 各种史籍载史可法答多尔衮书文字有不少出入。这里主要是根据《史可法集》《清史列传·多尔衮传》、商务印书馆排印本《明季南略》卷七校读而成。这封信的起草人，谈迁说是黄日芳，计六奇《明季南略》卷二说是出自史可法幕宾何亮工之手，彭士望曾在扬州史可法幕中效力，说是乐平人王纲代笔，见《耻躬堂文钞》。温睿临《南疆逸史》卷五《史可法传》云："可法表上其书，劝朝廷为自强计，而自为书答曰：'阅贵国来书，以本朝立君为非是，幕府窃怪之。夫国破君亡，宗社为重，经纶草昧，正利建侯之日也。夫是以二三元老，谓大位不可久虚，神人不可以无主，相与迎立今上，以系天下之心。……人臣无境外之交，贵国即有他命，不敢与闻。'"双方来往信件史可法都奏报了弘光朝廷，殆无疑问。

史可法的复信措辞极为软弱。他只是为弘光朝廷继统的合法进行辩解，反复表达“连兵西讨”的愿望，企图在镇压大顺军后两国世通盟好。对于降清的吴三桂，多尔衮信中一再以清方所封平西王称之，树之为“典例”；史可法不但不敢稍加指斥，还以赞赏口气说“我大将军吴三桂假兵贵国”；至于弘光朝廷的偷安江左，自朱由崧即位到史可法回信已过了整整四个月，一兵未发，史可法无以自解，仅以清军入关为由，说是“王师既发，复次江淮”，原因是为了避免同清方摩擦。古今中外，谈判桌上能取得多大成就首先取决于实力做后盾。包括史可法在内的弘光朝廷内部矛盾重重，暮气沉沉，缺乏战略眼光，一味退缩观望，坐失事机。信中虽提到“天下共主”“大一统之义”“光复神州”之类的言辞，但通篇却流露出苟且偷安的心理。这封信在当时所起的作用只能是增长多尔衮之流的骄狂气焰，对后世而言也不是一篇激励人心的佳作，把它采入本书只是因为它反映了南明弘光朝廷当权人物的基本政策，而这种政策正是导致弘光朝廷覆亡的重要原因之一。

第三节　左懋第为首的北使团

弘光朝廷既然热衷于“联虏平寇”，派出使团同清廷勾结就成了当务之急。六月初三日，前都督同知总兵官陈洪范自告奋勇，奏请北使，命来京陛见。[1]十三日，陈洪范入朝[2]。十九日，应天安庆等处巡抚左懋第“以母死北京，愿同陈洪范北使。许之”[3]。七月初五日，“进左懋第南京兵部右侍郎兼右佥都御史，经理河北，联络关东军务；兵部职

[1] 《国榷》卷一百二；《南渡录》卷一。

[2] 《国榷》卷一百二。

[3] 《国榷》卷一百二。

方郎中马绍愉进太仆寺少卿；都督同知陈洪范进太子太傅”[1]，组成了北使团。次日，“上面谕北使左懋第、陈洪范、马绍愉。礼部尚书顾锡畴呈祭告梓宫文及通清虏御书、颁臣民圣谕、吴三桂等诰券”[2]。二十一日，使团由南京出发，携带“大明皇帝致书北国可汗”的御书、赐“蓟国公”吴三桂等人的诰敕[3]，白银十万两、黄金一千两、绸缎一万匹[4]；“前往北京谒陵，祭告先帝；通谢清王，并酬谢剿寇文武劳勋”[5]。在松山降清的总兵祖大寿的儿子锦衣卫指挥祖泽溥也随团北行[6]。

弘光朝廷还下令运送漕米十万石接济吴三桂。沈廷扬在崇祯年间曾多次办理从海上运送南方漕米到天津和辽东松山的事物，有较丰富的经验。弘光登极后他上言：“臣历年海运，有舟百艘，皆高大完好，中可容二百人。所招水手，亦皆熟知水道，便捷善斗，堪充水师。今海运已停，如招集水师，加以简练，沿江上下习战，臣愿统之，则二万之众，足成一军，亦长江之卫也。”当时有廷臣建议由海路出师北伐，沈廷扬非常高兴，说：“诚使是策得用，吾愿为前军以启路。”可是，弘光朝廷无意出兵北上，只让他率船队运粮接济吴三桂。镇守淮安地区的东平伯刘泽清看中了他这批船只，派兵据为己有，运粮之举才没有实现。[7]

按情理说，弘光朝廷既然正式派出使团去同清方谈判，应当有一

[1] 《明清史料》甲编，第一本，第四十页，《奉使兵部右侍郎左懋第等揭帖》所列使团官衔为“钦命奉使兵部右侍郎加一品服兼都察院右佥都御史左、太子太傅中军都督府左都督陈、太仆寺少卿加二品服兼兵部职方司郎中马”，陈洪范当为左都督。

[2] 《国榷》卷一百二。

[3] 李清《三垣笔记》卷下。

[4] 《清初内国史院满文档案译编》中册，第六十页记陈洪范等带来的谢礼有银十万两，金九百八十一两，各种锦缎二千五百余匹。

[5] 顺治元年八月二十九日巡按山东监察御史朱朗鑅“为据报先行请旨事”启本引弘光使臣陈洪范所发传牌语。

[6] 李清《南渡录》卷二。按，祖大寿是吴三桂的舅父，派祖泽溥同行显然有联络吴三桂的意思。

[7] 李聿求《鲁之春秋》卷十《沈廷扬传》。

个明确的方案，作为讨价还价的基础。实际情况却并非如此。使团出发前，朱由崧“命会同府部等官从长酌议。或言：‘以两淮为界。’高辅弘图曰：‘山东百二山河决不可弃，必不得已，当界河间耳。’马辅士英曰：‘彼主尚幼，与皇上为叔侄可也。’”[1]八月初一日，马绍愉致吴三桂信中说，讲定和好之后“便是叔侄之君，两家一家，同心杀灭逆贼，共享太平”[2]。很明显，马士英的意思是明、清分境而治，从两国皇帝的年龄考虑，弘光为叔，清帝福临为侄，多少给明朝廷争点体面。东平伯刘泽清七月三十日给吴三桂的信中告以弘光朝廷已经任命了山东总督、巡抚、总兵，建议由吴三桂于“畿东界境内开藩设镇”，“比邻而驻”，并且借用苏秦佩六国相印的典故，要吴三桂“勖勷两国而灭闯”，“幸将东省地方，俯垂存恤”[3]。首席谈判代表左懋第更是心中无底，他在《辞阙效言疏》中写道：“陛下遣重臣以银币酬之，举朝以为当然。臣衔命以山陵事及访东宫、二王的耗往，而敕书中并及通好之事。陵京在北，实我故都，成祖文皇帝、列宗之弓剑已藏，先帝先后之梓宫未奠，庶民尚依坟墓，岂天子可弃陵园？□□（虏酋）若好义处榆关（山海关）以东，而以勋臣吴三桂为留守，春秋霜露，不损抔土。而南北互市，榆关为界，如往年辽阳故事。中国之商利蔘（参字的异体，指人参）貂，□□之人利缯絮，华□各安其所，各得其欲，中国之利，亦□之利。此臣所知也。然道路传闻，闯贼盘踞晋中，以多寇守紫荆、倒马、井陉等关，似贼不甘心于□而与为难者。果尔，则吴镇鼓君父不共之仇，□□效始终不渝之义，鼓行而西，破贼于晋，追贼及秦，必歼之乃已。即我国家亦当兴师十万，以声闯贼之罪而诛之。□□□命（当为‘东虏效命’），可代我师。臣过扬州，昭罔臣万元吉云：‘□若肯为我杀贼，当有以饷之。饷之名美于金缯，而有杀贼之实。饷之名，用

[1] 李清《三垣笔记》卷下。

[2] 《明清史料》丙编，第一本，第九十八页。

[3] 《明清史料》丙编，第一本，第九十二页。

兵则用饷，兵止则饷止，而非岁币之比。’臣思其言，是一道也。而二者之外，非臣所知。”[1]很明显，弘光君臣急于同清廷联络，借满洲贵族的兵力平定大顺军，连己方的方案都没有酝酿成熟，就草率地行事了。

使团出发时，左懋第感到朝廷赋予他的任务不明确，上疏要求澄清：“臣衔以经理河北、联络关东为命，带封疆重寄之衔，而往议金缯岁币，则名实乖。况以此衔往虏所，将先往夺地而后经理乎？抑先经理而后往乎？此衔之当议者也。”[2]又说：“臣业《春秋》，素遵孔子内华外□（夷）之训，而使臣为酬□（虏）行。臣原请者，收拾山东，结连吴镇，并可取臣母之骸骨。而今以酬□（虏）往，臣窃内痛于心。”[3]接着。他建议：“如皇上用臣经理，祈命洪范同绍愉将使，而假臣一旅，偕山东抚臣收拾山东以待，不敢复言北行矣。如用臣同洪范北行，则去臣经理、联络之衔，但衔命而往，谒先帝梓宫，访东宫、二王消息，赏赉吴三桂等，并宣酬虏之义。而绍愉似无遣也。”[4]左懋第的意思很清楚，他的请求北行是为了收拾山东，不愿扮演乞怜于清廷的角色。然而，史可法、马士英等朝廷重臣“联虏”心切，听不进他的意见。“时可法驻泗州，与懋第相见，谓曰：‘经理，具文耳；通和，诏旨也。公宜疾行毋留。’以故所至山东豪杰稽首愿效驱策者，皆不敢用，慰遣而已。”[5]在史可法等人的逼迫之下，左懋第违心地踏上了北行之路，在前途渺茫之中，他所能做的只是不屈于清廷，保持自己的民族气节而已。

弘光朝廷派陈洪范为北使重臣，本意是考虑到他久历戎行，同吴三

[1] 左懋第《萝石山房文钞》卷一。
[2] 李清《南渡录》卷二。
[3] 左懋第《萝石山房文钞》卷一。
[4] 李清《南渡录》卷二。
[5] 温睿临《南疆逸史》卷九《左懋第传》。

桂等人有交情[1]，便于联络，却没有料到陈洪范的主动请行包藏祸心。早在这年六月十六日，降清的明朝参将唐虞时就上疏摄政王多尔衮道："若虑张献忠、左良玉首鼠两端，则有原任镇臣陈洪范可以招抚。乞即用为招抚总兵。臣子起龙乃洪范婿，曾为史可法标下参将，彼中将领多所亲识，乞令其赍谕往招，则近悦远来，一统之功可成矣。"同月二十六日，多尔衮同意了唐虞时的建议，以摄政王名义"书招故明总兵陈洪范"[2]。九月二十五日，"招抚江南副将唐起龙自军中奏报：臣抵清河口，闻南来总兵陈洪范已到王家营；臣随见洪范，备颂大清恩德，并赍敕缘由。洪范叩接敕书，开读讫。所赍进奉银十余万两、金千两、缎绢万匹；其同差有兵部侍郎左懋第、太仆寺卿马绍愉。臣先差官赵钺驰报，即同洪范北上。其行间机密，到京另奏"[3]。这样，陈洪范就成了弘光北使团中的清方奸细。

九月初五日，使团进入山东济宁州，这里已归属清朝，随即把南明派遣的护送兵马发回。十五日，至临清，原明朝锦衣卫都督骆养性时任清朝天津总督，派兵来迎接。十八日，抵德州，清山东巡抚方大猷大张告示云："奉摄政王令旨：陈洪范经过地方，有司不必敬他，着自备盘费。陈洪范、左懋第、马绍愉止许百人进京朝见，其余俱留置静海。祖泽溥所带多人，俱许入京。"二十九日，行至河西务，因清顺治帝定于

---

[1] 甲申八月初一日陈洪范致吴三桂书中说"朝议佥谓洪范与老亲台托谊葭莩"，可见两人有亲戚关系，见《明清史料》丙编，第一本，第九十三页。十二月十五日，陈洪范南还，上言："初，礼部荐臣与吴三桂同里戚谊，意清之破贼，必三桂为政。其事殊不然。"

[2] 《清世祖实录》卷五。按，《清初内国史院满文档案译编》中册，第四十五页，在六月二十六日下记"大清国摄政王谕陈大将军曰"，云云。较清实录记载更为完整，可资参考。但信中说"请将军传谕史先生及左、刘、金、刘煌、刘、于、王八将军……"显有误译，当为下文所记左良玉、于永绶、高杰、金声桓、刘肇基、黄得功、刘泽清诸将。

[3] 《清世祖实录》卷八。陈洪范《北使纪略》载：八月"廿一日至宿迁。忽接□（虏）使唐起龙等六人赍□摄政王书与本镇，事涉嫌疑，不敢遽进，当即具疏奏闻。"《清实录》所记时间当为收到唐起龙奏疏之日。

十月初一日在北京即位，使团暂停前进。十月初五日，才到张家湾，清廷差礼部官又奇库来迎。十二日，使团捧弘光“御书”从正阳门入城，清方安置于鸿胪寺居住，严加防范。十三日，清礼部官来鸿胪寺问：“南来诸公有何事至我国？”使臣答道：“我朝新天子问贵国借兵破贼，复为先帝发丧成服。今我等赍御书来致谢。”清朝官员说：“有书可付吾们。”使臣告以“御书”应面递清廷最高统治者，不能交礼部。清官说：“凡进贡文书，俱到礼部转启。”使臣声称自己所赍乃“天朝国书”，不是进贡文书，双方坚持不下。次日，清内院学士刚林等来到鸿胪寺，指责江南“突立皇帝”，即不承认弘光朝廷的合法性。使臣争辩说南京所立乃神宗嫡孙，伦序应立。争论不休，刚林蛮横地说：“毋多言，我们已发大兵下江南。”左懋第回敬以“江南尚大，兵马甚多，莫便小觑了”，不欢而散。使团赍来的弘光“国书”，清方拒绝接受；朝廷和使臣致送吴三桂的书信，拜会降清大学士冯铨、谢陞的名帖，也因吴、冯、谢三人死心塌地投靠清廷，不屑一顾。[1]十五日，清内院官带领户部官员来收银币，计银十万两、金一千两，蟒缎已运到者二千六百匹。弘光朝廷另赐“蓟国公”吴三桂白银一万两、缎二千匹，也一并收去。二十六日，刚林来到鸿胪寺向左懋第等人传达多尔衮的命令：“你们明早即行。我已遣兵押送至济宁，就去□知尔江南，我要发兵南来。”左懋第等见清方态度强硬，毫无和谈之意，仅要求赴昌平祭告陵寝，议葬崇祯帝。刚林断然拒绝道：“我朝已替你们哭过了，祭过了，葬过了。你们哭甚么，祭甚么，葬甚么？先帝活时，贼来不发兵；先帝死后，拥兵不讨贼。先帝不受你们江南不忠之臣的祭！”随即取出檄文一道，当场宣读，指责南京诸臣“不救先帝为罪一；擅立皇帝为罪二；各镇拥兵虐民为罪三。旦夕发兵讨罪”。次日，清方派员领兵三百

[1] 计六奇《明季南略》卷二《北事》。

名押送使团南返[1]。十一月初一日行至天津，陈洪范“于途次具密启请留同行左懋第、马绍愉，自愿率兵归顺，并招徕南中诸将”。多尔衮得报大喜，立即派学士詹霸带兵四五十骑于初四日在沧州南十里处将左、马二人拘回北京，面谕陈洪范“加意筹画，成功之日，以世爵酎之”。[2]同月二十六日，多尔衮致书豫亲王多铎：“伪弘光所遣左懋第、马绍愉、陈洪范前已俱令南还。因洪范密启请留懋第、绍愉，伊自率兵归顺，且言在南之左良玉、余永寿（按，当作于永绶）、高杰、金声桓、刘肇基、黄得功、刘泽清各拥重兵，皆可说之来降。随追留懋第、绍愉，独令洪范南还。王其察彼情形，随时奏报。”[3]

陈洪范回南京途中特地进入高杰军营，“杰留与饮。洪范具言清势方张，二刘（指刘良佐、刘泽清）已款附状。杰曰：‘彼欲得河南耶？请以北京与我互易之。’洪范见语不合，方持杯在手，即伪为中风状，坠杯于地，曰：‘痼疾发矣！’舆归，夜遁去”。[4]十二月十五日，陈洪范返抵南京，一面散布“和平”气氛，麻痹弘光君臣，时人谈迁记载：“予尝见陈洪范云：清虏深德我神宗皇帝，意似可和。”[5]一面密奏“黄得功、刘良佐皆阴与□（虏）通”[6]，意在挑起朝廷对黄得功、刘良佐的猜疑，以便自己乘机行事，拉拢黄、刘叛变投清。弘光朝廷见左懋第、马绍愉被拘留，陈洪范却被释回，事有可疑，认为陈可能是清廷的间谍，却并未追究，仅令其回籍了事。[7]

---

[1] 以上时日据陈洪范《北使纪略》；左懋第《恭复谕旨疏》也说“臣等自十月二十七日□（虏）兵随向南行”，见《萝石山房文钞》卷一。

[2] 《清世祖实录》卷十一。

[3] 《清世祖实录》卷十一。

[4] 张怡《谀闻续笔》卷四。

[5] 谈迁《国榷》卷一百三，排印本第六一六八页。

[6] 顾炎武《圣安纪事》上。

[7] 黄宗羲《弘光实录钞》。按，曹寅《楝亭集·楝亭文钞》，《重修周栎园先生祠堂记》云：“顺治二年乙酉，前明背约羁使臣，王师南伐，破淮阳，席卷而下，草昧廓清，东南底定。”曹氏所书完全背离事实，清朝蛮横地羁留了弘光使臣左懋第等，双方并没有签约。

弘光君臣派出的北使团没有相应的武力做后盾，适足以自取屈辱，真可说是“赔了夫人又折兵”。左懋第被拘禁于北京，清廷曾多次劝说其投降。左懋第坚贞不屈，到弘光朝廷覆亡后，被清廷处死，时为1645年闰六月十九日。[1]

北使的失败，在弘光朝廷内引起了巨大的反响。少数官僚已经看出清廷以代明“复仇”为名推行灭明之策，要求当政诸公改弦易辙，不要沉浸于“借虏平寇”的美梦之中，认真做好防止清兵南侵的准备。御史沈宸荃上疏说：“虏、贼今日皆为国大仇。自东沈失事三十年来，兵财尽耗于虏，故贼起而乘之。及贼逆不容诛，复巧借复仇之名，掩有燕、齐，是我中国始终受虏患也。故目前之策，防虏为急，贼次之。以讨贼为先声，以防虏为实着。何也？虏势已急，贼势已稍缓也；贼罪可声，虏之罪未可声也。故于讨贼，则以某师扼吭，某师拊背，某师捣坚。或姑再遣一使，阳约为掎角之势，以大振复仇之声，而其实节节皆为防虏计，此所为以讨贼为先声，以防虏为实着也。虏明知不受款矣，而我款之者不嫌谆复，凡金人所以愚宋，我转用以愚虏。贼见我与虏尚通，则必不敢复与虏合。贼为虏强，尽力备虏，而我亦得专意防虏。虏防既固，然后乘贼隙徐图之，此所为以款虏为虚声，以御贼为实着也。”[2]

可是，作为督师大学士的史可法却另唱一个调子，他在疏中写道：“屡得北来塘报，皆言虏必南窥，水则广调丽舡，陆则分布精锐，尽河以北，悉染腥膻。而我河上之防，百未料理，人心不一，威令不行。复仇之师，不闻及于关、陕；讨贼之约，不闻达于虏庭。一似君父之仇，置诸膜外。近见虏示，公然以逆之一字加南，辱我使臣，蹂我近境，是和议固断断难成也。一旦寇为虏并，必以全力南侵；即使寇势尚张，足以相距，虏必转与寇合，先犯东南。宗社安危，决于此日。”这段文字似乎说明史可法看到了清兵南下是主要的危险，然而语言的混乱透示出

[1] 见《南疆逸史》卷九《左懋第传》；《流寇长编》卷十八。

[2] 李清《南渡录》卷四。

思想的混乱。既然明知清廷拒绝接收弘光“国书”，使臣被辱，“和议固断断难成”，又说什么“讨贼之约，不闻达于虏庭”。更荒谬的是，他以小人之心度君子之腹，把自己梦寐以求的“联虏平寇”推而广之，断定如果大顺军兵力尚强必然会同清军结为联盟，“先犯东南”。接着提出建议：“今宜速发讨贼之诏，严责臣等与四镇，使悉简精锐，直指秦关。”[1]显然，直到北使失败以后，史可法仍然不改初衷，以大顺农民军为主要敌人。

第四节　弘光朝廷的军政和财政

在南京建立的弘光朝廷就人力、物力而言，较清方、大顺政权占有非常明显的优势。它控制着半壁江山，淮河以南是当时中国人口最密集、经济最发达的地方，而且受战乱破坏最小。然而，弘光统治集团的腐朽比起崇祯朝还有过之而无不及，内部又陷于严重的倾轧纷争之中。特别是作为政权主要支柱的军队已经蜕化成了将领维护和扩张私利的工具。他们敌视人民，又都是农民军或清军的手下败将，怯于公战，勇于私斗；遇敌望风而逃，视民如俎上之肉。弘光时期江南文人冯梦龙有这样一段话：

> ……而余更有虑者，在军政之未立。夫军政之未立，非无兵也，有兵而若无兵，且其害更胜于无兵，是以虑也。古者用兵宁使饷浮于兵，不使兵浮于饷。今未具饷而先聚兵，兵既聚而饷不足。于是倡为打粮之说，公然扫掠民间，掠妇女则为妻妾，掠丁壮则为奴仆。一兵家属多者至十余人，朝廷养一兵不能并养其十余人之家属，其势益不得不出于扫掠。而有兵之

[1]　李清《南渡录》卷三。

处，闾里皆空，未戡一二贼兵，先添万千兵贼。百姓嗷嗷，无所控诉，良可痛已。不特此也，兵既有家属，势不能草居露宿，于是占民间之居，用民间之物，兵富而民贫，兵乐而民苦。才一征调，则又有安插家小之说，拣择瘠肥，迁延月日，势所必至。……兵之恋恋室家如此，即使驱之赴敌，亦内顾之意多而进取之意少。求其死绥立功，尚安可得？此弊不革，恐饷终无时而足，兵终无时而可用也。[1]

正是由于兵不可用，当大顺军西撤、清军在畿辅地区休整之时，山东、河南两省的官绅、土贼处于群龙无首，徘徊观望之际，弘光朝廷兵将虽多，却麇集于江淮地区追欢逐乐，毫无进取之意。督师大学士史可法和他节制的四镇为了掩盖内心的怯弱，在粮饷问题上大做文章。八月二十六日史可法奏称："臣皇皇渡江，岂真调和四镇哉！朝廷之设四镇，岂直江北数郡哉！四镇岂以江北数州为子孙业哉？高杰言进取开、归，直捣关、洛，其志甚锐。臣于六月请粮，今几月矣，宁有不食之卒可以杀贼乎？"[2]又说："近阅诸臣条奏，但知催兵，不为计饷，天下宁有不食之兵、不饲之马，可以进取者？目前但有饷银可应，臣即躬率櫜鞬，为诸镇前驱。"[3]同月二十八日，东平伯刘泽清"奏进取之计，募数十万之兵，储数十万之饷，备马十余万，整顿器械一二年，乃可渡河"[4]。那么，史可法和他的部将是不是真缺饷呢？甲申五月建立江北四镇的时候，规定每镇额兵三万，每年供应米二十万石、银四十万两，由于当时一石米约值银一两，所以有的史籍径直写作一镇岁饷六十万，四镇合计每年二百四十万。这年九月十二日"东平伯刘泽清

[1] 冯梦龙《甲申纪事·叙》，见《玄览堂丛书》第一〇七册。

[2] 谈迁《国榷》卷一百二。

[3] 李清《南渡录》卷二。

[4] 谈迁《国榷》卷一百二。

屯淮安，治府壮丽，日费千金。总督田仰从泽清燕游，为奏请乞饷。上谕：东南饷额不满五百万，江北已给三百六十万，岂能以有限之财供无已之求？田仰与刘泽清不得全事呼吁”[1]。从五月算起，四个月发了相当于一年半的银饷，应当说十分丰裕了。何况立镇之初还把江北一部分地方的屯粮、商税等收入拨给四镇，怎么能说粮饷不足进取呢？

史可法为官廉洁，也很勤勉，治文书往往夜以继日。他对四镇的兵额和应发、已领饷数应当是清楚的，对四镇将领的搜括地方、荼毒百姓也心中有数。在奏疏中，他竟然同四镇唱一个调子，危言耸听，原因是他在明末官场中久经磨炼，对当时文恬武嬉的积弊司空见惯，也积累了一套应付朝野舆论的伎俩。我们不应忘记，史可法初任西安府推官时洪承畴、吴甡都是他的顶头上司，也是他非常佩服的人。洪承畴统十三万精锐明军被清军歼灭殆尽；吴甡在崇祯十五年任大学士时宁可丢官也不敢出任督师同李自成等部农民军作战，这些给他在心理上造成的压力可想而知。如果说他充当推官、守道、兵备道、巡抚等官职时能以洁身自好、任劳任怨博得好评的话，在形势把他突然推上权力的峰层时，他的个人品德完全弥补不了客观需要而他本人又不具备的雄才大略和果断魄力。史可法在调处四镇、保境安民上确实颇费心机，过分责备固然不当，但他畏清若虎，奉四镇为骄子，使这些军阀顿兵江北，一味鱼肉人民。史可法本人也认为有四镇做南京小朝廷的屏障，自己的督师大学士就可以安然无事地当下去。就实际情况而言，史可法出任督师整整一年，耗费了江南百姓的大量粮饷，一筹莫展，坐看黄河流域大好河山沦入清方之手，说他姑息养奸，喂虎贻患，并不过分。

弘光朝廷拥有淮河以南辽阔的地盘，在北都覆亡以前，明朝廷每年要从江南各地搜括大量粮食、银钱、布帛等财物，弥补北京宫廷、诸多衙门以及九边庞大的耗费。按理说，北方各地既已相继沦没，分属大顺和清方，弘光朝廷在财政上应该是绰有余裕的，百姓的负担至少不应加

[1] 《国榷》卷一百三。

重。实际情况却并不是这样。由于豢养大批只知祸国殃民的军队，统治集团的贪欲有增无已，弘光朝廷的财政竟然入不敷出。

早在福王朱由崧出任监国的时候，南京的大臣们草拟恩诏，有人主张依照旧例列入减免赋税的条款，借以争取民心。当时的实权人物南京兵部尚书史可法却拒绝采纳，他说："天下半坏，岁赋不过四百五十余万，将来军饷繁费，则练饷、剿饷等项未可除也。"[1]对照大顺政权的"三年免征"和清朝多尔衮进入北京后立即宣布废除三饷，赋税按万历年间的册子征收，多少可以看出弘光政权完全继承了崇祯朝竭泽而渔的赋税政策。只是在自己管辖不到的地方，弘光君臣才慷慨地施与恩惠，如五月十五日登极诏书中宣布："自弘光元年始，山东钱粮全免三年，北直钱粮全免五年。"[2]这不过是毫无实际意义的政治宣传罢了。

弘光政权在军事上毫无作为，军费开支却极度膨胀。李清记："上即位后，楚镇（指左良玉部）及四镇频以匮告，而司兵惟务姑息，不知汰无用，核虚名。楚镇兵五万余，需银一百八万；四镇兵各三万，需饷二百四十万，本色一百万。五镇不足恃，且还为我虞。居重驭轻，有京营六万，需饷一百二十万，锁上游，控江北，复有江督、安抚、芜抚、文武操江、郑鸿逵郑彩、黄斌卿、黄蜚、卜从善等八镇，共兵十二万，计饷二百四十万。合之七百余万，而川、楚、东、豫督、抚、镇不与焉。……乃大司农综计所入止六百万，关榷俱在焉。而七百万外有俸禄、国用之增；六百万内有水旱灾伤之减。太仓既无宿储，内帑涸无可发，漕粮改折，此盈彼诎。"[3]到这年十一月，工部与户部上言："今天下兵马钱粮通盘打算，缺额至二百二十五万有奇，户部见存库银止

---

[1] 《国榷》卷一百一。李清《南渡录》卷一记，甲申五月弘光朝廷"命十七年练饷已征者尽数起解，无得乾没，至明年全免。旧饷、辽饷速催"。

[2] 管绍宁《赐诚堂文集》卷五《宣谕山东北直地方安抚官民奖劝义旅诏》《宣谕北直人民诏》。

[3] 李清《三垣笔记》卷下，《弘光》。他的另一部著作《南渡录》卷三记，甲申九月"时正项所入止六百二十万，养军所出至七百五十余万，通计每年正项缺一百五十万"。

一千有零耳。”[1]

财政既入不敷出，户部采取的对策是变相加征。甲申十二月决定“凡民间田土，熟田每亩二分，熟地每亩五分，山塘每亩一厘，给予弘光元年契尾一纸”[2]，合计江南一年另“加折色银五十万六千四百五十余两，道路哗然”[3]。地方官胥趁机横征暴敛，剥民肥身。时人辛升作《京饷》诗云：“一年血比五年税，今岁监追来岁银。加二重头犹未足，连三后手急须称。可怜卖得贫儿女，不饱奸胥一夕荤。”《县令》诗云：“世局于今又一更，为民父母虎狼心。鞭笞只作肉鼓吹，痛哭如闻静好音。”[4]弘光朝廷敲骨吸髓地搜括民财以奉骄兵悍将，史可法不可能不知道。他节制的四镇之一刘泽清在淮安大兴土木，建造连云甲第庭园，一心经营自己的安乐窝，有人说其豪华程度“僭拟王宫”[5]。有一种记载说，史可法微服私行至淮上，竟被督工头目抓去当苦力，碰上刘泽清来察看营建情况，他才扔下肩上的巨木大叫：“学生效劳三日矣！”[6]联系到他出任督师以后，黄得功和高杰等人为争夺富庶繁华的扬州打得不可开交，史可法对从老百姓身上榨取了多少血汗钱，用到了什么地方，是非常清楚的。1645年（明弘光元年、清顺治二年）二月，吏科右给事中陈燕翼疏中说：“今奴（指清朝）、贼（指大顺军）相持，胜负未决，中国之利正在此时，行间将、吏，不闻一筹一策，用间用奇，而但知张口向内添官索饷。”[7]这既是对四镇等将领的批评，也是对史可法的针砭。

江南百姓为供应四镇和左良玉的兵马，被压榨得髓干血尽，而这批

[1] 《南渡录》卷三。

[2] 李清《甲申日记》丝集。

[3] 大学士王铎“谨揭为国赋万不可加，急宜停止事”，见《拟山园选集》卷十二，奏疏。

[4] 辛升《寒香馆遗稿》卷三《世变十更》。

[5] 顾公燮《丹午笔记》，江苏古籍出版社，1985年排印版，第七十八页。

[6] 参见郑廉《豫变纪略》卷八。

[7] 《南渡录》卷四。

军阀在清军南下以前鱼肉人民，为非作歹，给驻地百姓带来了无数的灾难；一旦清军南侵，除个别将领如黄得功外，几乎全部领兵投敌，充当清廷征服、镇压各地抗清斗争的帮凶，加速了自身和此后几个南明政权的覆亡。

在弘光立国的一年时间里，取之于民是那样无孔不入，所得金钱却几乎没有用于救济灾民、兴修水利等实政。除了豢养军队以外，财政收入的另一部分耗费于皇帝、宫廷和官僚，供他们过着穷奢极侈的生活。朱由崧即位于南京，这里原有的宫殿经过二百多年的风雨蠹蚀，自然早已坍塌废圮，难以居住。然而，国难当头，未必没有巍峨辉煌的宫殿就不成为中兴之主，后来的鲁监国、永历帝颠沛流离，有时以坐舟权当水殿，在军事上比起弘光还稍胜一筹。朱由崧被拥上宝座以前到处漂泊，生活来源断绝，处处乞怜于较殷实的宗藩和官僚，一登大位立即想在生活上同承平时期的皇帝看齐。他下令为自己和太后修建宫殿，为筹备大婚四处购买珠宝，为追欢逐乐置办歌儿舞女；一些在他倒霉时曾出力相助的人也蜂拥而至，共享富贵。“修兴宁宫、建慈禧殿，大工繁费，宴赏皆不以节，国用匮乏。”[1]弘光君臣的大肆搜括民财，经营自己的安乐窝，其直接结果一是大失人心，二是文官武将囊橐既富，身家之念重，一旦形势危急，多数非降即逃，卒至以国予敌。

第五节 弘光朝廷的腐败

古语说：“生于忧患，死于安乐。”这句话对弘光朝廷来说是最恰当不过的了。弘光君臣既然一厢情愿地“借虏平寇”，自身毫无振作之意，一味满足于偏安江左。他们只想利用江南富庶的物质条件过着灯红酒绿、纸醉金迷的生活，其腐朽程度较之崇祯时期有过之而无不及。

[1] 计六奇《明季南略》卷五《朝政浊乱昏淫》。

许多史籍都记载，朱由崧酗酒好色，追欢逐乐，不以国事为念。他说："天下事，有老马在"[1]，把军国重事委托给马士英，自己则同一班佞倖干着昏天黑地的勾当。

"寡人有疾，寡人好色。"朱由崧的荒淫在历史上可以同许多亡国之君媲美。他刚刚登上皇帝的宝座就以"大婚"为名派出内官在南京、苏州、杭州等地挑选"淑女"。太监屈尚忠之流乘机作威作福，"都城内凡有女之家，不问年纪若何，竟封其门，受金然后释放，又顾别室。邻里哭号，唯利是图"[2]。八月，兵科给事中陈子龙上疏说："昨忽闻有收选宫人之举，中使四出，搜门索巷，凡有女之家不问愿否，黄纸帖额即舁之而去，以致闾井骚然，人情惶骇，甚非细故也。……今未见明旨，未经有司，而中使私自搜采，不论名家下户，有夫无夫，界以微价，挟持登舆，宜小民之汹汹也。"[3]弘光帝以大婚为名，搜索民间绝色闺女，几乎成了他关心的头等大事。在南京遍索不能如意，又派出内监前往苏州、浙江等地选拔。祁彪佳日记中载，1645年二月十二日，"因奉旨选婚，越中嫁娶如狂，昼夜不绝"。三月二十四日又记，"得道瞻侄书，知两女俱中后妃之选"[4]。这时距离弘光朝廷的覆亡还剩不到两个月。野史所载更是穷极形象。谈迁写道：弘光"登极初，日召对辅臣，或昼再接。浃月以来，时免朝。八月，选民女入宫，征教坊妓六十四人"。又云："甲申秋，南教坊不足充下陈，私征之远境。阮大铖、杨文骢、冯可宗辈各购进。大内尝演《麒麟阁》传奇剧，未终，妓人首戴金凤者三。盖宫例承幸戴金凤以自别也。上体魁硕，一日毙童女二人，厚载门月裹骸出。……上初立，都人忻忻，谓中兴可待。不

[1] 《圣安本纪》卷四。

[2] 武英殿大学士王铎"谨揭为选择淑女速当严禁，不可太滥事"，见《拟山园选集》卷十二，揭一。

[3] 陈子龙《兵垣奏议》《论选宫人疏》。

[4] 《祁忠敏公日记》《乙酉日历》。

数月，大失望，有苏台麋鹿之惧。”[1]朱由崧派内官捕捉蟾蜍，配制春药；内官们公然打着“奉旨捕蟾”的旗号督促百姓捕捉，被民间称之为“虾蟆天子”[2]。甲申除夕，朱由崧“悄然不乐，亟传各官入见。诸臣皆以兵败地蹙俱叩头谢罪。良久，曰：‘朕未暇虑此，所忧者梨园子弟无一佳者，意欲广选良家，以充掖庭，惟诸卿早行之耳。’或对曰：‘臣以陛下忧敌未宽，或思先帝。岂意思及于此？’遂散出”[3]。

朱由崧的好酒贪杯，沉湎于醉乡之中，见诸许多记载。“相传弘光初，刘先生（指刘宗周）入见，以饮酒谏。上曰：‘为卿故不饮。’然有难色。先生徐曰：‘若饮止一杯亦无害。’上曰：‘因卿言，止饮一杯。’后进饮，内侍以大金爵至，不却；饮至半，不举爵。内侍已知其意，斟满焉。复饮至半爵，又斟。如是不已，名虽一杯，实无算爵也。”[4]张履祥在记载了这一传说后说“兹事有无未可知”，但大学士王铎在奏疏中进谏道：“若夫饮酒……卜夜烧炬，且梨园弟子鼓声咚咚，大非所以恸北都先帝之灵而存哀悼之心也。”[5]可见朱由崧的失德败度确有其事，并非野史作者的轻信流言蜚语。

掌握朝廷实权的马士英、阮大铖等人也是醉生梦死，利用手中的权力鬻官肥家。“宫室服用，百役并作，皆援全盛之例，费无纪极。于是开事例，贱其值以招纳来者。士英辈因而乾没。民间有‘中书随地有，都督满街走，监纪多如羊，职方贱如狗。荫起千年尘，拔贡一

[1] 谈迁《枣林杂俎》仁集《从龙内臣》《女伎》二条。

[2] 王应奎《柳南续笔》卷一。

[3] 抱阳生《甲申朝事小纪》卷八《弘光失德》条。

[4] 张履祥《杨园先生全集》卷三十四《见闻录四》。《甲申朝事小纪》云，弘光于内庭悬一对联云：“万事不如杯在手，百年几见月当头。”“傍注东阁大学士王铎奉敕书”。

[5] 王铎《为用刑当慎、饮酒当节，圣心最宜敬谨事疏》，见《拟山园选集》卷十二。

呈首。扫尽江南钱，填塞马家口’之谣”[1]。姚廷遴记：“弘光即位南京，无一善政。用马士英为相，卖官鬻爵，贿赂公行。民间传诵京中有《西江月》词一阕云：‘弓箭不如私荐，人材怎比钱财？吏兵两部挂招牌，文武官员出卖。四镇按兵不举，东奴西寇齐来。虚传阁部过江淮，天子烧刀醉坏。”[2]应廷吉也记载：“尔时弊政难以枚举。南都人士复书《西江月》一词于演武场，云：‘有福自然轮着，无钱不用安排，满街都督没人抬，遍地职方无赖。本事何如世事？多才不若多财。门前悬挂虎头牌，大小官儿出卖。’”[3]文人辛升鉴于弘光政权的腐败，作《世变十更》诗，其中《官方》一首云：“世局于今又一更，天教害气满朝廷。科场久作招商店，选部尤开闹市门。甫戴进贤忘布素，一行作吏满金银。弥天塞地皆黄白，何处秋壶一片冰。”[4]阮大铖公然以行贿作为理财妙方：“大铖自受事以来，凡察处降补各员，贿足则用。尝语礼科沈胤培曰：‘国家何患无财，即如抚按纠荐一事，非贿免，即贿求，但令纳银若干，于官应纠者免纠，欲荐者予荐，推而广之，公帑充矣。’”[5]弘光朝廷的政以贿成，腐败已极，由此可见一斑。

即便是那些自命与马、阮党见不同的官绅在生活上也大抵是追欢逐乐，寻花问柳，过着燕巢幕上的日子。甲申九月二十八日，余煌在一封信里不胜愤慨地描述了江南官绅的昏淫：“尤可异者，国难初闻，宴衎不彻；哭临未毕，声伎杂陈。而俨然乡衮与愚顽同其欢谑，略无改容。近且架凌云之台，演彻夜之剧，怪诞淫亵，错出争奇，妇女若狂，通都填咽。而一二领袖之家，皆巨室也，争夺梨园，彼此相斗，家僮至于破

[1] 《鹿樵纪闻》卷上。夏完淳《续幸存录·南都杂志》作：“都督多如狗，职方满街走。相公止爱钱，皇帝但吃酒。”

[2] 姚廷遴《历年纪》，见《清代日记汇抄》，上海人民出版社1982年4月排印本，第五十二页。

[3] 应廷吉《青燐屑》卷上。

[4] 辛升《寒香馆遗稿》卷三。

[5] 李清《南渡录》卷三。

额，长吏为之解纷。如此景象，岂复成世界乎？君亲荼毒，宗社邱墟，宫阙惨于离黍，山陵同于藁葬，此乾坤何等时也，而般乐怠敖，倍于承平。夫独非臣子乎？夫何至于此极也！弟与忧者，不在奴，不在贼，不在兵饷；窃以为神州陆沉，必自此病狂丧心始。披发野祭，百年为戒，此辛有所见而深悲也。”[1]河南鄢城人李发愚甲申年间到达南京以后大失所望，作诗云：“怪底新朝无个事，大家仍做太平官。”[2]

弘光朝廷建立于风雨如磐之时，却置军国重事于脑后，不仅文恬武嬉，还热衷于不急之务，粉饰太平。比如盈廷而议，给二百多年前被明太祖朱元璋处死的开国功臣傅友德、冯胜等人，被明成祖朱棣杀害的建文朝忠臣追加谥号、恢复名誉。工科给事中李清在弘光朝廷中是比较正派的人物，也乐此不疲，多次上疏倡导“盛典”，弥补历朝之阙。温睿临在《南疆逸史》李清传中评论道：“时庙堂无报仇讨贼之志，但修文法，饰太平。而清于其间亦请追谥开国名臣及武、熹两朝忠谏诸臣，加成祖朝奸谀大臣胡广、陈瑛等恶谥；又请追封冯胜、傅友德为王，赐之谥，皆得议行。然人讥其所言非急务也。”早在甲申五月下旬御史郭维经就上言：“圣明御极将两旬矣，一切雪耻除凶、收拾人心之事，丝毫未见实着。且伪官纵横于凤、泗，悍卒抢掠于瓜、仪，焚杀劫掠之惨，渐过江南；丰镐一片地，不知将来成何光景。而庙廊之上，不闻动色相戒，惟以漫不切要之务，盈庭而议，以致乘便门而为钻窥之隙穴，斗疾足而作富贵之阶梯。举朝人心，如狂如醉。”[3]同年七月兵科给事中陈子龙也上言道：“自入国门将再旬矣，惟遣此使得一聆天语，不识密勿之臣英谋宏议日进几何？但见官署寂寥，人情泄沓，交鞍击毂，宛然泰阶之风；好爵高班，无异升平之日。从无有叹神州之陆沉，念中原之榛莽者，岂金陵佳丽之区，六朝风流之地，可供清谈坐啸耶？清歌漏舟之

[1] 余煌《余忠节公遗文》《与祁世培书》，见《越中文献辑成书》。

[2] 乾隆十八年《鄢城县志》卷十五，人物，《李发愚传》。

[3] 李清《南渡录》卷一。

中，痛饮焚屋之下。臣诚不知所终矣。”[1]弘光朝廷的苟且偷安达到了丧心病狂的程度，一旦清兵南下立刻土崩瓦解，就是毫不奇怪的事了。

第六节 清廷对大顺和南明用兵策略的变化

顺治元年十月，清军不仅占领了畿辅地区，还接管了山东。十月初三日，叶臣等部清军攻克山西省会太原，大顺军守将陈永福突围逃走[2]，山西大部分地区归附了清廷。当时，河南省的局势相当混乱，大顺军已撤到豫西，其他地区大抵处于军阀（如驻睢州总兵许定国）、土匪（如李际遇、刘洪起、李好）的控制之下；弘光朝廷虽然任命了总督、巡抚、巡按，但只是虚有其名，根本行使不了管辖权。

由于弘光朝廷的一味退缩，唯恐出兵山东、河南将影响北使议和，清廷乘机站稳了脚根。十月间，多尔衮决策分兵两路征服全国。具体部署是：一路由英亲王阿济格、平西王吴三桂、智顺王尚可喜等统兵取道山西北部和内蒙古进攻陕北，得手后向南推进，摧毁以西安为中心的大顺政权；另一路由豫亲王多铎、恭顺王孔有德、怀顺王耿仲明等率领南下，消灭弘光朝廷。十月二十四日，清廷檄谕河南、南京、浙江、江西、湖广等处文武官员军民人等曰：“尔南方诸臣当明国崇祯皇帝遭流贼之难，陵阙焚毁，国破家亡，不遣一兵，不发一矢，如鼠藏穴，其罪一。及我兵进剿，流贼西奔，尔南方尚未知京师确信，又无遗诏，擅立福王，其罪二。流贼为尔大仇，不思征讨，而诸将各自拥众，扰害良民，自生反

[1] 陈子龙《兵垣奏议》《恢复有机疏》。按，疏尾有崇祯十七年七月二十日奉旨，可知上疏在这以前；谈迁《国榷》卷一百二载于八月十八日，误。

[2] 康熙二十一年《阳曲县志》卷十三《丛纪》。有的史著误记陈永福在为大顺政权守太原时阵亡，但清方奏报及地方志中都记载城破时陈永福逃走。《清初内国史院满文档案译编》中册，第六十九页记，顺治二年六月太原府推官报告，“流贼陈总兵官被败遁走时”，太原府附郭阳曲县令曾乘乱窃取大批银、米。

侧，以启兵端，其罪三。惟此三罪，天下所共愤，王法所不赦。用是恭承天命，爰整六师，问罪征讨。……若福王悔悟前非，自投军前，当释其前罪，与明国诸王一体优待……”[1]显然，这道檄文是欲加之罪何患无辞，它完全否定了弘光朝廷的合法地位，明确宣布要对南明动武。

鉴于当时弘光朝廷的腐败和内部纷争，确实很难指望它组织有效的防御。然而，就多尔衮的战略部署而言，却是完全错误的。因为清廷除了留下少数兵马驻防京师及其附近地区外，主要的兵力同时投向西面、南面两个方向，两路大军势必越走越远，呼应不灵。阿济格西征时已经把宣府、大同两镇降兵尽调随征，“搜括无遗”，总兵力也只达到八万人。[2]而大顺军在山海关战役中是在同吴三桂部激战了两天之后才被清军主力击败的，兵力收缩到陕西一带迎战阿济格一路兵马，胜负还是个未知数。迹象表明，当时李自成已经得到了清军将进犯陕北的情报，在陕北地区镇守延安的有大顺政权所封亳侯李过（改名李锦），镇守榆林的是高一功，他们都是李自成的亲信，兵力相当可观。李自成计划在陕北打一个大胜仗，狠煞清军威风。因此，亲自率领大批精兵猛将由西安源源北上。《洛川县志》记载：“自成遣其部伪侯刘、贺、辛、高等来援。已而，自成亲至，率伪汝侯刘宗敏踞洛洙旬。”[3]《白水县志》也记载：“清顺治元年冬十二月，贼闯自同州逾白（水），北趋延安逆战。未几，复自延安逾白（水）趋同（州）。”[4]这两条材料证明，在甲申之冬，李自成统领西安地区的大顺军主力取道同州（今陕西省大荔县）、白水，一直进到洛川，离延安已经不远了。如果清方战略计划没有发生变化，那么，李自成、刘宗敏指挥大顺军主力和李过、高一功部陕北驻军同阿济格部清军决战，胜负尚在未定之天。阿济格部一旦战

[1] 《清世祖实录》卷十。

[2] 顺治元年十二月十三日清宣大总督吴孳昌启本，原件藏第一档案馆。

[3] 康熙六年《洛川县志》卷上五之赋《杂志》附。按，文中“伪侯刘”当指磁侯刘芳亮，贺、辛、高等难以确定为何人。

[4] 顺治四年《白水县志》卷上，《扼要》。

败，大顺军势必乘胜追击，华北局势就将改观。

然而，就在这个关键时刻清廷改变了多铎部的进军方向，原因是驻守山西平阳（今临汾市）和河南西部的大顺军向河南怀庆地区发动了反攻，并且取得了胜利。大顺军的怀庆战役是在清廷命将出师以前部署的。十月初四日，山西垣曲大顺军马、步二万余人已经向东推进；同日在河南兰阳（今兰考县）又出现一支大顺军队伍带有“许多旗帜、马匹欲渡未渡”，有渡河进攻铜瓦厢（由于黄河改道，现铜瓦厢在黄河南岸东面）的迹象。十月初六日，清河南巡抚罗绣锦向朝廷发出了紧急求派援兵的奏疏，其中说：“该臣看得西贼盘踞垣曲，渐至济源、狐岭，各路分贼狡诈多端。怀属地方正冲两路，而潞安（今山西省长治市）一股直抵彰属（指彰德府，府治在今河南省安阳市），均可虑也。臣已分调守卫（指卫辉府，府治在今河南汲县）之卒以接应，又报南岸贼兵沿河窥渡。伏乞敕部将臣前请大兵速催马兵兼程前来协力扫荡，而战守俱有赖矣。”[1]同月十五日罗绣锦又向清廷发出“为紧急塘报事”启本，说：“马贼一万有余，步贼二万有余，后未到者还有五六万，要克取怀（庆）、卫（辉）等府，见今离怀三十里外扎营。……贼之狡谋，其意不止在怀属，而意欲占据河口。况大河以南，尚有贼氛，万一通联，势所难图。……伏乞亟敕兵部，速催大兵星夜兼程前来，以济救援。”[2]

怀庆战役从十月十二日开始，大顺军连续攻克济源、孟县，清怀庆总兵金玉和领兵出战，在柏香镇几乎全军覆没，金玉和与副将常鼎、参将陈国才等均被击毙[3]。大顺军乘胜进攻怀庆府治沁阳县，清卫辉总兵祖可法连夜带领军队进入沁阳固守待援。消息传到北京，多尔衮大为震惊。他认识到如果让多铎按原定计划统军下江南，畿辅、山西、河南的防守兵力严

[1] 《钦差巡抚河南等处地方提督军务兼理河南都察院有副都御史罗绣锦谨启为塘报紧急贼情急请大兵事》启本原件。

[2] 《清代农民战争史资料选编》第一册（上），第二十四页。

[3] 顺治二年闰六月二十五日兵部侍郎朱马喇等“为遵旨查明死事官兵事”题本，见《顺治录疏》。参见《清世祖实录》卷十七。

重不足，后果不堪设想。因此，他立即下令多铎改变进军方向，由南下转为西进，先解沁阳之围，然后进攻潼关，打开入陕门户，同阿济格部清军南北合击大顺军。上引《洛川县志》记载李自成、刘宗敏统领大军北上，走到洛川时忽然停留了整整十天，唯一可以解释的原因就是已经得到多铎部清军向潼关推进的消息。在北面和东面都出现强敌压境的情况下，大顺军领导集团立刻陷于左右为难的被动地位。李自成只好顿兵不进，等待进一步的消息，何方吃紧即率主力驰向何方。这说明，大顺军发动的怀庆战役虽然取得了局部的胜利，却改变了整个战略态势，把两路清军主力都吸引到自己方面来了。

多铎部清军暂缓南下，使南京的弘光朝廷得以继续苟延残喘，其统治集团的决策人物如朱由崧、马士英、史可法之流的目光短浅、侥幸图存和敌视人民则暴露得淋漓尽致。在阿济格、多铎两大主力全部投向陕西战场同大顺政权一决雌雄的时候，清廷在畿辅、山东、豫东部署的兵力相当有限，只留下肃亲王豪格带领为数不多的军队扼守黄河。甲申、乙酉（1644—1645）之交，多铎部同大顺军展开潼关战役时，南明河南总兵许定国驻守于睢州，私下派人同清方接洽投降事宜，豪格回信让他把儿子送来充当人质，而对于许定国要求派清军过河接应则以“未奉旨意”加以拒绝。这不仅证明豪格所部清军数量不多，而且说明清廷实权人物多尔衮也深知自己在整个华北地区兵力单薄，不敢轻举妄动，以免同南明军队发生正面冲突。弘光朝廷任命的山东总督王永吉派人侦得“建州精骑尽往征闯，北直、山东一带皆单虚”，向朝廷建议：

臣近闻西安已破，流贼败走汉中，不胜踊跃，继又不胜忧疑也。虏乘虚击贼，所向披靡，其气必骄。向屡入内地未逢敌手，今见国家新创，半年以来未能出门一步，其心必懈。骄与懈皆犯兵家之忌。若简骁劲马步一枝，直走开、归，进窥曹、单，防其抄袭淮阳，为正兵；以骁劲马步二枝，疾趋沂、济，为奇兵，电击星驰，计日而可复二城。若二城既复，兖、济、临、德遂成破

> 竹。军声一振，青、齐豪杰响应，土兵民马、铳炮军资，远近辐辏，联络犄角，攻其无备，必建奇功。盖当此内外凋敝时，须破釜沉舟决一死斗。倘欲动出万全必胜之策，实无此策。臣不胜踊跃者此也。若谓长河、长江，未必直称天堑；一番挑激，彼必速来，殊不知奴虏虎视中原，意欲并吞天下。特与逆贼相持，不暇倾巢压境耳。今西安破陷已真，虏既入陕，寇复入川，宣、云、秦、晋、东、豫、荆、襄，胡马进退自由，前无所牵，后无所掣，全副精神总在江南，纵不挑而激之，能保其不投鞭而问渡哉！臣不胜忧疑者此也。……昔齐人有乘势待时之说，今有势可乘，无时可待，过此以往，事变愈多，日益忙乱矣。[1]

江西总督袁继咸也上疏说："闯为虏败，虽可喜，实可惧。虏未及谋我者闯在耳。闯灭，非江南谁事？"[2]王永吉、袁继咸的奏疏都是在清军击败大顺军、占领西安以后，主张趁清军主力仍在陕西的时机派军北上。就战略而言已经迟了一步，但毕竟提出了积极防清是当务之急。可是，大学士马士英、史可法唯恐出兵黄河流域收取山东等地，将触怒清廷，引火烧身。阶级的偏见、生活上的苟且偷安使他们利令智昏，幸灾乐祸地按兵不动，让清廷得以集中兵力打败大顺军，控制区扩大到整个北方。事实证明，史可法、马士英都是政治庸人，他们的政治眼光远在王永吉、袁继咸之下。我们有理由相信，多尔衮等清廷决策人敢于在几个月时间里把几乎全部主力投入西北一隅，正是依据各方情报，估计到弘光朝廷不会有什么动作。东线无战事，给满洲贵族提供了利用汉族内部纷争各个击破的大好机会。弘光朝廷愚不可及地推行消极避战的"借虏平寇"政策，直接导致了自身的覆亡。

---

[1] 李清《南渡录》卷四。尽管王永吉后来投降了清朝，他在任职弘光朝廷时的建议还是颇有见地的。

[2] 李清《甲申日记》丝集。

第四章

大顺政权的覆亡

第一节　潼关战役和多铎部清军占领西安

清朝豫亲王多铎、智顺王孔有德、怀顺王耿仲明统领的军队在怀庆地区击败当地大顺军后，于孟津县渡过黄河，十二月十五日进至陕州（今河南省三门峡市陕州区）。大顺军张有曾部驻于灵宝县城外，因兵力有限，被清军击败。多铎部在二十二日推进到距离潼关二十里的地方立营。李自成得到这个准确情报，知道驻防潼关的巫山伯马世耀部下只有七千余兵马，难以抵御多铎统率的大批清军。[1]一旦潼关失守，西安在所难保，因此他亲自同刘宗敏、刘芳亮等大将带领原拟赴陕北的大顺军主力赶往潼关。

清廷对夺取潼关的战略意义高度重视，做了充分的准备。十二月

[1]　潼关战役在《清世祖实录》和《潼关志》中有相当准确的记载。吴伟业《绥寇纪略》卷九《通城击》中依据不可靠的传闻写道："（乙酉）二月，本朝大兵至潼关，攻之，伪巫山伯马世耀以六十万众大败，潼关破，世耀死。"钦定《明史》的作者竟然连本朝实录和档案也未能寓目，在卷三百九《李自成传》中采用吴氏旧文云："顺治二年二月，我兵攻潼关，伪伯马世耀以六十万众迎战，败死，潼关破……"战役时间和情节全部错误。由此可见，《明史》在清代推为信史，实则谬误甚多。

内增派固山额真阿山、马喇希等统兵经山西蒲州渡河协征[1]，并且急调红衣大炮供攻关之用。十二月二十九日，潼关战役开始。大顺军主将刘宗敏先战，失利。次年（顺治二年，1645）正月初四日，刘芳亮领兵出战，又被清军击败；李自成亲自率领马、步兵迎战，多铎命令八旗兵全力反击，大顺军再次失利，步兵损失很多。初五、初六两天，大顺军连续利用夜间袭击清军营垒，都没有取得效果。初九日，清方红衣炮军到达；十一日，清军进逼潼关口。大顺军“凿重壕，立坚壁”加强防守。清军先用红衣大炮轰击，随即大举进攻。在不利的情况下，大顺军仍然顽强拼搏，力图扭转战局，先派骑兵反击，又调遣部分兵马迂回到清军阵后突击，都被清军击败。[2]

正在这个关键时刻，清英亲王阿济格部大批军队已经进入陕北，尽管李过、高一功在延安、榆林英勇抗战，阿济格为了夺取西安，只留下大同总兵姜瓖率领一批明朝降将继续攻城，牵制陕北大顺军，自己却统领大军南下，向西安推进。李自成深知原驻西安主力已经调到潼关，如果继续在潼关同多铎部硬拼，西安必将被阿济格部攻占，大顺政权的文武官员、将士家属以及重要物资都很难保住。在两路清朝大军的合击下，李自成被迫决定主动放弃陕西，另寻出路。十一日潼关战役明显不利，他同刘宗敏、刘芳亮等率领来援主力奔回西安，十三日到达，当天就带领兵马、部分文职官员、家属和财物由西安经蓝田、商洛向河南撤退。十二日，留守潼关的巫山伯马世耀向清军伪降，潼关失守。这天晚上，马世耀派人秘密送信给李自成，请他回师潼关，自己从中响应，内外夹击，击破多铎部清军。不料密使被清军截获，第二天，多铎以打猎为名，在潼关西南十里的金盆口设下埋伏，然后谎称举行宴会，把马世耀部下的马匹器械全部解除，一声号令，埋伏的清军突然冲出，把马世

[1]　《清世祖实录》卷十二。
[2]　《清世祖实录》卷十四。

耀和他部下七千余名大顺军将士全部屠杀。[1]

潼关战役持续了十三天，这是决定大顺政权能不能保住西北地区的关键一战。大顺军失败了，正月十八日多铎部占领西安。不久，阿济格部也到达西安。清摄政王多尔衮命多铎部按原定计划往攻南京，阿济格部负责追剿大顺军。

关于大顺军放弃陕西及其他西北地区进行战略转移的问题，需要澄清史籍中常见的一种错误。许多著作都以为李自成放弃西安，经商洛进入河南、湖北的时候，是带领了陕西和西北各地的大顺军一道转移的。实际上，李自成带领的只是原驻西安一带的大顺军主力，随行的有汝侯刘宗敏、泽侯田见秀、磁侯刘芳亮、绵侯袁宗第、义侯张鼐等大将，大顺政权的高级文官丞相（大顺的正式官衔是左平章国事）牛金星、军师宋献策等人，还有包括皇后高氏在内的眷属，兵员约为十三万。由于多铎、阿济格两路重兵迫近西安，李自成不可能等待驻防陕北和其他西北地区的大顺军会合后才做战略转移。这以后的一段时间里，大顺军由于南撤的路线不同，形成了东、西两大集团。东路即上述李自成亲自率领的主力，由陕西商洛经河南到达湖北襄阳，会合驻守当地的白旺部继续东下武昌等地的大顺军；西路是原防守陕北的李过、高一功部在清军占领西安以后无法直接南撤，而向西转移会合其他驻守西北的大顺军取道陕西汉中南入四川，然后顺江到达湖北荆州地区。下面就大顺军两路撤退的经过分别予以叙述。

多铎部清军占领潼关以后，休兵二日，正月十六日由潼关进发，十八日占领西安，曾派护军统领阿尔津等领兵追击大顺军，由于李自成在五天前即已率军经蓝田、商洛向河南撤退，阿尔津无功而

[1] 康熙二十四年《潼关志》卷下《兵略第八》。《清世祖实录》卷十四记："守潼关伪吴山伯马世尧率所部七千余众迎降，计获马千余匹，辎重甲仗无算。十三日大军入潼关，察获马世尧遣往自成处奸细，遂擒斩世尧。"按，吴山伯马世尧当即巫山伯马世耀之讹。

返。[1]1645年（顺治二年、弘光元年）二月，多铎和阿济格均驻于西安。[2]这月初八日，多尔衮分别向多铎和阿济格发出命令：

> 谕定国大将军和硕豫亲王多铎曰：闻尔等破流贼于潼关，遂得西安，不胜嘉悦。初曾密谕尔等往取南京，今既攻破流寇，大业已成，可将彼处事宜交与靖远大将军和硕英亲王等。尔等相机即遵前命趋往南京。大丈夫为国建功正在此时，汝其勉之。其随英亲王、豫亲王之汉军自固山额真、梅勒章京以下兵丁、绵甲、红衣炮均分为二，著英亲王、豫亲王各行督领。若相去已远，可仍如旧。至于英亲王等奉命征讨乃为己事越境至土默特、鄂尔多斯地方，枉道索取驼马，复转入边，以致逗遛，其罪非小，特谕汝等知之。现今流寇余氛，责令英亲王等追剿。
>
> 谕靖远大将军和硕英亲王阿济格曰：尔等自京起行在先，定国大将军和硕豫亲王等起行在后。今豫亲王等已至潼关，攻破流寇，克取西安，尔等之兵未知尚在何处。此皆由尔等枉道越境，过土默特、鄂尔多斯地方妄行需索，转而入边，以致逗遛故也。今已命豫亲王恪遵前旨，往定南京。尔等可仍遵前旨，将流寇余孽务期剿除，以赎从前逗遛之咎。勿以流寇已遁，西安既平，不行殄灭，遽尔班师。其随英亲王、豫亲王之汉军，自固山额真、梅勒章京以下兵丁、绵甲、红衣炮均分为二，著英亲王、豫亲王各行督领。若相去已远，可仍如旧。[3]

二月十四日，多铎在西安休整兵马近一个月，即率军出关，招降了驻守河南府（今河南省洛阳市）的大顺军平南伯刘忠，三月初五日取道

[1] 《清世祖实录》卷十四。

[2] 《平南王元功垂范》卷上。

[3] 《清世祖实录》卷十四。

归德（今河南省商丘市）向南推进，致力于摧毁弘光政权。[1]

第二节 陕北战役和大顺军放弃西北

当李自成亲自率领驻守西安地区的大顺军主力移往潼关与多铎部清军决战时，清阿济格统领的军队也已经进入陕北。其部下有固山额真谭泰等满军，平西王吴三桂、智顺王尚可喜以及从宣府、大同、山西抽调的汉族降附军，兵力相当雄厚。大顺军方面的部署是亳侯李过（改名李锦）守延安，高一功守榆林。阿济格军入边墙后，命姜瓖统领明朝投降兵将围攻榆林，自己带领满、汉主力经米脂攻延安。李过部为保卫延安同清军展开了激烈的战斗。双方曾七次交锋，其中大顺军两次乘夜间出城反击，都因兵力不够未能奏效。[2]据尚可喜的叙述："贼李锦据延安与肤施县城相犄角，王分兵围之二十余日，未下。王敕诸将佯攻肤施，而阴勒精兵薄延安城，猝用大炮击之，贼不支，遂宵遁。王与固山（指谭泰）分追，馘斩甚众，卤获其甲马器械不可胜计。""冬十二月，克延安。"[3]延安失守后，李过部向西转移；阿济格即率清军主力南下西安。榆林战役的经过据清方将领报告："惟榆林守将高一功乃闯贼旧党，坚拒相抗。英王因西安事大，统兵南征。所遣各镇官兵攻围榆林，恐兵马众多，无人总统，看得大同镇臣姜瓖威望素著，于十二月三十日委以总督重权统摄诸军，职（清委榆林总兵王大业自称）同宁武总兵高勋、宣府领兵副将今加总兵职衔康镇邦俱听指挥，料区区一城自难久守，可计日而下也。"[4]又唐通报告："本年正月初五日，臣自绥德赴

[1] 《清世祖实录》卷十五。

[2] 《清初内国史院满文档案译编》中册，第二七二页。

[3] 《平南王元功垂范》卷上。

[4] 顺治二年正月十三日榆林总兵王大业揭帖，见《明清史料》丙编，第五本，第四六九页。

双山与贼写战书一纸，将一切利害与贼高一功说明，要战即约定日期即来交战，如不战领兵困城。正月十二日差炭窑上百姓投书；十四日未时贼走，榆林有存仓米八百石、豆八十石，民间精壮百姓抢去；止有老弱千余。”同日夜间，唐通与阿济格委任的榆林巡抚赵兆麟（原为大顺政权官员）、姜瓖等派遣的“拨儿马”二百名进入榆林；十六日姜瓖、康镇邦、王大业也进驻榆林。[1]这说明高一功据守榆林半月之后，主动放弃该地，实力没有多大损失。[2]《怀远县志》记载，1645年正月中旬，“高一功拒战于常乐，败奔响水，十六日清兵入城（指怀远县城）安抚。姜瓖追至波罗，又大破之，高贼遁去”[3]。

李过、高一功率部撤离陕北，是在李自成放弃西安以后，从延安到西安之间有阿济格、多铎两路清军主力，已经不可能按李自成南撤路线行进，因此，他们采取向西转移，先到宁夏的惠安堡[4]，然后会合了镇守西北甘肃、青海（当时为西宁卫）等地的大顺军党守素、蔺养成、贺篮等部一道向南撤退。至于其他一些奉大顺政权的命令驻于西北地区的原明朝归附将领如马科、左瓖、牛成虎等都先后在清朝招诱下拜表投降。李过、高一功等大顺军旧部为了同李自成统率的主力会师，采取的路线是由陕西汉中入蜀，顺长江东下湖北。不料，镇守汉中地区的大顺军旧部贺珍、罗岱、党孟安、郭登先四将却已变节降清[5]，公然动武阻

[1] 顺治二年五月初八日定西侯镇守保德州总兵唐通启本，见《明清史料》丙编，第五本，第四七九页。

[2] 康熙十二年《延绥镇志》卷五之二《纪事志》；康熙十九年《延安府志》卷九《纪事》都记载：“二年正月十五日，我大清兵至榆林。伪权将军高一功、伪节度使周士奇遁走。”

[3] 道光二十二年《怀远县志》卷四下《纪事》。按，怀远即现在的陕西横山县。

[4] 顺治二年五月二十二日陕西总督孟乔芳“为遵旨传谕事副奏”，见《明清档案》第二册，A2—203号，原文云：“又据康元勋供称，高一功从榆林反至宁夏地方，攻陷惠安堡，杀死通判一员。”惠安堡地名今仍旧，在宁夏回族自治区境内。

[5] 顺治二年五月二十二日陕西总督孟乔芳“为分拨降兵伏祈圣鉴事副奏”，见《明清档案》第二册，A2—201号。

击李过、高一功等部大顺军过境。经过一番激烈的战斗，李过、高一功等部终于冲破了贺珍等的防区[1]，由汉中南下四川太平、东乡、达州、夔州等处，然后顺江东下，在1645年夏抵达今湖北省荆州地区[2]。这就是大顺军放弃西北向南撤退的西路军。许多史籍弄不清楚大顺军从西北撤退时是分东、西二路的，撤退的兵员、领导人、时间和路线都不相同，往往混为一谈，把李过、高一功也说成随李自成一道东下，这是违反历史事实的。实际情况是，从清军进攻陕西开始，李自成同李过、高一功等就再也没有见过面。从后来的情况看，李自成、刘宗敏统率的大顺军主力（东路军）遭到阿济格部穷追猛打，领袖人物牺牲，实力损失很大，部下余众各奔前程，有的降清（如王体中等），有的依附南明何腾蛟（如郝摇旗），有的孤军作战（如刘体纯），有的转入李过、高一功部下；而李过、高一功领导的经四川入湖广的部队却成了后期大顺军联明抗清的主力。

第三节　李自成的牺牲和大顺政权的失败

1645年正月十三日，李自成率领西安地区的大顺军主力经陕西蓝田、商洛撤入河南。由于撤退时携带家属和辎重，行军速度相当缓慢。《商州志》记："次年乙酉即顺治二年也，潼关之战，自成不支，率众

[1]　顺治二年三月二十五日陕西总督孟乔芳启本中说："汉中府流贼总兵贺珍、党孟安、罗岱、郭登先等四员已经投表归顺矣。"下文说"贺珍等杀死李锦"当系传言讹误，见《清代农民战争史资料选编》第一册（上），第三十三页。顺治二年十一月二十八日贺珍揭帖中说："李道余孽伪侯伯李锦、高一功、李友、田虎等数营之众，蹂躏地方，职复驱剿逃溃。"见同书第四十七页。李过、高一功等在汉中突破贺珍等堵击的时日未见记载，从孟乔芳启本中可以肯定在顺治二年（1645）三月二十五日以前。

[2]　顾山贞《客滇述》记，顺治二年"四月，李自成部将一只虎（李过绰号一只虎）陷太平、达州、夔州、新宁等处，寻遁入湖广"。

东窜。遂尽由商，自正月十五日行至月终。”[1]河南《内乡县志》载：“国朝顺治二年春，英王统兵追逆闯入潼关。逆闯败奔内乡县，正月二十九日歇马，三月十八日始拔营去。”[2]《邓州志》记：“顺治二年春二月，李自成屠邓州。清兵入潼关，自成败奔邓州，弥漫千里，老弱尽杀之，壮者驱而南下，留精兵三千平城、塞井灶。自武关至襄、汉间，千里无烟。”[3]从这些记载中可以看出，1645年正月下旬到三月中旬，李自成亲自统率的大顺军集中在河南省西南部地区。

清英亲王阿济格原奉命西征大顺政权，由于他迂道至蒙古鄂尔多斯部落索取马匹，耽误了时间[4]，被豫亲王多铎部夺得了攻取潼关、占领西安的头功，因而受到清廷的训斥，责成他“将流寇余孽务期剿除，以赎从前逗遛之咎”[5]。阿济格不敢怠慢，把料理西北事务交给陕西总督孟乔芳，随即统兵猛追李自成部大顺军。据阿济格报告，这年三月到四月，他带领的满汉军队先后在河南邓州、湖北承天（今湖北省钟祥市）、德安（今湖北省安陆市）、武昌、富池口（今湖北省阳新县境）、桑家口、江西九江等七地，接战八次，大顺军都被击败。[6]这里所说的八次战役，并不都是双方主力交战，却反映了从西安撤退的大顺军行军路线和清阿济格军的追击情况。[7]

[1] 康熙四年《续修商志》卷九。

[2] 康熙三十二年《内乡县志》卷十，兵事。

[3] 顺治十六年《邓州志》卷二，郡乱。按，武关在陕西商南县西。

[4] 《清初内国史院满文档案译编》中册，第一四五页记顺治二年八月二十八日议阿济格罪，其中一条为“未曾奉旨，途经鄂尔多斯、土默特地方，各收一千匹贡马”。

[5] 《清世祖实录》卷十四。

[6] 《清世祖实录》卷十八。

[7] 张玉书《纪灭闯献二贼事》叙述邓州之役的情况是：“时贼自西安收败卒出蓝田，分道鼠窜，由西而南，豫楚之间所至皆贼，而独不得自成所在。会谍者言河南邓州贼兵甚众，噶布什贤、噶喇额真席忒库率兵薄其城。城溃，乃贼余党也。斩抗敌者数十人，余悉就抚。”见《张文贞公集》卷七。参考顺治《邓州志》的记载，李自成所统主力在该州休整时间较长，三月十八日拔营去，阿济格军追至邓州肯定在这以后。

大约在三月下旬，李自成率领的大顺军主力到达湖北襄阳一带。当时，他麾下的士卒有从西安、河南带来的十三万，又把原先部署在襄阳、承天、德安、荆州四府的兵员七万调集随营，合计二十万众，“声言欲取南京，水陆并进”[1]。由白旺统率的这支驻屯襄阳、荆州一带的重兵是李自成在崇祯十六年（1643）带领主力北上歼灭孙传庭部秦军时留下守卫“襄京”的一支精锐部队，目的是扼制明左良玉军乘虚尾追。李自成决策把襄、荆四府驻防主力调集跟随主力东下，是因为想抢在清军之前夺取以南京为中心的江南地区，需要这支比较完整的生力军。但是，这次集中兵力是失策的。因为：一、自古以来夺取或保卫江南必据守襄、荆；二、大顺军放弃黄河流域以后，唯一的后方基地只剩下襄阳、荆州、承天、德安四府，这一地区一旦放弃就变成无后方作战。镇守大将白旺曾经提出过异议，以为这一地区经过一年多的经营，已经比较巩固，驻防军也不弱，应当固守。但是，李自成没有采纳他的意见。所以当阿济格部清军尾追而来时，大顺军后方空虚，缺乏兵力阻滞清军前进。白旺部主力随李自成东下后，襄阳等四府轻易地被清军占领。如《襄阳府志》记载“清顺治二年三月，英王帅师至襄，伪将伪官倾城去”，阿济格委任降清的明朝郧阳抚治徐起元移镇襄阳。[2]德安府志记载：“白旺夜遁，……伪掌旅诸逆遍搜遗民掳下江南。国朝兵至……委伪官陈吾鼎（大顺政权德安府同知）为巡道，胡鈊（大顺政权安陆县令）为知府，从难民请也。”[3]留守荆州重镇的大顺军裨将郑四维面对强敌不敢抵抗，竟然把大顺政权荆州防御使孟长庚杀害，向清方投降。[4]这样，尽管李自成的主观意图是夺取江南为基业，实际结果却是他从崇祯十五年（1642）冬开始建立的各级地方政权全部瓦解，大顺军

[1] 《清世祖实录》卷十八。
[2] 康熙十一年《襄阳府志》卷一《郡纪》。
[3] 康熙五年《德安安陆郡县志》卷一《兵事》。
[4] 康熙二十四年《荆州府志》卷四十。

又回到了原先流动作战的状态。

当李自成统率大顺军由襄阳、承天向汉川、沔阳推进时，南明镇守武昌的宁南侯左良玉连章告急。明江西总督袁继咸以为大顺军可能沿长江北岸向南京进发，带了一支军队赶往湖北蕲春，同左良玉部相呼应。大顺军却从沔阳州的沙湖一带渡过长江，在荆河口击败左良玉部将马进忠、王允成部，一时“武、岳大震”[1]左良玉不敢迎战，在三月二十三日借口接到崇祯帝“太子”密谕，扯起“清君侧”的旗帜全军乘船东下，放火焚毁武昌。李自成带领大顺军进驻劫后烬余的武昌后不久，阿济格部清军就追踪而至，“围武昌城数匝”[2]。刘宗敏、田见秀领兵五千出战，被清军击败。李自成决定放弃武昌继续东下。[3]这时，大顺军的处境已经相当艰难，既无地方提供后勤供应，又要保护着随军家属，十万以上的大军随地筹粮，势必出现组织混乱，指挥不灵。南明的江西总督袁继咸在三月下旬向弘光朝廷报告，“闯贼下走蕲、黄，上犯荆、岳”[4]，似乎并没有一个明确的作战方向。四月，清军追到阳新富池口，趁大顺军不备冲入营垒，李自成军又一次失利。四月下旬，在距江西九江四十里处被清军攻入老营，大顺军久历战阵、位居文官武将之首的汝侯刘宗敏被俘，军师宋献策、自成的两位叔父赵侯和襄南侯以及大批随军将领的家属也被清军俘获。刘宗敏和自成的两位叔父当时就被杀害，宋献策却凭借他取得李自成信任的一套江湖占卜骗术投靠满洲贵族。[5]在这前后，丞相牛金星认为大势已去，同

[1] 袁继咸《浔阳纪事》。

[2] 张玉书《张文贞公集》卷七。

[3] 《明史》卷三〇九据吴伟业《绥寇纪略》卷九的说法认为李自成在武昌停留了五十天，不确。南明湖广巡抚何腾蛟后来报告，“闯逆居鄂两日……即拔营而上。然其意欲追臣盘踞湖南耳”。

[4] 袁继咸《浔阳纪事》。

[5] 《清世祖实录》卷十八。按，大顺政权所封侯爵均为一字侯，“襄南侯”疑有误。谈迁在《北游录》《纪闻》下《宋献策》条记载他在顺治十年到北京后得知“满洲人重其术，隶旗下，出入骑从甚都”。

儿子牛佺（大顺政权襄阳府尹）私自脱离大顺军，向清方投降。牛佺被委任为清朝黄州知府，后来升任湖广粮储道；牛金星因为在大顺政权中地位极高，在明朝官绅中名声又极坏，清廷不便安排其职务，老死于牛佺官署中。[1]

李自成统率的大顺军在连续遭到清军重创后，实力损失很大，士气低落，为东下南京而准备的几万条船只也被清军缴获，兼之多铎部清军已从归德、泗州直趋南京，原先的战略意图已经无法实现。他不得不改变进军方向，准备穿过江西西北部转入湖南。五月初，李自成行至湖北通山县境九宫山下，突然遭到当地地主武装的袭击。当时跟随在他身边的只有义子张鼐和二十余名士卒，当地团练不知道这就是名震遐迩的大顺军，更不知道大顺皇帝就在这二十余人之中，就一拥而上。混战当中，李自成和随从侍卫被击杀，张鼐和一名姓刘的伴当逃出，向后续部队报告了这一噩耗。[2]大顺军将士闻讯，悲怒交集，立即对当地团练予以报复性打击。康熙四年《通山县志》记载，“顺治二年五月初四，闯贼数万入县，毁戮四境，人民如鸟兽散，死于锋镝者数千，蹂躏三月无宁宇”[3]。

李自成牺牲于通山纯属偶然。在通常情况下，全军统帅在行军时往往处于队伍的适中位置，李自成当时手下的军队还有几万人，屡败之后进入通山县境，在这偏僻山区为了决定大军的行进方向，亲自带领少数卫士去察看地形道路，也在情理当中。以程九伯为头子的九宫山区团练武装是在对大顺军主力入境一无所知的情况下才敢于动武。

---

[1] 牛金星的末路参见耿兴宗《遵汝山房文稿》卷七《牛金星事略》；《明清史料》丙编，第七本，第六一八页；《清世祖实录》卷四十五。

[2] 李自成殉难地点或归宿问题在学术界分歧颇大。一部分人主张李自成兵败后潜住于湖南石门县夹山寺为僧，即奉天玉和尚，至康熙十三年（1674）圆寂于该寺。但据清英亲王阿济格奏报（见《清世祖实录》卷十八）、南明湖广总督何腾蛟《逆闯伏诛疏》（见《烈皇小识》卷八附）、费密《荒书》、康熙初《通山县志》等原始文献，可以确定是牺牲在湖北通山县九宫山下。

[3] 康熙四年《通山县志》卷八《灾异》。

但是，李自成带少数随从前行观察，必定距离大军不远；自成牺牲后大顺军扫荡九宫山区应当是同一天的事，所以李自成牺牲的日期可以推断为康熙《通山县志》记载大顺军入境的顺治二年（1645）五月初四日。李自成遇难后，他率领的这支大顺军还有数万之众，其中包括自成的妻子皇后高氏、大将中封侯爵的就有田见秀、刘芳亮、袁宗第、张鼐等，他们为了替领袖复仇，把九宫山区的乡团杀得鸡飞狗走，要说他们会无情无义地丢下自成（大顺皇帝）的遗体，任其暴尸荒野，很难令人置信。联系到后来大顺军余部联明抗清后仍然称李自成为先帝，高氏为太后，备受敬仰；而清方和南明隆武政权都未能找到李自成的"首级"献功，[1]唯一的解释是李自成的遗体由随行的大顺军秘密安葬，其地点很可能就在九宫山区。由于大顺军当时已经失去了自己的管辖区，正值天气炎热，不可能一直抬着大顺皇帝的遗体

[1] 《清世祖实录》卷十八，顺治二年闰六月阿济格奏："贼兵尽力穷窜入九公山，随于山中遍索自成不得，又四出搜缉。有降卒及被擒贼兵俱言自成窜走时携随身步卒仅二十人，为村民所困，不能脱，遂自缢死。因遣素识自成者往认其尸，尸朽莫辨，或存或亡，俟就彼再行察访。"《烈皇小识》卷八附湖广等地总督何腾蛟隆武元年的奏疏中说："天意亡闯，以二十八骑登九宫山，为窥伺计，不意伏兵四起，截杀于乱刃之下，相随伪参将张双喜系闯逆义男（按，张双喜即张鼐，自成收为养子，改名李双喜，西安建国大顺时封为义侯，何腾蛟称之为"伪参将"当是他札授为参将，大顺军制中没有参将之职），仅得驰马先逸；而闯逆之刘伴当飞骑追呼曰：'李万岁爷被乡兵杀死下马，二十八骑无一存者。'一时贼党闻之，满营聚哭。及臣抚刘体仁（纯）、郝摇旗于湘阴，抚袁宗第、蔺养臣（成）于长沙，抚王进才、牛有勇于新墙，无不众口同辞。……张参将久住湘阴，郝摇旗现在臣标，时时道臣逆闯之死状。嗣后大行剿抚，道阻音绝，无复得其首级报验。……"阿济格、何腾蛟作为清方、南明的当事大员都是从归附的大顺军将士口中得知李自成死于九宫山乡兵之手的准确消息，双方都必然想尽办法取得李自成的"首级"向各自的朝廷献功。何腾蛟在奏疏中含糊其辞地说"嗣后大行剿抚，道阻音绝，无复得其首级报验"，实际上这一地区已落入清方之手，他无法派人前往查验。阿济格从清廷领受的任务是追剿"闯贼"，李自成之死对他来说是头等大事，为确定这一重大"功绩"，他曾派"素识自成"之人前往辨认。大顺军为报仇雪恨在九宫山区曾杀了不少人，阿济格的查验人员在众多的尸骸中并未能找到李自成的遗体，只好用"尸朽莫辨"一语掩盖他们的劳而无功。这正是本书作者推断李自成已由他的亲属和部众秘密安葬（并且会有相称的殉葬品）的主要依据。

流动作战，又不可能为李自成修建公开的陵墓，以免为尾追而来的清军所发掘。据康熙《宁州志》（宁州即今修水县）记载，大顺军占领该地在五月十三日[1]，考虑到通山县与宁州接境，大顺军之所以在五月初四日后过了差不多十天才进入宁州，原因就是在此期间需要料理李自成的安葬等善后事宜。

李自成的牺牲标志着大顺政权的最终覆灭，大顺军余部从此在联明抗清斗争中揭开了新的篇章。

[1] 康熙十九年《宁州志》卷一《祥异》；卷五《列传·宦绩·万仁传》。

第五章
弘光政权的瓦解

第一节　南渡三案——大悲、伪太子、“童妃”

朱由崧既以亲藩得继大统，对于最具帝位继承人资格的崇祯三子自然唯恐其不死。早在甲申七月间就仅仅依据一个卑微小官（未到任之阳春县典史顾元龄）的传言宣布太子和定、永二王已经遇害。[1]弘光元年（1645）二月正式下诏“谥皇太子慈烺曰献愍，永王慈焕曰悼，定王慈灿曰哀”[2]，借以掩人耳目，杜绝民望。实际上，自从大顺军在山海关战败起，兵荒马乱，各方面的人士大抵都弄不清崇祯帝三个儿子的下落。尽管在1644年冬有“北太子”“南太子”案，清初号称“朱三太子”的案件层见迭起，但唯一可以相信的是定王朱慈焕长期隐姓埋名，充当私塾教师为生，到康熙四十七年（1708）才在山东汶上县被清政府

[1] 李清《南渡录》卷二。

[2] 同上，卷四。按，永、定二王名字诸书颇有出入。这里是引文，不便更改。

捕获，全家处斩[1]。

朱由崧登上了皇帝的宝座，挫败了某些东林—复社人士拥立潞王朱常淓的计划。围绕帝位的钩心斗角，并没有就此平息。弘光立国一年之内，先后发生了“妖僧”大悲、伪太子、“童妃”三大案。这三个案件表面上是孤立的，互不相涉，却都贯串着对朱由崧继统不满的政治背景。

一、大悲案。1644年十二月，忽然有个和尚来到南京，自称是明朝亲王，从兵乱中逃出做了和尚。弘光帝派官员审讯他的来历，大悲起初信口开河说崇祯时封他为齐王，他没有接受，又改封吴王。声称“潞王恩施百姓，人人服之，该与他作正位”。弘光君臣见他语无伦次，形迹可疑，严加刑讯，才弄清大悲是徽州人，在苏州为僧，确实是个骗子。经过九卿科道会审后，将大悲处斩。[2]

二、假太子案。1644年十二月，鸿胪寺少卿高梦箕的奴仆穆虎从北方南下，途中遇到一位少年，结伴而行。晚上就寝时发现少年内衣织有龙纹，惊问其身份，少年自称是皇太子。抵南京后，高梦箕难辨真假，急忙送往苏州、杭州一带隐蔽。可是，这少年经常招摇于众，露出贵倨的样子，引起人们的注意，背后窃窃私议。高梦箕不得已密奏朝廷，弘光帝派遣内官持御札宣召。弘光元年（1645）三月初一日，这个少年从浙江金华到了南京，被交付锦衣卫冯可宗处看管。第二天，弘光帝面谕群臣道：“有一稚子言是先帝东宫，若是真先帝之子即朕之子，当抚养优恤，不令失所。”[3]随令侯、伯、九卿、翰林、科、道等官同往审

[1] 参见孟森《明烈主殉国后记》，收入商鸿逵先生编孟森《明清史论著集刊》上册。孟氏指出朱慈焕所供六子名为和字辈，末一字均为土字部，完全符合明太祖所定宗室命名原则；但他把朱慈焕自述孙名曾裕误信为“钰宝”，说是“皆童稚随意所称乳名”。我在1984年版《明末农民战争史》第二六八页提出慈焕给孙儿命名为曾裕实隐其曾祖父（朱由检）临御天下之意。

[2] 大悲案据弘光时任工科都给事中的李清所撰《南渡录》卷四，《三垣笔记》卷下，《弘光》。计六奇《明季南略》卷六《大悲僧假称定王》条说他是齐藩庶宗，冒充定王，受审时口称：“今潞王贤明，应为天子，欲弘光让位。”

[3] 王铎《拟山园选集》卷十一，奏疏四。“三月初二日奉上谕。”

视。大学士王铎曾经担任东宫教官三年，自然熟悉太子的模样，一眼就看出是奸人假冒。他在奏疏中说：

> 臣一见即咤之曰："此假人假事，犁丘之鬼也，太子岂其然乎？"臣同旧礼部尚书北京端敬殿中侍班三年，例当考满升荫，为妒者沮之。尚记先帝东宫大目方颡，高声宽颐，厚背首昂，行步庄，立度肃。今臣立于面前曰："汝识我不？"应曰："不也。"曾谓三年侍班几之离者二尺有咫而不识臣为谁耶？臣已确知其伪矣。臣又问："讲书在何殿？"曰："文华。"岂知其在端敬殿也。又问："几上位置何物？"臣暗记其有讲读数目十个算子，乃竟懵懵罔知也。臣大怒……即昌言告诸臣曰："此人明明是假，此事确确可憾……"大咤曰锦衣卫命左右即缚之。无几何，此子乃垂涕长跪以求，哀恳曰："小人原是赝质，不过为人所玩弄，徒以此恐喝于诸侯耳。小人王其姓，之明其名，高阳人，父纯，母徐氏，有引小人者阴以诳诱。"[1]

王铎会同群臣审视后的奏疏是相当可信的。我们不应忽视，弘光立国之时许多官员曾经在崇祯朝廷上任职，见过太子朱慈烺的并不止他一个。如曾经担任东宫讲官的刘正宗、李景廉"皆言太子眉长于目"，他们看了伪太子之后都不认识[2]；弘光帝"又命旧东宫伴读太监丘执中往认。之明见执中，亦不识也。于是群疑稍解"[3]。时任协理詹事府事礼部尚书的黄道周记载："王之明者，顽童，故驸马都尉王昺之侄孙，途穷附高鸿胪之仆穆虎者欲南趋苟活，而穆虎居为利，遂谓子舆复出也。

[1] 王铎《拟山园选集》卷十一，奏疏四《为奸人假冒可恨，大干法纪，恳乞皇上乾断事》。

[2] 李清《三垣笔记》卷下，《弘光》；又见《南渡录》卷五。

[3] 李清《南渡录》卷五。

廷诘之日，诸讲官侍从谂视无一似东朝者，之明亦茫然。而靖南疏至，辄持两端，讼言不可诛，诛之祸起。”[1]从现存史料中可以看出当时在弘光朝廷上的官员都知道北来“太子”纯属假冒，没有人提出过异议。问题是这件事直接牵涉到弘光帝位的合法性，对朱由崧继统不满的人乘机兴风作浪，散布流言蜚语，于是围绕着“太子”的真伪在不明真相的百姓和外地文官武将中掀起了一片喧哗。弘光朝廷越说是假，远近越疑其真。这事一直闹到清军占领南京，弘光朝廷覆亡，方告平息。[2]

三、“童妃案”。这个案件的大致情况是：1641年（崇祯十四年）李自成起义军攻破洛阳，老福王朱常洵被俘杀，世子朱由崧侥幸逃出。经过长期颠沛流离之后，忽然时来运转被拥戴为皇帝。1645年（弘光元年）初，河南有一个姓童的妇人面见南明河南巡抚越其杰，自称是德昌王（朱由崧）的继妃，乱离中与朱由崧失散。越其杰和广昌伯刘良佐深信不疑，一面奏报，一面派人护送来南京。朱由崧立即否认，宣布童氏为假冒。三月初一日，童氏送抵南京，下诏狱由锦衣卫审讯。童氏自述“年三十六岁。十七岁入宫，册封为曹内监。时有东宫黄氏，西宫李氏。李生子玉哥，寇乱不知所在。氏于崇祯十四年生一子，曰金哥，啮臂为记，今在宁家庄”[3]。朱由崧批驳道：“朕前后早夭，继妃李殉难，俱经追谥。且朕先为郡王，何有东、西二宫？”[4]这是符合实际情况的，按明朝典制，亲郡王立妃由朝廷派员行册封礼。《明熹宗实录》载，天启二年十月传制遣“工科给事中魏大中、行人司行人李昌龄封福府德昌王由崧并妃黄氏”[5]。童氏称入宫邸时朱由崧有东、西二宫已属荒唐，更不可能又有什么“曹内监”为她举行册封礼。朱由崧没有儿

[1] 黄道周《黄漳浦集》卷三十二，杂著《兴元纪略》。

[2] 黄道周在同上书中记：“三月朔日，入汉西门，上惊怪甚。”黄道周在同一天离开南京赴绍兴祭禹陵，日期当可靠。

[3] 李清《三垣笔记》卷下，《弘光》。

[4] 李清《南渡录》卷五。

[5] 《明熹宗实录》卷二十七。

子，“玉哥”“金哥”之说也是空穴来风。一些史籍记载，童氏在送往南京途中，地方文武官员纷纷拜谒，她举止轻浮，毫无大家风范，“凡所经郡邑，或有司供馈稍略，辄诟詈，掀桌于地；间有望尘道左者，辄揭帘露半面，大言曰：免！闻者骇笑”[1]。童氏一案与大悲、假太子案基本相似，肯定她不是朱由崧的王妃（崇祯十四年河南巡抚高名衡题本内明白说过“世子继妃李氏”于洛阳城破之时投缳自尽），后来某些野史又说她是误认（如说她原为周王宫妾，或说是邵陵王宫人），也有揣测她是在朱由崧落魄之时曾与之同居，但这些说法同童氏自己编造的经历都不符合。就案件本身而言，无论童氏是冒充，是误认，还是与朱由崧有过一段旧情，都不应成为南明政局的焦点。

“童妃”案和假太子案的喧嚣一时，实际上是某些东林—复社党人在幕后掀风作浪。历史上无赖之徒冒充头面人物屡见不鲜，即以南明来说，永历初也出现了假弘光帝（一个和尚）骗得许多地方官的信任，但都没有像弘光一朝这样闹得乌烟瘴气。究其根源，正在于东林—复社中的一些骨干分子视“门户”“声气”重于国家、社稷，他们爱走极端，甚至唯恐天下不乱。在这些人看来，福藩继统等于万历以来自己在党争中最大的失败，因此一遇风吹草动，不管真相如何，抓住“把柄”大做文章，必欲推倒福藩另立新君才肯罢休。人们常常受旧史籍影响，以为东林—复社人士大体上都是骨鲠正直之人，其实它是一个很复杂的团体，其中光明磊落者固不乏人，但由于明末东林—复社名满天下，往往具有左右朝政的势力，许多热衷名利的人也混迹其间，变成一个大杂烩。东林—复社人士的“别正邪、分贤佞”实际上是自封“正人”“君子”，为独揽朝政造舆论。由于他们当中的骨干分子为夺取权力往往采取阴谋手段，难以弄清详细情况，但对弘光帝进行人身攻击，借“三案”大肆发挥的都是自命为东林—复社的“君子”，由此也可以看出其端倪。浙东史派的创始人黄宗羲就是其中有代表性的一位。他撰写的《弘光实录钞》以“国史”自居，对弘光

[1] 《三垣笔记》卷下，《弘光》；林时对《荷牐丛谈》卷四《南都三疑案》。

迎立做了如下的描写：

> 北都之变，诸王皆南徙避乱。时留都诸臣议所立者。兵部尚书史可法谓："太子、永、定二王既陷贼中，以序则在神宗之后，而瑞、桂、惠地远，福王则七不可（原注：谓贪、淫、酗酒、不孝、虐下、不读书、干预有司也）。惟潞王讳常淓素有贤名，虽穆宗之后，然昭穆亦不远也。"是其议者，兵部侍郎吕大器、武德道雷演祚。未定，而逆案阮大铖久住南都，线索在手，遂走诚意伯刘孔昭、凤阳总督马士英幕中密议之，必欲使事出于己而后可以为功。乃使其私人杨文骢持空头笺，命其不问何王，遇先至者，即填写迎之。文聪至淮上，有破舟河下，中不数人，或曰："福王也。"杨文骢见之，启以士英援立之意，方出私钱买酒食共饮。而风色正顺，遂开船。两昼夜而达仪真。可法犹集文武会议，已传各镇奉驾至矣。士英以七不可之书用凤督印印之成案，于是可法事事受制于士英矣。[1]

黄宗羲的这段记载许多地方不符合事实，比如派杨文骢携带空头笺不问是哪位藩王迎来南京，拥上帝位，就共享定策之功，简直是一派胡言。史可法在迎立问题上受了马士英的欺骗确有其事，但说马士英"用凤督印印之成案"却毫无意义，因为史可法的信如果是伪造的，盖上凤阳总督印也不起作用；史可法"七不可立"的信件落在马士英手里，不盖凤督印仍是个重大把柄。黄宗羲这段"高论"中关键是"或曰：福王也"。采取这种史笔实际意味着弘光帝是未经"验明"的朱由崧"正身"。关于弘光太后，黄宗羲也恣意诋毁道：甲申七月"壬辰，皇太后至自民间。太后张氏，非恭皇（指老福王朱常洵）之元配也。年与帝相等，遭贼失散，流转郭家寨常守文家，马士英遣人迎之至。其后士英挟

[1] 黄宗羲《弘光实录钞》卷一。

之至浙，不知所终。或言：帝之不蚤立中宫，而选择民间不已者，太后之故也”。[1]他的弟子万斯同深得老师真传，昌言无忌地写道：

> 河南府（即洛阳）破时，福王为贼所啖，诸子未有存者。府中数宦侍逃至怀庆，无所得食。其中有福府伴读李某者貌颇似福王次子通城王。乃相与谋曰："诸王子不接外臣，谁能谛知？事在吾辈耳，何忧无食。"乃以通城避难闻于县，遂达上（指崇祯帝）前。上深念叔父荼毒，世子已死，即以李袭福王爵。马士英因立以为帝。其后太后至，弘光趋迎，屏人密语者久之，遂为母子。弘光在位且一年，不立后，与太后寝处如夫妇，初非蒸继母也。童妃固通城王之元配，弘光固不令入宫，恐败事也。[2]

黄宗羲的好友林时对撰《南都三大疑案》说：

> 洛阳既陷，福王常洵被闯贼所临，宫眷逃窜。世子由崧得一护卫军牵率过河，寓太康伯张皇亲第，人无识者。甲申四月，巡按中州御史陈潜夫送至凤督马士英处，遂同四镇拥立为弘光帝。登极后，太后亦自河北至。帝不出迎，群臣奉凤舆至内殿下舆，帝掖后至殿隅，密语移时，群臣拱立以俟，秘弗闻。半晌始下拜恸哭，人皆疑揣。乔大理圣任先生在班行目击者，曾面语余。或云：帝实非真世子，福藩有一审理貌类，因冒认。语时戒勿泄，同享富贵。又云：入宫后，与帝同卧起。事真伪不可知，第来时既不迎，逾顷始拜哭。而出奔时又不同行，自往芜湖就靖国，太后偕马士英至浙，则事属可骇。一疑

[1] 《弘光实录钞》卷一。

[2] 转引自戴笠、吴殳《怀陵流寇始终录》卷十八。

案也。[1]

再看另一复社人士钱秉镫的说法：

> 初，福世子没，德昌郡王以序当立。士英抚凤时，有以居民藏王印首者，取视，则福王印也。询其人，云有负博者，持以质钱。士英因物色之。上与士英初不相识，果德昌耶？非德昌耶！但据王印所在以为世子耳。甲申国变后，遂拥戴正位，以徼援立之功。童氏但知德昌即位，以故妃诸阙求见，而不知今日之德昌，非昔日之德昌也。

结论是："童氏出身不可考，而决为德昌王之故妃也。"[2]
钱秉镫的好友金堡也记载道：

> 予闻弘光伪福邸也。福邸已被难，其妃有弟与一内侍偕走，诈称福邸。既登极，内侍惧福不敢言。童妃至，伪福邸恐事露，遂致之死。马士英特欲立福邸翻东林之局，遂使东南半壁拱手以奉之清耳。[3]

把上引黄宗羲、林时对、钱秉镫、金堡的叙述联系到一起，分明看出这种流言蜚语有一个共同的目的，即以"童妃案"作为突破口，彻底否定弘光帝就是朱由崧，而肯定其是一个异姓子弟的冒牌货。言外之意，马士英等"奸雄"为了攫取定策之功，放着潞王朱常淓这样的正宗"贤王"不立，却拉来一个身份不明的人拥上皇帝宝座，无怪乎要亡国

[1] 林时对《荷牐丛谈》卷四。
[2] 钱秉镫《所知录》卷二。
[3] 金堡《偏行堂集》卷九《书米忠毅公传后》。

灭祀了。

鉴于黄宗羲创立的浙东史派对后世影响很大，而且他和门户好友在当时兴风作浪对弘光朝廷的稳定造成了严重影响，有必要揭穿他们散布的种种谎言。

朱由崧确实是个昏庸荒淫的君主，但他的身份无可怀疑。老福王朱常洵的正妃邹氏从未生子，朱由崧是侧室所生庶长子。1617年（万历四十五年）二月，他十岁时封为德昌王[1]，后来因福藩无嫡子，被立为福世子[2]。1641年（崇祯十四年）正月二十一日，李自成军攻破洛阳，老福王朱常洵被杀，朱由崧和嫡母邹氏乘乱逃出，暂居于黄河以北的孟县。同年河南巡抚高名衡向朝廷报告："世子亦尚无子女，流离孤苦，惟有母子相依，诚可悲矣。"下文又详细报告了从洛阳逃出的福府官员侍从共二百零九名，其中包括右长史、承奉副、典宝、典膳、黄服、随侍司执事、书堂官、内执事，此外还有"王亲"邹存义（福王妃邹氏之弟）等五人。[3]有这样一大批王府官员和王亲跟随，要说朱由崧是个假冒的福王世子简直是奇谈怪论。何况崇祯十四年时福藩一败涂地，生活无着，到处乞怜，谁也不会预测到他后来会入继大统。崇祯帝对亲叔的遇难深表关切，据弘光时吏部尚书（崇祯朝任刑部尚书）徐石麒的奏疏说："福王殉难，先帝尚遣一勋臣、一黄门、二内侍验审含殓。"[4]二月，命驸马都尉冉兴让、司礼太监王裕民、给事中叶高标携银赴河南

[1] 《明神宗实录》卷五五〇、五五四、五五五、五五八、五七〇。谈迁《国榷》卷一〇一记："万历丁未十月癸未生由崧，戊午七月甲辰封德昌王。"朱由崧生于七月，谈迁误为十月；戊午为万历四十六年，年月全错。又《国榷》卷九十七记，崇祯十三年十一月壬寅日"福世子由榘薨"，亦误，李清《南渡录》卷四记弘光元年二月乙亥日"追封皇弟由榘颍王，谥冲"。

[2] 参见《国榷》卷九十八。

[3] 崇祯十四年河南巡抚高名衡题本，见《明清史料》壬编，第五本，第四一三至四一四页。

[4] 温睿临《南疆逸史》卷七《徐石麒传》。

慰问福世子[1]。九月，“命福世子由崧还河南（指洛阳）”[2]。1643年（崇祯十六年）朱由崧袭封福王；洛阳再陷后，朱由崧逃到卫辉府[3]，因穷困潦倒曾经向潞王朱常淓借银，后来又一道南逃淮安。这些材料都证明从洛阳被义军攻破到崇祯朝廷覆亡，明廷和地方官员从来没有怀疑过朱由崧的福王世子身份。上文已经说过朱常淓是朱由崧竞争帝位的主要对手，如果朱由崧来历不明，朱常淓绝不可能缄默不语。弘光初立之时，苏松巡按祁彪佳在五月二十八日的日记中记载：“潞王承奉李君来晤，言今上（指朱由崧）遇难，潞藩周旋诸事。”[4]这就证明当朱由崧落难时，潞王深知其身份，曾经在生活上给以接济。朱常淓通过他身边的承奉大谈当年旧事，意在表明自己不仅无意同血统更近的福藩争夺帝位，还以过去有恩于“今上”希望得到应有的照顾。何况，弘光即位后封嫡母邹太后的弟弟“邹存义为大兴伯，并予世袭”[5]，封原配黄氏兄弟黄九鼎为雒中伯、黄金鼎官都督同知[6]，这些“懿亲”不可能不认识朱由崧。全祖望等人硬说朱由崧不准童氏入宫是怕暴露自己假冒的真相，在情理上根本讲不通。

黄宗羲等人最大的诬罔表现在对弘光皇太后邹氏的造谣生非。从河南迎接到南京来的太后是老福王朱常洵的原配邹氏。邹氏是明神宗在万历三十一年为朱常洵选的王妃[7]，按当时惯例，选后、妃的年龄都在十四五岁，邹氏生年约在万历十七年（1589）左右，到1644年大概是

---

[1] 《国榷》卷九十七、九十八；孙承泽《山书》卷十四。

[2] 《国榷》卷九十八。

[3] 康熙三十四年《怀庆府志》卷九《古事》记：崇祯“十四年辛巳，贼陷河南府，德昌王北渡入怀庆”。彭孙贻《平寇志》卷五记：“命怀庆知府程之鹏护卫世子。”同书卷八又记：崇祯十七年二月初三日“怀庆兵变，福王同母走，出东门与母相失，走卫辉，依潞王”。

[4] 《祁忠敏公日记》《甲申日历》。

[5] 李清《三垣笔记》卷下，《弘光》。

[6] 李清《南渡录》卷五。

[7] 刘若愚《酌中志》卷十七。福王朱常洵婚期在万历三十二年正月，见《明神宗实录》卷三九二。

五十五岁。甲申（1644）八月，大学士高弘图奉命往广陵驿迎接，随行的幕客谈迁记载：“恪恭仁寿皇太后邹氏，福恭王之元妃也，于上为嫡母。”下面又引太后弟邹存义叙述邹氏辗转流离的经过相当详细。邹太后到达南京时，弘光上迎笺中说“属国家之多艰，鹤发添忧；闵霜雪之入鬓，凤舆飞辖”[1]，足证邹氏到南京时已是一位老妪。时任工科都给事中的李清记，甲申八月辛未日，“皇太后至南京……各官迎江干，上跪迎洪武门内，各泣下”[2]。当时迎接太后的场面相当大，文武百官朝见的很多。后来弘光帝与邹太后由南京出逃时本是一路，途经溧水遭乱兵阻截才各奔东西（详情见下文）。邹太后到达杭州后朝见过她的大臣也不少，只是又出现另一种谣言说邹太后是马士英的母亲冒充的，这种谣言不值一驳，却证明太后春秋已高。黄宗羲、林时对等人对弘光母子极尽诬蔑之能事，绝不仅是“道听而途说，德之弃也”，而是在南明政权肇建伊始之时反对福藩继统的一股暗流不择手段展开的政治斗争。

清人戴名世对这段公案做了以下论断：“呜呼，南渡立国一年，仅终党祸之局。东林、复社多以风节自持，然议论高而事功疏，好名沽直，激成大祸，卒致宗社沦覆，中原瓦解，彼鄙夫小人，又何足诛哉！自当时至今，归怨于孱主之昏庸，丑语诬诋，如野史之所记，或过其实。而余姚黄宗羲、桐城钱秉镫至谓帝非朱氏子。此二人皆身罹党祸者也，大略谓童氏为真后，而帝他姓子，诈称福王，恐事露，故不与相见，此则怨怼而失于实矣。”[3]杨凤苞也说：“及谓福王亦伪，乃出东林、复社爱憎之口”，“盖阮大铖欲尽杀东林、复社诸君子，向后诸君子追憾其事，并恨王之任大铖也。造言污蔑之不已，复奋断曰：‘是非

[1] 谈迁《枣林杂俎》仁集《慈銮》条，谈迁自述笺文是他起草的。后来他在《北游录·纪咏下》有《泊广陵驿记甲申八月陪高相国迎慈銮于此追感》诗。

[2] 李清《南渡录》卷二。

[3] 戴名世《弘光朝伪东宫伪后及党祸纪略》，见《戴名世集》，中华书局1982年版，第三七四页。

明之宗室也。’甚疾之之词尔。”[1]杨氏的基本论断是正确的，但他认为这类谣诼蜂起乃“诸君子追憾其事”，恐怕未必。因为抓住伪太子、“童妃”案大闹是在弘光在位时期，弘光朝廷的内部纷争严重影响了自身稳定，无暇北顾，特别是一些东林—复社人士依附地处南京上游的世镇武昌的军阀左良玉，更增加了弘光君臣的不安全感。马士英、阮大铖明白要扼制住拥立潞藩的暗流，必须援引江北四镇兵力做后盾。从这个意义上说，弘光朝廷迟迟未能北上进取，同东林—复社党人的兴风作浪有密切的关系。杨凤苞还说：“明末南都之亡，亡于左良玉之内犯。”[2]左良玉的兴兵东下，固然有避免同大顺军作战和跋扈自雄等原因，但他扯起“救太子”“清君侧”的旗帜却同某些东林—复社党人所造舆论一脉相承。

上面批驳了黄宗羲、林时对、钱秉镫等人的荒诞，并不是仅限于探讨史料的真实性，更无意于钻究宫闱秘事，而是说这三人的记载透露了弘光朝廷上党争的激烈情况。真正的策划者未必是他们，因为弘光一朝党争闹得势同水火，而黄宗羲等人在当时朝廷上并没有地位，掀不起那么大的风浪。直至社稷倾覆，江山变色，东林—复社党人仍把责任全归之于弘光昏庸、马阮乱政，自我标榜为正人君子，实际上他们自己也是一批追名逐利、制造倾轧的能手，对弘光朝廷的覆亡负有直接责任。

第二节　睢州之变和史可法南窜

弘光朝廷的督师大学士史可法是“联虏平寇”方针的主要倡导者和执行者。1644年十二月，赴北京“酬虏通好”的如意算盘遭到清方断然拒绝，正使左懋第、副使马绍愉被拘留，陈洪范回到南京，除了掩盖自

[1]　《南疆逸史》中华书局1959年版附杨凤苞跋文。

[2]　《南疆逸史》中华书局1959年版附杨凤苞跋文。

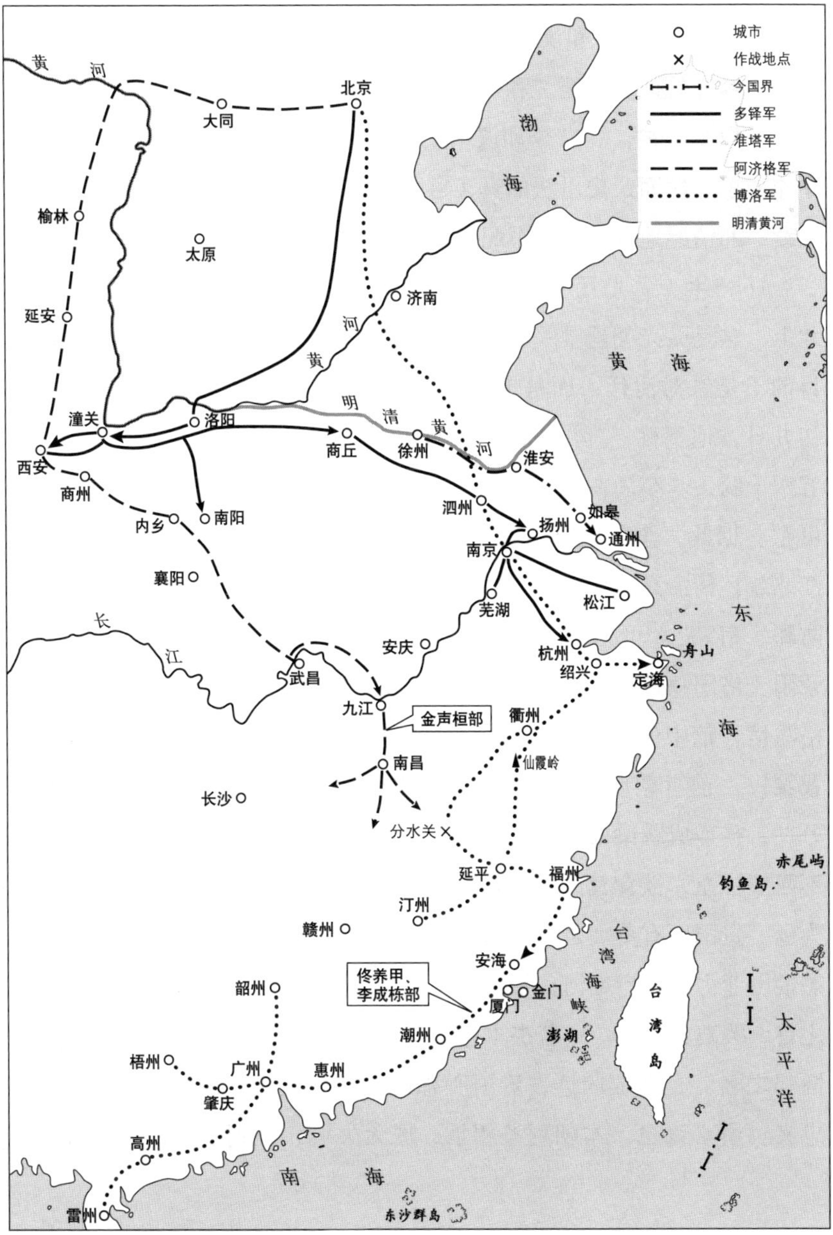

1645—1646年清军南征图

已暗中降清的种种无耻行径以外，也报告了北使的失败。史可法在奏疏中说："向所望者，和议获成，我因合敌之力以图贼，而遂其复仇雪耻之举。今使旋而兵踵至，和议已断断无成矣。向以全力图寇而不足者，今复分以御敌矣。""今和议不成，惟有言战。"[1]似乎他在考虑同清军作战了。然而，史可法的真实意图仍然是尽量避免同清方兵戎相见，继续一厢情愿地谋求与清军配合镇压大顺农民军。

1645年（弘光元年、顺治二年）初，史可法亲自安排了高杰率军北上，这是弘光朝廷唯一一次向黄河流域推进的军事行动。只是进军的目的不是针对清廷，而是想在扑灭"流寇"中充当清军的盟友。正月初九日，他奏称："陈潜夫（河南巡按）所报，清豫王自孟县渡河，约五六千骑，步卒尚在覃怀，欲往潼关，皆李际遇接引，长驱而来，刻日可至。据此，李际遇降附确然矣。况攻邳之日，未返济宁，岂一刻忘江北哉！请命高杰提兵二万，与张缙彦直抵开、雒，据虎牢；刘良佐贴防邳、宿。"[2]可见，史可法的部署是明军北上至开封地区后即向西面荥阳、洛阳一带推进。高杰出师时，也曾给驻守黄河北岸的清肃亲王豪格写信，信中说："关东大兵，能复我神州，葬我先帝，雪我深怨，救我黎民。前有朝使谨赍金币，稍抒微忱。独念区区一介，未足答高厚万一，兹逆成跳梁西晋，未及授首，凡系臣子及一时豪杰忠义之士，无不西望泣血，欲食其肉而寝其皮，昼夜卧薪尝胆，惟以杀闯逆、报国仇为亟。贵国原有莫大之恩，铭佩不暇，岂敢苟萌异念，自干负义之愆。杰猥以菲劣，奉旨堵河，不揣绵力，急欲会合劲旅，分道入秦，歼逆成之首，哭奠先帝。……若杰本念，千言万语，总欲会师剿闯，以成贵国恤邻之名。且逆成凶悖，贵国所恶也；本朝抵死欲报大仇，贵国念其忠义，所必许也。本朝列圣相承，原无失德，正朔承统，天意有在。

[1]　《史可法集》卷二《和议不成请励战守疏》。

[2]　计六奇《明季南略》。按，此书商务印书馆版卷七、中华书局版卷三均作"单怀"，当系"覃怀"之误，指河南省怀庆府武陟县一带。

三百年豢养士民，沦肌浃髓，忠君报国，未尽泯灭，亦祈贵国之垂鉴也。”[1]高杰信中一再表达的“会师剿闯”显然体现了史可法的意图，以“分道入秦”夹攻大顺军向清廷表明弘光朝廷并非如清方指责的那样“不出一兵一卒”，以便在幻想中的和谈里给自己增添一点筹码。可是，清廷征服全国的方针已经确定，根本不愿考虑联合南明的问题了。豪格在回信中乘机再次招降，而对“合兵剿闯”则不予理会，全信如下：“肃王致书高大将军，钦差官远来，知有投诚之意，正首建功之日也。果能弃暗投明，择主而事，决意躬来，过河面会，将军功名不在寻常中矣。若第欲合兵剿闯，其事不与予言，或差官北来，予令人引奏我皇上。予不自主。此复。”[2]

1645年（弘光元年）正月初十日，高杰同河南巡抚越其杰、巡按陈潜夫带领军队来到睢州。镇守该地的明河南总兵许定国已经秘密同清方勾结，并且按照豪格的要求把儿子许尔安、许尔吉送往黄河北岸清军营中充当人质。[3]高杰大军进抵睢州使许定国惶恐不安，进退失据。他深知自己的兵力敌不过高杰，请求豪格出兵支援又遭到拒绝，只有横下心来铤而走险。他一面出城拜见高杰，谬为恭敬；一面暗中策划对付办法。高杰已经知道了许定国把儿子送入清营的消息，为防止他率领部下把睢州地区献给清朝，想凭借自己的优势兵力胁迫许定国及其部众随军西征。十二日，许定国在睢州城里大摆筵席，名义上是为高杰、越其杰、陈潜夫接风洗尘。越其杰劝告高杰不要轻易进入睢州城，以防变生意外。高杰一介武夫，自以为兵多势重，许定国绝不敢轻举妄动，只带了三百名亲兵进城赴宴，越其杰、陈潜夫陪同前往。许定国事先埋伏下军队，用妓女劝酒，把高杰等人灌得酩酊大醉。半夜，伏兵猝发，把

[1] 《明季南略》商务印书馆排印本卷七，又见张岱《石匮书后集》卷三十八《高杰传》，文字略有不同。

[2] 《明季南略》卷七。

[3] 顺治二年二月初六日许定国给清廷奏本，见《明清档案》第二册，A2—138号。有的史籍记许定国二子名尔忠、尔显，误。

高杰和随行兵卒全部杀害，越其杰、陈潜夫惊慌失措，逃出睢州。[1]第二天，高杰部众得知主将遇害，愤恨不已，立即攻入睢州对军民大肆屠杀，进行报复；许定国率部过河投降清朝。[2]

高杰死后，军中无主，部下兵马乱成一团。黄得功等又想乘机瓜分高杰部的兵马和地盘，双方剑拔弩张。“时人为之语曰：谁唤番山鹞子来（高杰在农民军中绰号翻山鹞），闯仔不和谐（黄得功号黄闯子）。平地起刀兵，夫人来压寨（原注：邢夫人也），亏杀老媒婆（原注：史公也），走江又走淮，俺皇爷醉烧酒全不睬。”[3]史可法出兵配合清军“讨贼”的计划全盘落空了，他十分伤心，亲自赶往高军营中做善后工作，立高杰子为兴平世子，外甥李本深为提督，胡茂祯为阁标大厅（中军），李成栋为徐州总兵。高杰妻邢氏担心儿子幼小，不能压众，她知道史可法没有儿子，提出让儿子拜史可法为义父。这本来是史可法增进同高部将士感情的一个机会，然而史可法却因为高部是“流贼”出身，坚决拒绝，命高杰子拜提督江北兵马粮饷太监高起潜为义父。[4]由此可见史可法政治偏见之深和不通权变。

二月间，史可法从徐州回到白洋口（今江苏省宿迁市境洋河）。当时正值清军主力在阿济格、多铎带领下追击大顺军，聚集于陕西，河北、山东、河南一带的清军并不多。例如，1645年正月奉命驻守山东的肃亲王豪格在奏疏中报告许定国送儿子为人质后请他派兵渡河“卫其眷属，臣因未奉上命，不敢渡河”。高杰统兵进抵睢州城外，许定国担心脱不了身，派人请求豪格火速来援；豪格仍以“未经奉旨，不敢擅往”

[1] 郑廉《豫变纪略》卷八记睢州之变于正月十二日，李清《南渡录》所记同。戴笠、吴乔《流寇长编》卷十九记十二日高杰率兵五百入城，十三日夜被许定国袭杀。康熙《睢州志》记于正月十三日。

[2] 参见《南渡录》卷四。《明清档案》第二册，A2—158号，镇守河南挂镇北将军印总兵官许定国奏本，封面朱批：许“定国计杀高杰，归睢有功，知道了。征南大兵不日即至河南”，云云。

[3] 应廷吉《青燐屑》。

[4] 应廷吉《青燐屑》。

为由，拒不发兵。[1]清廷和豪格在这段时间里表现出罕有的持重，证明阿济格、多铎两军西进后，清方在包括北京在内的整个东部兵力非常单薄。何况，清政府在畿辅、山西、河南、山东的统治尚未稳固，不仅曹州满家洞等地的农民抗清活动如火如荼，士大夫中心向明朝的也大有人在。睢州之变，高杰作为一军主帅遭暗算，他的部下实力并没有多大损失。史可法本来应该趁高杰部将因许定国诱杀主帅投降清朝的敌忾之心，改弦易辙，做出针对清方的战略部署，至少也应利用许定国逃往黄河以北，清军无力南下的时机，稳定河南局势。可是，他在高杰遇害后却失魂丧魄，仓皇南逃。沛县著名文人阎尔梅当时正在史可法幕中，劝他“渡河复山东，不听；劝之西征复河南，又不听；劝之稍留徐州为河北望，又不听”[2]，“一以退保扬州为上策”，即所谓：“左右有言使公惧，拔营退走扬州去。两河义士雄心灰，号泣攀辕公不驻。”[3]这就是被许多人盛誉为“抗清英雄”的史可法的本来面目。

第三节　左良玉率兵东下

左良玉是崇祯朝崛起的军阀之一。他自崇祯十二年（1639）玛瑙山战役之后长期拥兵自重，蹂躏地方，朝廷无可奈何，一味姑息牵就。弘光登极的时候，他坐镇武昌，位处南京上流，扼据战略要地，部下实力又比较强大。朱由崧登极诏书颁发到武昌时，他开初不愿承认，在湖广巡抚何腾蛟、巡按黄澍等人的劝说下，才同意开读，表示拥戴。然而，他此时的跋扈自雄却比在崇祯时期更加明显了。由于弘光帝主要是依靠马士英会同黄得功、高杰、刘良佐、刘泽清四镇拥立的，左良玉没有

[1] 《清世祖实录》卷十三。

[2] 阎尔梅《阎古古全集》卷二《已矣歌》引。

[3] 阎尔梅《阎古古全集》卷二《惜扬州》诗并引。

参与，算不上定策功臣。陈子龙记载，“上之立也，不与推戴，心常怏怏。既专制荆楚，益桀骜”[1]。朝廷对马士英的信赖，视四镇如骄子，都引起了他的反感。湖广巡按御史黄澍本是个龌龊小人，在左良玉同弘光朝廷之间猜忌日深的情况下，不仅没有居中调停，反而以左良玉的兵力为后盾，企图在弘光朝廷中提高自己的地位。甲申六月十八日，黄澍在弘光朝廷上痛斥马士英，不过是有恃无恐地借题发挥而已。[2]

到1645年三月，李自成部在清阿济格军的追击下经陕西商洛、河南西部邓州一带进入湖北襄阳地区时，左良玉不敢同大顺军主力作战，又故技重演，率部顺江东窜。当时南京正为假太子、“童妃”等案件闹得满城风雨，马士英、阮大铖的掌权又在官绅中引起强烈不满，这就给左良玉提供了避战东下的借口。三月二十三日，左良玉伪称奉先帝太子密谕前往南京救护，以讨伐马士英为名，全军乘船顺江东下。[3]临行之时，下令把武昌居民屠戮一空。这件事在吴晋锡《半生自记》中记载如下：

> 初，黄直指（直指即御史，黄澍时为湖广巡按御史）自触士英深忌，郁郁久泊道河，适传假太子至南，直指阴乘小舆夜见宁南，谓拔营往南中可图大事。宁南夙有此志，以两台调和之故未发，一闻直指言，从之。欲劫抚军（指巡抚何腾蛟）以行，以抚军素爱民，非尽杀省中之民不可。宁南传令无少长戮之。楚民以抚军仁爱，争匿都院中，抚军坐于门，向内坐，听百姓入。余役以投文至，抚军命之随；宁南见百姓以都院为藏身地，复令从院

[1] 陈子龙自撰年谱，见《陈子龙诗集》附录二。

[2] 谈迁《国榷》卷一百二。

[3] 袁继咸《浔阳纪事》。《明季南略》卷三载《左良玉参马士英八罪疏》《左良玉讨马士英檄》《又檄》三文，北京图书馆藏有左良玉檄文抄本。按，侯方域《壮悔堂集》《宁南侯传》中说：“良玉乃兴兵清君侧，欲废弘光帝，立楚世子。”李清《南渡录》卷五记，新升广西总兵黄斌卿于九江附近连败左军，“获其奏檄、书牍甚众，内贻礼部尚书钱谦益一牍，有废置语。斌卿初欲奏闻，恐为诸人祸，乃止”。

后破垣入，举火焚之，匿者悉死于火。抚军即解印付家人令速出城，无为所得。宁南胁抚军行，余役乃奔。宁南欲与抚军同舟，抚军曰：另与小舟为便。宁南遣四副将守之，置抚军舟于后。黎明，各船俱发。抚军舟次汉阳门跳入万丈江涛中，守者惧诛，赴江死。抚军顺流二十里至竹牌门，遇一渔舟救之起，则关帝祠前也。未几，家人持印来，亦会于此。

四月初一日，左良玉兵至九江，邀江督袁继咸到舟中相见。[1]左良玉从衣袖中取出“皇太子”密谕，“设坛刑牲，与诸将歃盟。武人不知春秋大义，一时欣然附和”，逼勒袁继咸一同前往南京“清君侧，救太子”。袁继咸认为“皇太子”真伪未定，密谕“不知何人传来”，正言厉色道“先帝之旧德不可忘，今上之新恩不可负”，并且向诸将下拜，请求他们“爱惜百姓”。左良玉回答道：“谋陷太子，臣下所为，与今上无干。若爱惜百姓，大家本心，先生何必过虑？”随即拿出“誓文、檄文”给袁继咸看了一遍。袁继咸回城后，命部将坚守九江，不准左兵进城。不料部将张世勋已经同左部将领私下勾结，夜间纵火焚烧全城，顿时大乱起来，袁部诸将不能存身，劈门而出，同左军合营；左良玉部兵乘势入城杀掳淫掠。袁继咸于绝望当中准备一死了之。左良玉派部将张应元把他掳入舟中，袁继咸一再投水自尽，都被救起。左良玉竭力向他表达自己并没有推翻弘光帝的意思，要袁继咸一道东下“调护兵将”；监军李犹龙也再三劝说徒死无益，不如见机行事。袁继咸无可奈何，只好同左良玉及其麾下诸将约定严禁烧杀抢掠。[2]正当左军由九

[1] 左军到达九江的时间，《国榷》载于四月初五日，《南渡录》卷五与《明季南略》卷二载于初四日，康熙十二年《德安府志》卷八《灾祥》载于四月初二日；此处据袁继咸本人《为密报藩师东下根由并陈江州被焚情形统祈圣鉴事奏疏》，见《浔阳纪事》。袁继咸的官衔是“总督江楚应皖等处剿寇事务”，驻节于江西九江，有的史籍称之为江西总督，并不完全准确。

[2] 九江之变在南明诸书中记载互歧，此处均以袁继咸《浔阳纪事》为准。

江准备东下时，四月初四日左良玉“以久病之躯，恸浔变之惨，一时殒命”[1]，距九江之变只有三天。关于左良玉的统兵东下直到病死九江舟中，南明人士记载常有恕词。如李清记：“继咸正冠裳带将就死。黄澍入署拜泣曰：‘宁南无异图，公以死激之，大事去矣。’副将李士春密曰：‘隐忍之，至前途，王阳明之事可图也。’继咸以为然，出城面责良玉。良玉疾方剧，望城中火光，大哭曰：‘予负袁公！’呕血数升，是夜死。”[2]谈迁记：“左良玉兵至九江。袁继咸过见于舟中，俄见岸上火起，报曰：‘袁兵烧营，自破其城。’良玉浩叹曰：‘此我兵耳，我负袁临侯也。’呕血数升，病遂革。”[3]从当时实际情况来看，左良玉早已成为一个拥兵割据的军阀，勇于虐民，怯于大战。他的统兵东下主要是避免同李自成率领南下的大顺军作战，假借伪太子“密诏”赴南京“救驾”显然是一派谎言，离开武昌时就大肆屠戮，对弘光朝廷任命的巡抚、总督等方面大员任意拘留，心目中既无朝廷，也无百姓。其直接后果是导致弘光朝廷加速瓦解。

左良玉死后，部下诸将推其子左梦庚为留后，把袁继咸拘禁在船中，继续引兵东下，先后占领彭泽、东流、建德、安庆，兵锋直抵太平府。[4]

弘光朝廷接到上游督、抚、镇臣关于左良玉叛变率师东下的报告，大为恐慌，马士英决定由兵部尚书阮大铖会同靖南侯黄得功、广昌伯刘良佐以及池口总兵方国安等人组织堵剿。黄得功的军队被调到长江以南的太平府（府治在当涂，辖芜湖、繁昌等县），刘良佐军部署于对岸江

[1] 袁继咸《六柳堂遗集》余卷，附《家僮禀帖》云：“左宁南要护先帝太子，与黄澍爷带兵马下南京，进城（指九江）挟请老爷（指袁继咸）同行。不料月初四日左宁南老爷大疾死于舟中，其子总爷左梦庚假称左老爷卧病在床，代替管事。”

[2] 李清《南渡录》卷五。

[3] 谈迁《国榷》卷一百一。

[4] 清顺治二年十一月江宁巡按毛九华揭帖中说：“池州府所辖六县，本年四、五月间已被左兵到处攻焚掳掠，在在空城，惟余贵池一县止于焚毁四关”，见《明清档案》第三册，A3—166号。

北。在清军南侵，左良玉又顺江内犯的形势下，弘光帝曾经召对群臣，商讨对策。刑部侍郎姚思孝，御史乔可聘、成友谦说："左良玉稍缓，北尤急，乞无撤江北兵马，固守淮、扬，控扼颍、寿。"弘光帝也认为江北兵马不宜调离汛地太多，回答道："刘良佐兵还宜留江北防守。"马士英唯恐左兵至京，自己身家性命难保，气急败坏地指着姚思孝等人大骂："尔辈东林，犹借口防江，欲纵左逆入犯耶？北兵至，犹可议款，若左逆至，则若辈高官，我君臣独死耳！臣已调良佐兵过江南矣。宁死北，无死逆。"[1]马士英明知这时清军重兵已经进入江苏北部，却怂恿弘光帝手诏命督师大学士史可法抽调兵马过江拱卫南京[2]。史可法于四月初二日领兵过江，行至草鞋峡时得到报告黄得功等部已击败左兵。史可法请求入朝召对，面见弘光帝说明对社稷的主要威胁来自清方而不是左良玉部，因此在兵力部署上他不赞成从江北抽调大批主力去对付左军。马士英却担心史可法名位居前，入朝以后自己的首辅将保不住，加上清军南下的消息日益紧迫，又建议朝廷下旨："北兵南向，卿速回料理，不必入朝。"史可法接到诏书后大失所望，登上南京城郊的燕子矶，"南面八拜，恸哭而返"[3]。

南京城中的情况也颇为微妙。在左部叛军进逼池州，清兵大举南下的危急关头，弘光帝发出了"上游急，则赴上游；敌急，则御敌"的旨意[4]，完全处于被动局面。马士英、阮大铖也明白无论集中兵力对付任何一方，南京都有陷落的危险。因此，他们暗中已做了拥兵出逃的准备，马士英事先任命其次子马銮为京营总兵，以贵州兵为主掌握了一部分亲信部队；兵部尚书阮大铖也"昼夜以兵环卫其私室，控弦被铠，厢房书室中暗为衷甲"[5]。四月十四日，弘光帝召见大臣时，武英殿大学士

[1] 李清《三垣笔记》卷下，《弘光》。

[2] 应廷吉《青燐屑》。

[3] 应廷吉《青燐屑》。

[4] 《南渡录》卷五。

[5] 王铎《拟山园选集》卷十二，揭一。

王铎竟然认为马、阮组织抵御左兵不力，请求让他自己“领兵视师上江以遏左兵重敌”。由于“士英不肯谢此兵柄，迟之又二日矣”，王铎急不可耐，又在十六日上疏说：“臣察得金山一带西至龙潭，兵不满七百，枢臣饰以为数十万，此何时尚以此固宠诳君欤？”接着说：“时不能持久，使左之众兵得乘胜顺流而下，吾无类矣。今皇上以本兵（兵部尚书）印纛授臣，臣勉竭死力西上，以当其势，以报朝廷。”[1]然而，一贯拥兵自重的马士英和自诩知兵的阮大铖岂肯把兵权拱手让人？王铎的自告奋勇也就不了了之。

到1645年五月，清军多铎部占领南京、芜湖等地，阿济格部击败大顺军，一直追到江西九江和江北的湖北州县。左梦庚部下有总兵十员、兵卒数万，既不敢迎击西来的阿济格军，又不敢东下与多铎部交锋，甚至不愿南下江西暂时避开清军主力，竟于五月十三日在九江至东流的长江中率领部下兵马向清军阿济格部投降[2]。同左梦庚一道降清的有湖广巡按御史黄澍。明朝江督袁继咸在左梦庚武力裹胁下变成清方俘虏。他在五月二十日绝笔中写道：“臣不即死江州，原欲从中挽救，以纾京师之急，幸已还师（指左军西退），更欲再为联结，以收桑榆之效。不意□（虏）追闯至浔，诸镇甘负国恩，遣使投降，京师之危若累卵矣。臣在坎困中，不能申包生之义，惟有矢文山之节，以一死报二祖列宗，且不敢负所学也。”[3]六月初三日，袁继咸被胁迫往见清英亲王阿济格，长揖不拜，阿济格极力劝他降清，“仍做九江总督”，遭到断然拒绝，最后被押解到北京英勇就义。[4]

---

[1] 王铎《拟山园选集》卷十二，揭一《为江上防兵最急，急以兵柄授臣，前赴防守事》。

[2] 日期见袁继咸《六柳堂遗集》余卷《附家僮禀帖》。

[3] 袁继咸《六柳堂遗集》余卷，绝笔三。

[4] 谢国桢《南明史略》第七十七页记：“汉奸金声桓领导着清军进入九江，攻陷南昌，只有总督袁继咸拒守南昌，为清兵所执，不屈身死。”袁继咸在九江变乱后即被左梦庚裹胁随军，并未至南昌。谢氏所记与事实不符。

第四节　扬州失守

清军击败大顺军，占领陕西以后，摄政王多尔衮不失时机地着手部署主力南下。他任命了陕西三边总督孟乔芳[1]等西北地方军政官员从事善后事宜，把主要兵力集中于收取江南，统一全国的大业。弘光朝廷“借虏平寇”的如意算盘终于实现了，然而，朱由崧、马士英、史可法既然怕引火烧身，在清军主力西进时幸灾乐祸，不敢派重兵北上山东、河南，这时，他们就只能自食苦果了。

摧毁南明弘光朝廷的清军实际上是三路齐头并进。多铎部由陕西出潼关，经洛阳东进至商丘，然后向南直趋泗州、扬州，进攻南京，得手后分兵攻取太平府（今安徽省当涂县）、芜湖，其主要对手是高杰部、刘良佐部、黄得功部明军，是为中路。英亲王阿济格部尾随李自成部大顺军由陕西商洛、河南邓州，入湖北襄阳、荆州、武昌，直到江西九江一带，除击溃李自成带领的大顺军外，乘势解决左良玉部明军，同多铎部在今安徽省境内会师，是为西路。另一部清军由原驻山东的固山额真准塔率领，南下徐州，沿运河水陆并进，收取宿迁、淮安、兴化、通州（今江苏省南通市）、如皋以及长江以北滨海地区，这支清军攻击的目标主要是刘泽清部明军，是为东路。应当说，清廷动用的兵力是相当雄厚的。三月间，多铎奏报：二月十四日已派遣部分兵马抵达河南，“招降流贼镇守河南伪平南伯刘忠，旋得平定江南之谕，即于三月初五日率师南征”[2]。同月二十五日又报：“三月初七日，臣统兵出虎牢关口，固山额真拜尹图等出龙门关口，兵部尚书韩岱、梅勒章京伊尔德、侍郎尼堪等统外藩蒙古兵由南阳路，三路兵同趋归德。”[3]四月初五日，多铎

[1]　在顺治二年四月清廷任命孟乔芳为陕西三边总督以前，这个职务由阿济格委任降官陈之龙署理。

[2]　《清世祖实录》卷十五。按，明代称洛阳为河南府，这里说的“河南”，就是洛阳。

[3]　《清世祖实录》卷十五。

统大军从归德府南下，沿途州县望风归附。十三日清军至泗州，明守泗总兵率部南逃，清军遂在这天晚上渡过淮河。

在左良玉部东下、清军南侵的紧急情况下，史可法惊慌失措，胸中漫无主见。应廷吉记载，当时一部分南明军队驻于高邮，史可法一天之内三次发出令箭，上午令邳宿屯田道应廷吉“督一应军器钱粮至浦口会剿”左良玉部叛军；中午令“诸军不必赴泗，速回扬州听调”；下午又令“盱眙告急，邳宿道可督诸军至天长接应”。应廷吉对诸将说：“阁部方寸乱矣，岂有千里之程，如许之饷，而一日三调者乎！”史可法本人在四月十一日赶赴天长，檄调诸军援盱眙，忽然得到报告盱眙守军已经投降清朝，他对部队几乎完全失去控制，“一日一夜冒雨拖泥，奔至扬州”[1]。十七日，清军进至距离扬州二十里处下营，次日兵临城下[2]。史可法“檄各镇援兵，无一至者”[3]。实际上史可法节制的刘良佐和原高杰两藩的将领就在这几天里不战而降。四月十九日高杰部提督李本深率领总兵杨承祖等向清豫亲王多铎投降，广昌伯刘良佐也率部投降；二十一日总兵张天禄、张天福带领部下兵马投降，随即奉多铎之命于二十四日参加攻取扬州[4]。扬州城里只有总兵刘肇基部和以何刚为首的忠贯营，兵力相当薄弱。由于城墙高峻，清军的攻城大炮还没有运到，多铎派人招降史可法、淮扬总督卫胤文，遭到严词拒绝。二十一日，甘肃镇总兵李栖凤和监军道高岐凤带领部下兵马四千入城，两人的意思却是劫持史可法，以扬州城投降清朝。史可法毅然说道：“此吾死所也，公等何为，如欲富贵，请各自便。”李栖凤、高岐凤见无机可乘，于二十二日率领所部并勾结城内四川将领胡尚友、韩尚良一道出门

[1] 应廷吉《青燐屑》卷下。王秀楚《扬州十日记》说，四月十四日督镇史可法从白洋河失守，踉跄奔扬州。按，史可法当时并未到白洋河。

[2] 《清世祖实录》卷十六。

[3] 《青燐屑》卷下。

[4] 顺治二年九月徽宁池太等处提督张天禄“启为亟查功绩事”清册；顺治四年七月招抚江南大学士洪承畴“为议设苏松常镇四府提督、总兵、将领清册”；均见《史料丛刊初编》。

降清。史可法以倘若阻止他们出城投降恐生内变为理由，听之任之，不加禁止。

当清军初抵城下时，总兵刘肇基建议趁敌大众未到，立脚未稳，出城一战。史可法却说：“锐气不可轻试，且养全锋以待其毙。”在城守方面，“旧城西门地形卑下，城外高阜俯瞰城下，势若建瓴，且为兴化李宦祖茔，树木阴翳，由外达内，绝无阻隔，枝干回互，势少得出。诸将屡以为言。公以李氏荫木，不忍伐也。且言，诸将以此地为险，吾自守之”[1]。二十四日夜间，清军用红衣大炮轰塌城墙[2]，“城上鼎沸，势遂不支”。二十五日，扬州陷落，刘肇基战死，扬州知府任民育、何刚等壮烈牺牲，史可法被俘后遇难。[3]

对于史可法的誓死不降，应当充分肯定他的民族气节。长期以来，许多学者和文人墨客受明清门户之见的影响，对史可法存在着一种特殊的偏爱，不顾史实做了过分的渲染。纵观史可法的一生，在整个崇祯年间并没有多少值得称赞的业绩；他的地位和名望迅速上升是在弘光时期。作为政治家，他在策立新君上犯了致命的错误，导致武将窃取“定策”之功，大权旁落；作为军事家，他以堂堂督师阁部的身份经营江北将近一年，耗费了大量的人力、物力、财力，却一筹莫展，毫无作为。直到清军主力南下，他所节制的将领绝大多数倒戈投降，变成清朝征服

[1] 《青燐屑》卷下：归庄《先兄监纪君行状》记载他哥哥归昭的仆人城破逃回后说“吾主从阁部守西门”，可证史可法确实防守该处，见《归庄集》卷八，第四四二页。

[2] 胡有升《镇虔奏疏》卷下《续祈皇恩俯查前劳以励后效疏》中说：“攻打扬州，臣带领甲喇红衣大炮打破城池，功居头等。”

[3] 史可法殉难扬州的具体情况在各种史籍中记载不一致，但为清军俘杀则无疑问。《思文大纪》卷七记，隆武二年（1646）五月“监军兵部主事黄师正进督师史可法遗表。上曰：可法名重山河，光争日月，至今儿童走卒咸知其名。方当击楫渡江，速图恢复，乃为强镇力阻，奸党横行，竟赍志以殁也，惜哉！读遗表，令人愤恨，应得赠恤祭葬易名未尽事宜行在该部即行详议具奏。闻其母、妻犹陷寇穴，一子未知存亡，作何获寻，黄师正多方图之”。按，史可法遗表在现存各种版本的史可法集中均未见。

南明的劲旅，史可法驭将无能由此可见。即以扬州战役而言，史可法也没有组织有效的抵抗。某些史籍说他坚守扬州达十天之久[1]，给清军重大杀伤，也不符合事实。史可法自己在四月二十一日写的遗书中说：清军于十八日进抵城下，“至今尚未攻打，然人心已去，收拾不来”[2]。多铎下令攻城以前，史可法即已“自觉愦愦”，把军务交幕僚处理[3]。二十四日清军开始攻城，不到一天扬州即告失守。史可法作为南明江淮重兵的统帅，其见识和才具实在平凡得很。比起江阴县区区典史阎应元、陈明遇率领城中百姓奋勇抗清八十三天，相去何止千丈。顺治十年（1653）谈迁路过扬州，曾经专程到梅花岭寻谒史可法衣冠冢，回首往事，不胜感慨，写道：“江都地多陵阜，故名广陵，城坚濠广，四野曼延，正利步骑，雄闻晋唐，今西门摧颓，岂史氏尚不逮李庭芝耶？”[4]于惋惜之中也指斥了史可法的无能。总之，史可法的一生只有两点值得肯定：一是他居官廉洁勤慎，二是在最后关头宁死不屈。至于他的整个政治生涯并不值得过分夸张。明清易代之际激于义而死焉者多如牛毛，把史可法捧为巨星，无非是因为他官大；殊不知官高任重，身系社稷安危，史可法在军国重务上的决策几乎全部错误，对于弘光朝廷的土崩瓦解负有不可推卸的责任。

清军占领扬州以后，多铎以不听招降为由，下令屠城。他在“谕南京等处文武官员人等”的令旨中说：“昨大兵至维扬，城内官员军民婴城固守。予痛惜民命，不忍加兵，先将祸福谆谆晓谕，迟延数日，官员终于抗命。然后攻城屠戮，妻子为俘。是岂予之本怀，盖不得已而行

[1] 谢国桢《南明史略》第七十一页云：“在这样险恶情况下，可法还抗拒清兵，坚守孤城，支持了有十天的工夫。”黎士弘纂辑《阁部史公守扬州府纪事》云“十五日，清兵豫亲王率虏骑至城下”，见郑达编《野史无文》，事实上明清双方当事人记载清兵进抵扬州城下在十八日。

[2] 《史可法集》卷四《二十一日遗笔》。

[3] 《青燐屑》卷下。

[4] 谈迁《北游录》，纪程。按，李庭芝为南宋灭亡时的著名抗元将领。

之。嗣后大兵到处，官员军民抗拒不降，维扬可鉴。”[1]扬州居民除少数破城前逃出和个别在清军入城后隐蔽较深幸免于难者以外，几乎全部惨遭屠杀，“城中积尸如乱麻”[2]。王秀楚依据亲身经历写了一本《扬州十日记》对清军自四月二十五日至五月初一日在扬州的暴行做了比较详细的记载，如二十七日，“杀声遍至，刀环响处，怆呼乱起，齐声乞命者或数十人或百余人；遇一卒至，南人不论多寡，皆垂首匐伏，引颈受刃，无一敢逃者。至于纷纷子女，百口交啼，哀鸣动地，更无论矣。日向午，杀掠愈甚，积尸愈多，耳所难闻，目不忍睹”。直到五月初二日才安官置吏，“查焚尸簿载其数，前后约计八十万余”[3]。

史可法牺牲了，在南明士绅中仍被视为抗清复明的英雄备受敬仰。洪承畴被清廷派到南京任招抚江南大学士时，有人在乌龙潭写了一副对联：“史册流芳，虽未灭奴犹可法；洪恩浩荡，未能报国反成仇。”[4]1648年（顺治五年）正月下旬在巢县、无为州还发生了假借史可法名义起兵抗清的事。宣城人朱国材曾任史可法记室，清军南下后他躲在巢县某周姓人的家里，“敝衣草履，形容枯槁，曰：‘我史阁部也，苦身劳形，志存恢复。今约会兵数万，刻日齐集，大事可图也。但机事贵密，不可轻泄。’”有盐城起义失败的厉豫避难巢县，同朱国材结盟，以史可法的名义号召士民，正月二十五日集众一千多人乘夜攻破巢县，二十九日又攻克无为州。几天以后，清援军赶到，“获贼首朱国材、厉豫，从贼者尽歼灭，仍误杀良民无数”[5]。当朱国材冒充史可法号召反清复明之时，巢县生员祖谦培、无为州生员沈士简等十余人都

[1] 云巢野史编《两都怆见录》《南都》，见胡慕椿辑《乡国纪变》第一册。

[2] 归庄《先兄监纪君行状》，见《归庄集》卷八。

[3] 古代典籍记载兵员数字和被屠杀人数往往夸大，扬州城内当时未必有这么多居民。《明季南略》卷三云：“扬州烟爨四十八万，至是遂空。”

[4] 谈迁《枣林杂俎》仁集，《江宁谣》条。“成仇”为“承畴”的谐音。

[5] 康熙十二年《巢县志》卷四《祥异》。

“头巾蓝衫”前往谒见，共图义举，后来遭到清政府的无情镇压。[1]这个“伪史阁部案”说明史可法在南明绅民中享有很高的声望。

清军攻克扬州前后，江北明朝官军几乎毫无斗志，一矢未发即仓皇投降。高杰部官军在其子兴平侯世子高元照、提督李本深、总兵李成栋等带领下先后降清；广昌伯刘良佐也率部投降。东平侯刘泽清在清军南下时，“将原管淮阳十四州县土地、人民、兵马、钱粮留交总兵柏永馥”代理，自己同山东总督王永吉、总漕都御史田仰等带着一批文武官员乘船逃往海上。这时南京已经陷落，清固山额真准塔统偏师由山东南下，五月十八日占领徐州，没有遇到任何抵抗就接管了邳州、宿迁、睢宁、沭阳、桃源、清河等县，二十八日柏永馥率部投降，淮安失守。六月，准塔和清朝委任的巡抚赵福星派人持书信往海上招降刘泽清等人。刘泽清即在闰六月二十四日赴淮安投降。[2]据多铎向清廷奏报，来降的南明总兵多达二十三员、副将四十七员，马步兵共计二十三万八千三百名。[3]仅这一批在江北投降清朝的南明兵员数目就超过了多铎、阿济格两路兵力的总和。何况还有左良玉之子左梦庚带领麾下十五员总兵全军降清；黄得功部将田雄、马得功的叛变投降。弘光五大藩镇这样望风而降，并不是兵将不堪一战，而是他们凭借“定策”等原因形成尾大不掉的势力集团，有挟制朝廷之心，无忠贞报国之志。他们所关心的既然只是保住自己的荣华富贵，一旦强敌压境，自然以归顺“叙功”为上策。后来展开的历史场面表明这五藩下的总兵李成栋、李本深、金声桓、李国英、田雄、马得功、徐勇等人都拥有相当的战斗力，他们为清廷征战

[1] 顺治五年闰四月江宁学政魏琯揭帖，见《明清史料》己编，第一本，第四十六页。淮阳巡按揭帖残件，见《明清史料》己编，第一本，第四十八至五十页。

[2] 顺治二年六月初一日准塔与赵福星揭帖，《明清史料》甲编，第二本，第一一三页；参见同书第一一八页“原任藩镇淮海招讨总兵官东平侯刘泽清揭帖”。田仰与李太监（李国辅）乘沙舟逃到福山、金山一带“假名倡义”，顺治二年九月间被清军击败，见《明清史料》甲编，第二本，第一五八页，顺治三年五月苏松巡按赵弘文揭帖。

[3] 《清世祖实录》卷十七。

时往往发挥出超越满军的作用。李成栋、金声桓等举兵反清时，满洲贵族也视之为畏敌。弘光朝廷依赖笼络藩镇而立，又以藩镇叛降而亡，这个历史教训是非常深刻的。

第五节　弘光帝出逃和清军占领南京

扬州失守，史可法殉难的消息传到南京，弘光朝廷顿时陷入一片惊慌失措之中，朱由崧等人开初还对长江天险寄予希望。五月初五日，清军进抵长江北岸，初九日多铎命梅勒章京李率泰带领南明降将张天禄、杨承祖等部于黎明时分在瓜洲以西十五里处乘船渡江，在金山击败明防江水师郑鸿逵军，随即登上南岸，占领镇江，后续满、汉官兵先后渡江。[1]初十日，弘光帝仅同马士英和少数宦官商议后，连朝廷其他公卿大臣也不告知，更不做任何部署，就在凌晨离城出逃。[2]

天亮以后，南京城内的官绅军民听说皇帝和首席大学士已经逃走，立即乱成一团。一些百姓拥入狱中，把自称"崇祯太子"的少年请出来登武英殿即位，年号仍称崇祯十八年。然而，以南京守备勋臣忻城伯赵之龙为首的勋戚大臣却决定降清，派人前往清营接洽。据当时在城中的兵科右给事中吴适记载，十四日午后清军先锋数十骑直抵洪武门外，忻城伯赵之龙、保国公朱国弼赍降表由城墙上缒下往清营接洽投降事宜。十五日，多铎率清军主力进至南京城外，赵之龙、朱国弼同魏国公徐久

[1]　《清世祖实录》卷十七记多铎奏报只说命李率泰领兵渡江，实际上渡江打头阵的正是刚刚降清的张天禄、杨承祖等部，张天禄自报功绩说："五月初九日，天禄亲自统领副将杨守壮、张思达、高谦、延士依……共自备大小船一百余只督率官兵奋勇首先过至江南，连破水师总兵郑鸿逵兵营三处，已经启知。"见《史料丛刊初编》所收顺治二年九月徽宁池太提督张天禄"为亟查功绩事"启本。参见同书内顺治四年七月招抚大学士洪承畴奏报清册。

[2]　弘光帝与马士英一道出逃，计六奇《明季南略》、夏完淳《续幸存录》等书记载分别出逃，均误。

爵，隆平侯张拱日，大学士王铎、蔡奕琛，礼部尚书钱谦益，左都御史李沾等三十余名高官显贵大开城门，出迎于郊。[1]清兵进城搜索警戒后，十七日多铎才进入南京，随即把南京城中东、北两区汉族居民尽行驱出，供清军居住。[2]

上文已经指出，按明朝永乐以后的两京制度，在南京掌握实权的三个人是南京兵部尚书、守备南京勋臣、镇守南京太监；其他勋臣和六部、都察院大臣不过虚有其名。魏国公虽然是开国第一功臣徐达的后代，只是在各种典礼时排班居首，摆摆样子罢了。决策降清的正是守备南京勋臣赵之龙，他在弘光出逃后，立即派兵驱散拥立伪太子的百姓，同时大张告示宣布向清军献城。张怡记载，崇祯末年“陪京缺守备勋臣，部推忻城伯赵之龙。陛辞日，上赐坐、赐茶，东宫、二王侍。上曰：‘留都根本重地，朕已简用二人，一为司礼太监韩赞周，此人忠诚勤慎，足当守备之任；一为兵部尚书史可法，朕未识面，然人争言其材，朕亦诇得之。今得卿而三，朕无忧矣。然赞周扫除长耳，可法起家孤寒。若卿与国休戚，较二臣更异，知必尽心，副朕委任也。’其后可法、赞周皆竭忠死事，而卖卢龙一道者，即与国休戚者也，伤哉！”[3]明朝的勋臣主要是开国与靖难功臣的后裔，这些娇生惯养的贵族子弟只知托庇祖宗余荫，过着穷奢极侈的生活，一旦国难当头，除个别稍有志节者以外，大抵是身家之念重于国家，卖降恐后势在必然。崇祯帝固然看错了人，但即便另派一名勋臣守备南京也不大可能出现什么奇迹。韩赞周在清军进入南京后自杀，但他的情况同赵之龙不同。弘光既立，他的地位就被深受朱由崧宠信的司礼监秉

[1] 吴适《南都变略》，见顾公燮《丹午笔记》，江苏古籍出版社1985年版第一四四页。

[2] 张怡记：“乃豫王犹疑惧，未敢即入，驻兵天坛，先遣相城中驻牧地，乃以东、北二城与之，限三日迁尽，十九暮议始定，二十日始迁，而二十一日辰刻驰骑四占，不许搬运物件矣。”张怡家宅亦在划归清军驻扎区内，家中财物多被侵吞，见《谀闻续笔》卷一。

[3] 张怡《谀闻续笔》卷四。

笔太监卢九德取代。卢九德则投降了清朝，顺治三年底他仍想按明朝旧例督理苏杭织造为清廷统治者效犬马之劳。不料碰了一鼻子灰，清廷谕旨说：“卢九德不当列名疏内，况秉笔太监本朝无此职衔，着削正严饬。”[1]

南京作为朱元璋开国之地、明朝两京之一，自从大顺军攻克北京以后，有的人把它看成复兴的中心，有的人则把它视作苟且偷安之所，仅仅一年就这样糊里糊涂地沦陷了。周在浚作《台城晚眺》一词云：“纵步且闲游，禾黍离离满目秋。玄武湖中风浪起，嗖嗖，虎踞龙盘一夕休。江水不知愁，犹自滔滔日夜流。更有无情天畔月，悠悠，曾照降幡出石头。”[2]江山依旧，人物全非，寄托了几分悲愤、无限哀思。

从1644年三月大顺军攻克北京到次年清军占领南京，明朝的文官武将绝大多数好像蓬草一样随风而转。大抵而言，风云气少，儿女情多。这同明后期吏治的腐败有密切关系。然而，当历史处于大转折时期各种人物的表现往往显得千差万别，很难准确地纳入一定的模式。张怡记载，“清兵入城，百官争投职名求用，前定北来诸臣之罪喙长三尺者，至是膝软于绵，面厚于铁，不自觉矣”[3]。张怡身经两京之变，都未出仕“新”朝，发表一通诛心之论自在情理之中。但是，正如我们不能把大顺军占领北京后投降的明朝官员贬之为“从贼”或赞之为“参加农民革命”一样，降清的官员也不能一概而论。钱谦益就是一个相当特殊的例子。弘光朝兵科右给事中吴适记载，他在五月十三日“晚晤少司马梁眉吾（云构），知文武大臣已修降表赴大清军矣。十四日大雨，访宗伯钱谦益，不晤，但令人传语：‘宜速往浙中择主拥戴，以图兴复。’余笑谢

[1] 顺治四年正月二十一日工部左侍郎佟国胤“为奏明应征钱粮以供织造事”题本，见《顺治录疏》。

[2] 蒋景祁编《瑶华集》卷五《南乡子》。

[3] 张怡《谀闻续笔》卷一。

之”[1]。这说明他列名降清时，仍寄希望于兴复明朝。降清后他除了向多铎献上礼物，还亲自写信劝江南士绅归附清朝：“钱谦益首树降旗，素与受兹（中书舍人王介福字）善，谓之曰：娄东汝故土，当疾驰归，以户籍献，大官可得矣。”[2]祁彪佳在日记中也写道：“六月初五日，抄钱牧斋手书数通，称北兵为三代之师，谆谆劝邑中归顺。”同月十一日项下，他又记了这样一条：“先是，钱牧斋有密启上潞藩。”[3]意在拥戴朱常淓。两三个月后，他给臭名昭彰的冯铨（时任清内院首席大学士）[4]写信，“言安辑江南事宜，内有招抚阮大铖之语”。清廷对这封信颇为重视，交给即将出任招抚江南总督军务的内院大学士洪承畴抄录一份。[5]这就是后来清方录用阮大铖的缘由。南明一些史籍（如钱秉镫《所知录》等）都说阮大铖降清是冯铨荐引，却不知道居中引线搭桥的却是这位东林巨子。钱谦益降清后被挟持北上，清廷授予其礼部侍郎的官职，一年后告病回籍。这以后长期从事反清复明的活动，屡冒杀身之祸。归庄在《祭钱牧斋先生文》中写道：“先生喜其同志，每商略慷慨，谈谦从容，剖肠如雪，吐气成虹。感时追往，忽复泪下淋浪，发竖鬖髿。窥先生之意，亦悔中道之委蛇，思欲以晚盖，何天之待先生之酷，竟使之赍志以终。”[6]这段话是比较公正的。关于钱谦益晚年致力于复明活动下文还将提到，当然不可能全面叙述。

[1] 《南都变略》，见《丹午笔记》。

[2] 《研堂见闻杂录》，收入神州国光版《烈皇小识》册。

[3] 《祁忠敏公日记》《乙酉日历》。

[4] 钱谦益同冯铨的关系较好，文秉《烈皇小识》卷五记载，崇祯十年钱谦益与弟子瞿式耜为大学士温体仁构陷下狱，钱除求援于太监曹化淳外，还让密友冯舒求冯铨设法帮助，见面后，冯铨说道：“钱谦益的事，我都晓得了，如今已不妨，你可回去，教他安心。”

[5] 顺治二年八月内院大学士冯铨揭帖，见《明清档案》第三册，A3—59号。

[6] 《归庄集》卷八，上海古籍出版社1984年版，第四七一页。

第六节　弘光帝被俘

五月初十日夜间，朱由崧同马士英等逃出南京后，原来的意图是避往浙江杭州。不料途经溧水县时遭到当地土兵的拦截抢掠，混乱之中，马士英的儿子马銮[1]带领勇卫营兵拥簇着弘光帝奔往太平府（府治在当涂），太平府官不知道是怎么回事，闭门不纳，又转入芜湖投靠靖国公黄得功[2]；马士英则以随身兵力护卫皇太后邹氏辗转赴杭。鉴于各种野史对弘光和邹太后失散情况多有讹误，这里引用黄道周的两段记载以昭信史。

黄道周在奏疏中说："恭闻皇太后陛下自五月十一日与圣驾分离，南渡溧水，过独松关，遂涉余杭，东至临安。"[3]在另一篇文章里他又写道："实五月十有一日上与慈禧宫（邹太后）同出都门，马辅以其母与圣母同为乘舆，渡溧水，为土兵所掠。马辅之子统家兵八千人遽拥上西行。马家父子知之，上与慈禧宫邈然不知也。抵杭之日，诸士民从马辅求圣驾，马辅但云：'圣驾亲征，早晚奏捷，何皇皇为？'熊给事雨殷就坐中责马辅：'亲征重事，何首辅不知，而专属之乃子？'俛首无

---

[1] 1645年二月，马士英题授其次子署理勇卫营务，接替太监李国辅。见李清《南渡录》卷四。

[2] 张怡《謏闻续笔》卷一云："弘光至太平，以靖南家属所寓也。城门闭不纳，露宿郊外。上命卢监（卢九德）召大铖、大典等。十三日，靖南、大铖等至，咸咎上不当轻出。上亦悔，因酌三爵饮靖南曰：'愿仗将军威力。'靖南沥觞于地，曰：'所不尽犬马以报者，有如此酒。'于是痛哭，将士皆感激。……遂扶上登舟，十七至芜湖。"

[3] 黄道周《黄漳浦集》卷四《恭慰皇太后兴居并述义师情繇疏》。查继佐《国寿录》卷二《广德州知州赵公传》记载："乙酉五月，上弃都走茅山。茅山乡之人以清兵至，约持槊自为卫，不知驾过此，夜举火乱逐，上失所在，而士英独以其卫卒二千余人南行，欲入杭州……"同书《钱塘知县顾公传》又记："乙酉五月十四日，马士英弃上茅山，自以兵二千余人先至杭。……廿六日太后始以六七舆至杭，居总兵府。"茅山在江苏句容县东南，与溧水县相近。两书所记基本相符。

以应也。”[1]可见马士英是同弘光帝、邹太后一道逃出南京，行至溧水后才东西分窜。某些史籍记初十日晚上朱由崧在太监卢九德的唆使下秘密出逃，马士英、阮大铖第二天早晨才得知皇帝跑了，匆忙收拾细软逃离南京，是一种讹传。[2]

黄得功在击败东犯的左梦庚军后领兵屯驻于芜湖，对京城的变故一无所知，皇帝的突然驾到使他大吃一惊。问明缘由后，他不胜感慨地说：“陛下死守京城，以片纸召臣，臣犹可率士卒以得一当。奈何听奸人之言，轻弃社稷乎！今进退无据，臣营单薄，其何以处陛下？”[3]尽管他已经意识到朱由崧张皇失措，无可救药，仍然决定效忠到底，把这位昏聩的皇帝迎接进自己的军营。据说，弘光在芜湖曾下诏“郑彩、黄蜚、方国安、杜弘域、卜从善皆晋伯爵，大铖、大典拜左、右相，共统师扈上回銮，复为守御（南京）计。然已无及矣”[4]。

清军统帅多铎得知弘光出逃，自然不会放过。进南京后即命刚刚投降的刘良佐率领部卒充当向导，派多罗贝勒尼堪，护军统领图赖，固山额真阿山，固山贝子吞齐（后文屯齐）、和托等领兵经太平追至芜湖。[5]在刘良佐现身说法的招诱下，加上满洲重兵压境，黄得功部下将领田雄、马得功决定降清。黄得功不知军心已变，把刘良佐派来招降的使者处斩，引兵出战。叛军趁黄得功不备，暗中猝发一箭，射中得功喉

[1] 《黄漳浦集》卷二十四《潞王监国记》。

[2] 例如《明季南略》卷四《马士英奔浙》条。按，此据中华书局版，商务印书馆版此条在卷六。

[3] 温睿临《南疆逸史》卷四十九《黄得功传》。

[4] 张怡《谀闻续笔》卷一。

[5] 张天禄顺治二年九月“亟查功绩事”启本中说，他在五月“十七日奉王爷命令随贝勒王爷赴芜湖剿抚靖南侯黄得功官兵，招降总兵卜从善、马得功、田雄、丘越、于永绶，续又招降总兵杜弘域”（见《史料丛刊初编》）。

部。黄得功自刎而死。[1]弘光帝被田雄等活捉献给清方。有一种记载描写了当时的场面："田雄负弘光皇帝于背，马吆唤（马得功的外号）执弘光二足。弘光恸哭，哀求二人。二人曰：'我之功名在此，不能放你也。'弘光恨，啮田雄项肉，流血渍衣。"[2]

至于朱由崧被俘的时间，据顾景星记黄得功事云："大清王师奄至，公中流矢，仰天自刭，五月二十八日未时也。"[3]如果记载无误，弘光当在同日被俘。但是，《明季南略》卷四《刘良佐挟弘光回南京》条却说："二十四日乙巳，刘良佐以弘光到，暂停天界寺。"同书《弘光拜豫王》条内又记："五月二十五日丙午，……弘光以无幔小轿入城，首蒙包头，身衣蓝布衣，以油扇掩面。太后及妃乘驴随后，夹路百姓唾骂，有投瓦砾者……"《清世祖实录》卷十七仅依据奏报记"缚福王及其妃来献"，没有具体月日，也未提及太后，事实上邹太后当时在杭州，《明季南略》所记肯定有错误。

---

[1] 诸书记载黄得功中暗箭事不完全一致，多说是刘良佐部下所射。如彭而述记："帝微服出走至公所，未及整槊，追兵适至，公曰：'岂非天哉！门庭之寇（指左梦庚军）既薄于西，而北来之众亦复压境，一人蒙尘，有死无二。'乃舍舟上马力战。会刘良佐已在北军，谓公曰：'勿动，吾有说。'镞已中公喉。公素与良佐亲密，不意遂为所卖，知事不济，乃拔刀自刎而死。"见《读史亭文集》卷十三，传上《黄靖南传》。《野史无文》《明季南略》所记大抵相同。《清初内国史院满文档案译编》中册，第七十七页记，清军占领南京后，"询问故明福王遁往何处，知者告称已逃往太平府。遂遣贝子吞齐、和托率满蒙军之半追之。至距太平府八十里处，闻福王复走芜湖县，昂邦章京随又率护军、前锋兵连夜趋击。福王登舟渡江而去，我昂邦章京图赖遂据江口，伪靖国公黄得功之兵逆战，击败之，敌兵皆坠水。我军尽夺其舟，截其去路。田、马两总兵官缚福王来献，黄得功中流矢死"。

[2] 郑达《野史无文》卷十一《黄斌卿传》。参见《清世祖实录》卷十七，顺治二年六月辛酉日多铎奏疏。浙江总督张存仁奏稿残件中说："总兵田雄收黄蜚溃败之卒，缚弘光以投诚。"以其"劳苦功高"建议清廷授以提督之职，见《明清史料》己编，第一本，第二十页。

[3] 顾景星《白茅堂集》卷十三《六合望黄靖国祠》。另据顺治二年十二月初六日浙江总兵田雄奏本，自称"本年五月……即率兵投诚，朝见豫王。……六月内蒙豫王札委镇守浙省"，见《明清史料》甲编，第二本，第一三七页。可以肯定弘光被俘在五月下旬，具体日期尚有分歧。

弘光朝廷当国的整整一年时间里，正处于内忧外患日益加深之际，君臣上下有可为而不为，朝野人士不仅没有因北都的覆亡而振作起来，反而在腐败、内讧、争权夺利上远远超过了崇祯时期。时人张岱痛骂朱由崧，说：“自古亡国之君，无过吾弘光者，汉献之孱弱、刘禅之痴痞，杨广之荒淫，合并而成一人。王毓蓍曰：‘只要败国亡家，亦不消下此全力也。’”[1]又说：“弘光痴如刘禅，淫过隋炀，更有马士英为之颠覆典型，阮大铖为之掀翻铁案，一年之内贪财好杀，殢酒宣淫，诸凡亡国之事，真能集其大成。”[2]朱由崧的昏庸荒淫固然是事实，作为皇帝自然要负重要责任，但弘光朝廷继承的是党争、腐败、武将跋扈，忙于权力的再分配导致的内耗才是弘光朝廷土崩瓦解的最主要原因。

第七节　潞王朱常淓监国和降清

弘光一行从南京仓皇出逃，在溧水失散之后，大学士马士英带着贵州兵四百护卫朱由崧的母亲邹太后前往浙江。途经广德州时，知州赵景和怀疑其中有诈，关闭城门不让进城。马士英大怒，攻破该城，把赵景和处斩，大肆抢掠之后才离去。五月二十二日，马士英奉邹太后到达杭州，潞王朱常淓以及在杭州的官员都来朝见。当时，马士英还希望朱由崧到达太平、芜湖后依靠黄得功等部兵力扭转战局。不久，阮大铖、朱大典和总兵方国安等逃来，才知道黄得功兵败自杀，弘光帝被俘。马士英没有指望了，就同在杭州的官僚商量请潞王朱常淓监国。六月初七日，文武官员朝见邹太后，请命潞王监国。邹太后随即发布懿旨给朱常淓：“尔亲为叔父，贤冠诸藩。昔宣庙东征，襄、郑监国，祖宪俱在，

[1]　张岱《石匮书后集》卷三十二《乙酉殉难列传》。

[2]　张岱《石匮书后集》卷五，《明末五王世家》。

今可遵行。”[1]

以太后懿旨名义命潞王监国，是为了给朱常淓即位继统增添合法性。然而，这时的形势已经同上年江南立国时大不一样，朱常淓唯恐出任监国将成为清方打击的主要目标，拒绝接受；在弘光太后流着眼泪反复劝说下，他才勉强答应。[2]

六月初八日，朱常淓就任监国。黄道周记：“八日己未，潞藩始监国，诸臣朝见毕，潞藩素服过谢慈禧宫。马士英、阮大铖、朱大典、袁宏勋、张秉贞、何纶十余人各彩服黄盖腰黄白入谢。皇太后服淡黄衣白襦，左右侍女各素葛衣。受朝御毕，潞藩见余素服角带，与马辅并立，问：‘此为谁？’余出袖中名单付李承奉。殿下欣然，谓：‘先生真一代忠良，今日幸共任大事。’又执马辅袖云：‘先生每事与黄先生商量。’马辅傲然不屑也。而朱大典遽云：‘黄家不知事，吾从行在为圣驾开道来，何不问我，辄问黄家讲话？’余谢云：‘既为圣驾开道，今日圣驾安在？’遂散出。从潞府面朝时，马、阮、朱、袁俱未到，余先至殿中，殿下遽请见，命坐赐茶罢，问：‘今日何以教我者？’余云：‘用贤才，收人心，破故套，行王道，为今日要务。’殿下辄云：‘和气致祥，家不和事不成。今日之事，先生与马辅思量。’余云：‘事有思量不得者，如苍素迥不相入。如今日在两浙，要用两浙人望所归。刘宗周是江东老成，如何坚不召用？’殿下云：‘马辅恐刘家来又分别门户。’余云：‘只为门户两字，破我乾坤。今奈何又听其邪说？’殿下云：‘马辅今手握重兵，如何不与商量。’余云：‘俱非职意想所及。’谢出，见何侍御，乃知马辅与阮、朱诸人议监国且不即真，以俟北人动

[1] 林时对《荷牐丛谈》卷四《蠡城监国》。“宣庙东征”指明宣宗朱瞻基亲统大军往山东平定汉王高煦的叛乱。

[2] 祁彪佳记：“初九日，家仆从武林来，乃知潞藩于初七日受皇太后命，初八日登监国之位矣。盖奸人为假报，武林日日报捷，日日迎驾。……及初六下午大珰数人来，乃不能掩。初七日，皇太后请潞藩谕以监国之意。潞王坚辞。太后泣谕再三，乃受命。初八日登监国位，杭民大悦。”见《祁忠敏公日记》《乙酉日历》。

定……”[1]

朱常淓出任监国后，任命浙江巡抚张秉贞为兵部尚书[2]，以嘉湖道吴克孝接任巡抚，以潞府曾长史为监军御史前往方国安营，“令发兵分守千秋岭、独松关、四安镇等处”，翰林简讨屠象美兼兵科监阁部兵往苏州同总兵王之仁堵遏；又令御马监太监李国翰、司礼监太监高起潜扼防平望。[3]但是，实权仍在马士英一伙手中。黄道周在启本中指出清兵占领南京以后，浙江、江西各地官绅如原任戎政尚书张国维、右庶子杨廷麟、江西巡抚李永茂等人纷纷召募义兵，证明民心可用，“克复之业，早有同心，皆喁喁引领以待。殿下诚得黄钺一麾，应期毕集，上清钟山之尘，次复燕京之业，以仰附鳞翼，传世无疆”[4]。黄道周只谈了浙、赣两省的义兵情况，实际上当时清军尚未占领的地方还相当大，他的意思仅在于说明浙江未尝不可以守，劝朱常淓不要只看到马士英、阮大铖等掌握的少数兵力。所以，他在朱常淓监国的第二天就建议十天之内即位为帝，“使群臣百官有所瞻依”[5]。

可是，朱常淓却是个扶不起的阿斗，监国次日（六月初九日）就按照马士英的意见，派陈洪范去同清军讲和，以割让江南四郡为条件。陈洪范在弘光朝廷初立时曾随同左懋第去北京通好，暗中投降了清朝，被派回江南充当内奸。他回到江南以后写了一篇名为《北使纪略》的文章

[1] 《黄漳浦集》卷二十四《潞王监国记》。同书同卷收黄道周《逃雨道人舟中记》云：“七日，余舟至武林，而潞王已监国，乃复以迎驾，讨贼为请。而马、阮、朱、袁已俱在藩邸，偃蹇自若；阮大铖犹媿恧，自称死罪；朱大典直嫠然云：‘吾开导在前，安知圣驾所在？’马辅则云：‘小儿亦导驾去，不知小儿何在？无由复知圣驾。’是日，再具启请潞府行监国事宜凡七条，皆朝夕所可行者，而马辅持未下。是午，潞府赐食，而高起潜、孙元德、李进三内侍见陪，而元德脱巾狎坐，起潜作恣睢语，又宛然曩时矣。余请欲商略诸事宜，而李进辞以懿驾在内。见此沓沓，不足共事，遂决计趣归。”

[2] 康熙二十五年《杭州府志》卷三十七《事纪下》。

[3] 林时对《荷牐丛谈》《蠡城监国》。

[4] 《临安旬制记》卷二。

[5] 黄道周《潞王监国笺》，见《黄漳浦集》卷七，笺。

恬不知耻地宣扬自己效忠于明朝廷，背后却到处散布清军势大难敌，劝人及早投降，被人称为“活秦桧”[1]。这次，又在马士英主持下作为监国潞王的代表，乘坐悬挂着“奉使清朝”旗帜的船只[2]，去同清方密商卖国事宜了。初十日，朱常淓命黄道周为大学士入阁办事；马士英却唯恐黄道周入阁将影响自己揽权，把监国的令旨缴回不予公布[3]。

就在朱常淓、马士英仍梦想苟且偷安的时候，清军却迅速地向杭州逼进。清豫亲王多铎收取了南直隶十四个府、州后，“随令波罗（即博洛）贝勒、固山额真摆因兔阿山等率领满洲将领摆牙喇兵丁一半、阿里哈兵丁、蒙古固山兵丁各三分之一，乌真超哈兵丁全营向浙江进发，直趋杭州驻马”[4]。六月十一日，清兵进抵塘西，马士英又故技重演，交回内阁印信，私自逃入郑鸿逵的兵船。正碰上方国安部下的士卒前来索饷，把马士英从郑氏兵船上拖走。“马辅踉跄挥涕，坠水中，一足单跣，从方兵入营中”；阮大铖、朱大典则从富阳乘舟遁往婺州[5]。

这时，陈洪范同清军统帅贝勒博洛已经勾结妥当，回到杭州同张秉贞一道劝朱常淓投降。朱常淓贪生怕死，决定奉表降清。总兵方国安和侄儿方元科原先率领兵马护送弘光帝到芜湖，朱由崧被俘以后，他们又来到杭州，所部兵马还有一万左右，准备拥立潞王保卫杭州。没想到朱常淓已决意降清，在方军同清军战于涌金门下时，朱常淓竟丧心病狂地“以酒食从城上饷满兵”[6]。方元科等极为愤慨，东渡钱塘江，后来参

---

[1] 林时对《荷牐丛谈》卷四《蠡城监国》。

[2] 南园啸客辑《平吴事略》记：“顺治二年乙酉六月初九日，大清兵抵嘉兴，时马士英在杭，命督府陈洪范与大清议和，过嘉兴，舟旗书‘奉使清朝’。”张道《临安旬制纪》卷二也说：“时士英方遣陈洪范使北，议割江南四郡以讲和”，“洪范坐舰悬旗书‘奉使清朝’四字”。

[3] 黄道周《逃雨道人舟中记》云：“十日午有令旨移余阁内商略诸大政，而马辅缴回令旨。十有一日，传有红谕颁行所请六事，而□骑已抵塘西。”

[4] 顺治二年闰六月定国大将军多多（即多铎）等“为塘报事”奏本，见《顺治录疏》。

[5] 黄道周《逃雨道人舟中记》，见《黄漳浦集》卷二十四。

[6] 钱肃润《南忠纪》，中华书局1959年《晚明史料丛书》本。

加拥立鲁监国的行列。

六月十四日，清军不费吹灰之力占领杭州[1]。博洛趁势派出使者招降浙东各府州和避居这一地区的明藩王。“时周王寓萧山，惠王寓会稽，崇王寓钱塘，鲁王寓临海。贝勒遣骑修书，以参、貂等物为贽，邀诸王相见。鲁王以道稍远，辞疾不至。周、惠两王渡江偕崇王赴召。寻送南京，同弘光帝、潞王俱北去。”[2]湖州、嘉兴、绍兴、宁波、严州等府州官也纳土降清。

1645年七月，多尔衮得到潞王朱常淓等投降，江、浙一带不战而定的捷报后，认为南方用兵已经基本结束，起自塞北的满洲兵将又难以忍受江南暑热，于是他下令多铎、博洛班师回朝，弘光帝和潞王、惠王，周、崇等藩以及在南京投降的弘光朝廷高官显爵王铎、钱谦益、赵之龙、徐久爵[3]等都随军带回北京。南京改为江宁府，任命多罗贝勒勒克德浑为平南大将军同固山额真叶臣接替多铎、博洛镇守该地；同时任命内院大学士洪承畴为“招抚江南各省地方总督军务兼理粮饷”，会同勒克德浑、叶臣接管江南各地。八月，洪承畴、勒克德浑、叶臣到达南京[4]；办理交接事务后，多铎等人于九月初四日自南京起程返京[5]。对于俘、降明朝诸王，清廷在七月间曾规定明宗室岁给养赡银，亲王五百两、郡王四百两、镇国将军三百两、辅国将军二百两、奉国将军一百

---

[1] 康熙二十五年《杭州府志》卷三十七《事纪下》。

[2] 林时对《荷牐丛谈》卷四《蠡城监国》。按，顺治二年十一月十八日“明已薨周王朱恭枵内助臣程氏率未封五子朱绍烿奏本”中自称“遭逆闯残害，南迁湖州，浮居异土三载有余”，可见所谓周王是朱恭枵第五个儿子，尚未袭封。又据顺治二年十一月二十五日“故明崇王世子沐恩臣朱慈爚”给清廷奏本，可知朱慈爚是明崇王朱由樻世子，亦未袭封。惠王朱常润是神宗的儿子，弘光帝的亲叔，同帝室血统关系最近；但他自幼迷信佛教，对国事民生漠不关心，所以崇祯帝自缢后，明朝官绅从未考虑过由他继统。朱常润降清后，送到北京，给清廷上了谢恩、乞恩两件奏疏，现存。

[3] 魏国公徐久爵在《清世祖实录》卷十七中因满文音译误为徐州爵。

[4] 顺治五年二月二十六日洪承畴题本，见《明清档案》第七册，A7—119号。

[5] 顺治二年十月招抚江西孙之獬揭帖，见《明清史料》丙编，第六条，五〇七页。

两，中尉以下各给地三十亩。[1]在押送北京途中，朱由崧的嫡母邹太后跳入淮河自尽。朱常淓被清军挟至北京后，于顺治二年十一月上疏清廷“恭谢天恩”。疏中自称：“念原藩卫郡（指河南卫辉府，府治汲县）蹇遭逆闯之祸，避难杭城，深虑投庇无所。幸际王师南下救民水火，即率众投诚，远迎入境。”对清廷给以“日费”“房屋”感激不尽，表示要“结草衔环”“举家焚顶”祝颂清朝统治者“圣寿无疆”[2]。即便是这样摇尾乞怜，也没有逃脱被宰割的命运。次年（1646）五月，朱由崧、朱常淓以及其他降清的明朝藩王都在北京被杀。清廷宣布的罪状是这些明朝藩王“谋为不轨”，企图拥立潞王朱常淓造反。[3]实际上，清廷统治者一方面对朱明王朝有号召力的人物处处提防，力图斩尽杀绝；另一方面又为了减少征服过程中的阻力，把明朝亲、郡王起送北京，所费既不多又便于看管。随着各地抗清斗争的逐渐高涨，清廷才不顾自己许下“给以恩养”的诺言，把他们全部处斩，以消除后患。

潞王朱常淓的监国由于时间极短，又毫无作为，在南明史上不过是一个小插曲。历来的史家因为他的政权从未有效行使过权力，注意甚少[4]。但是，从历史的因果关系来看，朱常淓的降清仍是一个关键问题，值得加以分析。

首先，它证明了明朝北京覆亡以后，麇集在南京一带的官绅为解决

[1] 《清世祖实录》卷十九。

[2] 顺治二年十一月初九日“沐恩朱常淓谨揭为恭谢天恩事”，原件藏第一档案馆。

[3] 《清世祖实录》卷二十六记同时被杀的有“鲁王等十一人”，理由是他们“不知感恩图报，反妄有推立，鲁王等私匿印信，将谋不轨”。这里所说的鲁王都是潞王的讹写。清初相当一部分档案是满文写成的，修实录时改译汉文，就常常发生同音、近音异字的错误。按，陆圻《纤言》记：“丙戌（1646）四月初九日，有得蜡丸飞书告诸王同谋灭清者，同日太子、弘光、潞王、秦王等九王俱被戮于市。

[4] 谢国桢氏说：“黄道周等劝潞王在杭州监国，他没有听从，反而苟且偷生地投降了。”（见《南明史略》第七十六页。）朱常淓降清是事实，但说他未出任监国则不妥。

继统问题而展开的立亲、立贤的争执不过是汉族官绅内部的一场权力之争，“立贤”的对象朱常淓在本质上同朱由崧毫无二致。时任工科都给事中的李清记载道：“陪都既失，人咸恨不立潞藩。时张奉常希夏奉敕奖王，语予曰：‘中人耳，未见彼善于此。’又叶主政国华为予言：‘潞王指甲可长六七寸，以竹管护之。又命内官下郡县求古玩。’倪廷尉胤培尝曰：‘使王立而钱谦益相，其不支与马士英何异？’”[1]

其次，弘光政权垮台以后，朱常淓本来是皇位继承问题上最少争议的人选，就连不久以后成为隆武皇帝的朱聿键当时正在杭州，也拥护他出任监国。如果朱常淓稍有民族气节，把抗清的旗帜树起来，即便一时守不住杭州，南方各地的抗清势力也比较容易形成一个核心。只是由于他的降清，才紧接而来出现了朱明宗室的两个远派子孙唐王朱聿键同鲁王朱以海的争立；在朱聿键的隆武政权垮台以后，又爆发了朱聿键之弟唐王朱聿𨮁援引“兄终弟及”之义同桂藩朱由榔的争立。这两次争斗都严重地分散和抵消了南方的抗清力量，给清廷征服全国提供了有利的机会。从这个角度来观察，朱常淓的望风纳降确实是关系匪浅的，他应当被作为民族败类绑在历史的耻辱柱上受到无情的鞭挞。

[1] 李清《三垣笔记》附识下，《弘光》。

第六章
清廷统治者推行的民族征服和民族压迫政策

第一节　多尔衮的失算

1645年夏天，清廷在军事上取得的胜利是十分惊人的。到这年五月，大顺农民军不仅失去了全部占领的地方，其领袖李自成——大顺国皇帝也在清阿济格部追击下逃入湖北通山县被乡团打死，大顺政权已经名实俱亡了，只剩下一支还有相当实力的武装，史学界一般称之为大顺军余部。同月，南京弘光朝廷在多铎统领的清军面前几乎毫无抵抗，就土崩瓦解了。南明原来拥兵自重的江北四镇和左梦庚部军队都争先恐后地向清朝投降。这种离奇的现象，对各方面都产生了极大的影响。大顺农民军元气大损，陷于群龙无首的境地，不再扮演逐鹿中原的主角。忠于明朝的官绅士民也震惊不已，他们当中许多人迷恋的东晋、南宋偏安局面被无情的事实打得粉碎。可是，对于清廷的最高统治者摄政王多尔衮来说，胜利却来得太容易，他以为清朝的两大对手大顺、南明都已经被彻底打垮，剩下的事不过是接管地方，享受胜利果实而已。

这年闰六月初七日，多尔衮传谕兵部道："江南地方南直、江西、湖广三处已经归顺，浙江、福建、广东、广西、四川、云南、贵州七省遵依表文尚未报到，应速行遣官招抚，在京文武官员不拘见任、家居及士民人等，有情愿输忠效力的，准赴兵部报名，验实，赍捧敕谕，给赐路费、马匹前去。事竣，有功重加升赏。该部即出示晓谕。”消息一公布，一些热衷功名的无耻之徒立即看准这是凭借清朝兵威，以三寸不烂之舌谋取富贵的大好机会，于是自告奋勇，要求出使。崇祯初年名列魏忠贤逆案的孙之獬自称“臣妻放足独先”以巴结满洲贵族，是个不折不扣的卑污小人。这时又急不可耐地上疏说“志士忠臣每思垂名竹帛”，并称自己占卜了一课，“得辞云：‘时乘六龙为帝使东，宣达诏命无所不通。’今皇上龙飞正时乘也，若臣得奉命则为帝使矣。无所不通则成功矣。一生勋业留俟今日，臣不敢违天自逸，以取谴戾”[1]。以算命吉辞公然形之于奏疏，不仅愚昧可笑，更说明其寡廉鲜耻。刑部江西司员外郎丁之龙奏称自己原是湖广镇远卫应袭指挥同知，与贵州镇远府同城（按明朝制度，镇远卫和镇远府均在今贵州省自然境内，但卫属湖广都司，府属贵州布政司），“臣生在镇远，黔属地方远近皆其比邻，士民俱通声息……矧黔士之在京者止臣一官，向欲输诚疏请招抚，未敢出言干渎今蒙圣谕，益切梦寐之思，愿效捐縻之志，招抚全滇……”[2]二十三日，清廷正式任命恭顺侯吴惟华加太子太保衔招抚广东；孙之獬加兵部尚书等衔招抚江西；黄熙胤以兵部右侍郎等衔招抚福建；江禹绪为兵部右侍郎招抚湖广；丁之龙以兵部右侍郎招抚云贵各地方。[3]七月初六日又补派都督同知谢宏仪为右都督加都察院右副都御史衔招抚

[1] 顺治二年闰六月初十日“礼部左侍郎孙之獬谨奏为感恩图报事”，见《顺治录疏》。

[2] 顺治二年闰六月初十日“刑部江西司员外郎丁之龙奏为俯允输忠招抚滇黔早禅安定以佐庙谟以效捐縻事”，见《顺治录疏》。

[3] 《明清档案》第三册，A3—23号，吏部尚书阿代等题本残件，参见《清世祖实录》卷十八。按，丁之龙曾致书南明湖广等地总督何腾蛟，以“戚谊”关系劝他“上观天命，下审时宜”，纳款于清，见《清代农民战争史资料选编》第一册（上），第四十四页，编者注为“缺年月、佚名、启本稿”。

广西[1]。

多尔衮想不战而胜，意图是很明显的。然而，他却完全估计错了形势，骄狂地以为天下已定，征服者的面貌顿时暴露无遗。从此开始全面推行一系列民族压迫和民族歧视政策。汉民族被激怒了，大江南北掀起了汹涌澎湃的抗清运动。

第二节　清兵的滥杀无辜百姓

清廷统治者从努尔哈赤、皇太极到多尔衮，都以凶悍残忍著称于史册。“顺我者昌，逆我者亡”这句话对他们不完全适用，因为他们的做法通常是“城门失火，殃及池鱼”。就是说一遇抵抗，破城得地之后不分军民，不论参与抵抗或未参与抵抗，通通屠杀或掠取为奴婢。努尔哈赤在辽东的屠戮汉民，皇太极时三次深入畿辅、山东等地的屠杀抢掠在许多方志中有明确记载，连经历了文字狱闹得最厉害的乾隆时期的御用文人纪昀也在《阅微草堂笔记》里透露了他一家在清军屠刀下的遭遇[2]。多尔衮进关之初，为了取得汉族官绅的支持曾经一度有所收敛。从顺治二年四月遣兵南下开始即以民族征服者自居，杀戮立威，演出了一幕幕惨绝人寰的屠城悲剧。“扬州十日”“嘉定屠城”因为有专书记载为人们所熟知。此外像1649年（顺治六年）郑亲王济尔哈朗占领湖南湘潭后的屠城；同年平定大同总兵姜瓖为首的山西反清运动，不仅大同全城军民被屠戮殆尽，“附逆抗拒”州县也不分良莠一概屠杀；1650年平南王尚可喜与耿继茂攻克广州时的屠城，这类血淋淋的事例在史籍中屡见不鲜，充分暴露了满洲贵族标榜的“吊民伐罪”的伪善。顺治六年正月，多尔衮道貌岸然地说：“君，父也；民，子也。父残其子，情理

[1]　《清世祖实录》卷十九。

[2]　纪昀《阅微草堂笔记》卷二十一《滦阳续录》三。

之所必无。况诛戮所以惩有罪，岂有无故杀人之理？自元年以来洗民谣言无时不有，今将六年矣，无故而屠戮者为谁？民肯从此回想，疑心必然冰释。”[1]几天之后，他就“谕大同城内官吏兵民人等曰：姜瓖自造叛逆大罪，摇惑众人，诱陷无辜，尔等被围城中，无所逃避。止因姜瓖一人作恶，遂致无罪众人同陷死地。朕命大军围城，筑墙掘濠，使城内人不能逸出，然后用红衣火炮攻破，尽行诛戮”[2]。同年二月，“兵部以总兵官任珍阵获伪官兵四十九名，俱抚养不杀奏闻。得旨：凡平定地方降者抚之以示恩，抗者杀之以示惩。如此则人皆感恩畏死求生而来归矣。今平西王等将阵获之人抚而不杀……此事甚不合理。尔部其移咨平西王吴三桂、墨尔根侍卫李国翰知”[3]。古语云：“杀降不祥。”清军往往以“恶其反侧”等借口将来降军民屠戮一空。顺治八年福临亲政以后，把各地屠戮无辜的责任全部推到多尔衮身上，说：“本朝开创之初，睿王摄政，攻下江、浙、闽、广等处，有来降者，多被诛戮。以致遐方士民，疑畏窜匿。”[4]实际上，清兵的滥杀无辜根源于满洲贵族的迷信武力和民族歧视，多尔衮不过是他们中的代表人物罢了。在清廷上同多尔衮争夺权利的“辅政叔王”郑亲王济尔哈朗统师出征时表现出同样的野蛮，就是一个证据。只是因为这种疯狂的屠杀政策不仅没有吓倒汉族人民，反而激起更加顽强的抵抗，清廷在屡遭覆师失将之后，才被迫在政策上做出部分调整。

[1] 《清世祖实录》卷四十二。

[2] 《清世祖实录》卷四十二。

[3] 《清世祖实录》卷四十二。

[4] 《清世祖实录》卷一百二，顺治十三年元月癸巳日条，又见同卷七月庚午日条。

第三节　强迫汉民剃头改用满族衣制

山海关战役后，多尔衮曾下令沿途各州县官民剃头留辫。进入北京以后，遭到汉族居民的强烈反对，在朝汉族官员遵令剃发的为数寥寥，不过孙之獬等最无耻的几个人[1]。不少官员观望不出，甚至护发南逃，畿辅地区的百姓也常揭竿而起。多尔衮见满洲贵族的统治还不稳固，自知操之过急，被迫宣布收回成命。顺治元年五月二十日谕旨中说："予前因归顺之民无所分别，故令其剃发以别顺逆。今闻甚拂民愿，反非予以文教定民心之本心矣。自兹以后，天下臣民照旧束发，悉从其便。"[2]次年五月大顺政权和弘光政权相继被摧毁后，多尔衮认为天下大定了，六月悍然下令全国男性官民一律剃发。初五日，即在接到攻占南京的捷报之时即遣使谕豫亲王多铎，命令"各处文武军民尽令剃发，傥有不从，以军法从事"[3]。十五日谕礼部道："向来剃发之制，不即令画一，姑令自便者，欲俟天下大定始行此制耳。今中外一家，君犹父也，民犹子也；父子一体，岂可违异？若不画一，终属二心。……自今布告之后，京城内外限旬日，直隶各省地方自部文到日亦限旬日，尽令剃发。遵依者为我国之民；迟疑者，同逆命之寇，必置重罪。若规避惜发，巧辞争辩，决不轻贷。"[4]同年七月，又下令"衣冠皆宜遵本朝之

[1]　孙之獬在明朝天启年间投靠太监魏忠贤，成为阉党。崇祯初销毁《三朝要典》时，他抱《要典》哭告太庙，为世人所不齿。清兵占领北京后，他官兴大发，向多尔衮等人摇尾乞怜，上疏说"臣妻放足独先，阖家剃发效满制"，得以录用。有的书记载他入朝时想挤入满洲官员班列，满官认为他是汉人不予接受；转入汉班，汉族官员又因为他已经剃发改制加以拒绝，弄得孙之獬进退失据，狼狈不堪。

[2]　《清世祖实录》卷五。

[3]　《清世祖实录》卷十七。

[4]　《清世祖实录》卷十七。《清初内国史院满文档案译编》中册，第八十五页，记六月十四日"大学士洪承畴为京城汉人剃发事，启皇叔父摄政王曰：今者剃发，应先令官员剃发，民人稍缓。王谕：予为此事思之期年，今思，君犹父也，民犹子也，予非不仁，惟念新旧宜一体故也"。次日（即十五日）下达剃发令。

制”。[1]

中国是一个以汉族为主体的多民族国家，汉族本身也是由多种民族融合而成的。汉族人士可以当皇帝，少数民族人士当然也可以君临天下。无论是从哪一个民族为主体建立的中央政权都绝不应该强行改变其他民族的风俗习惯，这是一个起码的立国原则。多尔衮等满洲贵族陶醉于眼前的胜利当中，自以为可以为所欲为了。他所说的“君犹父也，民犹子也；父子一体，岂可违异”，完全是强词夺理，一派胡言。他自己的祖辈和父亲努尔哈赤在反叛明朝以前，世世代代都是明帝国的臣属，以接受明朝廷的封号、官职、敕书为荣；明朝的汉族皇帝从来没有强迫女真族蓄发戴网巾，遵从汉制，难道不是铁一般的事实吗？清廷统治者把不肯放弃本民族长期形成的束发、服制等风俗习惯的汉族官绅百姓视为“逆命之寇”，一律处斩，这种凶残暴行在中国历史上极为罕见。

本来，清廷统治者特别是处于最高决策地位的多尔衮如果聪明一点（按，多尔衮的封号为睿亲王，睿即满文聪明的汉译，顺治元年清廷文献中还有译为“颖王”[2]的，意思都是“聪明之王”），1645年（顺治二年）五月弘光朝廷和大顺政权覆亡之际，曾经出现过一个对清廷（也包括整个中国）以较少代价实现统一的机会。当时的情况是，不仅清廷凭借其优势兵力接管南明各府县没有遇到多大的反抗，而且连大顺军余部也以不剃头为条件有意归附清廷[3]。实现统一以后，也没有必要强行勒令剃发改制。满洲贵族当权稍久，仿效者必多，移风易俗，贵在自然。明清之际，中国仍处于封建性农业社会，占人口绝大多数的农民和相当一部分官绅地主居住于乡村，他们同朝廷、官府的关系主要表现在

[1] 《清世祖实录》卷十九。

[2] 顺治元年五月十五日摄政郑王吉儿哈朗奏本中即称多尔衮为“摄政颖王”，影印件见《明清档案》第一册，A1—3号。

[3] 参见顺治二年十一月梅勒章京屯代“为申报地方情形仰祈圣鉴事”揭帖，见《明清史料》丙编，第六本，第五一二页。

照章输赋服役，一辈子没有进过城的农民多得很，中央朝廷的更迭对他们来说是天高皇帝远。只要不被朝廷、官府逼急了，就是所谓“承平之世”。一旦严令剃头，“朝廷”的威严直接加到自己的脑袋上，其后果可想而知。剃发令一下，不仅原先准备降清的人立即改弦易辙，连已经归附的州县百姓也纷纷揭竿而起，树帜反清。满洲贵族以“留头不留发，留发不留头”的野蛮手段强迫汉族百姓改变自己的风俗习惯的记述在史籍中多如牛毛，由此引起的反抗以至于大规模的武装斗争几乎遍及全国。许多地方的抗清斗争不始于清廷接管之时，而起于剃发令颁布之日。江阴人民壮烈的据城抗清就是在清朝委派的知县宣布剃发之后，相率“拜且哭曰：头可断，发不可剃”[1]的情况下爆发的。

剃发令在清初各地引起的震动极大，它激起了汉族各阶层人士的反对，导致了长期的政局不稳以致生灵涂炭。时人陈确记：“去秋新令：不剃发者以违制论斩。令发后，吏诇不剃发者至军门，朝至朝斩，夕至夕斩。”[2]顺治二年十月，原任陕西河西道孔闻謤奏言：

> 近奉剃头之例，四氏子孙又告庙遵旨剃发，以明归顺之诚，岂敢再有妄议。但念孔子为典礼之宗，颜、曾、孟三大贤并起而羽翼之。其定礼之大莫要于冠服。……惟臣祖当年自为物身者无非斟酌古制所载章甫之冠，所衣缝掖之服，遂为万世不易之程，子孙世世守之。自汉、唐、宋、金、元以迄明时，三千年未有令之改者，诚以所守者是三代之遗规，不忍令其湮没也。即剃头之例，当时原未议及四氏子孙，自四家剃发后，章甫缝掖不变于三千年者未免至臣家今日而变，使天下虽知臣家之能尽忠，又惜臣家未能尽孝，恐于皇上崇儒重道之典有未

[1] 许重熙《江阴城守记》。

[2] 陈确《告先府君文》，见《陈确集》卷十三。

备也。……应否蓄发，以复本等衣冠，统惟圣裁。[1]

孔闻謤搬出孔子这块大招牌，又引金、元二代为例，满以为可以为孔家抵挡一阵，保住先世蓄发衣冠。不料碰了个大钉子，“得旨：剃发严旨，违者无赦。孔闻謤疏求蓄发，已犯不赦之条，姑念圣裔免死。况孔子圣之时，似此违制，有玷伊祖时中之道。著革职永不叙用”[2]。同年十一月，多尔衮往京东地区打猎，有人报告丰润县生员张苏之子张东海“不行剃发”。多尔衮当即派人将张东海斩首，其父杖责五十，革去生员名色，庄头和邻里四人分别受杖。[3]顺治四年，浒墅关民丁泉“周环仅剃少许，留顶甚大”，被地方官拿获，以“本犯即无奸宄之心，甘违同风之化，法无可贷”为由上奏，奉朱批“着就彼处斩”，县官也以失察“从重议处，家长、地邻即应拟罪”[4]。陕西紫阳县因地处偏僻，重山叠嶂，“向化者稀，人皆带发”。清军击败该处抗清义师后，下令“一寨凡有男子十名者，即著该县收头发三十两解验，方准免剿，编里输纳国课”[5]。顺治五年，黄州府广济县民胡俊甫因居住乡村，一度患病卧床，没有剃发。知府牛铨（原大顺政权襄阳府尹，丞相牛金星之子）下乡踏勘荒田，胡俊甫不知清朝法度厉害，竟然莽撞地跑到知府大人面前诉说灾荒困苦。深得“时中之道”的牛铨一眼瞥见这个蓄发违制之人，不禁心花怒放，立即解往湖广总督罗绣锦处请功。结果“胡俊甫立正典刑，乡保张赞宇、邻佑张

[1] 顺治二年十月初三日孔闻謤揭帖，原件藏第一档案馆。《清世祖实录》所载文字已做改易删削。

[2] 《清世祖实录》卷二十一。

[3] 《清初内国史院满文档案译编》中册，第一八六页。

[4] 顺治四年八月二十八日江宁巡抚周伯达“为缉获留发奸民事”题本，见《明清档案》第六册，A6—69号。

[5] 顺治四年五月二十二日陕西巡抚黄尔性塘报，见《明清史料》丙编，第六本。

生祖、夏正德各鞭一百”，该县知县郝光辅也以失察罚俸示惩[1]。顺治十年，刑部擒获了两个没有剃发的人，“供系唱旦戏子，故此留发；在外戏子似此尚多”。顺治皇帝立即颁诏：“剃头之令，不遵者斩，颁行已久，并无戏子准予留发之例。今二犯敢于违禁，好生可恶。着刑部作速刊刻告示，内外通行传饬，如有借前项戏子名色留发者限文到十日内即行剃发；若过限仍敢违禁，许诸人即为拿获，在内送刑部审明处斩，在外送该管地方官奏请正法。如见者不行举首，勿论官民从重治罪。”[2]

顺治十一年（1654）三月发生的陈名夏案很值得注意。陈名夏自顺治元年冬降清后，一直受到清廷最高统治者多尔衮、福临的信任，官居吏部尚书、内院大学士。大学士宁完我劾奏他“结党怀奸”疏中说：“名夏曾谓臣曰：‘要天下太平，只依我一两事，立就太平。’臣问何事？名夏推帽摩其首云：‘只须留头发、复衣冠，天下即太平矣！’臣笑曰：‘天下太平不太平，不专在剃头不剃头。崇祯年间并未剃头，因何至于亡国？为治之要，惟在法度严明，使官吏有廉耻，乡绅不害人，兵马众强，民心悦服，天下自致太平。’名夏曰：‘此言虽然，只留头发、复衣冠，是第一要紧事。’臣思我国臣民之众，不敌明朝十分之一，而能统一天下者，以衣服便于骑射，士马精强故也。今名夏欲宽衣博带，变清为明，是计弱我国也。”[3]接着列举陈名夏结党营私罪状多款。顺治帝命群臣会勘，“名夏辩诸款皆虚，惟留发、复衣冠所言属实”[4]。最后以“诸款俱实”定罪，陈名夏被从宽处以绞刑。很明显，宁完我歪曲了陈名夏的观点。陈名夏并没有要求“变清为明”，叫满洲八旗兵也换上不便于骑射的宽衣博带。他只

---

[1] 顺治五年二月湖北巡按曹叶卜揭帖，见《明清档案》第七册，A7—139号。

[2] 《明清史料》甲编，第六本，第五三三至五三四页《列款上闻残本》。参见《清世祖实录》卷七十八。

[3] 《清世祖实录》卷八十二。

[4] 《清史列传》卷七十九《陈名夏传》。

是出于对爱新觉罗皇室的一片忠心，建议不要改变汉民族的风俗习惯而已。这点连顺治皇帝也心里有数，过了半年对冯铨说："陈名夏终好！"[1]1658年（顺治十五年）清军占领四川垫江县，总督李国英派李先品任该县知县。先品拒绝了派兵护送上任，只要求准许他便宜行事，得到李国英的同意。他"以一仆一骑之官，始至则吏民皆蓄发褒衣博带来迎，而伪副将陈瑞云拥卒千人戎服执兵伺道旁，意叵测。先品咸慰劳之，居二日，出示一切冠服听民自便。民皆欢呼。李公闻，大怒，檄问状，立限三日去发，不去即引兵进剿。先品匿其檄，为文以报，略曰：'职以孑身入不测之地，百无可恃，所恃者人心尔。愚民久乱，闻蓄发则喜，闻剃发则惊，发短心长，为乱必速。故辄奉便宜之令，少缓其期。顷者忽下严檄，谓职养寇，骤议加兵，职一身生死何足言，特虑走险之民旦夕生变，重为幕府忧也。惟公图之。'李公大悟，为缓期，民得无动"。[2]中国有以史为鉴的优良传统。历史经验告诉我们，无论哪一个民族、哪一个社会集团当权，都必须尊重各民族的风俗习惯，违反了这一原则肯定要引发社会的大动荡。清初满洲贵族的倒行逆施造成的严重后果就是一个沉痛的教训。

第四节　圈地和"投充"

清初的圈地主要是在畿辅地区（今北京市、天津市和河北省）推行的。顺治元年十二月，以多尔衮为首的满洲贵族为了自身私利和解决移都北京后大批满族居民迁移入关定居的生计，发布了圈地令。名义上说是把近京各州县"无主荒田""分给东来诸王、勋臣、兵丁人等"[3]，

[1] 谈迁《北游录》，记闻下《陈名夏》条。
[2] 乾隆《新繁县志》卷九，流寓。
[3] 《清世祖实录》卷十二。

实际上却是不分有主无主大量侵占畿辅地区汉族居民的产业。“圈田所到，田主登时逐出，室内所有皆其有也。妻孥丑者携去，欲留者不敢携。其佃户无生者，反依之以耕种焉。”[1]顺治二年二月，多尔衮“令户部传谕各州县有司，凡民间房产有为满洲圈占、兑换他处者，俱视其田产美恶，速行补给，务令均平”[2]。话说得冠冕堂皇，既然以掠夺为目的，“均平”就只能是一句政治谎言。同年六月顺天巡按傅景星在奏疏中说：“田地被圈之民，俱兑拨硷薄屯地。”[3]十一月，通州乡民郝通贤等三十人联名上奏：“去年十二月奉旨分地东兵圈种，约去三千余顷。虽有拨补，率皆名偿实无，更苦赔纳租赋。……忽今月初四日，有差艾大人将通地尽圈牧马，计通地不过五千余顷，前圈种三千余顷，兹再圈二千四百余顷，而通地尽圈，而通民无地播种矣。”[4]

史籍中对圈地给当地居民带来的灾难留下了许多记载，以直隶雄县为例，“凡圈民地请旨，户部遣满官同有司率笔帖式、拨式库、甲丁等员役，所至村庄相度畎亩，两骑前后牵部颁绳索以记周四围而总积之。每圈共得几百十晌，每壮丁分给六晌，晌六亩。……圈一定则庐舍场圃悉皆屯有，而粮籍以除。乌瞻靡止，惟所骇散向南，多道殣也。常岁圈内间有圩莱，计亩请于部，不受，交有司收籍，更择他沃壤以偿。是以歧路尽鸠鹄，中泽少雁鸿矣。雄其虚存版籍哉！……圈则倍占，退仅虚名，以致丁男流离，城郭为空”。[5]康熙《庆都县志》也有类似描写：“国初，鼎革之初，圈占民间地土以界从龙之众，诚为敦本固圉之至计也。其被圈之地拨附近军地补还。无如奉行者草率从事，止提簿上之地，希完拨补之局，遂使良法美意不获实及。是被占者不毙于圈占，而毙于拨补也。即如庆邑所拨真定卫地并不知坐落何处。其簿上四至竟

[1] 史惇《恸余杂记》《圈田》条。
[2] 《清世祖实录》卷十四。
[3] 《清世祖实录》卷十七。
[4] 原奏本影印件见《明清档案》第三册，A3—136页。
[5] 康熙十年《雄县志》卷上；又见姚文燮《无异堂文集》卷七《圈占记》。

有以鸡、犬、驴、羊、春分、秋水种种不堪字样填写塞责。地既难于认种，不得不照簿议租，取归本县纳粮。”[1]

受地的八旗贵族、官兵还借口土地瘠薄，不断新圈拨换。仅顺治四年正月一次圈占的畿辅四十一县沃地就多达九十九万三千七百零七垧[2]。由于汉族官员以圈地上亏国课、下病民生，上疏力争，清廷每次下令圈占时都声称“以后无复再圈民地，庶满汉两便”。实际上欲壑难填的满洲贵族往往食言自肥，直到康熙二十四年发布了“嗣后永不许圈”的谕旨才告结束。

圈地之外，又有所谓的“投充”。它既是满洲贵族奴役汉族人口的重要途径之一，又为进一步侵占汉民耕地房产大开了方便之门。投充旗下为奴本来的意思是，畿辅地区大量土地既被满洲圈占，原住汉族百姓被剥夺了资生之业，满洲贵族、官兵自己又不从事耕作，清廷乃以“为贫民衣食开生路”为名听任汉民投入旗下以奴仆身份耕种田地。[3]这在生产关系上较之汉族居住区早已盛行的封建租佃制是一种倒退，劳动者变成了农奴，人身依附关系大大加强了。何况自愿投充很快就变得面目全非，许多地方都出现了“满洲威逼投充”，或“耕种满洲田地之处庄头及奴仆人等将各州县村庄之人逼勒投充，不愿者即以言语恐吓，威势迫胁”[4]。特别是出现了大批带地投充者。带地投充的原因大致有两种，一种是地主或有地农民希冀投入旗下后可以免除赋役，即如《怀柔县志》所载:“按怀邑地亩自旗圈之后，所余民地无几。奸黠者又将民地投入旗下，名曰带地投充。其始不过借旗名色希免征徭，其他仍系本人为业。厥后所投之主竟为己业，或将其地另卖，或收其家口另派庄

[1] 康熙十七年《庆都县志》卷二。

[2] 《清世祖实录》卷三十。

[3] 《清世祖实录》卷十五。顺治八年七月初三日上谕中明确地说“投充者，奴隶也”，见《明清史料》甲编，第六本，第五三〇页《列款上闻残本》。

[4] 《清世祖实录》卷十五。

头。向之田连阡陌者，今无立锥，虽悔憾而无及矣。”[1]另一种是当地恶棍为虎作伥，凭空捏指他家人口、田地一齐投充旗下；旗人利在得产，不容分辨，把许多不在圈占范围之内的汉民连地带口强行鲸吞。顺治三年四月，御史苏京奏言：“投充名色不一，率皆无赖游手之人，身一入旗，夺人之田，攘人之稼；其被攘夺者愤不甘心，亦投旗下。争讼无已，刁风滋甚，祈敕部严禁滥投。”[2]次年三月，清廷“谕户部：前令汉人投充满洲者，诚恐贫穷小民失其生理，困于饥寒，流为盗贼，故谕愿投充满洲以资糊口者听。近闻汉人不论贫富，相率投充；甚至投充满洲之后，横行乡里，抗拒官府，大非轸恤穷民初意。自今以后，投充一事，着永行停止”。[3]这道谕旨不过是搪塞反对意见的一纸空文，因为最热衷于接受带地投充的正是以多尔衮为首的满洲权贵。多尔衮本人收纳的投充人数已足定额，又以他的儿子多尔博的名义接受投充六百八十余名，“尽皆带有房地富厚之家”[4]。顺治十二年正月，左都御史屠赖等奏言：“近闻八旗投充之人，自带本身田产外，又任意私添，或指邻近之地，据为己业；或连他人之产，隐避差徭。被占之民，既难控诉，国课亦为亏减。上下交困，莫此为甚。”[5]直到清中期乾隆四年还下令“禁止汉人带地投充旗下为奴，违者治罪”[6]，可见持续时间之长。

满洲贵族、官兵通过圈地和接纳投充掠夺畿辅地区汉族居民的土地数量十分惊人。如遵化州由于圈占和投充，剩下的纳税民地不到原额的

[1] 康熙四十年《怀柔县新志》卷四《赋役·地亩》。

[2] 《清世祖实录》卷二十五。

[3] 《清世祖实录》卷三十一。

[4] 《清世祖实录》卷五十九。

[5] 《清世祖实录》卷八十八。

[6] 《东华录缀言》，见《佳梦轩丛著》。

百分之一[1]；蓟州不到原额的百分之二[2]；东安县更是彻底，“尽行圈丈讫，并无余剩”[3]。清初诗人方文有诗云“一自投充与圈占，汉人田地剩无多”[4]，真切地描绘了当时的状况。

满洲八旗人员采取这种赤裸裸的掠夺方式，侵占了大片土地和大批劳动力，过着衣租食税的生活。他们之中的达官显贵所占耕地人口尤多，一般都委用“汉人悍猾者”充任庄头[5]，有的还授予庄头低等品级的官员顶戴，既便于管辖庄园内的农奴，又可以抵制州县官的钳束，借以保证源源不绝的剥削收入。这就是满洲贵族在畿辅地区建立的一种民族利己主义的新秩序。

第五节　严酷的缉捕逃人法

缉捕逃人是清初满洲贵族推行的另一项恶政。尽管它引起汉族官民的激烈反对，清廷统治者为维护满洲利益却顽固地坚持，成为朝野关注的一个重大问题。逃人问题的出现由来已久。明朝末年清军在辽东和深入畿辅、山东等地的多次战役中，俘获了大批汉民，他们被分赏给旗下充当奴仆。仅崇祯十一年冬至十二年春，清军在畿辅、山东一带就掠去汉民四十六万二千三百余人[6]；崇祯十五年冬至十六年夏，

[1] 康熙十一年《遵化州志》卷四《田赋》。

[2] 康熙四十三年《蓟州志》卷三。

[3] 康熙十二年《东安县志》卷四《赋役》。

[4] 方文《嵞山续集》《北游草》。

[5] 康熙三十一年《光州志》卷十一《艺人》上，胡延年《冥击记》。该文还说：“从龙者不自治其地，委臧获经理之，谓之庄头。是庄头者凭借宠灵，莫敢谁何。于是贫而黠者、厚资而敛怨者、巨憝元恶贯盈而惧诛者，皆蝇营附入之，择人而食，无宁日也。”

[6] 《清太宗实录》卷四十五。

清军再次深入畿辅、山东，“俘获人民三十六万九千名口”[1]。入关以前，清军先后俘掠的汉族人口至少在一百万以上。当时就有不少人忍受不了虐待和思乡之苦，寻机逃亡，清军入关以后，在征战过程中又掠得大批人口[2]，加上圈地和投充被抑逼为奴的人数激增，满洲八旗贵族和兵丁一般不从事社会生产，他们侵占的庄园和家内劳动都是以落后的奴隶制强迫旗下奴仆承种、服役。被驱迫为奴的汉人本身既过着毫无自由的牛马生活，子孙也被称为家生子儿难以摆脱世代受奴役的命运。他们之中一部分人因走投无路而悲愤自尽，康熙初年“八旗家丁每岁以自尽报部者不下二千人”[3]，康熙帝也说：“必因家主责治过严，难以度日，情极势迫使然。”[4]而更多的人则走上了逃亡之路，其中不少是在战争中被掠为奴的汉人，思家心切，盼望有朝一日能挣脱枷锁，同家乡亲人团聚。于是，旗下奴仆的大批逃亡在清前期华北等地愈演愈烈。顺治三年五月，多尔衮在谕兵部时说：“只此数月之间，逃人已几数万。”[5]旗下奴仆的大批逃亡直接影响到满洲各级人等的“生计”。清廷为维护满人利益和自身统治，严厉地推行“缉捕逃人法”。

“捉拿逃人一款，乃清朝第一急务。”[6]朝廷专门设立兵部督捕侍郎负责追捕审理，地方官也以缉捕逃人作为考绩的重要标准。由于“逃人”是满人的劳动力，满人自然不愿意自己的“财产”蒙受损失，由满洲贵族制定的缉捕逃人条例的特点是薄惩逃人，重治窝主。“新朝立

[1] 《清太宗实录》卷四十六。

[2] 例如顺治二年八月辛巳日谕兵部：“俘获人口，照例给赏登城被伤之人。”见《清世祖实录》卷二十。

[3] 《清史稿》列传五十《朱之弼传》。

[4] 参见《清圣祖实录》卷三十、四十三、一百九。

[5] 《清世祖实录》卷二十六。

[6] 顺治十二年三月刑部尚书刘昌等题本，见《清代档案史料丛编》第十辑，第八十至八十一页。

法重逃人，窝隐之家祸切身。”[1]汉族官僚以立法不公平连篇累牍地上疏争执，逃人法屡次变更。大致而言，奴仆一次、二次逃亡处以鞭笞后发回原主，三次逃亡处以绞刑；收留逃人的窝主则由处斩籍没“减为鞭笞”，不久又从重处治，“有隐匿逃人者斩，其邻佑及十家长、百家长不行举首，地方官不能觉察者，俱为连坐”。顺治六年又改为“隐匿逃人者免死，流徙”[2]；后来因为逃亡者有增无已，在满洲贵族纷纷告讦下又严惩窝藏，“逃人三次始绞，而窝主一次即斩，又将邻佑流徙”[3]。到顺治十四年已出现“历来秋决重犯，半属窝逃”；顺治皇帝也觉“于心不忍”，再次放宽为“将窝逃之人，面上刺窝逃字样，并家产人口发旗下穷兵为奴”[4]。缉捕逃人法的屡经变更，从一个侧面反映了社会上日益激化的满汉民族矛盾在朝廷内部也有所体现。清朝最高统治者当然总是偏向满洲的，他们多次惩办就逃人问题上疏陈言的汉族官员，斥责汉官“于逃人一事各执偏见，未悉朕心。但知汉人之累，不知满洲之苦。……向来血战所得人口，以供种地牧马诸役。乃逃亡日众，十不获一。究厥所由，奸民窝隐，是以立法不得不严。若谓法严则汉人苦，然法不严，则窝者无忌，逃者愈多，驱使何人？养生何赖？满洲人独不苦乎？”[5]这无异是说，在清朝统治下满人依靠“驱使”汉人来“养生”是理所当然的，汉族百姓受不了奴役而逃亡，满人就苦不堪言了，真是十足的强盗逻辑。清廷为了维护这种极其野蛮落后的奴隶制，不惜堵塞言路。顺治三年十月，多尔衮谕告群臣：“有为剃发、衣冠、圈地、投充、逃人牵连五事具疏者一概治罪，本不许封进。”[6]十二年三月，顺治皇帝又“再行申饬，自此谕颁发之日为始，凡章奏中再有干

[1] 杨苞《桐川纪事》，康熙乙巳刊本。
[2] 《清世祖实录》卷四十三。
[3] 《清世祖实录》卷八十八。
[4] 《清世祖实录》卷一百七。
[5] 《清世祖实录》卷九十。
[6] 《清世祖实录》卷二十八。

涉逃人者，定置重罪，决不轻恕”[1]。

缉捕逃人给汉族百姓造成了无数灾难。史料记载：“国初最重逃人。逃人，旗下逃避四方者也。一丁缉获，必牵一二十家，甚则五六十人。所获之家固倾家而荡产矣；其经过之处，或不过一餐，或止留一宿，必逐日追究明白，又必牵连地方四邻。故获解逃人，必有无数无辜者受其累。凡地方获逃人，先解典史录供，然后解县。县官视逃人如长上，不敢稍加呵叱；惟严讯株连之人，夹者夹，桚者桚，监禁者监禁。逃人亦暂寄监，奉之唯恐不至。蠹吏狱卒，更导之扳害殷实有家者，于中攫取货财。逃人高坐狱中，而破家者不知其几矣。”[2]

历代君主往往颁发教训百姓的谕旨若干条，作为他们奉公守法的行为准则。清朝初年这种皇皇谕旨中就专列了一条“戒窝逃以免株连”。康熙初山东莱芜知县叶方恒召集绅民宣讲道：

> 上谕说：“戒窝逃以免株连。”本县如今说这窝逃。山左（即山东）当时屡经残破，俘获的比别处独多；后来又有投充，又有鬻身，又有拐卖，甚至有拉铁橛的，顶冒逃人名姓，种种变幻，不可枚举。总之，逃人的路数愈宽，那窝逃的陷阱愈密。正如鼎镬在前，豺虎在后，须是时时吊胆，刻刻惊心，思量那窝隐之害。常为了一个逃人拖累你们数十个纳粮当差替朝廷种田种地的好百姓在内，岂不可痛可惜。……但目今功令森严，一为了逃人就是你父子夫妻都也不能照顾，何苦为了一人坑害一家老小的性命。本县还有句唤醒你们的实话，如今旗下也都宽大了，要那逃人回去，不过使唤，不过发到屯子里种地，有甚难过日子，你今逃出来担惊受恐，虑人稽查，东村住住，西村住住，流来流去，没一日安稳居停，还要逃

[1] 《清世祖实录》卷九十。

[2] 素心室主人编次《南沙枕秘四种》，见《明清资料钞》第二册。

到隔属雇短工、做乞丐，藏头露尾，终久被人拿了，甚合不着。不如回心转意，投奔旧主，若能小心服役主子，自然欢喜加厚于你。[1]

尽管清朝统治者一再标榜“满汉一体”，实际上以征服者自居，奉行崇满歧汉政策。严厉惩办窝藏逃人就是这种政策的一项体现。顺治六年（1649）九月，靖南王耿仲明统兵南征广东，由于他的军中收留了旗下逃人被察觉，在江西吉安府境畏罪自杀。[2]顺治七年六月，广西巡抚郭肇基等人因为“擅带逃人五十三名”，竟被一律处死，家产全部抄没。[3]耿仲明、郭肇基贵为王爷和方面大员，但他们毕竟是汉人，隐匿逃人直接触犯了满族的利益，就难免一死。到顺治十年因春夏久旱，“农民失业”，清帝下诏修省，兵部左侍郎卫周胤遵谕陈言，云“多宽逃人一次，多累百姓数家”，建议放宽隐匿逃人之罪，特别是“缙绅生儒，或不知情，偶有误犯，以身系朝廷在官之人，与平民又似当有分别”。经兵部会商，提出缙绅（包括现任官和闲任官）、举人、监贡生若犯有隐匿罪从轻改为降级、革职、革去功名和罚银给逃人之主。奉旨依议。汉族绅衿才免遭刑戮或给主为奴[4]，但齐民不在此例。

雷厉风行地缉捕逃人，造成了一系列社会问题。如顺治十年淫雨成灾，“直隶被水诸处，万民流离，扶老携幼，就食山东。但逃人法严，

[1] 康熙《莱芜县志》卷十《艺文志》，《康熙九年十一月初一日知县叶方恒传集绅袍士民乡约人等宣讲本年十月初九日钦奉上谕》。叶方恒在讲辞中说到他自己从康熙八年二月到九年三月在莱芜和泰安就拿解过逃人四十七起。按，顺治十二年陷害顾炎武的就是这个人。

[2] 《清世祖实录》卷四十六。

[3] 《清世祖实录》卷四十九。

[4] 《兵言》，顺治年间刻本。按，卫周胤遵谕上疏在顺治十年四月十四日、十六日奉旨着兵部议奏。《清世祖实录》卷七十四于四月十七日下记因亢旱求言，日期有误。《清史列传》卷七十八《卫周胤传》记顺治十年“七月应诏陈时事五款”，即此疏之略文，月份亦误。

不敢收留，流民啼号转徙”，惨不忍言[1]。魏裔介作《哀流民歌》云：“田庐水没无乾处，流民纷纷向南去。岂意南州不敢留，白昼闭户应蹲踞。檐前不许稍踟蹰，恐有东人不我恕。上见沧浪之天，下顾黄口小儿，命也如何！……彼苍者天，哀此黎庶。”[2]地方官府和居民慑于逃人法，一味驱赶；流民走投无路，往往被迫揭竿而起。如龚鼎孳所说：“畿辅之民圈占以后，田庐荡然。年来水涝频仍，道殣相望。近以逃人众多，立法不得不严，而有司奉行未善，使流徙者竟无所归。……今闻山东一带流民复千百成群，携男挈女，蚁聚河干，望救无门，逃生无路。当此严风密霰，坠指裂肤之时，此辈衣不掩胫，食不充腹，流离沟壑。……万一愚冥无知，不肯束手就毙，一旦良民化而为乱民，即发兵剿除亦非难事，而使数万生灵顿作刀头之鬼，究其所自，亦止是无衣无食，茫无投奔之百姓耳。”[3]魏裔介也在疏中说：“往昔墨勒根王（多尔衮）之时，隐匿逃人，其法甚严。凡有犯者，家长坐斩。尔时天下嚣然，丧其乐生之心，盗贼蜂起，几成燎原之势。”[4]

[1] 《清世祖实录》卷七十七。

[2] 魏裔介《兼济堂诗集选》卷十七。

[3] 龚鼎孳《定山堂文集》卷三《敬陈民困疏》。

[4] 魏裔介《魏文毅公奏议》卷一《查解宜责州县疏》。

第七章
各地抗清运动的兴起

第一节　江南绅衿的动向

弘光朝廷覆亡后，清廷统治者错误估计了形势，以为江南大势已定，一面派员招降未下各地，一面严令推行剃头改制。在这种民族危难关头，江南的汉族士绅面临着何去何从的严重考验。大致而言，江南士绅虽然对弘光朝廷的所作所为非议甚多，不少人已感到有覆国灭祀的危险。太常寺少卿沈胤培同友人陆云龙私下议论时事，云龙说："似乎要败。"沈说："还似等不得要败。"[1]兵科给事中陈子龙在甲申九月间请告回籍，自云"及予归而政益异，木瓜盈路，小人成群。海内无智愚，皆知颠覆之期不远矣"[2]。但是，当弘光朝廷骤然土崩瓦解，江山易主时，他们并没有充分的思想准备。一部分文武官员于无可奈何之中遵奉清朝功令剃发归顺，其中有的是企图保住自己的既得利益，有的是另有图谋。另一部分人则护发自裁，以消极抵制态度保持自己的名节。更多

[1] 李清《三垣笔记》卷下，《弘光》。

[2] 陈子龙自撰年谱，见《陈子龙诗集》，上海古籍出版社1983年版第七〇二页。

的人则奋起反抗，不惜以血肉之躯为复兴明朝而献身。

然而，历史的进程是非常复杂的。简单地以曾否剃发（甚至一度出任清朝官职）并不能准确地反映当时绅民的政治倾向。即以学术界关注的所谓清初“遗民”而言，没有剃头改制的恐怕是绝无仅有。他们在清朝统治未稳固以前大抵致力于反清复明，天下局势已定以后大多数采取同清廷不合作对策。遗民们诗文中留恋故国的心声随处可见，然而也不免出现个别为清廷或清朝官员歌功颂德的文字。历史上确有一批表里如一，绝不做违心之论的硬汉，但多数人并不是这样。每当处于大动荡、大转折时期，各色人物的表现纷呈繁杂，只有实事求是地具体分析才可以做出比较公正的评价，并进而通过这些人物的活动研究历史的进程。

1645年夏，迫于清廷严旨剃发改制的明朝文官武将人数极多。从表面来看，多尔衮等满洲贵族制定的“一统之规”颇有成效。正如上面引用的小故事里所讲的“发短心长”，成功中潜伏着巨大的危机。降清文官如钱谦益、李建泰、丁启睿等人，武将如姜瓖、金声桓、李成栋、王光泰等人不久都在不同场合中展开反清复明活动，其声势之猛烈、地域之辽阔，完全出乎清廷意料，几乎有难于招架之势。

拒不剃发，以死自誓者为数也不少。其中最著名的有苏松巡抚祁彪佳、少詹事徐汧、左都御史刘宗周。下面以刘宗周为例做一点剖析。

刘宗周，字起东，学者称为念台先生，浙江绍兴府山阴县人，在明末天启、崇祯年间被视为学问渊博、品行端方的正人君子。他和福建铜山的黄道周（号石斋）备受东林—复社人士的景仰。由于他的弟子黄宗羲等人对他推崇备至，流风所及，人们往往产生一种错觉，似乎只要刘、黄诸君子掌握朝政，明帝国就有中兴之望。其实，刘宗周和黄道周都不是栋梁之材。他们“守正”而不能达变；敢于犯颜直谏而阔于事理；律己虽严而于世无补。就迂腐和偏狭而言，宗周更甚于道周。他毕生追求的是一种自我完美。由于这种“完美”是以自我为中心的，往往显得矫情做作。刘宗周生活的年代正值多事之秋，为了表现自己进退有“廉耻”，他连“君有命，不俟驾”的儒家信条也丢在脑后，从被任命为四品官太仆寺少卿起“必三四辞而后受事”[1]。考虑到当时的交通条件，使者穿梭于道，因循经年他才雍容有度地进京任职。这正如俗语所说“急惊风遇着慢郎中”，想依靠这种人挽救危局无疑是缘木求鱼。弘光政权建立以后，他的行为也极其诡异。被起用为左都御史时他既不用旧官衔，也不用新官衔，而自称“草莽孤臣”。上疏说，淮抚路振飞把家眷送出城外是倡逃，“可斩也”；高杰、刘泽清率军南逃“可斩也”。在明末江淮诸臣中，路振飞敢于同南下的大顺军抗衡，对明朝而言可谓忠心耿耿。刘宗周却以总宪的名义上疏建议处斩；高杰、刘泽清手握重兵，又以定策拥立之“功”新邀封爵，根本没有可杀之势。夏完淳说：“宗周谓泽清等可斩也。泽清固可斩也；处南都之势，发此危言，不足以壮国威，且速其祸。于是，四镇合疏纠宗周去；（姜）曰广继之。……朝堂与外镇不和，朝堂与朝堂不和，外镇与外镇不和，朋党势成，门户大起，虏寇之事，置之蔑闻。”[2]据归庄说：刘宗周“后亦自悔其失言”，“自悔其劾公（指路振飞）之误”。[3]刘宗周的慷慨陈词，主观上是显示自己的凛凛正气，客观上却加剧了弘光朝廷内部的矛盾。当刘泽清等勋臣认为他自称“草莽孤臣”和建议弘光帝进驻中都凤阳是犯上作乱的大阴谋（凤阳没有城墙，有高墙五所，囚禁宗室罪犯）时，他又极力辩驳，声称自己“不受杀”。特别奇怪的是，黄道周被召为礼部侍郎，他写信加以阻止，说什么“际比乱朝，义不当出”。黄不听从他的意见，他又结怨于道周。弘光朝廷覆亡的时候，道周奉使绍兴祭禹陵，这里正是宗周的家乡，多次请见，等了一个多月，他不仅避而不见，还在扇面上写诗一首叫黄道周滚蛋。待到潞王朱常淓以杭州降清，浙西岌岌可危时，他派人到处找黄道周，道周已经随唐王朱聿键赴

[1] 刘汋《刘子年谱》录遗，见《刘子全书》卷四十。

[2] 夏完淳《续幸存录》，见《中国内忧外患丛书》版，第六十至六十一页。

[3] 归庄《左柱国光禄大夫太子太师吏部尚书兼兵部尚书武英殿大学士路文贞公行状》，见《归庄集》卷八。

闽。他才后悔“未免当日拒绝太深耳”[1]。在浙江各地绅衿开始起兵反清时，他却决定绝食自尽。门生劝他道：“死而有益于天下，死之可也；死而无益于天下，奈何以有用之身轻弃之？”他回答道：“吾固知图事贤于捐生，顾余老矣，力不能胜。”宗周当时已六十八岁，起义抗清确有一定困难，可是，他的门人王毓蓍投水自尽的消息传来，他说：“吾讲学十五年，仅得此人。”可见他的所谓“正命”不在年老。绝食几天后，他谈自己的感受道：“吾日来静坐小庵，胸中浑无一事，浩然与天地同流。盖本来无一事，凡有事，皆人欲也。”沧海横流，黎民涂炭，社稷危如悬发，刘宗周却轻描淡写地说成“原无一事”。第二天，传来了金华举义兵抗清的消息，门生劝他忍死以待。他说：“语云：‘正其谊不谋其利，明其道不计其功。’功利之说倡，此国事所以不竟也。”最后终于饿死[2]。刘宗周作为忠臣留名青史的目的达到了，他一生好名，与其说他是以身殉国，不如说是以身殉名。从征服者的清朝来说，自然最欣赏这种表率人物。

第二节　江阴等地百姓的自发抗清

清军占领南京，活捉弘光帝以后，派出使者招抚南直隶各府县。绝大多数地方都慑于清朝兵威，纳土投降。其间，只有杨文骢带领一支军队闯入苏州，把清政府派来招抚苏松地区的黄家鼎等处斩。但是，杨文骢却没有把当地绅民组织起来据城固守，而是乘清军来到之前主动放弃该地，退往浙江。江南各地的绅民迫于剃发令，群情激奋，纷纷自发举兵抗清。首先高举义旗的是常州府属的一个小小县城——江阴县。

在弘光政权迅速瓦解的大变动中，江阴县的明朝知县林之骥解印去

[1] 刘汋《刘子年谱》录遗，见《刘子全书》卷四十。

[2] 黄宗羲《子刘子行状》卷下，见《黄宗羲全集》第一册，第二四八页。

职，清政府委派的知县方亨上任后遵照清廷法令张贴布告叫百姓剃发。闰六月初一日，生员许用等人在孔庙明伦堂集会，一致决定："头可断，发决不可剃也。"正在这时，常州府发来严令剃发的文书，其中有"留头不留发，留发不留头"的话。方亨叫书吏把府文写成布告张贴，书吏写到这句话时，义愤填膺，把笔扔到地上说："就死也罢！"消息很快传遍全城，立刻鼎沸起来。方亨见士民不从，秘密报告常州府请上司派兵"多杀树威"。这封密信被义民搜获，于是在初二日把方亨等逮捕，推典史陈明遇为首，以"大明中兴"为旗号，自称江阴义民正式反清。陈明遇虽然胸怀忠肝义胆，却感到自己缺乏军事组织才能，在他推荐下江阴士民把乡居的原任典史（弘光时调升广东英德县主簿，未赴任）阎应元迎接入城担负守城重任。阎应元入城后立即把全城的户口分别丁壮老幼详加调查，挑选年轻力壮的男子组成民兵，会合乡兵二十余万人分班上城，每个城垛十名，按时换班。由武举人王公略守东门，汪把总守南门，陈明遇守西门，应元自任守北门。他和陈明遇兼负昼夜巡查四门的责任。对城中过往行人严加盘诘，肃清内奸。为了解决军械粮饷供应等问题，阎应元同绅民商议后，委任擅长理财人士负责把城内公私所藏物资分类征集，统一分配使用。在阎应元的领导下，很快就做到了人尽其才，物尽其用，各方面的工作做得井井有条。[1]

---

[1] 本节材料多参考《江阴城守纪》、许重熙《江阴城守后纪》、沈涛《江上遗闻》。《江阴城守纪》叙述最详细，署名为长洲韩菼作，前有"康熙乙未孟冬月长洲慕庐氏韩菼谨识"的序文。谢国桢氏《晚明史籍考》轻信了这一说法。其实，这篇"韩序"一开头就说："江头片壤，沾国家深仁厚泽，百有余年矣。"中间又说："圣朝宽大，锡以通谥。"给明末尽节诸公赐以通谥是清高宗在位时的事，显然是乾隆年间一位有心者整理旧文，托名于韩菼。韩菼曾任清朝礼部尚书，死于康熙四十三年，序尾康熙乙未为五十四年，韩氏已殁十一年。何况，《江阴城守纪》中记载攻守双方战斗伤亡事多不实，如说清朝七王、翼王、十王都在江阴城下阵亡，纯属讹传。韩菼在康熙时颇受宠信，参与朝廷撰述，以他的地位不可能不知道清初并无亲王、郡王或其他高级将领在江阴阵亡之事。史学界一些人疏于查考，既误信此文为韩菼所作，又据此推断韩菼地位甚高，所记必不误。从这篇文章的内容来分析，作者大概是熟悉江阴城内抗清活动的一个文人，对城外的清军则不甚了解。

江阴百姓抗清的消息传开以后，清常州知府宗灏派兵丁三百人赶来镇压，闰六月初五日被江阴义民歼灭于秦望山下。清军统帅多铎见江阴蕞尔小城竟敢于抗命，派降将刘良佐领兵来攻。刘良佐部兵数万自闰六月下旬包围江阴县城，屡攻不利，一再派使者用弓箭射书信入城招降，甚至亲自来到城下现身说法，要阎应元投降。应元在城头痛斥良佐的背叛明朝，说："有降将军，无降典史！"刘良佐无言可对。多铎先派恭顺王孔有德"率所部兵协攻"[1]，接着又派贝勒博洛和贝勒尼堪带领满洲兵携红衣大炮前往攻城。[2]博洛来到江阴城下，认为刘良佐曾任明朝伯爵，手握重兵，却连一个江阴县城也攻不下来，打了他一顿板子。刘良佐惭恨不已，督促部下拼命攻城。阎应元、陈明遇鼓励城乡义勇扼守危城，多次派徽商程璧等人出城联络各地义师来援，却始终没有得到江浙救兵。坚持到八月二十一日，清军集中大炮轰击城东北角，城墙崩塌，清军蜂拥而上，江阴失守。陈明遇巷战而死，阎应元负伤后投湖，被清军从水中拖出，不屈遇害。清军屠城至二十三日午后才"出榜安民"，城内百姓仅剩"大小五十三人"而已[3]。当时人士写了一副对联赞扬江阴百姓的英勇牺牲精神："八十日戴发效忠，表太祖十七朝人物；六万人同心死义，存大明三百里江山。"[4]

江阴士民的奋勇抗战，在两个多月里顶住了数万清军的围攻；城破以后，还拼死巷战，"竟无一人降者"。《江阴城守后纪》的作者总结道："有明之季，士林无羞恶之心。居高官、享重名者，以蒙面乞降为

---

[1] 《清世祖实录》卷四十四，顺治六年五月改封孔有德为定南王授金册文。

[2] 博洛参与江阴战役除见《江阴城守纪》外，亦见《清史稿》卷二一七《博洛传》。尼堪参与此役除见《清史稿》卷二一六《尼堪传》外，《清世祖实录》卷五十七记，顺治八年五月复封尼堪为敬谨亲王军功册上云："用红衣炮攻克江阴。"

[3] 《江阴城守纪》卷下。

[4] 《江阴城守后纪》说："时为之语曰：……"按，托名韩菼撰《江阴城守纪》则说这是阎应元在城破后亲笔所题，后一联云："十万人同心死义，留大明三百里江山。"

得意；而封疆大帅，无不反戈内向。独陈、阎二典史乃于一城见义。向使守京口如是，则江南不至拱手献人矣。”在福州继统的隆武皇帝听说泾县和江阴百姓的坚贞不屈，深为感动，说：“吾家子孙即遇此二县之人，虽三尺童子亦当怜而敬之。”[1]江阴战役虽然不像一些野史所记清朝“七王”“翼王”“十王”都阵亡于城下[2]，但参加攻城的确有后来晋封为亲王的博洛（端重亲王）、尼堪（敬谨亲王）和恭顺王孔有德。在江南各地望风披靡之时，阎应元、陈明遇以微末下吏凭借江阴百姓的支持，竟然面对强敌，临危不惧，坚持了近三个月，实在是南明史上光彩夺目的一页。学术界一些人为史可法大唱颂歌，本书作者却认为更值得歌颂的是阎应元、陈明遇为首的江阴百姓，在他们面前，史可法的官愈大、权愈重，就愈显示出其作为之渺小。

和江阴百姓抗清同时，嘉定县民也因清政府强迫剃发起兵。弘光朝廷覆亡后，六月十四日嘉定已经沦入清方之手，二十四日清朝委任的知县张维熙上任。闰六月十二日颁布剃发令，嘉定百姓愤愤不平，拒不从命。有人征询著名乡绅侯峒曾（天启五年进士，弘光时任通政司左通政使）的意见。他毅然回答：“闻徐太史汧护发自裁，何不奋义？即不可为，乃与城存亡，未晚也。”[3]就是说，他反对刘宗周、徐汧的只顾自身名节的消极抵制，主张积极地起兵抗清。十七日侯峒曾带领两个儿子侯玄演、侯玄洁，进士黄淳耀及其弟黄渊耀入城倡义反清复明。他们同当地士绅会议后，决定率领百姓上城画地而守。“立挨门出丁法，分上中下三等：上户出丁若干，衣粮自备，仍出银若干，备客兵粮饷，并守城头目灯烛之费；中户出丁若干，衣粮自备，仍出银若干；下户止出

[1] 邵廷寀《东南纪事》卷一。

[2] 谢国桢撰《南明史略》第八十五页也说，江阴之战清军“丧亡了‘三位王爷和十八员大将’”。可见这种说法深入人心，但毫不足信。清初有多少位亲王、郡王，死在何时，斑斑可考，研究清史的人都知道没有任何一位“王爷”在江阴阵亡；“十八员大将”也是一种讹传。

[3] 张岱《石匮书后集》卷三十四《江南死义列传·侯峒曾传》。按，徐汧六月十一日投水自尽。

一丁，分堞而守，每丁日给钱六十文，衣粮灯烛悉自备。城上分四隅，自某地至某地止，分属各图，每图择一人为长。日入后，当事者亲自巡历，以稽勤惰。其大事专属峒曾、淳耀处分”，城上竖立白旗，大书“嘉定恢剿义师”[1]。

嘉定绅民起义反清后，清吴淞总兵李成栋（原为高杰部将，曾任明朝徐州总兵）立即领兵来攻。侯峒曾、黄淳耀等人想借用城外乡兵扼阻清兵。可是，四乡乡兵都是临时组织起来的农民，根本没有作战经验，人数虽多，却难以同正规清军作战。即如史料所言：“诸乡兵未谙兵势，争裹粮厉兵而来。峒曾、淳耀等亲自临城，勉以忠义，言与泪俱，人皆感奋。因下令诸乡勇能鼓众赴敌者，每人先给白布二疋，仍每日颁折饷银二钱；有能得敌人首级者，每颗给银十两。”“七月初一日，会兵砖桥东，不下十余万人，排挤拥塞，纷呶如聚蚊，多适为累。清兵每战必分左、右翼；乡兵不识阵势，呼为蟹螯阵。每发挑战，多不过十余骑，皆散落不集一处。诸乡兵遥见兵出，拥挤益甚，手臂摩戛，轧轧作声。”[2]这种乌合之众自然抵挡不了清军。双方才一交锋，乡兵就不战自溃，“走者不知所为，相蹈藉而死”，许多人被挤入河中淹死，“尸骸乱下，一望无际”[3]。

七月初三日，清军大举攻城；次日城破，侯峒曾奋身投入池中，被清兵拖出斩首，其子玄演、玄洁遇害，黄淳耀、黄渊耀等自缢。李成栋下令屠城，“兵丁遂得肆其杀戮，家至户到，小街僻巷，无不穷搜；乱苇丛棘，必用枪乱搅，知无人然后已。丁兵每遇一人，辄呼：蛮子献宝！其人悉取腰缠奉之，意满方释”。“虽至穷苦，必以一簪一珥系肘间，曰：此买命钱也！”“遇他兵胁取如前，所献不多，辄砍三刀，至物尽则杀。故僵尸满路，皆伤痕遍体，此屡砍使然，非一人所致也。予

[1] 《嘉定屠城纪略》。

[2] 《嘉定屠城纪略》。

[3] 《嘉定屠城纪略》。

邻人偶匿丛篠中得免，亲见杀人情状；初砍一刀，大呼：都爷饶命！至第二刀，其声渐微，已后虽乱砍，寂然不动。刀声割然，遍于远近；乞命之声，嘈杂如市，所杀不可计数。其悬梁者、投井者、断肢者、血面者、被砍未死手足犹动者，骨肉狼藉，弥望皆是，亦不下数千人。三日后自西关至葛隆镇，浮尸满河，舟行无下篙处……”[1]这就是史册上臭名昭彰的嘉定屠城。

昆山县绅民在原郧阳抚院王永祚、翰林院编修朱天麟、知县杨永言等倡议下，杀清委知县阎茂才（原为明朝该县县丞），起兵反清，推废将王佐才为帅。顾炎武、归庄等爱国志士都积极参与义举。七月初六日，清军破城，朱天麟等逃出，王佐才被俘杀。清军屠城，士民死难者数万人[2]。

在吴淞地区起兵的义师有镇南伯黄蜚、吴淞总兵吴志葵等人，弘光朝吏部考功司主事夏允彝任监军。义军一度进攻苏州，副总兵鲁之玙带领三百人突入该城，被清军设伏击杀[3]。黄蜚、吴志葵退守泖湖。八月初六日，清军用小船截断泖湖出口，乘风纵火，明军水师船只高大，运转不灵，被烈火焚毁。黄蜚、吴志葵都被活捉，九月初四日在南京遇害。[4]夏允彝见兵败无成，于九月十七日在淞塘投水自尽[5]。

---

[1] 《嘉定屠城纪略》。

[2] 据顾炎武、归庄年谱云昆山城破，“死者四万人”。温睿临《南疆逸史》卷三十六《王佐才等传》作“士民男女死者数十万”，当为夸大之词。

[3] 侯玄涵作《吏部夏瑗公传》记，吴志葵与陈子龙、徐孚远等与陈湖义兵阴相勾结，“志葵与参将鲁之玙率舟师三千，自吴淞江入淀、泖，窥苏州”。见《夏完淳集笺校》第五一九页，陈湖当即澄湖，淀、泖当即淀山湖、泖湖。

[4] 顾炎武《都督吴公死事略》，引自《顾亭林诗文集》，中华书局1983年排印本，第二二二页。按，顾炎武记黄蜚、吴志葵战败于黄浦。他书有记黄蜚为总兵、吴志葵为副总兵、鲁之玙为参将者，南明官制紊乱，炎武撰文乃据吴志葵从弟所作行状，文尾又说他自己“有再从兄子清晏以武进士为宝山守备，亦从公死于黄浦”。当较为可信。

[5] 夏允彝自尽时间有记于八月者，王弘撰作《夏孝子传》定为九月十七日，见《夏完淳集笺校》第五四五至五四六页。

吴日生等人在太湖中的义军给清军的打击最沉重。吴日生，名易[1]，吴江县人，崇祯十六年进士，曾在史可法幕中任参军。弘光朝廷覆亡后，他和举人孙兆奎同入太湖起兵抗清。闰六月十一日攻入吴江县，杀清知县朱廷佐（原明朝吴江县丞）。他们利用清军不擅水战的弱点，凭借太湖辽阔的水域和四通八达的水上航路同清军作战。1646年（顺治三年）正月十五日，太湖义军再度攻入吴江县，杀署县事孔胤祖及县承张允元[2]。同年三月二十五日，吴日生等聚集一千多条船只，声言再攻该县。清署县事陈日升吓得魂不附体，向驻守苏州的江宁巡抚土国宝、吴淞提督吴胜兆呼救。吴胜兆派副将汪懋功领兵堵剿。二十六日双方在梅墩交战。吴日生知道清军不习水战，事先派部下操舟好手混于民间，清军抢掠百姓船只载兵追击，这些健儿即扮成水手为之操舟，行至湖中，纷纷跳入水中，取出工具把船只凿沉，清军淹死近千名，汪懋功也被击毙。太湖义军一时声势浩大，隆武朝廷和鲁监国政权都给吴日生加官晋爵，以示鼓励。清政府也视其为心腹之患，想尽办法予以摧毁。1646年六月，吴日生在嘉善赴宴，被清政府探知，派兵擒获。吴日生牺牲后，清军继续对湖中义军剿抚兼施，到次年才基本上平定了太湖地区的武装抗清斗争，一部分有志之士则转入地下活动。

第三节　英霍山区的抗清斗争

位于湖北、安徽、河南三省交界地带的大别山区层峦叠嶂，形势

[1] 吴日生之名各书记载不一致，有的作吴易，有的作吴昜。顾炎武有《上吴侍郎旸》诗，王蘧常据此断言当作吴昜，见《顾亭林诗集汇注》第九十五页。柳亚子《怀旧集》内《明季吴江民族英雄吴日生传》依据吴日生1636年自刻制举文署名吴易，证明日生确名吴易。又陈子龙等在崇祯末年编刊的《皇明经世文编》卷首有宋徵璧撰凡例，提及“吴日生易”为其“良友素知”，当不致误。

[2] 顺治三年八月江宁巡抚土国宝揭帖，见《明清史料》己编，第一本，第十八页。

非常险要，明朝末年称之为英霍山区，革左五营义军曾经在这里安营扎寨，抗拒官军的追剿；当地一些地主官绅为了对付农民军，也据险结寨，相互连保。1645年清军南下，弘光朝廷覆亡，江南百姓迫于清廷的剃发令奋起抵抗时，这一地区的绅民也闻风而动，利用原先的山寨作为抗清的据点。其中比较著名的是所谓蕲黄四十八寨。

湖北黄冈县白云寨主易道三、大岐寨主王光淑联络附近四十多个山寨，“阻逋粮饷，违抗剃令”[1]，商定遇有清军来犯，互相救援。崇祯末年曾经担任过兵部尚书的张缙彦由于在河南站不住脚，逃到英山，被四十八寨“推为盟主”[2]。在湖北、安徽、江西都被清军占领的情况下，英霍山区的联寨抗清，虽然形同孤注，却因为扼据鄂、皖通道，牵制了清军的行动。1645年（顺治二年）十一月，清湖广总督佟养和与湖广巡抚何鸣銮会商，决定派黄州总兵徐勇领兵进剿。十一月十五日，徐勇率部进抵白云寨，次日大举进攻，大岐寨主王光淑统领各路兵数万人来援，双方苦战一天，互有伤亡。十七日，徐勇重新调整部署，把所部清军分为三路，寅时鸣炮为号，同时杀出。王光淑见西路抵敌不住，亲自前往策应，不料被清兵用枪搠于马下，当阵活捉。各路寨兵见王光淑被擒，无心恋战，纷纷逃窜，清军乘胜追杀数千人。白云寨主易道三心寒胆落，向清军投降。徐勇下令将大岐、白云、泉华等寨城屋一律拆毁。十二月初三日，徐勇引兵进至蕲水县（今湖北省浠水县）斗方寨，把该寨四面包围。斗方寨内除了寨主周从勗本部义军外，还有从英山请来的援兵副将陈福所部四百人。陈福见清军势大难敌，竟暗中带领千总二名于夜间往清军营中投降。徐勇当即面授机宜，让他们返回斗方寨充

[1] 顺治二年十二月二十日湖广巡抚何鸣銮为塘报事题本，见《明清档案》第三册，A3—183号。

[2] 顺治二年十二月二十八日招抚江南各省地方内院大学士洪承畴“为恭报旧枢投诚归顺事”题本，见《明清档案》第三册，A3—191号。同年十一月江宁巡按毛九华揭帖中也说：“四十八寨系郘兵道（郘起）所练……张部台名缙彦者主持其间”，见《明清史料》丙编，第六本，第五一八页。

当内应，约定次晨以炮为号，里应外合。初四日，周从勛正在寨上指挥，清兵攻至寨门，举放号炮，陈福立即配合清军活捉周从勛与张缙彦委任的英山知县刘时叙，斗方寨城屋全部放火焚毁。王光淑、易道三、周从勛、刘时叙被解到武昌斩首示众[1]。

就在英山一带的抗清义军遭到徐勇所统官兵镇压时，被四十八寨推为盟主的张缙彦却腼颜手书投降信札，表示愿与道臣李昇、邵起（邵为分巡汝南道，李不详）一同归顺清朝。这封信经清安庆巡抚李犹龙转达给在南京的内院大学士洪承畴。由于在崇祯年间洪承畴任职陕西时张缙彦是他的下属，“知信甚深”，洪承畴向清廷力保，准其投降[2]。张缙彦等降清后，英霍山区的抗清斗争仍在继续。义师拥戴明朝宗室朱常巢在太湖县司空山寨，号称荆王，先后趁清军不备，袭破太湖、宿松二县。直到1648年（顺治五年）金声桓、王得仁在江西反清时，蕲黄义师还曾配合活动。

第四节　皖南各地的抗清斗争

1645年黄得功遇难，部将降清后，太平府属当涂、芜湖、繁昌三县落入清方之手。休宁县人金声（崇祯朝曾任监军御史等职）和江天一起兵于徽州府，接着在六、七月间有邱祖德（四川成都人，明末仕至山东巡抚，因曾任宁国府推官，寄寓于该地）响应于宁国，尹民兴响应于泾县，朱盛浓、吴应箕响应于石埭县。义军先后收复了已递降表的青阳、石埭、建德、东流、宁国、旌德等县。清政府在今皖南只据有太平府属三县和南陵、宣城、贵池等县。金声等人得知隆武帝在福州即位，派使

[1]　上引《明清档案》第三册，A3—183号。参见顺治三年正月招抚湖广右佥都御史江禹绪揭帖，见《明清史料》甲编，第二本，第一四四页。

[2]　上引《明清档案》第三册，A3—191号。

者前往奏捷。隆武帝非常高兴，派中书舍人童赤心携带诏书敕印，任命金声为右都御史、兵部右侍郎提督南直军务。清军提督张天禄、池州总兵于永绶等统兵分别进剿。七月初四日，尹民兴部进攻南陵县城，初九日被张部清军击败。当时，宁国府管辖的六县百姓因不肯剃头，群起反抗。清方一份奏疏中说："是时宁国府城外遍地逆民。"七月十六日，尹民兴自泾县，万曰吉、金声自宁国县与刘鼎甲、吴之球等部义军围攻宁国府治宣城县，射伤清知府朱锡元。张天禄派总兵丘越前往镇守，副将杨守壮、赵大捷等赴援。八月十二日，围攻宣城的义师被清军击败，军师邱祖德被俘，"供与金声、万曰吉同行举事，愿死，等语"[1]。第二天，刘鼎甲、吴之球也被活捉。八月十六日，清将张天禄、卜从善、杨守壮、李遇春等率军进攻泾县，尹民兴见敌军势大，在当晚逃出城外，次日城破。清军把参与守城的三千余名民兵全部处斩。九月十一日，张天禄决定分兵两路攻取徽州，副将胡茂祯、张应孟由宁国进军，他自己与卜从善、李仲兴、刘泽泳由旌德进军。二十日，张天禄部经翚岭、新岭直抵绩溪城下，"金声已出南门逃出，杨守壮追及，生擒之"[2]。二十二日，徽州府城降清；十月上旬黟县、祁门、婺源（今属江西省）也先后具文投降。吴应箕在石埭、青阳被清军占领后，仍然到处招兵，

[1] 顺治二年十一月巡按江宁等处监察御史毛九华"为恭报池太徽宁广德府州情形事"揭帖，见《明清档案》第三册，A3—166号。

[2] 见上引《明清档案》第三册，A3—166号。张岱《石匮书后集》卷三十七《黄道周金声列传》记金声兵败被擒事云："先是，声与黄澍为文字知己。后以澍挟左良玉称兵犯阙，请诛士英，益附澍。丙戌，清兵至徽，徽不即下，澍携数十人仓皇至城下，自言湖广逃回，来与协力。声信而纳之。为内应，城陷，遂缚声槛送留都，见清督师洪承畴。声大声问洪曰：尔识我否？承畴曰：岂不识金正希。洪亦问曰：尔识我否？声曰：不识也。承畴曰：我便是洪亨九。声喝曰：咄，亨九受先帝厚恩，官至阁部，办卤阵亡，先帝恸哭辍朝，御制祝版，赐祭九坛，予谥荫子，此是我明忠臣，尔是何人，敢相冒乎？承畴闻之，面赪不出一语。"温睿临《南疆逸史》卷十四《金声传》记"九月二十日，故御史黄澍导大兵入绩溪，声为杨守壮所获……（押至南京）总督欲降声，礼而馆之。不欲。十月十八日，牵诣通济门"，同时遇害者有江天一。按，张岱所记金声被俘时间（丙戌，1646）、地点（徽州府城歙县）均误。温氏所记时日，情节与清方相符，但清江宁巡按毛九华奏疏中未提及黄澍做向导事。

准备重整义师，不幸于十月十三日在乘顶山遭到清军追击，被擒后因伤重身死[1]。金声、江天一被解至南京，十月十八日遇害。万曰吉、尹民兴、朱盛浓先后逃出，继续从事反清复明运动[2]。皖南的抗清斗争至此以失败告终。

第五节　陕西各地的抗清运动

1645年（顺治二年）正月，李自成、刘宗敏率部撤离西安，接着李过、高一功会同西北部分地区的大顺军也撤出陕西。清军两大主力分别在三月间由陕西转入河南：多铎部取道归德南下进攻弘光朝廷；阿济格部则紧追由李自成亲自率领的大顺军主力。留在陕西的清军力量自然相当单薄。于是，一些抗清武装乘时而起，其中影响较大的有贺珍、武大定、孙守法等部。

贺珍原是大顺军旧部，当清朝重兵入陕、大顺政权瓦解的时候，他伙同罗岱、党孟安、郭登先以汉中之地投降清朝，由英亲王阿济格札授汉中总兵。[3]陕北等地大顺军在李过、高一功、李友、田虎等率领下取道汉中入川时，他率部阻击，被李过、高一功等奋力击败，兵马损伤不少。接着在1645年六月左右，张献忠派军北攻汉中，贺珍又“诈称大清兵威迎敌”，献忠兵不知虚实，退回四川。[4]这年九月，清廷“以汉

[1]　顺治二年十一月江宁巡按毛九华揭帖，见《明清史料》丙编，第六本，第五一六页。

[2]　万曰吉后来因秘密从事反清活动，在南京被捕遇害；前页注释中所引该件档案云：“万贼为都司刘自什射死”显系讹传。尹民兴、朱盛浓先后参加了隆武政权和永历政权，见温睿临《南疆逸史》卷四十八《朱盛浓传》。

[3]　清陕西三边四川等地总督孟乔芳在顺治二年四月题本中说：“惟汉中距省千余里，流贼伪总兵贺珍、党孟安、罗岱、郭登先等，臣发谕招抚，亦已归顺。”见《孟忠毅公奏议》卷上。

[4]　顺治二年闰六月初十日陕西三边总督孟乔芳“为再报四川情形以图治理事”奏本，见《顺治录疏》抄本。

中投诚总兵贺珍御贼有功，授为定西前将军”[1]。然而，这只是表面文章，实际上对他却是严密监视，处处提防。早在这年五月清陕西总督孟乔芳就在奏疏中说：“惟新招汉中贺珍、罗岱、党孟安、郭登先四总兵，查得此辈原非明朝旧官，俱是流贼起手头目。曩自败遁盘踞汉中，臣屡发谕帖，示以我皇上威德，并陈之利害，方畏威投顺，缴送伪印。罗岱亲至西安，臣已调拨延安驻扎，与总兵姜瓖同居一城，以为钤制；贺珍、郭登先亦调凤翔，再为分拨；止留党孟安统兵一万仍住汉中，以为进剿张逆（指张献忠）并防汉中城池。但四将俱系逆闯亲信之人，恐狼子野心反复不定，俱在陕西深为不便。伏乞我皇上将贺珍、郭登先以有功名色升调宣大或山东一带地方安置，实为解散之计也。党类既散，总（纵）有叵测，亦无能为矣。”[2]

孟乔芳阴行解散的方针引起了贺珍等人的警惕。当时多铎、阿济格统领的清军主力都已远离陕西，孟乔芳节制的官兵只有一万二千余名，除四千五百名是他的标兵外，其他如凤翔总兵董学礼部六千名、宝鸡总兵高汝砺部五百名等都是刚刚投降过来的。[3]孟乔芳兵力既不足，妄想以一纸文书解除贺珍等人的兵权，结果适得其反。正如他在闰六月初十日题本中所说：“汉中新招总兵贺珍、罗岱、郭登先、党孟安，臣见蚁聚汉城，行牌调出栈道，欲以弭其逆萌、消其凶势也。其中罗岱乃曹操（罗汝才）亲信之人，非贺珍族类，臣已调赴延安讫。贺珍等仍驻汉中，肆行屠掠，屡行檄调，借口汉民保留支吾不前。且四川州县既降，残黎皆我赤子，张逆愤恨吴宇英投顺我朝，围攻月余，珍等坐视不救，以致陷毙，大拂来归之望。”接着，他又建议派明朝旧将康镇邦、董学礼领兵前赴汉中，以同镇汉中及入川为名伺机改编贺珍部，接管地

[1] 《清世祖实录》卷二十。

[2] 顺治二年五月二十二日总督全陕军务刑部左侍郎孟乔芳“为分拨降兵伏祈圣鉴事”奏本，见《明清档案》第一册，A2—201号。

[3] 孟乔芳顺治二年六月十六日“为清报官军数目酌定经制事”题本，见《孟忠毅公奏议》卷上。

方。[1]七月初二日，清兵部侍郎朱马喇题本内引用了孟乔芳所说贺珍等原是“狼子野心，阳顺阴逆”的话，而新委汉中总兵尤可望手中无兵，建议暂驻西安，等待固山额真和罗会（何洛会）所统清军到达后再“相机进取，以图万全”[2]。事情的发展并没有按照孟乔芳的上述分拨计划进行，长期镇守汉中的贺珍不愿意轻易放弃这块地盘，顺治二年十一月二十八日的一份揭帖表明他已识破孟乔芳的意图，擒杀党孟安、郭登先，借以巩固自己的权势。在揭帖中他自我表功说，清军入陕后“即称顺治年号，具文投诚，蒙英王并督臣孟乔芳嘉与维新，札授汉中总兵。继□李逆余孽伪侯伯李锦、高一功、李友、田虎等数营之众，蹂躏地方，职复驱剿逃溃。并殄阳顺阴逆、播害地方之党孟安、郭登先，是以汉属地方安堵，民获衽席”[3]。孟乔芳的如意算盘落空，双方矛盾迅速激化。半月后，贺珍就举兵反清。

1645年十二月中旬，贺珍领兵进攻凤翔县城。十七日晚上，该城驻防副将武大定、石国玺率部响应，贺珍一度占领该县。十二月二十二日，武大定杀“本镇总兵何世元、固原兵备道吕鸣夏等”[4]。不久，因清朝援兵赶到，贺珍部才撤离凤翔[5]。贺珍反清后，原地方武装孙守法、胡向宸等主动领兵前来联络，共同抗击清军。孙守法原来是明朝陕西副总兵，1643年（崇祯十六年）冬，大顺军占领陕西后，他逃入终南

[1] 孟乔芳“为再报汉中情形并陈开川事理仰祈圣鉴以奏荡平事”题本，见《孟忠毅公奏议》卷上。

[2] 顺治二年七月初二日兵部侍郎朱马喇等“谨题为再报汉中情形并陈开川事理仰祈圣鉴以奏荡平事”，见《顺治录疏》抄本。

[3] 顺治二年十一月二十八日贺珍揭帖残件，《明清史料》甲编，第二本，第一三三页。

[4] 顺治三年陕西巡抚雷兴启本残件，见《清代农民战争史资料选编》第一册（上），第六十页。

[5] 陕西三边总督孟乔芳“为贪枭通贼事”揭帖，见《清代农民战争史资料选编》第一册（上），第五十五页。

山中，与大顺军为敌。[1]1645年（顺治二年）清军入陕，他又拥戴明朝秦王的儿子为号召，在五郎山进行抗清。[2]贺珍、孙守法、胡向宸等探听得知陕西清军不多，合议一举夺取省会西安。从十二月下旬起，贺珍等部马、步兵七万进攻西安，一时声势颇盛，清廷委派的陕西巡按黄昌胤以及泾阳知县张锡蕃也向义军投降（后来两人都被清政府捕杀）[3]。清朝陕西三边总督孟乔芳据城扼守，急请固山额真李国翰领兵来援。1646年（顺治三年）正月初五日，清军在西安西郊击败义军[4]，同月二十五日又"歼贼连营于乾州"[5]，稳定了西安地区的局势。随着清廷派遣的定西大将军何洛会带领的满、汉兵的到来，陕西清军不断增强，贺珍、武大定、孙守法等部转移到兴安一带。

贺珍、孙守法、武大定的反清是以复明为号召的。如孙守法以秦王的儿子为"秦王"，在顺治三年"正月内印刷伪示，妄称弘光年号"；这年三月间原大顺军光山伯刘体纯率部由河南进入汉中，同贺、孙等部会合，"四月内抄传伪票，又改隆武年号"，"孙守法自称总督五省总督"[6]。五月三十日，刘体纯、贺珍、孙守法等部攻克兴安州，清守

[1] 李清《南渡录》卷四引兴平伯高杰疏云："陕西实授副将加都督同知孙守法，当贼入关，势力不支，左（光先）、白（广恩）诸大将俱已俯首投顺，独守法挺身不屈，置家属妻子罔顾，径削发奔入终南山，号召乡勇，必欲恢剿复仇。"

[2] 《清初内国史院满文档案译编》中册，第二〇二至二〇三页记载，何洛会、孟乔芳奏报"驻西安府秦王有二子"，顺治二年十一月初十日有土贼"孙率"将秦王一子带往吴郎山。同书第一七七页记十月间"孙率"已往五郎山。可知"吴郎山"为五郎山之误，"孙率"为"孙帅"之误，即孙守法。

[3] 《清世祖实录》卷二十三。

[4] 康熙七年《咸宁县志》卷七《杂志·祥异》记："顺治二年十二月，贺珍围会城，邑民多被蹂躏。三年正月五日始败去。"参见《清世祖实录》卷二十三，顺治三年正月辛酉日定西大将军何洛会奏报。

[5] 见前引顺治三年陕西巡抚雷兴启本残件。

[6] 顺治三年六月二十九日陕西汉羌总兵尤可望揭帖，见《清代农民战争史资料选编》第一册（上），第七十三至七十四页。《南疆逸史》卷三十八《孙守法传》云："隆武帝闻之，遣使间道封守法、大定俱为伯。"

道、参将等官被俘。[1]

正当陕西各地抗清运动高涨的时候，清廷先后派何洛会、肃亲王豪格统领大军入陕。1646年六月，守法退回五郎山；八月，武大定败于兴安境内；九月，王光泰败归郧城，又败走房、竹。丁亥年（1647）正月，守法奔石子城；二月，走长安石鳌谷。三月朔，守法破宁州，与高勋等据兴安州之乔麦山。清陕西三边总督孟乔芳引兵攻之。四月八日，伏甲深林，以轻骑诱守法出，擒之。守法犹执铁鞭格杀数十人乃死，传首西安。大定入蜀。[2]

[1] 顺治三年六月二十九日陕西汉羌总兵尤可望揭帖，见《清代农民战争史资料选编》第一册（上），第七十三至七十四页。《南疆逸史》卷三十八《孙守法传》云："隆武帝闻之，遣使间道封守法、大定俱为伯。"

[2] 《南疆逸史》卷三十八《孙守法传》。

第八章

隆武政权同鲁监国的争立

第一节　隆武政权的建立

1645年六月十一日，唐王朱聿键见潞王朱常涝已经决定投降，不胜愤慨，在一批文官武将的支持下，离开杭州前往福州筹办监国。倡先拥戴朱聿键的实际上是靖虏伯郑鸿逵，黄道周在这年六月十九日记载：六月十一日，清兵进抵塘西，马士英被方国安兵裹胁而去，他“与德公、麑子赤亟移舟至富春，遂不知临安动静。惟闻岸上鼓吹响甚，则朱大典、阮大铖翱翔从富春拿舟欲入婺州者矣。予至桐庐，郑靖虏檄所在扶驾，恫疑久之，见其人乃称圣驾盖唐王，非潞王也。大典适过访，亦云：‘唐藩未还封，安得至此！’诸人旨以虏信甚迫，临安不能孤存，潞王闭阁修斋，亦度不能修康王（指宋高宗赵构）故事。郑为桑梓，不作段煨、张方，能作如此事，须当与众推之。十有三晚，始从舟中晤唐殿下，慷慨以恢复自任，遂同诸臣交拜，约成大业。明日，乃具小启，共请监国。虽靖虏意，亦以板荡之会，非太祖亲藩不足复襄大业也”[1]。

封建时代帝位的继承，血统的亲疏是个重要条件。唐藩朱聿键是朱元璋第二十二子朱柽的八代孙，在谱系上同崇祯皇帝相距很远，按常规是轮不到他的。黄道周等大臣参与郑鸿逵的推举有三个原因：一是朱由检的叔父、兄弟只剩下在广西的桂王，而当时的南明政治中心却在东南，朱常淓、朱常润降清以后东南士绅急于解决继统问题，不得不就近从疏藩中推选。二是明朝唐藩封地为河南南阳，这里正是东汉开国皇帝刘秀的故乡，在黄道周等人看来真可谓“起南阳者即复汉家之业”，“以今揆古，易世同符”了。[2]隆武时任督师阁部的杨廷麟也在诗中写道：“中兴自古旧南阳”[3]，这虽带有颂圣的意味，却也反映了相当一部分扶明官绅的心理状态。三是朱聿键在明朝藩王中确实是位鹤立鸡群的人物。他虽出生于王府，却从小就饱经患难，原因是他的祖父唐端王不喜欢长子（朱聿键之父），有立爱子之意。朱聿键即皇帝位后写的一篇自叙中说：“……端王子追封裕王，裕王万历二十二年立为庶子，长子即朕也。家庭多难，端不悦裕，囚在内官宅。母毛娘娘生朕于万历三十年（1602）四月初五日申时……。祖不悦，而生祖之母为曾祖母魏悦之。八岁延师，仅辩句读。十二岁，曾祖母薨，祖即将朕与父同禁，篝佛灯日夜苦读。禁十六年，朕二十八岁尚未报生焉。崇祯二年（1629）二月，父为叔鸩，朕誓报仇。赖有司之持公，天启心于祖考念，请于烈庙，奉敕准封。本年十二月十二日，祖考亦薨，朕乃奉藩。五年六月初二日受封；九年六月初一日请觐；七月初一日报仇（指杀其

[1] 黄道周《逃雨道人舟中记》，见《黄漳浦集》卷二十四，记。据此可知黄道周的参与拥戴是在六月十三日晚上，第二天具启请朱聿键监国。《思文大纪》卷一云黄道周六月十一日上第一疏，十二日上第二疏，日期稍误。又，文中德公指涂仲吉，见《临安旬制记》卷二；黄道周《答杨伯祥太史书》中亦提及涂德公，见《清江杨忠节公遗集》卷六，同书卷四杨廷麟有《涂德公内史过访》七言诗。

[2] 《思文大纪》卷一。

[3] 《清江杨忠节公遗集》卷四《赠李尚书二首》。

叔父）；二十日请勤王，八月初一日起行，十一日见部咨，寇梗回国；十一月二十一日奉降迁之命，责朕以越关、擅毙。十年三月二十二日到凤阳高墙；五月大病，中宫割股。十二年朱大典请宥；十四年韩赞周请宥；十六年路振飞请宥更切。十七年二月十三日奉旨，‘该部即与议覆’，而有三月十九日之事，不及全受先帝之恩矣，痛哉！……”[1]

读了这篇自叙，可以知道朱聿键和其他藩王的经历有很大的不同，虽说贵为王孙，在出生后的四十三年里除七年奉藩以外，其余岁月都是在逆境中度过的。多灾多难的经历使他受到了其他藩王所没有的磨炼，增加了许多阅历，在国家处于危难时期正是充当最高统治者的有利条件。黄道周写的劝他接受监国的表文中就有这样的文字：“险阻备尝，晋公子之播迁，良有以也；闾阎亲历，史皇孙之艰难，岂徒然哉！”[2]朱聿键正是在这样一种特殊条件下，被推上了维系明统的监国和帝位；他是位胸有大志的人，自然也正中下怀。

六月十五日，黄道周第三次请监国疏中说：“近闻清逼武林，人无固志。贼臣有屈膝之议，举国同蒙面之羞。思高皇创业之艰，退一尺即失一尺；为中兴恢复之计，早一时即易一时。幸切宗社之图，勿固士大夫之节。神器不可以久旷，令旨不可以时稽。亟总瑶枢，以临魁柄。”经过这徒具形式的三推三让以后，朱聿键表示“万不得已，将所上监国之宝，权置行舟。……俟至闽省，面与藩镇文武诸贤共行遵守”[3]。十七日，朱聿键行至浙江衢州，就在检阅军队时发布誓词，表示将亲提六师“恭行天讨，以光复帝室；驱逐清兵，以缵我太祖之业”[4]。表明他已公开接受监国重任。闰六月初六日，由南安伯郑芝龙等迎接入

[1] 《思文大纪》卷二；李天根《爝火录》卷十一。两书所载文字略有不同，互作校改。另据邵廷寀《东南纪事》卷一记：“福王初立，大赦，聿键出高墙，封南阳王，遣官送寓平乐，未至而南都陷。”

[2] 《思文大纪》卷一。

[3] 《思文大纪》卷一。

[4] 《思文大纪》卷一。

福州。次日，正式就任监国。二十天以后，又在臣僚的拥戴下于闰六月二十七日即皇帝位，纪元从本年七月初一日起改称隆武元年，以福州为临时首都，政府名为天兴府，以原福建布政使司作为行宫。这就是南明史上第二个政权，一般称为“隆武政权”。

朱聿键以明朝疏藩即位称帝，尽管他颇想有一番作为，重建明朝江山，可是他一年以前还是高墙中的罪宗，既缺乏自己的班底，又没有足够的名分，这一先天弱点使他不能不依赖倡先拥立的福建实权人物郑芝龙、郑鸿逵兄弟。即位后他就以拥戴之功加封郑芝龙为平虏侯、郑鸿逵为定虏侯、郑芝豹为澄济伯、郑彩为永胜伯。为了收揽人心，任命黄道周、蒋德璟、苏观生、何吾驺、黄鸣俊、陈子壮、林欲楫、曾樱、朱继祚、傅冠等二十余人为大学士，入阁人数之多，在明代历史上从未有过。[1]任命张肯堂为吏部尚书，何楷为户部尚书，吴春枝为兵部尚书，周应期为刑部尚书，郑瑄为工部尚书，曹学佺为太常寺卿[2]。

隆武朝廷建立后，颁诏各地，得到了两广、赣南、湖南、四川、贵州、云南残明政权的承认。

第二节　鲁王朱以海监国浙东

1645年（顺治二年）六月，潞王降清，浙江省会杭州被清军占领，不少州县也递上降表，归顺清朝。“闰六月初旬，颁开剃之令，人护其发，道路汹汹；又郡县奉檄发民除道开衢为驰马之地，人情益恇

[1]　有的史籍记隆武朝一年多时间里入阁为大学士者有三十余人。姓名见之于《思文大纪》者有二十四人，从朱大典的列名阁衔，参考其他文献，隆武帝对鲁监国所授阁臣一律承认，授予大学士官衔，问题是有的没有接受，统计上难以准确。

[2]　《东南纪事》卷一。

扰。”[1]在这种情形下，亡国之痛以强迫剃头为引线迅速点燃了一场反清的熊熊烈火。闰六月初九日，明原任九江道佥事孙嘉绩起义于余姚，杀清朝委署知县王玄如；初十日，生员郑遵谦起兵于绍兴；十二日，又发生了宁波的抗清运动。

浙东的反清起义，和福建的隆武政权有一个重大区别：浙东是在本地当权官绅已经投降清朝以后，一批有志之士激于剃头改制，揭竿而起，不顾杀身亡家的危险而展开的反清复明运动。它的骨干成员大多数是些社会地位比较低的明朝生员和中下级官员。

浙东民风比较强悍，1643年在东阳爆发了许都领导的反对贪官的运动，很短时间就攻克了附近几个县，明政府束手无策，绍兴府推官陈子龙凭借个人关系对许都进行招抚，保证他的生命安全，不料许都投降后却被巡按御史左光先处死。[2]郑遵谦同许都是生死之交，东阳起事后，他也准备响应，被其父郑之尹（曾任山西按察司佥事）关在房里，才未能实现。1645年六月，潞王降清后，浙东郡县也望风归附，绍兴府通判张愫降清被任为知府，彭万里任会稽知县。郑遵谦的父亲郑之尹也亲赴杭州剃发降清。深怀报国之心的郑遵谦却大义凛然地决定起兵反清。他联络一批志同道合的朋友和郡将，慷慨声称：“天下事尚可为，我欲举义旅，何如？”得到大家的支持。于是在闰六月初十日树立大旗，招兵誓师，有众数千人。他下令把张愫、彭万里处斩，自称义兴元帅。为了解决义军粮饷问题，郑遵谦召集曾任明朝尚书的商周祚、姜逢元等缙绅开会，要求他们拿出钱来。有的缙绅诉说家境贫困，难以应命。郑遵谦大骂道：“若受高官厚禄数十年，今国破君亡，尚欲拥厚资安享耶？”命人拖出斩首，阔老们吓得胆战心惊，只好答应按额输饷。正在这时，他的父亲郑之尹从杭州回来，见形势陡变，大吃一惊，跪在遵谦面前磕头大哭道“汝幸贷老奴命，毋使覆

[1] 林时对《荷牐丛谈》卷四，《蠡城监国》。

[2] 许都事件见陈子龙自撰《年谱》，《陈子龙诗集》附录一。

宗”，妄想以父子之情劝说遵谦不要同清朝作对。郑遵谦毫不动摇，绝裾而去。《南疆逸史》的作者温睿临在记述这件事时不胜感叹地写道：“明之绅士，大约荣利禄，趋声势，私妻子是计耳。宁有君父之戚，家国之感乎哉！故闯至则降闯，献至则降献，一降不止则再，其目义士皆怪物耳！”[1]这段话颇能说中肯綮，明末清初大多数高官显贵在天翻地覆的大变乱之际，最关切的是千方百计维护自己聚敛起来的巨额财富，国家民族的利益被置之度外。

继绍兴府之后，又发生了宁波府的反清运动。宁波府同知朱之葵、通判孔闻语已纳款于清贝勒博洛，博洛随即委任之葵为知府、闻语为同知。鄞县生员董志宁首先倡义反清，聚集诸生于学宫商议，其中著名的还有王家勤、张梦锡、华夏、陆宇燝、毛聚奎，这就是某些史籍中说的“六狂生”。董志宁等决定起兵时，曾遍谒在籍各乡绅，均遭拒绝。闰六月初十日，清知府朱之葵为清军运粮至姚江，因道路不通返回鄞县。同日，孙嘉绩派人来鄞县约其门人林时对起兵响应。林时对曾任明朝吏科都给事中，他在十一日和沈延嘉、葛世振、徐殿臣等商议后，认为原太仆寺卿谢三宾“饶于资，向监军山左，曾身历戎行，宜奉之为主”，四人一道前往恳求，谁知谢三宾坚持不允，曰：“势如压卵，若辈不畏死耶？”无论林时对等怎样劝说，峻拒如故[2]。林时对等于失望之余，与董志宁等人商量决定推原刑部员外郎钱肃乐为盟主，十二日邀集众乡绅到城隍庙开会。清知府朱之葵、同知孔闻语也来观察动静。当时，除了策划者以外，被邀而来的乡绅们还不清楚是怎么回事，听说知府、同知莅临，竟然降阶迎接。董志宁、林时对当机立断，撕毁之葵、闻语的名刺，宣布拥戴钱肃乐起兵反清。几千名围观百姓欢声雷动，当即拥簇着钱肃乐到巡按署中任事，隶属于海防道的两营兵和城守兵也表示支持抗清。朱之葵等见局面翻转，向百姓哀告饶命，得以释放。宁波府城鄞

[1] 温睿临《南疆逸史》卷五十三。

[2] 林时对《荷牐丛谈》卷四，《蠡城监国》。

县自此复为明守。

当时，驻于定海的浙江防倭总兵王之仁业已投降清朝，贝勒博洛命他继续担任原职[1]。宁波府城反清后，谢三宾为了保住身家性命，派人携带亲笔书信前往定海请王之仁出兵镇压，信中说：“潝潝诎诎，出自庸妄六狂生，而一稚绅和之。将军以所部来，斩此七人，事即定矣。某当以千金为寿。”[2]钱肃乐也派倪懋熹为使者前往定海策反王之仁。两位负有完全相反使命的使者几乎同时到达定海。倪懋熹抵定海后，听说头天有位姓陈的秀才上书王之仁，斥责其降清，被王处斩，仍毅然入见。一见面，王之仁说：“君此来，大有胆。”倪说：“大将军世受国恩，贤兄常侍（指崇祯朝太监王之心）攀髯死国，天下所具瞻，志士皆知其养晦而动也。方今人心思汉，东海锁钥在大将军，次之则滃洲黄将军（指黄斌卿）、石浦张将军（指张名振），左提右挈，须有盟主，大将军之任也。”王之仁连忙制止他说下去，叮嘱道“好为之，且勿洩”，让儿子王鸣谦陪倪懋熹去东阁吃饭。然后，又接见谢三宾的使者，给他一封回信，“但曰以十五日至鄞，共议之”。谢三宾的使者见王之仁惠然肯来，以为不负主命，当即回鄞。王之仁在谢三宾的使者离开后，对倪说：“语钱公，当具犒师之礼。”[3]十五日，王之仁果然统兵来到鄞县，召集诸乡老聚会于演武场。谢三宾自谓得计，欣欣然赴会，以为钱肃乐、钱志宁等必定溅血于眼前。不料，坐定之后，王之仁从靴子里取出谢三宾的密信，当众朗读。三宾大惊，不顾一切冲上去想夺回原信。王之仁喝令部下士卒把谢三宾拿下，对钱肃乐说：“是当杀以祭纛

[1] 王之仁在1645年六月清军入浙时一度降清，顺治二年闰六月定国大将军豫王多多（多铎）等“为塘报事”奏本中说：“防倭浙江总兵官王之仁归顺，所部将领官兵共二万五千名。”见《顺治录疏》抄本。

[2] 全祖望《鲒埼亭集》卷七，《明故兵部尚书兼东阁大学士兼吏部尚书谥忠介钱公神道第二碑铭》。按，“潝潝诎诎”当作“噏噏诎诎”，出自《诗经》，意为小人擅作威福。

[3] 全祖望《鲒埼亭集》卷八，《明建宁兵备道佥事鄞倪公坟版文》。林时对《荷牐丛谈》卷四《蠡城监国》说，派往王之仁处的使者为华夏、王家勤。

否？”谢三宾“哀号跪阶下，请输万金以充饷。乃释之”。由于王之仁兵员较多，参与反正，宁波的反清局势迅速稳定，对浙东其他府县也具有很大影响。

总兵方国安是浙江人[1]，潞王降清时他率部众一万多名由杭州退至钱塘江东岸，和王之仁部构成反清武装的主力。这样，浙东地区的反清运动风起云涌，慈溪县有沈宸荃、冯元飂起义，石浦参将张名振也带兵来会合；慈溪知县王玉藻、定海知县朱懋华、奉化知县顾之俊、鄞县知县袁州佐、象山知县姜圻纷纷提供粮饷、招募义兵。

浙东各地反清运动兴起后，明原任管理戎政兵部尚书张国维和在籍官僚陈函辉、宋之普、柯夏卿商议，认为急需迎立一位明朝宗室出任监国，而当时在浙江的明朝亲、郡王只有在台州的鲁王朱以海没有投降清朝，自然成了浙江复明势力拥立的唯一人选。闰六月十八日，张国维等人奉笺迎朱以海出任监国；二十八日又再次上表劝迎。朱以海到达绍兴后，于七月十八日就任监国[2]。以分守台绍道公署为行在，立妃张氏为元妃，改明年为监国元年。这意味着朱以海为首的监国政权在乙酉年七月到十二月仍沿用弘光元年年号[3]。顺便说一下，史籍中有“监国鲁某

---

[1] 方国安的籍贯据黄道周说是浙江萧山；张岱在《石匮书后集》中记是浙江诸暨。

[2] 翁洲老民《海东逸史》卷一。林时对《荷牐丛谈》卷四亦记：“王于七月自台至蠡城，以守道署为行宫。各官奉表劝进，即监国位。”按，张岱《石匮书后集》卷五《鲁王世子》记：“鲁王于是年六月至绍兴监国”；徐芳烈《浙东纪略》记，“八月初三日乃抵越城，遂以分守衙署作行宫焉”。时间稍有出入。但张岱在同书卷四十五《陈函辉传》中对鲁王朱以海的拒绝降清和在台州被奉为监国“颁诏诸镇”有较详细的记载。总之，朱以海收到浙东起义官绅请求他出任监国的表笺约在闰六月下旬，他到绍兴就任则为七月。《思文大纪》记载，在唐、鲁之争激化时，隆武帝在一件敕文中特别强调以监国登极的先后作为正统所在的最重要的根据，声称“今朕先监国登极四十日”。唐、鲁都是疏藩，无法同桂藩等血缘关系亲近者相比，他说自己继承大位早于鲁王四十天，应属可信。

[3] 徐芳烈《浙东纪略》云：九月“初旬内，江上诸藩文移往来，突称洪武乙酉。大宗伯陈盟具疏改正，奉旨俱允。”《南疆逸史》卷二十《方逢年传》则云：“监国始称洪武乙酉年，逢年入直改称鲁监国元年。”

年”和“鲁监国某年”的不同用法，从现存鲁监国颁发的印信来看，两种纪年方法都曾使用过。隆武政权是以当年七月改元，鲁监国则是次年（1646）改元，在1645年下半年仍沿用弘光元年[1]。

鲁监国政权成立后，张国维、朱大典、宋之普被任命为东阁大学士，不久又起用旧辅臣方逢年入阁为首辅。任命章正宸为吏部左侍郎署尚书事，陈函辉为吏部右侍郎，李向春为户部尚书，王思任为礼部尚书，余煌为兵部尚书，张文郁为工部尚书，李之椿为都察院左都御史[2]。孙嘉绩、熊汝霖、钱肃乐起义有功，均加右佥都御史衔督所部义师；进封大将方国安为镇东侯，王之仁为武宁侯，郑遵谦为义兴伯[3]，而以大学士张国维为督师，统率各部兵马。

鲁王朱以海出任监国是在潞王朱常淓投降后，浙东士大夫迫于清廷强制推行剃发令而自发组织的抗清政权，带有很大的地区性特色。参与拥立鲁藩的官绅开初并不知道唐王朱聿键已经在福州继统，他们在拥立朱以海之后立即处于进退两难之势。就亲疏而言，唐王和鲁王都是明太祖朱元璋的后裔，在谱系上与崇祯帝相距甚远；在拥立时间上，唐藩略早于鲁藩，而且由监国称帝；地域上，唐藩为首的隆武政权得到了除浙东以外各地南明地方政权的承认，鲁监国政权只局促于浙东一隅之地。闽、浙的纷争使南明业已呈现的劣势进一步恶化了。在国难当头的时候，朱明王朝的宗室有的屈膝降敌，轻信清廷给予“恩养”的空言；有的利用国无常主，妄图黄袍加身，哪怕过上一天皇帝瘾也好。而相当一批文官武将也以拥立定策作为自己飞黄腾达的机会，演出了一幕幕兄弟阋墙、钩心斗角的闹剧。瞿式耜在一封信中写道：“以我观之，分明戏

---

[1] 浙江省博物馆曹锦炎、王小红二君寄赠《南明官印集释》一文，对鲁监国颁发印信有详细考证，颇具说服力，谨此致谢。

[2] 黄宗羲《行朝录》卷三《鲁王监国》。李之椿任左都御史见林时对《荷牐丛谈》卷四《蠡城监国》；但该书记以朱兆柏为吏部尚书，余煌为礼部尚书兼管枢政，王思任为侍读学士。按，参考查继佐《鲁春秋》等书可知监国政权文武官员常有升转。

[3] 据黄宗羲、查继佐记郑遵谦封义兴伯在是年十一月。

场上捉住某为元帅，某为都督，亦一时要装成局面，无可奈何而逼迫成事者也。其实自崇祯而后，成甚朝廷？成何天下？以一隅之正统而亦位置多官，其宰相不过抵一庶僚，其部堂不过抵一杂职耳。”又说：“其见在朝廷者，干济则平常，争官则犀锐，部曹则想科道，科道则想督抚，毕智尽能，朝营暮度，无非为一身功名之计。其意盖谓世界不过此一刻，一刻错过便不可复得矣！彼其胸中，何尝想世界尚有清宁之日，中原尚有恢复之期也哉！”[1]这段文字是在永历元年写的，但所指出的南明残余势力醉生梦死，热衷于乱中窃权却是概括了弘光以来的普遍现象。从宗藩到官僚大抵都是利令智昏，为眼前的名利争得不可开交。

朱以海的出任监国，是在特殊条件下形成的。明第一代鲁王朱檀，朱元璋第十子，封于山东兖州。其九世孙朱以派嗣封鲁王，1642年（崇祯十五年）清兵南下山东，攻破兖州，朱以派遇难。其弟朱以海也几乎被清军杀害，死里逃生后于崇祯十七年二月袭封鲁王[2]；同年三月，大顺军攻克北京，进兵山东，朱以海南逃，弘光时寓居浙江台州。朱以海亲身经历了国破家亡，颠沛流离的患难生活，培育了他对清廷的仇恨，在清兵侵入浙江时坚持了民族气节，并且毫不犹豫地在强敌压境之时毅然肩负起抗清的旗帜，甚至亲临前线犒师，这是难能可贵的。但是，他毕竟是深养王宫之中的龙子龙孙，过惯了腐朽荒淫的贵族生活，既缺乏治国之才，又不肯放弃小朝廷的荣华富贵。李寄有《西施山戏占》诗描绘了朱以海监国时的状况：“鲁国君臣燕雀娱，共言尝胆事全无。越王自爱看歌舞，不信西施肯献吴。”诗后原注：“鲁监国之在绍兴也，以钱塘江为边界。闻守江诸将日置酒唱戏，歌吹声连百余里。当是时，余固知其必败矣。丙申年（1656，顺治十三年）入秦，一绍兴娄姓者同行，因言曰：‘余邑有鲁先王故长史某，闻王来，畏有所费，匿不见。后王知而召之，因议张乐设宴，启王与各官临家。王曰：将而费，吾为

[1] 《瞿式耜集》卷三《丁亥正月初十再书寄》。

[2] 谈迁《国榷》卷一百。《监国纪年》云：“十七年二月甲戌王嗣位。”

尔设。因上数百金于王。王乃召百官宴于庭，出优人歌伎以侑酒。其妃亦隔帘开宴。余与长史亲也，混其家人得入。见王平巾小袖，顾盼轻溜，酒酣歌作，王鼓颐张唇，手象箸击座，与歌板相应。已而投箸起，入帘拥妃坐，笑语杂沓，声闻帘外。外人咸目射帘内。须臾三出三入，更阑烛换，冠履交错，傞傞而舞，优人、官人，几几不能辨矣。'即此观之，王之调弄声色，君臣儿戏，概可见矣。何怪诸将之沈酣江上哉！期年而败，非不幸也。"[1]这宛如一幅太平天子的行乐图。

鲁监国政权的腐败还表现在任用皇亲国戚上面。元妃张氏的哥哥张国俊招权纳贿，任用匪人。著名的例子如谢三宾这样鲜廉寡耻的小人，被迫参加鲁监国政权后，竟然走国舅的后门出任大学士。其用人行政由此可见。张岱对朱以海的评论是："从来求贤若渴，纳谏如流，是帝王美德。若我鲁王，则反受此二者之病。鲁王见一人，则倚为心膂；闻一言，则信若蓍龟，实意虚心，人人向用。乃其转盼则又不然，见后人则前人弃若弁髦，闻后言则前言视为冰炭。及至后来，有多人而卒不得一人之用。附疏满廷，终成孤寡，乘桴一去，散若浮萍；无柁之舟，随风飘荡，无所终薄矣。鲁王之智，不若一舟师，可与共图大事哉！"[2]

在军事上，鲁监国政权处于抗清前线，却并不能有效地利用当地的兵力和财力。浙东的抗清事业本来是孙嘉绩、熊汝霖、钱肃乐等官绅

[1] 《李介立诗钞》卷二，转引自邓之诚《清诗纪事初编》第四十八页。按，娄某所云鲁先王故长史即张岱之父张耀芳。耀芳曾任鲁府右长史，崇祯五年去世。张岱《琅嬛文集》有《贺鲁国主册封启》，内云："某愧非禾木，实为世臣。"《砚云甲编》第八帙，张岱《梦忆》记："鲁王播迁至越，以先父相鲁先王，幸旧臣第。岱接驾。……睿量宏，已进酒半斗矣，大犀觥一气尽。……转席后又进酒半斗，睿颜微酡。进辇，两书堂官掖之不能步。岱送至闾外，命书堂官再传旨曰：'爷今日大喜，爷今日喜极。'……"李聿求《鲁之春秋》卷二十记："张岱，字宗子，山阴人，参议汝霖子。汝霖尝官山东副考官，与鲁王藩邸有旧。监国驻绍兴，幸岱第，授职方主事，未几辞归。"张汝霖为张岱之祖父，李聿求弄错了一辈。顺便说一下，张岱原以为自己同鲁监国有上述特殊关系，可望重用，后来未能如愿，在所著《石匮书后集》中对鲁监国多有微辞，实欠公允。

[2] 张岱《石匮书后集》卷五《鲁王世家》。

士民凭借一股正气，不愿降清，得到百姓支持而干起来的，说明民心可用。可是，领兵大将方国安、王之仁来到之后，立即接管了浙东原有营兵和卫军，自称正兵；孙嘉绩、熊汝霖、钱肃乐等虽被授予督师官衔，部下只有临时招募而来的市民、农夫，称之为义兵。方国安、王之仁凭借兵力优势，竭力主张“分地分饷”：正兵应该瓜分全部正饷，即按亩计征的正额田赋；义兵只能食义饷，即通过劝输等办法取得的银米。这实际上沿袭了弘光时四镇和左良玉等军阀割据余习，使义兵处于没有固定粮饷来源而自生自灭的困境。鲁监国命廷臣会议，方国安、王之仁派来的司饷官员坚决要求全部田赋由正兵自行分地征收，遭到许多廷臣的反对。户部主事董守谕奏曰：“分饷分地非也。当以一切正供悉归户部。核兵而后给饷，核地而后酌给之先后。所谓义饷者，虽有其名，不可为继。”[1]这本是正常朝廷财政军费开支的通行办法，却被方、王使者坚决拒绝。另一户部主事邵之詹建议以绍兴府田赋归户部，宁波府田赋供王之仁，金华府归朱大典，其他地方归方国安，意在使监国政权多少还有一点财政支配权。可是，连这样一个不得已的折中办法仍然遭到方、王的断然反对。最后，还是把浙东各府县每年六十余万钱粮由方、王二军自行分配。浙东各处义师断绝了粮饷来源，大多散去；连督师大学士张国维直接掌管的亲兵营也只有几百人。

第三节　唐、鲁政权的对立与纷争

上文说过，弘光朝廷覆亡，潞王屈膝降清，使南明帝系再次中断，唐藩朱聿键、鲁藩朱以海以远系宗室先后被福建、浙东官绅将领拥戴继统。这是在消息不灵的混乱状态下出现的一国二主局面。不久，随着情况的明朗化，唐藩为首的隆武朝廷建立时间稍先，又得到其他各省南明

[1]　黄宗羲《行朝录》卷三《鲁王监国纪年上》。

地方政权的支持，鲁监国政权就处于进退两难的境地。按道理说，退位归藩可以使南明政权至少在名义上实现统一；然而朱以海黄袍加身容易，一旦退位依旧过寓公生活难免驽马恋栈，何况拥立他的大臣也有的不愿放弃自己“定策”之功，担心转入隆武朝廷将不受重视。唐、鲁对峙的局面一直拖延不决。

九月，隆武帝派遣兵科给事中刘中藻为使者，前往绍兴颁诏，宣布两家无分彼此，鲁监国委任的朝臣可以到隆武朝廷中担任同等官职。对于是否承认隆武朝廷的正统地位，在鲁监国大臣中掀起了一场轩然大波，赞成开读诏书和反对开读的大约各占一半。大学士朱大典、督师钱肃乐、大将方国安认为“大敌当前，而同姓先争，岂能成中兴之业？即权宜称皇太侄以报命，未为不可；若我师渡浙江，向金陵，大号非闽人所能夺也”[1]。“圣子神孙，总为祖宗疆土。今隆武既正大统，自难改易；若我监国，犹可降心以相从”[2]。这说明他们的意见是赞成闽浙联合，接受隆武朝廷的正统地位，以免浙东独树一帜，孤立无援。可是，大学士张国维、督师熊汝霖、大将王之仁、国舅张国俊等却坚决反对。[3]张国维的疏中说：“国当大变，凡为高皇帝子孙，皆当同心勠力，共图兴复。成功之后，入关者王，比时未可言上下也。且监国当人心涣散之日，鸠集为劳，一旦南拜正朔，鞭长不及，悔莫可逭。”[4]熊

[1] 李聿求《鲁之春秋》卷五《钱肃乐传》。

[2] 徐芳烈《浙东纪略》。

[3] 查继佐《国寿录》卷三《张国维传》。

[4] 《鲁之春秋》卷三《张国维传》。张岱《石匮书后集》卷四十《张国维传》记鲁监国授国维为建极殿大学士兼兵部尚书。隆武颁诏浙东，授国维为东阁大学士，敕辅鲁王监国。廷臣多欲开诏。国维曰：“继大统者，世治先嫡长，世乱先有功。唐殿下提兵北伐，则国维当为前驱。若止为闭户天子，反以官爵分浙东办卤（虏）之心，则恢复无期，中兴何日！是太祖高皇帝之罪人也。不敢奉诏。手敕凡七至，而国维终不发。谓使臣曰：张国维但知今日江上收文武人才，治战守具为急，不知东阁大学士为何官，可即以此语报唐殿下。”查继佐《国寿录》卷三《张国维传》记：“丙戌，闽师至浙，国维以前内外臣尝奉表于唐，恐有内变，使剑伏阙曰：今日复有以和闽为言者，臣立剑斩之。”“今日请太祖高皇帝坐评此案，唐鲁得失，岂以寻丈哉！”

汝霖说："主上原无利天下之意，唐藩亦无坐登大宝之理。有功者王，定论不磨。若我兵能复杭城，便是中兴一半根脚，此时主上早正大号，已是有名。较之闽中乘时拥戴，奄有闽越者，规局更难倒论，千秋万世，公道犹存。若其不能，而使闽兵克复武林，直趋建业，功之所在，谁当与争？此时方议迎诏，亦未为晚。"[1]甚至还有人说出"凭江数十万众，何难回戈相向"的话[2]，不惜动武争夺帝位。朱以海见朝臣中不少人主张尊奉隆武帝，愤愤不平，宣布退归藩位，于九月十三日返回台州。十月初一日，主张承认隆武朝廷为正统的大臣开读了诏书。然而，在张国维、熊汝霖等人的坚持下，终于决定拒绝接受隆武政权诏书，重新迎回朱以海。唐、鲁争立从此愈演愈烈。

1646年正月，隆武帝命都御史陆清源携带白银十万两前往浙东犒师，却被鲁监国部将杀害[3]。由于鲁监国政权中许多文官武将向隆武朝廷上疏效忠，朱聿键也加意笼络，给他们进官封爵。朱以海针锋相对采取挖墙脚措施，在这年四月间派左军都督裘兆锦、行人林必达来福京"以公爵封芝龙兄弟"[4]。隆武帝闻讯大怒，将来使囚禁。不久，又杀鲁监国所遣使者总兵陈谦，更引起了郑芝龙的不满[5]。由此可见，唐、

[1] 《鲁之春秋》卷四《熊汝霖传》。查继佐《鲁春秋》记："九月，唐诏至，文武诸臣疏请开读，惟兵部尚书国维、都御史汝霖、中书舍人谢龙宸正色争之。监国不果开诏。以会稽孙桀疾上仪注罪之。唐诏略云：朕与王约，朕未有子，得金陵为期，当让位皇侄，布衣角巾，萧然物外。时廷臣逮会稽备仪注上。国舅张国俊勇（恿）王怒，王誓不夺。龙宸字云生，遂手批唐使者刘中藻于殿上。已赦桀别转，而以乡荐殳香为会稽知县。鲁文武内外诸臣咸私表于唐，不闻监国。诸原以二（□，虏）唐前后厄，自失重援，势必饷竭，无所呼，且唐诏特至公，诚一家也。悉从唐使者中藻附表称贺。国维、汝霖等知之，不以闻，原其隐也。"

[2] 徐芳烈《浙东纪略》。

[3] 翁洲老民《海东逸史》卷一云："闽中遣佥都御史陆清源解饷十万给浙东。方国安纵兵搜之，拘清源不遣，盖马（士英）、阮（大铖）所拘也。"他书多云陆清源被杀。

[4] 《思文大纪》卷五。

[5] 陈谦与郑芝龙关系甚密。林时对记鲁监国封陈谦为镇威伯。

鲁争立不仅是两个南明政权的对立，而且在两个政权内部也引起了严重纷争，尽管唐、鲁政权都以反清复明为宗旨，很大一部分精力却消耗在内部矛盾上。与此相应的是，文官武将的升迁不是以抗清功绩为据，而是被作为拉拢的一种手段。隆武、鲁监国两政权封爵拜官的人数很多，大抵都是因在内部倾轧中有“功”。在这种情况下，根本不可能组织有效的防清阵线。就当时的形势而言，隆武朝廷得到了南方绝大部分明朝地方政权的承认，鲁监国仅凭浙东一隅之地与之相抗是极不明智的。他和忠于他的大臣明知在南明管辖区内竞争不过隆武政权，却幻想攻克杭州后进取南京，先拜孝陵，建立超过隆武朝廷的威望。以监国政权的兵力要实现这种战略目标显然是不现实的。何况，即便旗开得胜，如愿以偿地拿下了留都南京，唐、鲁对峙的局面也将继续下去。由于鲁监国坚持同隆武朝廷分庭抗礼，地理原因监国政权处于抗清的前线，给福建提供了屏障，隆武朝廷的实权人物郑芝龙对这种局面心中窃喜，按兵不动有了借口。

朱以海既自外于隆武朝廷，不惜以高官厚爵收买支持者，流风所及，官职紊滥。“时远近章奏，武臣则自称将军、都督，文臣自称都御史、侍郎，三品以下不计。而江湖游手之徒，假造符玺，贩鬻官爵，偃卧丘园而云联师齐楚，保守妻子而云聚兵千万。”礼部尚书吴钟峦上疏请严加查核，“募兵起义者则当问其册籍花名，原任职官者则当辨其敕书札付”[1]，但在当时情况下根本行不通。

第四节　鲁监国政权的抗清活动

尽管鲁监国政权的建立分散了抗清的力量，但是朱以海等人为了保有浙东，进而恢复失地，还是采取了一些积极措施。除了沿钱塘江布防外，方国安、王之仁等部曾渡江配合当地义师收复富阳、于潜。

[1]　黄宗羲《海外恸哭记》。

1645年八月间一度进攻杭州，未能得手。这年九月清浙闽总督张存仁奏报："叛贼方国安、王之仁从富阳渡江犯杭城。遣副将张杰、王定国督兵往剿，斩首四千级，余贼复盘踞富阳。又令定国往余杭防剿，至关头，遇贼对垒，我师奋勇掩杀，追至小岭二十余里，斩获无算，阵擒国安子士衍等，斩之。"[1]

十一月，鲁监国晋封方国安为越国公、王之仁为兴国公，并且筑坛拜方国安为大将，节制诸军。十二月十九日，朱以海亲自到钱塘江边西兴犒军，每名士兵赏银二钱，"责限过江，攻取杭城"[2]。二十四日，方国安、马士英、王之仁派总兵三员领兵二万多名于五鼓从朱桥、范村、六和塔三处过江，直至张家山、五云山、八盘岭等处，迫近杭州府城。清总督张存仁与梅勒章京朱马喇、济席哈、和托、总兵田雄、张杰等分兵三路迎击，明军大败，被俘的副将有十一人，参将、游击、都司、守备四十八人[3]。这次渡江攻杭战役失败后，鲁监国政权的将领壮志顿消，基本上转为划江扼险的守势。查继佐上鲁监国书中说："自十二月廿四日之后，我兵一挫，□骄益逞。乃诸镇养尊，将心万不足恃，而私斗者互见，无所为兵律也。米价腾沸，过常数倍，财竭则内必变，民情已汹汹可虑。……而举朝泄泄，犹然饰太平之容，岂以示□镇静如谢安之于秦乎？臣未能为之解也。"[4]

[1] 《清世祖实录》卷二十。又同书卷二十一勒克德浑奏报满军朱玛喇、和托、济席哈出战，当为同一战役。

[2] 顺治二年十二月二十九日浙江等处总督张存仁"为塘报官兵大捷事"揭帖，见《明清档案》第三册，A3—193号。黄宗羲记：十一月"上募军于江上，驻跸西兴"，当为十二月事。

[3] 上引《明清档案》第三册。A3—193号。按原文济席哈作几什哈，和托作合托。揭帖中还提到熊汝霖也率义兵由牛头堰过江参加进攻杭州战役，亦被击败。

[4] 查继佐《敬修堂钓业》，上鲁监国书第十篇，见浙江古籍出版社《海东逸史》外三种。乙酉十二月攻杭州战役是鲁监国政权的一件大事，张岱《石匮书后集》卷四十八《方国安传》也记载了这次战役。奇怪的是，当时正在鲁监国政权中任兵部主事的黄宗羲竟然阙而不载，不知所为何事。温睿临《南疆逸史》卷四《监国鲁王》全据黄氏记述，也未载此役。

第五节　靖江王朱亨嘉之变

正当唐、鲁二藩在福建、浙江争立的时候，分封于广西桂林的靖江王朱亨嘉也不甘寂寞，梦想黄袍加身。明代的靖江王是太祖侄儿朱文正的后裔，在宗室诸王当中谱系最远，按宗法观念他根本不具备继统的资格。然而，自从崇祯帝自缢北都覆亡以后，朱明王朝宗室中不少人心中窃喜，妄图乘乱谋取大位，朱亨嘉正是其中的一个。1645年（明弘光元年、清顺治二年）五月，清军占领南京，弘光帝被俘，七月间消息传到广西，朱亨嘉认为机会来了，“即借勤王为名，有妄窥神器之心”[1]。他对左右亲信孙金鼎等人说：“方今天下无主，予祖向于分封之日以粤西烟瘴不愿就封，马皇后慰之使行，于是以东宫仪卫赐之。目今东宫无人，予不俨然东宫乎！太子监国自是祖宗成宪，有何不可？”[2]广西总兵杨国威、桂林府推官顾奕等人也想以拥立为功，三章劝进，推波助澜。八月初三日，朱亨嘉居然身穿黄袍，南面而坐，自称监国，纪年用洪武二百八十七年。[3]改广西省会桂林为西京[4]。杨国威被委任为大将军，封兴业伯；孙金鼎为东阁大学士；顾奕为吏科给事中[5]；广西布政使关守箴、提学道余朝相等在桂林的官僚都参与拥戴[6]。为了扩大影响，争取多方支持，朱亨嘉还派使者前往湖南、贵州等地颁诏授官，[7]檄调柳州、庆远、左江、右江四十五洞“土狼标勇”，以增加自

[1] 瞿式耜《丙戌九月二十日书寄》，见《瞿式耜集》卷三，书牍。

[2] 雷亮功《桂林田海记》。

[3] 雷亮功《桂林田海记》；参见光绪《临桂县志》卷十八《前事志》。

[4] 吴晋锡《半生自记》卷下。

[5] 《桂林田海记》说顾奕被任为“翰林院修撰”。

[6] 光绪《临桂县志》卷十八《前事志》。

[7] 吴晋锡《半生自记》云：“伪诏余为兵科给事，余挥使者不受。”《思文大纪》卷五记贵州情况说“先是，靖庶伪诏颁行，（贵州巡抚范）鑛固却之，且励兵固圉，至是以拱戴疏至”，隆武帝为之“欣然”，给范鑛加衔为都察院右都御史。

身兵力。当时，广西巡抚瞿式耜、巡按郑封正在梧州，得到靖藩僭位的消息，立即檄令思恩参将陈邦傅保持戒备，又以巡抚印文通知土司“狼兵”不得听从靖江王调令。朱亨嘉深知广西巡抚的态度直接关系到自己“事业”的成败，企图加以笼络。他先派顾奕为使者，携带诏令任命瞿式耜为刑部尚书，遭到瞿式耜的严词拒绝。[1]八月十二日，朱亨嘉亲自统兵来到梧州，把瞿式耜拘捕，十九日押回桂林软禁于靖江王府，不久移居刘仙岩。[2]

靖藩的自立同当时的两广高级官员态度游移有关。隆武帝在福建即位后颁诏南明管辖区，两广、贵州等地的官员并没有立即表态（举行开诏宣读仪式和上疏祝贺）。两广总督丁魁楚心怀观望，有的史籍说他同朱亨嘉有秘密联系，对谋立活动故意采取放纵态度。巡抚瞿式耜在弘光朝廷覆亡后，本来打算奉桂藩安仁王朱由榎（神宗的孙子，其父桂王朱常瀛已病死）为帝，在接到福州颁发的隆武监国和即位诏书以后，他认为唐王只是太祖的后裔，世系太远，没有及时上疏表态。被朱亨嘉拘留之后，他才秘密派遣家人携带奏疏祝贺朱聿键即位，并且报告朱亨嘉僭位及其必败之势，请求朝廷派遣军队平定叛乱。

朱亨嘉自立后，感到广西“地方狭小，兵马钱粮件件有限，难以为守，立志要下广东，先到肇庆会同两广商议而行，以观天下形势，以为保守之资”[3]。他命杨国威留守桂林，自己带领兵马由水路出平乐、梧州，以参赞严天凤、范友贤为将军，充当左、右前锋[4]。不料两广总督丁魁楚已获悉隆武即位后，除了浙江的监国鲁王以外，江南明朝各

[1] 瞿玄锡作瞿式耜及夫人邵氏“合葬行实”，见《虞山集》。

[2] 同上。光绪《临桂县志》卷十八《前事志》说：朱亨嘉“令杨国威留守桂林；檄思恩参将陈邦傅以总兵官会于梧州，籍兵千余人，选宗室五百人为亲军，于十五日东行”。时日稍有不同。

[3] 雷亮功《桂林田海记》。

[4] 屈大均《安龙逸史》卷上。

地政权都表示拥戴，而且隆武帝已给他加衔为大学士[1]。因此，他认为这是自己建功立业的天赐良机，立即派出精兵数千名进至广西梧州，同时差官乘船由小路而来，船头打着“恭迎睿驾”的牌子，借以麻痹朱亨嘉。八月二十二日半夜，丁魁楚兵在梧州突然发起进攻，朱亨嘉拼凑的兵马被打得落花流水，自己狼狈不堪地由五屯所、永安、荔浦逃回桂林。[2]“大学士”孙金鼎原是个不齿于士类的充军罪犯，凭借靖江王的宠信同思恩参将陈邦傅打得火热，结为儿女亲家。亨嘉兵败以后，孙金鼎逃往陈邦傅处避难。陈邦傅翻脸无情，将他处死，“把石灰淹了，解到两广识认明白”，立了一功[3]。这件事在屈大均《安龙逸史》中记载得比较详细：孙金鼎逃到陈邦傅处躲避，邦傅密语参画胡执恭等曰：“靖江无谋，动辄败衄，我等若少依违，祸不旋踵矣！幸金鼎自来送死，乘此擒戮，以邀大功，何愁不富贵耶！”合计已定，于是“醉而投之水，仍取其尸，擦灰包扎，即传谕各舡易剿逆旗帜，解功至梧州。广督丁魁楚大喜，叙以首功，官征蛮将军，协东师前赴桂林”[4]。九月初五日，丁魁楚亲自来到梧州，命参将陈邦傅、赵千驷、严遵诰、都司马吉翔等统兵向桂林进发。杨国威同他部下的旗鼓（相当于传令官）焦琏本来就有矛盾，瞿式耜暗中联络焦琏反正，夜间用绳索把陈部将士缒上城墙，一举擒获杨国威、顾奕等。[5]二十五日攻靖江王邸，朱亨嘉被活捉[6]。十月下旬，朱亨嘉和同谋文武官员被押解到广东肇庆。1646年（隆武二年）二月，丁魁楚派马吉翔把朱亨嘉等人押抵福建[7]。隆武帝“命锦衣卫王之臣用心防护，无得疏虞。仍敕刑部侍郎马思理安置靖

[1] 《思文大纪》卷一。

[2] 光绪三十年《临桂县志》卷十八《前事志》。

[3] 雷亮功《桂林田海记》。

[4] 屈大均《安龙逸史》卷上，又见李天根《爝火录》卷十三。

[5] 参见瞿共美《天南逸史》。

[6] 瞿玄锡撰其父瞿式耜、母邵氏“合葬行实”，见《虞山集》。

[7] 瞿共美《天南逸史》作“归之福京”；《思文大纪》卷五作“械至延中”。马吉翔从此受到隆武帝的赏识，后来成为永历朝廷的重臣。

庶，还要酌议妥当。所刻《靖案》作速颁行，在闽亲、郡各王并令具议来奏，以服天下万世之心，不可草率，亦不许迟误”[1]。同年四月，“安置靖庶人于连江，敕奉新王严加钤束，不许令见一人，透出一字”[2]。“寻命掌锦衣卫事王之臣缢杀之，托言暴疾死。戮杨国威、顾奕、史其文等于市”[3]。

平定朱亨嘉的僭乱后，隆武帝加封两广总督丁魁楚为平粤伯，陈邦傅为富川伯挂征蛮将军印[4]。在给丁魁楚的诰敕中说：“卿有闻檄拥戴之大志，又有迅平逆寇之巨绩。王守仁当全盛之时，无推举之事，以卿比之，功实为过。”这种过誉之词反映了朱聿键渴望得到两广官员的支持。靖江王爵由朱亨歅袭封。瞿式耜却因为有意拥立桂藩，受到隆武帝的猜忌，被解除广西巡抚职务，调任行在兵部添注左侍郎；广西巡抚一职由晏日曙接替。

靖藩之变固然暴露了朱亨嘉觊觎大位的野心，隆武帝为稳定自己的地位而表现出来的私心自用也是很明显的。丁魁楚、陈邦傅仅因为投机有功，就加升伯爵，掌握了两广地区的实权，后来在永历朝廷上争权夺利，紊乱朝政，又先后投降清朝，基本上没有起过积极作用，可谓奖赏失当。真正忠于明室的瞿式耜却因有意拥立桂藩而遭到排挤。《思文大纪》卷六记载，直到隆武二年（1646）五月即朱亨嘉之乱平息半年以后，“广西桂林府、全州等州，进贡监国登极表笺四十六通。上虽嫌其迟，然亦念路远阻滞也”。这自然是表面文章，正如瞿式耜自己所说：“然余之不服靖江王而甘受其逼辱者，非为唐王也，为桂之安仁王也。”“六月到广西梧州。八月随遘靖藩之祸，时闽中已立思文矣。弟心心在神宗之孙，故既受靖祸，而又见疏于隆武。比夺西抚与晏

[1] 《思文大纪》卷五。

[2] 《思文大纪》卷六。

[3] 李天根《爝火录》卷十四。屈大均《安龙逸史》卷上记，“得旨：严天凤、杨国威处斩，贬靖藩为庶人，安置广东博罗县，至县，未几死。”

[4] 《思文大纪》卷四、卷六。

公，遂坚意不赴佐枢之命。”[1]瞿式耜卸任后拒不赴闽就任，在广西梧州、广东肇庆一带留连赋闲。

除了靖江王朱亨嘉的争立以外，还有益阳王的自称监国。1646年（隆武二年）二月，朱聿键下诏禁止益阳王在浙江龙游、遂昌一带私授知县。其中说到益阳王“借受慈禧（弘光太后邹氏）之命，又借勋镇方国安之推奉，近日表奏虽来，公然用监国之宝，不知此宝授自何人？”[2]兵部郎中王期升在太湖奉楚藩宗室朱盛澂称通城王行大将军事，“居然帝制，派饷、卖札、强夺民女，为两山（指太湖中的东、西洞庭山）百姓不容”，王期升站不住脚才逃入福建。[3]在南明历史上，这类事件多次发生。朱明宗室觊觎帝位者颇不乏人；部分官绅以“定策”为功，内部纷争不已，文官武将的升迁也深受这种风气影响。弘光、隆武、鲁监国等小朝廷以及妄图自立的某些宗室一脉相传，往往以高官显爵酬谢拥戴者。在民族危机日益深重的情况下，爵禄不用于劝奖抗清有功官员，而以是否效忠于己为依据。南明之不竞，与此颇有关系。

[1] 《瞿式耜集》卷三，书牍。

[2] 这件诏书在《思文大纪》卷四内记于二月；《爝火录》载于四月，注云：益阳，辽简王植之裔孙。

[3] 《爝火录》卷十三。

第九章
隆武政权的作为和覆败

第一节　1645年秋到1646年夏的形势

朱聿键在福建即位和朱以海在浙东监国反映了南方绅民的抗清愿望。就当时的形势来看，南明方面弘光朝廷虽然已经覆亡，但南明政权还控制着福建、广东、广西、湖南、贵州、云南几个全省（四川在张献忠为首的大西军控制下）和浙东、赣南地区，人力和财力还相当可观。而清朝统治者在摧毁了大顺政权和弘光政权两大对手后，错误地判断了形势，以为只要稍事招抚，全国即可平定。1645年六月，英亲王阿济格率师“凯旋”；九月，豫亲王多铎也领兵回京，换来了一位年纪很轻的贝勒勒克德浑以平南大将军名义带领一支满洲八旗兵镇守南京。勒克德浑部下的兵员数目不详，但肯定比多铎的兵力少；此外就是奉命招抚江南各省的内院大学士洪承畴和一批投降不久的汉军。如果仅就兵力对比和人心向背而言，南明当局是可以利用清军主力北返的时机有一番作为的。然而，南明地域虽广，各派势力却在很大程度上陷于割据纷争，朝廷虚有其名，无法组织有力的反攻。

唐、鲁的对立削弱了东南的抗清势力。表面上奉隆武正朔的各地大臣也往往私心自用。朱聿键是位有恢复大志的君主，他所采取的政策措施大体上也是正确的。可是，真正效忠于他的人并不多，在福建他受制于郑芝龙、郑鸿逵兄弟；在外的湖广等地总督何腾蛟只知利用隆武帝的信任把湖南和贵州东部视作自己的禁脔，威福自操；广西巡抚瞿式耜意在拥立桂藩，同隆武朝廷貌合神离。向心力比较强的是赣南和广东。隆武帝开初并没有看出何腾蛟的割据自雄心理，对何腾蛟的请官请爵几乎是言必听从，不仅把湖广地区的全权委任给他，还指望他派兵进入江西，把自己从郑氏集团控制下的福建迎接到赣州或者湖南。当时，正是大顺军余部同何腾蛟、堵胤锡达成联明抗清协议、湖广兵力正盛的时候，隆武帝认为浙东、福建有鲁监国、郑芝龙的兵力抗击清军，自己移驻赣州或湖南，可以就近节制赣南、湖广、广东和云南、贵州调来的军队同清方较量，收复失地。然而，他的这一计划既遭到郑芝龙的反对，又得不到何腾蛟的真心支持，终于化为泡影。

大致可以这样说，崇祯朝时虽已出现少数武将拥兵自重的迹象，朝廷的威令基本上还能畅通无阻；弘光时武将跋扈，封疆大臣仍不敢违反朝廷旨意；隆武以后督抚大臣也效法武将，一味盘踞地方，争权夺利，朝廷威令不行，几乎谈不上统一部署、统一指挥。清廷虽有内部倾轧，但掌权者基本上能威福自操，令行禁止。相形之下，清胜明败主要决定于内部凝聚力。

清阿济格、多铎主力北返之后，江南留守兵力相当单薄，拥明势力虽展开了一些反击，但收效甚微，原因在于各自为政，互相观望，甚至坐视清军打掉拥明旗帜下的异己力量，心中窃喜。南明军阀和封疆大吏多数是这样一批鼠目寸光的人物，才使清方得以有限兵力集中使用，达到各个击破的效果。1645年秋天，鲁监国的军队渡钱塘江攻杭州和浙东等地；堵胤锡督忠贞营攻荆州；江西明军和义师也奋起同清方争夺建昌、吉安等府县。兵饷最足的郑芝龙和何腾蛟却一味坐食内地，毫无作为。

由于南明当权人物总是夸张自己的“功绩”，隐瞒自己的消极避战，留下的材料虽然很多，却只能把读者导入歧途。为了厘清头绪，借助于清方档案材料就是必要的了。勒克德浑接替多铎和阿济格镇守江南期间，只进行了一次重大的军事行动，这就是援救荆州之役，对手是由大顺军改编而成的忠贞营（荆州战役另述）。当时，清朝对江南的统治远未巩固，兵力又非常单薄。除了驻于南京和杭州的一部分满洲八旗兵以外，湖广（主要指今湖北省部分）、江西以及今安徽省等地区都是由新降附的汉军负责镇守和攻取。勒克德浑领江宁（今江苏省南京市）满军主力援救荆州时，连南京城内外的反清势力也还相当活跃。顺治二年（1645）十一月江宁等处巡按毛九华在一件揭帖中说："江宁城外九十余村，有王瓃、孙壖、金牛、六塘、聂村、陶村、邓村、龙都八村借练乡兵为名，敢犯天兵，遂经剿洗，自后安堵。"[1]实际上南京城郊义师虽然受到清军的搜剿，地方并没有"安堵"，就在勒克德浑统兵西上湖广时，抗清义师趁江宁守御力量空虚，密谋于顺治三年（1646）正月十二日夜间里应外合，夺取该城。由于消息走漏，洪承畴等得以及时防范，"捕斩为首者三十人。至十八日夜，贼首伪潞安王、瑞昌王复率贼兵二万余三路入犯，我兵俱击败之"[2]。洪承畴揭帖中叙述道："有伪瑞昌王朱谊漶、伪总兵朱君召，奸恶异常，到处号召同谋叛乱。今年正月十九日，既密图江宁，里应外合。职与操江陈锦等诸臣，先事发觉，合满汉官兵，奋力擒剿，旋就底定。然大逆朱谊漶、朱君召犹未就擒，祸本未拔。"下文又说，正月二十三日陈锦、巴山、厫童统兵在南京城外搜剿，杀一百余人，自二十四日起将江宁各城门封闭，"细搜城内逆贼，擒获甚多，俱有瑞昌王伪旨、伪牌札可据"。洪承畴的这件奏疏是在顺治三年八月底写的，这时清廷已派遣贝勒博洛统兵由浙江进攻福建，南京地区的清军仍然很少，所以他在疏中说："惟是江宁为江南根本重地，远近望以为安危。职先督发原任平南伯、广昌伯下副、参高进

[1] 《清代农民战争史资料选编》第一册（下），第二九七页。

[2] 《清世祖实录》卷二十四。

库、杨武烈、蔺光元等官兵三千，援剿江西。嗣有山东总兵柯永盛官兵四千移驻江宁，缓急可恃；后将柯永盛官兵改驻江西，则江宁官兵仍觉单薄。今虽有提督总兵张大猷统汉兵四千，皆系提督曹存性所遗营兵，南兵脆弱，全无马匹，即盔甲、弓箭俱称缺乏，尚在设法置备。所恃者，惟巴山满洲官兵，先声足以夺气，临敌足以摧锋，若多行调发，则弹压势轻，恐启奸宄窥伺之渐。”[1]洪承畴的这件密疏透露了南京堪战的汉兵已先后调赴江西，防守兵力只有巴山部为数不多的满军，因此他建议清廷不仅不要再抽调部分巴山部军出征，还应把高进库部汉军调回南京，“庶重地可保无虞”。由此可见多铎部“凯旋”后，勒克德浑出征荆州期间和返京休息以后，南京的防守兵力极其单薄。而南明方面对清军的虚实一无所知，清军未到时盘踞地方，苟且偷生；等到清方调集兵力进攻时立即张皇失措，非降即逃。换句话说，清方始终掌握着主动权，休整和进攻交替而行；南明方面在1645年秋到1646年秋这一年里，除了原大顺军反攻荆州、鲁监国的军队同清军相持于钱塘江、忠于隆武政权的赣南军队与金声桓部清军争夺江西以外，兵力最多的郑芝龙部（他完全可以凭借水师优势入长江进攻南京等地）、何腾蛟部（他本应出岳州攻武昌等地），都龟缩于后方，毫无进取之意。南明高官显爵的文恬武嬉，错过了最佳战机，直接导致了浙东的溃败和隆武政权的覆亡。

第二节　隆武帝的政策和举措

隆武朝廷和鲁监国政权都是在国内民族矛盾上升为主要矛盾的形势

[1] 顺治三年八月三十日招抚江南各省大学士洪承畴密揭帖，《明清史料》甲编，第二本，第一七〇页。曹存性原为弘光朝左都督，多铎部清军抵南京时投降，被委任为总管五营提督省城（江宁）军务，其时年已迟暮，顺治二年九月命其孙副总兵曹胤吉进表（见同上书，第一二八、一二九页），部下兵将多系明代南京世袭之军，没有多大战斗力。

下建立的，它们的共同特点是抗清复明。由于鲁监国政权控制区太小，影响有限，这里着重叙述隆武朝廷的大政方针。

第一，在总体战略上，弘光朝廷以“平寇”（镇压农民起义）为主；隆武朝廷改为“御虏”（抗清）为主。这自然是形势造成的，正如顺治二年十月清廷派遣的招抚江西孙之獬揭帖中所说：“福藩唤醒唐藩之迷，马士英唤醒黄道周之迷。”[1]奉行“联虏平寇”方针的弘光朝廷在南下清军铁骑的冲击下土崩瓦解，拥明势力终于认识到社稷存亡的主要威胁是满洲贵族建立的清朝。朱聿键能够洞察客观条件的变化，总结弘光覆亡、潞王降清的教训，不失时机地树立起抗清大旗，符合汉族百姓反对满洲贵族强制推行的剃发改制等民族压迫政策的愿望，毕竟是难能可贵的。他即位十天后，就诛杀清朝派来招降的使者马得厂，敕谕文武臣民曰：“朕今痛念祖陵，痛惜百姓。狂彝污我宗庙，害我子民，淫掠剃头，如在水火。朕今诛清使、旌忠臣外，誓择于八月十八日午时，朕亲统御御营中军平彝侯郑芝龙、御营左先锋定清侯郑鸿逵，统率六师，御驾亲征……”[2]这次亲征由于郑芝龙兄弟的阻挠，没有实现。朱聿键在基本政策上的转变，仍然值得称道。联合农民军共同抗清，是从隆武时期开始的。后来的历史证明，如果没有大顺、大西农民军的联明抗清，南明政权绝对延续不了近二十年之久。

第二，朱聿键针对万历以来党争给国事带来的危害，提出了消除党争，“用舍公明”的方针。就任监国时，他亲自撰写了“缙绅”“戎政”“儒林”三篇《便览》。其中说：“盖国家之治，必文武和于上，始民兵和于下。不然，立败之道也。”“孤惟帝王之御世也，必本祖法而出治。治不独出于帝王，必与文武之贤者共之。始于得贤将相，终于得贤百职，四海兆民，方有信赖。民安则华强彝服矣。……帝王量大，则识必高。识高，必用舍公明。又何有乎东林、门户，魏党、马党之纷

[1] 《明清档案》第三册，A3—115号。

[2] 《思文大纪》卷二。

纷哉！呜呼，三党成，偏安矣；四党成，一隅矣！”下文说，他“监国闽省，创设有司，约率众而本己，官不备以惟人；焦劳昕夜，惟贤是求”[1]。同年八月二十七日，亲出考选推官策题云：“历代之受患，莫过于群臣朋党之最大。于今两京之覆，二帝之伤，皆此故也。……大明开天，党肇于神庙之季。东林、魏党；门户、马党，交激递变，而有如此之痛效矣。朕今志在荡平，尽去诸党之名，惟在廷严说谎之条，在外正贪婪之罚。……迩日在廷，似犹有不醒之迷，欲启水火之战，朕甚惧焉！何道可底太平大公，令文武真和衷而共济乎？……朕今亦曰：‘去寇易，去党难。’然党不去，寇不驱也，审矣。”[2]隆武二年（1646）正月，又在诏书中说：“此后真正魏党，亦与一概涤宽。但责后效，不计已往。盖中兴之时事，臣民悔过且与维新，况轻于此者乎！”[3]当时，弘光朝首辅马士英在浙东成了过街老鼠，日子很不好过，要求入仙霞关朝见。隆武帝内心里是欢迎他的，郑芝龙同马士英关系较好，也主张收用马士英。可是，朝廷上许多文臣都表示强烈反对，礼部尚书黄锦、太常寺卿曹学佺等上疏力争。朱聿键只好下诏定士英为“罪辅”“逆辅”，让他在江浙“图功自赎”[4]。对于弘光时依附马士英的杨文骢父子，朱聿键优加委任（主要原因是在唐、鲁争立中杨氏父子站在隆武朝廷一边）。隆武二年正月，在给杨文骢之子左都督杨鼎卿的诏书中特别转达了他对马士英的关切：“阁部臣马士英，朕必不负其捧主之心，在辅臣亦当痛悔其误陷圣安（弘光帝）之戾。诸臣万疏千章，岂夺朕心公论？”[5]可见，隆武帝在用人取舍上力戒门户之见，不咎既往，只要参与抗清就量才录用。在这一点上，不能不承认隆武帝的见识比那些以正人君子自命的东林—复社骨干人士要高明得多。

[1] 《思文大纪》卷二。

[2] 《思文大纪》卷三。

[3] 《思文大纪》卷四。

[4] 《思文大纪》卷三。

[5] 《思文大纪》卷四。

第三，隆武帝在南明诸统治者中是比较关心百姓的。为了减轻民间疾苦，他施政的一个重点是整顿吏治，严惩贪污。规定“小贪必杖，大贪必杀”[1]。监察御史吴春枝纠劾邵武通判陈主谟、古田知县吴士耀、汀州知府王国冕贪污虐民。他当即下旨：“各官赃私可恨，皆纱帽下虎狼也。若不严惩，民生何赖？都着革了职，该抚速解来京，究问追赃充饷。”[2]当他听说被清朝逼勒剃头的军民往往遭到南明官军诛杀时，特别下诏“有发为顺民，无发为难民”[3]，严禁不分青红皂白地滥施屠戮。隆武元年七月，敕谕总兵何成吾曰：“兵行所至，不可妄杀。有发为顺民，无发为难民，此十字可切记也。”[4]史籍记载，给事中张家玉监永胜伯郑彩的军队进入江西，“时大清兵所至令民剃发，而南军遇无发者辄杀不问。难民因是多输牛酒，为间导；南军咫尺不得虚实，饷、导俱绝。家玉设小牌，免死，给予难民，欢呼来归者千百人”[5]。这个政策同清廷的“留发不留头”形成鲜明的对照，显然是更得人心的。

第四，朱聿键的个人品德在南明诸君中也是很罕见的。黄道周在一封信里曾经描述了隆武帝的为人：“今上不饮酒，精吏事，洞达古今，想亦高、光而下之所未见也。”[6]不少史籍中都说他喜欢读书，无声色犬马之好。做了皇帝之后，仍然自奉甚俭，敕谕云：“行宫中不许备办金银玉各器皿，止用磁、瓦、铜、锡等件，并不许用锦绣、洒线、绒花，帐幔、被褥，止用寻常布帛。件件俱从减省，成孤恬淡爱民至意，违者即以不忠不敬治罪。”[7]他身穿土布黄袍，安贫若素。曾在隆武朝

[1] 《思文大纪》卷三。

[2] 《思文大纪》卷三。

[3] 《思文大纪》卷三。瞿式耜丙戌（1646）九月二十日家书中写道：“朝廷所谓无发为难民也。庸何伤？”可证隆武这一诏书传到了广西，见《瞿式耜集》，第二五四页。

[4] 邵廷寀《东南纪事》卷一。

[5] 邵廷寀《东南纪事》卷一。

[6] 黄道周《与杨伯祥书》，见杨廷麟《杨忠节公遗集》卷六。

[7] 《思文大纪》卷二。

廷任职的钱秉镫作《宫词》六首，其一云：“内使承恩新置机，诏传大布织龙衣。六宫罗绮无人着，敕与无戎绣将旗。”其四云：“旌旗十万护乘舆，二圣军中共起居。长信宫人骑马出，从龙只有五车书。”诗前有序云：“比闻宫中蔬布辛勤如一日也，北狩之祸，天乎，人乎，追思往事，令人痛绝。”[1]

上面谈到的四点都说明朱聿键锐意恢复，颇有中兴之主的气概。南明灭亡以后，有一些遗民甚至认为留都立国之时就应该效法东汉光武帝不考虑亲疏，径直以朱聿键继统。然而历史过程不能悔棋，明朝的制度和1644年夏的局面都绝不允许凤阳高墙（皇室监狱）中被囚的“唐庶人”当皇帝。即便在他被拥上帝位之后，号召力也不很大。朱聿键自知以远藩子孙入继大统事属偶然，必然出现争议。为了取得南明各地宗藩官绅的承认，不得不要弄权术。例如，鲁监国朱以海是同他争夺帝位的公开对手，桂藩（安仁王和永明王）以神宗之孙是他潜在的竞争对象，就借口自己没有儿子，以“储位”做诱饵希图换取朱以海和朱由榎、朱由榔的支持。先派给事中柯夏卿为使者加兵部尚书衔携带手书前往绍兴劝说朱以海接受皇太侄的名号，书中说：“朕无子，王为皇太侄，同心勠力，共拜孝陵。朕有天下，终致于王。”[2]后来又声称：“此永明王（朱由榔）之天下也。永明，神宗嫡孙，正统所系。朕无子，后当属诸永明。”[3]隆武二年七月，曾皇后生了儿子，当时清兵攻破浙东，鲁监国政权瓦解，朱聿键却兴高采烈地以皇太子诞生给官员们加级封赏，以示喜庆。御史钱邦芑上疏道：“元子诞生之日，正浙东新破之日，同盟且应见恤，剥肤益复可忧。臣以为是举朝同仇发愤之秋，非覃恩爵赏之时也。且恩泽不宜太优，爵赏不宜太滥。若铁券金章，徒以锡从龙之旧，则将来恢复疆土，何以酬汗马之勋？非所以重名器，劝有功也。”

[1] 钱秉镫《藏山阁诗存》卷五《生还集》。

[2] 钱秉镫《所知录》卷一。查继佐《鲁春秋》作：“朕与王约，朕未有子，得金陵为期，朕当让位皇孙，布衣角巾，萧然物外。”

[3] 钱秉镫《所知录》卷二。

隆武帝置之不理[1]。钱秉镫赋诗寄慨云："当今天子高帝孙，鲁国同是至亲藩。改元本非利天下，域内原宜奉一尊。越东诸臣殊可笑，誓死不开登极诏。天子洒笔亲致书，相期先谒高皇庙。闽中恃越为藩篱，如今越破闽亦危。往事纷争不足论，与国既失应同悲。昨夜中宫诞元子，通侯鹊印何累累？中兴所重在边疆，恩泽冒滥同烂羊。唇亡齿寒古所忌，君不闻元子之诞唇先亡（原注：盖元子生而唇缺也）。"[2]透过这些批评，固然可以看出朱聿键的私心自用，但也明显地反映出他的处境困迫，难以施展抱负。

第三节　郑芝龙兄弟的跋扈

郑芝龙原先是海盗，受明政府招抚后，在崇祯年间曾奉命镇压福建、江西、广东的"山寇"和"海寇"，由参将逐步升到总兵官。弘光时加封南安伯。他的接受招安，既为明王朝效力，使东南沿海地区相对稳定；主要意图却是借用朝廷命官身份，扫除海上异己势力，垄断福建、广东等地的对外贸易。到明朝覆亡的时候，他在福建已经拥有左右地方军事和经济的实力。1645年六月，他的弟弟郑鸿逵拥立唐王朱聿键，在福州建立隆武政权，自然是得到他的同意的。然而，这种结合却难免貌合神离。朱聿键以恢复明室为己任，具体目标是首先恢复以南京为中心的江南（他称之为"半功"），进而收复北方（他称之为"全功"）。郑芝龙的用心却大异其趣，他以迎立隆武作为定策勋臣第一，借隆武朝廷的名义巩固自己在福建等地区唯我独尊的地位，带有很大的割据色彩。这样，隆武朝廷从建立开始，就处于一种微妙的

[1]　钱秉镫《所知录》卷一。

[2]　钱秉镫《所知录》卷一。按，钱秉镫《藏山阁诗存》卷四《生还集》所收此诗个别字不同，如"昨夜中宫诞元子"作"昨夜室中诞元子"。

状态之中。朱聿键得到了除鲁监国据守的浙江东部地区以外南方各省的支持，至少在名义上他是公认的南明第二个正统朝廷。然而，他的政权是依靠郑氏兄弟的支持才得以建立，又处于郑芝龙集团实力控制下的福建，一切作为都必然要受到郑芝龙的挟制。朱聿键即位以后，大政方针基本上是正确的，他为抵制和摆脱郑氏家族的控制也做了相当大的努力。隆武朝廷建立不久，朱聿键和郑芝龙、郑鸿逵之间的蜜月很快就结束了，随之而来的是一系列控制与反控制的斗争。

朱聿键为了提高朝廷的威望，特别注意网罗人才，以礼敦聘各地名声较高的官员入朝任职，延请入阁的大学士名额超过了明代任何时期。郑芝龙却凭借实力根本不把这些文官看在眼里。朝廷建立不久，就发生了朝班事件。郑芝龙自以为帝由己立，朝见时自然应当排于文武诸臣的前面，首席大学士黄道周却以祖制勋臣从来没有位居班首的先例为理由，坚持不让。在隆武帝亲自干预下，黄道周赢得了表面上的胜利。接着在一次朝见群臣的时候，郑芝龙、郑鸿逵当着皇帝的面挥扇去暑，户部尚书何楷上疏劾奏他俩“无人臣礼”；隆武帝嘉奖何楷敢于直言，立即给他加了左佥都御史的官衔。郑氏兄弟怀恨在心，处处加以刁难，何楷被迫请求致仕回籍，隆武帝违心地同意他暂时回乡养病。郑芝龙仍不肯罢休，派部将杨耿在半路上割掉何楷的一只耳朵，借以向朝廷示威。[1]

朱聿键原本希望郑芝龙、郑鸿逵统兵出福建，建功立业。在他的一再训令下，郑芝龙不得不派永胜伯郑彩带兵出杉关，援救江西建昌义师。郑彩到达杉关之后却按兵不动，无论监军给事中张家玉怎样催促，他一概置之不理。不久听说清军将至，拉起队伍就跑，三日夜退到浦城。张家玉极为愤慨，上疏劾奏；隆武帝下诏削去郑彩的伯爵。1646年

[1] 李光地《榕村续语录》卷八记载，郑芝龙原意是于半途邀杀何楷。何楷见伏兵持刃突出，心知是郑氏指使，镇静如常，“出谓贼曰：‘知君所欲得者，吾头耳，毋及他人。’伸颈命取之。众愕眙许时，曰：‘好一个都院，且取若耳可矣。’割耳而去，以已杀报芝龙。隆武闻元子（何楷字玄子，此处避康熙讳）被盗杀，哭几日。当时人作一对曰：‘都院无耳方得活，皇帝有口只是啼’”。

（隆武二年、顺治三年）正月，又因郑鸿逵部将黄克辉从浙江江山撤退回闽，隆武帝大怒，指责郑鸿逵“始则境内坐縻，今复信讹撤转，不但天下何观，抑且万世遗耻。未有不能守于关外而能守于关内者”，下诏将郑鸿逵由太师降为少师。[1]这些事实表明隆武帝致力于中兴事业，不愿充当郑氏兄弟的傀儡。

随着双方矛盾的激化，隆武帝明白除了离开福建，摆脱郑芝龙兄弟的控制，不可能有任何作为。于是，他决意亲征，目的是第一步把行在移到江西赣州，然后视情况而定，如果江西用兵得手，局势稳定，可以西连湖南何腾蛟部，东接福建郑芝龙部，南靠广东，收就近指挥之效。即便江西作战不利，还可以西移湖南，南下广东。朱聿键决策移跸明清双方激烈争夺的江西，而不是迁往比较安全的广东，说明他确实是有恢复之志的，和后来的永历帝不可同日而语。隆武元年八月，江西督师万元吉上疏请移跸赣州，疏中写道：“赣（指赣州）居上游，豫（豫章即南昌）不能仰面而攻，且左为楚，右为闽、浙，背为东粤，足以控制三面，宜驻跸。”[2]朱聿键于十二月十六日离开福州，二十六日到达建宁[3]，开始做向西转移的准备。

朱聿键和忠于他的臣僚做的这种战略部署，连当时任清朝江西提督的金声桓也看得很清楚，他在给清廷的奏疏中写道：“以臣今日细观福建（指隆武朝廷）陈兵之势，俨然一常山之蛇，以浙东为首，江西为腹，湖南、广西、云贵为尾，敌畏江南满州（洲），故宿重兵于浙东以拒钱塘之渡（这是指鲁监国政权的兵——作者按），乘臣江西兵力之单弱，意欲夺路而出，以震动江宁；何腾蛟拥重兵从上游而动武昌，满州（洲）有数，东南半壁岂不一鼓而复乎？臣计南赣、建昌、

[1] 《思文大纪》卷四。

[2] 李天根《爝火录》卷十二。

[3] 李天根《爝火录》卷十三；《思文大纪》卷三作：“十二月初六日，御驾亲征。”又记：“帝手敕凤阳知府张以谦：朕今正位福京，志雪救民。八月十八日，兵发五路。十二月初六日，朕驾亲征。”

广信之贼虽号有三十余万之众，若得满州（洲）二万从江西来，合臣兵二万，臣效前驱，立可翦灭无余，随由南赣直捣闽广，凭腰肋之间铲为两断，敌人首尾不能相顾，钱塘可一苇而渡矣。然后合力平定云贵，一统之业岂不易易哉！”[1]可见，明清双方都认识到江西在战略上的重要地位。问题是，南明方面隆武帝既调不动郑芝龙的军队由福建入江西，他寄予厚望的何腾蛟派精兵强将由湖南入江西迎驾也全盘落空；而清方洪承畴却抽调了柯永盛、高进库等部赴江西协同金声桓部作战，先后攻陷吉安、赣州、南安等府。江西战局的逆转，归因于郑芝龙、何腾蛟的私心自用，它不仅直接导致了隆武朝廷的覆亡，而且对后来南明局势的发展影响极大（顺治五年，金声桓、李成栋反清归明时都是在赣州城下屡遭挫败，不能全力北上，详见下文）。

第四节　黄道周的出征和被俘杀

隆武帝锐意恢复，郑芝龙却拥兵自重，挟制朝廷，无意进取，双方的矛盾日益激化。首席大学士黄道周不胜愤慨，自告奋勇督兵出福建，联络江西，援救徽州、衢州一带的金声等部义军，设法为隆武朝廷打开局面。1645年七月二十二日，黄道周勉强拼凑了三千多名士卒踏上了征途[2]，隆武帝派赵士超为兵部职方司主事任军前监纪。掌握兵马钱粮大权的郑芝龙内心窃喜，唯恐其不去，既不拨给精兵，粮饷也只支给一个

[1] 顺治二年十二月十六日金声桓题本，见《明清档案》第三册，A3—177号。

[2] 李世熊《再上石斋黄老师书》中说：“先生之行也，召募市人才三千耳，饷不给于国帑，而资于门生故友之题助，此一时义激慷慨耳。朝廷才给空门札百十道以当行银，兵事岁月未可解，义助能岁月例输乎？空札可当衣食易死命乎？就令士马饱腾、人人致命，三千未教之卒可枝住诸道分进数十万之方张之寇乎？”见黄宗羲编《明文海》，补遗第五二三七页。郑达《野史无文》卷十二《郑成功传》记：“道周与芝龙隙，请督师援广信府，芝龙给羸弱卒三千以往，至则败绩。”这两种书记载道周出师时兵力比较可靠。

线顿时瓦解，各部明军损兵折将，纷纷逃窜。五月二十九日晚上，鲁监国在张名振等护卫下离开绍兴，经台州乘船逃往海上。[1]次日早晨，博洛过钱塘江，亲自指挥追击[2]。六月初一日，清军占领绍兴[3]。朱以海出逃时，派靖夷将军毛有伦保护宫眷、世子退往台州，毛有伦却改道蛟关以便入海，途中被叛将张国柱截获，送往杭州[4]。鲁监国所封越国公方国安带领马兵五百名、步兵七千名不战而降，先后跟随降清的还有新建伯王业泰、内阁大学士方逢年、谢三宾、宋之普、吏部尚书商周祚、兵部尚书邵辅忠、刑部尚书苏壮，依附于方国安的弘光朝兵部尚书阮大铖、太仆寺卿姜一洪等，武将有总兵陈学贯等十八人，副将以下不计其数。[5]兴国公王之仁见大势已去，流泪说道："坏天下事者，方国安也。敌兵数万屯北岸，倏然而渡。孤军何以迎敌，唯一死而已。"他率领部分兵员乘船数百艘，携带大批辎重由蛟门航海到舟山，打算同隆武帝所封的肃虏伯黄斌卿会师共举。"斌卿伪许之，且曰：顷张国柱犯鲁宫眷，不义，请合声其罪。乃甫出洋，忽炮反攻之仁，尽有其舟。"王之仁对黄斌卿的背信弃义痛恨不已，把家属九十三人的乘舟凿沉，全部溺海而死，鲁监国颁发的敕印也投进大海，自己留下一条大船。竖立旗帜，鼓吹张盖，直驶吴淞江口。当地清兵以为他是前来投降的明朝高

---

[1] 佚名《舟山纪略》（收入《明季史料丛书》）记："丙戌五月二十九日，北兵飞渡钱塘江，荆国公方国安、荡虏伯方元科、阁部马士英先走。巡边阁部张国维护王至台州。……时方、马将献王自全，令洪畴率内司千人守之。畴忽病，于梦中诉逆状。王大惊，召阁臣张国维、陈函辉、柯夏卿、谢三宾、陈盟、宋之普、田仰等定航海之策。（六月）十七日，王哭辞享庙，适富平侯张名振遣中军方简率舻迎，王仓促登舟，军民万余焚香遮道号呼追送。"

[2] 顺治三年六月江宁巡抚土国宝揭帖，见《明清史料》甲编，第二本，第一六〇页。

[3] 查继佐《国寿录》卷三《余煌传》。

[4] 林时对《荷牐丛谈》卷四《蠡城监国》。

[5] 参见顺治三年七月初六日浙闽总督张存仁、浙江巡抚萧起元联名奏报，《明清档案》第四册，A4—162号；同日张存仁启本，《明清史料》甲编，第二本，第一六三页；李聿求《鲁之春秋》卷一。按，张存仁、萧起元奏疏中说大学士张国维也曾"削发"投顺，但张国维在绍兴失守后不久自尽是毫无疑问的。

官，在六月二十八日送到松江府，吴淞总兵李成栋不敢怠慢，立即转送南京[1]。王之仁见到招抚江南大学士洪承畴时，慷慨陈词，说自己是“前朝大帅，国亡当死，恐葬于鲸鲵，身死不明，后世青史无所征信，故来投见，欲死于明处耳！”洪承畴开初还希望他回心转意，以礼相待，婉言劝他剃发投降。王之仁断然拒绝，大骂洪承畴“反面事仇，先帝赠若官，立庙祠若、祭若，荫若子；若背义亡恩，操戈入室，平夷我陵寝，焚毁我宗庙，若通天之罪，过李陵、卫律远矣”[2]。洪承畴羞愧满面，无地自容，下令将他杀害。

清军进占浙东府县后，大学士张国维、督师兵部尚书余煌、礼部尚书陈函辉、大理寺少卿陈潜夫等先后自杀。督师大学士朱大典据守金华，誓死不降。博洛亲自统率满、汉军于六月二十三日从绍兴前往金华，二十六日把该城四面包围。由于明军在朱大典指挥下凭城顽抗，博洛从杭州调来红衣大炮，浙闽总督张存仁也奉命带兵参加攻城[3]。清军以绝对优势的兵力猛攻了二十天，直到七月十六日金华才被攻破。朱大典带领家属和亲信将校来到火药局，用绳索捆在火药桶上，点燃引线，轰然一声，壮烈成仁。朱大典在明末官场上以贪婪著称，然而当民族危难之时他却破家纾难，体现了威武不能屈的气节。

---

[1] 顺治三年七月吴淞总兵李成栋揭帖，见《明清档案》第四册，A4—208号。按，翁洲老民《海东逸史》卷七《王之仁传》、查继佐《鲁春秋》等书记王之仁封爵为宁国公；张岱《石匮书后集》卷四十二《王之仁传》记丙戌三月“以功晋兴国公”，应以李成栋揭帖为准作兴国公。

[2] 《石匮书后集》卷四十二《王之仁传》。按，钱肃润《南忠记》《总兵王公传》记王之仁斥责洪承畴的一段话痛快淋漓，但反复提及自己就义后将于九泉下与洪承畴之父相见。承畴父死于是年九月，王之仁的就义据金钟《皇明末造录》卷上记为“八月十五日”；郑达《野史无文》卷十《张名振传》也记载王之仁“八月十五日请死于雨花台之山下”。钱肃润的说法恐不可信。

[3] 顺治三年七月初六日浙江福建总督张存仁启本，见《明清史料》甲编，第二本，第一六三页。

清军进入金华，借口“民不顺命，因屠之”[1]，又炮制了一场惨绝人寰的悲剧。

关于马士英的末路，诸书记载差异极大。大抵倾向于东林党的人都说他同阮大铖一道投降了清朝，清军追杀隆武帝时在缴获的文书中发现了他降清后给明方的表文，因而处斩。借以证明马士英先为奸臣，继为叛贼，死有余辜[2]。然而，根据比较可信的材料，马士英并没有降清。清实录记载，顺治三年六月二十日，“浙闽总督张存仁疏报：副将张国勋等进剿太湖逆贼，擒获伪大学士马士英、长兴伯吴日生、主事倪曼青等。捷闻，令斩士英等，其有功将士，所司察叙”[3]。蒋良骐《东华录》卷五载，顺治三年“六月，浙闽总督张存仁疏报：副将张国勋进剿太湖逆贼，长兴伯吴日生、主事倪曼青俱被获，伪大学士马士英潜遁新昌县山内，都统汉岱追至台州，士英属下总兵叶承恩等降，并报称马士英披剃为僧，即至寺拘获，并总兵赵体元，令斩之”。时人所作《吴城日记》记同年“八月中，闻吴日生、马士英旨下俱论斩讫”[4]。按时间推算，二书完全符合。当时芜湖抗清志士沈士柱有《祭阮大司马文》，开头就说“丙戌长至（指冬至）之后二日，近故降大司马阮公之丧至自浙东”，下文云：“使公同受戮西市，一生恶迹补过盖愆。天夺其魄，委贽后方糜烂以死，生与马同丑行，死并不得与马共荣名，天实为之

[1] 康熙二十二年《金华府志》卷二十五《祥异》附《历朝变乱》。按，道光三年《金华县志》卷十二《兵燹》记清军攻破金华，前段文字与康熙府志所载相同，只是因屡兴文字狱，编撰者把屠城一句删掉。

[2] 华廷献《闽游月记》；钱秉镫《所知录》；温睿临《南疆逸史》等书说马士英降清后在福建延平黯淡滩与阮大铖、方国安一道被清贝勒博洛所杀，甚至绘形绘声地说：“贝勒曰：我为天下诛贼臣。剥其皮而尸之。”有人于该处亲见白骨一堆，即马士英、方国安父子，云云。其实，马士英直到被俘杀未曾入闽，阮大铖降清后随军过浙闽交界的仙霞岭猝然病卒，也没有到延平之事。

[3] 《清世祖实录》卷二十六。按，清实录曾多次修改，从蒋氏《东华录》可以看出张存仁奏疏中写的是两件事，修改后的清实录只顾删繁就简，遂致二事合而为一。

[4] 《吴城日记》，江苏古籍出版社1985年版，与《丹午笔记》《五石脂》合印一册，第二二三页。

也。”[1]可见，沈士柱在当年冬天即已知马士英不屈遇害，晚节“荣名”。在马士英之前殉难的夏允彝论及马士英时稍有恕辞，在马士英之后死难的沈士柱也不掩没其晚节。黄宗羲却一笔抹杀：“今古为君者，昏至弘光而极；为相者，奸至马士英而极，不待明者而知之也，有何冤可理？”[2]平心而论，马士英在弘光朝秉政时毫无作为，弘光垮台后他投奔鲁监国和隆武帝，招来的是一片讨伐声。王思任写的“吾越乃报仇雪耻之国，非藏垢纳污之地”一语脍炙人口，就是直接针对马士英的，责令他盂水自裁。张岱以鲁藩旧臣的身份上疏鲁监国，“恳祈立斩弑君卖国第一罪臣”马士英，“疏入，监国召岱至御榻前，诏以先杀后闻。岱即带兵数百人往蹑之，士英宵遁江上，见其私人方国安，挟制鲁王，斥逐张岱。令士英统兵汛地，协守钱塘”[3]。马士英在唐、鲁两政权中几乎成了过街老鼠，他并没有因此就转投清方[4]，而是尽力以抗清的实际行动改变自己过去的不佳形象。清方档案证明，马士英曾经多次参加渡钱塘江攻余杭、富阳以及会攻杭州之役[5]。1646年六月浙东兵败，马士英逃入四明山削发为僧，被俘就义，实属难能可贵[6]。相形之下，黄宗羲、张岱在鲁监国政权处境艰难时，转入清方统治区遵制剃头，以明朝“遗民”自居，既不能见危授命，也大可不必那样义形于色地痛斥“奸臣”马士英以显示自己才是正人君子。在这方面，张岱还有点自知之明，《自题小像》一文云：“功名耶落空，富贵耶如梦，忠臣耶怕

[1] 黄宗羲《明文海》卷一四〇。

[2] 黄宗羲《汰存录》。请注意，沈士柱文收入黄氏编《明文海》。

[3] 张岱《石匮书后集》卷四十八《马士英阮大铖列传》。

[4] 陈名夏因“从贼”不容于弘光政权，即北上投靠清廷，后世史家述及陈名夏时比评价马士英宽厚得多。

[5] 见《清世祖实录》卷二十一，顺治二年十月丁酉日、丁卯日记载；参见《清初内国史院满文档案译编》中册，第一九八页、二五七页。

[6] 《清初内国史院满文档案译编》中册，第三一七页记军中奏报：“闻伪鲁王、阁老马士英、国公方国安等适走台州府……将为纸张事只身前往大兰山之马士英擒获解回。”

痛，锄头耶怕重，著书二十年耶而仅堪覆瓮，之人耶有用没用？”[1]本书讲的是南明史事，不涉及张岱、黄宗羲等人的文学、学术著作在历史上的贡献。同样，也无意于为马士英当国时期的昏庸辩解。只是由于黄宗羲等人往往出于偏私心理任意歪曲史实，甚至造谣生事[2]，在当时既加剧了南明内部的纷争，对后来的史家又造成了许多人为的困难。在这种情况下，依据可信史料对某些比较重要的人物和事件加以澄清就是必要的了。

第六节　清军占领赣南

顺治三年三月二十四日，金声桓等部攻克吉安。随即由江西提督金声桓部、支援总兵柯永盛部合兵向赣南推进。明督师万元吉计划在皂口据险扼守，然而兵无固志，纷纷南逃。六月初八日，清军前锋即抵赣州城下。由于赣南地区东连福建、西接湖南，又是广东的屏障，战略地位非常重要，隆武朝廷为挽救危局，除令原江西巡抚李永茂（时丁忧告去）、新任巡抚刘广胤（后来改名刘远生）、江西总督万元吉等加强守御外，武英殿大学士杨廷麟原已奉诏入福建，也命他留在赣州“专办江楚事”[3]；并命各地出军火速增援。先后到达赣州地区的有御史陈荩[4]从云南召募来的滇将赵印选、胡一青部三千精兵；两广总督丁魁楚派的童以振、陈课部四千人；大学士苏观生遣发的广东兵三千人；湖广总督何腾蛟发总兵曹志建领兵二千名，加上原江西赣州守将吴之蕃、张国祚

[1] 张岱《琅嬛文集》卷五。

[2] 黄宗羲记述明清之际史事往往出于门户之见和个人好恶。像魏学濂在甲申三月于北京投降大顺政权，本无可议，黄宗羲因为同魏学濂是患难世交，绝力开脱其“从贼罪名”。在弘光帝和其嫡母邹太后事上胡言乱语已如上述。

[3] 彭士望《杨文正公传》，见《耻躬堂集》。

[4] 黄宗羲《弘光实录钞》记弘光朝廷于1644年六月“遣御史陈荩往云南募兵”，有的史籍误作陈赓。

部和杨廷麟等从雩都调来的受抚阎罗总四营头张安等部，至八月间聚集赣州（隆武帝赐名忠诚府）城内外的明军兵马不下四万。这些从各地抽调来的援军本来就缺乏同心同德精神，利在速战。督师万元吉却不趁诸军初至，锐气方张之时同清军决一雌雄，而以动出万全为由，要等待广东吏部主事龚棻、兵部主事黎遂球招抚的“海寇”罗明受[1]统率的水师来到，以便水陆并举，力创清军。八月二十三日，清军乘罗军不备，夜间在章江上偷袭水师，巨舟八十余艘全被焚毁，船中所载火攻器械付之一炬，罗明受带领残兵逃回广东。次日早晨败讯传来，万元吉、龚棻、黎遂球等抚膺恸悼，追悔莫及。清军趁势于八月二十八日冲破广营，二十九日击败滇军，其他各路援军见势不妙，退往雩都、韶州。赣州城内只有大学士杨廷麟、督师万元吉、兵部尚书郭维经和一批地方官，守城兵卒不过六千名。

清军在九月初九日占领南康县，十五日攻占上犹县，十九日起包围赣州城。双方相持十余日。十月初三日，清军大举攻城：副将高进库、冯君瑞攻南门，副将刘伯禄、贾熊、白元裔、何鸣陛攻东门，副将徐启仁、杨武烈、崔国祥攻西门，副将李士元等攻龟尾。到当天晚上三更时分，清军竖梯登上东面城墙，城内明军仍拼死抵抗。高进库、徐启仁、李士元、杨武烈、冯君瑞、崔国祥等督促部下官兵由突破口上城大战。至初四日午时，明军抵敌不住，赣州失守。[2]杨廷麟投清水塘自尽，[3]万元吉也投水而死，郭维经入嵯峨寺自焚死，同时遇难者有翰林院兼兵科给事中万发祥，太常寺卿兼守道彭期生（彭孙贻之父），吏部主事龚

[1] 彭士望《杨文正公传》写作罗亚夫。

[2] 顺治三年十月江西提督金声桓、总兵官柯永盛“为飞报官兵奋勇攻克赣城事”揭帖，见《明清档案》第五册，A5—36号。顺治三年十月二十六日柯永盛、金声桓“为恭报克赣大捷事”题本见《明清史料》甲编，第二本，第一七一页。

[3] 杨廷麟死于清水塘见魏禧《崇祯皇帝御书记》，破城时清参将贾熊发现杨廷麟遗体，“以四门扇为棺，瘗之西门外”，后来贾熊镇守宁都，即住于魏禧家。上引题本云：“本标右营参将贾熊城头阵斩伪阁部杨廷麟，尸首见存。”

棻，兵部主事王其宖、黎遂球等官绅三十余人。[1]

赣州的失守在南明史上具有关键意义，因为以赣州为中心的江西南部是连接福建、湖南的要区，又是广东的屏障。后来，金声桓、李成栋的败亡都同清军扼守这一重镇有密切关系。清军凭借有限兵力攻陷赣州，固然在很大程度上是由于明朝督师万元吉部署不当，但湖广总督何腾蛟的坐视不救也是重要原因之一。隆武帝在福建处于郑芝龙集团束缚之下，一筹莫展，早就有意移驻江西。1646年正月，朱聿键手敕何腾蛟命他“先遣精甲一万，迎朕湖东（指江西省湖东道管辖地区）”；[2]同月给大学士苏观生的手敕中又提到：“仍有七省左、右将军印信二颗，顺赍与郝永忠、张先璧恭受，再给楚督臣、抚臣、镇臣敕各一道……速遣劲兵一万来湖东迎驾。”[3]四月间，隆武帝派太监杨守明、兵部职方司官员路太平来到长沙，督促何腾蛟出兵江西，既可加强赣南防务，又可做迎驾之用。何腾蛟勉强派遣南安伯郝永忠带领部下兵马一万余名经郴州入龙泉（今江西省遂川县），张先璧率部由湖南攸县出江西永新，号称左、右两路“迎驾军”。然而，何腾蛟的所谓“迎驾”只是表面文章，他内心里极不愿意把隆武帝从郑芝龙的牢笼中接到自己的防区。我们不应忘记，朱聿键还是唐王时封藩地在河南南阳，何腾蛟曾任南阳知县，他对朱聿键的敢作敢为有相当了解。朱聿键登上皇帝宝座后，何腾蛟被视为南阳故人，备受青睐，由湖广巡抚擢升为湖广等七省军务总督。李自成在湖北通山县被当地地主武装击杀，何腾蛟明知该地已沦入清方之手，仅据大顺军部将的报告，就飞疏告捷，说成是自己组织团练的“功劳”，隆武帝因此给他加封定兴伯。何腾蛟得意忘形，给湖南地方官员写信道：“新上为南阳故人，鱼水之合，吾辈皆有缘也。”[4]然

---

[1] 康范生《仿指南录》。参见黄宗羲《行朝录》卷六《赣州失事》。清军屠城事见康熙二十三年《赣州府续志》卷十二。

[2] 《思文大纪》卷四。

[3] 《思文大纪》卷四。

[4] 吴晋锡《半生自记》卷下。

而，何腾蛟只知利用隆武帝的信任，提高自己的声望，毫无知恩报答之念。他唯恐隆武帝进入江西后自己在湖广独断专行的局面将受到扼制。正如王夫之所记："顾腾蛟以便宜制楚，文武将吏皆出其门，不忍失权借。谓章旷曰：上若幸楚，则□（虏）当聚力攻楚，恐未易支也。"[1]于是，他玩弄手段，一面大张旗鼓地派郝永忠、张先璧二将领兵"迎驾"，一面却私下叮嘱他们绝不可假戏真做，万勿进入江西。五月十七日，郝永忠率军从长沙出发，一路上慢慢吞吞，经过衡州，九月初二日才到达郴州，即停留该地，观望不前。[2]张先璧部也在行至同江西接境的攸县后就"屯师不进"[3]。这几个月正是清军进攻赣州，隆武帝进退维谷的时候。何腾蛟为了保住自己的权势，竟然置大局于不顾，一连几个月不派使者向隆武帝报告情况。奉命督促郝永忠入赣的杨守明、路太平"皇皇使者，不敢出一语"[4]。到隆武政权覆亡前夕，何腾蛟的使者才姗姗来迟地到达行在觐见，隆武帝大为震怒，责问使者何腾蛟派遣的迎驾军为什么毫无动静，"使者诡辞以对"[5]。不久，隆武帝被清军俘杀，闽、赣、粤相继失陷，何腾蛟在湖南的处境也越来越困难。许多南明史籍叙述隆武朝廷的覆亡都简单地归咎于郑芝龙的降清，如杨凤苞所说："福京之亡，亡于郑芝龙之通款。"[6]这自然包含部分真实。但隆武帝鉴于郑芝龙的跋扈自雄，寄希望于何腾蛟派精兵迎驾，移跸江西，等了半年多终归落空，何腾蛟实难辞其咎。历来的南明史家大抵以是否死节作为忠佞的唯一标准，带有很大的片面性。临危受命固然值得肯定，因为他们在最后关头表现了民族气节；但如果就因此而掩盖何腾蛟之流的卑污心理，导致大局全盘逆转，一味赞美，称之为"忠臣"，奉之为

[1] 王夫之《永历实录》卷七《何腾蛟传》。
[2] 吴晋锡《半生自记》卷下。
[3] 《永历实录》卷七《何腾蛟传》。
[4] 《半生自记》卷下。
[5] 《永历实录》卷七《何腾蛟传》。
[6] 《南疆逸史》跋四。

圭臬，显然不符合事实。

第七节　隆武帝汀州遇难

清军进占浙东，朱以海遁往舟山一带海岛，鲁监国政权濒于瓦解。博洛即部署清军乘胜入闽。早在这年三月间，清廷所派招抚福建黄熙允的使者苏忠贵就秘密到达福建，“见到郑芝龙，见其有诚意归附”。六月初，清军渡过钱塘江，征南大将军博洛又命苏忠贵“持敕书赍送郑芝龙”[1]。郑芝龙既已决定投降清朝，秘密下令仙霞关守将武毅伯施福（施天福）放弃天险，自动撤退[2]。接着又谎报海盗进犯其家乡安平，上疏道：“三关饷取之臣，臣取之海，海警则无家，非专救不可。”隆武帝派内使持手敕云：“先生少迟，请与先生同行。”[3]郑芝龙置之不理，径自带领军队返回安平。

八月十三日，贝勒博洛、闽浙总督张存仁、巡抚佟国鼎带领满、汉军从衢州出发，收取福建。[4]十八日，清军未遇任何抵抗，就越过了仙霞岭。[5]不久前降清的阮大铖跟随清军入闽，行至仙霞岭下时忽然头面肿胀，其他官员劝他暂时休息，不要过关。他唯恐失去“立功”机会，坚持随军越岭。为了显示自己身强体健，他争先步行登山，对落在后面的人吹嘘道：你们这些年轻人爬山还不如我这六十岁的老头。攀登到山

---

[1]　顺治三年八月黄熙允题为招抚郑芝龙情形事本，见《郑成功满文档案史料选译》第一页。

[2]　王沄《漫游纪略》卷一云：“仙霞最险……两崖斗绝，中通鸟道，仰高俯下，因险设关，裁容一夫。今已颓废。闽人言，先年郑氏望风送款，预撤守兵，启关以俟，故入闽者无血刃焉。”

[3]　华复蠡《闽游日记》卷二。“三关”指由浙、赣入闽的三个必经关隘，即仙霞关、杉关、分水关。

[4]　江日升《台湾外纪》卷二。

[5]　乾隆十七年《汀州府志》卷四十五《兵戎》。

顶，疾病突发，死于岭上。其他官员气喘吁吁到达岭上时，见他坐在大石上一动不动，呼之不应，以马鞭拨其辫子毫无反应，仔细一看，才发现他已经死了。[1]跟随的家人上岭、下岭，几经周折，才在附近居民家中找到几扇门板，勉强收殓。清军过岭后，随即占领浦城，明巡按御史郑为虹不屈被杀。“时有民谣曰：峻峭仙霞路，逍遥军马过。将军爱百姓，拱手奉山河”[2]，对郑芝龙的不战而降做了巧妙的讽刺。

郑芝龙的背叛行径并不是个别的，当清军占领浙东时，隆武朝廷的许多官员眼看大军进逼，为自己的身家性命计，纷纷暗中派人前往浙江向清军投递降表。钱秉镫记载：

> 七月二十五日，上御门。群臣朝罢，将退，上命内臣捧出一盘，覆以黄帕，置御前。上谕群臣曰：“朕本无利天下之心，为勋辅诸臣拥戴在位。朕布袍蔬食，晓夜焦劳，有何人君之乐？只是上为祖宗，下为百姓，汲汲皇皇，唯恐负诸臣拥戴之初心。今观诸臣大非初意，昨关上主事搜得关中出关迎降书二百余封，今俱在此。朕不欲知其姓名，命锦衣卫检明封数，捧至午门前对众焚之。班中诸臣宜亦有之，朕俱不问。有之者当从此改心易虑；其本无者益宜矢志竭力，毋贰初衷。特谕。”[3]

八月二十一日，隆武帝从延平行在起程前往江西赣州。他并没有意识到噩运已经临头，在没有多少军队护送的情况下，还带了大批书籍和宗室、随驾官员，根本没有轻装前进。不久，得知清军迫近，隆武君

[1] 钱秉镫《所知录》卷六《阮大铖本末小纪》。当时阮大铖和降清的金华府同知耿献忠在一起，钱氏所记即得自耿献忠（随李成栋反正）之口，相当准确。

[2] 《台湾外纪》第七十四页。

[3] 钱秉镫《所知录》卷一。

臣大惊狂奔，随驾大学士何吾驺本有足疾[1]，又“坠马垂死”，从间道返回原籍广东[2]。从行的宫人有“一骑而三人者”[3]。二十七日到达汀州（今福建省长汀县），随行的只有忠诚伯周之藩、给事中熊伟带领的五百多名士卒。长汀知县吴德操“吏才非其所长”，隆武帝与随行人员奔至该县时，“需役数千名，民逃不应命”[4]。次日（二十八日），清军追到汀州，隆武帝、曾皇后、沈嫔、陈嫔被俘于赵家塘，周之藩、熊伟被杀[5]。隆武帝、后大约在被俘之日即遇害于长汀。据清实录记载：征南大将军多罗贝勒博洛将军入闽，连下建宁、延平等府，“闻伪唐王朱聿钊遁走汀州，遣护军统领阿济格尼堪、杜尔德等率兵追击，直抵城下。我军奋击先登，擒斩朱聿钊及伪阳曲王朱盛渡、西河王朱盛佺、松滋王朱演汉、西城王朱通简并伪官、伪伯等，抚定汀州。……获伪玺九颗，马骡辎重无算”[6]。江日升《台湾外纪》云：“隆武帝后死于汀州府堂，乃顺治三年八月二十八日。诸家纪事，悉书隆武被执，送福州斩于市。但时有锦衣卫陆昆亨从行，眼见隆武帝后戎装小帽，与姬嫔被难。昆亨脱出。百姓收群尸葬于罗汉岭，竖其碑曰‘隆武并其母光华太妃讳英忠烈徐娘娘之墓’。后昆亨归郑，继而为僧，年八十有奇，为口

[1] 《思文大纪》卷八记，1646年七月“上因首辅何吾驺决意幸汀入虔”，即决策经福建长汀前往江西赣州。同书卷七两次提到何吾驺患足疾，并记隆武帝对吾驺曰：“卿足疾，朕亲见蹒跚之状。”

[2] 黄士俊撰《首辅象冈何公墓志铭》，引自马楚坚《明清边政与治乱》第五一五页。

[3] 华复蠡《闽游月记》卷二。

[4] 钱秉镫《藏山阁文存》卷五《吴廷尉鉴在传》。

[5] 乾隆十七年《汀州府志》卷四十五《兵戎》。

[6] 《清世祖实录》卷二十九。按，文中把朱聿键误写成朱聿钊，是因为军中奏报用满文拼写汉字，回译时据音写作剑字，剑、钊二字形近，誊录时误写。

述云。故特表出。”[1]历史上的事件往往会在记载上出现程度不等的分歧，隆武帝的下场也是这类问题之一。江日升批驳了押回省会福州斩首的说法，是有见识的，因为在清方档案文书和福州人士的记载中从未提及这样一个重大事件。还有一种说法是在汀州遇害的是隆武帝的替身，他本人逃到广东五指山当了和尚。这种说法很难令人置信，理由是：第一，当时广东是拥戴隆武朝廷的，朱聿键如果真能逃到广东，毫无必要遁入空门；即令说他心灰意懒，看破红尘，那又同传说中的“帝派使者慰劳群臣”自相矛盾。第二，这一流言从来没有任何一个人出面证实；相反，跟随朱聿键逃难的大学士何吾驺回到广东以后，肯定得到相当准确的消息，才写信给肇庆当局另立新君。

九月十九日，清军在贝勒博洛统率下长驱进至福州[2]。城中百姓纷纷逃窜，留下的人剃发留辫。隆武朝廷工部尚书郑瑄投降，“跪泥沙中永日，贝勒不为礼，徐乃令之去，曰：尔官在明朝若是大乎？兹不便用也，速去！”[3]礼部尚书曹学佺（字能始），是著名的文学家，不屈自缢而死。曾任崇祯、隆武两朝大学士的傅冠避居于邵武府泰宁县门人江亨龙家中。“亨龙同子养源私计公常握重兵，大兵索公必连居停，不如自首乃免。”于是，向傅冠假说已被别人告发，藏身不住。傅冠慨然道：“一死报国，吾事已毕，鼠子啗肉，所得几何？”当即投缳准备自尽，江养源为了献俘清军邀赏，竟然横加阻止，说：“公不生见大兵者，江氏百口立碎矣！”又唆使庄客道：“即此族何辜，令为血池乎？”在江氏父子指挥下，傅冠求死不得，被捆绑押往清将李成栋处献功。傅冠为天启二年榜眼，历任礼部尚书、文渊阁大学士，名望很高。

[1] 吴晋锡《半生自记》卷下记：“翰林刘季鉱曾为余言：车驾次汀州，北兵先通约于汀守。车驾约行，太守以夫马未备为辞，故迟之。有内臣报警，以摇动人心受杖，杖未毕而北兵至矣。季鉱时为侍从，事急，袖小帽青衣以进，请上早为计。季鉱奔，君臣遂相失。此当日汀州事也。”可与江日升“戎装小帽”之说相印证。

[2] 《思文大纪》卷八；海外散人《榕城纪闻》载于九月十八日。

[3] 《思文大纪》卷八。

江亨龙攀援附会，执贽为门人；一旦局势翻转，立即卖师求荣，拖曳着被捆绑的傅冠踯躅道路间，甚至“有以掌掴公者”。送到李成栋军营后，成栋执礼甚恭，说：“公大臣也，释、留当取令旨，非成栋所专。顾国法剃发令特严，异令以逆论。倘委曲相从者，成栋保公无他，此后攀鳞曳尾，惟公之便。”傅冠坚决拒绝剃发，厉声曰：“汝知千古有文文山乎，我乡先进也。吾乡无叩头宰相，但有断头宰相耳！”不久，李成栋奉命领兵入粤，傅冠被押送到汀州由镇将李发管押。1646年十一月二十一日在汀州遇难[1]。

[1] 傅冠被俘和殉难事迹有多种史籍记载，这里是根据李世熊作《傅相公传》，见黄宗羲编《明文海》，卷三九一。

第十章
大顺军联明抗清

第一节　东路大顺军同何腾蛟的联合与受排挤

1645年五月初，李自成在湖北通山县牺牲于当地地主团练之手后，大顺政权实际上已处于瓦解状态。这主要表现在：一、曾经统治整个黄河流域和部分江、淮地区的大顺政权管辖区由于清军追击和地主官绅的叛乱已经丧失殆尽，尚存的东、西二路大顺军虽然还拥有大约数十万兵员，却回到了崇祯十四年以前的情况，没有立足之地；二、李自成的牺牲带有很大的偶然性，生前没有指定明确的继承人，在大顺军将领中享有较高威望的大将刘宗敏在李自成牺牲以前就已经被清军俘杀，跟随李、刘南撤的东路大顺军各部将领在屡遭失败后，原来的领导体制被打乱，很难形成一个新的统一指挥核心；三、大顺政权的文职官员纷纷降清或脱逃，如牛金星以丞相之尊在撤至襄阳时同他的儿子襄阳府尹牛佺一道向清军投降，军师宋献策被俘后也腼颜降清，重操旧业以占卜取悦于满洲贵族。大顺朝廷不复存在了。

史籍中常有一种误解，以为大顺军从陕西撤退的时候是全部兵马都随同李自成取道商洛、河南进入湖北的。实际上跟随李自成从西安撤退的只是潼关之战后集中于西安的主力，到达湖北襄阳一带时会合了镇守这一地区的白旺所统七万大顺军，他们遭到清英亲王阿济格的穷追猛打，连续失利，李自成、刘宗敏直接率领的就是这支军队，在本书内称之为向南撤退的东路大顺军。毫无疑问，李自成的妻子（大顺朝廷皇后）高氏也在这支队伍当中，从一些史料判断她秉性软弱，不是一个能够继承丈夫遗志、在关键时刻重整残局的人[1]。另一路大顺军是清军占领西安以后，由李锦（李过改名）、高一功带领的陕北榆林、延安地区的驻军会合宁夏、甘肃、青海的驻防军经汉中南下四川，顺江而下进至荆州一带，形成西路大顺军，即后来的“忠贞营”前身。

东路大顺军主要将领有泽侯田见秀，义侯张鼐，绵侯袁宗第，磁侯刘芳亮，光山伯刘体纯，太平伯吴汝义，将领郝摇旗、王进才、牛万才等，他们在李自成牺牲以后，乘清阿济格军东下随即返京之机，先后进入湖南平江、浏阳一带，如刘体纯在五月间即自湖北武昌南入平江，吴汝义、田见秀、张鼐等翻越九宫山，经江西宁州（今修水县）进入平江县。[2]由于史料残缺，我们不十分清楚李自成牺牲后，东路大顺军当中发生的变故，只知道在1645年五、六、七月这路大顺军大抵均集结于湖南平江、浏阳地区[3]，总兵力多达二十一万余名。[4]然而这样一支庞大的

[1] 高氏从崇祯十六年冬一直在西安，没有跟随李自成至北京。自成放弃西安时她自然随军南下。自成牺牲后，她在部将保护下经湖南北上湖北，后转入李锦、高一功营中。尽管李锦等联明抗清后，给南明官僚行文时仍尊称她为“太后”，但她在顺治二年秋曾“再三劝谕”李锦军“归服”清廷，见顺治二年十一月清梅勒章京屯代“为申报地方情形”事揭帖，影印原件见《明清档案》第三册，A3—162号。

[2] 乾隆八年《平江县志》卷二十四《事纪》云：“五月，其酋刘体纯自武昌入县之北乡；七月，其酋吴汝义自宁州入县东乡，据黄龙、幕阜、东阳诸山；又有田酋亦以是月入据中洞等寨。”参考何腾蛟奏疏，张鼐肯定是由宁州而来。

[3] 康熙十九年《平江县志》《灾沴》记：“乙酉年，闯寇数十万寇县，往来屯驻四阅月，凡上下乡方围三百余里比屋盘踞，深山穷谷焚林竭泽，男妇老幼杀死无算。”

[4] 顺治二年秋总督八省佟养和“为恭报地方情形事”揭帖，原件缺上疏日期，十月初十日到京，见《明清史料》甲编，第二本，第一二一页。

部伍在屡经挫败之后，已无复当年部署，西安时期地位与刘宗敏相等的田见秀曾以“为人宽厚”得众将心，这时仅有部卒七千，泯然普通一将，几无威信可言。原右营制将军袁宗第仅辖部卒三千，他的老部下刘体纯（曾为右营右果毅将军）却有部众三万，其弟刘体统也有兵二万。原先的裨将郝摇旗拥众四万，王进才更多达七万六千。曾独当一面的左营制将军刘芳亮所部也不过一万。[1]这说明东路大顺军已失去统一的指挥系统，名义上大将们还保存着侯、伯爵位，实际上却是各部为政的松散同盟。

在大顺军进入湖南前一个月左右，明湖广总督何腾蛟正是从武昌左良玉军中脱逃后取道宁州、平江到达长沙。当时湖广北部（后来的湖北省）已沦入清方之手，何腾蛟即在长沙设置行辕，安官设吏，准备以湖南为基地恢复湖广全省。东路大顺军将领到达平江、浏阳后，由于领袖新丧，基地全失，决定同何腾蛟会商联合抗清。[2]六月初一日至十五日，大顺军迫近长沙[3]，意在同何腾蛟联络。不料，何腾蛟情报不明，以为进入湘东的大顺军只是些不成气候的“土贼”“山寇”，派长沙知府周二南会同原驻攸县燕子窝的副总兵黄朝宣领兵二千前往“扫荡”。大顺军意在和好，主动退让以表诚意，周二南却误以为“草寇”不堪一击，懵懵懂懂地“乘胜”直追。大顺军忍无可忍，于浏阳官渡一举反击，周二南被击毙，“官兵将佐杀伤无算”[4]。何腾蛟得到败讯，才如

[1] 顺治二年秋总督八省佟养和“为恭报地方情形事”揭帖，原件缺上疏日期，十月初十日到京，见《明清史料》甲编，第二本，第一二一页。

[2] 光绪十七年《黎平府志》卷七上，何琮《先文烈公编年纪略》云，自成牺牲后，“其部下刘体纯、郝摇旗（原注：后名永忠）谓众曰：‘吾主不知何往，想大事难成。我等日事劫掠，终非远大之计，今闻何公在长沙，曷往归之？’众应曰：‘将军高见，谁不恪遵。’”

[3] 康熙四十二年《长沙县志》卷八《灾祥志》附《兵事》记：“乙酉，流贼李自成余党刘体纯、一只虎等从武昌、通山、蒲圻、崇阳破通城，陷平江，逾回通岭入长沙界。时邑人林朝宪纠集乡勇，多设疑兵，于西山、官山一带与贼相拒，自六月初一至十五日止斩馘甚众，贼进退维谷，自愿纳款。时督师何腾蛟、偏抚傅上瑞驻节长沙，乃驰报帅府，准其招降，民获粗安。”按，所记事实多有讹误，仅取其时日供参考。

[4] 同上。

梦初醒，知道对手是名震遐迩的大顺军。他曾备受挟制的宁南侯左良玉一听说大顺军入楚，即望风而逃，这时他手下只有黄朝宣、张先璧等为数不多的杂牌官军，根本无法迎敌，在一片惊慌失措之中“婴城为死守计”[1]。幸好，东路大顺军将领本意是通过何腾蛟实现联合南明共同抗清，并无攻灭何腾蛟之意。明末清初人士王夫之记载说：何腾蛟“猝闻平江、浏阳间有贼野掠，意为土寇，遣长沙知府周二南率黄朝宣部兵二千人往击之。过、一功既欲降，无格斗志，按兵徐退。二南误以为怯，麾兵进薄其营，刃数贼。贼乃合战，俄顷披靡，二南坠马死之。贼追溃卒，呼欲与通语，皆益丧精魄，骛走归长沙。腾蛟知为大贼，惴惴惟婴城守。过等敛兵不欲迫长沙，执土人纵之诣腾蛟所道意，土人得释即走，亦不为通。久之，稍传闻至腾蛟所。腾蛟乃募人持白牌赍手书往。过等大喜，遂举军降，腾蛟以便宜各授总兵官……”[2]王夫之的叙述大致反映了当时东路大顺军将领主动提出联合南明抗清的情况，但他对大顺军内部情况缺乏真确了解，错误地把李过和高一功视作东路大顺军的首领。

大约在七月间，何腾蛟同东路大顺军达成了“合营”的协议[3]。然而，何腾蛟和他一手提拔的北抚章旷、偏抚傅上瑞对大顺军怀有深刻的敌意和猜忌，合营后“骤增兵数十万”，他们并没有诚意依靠这支久经战阵的抗清队伍；相反，在驻地和粮饷上处处加以刁难。尽管当时湖北绝大部分地方已被清军占领，但湖南全境还在明朝廷有效管辖之下。何况，清英亲王阿济格获悉李自成死讯后以为大功告成，在这年六月间就率领大军回北京避暑了。阿济格凯旋前委任了梅勒章京佟养和（即佟

[1] 王夫之《永历实录》卷七《何堵章列传》。

[2] 《永历实录》卷十三《高李列传》。

[3] 汪辉《湘上痴脱离实录》记：“何公遣人招安，皆被杀。后以郑公福、汪伯立前往，改招安二字为合营，乃允而遵节制。”见《希青亭集》。

代、佟岱、屯代）为“总督八省军门”，带领少量军队驻守武昌[1]，湖北各地的驻防清军主要是刚刚投降过来的原明朝官军和大顺军叛徒，兵力十分有限。换句话说，在武昌的清朝湖广总督佟养和与在长沙的明朝湖广总督何腾蛟处境相当类似，都没有多少实力。然而佟养和比何腾蛟更能面对现实，他在六月间到任之后，派出使者对尚未归附的明朝文官武将和大顺军余部广行招抚，委以重任，力求稳定和扩大自己的地盘；唯一对他不利的是清廷严厉推行的剃发改制遭到汉族军民的抵制，使他的招抚政策未能取得更大效果。何腾蛟、章旷之流却因阶级偏见目光短浅，看不到弘光朝廷覆亡后民族矛盾已上升为国内主要矛盾。他们是主张抗清的，对农民军又怀有深刻的敌意，只是在自己的官军打不过大顺军的情况下才被迫达成联合抗清的协议。因此，他们不仅没有利用湖南全省的地盘和物力给大顺军以充分的休整和补给机会，然后凭借这支武装收复湖北等地区，而是对大顺军实行分化和排挤。在东路大顺军中郝摇旗、王进才原来地位较低，他们乘大顺军兵败混乱之时各自掌握了一支数量可观的军队，难免同大顺军封侯封伯的老将产生隔阂。何腾蛟充分利用了这种矛盾，把郝摇旗、王进才收为亲信，郝摇旗被委任为督标副总兵[2]，不久升任总兵，加封南安伯。至于田见秀、袁宗第、

---

[1] 这里有必要做一点小考证。《明清史料》甲编，第二本，第一二一页；丙编，第五本，第四九九页，各收“总督八省军门佟”揭帖一件。丙编，第六本，第五三三页，湖广巡抚何鸣銮揭帖中称他为“督臣佟养和”；第五三九页郧襄总兵王光恩揭帖中也提及“前督臣佟养和”。同书丙编，第六本，第五一一至五一三页收顺治二年十一月“梅勒章京屯代揭帖”（影印件见《明清档案》第三册，A3—162号）。在许多有关明清之际的史学论著中常把佟养和、屯代并提，误为两人。其实，佟养和就是屯代，或写作佟代、佟岱。见鄂尔泰编《八旗通志》卷一八二；《清史稿》卷二四〇；李元度《国朝先正事略》卷二《佟勤惠公事略》附传。《明清史料》丙编，第六本，第五六〇页，顺治三年六月二十一日湖广巡抚何鸣銮启本中提到“上年”“同前督臣屯代行令……”亦可佐证。一人数名的原因此处不能细说。

[2] 第一档案馆藏有田见秀、吴汝义八月十二日给佟养和的禀帖、郝摇旗八月十七日禀帖，郝摇旗禀帖末在年月日上盖“督标忠兴龙营副总兵官关防”，这是南明何腾蛟颁给的印信，不是大顺政权颁发的，大顺政权官制序列中既没有总督，也没有总兵、副总兵。

张鼐、刘体纯、吴汝义等大顺政权所封侯伯则备受歧视，何腾蛟既不为他们安置驻地，也不供应粮饷，这些农民军被迫就地打粮，又立即被加以掠夺的罪名。何的目的是使他们在湖南站不住脚。这年八月间，田见秀、张鼐、袁宗第、吴汝义、刘体纯、郝摇旗等在清湖广等地总督佟养和的招罗下，曾派使者至武昌同清方联络，要求安置地方供应粮饷。因清方坚持剃头，没有达成协议。不久，除郝摇旗、王进才二部留在湖南外，田见秀等东路大顺军将领都率部北入湖北，在荆州地区同李锦、高一功等九大头领率领的西路大顺军会合。

从当时形势来看，东路大顺军进入湖南之时，显然缺乏一个坚强的核心，提出联明抗清的策略是正确的，但过于软弱。在遭到何腾蛟、章旷等南明顽固派官僚的排挤时，本应以抗清大局为重，发挥自己的主力作用，一面迅速接管湖南全省地方，安抚军民，征派粮饷，休养整顿队伍；一面迫使隆武朝廷及其地方高级官员承认其合法地位。这样，在清军主力北撤、何腾蛟等实力极为薄弱的情况下，东路大顺军可以把湖南经营为抗清基地，取得人力、物力等后方保障，再同由四川东下荆州地区的西路大顺军会合，湖广局势以至整个南明局势必将大为改观。可是，田见秀、张鼐、袁宗第等计不出此，局促于浏阳、平江一隅之地，受到排挤后又移师北上，动摇于明、清之间。这不能不说是方针上的重大失误。在后期抗清斗争中，大顺军未能做出较大贡献，最重要的原因是没有自己的具有相当人力、物力的后方基地做保障，长期在南明顽固派势力和清方的夹缝中勉强支撑，这说明在李自成牺牲以后，东路大顺军组织的混乱和领导人的缺乏魄力。

第二节　李过、高一功等部改编“忠贞营”

1645年（顺治二年、弘光元年），李锦（李过）、高一功等部大顺军由陕西汉中南下，四月间经四川太平（今万源市）、东乡、达州、夔州、新宁等处进入湖北西部山区（西陵峡一带）[1]。经过短期休整后，于六月间率兵东下，占领荆门州、当阳二城[2]。七月二十日，李锦、李友、贺篮、高一功、刘汝魁、马重禧、张能、田虎、杨彦昌九营会攻荆州，“填壕搭梯，扎棚挖窑，百计攻打”[3]；清镇守荆州副总兵郑四维据城顽抗[4]。大顺军围攻了半个月，未能攻克该城。这支大顺军把老营（指随军家属和辎重）安置于松滋县草坪，兵马分驻在湖北荆州府境到湖南澧州一带，“横亘三百余里”[5]。

八月间，原先跟随李自成东下的大顺军余部田见秀、刘芳亮、吴汝义、袁宗第、刘体纯、张鼐、党守素、蔺养成、王进才、牛万才等营虽然同明督师何腾蛟达成合作协议，却得不到粮饷供应，处境相当困难。吴晋锡当时担任南明衡永郴桂团练监军，曾经向何腾蛟建议：“此辈久在行间，动则奋，静则玩，及其锋而用之，分路进击，可以大有功。”何腾蛟表面上赞成他的意见，实际上却采纳了长沙道傅上瑞的主张，“以饷绌难之”[6]。田见秀、袁宗第等部大顺军既然在湖南站不住脚，又听说李锦、高一功等部已由四川东下湖北，于是决定移军北上。除了郝摇旗、王进才二部留在何腾蛟麾下外，东路大顺军主力都移营北上，

---

[1] 顾山贞《客滇述》记：乙酉“四月，李自成部将一只虎陷太平、东乡、达州、夔州、新宁等处，寻遁入湖广。”费密《荒书》也记载：“四月，自成贼党李赤心等陷太平、东乡、达州、夔府、新宁等处，复入湖广。”按，李锦由隆武帝赐名李赤心是这以后的事。

[2] 顺治二年五月清驾臣李可学奏疏中说，四月间已“闻荆门、当阳等处潜有大贼一只虎等十余股，近十数万”。见《明清史料》丙编，第五本，第四八五页。

[3] 顺治二年十月十二日荆州副总兵郑四维揭帖，见《清代农民战争史资料选编》第一册（上），第四十五页。

[4] 顺治二年七月二十五日荆州副总兵郑四维揭帖，见《明清档案》第三册，A3—40号。

[5] 乾隆十五年《澧州志林》卷十九《兵难》。

[6] 吴晋锡《半生自纪》卷下。

“袁宗第及田、高诸部落夺舡而行，长沙之舡顿尽”[1]，在驻于岳州的马进忠[2]部接应下转入荆州地区。这样，东、西两路大顺军终于会合，李锦、高一功等人才获悉了李自成殉难的详细情形，自成的妻子高氏也转入李锦（自成和她的侄儿）、高一功（高氏之弟）营中。

两路大顺军会师后，实力有所加强，但是显然缺乏一位众望所归的领导者。清方档案记载，“一只虎（李锦）等立李闯三弟为主，将所得明朝玉印（玉玺）付一只虎掌管，囤粮练兵，希图大举”[3]。这很可能反映了东、西两路大顺军将领在推举李自成的继承人上出现分歧。李自成的三弟在大顺军战史上从未有过战功或其他作为，甚至连他的名字都没有可靠记载[4]，后来的事实证明他从未成为大顺军的领导核心，更谈不到恢复大顺政权了。大顺军内部的缺乏足够的凝聚力，直接影响了这支颇具战斗力的队伍发挥作用。当时，湖北清军主力已经北返，湖南明军远不是大顺军对手，完全可以以大顺军为主体，迫使南明当局合作，凭借湖广地区的人力、物力资源，在抗清斗争中重振雄风。然而，由于大顺军各部的离心倾向，使他们彷徨失所，在明清之间举棋不定。明、清双方鉴于自身兵力不足，又担心大顺军危及自己的辖区，都想加以笼络。清朝湖广当局多次派人招抚，大顺军也虚

---

[1] 吴晋锡《半生自纪》卷下。吴氏又说：“余退而异见之言入矣。失此一机，惜也。”意思是说他离开长沙返回永州以后，长沙道傅上瑞、监军道章旷等排挤大顺军的“异见”被何腾蛟采纳。文中说的“田、高诸部”，高决非高一功，疑误。

[2] 马进忠原来是明末起义军首领，绰号混十万，崇祯年间投降明政府，清英亲王阿济格追击李自成时曾在湖北阳逻镇伪降，阿济格军东下以后，他把清将责令他运载的南征大炮火药车子抛弃江中，径自率兵西上岳州。

[3] 顺治二年十一月三十日荆州总兵郑四维揭帖，见《明清史料》丙编，第六本，第五一五页。

[4] 顺治二年十一月二十二日湖北巡按马兆煃“为飞报紧急军情事”揭帖中说：“又一只虎李锦、袁宗第等并蓝、王、刘、牛等九营盘踞荆州，将田见秀、吴汝义等两大营合并，又得明朝玉玺，复立李自成弟，引贼数十万北下。”见《明清史料》丙编，第六本，第五一四页。《清世祖实录》卷二十五两次提及自成之弟名为“李孜”，参考其他文献，自成兄弟均以自字为排行，疑“孜”字为“自”字之误书，下脱一字。

与委蛇，以“受抚”为名讨荆州、湖南为安插之地。清湖广总督佟养和（佟岱、佟代，也就是下面说的“梅勒章京屯代”）因兵力有限，“招抚心切，即为应允，将田、刘、吴等安插江南；袁、刘、张、党、蔺、王、牛、马安置荆州”[1]。顺治二年十一月佟养和奉调即将离任，以梅勒章京屯代的名称报告九月至十一月的情况说：“职差新附移文招抚一只虎李锦六次，人信不还。伊因罪恶深重，不敢就抚。复差兵备道屠奏疏谕以我清□不念旧恶，仍加升赏。该道止差官承二员赴一只虎营。相遇时待以优礼，似有招抚意。伊令先陷去郝总兵具报，请讨地方安插，并请旨封爵数语。职又差副将杜弘场、贾一选将并前恩诏书札盟状复去，仍许以尝德、澧州地方居驻，令其前来。近日闻彼与百姓公买公卖，并不杀掳。又据驻防荆州总兵马进忠数报，皆有归顺之意；兼以伊母（即自成妻高氏）再三劝谕归服。俟差官回日再报。”下文又云：“一只虎李锦投札到省，似有归顺之意。其中指取湖南，不肯剃头。职谕以我朝新制，为臣子能遵奉顺从，方见归顺之诚。先发副将杜弘场，次发副将贾一选二次招抚，候回再报。”[2]清方坚持要李锦、马进忠等人剃头表示归顺的真心，李锦等人却坚决拒绝。“招抚”与“受抚”的表面文章再也掩盖不了互为敌国的严酷立场。李锦等一大批大顺军将领出于民族大义终于同南明隆武政权达成了共同抗清的协议。

李锦、高一功等决策联明抗清同隆武朝廷新任命的湖广巡抚堵胤锡有密切关系。堵胤锡原任长沙知府，崇祯十六年赴京朝觐时长沙被张献忠占领，大西军撤退后他回任长沙，很快被提升为武昌兵巡道，还没有到任又改为湖广提学副使。隆武初立，何腾蛟已升任湖广总督，湖广巡抚一职由堵胤锡接任。何腾蛟驻于长沙，堵胤锡则驻于常德。按体制而言，堵胤锡应受何腾蛟节制，但由于政治眼光不同，两人在对待原农民

[1] 顺治二年十一月三十日荆州总兵郑四维揭帖，见《明清史料》丙编，第六本，第五一五页。

[2] 顺治二年十一月梅勒章京屯代“为申报地方情形仰祈圣鉴事”揭帖，见《明清史料》丙编，第六本第五一一至五一三页。

军的态度上有很大的区别。何腾蛟在长沙、浏阳、平江一带同东路大顺军达成“合营”协议是被迫的，“合营”以后就想方设法加以排挤。堵胤锡却从大局着眼，认识到只有联合农民军共同抗清才有中兴之望。当他得知大顺军各部屯集荆州、澧州一带时，就亲自赶赴湖北荆州地区的草坪李锦等的大营中谈判会盟事宜。何絜记，堵胤锡于1645年八月擢任巡抚，是时自成已死，“有侄锦代领其众，同自成妻弟高一功等渡洞庭湖踞山寨，众尚三十余万，遍肆剽掠。胤锡率左右数十骑突入其营，陈说天运、人心、兴废递变，更谕以忠义，为酾酒为誓，声泪痛激，感动群贼。于是，李锦、高一功遂同田虎、张能、党守素、袁宗第、贺篮、李来亨、塔天保、马某等诸贼首并听命归附，愿奉节度。胤锡乃上疏遣常德举人傅作霖往福建为诸降将请爵”[1]。十一月，傅作霖到达福建行在，在隆武朝廷里立即引起一番激烈的争论。内阁大学士蒋德璟、路振飞、林增志大为不满，说：“李贼破北京，罪在不赦，其党安得封拜？”[2]翰林兼给事中张家玉、顾之俊联名在隆武二年（1646）初上疏力主加封：“臣偶阅科抄，见湖广抚臣胤锡‘恭遇非寻常之主’一疏，不觉拊膺叹曰：吾皇上中兴在此一举矣。据抚臣称贼将李锦、尚一功（当为高一功）等原系分守西北，倾慕英主，悔罪投诚，转战千里，杀虏逾万，能已见矣。及抚臣单骑入营，貔虎之士不下数万，吴楚秦晋直欲以气吞之，此真百战雄师，天留之以资陛下也。但原疏所谓破格加恩如侯伯等爵，见者未免疑之。臣独以此弥服抚臣大略也。……皇上度半楚力能办虏复办寇乎？借使能办，亦须糜饷数万，杀人数万，血战而仅克之。楚力已竭于西北，而皇上不得一兵之用矣，孰与不糜一饷，不杀一人，一纸诏书坐收数万精兵之用哉！……伏乞皇上念事功难成，机会不再，大破庸常之见，速下诏抚之。请令胤锡即监其军，

[1] 何絜《晴江阁文钞》《堵太傅传》。
[2] 计六奇《明季南略》卷十二《堵胤锡始末》。

乘彼锐气，会师金陵。”[1]御史钱邦芑也上言：“出空爵一日收三十万兵，免湖南百万生灵涂炭，抚臣此请良善。”[2]隆武帝决定封李锦为兴国侯，诸将封伯有差，改李锦名为李赤心，高一功名为高必正，所部称“忠贞营”[3]。

大顺军同南明隆武朝廷的联合在清方文书中也有反映。顺治二年十二月清湖南巡按宋一真揭帖中说，何腾蛟“奉隆武正朔，通联闽、粤，阴结闯孽一只虎，助以糗粮”[4]。次年正月清招抚湖广兵部右侍郎江禹绪也依据署道唐大成的塘报奏称，何腾蛟“与一只虎等贼结为心腹，资之粮饷”[5]。这两件文书中说的何腾蛟都是指南明湖广当局而言，清朝官员并不清楚何腾蛟同堵胤锡在政治见解上的分歧。张家玉的奏疏充分说明主张全面联合大顺军的是堵胤锡，而不是何腾蛟。隆武帝采纳了堵胤锡的建议，派马吉翔为使者前往湖广颁诏。《思文大纪》在1646年（顺治三年、隆武二年）三月下记载：“钦赐李锦御营前部左军挂龙虎将军印，御改名曰赤心，并封其母高氏为贞义一品夫人。”接着照录了诰敕原文：朕念赤心以真正英贤昔日托身非所，乃今幡然悔悟，竭奉中兴。虽名臣必待真主，亦赖其有贤母而端慈训也。近据地方督抚连章报其全诚归戴，业已挂印封侯。俟朕驻跸武昌，然后面锡铁券。再允督抚之奏，钦旌母德之贞。尔以善教为慈，赤心以遵母为孝。慈孝既萃于尔门，忠义必恒于功业。特赐尔封为贞义一品夫人，给与恩诏。仍著有司建坊，敕文用“淑赞中兴”“朝廷风标万方，尔门芳留百世”。皇后闻之，再三嘉叹，面请加恩，赐尔珠冠一顶，表里四匹，令闻远被，以显纶恩。尔高氏当时以大义训赤心，俾其一德明良于终始。全恢

---

[1] 张家玉《张文烈遗集》卷二下《破格收揽以资中兴大业疏》，引自《沧海丛书》。

[2] 何絜《晴江阁文钞》《堵太傅传》。

[3] 计六奇《明季南略》卷十二《堵胤锡始末》。

[4] 《清代农民战争史资料选编》第一册（上），第五十三页。

[5] 《清代农民战争史资料选编》第一册（上），第五十五页。

江省，立复金陵，一统功成，尔子拜爵于奉天殿，尔身受恩于坤宁宫，史册昭然，岂不伟欤？尔母子其钦承朕命。[1]

这是一份大顺军余部同南明联合抗清的重要文献。分析上下文，可以明显看出文献的缺略，颁给自成妻高氏的敕中明说李锦业已挂印封侯，上文却只写挂龙虎将军印，未提及封兴国侯。按情理推算，封李锦等以侯、伯肯定在1646年三月以前。高一功改名必正也是在同一时间。

在这里，我们应当注意南明史上第一个同农民军联合抗清的是隆武朝廷。它反映了南明有识之士已经看到国内民族矛盾上升为主要矛盾这一客观事实。在南明官僚中，首先同农民军联合的是何腾蛟和堵胤锡，然而这两人的政治眼光却大有高低之分。何腾蛟的同东路大顺军合营是兵力不敌，实逼处此，在联营之后他给隆武朝廷呈上的是从大顺军将领口中得知消息而写成的《逆闯伏诛疏》[2]，吹嘘自己如何事先布置道臣傅上瑞、章旷“联络乡勇以待”，致使李自成“误死于乡兵，……为千古大快”；接着完全隐瞒自己派周二南、黄朝宣去扫荡被打得落花流水的事实，把东路大顺军的主动提出联合抗清说成是：“自逆闯死，而闯二十余万之众，初为逆闯悲号，既而自悔自艾亦自失，遂就戎索于臣。”何腾蛟对大顺军的高级将领拼命贬抑，义侯张鼐仅授参将、郝摇旗授副总兵，其他如袁宗第、田见秀、刘芳亮、刘体纯（疏中作刘体仁）等一概斥之为“伪侯伪伯”，根本不向隆武朝廷请加封赏。他同亲信湖北巡抚章旷沆瀣一气，先是收罗湖南境内的那些害民有余、抗清无心的黄朝宣、曹志建、张先璧、刘承胤等军阀，后来又不惜代价招兵买马拼凑自己的“嫡系”，借以扼制和排挤大顺军。堵胤锡却不愧是南明官员中最具战略眼光的政治家，他深知明朝官军虽多，将领和士卒都腐败已极，要支撑抗清大业的唯一办法就是依靠农民军，使之纳入己范。史籍中常

[1] 《思文大纪》卷五。

[2] 《烈皇小识》卷八附此疏。

见描写堵胤锡同何腾蛟、瞿式耜等大臣的龃龉不和，而且诸书作者的阶级偏见常导致赞扬何、瞿，贬低堵胤锡，这是很不公正的。如果我们能够较为客观地考察整个南明史，那就不难看出弘光一朝地域辽阔，物产丰盈，兵员及后备力量最大，结果却为“联虏平寇”方针所葬送，数十万官军叛降清朝，反过来为满洲贵族征服江南各地效犬马之劳。隆武以后，朝廷改变方针，由“联虏平寇”转为联合农民军共同抗清，但在南明隆武至永历朝廷中的官绅大多数是把联合农民军作为权宜之计，内心里往往对农民军深怀敌意，私下甚至在某些公开场合仍斥之为“贼”。每当形势危急之时，他们把农民军推到第一线，喘息方定就以种种借口支开农民军。有限的财力都用于培植杂牌“官军”和召募“亲兵”。堵胤锡着眼于民族大义，始终不渝地奉行联络农民军共同抗清的政策。1645年秋，他赴松滋草坪同李锦、高一功等谈判，能够以明朝巡抚之尊拜见李自成的妻子高氏，这种诚意表现了他的高瞻远瞩。堵胤锡在前期同何腾蛟的矛盾，后期同瞿式耜等人的隔膜，主要根源都在这里。

第三节　忠贞营围攻荆州之役

堵胤锡同李锦等大顺军将领达成联合抗清的协议以后，决定不失时机地发动恢复湖北的战役。他建议何腾蛟、章旷统兵由岳州北上，自己同忠贞营一道先攻下荆州，然后引兵东下同何、章部明军会师武昌。当时，湖北清军力量相当薄弱，招抚原大顺军和马进忠的如意算盘已全部落空，形势骤然紧张。这年十二月清湖南巡按宋一真报告说：“武昌之南即为岳州，一向为马进忠、王允成分镇负固，不遵剃发，咫尺判为二民，彼此不敢往来，始犹鼠首，今且鸱张。马则受饷纳官，王竟率部南去矣。招抚部臣江禹绪开诚布公，靡不周至，不惟负隅不服，且遽朴杀去使，徒烦文告，终成画饼。闯孽一只虎冲突荆、襄、辰、常之间，兵力甚盛。”[1]忠贞营原驻于荆州地区，这时集中力量攻城，郑四维竭力防守，已有不支之势，一再向湖广总督佟养和紧急呼救。佟养和既无兵可派，又担心何腾蛟部由岳州北攻武昌，于是同湖南巡抚何鸣銮联名向清廷派驻南京的平南大将军贝勒勒克德浑请援。

勒克德浑接到湖广求敕文书后，于1645年十二月十八日率领兵马乘船西上，次年正月初十日到达武昌[2]。在听取了地方文武官员说明湖南、湖北的明军动向以后，决定派遣护军统领博尔惠领兵一支南下岳州迎击以马进忠、王允成为前锋的何腾蛟、章旷部；自己统率主力直趋荆州同忠贞营决战。

在这场对湖广局势有关键意义的战役中，何腾蛟与监军道章旷的昏庸无能表现得淋漓尽致。他们在长沙誓师后，兵将“蔽江而下”。正月初二日，何腾蛟、章旷到达湘阴，“期大会于岳州”。张先璧借口购买的马匹未到，逗留不进，“诸镇亦复观望”[3]。几天以后，驻守岳州的马进忠、王允才、卢鼎、王进才四镇听说清满洲八旗兵来袭岳州，竟然不顾汛地，乘船南逃。岳州副将马蛟麟则向清军投降[4]。何腾蛟、章旷在途中忽然遇着南窜的四镇兵，询问原因才知道是勒克德浑大军迫境。其实，博尔惠带领的只是由南京来援的一小部分满军，马进忠等人误认是清朝贝勒大军将到，拔营就跑；何、章面见四将后，不仅没有查明清方兵力和作战意图，鼓励将士继续北进，同样也被满洲兵威的虚声所吓倒，仓皇退回长沙。蒙正发记，何、章领军“至湖口，见王、马诸镇舳舻南溃，何、章二公相顾诧愕，不知所出。四镇到，面讯之，始知

[1] 见《清代农民战争史资料选编》第一册（上），第五十三页。

[2] 《清世祖实录》卷二十五。顺治三年正月招抚湖广兵部右侍郎江禹绪揭帖云：“今平南大将军贝勒统率大兵已于正月初十日抵武昌矣。”见《明清史料》甲编，第二本，第一四四页。

[3] 吴晋锡《半生自纪》卷下。

[4] 康熙二十四年《岳州府志》卷十一《战守》记：“三年丙戌，贝勒至岳，杀散诸贼，援荆州，败贼一只虎，而马蛟麟投诚，以副将委守岳州。”参见康熙二十四年《巴陵县志》卷九《战守》。

为贝勒渡湖故也。其实，贝勒是往西湖袭扑一只虎，非来星沙者也。太仆（监军道章旷加衔太仆寺卿）向督师（指何腾蛟）泣曰：本拟长驱直捣，孝陵（指南京）在望，今未出内地，挠沮若此，将何面目还星沙，某誓死不归也。督师唏嘘解慰，邀太仆且还，再图后举”[1]。何腾蛟志大才疏，心胸狭窄，经常谎报军情，争夺头功。在堵胤锡督领忠贞营猛攻荆州之时，他就向隆武朝廷上疏报称已经“恢复”荆州[2]；然而他亲自节制的明军不战自溃，岳州重镇反被清军占领，来援清军遂长驱直入。二十九日，勒克德浑军进至石首县，他探知忠贞营主力正在围攻荆州，后勤辎重分屯江南，就在二月初二日命尚书觉罗郎球往剿江南，自己统兵乘夜疾驰，初三日早晨即抵荆州城外。李锦等对勒克德浑的千里奔袭毫无所知，仍然指挥部队攻城；清军分两路直冲忠贞营营垒，李锦等猝不及防，被打得大败，向西撤退。[3]觉罗郎球部也出其不意地击败南岸大顺军守兵，夺得船只一千余艘。第二天，勒克德浑又派奉国将军巴布泰等分兵两路追击忠贞营于安远、南漳、襄阳等境。李锦等兵员、辎重损失颇大，被迫退入三峡天险地区。监军堵胤锡堕马折臂，向湖南常德一带撤退。李自成的三弟、原大顺政权泽侯田见秀、义侯张鼐、武阳伯李友、太平伯吴汝义却在彝陵口带领部众五千余人向清军投降。四月初三日，多尔衮接到勒克德浑的捷报后，下令把自成之弟“李孜”、田见秀、张鼐、李友、吴汝义及部下将士统统杀光[4]。

这次会攻湖北战役的失败，主要责任在于何腾蛟、章旷没有按原定计划从岳州北上进攻武昌，并且扼守城陵矶一带长江航道，致使清朝勒克德浑部如入无人之境直趋荆州；堵胤锡、李锦等人以为岳州一带有何

[1] 《三湘从事录》。

[2] 《思文大纪》卷四，隆武元年正月初二日敕谕云：“昨据楚督何腾蛟有荆州恢复之报。”

[3] 《清世祖实录》卷二十五；参见康熙二十四年《荆州府志》。

[4] 《清世祖实录》卷二十五。

腾蛟指挥的军队，不会有东顾之忧，注意力全集中于荆州，结果遭到清军主力偷袭，一败涂地。吴晋锡记："赤心从湖北赴岳，以诸镇兵无一至，为北兵截前队而还。威望之损从兹始也。"[1]由大顺军改编的忠贞营初战失利，被迫退入川鄂交界的贫瘠山区。何腾蛟、章旷自以为得计，他们同自己笼络的一批南明军阀只知在湖南蹂躏地方，浑浑噩噩，得过且过，即便是在勒克德浑率军返回南京以后，也毫无作为，连入湘重镇岳州都未收复。下文将讲到，至清军入湘时，何腾蛟、章旷节制的将领非降即逃，使南明局势日益恶化。

第四节　何腾蛟经营湖南的举措失当

在南明史籍中，何腾蛟的地位非常显赫。他在弘光朝廷覆亡时拒绝了清方的招降[2]，最后被俘坚贞不屈，英勇就义，值得肯定。然而，在抗清事业中，何腾蛟成事不足，败事有余，也是无可争辩的事实。人们往往不相信"忠臣"误国，南明史上却是屡见不鲜。

1645年三月，左良玉父子率兵顺江东下时，何腾蛟作为湖广巡抚被挟制登舟，跳入水中逃脱，然后取道江西宁州进入湖南长沙。当时湖广的南部（就是后来的湖南省）还处于明朝统治下，隆武朝廷任命他为湖广等地总督。何腾蛟既摆脱了左良玉部的挟制，又深得隆武帝的信任，而且当时清廷用兵重点在东南沿海省份，一时顾不上湖广。何腾蛟实际上掌握了湖广文武官员的任命权和湖南各州县的钱粮，如《永明县志》所记，"乙酉年，明督师何讳腾蛟退守长沙，湖南各府属钱粮俱解督

[1]　吴晋锡《半生自纪》。

[2]　《明清史料》丙编，第六本，第五四四至五四八页，《抄录招抚湖南文武各官书启本稿》，原件佚名，经核查即清招抚云贵加兵部右侍郎兼右佥都御史丁之龙所作招抚何腾蛟及湖广文武官员文稿。

府”[1]。何腾蛟本可以做一番事业，然而，他在用人行政上倒行逆施，举措毫无足称。这首先表现在他既无知人之明，又无御将之才，却私心自用，急于拼凑一帮自己的班底。他伙同章旷、傅上瑞（二人都由他推荐为道员、巡抚）把具有抗清实力的大顺军余部主力排挤出湘，收罗并重用湖南当地的明朝杂牌军队如黄朝宣、刘承胤、曹志建、张先璧之流，为他们请官请爵，奉若骄子。这些人乘机招兵买马，扩充自己的实力，除了危害地方外一无足恃。何腾蛟的亲信章旷原先主张用“南人”（上述黄、刘、曹、张辈）排斥“响马”（大顺军），眼看这些“南”将割据自雄，连督、抚也指挥不动，又建议道：“向谓用北人不如用南人，某谓用外镇不如用亲兵。与其以有用之金钱，养望敌还奔之响马，不如养站得脚跟之南兵；与其以有限之金钱，养进止自如之外镇，不如养可予夺、遣发惟命之亲兵。且有亲兵则可以自强，自强则可以弹压响马，驾驭外镇。此壮威制胜之术也。”[2]何腾蛟非常欣赏他的意见，于是派人分别从广西、贵州等地招募兵将，很快就拼凑成了一支三万多人的“督标”“抚标”亲军，其将领有吴承宗、姚友兴、龙见明、覃裕春、满大壮、胡跃龙、向登位等。后来的事实证明，这批乌合之众既弹压不了“响马”，也驾驭不了“外镇”，从未起过“壮威制胜”的作用。既热衷权势又昏庸无能的何腾蛟、章旷之流拼命扩充兵员，不仅丝毫没有增强湖南的抗清实力，反而严重地加重了百姓的负担，弄得民穷财尽，派系林立。王夫之记载：“腾蛟既奉便宜之命，骤加派义饷，兼预征一年民田税，每亩至六倍以上。不足，则开饷官、饷生之例，郡邑长吏皆以货为进退；又不足，则开募奸人告密，讦殷富罚饷，朝宣、先

[1] 康熙六年《永明县志》卷九，《兵寇志》，《兵变》。

[2] 蒙正发《三湘从事录》。

璧、承胤皆效之。湖南民展转蔓延，死亡过半。”[1]

自从岳州失守后，明军扼守岳州南面的新墙与清方对峙。1646年（顺治三年、隆武二年）六月，清湖广当局派总兵祖可法、张应祥进攻新墙，章旷部署的“亲军”大败，满大壮阵亡，龙见明被活捉，姚友兴等闻风丧胆，丢弃汛地南逃，新墙遂为清军占领[2]。只是由于清方动用兵力不多，目的仅限于巩固岳州防线，才没有继续南下。这年九月，何腾蛟、章旷决定大举北伐，由章旷督兵由湘阴进攻岳州，移文制抚堵胤锡督马进忠部由常德北入长江顺流接应。何、章调集的军队除督、抚标下亲军以外，还有王进才部和王允成带领的水师，浩浩荡荡水陆并进，企图一举攻下岳州，进而收取湖北。清岳州守将马蛟麟见明军势大，向武昌请援。清湖广总督罗绣锦仅派参将韩友、高士清、惠之观接应，兵力相当有限。明军进至岳州附近时，马蛟麟同副将李显功不过派数百名骑兵出战，在万由桥击败陆路明军，趁势追杀五十里；接着又击败王

[1] 王夫之《永历实录》卷七《何腾蛟传》。在同书卷九《王允成传》中有类似的叙述：“时腾蛟粮饵不给，征义饷于民，过旧税三倍。复开告讦罚饷，倾殷富户。请将效之，札弁四出召募，奸民旦裹抹额，夕掠邻右，湖南千里，炊烟几断。”特别有意思的是，在王传中讲了乡居的前佥都御史郭都贤（弘光初立时曾授户部尚书，郭拒不到职）见何腾蛟等横征暴敛，民困已极，作诗讽咏。何腾蛟心怀嫉恨，竟对王允成说郭都贤隐居的石门山“积金粟可赡数万人支十年，山径险绝，敌即至不能攻入，任痛饮，拥姬妾坐待太平邪”！说得王允成垂涎不已。次年，清军入湘，王允成率部直奔石门，才知道郭都贤“所居茅庵槿篱，无足据者”，大失所望，转往溆浦、沅州一带。由此可见何腾蛟用心之阴险。

[2] 新墙之战，顺治三年七月清偏沅巡抚高斗光揭帖中说：“本年六月十九日据总兵祖可法、张应祥塘报湖南大捷等事。……该职看得新墙乃湖南之门户，今已歼其精锐，破其门户矣。有传逆抚何腾蛟遁还贵州，其调来土司之兵俱各归本地者，虽风闻未必尽实，然大约人心瓦解，风鹤皆惊，其必然之势也。”（见《明清档案》第四册，A4—186号）。《清世祖实录》卷二十六记这年六月湖广总督罗绣锦报告岳州署总兵官马蛟麟等阵斩“伪帅”满大壮，生擒“伪将”龙现明等。蒙正发《三湘从事录》则记“副将吴承宗、参将满其炅、都司郭泰被执”，承认了新墙战役失败。但他记清方领兵将领为固山祖大受（寿），实为祖可法之讹。

允成部水师[1]。章旷失魂丧魄窜回湘阴，把战败的责任推到王进才“新营”（王进才原为大顺军偏将，后归附何腾蛟）身上。这时，堵胤锡节制的马进忠部由长江东下直至湖北嘉鱼县六矶口，“武汉震动”，得到章旷军一败涂地的消息才主动撤退。进攻湖北的计划受挫后，章旷、堵胤锡来到长沙同何腾蛟会面，堵胤锡“盛称马镇之勇，微弹湘兵之怯”，章旷、何腾蛟愧恨交加，更加仇恨曾为“响马”的大顺军和马进忠部。

第五节　清孔有德等三王兵入湖南

清廷接到征南大将军贝勒博洛的军队平定浙江的捷报以后，为了加速征服南明，于1646年（顺治三年、隆武二年）八月十五日派遣恭顺王孔有德、怀顺王耿仲明、智顺王尚可喜、续顺公沈志祥、右翼固山额真金砺、左翼梅勒章京屯泰（佟岱、佟养和）统领本部兵马南下，进攻湖广和两广，任命孔有德为平南大将军节制各部[2]。孔有德等受命后，回辽东收拾兵马，直到1647年二月初才到达湖南岳州。这月十六日，孔有德、耿仲明、尚可喜三王带领主力由陆路、屯泰由水路，向明军扼守的新墙、潼溪进攻。明军不堪一击，纷纷如鸟兽散[3]。十八日，清军进迫湘阴，章旷同部将逃往长沙，同督师何腾蛟商量对策。当时驻守长沙的澧阳伯王进才建议调驻守常德的马进忠、王允才部前来长沙加强防守力量。不料，马、王二部还在途中，清军就已经直趋长沙城下。王进才眼

[1]　康熙二十四年《巴陵县志》卷九《战守》。蒙正发在《三湘从事录》中无法否认何腾蛟、章旷招募来的亲兵懦怯无能，就胡言乱语硬说岳州之败是由于王进才部争抢清军马匹所致。

[2]　《清世祖实录》卷二十七，参见《平南王元功垂范》卷上。

[3]　顺治四年四月湖广巡抚高士俊揭帖中说：“二月十六日大兵自岳起营，三王统铁骑由陆路南进，兵部佟（屯泰）由水路前行。”蒙正发《三湘从事录》记是月十五日清军“扑”新墙、潼溪，明军皆溃。此处据清方档案记载。

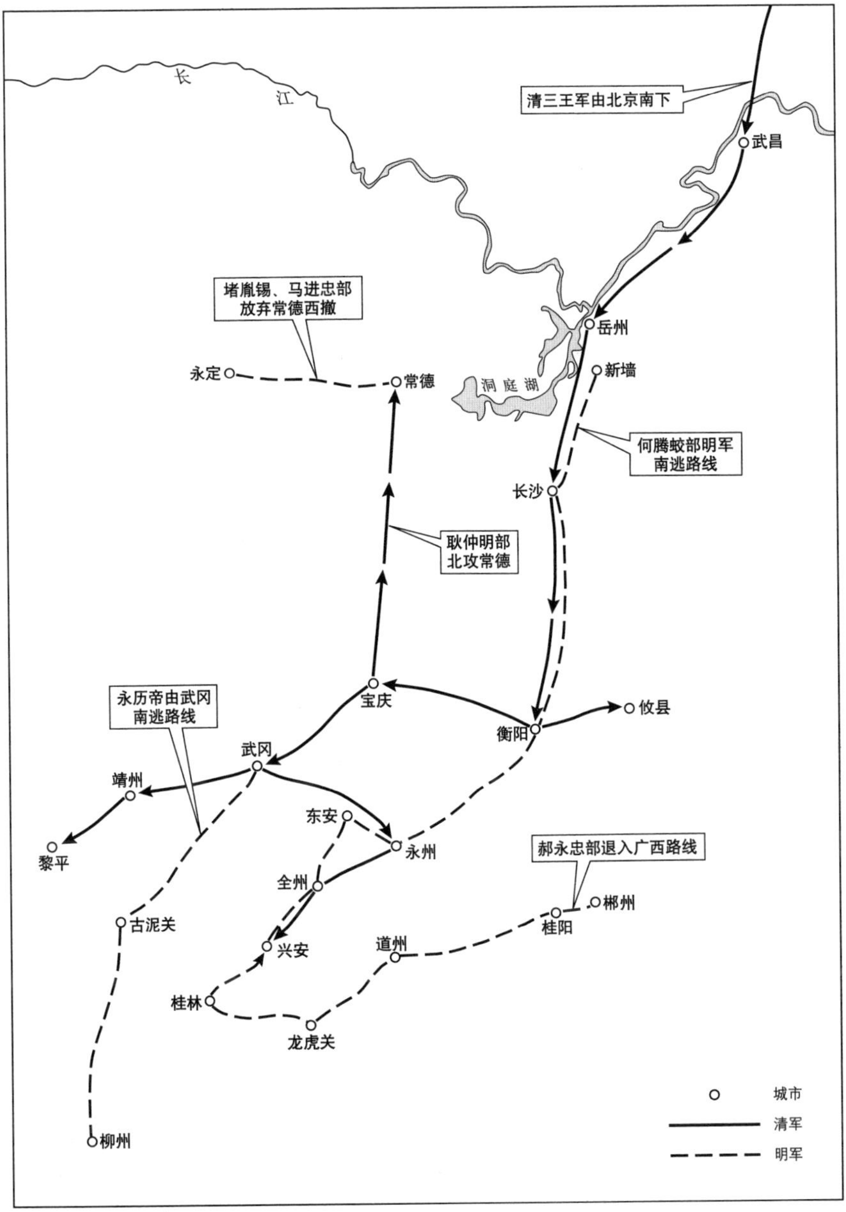

1647—1648年清孔、耿、尚三王南征图

看兵力不敌，保护何腾蛟乘船南撤。二十五日，清军占领长沙。

孔有德在占领长沙以后，为解除两翼威胁，在湖南站稳脚跟，派耿仲明进攻常德地区，尚可喜领兵直捣黄朝宣盘踞的攸县燕子窝。同时派人招降驻于浏阳的何腾蛟中军总兵董英。三月初七日，董英率部降清。马进忠、王允才部在援救长沙途中，得知该城已被清军所占，退往湘西山区，常德无军防守，遂为耿部清军占领[1]。尚可喜兵至攸县，黄朝宣不敢迎战，遣人向清军“讨招安。恭顺王不允，要洗他巢”[2]，黄朝宣只好收拾财物领兵窜往衡州。湖南另一明朝将领张先璧则退往宝庆（邵阳）。三月中旬，何腾蛟、章旷先后逃至衡山县。在清军追击下，他俩在云南将领赵印选、胡一青保护下逃到衡州。四月十四日衡州失守，何腾蛟、章旷又逃到永州、东安一带；黄朝宣向清军投降，由于他长期蹂躏地方，百姓怨恨，孔有德为了收买人心，下令把黄朝宣父子处死。

孔有德指挥的清军几乎没有遇到任何抵抗，就占领了湖南大部分地区。当时已入盛夏，清兵在长沙、衡州一带避暑，暂时停止了进兵。永历帝在武冈军阀刘承胤控制下苟延残喘，章旷于八月初八日病死于永州，何腾蛟奔走于武冈、永州之间一事无成。中秋以后，金风送暑，清军即开始向武冈、永州进攻，迅速占领了除湘西部分土司以外的湖南全境。何腾蛟作为南明湖广等地总督和督师，在湖南经营了一年多时间，兵员多时号称十三镇，又提拔了大批亲信文官出任巡抚等官职，不仅没有收复湖北寸土，而且在清军南下时即全盘瓦解。偏沅巡抚傅上瑞降清，章旷死后接替恢抚的吴晋锡做了清朝统治下的“遗民”，部下将领有的降清，有的逃入广西。这就是何腾蛟经营湖南的业绩。

[1] 上引湖广巡抚高士俊揭帖中说：“常德府士民兵马闻大兵南向，俱已逃散，止存空城。”实际情况是马进忠等部奉调援长沙，三月初曾到达新化、湘乡一带。援长沙既已成泡影，常德守军亦空。

[2] 吴晋锡《半生自纪》记：“三王兵至衡，黄朝宣率其子降，以为长保富贵。三王先命朝宣之兵释兵械，召朝宣入，历数残暴之罪，支解之，以快人心。”王夫之《永历实录》卷十记黄朝宣投降后被乱箭射死。

第十一章
大西军的经营云南

第一节　云南沙定洲之乱

云南在整个明朝统治时期，管理体制和内地各省有很大的区别。明朝廷除了在云南设立了都指挥使司、布政使司、按察司以外，后来又设立了巡抚。由于这一地区土司众多，自洪武年间起沐英（封西平侯，其次子晋爵为黔国公）世代镇守该地。沐氏家族不仅掌握了很大的兵权，在政治上和经济上也具有举足轻重的地位。换句话说，云南在明代处于世袭勋臣和地方流官的双重管辖之下，两者既互相配合，又常出现纠葛。1644—1645年，中华大地风云陡变，特别是张献忠部入川建立大西政权以后，黔国公沐天波同巡抚吴兆元、巡按吴文瀛会商征调汉族和土司军队，以防止大西军入滇，并准备接受南明朝廷的调遣。1645年九月，武定土司吾必奎趁机发动叛乱[1]，声言："已无朱皇帝，何有沐国公。"[2]

---

[1]　康熙三十五年《云南府志》卷五《沿革》记于乙酉九月。雍正九年《建水州志》卷一《建置沿革》作"无谋土酋吾必奎作乱"。

[2]　何是非《风倒梧桐记》卷二；《鹿樵纪闻》作："已忾朱皇帝，安有沐国公。"

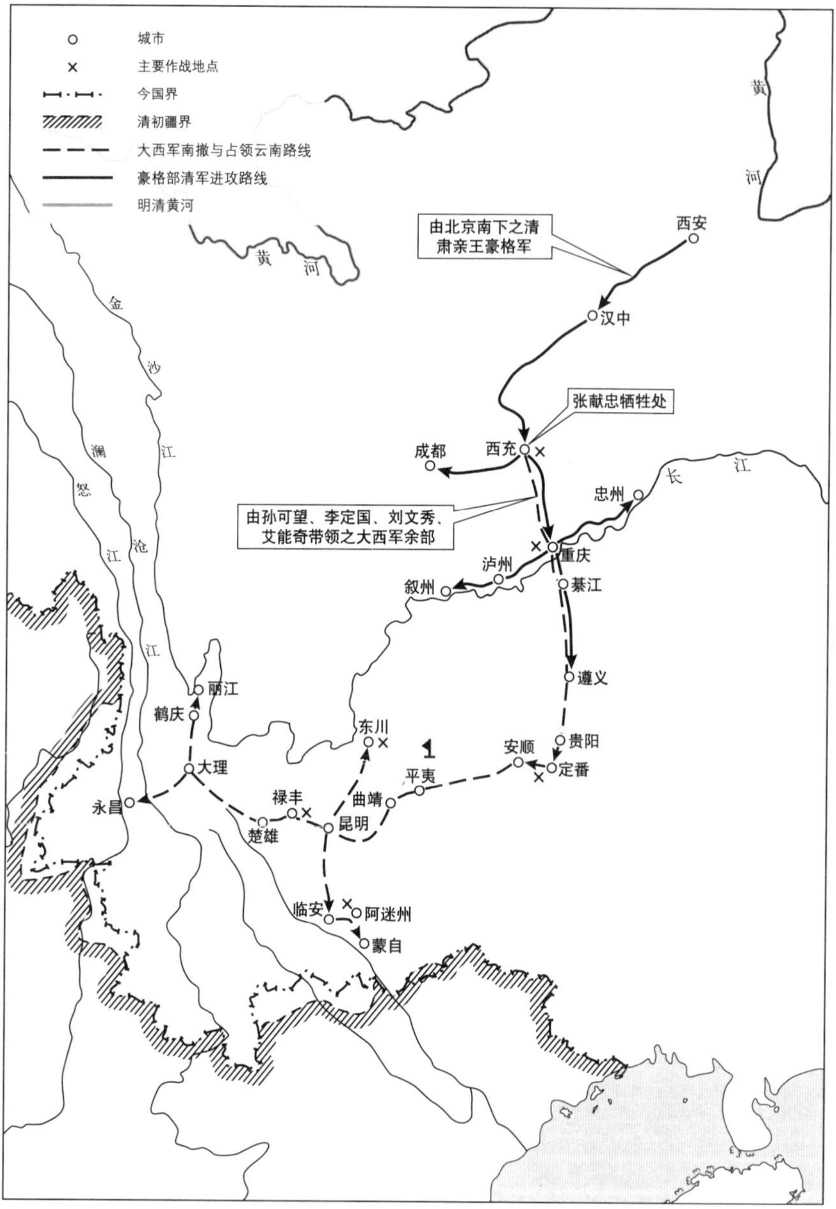

1647—1648年清军击败大西军和大西军入滇图

叛军先后攻下大姚、定远、姚安，全滇震动。沐天波等人急忙下令调集石屏土司龙在田、嶍峨土司王扬祖、蒙自土司沙定洲、宁州土司禄永命、景东土司刀勋等部，于九月间一举击败叛军，吾必奎及其党羽都被活捉。沙定洲原是王弄土司沙源的儿子，阿迷州土司普名声死后，其妻万氏[1]改嫁定洲，两土司合而为一，势力大增，以临安府生员汤嘉宾（万氏的妹夫）为谋主，暗中筹划利用沐府同云南巡抚和三司官之间的矛盾、各土司的向背不一，发动一场夺取云南权力的政变。于是，沙定洲夫妇统率的土司军在吾必奎叛乱已经平息后，仍滞留于省会昆明。沐天波因定洲之父沙源一贯表现忠贞，不疑有他，在黔国公府内多次设宴招待。沐府二百多年积累的财富使定洲垂涎欲滴，昆明守备力量单薄、汉族统治集团内部的摩擦，更使他感到有可乘之机。1645年十二月初一日，沙定洲部署已定，以告辞为名，亲自率领士卒攻入黔国公府，同时分派部众占领省城各门。由于变生意外，沐天波来不及组织有效的抵抗，在几名心腹卫士保护下带着官印、世袭铁券等物逃往安宁，途中由龙在田、禄永命保护来到楚雄[2]，这里有金沧兵备道杨畏知镇守[3]，才暂时安顿下来。沐天波的母亲陈氏和妻子焦氏未能随行，仓促中逃入尼庵自尽[4]。

沙定洲占领昆明以后，自称“总府”，“总府”是明黔国公世爵的

[1] 刘献廷《广阳杂记》卷四记万氏之名为万彩云。

[2] 康熙五十八年《澂江府志》卷三《沿革》记：“赖有宁州土酋禄永命与定洲力战，天波始得西去。永命年十六，知大义，天波爱之，命统彝兵五百驻扎会城内仓山，是以闻变即赴，奈师少无援，至午只剩二十余人，遂夺东门走归宁州。”参看昆明无名氏辑录《滇南外史》。

[3] 康熙五十五年《楚雄府志》卷五《秩官志・名宦》记，杨畏知，陕西宝鸡人，崇祯三年解元，沙乱时任金沧道副使。康熙三十三年《大理府志》卷三《沿革》记为洱海道副使。

[4] 康熙《大理府志》卷三《沿革》记：“天波急奔出城，士民拥太夫人陈氏至朝阳庵，夫人焦氏至金井庵，是夜自焚死。”《明末滇南纪略》《坚守楚雄》篇记天波“不暇顾其母、妻，致步行逃难，至蛇山之朝阳庵自焚雉经”。

一般称呼[1]，这表明他已经企图取代沐天波的地位。其妻万氏称主母，“并舆出入，遍谒缙绅。滇中豪右投为谋划者甚众”[2]。沙定洲派兵追拿沐天波，在楚雄被杨畏知集结的军队击败[3]。他在西进失利之后，发兵收取云南各地，在不长时间里除了杨畏知、沐天波控制下的楚雄以西地区外，都归附了沙氏。沙定洲轻而易举地攫得了沐府累世蓄积的财富，“沐氏世镇云南，府藏盈积。佛顶石、青箭头、丹砂、落红、琥珀、马蹄、赤金皆装以篋，篋皆百斤，藏以高板，板库五十篋，共二百五十余库，珍宝不可胜计。定洲运入本峒，累月不绝”[4]。沙定洲虽然发了一大笔横财，但他并不满足于此，取代黔国公世镇云南的合法地位才是他的主要目的。因此，沙定洲在策略上尽量争取明朝廷任命的云南官员和在籍的汉族官绅，他不仅下令凡是愿意接受自己指挥的各府县汉族流官一律留任，而且胁迫或伪造云南巡抚吴兆元、在籍大学士禄丰人王锡衮给隆武朝廷上疏，说：“天波反，定洲讨平之，宜以代镇云南。”[5]王锡衮在崇祯年间官至吏部左侍郎，隆武时晋升为东阁大学士礼、兵二部尚书督师云贵湖川广五省军务，他由故乡禄丰来到省会昆明时，适逢沙定洲之变，遭到软禁[6]。这年十二月初十日王锡衮写的《风节亭恭纪》一文，对沙定洲叛乱和云南局势做了以下的揭露：

适今新皇（指隆武帝）龙飞海甸，辟网旁招，畀臣以号

[1] 参见徐弘祖《徐霞客游记》卷十一。

[2] 康熙三十五年《云南府志》卷五《沿革》。

[3] 康熙三十年《云南通志》卷三《沿革大事考》记，沙定洲军围攻楚雄，杨畏知坚守不下。双方相持到大西军将要入滇时，沙定洲才匆忙撤回军队往援曲靖。

[4] 《鹿樵纪闻》卷中《沙定洲之乱》。

[5] 《鹿樵纪闻》卷中《沙定洲之乱》。

[6] 康熙三十五年《云南府志》卷五《沿革》记：1645年夏历“十月，故詹事府正詹事王锡衮起兵禄丰。”下注云：“锡衮家居日久，隆武起为大学士，于是自禄丰至省，招集兵马，期赴闽中入卫。”十二月沙定洲占领昆明，“锡衮驻贡院，定洲以兵围之”。

召恢剿等事。曾不逾日，再晋阁衔，且于滇在事诸臣敕中谆谆及衮。凛兹大义，胡敢苟安。勉强应命，实欲以报新皇者报我烈皇帝。遭逅多艰，为贼臣（指沙定洲）伙计困厄会城，进退维谷，日与诸魔鬼作邻。甚至煌煌颁敕为中贵臣万里恭捧而来者，亦抗阻不容出接。悖逆如此，是尚知有朝廷也哉！封疆重吏（指云南巡抚吴兆元等）不惟不能匡正，而反摇尾听之。滇事真不可言矣。臣衮血性具存，义愤常结，惟有捐躯如赴，俟时而行。即闺中诸弱息者流亦饶有须眉气，如腊月四日之事（十二月初一日沙定洲叛乱，初四日王锡衮的妻妾被迫自尽）大概可想见，臣复何言。惟是前此中间如委曲出疏皆一般宵小播弄成篇，属草改窜推敲，虽字句无所不用其极。更有一篇没天日的文字，不识构者是何肺肠，以抚军恐被人识破而止，犬豕不食其余，是岂臣衮所忍见。有主使者，有佐助者，其中可历而指也。近又迫挟出咨参杨道（指杨畏知）矣，青天白日之下，魑魅公行；眼见新皇属望盛心，万不能副。恭读御制旨云："朕有堂堂不怕死之身。"有是君定有是臣，臣愿身任之，以对扬我烈皇帝。[1]

他在《自誓》诗中也痛斥沙定洲是"贼党无端舞叛戈"[2]。这里比较详细地摘引了王锡衮陷入虎口时留下的遗文，是因为当时他失去自由，沙定洲等人盗用他的名义向隆武朝廷和云南各地发出奏疏和咨文，造成许多错误的记载。沙定洲之变如何评价，学术界可以讨论，但是说王锡衮支持沙定洲则完全违背事实。

由于当时的政治局势动荡不宁，道路僻远，在福建的隆武朝廷对云南发生的事变弄不清楚，仅仅凭借吴兆元等人署名钤印的奏疏和某些

---

[1] 《明滇南五名臣集》所收《禄丰王忠节公集》。

[2] 上引《禄丰王忠节公集》。

传闻，就发出了“扫除沐天波”的谕旨。《思文大纪》一书在隆武二年（1646）四月内记：“云南巡抚吴兆元疏辞敕书印剑。上谕其加意料理，曰：卿久抚戡滇疆，弘宣猷绩，正资善后，毋贻朕南顾忧。扫除沐天波，业有成命。不准辞。务令南人不反，以成一统丰功，朕复另有酬叙。”[1]从这条材料用了“业有成命”一语来分析，说明在四月以前另有一件失载的相关谕旨。吴兆元的辞职表明他也不愿意同沙定洲合作；隆武帝不准他辞职意味着朝廷对云南局势不放心，责成巡抚加强控制。瞿共美的记载进一步说明隆武朝廷对云南的局势若明若暗，大有鞭长莫及之虞：“云南抚、按及沐天泽交章称黔国公沐天波造反，有土司沙定洲出奇兵扑灭之。……遂诏天泽袭封。”后来又从另一途径得到报告，是沙定洲叛变，突然攻入黔国公府，“天波仅以身免，母、妻及天泽俱被劫，胁令具疏”，“然地远莫能得要领，朝廷置而不问”。[2]

沙定洲叛乱之后，吴兆元和巡按罗国瓛以及三司官已经没有实权。沙定洲则正在逐步巩固自己的地位，致力于扫灭继续在楚雄以西抗拒的杨畏知和沐天波征集的其他土司势力了。如果他的图谋得逞，势必成为割据自雄的云南王，暂时利用的汉族官绅将被逐步排挤掉，云南同中央朝廷的离心倾向将越来越明显。1647年大西军的入滇，粉碎了沙定洲的美梦，增进了云南同各省休戚相关的联系，应当充分肯定。

第二节　大西军由贵州进入云南

1647年初（顺治三年底），张献忠在西充县境不幸牺牲。大西军急速南撤，面临着严峻的考验。他们后面是穷追而来的强劲清军，前面又有南明军队凭借长江扼守，大西军几乎走到了山穷水尽的境地。然而，

[1]　《思文大纪》卷五，收入神州国光社版《虎口余生记》内。

[2]　瞿共美《粤游见闻》。

在孙可望、李定国、刘文秀、艾能奇的领导下，大西军余部一举击破据守重庆的南明总兵曾英部，曾英落水淹死，部众溃逃。大西军渡过长江天险，打开了南进的通途，为实现由黔入滇的战略转移奠定了基础。

张献忠牺牲以后，领导大西军的重任很自然地落到了孙可望的肩上。他立即改变张献忠滥杀无辜的过火行动。1647年正月初一日，大西军余部集中于四川綦江，收集溃散，重整队伍[1]，下令："自今非接斗，不得杀人。"[2]接着，孙可望等率领经过整顿的部队进入遵义，"秋毫无犯"[3]。由于清肃亲王豪格派遣的军队追踪而来，大西军继续南撤，进入贵州，"所过民皆安堵"[4]，顺利地占领了省会贵阳。明贵州按察使张耀、布政司参议曾益、都指挥使陈瑞征等逃到定番州（今贵州省惠水县），拼凑了一批反动武装负隅顽抗。孙可望派定北将军艾能奇领兵进攻，在二月十二日攻克定番，张耀等被处死，曾益自杀。[5]清军前锋在占领遵义和川东部分地区后，因地方残破，到处是一片荒芜，粮食接济不上，被迫"凯旋"回师。大西军在贵州的胜利，使自己摆脱了清军的追击，得以整顿内部和休养士卒。

大西军南下后出现的气象一新，同孙可望等人整肃内部有密切关系。张献忠遇难后，他的妻子和亲信宰相汪兆龄仍然高踞诸将之上，主张照旧行事，即继续推行献忠在世时的过激政策。"时可望等奉伪皇后为主，驻遵义桃源洞。诸贼每早必先往朝，凡事奏请而行。伪宰相汪某辅之……每公会议事，犹傲据诸贼上"[6]。孙可望等人认识到政策上的改弦易辙已经成为大西军生死存亡的关键，必须采取果断行动清除改革

---

[1] 欧阳直《蜀乱》。

[2] 邵廷寀《西南纪事》卷十二《孙可望传》。

[3] 九峰居士编辑《粤滇纪略》卷二《孙可望陷重庆》；欧阳直《蜀乱》亦云："遵人得免于杀戮。"按，遵义当时属四川省。

[4] 民国《贵州通志》，前事志十七。

[5] 康熙《定番州志》卷二十一，艺文，王睿《殉难记》。

[6] 《粤滇纪略》卷二。

的障碍。因此，孙可望、李定国、刘文秀、艾能奇一致决定把“皇后”和汪兆龄处死[1]，四人被张献忠收为养子后均改姓张，这时各自恢复原姓。这样，形成了四将军领导的体制。四人中孙可望原来的地位和威信比较高，年纪稍大，又读书识字，自然成了主要的领导人。

大西军进入贵州以后，豪格统率的清军已经由四川撤回北京，南明杂牌官军又不足以同大西军相抗衡，孙可望等人本来可以把贵州作为基地，休整士马，建立政权。当他们得到云南发生了沙定洲叛乱的消息后，立即决策挥师南下，直取云南。

孙可望等大西军领导人选择云南作为自己的进军目标，是有历史背景的。大西军的骨干多是陕西人，他们虽然长期流动作战于长江南北，还有一段经营四川的经验，可是云南在当时被看成是僻远烟瘴之地，没有对该地的基本了解不可能贸然进兵。早在崇祯十一年至十二年（1638—1639）张献忠受抚于湖北谷城期间，他和部下主要将领同从云南调来的官军就建立过相当密切的关系。当时，奉明朝廷调遣到湖广的总兵龙在田是云南石屏土司将领[2]；张献忠出于策略考虑，曾经拜龙在田为义父，并且从他那里得到了马匹、交枪。[3]明政府派驻龙在田军中的监纪原任知县侯弘文，也因龙在田的关系“与献忠烂熟”[4]。张献忠和龙在田的部下也来往密切，例如龙在田所统土司兵阿来婆“为逆献所

[1] 参见沈佳《存信编》卷一等书。张献忠的“皇后”究竟是谁，各书记载不一致。有的说是明末大学士陈演的女儿；有的说陈氏在献忠生前即已处死。

[2] 方孔炤《抚楚公牍》，引自《桐城方氏七世遗书》。康熙十二年《石屏州志》卷十三《志补》记：龙在田原为该州阿吉黑里长，天启年间随征安效良，有功，署都司衔。崇祯时“奉调入楚援剿流贼，多所劫掠。还滇，自署都督”。

[3] 方孔炤崇祯十二年七月《查参疏》中说：“惟是滇帅龙在田与逆贼交欢时结拜父子……至今逆贼营中之滇儿名马、交趾精铳无不有之。”见《抚楚疏稿》，收入《桐城方氏七世遗书》。方孔炤又说：“陈洪范、龙在田两将主和，收张献忠为干子。……在田以其复铳、复马饵献忠者，两将受其金也。”见同书《西库随笔》。

[4] 方孔炤《抚楚公牍》。

喜，常召至帐中商酌事情”[1]。张献忠军同云南土司兵将的过从甚密，甚至在湖北荆州人士中引起不安，“谣言滇兵通贼”[2]。这些材料表明，包括孙可望、李定国、刘文秀、艾能奇在内的大西军高级将领同云南土司龙在田等人是老相识，在湖广时虽然未必会想到后来取云南为基地，但在平时言谈话语中势必对云南各方面的情况有较多的了解。当他们率部来到比较贫瘠的贵州时获悉云南被沙定洲叛军占领，立即决定进军云南，就不是偶然的事了。

有的史籍记载，大西军入滇是接受了龙在田的建议，如《临安府志》云：“孙可望等至贵州，在田说令攻定洲。”[3]明清之际在云南任职的冯甦也记载：“又明年丁亥，张献忠被诛于西充，其义男孙可望等率残兵由遵义入黔。龙在田使人告变，且劝其至滇。可望因诈称黔国焦夫人弟率兵来复仇。云南初苦沙乱，皆延颈望其来，不知为贼也。”[4]《石屏州志》记：“沙定洲反，沐镇（指沐天波）被围楚雄，在田实左右之。及李定国入滇，在田声势大振。”[5]龙在田对于大西军的决策进滇无疑起了重大作用。

孙可望等率部入滇时，为了减少进军的阻力，事先派出间谍前往云南，利用汉族官绅、部分土司对沙定洲的不满情绪和黔国公在云南长期享有的威望，散布假情报说行将入滇的大西军是沐天波妻子焦氏家族的武装，来云南为沐氏复仇。这一策略果然收到明显效果，“云贵人民深信，一路俱如此传播，故贼兵所至，悉开门降。长驱而来，全无梗

[1] 方孔炤《抚楚公牍》。

[2] 方孔炤《抚楚公牍》。

[3] 嘉庆四年《临安府志》卷十四，人物三《龙在田传》。

[4] 冯甦《滇考》《普、吾、沙乱滇》。谢圣纶辑《滇黔志略》抄本，卷十三《轶事》记龙在田招孙可望等领兵入滇事与《滇考》所载几乎完全相同。

[5] 康熙十二年《石屏州志》卷十三《志补》。

阻”[1]。1647年（永历元年、顺治四年）三月二十五日，大西军占领平彝（今富源县），进入云南省境[2]。同月二十八日攻克交水；次日移兵曲靖，歼灭沙定洲所设守军五百名，俘获明云南巡按御史罗国瓛[3]。为了迷惑沙定洲，孙可望等占领曲靖后，不是向西进攻省会昆明，而是南下直趋阿迷州（今开远市），在蛇花口击败沙定洲援军一千名。沙定洲见兵力不敌，又误认大西军确系焦氏家族所召援兵方能熟知地理先攻其老家，就在四月十八日主动放弃昆明，逃回蒙自故里佴革龙。[4]行前命部将杜其飞把软禁于贡院的明大学士王锡衮杀害。[5]留在昆明城内的明朝巡抚吴兆元等人终于弄明白了入滇的并不是什么焦家救兵，而是大西军，然而他们手头无兵，只有听任绅民投降。四月下旬，大西军经宜良顺利地进入昆明，“二十四日，孙、李诸军入城，秋毫无犯”[6]。

大西军进入昆明以后，经营云南面临许多复杂情况，需要加强核心领导。五月，孙可望、李定国、刘文秀、艾能奇“以事权不一，推

[1] 《明末滇南纪略》（又名《滇寇纪略》）卷二。咸丰二年《南宁县志》卷六《人物·忠烈》记：“蒋懋勋、蒋世勋、张英、陈允济俱卫世职。流寇至，诡言黔国公复仇之师，四人率众迎之。及至，始知其诈。寇迫使降，不屈，同声骂贼，遂遇害。”按，南宁县即云南曲靖府附郭县，不是现在的广西南宁市。

[2] 康熙四十四年《平彝县志》卷二《沿革》记：“四年三月，流寇孙可望、李定国、刘文秀、艾能奇自黔入滇，诡称援师，二十五日屠平彝，二十八日屠交水，二十九日屠曲靖。”

[3] 李恩揆《丁亥纪略》，见《滇系》卷八，又见《滇粹》。

[4] 康熙十二年《阿迷州志》《人物志·叛乱土司》记蛇花口作蛇夸口。其文云：“丁亥，孙可望至滇，假言为沐国公报仇，定洲兵至曲靖迎敌，败走，归驻蛇夸口。李定国袭之，沙兵复溃，不敢据阿迷州，适入佴革龙。李定国等兵破临安，探知定洲潜逃，直抵阿迷，屠戮士民，拆毁城垣而去。定洲、万氏复收败卒于佴革龙，竖立木城为自守计。”嘉庆四年《临安府志》卷四《疆域》记：“蛇花口在阿迷州北，为州境之险。有佴革龙山势险恶，逆酋沙定洲恃以为固。”

[5] 昆明无名氏辑录《滇南外史》；康熙五十三年《鹤庆府志》卷四《沿革》。

[6] 南沙三余氏撰《南明野史》卷中。冯甦《滇考》记大西军由陆凉、宜良入省，“宜良知县方兴佐率众持羊酒迎可望，贼喜，不入城。至省，巡抚吴兆元等迎于郊”。

可望为帅”[1]。孙可望以“盟主”的身份不失时机地部署兵力平定云南各处叛（依附沙定洲的势力）、顽（指效忠于明黔国公沐天波和杨畏知的势力）集团。李定国带领一支精兵于五月十九日抵达沙定洲重点防御的临安府（府治在建水县），二十二日采取挖掘坑道直至城墙下面填塞火药的“放迸法”轰倒东南面城墙，迅速占领全城[2]。临安距离沙定洲的家乡阿迷州很近，大西军本来可以趁胜进攻阿迷，不料原昆阳知州冷阳春和晋宁举人段伯美发动叛乱，定国唯恐后方有失，立即“星夜回兵”，于六月二十三日平定了两州的叛乱[3]，沙定洲才得以苟延残喘。

刘文秀统兵由昆明北上，经富民收取武定州、和曲、禄劝等地[4]，然后向西推进，占领鹤庆、丽江、剑川，平定了滇西北地区[5]。孙可望在八月间亲自领兵经禄丰进攻杨畏知、沐天波据守的楚雄、大理等滇西地区。杨畏知的军队在禄丰县城东面的狮子口被大西军击溃，他本人也被活捉[6]，孙可望考虑到他在云南官绅中是反对沙定洲叛乱的代表人

[1] 康熙五十四年《新兴州志》卷二《沿革》。《明末滇南纪略》也记载大西军入昆明之初，“四寇共议推孙可望为盟主，一切诸务皆听令焉”。

[2] 雍正九年《建水州志》卷十一，艺文记下，杨德沛《佴氏先茔表义碑记》。

[3] 康熙三十五年《云南府志》卷五《沿革》记：“昆阳知州冷阳春与晋宁举人段伯美率兵守城拒贼。时定国攻沙定洲党汤嘉宾于临安，闻阳春等起义，星夜回兵，屠二州，尽焚民居房。”道光二十年《晋宁州志》卷十一《补遗志·事略》记：“顺治四年四月，流寇孙可望等入滇，李定国追沙定洲至晋宁，秋毫无犯，百姓具牛酒犒军，定国大喜，信宿乃去。去后驿使往来有娄索者，邑举人段伯美率众杀之，又割其从者耳鼻纵之去。定国方攻临安，闻之大怒，撤兵回，遂屠州城。拘男妇于营门，令各出其手以待截，按男左女右；有误出者，并两手截之，惨不可言。既而定国亦以太甚，命开东、西二门，自东门出者生，自西城出者杀之。署知州冷阳春及伯美俱遇害。”

[4] 康熙二十六年《武定府志》卷一《附勘事实》。

[5] 康熙五十三年《鹤庆府志》卷四《沿革》；康熙五十二年《剑川州志》卷二《沿革》。

[6] 康熙五十一年《禄丰县志》《纪事略》；该书首绘禄丰县舆地图城东有狮子口，距城不远。按，《明末滇南纪略》《沐公顺贼》篇记杨畏知在禄丰兵败后与沐天波逃往永昌，不久在永昌同沐天波一道投顺大西军，与当地志书记载有分歧。

物，再三劝他投降。杨畏知坚持不同“流寇”建立的大西政权合作。经过谈判，双方达成妥协：一、不用大西年号；二、不妄杀人；三、不焚庐舍、淫妇女[1]。协议中第二条和第三条，大西军进入贵州后就已经做出了政策调整，自无异议；关键是第一条，孙可望等大西军领导人接受了杨畏知的意见，暂以干支纪年，为后来联明抗清铺平了道路。九月，刘文秀带领兵马进抵永昌府（今云南省保山市），以“共扶明后，恢复江山”为条件同沐天波谈判。沐天波亲身遭到沙定洲叛乱的荼毒，弄得家破人亡，自己的兵力又非常有限，决定借大西军复仇，双方很快达成合作协议[2]。沐天波不仅派自己的儿子先行前往大西军营中纳款，还发出檄文责成永昌府推官署金腾道印王运开、通判署府印刘廷栋向大西军缴印投降；遭到两人拒绝后，又派人说服永昌府绅民不得抵抗[3]。由于沐氏家族自明初以来世镇云南，佩征南将军印，在军卫、土司中享有很高的威信，孙可望等入滇后收缴了明朝颁发的文武各官印信，只有沐天波所佩世代相传的“征南将军印”仍予保留，让他行文招抚各土司。于是，迤西一带不战而下，“各土司次第来归”，“去方三月，而迤西尽平”[4]。到1647年十月，云南全省只剩下阿迷州、蒙自地区仍在沙定洲控制之下，北面的东川府（今云南省会泽县）土司禄万亿、禄万兆心存观望，不肯按额纳饷。

1648年（永历二年、顺治五年）五月，孙可望等商议后，决定由定北将军艾能奇率领兵马往征东川。艾军进至距东川府三十里处遭到埋伏

---

[1] 邵廷寀《西南纪事》卷八。

[2] 康熙三十三年《大理府志》卷三《沿革》记孙可望于顺治三年（1646）八月至大理，系时有误，当作顺治四年（1647），参见康熙三十五年《云南府志》卷五《沿革》。

[3] 康熙四十一年《永昌府志》卷二十五，艺文，冯甦《三忠臣传》。

[4] 《明末滇南纪略》卷三。按，明朝习惯以云南省会昆明为界，其东曰迤东，其西曰迤西，合言之曰两迤。迤西包括大理、永昌、鹤庆、蒙化、楚雄、武定、永宁、姚安、镇沅、顺宁、丽江、景东十二府；迤东指云南、临安、澂江、寻甸、广西、广南、曲靖、元江八府。见康熙十二年《石屏州志》卷十三《志补》。

于路傍深箐中的禄氏土兵袭击，能奇中毒箭流血不止，连夜抬回昆明，不治身死[1]。孙可望下令厚葬能奇，另派精兵取道壁谷坝，击败禄氏土兵，平定了东川及其附近州县土司，巩固了对昆明东北方面的统治。

为了彻底铲除沙定洲的残余势力，这年七八月间由李定国、刘文秀领兵南征阿迷、蒙自。由于道路崎岖，粮饷难继，孙可望"乃起省城民夫，每户夫一名，每名领二斗，至临安交米一斗五升，其五升给夫作口粮；省城每夫一名脚价银二三两不等"，民"乐于挽运，不知其苦"[2]。定国、文秀士马饱腾，迅速击败沙定洲军，攻克阿迷、蒙自，把沙定洲围困在其老寨佴革龙。佴革龙地势险要，却缺乏水源，沙军每乘夜间下山取水。定国等下令于水源处立砦，分兵把守。沙定洲军饥渴难耐，被迫投降。定国、文秀除了把沙定洲、万氏和少数为首者解往昆明外，"招抚附近地方，凡附逆者悉不究，各安农事。如是出降络绎不绝。李定国抚慰赏劳之，出令不许掳掠，违者立斩。自是迤东半壁安堵矣"[3]。十月，沙定洲、万氏、汤嘉宾等在昆明被处死，标志着混战局面暂告结束[4]。在孙可望的部署下，经过一年多时间的东征西讨，平定了云南全省，使当地百姓自明末兵燹以来过上了安宁的生活，连清初人士也记载"孙可望等倡义之名至今人犹称道焉"[5]。

---

[1] 乾隆二十六年《东川府志》卷三《建置·沿革》。按，贵州《定番州志》等书记艾能奇于1647年二月进攻该州时被射死，纯属误传。又，《明末滇南纪略》中写作"禄万钟"，此处以《东川府志》为准。

[2] 《明末滇南纪略》卷四《倡义讨逆》。康熙三十年《通海县志》卷一《沿革事考》记，"戊子年七月，李定国复提兵过通海，入攻沙定洲，派通海军民运粮至佴革龙，死亡几半"。"八月，定国攻破佴革龙擒沙定洲、万氏、汤嘉宾等，由通海械赴云南。十月，磔于市，杀其党数百人。"

[3] 《明末滇南纪略》卷四《倡义讨逆》。康熙十二年《阿迷州志》《人物志·叛逆土司》记，丁酉（1647），李定国率兵击败沙定洲，直抵阿迷，"拆毁城垣而去。定洲、万氏复收败卒于佴革龙竖立木城为自守计。又二年，己丑（1649），李定国自滇统兵直捣其巢，围困数月，定洲（当为定国）诱出定洲、万氏并叛党，擒送云南，磔杀之，滇人称快"。擒杀定洲在戊子（1648），记年有误。

[4] 康熙《云南通志》卷三《沿革大事记》。

[5] 上引《明末滇南纪略》。

第三节　孙可望等的经营云南

平定全滇在大西军史册上是非常重要的篇章，对于南明永历政权的延续尤有关键意义。就大西军而言，张献忠在世时固然有建军立国的开创之功，但在1644年入川以前流动性过大，所建地方政权旋设旋失，入川后虽有意以四川为基业，在政策上却屡犯过激错误，叛乱蜂起，献忠牺牲前数十万兵马仅拥聚于西充一带弹丸之地。孙可望、李定国、刘文秀、艾能奇等于主帅身亡之后，团结内部，不失时机地挥军入滇，取得了一块稳定的基地，休养补充士马，整顿经营地方，为原大西军在南明抗清斗争中重展雄风蓄积了力量。为了充分认识孙可望等取云南为基业的重大意义，不妨同大顺军做个比较。到1645年李自成牺牲之时，大顺政权已全盘瓦解，大顺军余部既没有建立一个统一的领导核心，以致队伍四分五裂；又没有自己的地方政权，长期寄人篱下，直到后期才在夔东人烟稀少的高山大川之处建立了据点。尽管大顺军后期的主要领导人李过、高一功、李来亨具有宁死不屈的坚贞品质和卓越的指挥才能，但“长沙地小，不足回旋”，给他们活动的舞台太小了。人力、物力的严重不足大大限制了大顺军的积聚力量和开拓局面。在后期抗清斗争中，大顺军余部的战绩远不如大西军，最主要的原因是没有一块比较大又比较富庶的后方基地。大西军自1650年（顺治七年、永历四年）起北出贵州、四川，东进广西、广东、湖南，几次挫败不可一世的清军，成为全国抗清的主力，是同孙可望、李定国、刘文秀等收取和经营云南分不开的。

大西军在平定全滇之后，即“发兵守四川之大渡河，贵州之镇远，中路之雪山关，凡可以入滇之路，悉扼守之”[1]。在将近三年的时间里，大西军同清方和南明朝廷都没有接触，联明以后云南仍在原大西军控制之下。孙可望等在云南的统治由于客观环境的变化，显示了一些特

[1] 《明末滇南纪略》卷四《政图治安》。按，镇远在贵州东部，当时未必能越过贵阳，戍守镇远，疑有误。

色。大致可以说，它是张献忠大西政权的延续，又在政策措施上做了部分改革。特别是纠正了献忠奉行的过激行为，针对云南地方特点注意团结少数民族，成绩非常显著。现分述如下：

一、在政权建设方面，孙可望等大西军领导人为争取云南汉族官绅和土司的支持，废除了大西国号，许诺“共扶明后，恢复江山”[1]，但当时还没有同南明永历朝廷建立联系，因此纪年暂用干支。领导体制上，孙可望称平东王，李定国为安西王，刘文秀为抚南王，艾能奇为定北王[2]，四人地位大致相当，孙可望以大哥的身份充当“盟主”主持军政重务。文献记载，可望“大书示命，号召全滇云：孤率三兄弟，统百万貔貅，建国不建统，纪年不纪号”[3]。以杨畏知为华英殿学士兼都察院左都御史，严似祖为吏部兼礼部尚书，王应龙为工部尚书，丁序焜为户部尚书，任僎为副都御史掌都察院事，马兆羲为学院[4]，张虎为锦

[1]　《明末滇南纪略》卷三《沐公顺贼》。

[2]　入滇初期，孙可望、李定国、刘文秀、艾能奇的称号，各种史料记载很不一致。冯甦《滇考》卷下云：可望等四人均称王，“城内置四王府”。孙可望发布文告自称“孤”，也是王的口气。康熙三十三年《大理府志》卷三《沿革》记：可望“自称平东王，（杨）畏知力争，乃去王号，称将军”。康熙五十三年《鹤庆州志》卷四《沿革》记：“顺治四年，流寇孙可望入滇……伪辅南王（当为抚南王）刘文秀至鹤庆。”1649年（永历三年）十一月初三日瞿式耜奏疏中说：“可望未通之先，其自号不过二字王耳，乃反以一字尊王。”见《瞿式耜集》卷一《纠罪镇疏》。看来孙可望等联明以前确已称二字王。但也有说四人称元帅、称将军的，如康熙三十五年《云南府志》卷五《沿革》记：“流寇入滇时，定国称安西元帅，文秀称抚南元帅。”康熙五十八年《澂江府志》卷三《沿革》也说，孙可望称平东元帅，李定国为安西，刘文秀抚南，艾能奇定北。康熙十二年《石屏州志》卷六《学校》记：“流贼张献忠余党平东将军孙可望、安西将军李定国、抚南将军刘文秀、定北将军艾能奇率众入滇。”乾隆二十六年《东川府志》卷三《建置·沿革》记“五年五月艾能奇死”，原注“伪定北将军”。康熙十二年不分卷本《阿迷州志》《古迹志》记：“至戊子年（应为丁亥）流寇入滇，伪将有平东、安西、抚南、定北之号。”

[3]　《永昌府文徵》，文，卷九，陈洪图《鸣冤录》。

[4]　马兆羲诸书多写作马兆熙，《楚雄府志》卷六《选举志》举人、进士表，卷七《人物志》均作马兆羲。马为楚雄人，当以本地记载为准。

衣卫。沐天波仍明旧封为黔国公，“提调汉土官兵，加云鹤服色”[1]。府、州、县官员也一概重新任命，委用的官吏“皆换伪印，独天波佩旧印不改”[2]。所颁新印篆文由明朝的九叠文改为八叠文，“且重廉吏，除贪酷，不时差人易服色，暗访察，有廉者立加奖擢，贪者立拿斩首，传示各府州县”。命弓匠出身的大西军老部下工部尚书王应龙行巡按事，巡察各地，“访姚安知府谢仪贪酷，孙可望差官持令箭去，立拿于署前斩首传示。全滇之官无一人敢要钱者”[3]。这种雷厉风行的惩治贪污，荡涤了明朝相沿成习的污泥浊水，保证了云南吏治的清廉。

孙可望还“立登闻鼓，凡政有不便于民，许地方头人赴诉，立即除之；有可以便于民者，立即行之”，“又令地方上，不论绅士军民，有为地方起见，即一得之愚，亦许进言，立引见，不许拦阻，即妄诞之言亦不深究。奖节孝，复乡饮，浚海口，省耕省敛，凡有利于民者无不备举。外则土司敛迹，内则物阜民安，为治若此，诚滇南不幸之幸也”[4]。

二、在经济政策上，大西军初入云南时面临紧迫的粮饷问题，在很短的一个时期里实行过打粮和对官绅、土司追饷的办法。打粮即派兵四出，把百姓剩余粮草无代价地没收，受打击最重的虽然是地主，但难免掠及家有少许余粮的农民，使他们的生产积极性下降。大西政权在四川的失败是有过沉痛教训的，因此，孙可望等人很快就代之以切实可行的赋税政策。他们把云南某些州县和卫所管辖的军民田地“分为营庄，各设管庄一人”，营庄由大西军偏裨管理，在辖区内“踏看田地所出，与百姓平分，田主十与一焉。条编半征，人丁不论上、中、下全

[1] 《明末滇南纪略》卷三《沐公顺贼》。

[2] 康熙三十五年《云南府志》卷五《沿革》；康熙五十八年《澂江府志》卷三《沿革》。

[3] 《明末滇南纪略》卷四《政图安治》。

[4] 《明末滇南纪略》卷四《政图安治》。

征”[1]。就田赋而言，以十分为总额，入官四分，民得六分[2]，农民的负担是比较重的。但是，这一政策的特点是把原先地主向农民征收的田租从一半以上减为十分之一，大大降低了剥削率；又保证了军队和政权的稳定收入。地主们虽然心怀不满，但仍能收取一部分，生活有着，减少了敌对情绪。当时一个士子赋诗云：“履亩科租法最奇，畜肥兵饱士民饥”[3]，从侧面反映了这一政策的效果。由于税额为分成制，地主不再能够任意盘剥，农民的生产积极性普遍提高，当年秋成就“倍于曩昔”，次年又“大熟，百姓丰足”，再下一年仍是“大有年，兵民安乐如初”[4]。入滇初期曾严格禁止酿酒，借以避免浪费粮食[5]，随着生产的恢复发展，才解除了这一禁令。

孙可望等还注意保护民间贸易，初入云南时铸造了大西政权的“大顺钱”[6]。为时不久，因废除大西国号，改“铸兴朝通宝，每大者文抵

---

[1] 《明末滇南纪略》卷三《沐公顺贼》。康熙五十八年《澂江府志》卷三《沿革》说：“戊子（1648），孙可望以兵食不足，将近省军民田地分为营庄，各设管庄一人，征输运省。”

[2] 冯甦《滇考》卷下云：“以官四民六分收。”可见《明末滇南纪略》中所说“与百姓平分，田主十与一焉”，田主所得是从政府所征一半内拨给五分之一。康熙五十八年《澂江府志》卷三《沿革》记在营庄制度下，“军田每亩市斗谷六七斗，民田八斗至一百二斗不等”。又说：“是时征谷斗石尚无定数，又有四六同分之议。农民视自种之稻仍如己物，以为可以任意携取，有城内民刁小二者偶于己田内摘去熟稻数穗，拿获以偷盗皇粮详请枭示，澂民股栗。”康熙三十五年《云南府志》卷五《沿革》记：“亩岁纳谷一石二斗，民私用草一束者或斩或杖。”大致反映了当时的生产水平，即每亩产谷二石四斗。但也很可能在某些地方逐步实行了定额赋。

[3] 《晋宁诗文征》诗征，卷二，黄都《闻山歌有感》，此诗约作于1651年（永历五年、顺治八年）。

[4] 《明末滇南纪略》卷三、卷四。

[5] 康熙《澂江府志》卷三《沿革》记：“禁酿酒，违者死（原注：法严而人不敢犯，是以兵食充足）。”

[6] 康熙三十年《云南通志》卷三《沿革大事记》；康熙三十五年《云南府志》卷五《沿革》；康熙五十三年《鹤庆府志》卷四《沿革》。

一分，次者文抵五厘”[1]，还有一厘的小平钱。这在云南历史上是值得大书一笔的。云南盛产铜矿，明代虽曾奉朝廷命令铸造铜钱，但多数输入内地各省，当地居民直到万历时交易仍通用贝币，称为肥。天启末至崇祯年间虽由政府提倡，逐渐使用银钱[2]，但民间积习用肥者还很普遍。孙可望等铸兴朝通宝后，下令“禁民用贝，违其令者刖劓之。辛未（当为辛卯，1651）通行”[3]。至此，云南在商品流通过程中才普遍用钱，同其他各省趋于一致，这对于活跃云南和内地经济上的交流具有深远的意义。

对云南的井盐生产也加强了管理，借以消除陋规，增加财政收入。孙可望派总兵史文为盐税司，负责征收盐课和商税。“黑、琅两井之盐归官，令商人在省完工本，领票赴井支盐。由是凡系盐商悉大富，以白镪为瓦砾矣。……每一下操，赏赉动以万计。”[4]清代人士刘孟弘说：“按全滇盐政考，井有九：黑、白、琅、云龙、安宁、阿陋、只旧、弥沙、景东也。黑井旧额岁征课二万六千六百两，白井一万五百两，琅井二千四百两，云龙等六井共征一万六百四十九两三钱六分。自明季投诚伪官史文开报黑井岁办课九万六千两，每斤征银一分六厘；白井办课二万八千五百六十两，每斤征银八厘；琅井办课九千六百两，每斤征银

[1] 《明末滇南纪略》卷三。按，“兴朝通宝”一分、五厘、一厘计三种存世尚多，用“兴朝”二字为文，解释不一，但肯定不是纪年。

[2] 参见康熙四十四年《平彝县志》卷之三《地理·风俗》、康熙五十四年《楚雄府志》卷一《地理志·风俗》。按，大西军进滇以前，云南已用银、钱，《徐霞客游记》也多处可见，但民间交易中仍多通用贝币。

[3] 倪蜕《滇云历年传》。李天根《爝火录》卷十七也说：铸兴朝通宝后，“凡上纳钱粮，放给俸饷，以至民间一切贸易，皆通之。有不遵行者罪死。……钱法乃大行”。

[4] 《明末滇南纪略》卷三《沐公顺贼》。按，史文为大西军总兵，其全衔为“钦命总理云兴通省盐政税务总镇”，见康熙四十九年《黑盐井志》卷六，史文在永历十年撰《鼎建真武硐玉皇阁碑记》。他后来投降了清朝。

六厘”[1]。可见，在大西军余部治理云南期间，盐业生产有很大的发展，来自盐课的收入每年多达白银十余万两。通过铸钱、整顿盐课、商税以及田赋制度的改革，为大西军的稳定云南进而出滇抗清奠定了经济基础。

三、在军事方面，孙可望等采取了十分有力的措施，主要包括严肃军队纪律、加强训练、改善军需供应。

整顿军纪：大西军初入云南时为消灭政治上的敌对势力曾经采取严厉的镇压手段，为解决粮饷又曾在短期内实行过“打粮”“追饷”措施，因而在一段时间里在云南官绅士民中造成一种恐怖气氛。孙可望等在站稳脚根后，立即改弦更张，申明军纪，“凡发兵征剿，所过大路，鸡犬不惊，百姓卖酒肉者路旁不断。如兵余小子有擅夺百姓一物者，立刻取斩；如该主不首，连坐；该管官失察，责八十棍。立法若是之严，故民得安息反富庶焉”[2]。史籍中记载了一个典型的例子：“有抚右营兵马前往禄丰驼粮，回至草铺歇下，有一兵失手误伤百姓方二岁小儿一个。百姓喊叫，杨总兵得知，将兵拿去责四十棍，断烧埋银十两。不意草铺管庄报与刘文秀。及杨总兵押粮至省回话，刘文秀大骂，要责杨总兵一百棍，众官力保方恕。将打死小儿之兵拿去，立刻绑出小西门外枭首，将头传送草铺号令。”[3]士卒误伤小儿致死竟被砍头示众，执法显然过严，但由此可见大西军领导人为防止军队损害百姓利益，不惜矫枉过正。他们很快就得到云南百姓的衷心拥护绝不是偶然的。连封建文人也称赞道：“孙可望等立法甚严，兵民相安。”[4]

加强军队建设和训练：大西军进入云南以后，因地处僻远，同内

---

[1] 雍正五年《宾川州志》卷十二，艺文，刘孟弘《盐法考略》。康熙四十九年《黑盐井志》卷五《盐法）记：“丁亥（1647）流贼据滇，伪提举张逢嘉迎合流贼，压令灶户每月煎盐六十万，以官四灶六起科。官抽盐二十四万斤运省变卖作课，灶存盐三十六万斤在井变卖作本。”

[2] 《明末滇南纪略》卷四《政图治安》。

[3] 《明末滇南纪略》卷四《政图治安》。

[4] 《明末滇南纪略》卷四《政图治安》。

地各方面势力都脱离了接触；然而，孙可望等人却始终密切注视着国内极其尖锐复杂的阶级搏斗和民族征战的进程，随时准备奔赴疆场，重显身手。因此，他们以云南为基地，秣马厉兵，军事训练抓得很紧。史籍记载，大西军平定云南全省之后，“拥兵三十余万，家口倍之”[1]，兵员数量显然比入滇之初有较大的增长，其中既包括了对原明朝官军的改编，也吸收了不少当地少数民族的军队。为了操练士马，在昆明征发数万民工，扩建教场，“日夕操练士卒，三、六、九大操”[2]，从而为不久以后出滇抗清准备了一支训练有素的队伍。

改善军队供应：孙可望等人决定“将各州县田地分与各营头，即令彼处坐就食。凡兵丁日支米一大升，家口月支米一大斗，生下儿女未及一岁者，月给半分，至三岁者如家口。给马分三等：头号者，日支料三升；二号者，日支料二升；三号者，日支料一升。不时查验，瘦者责治有差”[3]。军需供应也做了妥善的安排：“安杂造局四所，不论各行匠役，尽拘入局中打造。凡兵之弓箭、盔甲、交枪之类有损坏者送至局内，挂下营头、队伍、姓名，三日即易以新什物。每贼兵有家口者，每冬人给一袍子；无家口者，一袍之外人给鞋袜各一双、大帽各一顶。如是养兵，果士饱马腾。”[4]

四、在社会治安方面，大西军初入云南时，为了防止官绅和土司的破坏，一度沿袭在成都时期的戒备措施，对昆明的居民实行严格的户籍制度和行动限制：“户设一牌，书大小男妇姓氏悬之门首，以备查核。严门禁，不许妇女出入；凡男人出入，各以腰牌为据，牌上写本身年貌住址。城外入城者持腰牌挂于月城之左廊，事毕出仍取去，门上放出。

[1] 康熙十二年《石屏州志》卷一《沿革志》。

[2] 《明末滇南纪略》卷三《沐公顺贼》。同书卷四《政图治安》一节又记：“兵马三日一小操，十日大操，雨雪方止。”

[3] 《明末滇南纪略》卷四《政图治安》。

[4] 《明末滇南纪略》卷三《沐公顺贼》。冯甦《滇考》卷下记：“取各郡县工技悉归营伍，以备军资。”

城内出者持腰牌挂于月城之左廊，事毕入仍取去；有牌，守卒始放入。远来者面上打印为号，有印，门卒始放出。若是之严，总贼畏土司之众多，恐有不测，深防若此。”[1]至于各府、州、县，虽然委任了文职印官，但实权大抵掌握在分布各地的武将手里。随着形势的稳定，社会生活日趋正常，孙可望等大西军领导人不失时宜地放松了对居民的军事管制。如昆明原归都督王尚孔领导的四城督捕管辖，大约一年以后即撤销四城督捕，“百姓皆归昆明县管理”[2]。到己丑年（1649）元宵节，在昆明“大放花灯，四门唱戏，大酺三日，金吾不禁，百姓男妇入城观玩者如赴市然”[3]。自明末以来多年不见的升平景象，竟然在大西军进滇不到两年时间里就出现了，连原先心怀敌意的士绅也为之赞叹，称之为有“熙皞之风”[4]。

为了争取地主士绅的支持，孙可望等相当注意争取他们的合作。入滇之初，孙可望就在八月间亲自去文庙祭祀孔子，接着命吏部尚书兼管翰林院事的严似祖主持考试生员，“取士三十三名，观政选官”[5]。对于生活有困难的士子还给予关怀，“开仓赈济寒生，每人谷一斗焉”[6]。这些措施使主要出身于地主阶级的知识分子感到出头有日，大大减少了抵触情绪。到1650年大西军出兵“以复中原”的前夕，孙可望等还选派马兆羲“考试滇南生童”，意在吸收知识分子出任收复地区的官职。当时，孙可望亲统大军出征，李定国留守云南，“马兆熙（羲）考试毕，率云、武二府生童赴李定国府谢。定国赏钱三百串，面云‘诸生用心读书，不日开复地方，就有你们官了’等语。诸生谢出。由是文教渐复兴

[1] 《明末滇南纪略》卷三《盘踞滇城》。

[2] 《明末滇南纪略》卷四《政图治安》。

[3] 《明末滇南纪略》卷四《政图治安》。

[4] 《明末滇南纪略》卷四《政图治安》。

[5] 昆明无名氏《滇南外史》。按，《明末滇南纪略》记严似祖为吏部兼礼部尚书。

[6] 《明末滇南纪略》卷三《盘踞滇城》。

也”[1]。1651年（顺治八年、永历五年）以后，刘文秀北出四川，李定国东出两广、湖南，所占地方派设了不少官员，其中相当一部分就是从云贵人士中选拔的[2]。

五、对于云南少数民族和宗教在政策上也做了比较妥善的处理。孙可望等人利用明封黔国公二百多年在各土司中享有的威信广行招徕，注意笼络各少数民族的统治者。只要不持敌对态度就承认其统治权，并责成土司提供部分兵员和粮饷，不少土司的头人成了大西军下的将领。孙可望、李定国等人排除民族偏见，对西南少数民族的将士能够用其所长，如山区行军作战、组织象阵等，从而扩大了兵源，形成了西南各族人民共同抗清的局面。清朝廷臣在奏疏中说：“孙寇所借兵力，洞蛮为多。”[3]时人李介也说：“定国所将半为猡倮、瑶佬，虽其土官极难钤束，何定国御之有法也？”[4]这表明大西军领导人在团结西南少数民族问题上收到了显著效果。

在宗教政策上，云南各族人士多虔信佛教。大西军初入滇时对这一特点注意不够，如1647年李定国率军攻克丽江，当地“俗多好佛，常以金银铸佛，大者丈余，次者八九尺，再次者二三尺不等，如是罗列供养”。大西军将士竟然把佛像“尽击碎驮出”，充作军饷[5]。为时不久，孙可望等就改变了政策，明令保护宗教寺观，甚至带头刻印佛教经典、铸造供佛的香炉等器物。[6]这里自然有受习俗熏染转而迷信佛教的一面，但客观上尊重了当地居民的信仰，有利于加强民族团结和地方局势的稳定。

---

[1] 《明末滇南纪略》卷四《悔罪归明》。马兆熙当作马兆羲，见前注。

[2] 参见傅迪吉《五马先生纪年》；李蕃《雅安追记》。

[3] 《清世祖实录》卷一百。

[4] 李介《天香阁随笔》卷二。

[5] 《明末滇南纪略》卷三《沐公顺贼》。

[6] 参见《鸡足山志补》及郭影秋《李定国纪年》正文前影印李定国、孙可望刊刻的佛经跋文图片，原件现存云南省图书馆。王尚礼铸造的供佛香炉，拓片藏云南省博物馆。

第十二章
郑成功起兵与鲁监国在浙闽抗清

第一节　郑芝龙降清

郑芝龙既已决定投降清朝，首先撤回防守仙霞岭的军队，使清军得以顺利进入福建；接着又谎称“海寇”侵扰他的故乡安平，在八月间率部返回泉州[1]。九月十九日，清军未遇任何抵抗就占领了福州[2]。郑芝龙的引狼入室是为了向清方表示自己归降的诚意，即如他在给清廷的题本中所说：“臣闻皇上入主中原，挥戈南下，夙怀归顺之心。惟山川阻隔，又得知大兵已到，臣即先撤各地驻兵，又晓谕各府、州积贮草秣，以迎大军。”[3]但他还摸不清楚清朝将给他多大的官职和爵位，因此把兵力集中于安平一带，作为向清廷讨价还价的资本。清军统帅博洛将计就计，一面派固山额真富拉克塔等统兵直逼南安，显耀清朝兵威；一面让泉州乡绅郭必昌（曾任明朝兵部尚书，福建晋江人，同郑芝龙关系密

[1]　《台湾外纪》卷二。

[2]　《思文大纪》卷八记：“九月十九日，清兵至福州，从北门而入。”

[3]　《闽省降员郑芝龙题本》，见《郑成功满文档案史料选译》，福建人民出版社1987年版，第一页。

切）写信招降。郑芝龙很不高兴地说："我惧以立王为罪耳。既招我，何相逼也！"[1]博洛装模作样地"切责"了富拉克塔，下令把军队后撤三十里，另外派遣内院学士额色黑等二人持书信到安平面见芝龙，信中说："吾所以重将军者，以将军能立唐藩也。人臣事主，苟有可为必竭其力；力尽不胜天，则投明而事，乘时建功，此豪杰事也。若将军不辅主，吾何用将军哉！且两粤未平，今铸闽粤总督印以相待。吾欲见将军者，商地方故也。"[2]郑芝龙阅信后决定前往福州，成功对父亲的所作所为颇不以为然，在这关键时刻更是极力劝阻。《台湾外纪》中有这样一段记载：

其子成功劝曰："吾父总握重权，未可轻为转念。以儿细度，闽粤之地，不比北方得任意驰驱。若凭高恃险，设伏以御，虽有百万，恐一旦亦难飞过。收拾人心，以固其本；大开海道，兴贩各港，以足其饷。然后选将练兵，号召天下，进取不难矣。"

龙曰："稚子妄谈，不知天时时势。夫以天堑之隔，四镇雄兵且不能拒敌，何况偏安一隅。倘画虎不成，岂不类狗乎？"

成功曰："吾父所见者大概，未曾细料机宜，天时地利，有不同耳。清朝兵马虽盛，亦不能长驱而进。我朝委系无人，文臣弄权，一旦冰裂瓦解，酿成煤山之惨。故得其天时，排闼直入，剪除凶丑，以承大统。迨至南都，非长江失恃，细察其故，君实非戡乱之君，臣又多庸碌之臣，遂使天下英雄饮恨，天堑难凭也。吾父若借其崎岖，扼其险要，则地利尚存，人心可收也。"

---

[1] 徐鼒《小腆纪年附考》，卷十三。

[2] 江日升《台湾外纪》，福建人民出版社1983年版，第七十五页。他书记载文字稍有出入。顺治十一年十月初一日郑成功给其父郑芝龙信中说：清廷所许"四府竟成画中之饼，如演父前所得三省之故伎"。见《郑成功满文档案史料选译》第六十八页，郑亲王济尔哈朗题本。

龙曰："识时务为俊杰。今招我重我，就之必礼我。苟与争锋，一旦失利，摇尾乞怜，那时追悔莫及。竖子渺视，慎毋多谈。"

成功见龙不从，牵其衣跪哭曰："夫虎不可离山，鱼不可脱渊；离山则失其威，脱渊则登时困杀。吾父当三思而行。"

龙见成功语繁，厌听，拂袖而起。

这段对话不仅反映了郑芝龙、郑成功父子在政治上的分道扬镳，也体现了郑成功的战略眼光。郑成功和郑鸿逵既然无法改变郑芝龙投降清朝的决定，特别提醒他亲自前往清军大营所在的福州风险太大，不可轻率行事。然而，郑芝龙自以为在福建、广东海域拥有强大的水师，满洲贵族的军队擅长骑射，缺乏水上作战能力，势必像明朝皇帝一样借重于自己；何况，二十年来通过垄断海上贸易积聚的巨额财富更使他驽马恋栈。他不听劝告，带了五百名士卒在1646年（顺治三年）十一月十五日到达福州，谒见贝勒博洛[1]。见面之后，博洛伪装出一副仰慕已久的样子，对他大加赞赏，还折箭为誓，许以重用。欢饮三天之后，博洛忽然在半夜传令拔营回京，命郑芝龙随军北上。芝龙心知中计，但已经轻入虎穴，随身所带士卒被安置于别营，自己孤身一人只好听凭博洛摆布了。一位目睹其事的人记载道，当时福建各地应聘而来的明朝官绅齐集于福州，忽然接到清朝巡抚的请柬通知于次日在洪塘聚会，去了之后，"则胡笳四起，毳幕参差，兔网弥天，雉罗遍野。聚立而嗫嚅者几及百人。内院、抚军席地而坐，执册指名，首朱胤冈（朱继祚字），次黄跨千（黄鸣俊字），又次余公诚，余系南中流寓在闽，亦被罗织。拊其背而徘徊，谓：'此三人者非尚书、阁老乎？可随我去。'每人一卒守之。中有紫衣胡服者为郑飞黄（郑芝龙字），亦与焉。彷徨有顷，名次及吴旧抚矣。军门持册手麾曰：'余俱赴京听用。'于是诸

[1] 日期据计六奇《明季南略》卷八《郑芝龙降清》条。

人哄然而退，不啻鸟出笼、鱼入海也。时见兵即刻拔营起，四公竟载与俱行”[1]。“神龙失埶，与蚯蚓同”，不管郑芝龙是多么大的一条巨鲸，一旦离开了战舰精兵，就成了失水之鱼。郑芝龙只好委婉地向博洛求情，表示就他个人而言既然已经投降清朝，进京“面圣”正是自己的愿望；不过，留在福建沿海的长子和兄弟拥有相当兵力，自己一旦进京，呼应不灵，恐怕海上从此多事。博洛的估计同他正好相反，以为掌握了郑芝龙，郑氏家族群龙无首，又不能不为芝龙的安全着想，必然唯清朝之命是听。因此，他让芝龙当面写了几封信，借以招抚郑氏子弟和部将，并且对芝龙说：“此与尔无与，亦非吾所虑也。”[2]这样，郑芝龙在清军严密监护下被送到了北京。1648年（顺治五年），清廷食言自肥，仅授予他一等精奇尼哈番的空头官衔，拨入旗下，实际上遭到软禁[3]。这段情节后来在郑成功致父书中有一段描写：“当贝勒入关之时，父早已退避在家。彼乃卑词巧语，迎请之使，车马不啻十往还，甚至啖父以三省王爵。始谓一到省，便可还家；既又谓一入京便可出镇。今已数年矣，王爵且勿论，出镇且勿论，即欲一返故里亦不可得。彼言岂可信乎？”[4]

博洛回京之前，确实利用了郑芝龙的声望招降其旧部，奉芝龙之命降清的有武毅伯施福、澄济伯郑芝豹和部下总兵十员，兵将十一万三千

[1] 华廷献《闽海月纪》，卷二；此文亦收入《明季南略》卷八《附闽事纪》，文字略有不同。按，据华廷献记载，博洛胁带郑芝龙等“拔营起行”似在白天，与他书记载半夜有所不同。

[2] 《明季南略》卷八《郑芝龙降清》条。

[3] 《郑成功满文档案史料选译》第一页有顺治四年四月“闽省降员郑芝龙题本”，说明是时尚未授职。顺治五年八月授一等精奇尼哈番事见《清世祖实录》卷四十。直到顺治九年八月郑芝龙给清廷的奏本自署官衔还是“厢黄旗正钦尼哈番”（即镶黄旗精奇尼哈番），见《明清史料》丁编，第一本，第六十三页。谢国桢《南明史略》云，郑芝龙被骗到北京后清廷“只封他为同安侯，叫他住在北京”（第一四二页）。按，清廷封郑芝龙为同安侯在顺治十年五月，目的是招抚郑成功，上距郑芝龙降清已过六年有余。

[4] 杨英《先王实录》，陈碧笙校注本，福建人民出版社1981年版，第六十二页。

名[1]。当李成栋由吴淞总兵奉调由浙江、福建入广东时，清方不仅利用了郑芝龙“平国公”的牌札招抚了白沙、甲子等广东东部沿海地带，而且原属郑芝龙部下的总兵施郎、梁立、黄廷、成升、洪习山还由武毅伯施福带领，率兵马五千名跟随佟养甲、李成栋进军广东，在扑灭顺德县“海寇”和镇压东莞、增城地区的张家玉抗清义师中起了不小的作用[2]。直到顺治五年（永历二年）三月“□（虏）镇抚施福、耿献忠大小船数百号上梧州”[3]，即在李成栋指挥下一直攻入广西东部，对南明的危害是相当严重的。由于李成栋对南方兵将存在歧视心理，在奏疏中说从福建带来的施郎等官兵“脆弱不堪，无资战守”[4]，甚至伺机剪灭和解散。施福、施郎、黄廷、洪习山等人过着寄人篱下的生活，忍气吞声，大有怀才不遇、有功不赏之感[5]。顺治五年李成栋反清复明，他们收到郑成功从鼓浪屿（今属福建省厦门市）发来的邀请，决定摆脱李成栋部将潮州总兵郝尚久的控制，率部乘舟投奔郑成功。

第二节　郑成功的早年生活和起兵抗清

郑成功是郑芝龙的长子，母亲是日本女子田川氏，中国文献称为

[1]　《清世祖实录》卷三十四。

[2]　《清世祖实录》卷三十四；施郎（后改名施琅）、黄廷和副将洪习山在顺治四年十月参加进攻增城的战役见《明清史料》丙编，第七本，第六三九页，顺治四年十一月初七日清两广总督佟养甲揭帖。

[3]　鲁可藻《岭表纪年》。

[4]　顺治四年五月二十五日提督总兵官李成栋揭帖，见《明清史料》丙编，第七本，第六〇一页。

[5]　施福曾给清廷上疏奏报“剿抚粤寇之绩”，疏中自称“总督广东陆师原武毅伯施福”，兵部“查施福原系李罗王（即博洛）发与佟养甲、李成栋酌用。今据自称总督，且广东经制久行佟养甲议定未到，应令将施福并议于经制之内，报部覆可也”。（顺治五年闰四月兵部揭帖，见《明清档案》第八册，A8—92号。）从这件奏疏里也可以看出施福等人对自己功绩、地位的评价和清廷的冷遇。

翁氏[1]。1624年（天启四年）七月十四日郑成功生于日本长崎县平户川内町千里滨[2]，七岁以前随母居住日本。1630年（崇祯三年），郑芝龙派人把他接回福建安平，给他取名森，字明俨，号大木。一些史籍记载1644年郑成功曾经入南京国子监，拜读于钱谦益门下，大木即为钱氏所赐字，如黄宗羲《赐姓始末》记："朱成功者，郑芝龙之子也，母为夷女，初名森，弘光时入南京太学，闻钱谦益名，贽为弟子，谦益字之曰大木。"[3]郑成功入南京国子监就读以及同钱谦益之间的关系尚有待研究[4]。明朝末年武将跋扈的情况虽然已经司空见惯，但武官重视子嗣文化教育的风气并没有改变。因此，郑芝龙延请了饱学之士给郑森讲解经史，终于使这个异国归来的儿子在崇祯十一年五月通过了考试，成为泉州府南安县学的一名生员。他少年时读书的朋友有惠安县生员张若、晋江县人杨于两。"郑成功为诸生时，每自南安来惠（安），主若濠濮斋，论文赋诗，风雨联床，不稍间也。"[5]杨于两是成功妻家董

[1] 郑克塽撰《郑氏附葬祖父墓志》作"曾祖母翁"，见《郑成功族谱三种》，福建人民出版社1986年版，第一〇〇页。其他中国文献也均写作"翁氏"；日本文献作田川氏。一种说法谓成功母是归化日本的泉州冶匠翁笠皇从日本人田川氏领来的养女，参见《郑成功全传》，台湾史迹研究中心1978年版，第三十七页。

[2] 参见何廷瑞《日本平户岛上有关郑成功父子之资料》，台湾淡江学院1977年版；上引《郑成功全传》作"诞生于日本平户河内浦千里滨"。美国司徒琳著《南明史》英文版第一一八页说郑成功出生于日本平户，1992年上海古籍出版社中文本第一〇四页竟将郑成功误译为郑芝龙。

[3] 见《明季稗史》正编卷二十一。

[4] 民国九年修《郑氏宗谱）记郑芝龙有五个儿子，长子森下注"翁出，太学生，应袭锦衣卫副千户"，郑森条下没有记载这件事，《郑氏家谱》所记相同，均见《郑成功族谱三种》。明代对有功官员常给以"荫一子入国子监读书"的奖励，但其子弟并不一定入监为太学生。崇祯、弘光时为聚敛钱财曾经强迫富户给子弟纳银入监，使国子监的名声很坏。郑成功是否真到过南京国子监就读，尚有疑问。与此相关联的一个问题是《延平二王遗集》相传为郑成功、郑经父子的作品，集中所载郑成功诗有三首涉及钱谦益：《春三月至虞谒牧斋师》《同孙爱（谦益之子名孙爱）世兄游剑门》《越旬日复同孙爱世兄游桃源洞》，并有钱谦益门生瞿式耜评语。但是，在钱谦益、瞿式耜著作中尚未得到证明。

[5] 嘉庆八年《惠安县志》卷二十六，文苑，《张若传》。

飏先的表侄，刘献廷曾听杨于两亲口说过“于两与赐姓（成功）幼同笔研”[1]。1642年（崇祯十五年）郑森十八周岁，曾往省会福州参加乡试[2]。当时他父亲郑芝龙已加官都督，“富拟王者，远交朝贵，近慑抚按，炙手可热”。郑森也完全是一副贵公子的派头，“自泉入福，邮传馆舍皆有司备设。及入棘闱（即考场），监临交遣小吏诣号舍致寒温，预选同舍生代为起草。珍果佳肴，络绎传送。森竟日饮啖而已。漏下便已出闱，传呼归馆舍，共赫奕如此”。福建提学副使郭之奇看得不顺眼，不让他中举。次年（1643）二月岁考，尽管文章写得颇通畅，仍被郭之奇评定为二等，不得食饩为廪生[3]。

隆武帝即位之后，郑芝龙已成为定策元勋，郑森才在父亲的带领下拜见朱聿键。隆武帝见他风度翩翩、一表人才、对答如流，非常赏识，深憾自己没有女儿嫁给他，就赐他姓朱，改名成功，“以驸马体统行事”[4]。这一殊荣自然也具有笼络郑芝龙的意图。郑森自称和被称为朱成功、赐姓、赐姓成功、国姓成功、国姓爷、郑成功都是由此而来。

这里，有必要谈谈郑成功在隆武年间的军事活动。托名黄宗羲撰《郑成功传》里不仅说他“意气状貌，犹书生也”，而且说郑成功在整个隆武时期“虽遇主列爵，实未尝一日典兵柄”[5]，并不正确。郑成功在1644年以前只是一介书生，如果没有在隆武年间（1645—1646）的亲

[1] 刘献廷《广阳杂记》卷二。

[2] 江日升《台湾外纪》卷二记：“崇祯十五年壬午八月，郑森赴福省乡试。”

[3] 李世熊《郭宫詹传略），见《寒支二集》卷四。《石井本（郑氏）宗族谱》记成功“年十五补弟子员，旋食饩。金陵术士见之，惊曰：此奇男子，骨相非凡，命世雄才，非科甲中人也”。与李世熊所记不同。

[4] 黄宗羲《行朝录》卷十一《赐姓始末》。《台湾外纪》卷二作“封为御营中军都督，仪同驸马，宗人府宗正”。按，该书云：“郑鸿逵引其子肇基陛见。隆武赐姓朱。芝龙闻知，次日亦引其子森入见。隆武奇其状，问之，对答如流。隆武抚森背曰：‘恨朕无女妻卿。’遂赐姓，兼赐名‘成功’，欲令其父顾名思义也。”可见，先一日赐姓者尚有郑鸿逵子。

[5] 《梨洲遗著汇刊》《郑成功传》。浙江古籍出版社1986年5月版《黄宗羲全集》第二册，不收此文。

身军事经历，到朱聿键被俘、郑芝龙降清后他即便有志恢复，也很难仅凭世家子弟的身份在短期内组织起一支有效的抗清武装。据《思文大纪》的记载，郑成功至迟在隆武二年初春就已弃文就武，开始了他的军事生涯：

隆武二年（1646）正月，奉命“领兵出大定关”。（卷四）

三月，郑彩因逗留不进，被革去永胜伯、征虏大将军职务，“敕国姓成功招致郑彩逃兵，毋得令其惊扰地方百姓”。同月，“催国姓成功、辅臣傅冠速出分水关，以复江省”。（卷五）

四月，在给军师蔡鼎的敕谕中说：“朕原速期幸虔（江西赣州府），以迎兵未至，故调国姓成功、辅臣冠，护驾前往。今于华玉兵已至；又虔中迎疏叠来，则国姓、辅臣正可用力湖东，不必调到湖西。东西并举，朕亲节制于虔，江省之复可必。著国姓、辅臣速约各镇鼓锐前进，铅山告警，必行兼顾，以巩崇关。”同月，敕谕御营内阁：“国姓成功巡关回来，迎驾暂至邵武，相机出关。”“新抚永安、沙县山寇头目一万一十三名隶陈国祚标下，听国姓成功节制。”“国姓成功请给新到官兵月饷。上令于邵武近处另给，该部行文去。”“谕国姓成功曰：兵、饷、器三事，今日又有手敕，确托卿父子。兹览卿奏，言言硕画，朕读之感动，其总理中兴恢御兵、饷、器甲，统惟卿父子是赖。银关防准造，即以此为文，造完颁赐，以便行事。”“敕行在兵部：‘国姓速令郭泰守住永定，调陈秀、周麟、洪正、黄山速速往救赣州，杀退清兵，保安赣州。有功重叙，有失重罚。’”（卷六）

五月，“敕国姓成功兼顾大安关，仍益兵防扼，恐有清骑突入。铣器火药，即令二部给发”。（卷七）

六月，“命国姓成功亲到漳、泉，精募兵将，立助恢复，期限二十日即来复命”。同月，“给国姓成功五月兵饷”。（卷八）江日升《台湾外纪》卷二记载，郑成功在1646年三月要求回安平看望久别的母亲，隆武帝准假一月，从三月起到郑芝龙决意降清都未述及郑成功在军中的活动，似乎他这段时间都留在家乡。实际上，江日升的记载可能有不少遗漏。郑成功因母亲翁氏于上年秋天从日本接回福建南安[1]，他思母心切，又听说翁氏患病，请求给假一个月回安平镇探亲。隆武帝为照顾其母子团聚，在六月间同意了他的请求，但这个月初清军已经大举攻入浙东，形势骤然紧张，因此限以时日，并且让他顺便在漳州、泉州二府招募兵将，赶回行在延平。郑成功探望母亲以后，虽然未必招募了多少兵将，但他本人确实返回了抗清前线。据王忠孝的记载：他应隆武之命，“八月抵福京，晤诸公，商榷时艰。望后（十五日以后）登舟溯流而上。距行在（指延平）仅二程，清骑已乘虚而入。赐姓公（郑成功）交锋不利，率师南下，遇余于舟次，语余曰：‘上已先四日行，剑南皆北骑，公将安之？’因拉余旋福京，订举事”[2]。

可见，至少从隆武二年正月起，郑成功一直亲履戎行，参与了许多军事指挥活动。这为他后来独树一帜，领导东南沿海声势浩大的抗清活动奠定了基础。

据史籍记载，郑芝龙从安平前往福州时曾经派人叫郑成功同行。成功拒不应命，回信说：“从来父教子以忠，未闻教子以贰。今吾父不听儿言，后倘有不测，儿只有缟素而已。”[3]他在叔父郑鸿逵支持下，带了一支数量不多的军队前往金门。郑芝龙自投罗网以后，清军立即背信弃义地攻入安平镇，大肆抢劫淫掠，成功的母亲翁氏也被奸污，愤而自

[1] 《台湾外纪》记：1645年“十月，日本国王惧芝龙威权，认翁氏为女，妆奁甚盛，遣使送到安平，即成功生母也”。同书记次年三月郑成功陛见隆武帝请假，顿首曰：“非成功敢轻离陛下，奈臣七岁别母，去秋接到，并未一面。忽而病危，为人子者心何安？”旧历十月为冬季，此处以郑成功口述为据。

[2] 王忠孝《自状》，《惠安王忠孝全集》卷二，转引自陈碧笙《一六四六年郑成功海上起兵经过》，载《历史研究》1978年第八期；邓孔昭《试论郑成功对郑芝龙的批判与继承》（见《郑成功研究国际学术论文集》第四十二页）亦引此文，“距行在仅二程”作“距行在所仅二程”，未见原书，特此附注。上引台湾出版《郑成功全传》附《郑氏三世大事年表》说八月二十七日在福建延平“成功与帝相持痛哭”，次日，“帝至汀州，即为北骑所执，遂及于难。成功道中闻变，伏地大恸，晕厥久之”（见该书第四一四页）。据王忠孝所记，日期稍误，延平至汀州也非一日可到。

[3] 《台湾外纪》卷二。

缢，其时为十一月三十日[1]。郑成功闻讯，痛不欲生，更坚定了武装抗清的信念。清兵饱掠而归后，他回到安平，料理了母亲的丧事，用黄金铸造了一尊翁氏坐像，饰以珠宝，朝夕上供。从此开始了他独当一面的长期抗清斗争。有的文献记载了这样一个故事：成功"携所着衣巾，焚于南安文庙，仰天唏嘘，曰：'昔为孺子，今为孤臣，谨谢儒服，惟先师昭鉴！'再拜而去。与所善陈辉、洪旭等九十余人，收兵南澳，得数千人"。[2]

阮旻锡《海上见闻录》（定本）记：1647年"时赐姓谋举义，而兵将战舰百无一备，往南澳招募。闻永历即位粤西，遥奉年号，称'招封大将军罪臣'，有众三百人，于厦门之鼓浪屿训练，委黄恺于安平镇措饷。识者知大可与有为，平国旧将咸归心焉"。"八月，以洪政、陈辉为左右先锋，杨才、张进为亲丁镇，郭泰、余宽为左右镇，林习山为楼船镇。进兵攻海澄，扎祖山头。数日，援兵至，洪政中流矢，与监军杨期潢俱死之，遂退兵。会定国公进攻泉州，列营桃花山。清提督赵国祚率数百骑冲营，张进、杨才迎战；定国遣林顺等夹攻，大破之。另遣水兵破溜石炮城，斩参将解应龙，军声大振。泉绅郭必昌之子显欲内应，国祚杀之，灭其家；并系故相黄景昉等。国祚酷虐，泉民不敢喘息。九月，漳州副将王进率兵来援，围解。"[3]这一战役在清福建提督赵国

[1] 郑克塽《郑氏附葬祖父墓志》云："翁曾祖母生于壬寅年八月十八日未时，卒于丙戌年十一月三十日巳时，享年四十有五。"按，江日升《台湾外纪》卷三记顺治四年（1647年，丁亥）二月，清将"韩代奉贝勒世子命，统满、汉骑步突至安平"，郑成功母翁氏手持剑不肯去，"大兵至，翁氏毅然拔剑割肚而死"，系时有误。

[2] 乾隆二十八年《泉州府志》卷四十《封爵·郑克塽》。《梨洲遗著汇刊》所收托名黄宗羲作《郑成功传》亦载此事，除文字出入外，在所善陈辉、洪旭二人间增入张进、施琅、施显、陈霸，显然有误。施琅当时投降了清军，随佟养甲、李成栋入粤，不可能同郑成功"盟歃"抗清。

[3] 按，郑成功初起兵时仍奉隆武年号，阮氏记载稍误。《台湾外纪》云：郑成功于八月二十二日率部"会鸿逵师于泉之桃花山"。溜石寨为郑成功军攻克，以伏兵击杀出援泉州之清参将解应龙。

祚（时驻于泉州）顺治五年八月初六日揭帖中也说道："至六月间，建宁失守，汀、漳梗阻，延、邵悬绝，福、兴警报鲜闻。而泉州又有投诚郑芝龙胞弟郑鸿逵伪称定国公、郑芝豹伪称澄济伯，其子郑成功伪称朱姓，兼郑氏亲戚各称贼首文武等衔，俱不思天命久归真主，妄冀恢复。……"八月，郑鸿逵等乘船而至，"联络山寇"进攻泉州。九月初三日攻克溜石，防守参将解应龙等官兵溃亡。二十一日，赵国祚密调漳州副将王进抵泉州，内外夹击，郑军失利，二十八日收兵乘船入海。[1]

郑成功和叔父郑鸿逵等人坚持抗清，同郑芝龙选择了截然相反的道路。初期，他们的力量并不大，经过同清方的反复较量，把东南沿海地区的抗清势力汇合成一支劲旅。郑成功也逐步崭露头角，成长为明清之际杰出的统帅。

第三节　鲁监国在浙闽的抗清活动

清军占领浙东、福建，郑芝龙降清以后，原先唐、鲁对立的局势随着发生了很大的变化。隆武朝廷既然已经不复存在，一些不愿投降清朝的文官改奉鲁监国。清政府以为把郑氏集团的头子郑芝龙控制在自己手里就可以使福建诸将听命于己，这个目的也只部分地达到，如施福、洪习山、黄廷、施郎等人归附了清朝。郑氏集团内反对降清的势力也大有人在，郑芝龙被诓骗挟往北京更使他们心怀疑惧。在群龙无首的情况下，郑系将领一时分崩离析，自寻出路。郑芝龙的老部将林察在福州即将失守时率兵保护续封唐王朱聿𨮁乘船逃往广州，成为绍武政权的主要军事支柱。郑芝龙的弟弟郑鸿逵、长子郑成功当时实力和地盘都很小，却志不稍减，致力于招兵置船，恢复海上雄风，他们打的旗号是业已被

[1] 《清代农民战争史资料选编》第一册（下），第三三二至三三三页；同件又见《郑成功档案史料选辑》第九至十一页。

清军俘杀的隆武帝。郑芝龙的旁系势力郑彩、郑联、杨耿等人则转而改奉鲁监国。

1646年（顺治三年、鲁监国元年）六月，鲁监国朱以海在张名振等保护下乘船渡海到达舟山。驻守在这里的肃虏侯黄斌卿借口自己是隆武朝廷所封，不承认鲁监国的合法性，拒绝朱以海进城。鲁监国在舟山群岛上借住了两三个月，大学士孙嘉绩就病死在这里[1]。九月间，据守金门、厦门一带的永胜伯郑彩、定波将军周瑞带领舟师四百艘来到舟山，见朱以海处境困难，决定把他迎往福建。十月二十五日从舟山出发，十一月二十四日到达厦门。[2]这时，郑芝龙已经由安海赴福州博洛军前投降，派人通知郑彩献出鲁监国向清廷请赏。郑彩不愿降清，他担心鲁监国的安全，就把朱以海藏起来，另找一个相貌类似的人充当替身，叮嘱部将如果郑芝龙命人来抓鲁监国，就把这冒充的人缢死，蒙混过去。幸好，郑芝龙到福州后很快就被清军胁迫北上，顾不上捉拿鲁监国，朱以海才得以在郑彩军驻地安顿下来。

从1647年（顺治四年、永历元年、鲁监国二年）开始，尽管东南沿海抗清武装中还有郑鸿逵、郑成功、黄斌卿等人以尊奉业已不存在的隆

[1] 鲁监国自绍兴出海后曾停泊于舟山，诸书记载基本一致，黄斌卿不愿接纳也是事实。但是，朱以海在舟山停留了多长时间，各种史籍记载差异较大。有的书记载鲁监国舟至舟山，黄斌卿不纳，即南航，似乎没有在舟山停留过。李聿求《鲁之春秋》卷一记，七月“初七日，定西将军张名振具舟迎监国航海至舟山，黄斌卿不纳”。下文说，八月“监国次普陀”，十月“永胜伯郑彩帅师奉监国入闽”。查继佐《国寿录》卷三《黄铣传》记：“丙戌鲁事败，王东入海，初依肃虏伯王（黄）斌卿舟山，继为建国公郑綵（彩）迎去。”《舟山纪略》记：“王至舟山，威虏伯黄斌卿拒不纳……王舟次普陀”；下文说到顺治四年（1647）五月，清吴淞提督吴胜兆反清时，派使者向舟山的黄斌卿、张名振请求支援，“时王驻玉环山，名振奏请给敕印三百道”。见《明季史料丛书》。可见，黄斌卿不纳是指他不让鲁监国朱以海进入舟山城，朱以海和随从官员兵将曾在舟山群岛的普陀山等地暂住。

[2] 黄宗羲《行朝录》卷四《鲁王监国·纪年下》云：郑彩奉鲁监国至中左所（即厦门），而郑森（即郑成功）“以中左所为营，然亦不欲奉上，改明年为隆武三年。于是，郑彩奉上改次长垣，以明年为鲁监国二年。海上遂有二朔”。按，当时厦门为郑彩、郑联兄弟驻地，黄宗羲所记不确。

武朝廷为名，拒不接受鲁监国的领导，但大多数文官武将和浙江、福建绅民都以鲁监国作为抗清复明的旗帜。当时，清军满洲主力博洛已率部返回北京，东南兵力薄弱；抗清运动在鲁监国领导下风起云涌，取得了一系列胜利。这年正月，鲁监国在长垣誓师，“提督杨耿、总兵郑联皆以兵来会。进郑彩为建国公、张名振为定西侯，封杨耿为同安伯、郑联为定远伯、周瑞为闽安伯、周鹤芝为平夷伯、阮进为荡胡伯”[1]；“加东阁大学士熊汝霖太子太傅，司票拟”[2]。朝政军伍初步就绪后，即着手收复失地。正月内，周鹤芝部收复海口，派参谋林龠舞、总兵赵牧防守。二月初一日攻克海澄，次日攻漳平，失利；初三日清方援兵来到海澄，明军退至海上。初五日，攻克漳浦县，任命洪有文为知县；五天后，清兵来攻，漳浦失守，洪有文死难。四月，清兵攻陷海口，林龠舞、赵牧战死，周鹤芝引兵退保火烧岙。六月，明军攻漳州，再度失利。

七月，鲁监国亲征，号召各地绅民起义，一时远近响应，义军飙发。七月初四日郧西王朱常湖、王祁、李长蛟等人带领义军攻克建宁府，击毙清朝总兵李应宗、副将曹胤吉，擒杀清知府高简等人。[3]这支义军连克建阳、崇安、松溪、政和、寿宁等县。清浙江福建总督张存仁接到建宁失守的消息，向朝廷报告福建“遍海满山，在在皆贼”，他唯恐闽浙路断，于七月下旬带领马步官兵一千名星夜兼程赶赴扼据浙闽咽喉的浦城。八月初九日明军进攻浦城，被张存仁部击败，义军首领李长蛟和兵部右侍郎杨东晟，总兵谢君聘、王印海、张明等阵亡。[4]

---

[1] 黄宗羲《海上恸哭记》。

[2] 李聿求《鲁之春秋》卷二。

[3] 明军收复建宁一带地区主要根据顺治四年十一月浙江福建总督张存仁揭帖，见《明清史料》甲编，第三本，第二一〇页；同书第三本第二四六页顺治六年四月御史霍达揭帖所记相同外，还提及府同知沈梦鲸中箭身亡，分巡建南道顾礽、建安知县李之琦先后“孑身逃遁”。参见康熙二十三年《福建通志》卷六十三《杂记》。查继佐《国寿录》卷三《王祁传》记攻克建宁为七月初二日，稍误。

[4] 顺治四年八月浙江福建总督张存仁揭帖，见《明清史料》丁编，第一本，第十一页。

但是，福建各地反清复明的烈火仍在不断蔓延。八月，明军攻克连江；十月，收复长乐、永福、闽清、罗源、宁德等县。[1]隆武朝大学士刘中藻也在原籍福安县起兵，攻克县城[2]。十月十三日，另一支义军首领王祁“受伪鲁王伪职，称监国鲁三年号，纠集乡兵”与“伪太师冯生舜”以及陈文达、朱锋等部围攻福宁州，“四面环绕，阅九个月米盐不通”[3]。清分巡福宁道潘映娄见城中粮尽，“士民饿殍过半”，被迫在1648年（顺治五年、鲁监国三年、永历二年）二月初五日出城“讲和”。“有伪巡按吴明中资鲁王敕印入城，升涂登华为振威伯，潘映娄为太仆寺少卿，章云飞为桓武军门，宋若苏为兵部员外，在各官衙门开读。王公哲疑各官受职，随遣伪标官陈功、赖天成带贼三百余人进城探听，本夜被涂登华、章云飞召至察院前假言犒赏，一时尽杀。西路贼首陈文达等见王公哲贼众被杀，遂往福安请刘中藻主盟。中藻与生舜俱至江边地方扎营，称隆武四年号。城内各官分守四门。章云飞出城打仗，云飞兵败，在松山地方下船，张时任被刘中藻获剐，方国庆被杀。四月初五日，涂登华兵寡粮尽，开南门走至南屏地方为中藻追获，收在衙门

[1] 黄宗羲《行朝录》卷四《鲁王监国纪年下》。

[2] 查继佐《鲁春秋》记：丁亥（1647）十月，鲁监国“晋刘中藻总制兵部尚书。不受。……中藻，字荐叔，福安人，崇祯庚辰（十三年）进士，授行人司行人，国变归。唐主立福京，擢兵科给事中，腾唐诏（指奉隆武帝命往浙东颁诏鲁监国官员），鲁江上文武皆从中藻表唐。闽事败，中藻走海上，以延平不终之耗未的，奋复诸城，将待后命”。就是说，刘中藻对隆武帝遇难的消息不清楚，不愿接受鲁监国的官职。

[3] 顺治八年四月初七日刑部尚书韩代等题本，见《明清史料》己编，第一本，第八十七页。按，此件中称王祁为“东路贼首王公哲”。王公哲即王祁字拱哲的误写。查继佐《鲁春秋》记：“秋七月，僧王祁以郧西王朱常湖起兵破建宁守之。总兵曹大镐先登，并下寿宁、政和二县，桂主封祁郧国公。”下注：“王祁，字拱哲，太仓王氏奴也。乙酉不肯剃发，去为僧。鲁败，入闽，栖建宁之大中寺。”后与郧西王朱常湖相遇，起义于建宁。“祁以王常湖主兵，而身为国师。”“荆国（指荆国公方国安）故标曹大镐者以兵来会，守精，北师攻围数月辄不利去。”李聿求《鲁之春秋》卷二记，顺治四年二月“进王祁为郧国公、张名振定西侯”。王祁自称国师，郧国公封爵为鲁监国所授，查继佐云“桂王（永历）封祁郧国公”，误。

内；潘映娄亦从南门出城，兵阻复回，至太平台被西路贼首卢守谱兵捆获，解到冯生舜营，亦收入衙内。……”[1]明军遂占领福宁州。

1647年七月，明同安伯杨耿领兵一度收复平海卫。清朝援军赶到后，杨耿兵主动撤退，平海卫的老百姓惨遭屠杀。与此同时，兴化府（府治在莆田县）绅民王继忠、王时华、吴永宁、林孟晪、林淑德、游慎行、梁鼎钟、林兰友、周霑等纷纷起兵抗清。八月，围攻府城莆田。十一月，清福宁道彭遇飃引兵来救，义师大败，周霑、梁鼎钟、游慎行、林淑德战死。彭遇飃打算乘胜搜山追剿，福建巡按御史周世科因为省会福州也遭到义师袭击，撤回大部兵力。义师趁机再次围攻莆田，双方相持到1648年（顺治五年）春天，彭遇飃和兴化总兵张应元多次派兵出城作战，都被义师击败。城中原有居民二十七万，因长期受困大批死于饥饿和杀掠，只剩下三分之一[2]。正在这时，原隆武朝大学士朱继祚从北京回到原籍福建兴化（朱继祚在顺治三年冬同郑芝龙一道被博洛挟送北京，郑芝龙一直被扣留，朱继祚被准许回籍），义师首领前来探听消息。朱继祚心不忘明，为了洗刷自己曾向清朝屈膝的羞耻，当即表示支持复明义师，给他们鼓舞打气道：“北方方乱，何能及我，且仙霞之路已绝，诸君何患？”[3]他还派人秘密进城劝说彭遇飃反正。彭遇飃受困数月，业已束手无策，就同朱继祚约定在闰四月十七日夜间举兵内应。届时，彭遇飃指挥手下亲信马兵三十名、步兵数百名突然袭击兴化

[1] 顺治八年四月初七日刑部尚书韩代等题本，见《明清史料》己编，第一本，第八十七至八十八页。按，黄宗羲《行朝录》卷四记鲁监国二年（1647）十月，“大学士刘中藻起兵福安，攻福宁州，将破。其帅涂登华欲降，第谓人曰：‘岂有海上天子、船中相公？’钱肃乐致书谓：‘将军独不闻有宋末年，二王不在海上，文、陆不在舟中乎？后世卒以正统归之，而况不为宋末者乎！今将军死守孤城，以言乎忠义，则非其主也；以言乎保身，则非其策也。依沸鼎以称安，巢危林而自得，计之左矣！’登华得书，遂降。”刘中藻等攻克福宁州在1648年四月初五，黄宗羲曾在鲁监国政权中任职，何至于误于1647年十月，具体情节亦不合。

[2] 林佳玑《闽记》，见抄本《明季稗史》第三种。

[3] 林佳玑《闽记》，见抄本《明季稗史》第三种。

总兵张应元部，张应元被打得措手不及，带着残兵败卒乘夜逃往仙游县；次日晨，朱继祚带领义师进城[1]。

到1648年（顺治五年、永历二年、鲁监国三年）上半年，以鲁监国为首的明朝义师已经收复了闽东北三府一州二十七县[2]，省会福州几乎成了孤注。监国朱以海亲临福州城外的闽安镇指挥攻城。南明君主之中，朱以海是比较勇敢的，监国绍兴时敢于到钱塘江前线犒劳军队；这次在福州未克的情况下能够驻跸于闽安镇；后来在清军三路进攻舟山时又能亲领舰队出海迎战，比起隆武帝朱聿键“亲征”而踌躇不前，永历帝的望风逃窜，确实值得称赞。史载在鲁监国亲征的鼓舞下，福建“义师起，八郡同日发”；福州城里的清朝官员由于“四方俱起，城中坐困。兵马日出于掠，家甲戒严，不时查点。不在者便为通贼，多

[1] 在南明史籍中对义师收复兴化府城的时间和情节记载常有出入。如黄宗羲《海外恸哭记》记：戊子春正月丁酉朔，上次闽安镇。同安伯杨耿、大学士朱继祚攻兴化，克之。虏守道彭遇飂，故弘光时之御史也，至是纳款。杨耿攻兴化，遇飂令其守将出战，登陴立大明帜，守将不敢入。”查继佐《鲁春秋》记戊子“三月原任礼部尚书朱继祚以乡校破兴化府，北兵宪彭遇飂为内应，监国仍令遇飂署道事守之，继祚来朝。先是，窑户王士玉等以义激众万余取仙游县，攻府城不利。会继祚与阁部黄鸣俊并逮燕京，释归，继祚潜黄石，密招士玉等复起。时兴化镇将李应元忌遇飂，隙，遇飂内不自安，密通继祚，约是月之十有八日开门纳士玉兵，先期宴诸文武商所以应敌，猝起杀尚参将及黎知府，诸唯诺，应元逸去。奉城中一完发者为县令，驰捷鹭门，监国为加衔仍署守兴化。”《闽记》作者林佳玑为莆田人，所记皆依据耳闻目睹，所以本书采取他的说法。另参见顺治五年八月浙江福建总督陈锦“为恭报恢复兴化，抚绥地方，仰慰圣怀事”揭帖，见《郑成功档案史料选辑》第十一至十二页。按，此件标点有误：“及查兴化之失陷也，全由于分守漳南道改调福宁道彭遇飂及按臣周世科，前委监军推官彭云骧、戴嘉祉等为之内应。今遇飂伪授兵部尚书，窜伏山泽，逆子家属现禁省城。”“按臣周世科”名字后面的逗点应去掉，否则将误认周世科亦为内应之人，实际上周世科当时在省会福州，并未反清。

[2] 黄宗羲《海外恸哭记》云“三府州二十七县”；他的另一部著作《行朝录》卷四《鲁王监国·纪年下》记载为“三府一州十七县”。按，顺治六年七月靖南将军陈泰等题本说：“福建所属二府一州二十九县及漳州赤美、云澳曾为贼攻陷。”下文又说，“官兵收复二府一州二十九县及云澳镇，且进驻毕。赤美轰毁，我兵退回福安，于福州候旨。”见《郑成功满文档案史料选译》第二页。可证二十七县的说法比较准确。三府一州指福州府、建宁府、兴化府和福宁州，但福州府城（即省会）始终没有攻下。

一人即为奸细。其令十家连坐，人人重足”；城内饿死“十之八九”，“城外皆义师营头千种，皆禀监国鲁王令。农夫渔翁俱任都督，衣穿袄褂，腰系印绶。至村妇、化僧亦受职衔掌兵。城中饿夫逃出者，悉隶其籍。若无引证，即以为奸细，杀之。或带有防身余物，即时掠尽”[1]。清朝浙江福建总督陈锦在一份奏疏中诉苦道：“我国家定鼎以来，干旄所指，无不披靡，未有如建宁之贼死守难攻者。类而推之，可知闽省之贼非懦弱而易剿者。今建府一城之贼虽除，其余属县以及延平府属漫山遍野，无处非贼。若福州以上各府尚梗阻无耗，见在侦剿，大约处处皆然也。……况漳、泉逼临大海，犹贼类出没之乡；江西见在叛逆，更贼党通联之处。……故闽省虽云已入版图，较之未入版图之地，尤难料理。”[2]

由于各地义师自行署衔，造成官职紊乱，礼部尚书兼通政司吴钟峦不得不上疏给鲁监国要求申明职掌，加以整顿。疏中说：“远近章奏，武臣则自称将军、都督，文臣则称都御史、侍郎，三品以下不计。江湖游手之徒，则又假造符玺，贩鬻官爵。偃卧邱园，而云‘联师齐楚’；保守妻子，而云‘聚兵数万’。请加严核，募兵起义者，则当问其册籍花名；原任职官者，则当辨其敕书札付。”[3]这固然反映了当时龙蛇混杂的状况，更重要的是说明了福建各地抗清运动的汹涌澎湃。

浙江的情况也很类似。查继佐记载：鲁监国“建旄海表，戊己（1648—1649）之间，内地持仗倡山谷者，咸使人间道浮海报职事。王又时时驰敕书潜通山谷诸部，而宁（波）、绍（兴）一带义奋尤烈。凡城以内皆清兵也，负郭二三里外无不奉鲁朔者，旌旗相望，舳舻衺接，富者贡粮粮，贫者效筋力，城中不敢问。乡之人有以其实微告清，则立碎之。间敦请素行廉干者使佐事，虽谨畏不敢不听。远近数百里顶

[1] 海外散人《榕城纪闻》。

[2] 顺治五年四月二十一日浙江福建总督陈锦“为闽省遍地皆贼，城野焚掠皆空”奏本，见《明清史料》丁编，第一本，第二十页。

[3] 黄宗羲《行朝录》卷四《鲁王监国·纪年下》。

帻缝掖如故，清但固扃关门静而待之。而浙以西则自天目诸山无下数千部”。[1]

福建、浙江各地百姓的纷纷起来抗清，主要原因是清朝统治者以征服者自居，推行一系列暴政。顺治五年四月浙闽总督陈锦在一份奏疏中说：“切闽浙士民质本脆弱，亦易治而易安者。故王师所到，率土皆宾，兵不血刃，而地方大定。今反侧时见，处处弄戈，其乱萌不过各地方一二戎首纠集亡命，威逼愚民，顺之则亲如手足，逆之则焚其庐舍，毁其室家，使民无所归，此戎首逼民为贼也。更有地方民牧抚绥无法，而朘削横加，差徭繁重，而敲朴不已，民不安生，遂铤而走险，此官吏逼民为贼也。又防剿官兵以守土为名，暴虐过甚，居其室而掠其野，少不遂欲，鞭挞滥施，至经过之处，任意摧残，民若畏避，即拆屋舍，毁器具，靡所不至，斯民无地可安，不得不行从贼，此官兵逼民为贼也。害民之事有三，而利民之事全无，贼用是滋蔓矣。”[2]陈锦身为清朝总督，自然把地方不靖的原因首先归咎于明方，但他不能不承认清方接管浙江、福建以后“利民之事全无”，文官武将巧取豪夺，无恶不作，以致官逼民反，兵逼民反。这以后，清政府采取了一些安抚措施，情况才有所好转，即所谓“是后，清招抚之令下，解散十六七矣”[3]。

事实表明，闽浙各地百姓迫于清朝暴虐统治，如火如荼地掀起反抗斗争，鲁监国朱以海不失时宜地组织抗清，颇有一番作为。特别是1648年江西、广东相继反正，整个南方的抗清运动一度进入高潮，南明复兴的形势相当可观。

然而，复明各派势力之间的钩心斗角，互相倾轧，终致坐失良机，使清廷得以凭借有限的兵力各个击破。郑彩拥戴鲁监国，实际上是重演郑芝龙操纵隆武帝于股掌之上的故伎。1648年（顺治五年、鲁监国

---

[1] 查继佐《国寿录》卷三《黄铣传》。

[2] 顺治五年四月闽浙总督陈锦“为详议剿抚机宜”等事揭帖，见《明清史料》丁编，第一本，第二十二页。

[3] 查继佐《国寿录》卷三《黄铣传》。

三年）正月十七日，他悍然击杀大学士熊汝霖[1]。义兴侯郑遵谦愤慨不平，郑彩又命部将吴辉诱擒遵谦，迫使他投海而死。鲁监国对郑彩的跋扈自雄、擅杀大臣极为不满，史籍记载他得知熊汝霖、郑遵谦遇害后，“大怒曰：杀忠臣以断股肱，生何益耶？欲跳水死。左右与彩力劝止，遂究首谋十余人磔之”[2]。这不过是表面文章，对朱以海略事安抚而已。查继佐记载郑彩擅自杀害大学士熊汝霖之后，“阁部钱肃乐等请罢朝谕祭，监国畏彩，不果行”。郑遵谦被逼投海而死后，“监国闻之为泣下，辍朝五日，不敢问”[3]。总之，鲁监国受制于郑彩无疑是事实。他任命兵部尚书钱肃乐接任大学士，负责朝政票拟。事情并没有了结。郑彩对大学士刘中藻收复福宁心怀妒意，不仅不予支持，反而出兵“掠其地”。钱肃乐在给刘中藻的信中对郑彩的行径多有指责，被郑彩侦知，故意向肃乐引述其信中之话，肃乐大惊，于1648年五月呕血而死[4]。

当鲁监国为首的浙江、福建各地抗清运动处于高潮时，清廷于1647年（顺治四年）十一月派遣礼部侍郎陈泰为靖南将军，率领梅勒章京董阿赖（东阿来）、刑部侍郎李延龄以及李率泰、济席哈、祖泽远诸将统兵南下福建，配合浙闽总督陈锦的军队大举反攻。[5]鲁监国政权内部既因郑彩排斥异己不能团结对敌，在泉州、漳州一带活动的郑鸿逵、郑成功军固然牵制了一部分福建清军，却以拥戴不复存在的隆武朝廷为名拒绝同鲁监国合作。1648年三月下旬，清军进攻建宁，城中粮食不

[1] 任光复《航海遗闻》。

[2] 任光复《航海遗闻》。

[3] 查继佐《鲁春秋》。

[4] 黄宗羲《行朝录》。查继佐《鲁春秋》记戊子（顺治五年）“五月，大学士吏部尚书钱肃乐卒。……肃乐居琅琦山，以建国彩跋扈内残，鲁事不办，积咽不食，病剧，猝闻连江事败，以头触床几碎，遂卒”。未提及刘中藻事。

[5] 《清世祖实录》卷三十五、卷三十九。顺治五年八月浙闽总督陈锦奏疏，见《郑成功档案史料选编》第十二页。

足，郧国公王祁“丐粟于国姓成功，允而不发”[1]。“国姓成功以奉桂朔专，不赞鲁一矢，亦二其从弟建国彩，兵不逾洛阳桥之北”[2]。清陈泰、陈锦等部满汉军队于三月二十九日包围了建宁，凭借优势兵力发起猛烈攻击，到四月初四日占领该城，明郧西王朱常湖、国师王祁等死于乱军之中。[3]同月，清援闽主力进入省会福州。[4]明大学士刘中藻领导的义师一度声势颇盛，曾经先后攻克福建的福安、罗源、宁德、政安和浙江处州府属的景宁、庆元、云和、松阳等县，也被优势清军击败，刘中藻自杀殉国[5]，所复州县重新落入清军之手。

鲁监国在形势恶化的情况下，于1649年正月移驻闽、浙交界的沙埕。六月，定西侯张名振攻克健跳所；七月，鲁监国移居该地。一度威福自操的建国公郑彩因为郑成功袭击其弟郑联，占领厦门，向鲁监国上表求救。忠于朱以海的诸将深恶其人，乘机击破郑彩余军。郑彩从此一蹶不振，后来请郑芝龙的母亲黄氏代为疏通，郑成功才让他返回厦门闲住，终老于该地。

---

[1] 查继佐《鲁春秋》，下注：“时成功绸缪漳泉，不与建国彩通呼吸，于建宁之役益远不及左右。”

[2] 查继佐《鲁春秋》。

[3] 顺治五年四月浙江福建总督陈锦“为捷报克复建宁仰慰圣怀事”揭帖，见《明清史料》丁编，第一本，第二十三页。

[4] 顺治六年正月初三日浙江福建总督陈锦揭帖，见《明清史料》丁编，第一本，第二十七页。

[5] 刘中藻兵败自杀事在文献记载中有较大差异。顺治四年十一月浙江巡按秦世祯揭帖中说：刘中藻亲自率领士卒五千名守浙江庆元，清浙江当局调总兵刘世昌、马得功等进剿，十一月初二日庆元城破，刘中藻“自缢焚死”，见《明清史料》丁编，第一本，第十四页。黄宗羲《海外恸哭记》云：鲁监国四年（顺治六年）“夏四月，虏陷福安，大学士刘中藻死之”。翁洲老民《海东逸史》卷五《刘中藻传》记：“丁亥（顺治四年）十月，中藻率兵攻取福宁州，守之，与周鹤芝相犄角。久之，移驻福安，郑彩遂掠其地。北兵乘之来攻。中藻善守，所杀伤数千人。己丑（顺治六年）三月，北兵乃循城十里掘濠树栅以困之，中藻不能出战，食尽，冠带坐堂上，为文自祭，吞金屑而死。”查继佐《罪惟录》卷十二下《刘中藻传》及《鲁春秋》均云己丑（顺治六年）四月刘中藻守福宁州，城陷，饮鸩死。

鲁监国收复福建的战略意图既已失败，几乎没有立足之地。当时，黄斌卿据守着舟山群岛，有割据自雄之意。史籍中说他“怯于大敌，而勇于害其同类”[1]。对于因兵败移驻舟山的鲁监国文官武将不仅无恤怜之义，反而乘人之危，派兵攻杀，掳掠其财物，收编其军队。如巡抚荆本彻、户部尚书朱常湪、总兵贺君尧等都惨遭毒手；兴国公王之仁携家属辎重来避难，遭到他的偷袭后极为愤慨，自行赴清方请死。由于他遵奉隆武帝，朱聿键对他多少有点纵容，《思文大纪》记，“上闻威虏伯黄斌卿杀□□荆本彻，曰：本彻虽非贼寇，乃尔骚扰地方，民恨实甚，杀了便罢；所招降将士，善为约束，勿令流毒，致重民怨”[2]。黄斌卿自以为得计，更把舟山群岛看作自己的禁脔，对忠于鲁监国的定西侯张名振、荡胡伯阮进、平西伯王朝先等部多方排挤，引起诸将的公愤。当时，鲁监国驻于健跳所，这里只是浙江临海县濒海的一个小地方，很难立足。鲁监国及其随从实际上经常住在船上，以防不测。即如黄宗羲所说“以海水为金汤，舟楫为宫殿”，“御舟稍大，名河船，其顶即为朝房，诸臣议事在焉。落日狂涛，君臣相对，乱礁穷岛，衣冠聚谈”[3]，景象是相当可怜的。1649年（顺治六年、鲁监国四年）九月，张名振、阮进、王朝先合谋决定以舟师护送鲁监国移驻舟山。对于鲁监国的到来，黄斌卿自然是极不情愿。他借口自己是隆武帝封的官爵，不便接待鲁监国；又“以地窄粮寡为辞”表示难于供养鲁监国属下官兵和他们的家属。在这种情况下，只有诉诸武力了。黄宗羲记：“朝先遂与名振、阮进合谋，上疏监国。有旨进讨。斌卿遣将陆玮、朱玖御之，数战数败，求救于安昌王恭梘、大学士张肯堂，上章待罪：‘所不改心以

[1] 温睿临《南疆逸史》卷五十三《黄斌卿传》。

[2] 《思文大纪》卷八。按，隆武帝在1646年八月遇害，可知黄斌卿杀荆本彻在此以前。郑达《野史无文》卷十一《黄斌卿传》记：“十月初旬，原任巡抚荆本彻携家航海洋中，被斌卿营将沉其家人百口于海，而收其兵千人。十一月，原任户部尚书朱常湪，旧为按臣于斌卿有隙，携家百口浮海，被斌卿营将截杀，收其兵八百人；原任总兵贺君尧家口兵众亦然。”所记时间有误。

[3] 黄宗羲《行朝录》卷四《鲁王监国·纪年下》。

事君者，有如水。’又议和于诸营曰：‘彼此皆王臣也，兵至无妄动，候处分。’九月二十四日，胥会于海上。初皆安堵，已而陆玮、朱玖背约出洋，阮进等疑斌卿之逃也，纵兵大掠，斫伤斌卿，沉之水中，二女从之死。”[1]任光复的记载是：“己丑秋，王朝先取粮温、台，斌卿标将黄大振得罪逃，诳朝先曰：‘将军家口及标属尽被本爵（指黄斌卿）所抄没，以将军久假不归，有怀二心故也。某以苦谏获戾故出亡耳。’朝先蓄恨已非一日，遂厉兵誓师揭奏斌卿逆恶罪状。王命朝先、阮进水陆并进。名振泣谏曰：‘臣与斌卿联姻，路人所共知，今以朝先一言而加兵问罪，臣日待罪左右，其如物议何？’俯伏不已。王因手敕和解之。朝先得敕，先致温旨以缓其备。仲冬（十一月）二十一日，朝先兵逼斌卿舟。斌卿备香烛，著冠服，手捧来旨大言曰：‘圣上有旨，谁敢？谁敢？’时安昌王恭梘、义阳王朝墠、锦衣李向荣俱环坐。顷之，旗鼓尹明以诈禀投见，挥刃斩斌卿，沉之舟侧。其弟孝卿及家属尚在，匍匐江滩。任颖眉差兵救之，令舁入名振府第。寻迎鲁王至舟山，以参将府作行在。”[2]这里列举的只是两种有代表性的记载，在其他史籍中具体情节常有出入。就当时形势推断，张名振是这一事件的主谋大概是没有问题的。在袭杀黄斌卿之后，黄部兵将一度出现混乱，张名振宣布“监国之来，代唐恢复，肃鲁（虏）原部自应协力”。接着，又以监国的名义以礼祭葬黄斌卿，优养其家属，对黄斌卿旧部加以安抚，将校一体升赏，无分彼此。这样，终于稳定了舟山局势，使鲁监国政权有一片存身之地。查继佐写道：“是役也，名振实忠诚，苦欲安监国，为此密计。”[3]这一论断比较公允。

鲁监国在舟山站住了脚，重新整顿朝政。他派出使者敦请原隆武

[1] 黄宗羲《行朝录》卷七《舟山兴废》。

[2] 任光复《航海遗闻》。

[3] 查继佐《罪惟录》卷三十二《黄斌卿传》。

朝吏部尚书张肯堂为大学士[1]，吴钟峦继续担任礼部尚书，孙延龄为户部尚书，朱永佑为吏部左侍郎主管文官铨选，李长祥、张煌言为兵部右侍郎，徐孚远为国子监祭酒，任廷贵为太常寺卿，其他官职也做了安排。[2]从这时起到1651年（顺治八年、鲁监国六年），舟山群岛成为鲁监国领导下浙东抗清武装活动的中心，牵制了东南地区大量清军，为郑成功部在福建沿海的扩展创造了有利条件。

[1] 张岱《石匮书后集》卷五十《张肯堂传》载有鲁监国敦请张肯堂的敕文，并说张得敕后即来舟山，任武英殿大学士；黄宗羲《海外恸哭记》则说张肯堂原在舟山，鲁监国授予东阁大学士。

[2] 任光复《航海遗闻》记："晋张肯堂东阁大学士，沈宸佺阁部，吴钟峦、李向中宫保，朱永祐吏部左侍郎掌铨政，李长祥、张煌言兵部右侍郎，徐孚远祭酒，陈九征太常少卿，兼太常卿任廷贵、御史俞图南往日本，杨玑钦天监丞。晋名振定西侯，王朝先平西伯、涂登华太子太保，阮进太子少傅，进侄英义将军阮美、阮骍、阮骥俱左都督。"此外还有总兵等官多人。

第十三章
永历朝廷的建立

第一节　朱由榔在肇庆监国和绍武争立

1646年八月，隆武帝在汀州遇害；九月，消息传到湖广和广东、广西等地，在南明各地官绅中又一次引起极大的震动。皇室继统问题再次提上紧急日程。

在大多数官绅心目中，桂藩朱由榔是最合适的人选。这主要是出于血统亲近的考虑。明末宗室中，同崇祯皇帝朱由检最亲的是他的祖父明神宗的子孙，即福、瑞、惠、桂四藩王。瑞王朱常浩原封陕西汉中，1643年李自成军攻入潼关，常浩逃到四川重庆；次年张献忠军攻克重庆，常浩全家被杀。福王常洵之子由崧即上文所述弘光帝。惠王常润原封荆州，当农民革命风暴席卷湖广时，他经长沙、衡州逃到广西，弘光在位时移住浙江嘉兴[1]。1645年六月清军迫近杭州，监国潞王朱常淓投

[1]　《明季南略》卷二记：弘光元年五月初二日“移惠王于嘉兴”。

降，常润和周王、崇王也在清军统帅博洛招诱下降清[1]，被押送到北京，后来同朱由崧、朱常淓等一道处死。这样，到1645年六月以后，神宗子孙剩下的只有桂藩了。

桂王朱常瀛是明神宗第七子[2]，原封湖南衡州，天启七年（1627）九月二十六日就藩（即离京前往封地）。崇祯十六年（1643）八月，张献忠部进军湖南，常瀛逃往广西。由于奔窜慌忙，乱兵乘机抢劫，朱常瀛只带着第三子安仁王由樱逃到了广西梧州；第四子永明王由榔在永州被大西军俘获[3]。正在性命难保时，受到一个混入大西政权的明朝官员的暗中保护，又恰逢张献忠决定做战略转移，率领大西军入川，义军北上后，明朝广西征蛮将军杨国威和部将焦琏率领四千多名士卒开进湖南永州等地，朱由榔才得以死里逃生，被护送到梧州同其父聚合。1644年十一月初四日，朱常瀛在梧州病死[4]，安仁王由樱掌府事。次年弘光朝

[1] 林时对《荷牐丛谈》卷四《蠡城监国》记，潞王朱常淓降清后，“时周王寓萧山，惠王寓会稽，崇王寓钱塘，鲁王寓临海。贝勒遣骑修书，以参貂等物为贽，邀诸王相见。鲁王以道稍远，辞疾不至。周、惠两王渡江偕崇王赴召，寻送南京，同弘光帝、潞王俱北去”。朱常润到北京后曾在顺治二年十一月向清廷上“明惠亲藩朱常润揭为恭谢圣恩事”奏疏，其中说：“本年五月二十日大兵至江南，润即于六月内差赍表文章玺赴江西豫王殿下投诚。……昨进朝主上，更荷恩隆。”影印揭帖见《明清档案》第三册，A3—144号。

[2] 常瀛是神宗第几个儿子，诸书记载不同。乾隆二十八年《清泉县志》卷三十六《杂志》说是“神宗第五子”。根据《明神宗实录》卷三六四，万历三十九年十月十五日册立皇太子和四王诏，皇长子常洛为皇太子，三子常洵为福王，五子常浩为瑞王，六子常润为惠王，七子常瀛为桂王。神宗第二、第四子早夭，所以有的书把常瀛记为第五子。

[3] 乾隆《清泉县志》卷三十六《杂志》记：朱常瀛“惑于因果，广修寺观，黄冠缁衲，蓄养千计。生七子，长世子及次子、少子俱早夭，第三子名由樱，刘贵人所生，封安仁王，赐婚吴氏，系衡良家女。四子名由榔，苑贵人所生，封永明王，赐婚王氏，系南直人，业医王公亮孙女。第五子、六子逸其名，幼，未赐婚，癸未之变（指张献忠军入湘）第五子、六子为寇掳去”。史惇《痛余杂记》云：“桂藩体肥重，舆夫须十八人乃举。有别苑十二区，集女乐百二十人。癸未之变，孔全斌副将部兵先于城外劫典铺。桂藩即集诸女乐并宫女二千余人聚而燔之，号呼震天，并宫殿付之一炬。”

[4] 李清《南渡录》卷四。同书又记，弘光元年（1645）二月初三日“谥桂王曰端”。

廷覆亡，广西巡抚瞿式耜有意拥戴由樱继位。但当时南明的政治中心仍在东南，支派甚远的唐王朱聿键在郑芝龙兄弟和黄道周等人的支持下捷足先登，由监国而称帝。瞿式耜的愿望不仅没有实现，自己也因受隆武帝的猜忌而被调职[1]。不久，朱由樱一病不起，由榔被册封为桂王[2]。

清军占领浙江、福建以后，客观的形势造成了南明残余势力向西南转移。原任广西巡抚瞿式耜等人再次提议拥立朱由榔即位继统。掌握地方实权的两广总督丁魁楚却心怀观望，拖延不决。直到接到隆武朝大学士何吾驺的亲笔信通知隆武帝、后都已蒙难，建议速立桂藩以后，才决定参加拥立行列。

1646年十月初十日，朱由榔经过照例的三疏劝进，就任监国[3]。朱由榔相貌堂堂，据说很像祖父万历皇帝朱翊钧，可是生性懦弱，瞿式耜说他“质地甚好，真是可以为尧、舜，而所苦自幼失学，全未读书”[4]。父、兄的相继去世，使他成为最有“资格”的朱明皇朝继统人，但他对做皇帝的言谈举止却一窍不通。凑巧太监王坤（又名王弘祖）投入他的府中，这人早在崇祯年间就已经受到皇帝的信任[5]，懂得宫中“故事”，指点仪注，使他知道如何摆出皇帝的架势，不至于出丑，王坤因此深受宠信。丁魁楚参与拥戴稍迟，又唯恐当不上首席大学

[1] 《瞿式耜集》卷三，书牍，《丙戌（1646）九月二十日书寄》。

[2] 邵廷寀《东南纪事》卷一于隆武元年（1645）八月下记：“遣使册封桂世子由根（榔）为桂王。”沈佳《存信编》卷一记：“隆武丙戌春，遣司礼监太监庞天寿谕祭端王、安仁王，即封上为桂王，居肇庆府。其诏有‘天下王之天下’语。”屈大均《安龙逸史》卷上记安仁王由樱“丙戌九月病薨”，时间有误。瞿式耜信中说：“自安仁薨后，太妃暨永明俱不乐居梧州。八月间，余复迎太妃、永明至肇”（《瞿式耜集》第二五六页）。可证朱由樱病死不迟于八月。

[3] 朱由榔就任监国日期据《岭表纪年》卷一为“十月十日壬辰”；《明季南略》卷九《粤中立永历》条记“以十月初十日监国，十四日丙戌即皇帝位”；道光十三年《肇庆府志》卷二十二《事纪》云：“十月十四日称监国于肇庆。十一月十八日遂称尊号，改元永历，以肇庆府署为行宫。”

[4] 《瞿式耜集》卷三，书牍《丁亥正月昭江道中寄》。

[5] 王坤在崇祯朝即已用事，见之不少记载，如孙承泽《春明梦余录》卷四十八，崇祯六年二月初八日“召对王副宪纪”即为王坤上疏纠廷臣所引起。

士，于是同王坤串通结纳，得以如愿以偿[1]。王坤的弄权，使永历朝廷一开始就陷入混乱和矛盾之中。按明朝成例，入阁大学士本应由吏部尚书会同其他高级官员会议推举若干名，呈请皇帝点用；大学士的地位又一般是按入阁先后次序排列。丁魁楚时任两广总督是实权人物，因犹豫不决错过了首先拥戴的机会，桂藩继统的局面明朗后，又急于攫取首席大学士的位置，不得不求助于内官王坤，等于把朝廷用人决策大权奉送给了宦官。朱由榔出任监国前夕，丁魁楚玩弄权术，给桂藩上启本，请求辞去首辅，桂藩尚在三推三让之时就批示“不准辞”，这在瞿式耜等人眼中就已经被视为笑柄。至于崇祯时期已入阁的何吾驺、隆武时入阁的陈子壮等人得知这一消息后，都认为举措不公，有违成例，宁可株守家中也不愿来肇庆。在失去广州人望的情况下，永历朝廷粉墨开场了。丁魁楚当上了首席大学士兼兵部尚书，瞿式耜为东阁大学士兼吏部左侍郎管尚书事，同时任命了各部院官员。不久，在湖广的督师何腾蛟、湖广巡抚堵胤锡也上表劝进，朱由榔得到了拥明派官绅多数的支持。

然而，朱由榔遇事毫无主见，用人又不当，实在承担不起中兴重任。监国七天之后，十六日传来了赣州失守（十月初四日）的消息。尽管广东肇庆距离江西赣州还有相当一段路程，却举朝汹汹，监国的喜庆气氛消失得无影无踪。司礼监太监王坤主张立即逃难，首辅丁魁楚随声附和，大学士瞿式耜等力主镇定，也只推迟了四天。十月二十日，小朝廷终于逃往广西梧州。这种惊慌失措的举动，对于维系广东人心自然是非常不利的。其直接恶果是续封唐王朱聿𨮁在广州称帝，又一次演出了朱明宗藩同室操戈的闹剧[2]。

---

[1] 上引《瞿式耜集》；参见钱秉镫《所知录》卷二。

[2] 何是非《风倒梧桐记》卷一云：“内外局惟魁楚主裁。端溪隔羊城省会止四百里，拥立时媄凌烟列名多人，无一函商及三司各属，既立后不复颁新天子诏，惟鬻是谋。时羊城左藩顾元镜耻不与策戴勋，适隆武阁臣何吾驺、苏观生从闽逃归，亦遂立隆武弟为皇帝。”瞿式耜在十月十六日反对移跸梧州时也申说：“且东人未附，东饷未来，骤焉一行，后必滋悔。”见《瞿式耜集》卷三，书牍，《丁亥正月昭江道中寄》。

当清军进入福建的时候，隆武帝的弟弟续封唐王朱聿𨮁和其他一些藩王乘船经海路逃到广州，本来不过是为身家性命着想，未必有觊觎大宝之心。朱聿𨮁的被拥立为皇帝，同桂王监国政权的举措失宜有密切关系。赣州陷落时，广东全省还在明朝管辖之下，朱由榔领着朝臣逃往广西，在广东士人看来无异于放弃封疆，不顾自己的死活。南明官僚的内部矛盾又因桂监国政权处置不当而激化。原隆武朝大学士苏观生奉命援救赣州，踟蹰不前，从南雄退回广州。他得知桂王朱由榔在肇庆监国时，也想参与拥立之列，依旧做大学士。可是，首辅丁魁楚却唯恐苏观生以原任大学士的身份入阁将影响自己揽权；大学士吕大器又从资历的偏见出发，认为苏观生不是科举出身，不具备入阁资格。因此，对苏观生的附名拥戴置之不理。苏观生自觉扫兴，知道在朱由榔政权中不会受重视。但在桂王监国之初，他仍然不甘寂寞，想出了出奇制胜的策略，一是派兵部职方司主事陈邦彦前往梧州劝进，请朱由榔以临时性的监国正式称帝[1]；二是请移跸广州，使朝廷进入自己的势力范围。十月二十九日，唐王朱聿𨮁同邓王、周王、益王、辽王乘船由总兵林察护送到广州[2]。苏观生等人觉得与其乞怜于桂藩，不如干脆另起炉灶，援引兄终弟及之义拥立唐藩。

十一月初二日，苏观生同广东布政使顾元镜、侍郎王应华等奉请朱聿𨮁监国，并且抢在朱由榔之前，在同月初五日正式称帝[3]，改明年为绍武元年。尽管朱聿𨮁的政权在这年十二月即被清军摧毁，绍武年号从

[1] 屈大钧《翁山佚文辑》卷上《顺德给事岩野陈公传》。

[2] 朱聿𨮁隆武二年十一月敕谕张家玉云："朕同邓、周、益、辽航海来粤，访寻上皇驻跸之地。有全粤臣民因监国之御弟，推名分以立君。"转引自谢国桢《增订晚明史籍考》卷十九，第八八〇页。

[3] 钱秉镫《所知录》卷二记："于十月二十九日拥唐王入广州城，以十一月初二日监国；初五日即位，改元绍武。"瞿式耜在《丁亥正月昭江道中寄》信中说："竟以十月廿九日拥之入广城，初二日且登大位，改元绍武矣。"见《瞿式耜集》卷三，以监国日作即位日，时间稍有差误。钱秉镫所记得自后来随李成栋反正诸官之口，较为准确。黄宗羲《行朝录》卷二《绍武之立》云唐王于十一月朔（初一日）监国，初五日即位；监国日误。

来没有使用过[1]，在南明史上仍习惯称之为绍武政权。

十一月初八日，朱聿𨮁在广州即位的消息传到梧州，朱由榔和廷臣丁魁楚等人大吃一惊，连夜召见广州派来的使者陈邦彦。陈匆匆登上监国乘坐的龙舟，灯火辉映下见朱由榔居中端坐，太妃垂帘于后，丁魁楚侍立一旁。朱由榔开门见山地说："闻四王至广州，甚喜。然孤既监国矣，辅臣观生既具启入朝矣，彼胡为者？"陈邦彦并不知道广州政局的突然变化，回答说可能是民间的讹传。丁魁楚告诉他，广州称帝的事已确凿无疑。朱由榔接口道："今非战则和，二者安出？"邦彦建议"速返肇庆，正大位以属人心"，让绍武政权"代吾受虏，从而乘其蔽"，不要主动进兵广州[2]。十一日晚，朱由榔又召见陕西道御史连城璧，问道："先生自肇庆来，知广州事否？"连城璧回答："臣本月初四日离肇庆，未有所闻。至德庆有传说者，臣亦不信。殿下监国，苏观生有表笺来贺，差监纪推官陈邦彦，殿下加以科衔，特旨召用观生及广州诸旧臣，黄士俊、陈子壮、黄（王）应华、关捷先等皆奉旨敦请，广东布政顾元镜加升户部侍郎。岂有如此大事不关白两院，既从一而悖举之理？"朱由榔说："事多实，奈何？"城璧对曰："论天命者必推本人心，殿下为神宗皇帝之慈孙，聪明仁寿，恭俭静深，在潜邸人心悦服已非一日，今臣民爱戴，尊贤亲亲，皆仰承天意，谁得以私觊觎，特殿下幸梧，未正大位，或贪人昧理，亦终不能济。"[3]朱由榔等人自知铸下大错，为了收拾广东民心，在十一月十二日东返肇庆，十八日宣布即皇帝位，祭告天地、社稷、祖宗，改明年为永历元年[4]。同时，追尊其父朱常瀛为端皇帝，兄朱由樱为桂恭王；嫡母王氏为慈圣皇太后，生

[1] 谢国桢《增订晚明史籍考》记有永历年间刻本张家玉撰《名山集》，内收朱聿𨮁隆武二年十一月、十二月教谕，证明唐王在粤虽已监国、称帝，但仍沿用隆武年号。本书作者未见此刻本，附记于此。

[2] 屈大均《翁山佚文辑》卷上《顺德给事岩野陈公传》。

[3] 连城璧《蹇愚录》。

[4] 南沙三余氏《南明野史》卷下记载，定永历为年号是"取藩封永字，又以神宗孙取历字"，即永明王与万历各取一字。又见屈大均《安龙逸史》卷下。

母马氏为昭圣皇太后[1]。这样，在广东一省之内，几乎同时建立了两个南明政权，重演了闽、浙相争的闹剧。它再次说明南明统治集团的极端腐朽，绝大部分官僚仍然因袭了过去朝廷上党争故套，一切都以个人和小集团的利害为转移，国家大局被置于脑后。即便有少数正派官僚以民族大义为重，希望共赴国难，挽救危局，他们的努力也在一片纷争当中化作泡影。

绍武政权的建立，在历史上没有任何积极意义。它只能说明朱聿𨮁、苏观生在日暮途穷之时，急于过一下皇帝瘾、宰相瘾罢了。史籍记载了苏观生等人迫不及待地争夺帝位的情况："且谓先发夺人，宜急即位。遂仓卒立事，治宫殿、器御、卤簿，举国奔走，夜中如昼。不旬日而授官数千。即位之际，假冠服于优人而不给。"[2]绍武政权在很大程度上是苏观生趁朱由榔君臣逃往广西的机会拉拢一部分广东官员建立的，社会基础非常狭窄。连本省的一些著名官绅如曾任大学士的何吾驺、陈子壮、兵部侍郎张家玉等人均持反对态度，陈子壮虽因丁魁楚不择手段自任首辅拒绝入阁，当苏观生拥立朱聿𨮁时，他却特派使者请桂监国出兵扫灭[3]。因此，苏观生拼凑起来的广州朝廷基本上是一批官场中的投机分子和不得志的士绅武弁。他自己因拥立有功，被朱聿𨮁任命为首席大学士，封建明伯；关捷先、曾道唯、顾元镜、王应华等人都入阁为大学士兼任各部尚书，洪朝钟在十天之内升官三次，当上了国子监祭酒。潮州人杨明兢赤手空拳，凭借三寸不烂之舌自称有精兵十万"满潮、惠之间"，居然被委任为潮惠巡抚[4]。兵力上除广东总兵林

[1] 文安之《黔记》说朱由榔十一月十四日舟至德庆，"十七日幸端州，还行宫"。见《长恩阁丛书》收《滇缅录》附。永历帝的生母另一种说法是"苑贵人"，见前引《清泉县志》。

[2] 沈佳《存信编》卷一。

[3] 许多南明史籍都说何吾驺参加了绍武政权，并任大学士，实际情况很可能是绍武朝廷曾请他入阁，他未应聘。陈子壮"致书式耜，力请戡观生，而趋兵东下"，见钱秉镫《所知录》卷中。

[4] 沈佳《存信编》卷一。

察所部以外，苏观生还招来了石壁、马玄生、徐贵相、郑廷球四姓海盗[1]，借以增强绍武政权实力。

桂、唐二藩的争立，给南明残疆剩土的地方官也增添了混乱。湖广的何腾蛟、堵胤锡、章旷以及其他文武官员都先后收到了两个朝廷颁发的“喜诏”，虽然他们基本上都站在桂藩朱由榔一边，唐藩使者处处受冷遇，但事实上既给了他们“择君”的机会，朝廷的威望自然相对削弱，在许多问题上处于被动局面。瞿式耜在一封信中写道：“自唐僭号而广之府库尽为所有，广之属邑并邻郡皆为所煽。我监国之诏未达，而彼登极之诏先颁。凡吊钱粮、征兵马，动辄牵碍。光三（丁魁楚字）乃集议，仍请跸肇庆，登大宝，少司马（兵部侍郎）林佳鼎力佐之，在廷亦遂不敢梗议。十一月十八日正位端州（即肇庆），即行颁诏，兼议攻守之事。”[2]

永历朝廷迁回肇庆以后，派兵科给事中彭耀、兵部职方司郎中陈嘉谟前往广州，劝说朱聿𨮁取消帝号，退位归藩。彭耀到达广州后声泪俱下地对苏观生说：“今上神宗嫡胤，奕然灵光，大统已定，谁敢复争？且闽、虔既陷，强敌日逼，势已剥肤。公不协心勠力，为社稷卫，而同室操戈，此袁谭兄弟卒并于曹瞒也。公受国家厚恩，乃贪一时之利，不顾大计，天下万世，将以公为何如人也？”[3]苏观生大怒，悍然下令把彭

[1] 诸书记载“石、马、徐、郑四姓海盗”均不详其名。顺治四年三月二十五日两广总督佟养甲揭帖中说：“广府十六州县连遭四姓剧贼马玄生、石壁、徐贵相等，白旗黄信、林芳等环海攘害。……”见《明清史料》甲编，第二本，第一八九页。石壁时为绍武政权总兵，见《瞿式耜集》卷一《特举说直疏》。郑姓，在钱秉镫《所知录》卷二中说是郑昌，上引佟养甲揭帖中提到“郑昌、杨光林皆聚党数千，山海纵横，已经曲谕招徕矣”，下文又提及“海贼徐贵相”等，似乎郑昌不属四姓海盗。沈佳《存信编》卷一记顺治三年十二月清军占领广州后，“遣副将狥东莞、新会诸县，四姓盗郑廷球降清，成栋因之以攻其党，斩石、马二姓，徐独身走，尽得其水士、精舟、利器”。

[2] 《瞿式耜集》卷三，书牍，《丁亥正月昭江道中寄》。

[3] 瞿共美《粤游见闻》。

耀、陈嘉谟拖出处斩，随即派陈际泰为督师，调动军队向肇庆进攻[1]。永历政权见调解无望，也调兵遣将，以广东学道林佳鼎为兵部右侍郎总督军务，夏四敷任监军，会同从韶州调来的武靖伯李明忠带领一万多名士卒迎击。十一月二十九日，内战正式爆发，双方在广东三水县城西交战，绍武政权的军队大败，陈际泰临阵脱逃。林佳鼎初战告捷，踌躇满志，命令士卒昼夜行军，直奔广州，企图一举扫灭绍武政权。绍武方面的总兵林察利用与林佳鼎同族和过去共事关系，采取伪降诱兵深入之计，指使四姓海盗“乞降于佳鼎，察因书请举广州以附”[2]。林佳鼎轻信寡谋，依约率部乘船前往三山，突然遭到四姓兵的攻击。林佳鼎部所乘内河小船无法同四姓海上大船作战，被迫登陆迎敌。又因地理不熟，陷入了三尺多深的泥淖，结果一败涂地，林佳鼎和夏四敷溺死水中，李明忠单骑逃出，部下兵员几乎全军覆没[3]。败讯传到肇庆，永历朝廷又陷入一片惊慌失措之中，大学士瞿式耜自告奋勇，督领招募的义兵前往迎敌。没过几天就传来了清军占领广州、绍武政权覆亡的消息。十二月二十六日朱由榔又再次登舟离开肇庆，经广西逃往湖南[4]。

第二节　绍武政权的覆亡

正如古语所说：“螳螂捕蝉，黄雀在后。”当绍武政权在同永历朝廷交战中取得胜利的时候，清军在佟养甲、李成栋统率下正由福建经潮

[1]　上引瞿式耜信中说：“时三水有陈际泰贼兵一股方至……”何是非《风倒梧桐记》卷一误将永历政权之林佳鼎记为绍武政权的“总宪行大司马事提兵西上三水，意侵端溪”，署名为方以智的《两粤新书》错误相同。谢国桢《增订晚明史籍考》亦将《两粤新书》作者归之方以智，其实，方以智参与永历政权的建立，身经其事，绝不致颠倒错乱至此。

[2]　沈佳《存信编》卷一。

[3]　沈佳《存信编》卷一。

[4]　《瞿式耜集》第二五八，二六一至二六二页。

州、惠州向广州急速推进，一路上几乎没有遇到任何抵抗。李成栋等人利用绍武政权的注意力完全集中于同西面的永历朝廷打内战的机会，以迅雷不及掩耳之势从东面直扑广州，进军途中每到一地立即扫除传递军情的塘兵，封锁消息，用缴获的南明地方官印发出太平无事的塘报[1]。十二月十五日，清军前锋以帕包头，伪装成明朝军队，出其不意地闯入广州。朱聿𨮁和他的大臣们仍在梦中，预定是日“幸武学，百官咸集”，忽然有人报告清军来袭，苏观生还以妄言惑众把报信人处斩。转眼之间，清军登上城墙，随即去掉伪装，露出辫子，乱箭下射，城中顿时鼎沸起来[2]。苏观生急令关闭城门，调兵作战。可是，精兵都派往肇庆方面去对付永历朝廷，一时调不回来。广州重镇就这样糊里糊涂地被清军占领[3]。绍武帝朱聿𨮁见大势已去，拖了一条被子混在乞丐当中，被清军查出，关在东察院。李成栋派人送饮食，朱聿𨮁说：“吾若饮汝一勺水，何以见先帝于地下。”自缢而死，总算有点骨气[4]。苏观生在墙壁上写了“大明忠臣，义固当死”八个大字，然后悬梁自尽，从各地逃至广州的明朝亲王、郡王共十六人，大抵被清方处斩。大学士顾元镜、曾道唯等都屈膝投降。顾元镜还替清方起草劝降檄文，其中说：

[1] 乾隆四十四年《揭阳县志》卷九《事纪》记载：顺治三年“冬十二月，总督佟养甲、提督李成栋定潮、惠、广三郡，路过揭之铺前。时两将既定福建，遂进取广东。养甲先遣闽士黄梦麟授知府衔，至潮宣谕威德，士民趋附”。

[2] 邝露《邝海雪集笺》卷七有《扈跸临雍归自中书堂呈苏相国一百韵》，题下笺云：“按是年十二月总兵李成栋轻骑直入广州，绍武方幸学，闻交易服出走。诗似作于此时。”笺注有误，如果是在这次幸学时清军破城，邝露绝不可能有那样的闲情雅致赋诗百韵。邝诗中扈跸临雍当是指在这以前随朱聿𨮁往太学，十二月十五日所幸为武学。

[3] 九龙真逸《胜朝粤东遗民录》卷四引苏国祐（苏观生嗣子）《易箦遗言》云：广州之陷为明叛将谢尚政接引，“大兵至广，尚政为向导，复纠六营兵内应，城遂陷。观生死，尚政没其产”。《行在阳秋》记：十二月十五日，“清将佟养甲、李成栋遣游击庞起龙伪为援兵求入城，城内信之，遂蜂拥而入。内兵登城战一昼夜，擒斩清游击王士选。清兵欲退，会有内应，遂陷”。

[4] 沈佳《存信编》卷一。

“既不能为首阳之饿夫，即当为识时之俊杰。”[1]

绍武政权从建立到覆亡不过一个多月，它的“业绩”就是打了一场争夺帝位的内战和导致广东一省的陷没。其后果是十分严重的，因为南明残山剩水本已不多，广东又是财赋充溢、人才密集的地方，一旦易手，南明朝廷回旋余地大为缩小，财源和人力更加捉襟见肘。

佟养甲、李成栋占领广州以后，于顺治四年正月十六日向肇庆进发。在这以前，永历朝廷又故技重演，于1646年（顺治三年）十二月二十六日离开肇庆逃入广西[2]。永历元年正月初一日，朱由榔到达梧州，仍恐不安全，又经平乐府逃到桂林。李成栋部于顺治四年正月十九日由三水进至高明，留守肇庆的明两广总督朱治涧不战而逃，李成栋即命部将罗成耀（又作罗承耀）留镇肇庆，自己领主力进攻梧州。梧州是广西东面重镇，为明广西巡抚驻节地。清军向广西推进时，明将陈邦傅在二十八日夜间弃城而逃，一时风声鹤唳，人无固志。苍梧知县万思夔用木头制作了一个大乌龟，命人拖着沿街大喊：“降敌者似此！”二十九日，李成栋兵接近梧州，明广西巡抚曹烨迎降道旁，口称：“烨不知天命，不早事君。使君怀怒以及下邑，烨之罪也。若以罪不赦俘诸军，惟命；若惠邀天之幸苟保首领，使得自新，君之惠也。”“涕泣不敢仰视。李成栋笑而释之。”清军兵不血刃地占领了梧州，万思夔在木龟上大书“曹烨”二字，自行逃去[3]。清署两广总督佟养甲札委广东布政使耿献忠为广西巡抚，以总兵徐国栋镇守该地[4]。永历朝廷首席

[1] 《存信编》卷一。顾元镜以大学士的身份降清见顺治四年五月初十日两广提督李成栋揭帖，《明清档案》第五册，A5—171号。

[2] 《存信编》卷一作“二十三日乙未，清兵逼肇庆，二十五日丁酉驾发肇庆”。《瞿式耜集》卷三记永历帝西逃为十二月二十六日，从之。

[3] 《东明闻见录》。

[4] 顺治四年二月初三日及初四日两广总督佟养甲揭帖，见《明清档案》第五册，A5—96号及A5—97号。李世熊《寒支初集》卷九《巫丞传》亦记：“正月二十九遂入梧州，广西巡抚曹烨迎降，属官悉稽首上郡邑印及尺籍恐后。”按，清梧州总兵徐国栋不久即病死，见上引顺治四年五月初十日两广提督李成栋揭帖。

大学士丁魁楚见形势危急，在逃离梧州的时候就脱离永历帝，带着家眷和多年搜刮得来的大批金银财宝，笼络一支为数不多的军队做护卫，私自乘船避往岑溪。为了保护身家财产，丁魁楚暗中派人前往李成栋军中接洽投降，成栋将计就计，许以两广总督的职位。丁魁楚大喜过望，在二月间由岑溪出降，清副将杜永和把他押回广东，半路上杀死，其家产和眷属全部落入清将之手，据说仅白银一项就多达八十余万两。后来有人见到丁魁楚的一个年幼孙子为李成栋部将罗成耀收养，问他姓什么，若回答姓丁，立即遭到一顿毒打[1]。

永历君臣的争相逃窜，给清军以可乘之机。二月间，李成栋占领梧州后，曾经派出一小股清军跟踪追至平乐府，进逼桂林。永历帝依然故我，在二月十五日逃离桂林，准备进入湖南投靠兵力较多的军阀刘承胤。大学士瞿式耜坚决反对，他指出朝廷不组织抵抗，只是一味避敌先逃，“今移跸者再四，每移一次，则人心涣散一次。人心涣而事尚可为乎？”[2]朱由榔根本听不进去，在司礼监太监王坤、锦衣卫马吉翔的怂恿下，向全州逃难。瞿式耜只好请求自己留守桂林，会同思恩侯陈邦傅稳定广西局势，并且推荐礼部尚书吴炳入阁任大学士司票拟之职。永历皇帝勉强同意了他的建议，得旨：“准卿以兵部尚书特进太子太傅，留

---

[1] 关于丁魁楚降清被杀事，华复蠡《粤中偶记》叙述颇详，绘声绘色地描写李成栋亲自带兵前往岑溪，假装欢迎丁魁楚来降，四月初四日晚上突然请丁魁楚父子过舟议事，随即命军士处斩，吞没其家产妾媳。这一说法未必可靠。李成栋在二月间已奉佟养甲檄文回援广东，三月已在广东增城、东莞等地镇压张家玉等的抗清活动，不可能四月初四日尚在广西岑溪地区。《苍梧县志》记：“魁楚因土镇徐海、徐泷入岑北科为避地计。会连城土寇将攻城，时三营官兵尚存，魁楚又檄阳、电兵来援。正月二十九接战于葛石坡，魁楚念岑不可居，谋上浔。二月，军门遣部将杨姓入岑，魁楚踉跄遁”（府志）。“二月，丁魁楚出降，副将杜永和押赴广东，半途杀之”（旧志），见同治十一年《苍梧县志》卷十八，外传纪事，下，本朝。钱澄之（秉镫）《所知录》卷二记：“吾犹见其一孙才数岁，为罗成耀养子。”华复蠡《两广纪略》记：“人言：魁楚官囊精银八十万，珍珠金宝番货十倍之。所遗二孙闻在李氏官头家做奴仆，见其自言姓丁，又打头半死云。”

[2] 《瞿式耜集》卷一，奏疏。

镇西土。”[1]瞿式耜出于稳定人心的考虑，要求朱由榔无论如何不要离开广西，哪怕暂驻于靠近湖南的全州也好。不料永历帝畏清若虎，在四月间还是逃到了武冈。

三月间，一股广东清军经平乐推进，陈邦傅“竟拔营而去”[2]，逃往柳州。清军趁势直犯桂林，十一日前锋数百人突然冲入城中，幸亏明军焦琏部前一天赶到了桂林，把清军击退，桂林才转危为安。五月二十五日，又有一股清军再次经平乐、阳朔突袭桂林，瞿式耜指挥焦琏、白贵等将领分守各城门，并在城头用司礼监太监庞天寿主持铸造的西洋大炮轰击来犯清军。清军见城中有备，被迫撤退。瞿式耜在风声鹤唳之时，能够镇静处之，防止了桂林地区的瓦解，值得充分肯定。但当时清广东提督李成栋带领的主力在进到梧州后即奉两广总督佟养甲的檄文回救广东，顺治四年春夏间进犯桂林的清军都只是李成栋留在广西的小股武装[3]。瞿式耜多少沾染了明末官场夸张习气，得一小捷则大肆铺张，就实际情况而言保卫桂林的战役规模是很小的。

第三节　陈邦彦、张家玉、陈子壮在广东的抗清活动

佟养甲、李成栋部清军偷袭广州得手以后，永历君臣仓皇逃窜，势同瓦解。佟养甲等人趁势收取广东其他府县。顺治三年十二月二十二日，佟养甲派副将张道瀛、阎可义同新委南雄副将李仰臣、董方策、张

---

[1]　《瞿式耜集》卷一，奏疏。

[2]　《瞿式耜集》卷一，奏疏《省会无虞再赴行在疏》。

[3]　顺治四年五月二十五日两广提督李成栋向清廷报告：“职所统原部北来官兵吴淞旧额四千一百三十一员名”，其中马兵三百名，“历浙抵闽以及入广，万里驰驱，冲锋破敌，险阻备尝，病故及阵亡者，人马已损失过半矣”。虽在入粤时带有闽地土著之众每府七八百名，俱“脆弱不堪，无资战守”。就在这件奏疏中，李成栋说他自己带兵“追捕永历”仅到梧州，并没有继续西上。见《明清史料》丙编，第七本，第六〇一页。

友德，韶州总兵叶成恩、副将杨友贤、王庆甫等领兵由广州北上，同月二十九日在英德县击败明将陈课、童以振二部，随即占领韶州[1]。次年正月初七日，叶成恩部进抵南雄，当地官员不战而降[2]。明高雷廉琼巡抚洪天擢退守琼州府（今海南省），四月初一日清副将阎可义领兵渡海，洪天擢兵力不敌，乘舟逃走，琼州遂为清军占领[3]。这样，广东十府之地全部沦入清方之手。就兵力而言，佟养甲、李成栋本部兵马只有四千一百余名，从福建带来的原郑芝龙旧部施福、施郎、洪习山、黄廷等部也不过几千人[4]，实力相当有限。1647年正月，李成栋率主力进攻广西，广东清军留守兵员更形单薄。

然而，腐朽无能的永历朝廷不知清军虚实，非降即逃，近于自行瓦解。镇守柳州、南宁一带的明庆远伯陈邦傅也被清军声威吓倒，私自派人同佟养甲、李成栋联络，准备投降清朝。在这种危急关头，广东的一批仁人志士奋然而起，凭借自己在地方上的影响和熟悉山川险要，组织义军展开反清活动。广东各地义师的兴起，使坐镇广州的清两广总督佟养甲穷于应付，不得不急檄进入广西梧州的李成栋部回援。正是由于他们的斗争，才使永历朝廷免遭灭顶之灾，重新稳定了广西的局势。广东素称忠义之乡，在明末清初的历史上出现了一批英雄人物，其中最负盛名的是南明“三忠”：陈邦彦、张家玉、陈子壮。

[1] 顺治四年二月初三日两广总督佟养甲揭帖残件，见《明清档案》第五册，A5—96号。

[2] 参见同上件及乾隆十八年《南雄府志》卷十七《编年》。

[3] 顺治四年五月初三日两广总督佟养甲揭帖，见《明清档案》第五册，A5—169号。按，华复蠡《两广纪略》洪天擢条云：“洪天擢乙酉、丙戌两年俱在广东做两司官，拥戴永历时自择其地，要做高雷廉琼四府军门，即以都察院副都御史写敕驻高州。丁亥正月清兵下高州，则携妻子奔雷州；清兵至雷州，则携妻子奔琼州。清兵以无船过海，札徐闻者一月，天擢在琼，为练兵措饷索诈地方几万金，复擅行杀戮者几千人。至四月初二日先航海投诚于李成栋，仍以海道事畀之管理。”

[4] 顺治四年五月二十五日两广提督李成栋“为东粤地阔兵单、战守不足”事揭帖，见《明清档案》第五册，A5—176号。

陈邦彦在绍武争立时，支持永历朝廷。朱由榔派他回广州劝说苏观生改弦更张，正值林察等击败林佳鼎，绍武君臣趾高气扬，陈邦彦知道无法完成使命，藏入高明山中。不久，佟养甲、李成栋部清军偷袭广州，绍武政权覆亡。李成栋军乘胜追入广西，永历朝廷岌岌可危。邦彦“出自山中，临西江之口，望敌旌旗，叹曰：莫救也！夫若乘其未定，得奇兵径袭广州，此孙膑所以解赵也”。他亲自前往甘竹滩联络余龙等部义军，得众数万人，奋起抗清。二月初十日，义军在江中击败清军水师，降清总兵陈虎被击毙，焚毁清方船只一百余艘；十一日，进攻广州。清两广总督佟养甲关闭城门，派使者檄令李成栋火速回援[1]。义军攻城不下，清方又扬言李成栋将回师先捣甘竹滩，被迫撤退。陈邦彦聚兵于高明，派门生马应房以舟师攻顺德。

张家玉在隆武朝廷中曾任建国公郑彩监军，督兵援赣；后升任礼、兵二部左侍郎[2]，清军入闽时，他正奉命回广东招募义勇。陈邦彦起兵反清时给他写信说：“成不成，天也；敌不敌，势也。方今乘舆播迁，桂林危如累卵。得牵制毋西，浔、平之间庶可完葺，是我致力于此，而收功于彼也。”[3]张家玉非常赞同他的意见，于1647年三月间在东莞县到窖寨起兵抗清，十四日攻克东莞县城，活捉清知县郑鋈[4]。这时李成栋已率师回粤，会同施福（隆武朝封武毅伯，降清后仍用此衔）部合攻东莞。张军击杀施福部副将成升，终因义师缺乏作战经验，被清军

[1] 陈恭尹述《兵科给事中赠资政大夫兵部尚书先府君岩野陈公行状》，见《独漉堂集》补遗。《明清史料》己编，第一本，第三十页，《两广总督佟养甲残揭帖》中报告义师攻广州之役时间完全相同，只是陈恭尹说这是其父陈邦彦联络的余龙等部，佟养甲则混称为“四姓白旗等贼”。

[2] 张家玉在隆武朝廷中所任官职见汪宗衍《南明金石小识》引张家玉墓碑拓本，该文收入《艺文丛谈续编》。汪文所引张碑间有误植，如“钦命监军便宜行军”，“行军”当为“行事”：“蒙恩加赠……寺正文臣”，“寺正文臣”当作“守正文臣”。

[3] 温睿临《南疆逸史》卷二十五《陈邦彦传》。

[4] 两广总督佟养甲“为恭报粤地贼情仰祈圣鉴事”揭帖残件，无奏报日期，清廷收到时间为顺治四年七月初十日，见《明清史料》己编，第一本，第三十页。

击败。张家玉树起抗清义旗，得到了许多地方的响应。东莞有总兵张安国、陈镇国等；新安有总兵陈文豹等；南海、顺德、增城有总兵邝日晋、湛壮等；龙门有参将刘龙、李启新、冯家禄等；潮州府属镇平、平远有兵部主事赖其肖、总兵谢志良等。清副将文贵金往剿，“伏兵四起”，文贵金被击毙[1]。此外，韶州有陈慎、简信等；惠州有苏成等；各称拥众数万，一时声势颇众。到滘和东莞县城被李成栋军攻破后，张家玉的家属被杀三十余口。但他义无反顾，同总兵陈文豹攻克新安县，不久又被清军击败，陈文豹战死。张家玉志不稍馁，委派陈镇国、冯家禄领兵会合刘龙、李启新部于四月十九日收复龙门。接着，他自己亲率各部义军在七月初十日攻克博罗、连平、长宁、乳源、归善、河源等县。十月初二日进攻增城。初十日，清李成栋部主力赶到，令副将阎可义、梁得胜、张道瀛、马宝、吴之蕃等堵截通往龙门之路；副将杜永和、李汉贵等从南面进攻，参将王定国从中路进攻，总兵施郎、黄廷、副将洪习山等接应，与增城守兵内外夹击。义军虽奋勇作战，终因众寡不敌，被清军击败。张家玉中箭负伤后投水自尽，他的侄儿张胤隆等被俘[2]。

陈邦彦与义师余龙部一度攻克顺德。李成栋率军来攻，余龙战死。邦彦移师江门，会同霍师连等部攻克清远、三水等县，兵锋直逼省会广州。清两广总督佟养甲见形势危急，檄李成栋火速来援。当成栋部向清远推进时，霍师连率舟师堵截，被清军用火攻击败，师连战死。九月十七日成栋部将杨大甫兵抵清远；十九日成栋亲自带领副将杜永和、张月、马宝猛攻清远。城陷，陈邦彦身中三刃被俘，与总兵曹天琦等六人

[1] 两广总督佟养甲“为恭报粤地贼情仰祈圣鉴事”揭帖残件，无奏报日期，清廷收到时间为顺治四年七月初十日，见《明清史料》己编，第一本，第三十页。

[2] 九龙真逸（陈伯陶）《胜朝粤东遗民录》卷二所收张家玉之父张兆龙给永历朝廷的奏疏。参见顺治四年十一月初七日两广总督佟养甲“为汇报擒磔逆渠三大捷事”揭帖，《明清档案》第六册，A6—182号；同件又见《明清史料》丙编，第七本，第六三九至六四〇页。

被押解到广州。九月二十八日，佟养甲下令把他们“寸磔于市”[1]。史载，“邦彦自起兵来，日一食，夜假寐不就枕，与士卒同劳苦。故其下人人感动，即小衄无思叛者”[2]。

陈子壮，字集生，号秋涛，广东番禺人。万历四十七年探花，崇祯朝仕至礼部侍郎，弘光时以礼部尚书召，隆武时以东阁大学士召，均未到职。桂藩朱由榔在肇庆立国，仍授大学士。陈子壮虽因丁魁楚窃取首辅，不愿入阁受事，但他是支持永历朝廷的。当绍武政权据广州自立时，他拒不承认，写信给永历朝廷表示拥戴。不久，清军入广，家乡沦陷，陈子壮奋起抗清。他和朱实莲等官绅组织义兵以南海县九江村为基地，联络各地义军展开敌后斗争。当时，李成栋统兵在外，广州城里的清军很少，陈邦彦同陈子壮密谋攻取省城。他们同广州城内的原明朝广州卫指挥使杨可观、杨景晔秘密联系，“暗用桂字印票，号召多人”为内应，又指示“花山盗”三千人向佟养甲伪降，分守广州东门。约定七月初七日夜三鼓里应外合，一举攻克广州，救出“披缁为僧”的明赵王朱由棪以资号召。这个计划本来制订得相当周全，不料，陈子壮带领的义师数万人在预定日期前两天的七月初五日即进抵广州城下，张贴檄文的家僮被清军捕获。佟养甲审出密谋后，自知城中清军不过二百，“又有内应，城守万分危急”，他立即采取行动，捕杀杨可观、杨景晔，以犒赏为名诛杀花山义师三千人[3]，并勒令赵王朱由棪“引缳自尽”[4]。钱秉镫《所知录》卷二记：“七月，大学士陈子壮起兵九江村，与陈邦

[1] 见上引顺治四年十一月初七日佟养甲揭帖。张家玉殉难日期为十月初十日，次日清监军道戚元弼即已报捷。

[2] 《南疆逸史》卷二十五《陈邦彦传》。

[3] 陈恭尹《独漉堂集》第八八六页。

[4] 顺治四年八月二十二日两广总督佟养甲“为逆藩授首事”题本，见《明清档案》第六册，A6—62号。按，查继佐《国寿录》便记《赵王传》将其名写作曰铼，云：“王因亦为僧，六月入广州，清令处于光孝寺西禅房内。闻会陈子壮、张家玉等起兵，佟使两县官请至元妙观自尽，父子俱死。”赵王名当以佟养甲题本为准。

彦共攻广州。初，邦彦约城内诸降将为内应，期以是月之七日三鼓内外并起。子壮先期以五日舟师薄城，谋泄。北抚佟养甲捕诸内应者，悉斩之；发巨炮击舟，舟毁，兵退。北风大作，养甲乘风追之，子壮大败于白鹅潭。成栋亦自新安至。子壮退保九江，又弃九江入高明，与监军道麦而炫、知县朱实莲婴城固守。”十月二十五日，李成栋率本部兵马和武毅伯施福部大举进攻陈子壮扼守的高明县。直到二十九日才用“大炮火药轰倒城墙”，冲入城内，朱实莲阵亡，陈子壮和兵部区怀炅、知州区宇宁、户部程玄等被活捉。受审讯时，陈子壮除要求赦免幼子陈上图外，表示“愿膏斧锧”，视死如归。佟养甲、李成栋等会商后决定将陈子壮“寸磔于教场”[1]。

陈邦彦、张家玉、陈子壮领导的广东义师虽然先后被优势清军所镇压，但是，死难者的鲜血并没有白流。正是由于他们在广东各地掀起势如潮涌的武装抗清运动，迫使清两广当局匆忙调回进攻广西的主力，永历朝廷在广西的统治才赖以维持下来。而且，清朝主将李成栋在镇压义师的过程中，亲眼看到了人心所向，这对于他次年的反清归明无疑是一个重要的因素。

第四节　永历朝廷在武冈

永历帝由桂林逃到全州后，这里已是军阀刘承胤的势力范围。刘承胤原是一介武夫，常使用一根铁棍，人称“刘铁棍”。明朝末年任黎靖参将，崇祯十六年武冈袁有志等起义攻杀岷王。他奉巡抚王聚奎之命带兵镇压了这次起义，救出岷世子，升任副总兵[2]。弘光初，沅抚李乾

[1] 顺治四年十一月初七月两广总督佟养甲“为汇报擒磔逆渠三大捷事”揭帖，见《明清档案》第六册，A6—182号。

[2] 康熙七年《新化县志》卷十一《别志》作“癸未三月，武冈袁有志作乱，弑亲王及诸宗室”。

德题授总兵官，镇守武冈。1646年七月，隆武帝封他为定蛮伯[1]，他从此拥兵自重。当1647年初永历帝由梧州逃至桂林，惊魂不定时，他上疏迎驾，表面上是保护朝廷安全，实际上是挟天子以自重。这年（永历元年）四月十五日，朱由榔在刘承胤唆使下，迁入武冈州[2]，以岷王府为行宫，刘承胤迎驾有功进封武冈侯。随永历帝迁入武冈的大臣有东阁大学士吴炳、吏部尚书李若星（原贵州总督）、兵部左侍郎管部事傅作霖（原任御史）、户部右侍郎管湖广布政司事严起恒（原为衡永副使）[3]、太常寺卿仍管吏部文选司事吴贞毓等。五月，改武冈州为奉天府，晋封刘承胤为安国公[4]，"政事皆决于承胤矣"[5]。朱由榔既然以为刘承胤兵强可倚，刘承胤也借此挟制朝廷。在移跸武冈之后，刘承胤即威福自操，骄横跋扈。"一日，承胤索饷于上，率兵清宫。王皇太后女中尧舜也，曰：'国公知老身贫乎？'尽宫中簪珥之资简以与之，不上五百金"[6]。有的史籍还记载，刘承胤曾企图废除永历帝，另立他的女婿岷王[7]。"上苦承允（胤）专横，亲书密诏除刘救驾，天语极为悲切"。太监杨守春"又述上谕：内廷俱系刘党"[8]。刘承胤营建私邸，"画阁丹梯，隐房曲间，备极俨雅"[9]。

---

[1] 沈佳《存信编》卷一。

[2] 见《瞿式耜集》卷三，书牍，《丁亥五月二十八日书》。

[3] 钱秉镫《所知录》卷上记："上在奉天，召户部右侍郎严起恒为大学士，同吴炳入阁办事。"

[4] 沈佳《存信编》卷一记：永历元年五月初二日"晋封刘承胤安国公。承胤骄横日甚，动辄以兵挟朝廷，群臣畏其刚暴，争谄之以自固，交疏烦功德，遂进封兴（安）国公、上柱国，赐尚方剑、蟒玉，便宜行事。二子皆世袭锦衣卫指挥"。

[5] 吴晋锡《半生自纪》。

[6] 吴晋锡《半生自纪》。

[7] 蒙正发《三湘从事录》云："刘承允（胤）横肆日甚，且阴蓄异谋，有废上立伊婿岷王之意。"

[8] 蒙正发《三湘从事录》。

[9] 彭而述《读史亭文集》卷十，记下《宝庆至沅州日记》，他过刘国公旧第在顺治十七年，见"柱间偶句如新，近为防兵屯扎，稍改，非旧观矣"。

六月间，督师大学士何腾蛟至武冈朝见永历帝，对刘承胤的威福自操非常不满，就同部分大臣疏请永历帝回驻桂林。疏中说："使武冈果有山川之险，兵甲之雄，粟米之富，粗号偏安。然未有处一隅而能图四海之大者，况堂堂天子，各镇皆欲争奉之以成其大，汉、唐、宋以来未之前闻。今日移跸大事，听皇上自择自行，督师一人护驾，敢有议迎、议留者、议送者，当与众共殛之。"[1]刘承胤原是何腾蛟的部将，受过何腾蛟的栽培，这时却唯恐何腾蛟来到武冈危及自己的权势。对于何腾蛟等人建议永历帝离开武冈更是不满，于是，他上疏要求改任何腾蛟为户部尚书专理粮饷，解除其督师职权。永历帝拒绝了他的要求，他仍不死心，面见何腾蛟索取督师敕印，大言不惭地说："今督师非我莫人能为也。"[2]何腾蛟断然回答督师敕印不能私相授受，需要皇帝的旨意才可以办理交接手续。同时，也不客气地告诉刘承胤，自己统率的军队中张先璧部比较弱，你连张部都制伏不了，要想让马进忠、郝永忠等部听从命令根本不可能。刘承胤自知实力有限，不再逼迫何腾蛟交出敕印，却企图在何腾蛟辞朝以后，于路途中加以谋害。何腾蛟早有防备，离开武冈之前疏请把赵印选、胡一青带领的云南军队拨给自己作为督师亲军，得到永历帝的同意。于是，他先假称患病，借住在武冈城外一所荒庙里；过了几天，突然带领赵印选、胡一青两营兵夜间出发。第二天，刘承胤得到消息，已经无可奈何了。接着，张先璧从江西败回，带兵数万人来到武冈朝见永历。刘承胤唯恐张部进入武冈，迫使永历帝下诏制止。张先璧大怒，顿兵于武冈城下，指责刘承胤"劫驾"，承胤则反斥先璧为"犯阙"。双方剑拔弩张，互不相下。永历帝命兵部官员龙之沫前往张先璧营中宣谕和解，张部才转往沅州驻扎[3]。

---

[1] 查继佐《国寿录》卷四《中湘王何腾蛟传》。

[2] 沈佳《存信编》卷一。

[3] 《存信编》卷一。按，吴晋锡《半生自纪》中说龙之沫为常德人，谄附刘承胤得任御史，人称"跌脚御史"。

1646年（顺治三年）八月，清廷以恭顺王孔有德为平南大将军，偕怀顺王耿仲明、智顺王尚可喜、续顺公沈志祥、固山额真金砺、梅勒章京屯泰领兵往征湖广、两广[1]。次年（1647）三月，孔有德率领的清军由岳州进兵长沙，明督师何腾蛟、恢抚章旷与总兵王进才等闻风而逃，浏阳总兵董英以城投降。清军占领长沙后南下衡州，明总兵黄朝宣投降；孔有德等以其蹂躏地方，民怨甚深，下令解除其部下的武器，"召朝宣入，历数残暴之罪，支解之，以快人心"[2]。何腾蛟、章旷等人一味奔窜，势同瓦解，永州府（府治零陵）城也一度为清方所派知府接管。明副将周金汤察知城中并无清军，率领二百名士卒乘夜鼓噪登城，清知府纪某逃回衡州。何腾蛟、章旷等人才在永州府境东安县白牙市一带苟延残喘。这时已入盛暑，清兵不耐炎热，在长沙、衡州一带休息。八月初八日，章旷病死于永州。同月，清军乘秋高气爽进攻武冈、永州。当孔有德部向武冈进逼时，刘承胤部将陈友龙等迎战，"蒋虎、孙华、聂鸣鹤、张承明、张大胜等于斗溪铺俱战死"[3]。"承允（胤）驰令禁友龙不得战，又不发救兵，友龙败还。恭顺离武冈山三十里下营，承允轻骑出降"[4]。他向孔有德表示愿意献上永历皇帝做觐见礼。孔有德怀疑其中有诈，没有立即答应。刘承胤为了表示自己真心投降，一面下令将武冈城门严密看管，防止永历帝出逃；一面自己剃头再次前往清军营中接洽投降。武冈城中的永历帝和他的一小批亲信见清军迫近，刘承胤行踪诡秘，感到情况不妙，请出刘承胤的母亲和兄弟刘承永，要求移跸靖州。在刘母出面干预下，城门才开，永历帝和少数朝臣带着宫眷匆忙出城逃难，象征皇帝威严的仪仗乘舆等都来不及收拾，

[1] 《清世祖实录》卷二十七。屯泰即屯代，也就是佟养和。

[2] 吴晋锡《半生自纪》。乾隆二十八年《衡州府志》卷二十九《兵燹》记："顺治四年丁亥四月，恭顺、怀顺、智顺三王帅师取衡。黄朝宣兵溃，率其姬侍匿于郡南花药寺，前锋执而杀之。"

[3] 康熙二十四年《宝庆府志》卷二十一《武备志·兵纪》。

[4] 蒙正发《三湘从事录》。

全部丢弃在武冈[1]。出城二十里，朱由榔想到靖州是刘承胤军队的控制区，立刻吩咐："靖州不可往，当从间道走广西。"[2]于是，另寻小路直奔广西。到达广西古泥时，有总兵侯性接驾，朱由榔才放了心，在侯性护送下到达柳州。侯性因护驾有功，晋封商丘伯。由武冈出逃时，朱由榔鉴于情况紧急，命大学士吴炳护送皇太子取道城步县入广西，结果为清军截获，太子和吴炳都被押至衡州[3]。

刘承胤降清后，清兵随即占领武冈。孔有德发现永历帝已经逃走，立即派护军统领线国安带领一千名骑兵追往靖州。线国安部攻克靖州，生擒了明总兵萧旷等，却没有抓到永历帝。吴炳被俘后自缢[4]；吏部尚书李若星、兵部尚书傅作霖不屈被杀；偏沅巡抚傅上瑞等投降。

孔有德等部清军这次进兵湖南，除了郝摇旗在桂阳、张先璧在沅州稍事抵抗外，南明将领非降即逃。据清方奏报，投降的不仅有明安国公刘承胤，还有封为伯爵的王允成、刘承永、董英、周思仲、高清浩、郑应昌，总兵四十七员，副、参、游等官员两千余名，马步兵六万八千有奇。[5]这充分地反映了永历朝廷的腐败和何腾蛟、章旷、傅上瑞等人的无能。当时，除了制抚堵胤锡率马进忠等部退入湘西九溪卫坚持抗清，曹志建领兵扼守湘桂交界的镇峡关（曹志建将关名改为龙虎关）外，湖南各地都被清军占领。

九月，孔有德派刘承胤部将陈友龙攻入贵州黎平府，俘获明督师何

---

[1] 顺治五年冬清署贵州巡抚彭而述曾在武冈见"公廨旁鸾舆尚在，左纛黄屋俱置城隍祠中"。顺治十七年他再度路过武冈时已"不可考"。见彭而述：《读史亭文集》卷十《宝庆至沅州日记》；参见同书卷十五《仕楚纪略》。

[2] 《三湘从事录》。

[3] 吴晋锡《半生自纪》云：永历帝决定"分两路行，或未至并与之遇。命大学士吴石渠公护太子驻城步，上从皇太后幸靖州。太子至城步果有兵守之，为所获，同吴石渠公送衡州矣"。《清世祖实录》卷三十五记顺治四年十二月丙戌日孔有德等奏报平定湖南，"获伪永历太子朱尔珠"。永历太子之名似有误。

[4] 上引《清世祖实录》卷三十五孔有德等奏报中说"伪内阁吴秉"等降。吴秉为吴炳之误译，他被俘后不久自杀，说他降清不妥。

[5] 见上引《清世祖实录》卷三十五，王允成误译作王云程。

腾蛟的继母孙氏、妻徐氏等家属一百余口。孔有德让何腾蛟的亲戚将自己的手书和腾蛟的家信带往广西兴安，信中备述清方对腾蛟的母亲和其他眷属奉养甚厚，借以招降何腾蛟。何腾蛟不为所动，坚决拒绝了清方的招降[1]。

武冈失守以后，永历帝由小路逃往广西，驻于湖南西部的一些明朝官员同朝廷失去联络，以为刘承胤降清时必定把朱由榔当作觐见礼。因此，以制辅堵胤锡为首的部分文官武将一度商议拥立荣王朱由桢为帝[2]。这件事在熊开元（隆武朝大学士）的著作中有明确记载，他在《答熊石儿直指书》中说："私以今日所急在讨贼，不在立君。何也？讨贼正立君之本，立君乃致寇之媒。征诸前事，靡不然者。况乘舆所向未卜，万一或有参差，鲁与唐近辙曷可再寻。""千钧之势，争此一发。事不堪再误，愿老公祖转白荣殿下及堵、傅、杨诸公祖并各勋镇，千万珍重，千万密急。"在《答堵牧游总制书》中又再次劝说道："侧闻荣殿下诚明简毅，备诸福德，高皇帝之业将在于斯。又得老公祖领袖群贤，共相推戴，而复仇不即位尤合春秋之义。……惟老公祖断于乃心，迅图一举。"[3]堵胤锡为人敢作敢当，在永历帝下落不明时有意拥立荣王朱由桢即位作为明室尚存的象征，颇符合他的性格。他的主张

[1] 《三湘从事录》记，十月初三日孔有德派何腾蛟至威持手书并贵阳王金印一颗与夫人家报至。按，孔有德利用抓获何腾蛟家属进行招降确有其事，但说他送来贵阳王金印当属讹传。

[2] 荣王是明宪宗子朱祐枢的后裔。嘉靖《常德府志》卷四《建设志·藩封》记："荣王，宪宗皇帝之第十子，弘治十一年建王宫于常德，正德四年之国"；《明史》卷一一九稍有不同。明末荣藩的情况在史惇《恸余杂记》中记载较多，但荣王的名字文献内有分歧，顺治四年十月清湖广总督罗绣锦"为恭报常军两捷事"揭帖中云："故明荣王朱学洪纠众称兵，要复常德。"同件中提及堵胤锡、袁宗第、马进忠、牛万才等人，堵胤锡拟奉为主者似应为"朱学洪"，但按明太祖所定诸王二十字辈行，朱棣下无学字辈，晋王下第十六辈为学字，荣王既不是晋藩后裔，明亡时各藩约传至十辈以内，所记必有误。《清世祖实录》卷三十八记，顺治五年四月"壬午，平南大将军恭顺王孔有德疏报：大军至辰州，擒伪荣王朱有桢子朱松于苗洞"。朱有桢当为朱由桢之误。参考各种史籍，明末荣宪王朱由枵死后，世子慈炤尚为婴儿，朱由桢大概是荣宪王之弟。

[3] 熊开元《鱼山剩稿》卷二，书。

既遭到熊开元等人的劝阻，不久又得到永历帝安全到达柳州、象州、桂林的消息，立即改弦易辙，避免了可能导致南明内部再度分裂的错误。

第五节　郝永忠部由湘入桂

郝永忠在1646年秋奉何腾蛟之命领兵援赣，迎接隆武帝。由于何腾蛟私下叮嘱不可假戏真做，郝永忠在九月初二日到达郴州后一直观望不前，在该地驻扎了几个月。就时间而言，郝部到达郴州时，隆武帝已经遇难，杨廷麟、万元吉等部明军尚在赣州苦撑。何腾蛟控制着除岳州以外的湖南全部疆土，兵力多达十三镇，却只知据地自雄，毫无恤邻之念。十月初四日，赣州失守，援赣已经没有意义了。1647年春，清孔有德等部入湘，何腾蛟、章旷等节制无能，一溃千里，长沙、衡州、常德先后失守。何腾蛟、章旷带着残兵败卒逃到永州白牙桥。郝永忠兵单势孤，由郴州撤至桂阳州，在这里同清军交战后退到永州。七月，又撤至道州同保昌伯曹志建分汛据守[1]。清军占领武冈、永州后，何腾蛟逃至广西兴安，郝永忠也率部由湘入桂，这本来是无可非议的。不料，留守桂林大学士瞿式耜和两广总督于元烨等人认定郝永忠原为“闯贼”部将，对他怀有极深的敌意，开初想阻止郝部进入广西，后来得报郝军已过兴安、灵川，又如临大敌地关闭桂林城门，拒绝郝部入城。于元烨等还妄想“闭门歼除”，派兵剿杀郝部，只是由于督镇标将马之骥仅有兵员数百，不敢接受“剿除”任务，才未致动武。郝永忠的先头部队在桂林城

[1]　同治九年《江华县志》卷七《寇变》记：顺治“四年丁亥五月，曹志建称保昌伯由江西赣州仁化来驻江华。……曹志建既去，永忠遂帅兵尾其后住三日，追及永明，遂与志建分据，志建截上流驻镇峡关，永忠截下流驻道州”。康熙六年《永明县志》卷九《兵寇志·兵变》记：顺治四年五月，“我师破湖南，南昌伯（当为南安伯）郝永忠走道州”。“七月，曹志建统兵万余抵永明，屯兵县西，与郝永忠盟分县以西八里属曹，以东八里属郝。未几，永忠遁去，通县钱粮总归志建”。

下吃了闭门羹，过了两天，永忠派营中收留的通山王朱蕴釺、东安王朱盛蒗、督饷佥都御史萧琦（后改名萧如韩）、司礼太监王坤进入桂林，在太监庞天寿家中同于元烨、广西巡按鲁可藻接洽。于元烨顽固地拒绝郝部入城，鲁可藻私下对他说："既不请新兴（指新兴伯焦琏）来，又不及预止，且不能止矣。宜亟图之，毋为牛后也。"元烨终执前说。第二天，郝永忠率大队兵马同宜章伯卢鼎来到桂林城下。萧琦竭力劝说守辅瞿式耜出城相见，于元烨坚决反对。鲁可藻感到这样僵持下去将危及桂林地区的安全，拉着瞿式耜一道出城晤见。于元烨坐在自己衙门里不动，还为瞿、鲁冒险入"贼"营捏一把汗。瞿式耜、鲁可藻出城后，见郝营"官头下马避道，共知出晤为是矣"。郝永忠以礼相待，"但谓不应逐客"。瞿式耜婉转解释，"答应千言，不激不随，极为得体"[1]。第二天早晨，郝永忠进城回拜，"欲无礼于元煜（烨）"，卢鼎从中调解，才在瞿式耜举行的宴会上"一笑而叙阔别"。这只是在兵力不敌的情况下，采取的官场手腕。瞿式耜等人对原大顺军、大西军所持敌对态度始终没有改变，他们是南明政权中目光短浅的一批死硬分子，对原农民军极尽打击排斥之能事。明军与农民军联合抗清中波涛迭起，都是这些掌握着南明朝廷和地方大权的官僚从中作梗，终致局势日趋恶化。何腾蛟、章旷、傅上瑞等人在湖南排挤刘体纯、袁宗第、田见秀、张鼐等大顺军旧部已开其端；瞿式耜在广西排斥郝永忠部是这样，次年阻击由湖南退入广西的李过、高一功统率的忠贞营是这样，在联合原大西军的问题上也是这样，可谓"吾道一以贯之"。

当时，包括由湖南退入广西的各部明军之中，郝永忠的军队实力最强。瞿式耜等人出于偏见，故意扣发粮饷。郝永忠为解决部下兵马的粮草和添补器械，被迫在桂林一带打粮索饷。广西巡按鲁可藻记，永历元年（1647）十月"郝永忠索饷于桂林。司、道、府各官各千、万不等，其饷抚萧琦为之聚敛。初，永忠扎营教场，日取乡民，弦绞其腿，

[1] 鲁可藻《岭表纪年》卷一。

讯诸司贤否贫富，阅十百人，乃于各名下画圈，以多寡分饷高下，按而索之”[1]。瞿式耜等人还指使桂林乡村居民立团聚保，阻止郝兵需索薪菜；郝永忠大为愤慨，派出军队剿灭乡团。这些事情又成为南明官绅污蔑郝永忠的口实。

十一月，清怀顺王耿仲明等大举进攻广西全州。明督师何腾蛟驻兴安指挥，南安侯郝永忠“亲统大兵出灌恢道，于兴安闻警，一面发兵扼守灌阳，一面统兵星驰援全。本月十三日辰时，同卢（鼎）、焦（琏）、滇（赵印选、胡一青）三营至脚山，离全二十里。三营由大路往全，本爵（郝永忠自称）由小路午时抵全，至北关。虏于北门扎营，势甚猖獗。本爵身先士卒，率标镇马骑直冲虏营。虏交锋大败，奔溃北走。我兵直赶三十里，杀虏千余级，生擒二名，夺大西马三百余匹，小马无算，火炮、弓箭、衣甲、器械不计其数”[2]。全州之战，各“勋镇共以首功归永忠”[3]，连瞿式耜在同月十六日奏捷疏中也不能不说：“南安侯郝永忠、宜章伯卢鼎、新兴伯焦琏与滇镇赵印选、胡一青，诚不愧标名麟阁。”永历帝则称赞“全阳奇捷，真中兴战功第一”[4]。正是由于郝永忠等在全州狠狠打击了入犯广西的清军，永历帝才在这年（1647）十二月初五日应瞿式耜等人之请移跸桂林[5]。

---

[1] 鲁可藻《岭表纪年》卷一。

[2] 瞿式耜永历元年十一月十六日飞报大捷疏，见《瞿式耜集》第七十七页。

[3] 鲁可藻《岭表纪年》卷一。

[4] 瞿式耜永历元年十一月十六日飞报大捷疏，《瞿式耜集》第七十八至七十九页。按，蒙正发《三湘从事录》记全州之战云，“十一月二十日，怀顺遣将同董英领马步三千，从间道袭全州”，不仅日期有误，而且只字不提郝永忠以及同郝关系密切的卢鼎，却塞进了他梦寐以求的所谓“恢抚官兵”，适足令人齿冷。与蒙正发沆瀣一气的王夫之在《永历实录》卷十五《郝永忠传》中断言：“永忠从无一矢功，惟残毁内地，屠士民，尤为诸将所恶。”此即王氏“实录”。

[5] 鲁可藻《岭表纪年》卷一记：“十二月初五日辛巳，上跸桂林，入行宫受朝，赐郝永忠蟒玉。”钱秉镫《所知录》卷二亦云：“十二月初五日，上自象驻桂，太后及两宫俱驻南宁府。”

第六节　永历帝逃离桂林

1647年（顺治四年、永历元年）九月，朱由榔到达柳州以后，瞿式耜坚持请他移跸省会桂林。他指出“桂林为西省上游，形胜嵯峨，城郭坚固，确然兴王根本之地。北规楚，东恢粤，惟此地为适中”。南面有思恩侯陈邦傅扼险于梧州，新兴伯焦琏镇守阳朔、平乐；北面有督师大学士何腾蛟、南安侯郝永忠堵敌于全州、兴安一带，万无一失[1]。朱由榔认为驻于广西内地比较安全，没有立即采纳他的建议。直到十一月十三日何腾蛟节制的郝永忠、赵印选、胡一青、焦琏、卢鼎四营（按，赵、胡所领兵马合称滇营）在全州击败来犯的耿仲明部清军后，朱由榔才在十二月初五日再次来到桂林。

然而，事有意外。广东清军提督李成栋在镇压了陈子壮、张家玉、陈邦彦等人组织的抗清活动之后，稳定了广东局势，又出兵西上，思恩侯陈邦傅不战而遁，十一月间清军重新占领梧州[2]。陈邦傅军撤退的消息传到全州，郝永忠唯恐己部留在桂林的老营（家眷和辎重等）将被陈军抢掠，急忙率兵从全州驰还桂林；督师何腾蛟带着卢鼎部也跟着南撤。全州本是焦琏的汛地，他听说郝、何率部回桂林，不知道是怎么一回事，只留下部将唐文曜同全永总兵王有臣守全州，自己也带领主力奔往大墟（今桂林东南大圩）。唐文曜、王有臣眼看各营主力纷纷撤回桂林，又得到梧州失守的消息，判断在清军东、北二路夹击下广西难保，就同全永道马鸣銮合谋于十二月十二日派使者往湖南永州（零陵）向清方接洽投降。清怀顺王耿仲明不久前进军受挫，对他们的主动请降心怀疑虑，拒绝接受。明全州监军周震坚决反对降清，对唐、王、马的变节行径痛加斥责。三人恼羞成怒，当即把周震拖出衙门杀害，然后派人带

[1]　瞿式耜九月初三日《请移跸桂林疏》，十月初二日《请速幸桂林疏》，见《瞿式耜集》第七十五至七十六页。

[2]　同治十一年《苍梧县志》卷十八《外传纪事下·本朝》。

着周震的头和敕印往永州纳降。耿仲明大喜，派两千骑于十七日到达全州接管该地，“全州遂拱手送人矣”[1]。

全州降清以后，广西门户洞开。1648年（永历二年、顺治五年）正月，督师何腾蛟驻守兴安，发出檄文命令各将领抽调兵马赴该地堵截清军由全州南下。郝永忠派部下罗中军带领一千名骑兵前往兴安。二月初一日，清孔有德、耿仲明、尚可喜三王兵由湖南经广西全州向桂林推进。明督师何腾蛟惊慌失措，竟然在滇将胡一青等保护下临阵脱逃，郝永忠派出的骑兵在兴安陷入重围，城破后全部战死[2]。郝永忠接到报告后大为愤慨，坚决拒绝同守辅瞿式耜一道保卫桂林，主张奉永历帝向后方转移。二月二十一日深夜，得报清军已经进入严关，瞿式耜赶往行在（原靖江王府），见郝永忠、卢鼎、马吉翔、兵部尚书萧琦都聚集在司礼太监处商议，他叙述所见情况道：“臣聆永忠议论，则以人马挫折，意懒心灰，竟欲即刻整旅西行，绝无意于省城者。臣既以好语慰之，复以正言规之，而内凿不入。”接着，瞿式耜面见永历帝，“则暂避永福之圣意已定，臣竟无从插齿，只争起驾之时刻耳”。式耜力主镇定，指出即使清军已经到达兴安，督师何腾蛟应该有告急塘报，在没有接到准确消息以前不宜轻易移跸。“若以走为上策，桂愈危，柳又不危乎？今日可到桂，明日独不可到南、太乎？”朱由榔回答道：“卿不过欲朕死社稷耳。”[3]后来瞿式耜在奏疏中也追叙了当时的情景：“皇上声色俱厉，谓今日事势，远过武、攸。尔等必欲留朕，两宫太后即烦尔等照管。”式耜不敢再说，随众退出。次日五鼓他又面见永历帝，奏言“圣驾即欲行，宜少从容，盖乱兵乘驾发之后，必有一番抢攘。圣驾稍

---

[1] 鲁可藻《岭表纪年》卷一。按，蒙正发《三湘从事录》记马鸣銮为全州知州；据瞿式耜永历元年十一月十六日“飞报大捷疏”中有“据全永镇臣王有臣、全永道臣马鸣鸾塘报”；鲁可藻书中亦云“全阳镇、道”降清，可证蒙氏之误。然时日则据《三湘从事录》。

[2] 《三湘从事录》。

[3] 《东明闻见录》。

停，一可以救满城百姓，二可以救满朝百官”，朱由榔置之不理。瞿式耜出朝途中接到赵印选的奏疏和何腾蛟的书信，知道进入广西的清方兵力并不多，又再次入朝，以何腾蛟的书信为证，劝永历帝暂缓移跸。可是，朱由榔已如惊弓之鸟，吩咐左右立即准备撤离桂林。“随驾诸臣车马匆匆，有行色矣。”式耜的意见遭到永历帝的断然拒绝，“时天颜愈厉，天语愈严”，式耜只有叩头请死，含泪而出。二十二日上午，朱由榔和宫眷、随驾官员离开桂林。郝永忠等部明军士卒立即乘势抢夺官私财物，瞿式耜由于主张坚守桂林，拒不随驾，在一片混乱当中，他的家产也未能幸免。从他的奏疏看，郝永忠曾经派了两名官头到瞿家禁止抢劫，但是主力既已转移，禁令也难以贯彻，乱兵以索取犒赏为名，连瞿式耜本人也受了一番折磨[1]。撤离桂林时出现的混乱和抢劫，无疑是事实；不过瞿式耜和南明其他一些官僚的记载颇多夸大其词。有的南明史籍更是添油加醋，穷极形象，如说郝永忠于二月二十三日“抢入大内，劫帝于寝被中，舁出城外”[2]；“留守（即瞿式耜）裸体坐署中”[3]。这类谣言显然不可信。

[1] 瞿式耜永历二年三月初一日《变起仓卒疏》中说：他自己“肩背腰肋，无不重伤，牵曳捽扑，以白刃加于颈者数十次，历辰、巳、午、未四时，地狱变相，无所不尝”。见《瞿式耜集》第七十九至八十一页。

[2] 计六奇《明季南略》卷十三《永历走平乐》条引《粤事记》。

[3] 《东明闻见录》。

第十四章
郑成功在闽粤沿海地区的军事活动

第一节　郑军同安之役

1647年八九月间泉州战役，郑成功还是以定国公郑鸿逵的助手身份参战的。战败返回安平以后，他加强了自身力量的积聚，广泛招募文武人才。在他的感召下，原浙江巡抚卢若腾、进士叶翼云、举人陈鼎等相继而来。郑成功对他们礼敬有加，待如上宾，每遇重大事情都征求他们的意见，逐渐形成了一个政治上参与决策、联络各地抗清势力和治理地方的文官幕僚班子。同时凭借他在隆武朝廷内的地位和郑芝龙的旧关系，招集兵将，不断扩大自己的军事实力。

郑成功的部将主要来自四个方面：一是跟随他起兵的少数将领，如洪旭等人；二是福建沿海应募而来的有志之士，如海澄人甘辉、漳浦人蓝登等；三是跟随郑芝龙降清，拨归佟养甲、李成栋部下进攻两广，1648年李成栋反正后由粤返闽的将领，如施琅（当时名施郎）、洪习山、黄廷等；四是清方派驻东南沿海的少数仍怀故国之思的将领自拔来归。郑成功对于这些不同出身的将领大体上能做到一视同仁，唯才是举，特别是在军事组织上做了精心的改编，防止了将领拥兵自雄、飞扬跋扈的局面。这是他总结了弘光、隆武以来朝廷姑息养奸教训而采取的坚决措施。正是由于建立了极为严格的军事组织和纪律，郑成功才成为一位真正的统帅，而不是虚有其名的盟主。

郑成功不仅在选拔和驾驭将领上著称于世，而且非常注意练兵。他冷静地估计到己方所长是海战，然而要同优势清军作战，收复失地，必须训练步兵和骑兵。由于东南沿海缺少马匹，郑成功在组建骑兵时受到很大的限制，这是他后来同清兵作战中往往失利的一个重要原因。郑成功的严格训练海上水师是人所共知的，厦门鼓浪屿上的日光岩就因他当年雄立山顶检阅舟师而传颂至今。但是，作为一位雄才大略的统帅，他知道要恢复失地必须凭借陆战，所以他组建了许多以陆战为主要任务的营、镇，“朝夕操练部伍阵法”。

郑成功的军需供应一直是史学界关心的问题。因为他的兵力控制的地区仅限于沿海岛屿和小片滨海地区，靠当地的物力、财力肯定支持不了他的日益扩充的军队（最多时达几十万人），维持一支这样庞大的舟师和陆战部队，还要养活官兵家属，需要巨额的银钱、粮食、木材、铜铁和火药等物资。要同据有全国大部分地方的清廷抗衡，他不能不尽量扩充军队。那么，后勤支援是怎样解决的呢？大致来说，郑成功的军事供应来自三个方面：一是他继承了郑芝龙开创的海外贸易的垄断地位，充分利用自己在海上的优势，把内地的出口物资通过秘密渠道运往海外，取得巨额利润，这大概是他解决军费的主要办法。由于东南各省已被清军占领，这种对外贸易基本上是以秘密走私方式进行，现存清方档案中的片段材料可以证明其规模相当大，却无法窥知其总额和每年利润的确数。二是在攻占地区征收粮饷，从一些史料来考察，田赋额和因用兵而征发的劳役是相当重的，这固然解决了郑军的一部分燃眉之急，也极易失去民心。郑成功攻占的福建、广东沿海地方往往很快沦陷，这不仅是个兵力对比问题，税役的畸重（有时根本不能算赋税，而是赤裸裸的掠夺）使他难以得到当地百姓的支持。三是福建泉州、漳州一带在承平之时就缺少粮食，要从附近省份运销供应，填补不足，其中相当一部分是从广东潮州、惠州地区转贩而来。郑成功通过海上贸易赚到的利润大抵是白银和其他物资，解决不了军民每天必需的粮食供应，因此他几次出兵潮州，目的主要是搜括粮食。

大致可以说，郑成功从1646年底开始组建自己的军队，到1648年才形成一支对清朝颇具威胁的力量。

1648年（顺治五年、永历二年）四月初十日，郑成功率领部将洪习山、甘辉等进攻福建同安县。清军副将廉彪、游击折光秋引兵出城迎敌，被击败退入城中。十八日，郑军直抵城下，清朝知县张效龄和廉彪、折光秋带着残兵败卒弃城而逃。[1]郑成功入城后出令安民，委任叶翼云为同安知县，陈鼎为教谕，号召诸生起义勤王，劝谕百姓缴纳粮饷。正在这时，原先奉唐王朱聿𨮁入广州建立绍武政权的总兵林察从广东逃回，报告了广西、湖广等地拥立永历帝的消息。郑成功举手加额说："吾有君矣！"[2]排设香案望南而拜，从此遥奉永历正朔。他派隆武朝中书舍人江于灿、黄志高携带表文乘船由海道前往广东，向永历朝廷报告自己在福建沿海抗清的情况，表示愿意在永历朝廷领导下东西配合，共谋复兴。

李成栋反正以后，永历帝由南宁迁回广东肇庆，整个广东都在南明统治之下。按理说，驻于福建铜山一带的郑成功既由虚戴隆武年号改尊永历朝廷，地理位置又非常接近，似乎可以在统一部署下联兵北讨。实际情况并不如此。当时永历朝廷正处于"中兴"时期，留下的记载比较多，却极少提到郑成功。原因在于李成栋系统的将领同随成栋入粤的福建将领之间存在很深的隔阂。成栋反正以前，对郑芝龙的旧部施福、施郎、洪习山、黄廷等人既利用他们冲锋陷阵，又在给清廷的奏疏里把他们贬得一文不值。反正以后，李成栋意气发舒，把广东看成自己的势

---

[1] 顺治六年三月福建巡按霍达为查参泉属失城事揭帖，见《郑成功档案史料选辑》第十六至十七页。按，江日升《台湾外纪》中把廉彪写作廉郎、折光秋写作祁光秋，职务均作游击，稍误。

[2] 《台湾外纪》卷三，第八十八页。

力范围，奏请永历帝核准把施福等福建兵将遣送回籍。八月，永历朝廷改封武毅伯施福为延平伯，“敕仍回闽恢剿”[1]。闽系将领跟随李成栋反正，不仅没有像成栋嫡系那样因反正有功加官晋爵，反而在遣回福建途中遭到李部将领暗算，企图加以火并收编。如施郎所部“自南雄抵潮郡。适潮将郝尚久者，粤师将也。阳犒师牛酒，而包藏祸心，召诸部阴为图公（指施郎）。公侦知其事，急拔众走饶平，踞守阅月突围出，且战且行，连日夜间关险阻，从弟肇琏、肇序皆随殁军中”，勉强拖到粤闽交界的黄冈镇才得以脱身，投入郑成功部下。[2]永历朝廷内实权人物对郑氏家族旧将既如此蛮横无理，以施福为首的福建将领给郑成功带回的讯息就不言而喻了。

七月，清靖南将军陈泰、浙闽总督陈锦和福建提督赵国祚派军进攻同安。守将邱缙、林壮猷、金作裕与知县叶翼云、教谕陈鼎协力坚守。至八月十六日城破[3]，邱、林、金阵亡，叶、陈被俘，不屈被杀。清兵屠城，“血满沟渠”。郑成功在铜山接到同安告急文书，亲统大队舟师来援，因北风正厉，船行受阻，五天后才到达金门，同安失守的消息传来，他为死难者痛哭遥祭，怅怅然回师铜山。这年福建濒海地区闹大灾荒，一斗米价格近千钱，约为平年的十倍。郑成功和郑彩组织大批船只前往广东高州（今广东茂名）明思恩侯陈邦傅辖地购买粮食，在军事上没有什么作为。直到次年（1649，顺治六年、永历三年）九月，清云霄营副将张国柱御下刻薄寡恩，部下千总王起俸带领几名亲信乘船来铜山向郑成功投降，表示愿意充当攻取云霄的向导。十月，郑成功领军直入云霄港，初十日从白塔登岸，分兵三路：左先锋施郎、援剿左镇黄廷、前冲镇阮引、正兵营卢爵由左而进；右先锋杨才、援剿右镇黄山、

[1] 鲁可藻《岭表纪年》卷二，原文为“改封施福延平伯，杨仍回闽恢剿”。“杨”字当系“敕”字之误。

[2] 施德馨《襄壮公传》，见《靖海纪事》福建人民出版社1983年版，第三十四页。

[3] 据前引霍达顺治六年三月揭帖清军攻破同安为八月二十六日。

后冲镇周瑞、左冲镇林义、右冲镇洪习山由右而进；郑成功自己带领戎旗中军康明、中冲镇柯宸枢、亲丁镇张进由中路推进。清云霄守将张国柱命中军旗鼓姚国泰守城，自己领兵出城五里迎战。初十日午时两军相遇，张国柱被郑军左先锋施郎部下副将施显砍伤，落水而死，兵员溃散，郑军乘势攻克云霄，俘姚国泰。[1]

云霄之战以后，郑成功发兵扼守盘陀岭，自己领军围攻与广东接境的诏安县。清漳州总兵王邦俊乘郑军西下，进攻盘陀岭。二十八日晨大雾弥漫，清军大举突击；郑军抵敌不住，中冲镇柯宸枢阵亡。败讯传来，郑成功被迫放弃围攻诏安的计划。这次战役双方都损兵折将，控制区也没有什么变化。但郑军得到了王起俸、姚国泰两员擅长骑射的将领，成功任命王起俸为铁骑镇（不久改为正兵镇）“教以学射，教以骑马”[2]，开始组建陆战的骑兵，这对郑军后来的发展起了一定积极作用。

第二节　郑军潮州之役

1649年（顺治六年、永历三年）前后，郑鸿逵、郑成功军同广东郝尚久部争夺潮州之战，是南明史上的一次内讧。郝尚久是李成栋的部将，入广后奉命镇守潮州。1648年李成栋反清归明，郝尚久也随之反正，永历朝廷封为新泰伯。按理说，潮州紧接郑氏家族占领的铜山、厦门一带，本应共赴国难，联军恢复福建。可是，南明的派系矛盾使这一前景归于幻灭。江日升记载，李成栋反正后曾经上疏建议“速当发诏通

[1] 云霄战役的经过见阮旻锡《海上见闻录》（定本）、杨英《先王实录》；又见清福建总督陈锦顺治七年正月“为塘报海寇突陷云霄，官兵旋已恢复事”揭帖（收入《郑成功档案史料选辑》）。江日升《台湾外纪》记于顺治五年（1648），误。

[2] 郑亦邹《郑成功传》。该书认为在郑军中教以骑射，制定骑兵作战纪律“割马耳者同首功，杀马如屠，自起凤（俸）始”。

成功，连兵恢复”[1]，永历帝也曾为此颁发诏书。郑成功叔侄却垂涎于广东潮州一带产粮区，早在1648年（顺治五年、永历二年）四月，郑鸿逵就率领舟师三千余名来到潮州府属的揭阳县征粮收饷[2]。这正是李成栋反清复明的时候，双方的摩擦日益加深。郑成功曾经派杨乾生为使者致信潮州总兵郝尚久，遭到断然拒绝[3]。郑成功信中究竟提出了什么要求，未见明确记载，估计是以“连兵”为由要求入驻该府。郑氏集团觊觎潮、惠由来已久，定国公郑鸿逵和郑成功急于解决粮饷来源问题，原先随李成栋入广的郑芝龙部将施福（又名施天福）等人又因长期受到李成栋等“北人”的歧视，一直耿耿于怀，纷纷怂恿郑成功夺取潮州，以泄私愤。杨英的一段记载透露了其中委曲：

> 时武毅伯施天福同黄海如来见，藩（指郑成功）令天福典兵柄；辞以老，从之。谓海如曰：“我举义以来，屡得屡失，乃天未厌乱。今大师至此，欲择一处，以头（？）练兵措饷之地，必何而可？”海如曰：“潮属鱼米之地，素称饶沃，近为各处土豪山义所据，赋税多不入官，藩主策而收服之，藉其兵□而食其饷，训练恢复，可预期也。”藩曰：“我亦思之，但潮邑属明，未忍为也。”时参军藩□□言曰：“宜先事入告，然后号召其出师从王，顺者抚之，逆者讨之。”……[4]

这段记叙反映了郑成功出兵广东时的矛盾心理，既“思”夺取这块“素称饶沃”之地，又因该处已“属明”不“忍”下手。那位参军建议“先事入告”（即报告永历皇帝），然后“名正言顺”地取之。这在实

[1] 江日升《台湾外纪》卷三。

[2] 乾隆四十四年《揭阳县志》卷七《事纪·附兵燹》。

[3] 《台湾外纪》记于顺治六年三月。

[4] 杨英《先王实录》。“参军藩”下脱二字，陈碧笙先生校云为庚钟，则藩字当为潘字之误。

际上根本行不通，无非是为打内战找一个自欺欺人的借口。永历皇帝当时在很大程度上是依附于反正过来的李成栋等“东勋”，不论郑成功以什么理由上疏朝廷要求把成栋部将控制下的潮州转交给自己，永历朝廷绝不会同意。尽管如此，郑鸿逵和郑成功在1649年到1650年多次出兵广东，除击败盘踞潮州沿海达濠埔等处的许龙、张礼等“不清不明”的地方武装外[1]，主要目的是同郝尚久争夺潮州府。1649年（顺治六年、永历三年）八月，郑鸿逵舟师与郝尚久军交战于揭阳，互有胜负。“十二月十七日，郑成功亲率林胜、杨才、黄山、施信、杨勇、洪进、阮引、康明、甘辉、黄凯、史朝纲、潘加钟、林期昌、林翰、颜尚通、萧武、戴彰、翁文贤等共二十四镇至揭，每镇五百人，大举入潮”[2]，与郑鸿逵会师。郑成功明知郝尚久镇守下的潮州府已属南明永历朝廷，“彼尚借明号，岂可自矛盾”[3]，却故意制造事端，擅自派遣军队到处搜刮粮饷，遇有“不服输将”者就“声罪致讨”，攻城破寨，俘掠百姓。郝尚久见郑军在自己的管辖区内如此胡作非为，愤而出兵阻拦。郑成功就乘机宣布“郝虏助逆，加兵擒而灭之，师出有名矣”[4]，肆无忌惮地大打内战，先后占领了潮州府属的海阳、揭阳、潮阳、惠来、普宁等县，并在1650年（顺治七年、永历四年）六月间包围了潮州府城。

永历朝廷对郑成功的挑起内衅显然是不赞成的，但又无可奈何。鲁可藻在记载永历四年（1650）八月朝廷给“东勋”（李成栋部将）杜永和、张月、李元胤、张道瀛、郝尚久、李建捷、罗成耀、马宝晋封侯爵一事时，对郝尚久评论道：“尚久则未尝有事，虽朱成功围困潮城，乃

[1] 许龙等同郑芝龙一样带有浓厚的海盗色彩，他们的存在影响了郑氏家族对海上贸易的垄断地位。张礼因兵力不敌投降郑成功，被郑鸿逵沉入海中淹死。

[2] 乾隆四十四年《揭阳县志》卷七《事纪》。杨英《先王实录》第十二页记于十二月十四日。

[3] 《先王实录》第十二页。

[4] 《先王实录》第十五页。

穴中之斗，难以言功。”九月，朝廷派中书舍人陆漾波以监军给事中名义“捧敕回潮州，谕解朱成功、郝尚久之争”[1]。

就在郑军争夺潮州府的时候，清尚可喜、耿继茂军由江西南下，于1650年二月进抵广州城下。三月，镇守惠州府的明奉化伯黄应杰、惠潮道李士琏剃发降清[2]。尚可喜等派尚奇功、白万举二将往惠州“协守”[3]。郝尚久镇守的潮州西面已归附清朝，与永历朝廷隔绝；东面又遭到“遥奉永历”的郑成功军的进攻，他一怒之下同潮惠巡道沈时决定叛明降清。六月二十五日派戎旗游击刘清正等赴福建漳州请清兵来援，同时向清平、靖二藩递上降表请援。尚可喜和耿继茂当时正顿军于广州坚城之下，无兵可派，转檄福建漳州总兵王邦俊出兵援潮。王邦俊当即率师入潮，会同郝尚久击败郑成功，迫使郑军退回福建铜山。[4]

就事实而言，郑成功、郑鸿逵进攻潮州是极失策略的，它加速了清军侵占广东全省的过程。郑氏集团鼠目寸光，只知从自身利益出发，想夺取已属于南明永历朝廷的潮州府，借以解决粮饷问题。结果是鹬蚌相争，渔翁得利，迫使郝尚久把这块富饶之地献给了清方。郑成功以铜山、南澳一带为基地，背靠永历朝廷管辖区，如果以大局为重，西连两广，北连舟山，南明各派抗清武装气脉相通，可以有一个全盘的复兴计划。至于粮饷困难，郑成功本可上疏请求永历朝廷拨给或经正当途径到潮、惠等地采购。郑氏志不在此，一心想在南明政权

[1] 鲁可藻《岭表纪年》卷四。这时，郝尚久已经降清，见下文。

[2] 鲁可藻《岭表纪年》卷四。按，原文云永历三年三月黄应杰降清，“应杰为镇惠凤化伯”；同书卷二记永历二年封李成栋部将黄应杰为奉化伯。凤字为奉字之误。

[3] 《平南王元功垂范》。

[4] 顺治七年十一月十九日福建巡抚张学圣“为进缴潮州各官伪敕印札事”揭帖中说：“闽之漳州与粤潮接壤，唇齿相依。前因潮州总兵郝尚久投诚，而海寇郑成功恶其归顺，攻围潮城，势甚危急。尚久遣官赴闽请援……”（见《郑成功档案史料选辑》第二十五至二十六页）。按，郑军攻潮并非因郝尚久投降清朝已见上述。

内部扩张自己的领地，终于导致大局逆转。某些史著把郑成功1649—1650年潮州之役归入抗清范畴，显然不正确。

第三节　1651年清军袭占厦门

1650年（顺治七年、永历四年、鲁监国五年）七月，郑成功从广东败回，没有实现以潮州为基地的愿望。在兵力上，他已经在郑氏集团中崭露头角，拥有的地盘却小得可怜。郑成功暗自决心首先要像他的父亲郑芝龙一样成为郑氏集团公认的霸主。这年八月，他带领舟师向厦门（当时的名称是中左所）进发，趁建国公郑彩引兵外出、厦门只有郑彩之弟定远侯郑联据守的机会，袭取该岛。他采纳施琅的建议，以亲亲通好为名，先给郑联送去稻米一千石，要求郑联让自己的军队登岸。郑联正因为缺粮发愁，又认为成功毕竟是自家人，爽快地答应了。八月十五日，郑成功军全部到达厦门，突然将郑联部士卒缴械，随即捕杀郑联。郑联的部将陈俸、蓝衍、吴豪等人都被收编。郑彩部下将领杨朝栋、王胜、杨权、蔡新等人也在郑成功的招徕下，渐次来归。郑彩失去了兵权，归老于家。[1]

郑成功吞并了郑彩、郑联兄弟的兵将、船只，又取得厦门一带具有战略意义的岛屿，实力大大增强，从而改变了郑芝龙降清后原郑氏集团各自为政的局面。由于兵员激增，粮饷的来源成了他面临的首要问题。

---

[1] 阮旻锡《海上见闻录》（定本）。黄宗羲《行朝录》卷四记，鲁监国五年九月，“彩与朱成功争中左所，彩大败，泊沙埕，具表请援。芝、进既怨瑞，而名振欲结欢于成功，反击破彩之余兵”。《南疆逸史》卷五十三《郑彩传》云：郑彩乃郑芝龙族侄。“庚寅，与郑成功构衅，成功击走之，袭执其妻子。成功祖母责其孙善遇之，得释还。秋，北至武环山，欲争平夷侯（周鹤芝）地，相攻杀者累日，后阮进助平夷，彩遂败走。始，闽安周瑞、荡胡阮进皆彩义子也，平夷侯则称门生者也。至是互相攻杀，惟力是视矣。彩漂泊海中无所适，成功以书招之，乃归，死于家云。”

正在这时，郑成功得到广东传来的消息，惠来县失守，“潮阳山贼复起，不服追征”[1]。他的叔父定国公郑鸿逵在潮州地区筹集粮饷由于赋额太重，引起百姓的反抗，又受到优势清军的压力，已经陷入困境。这年（1650）十月，郑成功决定亲自带领主力前往潮州，留堂叔郑芝莞率领阮引、何德部水师、蓝登部陆师守御厦门。

1651年（顺治八年、永历五年）正月，郑成功军到达广东南澳，郑鸿逵引兵来会。两人商议后决定鸿逵回厦门，部众交成功统一指挥攻取潮、惠[2]。当时，清平南王尚可喜、靖南王耿继茂藩下的军队已经基本上控制了广东的局势，郑成功的舟师可以称雄于海上，但陆战较弱，征取粮饷必须占领较大的地方，而且需要较长的时间才能实现。左先锋施琅认为厦门初定，主力远征清方兵力较强的地方，有可能变生意外。他知道郑成功性格刚强，不敢直说郑军同闽、粤两省清军相比兵力处于劣势，更不便以疏间亲地说郑成功的叔父未必能保住厦门，于是，他面见成功时假托自己头天夜间做了一个梦，预示出师前景不利，请郑成功慎重考虑。郑成功并没有听出施琅弦外之音，认为他白日说梦，心存胆怯，阻碍自己的战略部署。当即下令把施琅的左先锋印和部下兵将移交副将苏茂掌管，让施琅随定国公郑鸿逵一道回厦门。[3]

三月初十日，郑成功舟师进至大星所（今广东平海海口），伙兵上岸砍柴，被清兵和当地百姓赶走。成功大怒，传令扎营，进攻大星所城。部将万礼奉命阻击惠州来援的清军，在龙盘岭伏击得胜，全歼惠州

[1] 阮旻锡《海上见闻录》（定本）卷一，第十二页。

[2] 阮旻锡《海上见闻录》（定本）卷一记，1650年“十二月，赐姓抵揭阳，与定国公商议。赐姓欲南下，定国回厦门”。接着记1651年“正月，赐姓至南澳”。杨英《先王实录》记1651年“正月初四日，藩驾至南澳”。据乾隆四十四年《揭阳县志》卷七《事纪·附兵燹》记载，郑鸿逵原在揭阳，顺治八年（1651）正月二十一日“帅众还闽”。鸿逵军离开揭阳后，清朝官员和军队才陆续至县。可见，郑成功在1651年正月由厦门到南澳，郑鸿逵即领军由揭阳到南澳与他相会。阮旻锡所记有误。

[3] 阮旻锡《海上见闻录》（定本）卷一，第十三页；杨英《先王实录》第二十五页。

来援之敌。十五日，郑军攻克大星所，缴获了城中囤积的一些米谷。

就在郑成功大军由海上进攻广东的时候，清朝福建巡抚张学圣、巡道黄澍、福建右路总兵马得功获悉郑成功主力已经南下，厦门守兵单薄，他们对于郑氏家族垄断对外贸易积累下的巨额财富早就垂涎三尺。三人密议后，于闰二月二十七日调集军队乘坐小船渡海偷袭厦门。守将前冲镇阮引、后冲镇何德被击败，率领舟师撤至金门（浯洲），郑芝莞惊慌失措，乘船逃跑。三月初一日，清军攻入中左所城内，仓促之间成功的妻子董氏带着郑经怀抱祖宗牌位乘小舟逃至郑芝莞船上。寄居厦门的大学士曾樱自杀。清军占领中左所后，把郑氏家族的金银财宝掠夺一空，出征将领的家属也深受其害。除了兵丁抢得少数财物以外，大部分金钱落入了张学圣、黄澍、马得功的腰包。从各种史料来看，这批财物的数量相当惊人，郑成功致父书中说："掠我黄金九十余万，珠宝数百镒，米粟数十万斛，其余将士之财帛、百姓之钱谷何可胜计。"[1]郑鸿逵在致其兄郑芝龙信中也说：清军"侵掠中左，男女遭惨，不可胜数，宝物黄金，计近百万"[2]。顺治九年（1652）冬，清廷有意招降郑成功，得到报告说郑成功因厦门财产被抢，"借口索债，兴兵结怨"[3]，对抚、道、镇臣瓜分财宝隐匿不奏大为愤慨，把张学圣、黄澍、马得功

[1] 《先王实录》。按，郑成功信中所列金宝粮饷数字虽然比较具体，但这封信实际上是写给清廷看的，难免有所夸张，不能全信。比如"米粟数十万斛"按当时清军船只的运载能力就不可能在短期内运回大陆。张学圣、马得功、黄澍后来受审时也不可能隐匿这批粮食。江日升《台湾外纪》中记郑芝莞战败后"席卷珍宝，弃城下船"，成功妻董氏登上此"重载"之船，芝莞恐"识破机关"，再三请她移乘家眷船，董氏坐而不动。后来，郑成功"将董氏所乘芝莞船积藏金银搬充军饷"（见该书第九十六至九十七页）。可见，郑芝莞出逃时携带了为数可观的金银财宝，后来被郑成功收回。但是，郑成功等人的家产无疑有相当一部分被清军掠去。

[2] 《先王实录》。

[3] 顺治十年九月十七日刑部尚书觉罗巴哈纳等"为劣抚轻贪启衅，致地方沦陷，仰祈圣鉴治罪，以速靖地方事"题本，见《郑成功满文档案史料选译》第十四页。同件汉文本残件见《明清史料》丁编，第一本，第七十九至八十二页，此句作"借口索偿，弄兵修怨"。

和巡按御史王应元革职，扭解京师，由刑部、都察院、大理寺三法司会审。张学圣、黄澍、马得功拼死不招，一口咬定城中并无财宝，若有私分情形，“甘愿凌迟处死”[1]。这笔庞大的财富估计当事人用了相当一部分贿赂承审官员，结果三法司议罪时“三四其说”（题本后朱批语），游移不定，最后草率了事。

厦门的失守也反映了郑氏集团同清方的微妙关系。除了这个集团的首领郑芝龙被软禁在北京以外，郑芝龙的母亲黄氏和五弟郑芝豹[2]居住在安海（即安平）老家，处于清方控制区内。张学圣等决定偷袭厦门时，搜集了七十条船，其中郑芝豹提供了八艘。马得功之所以能轻易地攻占厦门自然同郑芝豹有关。三月十二日，张学圣、黄澍到厦门做短暂停留（估计是去同马得功分赃）后，马得功仍留在岛上。这时，郑鸿逵带领从广东返回的部分军队到达厦门，“复将城围住”。马得功向张学圣求援，张派漳州参将冯君瑞领兵六百往援，遭到郑军阻击，不能进城。马得功被困在中左所城内，无法脱身，又估计到郑成功主力回师后必遭灭顶之灾。于是，他派人去安海向郑芝龙的母亲求情，请黄氏写信给郑鸿逵让他网开一面，放清军返回大陆。郑鸿逵碍于母命，除了归还缴获的郑芝豹提供的八艘船外，另派三十艘兵船将马得功及其部众送回大陆。郑鸿逵后来写给郑芝龙的信中谈到这件事说：“泉镇马得功贪恋无厌，尚留岛上，被各舟师重围，三战三北，援绝势孤，乃乞命于弟。弟怜海百万生灵纷纷逃窜，不得安生乐业，姑许其请，遂纵舟全渡人马，使得功生还泉郡，弟之力也。”下文说“大侄”郑成功回师后得知马得功被他放走，非常不满，从此“相见尤罕”[3]。

当使者带来厦门失守的消息时，郑成功大为震惊，部下将士担心亲

[1] 见《郑成功满文档案史料选译》第十九页。

[2] 《明清史料》丁编，第一本，第六十三页，顺治九年八月十一日厢黄旗正钦尼哈番（即镶黄旗精奇尼哈番）郑芝龙奏副中说郑芝豹是他的五弟。参见石井本《郑氏宗族谱》。

[3] 杨英《先王实录》第九十至九十一页。

属安全，“哭声遍闻”，一致主张回师厦门。这里涉及郑成功统军入粤究竟是出于什么目的？跟随他出征的户官杨英特别强调郑成功对永历朝廷的忠心。他在书中记载郑成功对部下将领说：“奉旨勤王，今中左既破，顾之何益？且咫尺天颜，岂可半途而废？国难未报，遑顾家为？”由于“诸镇亦来劝驾回棹，谓三军各怀家属，脱巾亦是可虞。藩无奈，姑南向拜曰：‘臣冒涉波涛，冀近天颜，以佐恢复，不意中左失守，将士思归，脱巾难禁。非臣不忠，势使然也。’挥泪痛哭，三军哀恸。入谕诸将曰：‘班回杀虏，须足粮食，先就近处取粮满载，俟风开驾，何如？’请将曰：‘可。’”[1]后世学者不少人都相信杨英的说法，朱希祖在《从征实录》（即《先王实录》）序中盛赞该书记载郑成功“勤王”事迹之详，“实为成功大增光彩”[2]。其实，杨英对“藩主”事迹的记载有许多溢美掩饰之词，不能轻易相信。顺治八年（1651）春广东省处于清平、靖二藩占领之下，广西的大部分地区也已被定南王孔有德占领，永历帝局促于南宁，朝不保夕，孙可望的军队主要集中于贵州省，郑成功的海师距离永历朝廷的行在相当远，完全不像杨英代郑成功立言所说的“咫尺天颜”。如果郑成功此举目的在“勤王”，就必须同清平南、靖南、定南三藩进行大规模的陆上战斗，郑成功未必有这样大的决心和兵力。1653年（顺治十年）郑成功给郑芝龙的信中说：“儿于己丑岁（1649）亦已扬帆入粤屯田数载矣。不意乘儿远出，妄启干戈，袭破我中左。”郑鸿逵给郑芝龙的复信中也说：“辛卯春（1651，顺治八年），本省抚、镇、道觑大侄屯田于粤，侵掠中左。”[3]可见，郑军的几次进攻广东，包括1649年进攻臣属永历朝廷的郝尚久所据潮州府都是为了“屯田”，即搜括粮饷。1651年的广东之役固然是抗清运动的组成部分，但像杨英那样描绘得栩栩如生志在勤王，根本不符合当时的形势。

[1] 《先王实录》。

[2] 影印本《延平郡王户官杨英从征实录》序。

[3] 《先王实录》。

三月二十五日，郑成功率舟师从大星所一带返航；四月初一日到达厦门，清军马得功部已逃回大陆。他了解了事情的来龙去脉后，极为愤怒：“引刀自断其发，誓必杀虏。又传令不许芝莞及定国（郑鸿逵）与诸亲相见。曰：‘渡虏来者澄济叔（郑芝豹），渡虏去者定国叔，弃城与虏者芝莞功叔，家门为难，与虏何干？’”[1]郑鸿逵写信请他回中左所城，他派人回答道：“定国公与虏通好，请我似无好意。回报定国，谓不杀虏，无相见期也。”郑鸿逵自知铸下大错，回信说：“马虏之归，盖以吾兄（郑芝龙）身在于清，重以母命故耳。不然，我亦何意何心也？侄有疑吾之言，不亦惜乎？”随即交出全部军队，不再参与成功军事，只留下部分船舶从事对外贸易，自己搬往白沙居住。四月十五日，郑成功扎营于厦门澳仔（据陈碧笙先生考证为今厦门大学校址），召集诸将追查厦门失守的责任。郑芝莞应召而来，成功责备道：“吾南下时，未敢以地方城池付汝，是汝自请水陆拨镇付汝提调，有失依军令。今有何说？”芝莞归罪于阮引未能阻止清军登陆。成功说：“水师未败，而汝先搬物，身已在船矣。”下令推出处斩，诸将跪请从宽处理，成功不听，将郑芝莞斩首传示军中。阮引也被处斩；何德革职，捆责一百二十棍；蓝登免罪。

第四节　郑、施交恶和施琅降清

施琅在清军登上厦门岛形势极为严峻的时候，曾经率领部卒数十人奋力作战；郑成功回到厦门论功行赏，奖给白银二百两。表面上是赏罚分明，可是，郑成功对施琅的傲慢跋扈却怀有戒心。作为一军统帅，郑成功的弱点在于不能充分任人器使，不能容忍下级对他的不尊重。施琅在明清之际确实是一位出类拔萃的将才，但是他在军旅生涯的前期始终没有受到重视。跟随黄道周率军援赣时所提建议被拒不听用；降清后

[1]　《先王实录》。

随李成栋入粤又备受压抑；广东反正后转入郑成功部下本想大显身手，却仍受到部分将领的排挤，郑成功也未能发挥其所长。尽管郑成功肯定了他在厦门迎战清军的功绩，却不肯归还他的兵权。施琅在广东时曾经委婉地提请郑成功注意主力西进后后方兵力单薄的危险，郑成功听不得不同意见，解除了他的兵权。在施琅看来，自己在总的用兵策略上提的建议已经被事实证明是正确的，遣回厦门以后又不顾个人安危，奋勇同清兵作战，满心以为郑成功班师归来将恢复自己的左先锋职务。不料，郑成功回到厦门以后，并不让他官复原职，左先锋仍由苏茂担任，而且提升施琅的副将万礼为镇将（即总兵），施琅依旧落职闲住。施琅大为不满，向成功报告自己心灰意懒，想去当和尚，借以探测成功对他的态度。成功不为所动，叫他另行募兵组建前锋镇。施琅见难以挽回，一气之下剃光头发，不再参见郑成功。这时，施琅的弟弟施显任援剿左镇，也对成功的处置不满，双方的矛盾日益激化。

导致郑、施公开决裂的是曾德事件。曾德原先是郑彩部下的将领，隆武年间随郑彩、张家玉入赣，兵败后改守仙霞岭[1]。隆武二年六月因巡按御史尹民兴劾奏他“淫纵多端”，一度解职回京（福京，即福州），以都督杨耿接替。不久，应郑芝龙的请求仍派曾德回守仙霞岭[2]。郑芝龙降清后，曾德似乎不大得志，在郑成功军中受施琅节制。施琅既被削去兵权，曾德为求出头之日，利用过去在郑氏家族军队中的关系投入成功营中充当亲随，即所谓“恃郑氏亲昵，逃于郑所”[3]。施琅听到消息后，大为愤慨，派人把曾德捉回斩首。郑成功“驰令勿杀”，施琅却悍然不顾，“促令杀之”[4]。许多史籍记载郑、施交恶常把曾德说成施琅的“亲丁”“标兵”“标弁”或“从将”“逃将”，并

[1] 邵廷寀《东南纪事》卷一，见排印本第一五六页、一六二页、一六七页。

[2] 《思文大纪》卷八。

[3] 施德馨《襄壮公传》，见《靖海纪事》福建人民出版社1983年版，第三十四页。

[4] 江日升《台湾外纪》。

且说他是犯了法逃往郑成功处。这看来是不了解曾德原在郑氏军中地位较高，虽一度隶属于施琅部下，无论犯法与否，也无论施琅是否已经解除兵权，施琅都无权擅自将他处斩。正是因为诸书作者未查明曾德的背景，误以为他只是个一般兵弁，才对郑成功的勃然大怒感到不可理解，似乎是意气用事。郑成功见施琅违令擅杀郑氏旧将，断定他是反形已露，就在五月二十日密令援剿右镇黄山以商量出军机宜为名逮捕施琅之弟施显，同时命右先锋黄廷带领兵丁包围施琅住宅，将施琅和他的父亲施大宣拘捕。施琅被捕后，在一些亲信部将和当地居民的掩护和帮助下，竟然奇迹般地逃到大陆[1]。郑成功获悉施琅已经逃入清方管辖区后，怒不可遏，在七月间把施大宣、施显处斩。施琅得知父亲和弟弟被杀的消息，对郑成功恨之入骨，死心塌地投靠清朝，一意同郑氏为敌。史学论著里对施、郑交恶叙述颇多，这是因为他们是明清双方争夺福建沿海地区和台湾起了决定性作用的两个人物。个人的恩怨有时会改变历史的局部面貌。本书无意于纠缠一些细节问题，只想就大的方面分析一下这两位先后叱咤风云的人物分道扬镳的关键。施琅的一生证明他不愧是一位智勇双全的将领，虽不能说他缺乏政治主见，但他忽明忽清表明他总是以个人的立功扬名置于一姓王朝利益之上，也许可以说“士为知己者用”是他信奉的行为准则。恃才傲物是他性格上的弱点，无论在明朝还是在清朝他都表现出得意时踌躇满志，失意时口吐不满。然而，却从来没有看到他有非分之想的政治野心。对于这样一个人物，完全在于驾驭得当，用其所长，制其所短。熟悉清史的人都知道，后来康熙皇帝对施琅就是恩威并用，深得御将之道。郑成功一直坚持抗清，这同施琅在政治上的反复无常有很大的区别。但他少年得志，性格刚毅，遇事容易冲动，往往凭一时的好恶不计后果地处理问题，缺乏作为统帅人物必

[1] 施琅撰《都阃安侯施公行述》云：“亡何，余以旧将苏茂仗义相周旋，因集众扬飘宵遁，赖族父武毅伯潜驾舟接□（至）安平内地。”引自庄为玑、王连茂编《闽台关系族谱资料选编》，福建人民出版社1985年版，第四二二页。

需的全局观念。施琅叛逃之后，又株连到他的父亲和兄弟，很难说是明智之举。郑氏家族靠的是海上活动起家，清军不习海战，这是郑军能够长期活跃于东南沿海的重要原因。郑成功处置失当，导致施琅这样一位杰出的海军将领投入清方怀抱，使清廷能够建立一支足以同郑军相抗衡的水师，这对后来局势的发展确实是关系匪浅的。

第十五章

吴胜兆、王光泰等的反清

1647年是永历改元的第一年，呈现在朱由榔面前的图景是非常黯淡的，清兵步步进逼，险象毕露；南明方面虽然还有几个老臣如瞿式耜、何腾蛟、堵胤锡勉强支撑着残山剩水，也不过苟延残喘而已。

永历二年（1648）的元旦，朱由榔在桂林行宫里接受了臣工的朝贺。参加庆典的官员寥寥可数，更增添了冷落的气氛。朱由榔下诏给占据四川各地的军阀封爵，如赵荣贵为定随侯，王祥为荣昌侯，袁韬为定西侯，杨展为广元伯，李占春为綦江伯，于大海为武隆伯，侯天锡为永宁伯，武大定为犁庭侯，其他兵力较少的军阀如三谭（谭文、谭弘、谭诣）之流也授以挂印将军的官衔[1]。采取这个举动，不过是把实际上控制不了的四川各镇在名义上加以笼络，借以掩盖由于湖南全省沦入清方之手造成的人心离散局面。正月下旬，清军由湖南攻入广西，连克灵川、兴安。南安侯郝永忠见桂林危急，催促永历帝赶快南迁。三月初十日，朱由榔逃到南宁时，跟随的臣子不过大学士严起恒、吴贞毓、王化

[1] 沈佳《存信编》卷二。

澄、萧琦等七人而已[1]。尽管在瞿式耜组织下挫败了进犯桂林的清军，暂时稳定了局势，但是永历朝廷所能控制的广西一省防御力量的薄弱也暴露无遗了。

在前途渺茫的境况下，忽然“于无声处听惊雷”，喜讯接二连三传来，给永历朝廷带来了无限的欣慰，看来中兴有望了。这就是1648年（顺治五年、永历二年）正月二十七日金声桓、王得仁在江西南昌反正归明；三月十七日李成栋在广州反清；十二月初三日姜瓖在山西大同反正。这三个事件都可以说是震惊全国的大变，事变的发生不是偶然的。金声桓、李成栋、姜瓖等人都是明朝的总兵，投降清朝以后凭借手中实力为满洲贵族平定地方立下了汗马功劳。可是在清廷重满轻汉、重辽东旧人轻入关后归附人员的歧视政策下，他们不仅功高无赏、升官无望，而且受到清廷的猜疑和文官的压制，大有动辄获咎之慨。何况在投靠清朝的三年左右时间里，他们多少摸清了满洲贵族的实力并不像清朝统治者自己吹得那么神；各地汉族绅民反清的运动和思潮也使他们不能无动于衷。“蓄之既久，其发必速”，他们先后以迅雷不及掩耳之势揭起了反清复明的旗帜，割辫复制，在很短的时间里就造成全国形势风云突变。

在叙述金声桓、李成栋、姜瓖反清的经过以前，应当首先谈谈吴胜兆和王光泰兄弟的反清活动。这不仅是因为吴胜兆、王光泰兄弟起兵在前，而且还应考虑到吴胜兆同李成栋曾经在吴淞共事；王光泰兄弟的起兵和清廷的穷于应付，无疑对金声桓、李成栋、姜瓖等人的相继而起具有不可低估的影响。实际上，在二王以前，还有陕西的贺珍等人揭帜抗清，但贺珍是大顺军部将，情况稍有不同。

[1] 华复蠡《两广纪略》；何是非《风倒梧桐记》卷一。

第一节　吴胜兆反清和陈子龙等人的遇难

1647年（顺治四年、永历元年）四月十六日，在苏州发生了苏松提督吴胜兆反清复明的事件。吴胜兆，辽东人[1]，曾经在明朝军中任指挥；降清后跟随多铎大军南下，顺治二年七月二十六日到苏州就任苏松常镇提督。顺治三年正月，太湖义师攻破吴江县，吴胜兆带兵进剿，在县城内外大肆抢掠，“远近怨声沸腾”，闽浙总督张存仁上疏参劾，清廷给他罚俸六个月的处分，吴胜兆因此“心甚快快，每怀异念”[2]。在扫荡太湖等地的抗清武装时，他招降了不少义军首领，兵力大增，又与同驻苏州的清江宁巡抚土国宝摩擦甚多。土国宝密报驻于江宁（南京）的内院大学士洪承畴，说吴胜兆招降纳叛，心怀不轨。洪承畴认为这是巡抚和提督之间的矛盾，命吴胜兆于顺治三年七月初八日移镇松江。吴胜兆受到土国宝的排挤，内心更加不满。他部下的参谋戴之俊（字务公，长洲生员）、吴著等人原是抗清义师首领，乘机劝他反清复明。吴胜兆后来供称：

> 顺治四年三月内，有戴之俊前向胜兆吓称：“苏州拿了钱谦益，说他谋反，随后就有十二个人来拿提督。你今官已没了，拿到京里有甚好处？我今替你开个后门，莫如通了海外，教他一面进兵，这里收拾人马，万一有人来拿，你已有准备。”胜兆又不合回称：“我今力单，怎么出海？”戴之俊回云：“有一原任兵科陈子龙，他与海贼黄斌卿极厚，央他写书一封，事必妥当。”胜兆又不合允从，即令戴之俊前向陈子龙求书。子龙即发书一封，内大意云“胜兆在敝府做官极好，今

[1]　顺治四年七月初十日招抚江南大学士洪承畴揭帖，见《史料丛刊初编》。按，《吴郡日记》第二一五页说吴胜兆“虽生蓟北，原籍南京”。

[2]　《明清史料》己编，第一本，第四十页《刑部残题本》中云：顺治三年奉圣旨，“李成栋、吴胜兆着各罚俸六个月”，这以后吴胜兆“怨望弥深”。

> 有事相通，难形纸笔，可将胜兆先封为伯，后俟功成再加升赏，其余不便尽言，来将尽吐其详”等语，将书封付戴之俊回见。胜兆遂不合与李魁、吴著等及在官（按，明清术语“在官”意为已被捕“在押”）陆冏、左帅、刘承高，并胜兆舅子林可进、亲弟吴胜秦、族侄吴奇，先逃今投到马雄及脱逃未获顾有成等各不合商谋。胜兆说：“我如今手下有兵马四千号，要取苏、松不难，海外黄斌卿兵马亦不便前往，只要分兵一枝到江阴，一枝扎镇江海口，牵制江宁兵马，我便好取苏州，然后会齐水陆并进，往江宁去。”[1]

陈子龙是明末复社巨子，以经世致用自命，在绅衿中有很大的影响，清军南下后他积极参加抗清运动。戴之俊的来访立即得到他的支持。他不仅慨然允诺利用过去任绍兴府推官时同昌国参将黄斌卿的旧交写信牵线搭桥[2]，还请友人夏之旭做代表去见吴胜兆，鼓励他反戈易帜[3]。当时，据守舟山的明军主要是隆武帝所封肃虏侯黄斌卿的部队，鲁监国部将定西侯张名振以及总督浙直水师户部左侍郎沈廷扬、监军张煌言等也有一部分军队驻于该地。开初，黄斌卿不愿出兵接应；沈廷扬、张名振、张煌言和给事中徐孚远、御史冯京第等人都认为机不可失，力主出兵。黄斌卿难违众议，同意派部分兵将参与接应。张名振等人立即用银铸造监国鲁王颁隆武三年“平江将军之印”一颗，另有封定吴伯加平江大将军敕书一道，交密使带回授予吴胜兆，并且告诉他将另

[1] 见前引顺治四年七月初十日招抚江南大学士洪承畴揭帖。

[2] 王沄续《陈子龙年谱》，见上海古籍出版社1983年版《陈子龙诗集》第七一九页。

[3] 参见张岱《石匮书后集》卷三十五《夏之旭传》。

行“补铸伯印赍来”[1]。在密信中约定四月十五、十六日舟山海师进抵吴淞，同吴胜兆内外配合，共襄复明大业。吴胜兆收到密信和银印后当即按计划而行，由戴之俊草拟了“恢复中兴条约”[2]。四月十六日，他以会议“下湖剿贼”事务为名，把松江府海防同知杨之易、理刑推官方重朗请到提督署内。二更时分，吴胜兆喝令一声：“拿了！”副将李魁立即率领官兵一拥而上，当场把杨、方二人乱刀砍死，下令文武官员割辫反清[3]。吴胜兆派督标中军副将詹世勋、左营中军都司高永义前往海边迎接舟山海师。

对于吴胜兆的决意反清拥明，张名振认为是一个难得的机会，只要吴胜兆部同舟山明军会合就可以轻易拿下松江、苏州两府，然后同太湖地区的抗清义师分头出击，有可能趁势收复南京，推动大江南北的抗清斗争。因此，他和沈廷扬等带领本部兵员和黄斌卿的一部分军队分乘战船二百多艘，从舟山出发，准备按预定日期到达松江[4]。不料四月十三

[1] 《明清史料》己编，第一本，第四十页《刑部残题本》云：“至三月十六日回松江，先领与吴提督□□□（银印一）颗，伪印上镌监国鲁王颁隆武三年□□□□（×月，伪印）上篆平江将军，（下缺十二字）日补铸伯印赍来。”同书第三十二页另一件《刑部残题本》中也说：“隆武三年新铸之银印已入胜兆之囊。”又，《明清史料》甲编，第二本，第一八五页“苏松巡按卢传揭帖”残件（顺治四年六月初九日到）中也说：“讵意叛督吴胜兆潜通贼党，曾受伪鲁国银印，甘为内应。”按，这颗银印既以“监国鲁王”名义又用隆武年号，反映了舟山群岛内尊鲁、尊唐势力之间的争执和妥协。翁洲老民《海东逸史》卷十二《张名振传》记载：“时斌卿已进肃虏侯，其肃虏伯印犹在。名振即以其印封胜兆，刻师期。”当为传闻之误，自应以档案记载为准。

[2] 《明清史料》己编，第一本，第三十三页《刑部残题本》。

[3] 《明清史料》丁编，第一本，第六页，顺治四年四月江宁巡抚土国宝“为紧急塘报事”揭帖；《明清史料》己编，第一本，第三十二至三十四页《刑部残题本》。李魁为吴胜兆下崇明营副将，见顺治四年三月苏松巡按卢传揭帖，《明清史料》丁编，第一本，第四页。

[4] 《海东逸史》卷八《沈廷扬传》记“统水船二百余号”；同书卷十二《张名振传》作“联艅二千”。顺治四年五月江宁巡抚土国宝“为再报湖海并捷以靖海氛事”揭帖说“贼船百余号”，见《明清档案》第五册，A5—190号，估计遇风前约为二百余艘。

日在崇明附近海面遇上飓风，不少船只被汹涌的波涛掀翻[1]。张名振的座船也在风浪中撞破，他坠入海中，抱着帆桅挣扎上岸，找到附近一座小庙藏身。寺里的和尚玄一是位同情复明运动的僧人，一见张名振的装束，立刻明白他的处境，给他剃发换衣，饭后催他快逃。张名振把随身携带的银印交玄一保存，匆匆找了一条小船返回舟山。追捕的清军在寺内搜出“大领湿衣”和银印，推测张名振脱逃不久，质问去向，玄一故意指错道路，清兵追缉不获，以隐匿纵逃罪把玄一处斩。[2]监军张煌言也因“飓风覆舟，陷虏中七日，得间行归海上”[3]。沈廷扬、总兵蔡聪（黄斌卿妻舅）等将领十余人上岸后被清军俘获，七月初三日就义[4]。这样，从舟山出发去接应吴胜兆的海师被迫返航。

詹世勋、高永义瞭望海上，直到天亮不见援兵踪影，感到事情不

---

[1] 佚名《舟山纪略》云：“丁亥五月吴淞提督吴胜兆谋叛，以血书通名振求援。时（监国鲁）王驻玉环山（即玉环岛，属浙江省），名振奏请给敕印三百道，命张煌言监其军，徐孚远副之。五月初六日自岑江（即舟山岑港）进发，联艅二千六百号，兵五万有奇。……十三日祀神放炮，龙惊鼓浪，飓风大作，北师乘之，全军尽覆。……”这里所记的五月当是四月之误，其他情节可以同他书相参照。《海东逸史》卷十二《张名振传》记舟山海师“将抵崇明，海啸，大风，舟覆”。据《明清史料》丁编，第一本，第十二页“兵部尚书阿哈尼堪等残题本”云，沈“廷扬口供，张名振在阵堕海，止有黄斌卿孤踞舟山，不久自殒”，可以证明黄斌卿本人并没有参加进攻吴淞之役。

[2] 顺治四年七月初十日招抚江南大学士洪承畴“为苏松提督吴胜兆忽有变异事”揭帖（见罗振玉编《史料丛刊初编》）中说：张名振“满身湿衣，投入松江之僧庵，以腰藏伪银印向僧玄一易布衣二件，剃发留顶而逃”。任光复《航海遗闻》也记载了这件事，但把玄一写作一泓，其文云：“初，名振兵败于洪涛中，遇煌言浮篷上得不死。寻逼岸暗行二里，遇一庵，名振叩之，僧号一泓者见名振即为剃发易服，饭毕令即走。名振贻印嘱以后骑（期？）。会缉兵骤至，搜捕之，得大领湿衣并印。僧赚以他路，追不获，僧伏诛，名振得脱，遂归舟山。”洪承畴疏中说张名振以“伪银印向僧玄一易布衣二件”，似乎玄一帮助名振脱险是为了图利，实则不然。名振孤身一人化装脱逃，不便携带明朝官印，交玄一代为保管自在意料之中。

[3] 张煌言《北征录》，见《张苍水集》第一九二页。

[4] 见上引顺治四年七月初十日洪承畴揭帖；参见上引《明清史料》甲编，第二本，第一八五页，“苏松巡按卢传揭帖”残件，张名振之弟张名斌登岸后“势穷”降清。

妙，就同另一副将杨文启、材官沈兰等合谋反戈一击。他们带领兵丁攻入提督衙门，砍死李魁，逮捕吴胜兆、陆冏，解送苏州转押南京。吴著、戴之俊、乔世忠、王兴邦、黄国桢、孟学孝等人当场被杀，借以灭口。

消息传到南京，洪承畴同操江总督陈锦、镇守南京满兵提督巴山会商后，决定由陈锦、巴山亲自统兵前往苏州、松江。二十二日到达苏州，正值“湖祲跳梁”，陈锦、巴山判断这是吴胜兆联络的太湖义师，立即分兵先行入湖清剿[1]。接着在苏州、松江一带大肆搜捕抗清人士，稳定局势[2]。从四月下旬到五月间，清军在松江、苏州、太仓二府一州严缉党羽。陈子龙被指控为主谋，他隐姓埋名从松江逃往嘉定侯岐曾家，又转往昆山顾咸正、顾天逵父子家，终于被清军捕获。五月十三日用船押解途经娄县吕冈泾时，陈子龙借口出恭，乘看守人员不备，跳进河中淹死，清军把他的头砍下来悬挂示众[3]。夏之旭于五月二十五日自缢于文庙。接着，清政府又抓获了参与吴胜兆反清活动的吴胜秦（胜兆弟）、吴奇（胜兆族侄）、林可进（胜兆妻舅）、刘承高、左帅、黄锦标、钱彦林、顾咸正、夏完淳、钦浩、刘曙等人。顾咸正是明朝举人，曾任延安府推官，逃回故里后隐居不仕，仍不忘明室，他的儿子顾天逵是侯岐曾的女婿，侯岐曾的哥哥侯峒曾在顺治二年嘉定抗清中遇难；侯峒曾的幼子侯玄瀞又是夏完淳（其父夏允彝亦因抗清死难）的姐夫。三家患难与共，风雨同舟，经常聚会于侯玄瀞家内，“谈及时事，各蓄异谋”。顾咸正提出“海外黄斌卿是夏允彝结拜兄弟，可结连他起兵，我等作为内应”。三人即各具奏本、禀揭、条陈等文书托反清志士谢尧文交付给通海舵工孙龙送往舟山黄斌卿处。此外，托谢尧文、孙龙带通海文书的还

[1] 顺治四年十一月二十一日兵部尚书阿哈尼堪等题本残件，见《明清史料》丁编，第一本，第十二页。

[2] 参见顺治四年四月江宁巡抚土国宝“为紧急塘报事”揭帖，《明清档案》第五册，A5—155号；同件又见《明清史料》丁编，第一本，第六页。

[3] 王沄续《陈子龙年谱》，见《陈子龙诗集》附录二。顺治四年七月初十日招抚江南大学士洪承畴揭帖，见《史料丛刊初编》。

有“结连过苏松湖泖各处豪杰、同心内应好汉”的钦浩、吴鸿等人，他们也写就各类禀帖，推荐某人可为文官，某人可任武职（谢尧文即被荐为游击）。行前，顾咸正等郑重叮嘱谢尧文道：“你须谨慎，此事关系身家性命。”[1]不料，三月十九日谢尧文身着“宽衣大袖，形迹可疑”，被清朝柘林游击陈可截获[2]，审出窝藏的通海文书。清政府即按名搜捕，除侯玄瀞逃出外，其余抗清人士都被查获，侯岐曾、顾天逵等首先被杀。清刑部题本中说：顾咸正等“率皆心臆共剖，肝胆相许。文愿设谋于帏幄，武愿勠力于疆场。虽射天之弓未张，而当车之臂已怒。无将之诛，万不能为各犯贷也”[3]。清廷下令把顾咸正、钦浩、吴鸿、夏完淳、谢尧文、汪敬、孙龙等三十四人不分首从一律处斩，妻妾子女入官为奴，财产籍没充饷。九月十九日，两案四十四人在南京遇难[4]。依据其他文献，在这次大搜捕中遇难的还有张宽、殷之辂等人不在上述数十人之内。殷之辂曾任明朝中书舍人，洪承畴审问时说：“汝是明朝都大的官，做谋反大逆的事？”殷之辂冷言反讥道：“汝是明朝都大的官，做谋反大逆的事？”洪承畴恼羞成怒，命人拖出处斩[5]。因吴胜兆一案牵连被杀的还有杨廷枢。廷枢，字维斗，吴县人，崇祯三年应天乡试解元，为人尚气节，著名于当时。清兵南下后，他避居于邓尉山中。鲁监国遥授以翰林院检讨兼兵科给事中的官衔。他不仅秘密联络抗清志士，还通过门人戴之俊直接策动吴胜兆反正。事败以后，四月二十日被清军捕获，遭到严

[1] 顺治四年八月二十二日刑部尚书吴达等题本，原件藏中国第一历史档案馆，顺治题本，叛逆类第二十号。按，邓之诚《骨董琐记》三记卷五《顾咸正一案刑部题本》条收录了这件题本，个别文字有误。

[2] 《明清史料》己编，第一本，第三十九页《刑部残题本》。

[3] 顺治四年八月二十二日刑部尚书吴达等题本，原件藏中国第一历史档案馆，顺治题本，叛逆类第二十号。按，邓之诚《骨董琐记》三记卷五《顾咸正一案刑部题本》条收录了这件题本，个别文字有误。

[4] 《明清档案》第六册，A6—108号，A6—109号，洪承畴题本，其中一人名沈台监毙，戮尸。

[5] 《殷顽录》抄本。

刑拷打，“遍体受伤，十指俱损”，仍矢志不屈。清朝官员想借重他的名望，劝他剃发。他回答道：“砍头事小，剃发事大。”五月初一日被杀，时年五十三岁。这位自幼仰慕宋末文天祥为人处世的爱国志士，终于不负平生所学，为抗清复明事业慷慨捐躯。[1]

吴胜兆反清活动的失败，原因是多方面的。首先，他策划反清本来应该严格保守机密，尽量使易帜反正显示其突发性，以收出敌不意之效。一旦宣布反正，立即固守松江，夺取苏州，会合舟山海师和太湖义旅共图进取。可是，许多史料都记载，吴胜兆起事之前他的参谋人员即在四出联络时张扬其事，弄得人言籍籍，结果仓促而起，终归失败。其次，参与密谋的核心人物应当非常可靠，吴胜兆对部下将领缺乏控制力，他被捕后在供词中说：“四月初六日（即起事前十天），在官中军原任副将詹世勋率领各标头领泣向胜兆苦劝不可乱做，外边口声不好，不如将戴之俊、陆冏、吴著杀了以谢人言。胜兆不肯听从，说我谋反有何凭据，教我杀他三人，不如先杀我罢。众将不敢再言。”[2]吴胜兆既明知中军副将詹世勋等不可靠，就应该先发制人，另以亲信取代。四月十六日宣布反正时，高永义、沈兰“不肯割辫”，吴胜兆只是逼勒割去辫子，又未采取断然措施，在关键时刻粗心手软，以致祸起萧墙，功亏一篑。其三，舟山派来的接应海师遇上飓风，不战而败，这一偶然事件并不是关键因素，从清方奏报来看，海师因天有不测风云颠覆了部分船只，兵员损失并不太大。松江起事以后仍可派兵接应，加上太湖义师和潜伏于松江一带的复明势力配合作战，清方南京、苏州驻扎的有限兵力很难应付。事后，洪承畴在奏疏中也说：“非仰仗圣天子弘福，吴会半壁尽属战场矣。”[3]

---

[1] 《吴郡日记》卷中；《南疆逸史》卷十三《杨廷枢传》。按，《南疆逸史》等书记杨廷枢遇害时“大声曰：‘生为大明人’，刑者急挥刃，首堕于地，复曰：‘死为大明鬼。’监刑者为咋舌”。恐系传闻之词。

[2] 前引顺治四年七月初十日洪承畴揭帖。

[3] 前引顺治四年七月初十日洪承畴揭帖。

第二节　宁波华夏等人的密谋反清

1647年（顺治四年）冬，浙江宁波（今宁波市鄞州区）发生了所谓“五君子翻城”之役。“五君子”是史籍中一个不十分准确的概念，它实际上指的是华夏、王家勤、屠献宸、杨文琦、杨文瓒、董德钦、董志宁等人在宁波策划的反清密谋。华夏等人在弘光朝以前都是生员，清兵侵入浙江后，他们奋不顾身地参加了抗清运动。华夏任鲁监国兵部职方司郎中，董志宁、王家勤任大理寺评事，屠献宸任兵部车驾司主事，杨文瓒任御史，董德钦任监纪推官，杨文琦任隆武朝廷监纪推官。[1]1646年清军渡钱塘江南下，他们身在故里，心怀明室，力谋恢复。在清军主力一部分撤回京师，一部分转入福建、广东，浙江驻军相形单薄的情况下，华夏、董志宁等人认为这是乘虚而起的大好时机。当时，浙江各州县虽已在清方控制之下，但在舟山群岛有明肃虏侯黄斌卿部水师，四明山中有王翊、李长祥等义军扼险据守。正如史籍所载：丙戌“七月而江上溃，时浙东未下者翁洲弹丸地，而士大夫以至军民尚惓惓故国，山寨四起，皆以恢复为辞”。[2]1647年冬，华夏、屠献宸、董志宁、王家勤、杨文琦等人为了恢复浙东，密谋把各种抗清力量联合起来，一举攻克绍兴、宁波。他们一面派人同在大兰山（位于四明山区中部）结寨抗清的明兵部职方司主事王翊联络，一面通过在舟山的御史冯京第劝说黄斌卿带领海师来接应。计划由王翊会同立寨东山的李长祥部突袭绍兴，得手后即与黄斌卿海师合攻宁波；华夏等人在宁波府城内秘密联络清海道孙枝秀麾下的中军游击陈天宠、仲谟（二人曾在史可法部下任偏裨，藏有史可法颁给的札书）届时反正。王家勤自称：“吾招集城东豪杰几三千人，管江诸社为之魁，其饷吾一人可任也。”[3]经过奔走

---

[1]　华夏等人在鲁监国或隆武政权中所授官职诸书记载略有不同。这里是依据翁洲老民《海东逸史》卷十四《忠义一》。

[2]　华夏《过宜言》附《镇海县志》人物志《华夏传》。

[3]　全祖望《鲒埼亭集》外编，卷六《施公子邦玠墓碣铭》。

联络，预定于十二月初四日乘清浙江巡按御史秦世祯移驻天台，各官到渡口送行，城中无人料理之际，内外并起，一举攻克宁波。[1]不料，鄞县降清未用的废绅谢三宾探知消息，在十一月间向清分守宁绍台道陈谟告密。[2]秦世祯得到报告，立即改变行期，急调附近驻军进攻大兰山、东山、管江各义军山寨。定海总兵张杰奉命突袭大兰山，王翊仓促率部转移。清军在王翊营中缴获了明鲁监国颁发的印、敕和书信，其中有华夏、董德钦、王家勤、屠献宸、董志宁联名在一幅小白绢上写给王翊的密信，内云："敝府布置已定，越（指绍兴）举随举，定越之日，急指一旅到宁，以便壶浆。"又有屠献宸用竹纸写的致王翊书云："敝府发不待时，乞提师合慈，直捣定海，敝地亦从东直下，与抵关师合攻，亦要着也。"[3]清政府依据谢三宾告密书揭和缴获的书信按名搜捕，十二月初二日华夏首先被捕，屠献宸、董德钦等也先后入狱，董志宁脱逃（后在顺治八年于舟山殉难）。王家勤于同月十六日与总兵杜英侯、施仲吾等率领义军在鄞县管江庄同清军作战时被擒获[4]。

黄斌卿原先不同意出兵，华夏等派出的使者再三申说浙东各地义师已布置就绪，专等海师接应，恢复宁波颇有把握。在冯京第的劝说下，

---

[1] 华夏等人密谋恢复宁波的时日，诸书记载不一致。应以被捕的主谋华夏在狱中所作《过宜言》为准。下文记黄斌卿海师也在十二月初四日到达宁波府城东门外，可资旁证。

[2] 全祖望在文章中常说谢三宾赚取"大兰帛书"，李聿求《鲁之春秋》卷十八也记，"丁亥十一月，（华）夏所贻大兰帛书中途为谢三宾所得，告之"。其实，谢三宾只探得其事，先行告发。华夏等人的帛书是清军在王翊山寨中缴获的。华夏在《两番对簿语略》内描写审讯时的情况：清巡按"讯予，出谢揭二，一则载有屠献宸、董德钦、董志宁、王家勤、杨文琦、文瓒、文球七人，一则李文缵及予夏及慈水诸冯氏也。复出职方营（即王翊山寨）所获同盟帛书二通"。华夏《与林霞举书》云："孰知观海有寨，寨主逃而先事附往联络之公家帛书遂露，所由殃及同盟也。"顺治五年二月浙江巡按御史秦世祯揭帖中所述情况相同，见《明清史料》丁编，第一本，第十九页。

[3] 顺治五年二月浙江巡按试御史秦世祯"为捉获叛犯请旨处分事"揭帖，见《明清档案》第七册，A7—144号。同件又见《明清史料》丁编，第一本，第十九页。

[4] 顺治五年正月浙江福建总督张存仁"为塘报宁郡官兵擒斩逆贼事"揭帖，见《明清史料》丁编，第一本，第十六页。

黄斌卿才勉强同意。届期他并不知道内应已被破获，按照预定方案在十二月初四日上午率领舟山海师乘船数百艘直抵宁波东门。这时，清方已有戒备，原定内应的陈天宠、仲谟二将兵力有限，不敢响应[1]；四明山寨的义师又已被清军先行击败。黄斌卿见城内毫无动静。估计破城无望，在城外同清江口协镇总兵张杰等部交战至黄昏，即下令返航。清军趁势追杀，黄部副将李让战死，船只沉没数十艘。[2]

清政府官员惊魂稍定，立即着手审理参与密谋的抗清志士。华夏自被捕到牺牲始终坚贞不屈。他正气凛然地承认自己志在恢复大明，“只今尚恢复不来，兵马莫集，粮草莫办，徒耿耿耳”[3]。清朝官员抓住密信中所说“布置已定，发不待时”八字严讯同党，意在一网打尽。华夏为了保护其他同谋者，拼死不招，说这只是虚造声势，“苟有可通，不能不大言以壮任事之气，而又何借区区实布置为？”[4]被夹刑晕而复苏后仍然大声喊道：“崇祯先帝造谋，弘光皇帝统兵，其余大学士范景文、四川御史陈良谟、南京礼部仪制司主事黄端伯、杭州府钱塘县知县顾咸建、监国太常寺少卿陈潜夫一班忠义（均为已死难者）皆予布置也。”[5]1648年五月初二日，华夏英勇就义。刽子手要他跪下受刑，他挺立不屈，被击伤脚后盘坐地上，大呼高皇帝者三，又呼“藿食谋之，藿食死之”，然后被杀[6]。屠献宸、董德钦、杨文琦、王家勤、杨文瓒

[1] 李聿求《鲁之春秋》卷十七《屠献宸传》记：“舟山师次城下，天宠与谟秣马，犹思应之。海道孙枝秀登陴以望，骇曰：‘海师翘首望城上，而不发一矢，望内应也。’即调兵分守诸门，居民敢出衢巷瞻眺者击杀之。天宠与谟不敢发。”

[2] 顺治五年正月十五日浙江福建总督张存仁“为海贼突犯宁郡官兵奋剿大捷”题本，见《明清档案》第七册，A7—75号。

[3] 华夏《过宜言》卷一《两番对簿语略》。

[4] 华夏《过宜言》卷一《两番对簿语略》。

[5] 同上。

[6] 自称与华夏有生死之交的“东海碧樵”撰《过宜先生华公状略》，张孔式《过宜先生华公传》，均见《过宜言》附录。“藿食”指食无肉的普通百姓，与“肉食者”贵族对称，见刘向《说苑》。

等也同时或稍后遇难。

攻取宁波之役因谢三宾的告密而全盘失败。谢三宾唯利是图，本意是保住他“家富耦国”的家产并“求用于新朝”，没想到“功”不见录，清巡海道孙枝秀对他的巨额财产早已垂涎三尺，故意把他说成是“同谋”叛逆，捉拿入狱[1]。审讯过程中，谢三宾丑态毕露，华夏记载：“先讯谢，谢频叩地，称述清功德及表已向推诚，靡敢失此生节至意。颂直指（即巡按御史）万年德音，介福启后，备诸乞怜态。且曰：‘治民若有异心，未敢出两次首也。’”[2]尽管孙枝秀事先暗中派人告诉华夏说：“谢氏汝冤家，可力引之，当为汝报仇。”他却在公堂审讯时义正词严地说：“谢三宾最为宁郡人不齿，甲申之变，犹居乡也；弘光皇帝蒙尘，彼竟降虏。迨钱刑部（肃乐）起义，王武宁（之仁）执词问谢罪，彼愿督饷自赎。监国幸越，不次入东阁，惟问暮夜金，即用千金买美姬行乐耳。坐陷钱塘，急切奔降，而大刊揭帖告当事，明归心大清赤忱。是一反复小人，行同狗彘也。此好事，岂有他分？惜与他同狱，未免抱愧耳。”[3]谢三宾听说华夏斥责自己是猪狗一般的小人绝不会参加殉明抗清的“好事”，不禁连连叩头称：“长者，长者！”[4]由于主谋华夏耻与谢三宾为伍，谢氏方能脱狱，正如华夏戊子（顺治五年）正月狱中《与林霞举书》中所说：“弟惜与三宾同禁数日，至今其座觉污之。谁知三宾竟以弟得生，为之一叹。”[5]

宁波诸君子“翻城”之役在相当程度上反映了大官僚地主为保全巧取豪夺积累起来的巨额资产在政治上表现的鲜廉寡耻，真所谓“肉食者

---

[1] 《过宜言》附录《镇海县志》人物传《华夏传》。

[2] 华夏《过宜言》卷一，《两番对簿语略》；同卷廿四日《与林霞举书》亦云：“初九日院审、道审时，谢三宾之摇尾乞生，万分狼狈。”

[3] 华夏《过宜言》卷一《两番对簿语略》。

[4] 全祖望《鲒埼亭集·外编》卷十《华氏忠烈合状》；李聿求《鲁之春秋》卷十六《华夏传》。

[5] 华夏《过宜言》卷一。

鄙，未能远谋”。当审讯华夏时，问曰：“无乡绅预谋邪？”华夏回答道：“悲夫，何言之苦也！大明无乡绅久矣。即有亦膏腴洁衣，多买田产为子孙计耳。否则拥姬妾傲物取快一时，如与大明结没世不可解之仇矣。安得乡绅？只苦这几个秀才为着明伦堂三字丹心耿耿，刻不能昧。一戴纱帽，狼心狗行，无复人理。”[1]这一番激烈陈词虽主要针对谢三宾而发，却揭露了明清易代之际多数大官僚地主的政治动向。大抵家资愈厚者，身家之念愈重，故国之思愈薄。可见，“乡绅”一词并不能准确地说明曾经出仕明朝的官僚的政治态度，也不能与“绅衿”等同。

第三节　王光泰兄弟在襄阳、郧阳反清

王光恩、王光泰、王昌[2]三兄弟原来都曾参加明末农民起义，王光恩在义军中绰号“关索”，颇有点名气。崇祯后期王光恩接受明朝招抚，所部改编为官军，固守郧阳。李自成义军在1643年和1644年多次进攻该城，都未能攻克。1645年清军追击大顺军进至郧阳时，他跟随明朝委任的郧阳抚院徐起元投降了清朝，被委任为襄阳总兵。1647年四月，王光恩因为同清朝委任的郧阳抚院潘士良闹摩擦，被诬陷逮捕

[1] 华夏《过宜言》卷一《两番对簿语略》。

[2] 《清世祖实录》卷三十二、三十三，王光泰均误书为王光代，王昌讹为王成。按，王光恩的两个弟弟的名字史籍中记载有出入，明末高斗枢以荆南道守郧阳时，王光恩在其麾下，招弟光兴来归，“光兴改名光泰”，见《守郧纪略》。后来在夔东抗清时，明清双方均称之为王光兴，与下文注引地方志不同。

押往北京。[1]

清政府调总兵杨文富署理总兵，漆尚友任右营副将，企图改编这支部队。王光恩的弟弟王光泰（又名王二）、王昌（又名王三）知道来者不善，就在四月二十九日率领部下兵将七八千人反清，杀杨文富、漆尚友、分巡下荆南道甘文奎、襄阳知府杨镳、推官李实发、襄阳知县潘朝佑。五月初三日，率部转至郧阳地区，杀清朝分守下荆南道刘开文、郧阳知府董有声、同知刘璇、推官孙阳声、郧县知县赵丕承、竹山知县童士勤、保康知县薛溥、郧阳行都司表捷等[2]。他们一面派使者前往湖南向明督师阁部何腾蛟报告反清经过；一面向附近地区散发谕帖札付，“妄称永历年号，笼络民心”[3]，檄文中自称“奋勇兴师，广罗英雄，

[1] 康熙二十四年《郧阳府志》卷二十八《事纪》云：顺治“四年，都御史潘士良与王光恩以争礼微嫌，密疏题参。械系光恩赴京。其弟同光兴、光泰杀襄阳官吏，两日夜至郧，杀郧守道刘开文、知府董有声。……”康熙十一年《襄阳府志》卷一《郡纪》云：“四年四月，抚治都御史潘士良会同总督罗绣锦于安陆府，奉旨拿解王光恩。五月，恩弟王二、王三叛，杀官，大掳掠，破谷城，陷均州，据郧阳。”同治四年《房县志》记：“三年，都御史潘士良与王光恩以争礼微嫌，密疏题参。诏械光恩入京，其弟光兴、光泰以众叛。”康熙十二年《均州志》卷一《州纪》，同治六年《谷城县志》卷八《纪事》，光绪九年《光化县志》卷八《兵事》所记大致相同。按，《满汉名臣传》附贰臣传（甲）《孙定辽传》记王光恩兄弟事云：“以郧襄道李之纲劾其结连土贼陈蛟恣行贪暴事逮问，其弟光泰遂叛，自称明镇武伯，偕弟昌纠党掠襄阳。……”黑龙江人民出版社1991年12月版，第四四一四页，标点有误。又，王二当即王光泰，王三即王昌，《郧阳府志》记“其弟同光兴、光泰杀襄阳官吏”，不应加“同”字。王二为王光泰在顺治四年七月湖广巡按曹叶卜揭帖中说得很清楚。揭帖内“王二”“王光泰”混用，如“王二僭称镇武伯”，“该职看得叛逆王光泰负嵎郧阳，目无天日，妄改永历年号，僭称镇武伯”。见《明清史料》甲编，第二本，第一九四页。

[2] 顺治五年三月十二日湖北巡按曹叶卜题本，见《明清档案》第七册，A7—155号，参见同书第八册，A8—71号、A8—152号。

[3] 顺治四年七月郧阳抚治赵兆麟等“为塘报逆叛情形伏祈圣鉴”等事揭帖，见《明清档案》第六册，A6—34号。顺治四年七月湖广巡按曹叶卜揭帖中也说王光泰在“郧阳僭称年号永历元年”，见《明清史料》甲编，第二本，第一九四页。

勛扶帝业”[1]。永历朝廷派兵部职方司官员封王光泰为“钦命提督郧襄等处联络秦豫一带义镇、挂镇武将军印、镇武伯”[2]，授王昌为郧襄总兵，李世英为河南总兵[3]。清廷在刚刚得到王光泰等起兵消息时，曾经力图挽回，把王光恩释放，不久获悉王光泰等连破襄阳、郧阳，处死大批清朝文武官员，并且公然打出反清复明的旗号，才将王光恩追回处斩[4]。三月十一日，清湖广提督孙定辽亲自带领马兵五百六十七名，步兵三千三百三十三名，从武昌赶赴郧阳进剿[5]。六月十一日孙定辽所统前锋一千五百名官兵行至距郧阳四十里的安阳口。这里三面临水，一面阻山，王昌趁其立营未定，立刻发起攻击；孙定辽措手不及，大败而逃，奔至河湾时因水深难渡，坠于马下，被义军击毙；副将李显功被活捉，拿进郧阳城内，从他身上搜出被委任为署襄阳总兵的札付，也拖出斩首；兵员除少数逃出外，大部被歼灭。[6]

败军覆将的消息传到北京，七月十八日清廷命吏部侍郎喀喀木等领满、汉军队前往郧阳镇压。[7]在喀喀木所统清军尚在途中时，王光泰曾于九月十八日领马兵一千余名进攻河南淅川县，被清河南总兵张应祥、

[1] 顺治四年九月湖北巡按曹叶卜“为再报逆贼盘踞益坚、狂逞益甚”等事揭帖，见《明清档案》第六册，A6—129号。

[2] 《明清档案》第六册，A6—129号。王夫之《永历实录》卷十五《李来亨列传》附王光兴传记永历朝廷封王光兴为“南漳伯”。

[3] 《明清档案》第六册，A6—129号。原文王昌讹写为“王成”。

[4] 鲁可藻《岭表纪年》卷二记：“郧阳降□（虏）王关索部将杀其新镇守杨夭儿（当即杨文富）并道府各官，走入四川归正。”（原注：杨夭儿谋守郧，计使逮关索赴北。北已释关索，闻郧变，追杀之。）又，《清世祖实录》卷三十二，六月丁亥日条下记：“襄阳总兵官王光恩有罪被逮，弟王光代、王成遂叛，法司引叛律论光恩斩。得旨：光代等闻兄被逮惊叛亦未可知，不可遽以谋叛谳狱。况人命至重，恐涉冤枉，著再详鞫。”

[5] 顺治四年五月十一日孙定辽揭帖，见《明清档案》第五册，A5—172号。

[6] 顺治四年十二月湖广四川总督罗绣锦“为恭报镇臣失利情形及随征兵将颠末仰乞圣鉴事”揭帖，见《明清档案》第七册，A7—61号。又见顺治五年三月十二日湖北巡按曹叶卜题本，见《明清档案》第七册，A7—155号。

[7] 《清世祖实录》卷三十三。

开归总兵高第等部军队击败。[1]不久，喀喀木会合河南、湖广清军向郧阳推进，王光泰兄弟自知兵力不敌，在九月内退出郧阳[2]，行前把郧阳府城的大小城楼和城上驻兵窝铺二十九座焚毁一空。[3]光泰兄弟由房县进入四川，其部下总兵李世英奔往陕西兴安府境，企图同曾经在该处活动的抗清武装米国轸、武大定等部会合，不料米国轸已被清军捉获，十一月二十二日李世英部被清兴安总兵任珍击败，世英及副将李锦山、苏名榜等都被杀。[4]这以后，王光泰兄弟一直活动于夔东地区，同大顺军余部李来亨、刘体纯、袁宗第、郝摇旗、贺珍等部联合作战，成为著名的“夔东十三家”之一。

[1] 顺治四年十月郧阳抚治赵兆麟“为郧贼侵犯淅川”等事揭帖，见《明清档案》第六册，A6–174号。

[2] 康熙十一年《襄阳府志》卷一《郡纪》云：四年“九月，吏部哈哈木（即喀喀木）复郧，王叛遁”。康熙二十四年《郧阳府志》卷二十八《事纪》亦云：四年“九月，满洲大人哈哈木抵讨王光兴，追及大峌，破之。”

[3] 顺治十二年郧襄总兵穆生辉揭帖残件，见《明清史料》甲编，第四本，第三五九页。

[4] 顺治四年十二月十一日陕西巡抚黄尔性塘报，见《明清档案》第七册，A7—41号；同件又见《明清史料》甲编，第三本，第二一一页。

第十六章
金声桓、李成栋的反清归明

第一节　金声桓、王得仁领导的江西反正

金声桓原来是明宁南侯左良玉的部将，明朝灭亡时升至总兵官。1645年四五月间，清英亲王阿济格大军追剿李自成部进至九江一带，左良玉病死，部将随良玉之子左梦庚在东流县（今安徽东至县）境降清。阿济格令左梦庚带领麾下将领往北京朝见，金声桓唯恐失去兵权，要求率领所部兵马收取江西，为清朝开疆拓地，得到阿济格同意，授予提督江西全省军务总兵官的官衔。和金声桓同行的有原大顺军将领王体中部。王体中原在大顺军镇守德安的大将白旺部下，1645年五月初李自成突然遇难，大顺军内部发生混乱，王体中乘机杀害了白旺，率领部众向阿济格投降[1]，被授予副总兵官职。

五月下旬，金、王到达九江，派人持牌前往南昌，声称满洲大兵马步二十余万旦夕将至，只有迅速归降才可免遭屠城。南明江西巡抚邝昭吓得面色如土，解印而逃；其他官员和部分绅士也一哄而散，省城南昌

[1] 吴伟业《绥寇纪略》卷九，附纪。

转瞬之间陷入无政府状态。六月初四日，南昌士民推出的一些代表到达九江迎接“金督镇”。十九日，金声桓、王体中乘船溯赣江到达南昌，在岸边受到几十名生员的欢迎。进城以后，金声桓部驻于西城，王体中部驻于东城[1]。金声桓倚仗王体中的兵力收取了南昌附近州县，然而他对王体中的骁勇善战、兵力强劲却深怀戒心，时刻寻找机会吞并王部兵马。闰六月，清廷下达的剃发令传到了江西，金声桓即率部遵令剃头。七月二十一日，王体中领兵从抚州回到南昌，坚决拒绝剃头。金声桓认为这是除掉王体中的最好时机，私下笼络了王体中标下游击王得仁（绰号王杂毛），于七月三十日假称议事把王体中刺杀。事件发生后，王部兵校大为愤慨，“拥至辕门，喊杀震天”[2]。金声桓督兵巷战，经过两天交锋，王部因首领被杀和王得仁的招诱，终于归附了金声桓。

金、王二部既合，攻克明永宁王朱慈炎所据的抚州，追杀慈炎；收取吉安，并将逃往该地的明巡抚邝昭押送武昌[3]，接着又占领广昌等府。八月二十五日派部将何鸣陛、盖遇时等进攻袁州（府治在宜春县），击败明将黄朝宣部五千余人，占领袁州。至此，江西十三个府除赣州、南安外都被清方控制[4]。金、王自以为不费满洲一兵一卒，而占州据县，能博得清廷的特殊封赏。不料清廷毫无作兴之意，在平定江西大部分地区之后，仅委任金声桓为镇守江西等地总兵官[5]，王得仁

[1] 徐世溥《江变纪略》。

[2] 顺治二年八月江西提督金声桓给湖广等处总督佟养和的呈文，见《明清史料》丙编，第五本，第四九七页。按，徐世溥《江变纪略》云：“八月二十五日剃发令至。……令下三日未有应者。声桓曰：此王兵为梗也。明日请体中计事，即共揖时刺之。”据此推算，王体中被刺杀在八月二十九日，但当以金声桓呈文为准。

[3] 顺治二年八月总督江西湖广等处地方军佟养和“为报捷事”揭帖，见《明清档案》第三册，A3—58号。

[4] 顺治二年九月江西提督金声桓“为塘报事”揭帖，见《明清档案》第三册，A3—76号。

[5] 《清世祖实录》卷二十一，顺治二年十月辛丑（二十三日）“授札委总兵金声桓为左都督充镇守江西总兵官”。同书卷二十四，顺治三年二月己丑（十二日）条提及金声桓时用了“江西提督总兵官”，当系误记。

屈居副将。顺治三年（1646），金声桓请求清廷另颁敕书，授予他“节制文武”“便宜行事”的权力。同年五月清廷发兵部议奏，结果是驳回了他的要求，只将他的官衔由镇守江西等地总兵官改为提督江西军务总兵官，并且规定“剿抚机宜事关重大者，该镇应与抚、按同心商略，并听内院洪督臣裁行”[1]。朝命下达后，金声桓大失所望，内心里埋怨清朝刻薄寡恩。特别是金声桓、王得仁在收取江西郡县时凭借武力勒索了一批金银财宝，成了暴发户；清廷新任命的江西巡抚章于天、巡按董学成看得眼红，危言耸听，胁迫他们献上钱财[2]。权力和金钱之争，使金声桓、王得仁对清廷的不满日益增长。

就南明而言，由于自己兵力不足、疆土日蹙，也力图高悬爵赏策动降清将领幡然来归。早在隆武二年（1646）春天，督师阁部黄道周准备由福建进入江西时，就先后三次写信给金声桓，劝他改弦易辙，建不世之功[3]。当时，金声桓等还在得意之时，黄道周的兵力非常有限，招降没有起到什么效果。据守赣州的南明督师万元吉在崇祯后期曾任督师阁部杨嗣昌的主要谋士，同左良玉部将领有较多接触。他凭借过去的老关系，派密使带着亲笔信件规劝金声桓反清。金声桓虽然不写回信，却接待了使者，私下殷切讯问万督师的情况，秘密放回[4]。不久，黄道周、万元吉先后兵败身死，金声桓自然不敢轻举妄动。但隆武朝廷大臣亲自致书劝说，许以高官显爵，对金声桓等人肯定具有一定的诱惑力。何况南昌的一些明朝遗老耆旧还不时给金声桓传递一些真假莫辨的消息，如隆武帝、杨廷麟、万元吉尚在人间，“隆武屡有手诏，许公能以

---

[1] 顺治三年五月兵部揭帖，见《明清档案》第四册，A4—115号。参见《清世祖实录》卷二十六。

[2] 在金、王反清以后，南赣巡抚刘武元给清廷的奏疏中说：“如巡按董成学（当为董学成之误写）者，闻以勍将召侮，索馈遗、索金珠至再至三，而一旦衅起不测，激成大祸。”见《明清史料》丙编，第八本，第七六二页。

[3] 黄道周《黄漳浦集》卷十七，书《与金将军书》三件。

[4] 康熙五十九年《西江志》卷三十三，武事。

江西归明者，即举江西封公，亦尝达一二乎？”[1]

与此同时，金、王和清廷委派的江西抚、按之间的矛盾也在加深。“七月，得仁提兵如建昌，章于天差官票追其饷三十万。得仁大怒，槌案大呼曰：‘我王流贼也，大明崇祯皇帝为我逼死，汝不知耶！语汝官，无饷可得，杠则有之。’声如嘶吼，目睛皆出，敲其差官三十杠曰：‘寄章于天，此三十万饷银也！’声桓闻之，谓其客曰：‘王家儿急矣！’……”[2]江西巡抚章于天、巡按董学成对金声桓、王得仁暗中同南明势力的来往已经秘有所闻，加紧搜集证据上报清廷。

1648年（顺治五年、永历二年）正月二十七日，金声桓、王得仁先发制人，擒杀巡按董学成、布政使迟变龙、湖东道成大业[3]，宣布反清复明，“文、武强半从贼”[4]，“尽弃顶带而换冠裳”[5]，少数不愿追随反清的官员均被捕杀，只有江西掌印都司柳同春抛下妻儿家属，缒城而出，乔扮和尚，星夜逃往南京报告江西发生了重大事变，后来又为南下的清将谭泰提供地理图，在进攻南昌及其附近州县中起了不小的作用[6]。当时，清江西巡抚章于天正出巡瑞州，王得仁“遣人邀擒章于天于江中”[7]，于天贪生怕死，愿为金、王效劳，出任兵部尚书[8]，

[1] 徐世溥《江变纪略》。

[2] 徐世溥《江变纪略》。

[3] 《八旗通志》卷二百三十《迟变龙传》《成大业传》。乾隆五十四年《南昌府志》卷十九，《武备》记成大业为湖西守道。

[4] 徐世溥《江变纪略》。

[5] 柳同春《天念录》，顺治十年八月《自陈奏疏》。按，这个柳同春就是拙著《明末农民战争史》第三七一页表内所列大顺政权忻州、定襄守将，顺治元年十一月他率领马步兵五百余名降清，后来被任命为江西掌印都司。

[6] 顺治九年六月浙江巡按杜果揭帖，见《明清档案》第十四册，A14—166号。按，此揭帖为残件，其全文见柳同春编《天念录》。

[7] 徐世溥《江变纪略》。

[8] 柳同春《天念录·自陈奏疏》中说：“即抚臣如章于天者……亦伪称大司马。”

负责制造炮车[1]。

金声桓、王得仁起事时，还不知道永历帝即位的消息，因此在发布的安民告示上署隆武四年，文中有“劳苦功高，不惟无寸功之见录，反受有司之百凌。血气难平，不得已效命原主”等语[2]。金声桓自称豫国公，王得仁称建武侯。明弘光朝大学士姜曰广是江西新建（今属南昌市）人，罢官后居住在本县浠湖里，金声桓、王得仁认为他是先朝重臣，把他迎接到南昌城中以太子太保、吏部尚书兼兵部尚书、中极殿大学士的名义号召远近[3]。另有明朝旧官刘思赉、余应桂也列名其间，官衔不详[4]。金、王自行任命文武官员，以黄人龙为总督川、陕、山东、山西、河南五省兵部侍郎，金声桓的中军官宋奎光为左军都督府都督佥事，王得仁的妻弟黄天雷为兵部侍郎、锦衣卫同知；至于江西地方官则以王得仁幕中书记陈芳为江西巡抚，金声桓的幕府书记吴尊周为巡按江西监察御史，其他司道官也大抵是两家的幕客[5]。

不久，他们得知隆武帝已经遇难、桂王朱由榔即位为帝，于是文

[1] 南赣巡抚刘武元奏本中云：“江抚章于天非旧官乎？先事失于调停，临事不能担当。一旦被其凌逼，尚苟延性命，受兵部伪职，为之打造炮车。其忠君爱国之念何在？臣日为痛恨切齿者此也。”见《明清史料》丙编，第八本，第七六二页。参见《清史列传》卷八十《逆臣传·章于天传》。

[2] 徐世溥《江变纪略》。

[3] 美国印第安纳大学司徒琳教授著《南明史》英文版一二七页提及“弘光大学士姜曰广”，1992年上海古籍出版社中文译文第一一五页竟误译为“前大学士，湖广人姜曰广”，把“弘光”译成了“湖广”。

[4] 清江西都司柳同春在金声桓、王得仁反清后从南昌逃出，后来多次上疏清廷争功，顺治十年绘成“异惨全图”恭呈御览，这幅图收入他所编辑的《天念录》之首，题为《御览异惨图》。图绘清兵四面包围之南昌城内：有明朝衣冠的刘思赉、姜曰广、金声桓、金（余）应桂、王得仁、宋奎光六人站立，持刀兵丁六七人，中间尸骸若干具，上书“妻子亲属三十二口”。由此推知图中标名姓的六个人是柳同春心目中的“罪魁祸首”。

[5] 这里是依据《江变纪略》的记载。鲁可藻《岭表纪年》卷二，永历二年十一月内记，“江西巡抚吴尊周请缓入朝”，接着又说：“尊周原声桓幕宾，反正题为巡按。”前后自相矛盾。另据乾隆五十四年《南昌府志》卷十九，《武备》记封“刘一鹏为汉城侯”。

书告示改署永历二年，派幕客雷德复为密使装扮成和尚，携带佛经一部内藏给永历朝廷的奏疏，前往广西行在报告反正情况。永历朝廷下诏封金声桓为昌国公，王得仁为繁昌侯。金声桓提出自己已经用豫国公名义发布文告，改封昌国公不妥；经朝廷同意声桓仍封豫国公、得仁建武侯[1]。江西绝大多数府县都闻风而动，纷纷树起了反清复明的旗帜。其中比较重要的是吉安府守将刘一鹏、李士元率部归附金声桓[2]；饶州守将潘永禧，袁州守将汤执中、盖遇时也据城反正[3]。其他府县如后来清江西巡抚朱延庆所说："江西变乱之时，全省已无坚城。"[4]只有清南赣等地巡抚刘武元和南赣总兵胡有升、副将杨遇明、高进库等据守以赣州为中心的赣南地区和参将康时升等扼守的广昌府（府治在上饶）仍然在清方控制之下[5]。

金声桓、王得仁起事前后，曾经派遣密使策动其他降清将领一道反戈，共襄盛举。据刘武元、胡有升报告，金、王"遣使遗书，希图煽惑，不啻数十余次"[6]。遣密使致书河南开归（开封、归德）总兵高第（明亡时任山海关总兵）"约期举兵"，高第"执其使以闻"[7]。又

[1] 王夫之《永历实录》卷十一《金声桓传》记，雷德复到达广西桂林，见着督师何腾蛟，"腾蛟惊喜，即填空头敕，铸银印，间道遣使仍封声桓豫国公，总督南、浙、江、闽，便宜行事。使先达，声桓拜命。已，德复至南宁，诏封声桓昌国公。声桓曰：'吾以豫国举义，人但知有豫国，而不知有昌国。'辞后敕，请如腾蛟敕。上许之，为加敕行"。同书卷一《大行皇帝纪》云"仍声桓、得仁承制封如故"，亦指此。

[2] 顺治六年二月南赣巡抚刘武元揭帖，见《明清档案》第十册，A10—47号。

[3] 康熙五十九年《西江志》卷三十三，武事五。

[4] 顺治六年十一月二十日江西巡抚朱延庆揭帖，见《明清档案》第十一册，A11—19号。又，《清世祖实录》卷四十六，顺治六年十一月戊午日（是月丙辰朔）下记："江西巡抚朱延庆疏言：顺治五年间，江西遭金、王二逆之变，文武各官俱相效割辫从逆，惟故巡按御史董学成、分守湖东道参议成大业、新喻县知县张云翚、庐陵县知县常庚、袁州副将尚第。"不从被杀。

[5] 上引顺治六年十一月二十日江西巡抚朱延庆揭帖。

[6] 刘武元《虔南奏议》卷一，顺治五年八月初一日题本；胡有升《镇虔奏疏》卷上，顺治五年八月初六日题本。

[7] 《清世祖实录》卷三十七。

致书清署长沙总兵徐勇（徐勇和金声桓曾在左良玉麾下任总兵），要他起兵响应，使者被徐勇杀害[1]。策反工作虽未能全部如愿，但对于广东提督李成栋的决策反清显然起了重大影响。

反清之后，摆在金声桓、王得仁面前的任务是向何方进兵。开初，金、王的决策是北上拿下九江，然后顺江而下进攻南京。二月初，王得仁领兵进抵九江，清镇守九江总兵冷允登带领部下士卒五千名开城响应，接着占领湖口[2]、彭泽[3]。清九江知府吴士奇等地方官都来归附，王得仁命部将吴高接管九江府防务[4]。幕客胡澹提出了奇袭南京的建议："乘破竹之势，以清兵旗号服色顺流而下，扬言章抚院（指章于天）请救者，江南（指南京）必开门纳君，其将吏文武可以立擒。遂更旗帜，播年号，祭告陵寝（指明孝陵），腾檄山东，中原必闻风响应，大河南北，西及山、陕，其谁得而为清有也？"[5]王得仁很重视这个建议，一面派兵入长江，收取九江上下游地方，一面派使者回南昌请示金声桓。

王得仁的军队占领九江一带以后，地处长江中游的湖北、安徽许多地方的复明势力迅速响应，一时风起云涌，形势颇为可观。在湖广方面，二月二十八日王得仁部下一支军队乘船五百余艘，直抵蕲州城下，陆路马步军五千余人也进攻南门。因清兵固守，未攻下蕲州[6]，但

---

[1] 《满汉名臣传》所收《徐勇传》，黑龙江人民出版社1991年版，第四四二三页。

[2] 嘉庆二十三年《湖口县志》卷十七《史事》记："顺治五年戊子，江西提督金声桓叛，道其党王得仁攻陷九江。二月朔，据湖口。"

[3] 康熙二十二年《彭泽县志》卷十四《杂记》载："顺治五年江西提督金声桓叛，遣其党王得仁攻陷九江，伪署吴高镇之，属县皆被其害。"

[4] 康熙五十九年《西江志》卷三十三《武事五》。

[5] 《江变纪略》。

[6] 顺治五年三月二十二日湖广提督柯永盛"为逆贼窥犯蕲城，官兵奋勇获捷"事揭帖，见《明清档案》第七册，A7—163号。康熙三年《蕲州志》卷十二《兵寇》记："顺治五年三月，九江寇水陆并进，至蕲州□城南，参将韩友领兵击败之。"

王得仁军已占领黄梅、广济等县，派设了文武官员[1]。蕲水县境复明势力也很活跃，该县县志记载，“（顺治）五年戊子，江西金逆叛兵抵九江。蕲、黄、英、罗各山寨误听之。联结雄长，亘数百里。蕲东北一带亦为所愚，攻城掠野几一年许，民用逃窜。己丑夏，督抚迟及柯率师招安之。寻又变，大兵复进，又招安，然妇女庐室之分离扰乱甚矣”[2]。《麻城县志》记载：“顺治五年，江西金声桓据省城反，风闻江北，周承谟等因从北乡倡乱，连延东南山以及英、霍山谷，揭竿啸聚。知县徐鼎请兵讨平之。”[3]后来清湖广四川总督罗绣锦在一件奏疏中说：“江右金逆自顺治五年二月内称兵告叛，而黄属地方除黄陂外揭竿响应者无地非贼矣。各县皆坚壁御贼，彼其时期于城守无虞幸也，赋税之征岂能问乎？”疏中还具体指出了蕲州、麻城、罗田、蕲水、黄梅、广济、黄冈、黄安各州县在顺治五、六两年都为“土贼盘踞，田地抛荒”[4]。甚至在省会武昌西北面的孝感县反抗势力也大为高涨，地方官员惶惶不可终日。《孝感县志》记载：“顺治五六年时，邑盗贼大起，在途人必让路，客会坐必绝席，有犯则醵金出之，首告则官必楚之。盗得气甚，乃作韵语宣言于邑曰：‘弟兄一千七，天下无人敌。有人来犯我，一个一两一。’”[5]真可谓意气风发。有的史书记载清湖广总督罗绣锦唯恐金、王义师进攻武昌，不得不采取缓兵之计，派人致信说：“人心未死，谁无汉思？公创举非常，为天下倡，天下咸引领企足，日夜望公至。但赣州东西要害，山川上游，公欲通粤，则赣介

[1] 顺治五年三月二十二日柯永盛“为官兵擒获逆帅谨据实报闻事”揭帖，见《明清档案》第七册，A7—164号，同件又见《明清史料》甲编，第三本，第二二二页。

[2] 康熙二十三年《蕲水县志》卷一《沿革》。

[3] 康熙九年《麻城县志》卷三《变乱》。

[4] 顺治七年八月湖广四川总督罗绣锦“为报明勘确兵荒州县逋负万不能完，仰乞圣慈鉴允除豁事”揭帖，见《明清档案》第十二册，A12—6号；又见《明清史料》甲编，第三本，第二七一页。

[5] 顺治《孝感县志》卷二十二《逸事编》。

其中；公欲他出，则赣乘其后，计莫若先下赣，赣下则楚地可传檄定矣。”[1]清廷接到江西起事的报告之后，立即命令进至湖南的孔有德、耿仲明、尚可喜三王率部退回汉阳。孔有德见人心不稳，为了防止内变，竟然把在湖南降清的原明安国公刘承胤、偏沅巡抚傅上瑞等人全部杀掉[2]。这些事实说明当时清朝对湖广的统治还不稳固，防守兵力相当有限。

九江以东的安徽部分州县情况也很类似。温睿临记载：“戊子春正月，江西金声桓来归，九江以东，望风趋附。”太湖（安徽县名）、宿松、潜山、英山一带的反清势力相继而起，各立山寨，奉南明永历朝廷的正朔。这年二月十四日，各山寨义军共立明宁藩后裔朱统锜为石城王，居于潜山飞旗寨，“以永历纪年造作符印，以次拜官，自郡县、监司、抚按、科道、部院、总镇之属咸备。他寨未有谒者以兵降之。其授部院职者有傅梦弼、傅谦之、桂蟾、义堂和尚之属，皆佐统锜，在诸寨为飞旗外卫。于是，统锜抚有二十四寨，因联络蕲黄四十八寨，其来谒者，各受职有差”[3]。《太湖县志》记：“时金逆突起，大江以南望风披靡。皖属安危在呼吸间。……宿邑（指宿松县）已署伪官，本县城空，官民俱弃不守。”清操江都御史李日芃急忙移镇安庆，由于顺江东下的明军不多，在小孤山被清军击败[4]。潜山县百姓因受清政府高额榨取，这时也乘机而起，史载顺治五年十月潜山县有所谓“十亩贼”，“土贼余公亮”，粮里也，因知县胡绳祖加田亩过额，十月初一日啸众千人据英窠寨为乱，名十亩贼。时监生胡经文屡蓄不轨，事觉，久逃他郡，至是亦据舒界横山寨应之。十二月二十三日，英窠数百人掠县市。

[1] 瞿共美《天南逸史》。按，原文写作“大清镇守湖广罗提督”，提督当为总督之误。王夫之《永历实录》卷十一说，金声桓派使者劝罗绣锦反正，罗犹豫不决，“然已密遣优人具冠带袍笏矣”。

[2] 鲁可藻《岭表纪年》卷二。

[3] 《南疆逸史》卷四十八，宗藩《朱常巢、朱统锜传》。

[4] 康熙十四年《太湖县志》卷二《兵氛》。按，该书还记有闰四月太湖县“山贼陈麟等密受伪札谋乱”，被清政府擒获事。

将官李之培领兵百人往御，莫支。自是，天堂、埭口二十余寨俱陆续相继立矣。[1]据清方档案："惟英窠一寨山势最险，贼兵最强。各寨倚英窠为主，英窠借各寨为援。"直到次年（1649）六月，清军在总兵卜从善督战下才攻破该寨[2]。《桐城县志》记载："五年戊子春三月，土贼范大、范二起桐白云寨。次年春二月，镇将卜从善等抚之。"[3]建德县乡宦胡士昌公然网巾大袖，口称大事已就，劝知县速为迎顺，以至"人心汹汹，咸无固志"。胡士昌虽然被清政府擒杀，但他的行动显然反映了当时安徽民心的动向[4]。庐州府朱国材化名冯弘图，"假称史阁部（可法）"名义起兵，先攻克巢县，接着又联合无为州乡宦吴光宇、生员沈士简、吴乾生等人，于顺治五年正月二十九日夜间里应外合，攻克无为州。二月初六日，朱国材在同来援清军交战时被擒杀[5]。

江西反正之后很短时间里，湖北、安徽反清浪潮的高涨，说明金声桓、王得仁以主力出兵北上，在长江中下游会合各地义师共图恢复是唯一正确的方针。尽管由于柳同春逃往南京告警，清方已有戒备，不可能假冒清兵旗号偷袭南京，但是，金、王主力北进可以同武昌至南京之间的广阔地区内复明势力连成一片，对清朝对南方的统治必然构成极大的威胁，清廷由北京遣发的援军也不可能顺利进入江西。

清廷在接到江西叛变和湖广、南京的告急文书后，深知江南兵力有限，迅速采取对策，调兵遣将。三月十五日，摄政王多尔衮派正黄旗

[1] 康熙二十二年《安庆府志》卷十四《兵氛》。

[2] 顺治六年六月二十四日刘弘遇揭帖残件，见《清代农民战争史资料选编》第一册下，第二六七页。

[3] 康熙十二年《安庆府桐城县志》卷二《兵事》。

[4] 顺治五年三月十二日江南总督马国柱题本，见《明清史料》丙编，第七本，第六一一页。

[5] "巡按淮扬等处试监察御史为塘报贼情事"残揭帖（顺治五年十二月初九日到），见《明清史料》甲编，第三本，第二四〇至二四一页。顺治五年四月江南上江巡视御史潘朝选揭帖中说"土贼袭破无为州、巢县"，江南总督马国柱、操江陈锦发满汉军星飞渡江，收复二州县。见《明清史料》丙编，第七本，第六七四页。

满洲固山额真谭泰为征南大将军，同镶白旗满洲固山额真何洛会、降将刘良佐带领满、汉、蒙兵马从北京赶赴江西，镇压金声桓、王得仁起义[1]。同时，命固山额真朱马喇、江南总督马国柱领兵由江宁（南京）溯江而上，在安庆府（今安徽省安庆市）同谭泰军会合[2]。为了防止反正的明军占领湖北，又命令正在湖南作战的孔有德、耿仲明、尚可喜三王率部撤回汉阳地区。战局的这一变化，对南明无疑非常有利。

然而，永历朝廷虚有其名，无人统筹全局做出相应的决策，各地实力派自行其是。江西的金声桓、湖南的何腾蛟都缺乏战略眼光，没有抓住有利时机，互相配合，赶在清廷援军到达以前迅速收复失地，扩大辖区和政治影响。

从当时的情况来看，江西反正后紧接而来的是李成栋的叛清归明（见下节），龟缩于赣州等少数城池的清军只能固守待援或观风察势，不足以对反正明军构成重大威胁。王得仁部前锋在二月间已经占领了广济、黄梅、湖口、彭泽，控制了九江东西航道，如果金声桓率领主力接应，既可以扼守广济阻击湖广来犯之敌，顺长江东下攻取安徽、江苏；也可以扼守彭泽小孤山一带，阻击由南京而来之敌，抢在孔有德等三王未返汉阳之前（三王兵在四月间才由湖南撤到汉阳）进攻该地。可是，王得仁的使者到达南昌后，金声桓召集亲信官幕商讨大举出兵东下南京的方案，参加会议的人多数都表示赞成，说："此上策也。若西取武汉，连衡郧襄，与湖南何氏（指何腾蛟）鼎足相投，此为中策。万一不然，攻城破邑，所过不留，重为流寇，此出下策。虽然，审能如是，竟亦不失中策。待永历帅六师，堂堂正正而后北伐，清兵猝至，婴城自守，则无策也。"[3]"总督"黄人龙却力排众议，断言"三策皆非也。不闻宁王之事乎？赣州高氏（指高进库）在彼"。金声桓一介武夫不知

[1] 《清世祖实录》卷三十七。参见《清史列传》卷七十九《刘良佐传》。
[2] 柳同春《天念录》，顺治十二年九月初六日《部覆知照》。
[3] 徐世溥《江变纪略》。

史事，愕然询问详情，人龙说："昔者明有宁王名曰宸濠，反于江西，以不备赣州故，为赣州巡抚王守仁所擒也。"[1]黄人龙的危言耸听使金声桓顿时改变了主意，决策调回王得仁军，并在三月上旬亲自率领主力南下进攻赣州[2]。三月二十三日，清江宁（今南京）同知赵廷臣派船到江西彭泽侦探，发现金、王所设官员已经撤退，只在小姑山（即小孤山）两岸留有少数军队布防[3]。这一关系匪浅的决策无疑犯下严重错误。当年宁王朱宸濠起兵时的情形与此时并不一样。首先，宸濠是以明朝藩王的身份以南昌一城之地反叛朝廷；金声桓则是反清归明，南明力量虽弱毕竟还有一隅之地和相当的政治影响。其次，刘武元、胡有升、高进库等人很难同王守仁类比，他们原先是明朝中级武将或臣民，既可以投机降清也可以投机归明。特别是金声桓、王得仁反清两个多月后，广东李成栋也加入了反清复明的行列，整个两广各府县都转入南明之手，南赣巡抚、总兵兼辖的湖南郴州、桂阳又处于南明督师何腾蛟控制之下，刘武元等仅以一镇兵力根本不可能离开巢穴赣州北攻南昌；何况王守仁起兵平定宸濠时得到了吉安知府伍文定的大力支持，而这时地处江西中部的吉安重镇已倒向金声桓。稍假时日，赣州孤城很可能自动倒戈。正如钱秉镫《盱江感事》诗中所云："中兴时异承平计，误拟文成据上游。"[4]战略决策上的重大失误导致了惨败。

三月十六日，金声桓亲自统领大军"二十余万水陆并进，直犯赣界"，十九日进抵赣州城下。攻城之前曾多次进行招降，对高进库等将领许以加封官爵。这里顺便说一下，南明人士所撰史著中常常过分夸大了高进库的作用，把他说成据守赣州的清军主将。其实，当时在赣州的

[1] 徐世溥《江变纪略》。

[2] 徐世溥记："三月丙辰，乃出师。骑步舳舻旌旗辎重，水陆亘三日不断。"按是月丙申朔，丙辰为二十一日，据清方档案，金声桓兵十六日已入赣州界，十九日至城下，《江变纪略》有误。

[3] 顺治五年四月提督操江李日芃揭帖，见《明清档案》第八册，A8—56号。

[4] 钱秉镫《所知录》卷四。按，此诗在《藏山阁诗存》卷八《生还集》中，原题为《江城感事》，戊子九月作。

有南赣巡抚刘武元（此人原为明朝参将，在辽东降清）、南赣总兵胡有升下辖五营，每营一千名，协守将领高进库、徐启仁二营，每营兵额也是一千名[1]，总共不过七千兵马。金声桓兵临城下时，李成栋尚未反清（成栋易帜在四月十五日，距金声桓进攻赣州不到一个月），刘武元、胡有升不仅没有感到后顾之忧，还派急使要求佟养甲、李成栋出兵相救。金声桓的招降只收到部分效果，赣州右协副将徐启仁在双方交战于城外时，就“暗通逆贼，卖阵回营”。总兵胡有升见兵力不敌，数十次下令全军入城凭险扼守，徐启仁却带领部下一千名兵马奔回原驻地南安府，连同府内的道、府文官举城投顺了金声桓[2]；镇守南雄的雄韶协将李养臣也跟着投降[3]。赣州虽然成了一座孤城，但该城三面临水，地势险要，城墙坚固，是易守难攻的重镇。刘武元、胡有升督促部将高进库、刘伯禄、杨遇明、贾熊等奋力顽抗，双方相持不下。闰四月初一日，王得仁又带领由九江回师的兵力号称十余万来到赣州，同金声桓一道继续猛攻。闰四月二十二日，赣州清军突然出城反击，王得仁中炮负伤。这以后，金、王“重挖深濠，重筑营城，层层围困，意在不克不休。我兵内绝粮草，外无救兵……势难久待”。城内米价高达四十五两银子一石[4]，南赣总兵胡有升见士卒饥馁不堪，被迫“将自备战马初则变价以犒兵，继则活宰以充饥”[5]，赣州已危在旦夕。

然而，赣州城下旷日持久的战役对金声桓、王得仁是非常不利的。

---

[1] 胡有升《镇虔奏疏》卷上，顺治四年十二月二十八日“备陈赣南情形疏”。

[2] 徐启仁投降金声桓后，曾率部参加进攻赣州之役，后被清军擒杀。见刘武元《虔南奏议》卷二，顺治六年五月初七日“为确察南安失事情形遵旨具奏事”疏。

[3] 乾隆十八年《南雄府志》卷十七《编年》记：“顺治五年戊子，江右金声桓、王得仁反，遣伪总兵侯攻陷南雄，守将李养臣降之。”又见胡有升《镇虔奏疏》顺治五年八月初六日“题报战守杀贼情形疏”。

[4] 顺治六年三月二十七日南赣总兵胡有升揭帖，见《明清档案》第十册，A10—52号。

[5] 胡有升《镇虔奏议》卷下，顺治八年十一月十二日“圣明亲政伊始，敬陈任内事实疏”。

清方的奏报对金声桓、王得仁统率的兵力数字肯定有所夸大，但是金声桓指挥围困赣州的兵马肯定超过城内清军，王得仁的率部增援不仅毫无必要，而且造成了赣北防守力量严重不足。就在金、王大军顿兵于赣州城下的时候，清廷派遣的征南大将军谭泰带领满、汉军队已经迫近江西。闰四月下旬，清军进至东流县，兵分两路，谭泰部攻九江，何洛会部攻饶州府。同月底，奉金声桓、王得仁之命镇守九江的明将吴高弃城而逃。五月初一日，清两广援剿副总兵杨捷占领江西门户九江[1]。何洛会军也在闰四月三十日攻克饶州府。五月初七日，清军前锋进入南昌府境[2]。消息传来，金、王为救老巢不得不下令全军撤退，回保南昌。刘武元、胡有升乘机命令部将于五月初九日开城出击；金、王无心恋战，后卫部队损兵折将，狼狈撤退。五月十九日，金声桓、王得仁引军返回南昌。六月初三日，王得仁领精兵出城迎战南下清军，在七里街被清军击败，退回南昌。谭泰乘胜挥军前进，在七月初十日包围了南昌[3]，分兵四出，扫除外围，切断省会同其他州县的联系。清军大肆抢掠，驱迫数以十万计的附近乡民挖掘壕沟，深广各二丈；在赣江上构造浮桥三座。抓来的民夫每天只给粥一餐，“溽暑督工不停晷，上曝旁蒸，死者无虑十余万”；“妇女各旗分取之，同营者迭嬲无昼夜”。八月初九日左右，挖壕工程完毕，“所掠男女一并斤卖”，南昌“附郭东西周回数十里间，田禾、山木、庐舍、邱墓一望殆尽矣”[4]。

南昌城里的金声桓、王得仁除了固守城池，等待援兵以外，多次亲自带领兵马出城向据守壕沟的清军发起冲击，但都被击退。徐世溥在《江变纪略》中不知出于什么动机，竭力丑化金、王。在他笔下，金

[1] 顺治五年十月初六日江西巡按王志佐“为要地必需良将事”揭帖，见《明清档案》第九册，A9—104号。参见康熙十二年《九江府志》。

[2] “征南大将军固山额真谭泰等奏本残件”，见《明清史料》丙编，第八本，第七〇六至七〇七页。

[3] 《清世祖实录》卷四十二。

[4] 徐世溥《江变纪略》。

声桓是“面色如土，嚄悵而已。诸将禅禀问，百不一应。惟日责姜太保（指姜曰广）令其遣客间道出城，号召四乡起义”；王得仁则在危城之中，“方娶武都司女为继室，锦绮金宝，筐篚万千，以为聘币。亲迎之日，绣旆帷灯，香燎历乱，鼓乐前后导从溢街巷”[1]。实际上，依据清方档案，从八月初九日到十月二十六日，南昌明军选择不同方向开城出战至少有九次，其中王得仁带领冲锋三次，金声桓带领冲锋的有两次，金、王共同指挥的一次，不详指挥者的两次，由刘总兵（刘一鹏）带领的一次[2]。这就足以证明金声桓、王得仁在战略战术上虽不怎么高明，但勇于拼搏则毫无疑问。清方以八旗劲旅为主的大批军队顿兵坚城之下达数月之久，一等梅勒章京觉罗顾纳岱在攻南昌府城时“中炮阵亡”[3]，说明金声桓、王得仁指挥的官兵作战非常英勇。

南昌城被围困日久，粮食薪柴均告匮乏。城中米价先涨到一石要六十两银子，后来更高达六百两，最后是断粜，“杀人而食”，拆屋而炊。城中军民处境十分艰难，不少人为了不致饿死，从围城中逃出。不料清军主帅谭泰早已拿定主意，不管是来降官兵，还是逃出难民，一律屠杀。据清方报告：顺治五年九月三十日“省城各门投出百姓有三四十者，有五七十者，有百余者，俱出投降。拿到谭固山面前审毕，发与众家男妇不留，俱杀讫。十月初一日，省城百姓从四门投出男妇共有三百余名，谭固山审问，据说城内绝粮半月有余，米卖银八钱一升，糠卖银二钱一升，老鼠一个卖银二钱，人吃人，不能支捱；审毕发出分杀讫”。初二日，“贼伪王副将乘城内火起，带领贼兵并家眷五百余名，剃发押甲投出，谭固山止留十一员名，余贼分杀讫。初三日午时，有贼将一员领贼兵一百二十名携带大独眼枪四杆、三眼枪四杆、鸟枪七杆、火药三桶，投在厢红旗下；火药、火器留用，贼官贼兵俱杀讫。本日未

[1] 《江变纪略》。这种说法为《南疆逸史》等书所沿袭。

[2] 《明清史料》丙编，第八本，第七〇六至七〇七页，“征南大将军固山额真谭泰等残奏本”。

[3] 鄂尔泰编《八旗通志》卷一四三《觉罗顾纳岱传》。

时，城内投出百姓男妇七十余名，男人分杀，妇女分留……”[1]这就是满洲贵族“仁义之师”的本来面目！

迁延到1649年（顺治六年、永历三年）正月十八日，清军发动猛攻，十九日午后蒙古兵竖云梯登上城墙，南昌失守。金声桓身中二箭，投入帅府荷花池内自尽，大学士姜曰广在偰家池投水而死[2]，“王得仁突围至德胜门，兵塞不能前，三出三入，击杀数百人，被执，支解”[3]。刑前，谭泰派人审问王得仁为何叛清，得仁回答道：“一念之差。”[4]逃往南京报信的江西都司柳同春质问道：“你为什么把我妻子杀了？”王得仁坦然回答：“是，然是该杀的。听见说你去请大兵，故此杀了。”[5]应对中颇露豪爽之气。

坚持了将近一年的金声桓、王得仁反清斗争遭到血腥镇压。谭泰、何洛会奏报平定江西捷音中说：“南昌、九江、南康、瑞州、临江、袁州等府地方俱平，获金银、骡马、船只、珠、珀、珊瑚、玉帛、貂裘等物无算。”[6]江西百姓遭受了一次浩劫，满洲贵族及其帮凶们又发了一大笔横财。

金声桓、王得仁领导的江西反清在南明史上是一个比较重要的事件。不到两个月广东又发生李成栋反正，本已走到山穷水尽的永历朝廷转眼之间顿觉柳暗花明，中兴有望了。然而，南明当局的腐败无能却表现得淋漓尽致。江西反正后，清廷唯恐九江上游失守，在1648年四月就

---

[1] 顺治五年十月江南江西河南总督马国柱“为塘报剿杀江西逆贼情形事”揭帖，见《明清档案》第九册，A9—144号。

[2] 《江变纪略》。温睿临《南疆逸史》卷六《姜曰广传》记，金声桓“自投于城之东湖”。彭士望《耻躬堂诗集》卷十六《山居感逝》诗注中说，姜曰广“缢于敕赐故翰林郭思颜仁臣之心坊下”。魏耕《雪翁诗集》卷四，《题姜阁老曰广绝命辞卷后》诗中有“满门同日赴黄泉”句。

[3] 《江变纪略》。

[4] 顺治九年六月浙江巡按杜果题本，见《明清档案》第十四册，A14—166号。按，参与审讯的柳同春在《天念录》中记王得仁答语为“一念差错”。

[5] 柳同春《天念录》，顺治十二年九月初六日《部覆知照》。

[6] 《清世祖实录》卷四十二。

把孔有德、耿仲明、尚可喜三王兵马撤回武昌、汉口，留守湖南的兵力非常薄弱。南明当国大臣在湖南战场上毫不积极，坐失事机。督师阁部何腾蛟在五月间收复广西全州，拖到十一月初一日才攻下湖南永州，接着又同堵胤锡、李赤心部为争夺恢复湖南功绩大闹矛盾。与何腾蛟气脉相通的留守大学士瞿式耜在1648年十一月的一件奏疏中说："该臣等看得，逆虏之大队力攻江西也，以首倡反正之故；而我国家之光复中兴也，亦惟江西胜败是视。臣等每常拊心祝天曰：'祖宗其庶几鉴金、王两勋镇以殄灭此羯虏乎！'而果然矣。"[1]从表面上看，瞿式耜、何腾蛟也知道江西战役是南明能否中兴的一个关键，可是瞿式耜的奏疏是根据何腾蛟十月底的塘报，塘报中虽然提到南昌在"八月初十日城内粮尽，城外虏炮千门，昼夜攻打，几破两门"，接着就说十一日金、王背城大战，清兵溃乱，"自相披靡，折虏万级，获虏马万匹，虏众风鹤，大黄船万只自弃江干，奔下江口去，会城遂定"。"今金、王日发前锋刘一鹏领兵四万，入楚会师，听督师调度，火牌直抵酃县。赣州高虏（指高进库）闻知李成栋兵十万到南雄，已于九月二十八日窜入兴国、雩都山谷一带，吉、赣各官已定，两府伏平。"这一系列江西"奇捷"的假情报肯定出自何腾蛟的编造，说明其人虚夸争功已经到了不择手段的程度。南昌城被围困得人吃人，守军望援，度日如年；永历朝廷重臣却谎报奇捷，"不胜雀跃"，准备"告庙策勋"，这大概就是瞿式耜疏中所说的"人谋既臧"[2]。

湖南的何腾蛟既然谎报江西南昌、吉安、赣州均已取得大捷，自然无须出兵救援；广东的李成栋虽然曾经两次进攻赣州，但据当时正在江西的钱秉镫分析，李成栋本来可以引兵直下南昌，解金、王之围，合击谭泰部清军，但他另有自己的打算。钱氏说："然吾观粤东之师，志在

---

[1] 《瞿式耜集》卷一，奏疏。

[2] 《瞿式耜集》卷一，奏疏。按，刘一鹏与郭天才等都在南昌城破后被清军捕杀，根本没有什么领兵四万入楚听何腾蛟调度之事。

得赣（指赣州），非真有救南昌之志也。彼反正初心，以同事者（指佟养甲）攘其功而位踞其上，已反俯听节制，以此怏怏而反，既得其位而全省皆为所有，志愿足矣。岂知因时举事为国家收李、郭之勋哉！其志在图赣，特借救南昌为名，实欲自广其土地而已。未尝念江西亡则粤与俱亡，而救江西为自救之计也。”[1]南明朝廷内部矛盾重重，湖南、广东实权人物只顾自己眼前私利，根本谈不上互相配合作战。1648—1649年江西之役最值得总结的是：清廷不论怎么落后、野蛮，毕竟像个政府，能够统筹全局，令行禁止。而南明政权历来是派系纷争，各实力集团或互相拆台，或坐观败亡，朝廷是个空架子，缺乏起码的权威。历来的史家都把清胜明败归因于清兵强劲无敌，这种观点不过是清朝统治稳固以后“钦定”的翻版。上文指出为清廷收取江西的是金声桓、王得仁等汉族军队；金、王反清之后引兵南攻赣州在战略上犯了致命的错误。然而，清朝湖广、江南都没有足够的力量出兵援赣，清廷被迫由北京派谭泰、何洛会两个固山额真领兵迢迢数千里走了两个多月（三月至五月间有四月和闰四月）才赶到江西，使金、王攻赣之役功败垂成。反观南明，南昌从1648年七月被围到1649年正月城陷，长达六个月，没有得到南明其他军队的任何支援。这就证明，清军作战能力相当有限，南明各派势力的互相拆台才是导致自身瓦解的真正原因。

三月间，南昌城陷，清军屠城。[2]金声桓等殉难的消息报至行在肇庆，永历帝赠金声桓为豫章王，谥忠烈；王得仁赠建国公，谥武烈；[3]姜曰广赠进贤伯，谥文愍[4]。

在金、王反正之时，崇祯朝兵部左侍郎余应桂、生员吴江也在南康府

[1] 钱秉镫《藏山阁文存》卷五《粤论》。

[2] 彭孙贻《茗斋集》卷四，《道经南昌府君祠下》诗前序云：“戊子，声桓又叛，清谭泰攻灭之，屠南昌。”

[3] 钱秉镫《所知录》卷三。王夫之《永历实录》卷十一记金声桓赠榆林王，谥忠武；同书卷一《大行皇帝纪》又说金声桓谥忠毅，王得仁谥忠壮。

[4] 《永历实录》卷一《大行皇帝纪》。

起兵，攻克都昌、湖口、星子等县。吴江自称巡抚，余应桂称兵部尚书。清军入赣时，首当其冲，先后覆败，吴江、余应桂都被杀害[1]。

第二节　李成栋以广东全省反正

1648年（顺治五年、永历二年）四月[2]，清两广提督李成栋反清复明，这是继金声桓、王得仁江西反清之后又一件震动全国的大事。李成栋曾经参加明末农民起义，绰号“李诃子”[3]，长期跟随李自成的部将高杰（绰号“翻山鹞”），后来随高杰投降明政府，弘光时任徐州总兵。1645年高杰在睢州被许定国刺杀，清兵南下时，李成栋奉高杰的妻子邢氏投降了清朝。在清廷进兵江南的过程中，李成栋奉命率部沿江苏、浙江、福建、广东、广西一线进攻，为清方收取了大片疆土。特别是在清方第一次进攻广东和广西部分州县的战役中，李成栋起了关键作用。他自以为功勋卓著，两广总督一职非己莫属。不料清廷在任用汉人官职上总是优先选用所谓辽人。同李成栋一道从福建入广的汉军总兵佟养甲属于辽阳世家，这个家族自明初以来不少人担任过卫所军职。努尔哈赤进攻抚顺时，他的同族兄弟佟养正叛变投降，佟氏家族因此遭到明政府的严厉迫害，一部分在辽阳被杀，一部分押进山海关内拘禁。佟养甲的父亲佟进被押进关内受冤而死，养甲为避祸计改姓名为董源投入左良玉幕下谋得一个督理盐饷的差使。1645年清军南下，他投靠清朝，

---

[1] 《清世祖实录》卷四十；《南疆逸史》卷十六《余应桂传》。参见《甲申朝事小纪》第四编卷七《余应桂纪略》《吴江纪略》。李元度《国朝先正事略》卷十一《杨敏壮公事略》记，杨捷时任清朝九江总兵官，“旋率兵复都昌，获伪官余应桂等，斩之，江西平”。

[2] 这是清时宪历，清历置闰于四月，明大统历置闰于三月，若按大统历则为闰三月。

[3] 《清史列传》卷八十《李成栋传》。

恢复姓名，立即受到满洲贵族的信任[1]。占领广州以后，尽管他没有多少军队，也没有多大战功，却被任命为两广总督兼广东巡抚[2]，李成栋只被任命为两广提督，不仅无权过问地方政务，而且在军事行动上还要接受佟养甲的调度和节制，两人原先的同僚地位变成了上下级关系[3]。清廷重用“辽人”而做出的不公平的待遇，对于野心勃勃的李成栋是难以忍受的，内心的不满逐渐积累起来。到1648年正月江西提督金声桓、副将王得仁反清归明的消息传来时，李成栋认为时机成熟，决定反正易帜。四月十五日，他在广州发动兵变，剪辫改装，用永历年号发布告示，宣布反清归明；总督佟养甲仓皇失措，被迫剪辫，违心地附和反正[4]。广东全省都在李成栋的部将控制之下，各州县官员望风归附。广西巡抚耿献忠也在梧州同梧州总兵杨有光、苍梧道陈轼率部反正，并且立即派使者进入南明辖区报告两广反清归明，接着李成栋的使者带来了正式贺表和奏疏。当时，永历朝廷正处于艰难窘迫之中，广东全省和广西已失府州的突然反正简直是喜从天降，开初都不敢相信，经

[1] 鲁可藻《岭表纪年》卷二记：“养甲为宁南侯左良玉督饷盐于扬州，名董元。降□（虏）乃复姓名。扬州未陷时，养甲于南京劝马士英为降计，士英笑而不答。养甲知失言，急出登舟。士英随悟不应放之去，差人觅之，已解维。”瞿共美《天南逸史》记：“养甲于崇祯年间诡名董英，由提塘起，得至总兵。弘光时，贿马士英，提督南直盐法，赢积过多。贝勒至，携之入闽，因令取粤。”初读此事，颇觉离奇，似难置信。后阅《佟氏宗谱》（康熙年间修），内收顺治十三年南赣巡抚佟国器撰《先世被难述略》，文中云：“曾叔祖讳进，号静斋，系宿学明经，解进关内收系狱中，含冤而死。子讳养甲，患难流离，易姓董，更名源，顺治元年始复姓，历官两广总督兵部尚书……”可证确有其事。但佟国器记其复姓名在顺治元年，当是二年之误。

[2] 按照明后期的惯例，广东、广西设置两广总督，广东巡抚由总督兼任，另设广西巡抚驻于桂林，处理广西事务，听从总督节制。清初沿袭了这种安排，后来才增设广东巡抚。

[3] 清廷的正式任命佟养甲为两广总督兼广东巡抚在顺治四年五月，李成栋在同年六月，见《清世祖实录》卷三十二，这以前为贝勒博洛札委。有的史籍上说李成栋只被任命为广东总兵，不确。

[4] 佟养甲心怀异志，后来被杀，见下文。在李成栋反正后被处死的还有清广东巡按刘显名，见《八旗通志》卷二百三十《刘显名传》。

过几天的探听，特别是原已降清的广西巡抚曹烨、高雷巡抚洪天擢等人前来朝见，说明原委，永历君臣才解除了疑虑，顿时一片欢腾，收拾逃难行装，准备重整河山了。

李成栋决策反清归明经过一段密谋策划，内幕情况在南明史籍中记载分歧。促成他决心反正的原因除了上面说过的清廷歧视政策以外，还有三个原因：一是张家玉、陈子壮、陈邦彦等人的誓死抗清，杀身成仁，使他这位明朝降将不能无动于衷，尽管他亲自镇压了这些起义，但良心并未完全泯没；二是在广东的一部分原明朝官绅如大学士何吾驺、吏科都给事中袁彭年等人心不忘明，当他们察觉李成栋同佟养甲（实际上是同清廷）有矛盾时，立即抓住机会暗中策动李成栋反正；三是成栋爱妾赵氏以死相激成为反正的导火线。下面就史料分歧较大的后两点做必要的阐述。

何吾驺、袁彭年等人的幕后策划和参与密谋确有其事。何吾驺，香山县人，崇祯年间已入阁任大学士，隆武时继黄道周为首辅，兵败之后逃回广东。许多史籍说他参加了绍武政权，未必可信。瞿式耜记载酝酿拥立桂藩时，两广总督丁魁楚还在动摇观望，直到收到何吾驺的信后才拿定主意，可见何吾驺是主张拥立朱由榔的[1]。清军入广以后，何吾驺虽然没有起兵抗清，但他并没有出仕清朝，而是以在野的身份暗中展开策反工作，“密通书于故吏潘曾纬、洪天擢，相机说成栋举事”[2]。到李成栋反正前夕，他才亲自出面，和另一位原任明朝大学士黄士俊应李成栋的邀请“就议密室”。成栋表达了自己决心反正的意向时，“公（指何吾驺）亟相率下拜，曰：‘公言及此，我太祖高皇帝之灵，宗庙社稷之福也！’于是督公（指李成栋）下令归版籍，迎乘舆，以端

[1] 瞿式耜《丁亥正月昭江道中寄》书信中说，两广总督丁魁楚“踌躇不决”，“必待何象冈（即何吾驺）书至而意始决，其持重老成如此”。见《瞿式耜集》第二五六页。金钟《皇明末造录》卷上也说：“九月，旧阁臣何吾驺航海至粤，书至总督丁魁楚，述上之变。因言即今永明王讳由榔……序亲序贤宜立。”

[2] 康熙十二年《广州府志》卷末《艺文志》，樊泽远《请祀乡贤疏》。

州为行在所”[1]。由此可知，何吾驺作为两朝元老，在策动和赞决李成栋反正上是起了重要作用的。袁彭年曾在崇祯、弘光朝任职推官、给事中，隆武时任吏科都给事中。清兵入闽后投降，任清广东学道；顺治四年五月因广东布政使耿献忠升任广西巡抚，袁彭年由佟养甲题请补授广东布政使[2]。按明、清定制，布政使掌管一省行政、财政，袁彭年即利用这一权力成为李成栋密谋反正的核心人物之一。据记载，李成栋曾“同署藩司袁彭年、养子李元胤登楼去梯，相谓曰：吾辈因国难去顺归清，然每念之，自少康至今三千余年矣，正统之朝虽有败，必有继起而兴者。本朝深仁厚泽，远过唐宋。先帝之变，遐荒共悯焉。今金将军声桓所向无前，焦将军琏以二矢复粤七郡，陈将军邦傅虽有降书而不解甲，天时人事，殆可知也。又闻新天子在粤西，遣人瞻仰，龙表酷似神祖，将相交和，神人共戴。若引兵辅之，事成则易以封侯，事败亦不失为忠义”[3]。永历三年五月南明朝廷赐给左都御史袁彭年的诰命中有这样的句子：“以风波仅存之身，遘鼎玺屡迁之际。矢丹心而贯日，运神臂以擎天。去梯密画，时帝闻之；给印沉几，无卿比者”[4]，明确肯定了袁彭年参与李成栋反正密谋的功绩。其他史籍也记载了袁彭年同李成栋勾结，谎称府库空虚，不发军饷，为李成栋制造兵变的情况[5]。南明

[1] 黄士俊撰《大明首辅象冈何公墓志铭》，转引自马楚坚《明清边政与治乱》，天津人民出版社1994年8月版，第五一五页。

[2] 顺治四年五月初三日两广总督佟养甲“汇报两广委员补缺事”揭帖，见《明清档案》第五册，A5—165号。

[3] 《东明闻见录》。

[4] 永历三年五月赐左都御史兼院事袁彭年晋阶为柱国、光禄大夫、太子少保，亡妻罗氏赠一品夫人诰命，实物原件。

[5] 钱秉镫《所知录》卷二记，佟养甲命李成栋分兵两路进攻南宁，“成栋辞以无饷，观望不进。养甲趣藩司即行措办。置布政袁彭年先以库存八万两付成栋，养甲不知也。三月十七日黎明，成栋密令兵齐集教场，哗言无粮，欲为变。自诣总督，请养甲亲出拊循。养甲出城，铁骑布满城外，马步五万余，拥之大噪。成栋先取其总督印握之，三军欢呼，同时割辫。养甲亦自割辫，即时出榜，以反正晓谕吏民，用永历年号……”参见嘉庆二十四年《三水县志》卷十三，《编年》。

一些史籍坚决否认何吾驺、袁彭年等人参与李成栋反正，是出于派系斗争的需要。那些一直跟随永历帝的朝臣唯恐广东反正来归的官绅将在改组的朝廷中占据重要职位，阻碍自己进身之阶。他们既不敢指斥手握重兵的李成栋等“东勋”，就竭力抹杀参与反正的文官的作用。如时任永历朝廷广西巡抚的鲁可藻就断言：“若诸文官，绝无预闻反正者。”[1]他特别针对金堡推崇袁彭年在反正文官中功居第一的说法批驳道：“袁彭年实未一预。”[2]行人司行人王夫之因为同以袁彭年为首的“五虎”沆瀣一气，在所著《永历实录》中肯定了袁彭年参与反正密谋，而对何吾驺则恣意贬斥，如说“吾驺降清，思以文望动人，得复大用，乃撰□□□史，称述功德，内书：‘楚贼何腾蛟遣张先璧入寇。’镂板行于岭外”[3]。甚至说“吾驺富甲东南，销银为小山，高广丈余，凡十余所，露置宅院隙地。成栋兵初至，欲凿取之，不能动”[4]，这简直近乎天方夜谭了。古语说：“尽信书，则不如无书。”何吾驺始终为明，袁彭年大节有亏，就策动李成栋反清归明而言，事实俱在，不容否认。

关于李成栋的爱妾以自刎激发成栋反清复明事，在南明史籍中也是一个记载很多而众说纷纭的问题。钱秉镫不相信这种说法，在所著书中写道：“或云：成栋取两广，收印信数千颗，独取总督印密藏之。一爱妾揣知其意，劝举事。成栋拊几曰：‘如松江百口何？’成栋松江人，时孥帑在焉。姬曰：‘丈夫不能割爱乎？请先死君前，以成君志。’遂自刎。成栋哭曰：‘我乃不及一妇人！’乃与袁彭年、张调鼎谋，辇金赂要人，以取孥帑之在松江者。将发而金声桓以南昌变。……”接着，

---

[1] 鲁可藻《岭表纪年》卷二。

[2] 鲁可藻《岭表纪年》卷四。

[3] 《永历实录》卷四《何吾驺传》。钱秉镫《所知录》卷中也说，何吾驺“剃发出降，与成栋相得甚欢。令修《粤东志》，阿谀新朝，为粤人所嗤”。何是非《风倒梧桐记》卷二云：“何吾驺投诚乞修明史，门署纂修明史额。广东人有‘吾驺修史，真堪羞死’之谣。”鉴于南明党争极其复杂，这些记载未必可信。

[4] 王夫之《永历实录》卷四《何吾驺传》。

钱秉镫声称："然予所闻于反正诸公者，实不然也。"[1]

钱氏史笔远较王夫之、蒙正发等人正派，尽量忠于事实，但是这件事他没有弄清楚。李成栋并不是松江人，他的家属却因为他曾任清朝松江总兵而留在该地。顺治四年（1647）五月两广总督佟养甲给清廷的题本揭帖中说："职查提督臣李成栋既须在粤镇守地方，而家眷尚寄松江。即杜永和等家属亦果见居松江。各官眷丁在彼支给饷银，而在此所费亦复不减。不如搬取以归一处，既免叠支之费，又使勠力戎行者室家完聚，而无内顾之忧。"[2]大概经清廷批准之后，李成栋等人即派官役前往松江迎接家属，取道长江、赣江入粤，途经南昌时金声桓、王得仁已经反清。李成栋的家属目睹了江西反清势力的高扬；金声桓反正之后曾经写信策反李成栋，自然也很可能趁机做些劝说工作[3]。李成栋的爱妾赵氏到达广州时，成栋正在密谋策划反清归明，赵夫人不知内情，私下怂恿成栋举兵响应江西。李成栋唯恐走漏消息，厉声斥责赵夫人胡言乱语。于是，演出了一场死谏的悲壮剧。时人邝露作《赵夫人歌》记其事，后记中说："永历二年闰三月十五日，东粤始复冠裳。廿有五日，过谒何夫子（即明大学士何吾驺），见其述忠媛赵夫人事甚悉，率尔漫赋。"歌序中说："夫人神明之胤，食氏广陵，敦说诗雅，明古今治乱之数；歌舞独步一时，非天朝将相，莫币蹇脩。时督院李公，镇抚三吴，感夷吾白水之辨，杂佩以要之，素琴以友之，不啻青鸟翡翠之婉娈矣。毋几何，两都沦陷，公服受事，系粤宅交，潜运忠谟，效狄梁公反周为唐故事。几会辐辏，乃遣使迎夫人。夫人至，脱珈捐珮，扬衡古烈，劝公迎驾邕、宜（指广西南宁一带），为诸侯帅。言泛长江，过彭

[1] 钱秉镫《所知录》卷二。按，张调鼎反正前，先任清广东海道，接替袁彭年任广东学道。

[2] 顺治四年五月初三日两广总督佟养甲为"恳恩具题搬取家属以免内顾事"揭帖，见《明清档案》第五册，A5—168号。

[3] 《岭表纪年》卷二记："成栋差接家眷旗鼓范承恩，为王得仁留署数月，至是回住南雄，寄禀云：'江西兵实强盛不可当。'成栋意益决。"可见，李成栋反正前确实曾经派人到松江接家眷，途经江西。

鼇，讴吟思汉，不谋同声。天下脱有微风，义旗将集君所矣。公筹画已定，不肯少泄。翌日，设醴寿公，跽申前请。公惧壁间有人，叱曰：军国大事，出于司马，牝鸡之晨，将就磔矣。夫人谢罪归院，卒以尸谏，血书藏于袙服。浃旬之间，西迓乘舆，复我汉官，如运诸掌。香山何夫子传记其事，命露作歌。盖王化始于闺门，俟采风者择焉。”[1]李成栋反正十天之内就有何吾驺为赵夫人作传，又命门人邝露作歌，可见确有其事[2]。

广东反正之后，永历帝下诏封李成栋为广昌侯，佟养甲为襄平伯，升耿献忠为兵部尚书。不久，又晋封成栋为惠国公[3]。成栋派使者迎请永历帝移跸广东，他的初意是以广州为行在，大学士瞿式耜等认为朝廷若迁至广州，势必为反正官员操纵，表示强烈反对，最后才决定以永历帝即位的肇庆为行在。1648年（永历二年、顺治五年）六月初十日，朱由榔由广西南宁启程，前往肇庆[4]。李成栋先派养子李元胤到梧州迎接。八月初一日，朱由榔乘船到达肇庆，李成栋郊迎朝见，在行宫中预先准备白银一万两，供永历帝赏赐之用。

李成栋反正初期，对永历帝相当虔诚，颇能尊重朝廷，恪守臣节。

---

[1] 邝露《邝海雪集笺》卷六《赵夫人歌》并序。邝露曾参加绍武政权，成栋反清时他正在广州，顺治七年尚可喜、耿继茂兵再破广州，遇害。按，台湾《大陆杂志史学丛书》第四辑第五册收简又文撰《南明民族女英雄张玉乔考证》，论证何吾驺作传、邝露作歌的赵夫人就是陈子壮的遗妾张氏，即长于广州的名妓张二乔之妹张玉乔。何、邝写作“赵”氏乃为子壮讳。这种说法自然有一些影子，但并不仅仅是改名换姓的问题，歌中情节也同原居广州的张氏不合。简氏引徐鼒《小腆纪年》、江日升《台湾外纪》等书为证，而推徐鼒为此说之“滥觞”“最早提出”者。其实，江日升为康熙时人，徐鼒为道光前后人，两书相距一百五十余年，徐说本于江氏而杂取诸家尸谏之说。这种考证上的疏漏，难以信服。

[2] 李成栋遣人往松江接家眷，并不排除他在松江仍留有部分眷属、家产。《吴城日记》卷中记：“松镇李虎子（指成栋）领兵在闽（粤），与金声桓合，其家口尚留松江。土公（指清江宁巡抚土国宝）于十月中往松江，出不意执其家眷，送江宁羁留之。”《过墟志》述籍没成栋家得刘氏女，后为清某王之妃，当为好事者之戏作。

[3] 钱秉镫《端州拟上第二疏》，见《藏山阁文存》卷一。

[4] 华复蠡《粤中偶记》（是书又名《两广纪略》）。

尽管广东全省和广西梧州等地是由于他反正而归入南明版图，他却主张地方官员应该由朝廷任免，嘱咐布、按二司说："皇上到，造册一本送部，或用，或不用，或更调，听部为之。"[1]可是，没有过多久，李成栋就发现永历朝廷从上到下窃权弄私，几无功过是非可言。拿封爵来说，朝廷因他反正功高封为公爵，据守广西一隅的思恩侯陈邦傅立即攀比，自称"扈驾"有功，要挟朝廷加封，永历帝竟然同意封为庆国公。权臣文安侯马吉翔为了显示自己可以左右朝政，对成栋说："上念贵标诸镇将从公反正，功不可泯，尚未颁爵赏。烦疏姓名，以便上闻。"李成栋开了个名单给他，马吉翔当着他的面缮写奏疏封进，不一会儿，永历帝就依吉翔所拟诏封杜永和为江宁伯、阎可义为武陟伯、张月为博兴伯、董方策为宣平伯、罗成耀为宝丰伯、郝尚久为新泰伯、黄应杰为奉化伯、杨大甫为乐安伯、张道瀛为镇安伯，范承恩、杨有光、叶承恩、马宝为都督同知。李成栋对马吉翔的威福自操深感不满，回到住所叹息道："人言马皇帝，岂不信哉！懋赏不典也，五等显秩也，爵人于朝，与士共之。乃于一座之顷，呼吸如意，何其神也？我弃老母、幼子为此举，惟望中兴有成，庶不虚负，今见权奸如此，宁有济哉！"[2]至于用人行政、兵马钱粮等问题，由于广东的反正，既扩大了来源，也增加了摩擦。

佟养甲的参与反正本来就是被迫的，永历朝廷虽然封他为襄平伯，挂了一个管理中军都督府事的空衔，实权完全落入李成栋的手里。他不甘寂寞，上疏永历朝廷说："疑臣则杀之，不疑则任之，何能郁郁居此？"朝廷只是"优诏"应付，不给他任何实际职务[3]。佟养甲既怀念

---

[1] 鲁可藻《岭表纪年》卷二。永历三年瞿式耜在《请力破积习疏》中也说："昨年勋臣李成栋反正之后，圣驾跸东。成栋取东粤全省官吏造册送部，疏请圣裁，忠挚㧑谦，尊君守礼。乃庙堂之上，因循沿习，以待西勋（指庆国公陈邦傅）者待成栋，岂成栋之志哉！臣犹闻梧州知府束玉受委之日，勋臣成栋命之曰：'尔至地方，须要清廉洁已做好官，反正一番，事事以遵朝廷，奉皇上为主，朝廷若选新守来，汝即让之，勿与抗也。'即此一端，成栋忠谨之心亦可见矣。"见《瞿式耜集》卷一，奏疏。

[2] 蒙正发《三湘从事录》。

[3] 沈佳《存信编》卷二。

清廷的宠信，又明知在永历朝廷内备受猜忌，就暗中派人递表给清廷说明两广事变的情况，同时请派兵南下，自己充当内应。不料使者在路上被李成栋部卒查获。成栋养子李元胤当时担任锦衣卫都督同知提督禁旅，密奏永历帝以祭祀兴陵（即朱由榔之父老桂王朱常瀛墓）为名派佟养甲前往梧州，预先在佟的座船必经之处设下伏兵，擒杀养甲[1]。随即把佟养甲的亲信全部处斩，以清内患。

第三节　李成栋的进攻赣州和败亡

江西和两广的相继反正，骤然改变了明清相持的格局。永历朝廷的无能突出地表现在缺乏全局战略眼光，把时间都耗费在移跸和加官晋爵等不急之务上，仿佛从此可以结束四处奔走的逃难生涯，静听各勋捷报了。李成栋反正之时如果立即出师北上，可以赶上金声桓、王得仁攻取赣州之役，赣州清军当时已弹尽粮绝，必下无疑。然后合兵北上，迎击谭泰、何洛会清军，取胜的把握要大得多。五月，金声桓、王得仁被迫解赣州之围回救南昌，江西的形势明显恶化。要想扭转战局，关键在于李成栋北上江西，与金、王所部内外夹攻，击破清军，收复全省。八月，成栋在广州教场点兵拨将，亲自统率大军直趋南雄。“旌旗器仗焜耀一时，所携粮饷、弓刀、铳炮、火药等不可计数。其气壮，意在必得。”[2]出兵前后，李成栋多次致信清朝赣州守将，进行招降。刘武元、胡有升、高进库等人采取缓兵之计，不断派使者回信表示愿意反正，借以麻痹李成栋；实际上却乘金声桓、王得仁退后，赣州围解，广东明军未到之时在附近乡村搜括粮食，加固城防工事。钱秉镫在奏疏中说：

---

[1]　《岭表纪年》卷二记十一月杀佟养甲于白沐洲头；《存信编》卷二记十月初十日杀于杨柳沙。

[2]　鲁可藻《岭表纪年》卷二。

臣顷度岭（《所知录》作“予以九月初旬度岭至南雄”），遇勋臣成栋出师下赣，兵威甚盛。成栋尚驻南雄，以俟赣州之降，监军侍郎张调鼎见臣，言赣州降书叠至，旦暮可下，赣下即长驱而进，以解南昌之围。臣以为赣未必下，而南昌事甚急也。臣所从间道去赣城三十里，土人有言：城中兵每日早出暮归，每骑须括粮三石，押运入城，今村中粮且尽矣。据此乃坚壁清野之计，无降意也。其言降者所以缓王师之出岭而候南昌之信。以南昌卜也，我胜则降，彼胜则抗，情理易见。而勋臣信其必降，退居岭上，听其增修守御，误矣！

且解南昌之围，何必定先下赣州乎？赣州虽不降，亦仅足以自守。今以一兵驻南安缀赣州，使不敢出；而湖东、湖西皆有路可达南昌。臣由湖东来，建、抚各郡邑皆为我守，虏亦置之不问。自新城历南丰、广昌、宁都以至雩都，皆两勋（指金、王）所设官征粮守城，士民冠服如故。惟雩都城内仍是虏官，城外皆为我百姓，无剃发者；间有剃发者在津口守渡，以舟渡臣，自言系守城兵，报称岭南军威之壮，兵甲之精，意若引领望其速来，则此辈情已可知。至于湖西一路，臣不深悉。闻吉安守将刘一鹏本与两勋同举事者，今虽为虏守，犹怀观望。此两路皆可进兵。今督师何腾蛟新复衡州，其势甚锐，各路之兵尽壁长沙。诚令以偏师由衡州出吉安，数日可至，吉安必望风而降。而长沙一营直趋袁州，取临江，其势甚易。成栋舍赣州不攻，以全师驻信丰，下兵雩都，收召湖东义师，可得十数万使为前驱，而会湖西之师两路并进，分驻东西二隅，以全力与虏对垒，以游兵统率义师更翻往来，四路迭进，以挠守围之兵。义兵虽不足战，而以填堑决围则虏兵分而备御不及。城中受困已久，望见两路旗麾，大兵云集，勇气自倍，奋死开门背城一战，外内合击，虏未有不败，围未有不解。解围之后，而并力乘势直下江南，江南可传檄而定也。臣故曰：救江西为今日中兴之急着；舍赣州而径下尤为今日救江西之胜算也。[1]

张调鼎曾将钱秉镫的意见传达给李成栋，成栋不以为然，说他是书生不知军计，未予采纳。

九月下旬，李成栋部越过梅岭，分兵两路，一由龙南、信丰，一由南安（今大余）、南康，直逼赣州。十月初一日，李军到达赣州城下，“连营数十余座，炮火连天，环攻彻夜”[2]。清南赣巡抚刘武元、总兵胡有升、副总兵高进库、刘伯禄、先启玉等见明军势大，商定“利在速战”，即趁李军营垒未固、壕沟未成之时，挑选精锐士卒突然开城出战。次日凌晨，清南赣守军分别从小东门、南门、西门出城，“奋命冲杀”。成栋军立脚未稳，猝不及防，被清军冲入营垒，将士惊惶败退，自相蹂践，阵势大乱，兵员和器械损失很多。李成栋被迫撤军南安，自己返回广州。清南赣巡抚刘武元报告说：“贼带红衣大炮一百位，来攻赣城四十位，尚有六十位见在梅岭。……今诸贼虽落胆败遁，屯驻南安，纠合各处土贼，多携大炮，势必复来犯赣。而残破城垣立见倾颓，万一人心惊惶，战守而无所恃，职死固不足惜，而朝廷四省咽喉尽轻弃于一旦耳。”[3]明鲁可藻也记载道：“成栋至南雄，扛舟过岭，尽运所携资械，气甚壮。营栅未定，赣人突出一冲，争渡不及，溺水者以万计，幛房衣甲尽弃，神气以是而沮，元气以是而伤。”[4]李成栋第一次进攻赣州失利是由于既不知己也不知彼，开战以前还没有做好充分准备就以气吞万里如虎之势直薄赣州城下立营猛攻；失利之后又过高地估计了赣州清军的力量，没有组织手头兵力继续进攻。十月初二日的受挫，从清、明两方的记载来看，大约损失了兵卒夫役一万，盔甲、大炮、

[1] 钱秉镫《藏山阁文存》卷一《初至端州行在第一疏》；参见其《所知录》卷二。

[2] 刘武元《虔南奏议》卷一；参见《明清档案》第九册，A9—162号，南赣等处巡抚刘武元奏疏残件。

[3] 《明清档案》第九册，A9—162号，南赣等处巡抚刘武元奏疏残件。

[4] 鲁可藻《岭表纪年》卷二。

马骡、器械的一半[1]。而成栋部下将领并没有伤亡，运到梅岭一带的大炮器械尚多。赣州守城清军侥幸得胜，但“兵马有限”，估计最多只有五六千名[2]。所以，刘武元等在险胜之后“激切启请征南大将军（指谭泰）发兵急救”[3]。李成栋初战受挫后即放弃进攻，自行返回广州，不仅使赣州清军得到休整的机会，而且由于南昌方面来援的清军及时到达，取胜的把握更加渺茫了。

经过短暂的休整和补充兵员、装备，李成栋在1648年（顺治五年、永历二年）除夕赴肇庆面见永历帝“请方略”[4]，次年正月再次从广州率军北上南雄。二月下旬，成栋大军已经全部度过梅岭，进入江西境内。为了避免重蹈上年十月间匆促攻城招致失败的错误，李成栋决定先占赣州外围各县，然后进攻赣州。他亲自率领主力驻于信丰，派宣平伯董方策等占领雩都等县[5]。从清方来说，正月间攻克了南昌，赣州已无后顾之忧，而且征南大将军谭泰所派梅勒章京胶商等统领的正红旗与正白旗满洲兵也来到赣州，兵力有所增强。很明显，双方的态势已经发生了变化。尽管在兵员数额上李成栋军仍占优势，但清军凭借挫败李军攻赣和攻克南昌的声威，正处于士气高昂之际。按情理说，李成栋进至南雄以后，应当得到金声桓、王得仁覆败的消息，本该扼守梅岭，稳扎稳打，待谭泰、何洛会、刘良佐等班师回京以后（谭泰等奉旨“凯旋”在三月间，清廷直到五月间才得到李成栋攻赣败亡的消息。可见无论是清廷还是谭泰、何洛会等人在镇压金、王反清活动后都急于把这支

[1] 上引南赣巡抚刘武元奏疏中说，李成栋“乌合十余万众于十月初一日突犯我赣”。初二日出城反击，“斩杀万计，活擒数百，而盔甲、大炮、马骡、器械半归我有”。清方奏报数字不免夸大，但说明成栋的主力并未被歼。

[2] 前引清方奏报，赣州总兵力为七千，其中徐启元所辖一千降明，在金声桓、王得仁攻城时也必然有伤亡。

[3] 《明清档案》第九册，A9—162号，南赣巡抚刘武元奏疏残件。

[4] 鲁可藻《岭表纪年》卷二。

[5] 顺治六年三月二十七日胡有升题本、二十九日刘武元题本中均云：“李逆在信丰，有伪伯董、张等贼已犯雩都下赣去讫”，成栋部将中封伯者有博兴伯张月、镇安伯张道瀛，不能确定张姓者为谁。

清军撤回北京），再徐图入赣。换句话说，李成栋二次入赣只在战术上做了一些改变，并没有从战略上考虑双方条件的变化。南赣清军将领刘武元、胡有升、梅勒章京胶商密议后，决定仍以“利在速战”为方针，在明军临城之前主动出击。二月十六日，清满汉主力由赣州出发，向李成栋所驻的信丰进攻，同时派兵八百名前往雩都协防。二十八日，清军进攻屯扎于渠岭的明武陟伯阎可义部，连破阎部在该地设置的木城五座（按，木城是以木桩部分埋入土中相连而成的防御工事）。二十九日午时，清军进至距信丰五六里处，李成栋挥军迎战，为清军所败，成栋退入城中。三月初一日，清军开始攻城。当时信丰东门外桃江河水泛涨，不能涉渡。清军即在西、北两门外和南门旱路上挖壕栽桩，防止明军突围。成栋军心不稳，于是日夜间出东门渡河逃窜。清军占领信丰，对城中居民滥加屠杀[1]，同时乘势尾随追击。李军大乱，将领纷纷南窜，成栋在渡河时坠马淹死。关于李成栋之死，清南赣巡抚刘武元、总兵胡有升奏报中说，三月初四日“生擒活贼审供，李成栋投河淹死等语”。初五日左协副将高进库部下兵丁在河滩“捉获大马一匹，镀金鞍辔俱全，送营报验，审问活贼供称系李成栋骑的战马，随验明转解江西（指南昌）报功”[2]。从南明史料来看，李部将士在信丰突围时各自争相逃命，直到撤至大庾岭清点兵马时才发现主帅无影无踪，经过追查方知成栋落水淹死[3]，当时的混乱可想而知。

1649年春天，永历朝廷经历了一场中兴的幻灭。正月，何腾蛟在

[1] 康熙五十九年《西江志》卷三十三，武事五记：“大军屠信丰。”

[2] 顺治六年三月二十七日南赣总兵胡有升“为汇报满汉官兵剿灭广逆恢复信丰异常奇捷事”题本，见《镇虔奏疏》卷上；《明清档案》第十册，A10—86号即为此件揭帖，但后半部分已残缺。同月二十九日南赣巡抚刘武元有同一内容的题本，见《虔南奏议》卷二。

[3] 钱秉镫《所知录》卷三等书记载成栋渡河至中流时，“人马俱沉”，略误。鲁可藻《岭表纪年》卷三记于二月，云：“成栋札营信丰，分兵取各县，意在孤赣之援以困之也。赣侦知，分兵单趋信丰。成栋度不支，合各镇走。自饮火酒十余瓯，渡河投水死，辎重器具无一存者。虏骑掠至南雄而回。”

湘潭被俘杀；金声桓、王得仁在南昌覆亡；三月，李成栋兵败身死。噩耗接踵而来，朝廷上下一片惊惶。李成栋部将江宁伯杜永和原为成栋中军，重贿诸将推自己为留后，让武陟伯阎可义率众扼守梅岭，自己同其他将领返回广州。成栋养子李元胤在肇庆行在，面见永历帝痛哭流涕，永历帝封元胤为南阳伯挂车骑将军印；元胤辞免，仍旧以锦衣卫都督同知提督禁旅。永历朝廷追赠李成栋为宁夏王，谥忠武，赐祭九坛，葬礼极为隆重，“甲马数十队以彩缯为之，一时灰烬”；“爱妾数人皆令盛服赴火死，尽用夷礼”[1]。永历帝派戎政侍郎刘远生持手敕前往广州慰劳诸将，打算利用刘远生和李成栋是陕西同乡的关系接管两广总督职务。不料，杜永和掌握着两广总督大印，公然开印视事；永历朝廷无可奈何，只好默认。关于这件事，钱秉镫有一段议论颇有见地。他认为“当时诸将惟成栋子元胤可用。使闻变之时，即令李元胤驰入其军，摄行帅事，而召杜永和入代元胤禁旅之任。彼即拒朝命，无以拒元胤也。元胤果断有智略，又其诸弟李元泰、李建捷皆军府要职，最称骁健。元胤至，诸将即有异志，元胤亦足以制之矣。于是移军府于南龙，宿重兵于岭上，北师虽锐未可长驱而入也”[2]。永历朝廷的当权人士既昧于洞察形势的能力，又缺乏知人之明，以为趁李成栋溺水而死的机会可以通过任命刘远生为总督把广东一省军政大权收归朝廷。结果事与愿违，杜永和联络诸将推自己为留后，实际上又节制不了原先同自己地位相仿的将领，广东的局势从此逆转。杜永和等人毫无远志，一味麇集于广州等富庶之区，过着花天酒地的生活[3]。

---

[1] 钱秉镫时在广州，亲见其事。所引见《藏山阁诗存》卷十一《行朝集·己丑·广州杂诗》。

[2] 钱秉镫《藏山阁文存》卷五《粤论》。

[3] 鲁可藻《岭表纪年》卷三记：五月，“以董方策守罗定，杨大甫守梧州，马宝守德庆。虽云为忠贞入粤，实各勋镇与杜永和不相下，不肯听其调度，求入内地养闲也”。新泰伯郝尚久在上年（1648）即由李成栋派驻潮州。张月、罗成耀等均随杜永和遁回广州。可见，成栋身亡后，部下主力除武陟伯阎可义率部镇守南雄外，其他都驻扎于广东南部。

第十七章
北方各省的反清运动

第一节　山东等地的反清斗争

历来讲南明史的人大抵都把视线集中于江南，很少甚至完全不涉及黄河流域的反清复明的运动。自然，南明的几个朝廷都是在南方建立的，相对而言明、清对峙的局面在南方表现得最明显；但是，北方汉族官民的反清斗争是不容忽视的，这种斗争不仅牵制了清廷兵力，延长了南明政权存在的时间，而且在某些情况下（比如姜瓖等的反清复明）对清廷的威胁更大。人们常有一种错觉，以为清兵入关以后，推行民族征服、民族压迫政策在南方遇到顽强的抵抗，而在北方除了一些所谓的“土贼”和“兵变”外，统治相当稳固，没有出现多大的社会动荡。实际情况并不这样简单。分析一下1644年夏季以后的全国形势，应当说黄河流域和南方各省确实存在差别。随着以崇祯帝自尽为标志的明王朝覆亡，黄河流域的汉族官绅一度受到大顺政权的沉重打击，不少人把满洲贵族建立的清廷看成维护自身利益的新靠山；而江南官绅并没有亲身经历这场大变革，他们考虑的重点是维护自己的安乐窝。然而，江淮以北的辽阔地区同样存在尖锐的民族矛盾和阶级矛盾。清廷标榜的“代明剿

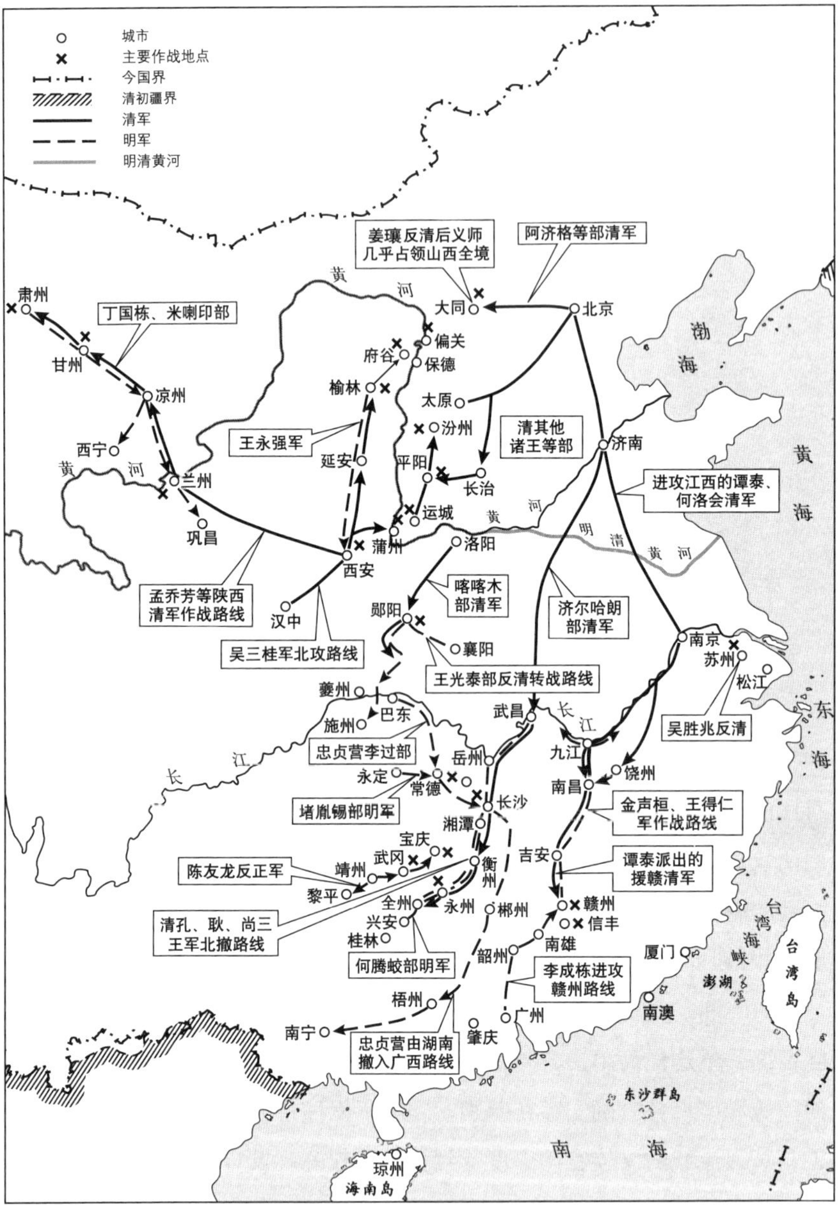

1647—1648年各地反清活动图

贼”“吊民伐罪”以及对汉族官绅的某些笼络政策只收到部分效果，既不能代表广大贫苦农民的意向，也不能说所有北方汉族官绅都心悦诚服地归顺清朝。在大顺政权统治的短暂时期里，农民们如释重负，扬眉吐气，由衷地拥护实行免赋政策的大顺政权。正是由于这个原因，在甲申夏季，原先到处“土贼蜂起”的山西、河北、山东、河南等地一度出现了“太平景象”。可惜好景不长，清军入关后，公开宣布维护当地官绅的既得利益，同时恢复征粮征赋，新旧官绅有恃无恐地大搞反攻倒算，各地自发性的武装反抗烽火连天，数量之多、规模之大甚至超过了明末崇祯时期。另一方面，汉族官绅慌不择主地投靠清廷，为时不久就发现满洲贵族推行的民族歧视政策，如剃发改制、重满轻汉、重辽东旧人轻新附汉人，自己的尊严和利益受到不同程度的损害。华北地区的汉族官绅在政治态度上随之发生分化。一部分官绅忍气吞声乞怜于清廷；另一部分官绅在1645年（顺治二年）六月以后眼看满洲贵族征服者的骄焰日益显露，由依附清廷转变为公开或秘密反清。著名的例子如上文提到的凌駉；降清任青州道参与镇压赵应元起义的韩昭宣，后来跑回山西同虞胤等人组织抗清；濮州乡官叶廷秀在1644年（顺治元年）八月向清山东巡抚方大猷呈请速派援兵镇压“土寇马应试”，以“救民水火”[1]，大约在1647年他却同江苏沛县著名文人阎尔梅参加山东榆园军共同抗清，“欲假为绿林、新市之资，以图南阳（指东汉光武帝）之业也”，最后被清军捕获，就义于东昌府（府治聊城）[2]。此外，如弘光朝东平侯刘泽清降清后虽官封“一品世职”，也不甘寂寞，策划在北京和山东曹州同时并起，推翻清廷（详见下述）。至于山西、陕西等地汉族文官武将降清后又重新参加反清复明运动的人更是为数众多。明末大学士惠士扬、李建泰名重一时，降顺降清，似乎不顾名节，最后却都以激烈反清遇害。事实说明，民族矛盾的激化并不限于南方。由于北方绅民的反清

---

[1]　《明清史料》丙编，第五本，第四二八页，《山东巡抚方大猷揭帖》。

[2]　阎尔梅《阎古古文集》附张相文撰《阎古古年谱》。

运动比较分散，南明方面的史籍又很少记载（这在相当程度上反映了南明朝廷当权人士的胸无全局，满足于偏安一隅），下面只能在为数众多的反清斗争中选出一些有代表性的事例叙述，以窥一斑。

山东谢迁起义。1646年（顺治三年）冬，谢迁在高苑领导起义，攻克高苑县城，处死清朝知县武振华，将该“县百姓照册点名”[1]。接着，又攻克新城县[2]。次年（1647）四月二十六日攻破长山县，活捉清知县周懋臣，随即将库载银两席卷而去[3]。六月十三日谢迁率领义军突然进抵淄川城下。城中义士丁可泽等充当内应，于第二天凌晨破城，擒获降清乡绅孙之獬。孙之獬在明末清初官场上是一个声名狼藉的人物。崇祯初惩办魏忠贤阉党，他抱着《三朝要典》哭告太庙，从此列名逆党，废黜不用。清兵入京后，他立即投靠新主，极尽巴结之能事。《研堂见闻杂记》云：“我朝之初入中国也，衣冠一仍汉制。……有山东进士孙之獬阴为计，首剃发迎降，以冀独得欢心。乃归满班，则满人以其为汉人也，不受；归汉班，则汉以其为满饰也，不容。于是羞愤上疏，大略谓：‘陛下平定中国，万里鼎新，而衣冠束发之制，独存汉旧，此乃陛下从中国，非中国从陛下也。’于是削发令下。而中原之民无不人人思挺螳臂，拒蛀斗，处处蜂起，江南百万生灵，尽膏野草，皆之獬一言激之也。原其心，止起于贪慕富贵，一念无耻，遂酿荼毒无穷之祸。”[4]谢迁义军深恨其无耻，用锥子遍刺其身，插上头发，恨声不绝地骂道：“我为汝种发！”孙之獬自知众怒难犯，已无活理，破口大骂。义军将其口缝上，凌迟而死，还把他在城中的孙子、曾孙杀了个

---

[1] 乾隆二十三年《高苑县志》卷十《灾祥》。顺治四年六月兵部揭帖，见《明清史料》丙编，第七本，第六〇二页。

[2] 康熙三十二年《新城县志》卷十《灾祥》。

[3] 顺治四年十一月十一日山东巡抚张儒秀“为塘报长山县被贼失陷事”题本，见《明清档案》第七册，A7—9号。

[4] 孙之獬领先剃发确有其事，顺治二年八月十七日在摄政王多尔衮面前展开一场竞争时，就曾提到“孙之獬于众人未剃发之前，即行剃发；举家男妇皆效满装”。见《清世祖实录》卷二十。

干净[1]。顾炎武听到这个消息后，极为开心，特作《淄川行》一首志庆："张伯松，巧为奏，大纛高牙拥前后。罢将印，归里中，东国有兵鼓逢逢。鼓逢逢，旗猎猎，淄川城下围三匝。围三匝，开城门，取汝一头谢元元。"[2]谢迁部义军据守淄川县城达两月之久，后来被清军挖地道用火药轰塌城墙，才失守[3]。

山东榆园军的反清斗争。山东东昌府濮州、范县一带从明朝末年以来就有所谓的"榆园贼"。据记载，由于万历后期山东天灾人祸不断，耕地大面积抛荒，"榆钱落地，久皆成大树"。任七、张七为首的饥民"啸聚其中"，"号百万"。他们不仅利用茂密的榆林做掩护，还创造了地道战术，在地下挖掘纵横交错的通道，长达数百里，神出鬼没地袭击官军。到清朝初年，榆园军已经蔓延到朝城、观城、郓城、城武等县[4]，声势颇为浩大。

到1648年（顺治五年）五月，降清后居住北京的原明东平侯刘泽清（曹州人）见"如今处处反乱"，断定"清国不会用人，国运不久了"，秘密派遣侄儿刘之榦与麾下副将郑隆芳、姚文昌潜往南方同"南朝"联络，带回口信说"君王甚喜"（按当时形势和刘泽清曾掌握部分舟师分析，使者很可能是朝见了鲁监国，而不是永历帝）。刘泽清认为这是反清复明的大好时机，召集亲信李化鲸[5]，到北京密商，约定

[1] 顺治四年九月山东巡抚张儒秀揭帖，见《明清史料》丙编，第七本，第六二二页；同伴影印本见《明清档案》第六册，A6—122号。参见顺治四年九月初二日兵部尚书阿哈尼堪题本，见《明清档案》第六册，A6—95号。"种发"事见谈迁《北游录》纪闻下《辫发》条。

[2] 《顾亭林诗集汇注》卷一。按，此书解题云"是年九月，丁可泽勾引谢迁等陷淄川，擒之獬，支解死"，误，当为六月。

[3] 乾隆八年《淄川县志》卷三《兵事》。

[4] 乾隆二十一年《曹州府志·杂志》；康熙十一年《濮州志》卷一《年纪》。按光绪《濮州志·兵事》写作曹县土寇张七、任复性。任复性大概就是任七。

[5] 据康熙十三年《曹州志》卷二十《杂志》，李化鲸，号仁宇，城武县人，明末曾任地方捕快，顺治初年被清山东地方官员委任军职，以合法身份掌握了一小支武装。

八月十五日刘泽清“从京中起手，尔等亦于是日举事”[1]。李化鲸返回曹州招兵买马，暗中进行反清的准备工作。清河道总督杨方兴“微闻其不法状”，采取调虎离山计题授李化鲸为兖州守备，让他“单骑就职”。李化鲸被迫提前在七月间起事。他联络附近榆园等义军拥立一个明朝宗室为王，以天正为年号发布文檄，连续攻克曹州、定陶、城武、东明等州县[2]。山东巨野和同曹州接境的直隶大名府、河南归德府的百姓纷纷响应。清廷唯恐事态扩大，不可收拾，下令调三省官兵会剿。参加围剿的有驻防东昌府梅勒章京赖恼、沂州总兵佟养量、临清总兵宜永贵、保定总兵鲁国男、河南总兵高第、河北总兵（指镇守河南省黄河以北三府地区）孔希贵等部。大批清军蜂拥进至曹州，义军虽然奋勇抵抗，终因寡不敌众，被杀得“尸横遍野，血染草丹”。清军先后夺回东明、定陶、城武等县，八月初一日包围了曹州。李化鲸等见形势不利，“出城讲说”；二十八日把拥立的“伪王绑缚献出”，希望借此换取清方退兵。自然这是不现实的，清方绝不会容忍李化鲸据守曹州，继续围攻。九月十五日，李化鲸等又出城谈判，被清军扣留，把他和“伪王”以及刘泽清的三个侄儿押解进京。在这种情形下，曹州城里的义军仍然坚守城垣。十月初二日，清郑亲王济尔哈朗统率由京师南下湖广的军队行至曹州，用红衣大炮攻城。初四日，城陷，清军“搜剿无遗”[3]。

李化鲸等人被押解到北京同刘泽清对质。刘泽清知道密谋败坏，私自烧毁密信等证据，又被家中婢女告发。十月二十五日，清廷经过

[1] 顺治五年十月刑部尚书吴达海等题本稿残件，见《明清史料》丙编，第七本，第六九八至七〇〇页。

[2] 前引康熙十三年《曹州志》记，李化鲸招纳亡命，“纠党谋逆，求得宗姓者拥戴之，伪称公侯。于是年秋七月令其党先举兵反，陷曹县、定陶及城武，次攻曹州，化鲸为内应，杀宪使黄，劫州库。居三日，分其党北攻濮，东攻巨野，而自率大众西攻东明，皆弗克。旋为大兵破，走据曹邑。筑长围困之。城溃，党与皆尽屠戮，执化鲸俘京师，伏诛”。参见康熙十一年《重修大名府志》卷六《年纪新志》；咸丰《大名府志》卷四《年纪》。

[3] 顺治五年十一月河道总督杨方兴揭帖，见《明清史料》丙编，第七本，第六九五至六九七页。

大臣会审后，刘泽清和他的弟弟、侄儿、李化鲸等人以谋反罪被押赴市曹处斩[1]。

刘泽清、李化鲸的反清活动虽然被清政府镇压下去，但榆园军的反清斗争仍在继续进行。1649年（顺治六年），清廷任命张存仁为直隶、山东、河南三省总督，统一事权，加紧围剿。张存仁到任后，命部将张胆领兵砍伐焚烧榆园林木，又决引黄河之水淹灌地道。义军失去了凭借，终于被清朝官军击败。1651年（顺治八年）十月，榆园军首领梁敏遇难，“张七伏诛，任复性投降”[2]。王熙作《骠骑将军张公传》中说：“榆园者，山左之险僻地也。山林箐莽，溪洞盘亘，巨寇梁敏、杨三吾等倚为窟穴，踞险啸聚，时出惨掠旁郡，官兵莫能制。朝命张存仁总制三省相机往剿。张公曰：吾用赵人久，剿荡榆寇非张副戎（当时张胆任副总兵）莫办。遂亟疏于朝请迁公直隶、河南、山东三省大厅（实际为三省总督之中军），节驻天雄（指大名）。公提兵至其地周视曰：是贼无能为！绝其区，防奔逸，一鼓就擒矣。乃阴使人持火具从间道焚林烈泽，烟焰涨天，继遣健丁操锐斧列阵而进，摧枯刊木，灌莽若洗，贼始惶骇，思鸟兽散。先是，榆寇穿地道千里，急则潜行以遁。公诇知之，使卒决黄水灌之。穴塞，贼益窘迫，乞命。匝月而渠魁授首，余党悉平。总督马光辉以公屡建大功，疏题天津总兵……”[3]

此外，清初山东各地的反清斗争还有不少。如《武定府志》记载：“顺治三年冬十月，寇破沾化，令与尉死焉。四年夏六月破阳信；秋九月破海丰。是时寇势张甚。”[4]冠县在顺治三年有裴守政、刘丝桐起义；顺治五年有王奎光起义[5]。顺治四年十一月十二日，义军丁鸣吾（有的史籍写作丁明吾）、周魁轩带领骑兵四百余名、步兵不计其数，

[1] 《清世祖实录》卷四十。
[2] 康熙十一年《濮州志》卷一《年纪》。
[3] 乾隆十年《铜山县志》卷十一，艺文。
[4] 咸丰九年《武定府志》卷三十四，艺文，《海丰县令杜民祚传》。
[5] 道光十一年《冠县志》卷十《纪变》。

攻克峄山，夺取库藏财物，释放狱囚，第二天主动撤出[1]；随即北上攻克蒙阴，杀清知县崔葑，直到顺治八年才被清朝总督张存仁镇压下去[2]。高唐州有蔡乃憨（有的史籍写作蔡奶憨）、周桂轩、崔三棱等起义，于顺治三年十月攻破州城[3]。夏津县有宋鸭蛋、陈国造、三帽檐子的反清斗争[4]。东昌府有丁维岳领导的起义。丁维岳原先是明朝寿张县练总，1647年（顺治四年）十月十四日夜间他率领“马贼千余，步贼数万，四面举火，喊声动地”，攻打漕运重地张秋，未能得手，次日攻克寿张县”[5]；同月十四日杨云山部义军又攻克堂邑县，对运河交通构成重大威胁。山东满汉清军紧急出动扫荡，临清总兵宜永贵会同梅勒章京秃江带领兵马围攻丁维岳的据点陈家楼（在寿张县城西南十八里），二十四日陈家楼被攻克，丁维岳的父母、兄嫂、妻妾等人都被清兵掠去，但他本人先于二十日会同其他义军进攻阳谷、观城，“尚未回巢”[6]。十二月初四日，丁维岳、周魁轩、张尧中等率骑兵四百、步兵千余攻克阳谷县，杀清委知县[7]。同月十六日，清将沙儿胡达领满汉兵由向导带路，向聚集在郓城县王家海子的义军突然发动攻击。义军猝不及防，首领丁维岳、张尧中阵亡，周魁轩负伤逃走。清山东巡抚飞报大捷道：“该职看得丁维岳、张尧中乃西南之巨凶也，逆党数千肆毒

[1] 顺治四年十一月山东巡抚张儒秀“为塘报峄县失守事”揭帖，见《明清档案》第七册，A7—22号。

[2] 康熙二十四年《蒙阴县志》卷八《兵燹》。

[3] 康熙十二年《高唐州志》卷三《兵燹》。

[4] 乾隆六年《夏津县志》卷九《杂志·记遗》。

[5] 顺治四年十月山东巡抚张儒秀“为塘报叛贼谋攻镇城，官兵堵御获捷，并报寿张失城事”揭帖，见《明清档案》第六册，A6—164号。

[6] 顺治四年十月二十六日山东临清总兵宜永贵塘报，见《明清史料》甲编，第三本，第二〇三页。

[7] 顺治五年正月初十日兵部尚书阿哈尼堪等题本，见《明清档案》第七册，A7—73号。

于东、兖之区，陷城劫库，害及济宁道臣，贼势已成燎原矣。”[1]另一路清军在梅勒章京库儿蟾率领下有满汉铁骑千余名赶往堂邑，直抵杨云山部据点王家屯，得知义军挖有地道，“曲折约远二三里”。清将命令士兵尽力挖掘，未能奏效，改用柴草火药进行烟熏，义军被窒息呛死的有一百多人。清军缴获了一幅“黄绢伪谕”，“上用伪印一颗，朱钤隆武三年字样，上有监国鲁王之称”[2]，这表明山东各地的抗清斗争虽然分散，却同鲁监国政权保持着联系，是复明运动的一个组成部分。

京师王道士案。弘光朝廷官员投降清廷之后又从事秘密反清活动的，除了刘泽清以外，还有所谓的“王道士伙党”。这个案件的详情还缺乏研究，但卷进去的人相当不少。据《清实录》记载，顺治四年五月二十一日，“投诚伯常应俊，总兵李际遇、马儒齐、黄明先、丁启光（即下文丁启睿之弟），副将王士永、一把撒、夏五岳、贾应逵、骆和萧、刘方侯，参将乔松，游击滕和齐、于起范、冯可松（按即弘光朝掌锦衣卫的冯可宗）、傅有功，都司马崇臣、卫士龙，守备李豪、张嵩，闲散官丁启睿（原明崇祯朝总督）等坐与贼党王道士通谋，并其兄弟及子，俱伏诛”[3]。

刘泽清是同山东地方势力联合反清，王道士案则是以弘光朝文武官员为主串通河南反清势力进行密谋[4]。这两个事件虽然都被清政府破获，参与人员均遭捕杀，然而联系到1648年（顺治五年）金声桓、李成栋、姜瓖、王永强、丁国栋、米喇印等人的反清，说明了一个事实，就是这些人降清以后不仅受到满洲贵族的歧视，而且察觉清廷实力有限，认为大可一试身手。

---

[1] 顺治四年十二月山东巡抚张儒秀“为擒斩大逆飞报捷功事”揭帖，见《明清档案》第七册，A7—54号；又见《明清史料》丙编，第七本，第六四七页。

[2] 顺治四年十月二十三日山东巡抚张儒秀“为塘报堂邑失陷并报微臣扫穴事”题本，见《明清档案》第六册，A6—148号。

[3] 《清世祖实录》卷三十二。

[4] 顺治四年七月二十二日刑部尚书吴达海“为密拿叛党事”题本，见《明清史料》丙编，第七本，第六一一页。

第二节 姜瓖等人领导的山西反清运动

山西省的复明运动是以大同总兵姜瓖反清揭开序幕的。姜瓖，陕西延川县人[1]，原是明朝挂镇朔将军印大同总兵官。1644年三月大顺军攻克太原后，他主动派人联络，投降了大顺政权。同年五月，传来了大顺军在山海关战败、放弃北京的消息，姜瓖又发动叛乱，杀害大顺军守将张天琳，归附了清朝。由于他在起兵叛乱夺得大同的时候并不了解清廷有入主中原的意图，拥立了一个名叫朱鼎的明朝宗室（代藩枣强王后裔）“以续先帝之祀”，被清廷斥为“大不合理”[2]。七月十五日，姜瓖不得不上疏请求原谅自己“不学无术之罪”，并且要求“解臣兵柄，另选贤能”，让自己“休息田间，从此有生之日皆歌咏太平之年矣”[3]。清摄政王多尔衮一面让他继续充当大同总兵，一面警告他“洗心易虑”，“倘仍前不悛，越分干预，国有定法，毋自取戾”[4]。这年十月，他奉命抽调大同地区的精锐兵马跟随英亲王阿济格西征，在镇压陕北大顺军高一功等部时颇为卖力。没想到次年（1645，顺治二年）七月他被叫到北京，由大学士刚林秉承摄政王多尔衮的意旨进行质讯，指责他顺治元年六月初八日上表归顺清廷，七月间却用明朝崇祯年号发给文武官员札付，又拥戴明朝宗室枣强王，“此罪不小”。姜瓖跪在地上解释清兵入关之初人心未定，不得不采取一些权宜之计，“原不敢有二心”。刚林又无中生有地斥责他“去年冬英王西征路出大同，你心生疑虑”。最后，才宣布：“今大清恩宽，王上令旨许功罪相准，往事并不追究。着你仍镇大同，洗心涤虑，竭力尽心，以报国家大恩。”姜瓖自以为不费清朝一兵一卒，把大同地区拱手献给了清廷，接着又在

[1] 顺治六年三月山西巡抚祝世昌揭帖中说：“且瓖原籍榆林延川”，见《明清档案》第十册，A10—59号。

[2] 《清世祖实录》卷五。朱鼎珊当是代王朱桂的九世孙。

[3] 见《明清档案》第一册，A1—22号。

[4] 《清世祖实录》卷六。

陕西榆林击败大顺军，不仅功高无赏，反而备受猜疑。他一肚子怨气，但又不得不“叩头谢恩”[1]。这以后的三年里，清廷对陕南、四川用兵，曾多次征发山西的人力、物力，加重了官民的负担。1647年（顺治四年）三月，清廷下令“在京官员三品以上，在外官员总督、巡抚、总兵”各“送亲子一人入朝侍卫，以习满洲礼仪，察试才能，授以任使”。这显然具有人质的用意。姜瓖接到兵部传旨后不敢怠慢，把长子姜之升送往北京[2]。

1648年（顺治五年）十一月，蒙古喀尔喀部二楚虎尔犯边。清摄政王多尔衮召集诸王、大臣会议，决定派英亲王阿济格、端重亲王博洛、承泽郡王硕塞、多罗郡王瓦克达等领兵戍守大同，加强这一地区的防务。姜瓖对清朝统治者崇满歧汉政策早已心怀不满，这时又正是在江西金声桓、广东李成栋反清之后，清廷对手握军权的汉族将领猜忌甚深，他判断满洲大军云集大同将对自己不利。大同地区的清朝官员又奉命征集粮草，急如星火，百姓怨声载道。于是，姜瓖在十二月初三日乘宣大总督耿焞等人出城验粮草的机会，突然关闭城门，下令“易冠服”，自称大将军，公开揭起了反清的旗帜[3]。耿焞逃往阳和，家属被姜瓖处死。阿济格闻讯，连夜进兵，于初四日到达大同城下[4]。姜瓖反清以后，“飞檄安官，朔（州）、浑（源）一带俱受伪札”[5]。阿济格在十二月间的报告中说：“叛者不止大同，其附近十一城皆叛。”[6]大同

[1] 《明清史料》丙编，第五本，第四九四页，《记注残叶》。

[2] 顺治四年八月二十二日大同总兵姜瓖“为恭谢天恩事”揭帖，见《明清档案》第六册，A6—63号。

[3] 康熙二十一年《山西通志》卷三十《杂志·盗贼附》。《清史列传》卷八十《姜瓖传》把姜瓖反清系于十一月，时间有误。

[4] 《清世祖实录》卷四十一。

[5] 康熙二十一年《山西通志》卷三十。雍正十三年《朔州志》卷八《武备兵氛》记：“五年十二月，大同总兵姜瓖叛，遣逆党姚姓袭朔州，守备张楹率叛兵内应，兵道宋子玉、通判杨逵、知州王家珍皆死之”，众奉张楹为总兵。

[6] 《清世祖实录》卷四十一。

举义后，山西各地的汉族官绅纷纷响应。

晋西北，“明废弁万练乘变袭踞偏关，瓖即以练为伪偏关道。宁武、岢岚、保德相继失守。刘迁者，亦明废弁也，纠亡命，受伪左大将军职，略雁门关及代州、繁峙、五台等邑，太原告警”[1]。关于刘迁的情况，顺治六年正月二十四日山西巡抚祝世昌塘报中说：“本院□虑雁门系大同孔道，预遣抚标右营游击高国盛同蒙古艾大人驻防代州。突有明季副将刘迁诈称起用伪总兵，伪牌伪言，日每招聚乌□（合）……。初十日，逆贼刘迁果率领马步贼约有万余将代州围困十一日，竟入关厢。”高、艾见“贼众兵寡”，“密差役前往大同英王爷驾前请兵”。[2]

晋中，《定襄县志》记载：“五台、忻州、盂县皆授姜瓖伪札，转相煽惑，丑类尚累数万，旗帜队伍蚁聚蜂屯。宁武已附姜瓖。兵备道蔺与太原参将李好贤住札忻州、定襄，每侦贼警则引兵救援。至九月，宣府总兵李刚奉旨剿擒高鼎，鼎负隅，每夜出，恣其劫掠。后听抚，贼众渐散，鼎复据曹家寨……倏招倏叛。”[3]《静乐县志》也说：“时三晋草寇转相煽惑，驱逐长令，卖降恐后。……太原一郡全城自守者惟榆次、平定、乐平、太原、崞县、盂县而已。”[4]

晋东南，“汾、潞、泽、辽等郡邑小丑乘时蜂起，伪帅胡国鼎啸聚潞安，祸连沁属”[5]。“伪将”陈杜、张斗光等领兵攻克泽州（今晋城）。[6]平顺有姜瓖所“遣贼将牛光天破城劫库，男妇掳掠甚多。至十月，原任赖知县请兵恢复，贼始灭”。[7]

[1] 《清史列传》卷八十《姜瓖传》。

[2] 《明清档案》第十册，A10—9号。

[3] 康熙五十一年《定襄县志》卷七《灾异》。

[4] 康熙三十九年《重修静乐县志》卷十《杂纪志》。

[5] 乾隆六年《沁州志》卷九《灾异》。

[6] 康熙四十五年《泽州志》卷二十八《祥异》附兵燹。

[7] 康熙三十二年《平顺县志》卷八《祥灾志·兵燹》。

晋西南蒲州到黄河西岸属陕西的韩城一带有虞胤、韩昭宣、李企晟等闻风响应，他们“私立伪韩王，行伪永历事”[1]。清陕西三边总督孟乔芳向朝廷奏报：“伪六省军门虞胤、伪总督韩昭宣、伪总兵封汝宦等克陷蒲州及蒲属临晋等县，伪立永历年号，诈称二十八万。”[2]

在很短的时间里，山西全省除了省会太原和少数城池外，差不多都被义师占领。而山西的反清复明运动又迅速波及陕西等西北地区（见下节）。

从地理位置来看，山西紧靠畿辅，形势的风云突变对满洲贵族的统治中心威胁极大。不过，山西距离永历朝廷控制的地区相当远，其间又被清统治区隔断，双方的联络自然比较困难。许多南明史籍都不讲以姜瓖为代表的晋、陕等地的反清复明运动，或者只是在讲时代背景时一带而过，他们心目中的“南明史”是地道的南方拥明势力的历史。然而纵观全局，清初的复明运动并不能局限于南方，姜瓖等人领导的反清绝不是一般的兵变或叛乱，而是北方复明势力同清朝的一次大规模较量。

姜瓖起事后立即“易冠服”，各地闻风响应的军民都以割辫为标志[3]，军队“以明旗号”相号召[4]，发布文告遵用永历正朔[5]。这些都说明姜瓖等人领导的晋、陕反清运动是以恢复明朝为宗旨的。他们同永历朝廷也有联络，沈佳《存信编》卷二记载，“清大同总兵姜瓖以大

[1] 顺治十三年湖广总督祖泽远“为飞报密擒渠逆叛党”等事题本残件，藏第一档案馆。

[2] 孟乔芳《孟忠毅公奏议》卷上，顺治五年八月初六日题本。

[3] 参见顺治六年四月山西巡按蔡应桂揭帖，见《明清档案》第十册，A10—71号；同月山西巡抚祝世昌揭帖，上书A10—74号。

[4] 傅山《霜红龛集》卷十五《汾二子传》记：“己丑（顺治六年）四月，大同兵以明旗号从西州入汾，薛（宗周）以策干帅江某，劝急捣太原虚，江不能用。”有人劝薛宗周不要参加复明义举，“薛厉声言：极知事不无利钝，但见我明旗号尚观望，非夫也”。按，“江某”即义军山西巡抚姜建勋，见康熙三十九年《重修静乐县志》卷十《己丑纪变》。

[5] 顺治六年八月陕西总督孟乔芳疏报：“山西逆寇虞允等称伪永历年号，陷蒲州及临晋、河津等县。”见《清世祖实录》卷四十二。

同来归”。1649年（顺治六年、永历三年）八月，永历朝廷“遣太监马鸣图赍敕联络山西总兵姜瓖。鸣图漆身吞炭而行”，携带“以黄绢五寸方用御宝为敕书，外用黄蜡封固为药丸”[1]。1653年（顺治十年）清廷缉获“叛党”吕肖渠的罪状就是“先投山西姜逆营内抢掳，带有永历伪札前往河南”散发[2]。这些零星材料（当时在山西各地张贴和颁发的用明永历纪年的文告和札付数量必定极为庞大，失败后荡灭无存罢了）证明姜瓖等人的反清不是孤立的，更不是一般的兵变，而是以拥护南明永历朝廷为宗旨遍及全国的复明运动的一个重要组成部分。《清史稿》说，“其无所附丽而以叛闻者为姜瓖”[3]，完全错误！

姜瓖起事以后，清廷最初企图采取招抚政策加以解决。多尔衮当时已经自称为皇父摄政王，想以最高统治者的身份劝说姜瓖回心转意，他在十二月初十日派使者向姜瓖解释阿济格等领兵往大同是“因有事北方蒙古……与尔等全无干涉”，故意把姜瓖起兵反清说成只是误解了清廷意图，给以下台的机会，接着宣布若能悔罪归诚，仍将“照旧恩养”[4]。然而，姜瓖反清的导火线固然同阿济格重兵迫境有关，根本原因在于满汉民族矛盾。举事之前既已遭到清廷猜忌，反清之后再图归顺好比覆水难收，前途更不堪设想，因此他对多尔衮的安抚置之不理。多尔衮见解释无效，决心武力解决。1649年（顺治六年）正月初四日，他派敬谨郡王尼堪等统兵入山西。二月间，多尔衮亲自带领军队往征大同。在攻克浑源州、招降应州和山阴县后，突然接到北京传来消息，他的同母弟辅政德豫亲王多铎染上天花，危在旦夕。多尔衮无心恋战了，三月间在赶回北京的途中，他来到大同城下，希望凭借自己的最高权威劝说姜瓖投降。在谕旨中说：“向使他人至此，尔或顾畏不从；予兹躬

[1] 屈大均《安龙逸史》卷上。

[2] 见《明清档案》第十七册，A17—164号，河道巡抚吴景道题本。

[3] 《清史稿》卷四百八十七《忠义一》，中华书局排印本，第四十四册，第一三四七一页。

[4] 《清世祖实录》卷四十一。

临，可欢然来顺。如来归顺，庶阖城获苏。予方欲天下之人戴吾恩德，尔姜瓖诸罪悉与赦免。谕到可即出降，自恩养如故。勿更怀疑虑，以贻害阖城官民也。予来尔不归顺，则再无生路矣。予言一出，脱有反复，天下之人谁复信之？”[1]

姜瓖在回信中先列举了自己为清廷立了大功，“未有毫发罪过”，然而不仅“未蒙升赏”，跟随他降清的百姓“亦阽危已极。且选出各官又肆行陵虐，民盖难堪。顷者，英王师至，催办粮草，绅士军民苦不可当。动辄欲行杀戮，臣与大同一方百姓委属无辜，谁肯坐而守死？”接着，他针对多尔衮的谕旨表示，“况阖城之人矢志誓死，王纵开诚肆赦，谁敢遽信？是惟更降一谕，明指以全活之方。若不开恩，臣惟率众以俟，无他想望矣”[2]。姜瓖要求多尔衮“指以全活之方”含义是什么，史无明文，按当时情况推测是让清廷退兵，使大同地区的军民有实际的安全感。而且，当时晋、陕反清义师风起云涌，姜瓖的回信也可能是一种缓兵之计。

自从山海关战役以来，执掌清廷最高权力的摄政王多尔衮没有亲自统兵出征过。究其原因，一是进入北京之后，百务丛集，他难以分身；二是满洲贵族内部权力之争一直在进行；三是他的健康状况不佳[3]。这次亲征大同实在是迫不得已，山西全省一旦失陷，必然引起连锁反应，且不说南方大片地方尚未平定，在姜瓖反清后不仅山西各地纷纷响应，陕西、甘肃等地反清运动势若潮涌，连畿辅和山东也竟然“山贼蜂起”[4]。满洲贵族遇到了入关以来最大的挑战。

到1649年（顺治六年）四五月间，山西的局势已经十分严重。阿

[1] 《清世祖实录》卷四十三。

[2] 《清世祖实录》卷四十三。

[3] 早在顺治三年（1646）二月间，多尔衮召集大臣时就曾说自己“代上摄政，唯恐事多阙误，生民失所，念民为邦本，日夜焦思。又素婴风疾，劳瘁弗胜”。见《清世祖实录》卷二十四。

[4] 顺治六年八月礼科右给事中姚文然奏：“北直接壤山东、河北一带，盗贼日炽，商贾不前，耕桑失时”。见《清世祖实录》卷四十五。

济格等率领的军队围困着大同，并且挫败了来自长城外助马路（今助马口）、得胜路（今得胜堡）来援和姜瓖派出接应的军队，切断了大同和其他山西抗清力量的联系，尽管调来了红衣大炮，大同的防守依然坚固得很。阿济格、尼堪等部顿兵坚城之下，毫无进展。山西其他地区的反清运动却好比烈火燎原，迅速席卷全省各地。清政府能够控制的只是省会太原、晋南平阳（今临汾）几座孤城[1]，其他府、州、县差不多全被反清复明武装占领。这年四月山西巡按蔡应桂揭帖中说："先是，石楼、永和、交城相继告陷。……乃各州县报贼者日常数四，此煽彼惑，已遍满三晋矣。"四月初一日"又接抚臣祝世昌会揭，逆贼刘迁聚众谋攻代州；又云宁武贼众攻围忻州等情"。陕西义军也利用木筏、牛皮浑脱等物渡河入晋，"该职看得，三晋自三边以至省城、汾（州）、平（阳）一带，遍地皆贼，伪牌伪示，络绎不绝。民如鸟兽散，势若土崩瓦解，无论郡邑之城池不能保守，而省城之重地患切垂危"[2]。就在这个月里，义军占领汾州府城，清山西巡抚祝世昌报告："四月十三日，贼众至汾州府……贼众兵寡，退而守城，则城关大开，合城喊起，郑名标率军民割辫。"清分守冀南道许养高领着永宁知州、平遥、介休二县知县、汾州营参将等人仓皇逃往平阳[3]。《五台县志》记："顺治五年冬，姜襄（瓖）踞大同，送伪札于台人，率众攻城。时有

[1] 乾隆二年《翼城县志》卷二十六《祥异》附兵燹记："顺治六年大同总兵姜瓖叛，分遣贼首攻平阳，不克。其时州县或逃或降，固守者郡城及翼城而已。"按，明代至清初平阳府属三十五州县，1649年清军所能固守者不过两座城池。据同书记载，翼城县外有陕西王永强所遣部将围攻，境内有"哈哈教余孽安定国、混天猴等揭竿而起"，城守岌岌可危，直到1654年（顺治十一年）安定国被诱杀，才"四境帖然"。

[2] 《明清档案》第十册，A10—71号。

[3] 顺治六年四月山西巡抚祝世昌"为道、将率官逃归，恭报上闻，仰祈圣裁事"揭帖，见《明清档案》第十册，A10—74号。康熙三十五年《介休县志》卷一《灾异·兵劫附》记："顺治六年，流贼自河曲来，陷据府城（指汾州府），县官逃去。城内士民严守，抢掠乡村，掳杀子女。"按，据康熙三十九年《静乐县志》卷十《己丑纪变》，姜建勋由原平南下占领忻州、定襄，与满兵战于牧马河上，败绩。三月间，建勋部向西取静乐后，南下攻占汾州。

刘永忠等至忻州，拥众至台，不啻十余万。”[1]晋东南的长治地区也全部易帜，“潞安之变，盖因姜逆首祸，叛党四起，一府八县，相继沦陷”[2]，省会太原岌岌可危。巡抚祝世昌向朝廷求援道：“值今伪督抚姜建勋、伪刘总兵、伪司道等贼众，秦晋合伙，失陷汾州府，拥聚十数万，截断省南平阳、潞安两府大路，分贼安官，附近各州县破竹瓦解，势已决裂，此省南之贼景如此。又省之东北五台、繁峙，刘迁、张五桂等勾连宁武众贼盘踞忻口，攻围崞县，北路堵塞，音信已绝。今晋之西北宁武、偏关、河曲、兴、岚等州县至汾州府属延袤千里，悉为贼据。今省城孤悬一土，势切危急。……恳乞皇父摄政王俯念三晋百万田赋之区，生灵汤火之日，危亡目下，速赐急发大兵，或敕英王、敬谨王兵马星驰前来扑剿逆贼，尚可恢复残疆。稍若迟延，全晋俱隳矣。”[3]

四月下旬到五月上旬，复明义军在占领晋西北、晋南大片地区[4]后，会同晋中、晋东南的反清力量迅速接管各地政权。四月二十六日，占领祁县，二十八日接管武乡，同日“沁州伪官请本州乡绅士庶皆服明季衣冠，同诣关圣庙共议战守。每垛口守夫三名，十垛口生员一名。又称贼头赏军，每丁五钱，用银五万，未曾赏遍（可见参与沁州起义的当在十万人以上）。其中贼丁抢掠者枭首一十三名，当时严肃。凡有投营，即赐伪职”。二十九日，占领榆社县。五月初一日，义军进入清源县，清太原驻防满军曾一度来援，见“贼势浩大”，被迫带着知县携印退回省城。初二日，义军占领徐沟。初五日，“西路贼大营由清源县拥众北来，至太原县境晋祠，离省城四十余里；又据报东路贼由徐沟犯

[1] 康熙二十六年《五台县志》卷八《祥异志·兵革》。

[2] 顺治八年十月十二日山西巡抚刘弘遇题本，见《清代农民战争史资料选编》第一册上，第一五八页。

[3] 顺治六年四月山西巡抚祝世昌“为省会危亡至急，贼氛聚结至众，再恳急发大兵救援事”揭帖，见《明清档案》第十册，A10—73号。

[4] 顺治十六年《绛县志》卷上《祥异》记：“顺治六年五月府属大乱，贼入县城，知县逃去。”按，明代至清初绛县属平阳府。

省”[1]。当时，清政府驻守太原的兵力相当有限，“太原土陲兵无几，保会城不敢为进取计”[2]。一旦省会失守，不仅政治影响极大，清廷在山西设置的政权几乎全部瓦解。何况，山西的抗清运动很快波及邻省，如1649年（顺治六年）六月山西义军魏世骏等派出一支军队进入河南，接管了武安、林县、涉县，任命了知县、守备等文武官员[3]。

多尔衮深知局势的险恶，他不敢撤出包围大同的兵力来镇压遍及山西各地的反清烽火，以免放虎出柙，使山西反清盟主姜瓖同其他各部汇成一片，只好从京师抽调一切可用的满、蒙、汉军投入山西战场。除了英亲王阿济格、敬谨亲王尼堪领军围困大同外，被调往山西作战的还有端重亲王博洛、承泽亲王硕塞、和硕亲王满达海、多罗郡王瓦克达。至于康熙初年专政的鳌拜不过是随军偏裨而已。此外，陕西方面还有平西王吴三桂、固山额真李国翰、陕西三边总督孟乔芳等人领军配合作战。

列出上述清将名单，不难发现多尔衮决心孤注一掷，精兵猛将几乎全部派往山西。熟悉清初历史的人都知道，入关以来的领军统帅豫亲王多铎在顺治六年三月病死，肃亲王豪格已经罪废幽禁，郑亲王济尔哈朗在姜瓖反清以前同勒克德浑统兵往征湖南，到七年正月才返回北京。其他能带兵的亲王、郡王几乎全部带领八旗子弟云集山西。值得注意的是，阿济格、博洛、尼堪等人都曾经是独当一面的统帅，而在山西战场上扮演的只是前线指挥官。留守北京的却是刚从江西凯旋的谭泰、何洛会两名固山额真。六年八月，多尔衮感到京师地区兵力过于单薄，下令端重亲王博洛“酌撤闲驻兵还京”。博洛报告：“太原、平阳、汾州三府属州县虽渐收复，然未复者尚多，恐撤兵后，贼乘虚袭据，应仍留守

[1] 山西巡按御史蔡应桂“为塘报紧急贼情事”揭帖，见《明清档案》第十一册，A11—3号。

[2] 康熙三十九年《重修静乐县志》卷十，杂纪志《己丑纪变》。

[3] 顺治九年四月初三日刑部尚书蓝拜等“为缉获在逃叛党请旨正法事”题本，见《清代农民战争史资料选编》第一册下，第一五九至一六〇页。

御。”[1]多尔衮勉强同意了。

历来治史者谈及南明，大抵着眼于南方，对姜瓖、王永强等人的反清复明运动注意不够。这反映了他们不大了解当时全国的形势，很可能是受南明史籍影响过深。永历朝廷虽然在口头上以复明自任，但情报不明，从来没有一个高瞻远瞩的战略计划。在南明方面的史籍里除了有几条姜瓖的记载以外，他们对山、陕各地风起云涌的大范围、大规模反清运动似乎知之甚少，对清廷的精兵猛将全部调往山西、其他地方兵力单薄的窘境更是一无所知。永历朝廷在全国反清复明运动处于高潮的时候，只知道江西、湖广战局逆转，金声桓、王得仁、李成栋、何腾蛟遇难，陷于张皇失措之中。永历君臣完全不了解谭泰、何洛会在稳定江西局势后不敢深入广东而撤兵北返，济尔哈朗、勒克德浑出兵湖南原定目标是追剿李锦等为首的忠贞营，由于明督师阁部何腾蛟为争功而瞎指挥，糊里糊涂地被清军擒杀，济尔哈朗等趁势暂时稳定了湖南局势，顾不上原定目标就匆忙回京[2]的原因。两路清军的北撤很明显是清廷为了加强京畿根本之地，永历朝廷沉浸于金、王、李、何覆亡的悲痛之中，庆幸清军未乘胜直下广东、广西，不知道这时正是清廷最吃紧的时刻。在将近一年时间里，朱由榔、瞿式耜、杜永和、陈邦傅等人又昏天黑地地过起太平生活，局促于两广之地钩心斗角。“时举朝醉梦，有假为吴三桂反正疏及南京反正书者，谓四方好音日至。”[3]直到清廷派孔有德、尚可喜、耿仲明率军南下，才如梦初醒，乱作一团。南明君臣的闭目塞听、得过且过，由此可见一斑。凭借这种朝廷要实现抗清复明的大

[1] 《清史列传》卷二《博洛传》。

[2] 《清世祖实录》卷四十五记：顺治六年八月二十三日清廷即命济尔哈朗班师回京，当时大同仍在固守之中。这年清辰常总兵徐勇题本中说：“前幸仰赖亲王大兵奋扬神武，何腾蛟首先被缚，虽伐谋之元凶已剪，而王、马、只虎等逆尚漏天诛。臣私冀圣明庙算无遗，必余氛不除不止。夫何全捷未奏，而大凯倏班。然犹望固山图赖之兵足资弹压，以作缓急互应之需。讵图赖又复北调矣。”见《明清史料》丙编，第八本，第七六八页。

[3] 徐鼒《小腆纪年附考》卷十六。

任，无异于痴人说梦。姜瓖、刘迁、王永强、虞胤等人的抗清斗争一方面证明清朝在北方的统治远未稳固，另一方面又证明满洲八旗兵的作战能力相当有限。从江西、广东反正后永历朝廷及时封爵拜官，而山西、陕西的各支义军首领大抵是遥奉明廷，自称大将军、大学士、巡抚、总兵，永历朝廷似乎只知道姜瓖在大同反清，其他就不甚了了。山河阻隔固然是原因之一，但后来孙可望、李定国、鲁监国、郑成功等经常派密使深入清统治区联络各地潜伏的义士，相形之下永历朝廷的目光短浅实在令人惊异。

永历朝廷既是这样无能，清廷才能放心大胆地集中兵力镇压晋、陕义军。姜瓖反清后，清廷归罪于宣大总督耿焞未能事先防范，把他革职[1]，由佟养量接任。佟养量带领所部山东兵进攻代州一带的刘迁部，先后在平刑（平型关）、雁门击败刘军，刘迁率领部众退入五台山区扼险据守。清军凭借优势兵力在降将引路下翻山越岭逐寨进攻，把刘迁部压缩到一个狭小的山区[2]。最后在黄香寨激战，刘迁父子阵亡[3]。代州地区复明武装的覆败，解除了围困大同清军的背面威胁，初步使山西战局变得对清方有利。

到1649年（顺治六年）六月，清军虽然攻克了山西部分州县，形势有所好转，多尔衮担心在山西被牵制的兵力太多，旷日持久必将影响全国，于是他决定再次亲征大同。离京前夕召集朝廷各衙门满、汉官员做了一番解释，说：“予之行也，非以诸王大臣不胜其任，但恐行师之际扰及良民，故为亲行。”[4]这种不成理由的说法只是为了掩盖他内

---

[1] 《清世祖实录》卷四十二。

[2] 顺治六年七月初五日“击败贼首刘迁塘报”残件（缺奏报官员职名，估计为宣大总督佟养量所上），见《明清史料》甲编，第三本，第二五〇至二五一页。这件塘报中说：“看得刘迁作叛，流毒三晋，恃险负隅，岂止狡兔之三窟。其代东一带村堡不下数百余处，尽皆迫胁从贼，经今半载有余……”又说：“姜逆叛乱以来，不逞之徒，随声吠影，如刘迁倡众摇惑平刑、雁门一带，迫胁良民，大肆鸱张，负嵎为害，已非一日，此晋地之元凶也。”

[3] 顺治八年宣大总督佟养量揭帖，见《明清史料》甲编，第三本，第二八三页。

[4] 《清世祖实录》卷四十四。

心的焦虑。多尔衮的第二次亲征历时一个多月，八月间回京时他本人并没有取得什么战果。但是，清廷差不多把全部精锐兵力投入山西战场，当地的复明势力终于招架不住了。大同城里的粮食消耗已尽，“兵民饥饿，死亡殆尽，余兵无几”[1]。在外援无望的情况下，姜瓖部下的总兵杨振威变节，暗中派人出城向围城清军接洽投降。八月二十八日，杨振威带领六百余名官兵叛变，杀害姜瓖与其兄姜琳、弟姜有光，持首级出城投降[2]。次日，清军入城。多尔衮得到报告后，下令除杨振威的官兵家属外，大同城内的“官吏兵民尽行诛之”。由于围攻八月之久始终攻不下这座坚城，多尔衮传谕把城墙高度拆除五尺，借以泄愤。在这前后，征西大将军和硕亲王满达海军攻克朔州、马邑等处，明宁武总兵刘伟等投降。定西大将军端重亲王博洛军攻克孝义、平遥、辽州、榆社等处。陕西总督孟乔芳和户部侍郎额色带领满汉兵渡过黄河攻克蒲州、临晋、河津、解州、猗氏等处，义军首领白璋在荣河阵亡[3]。九月二十二日，陕西清军攻克运城，明义军元帅韩昭宣阵亡，战死官兵一万余人，“尸满街衢”；另一位首领虞胤乘乱逃出[4]。同月，博洛、满达海二亲王会兵合攻汾州。十三日夜间，用红衣大炮猛轰北关，第二天从城墙坍塌处冲入城内，义军所设巡抚姜建勋、布政使刘炳然突围出城后被清军擒杀。由于清军攻破汾州后把城中百姓屠戮一空，岚县、永宁州（今吕梁市离石区）绅士唯恐同归于尽，把义军委派的知县、知州绑赴

[1] 《清世祖实录》卷四十六。

[2] 《清世祖实录》卷四十六；《清史列传》卷八十《姜瓖传》记参与叛变的还有“伪官裴季中”。

[3] 光绪十二年《永济县志》卷二十三《事纪·兵略》记：“六年，贼首虞允、封汝宦等倡乱陷蒲州，知州钱法裕、游击武韬、守备许世德死之。八月初一日，陕西总督孟乔芳率满汉官兵恢复州城，斩馘无算，余众败溃。”光绪七年《荣河县志》卷三《兵附·兵事附》记：“顺治六年，虞允等倡乱。秋，陕甘总督孟乔芳同固山达根特等大破贼于荣河，斩伪帅白璋。”乾隆二十八年《稷山县志》卷二《兵防》附《武事》云：“顺治六年，土贼白璋西来据城。”

[4] 山西巡按御史蔡应桂“为恭报恢城剿贼捷功事”揭帖，见《明清档案》第十一册，A11—2号。

军前，开城投降[1]。十月初四日，满达海军用红衣大炮攻破太谷县；初十日占领沁州，接着又攻克潞安（今长治市）[2]。十一月，博洛率领镇国公韩岱、固山额真石廷柱、左梦庚等部在泽州（今晋城）击败反清义师，义军部院陈杜、监军道何守忠、守将张斗光等被擒杀[3]。这时，山西大势已定，多尔衮才决定诸王统军回京，只留下多罗郡王瓦克达继续清剿山西未平各地[4]。十二月，陕西清军吴三桂、李国翰部击败榆林义军，杀刘登楼、任一贵、谢汝德等首领人物。吴三桂平定该地后，分兵渡河进攻山西偏关，义军总兵贺国柱见大势已去，为清军充当内应，义军总督万练自焚而死[5]。

山西曲沃人李建泰曾任明崇祯朝和清顺治初年的大学士，平陆人原明朝宁夏巡抚李虞夔都积极参加了反清运动。李建泰在晋陕复明斗争中，大约和姜曰广在江西金声桓、王得仁起事中扮演的角色基本相同。有的史籍说“姜瓖起兵，又召为相”[6]，详细情况已经难以查考。只知道他不仅在家乡曲沃一带组织抗清，还曾经亲笔写信策动翼城等县乡绅共襄义举[7]。后来，在太平县扼守二十多天，无援出降，被清廷处死。李虞夔在山西反清运动失败后逃到河南永宁县龙沟山林内潜藏，

[1] 顺治六年九月十八日满打亥（满达海）、孛罗（博洛）奏稿，见《明清档案》第十册，A10—144号；同件又见《明清史料》丙编，第八本，第七三一页。按，康熙三十九年《静乐县志》卷十记：“建勋知不支，缢死南城楼。”

[2] 山西巡抚祝世昌“为遵旨回奏事”揭帖，见《明清档案》第十一册，A11—1号；参见《清世祖实录》卷四十六。

[3] 康熙四十五年《泽州志》卷二十八《祥异》附《兵燹》。顺治六年十二月山西巡抚祝世昌“为王师剿荡逆贼，克平地方恭报上闻事”揭帖，见《明清档案》第十一册，A11—60号。按，原文内左梦庚误写作“左孟根”，查《清史列传》卷七十九《左梦庚传》，顺治“六年，随英亲王征大同叛镇姜瓖，攻左卫，克之，寻擢本旗汉军都统”，可证左梦庚确曾参与镇压山西抗清运动。

[4] 《清世祖实录》卷四十六。

[5] 《明清档案》第十一册，A11—55号；参见《清世祖实录》卷四十六。

[6] 李天根《爝火录》卷十九。

[7] 《清世祖实录》卷四十六。

1650年（顺治七年）六月被清政府缉获遇害[1]。晋、陕反清复明运动最大的特色是当地百姓广泛参与，上自文武高官，下至普通军民几乎都自愿地奋起反抗，这正是清廷难于对付他们的主要原因。

山西、陕西等地的大规模反清复明运动坚持了一年之久，终于被占压倒优势的清军扑灭。尽管由于所见史料的限制，很难把这场轰轰烈烈的抗清斗争的全貌和组织情况叙述清楚，但已经可以从中看出北方汉族百姓为反对满洲贵族的暴虐统治而展开的殊死斗争是何等惊心动魄，丝毫不逊于南方[2]。清军在镇压山西反清复明运动中不分青红皂白，滥杀无辜老弱，表现的野蛮残酷令人发指。清代官书虽然尽力遮盖真相，从一些档案和地方志里仍然可以窥见一页页血迹斑斑的历史场面。大同城破以后根据多尔衮的命令实行屠城，执行得相当彻底。大同和大同左卫两座城里的监狱关有重犯五名，由于“城破尽屠，无凭究拟”，人都杀光了，无法找到原告和证人，新任地方官只好题请销结案件[3]。顺治七年十二月清宣大山西总督佟养量揭帖中报告：“大同、朔州、浑源三城，已经王师屠戮，人民不存。”随之而来的是大片耕地荒芜，“如浑源州原额地（指明代册额）七千九百九十五顷四十九亩零，除先任宣大耿部院题免无主荒地外，又姜逆叛之后，屠戮复荒无主地四千八百余顷，见今成熟地八百三十二顷三十六亩。朔州原额地三千二百六十五顷八十八亩零，除耿部院题免无主荒地外，又姜逆叛后，人民屠戮复荒无主地一千六百八十一顷，见今成熟地三百八十九顷七十二亩。大同共额地一万三千七百二十一顷七十六亩八分零，除耿

[1] 顺治七年七月山西巡抚刘弘遇“为恭报擒获渠魁事”揭帖，见《明清档案》第十一册，A11—175号；同件又见《明清史料》丙编，第八本，第七五六页。

[2] 史学界和思想文化史界对于顾炎武、屈大均等清初著名学者、复明志士长期活动于晋、陕地区的动机存在着很大的分歧。从1649年晋、陕抗清运动的深入人心和失败以后残余力量长期坚持于山区来看，顾炎武等人肯定是有所为而往的，不是单纯的学术游历活动。

[3] 顺治六年十一月二十一日宣大巡按金志远题本，见《明清档案》第十一册，A11—20号。

部院题免无主荒地外，又姜逆叛后，人民屠戮复荒无主地七千一十八顷零，见今成熟地二千四十五顷四十六亩六分零”。“实核三州县户口之死亡者一万八千八百六十四丁，而见存者五千四百七十九丁，所遗荒田一万三千五百顷余，该粮二万七千八百三十余两”[1]。《朔州志》记：“城破，悉遭屠戮。”[2]《五台县志》记：“自戊子延及辛卯（1648—1651），人民死徙，地土荒芜，迄今三十余年，流亡尚未全复，土田尚未尽垦也。”[3]封建史家常常把李自成为首的农民军描绘成杀人不眨眼的贼匪，而对清朝“大兵”倍加歌颂，说成是“出民于水火”的“仁者之师”。这完全颠倒了两者对普通百姓的态度。康熙《静乐县志》记：“甲申（1644）逆闯设伪官第五浪，民无大害。受害惟己丑（1649）为甚。”[4]乾隆《汾州府志》收录了胡庭作《李节妇传》，摘录如下：

> 节妇居郡城之南郭，奇妒，夫畏之过于严父。甲申（1644），贼自成陷郡城。李舍舍贼可五六十辈，纷纷托索器物肆媟嫚。李察其为首领者招之曰：“我夫远出，谅不肯相免，幸禁士卒，夜静暗中来，勿使张扬，去与我留少颜面。”首领亦幸其秘密，喜甚。迨夜，李与妾及一女奴升屋脊，去梯，俟首领入，遽乱声锣。巡捕者逮诣自成，斩以殉。李不肯退，曰：“为一妇人，诛一将，部曲谁肯甘心？虽畏法，临启行时，何难戕害？”自成发令箭，驱众贼出，封其门。己丑（1649，顺治六年），城屠，被虏，至濠次，扑马下，击石碎首死。[5]

这个发生在汾阳的故事真切具体地证明了李自成领导的大顺军纪

[1] 《清代农民战争史资料选编》第一册上，第一五三至一五五页。
[2] 雍正十三年《朔州志》卷八《武备·兵氛》。
[3] 康熙二十六年《五台县志》卷八《祥异志·兵革》。
[4] 康熙三十九年《重修静乐县志》卷十《杂纪志》。
[5] 乾隆三十五年《汾州府志》卷二十六《杂识》。

律极为严明，而博洛、满达海两个清朝亲王攻破汾州，全城遭殃，男子被屠杀一空，女子、财物成了满洲贵族军队的战利品。二者相较，何啻天渊。尽管作者把明清之际汾阳发生的变故记载下来是为了表彰“节妇”，还是要感谢他无意之间提供了第一手材料给那些为多尔衮之流评功摆好的卑琐文人一记响亮的耳光。

山西大规模的反清运动被清军镇压下去之后，剩下的复明势力仍然利用险峻山区坚持斗争。如从运城地区突围出来的虞胤率领残部进入华山，自称陕西总统。1650年（顺治七年、永历四年）虞胤亲赴贵州安龙朝见永历帝，同年十月接受指令后由陕西秘密返回山西阳城、沁源山中联络各地抗清武装[1]。姜瓖的部将牛光天进入太行山区，自称山西总统[2]。高鼎等人则盘踞于五台山。直到1655年（顺治十二年、永历九年），他们不仅互相串联，“联络各处贼头”，还派使者前往湖广均州郝永忠营中领取永历朝廷印札，“商议联络内外兵马”，并且由郝营派人引导赴云贵同永历政权直接联系[3]。次年（1656，永历十年）五月初一日，朝廷封虞胤为莱国公，仍以文渊阁大学士兼兵部尚书总督军务的官衔深入敌后组织抗清斗争[4]。1658年（顺治十五年）五月，牛光天在直隶长垣（今属河南省）被保定巡抚派兵擒获[5]，这已经是姜瓖反正差不多十年之后了。

---

[1] 山西巡抚陈应泰“为拿获叛逆事”题本残件，见《清代农民战争史资料选编》第一册下，第一七一页。

[2] 康熙三十二年《平顺县志》卷八《祥灾志·兵燹》记：“顺治六年姜瓖作乱，遣贼将牛光天破城劫库。”可见，牛光天原为姜瓖部将，其年十月清军收复平顺后，牛光天转入太行山。

[3] 顺治十三年湖广总督祖泽远题本残件，藏第一档案馆。

[4] 沈佳《存信录》卷四，是时永历帝在李定国扈卫下刚从安龙移驻昆明。原文说，丙申十年“五月己卯朔，封虞胤为莱国公，督总（总督？）、文渊阁、兵尚如故。以韩王璟溧（韩王松九世孙）请加封以规后效也”。

[5] 顺治十六年二月二十七日河南巡抚贾汉复揭帖，见《清代农民战争史资料选编》第一册下，第一八七页。

第三节　王永强等在陕北起兵反清

王永强，陕西吴堡县人[1]，姜瓖在大同举兵反清时，他任延安营参将，“与瓖通谋”。清延绥巡抚王正志、延绥总兵沈文华调他带领马兵赴神木、府谷等处防河，永强趁机在1649年（顺治六年）二月十五日占领榆林，杀王正志、沈文华和靖远道夏时芳，“自称招抚大将军”[2]。随即引兵南下，二十一日会同留守延安的王永镇占领该城。三月初九日，王永强亲到延安，杀清知府宋从心[3]。同时起义的有神木县人高友才[4]。义军声势大震，在很短的时间里就接管了陕北十九个州县[5]，在这一地区委任了巡抚以下的各级文武官员。王永强还曾派出一部分兵马渡过黄河支援山西的抗清斗争。这样，秦、晋两省复明势力连成了一片，使清廷在北方的统治受到重大威胁。

清廷见陕北的反清浪潮迅速扩大，满洲八旗主力又被牵制在山西，于是命令屯驻于汉中地区的平西王吴三桂、固山额真李国翰部负责镇压王永强。三月十三日吴三桂、李国翰会同汉羌总兵张天福、兴安镇游击盛嘉定各路兵马赶到咸阳，清陕西巡抚黄尔性、驻防西安满军首领吏部侍郎喀喀木亲往咸阳会商进剿事宜，决定兵分三路，一由黄龙山，一由澄城县，一由同官县，预定在洛州、鄜州（今富县）地区截剿[6]。谁知王永强兵进展

[1]　道光二十七年《吴堡县志》人才部，武选附。

[2]　《清史列传》卷八十《姜瓖传》。按，《爝火录》卷十九记载这件事比较详细。但说“王永强自立为延绥大元帅”，王正志讹为王志，沈文华讹为沈朝华。

[3]　顺治九年三月延绥巡抚董宗圣揭帖，见《明清史料》甲编，第三本，第二九一页。

[4]　乾隆五十年《绥德直隶州志》卷三《纪事》云：“康熙（应为顺治）六年二月，神木贼高友才、延安参将王永强反，延绥州县俱陷。”道光二十一年《榆林府志》卷九《纪事志·历代纪事》记：“六年，延绥叛将王永强拥神木贼高友才等作乱，袭陷榆林。”

[5]　《清世祖实录》卷四十四。

[6]　顺治六年三月十八日陕西巡抚黄尔性“为大兵已到、恢剿在即、恭报上闻，以慰圣怀事”揭帖，见《明清档案》第十册，A10—51号。

迅速，三月二十一日即已到达蒲城，除派出部分兵马入城防守外，王军主力西进，有进攻西安的意图。这时吴三桂等已北行至宜君，得到消息连夜赶回富平县。二十三日，双方相遇于流曲镇以北美原。王永强列阵大战，因兵力不敌，被清军击败[1]，王永强阵亡[2]。清军乘胜移攻蒲城，城中居民固守，到四月初五日被清军攻破，“遂屠之，杀戮万余人，匕筋无遗”[3]。

同王永强一道起兵的神木人高友才部在王永强南下时仍据守府谷。顺治六年八月，吴三桂领兵包围府谷，直到次年十一月，县城才被攻克，高友才投河自尽[4]。

第四节　甘肃回民米喇印、丁国栋为首的抗清运动

1648年（顺治五年）三月，甘肃回族将领米喇印[5]、丁国栋等发动反清起义[6]，连克甘州（今张掖）、凉州（今武威）、肃州（今酒

[1] 顺治六年三月陕西巡按卢传“为飞报第二次大捷事”揭帖，见《明清档案》第十册，A10—61号。

[2] 顺治九年三月初七日延绥巡抚董宗圣“为恭报查明延属失守文武官员情形仰祈圣鉴敕部分别议处事”题本，见《明清档案》第十四册，A14—33号，同件揭帖为A14—58号。

[3] 康熙五年《蒲城县志》卷二《祥异·屠城》。

[4] 道光二十一年《榆林府志》卷九《纪事志·历代纪事》。

[5] 据顺治三年正月清陕西甘肃总兵刘有实揭帖，甘镇“明时旧设有义勇前锋一营，尽皆土著回兵。即以土官回回都督米喇印统领，其兵马粮刍且系自备，是以向来抚镇递相札委参将职衔。……喇印胸怀寸赤，勇冠三军，且系世袭土官，亦非札委流职可比”，可知米喇印是甘州世袭土官，由明、清朝廷授予武职官衔。

[6] 米喇印等人的起兵反清据乾隆四十四年《甘州府志》卷三记载是因为巡道林某（当即林维造）是明朝巡抚林日瑞的侄儿，日瑞死于大顺军攻克甘州之役。林维造仕清，严治“闯贼余党”，因而激变。可能米喇印、丁国栋等都曾出任大顺政权武职。起兵的时间据陕西三边总督孟乔芳奏报是“乘调兵下川之际，遂行作乱”（见《清世祖实录》卷四十一）；《甘州府志》卷三说成是“会调兵征湖广茅卢山”，大误，征茅麓山是康熙元年至三年事。

泉），清朝甘肃巡抚张文衡、甘肃总兵刘良臣、凉州副总兵毛镔、肃州副总兵潘云腾、甘凉道林维造、西宁道张鹏翼等都被擒杀。接着引兵东进，攻破兰州，杀同知赵冲学、知县赵翀；连克临洮、河州（今甘肃临夏）、洮州（今甘肃临潭附近）、岷州（今岷县），围攻巩昌府（府治在今甘肃陇西），义军声势大振。清“庄浪道范芝失印、失城，潜藏山穴”，肃州道等官下落不明[1]。清政府在甘肃的统治几乎全部瓦解。义军乘胜南下青海，进攻大通，“威胁湟中”（今西宁市），被清军击退[2]。参加米喇印、丁国栋领导的反清运动的回族百姓很多，史载“临洮、兰、岷、洮、河诸回皆叛应，连陷郡邑”[3]，反映了甘肃等地的回民对清廷的暴虐统治严重不满。米喇印、丁国栋起兵的时候，“拥立伪延长王朱识，煽惑人心”[4]；尽管朱识不久就被清军擒杀，却表明甘肃的反清运动也是以恢复明朝为号召的。从清方奏报文书中还可以看出参加米喇印、丁国栋起义的有不少汉族百姓，因此，不能归结为单纯的回民起义，而是全国抗清浪潮中的一个重要组成部分。

清廷得报后，在这年（1648）四月派固山贝子吞齐（即屯齐）为平西大将军，同固山额真韩岱（即汉岱）领兵前往甘肃征剿[5]。陕西总督孟乔芳“恐道远劳师糜饷，密疏止之”[6]，吞齐、韩岱的军队后来留

---

[1] 顺治五年六月陕西巡按王世功“为铨补抚、道重臣以资弹压事”揭帖，见《明清档案》第八册，A8—171号。参见乾隆十四年《五凉考治六德集全志》，《武威县志·地理志·星野》。

[2] 乾隆十一年《西宁府新志》卷三十一《纲领下》。

[3] 《清史列传》卷七十八《马宁传》。中华书局1987年排印本第六五〇八页标点稍误，作“临洮、兰岷、洮河诸回皆叛应”。黑龙江人民出版社1991年版《满汉名臣传》第四五〇四页《马宁传》沿袭其误。“兰岷洮河”乃指兰州、岷州、洮州、河州四地。

[4] 《清世祖实录》卷三十八。按明代宗藩命名规定，“识”字辈为第一代肃王朱模的八世孙。

[5] 《清世祖实录》卷三十八。

[6] 魏源《圣武记》卷七《国朝甘肃再征叛回记》。

在山西大同归英亲王阿济格指挥[1]。孟乔芳调部将马宁与驻防西安满军户部侍郎额塞（即额色）统兵进剿。闰四月二十二日清军攻克洮州。二十四日，满、汉兵会集兰州，大举攻城；义军战败，米喇印、丁国栋“率败残人马焚桥西遁”，兰州失守[2]。清军乘胜追击，五月二十七日追及于水泉（约为今甘肃永昌西之水泉子），米喇印领兵迎战，不幸遇难[3]。余众在丁国栋、黑承印率领下退往甘州、肃州。八月，清署甘肃总兵张勇、副将马宁等包围甘州，相持至1649年（顺治六年）正月，清兵攻占甘州[4]，丁国栋等扼守肃州。不久，肃州也被张勇、马宁等部攻破，丁国栋、黑承印等人都被擒杀[5]。震惊关陇的回族首领发动的反清起义遂告失败。

[1] 《清史列传》卷三《汉岱传》《屯齐传》都说二人受命出征时“会总督孟乔芳已击斩米喇印、丁国栋”，故未行。实际上丁国栋被擒杀是一年多以后的事。

[2] 顺治五年五月十八日陕西甘肃巡按试监察御史王世功题本，见《明清史料》甲编，第三本，第二二六页。

[3] 顺治五年六月陕西甘肃巡按试监察御史王世功揭帖，见《明清档案》第八册，A8—171号。

[4] 顺治六年二月二十七日署甘肃总兵张勇塘报，见《明清史料》丙编，第八本，第七一一页。

[5] 《清世祖实录》卷四十六。按，道光十三年《兰州府志》卷六《兵事》记：“顺治五年三月，甘州回民米喇印等反临洮，回党应之，杀城守游击及生员李文炜等，焚掠连旬。总督孟乔芳帅总兵王思谦等与战于金县川，大破之。遣游击张勇复临洮，斩贼首土伦太，生擒丁国栋、黑承印。秋七月，……余党悉平。”给人印象似乎丁国栋等五年三月起义，七月间即已被清军扑灭，时间和地点均误。

第十八章
1648—1649年湖南战局

第一节　明军收复常德、宝庆与何腾蛟挑起内衅

1648年正月江西金声桓、王得仁和同年四月广东李成栋的反正，是永历朝廷的一大转机。上文已经指出了金、王用兵方向的不当和李成栋援救江西不力，导致局势逆转。但是，就整个南明复兴事业而言，关键却在湖南战场。其原因如次：第一，清廷在金声桓、王得仁以江西反正之后，唯恐长江中下游有失，急忙命令孔有德、耿仲明、尚可喜三王带领军队撤回湖北汉阳，湖南只留下总兵徐勇守长沙、总兵马蛟麟守辰州、总兵张国柱守衡州，此外就是广西巡抚李懋祖和总兵余世忠据守广西全州到湖南永州一带，兵力相当单薄。永历政权可以投入湖南的兵力远远超过当地清军。第二，永历朝廷如果能够趁清军主力撤离湖南的机会一举收复全省，在战略上将使湘、赣、粤、桂连成一片，既便于互相呼应支持，又可以为进一步扩大战果奠定基础。第三，湖南一省是永历朝廷重臣何腾蛟、刘承胤以不同形式拱手让给了清方，在江西、广东反正以前，永历君臣局促于广西部分府州，威望大损，如果能够凭借自身力量收复湖南，必将提高朝廷的声望和地位。

然而，永历朝廷在湖南战场上却一误再误，坐失时机，罪魁祸首就是窃踞督师阁部的何腾蛟。迄今为止，人们大抵没有摆脱南明门户之见的影响，对许多人物和事件做了不正确的叙述。嫉贤妒能、误国误民的何腾蛟一直被推崇为正人君子，描写成支撑南明政权的擎天大柱，就是一个典型的例子。

让我们先看一下1648年夏秋间湖南的形势。这年四月，堵胤锡、马进忠利用孔有德等三王兵马撤出湖南的机会，于十八日由湘西九溪卫（在今湖南慈利县西北）、永定卫（今湖南张家界市）出发，二十四日收复了常德[1]。一度降清的将领陈友龙也在靖州反正归明。陈友龙原来是刘承胤的部将，号称敢战。刘承胤以武冈降清时，他受制于主将被迫降清。1648年四月，他的军队驻扎在湖南靖州城外二十里处，孔有德委任的署贵州巡抚彭而述来到靖州，陈友龙就在这月十五日宣布反清，围攻靖州，“合苗、徭诸山峒赤脚椎髻之徒，蜂拥靖州城下，火炮如电，戟列如霜”。清署贵州巡抚彭而述督副将阎芳誉出城迎战，“守将杨文义做内应，城以陷，标下副将贺进才冒矢石死”，彭而述逃往宝庆[2]。十七日，陈友龙派兵进入贵州黎平府，活捉会同县清知县宋云梯，黎平府推官蔡珽逃往黔阳。清偏沅巡抚线缙向朝廷报告：“武冈、黎、靖、会同一带犹属旧治，响应神速，尽裹网巾。”[3]又说：“宝庆一府所辖五州县，今新宁、城步、新化陈友龙、王国柱做叛，已去三县；武冈危困三月，亦在叵测，所存邵阳一县半怀观望。”[4]七月初一日，陈友龙部

---

[1] 顺治五年七月初九日湖南巡按吴达“为汇报紧急塘报事”揭帖，见《清代档案史料丛编》第六辑，第一五六页。

[2] 彭而述《读史亭文集》卷十五《仕楚纪略》。同书卷十四《张将军传》记张自强阵斩陈友龙，“谍者曰：此友龙头也”。实误。陈友龙之死是何腾蛟唆使郝永忠将其攻杀。

[3] 顺治五年四月二十一日偏沅巡抚线缙题本，见《明清史料》丙编，第七本，第六七〇页。

[4] 顺治五年七月十一日偏沅巡抚线缙揭帖，见《清代档案史料丛编》第六辑，第一五七页。

攻克武冈州，清副将贺云、知州何衡泗自杀[1]。八月初五日，陈军又攻克宝庆府（府治邵阳）。

正当湖南局势对南明处于极为有利的情况时，原先负有丢掉几乎湖南全境的罪责，一直龟缩于广西桂林的督师阁部何腾蛟却急不可耐地妄图窃取“复湘”首功。他带领曹志建、赵印选、焦琏、卢鼎等部于五月二十七日攻克全州[2]。清广西巡抚李懋祖、总兵余世忠退入湖南永州[3]。何腾蛟的军队尾随清军进攻永州，余世忠等据城阻击。尽管何腾蛟位高兵多，却庸懦无能，顿兵永州城下，久攻不克。他眼看堵胤锡部已经收复常德，陈友龙部连克靖州、武冈、宝庆等地，复湘大功很可能落入他人之手，竟不择手段地加以破坏。

何腾蛟对陈友龙怀有很深的敌意。原因是刘承胤在武冈降清时，陈友龙本不情愿，迫于当时的形势勉强归附清朝；清方为了使他死心塌地跟随自己，故意责令他带兵进攻何腾蛟的老家贵州黎平（按，何腾蛟是五开卫人，五开卫治与黎平府同城），俘虏了何的家属[4]。陈友龙反正以后，先后占领靖州、黎平、武冈、新化、宝庆，同收复常德地区的堵胤锡、马进忠部互相呼应，大有一举拿下长沙之势。何腾蛟为了泄私愤、争头功，竟然指使南安侯郝永忠率部由柳州北上靖州地区偷袭陈友龙部。郝永忠一介武夫，长期受何腾蛟笼络，当即奉命行事。他以借道靖州恢复辰州为名，突然对陈友龙部发起攻击；陈友龙毫无防备，全军溃败，带着残兵败卒逃入广西向永历朝廷诉冤。陈友龙军既在何腾蛟挑

[1] 顺治五年七月偏沅巡抚线缙“为塘报事”揭帖，见《明清档案》第九册，A9—10号；参见同年八月线缙揭帖，同书第九册，A9—43号。

[2] 钱秉镫《所知录》卷二。

[3] 顺治五年七月二十一日偏沅巡抚线缙揭帖中说：“今署广西抚臣李懋祖、镇臣余世忠已离全州，退守永州矣，其势甚迫。”见《清代档案史料丛编》，第六辑，第一五七页。

[4] 沈佳《存信编》卷一记：1647年十月“刘承胤遣部将陈友龙带兵五百至五开卫取何腾蛟家眷四十余口，腾蛟妻王氏投水死，妾赵氏、张氏俱自缢。友龙遂取腾蛟老母及家属至靖。（孔）有德即以友龙为靖州总兵。”

起的内战中被打垮，不仅乘胜进攻长沙的计划破灭，宝庆府也被清总兵张国柱、参将魏守职重新占领[1]。

何腾蛟导演的南明军队自相火并，使湖南清军得以喘息。直到十一月初一日，何腾蛟指挥的军队才攻下永州，然后再次占领宝庆，延误了收复全湘、东救江西金声桓、王得仁的时间，后果十分严重。对于何腾蛟的私心自用，留守桂林大学士瞿式耜是非常清楚的，但是他同何腾蛟气味相投，互为表里，故意把事情的经过说得含糊其词。现存瞿式耜集中《恢复宝庆疏》尾注明时间为“永历二年六月初六日具奏”，接着的一篇《永城大捷疏》尾注明是“永历二年七月初六日具奏”。后面这件奏疏说：“本月初一日一鼓而下，克复永城。”根据清方档案和地方志，攻克永州是这年十一月初一日，瞿式耜的上述两件奏疏都应该是十一月上旬写的，他本人上疏时自然不可能写错时间，问题出在据疏稿编集的时候。这两件系时错误的奏疏都同何腾蛟直接有关，未必是偶然的疏忽。鉴于人们对奏疏所写年月往往深信不疑，对这种例外情形做点考证就是必要的了。

瞿式耜《恢复宝庆疏》中说：“本月初五日，准督师阁部何塘报前事：‘据标下职方司主事李甲春，原翰林院简讨姚大复报称：宝庆一府，职等前与总镇陈友龙已经会师恢复。后陈兵派饷一倍、十倍，以致百姓迎虏；兼以郝（永忠）兵入靖，陈（友龙）兵溃回，宝（庆）复为虏所踞。职等奉本阁部严命，于十八日率兵万余，一仗决胜，斩级二百零五颗，生擒三十四名，夺大西马五十余匹。有功员役，另察册报。虏遁洪桥，我兵屯营宝（庆）城外五里，扼其要路。此系恢郡捷报，恳乞奏闻，等情到案。本阁部（何腾蛟自称）看得，宝庆一府东通长郡，南连衡岳，西界武、靖，表里山河，诚楚之大郡也。本阁部鞭长不及，终少调剂，以致旋得旋失。今发监军御史余鹍起，躬督标下职方司李甲春之兵，乘虏初入，脚跟未定，一鼓恢复，厥功伟矣！然湖南、北之真虏

[1] 康熙二十四年《宝庆府志》卷二十一《武备志·兵纪》。

毕集永阳（即永州），本阁部调四爵之兵（指曹志建、赵印选、焦琏、卢鼎），无日不战，无仗不胜。阱此数万豺虎，衡、宝之虏自在目中。宝庆恢复，又可省一番筹战之劳矣。理合塘报，烦惟转奏。’等因到臣（瞿式耜自称）。”接着，瞿式耜写道：“该臣看得，宝庆之旋得旋失也。由于郝永忠之兵入靖，陈友龙调兵回顾，衡之援虏乘机再入。今幸督师辅臣腾蛟方略布置，一鼓恢复，与永捷之报同日并驰。……”[1]何腾蛟、瞿式耜都谈到陈友龙放弃刚刚收复的宝庆是因为郝永忠兵进入靖州。按情理说，陈友龙反正以后已成为明朝将领，郝永忠部由广西进入湖南，本应联合进取长沙等府县，怎么会适得其反呢？原来，陈友龙自靖州反正后，捷报频传，永历朝廷加封他为远安伯，以示奖励[2]。何腾蛟怀着不可告人的目的派郝永忠以友军之名行偷袭之实，一举击败陈友龙，才导致宝庆得而复失。何腾蛟所督军队重占宝庆后，自矜功伐，真是恬不知耻。瞿式耜替他帮腔，一唱一和，朦胧上奏，表明永历朝廷中结党弄权，几无是非功过可言。给事中金堡趁机起哄，上疏大骂“闯贼郝永忠本我寇仇，暂归絲索，未尝与虏一战，而震惊乘舆，戕贼内地，顷且残靖州，逐勋镇矣。陈友龙反正之后，有力恢宝（庆）武（冈）之功，而永忠遍布流言，谓勋辅腾蛟令其报仇，欲以离义士之心，败督师之望”；要求朝廷下诏“削其官，声其罪，使天下知其为国法所不赦”[3]。金堡舞文弄墨，为何腾蛟开脱罪责，发泄对原农民军将领的仇恨，可谓无耻之尤。王夫之有一段记载比较接近事实：

何腾蛟素恶友龙，以庶母、妻、妾故，尤怨之。且闻其复

[1] 《瞿式耜集》卷一《恢复宝庆疏》。

[2] 蒙正发《三湘从事录》记：“又刘承胤标镇陈友龙自武冈反正，光复黎（平）、靖（州），下至宝庆。友龙每得□（虏）官，即剥皮示众，绰号陈剥皮。寻以功晋远安伯。”王夫之《永历实录》卷十一《陈友龙传》也说：“事闻，敕授总兵官左都督，封远安伯。”

[3] 金堡《岭海焚余》卷中《时政八失疏》。

湘乡，恐其先得长沙。而腾蛟方围永州未能下，念无以制友龙者。郝永忠方屯柳州，腾蛟使谓永忠曰："诸将出楚，皆立大功，将军独深壁柳州，将为诸将笑。今予自率滇、曹兵下永、衡，王、马诸部出辰、常；为将军计，惟有靖、武一路可出耳。陈友龙收二十余城，富甲诸将，金粟可坐食十年。战友龙之与战□（虏），难易亦易知，且彼自以得上封拜，怙天子为安，不虞人之见袭，可一鼓破也。吾妻妾皆死于友龙之手，将军于我，师生谊最厚，独不能为我一报乎？尽友谊，取大功，收厚利，据乐土，在此行也。幸勿以友龙新受褒赏为疑。将军诚据宝庆，待我而下长沙，虽杀友龙，朝廷其不能致诘于将军审矣。"永忠军方困于食，得腾蛟报，大喜，即卷甲趋古泥。即贻书友龙，言假道自黎平西出黔境，往复辰州。友龙不为备。永忠倍道驰袭友龙于武冈。乃称"奉督师令讨友龙"。友龙兵不得集，遂溃败。永忠尽并其军。友龙挟一矛冲重围走，三日夜不得食，乃达柳州。驰疏讼冤，朝廷果以腾蛟故，置不问。永忠遂大掠黎、靖、武、宝，杀百姓以巨万计。武、宝绅士起义应友龙者，皆捕掠之。给事中金堡自黔阳入，奏："永忠击杀忠义，戕贼内地，破坏恢复。"朝廷为腾蛟故，复切责堡。腾蛟每对客揶揄曰："吾荐拔将帅至五等多矣，能为我效一臂者，郝南安一人而已！"诸将以是怨望解体[1]。

何腾蛟一手挑起了内衅，既报了私仇，又抢了收复宝庆的功劳，欣欣然自以为得计。可是从整体战略上看，明军收复湖南，同江西会师的时机就此错过。这不仅导致了大局的逆转，就他自己的命运而言也种下了覆亡的根苗。南明朝廷重臣之短视大抵如此。

[1] 王夫之《永历实录》卷十一《陈友龙传》；参见同书卷一《大行皇帝纪》，卷十五《郝永忠传》。

第二节　忠贞营等部湖南之役

1648年（顺治五年、永历二年）四月十八日，堵胤锡领导马进忠、王进才部从驻地九溪卫（在今湖南慈利县江垭西北）、永定卫进攻常德，二十四日攻克该城[1]。王进才部进至辰州（府治在沅陵）所属的官庄坪、白马渡。清偏沅巡抚线缙惊呼："贼势愈张，非独常德一府失陷，而湖南、湖北百姓尽裹网巾，白布缠头，擒杀县佐，逼夺印信，公文阻隔，音信不通，大有可虑者。"[2]南明军队在四、五月间先后收复泸溪、辰溪、黔阳、宁远、新田、祁阳、安仁、耒阳、酃县、城步、新宁、安化、江华、麻阳、东安等地。清辰常道戴国士见势不妙，也以沅州（今湖南芷江）叛清归明[3]。明保昌侯曹志建在五月二十一日攻克道州后，会同郝永忠部围攻蓝山[4]。何腾蛟调集曹志建、焦琏、胡一青、赵印选、卢鼎等部兵从七月十七日起围攻永州（府治在零陵），到十一月初一日攻克该城，擒杀清广西巡抚李懋祖、广西总兵余世忠，清永州

[1]　顺治五年五月二十六日偏沅巡抚线缙"为塘报常城失守事"揭帖，见《清代档案史料丛编》第六辑，第一五二至一五三页。马进忠攻克常德的时间在南明人士的记载中常有错误，如钱秉镫《所知录》卷二记："二年八月与北兵战于麻河，大捷，斩首七千余级，恢复常德，封鄂国公。"王夫之《永历实录》卷七《堵胤锡传》说："时方溽暑，进忠邀胤锡饮树下，因步林塘间，见故墟有茂荫清适，进忠曰：'此可构一亭轩，坐销余暑。'遂指挥军士垦基址，庀木石。胤锡大怒曰：'终当老死此山乎？'进忠笑不应。翼日，日晏未起，樵苏者归报进忠已拔营出常德。"旧历未过端午，何至于溽暑？钱秉镫自称听了马进忠部监军毛寿登讲述麻河战役经过，王夫之是湖南人，不知道为什么把四月间的事误记为八月。

[2]　上引顺治五年五月二十六日偏沅巡抚线缙揭帖。

[3]　顺治五年六月湖广四川总督罗绣锦揭帖中说"道臣戴国士据报被贼掳去"，接着又说他"从贼"，还写了一批招降清方官员的信件，见《明清档案》第八册，A8—174号。鲁可藻《岭表纪年》在这年三月下记："辰常□（虏）道戴国士反正于沅州。"

[4]　顺治五年六月湖广四川总督罗绣锦"为汇报湖南失守州县仰乞圣鉴事"揭帖，《明清档案》第八册，A8—173号；参见同书A8—174号罗绣锦揭帖。

通判郦胤昌投河自尽[1]。衡州（今衡阳市）的清朝文武官员见明军声势浩大，主动放弃衡州，撤至湘乡、长沙扼守[2]。

何腾蛟、堵胤锡节制的各部明军虽然趁清军主力撤出湖南的时机，收复了湘西、湘南许多州县，但除马进忠的军队以外其他各部兵力较弱，而且各自为政，难于承担收复湖南全境、东援江西的重任。一旦清军主力再度入湘也不是对手。制辅堵胤锡有见及此，决定亲自前往夔东邀请英勇善战的忠贞营进军湖南[3]。李赤心（即李过、李锦，隆武时封御营挂龙虎将军印、兴国侯）、高必正（即高一功）统率的忠贞营自1646年围攻荆州被勒克德浑部清军击败后，退到川鄂交界的大山区休整，先在巴东县平阳三坝驻扎，1647年（顺治四年、永历元年）四月内从巫山、巴东交界处渡过长江，“头入施州卫（今湖北恩施），尾在建始县”[4]。顺治五年（1648）七月初一日，李赤心领兵“数十万”东下一举占领湖北彝陵[5]，九月即全营开至湖南常德。十月二十一日从常德进发，击败清总兵徐勇派来的援兵，二十四日收复益阳县。十一月初一日分兵攻取湘潭、湘阴、衡山，初三日在湘潭击败清偏沅巡抚线缙、总兵徐勇部一万余人，占领该县；初九日又攻克湘乡、衡山两县。至此，长沙府属十二个州县已经被明军收复九座，只剩下府附郭二县长沙、

[1] 瞿式耜《永城大捷疏》，见《瞿式耜集》第八十三至八十四页；《解报余世忠首级疏》，同书第九十七页。《所知录》卷二。参见顺治十三年十一月十三日偏沅巡抚袁廓宇题本，见《明清档案》第二十九册，A29—83号。

[2] 顺治五年八月偏沅巡抚线缙“为塘报大变事”揭帖，见《明清档案》第九册，A9—44号。鲁可藻《岭表纪年》卷二记：“宝□（指宝庆清军）亦走衡州。督师何腾蛟离衡仅五十里，各□（虏）聚集衡城，先犹议守，少顷，尽抢衡城内外而散，惟王回子、张固山、李东斗数□（虏）带骑渡河，走长沙。”

[3] 鲁可藻《岭表纪年》卷一记，永历元年（1647）三月，“封总制忠贞营堵胤锡光化伯，并兼东阁大学士”。南明史书中因此简称他的官衔为“制辅”。

[4] 顺治四年七月湖广四川总督罗绣锦“为恭报会歼逆渠并陈塘报情形仰祈圣鉴事”揭帖，见《明清档案》第六册，A6—37号。

[5] 顺治五年八月湖北巡按王守履“为再报彝陵失守各官仰祈圣鉴事”揭帖，见《明清档案》第九册，A9—48号。

善化（实际上就是长沙一城）和浏阳仍为清军据守，长沙成了孤注[1]。十一月十一日，李赤心、高必正亲统将校数十名率领兵马包围长沙，“临城四面攻打”，发“箭如雨，铳子落城中如鸡卵，中人物皆毙”，五天五夜连番进攻，“掘城凿洞”，志在必克[2]。清偏沅巡抚线缙、总兵徐勇据城顽抗，但部下兵丁只有三千名，外无救援。徐勇在城头督战时，被李赤心一箭射倒城上[3]，攻克长沙已经指日可待了。清朝湖南巡按吴达在给朝廷的奏疏中说“一只虎等贼于十一月十一日攻围长沙，危在旦夕，幸众将士血战，方得保全。……长沙之围虽十六日报解，而其势益危”[4]；偏沅巡抚线缙也说长沙“将至垂危”，十六日李赤心等大军忽然“抱头鼠窜”[5]。

这究竟是怎么一回事呢？个中缘由清方守城文武官员以为己功自不待言，南明许多史籍也因为作者的政治偏见常加掩饰。实际情况是督师阁部何腾蛟同节制忠贞营的大学士堵胤锡由于政治主张不同大闹矛盾，何腾蛟急于争功，造成功亏一篑。上文说过，包括长沙在内的湖南大部分地区在1647年清孔有德等三王进攻下，何腾蛟统率的明军望风而溃，他本人也逃到广西。这次趁清军主力撤退，收复湖南郡县时，何腾蛟想把功劳据为己有，以盖前愆，还在进攻永州的时候就多次给留守桂林

[1] 顺治六年二月湖南巡按吴达“为察明长郡情形请补缺员事”揭帖，见《明清档案》第十册，A10—41号。

[2] 顺治五年十二月二十五日巡按湖南监察御史吴达“为孽贼被创，饮恨复仇，飞请救援事”揭帖，见《清代档案史料丛编》第六辑，第一六〇至一六一页。清孔有德委署的贵州巡抚彭而述当时正在长沙城内，他自称“予与镇、道、府登陴守御兼六昼夜……事在五年十一月初十至十六日”。见《读史亭文集》卷十五《仕楚纪略》。

[3] 鲁可藻《岭表纪年》卷二记，“□（虏）镇徐勇立城上，赤心一箭中其股”。《满汉名臣传·徐勇传》也说徐勇“中流矢仆，复苏”，见黑龙江人民出版社1991年排印本，第四四二三页。

[4] 顺治五年十二月二十五日吴达揭帖。

[5] 顺治五年十二月偏沅巡抚线缙“为逆贼合力攻围，官兵奋勇杀退，恳祈叙录事”揭帖，见《明清档案》第九册，A9—183号，同件又见《明清史料》甲编，第六本，第五一五页。

大学士瞿式耜写信夸口说："衡、长功夫，俱在永州做就。"[1]可是，由于他指挥无能，进展缓慢，而忠贞营是制辅堵胤锡出面从夔东调来的，成了复湘主力，特别是眼看即将取得攻克省会长沙的首功。于是，争夺长沙战功成为何腾蛟同堵胤锡矛盾的焦点。当忠贞营从常德挥师南下时，何腾蛟就写信给堵胤锡说："治生（何腾蛟的谦称）与清大战于严关日月桥，三王败遁；进围零陵（即永州），指日可下，各郡邑尽入掌中。闻忠贞诸盟驻节中湘，分取衡阳，则功又有所属矣。近王（进才）、马（进忠）诸勋举动甚是乖张，治生已有檄谕之矣，谅此辈必不负治生也。"堵胤锡读信后不胜感慨，对兵部侍郎毛寿登说："我等封疆之臣，罪且难赎，何公尚欲言功耶？"[2]鲁可藻记："初，忠贞至长沙攻城，已挖二窟，城内岌岌。腾蛟意：长沙自我失之，必自我复之。遂以忠贞援江，候调标镇各营同进复长沙也。"[3]堵胤锡在忠贞营即将攻克长沙时也不无得意地说：长沙自"督辅失之，我为复之，不亦善乎？"[4]何腾蛟听到后妒意倍增，他竟不顾一切，以督师阁部的权力下令把即将攻下长沙的忠贞营调赴江西，表面理由是派他们解救被谭泰、何洛会部清军包围在南昌的金声桓、王得仁；实际上是要让自己直接节制的南明杂牌军队收复长沙。堵胤锡拗不过何腾蛟（他原是何的下级，何腾蛟又有留守大学士瞿式耜在朝廷内鼎力相助），被迫下令忠贞营于十一月十六日放弃即将攻克的长沙，怅怅然带兵东进。当时亲见其事的汪辉记载："何公自至湘，将一只虎十三家调往江西，马进忠调下湘潭。"[5]长沙城里的清军逃脱了覆没之灾，趁解围的机会四出抢粮，加

[1] 瞿式耜《恢复大捷疏》，见《瞿式耜集》第九十九页。

[2] 计六奇《明季南略》卷十二《堵胤锡始末》。

[3] 鲁可藻《岭表纪年》卷三；同书卷二也说："督师何腾蛟入衡州，留胡一青镇守，遂下湘潭。与堵胤锡议：胤锡统忠贞援江，腾蛟统马进忠及滇营、督标等恢星沙。"

[4] 蒙正发《三湘从事录》。

[5] 汪辉《湘上痴脱离实录》，见《希青亭集》。

固城守。何腾蛟拼凑的杂牌官军战斗力既不强，又调度不灵，大部距长沙尚远，以致坐失事机。如果何腾蛟稍有大臣度量，以国事为重，绝不至于出此下策。当时的形势很明显，李赤心军拿下长沙只是指顾之间的事，一旦攻克省会，湖南一省将迅速底定，南明不仅将有一个稳定的后方，而且趁屡胜的兵威东救江西，北取入湘门户岳州，整个战局将大为改观[1]。

第三节　济尔哈朗进军湖南与何腾蛟被俘杀

何腾蛟下令把围攻长沙的忠贞营调走以后，自以为可以让自己节制的勋镇拿下长沙，攫取首功。然而，他情报不明，不知道清廷所派济尔哈朗统率的满、汉大军正在向湖南推进。清廷接到湖广总督、巡抚、巡按诸臣连续告急的奏疏[2]，于1648年（顺治五年）九月十一日决定任命郑亲王济尔哈朗为定远大将军，“统兵讨湖广逆贼李锦”[3]。十月，济尔哈朗军行至山东曹州，参与镇压该地的农民反抗；十二月在湖北安陆府喂马[4]，休养士卒，准备大举入湘。何腾蛟对敌情缺乏起码的了

[1]　南明史籍的作者常出于偏见，把湖南战役失败的责任推到忠贞营身上，为何腾蛟开脱罪责。如钱秉镫《藏山阁诗存》卷十《行朝集·悲湘潭》题下注云：“督师何公腾蛟围长沙，垂破；忠贞营兵至，一时溃散。公不去，驻于湘潭，被执死之。”完全是颠倒黑白。

[2]　顺治五年闰四月湖北巡按王守履揭帖中说：“尤可虑者，目今王、马、袁、堵诸逆，假以复明为名，狂逞于荆岳之上；金贼、土寇蹂躏于蕲黄之下，而三王有班师回京之声息。……真危急存亡之秋矣。镇、道诸臣日日请兵请救，大声疾呼，急如星火。……职谨会同督臣罗绣锦、抚臣高士俊、治臣赵兆麟合词具题，伏乞圣鉴，敕部速议施行。”见《明清史料》甲编，第三本，第二二七页。

[3]　《清世祖实录》卷四十。李锦即李过，隆武帝改其名为李赤心。清廷命将出师以李锦为主要对手，而不是何腾蛟，这点很值得注意。

[4]　顺治五年十二月湖广四川总督罗绣锦“为塘报南郡失守情形仰乞圣鉴事”揭帖中说，他奉命于十一月赴安陆府为济尔哈朗准备喂马粮刍，济尔哈朗军至安陆当在十二月，见《明清档案》第九册，A9—185号。

解，加以指挥无能，在忠贞营于十一月十六日撤离长沙后，始终没有组织成一支进攻长沙的兵力。1649年（顺治六年）正月，济尔哈朗大军进入湖南，何腾蛟部下诸将如惊弓之鸟，纷纷拉起队伍就跑。何腾蛟身边只有马进忠部少数兵力，自知难以迎敌。他在无可奈何之时，给永历朝廷上疏奏称："湖南千里一空，前恢复诸城一旦尽弃，引罪自劾。"[1]何腾蛟原疏未保存下来，但从南明人士的记载里可以推测他的"引罪自劾"肯定隐瞒了自己把忠贞营调走招致全局败坏的真相，许多南明官绅又同何腾蛟、瞿式耜沆瀣一气，对原大顺军改编而成的忠贞营怀有很深的偏见，因此把这段历史描绘得混乱不堪，全部责任都推到忠贞营和节制该营的堵胤锡头上。例如，堵胤锡邀请忠贞营入湘，李赤心、高必正应命率部于九月间到达常德，十月二十一日由常德南下；何腾蛟在十一月间给瞿式耜的塘报中还说"本阁部不以恢长为喜，而以忠贞来附为喜"；同年十二月初一日瞿式耜转奏后奉圣旨还说："今长、湘凯闻，李赤心、高必正等雄冠诸军；制辅堵胤锡联属各部，以成大捷，朕心嘉悦。"[2]可是，到了王夫之等人的笔下，就变成堵胤锡招忠贞营参加湖南会战仿佛是一种阴谋，李、高兵进至常德百里外时堵胤锡才写信通知马进忠，"进忠大惊，疑忠贞营之众旦夕即并己，立命焚廨舍庾积，掠百姓，拔营南走……进忠去常德，王进才、牛万才不知所出，遂约刘体淳（纯）、张光翠同走衡、宝间。忠贞营至常德，已赤土无茎草，不能留，即尾进忠后，自宁乡趋湘潭。马蛟麟徐出收常德，湖北复陷。诸军猬集于湘，高必正遣偏师攻长沙，以谢胤锡，不克，亦退湘、衡间，互相疑掣，转掠千里，胤锡无以制之。腾蛟泛轻舸至湘潭，乃与胤锡议，以南昌求援甚急，胤锡督忠贞营渡湘而东走醴、攸，往援江。而忠贞营徘徊茶、攸间，殊无行意。湘潭陷，腾蛟败没，忠贞营奔衡州走郴，为

[1] 钱秉镫《所知录》卷二。

[2] 《瞿式耜集》卷一，奏疏《恢复大捷疏》。

入粤计。胤锡不能令也”[1]。这完全不符合事实。李赤心、高必正率忠贞营入湘作战，本来是堵胤锡和马进忠的请求，出兵时还对夔东的留守兵力做了部署，防止湖北清军乘虚西上。当时清荆州总兵郑四维依据可靠消息报告：“闻说马进忠等请虎贼（即李赤心为首的忠贞营，李过绰号“一只虎”）往常（德）、澧（州）。仍将谭贼（指谭文、谭诣、谭弘）船只发上新滩，留王二（即王光泰）、王三（王昌）、姚黄（指摇黄十三家）、朱经略（朱容藩）、王昉生接住施、归、建始一带。今（十月）初五日，各贼起营前往常、澧。”[2]王夫之是当时当地人，应当知道事实的真相。他为了掩盖何腾蛟的过失，竟然编造了一篇马进忠同忠贞营内讧的神话，渲染得栩栩如生。这种凭个人好恶任意上下其手的史笔，只能把读者引入歧途。

1649年（顺治六年、永历三年）正月二十日，清军在济尔哈朗统率下没有遇到任何抵抗，就进抵道林市，从活捉的明摆塘兵口中审问得知何腾蛟和马进忠正在湘潭城内。次日清晨，清军快速行进，出其不意地包围了湘潭县城。马进忠见清军势大，率部南撤，何腾蛟成了无兵之帅。二十一日清军进入湘潭，何腾蛟被俘[3]。清郑亲王济尔哈朗下令屠城，湘潭城中的百姓几乎全被杀光。当时逃到乡下的文人汪辉记载：

---

[1] 王夫之《永历实录》卷七《何堵章列传》。

[2] 顺治五年十月二十一日荆州总兵郑四维揭帖，见《文献丛编》第十三辑。

[3] 顺治六年二月湖南巡按吴达“为塘报事”揭帖中说：“据差往王营伺候旗鼓守备申庆元报称，于十二日引领大兵星夜前进，至道林市擒杀贼拨三十余名，当审贼息，何腾蛟、马进忠见驻湘潭城内。次早二十一日大兵齐进，当时贼败，大兵随即围城，贼兵突门溃奔。除砍杀不可数计，当即擒住何腾蛟，惟马进忠脱逃。因天晚难追，于二十二日发兵追至湘乡。王爷暂住湘潭，出示安抚百姓。”见《明清档案》第十册，A10—38号。鲁可藻《岭表纪年》卷三记：“忠贞既去，马进忠兵才来千余，滇、标等营又以忠贞阻路不至。□（虏）乘虚直入，一路扫荡，近城始知。腾蛟闻报三次，尚不信。标官强上马，□已入城。追者斫其后骑门役，而腾蛟马不前，遂被执。”这段记载大致可信，只是说滇、标等营被忠贞营阻路不至与事实不符。据清方档案和地方志，忠贞营解长沙围后向东进军，形势逆转后南下至郴州。而何腾蛟节制的滇营赵印选、胡一青及王进才等部在宝庆、衡州一带。

清军从正月二十一日开刀，“屠至二十六日封刀，二十九日方止”，半个月后他进城看到的是一场惨不忍睹的局面：“近前则足软，欲退又不能。魂飞魄散，心胆惧寒矣。时血迹尚鲜，腥臭逼人，立身无地，有食亦不能下咽。但见尸骨纵横，惨不可言。……市上人民不止二三十，城中不满百人，受伤未死者数十人。”[1]康熙初，《湘潭县志》收录的一件碑文也说：“六年正月，万骑自长潜渡，屠其城，尸圪起，与垣檐平。会守帅提馁卒至，搏尸衣而暴露之，涂藉污泞隘巷间，横竖比叠；有未亡者欲以面目求死者状，裹骸还里，此臭皮囊三七日外作鬼畜变相，竟人人似，又哭而置之。”[2]

何腾蛟被俘后，清方劝他投降，他坚决拒绝，正月二十七日被杀害于湘潭流水桥旁一个小坡下[3]。据记载，何腾蛟就义前“惟举手拍地，呼：‘可惜！’两掌皆碎”[4]。大概他终于认识到由于自己的偏私心理作祟导致全局隳败，追悔莫及吧。永历朝廷得到何腾蛟就义的消息，追赠他为中湘王，谥文节。

何腾蛟被俘后坚贞不屈，保持了民族气节，应当肯定。但纵观他的一生却是成事不足，败事有余。弘光时期他受制于左良玉，无所作为。隆武时期，他伙同湖北巡抚章旷排挤大顺军余部，收罗一批散兵游勇充当嫡系，又无将将之能，造成刘承胤、曹志建、黄朝宣等割据跋扈的局面。上文说过，隆武帝遇难，他负有不可推卸的责任。反攻湖南之役取得节节胜利之际，作为全军统帅的何腾蛟却处处私心自用，唆使郝永忠偷袭反正来归的陈友龙部，挑起明军自相残杀，给清军以喘息之机；又悍然调走围攻长沙的忠贞营，一手断送了复湘援赣的战略大局，卒至以

[1] 汪辉《湘上痴脱离实录》，见《希青亭集》。

[2] 康熙三年《湘潭县志》卷七，石村拾筏《湘燐化碧碑文》。

[3] 汪辉《湘上痴脱离实录》记：“何公于廿七日杀在流水桥坡侧，后有僧人推土墙掩之。”参见王岱《吊何黎平腾蛟》诗附语，《沅湘耆旧集》卷四十六；王岱，湘潭人，崇祯己卯举人，后仕清。

[4] 王夫之《永历实录》卷七《何腾蛟传》。

身予敌。南明之不振，用人不当是个重要原因。

济尔哈朗在擒杀何腾蛟以后，利用南明军队不战自溃，分兵大举进攻。由尚书阿哈尼堪、固山额真刘之源领兵往攻宝庆（邵阳），固山额真佟图赖、伊拜领兵往攻衡州；当时，堵胤锡同李赤心率领的忠贞营驻于湖南郴州地区，济尔哈朗亲自带领主力前往征讨[1]。忠贞营兵力不敌，战败后向南撤退[2]。

阿哈尼堪、刘之源部在宝庆击败明军王进才、马进忠军，占领府城邵阳，接着向西进攻黔阳，在该县的洪江（今黔阳县南）击败袁宗第、刘体纯（二只虎）部，进占沅州（今芷江）、靖州[3]。

佟图赖、伊拜部在衡州击败明军，南明总兵陶仰用阵亡[4]。胡一青、周金汤退入广西全州。佟图赖乘胜追击，占领全州[5]。由于全州是由湖南进入广西的门户，直接关系到永历朝廷的安危，南明将领焦琏等领兵分三路反攻全州，被清多罗顺承郡王勒克德浑部援军击败。焦琏等调整兵力后再次反攻全州，济尔哈朗亲自带领主力往援，明军不敌，退回桂林[6]。清军在勒克德浑率领下进攻道州，明将曹志建战败，道州失守。曹部虽曾反攻道州，都被清军击退。

济尔哈朗、勒克德浑在重新占领湖南大部州县后，还曾派出一支军队西入贵州境内。当时明将郝永忠部还沉浸于内讧之中，在黎平府东

[1] 《清世祖实录》卷四十五，顺治六年八月丙午日（十九日）条下记："时闻贼渠一只虎据辰州，臣亲领兵渡江趋辰州。又闻贼渠杜允熙据永兴，臣星夜趋永兴。"济尔哈朗的奏疏是用满文写的，实录译成汉文时因音近致误，辰州当是郴州，杜允熙即堵胤锡。

[2] 《明季南略》卷十二《堵胤锡始末》记：四月"初五日，永兴陷，从子正明死之，诸眷属皆遇害，公自耒阳以数十骑退入龙虎关，暂住保昌侯曹志建营"。

[3] 《清世祖实录》卷四十五，洪江误作"红江"。

[4] 陶仰用之名见《瞿式耜集》永历三年十二月初四日"奏为汇各路塘报疏"。《清世祖实录》卷四十五及其他官修文书多误作"陶养用""陶养勇"。

[5] 《清世祖实录》卷四十五，周金汤误作"周进唐"。

[6] 《清世祖实录》卷四十六，焦琏误作"赵廉"。

南的中潮地方包围远安伯陈友龙残部，陈友龙战败被杀[1]。清军的突袭使郝永忠措手不及，被击败，清军占领黎平府[2]。郝永忠带领部众退到广西庆远（宜山），又辗转于贵州独山一带[3]。由于欣赏他的何腾蛟已被清军俘杀，而瞿式耜等人对他恨之入骨，在奏疏中公开称他为“郝逆”，他在永历朝廷直接控制区内几乎没有容身之地，被迫率领部众由贵州转入夔东山区，与刘体纯、袁宗第等会合，长期坚持抗清斗争。

综上所述可以看出，1648—1649年（顺治五年至六年）集中在湖南的南明军队有李赤心、高必正统率的忠贞营，马进忠部，王进才部，滇营赵印选、胡一青部，郝永忠部，陈友龙部，曹志建部，袁宗第、刘体纯、牛万才等部，兵力相当雄厚。只是由于居统帅地位的督师阁部何腾蛟非但驾驭无能，而且挑起内讧，弄得众心离散，被济尔哈朗指挥的清军各个击破。清军占领湖南和广西全州后，永历朝廷几乎已无招架之力。但这时清廷因为姜瓖等领导的山西反清运动尚未平定，京师兵力空虚，多尔衮于顺治六年八月间下令济尔哈朗“班师还京”[4]。永历朝廷才惊魂稍定。

清朝满汉主力北撤以后，留守湖南的兵力大为削弱。九月，南明焦琏部和滇营赵印选、胡一青等部收复广西全州，该城清方官兵退入湖南永州[5]。十月上旬开始，各路明军重新活跃起来，恢复湖南失地。永国公曹志建部于初二日攻克永兴、初三日收复耒阳[6]。原驻洞口、洪江一带的鄂国公马进忠、襄国公王进才移兵南下会合由全州入湘的新宁侯赵印选、兴宁侯胡一青部，于十月二十七日攻克武冈（永历元年改名奉

[1] 《瞿式耜集》永历三年十一月十八日“奏为恭述湖南近日情形事”疏中说：“郝永忠兵扎中潮，围远安。”这里写的远安不是地名，而是明远安伯陈友龙。

[2] 《清世祖实录》卷四十七，郝永忠误作“何永忠”。

[3] 鲁可藻《岭表纪年》卷三写作“至黔之独山川”，川字当系州字之误。

[4] 《清世祖实录》卷四十五。

[5] 鲁可藻《岭表纪年》卷三。

[6] 瞿式耜永历三年十一月二十一日奏疏，见《瞿式耜集》排印本第一一七页。

天），活捉清守将杨应元，新宁、城步等县也随之收复[1]。十一月初四日王进才部又攻克靖州，清将阎芳誉等逃窜途中溺水而死[2]。收复武冈以后，胡一青部经东安、冷水滩攻永州；曹志建军向衡州推进；马进忠部则进迫宝庆。

南明军队对湖南的反攻，引起了清朝湖广当局的恐慌。清湖广四川总督罗绣锦上疏朝廷紧急请求增派援兵。摄政王多尔衮批交兵部商议，顺治七年（1650）二月，兵部建议调驻守山东济南的续顺公沈永忠率领本部官兵移驻湖南宝庆（邵阳），并将原随佟图赖等南征的总兵张国柱、郝效忠二部交其统辖，经朝廷核准后下达。这时，清廷所调定南王孔有德、平南王尚可喜、靖南王耿仲明的军队已分别由辽东南下，孔有德自告奋勇攻取广西。清廷指示他进入湖南以后，先会同沈永忠军"力办湖南之贼，务令销靖伏莽，地方底定"，再报朝廷批准后进征广西[3]。在后来的一段时间里，清军暂时稳定了对湖南的统治，等到孔有德军攻占广西大部分地区以后，留镇湖南的兵力仍然相当有限，从而埋伏下了大西军联明抗清后由贵州东入湖南，清军一败涂地的种子。

第四节　忠贞营撤入广西和堵胤锡病死

李赤心（李过）、高必正（高一功）统率的原大顺军改编而成的忠贞营在猛攻长沙即将奏捷的时候，被督师阁部何腾蛟借口援救江西调

[1] 瞿式耜永历三年十一月二十三日"奏为飞报大捷事"疏、"马进忠大捷疏"，见《瞿式耜集》第一二五至一二六页及一二七页。

[2] 瞿式耜永历三年十一月十八日"奏为恭述湖南近日情形事"疏中引监军御史蓝亭塘报说南宁侯张光翠"于九月二十九日已复靖州矣"。十一月二十一日又报攻克靖州在是月初四日。

[3] 《明清史料》甲编，第三本，第二六三页《兵部题为塘报湖南逆贼情形仰乞圣鉴事》。

走。十一月十六日忠贞营解长沙之围，移营东进。由于他们已远离自己的夔东基地，湖南地方残破筹饷不易，而扼据攸县、茶陵一带的南明杂牌军队又唯恐忠贞营过境将危及自己的地盘，以武力阻止忠贞营通过。李、高部众数万人处于饥寒交迫、进退失据的困境之中。

到次年（1649）正月南昌失守，忠贞营援赣的任务已化为泡影。同月，清郑亲王济尔哈朗统军进入湖南，何腾蛟在湘潭被俘杀，部下官兵望风而逃，湖南大部分州县被清军占领。李赤心、高必正被迫率军南撤，从临武、蓝山、江华、永明（今湖南江永县）经广东星子（属连县）、阳山[1]，退入广西贺县、怀集（今属广东）[2]、开建、封川（今广东封开县）[3]，准备屯驻梧州。五月二十四日前锋进抵梧州。南明广西文武官虽然明知李赤心、高必正早在隆武时即已封侯爵，这次由夔东入湘作战又是奉永历朝廷调遣而来，可是在他们处境艰难被迫退入广西时，竟被斥之为“犯境”之“贼”。二十五日，忠贞营将士乘八桨船数百艘到达梧州附近，南明总兵叶承恩、兵备道刘嗣宽、梧州知府束玉如临大敌，“飞舸逆战，箭炮交加”[4]，被忠贞营击败。赤心与必正统舟师泊于江口（今广东封开县，距梧州约四十里），叶承恩、刘嗣宽见兵力不敌，“飞檄德庆总兵杨大甫率所部来援”[5]。由于忠贞营兵多势众，加上永历朝廷内部意见分歧，李赤心、高必正等部终于经过梧州[6]，进至浔州、横州。

[1] 康熙十二年《连州志》卷七《事纪志·变异·人之变》记：“顺治六年四月，李赤心兵马十余万经星子路至阳山七孔桥，往粤西。”

[2] 光绪元年《怀集县志》卷八《县事志·前明》记：“己丑，闯贼余党一枝虎（李过绰号为一只虎）十三万由阳山漂流至境，屠掠甚惨。”

[3] 道光十年《肇庆府志》卷二十二《事纪》记：顺治六年“四月，流寇李赤心等率所部抵开建，大肆杀掳”。

[4] 瞿昌文《粤行纪事》卷一。

[5] 瞿昌文《粤行纪事》卷一。

[6] 同治十一年《苍梧县志》卷十八《外传纪事》下《本朝》引旧志云：六年“十一月二十五日，闯孽李赤心至梧大掠。”按，十一月当为五月之误。

当时明庆国公陈邦傅正同所招“义勇”徐彪部争夺南宁，从1648年九月打到次年五月，陈邦傅兵败，南宁府城仍被徐彪占领。陈邦傅知道忠贞营兵精将悍，进入广西以后又没有立足之地，就要弄权术派人邀请李赤心、高必正剿灭徐彪，收复南宁。十二月初三日，忠贞营于永淳县（在今横县、邕宁之间）界攻杀徐彪，随即占领南宁府城。在这以后约一年时间里，兴国公李赤心驻扎南宁，郧国公高必正驻扎横州[1]。陈邦傅利用忠贞营消灭异己的目的既已达到，又想把忠贞营支往桂林，这样一方面可以控制永历朝廷，另一方面又可以使忠贞营从自己视为禁脔的南、太、思明地区离开。于是，他玩弄种种花招，自己拜李赤心养母（即李自成妻）高氏为义母，称高必正为舅舅[2]；又献上女儿给高必正做二房夫人（高必正原有妻室，陈邦傅身为庆国公，以女配给自然不便为妾，故特请朝廷并给郧国夫人诰命）。在做了这样一番处心积虑的安排以后，他才露出谜底，“怂恿必正提兵入桂（林）”[3]。桂林是留守大学士瞿式耜的驻地，由于永历朝廷经常逃难，这里成了比较稳定的政治中心。瞿式耜得知陈邦傅的阴谋后，上疏朝廷“请以粤西全省粮饷分给诸勋，使无侵扰”[4]。李赤心、高必正有了立足之地，得以休养士马，已经心满意足，根本不赞成陈邦傅的挟制朝廷、破坏抗清大局。因此，开初还虚与委蛇，后来见邦傅喋喋不休，才由李赤心直言正告说：“陈兄劝我劫驾，是将终谓我为贼也！”[5]陈邦傅碰了个大钉子，兵力又不敌忠贞营，只好怀恨在心，另思狡计。这就是不久后伪撰敕书封孙可望为秦王，利用原大西军挤走原大顺军改编而成的忠贞营，并且控制永历

---

[1] 康熙抄本《南宁府全志·祥异志·附寇变》。

[2] 王夫之《永历实录》卷二十六。《叛臣列传·陈邦傅传》云：“邦傅欲倚之蹂两广，并式耜、成栋军，逼胁朝廷，乃迎忠贞营屯浔、南，拜李赤心母为母，以舅氏高必正。日夕怂恿赤心夺桂、平（乐）、肇（庆）、广（州）挟驾以号令诸将。”同书卷十三《高、李列传》亦载此事，但较简。

[3] 钱秉镫《所知录》卷三。

[4] 同上。

[5] 《永历实录》卷二十六《陈邦傅传》。

朝廷的张本。

当忠贞营向广西撤退的时候，制辅堵胤锡见大势已去，带领残兵一千余人，从镇峡关（即龙虎关）退入广西。当时镇守关口的明保昌侯曹志建在宗室朱谋烈的挑拨下，认定堵胤锡来到镇峡关是为忠贞营做内应，夺取自己的地盘。于是，在晚上突然派兵把堵胤锡的随从军士包围歼灭，胤锡父子逃出，藏于附近监军佥事何图复山寨里。曹志建仍不肯罢手，统兵往攻山寨，诱杀何图复[1]。堵胤锡经贺县、梧州到达广东肇庆行在[2]。这时，传来忠贞营在梧州遭到粤、桂两省军阀阻挠，双方发生武力冲突的消息。堵胤锡向朝廷建议让忠贞营暂时安置于广东适当地方休整。李元胤听说后大为不满，声称："我辈作鞑子时，渠不来复广东，今反正后，乃来争广东乎？且皇上在此，他来何为？"[3]永历帝派兵部侍郎程峋前往宣谕粤、桂诸将，胤锡托程峋把自己和忠贞营将领的部分家眷护送到梧州。不料，李元胤为了阻止忠贞营进入广东，暗中指使封川守塘官张祥发炮，把程峋和他护送的家属座船击毁于江中。事情闹到朝廷，永历帝唯恐得罪东勋，竟不了了之。

堵胤锡到达肇庆行在后，永历帝命他入阁辅政。以瞿式耜、李元胤为后台的丁时魁、金堡等人又上疏劾奏他在湖南"丧师失地之罪"[4]。其实，湖南的丧师失地是与瞿式耜气味相投的何腾蛟一手造成的，瞿式耜等人诿过于堵胤锡完全是别有用心。堵胤锡在遭到广西、广东实权人物瞿式耜、李元胤的猜忌后，心情十分忧郁。在动辄获咎的情况下，他

[1] 《所知录》卷二记：朱谋烈"谓志建曰：此必忠贞欲袭关，堵乃先导，将谋为内应耳。志建信之。"瞿共美《天南逸史》记：江西宗室朱谋烈"乘曹、堵不睦，欲阴构之，从中取事。胤锡夜逸，匿故御史何某之子何图复家。志建复率众往索，图复不与。图复家近徭僮，赀财富厚，素能抚集徭人，遂与志建战。志建诱杀图复……徭僮恨志建入骨，志建之锐卒亦尽矣。……后志建言及此事，甚悔恨，几至堕泪，誓杀朱谋烈"。

[2] 《明季南略》卷十二《堵胤锡始末》记六月十五日堵胤锡至肇庆。

[3] 《所知录》卷二，《存信编》卷三。

[4] 《所知录》卷三。

仍然志不稍减，一方面力排众议坚决主张联合原大西军抗清，另一方面联络忠贞营等部准备重返前线。尽管永历帝对堵胤锡相当信任，但也知道把他留在身边辅政于事无补，于是，加升他为少傅兼太子太师、文渊阁大学士、吏部尚书兼兵部尚书“总督直省军务”，节制忠贞、忠武（指马进忠、王进才、张光翠、牛万才等部）、忠开（指于大海、李占春、袁韬、武大定、王光兴、王友进、王昌、王祥等部）诸营兵马[1]。然而，窃据朝廷大权的人物却唯恐他重掌兵权，别开生面，于是在行军银饷上百般刁难。据记载，堵胤锡五次上疏请发军饷，才批给三千两，银子刚领到手又被李元胤派人抢去。八月二十四日，胤锡陛辞，永历帝问道：“卿将何往？”胤锡回答：“陆行无马，水行无舟，有视师之名，无犒军之费。臣决不敢逍遥河上，贻外人指摘，惟有廓清四海，以申此意。万不得（已），当捐此身，以报皇上耳。”朱由榔无可奈何，“乃撤御前龙旗二，以壮行色。胤锡叩谢，含泪而出”[2]。堵胤锡檄调忠贞营出师，又正碰上该营主将兴国公李赤心因病去世，“军中新丧大帅”不便出师。到这年十一月，在堵胤锡再三要求下，只有忠贞营的淮侯刘国昌愿意率部跟随他出征[3]。十一月二十六日，堵胤锡心力交瘁，在浔州一病不起，赍志以殁[4]。临终上遗疏说：“臣受命以来，罪大孽重。不复自谅，拟再合余烬，少收桑榆。不料调兵则一营不发，若曰：‘堵阁臣而有兵，则丰其羽翼也。’索饷则一毫不与，若曰：‘堵阁臣而有饷，则资其号召也。’致臣如穷山独夫，坐视疆场孔亟。昨西上横邑，感疠大重，一病不起，遂快群腹。臣但恨以万死不死之身，不能为皇上毕命疆场，而死于枕席，是为恨也。臣死之后，愿为厉鬼以杀贼。伏乞

[1] 《明季南略》卷十二。《岭表纪年》卷三把他的官衔写作“总督天下兵马大学士”。

[2] 李天根《爝火录》卷十九。

[3] 《岭表纪年》卷三于十一月下记：“因李赤心等各占地方，国昌无善地，堵胤锡出楚，欲随之。”

[4] 《明季南略》卷十二《堵胤锡始末》。

皇上拣任老成，用图恢复。如国家大事，有李元胤、刘湘客、袁彭年、金堡、丁时魁、蒙正发六人作皇上腹心股肱，成败可虞，祖宗有灵，实鉴临之。臣死矣，不胜余憾云。”[1]可见他对朝廷权臣跋扈乱政极为愤慨。永历朝廷追赠其为浔国公，谥文忠[2]。

[1] 《明季南略》卷十二《堵胤锡始末》。

[2] 《岭表纪年》卷三。

第十九章
永历朝廷内部的党争

第一节　楚党和吴党

明末党争剧烈，官僚士大夫往往结党营私，争权夺利，置国家利益于不顾，多次给民族带来重大灾难。如果说在弘光以前的东林、魏党之争表面上还以“君子”“小人”为分野，到永历时期就完全变成了争夺朝廷权力的内部倾轧。按钱秉镫的说法：“先是，朝士有东西之分，自东粤来者，以反正功气凌西人；而粤西随驾至者，亦矜其发未剃以嗤东人。而东、西又各自为镇。久之，遂分吴、楚两局。主持吴局者，阁臣朱天麟、吏部侍郎吴贞毓、给事张孝起、李用楫，外则制辅堵胤锡也；而江右之王化澄、万翱、雷德复，蜀中之程源、粤东之郭之奇实为之魁。主持楚局者，丁时魁、蒙正发、袁彭年……陕西刘湘客、杭州金堡既与时魁等合，桂林留守瞿式耜亦每事关白，居然一体矣。”“凡自湖南、广西随驾至，出于督师（何腾蛟）、留守（瞿式耜）门者，大半归楚。吴人谓楚东恃元胤、西恃留守；实则吴亦内倚吉翔、外倚邦傅，特其踪迹秘密，不似时魁等招摇人耳目耳。”其他人则“浮沉吴、楚之间，或无所依附”[1]。这种描述有一定道理，但并不完全正确。所谓“吴局”“楚局”经历了一个对立、分化、转合的过程。广东反正以前，是瞿式耜等人同广西南浔军阀陈邦傅之间的矛盾；李成栋反正以后，开初是未曾降清的扈从诸臣同反正来归的广东文官武将之间的矛盾。由于李成栋反清归明，永历朝廷管辖区骤然扩大到广东全省以上，永历帝也移跸肇庆，进入李成栋父子的控制区。朝廷为取悦成栋等人，在用人行政上“重反正，薄守节”[2]。甚至讳言是否曾经剃头降清，“近奉新功令，休称两鬓完（原注：时禁自陈保发归朝之语）”。[3]以忠贞不贰、扈驾有功自命的官僚对此颇有意见，留守桂林大学士瞿式耜竭力反对永历帝移驻广东，就是担心朝廷权力落入“东勋”手里。朱由榔迁至广东肇庆之后，瞿式耜愤愤不平，在1649年（永历二年）九月的一封信中说：“吾之留守桂林，不止要照管东、西，通何督师之气脉；亦为东边用人行政，惟知奉承剃发之人，全不顾朝纲清议，太看不得。与之同流合污既不能，终日争嚷又不耐，反不如身居局外，犹得清清白白做一人也。”[4]可见，瞿式耜原先对李成栋集团的得势耿耿于怀，不久，何腾蛟兵败身死，马吉翔又极力拉拢李成栋，瞿式耜力单势孤，才通过袁彭年、刘湘客、金堡等人同反正来归的“东勋”结合起来，共同对付马吉翔、陈邦傅等原广西实权人物。争夺朝廷权力的格局错综复杂，“吴”“楚”的概念本来很不准确，既不是以同乡亲友联结而成，也不是以反正、随驾（即曾否降清剃发）划分。

如果仔细剖析一下所谓吴、楚党争，不难发现它实际上是勋镇（带有地方割据色彩的军阀）之间的矛盾在朝廷上的反映。简单一点说，主要是广西军阀庆国公陈邦傅同广东军阀李成栋、李元胤父子之间为争夺

[1] 钱秉镫《所知录》卷三。

[2] 钱秉镫《藏山阁诗存》卷十《行朝集》，《端州杂诗》。

[3] 钱秉镫《藏山阁诗存》卷九《生还集》，《酬汪辰初》。

[4] 《瞿式耜集》卷三，书牍。

朝廷权力的斗争。瞿式耜是江苏常熟人，按地域观念应该算是吴人，为什么却同“楚党”联为一体呢？这是因为他原任广西巡抚，后来任留守桂林大学士，希望统揽广西全省军政，可是陈邦傅凭借实力以“居守”广西的敕旨（他还行贿中书舍人把居守的诏敕写成“世守”）为依据控制了广西大部分地区。瞿式耜所能指挥的军队仅限于宣国公焦琏（原封新兴侯）等部，行政权力也局促于桂林一隅之地。因此，他同陈邦傅在争夺广西权力上处处钩心斗角。李成栋以广东全省和广西梧州反正来附，被封为惠国公。陈邦傅在永历朝廷处境危迫时曾经向佟养甲、李成栋暗通款曲，有意投降清朝，这时却以扈驾功邀封庆国公。李成栋知道他的底细，羞与为伍。于是，瞿式耜为首的势力同反正来归的“东勋”集团逐渐合拍，形成一个左右朝政的联合阵线，即所谓楚党。钱秉镫在著作中曾披露其中内幕：“初，金堡赴行在，将有建白，过桂林以示留守（瞿式耜）。留守令至肇，与刘湘客酌之。参疏八款，李成栋、陈邦傅、庞天寿、马吉翔皆在所参。湘客削去其二，去李而用陈，去庞而用马。封上，一时丰采赫然，补兵科给事中。当成栋未反正时，邦傅潜通降启，心鄙之，及是爵位相等，甚耻与哙等为伍。得堡疏，大喜，故元胤交益密，实不知成栋初亦在参中也。”[1]金堡在隆武朝廷中就有“敢谏”之名，永历二年（顺治五年，1648）十月他辗转来到广西桂林，对朝廷情况尚不了解，准备以尊主权为名疏参在外东、西二勋，在内司礼监太监庞天寿、文安侯马吉翔，借以一鸣惊人。疏稿呈瞿式耜审阅，瞿指示他到肇庆去同刘湘客商酌。经过刘湘客提示，删去李成栋、庞天寿的名字，变成专参西勋。十二月上本，“传揭到李成栋，成栋叹服。吉翔、邦傅亦成栋之所恶也。自是丁时魁等益与李元胤固结”[2]。由此可见，楚党的幕后人物为瞿式耜和李元胤，称之为楚党是因为出头露面的袁彭年、丁时魁、蒙正发都是湖广人。

[1] 《所知录》卷三。

[2] 《岭表纪年》卷二。

那么，以堵胤锡、陈邦傅、王化澄、朱天麟为后台的“吴党”是怎么回事呢？严格说，永历朝廷内并不存在吴党。所谓的“吴党”是楚党把妨碍自己独家揽权的势力指派为结党营私。堵胤锡、王化澄、朱天麟在永历朝廷里是比较正直的大臣，他们同陈邦傅、马吉翔并没有什么瓜葛。问题是，陈邦傅在广东反正以前足以同瞿式耜等人相抗衡，广东反正以后力量平衡被打破，陈邦傅为了维护自己的地位，先把李过（李赤心）、高一功（高必正）为首的忠贞营接进广西南宁一带安插，后来又拉拢云南的大西军余部；而堵胤锡等人却是从抗清大局着眼，主张南明朝廷应该联合原大顺军和大西军。尽管堵胤锡、王化澄、朱天麟等人和陈邦傅考虑问题的出发点天地悬隔，落实到具体事情上却颇有类似之处。换句话说，“吴”“楚”党争的内涵原来是东、西军阀的争权，后来却衍生为对待原农民军的态度上的分歧。

在永历朝廷大臣中，何腾蛟、瞿式耜联为一体，竭力维护崇祯朝以来的“正统”观念，歧视和排斥原农民军。在民族矛盾上升为主要矛盾的情况下，他们仍然保持着极深的阶级偏见，妄图凭借残明的文武官绅势力实现“中兴”，这实际上是一条自取灭亡的道路。他们的这种政治态度在南明官绅中显然有一定代表性。由于他们自己的军事力量相当弱，不得不同反正来归的文官武将互相勾结，形成所谓的楚党。

然而，在民族危机日益深重的情况下，南明朝廷（从隆武政权开始）中一些有识之士看到了只有联合原大顺、大西农民军共同抗清才有复兴的希望。其中的代表人物就是大学士堵胤锡、朱天麟、王化澄等人。在南明历史上，最杰出的政治家有两位，一位是堵胤锡，另一位是张煌言。堵胤锡在永历朝廷中一直遭到何腾蛟、瞿式耜等人的排挤，无法展布他的雄才大略，终于赍志以殁；张煌言偏处浙江、福建海隅，得不到实力派郑成功的支持，空怀报国之志。历史上常说“何代无才”，治世不能“借才于异代”，就南明而言又何尝不是如此。在史书上，人们习惯于把史可法、何腾蛟、瞿式耜列为南明最堪称赞的政治家，其实，他们不过是二三流的人物，就政治眼光和魄力而言根本不能同堵胤锡、张煌言相提并论。同堵胤锡、张煌言类似能够依据形势的变化高瞻远瞩的还有张家玉、杨畏知、朱天麟、王化澄等人。正是由于这些人在统筹全局上同维护崇祯朝以来政治格局的某些官绅的见解有明显差异，他们当中一部分任职永历朝廷的人因此被说成是同“正统派”（即楚党）相对立的所谓“吴党”。

堵胤锡从隆武时期起就真心实意地联合大顺军余部，负责改编和联络忠贞营，后来又力主联合据守云南的大西军，因此先后遭到何腾蛟、瞿式耜等“正人君子”的嫉恨。永历三年（1649）秋，金堡上疏“劾其丧师失地，而结李赤心等为援，张筵宴孙可望使。且面责之曰：‘滇与忠贞，皆国仇也，厥罪滔天。公奈何独与之昵？’胤锡失色，徐曰：‘我幸苦边事，如君言，竟无功耶？’堡曰：‘劳则有之，功于何有？’”[1]上引堵胤锡临终上疏，对五虎及其后台瞿式耜、李元胤的把持朝政导致复兴无望深表不满，可见堵胤锡的备受排挤是因为政见分歧和反对廷臣结党营私。

朱天麟，崇祯元年进士，历仕崇祯、隆武、永历三朝，永历二年（顺治五年，1648）任东阁大学士。李成栋反正后，袁彭年等五虎弄权，上疏攻击跟随永历帝播迁的大学士严起恒，权臣陈邦傅、马吉翔，太监庞天寿。永历帝很不高兴，由皇太后出面叫朱天麟拟严旨诘责。接着，又有金堡倚仗“东勋”兵力上疏劾奏陈邦傅无饷无兵，窃取勋爵。陈邦傅大怒，上疏反斥金堡任临清州知州时曾经投降大顺，又请朝廷派金堡为自己的监军，“观其十万铁骑”。朱天麟即票拟旨意道：“金堡辛苦何来，朕所未悉。所请监军即会议。”同任内阁大学士的严起恒早就想排挤朱天麟，暗中把这一票拟的旨意告知吏科给事中丁时魁。五虎得知消息，连夜约集给事中、御史十六人于正月十三日晨拥入行在宫门，声称“强臣钳结言官之口”，“吾等不做官矣”；“将公服袍带掷弃庭中，小帽叉手，白衣冠联袂去”。这时永历帝正在穿堂召见太仆寺卿马

[1] 温睿临《南疆逸史》卷二十八《金堡传》。

光，听得外面一片喧哗，吓得“两手振索，茶遂倾衣”。永历帝心知五虎自恃有李成栋父子为靠山，才敢大闹朝堂，被迫于次日（十四日）特敕李元胤出面邀请参与闹事的十六人仍入本衙门办事。朱天麟即日解职，所票旨意改拟[1]。五虎垮台以后，朱天麟于九月间再次入阁办事。在联合大西军问题上，孙可望坚持封秦王，不愿改号，朱天麟说：“许之便。我势日衰，彼力方壮，我以空名羁之，犹可号召以拒强敌，毋持迂议，自贻伊戚。”他的主张被严起恒等人拒绝。永历六年（顺治九年，1652）八月十八日朱天麟病卒于广南府[2]。

王化澄，崇祯七年进士，参与定策拥立永历帝，官至东阁大学士。在孙可望请封秦王时，他力排众议，声称：“江楚溃败，两粤且不支，能制可望之不王乎？”主张真封秦王，与大西军余部联合抗清。这就触犯了楚党的大忌，被金堡等劾免。清军占领广西后，王化澄躲入山中，被清将马蛟麟捕获，誓死不降，于顺治九年三月十八日遇难。关于他的为人，《南疆逸史》卷二十二《王化澄传》中说“正色立朝，人赖以安”。而楚党人士的著作却对他极尽诋毁之能事，说他“贪庸误国”。

总之，堵胤锡、朱天麟、王化澄等人无非是赞成联合原农民军共同抗清，在政治见解上比较相似，就被编派为什么“吴党”头子。仔细研究现存材料，不仅找不到他们同陈邦傅、马吉翔私下勾结的迹象，他们之间也没有抱成一团，操纵朝政的事，根本谈不上结党营私。楚党则是确实存在的，他们是明朝反动统治者的“正脉”，其特色是奉行既要抗“虏”，又要平“贼”的方针。正因为楚党实质上代表着崇祯以来明朝统治阶级中的顽固势力，在南明史籍中袒护楚党的相当不少，也容易为清朝统治者所容纳。在明、清统治集团眼中，大西、大顺军都是十恶不赦的“流寇”，只有在涉及李定国时才网开一面，因为他们认为李定国属于“改邪归正”之列。由于在各种南明史著中都谈到“吴”“楚”党

[1] 《明季南略》卷十二《科道散朝》，参见《两粤新书》。

[2] 《南疆逸史》卷二十二《朱天麟传》。

争，特别是持论者大抵颂扬楚党，指斥本不存在的“吴党”中的许多人物为“奸佞”，本书多费一点笔墨予以澄清就是必要的了。

第二节　所谓“五虎”

上文说过，楚党是大学士瞿式耜为首的一批朝臣同反正来归的李成栋集团经过矛盾摩擦，转而互相勾结的一个重要政治派别。由于瞿式耜留守桂林，李成栋经营广州和北伐事宜，在肇庆的永历朝廷上就形成了由李元胤坐镇指挥，联络东、西，把持朝政的小集团，其主要成员有左都御史袁彭年、礼部侍郎刘湘客、吏科给事中丁时魁、工科左给事中金堡、户科右给事中蒙正发[1]，故称“五虎”。袁彭年为“虎头”，刘湘客为“虎皮”，金堡在党同伐异时最为积极，“经其指责，刻画尽情使无置身之地”[2]，故被称为“虎牙”，丁时魁为“虎尾”，蒙正发为“虎爪”[3]。五人结党把持朝政，招权纳贿，“言非虎党不发，事非虎党不成，星岩道上，遂成虎市”[4]。五虎以君子自命，动辄引祖制旧章，“裁抑干进，力整朝政”，实际上他们自己正是一批钻营干进的人物。鲁可藻说：“总之，彭年欲大拜（指入阁为大学士），时魁欲掌宪（出任都察院左都御史），堡欲掌吏科，肆行排挤，公道所以不服耳。”[5]五人遇事强谏，不过是倚仗李元胤、瞿式耜的势力排斥异己，达到控制

[1]　袁彭年等五人当时担任的官职在史籍中记载不完全一致，这里是根据瞿式耜永历四年二月初七日《救刘湘客等五臣疏》，见《瞿式耜集》，上海古籍出版社1981年版，第一四四页。

[2]　钱秉镫《请宽金给事疏》，见《藏山阁文存》卷一。

[3]　参见计六奇《明季南略》卷十二《假山图五虎号》条；温睿临《南疆逸史》卷二十八《金堡传》。

[4]　参见计六奇《明季南略》卷十二《假山图五虎号》条；温睿临《南疆逸史》卷二十八《金堡传》。

[5]　《岭表纪年》卷三。

朝廷的目的[1]。为了说明问题，下面把五人的情况介绍一下：

袁彭年，湖北公安县人，袁中道之子，崇祯七年进士，历仕崇祯、弘光、隆武三朝，降清后随佟养甲、李成栋入粤，任广东学政署布政使，曾起草告示称“金钱鼠尾，乃新朝之雅政；峨冠博带，实亡国之陋规”[2]，向清朝献媚。当他得知江西金声桓反正，李成栋有意易帜时，立即参与其事，反正以后他以襄赞有功升任左都御史。从此凭借成栋父子为靠山，骄狂自大，妄图把持朝政。永历皇帝移跸肇庆后已经处于李成栋的势力范围之内，用人行政权不由己，他甚至愤愤不平地说道：“以后官俱听袁彭年升除罢。”[3]有一次袁彭年同永历帝当面争执起来，“语不逊”，朱由榔以“君臣之义”责备他，袁竟然公然顶撞道：“使去年此日惠国（李成栋）以五千铁骑鼓行而西，此日君臣之义安在？”朱由榔气得变了脸色，群臣也为之咋舌，足见其气焰嚣张[4]。1650年（顺治七年、永历四年）清军再次攻占广州，袁彭年又腼颜降清，除行贿求免外，还哭诉自己在1648年参与李成栋复明是被迫的。清政府虽未治罪，但也认为他是个反复无常的小人，不予录用[5]。

刘湘客，陕西富平人，明诸生。隆武时任推官、御史，永历时改授翰林院编修、侍读学士，大学士朱天麟、王化澄认为他不是科甲出身，任翰林院官不合体制，改为都察院佥都御史。桂林失守后，他潜藏深山

[1] 《岭表纪年》卷二记：“迹其一年间，事事争执，若似乎守典故，尊朝廷，究竟不过欲权自我操，贿自我受而已。声言不可倚傍勋镇，时魁等自陈邦傅而外，无勋不结交，不承奉，而成栋父子无论矣。……不过大言以欺所亲，欲以文其贪黩耳。”

[2] 何是非《风倒梧桐记》卷一。

[3] 鲁可藻《岭表纪年》卷三。

[4] 钱秉镫《所知录》卷三。

[5] 王夫之《永历实录》卷十九《袁彭年传》说：“是冬，广东再陷，彭年匿民间，已复出投款，言李成栋胁己反。赍缘得免，归里，挟策游潜、沔间，以诗自鸣。未几，死。”据曹烨《曹司马集》卷三《岭南近草》有作于顺治十年的《袁特丘移寓佛山喜赋》等诗，可知他在尚可喜、耿继茂占领广东后，在广东佛山等地还住了好几年，并没有立即“归里”。

郁悒以终，在五人中是比较有气节的。

丁时魁，湖北江夏人，崇祯十三年进士，任礼部主事，隆武、永历时历任礼科给事中、吏科左给事中、吏科都给事中。桂林失守后降清，被委任为广西学道[1]。王夫之记："桂林陷，见执，孔有德召为幕客。居数月，病死黄冈。何履仕为治丧，割其辫掷棺外，曰：'斗生（时魁字）不戴此辫以死，可不负梧州一顿棒，而今不免也，惜哉！'"[2]

金堡，浙江仁和（杭州）人[3]，崇祯十三年进士，任山东临清州知州，隆武时任礼科给事中。在永历朝廷中任工科左给事中，与留守桂林大学士瞿式耜关系密切。后来同袁彭年等结为一党，攻击异己不遗余力。例如在《驳何吾驺疏》中痛斥何吾驺、黄士俊在佟养甲占领广东期间未能死节："黄士俊在佟虏坐中见先臣子壮极刑，四十三年状元及第，而不早死真不幸耳。后与吾驺携手同来，为国贼乎？……若叩头养甲，满口老爷，则吾驺之礼义逊让也。臣为太祖高皇帝而骂之，何体面之有？"[4]真是正气凛然，大有与一切软骨头不共戴天之势。可是，对于真正投降了清朝出任官职的袁彭年，金堡不仅不置一词，反而引为知己。究其用心，不过是因为何吾驺、黄士俊早在崇祯年间即已入阁为大学士，必须找个题目大做文章，力攻而去，自己的小集团方可放心揽权。桂林失守后，金堡当了和尚，但他并不像熊开元、方以智那样淡泊明志，而是出入于清朝达官显贵之门，为尚可喜树碑立传的《平南王元功垂范》就是出自他的手笔。

蒙正发逃归故里后，写了一本《三湘从事录》，在南明史籍中颇受重视。许多人以为他以当事人记载当时事比较可信，加以后来名声颇大

[1] 钱秉镫《所知录》卷四。

[2] 《永历实录》卷二十一《丁时魁传》。

[3] 《永历实录》卷二十一，《南疆逸史》卷二十八都说金堡是仁和人；瞿式耜《戊子十月既望，新兴焦侯邀游虞帝祠，金黄门首唱佳咏，依韵和之》诗内注云："予与道隐俱常熟人。"见《瞿式耜集》第二一八页。

[4] 金堡《岭海焚余》卷中。

的王夫之给他写了墓志铭，更抬高了这本小册子的地位。王夫之的学术成就不在本书讨论之列，但他的政治态度和经历与蒙正发颇为类似，其立论的客观性大可怀疑。只要把蒙正发的《三湘从事录》、王夫之为蒙氏所撰墓志铭同史实核对一下，就可以看出蒙正发不仅不像王夫之所说是位“力持纲纪，清冒滥，劾功罪，裁凌躐”，整顿朝政的正人君子；刚好相反，他自己正是一个不顾纲纪、多方冒滥、混淆功罪、凌躐成性的卑污小人。蒙正发原是湖北崇阳县一名贡生，清军占领该地后，他志不忘明（这点应予肯定），逃入湖南平江、长沙，投奔何腾蛟，何以札付授予推官职衔充任章旷（时以太仆寺少卿衔任监军，后任监军道、恢剿巡抚）的参军，不过是章旷手下的幕僚而已。章旷在用兵上一无所长，招募了一批湖南等地的土兵做嫡系，从未打过一次胜仗。岳州南面的新墙之役，是明清之间一次很小的对抗，章旷兵败，只是在潼溪用鸟枪伏击了少量清军，这在明清双方都是不值一提的小规模接触（明军既未攻克岳州重镇，清兵也未南下），蒙正发在《三湘从事录》中自我吹嘘也不过连用了两个“仆尸数百”；到了王夫之笔下竟成了蒙正发“督南将覃裕春等大战于潼溪，以八千人破数万之铁骑，斩馘无算。自南渡来无敢战者，战而胜自潼溪始。皆君亲冲锋镝，誓死不退之力也”[1]。真可说是妙笔生花了。其次，蒙正发出身很低，章旷为提高他的地位，让他去参加隆武朝所开湖南乡试，中式成为举人，这在明朝官场上重进士轻举人的习俗中本不算多大一回事，问题是在衡州举行的这场乡试的主考为崇祯十三年进士、巡按御史杨乔然，监临是同年进士、郴桂道吴晋锡。蒙正发早已觊觎患病的章旷的恢剿巡抚职务，章旷死后，何腾蛟题请吴晋锡继任恢抚。蒙正发恨之入骨，竟然在自己的记载中把监临说成是严起恒。科举时代非常重视师生关系，蒙正发的移花接木不过表明他为了功名利禄不惜出卖老师罢了。第三，吴晋锡继任巡抚本来是顺理成章的事，他是崇祯朝进士，历任永州推官等职，弘光时期湖广巡按黄

[1] 王夫之为蒙正发所作墓志铭，见《永历实录》附录，岳麓书社1982年版。

澍到南京朝见，多方活动，建议何腾蛟由巡抚升任总督，自己接任巡抚，巡按一职即拟由永州司李吴晋锡担任[1]。何腾蛟任总督后，上疏推荐傅上瑞为长沙道、章旷为监军道、吴晋锡为辰沅道，由于马士英从中作梗，吴晋锡的任命未被批准[2]；隆武时几经周折才被任为按察司副使郴桂道，职位和章旷基本相等，而当时蒙正发还是一名贡生。章旷病死时把敕印交给他看管，这是官场中常见的事，蒙正发在著作中故意大肆渲染章旷的意思是让他接任巡抚。这真是奇谈，且不说永历朝廷对蒙正发看不上眼，章旷的遗疏里也只字没有提到他，更说不上有推荐他继任之意。恢抚出缺时正值清孔有德、耿仲明、尚可喜三王大军入湘、明军一溃千里之时，吴晋锡于八月二十三日受恢抚之命，次日清军占领武冈，吴时在病中，未能随军撤入广西，改服装为头陀见清怀顺王耿仲明，得释放返归故乡。蒙正发在《三湘从事录》中一面把自己未能攫得巡抚高官说成"欣跃如释重负"，一面痛诋吴晋锡为"纳印出降"。王夫之更煞有介事地说："会章公以忧愤卒，何公欲以章公兵授君守永州。而永李吴晋锡赂何公左右，夺其军授之。兵讧，晋锡降。"[3]吴晋锡没有见危授命固然是事实，蒙正发和王夫之后来也是见形势不利逃回清朝统治下的故里，蒙正发还曾受到清朝总兵全节的优待，这种以五十步笑百步的"气节"适足令人齿冷。第四，五虎案发后，除了袁彭年以外，丁时魁、刘湘客、金堡、蒙正发都被逮捕下诏狱，狠狠挨了一顿板子（廷杖），金堡被打断了腿，半死不活，借住在蒙正发船上。时

[1] 李清《三垣笔记》附识下，弘光。

[2] 吴晋锡在《半生自记》中说是没有向大学士马士英、蔡奕琛行贿，故未批准。实际上很可能是因为黄澍在弘光帝面前大骂马士英，结下怨仇，吴晋锡既曾受黄澍推荐，士英遂迁怒于他。

[3] 见王夫之为蒙正发作墓志铭。按：王夫之是湖南衡阳人，他不可能不知道吴晋锡任"永李"（即永州府理刑推官）是崇祯年间的事，永历时已升至衡（阳）、永（州）、桂（阳）巡抚和大理寺卿。章旷病死时正值清孔有德、耿仲明、尚可喜三王由衡州向武冈、永州进兵，吴晋锡既然贪生，怎么会出钱贿赂何腾蛟左右之人谋取危差？

人钱秉镫有一段记载颇能说明蒙氏之为人："湘客等受杖，金给事堡伤独重，垂死，寄卧其同难某给事舟中。某楚伧心不乐，私自鬻舟。予适至，闻舟后有较锱铢声，入视之，则业已成约交价矣。予语其人曰：'约成须俟金君疮愈，乃过舟，不然将移至何所耶？'其人悟，急毁约。某大诟曰：'若能如价买舟以安金君乃成丈夫，奈何以人舟为己义也。'予搜囊得百金犹不足，而君（指广西巡按吴德操）贶适至，脱手相付，正满其数，快哉！某即日自移去。"[1]这里写的同难给事中楚伧"某"，正是"五虎末将"蒙正发。钱秉镫同瞿式耜、刘湘客、金堡等人关系颇深，曾上疏为金堡请宽典[2]，文中不愿显指其人。他在后来的诗文中提到五虎事件时常常略去"虎爪"蒙正发，盖亦深鄙其人。

由于南明史籍中为五虎辩解者颇不乏人，揭露号称五虎的主要人物的一些表现，对于澄清纷议有其必要。特别是蒙正发逃归故里后，借口"不孝有三，无后为大"的古训，娶了一大堆小老婆，合家欢乐之暇舞文弄墨，在《三湘从事录》的跋中摆出一副历史评判者的架势，大放厥词："正发衡而断之曰：始终皆流贼之为害也！"事实证明，当蒙正发返回清朝统治下的湖广享受清福的时候，原大西军李定国部、原大顺军为主的夔东十三家，正在同清方做艰苦卓绝的斗争。蒙正发道貌岸然地痛斥"流贼"，既是他混迹南明政权中所代表利益集团本性的流露，也是和清朝统治者唱着同一个调子。

第三节　永历朝廷的"打虎"

1650年（永历四年、顺治七年）二月，永历帝逃到广西梧州，进入陈邦傅的势力范围，朝廷风向立即改变。户部尚书吴贞毓，礼部侍郎郭

---

[1] 钱秉镫《藏山阁文存》卷五《吴廷尉鉴在传》。
[2] 钱秉镫《藏山阁文存》卷一《请宽金给事疏》。

之奇，兵部侍郎程源、万翱，户科给事中张孝起等十四人联名上疏揭发袁彭年、刘湘客、丁时魁、金堡、蒙正发“把持朝政，罔上行私”的罪行[1]。朱由榔对五虎倚仗李成栋、李元胤父子的兵权，骄横狂悖的行径早已不满，当即决定将刘湘客等四人逮捕，下锦衣卫狱拷打审讯；袁彭年当时因养母去世丁忧，念其反正有功免予处分，实际上是因为袁彭年同李元胤等人关系更为密切，朝廷有所顾忌。在拷问时，金堡不肯服罪，大呼二祖列宗；丁时魁、刘湘客、蒙正发则丑态毕露，“满口老爷饶命，万代公侯等语”，叩头如捣蒜[2]。

留守桂林大学士瞿式耜从邸报上得知朝局翻转后，立即上疏申救五虎。他在二月初七日上的奏疏颇能道明五虎一案的背景，其中说：“就使诸臣而果罪状昭彰，一如疏中所指，处分岂无时日，而汲汲为此朝不待夕之举动？又且不先不后，恰当勋臣邦傅到梧之时，能无我虽不杀伯仁之疑否？……然则诸臣此举，直借皇上以行其报复之私，而又巧乘皇上之跸梧、庆国（即庆国公陈邦傅）之来朝，为迅雷不及掩耳之谋，以断其救援之路。且诸臣驱除异己，骎骎渐及于臣，以臣与五臣，夙称莫逆，每朝政皆得相商，杀五臣即所以杀臣，去五臣即所以去臣。臣既为党魁，不杀臣不止，臣今日且不知死所，尚敢以危疑之身，为皇上奏恢疆之烈哉！”[3]二月十三日疏中又说：“若以媚东（指“东勋”，李成栋部将）误国为题，试问：向者举用杜永和、罗成耀等，未必尽出五臣也，事先则未见诸臣力争，事后则偏欲五臣受过，宁足以服天下人之心乎？况东粤必不可弃，即不戒而南、韶失守，犹望东勋镇努力以冀桑榆之收，以雪会稽之耻。先以媚东二字为驱除锄剪之方，是用以慑东勋镇之魄乎？抑用以激东勋镇之勇乎？……至于今日朝廷所恃者忠贞营耳。忠贞奉援楚恢江之命，两载于兹。自督辅臣腾蛟在时，已逗留不进，

[1] 《瞿式耜集》卷一《救刘湘客等五臣疏》，参见钱秉镫《所知录》卷四。
[2] 何是非《风倒梧桐记》卷二。
[3] 瞿式耜《救刘湘客等五臣疏》，见《瞿式耜集》卷一。

今庆国勋臣邦傅之力，遂能必其悉甲破虏乎？况忠贞与东勋必不相睦，未得破虏之功。先开内地之衅，东之为东，竟不可知矣。”[1]瞿式耜的奏疏清楚地透露了永历朝廷“门户歧分，元黄角立”的政治分野。鲁可藻说：“时魁等入朝，全恃式耜标榜之力，挟式耜以倾动同朝，弹压东人；乃合东人以威胁主上，奔走群小。式耜于时魁等竭心力、物力而奉之；金堡到桂，尤加礼焉。堡入朝，式耜不论关防衙门关切必寄揭帖。而式耜题升之官再不复贿，时魁等则又睁眉怒目而争。故式耜之嫡表施召征寄书到桂曰：留守亦是勋镇气息。”[2]

从上面引用的材料可知永历朝廷的“打虎运动”实质是各勋镇为争夺朝廷权力的一场内讧。朱由榔在肇庆时，五虎神气活现；一旦进入陈邦傅的地盘，立即失宠受辱。这一事件再一次说明永历朝廷始终不能威福自操，在很大程度上要看朝廷依附的是哪一派军阀。袁彭年等人固然不是正人君子，陈邦傅更不是忠贞之士。尽管有大学士瞿式耜、严起恒等人再三上疏申救，五虎均未能幸免，除袁彭年以丁忧为名解任外，其他四人都予以革职充军、追赃助饷。

[1] 瞿式耜《再救五臣疏》，见《瞿式耜集》卷一。

[2] 鲁可藻《岭表纪年》卷四。按，瞿式耜之母施氏，即施召征之姑母。

第二十章
清军攻占桂林、广州

第一节　孔有德、耿仲明、尚可喜统兵南下

1648年（顺治五年）清廷在姜瓖、金声桓、李成栋掀起的反清浪潮下，深感满洲兵力有限，决定起用孔有德、耿仲明、尚可喜三王统兵南下。这年十二月，多尔衮派使者召孔有德、耿仲明、尚可喜从辽东入京。次年四月，三人到达北京[1]。五月十九日，清廷下诏改封恭顺王孔有德为定南王、怀顺王耿仲明为靖南王、智顺王尚可喜为平南王。同一天“令定南王孔有德率旧兵三千一百，及新增兵一万六千九百，共二万，往剿广西，挈家驻防，其全省巡抚、道、府、州、县各官并印信俱令携往。靖南王耿仲明率旧兵二千五百，及新增兵七千五百；平南王尚可喜率旧兵二千三百，及新增兵七千六百，共二万，往剿广东，挈家驻防，其全省巡抚、道、府、州、县各官并印信俱令携往”[2]。当部署

[1]　顺治六年二月三十日恭顺王孔有德“为恭谢天恩敬报起行日期”揭帖中说，他已定于三月二十七日率部就道进发。见《明清档案》第十册，A10—31号。这是指他带领部众由辽东开拔的时间。

[2]　《清世祖实录》卷四十四。

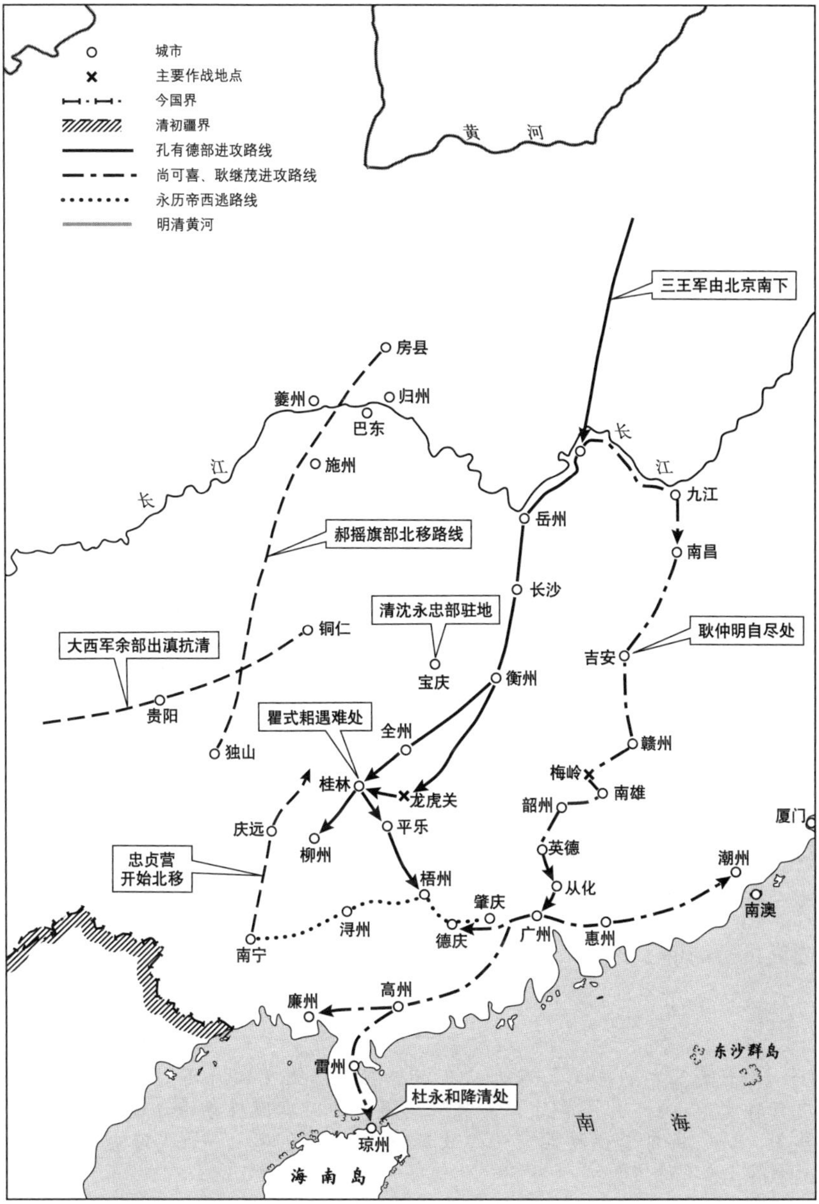

1650年清孔、尚、耿三王南征图

三王南下时，清廷原来的意图是命孔有德征福建，耿仲明取广东，尚可喜攻广西。尚可喜明知自己和耿仲明部下兵马都不过两千余名，加上新增兵也只有一万，难以承担攻取一省的任务，建议增强兵力，缩短战线。孔有德傲慢自大，嗤笑尚可喜胆小怯懦，自告奋勇独力攻取广西。清廷会议后决定耿、尚合兵进取广东，孔有德率部进攻广西[1]。三王藩下将领的设置是：定南王下以线国安任左翼总兵官，曹得先为右翼总兵官，另调湖广辰常总兵马蛟麟为随征总兵；靖南王下以徐得功为左翼总兵官，连得成为右翼总兵官；平南王下以许尔显为左翼总兵官，班志富为右翼总兵官。

部署既定，孔、耿、尚三人即率旧部下江南，会合浙江、湖广等地调集的兵马。孔有德由湖南向广西进军；耿仲明、尚可喜则取道江西入粤。

1649年（顺治六年）十一月初二日，靖南王耿仲明部驻吉安，平南王尚可喜驻临江（府治在今樟树市），二人商定十二月初三日出师南进。就在这时满洲贵族向清廷控告耿仲明、尚可喜率兵南下时收留了“逃人”一千多名，清廷派去严厉追查。耿仲明知道触犯了朝廷的深忌，唯恐受到“窝藏逃人法”的惩办，十一月二十七日在吉安自杀。清廷原拟将尚可喜、耿仲明削去王爵，各罚银五千两；多尔衮考虑到正在用人之际，以“航海投诚”有功为名决定免削爵，罚银减为四千两。耿仲明畏罪自杀的消息传到北京后，清廷决定平南、靖南二藩兵力由尚可喜负主要责任，耿仲明之子耿继茂仅以阿思哈哈番职位统率其父旧部充当尚可喜的助手[2]。

---

[1] 《平南王元功垂范》卷上。孔有德在顺治九年四月死到临头时还在疏中自我吹嘘道：“臣谬辱廷推，驻防闽海。同时有固辞粤西之役者（指尚可喜）。……臣自念受恩至渥……故毅然以粤西为请。”见《清史列传》卷七十八《孔有德传》。

[2] 为尚可喜歌功颂德的《平南王元功垂范》中说：“前此王未尝特将。自靖南薨，战守方略一出王指授。……王好让，尝曰：入关以来，有豫、英诸王；下湖南有恭、怀二王在，吾何力之有焉。”事实上，命将出自朝廷，尚可喜不过以谦逊自诩罢了。耿继茂袭封靖南王在顺治八年四月，见《清世祖实录》卷五十七。

第二节　孔有德占领桂林与瞿式耜死难

1649年（顺治六年）夏天，孔有德率部行至湖南，驻于衡州，“相机进剿广西”。清廷为了使孔有德能够专力攻取广西，在次年（1650）二月调驻守山东济南的续顺公沈永忠带领官兵移驻湖南宝庆，拨固山额真图赖标下总兵张国柱、郝效忠两部归沈永忠指挥[1]。

孔有德在度过炎暑之后，于秋天进攻湘、桂两省交境的要隘龙虎关。明永国公曹志建率部阻击，被孔有德军击败，士卒死者有一万多人[2]。清军占领龙虎关，曹志建引败兵逃入其弟曹四驻扎的广西灌阳，永国公印也在混乱中丢失，另用木头刻制一枚。九月十二日，孔有德命董英、何进胜等攻灌阳，曹志建兄弟望风先遁，逃至恭城青塘窝。次日，清军进迫曹营，分兵三路合力进攻，明军大败，将军刘大胜等四名、总兵林永忠等七名阵亡，士卒被杀三千多人，曹志建兄弟领着残兵逃入深山徭峒。清军缴获木刻永国公印、大炮二十八座、枪铳三百一十五支以及马匹、火药、刀枪、盔甲甚多[3]。

恭城失守使桂林东南面已受到威胁，另一路清军由全州、兴安进攻严关，构成南北合击之势。明留守桂林大学士瞿式耜于十月十三日召集诸将开会讨论战守事宜。当时桂林地区的明军还相当多，兴安、严关有开国公赵印选部，桂林城内有卫国公胡一青、武陵侯杨国栋、宁远伯王永祚、绥宁伯蒲缨、宁武伯马养麟。瞿式耜认为凭借手头兵力即使不能打败孔有德部清军，至少也可以守住桂林。因此，他竭力筹措粮饷，鼓励诸将备战。不料，这些养尊处优的将领已成惊弓之鸟，毫无斗志。十一月初五日，赵印选传来兴安塘报，说严关一带设置的塘兵都被扫

---

[1]　顺治七年二月兵部尚书阿哈尼堪等“为塘报湖南逆贼情形仰乞圣鉴事”揭帖，见《明清档案》第十一册，A11—94号。

[2]　王夫之《永历实录》卷十《曹志建传》。

[3]　顺治七年十月偏沅巡抚金廷献“为飞报捷功事”揭帖，见《明清档案》第十二册，A12—51号。

去，清军即将迫近桂林。瞿式耜大吃一惊，急忙催促赵印选领兵扼险防守。赵印选见清军势大，畏缩不前，这天下午他和胡一青、王永祚、蒲缨、杨国栋、马养麟带领部众保护着家属离开桂林向西逃窜，城中顿时大乱。刑部尚书（原两广总督）于元烨“微服出走，甫至月城，遂为乱兵所杀”[1]。瞿式耜眼看诸将不战先遁，捶胸顿足道：“朝廷以高爵饵此辈，百姓以膏血养此辈，今遂作如此散场乎？”[2]在绝望当中，他决定自己留下来，与城共存亡，派中军徐高携带朝廷颁给的敕印送往永历帝行在[3]。傍晚，总督张同敞听说桂林兵将星散，只有瞿式耜仍留在城内，就从漓江东岸泅水入城，要和式耜一道殉义。瞿式耜对他说：“城存与存，城亡与亡。自丁亥（1647）三月已拚一死，吾今日得死所矣！子非留守，可以无死，盍去诸？”张同敞毅然回答：“死则俱死耳！古人耻独为君子，君独不容我同殉乎！”二人于灯下正襟危坐，夜雨淙淙，遥望城外火光烛天，城内寂无声响。天亮前，守门兵来报告清兵已经占领桂林各城门。初六日上午，瞿式耜、张同敞被清军押往靖江王府（即王城，独秀峰在其中）见定南王孔有德。靖江王朱亨歅父子也拒绝出逃，同时被清军俘虏。瞿、张被俘以后，不管孔有德婉言相劝，还是威加逼迫，二人始终英勇不屈，只求速死。孔有德无计可施，把他们软禁于桂林。二人赋诗唱和言志，合计一百余首，名曰《浩气吟》。其中式耜有句云：“莫笑老夫轻一死，汗青留取姓名香。”同敞诗云：“衣冠不改生前制，名姓空留死后诗。”过了一个月，瞿式耜见不是了局，唯恐讹言流传，就写下一封密信派一名老兵送往原驻平乐府的焦琏，信中说：“徐高、陈希贤重兵在城未散，城中俱假虏，若援兵疾入，可反正

[1] 瞿元锡《庚寅始安事略》。鲁可藻《岭表纪年》卷四记“于元煜为乱兵所杀”，煜字为避康熙讳改。

[2] 瞿式耜《临难遗表》，见《瞿式耜集》卷一，奏疏。

[3] 徐高出城后也被清军捕获，在桂林遇害，见瞿昌文《粤行纪事》卷三。

也。”[1]老兵出城时被搜获密信，孔有德担心留下有后患，下令将二人处斩。闰十一月十七日，瞿式耜、张同敞在桂林遇难[2]。

瞿式耜、张同敞在可以转移的时候不肯转移，宁可束手待毙，这种现象在南明史上并不少见。究其心理状态主要有两点：一是对南明前途已经失去了信心。张同敞在桂林失守前不久对友人钱秉镫说：“时事如此，吾必死之。”钱氏开导说：“失者可复，死则竟失矣。”同敞伤心备至地回答道：“虽然，无可为矣！吾往时督兵，兵败，吾不去，将士复回以取胜者有之。昨者败兵踏我而走矣，士心如此，不死何为？”[3]瞿式耜的经历比张同敞更复杂，他既因封孙可望为秦王事不赞成联合大西军，对郝永忠、忠贞营等大顺军余部忌恨甚深，而倾心依靠的永历朝廷文官武将平时骄横躁进，一遇危急或降清或逃窜，毫无足恃，已经感到前途渺茫了。其次，根深蒂固的儒家成仁取义思想也促使他们选择了这条道路。与其趁清军未到之时离开桂林也改变不了即将坍塌的大厦，不如待清军入城后，以忠臣烈士的形象博个青史留名。尽管这种坐以待毙的做法多少显得迂腐，还是应当承认瞿式耜、张同敞的从容就义比起那些贪生怕死的降清派和遁入空门、藏之深山的所谓遗民更高洁得多，理应受到后世的敬仰。

第三节　尚可喜、耿继茂攻占广州

自从李成栋、金声桓先后败亡以后，明朝廷为了防止清军侵入广

[1] 瞿元锡《庚寅始安事略》。按，徐高为瞿式耜中军，陈希贤为旗鼓，均挂总兵衔。信中说徐陈二人有重兵在城，言过其实，意在鼓舞焦琏率兵突袭桂林。

[2] 见《瞿式耜集》、瞿昌文《粤行纪事》卷三。按，闰十一月为明大统历，清时宪历次年置闰于二月，故按清历应为十一月十七日。瞿、张被害地点诸书记载不一，当以瞿昌文所记桂林城北仙鹤岩为实。

[3] 钱秉镫《所知录》卷四。

东，在1649年（永历三年、顺治六年）三月，派武陟伯阎可义领兵镇守南雄。阎可义在李成栋部将中是比较忠勇敢战的。1649年七月，他曾再次统兵翻越梅岭进攻南安府（府治大庾），军势还相当强盛。清南安守将刘伯禄、金震出等向赣州“泣血求救，一刻四报，危在旦夕”。清南赣巡抚刘武元派副将栗养志等率兵往援。七月初七日、十六日清军分两路直搏明军，阎可义部战败，总兵刘治国、陈杰等被俘，大、小梅岭都被清军占领[1]。

梅岭战役之后不久，阎可义病死于南雄[2]。杜永和、李元胤等人商量决定派宝丰伯罗成耀去接替。罗成耀不愿意，发牢骚说：“尔等俱安享受用，独苦我邪！且国公（指李成栋）屡出，未能一逞，今以我去，能又何如？”在杜永和等反复劝说给以重贿下，他才勉强赴任，自己驻于韶州，只派中军江起龙守南雄[3]。

这年旧历十二月初三日，尚可喜、耿继茂率部从江西临江府出发，十六日到赣州。南赣巡抚刘武元派协将栗养志军为前锋，二十七日清军主力进抵南安府。尚可喜一面派人侦探广东明军守备情况，一面散布消息说所部清军将在南安府内过年，休养士马。二十八日晚上趁明军无备，翻越梅岭进入广东省境。第二天抵达南雄，事先派了数十名间谍潜伏于城内，三十日除夕晚上放火焚烧鼓楼，趁明军慌乱救火之际，打开文明门，清军主力冲入城内；明总兵杨杰等仓促应战，被清军击败，杨杰和副将萧启等十余名将领被杀，总兵董垣信被活捉[4]。明守军马兵

[1] 南赣巡抚刘武元“为飞报官兵奋勇夺关，大败广贼，三路进剿，擒渠扫穴，异常奇捷事”揭帖残件，见《明清档案》第十册，A10—177号；同件又见《明清史料》甲编，第三本，第二五三页。

[2] 鲁可藻《岭表纪年》卷三记：六月“武陟伯阎可义卒于南雄”。据上引清方档案可知系时有误。

[3] 鲁可藻《岭表纪年》卷三、卷四。钱秉镫《藏山阁诗存》卷十二《行朝集·梧州杂诗》注云：“初，罗承耀不肯出镇，当事重贿之，乃行。本与永和同出惠国部下，故不受节制。”

[4] 顺治七年正月清南赣等处巡抚刘武元“为恭报大兵抵赣进广日期并恢复南雄大捷仰慰圣怀事”揭帖，见《明清档案》第十一册，A11—82号。

二百余名、步兵六千余名战死，“城内居民，屠戮殆尽”[1]。攻占南雄之后，清廷所派广东巡抚李栖凤即入城据守。顺治七年（1650）正月初三日，尚可喜、耿继茂率领清军由南雄出发，初六日抵韶州府。明宝丰伯罗成耀事先已带领兵将和道、府、县官南逃，清军未遇任何抵抗即占领韶州，遣人招抚府属六县[2]。

南雄、韶州相继失守的消息传到肇庆，永历朝廷又是一番惊慌失措。马吉翔以清军势大难敌为由，竭力主张向广西逃难。镇守广州的两广总督杜永和请求不要轻易移跸，以免导致广东各地人心瓦解。朱由榔犹豫不决，派刘远生和金堡去广州解释逃往广西的必要性。刘远生等乘轻舸从乱军之中到达广州，向杜永和等人说明朝廷意图。杜永和深知朱由榔胆小怕死，又不便阻止。刘远生回到肇庆向永历帝奏言：“永和奉诏，固不敢阻留陛下行止。但涕泣为臣言：‘上西去，则竟弃广东，付之还□（虏），诸忠义士随成栋反正者，亦付之还□（虏），令其杀戮。为皇上画此谋者，亦何其惨也！’臣闻其言，恻然无以对。今或请两宫（指两位皇太后）暂移梧州，而车驾暂留，号召援兵。永和他日之必不敢阻驾，臣请以首领任之。”[3]优柔寡断的永历帝听了刘远生的婉转陈言，也想暂且留在肇庆观察一下形势的发展。可是，太监夏国祥却迫不及待地用步辇把慈圣皇太后抬到行宫门外，以太后懿旨名义催促朱由榔上船逃往广西梧州。桂林留守大学士瞿式耜获悉朝廷逃离肇庆后，也大不以为然。他在永历四年（1650）二月十三日奏疏中说：“端州（即肇庆）为皇上发祥之地，忍弃而不顾乎？且东失则西孤，又万分不

[1] 乾隆十八年《南雄府志》卷十六《杂志》。按，府志记清军破南雄为十二月三十日夜间；《平南王元功垂范》卷上亦作“冬十二月晦攻南雄，克之”。上引南赣巡抚刘武元奏疏内云二十九日攻克南雄旧城，次日攻克新城。但府志记清军入城后大肆屠戮，除上引卷十六所记外，卷十七《编年》也说：“大清平、靖二藩克雄城，民尽屠戮，十存二三。”《元功垂范》却胡说什么“民间妇子查发其家，安堵无犯”，真是恬不知耻！

[2] 《明清档案》第十二册，A12—59号。

[3] 以上参见王夫之《永历实录》卷十七《刘远生传》。

容不兼顾者乎？”[1]尽管清军离肇庆还有相当一段距离，广东、广西的实权大臣又都反对朱由榔的播迁，但无济于事，朱由榔仍在正月初八日登舟，“百官仓皇就道。粤东人皆奔回，惟辅臣士俊独坐阁中不去。上念其年且九十，不能从行，敕令回籍，俟乱定再召，乃去”。二月初一日，朱由榔到达梧州，“驻跸水殿”[2]。

皇帝带头逃窜，给广东士民的心理上蒙上一层阴影。朱由榔命“马吉翔改兵部尚书，督守肇庆，曹煜升尚书，与李元胤并留督”[3]。此后又命广西的庆国公陈邦傅、忠贞营刘国俊等部东援。兵力虽多，却由于缺乏核心指挥，各部不仅观望不前，而且互相牵制，甚至自相残杀，致使入粤清军得以顺利地完成进攻广州的部署。

正月二十七日，尚可喜、耿继茂统军由韶州南下，二十九日到达英德县。在该地分兵一支由总兵许尔显、副将江定国带领由水路攻取广州门户清远县。三月初四日尚、耿主力进至从化县，明知县季奕声投降。初六日尚、耿所部即推进到广州郊外。明两广总督杜永和严词拒绝尚、耿的招降，据城坚守。初九日晨，清军抬着梯子进攻广州北城，在守军顽强抵抗下大败而回。尚可喜见广州守御坚固，城中明军实力尚强，如果一味硬攻势必损兵折将。于是，他同耿继茂等商议改变战略，决定采取扫清外围、加紧铸造大炮等措施，为最后拿下广州创造条件。尚可喜一面命官兵、抓夫在广州城的北、东、西三面挖壕围困，一面招降广东沿海的所谓“积年大寇红旗水师”，控制南面海口。四月二十六日，“红旗水师”总兵梁标相、刘龙胜、徐国隆带领战船一百二十五只，焚劫杜永和部水师船艘，剃发投降清朝，停泊于广州城外的东、西二

[1] 《瞿式耜集》卷一，奏议《再救五臣疏》。

[2] 钱秉镫《所知录》卷四、何是非《风倒梧桐记》卷二记：正月初九日永历登舟，十三日解维西行，二月初一日至梧州。

[3] 鲁可藻《岭表纪年》卷四。曹煜即曹烨，此书在清代抄传时避康熙帝讳改。

洲[1]。为了加强水上兵力，尚可喜还命总兵许尔显、中军盛登科等监督增造船只一百一十九艘，到九月十八日才完工，同时招募水兵二千二百名，会同“红旗水师”控扼广州水域，与陆上清军形成掎角之势。尚可喜、耿继茂还派出使者招降明惠州总兵黄应杰、潮州总兵郝尚久和守道李士琏、巡道沈时启，杀明朝滋阳、铜陵、兴化、永平等八郡王[2]，从而扩大了清军控制区。清福建巡抚张学圣在奏疏中说：“六月二十五日据潮州投诚总兵郝尚久”遣员赴漳州请援兵抵御郑成功围攻潮州之军，清漳州总兵王邦俊出兵解围，可知郝尚久降清必在六月以前。同件中说郝尚久交出“伪新泰伯银印一颗重七十八两”，“海寇郑成功恶其归顺，攻围潮城势甚危急，尚久遣官赴闽请援，职经移行漳州镇臣王邦俊统兵前往解围，恢复大捷”[3]。郑成功进攻潮州另有原因，这里不再重复。

尚可喜深知广州城墙坚固，城中明军兵多志坚，“非用大炮断难收功”，因此他命投降知县季奕声在从化加紧铸炮，造成四十六位，加上由江西赣州带来和途中缴获的大炮二十七位，合计七十三位；同时制造炮子、火药，达到“每炮一位备足火药、炮子四百出”[4]。此外，增援清军也陆续到达，其中有原驻南赣的高进库、先启玉部，广德镇总兵郭虎部。

南明永历朝廷曾派总兵马宝、郭登第等由肇庆攻清远，借以牵制清军，被击退。明大学士何吾驺组织总兵陈奇策率领战舰一百余艘会同张月部陆兵迎战于三水，也被清军击败，三水失守[5]。

---

[1] 见《平南王元功垂范》卷上。鲁可藻《岭表纪年》卷四记：三月“肇庆水师梁标相、刘龙胜叛入海，投□（虏）营。原注：撑去李元胤座船，杀其守船旗鼓汪捷。船内所载甚伙，有空敕三百道、钦部札千道。标相等原系红旗海贼，元胤招为水师，因更汪捷管理，凌虐之，忽叛去。”

[2] 《平南王元功垂范》卷上。

[3] 顺治七年十一月十九日福建巡抚张学圣“为进剿潮州各官伪敕印札事”揭帖，见《明清档案》第十二册，A12—60号。

[4] 《平南王元功垂范》卷上作“每炮一位备火药炮子五百出”。

[5] 《平南王元功垂范》卷上。

到十月下旬，清军各项准备工作均已就绪，尚可喜、耿继茂下令全力进攻广州，总兵连得成、班志富、郭虎、高进库首先攻克广州西关。十一月初一日，清军集中炮火轰击西北角城垣。第二天该处城墙已被轰塌三十丈，尚可喜、耿继茂亲临前线督战，指挥清军从阙口攻入城内。在巷战中，明军官兵被杀六千多名，总兵范承恩被擒[1]。南明总督杜永和见大势已去，同“伪伯张月、李四、李五、水师伪总兵吴文献、殷志荣等俱由水路逃去，大小船只千余一时奔窜出海”[2]。清军占领广州全城后，疯狂地进行屠杀、奸淫、抢劫，一位外国传教士记载：“大屠杀从十一月二十四日一直进行到十二月五日。他们不论男女老幼一律残酷地杀死，他们不说别的，只说：杀！杀死这些反叛的蛮子。”[3]中国史籍也记载：顺治七年尚可喜、耿继茂“再破广州，屠戮甚惨，居民几无噍类。浮屠真修曾受紫衣之赐，号紫衣僧者，募役购薪聚胔于东门外焚之，累骸烬成阜，行人于二三里外望如积雪。因筑大坎瘗焉，表曰共冢。”番禺县人王鸣雷写了一篇声泪俱下的祭文，摘录一段以见当日情状：

……甲申更姓，七年讨殛。何辜生民，再遭六极。血溅天衢，蝼蚁聚食。饥乌啄肠，飞上城北。北风牛溲，堆积髑髅。或如宝塔，或如山邱。便房已朽，项门未枯。欲夺其妻，先杀其夫；男多于女，野火模糊。羸老就戮，少者为奴；老多于少，野火辘轳。五行共尽，无智无愚，无贵无贱，同为一

[1] 《平南王元功垂范》卷上。

[2] 顺治七年十一月十六日平南王尚可喜、靖南王子阿思哈哈番耿继茂“为恭报恢复广东事”题本，见《明清档案》第十二册，A12—59号。

[3] 卫匡国《鞑靼战纪》，引自《清代西人见闻录》，中国人民大学出版社1985年版，第五十三页。按：日期为阳历。

区。……[1]

广东著名文人邝露就是在这次屠城中遇难的[2]。尚可喜、耿继茂以汉族同胞的鲜血在清朝功劳簿上记下了“名垂青史”的一笔。

第四节　永历朝廷的播迁

1650年（永历四年、顺治七年）十一月，清尚可喜、耿继茂部攻克广州，孔有德部占领桂林，驻于梧州的永历君臣在同一天里得到两省省会陷落的消息，立即乱成一团。朱由榔在十一月十一日仓促登舟，向南宁逃难。经过浔州时，庆国公陈邦傅已经决定投降清朝，准备邀劫永历帝献给清方。朱由榔得到报告，“冲雨而过”，脱离了危险。陈邦傅没有抓到永历帝，就把从平乐战败后撤到浔州地区的明宣国公焦琏刺杀，将其首级献给孔有德做进见礼[3]。

当时的情况表明永历朝廷已经接近于瓦解，从上到下是一片混乱。清军占领广州和桂林，形势固然危急，但在两广地区南明还有一些军队据守着残疆剩土。杜永和等在广州失陷后航海到琼州府；南阳伯李元胤还活动于广东钦州、廉州；清军在占领两省省会之后也需要一段时间休

[1] 九龙真逸《胜朝粤东遗民录》卷一《王鸣雷传》。《平南王元功垂范》卷上记：“初三日，王与靖南王子入城，止屠戮，封府库，收版籍。”前引《明清档案》A12—59号云初二日占领广州，初三日尚、耿入城，未明言何日“止屠戮”，但屠戮出自尚可喜口述，可见难于掩盖。

[2] 《邝海雪集笺》卷十二，附录。

[3] 瞿昌文《粤行纪事》卷三记：“陈邦傅阴使人刺杀宣国公焦琏于武靖州（原注：土州，属浔州府），函首以献。”钱秉镫《藏山阁诗存》卷十三《失路吟》之《浔州帅》诗序云：“陈邦傅无功冒封，跋扈特甚，素忌焦琏。平乐破，琏奔浔，邦傅伪与和解，斩以降。”同治《苍梧县志》卷十八记：“八月，明庆国公陈邦传（当作傅）与其子文水伯曾禹遣将至梧州降于我师。并诱杀协守总兵焦琏。琏与邦傅有儿女戚，说降不屈，遂为所害。”

整。可是，朱由榔生性懦弱无能，一有风吹草动立即“起驾”逃难。他从梧州窜往南宁时，根本没有做留守地方的任何部署，像普通百姓一样只知逃命要紧。“移跸”后，梧州竟然“空城三月”[1]，次年正月孔有德遣左翼前锋马驥接管梧州，二月命总兵马蛟麟镇守该地[2]。跟随永历帝逃难的只是内阁大学士严起恒、锦衣卫马吉翔、太监庞天寿等少数官僚。由于撤退时的漫无组织，乱兵乘机劫掠，一些有心追随朝廷的官员也裹足不前。原先聚集于两广的朝廷和地方官员大有树倒猢孙散之势。除了镇西将军朱旻如在昭平县同清军格斗而死，被革职的朝臣汪皞投水自尽以外，其他未随驾的官员有的降清，有的窜入深山，有的剃发为僧。如大学士唐诚、户部侍郎张尚、大理寺丞吴德操、广西巡抚余心度、督粮参议魏元冀等均先后降清[3]；原戎政尚书刘远生及其弟刘湘客等避入深山，鲁可藻、钱秉镫、王夫之等人都是在这时脱离永历朝廷返回清政府统治下的故乡以明朝遗民自居。“山中宰相”方以智、原给事中金堡做了和尚。以风节自命的“五虎”首领袁彭年（左都御史）和丁时魁再次降清，都自称1648年在广州反正是被李成栋所逼迫。袁彭年在广东向尚可喜等人投降，献上赃银八百两，得保残生；丁时魁在广西降清，向孔有德摇尾乞怜，被任为清广西学道。

永历朝廷逃往南宁后，仍有一部分明朝将领在广东、广西沿海地区坚持抗清。原守广州的杜永和部乘船渡海撤往琼州；在钦州龙门岛一带有邓耀部，上下川岛有陈奇策部，文山村一带有王兴（绰号绣花针）部。明督师大学士郭之奇、两广总督连城璧于艰苦竭蹶中联络各部义军尽力同优势清军相抗衡。南阳伯李元胤不忍心看到其义父李成栋反正来

[1] 钱秉镫《藏山阁诗存》卷十三《失路吟》之《徙蒙村见梅寄曾孝廉》诗云“空城敌未来”，原注：“梧城空城三月。”

[2] 同治十一年《苍梧县志》卷十八《外传纪事》引旧志。

[3] 鲁可藻著有《历头随笔》记载梧州失守前后永历朝臣的动向，原书未见。张怡《謏闻续笔》卷二摘引其叙事诗并注，可资参考。鲁可藻曾任永历朝廷广西巡按、巡抚、“南京兵部尚书”，他也是在这时脱离永历朝廷的。

归的广东全省重新沦陷，又不愿意撤入陈邦傅控制的广西，自告奋勇前往高州、雷州准备收合余烬，同清军再决雌雄。顺治八年（1651），他在钦州防城被土兵王胜堂擒获，押送到广州[1]。耿继茂劝他投降，他坚决拒绝；又劝他写信招降琼州的杜永和部明军，李元胤大义凛然地回答道："事不成，已为辱国，乃欲败人事耶？"[2]几天后，他听说杜永和率部降清，痛哭流涕，日夜请死。耿继茂下令将他杀害，一同遇难的还有李成栋另一养子明安肃伯李建捷。

[1] 道光十三年《廉州府志》卷二十一《事纪·国朝》。

[2] 《南疆逸史》卷五十《李元胤传》。

第二十一章
大西军的联明抗清

第一节　孙可望请封秦王之纠葛

以孙可望为首的大西军进入云南，具有长远的战略眼光。经营云南是为了有个稳定的后方进行休整，积聚力量，以便重整兵马，同清军再决雌雄。入滇两年，由于政策措施正确得当，社会安定，生产迅速恢复发展，大西军对云南的统治日益稳定，实力已经大大增强。与此形成鲜明对照的是，南明永历朝廷吏治腐败和内部互相倾轧，导致抗清阵营的分崩离析，疆土越来越缩小。大顺军余部从1645年隆武朝廷当政时期就已经开始了联合抗清，以李过（李赤心）、高一功（高必正）统率的“忠贞营”成了抗清的主力。尽管南明统治集团明知“今日朝廷所恃者忠贞营耳”[1]，然而从朝廷以至督、抚重臣何腾蛟、瞿式耜[2]、章旷等人却出于阶级偏见处处排斥、刁难这支忠心耿耿奋力抗清的农民武装，干

[1] 见《瞿式耜集》卷一《再救五臣疏》。

[2] 1980年载于《清史论丛》第二辑的拙文《论清初社会矛盾》讲到大顺军联明抗清时误将何腾蛟、堵胤锡写作“何腾蛟、瞿式耜”，谨于此附带更正。

着亲者痛、仇者快的勾当。他们视为嫡系的各种杂牌官军却只知祸国殃民，一旦形势危急就叛变投敌，甘心充当清廷推行民族征服政策的马前卒。在这种情况下，抗清形势的不断恶化自然不可避免。

孙可望等原大西军领导人正是从全国大局着眼，决定领兵出滇，开赴抗清前线。出兵以前，孙可望同杨畏知、沐天波商议时说道："年来以云南一隅之地，兵精粮足，欲图大举，以复中原。"[1]他认识到在民族危机日益深重的情况下，以朱明王朝为旗帜可以获得更多的同盟者，有利于抗清事业。另一方面，孙可望决定请求永历朝廷加封，也有借此挟制李定国、刘文秀的意图。孙可望与李定国、刘文秀、艾能奇的地位本来不相上下，入滇以后可望虽被推为盟主，但他毕竟不能同张献忠相比，李定国、刘文秀手握重兵，各以"西府""南府"老爷自居，并不能唯孙可望之命是从。许多史籍都记载，1648年孙可望借演武场升旗事件，把李定国按在地上打了一顿板子，以确立和提高自己在全军中的领导地位。冯甦记："可望饶机智，既据有全滇，益自尊大，而其党犹侪视之，李定国尤倔强，每事相阻忤。明年戊子，可望与刘文秀等议，缚定国于演武场，声其罪，杖之百；既复相与抱持而哭，命定国取沙定洲以赎罪。定国心憾之，念相推奉已久，无能与抗也。"[2]这说明孙可望的领袖地位并没有真正形成。他为了名正言顺地节制定国和文秀，想通过永历朝廷加封，使自己的爵位高于二人。深悉其内幕的杨畏知说过："请封，可望一人意也。其意欲得封爵出刘文秀、李定国上，足以驾驭两雄，使受其节制耳。李定国为人直朴无伪，初遣使请封时，定国不悦曰：'我自为王，安所用请？'可望再三谕以封爵出自朝廷者为真，今皆假号也。定国曰：'若是，则便是朝廷官，不更作贼矣，勿反复也。'"[3]正是出于这些考虑，孙可望于1649年（永历三年、顺治六

---

[1] 《明末滇南纪略》卷四《悔罪归明》。

[2] 冯甦《滇考》卷下。

[3] 钱秉镫《上政府滇封三议》，见《藏山阁文存》卷四。

年）派杨畏知和户部龚彝充当使者前往广东肇庆，同永历朝廷联络。随身带了孙可望的一封书信，内容如下：

> 先秦王荡平中土，扫除贪官污吏。十年以来，未尝忘忠君爱国之心。不谓李自成犯顺，玉步旋移。孤守滇南，恪遵先志。合移知照，王绳父爵，国继先秦。乞敕重臣会观诏书谨封。己丑年正月十五日孙可望拜书。[1]

杨畏知等于二月间从昆明出发[2]，四月初六日到达肇庆，呈上书信并进献南金二十两、琥珀四块，马四匹，以表善意。在当时参与抗清的各种力量之中，孙可望为首的大西军实力最强，他管辖下的云南是抗清营垒中最稳定的地区。从南明处境来看，正处在何腾蛟、姜瓖、金声桓、李成栋连续败亡，险象环生之时；孙可望等人决策同永历朝廷携手抗清，本是这个小朝廷的最佳福音。可是，阶级的偏见和政治上的鼠目寸光，却在永历朝廷内部引起了一场轩然大波。廷臣会议时，赞成封孙可望为王的固不乏人，当政的一批人物却因种种私虑表示坚决反对，如依附李成栋之子李元胤的金堡、袁彭年之流唯恐拥有庞大实力的大西军参加永历朝廷将会削弱自己把持朝政的局面，力持异议。开初，袁彭年、金堡甚至说出“可望贼也，不可以封。劾畏知为贼游说，请收之”[3]。后来见朝臣中赞成封可望借以收大西军余部为己所用的人居多数，又变换策略，“金堡引祖制无异姓封王例，力争不可”[4]，甚至连续

[1] 李天根《爝火录》卷十九。三山何是非印甫集《风倒梧桐记》卷二所记文字稍有不同，如扫除作“剪除”之类。《明季南略》卷十四所载个别文字有讹。

[2] 孙可望派出使者在顺治六年（1649）二月，见康熙四十四年《平彝县志》卷二《沿革》；康熙五十四年《新兴州志》卷二《沿革》。

[3] 《滇缅录》，见《长恩阁丛书》。

[4] 李天根《爝火录》卷十九，金堡力争拒封原疏见《岭海焚余》所收《论真封疏》。

七次上疏，拼命反对[1]。镇守贵阳和遵义一带的军阀皮熊、王祥也担心大西军出滇抗清，自己割据的地盘难保，上疏声称："可望名虽向正，事非革心，朝廷毋为所愚。"[2]大学士严起恒等也顽固地拒绝封孙可望为秦王[3]。杨畏知以明朝旧臣、孙可望使者的双重身份陈明利害："可望兵强，可借为用，何惜一封号不以收拾人心，反自树敌？"他建议封孙可望为郡王（即二字王），封李定国、刘文秀为公爵。廷臣钱秉镫除赞成杨畏知的意见外，又提出在封爵的同时趁机挑拨大西军各将领之间的关系，建议朝廷一面封可望为郡王，命其居守云南；一面封定国、文秀为公爵，"阴使人语之曰：此可望指也。敕书内极其奖励，许以出滇有功之日即锡王号……两雄本不欲听其驾驭，固利在专征，又出邀上赏，必踊跃奉命"。另由定国、文秀合疏上请封艾能奇的中军冯双礼以五等之爵，造成"德归两雄而离心于可望"的局面[4]。

这场封滇与否的争论持续了几个月，杨畏知见封可望为王的阻力太大，不得已上疏改请封可望为公爵，定国、文秀为侯爵，以便回滇复命。永历朝廷勉强同意了，决定封孙可望为景国公，赐名朝宗[5]。

督师阁部堵胤锡是位比较有眼光的政治家，他曾经亲自出马促成过大顺军余部李锦、高一功等部同南明联合抗清，这次又想努力推进与大西军的联盟。当他听说孙可望请封秦王，朝廷仅封公爵，知道事情

[1] 钱秉镫《上政府滇封三议》，见《藏山阁文存》卷四。

[2] 沈佳《存信编》卷二；《爝火录》卷十九。

[3] 王夫之《永历实录》卷二十《吴贞毓传》记："胡钦华挚金粟入行在，赂化澄及诸部科，为孙可望请封秦王，总理天下。贞毓为之主，严起恒执不从。贞毓乃密具启称臣于可望，疏沮王封者名姓为一册，起恒为首；其尽心倾戴者为一册，己为首。其后可望遂怒杀起恒等二十余人。胡钦华劾瞿式耜老奸误国，王化澄调严旨切责张同敞授兵柄于于元烨，以坏桂林，皆贞毓嗾之也。"

[4] 钱秉镫《上政府滇封三议》。

[5] 《滇缅录》记："封可望景国公，赐名安臣。以滇之土官有安世，叛而复诛者，复改名朝宗。封定国康侯，赐名如靖；文秀宁侯，赐名若琦；能奇安侯，赐名时泰，时不知艾死故也。"这段记载肯定有不准确的地方，杨畏知从昆明来为原大西军将领请封，不可能不知道艾能奇两年前已死。

必定决裂，就在七星岩盛情款待孙可望派来的使臣随将潘世荣、焦光启，同两人订盟结好，稳住这两位大西军的老部将（正使杨畏知、龚彝都是明朝旧官，孙可望派潘世荣等随同赴广显然有监视和探听朝廷态度之意）；同时连续上疏朝廷请封可望为二字王，经永历帝同意决定封孙可望为平辽王[1]。就堵胤锡的本心而言，完全是从维系明室、共同抗清的大局出发。他深知腐朽已极的永历朝廷不要说恢复中原，就是勉撑危局也只有依靠大顺军和大西军。金堡对堵胤锡的做法深表不满，当面斥责道："滇与忠贞皆国仇也，厥罪滔天。公大臣，偏欲与此辈交结，何意？"[2]在民族危机极为深重的时候，金堡之流仍然对共赴国难的原农民军切齿痛恨，称之为罪恶滔天的国仇，完全颠倒了敌友关系。不料一波未平，一波又起，南明浔州守将庆国公陈邦傅由于忠贞营驻扎在相邻的宾州、横州，担心自身利益难保，他的中军胡执恭建议结好于孙可望，倚仗大西军的声势同忠贞营相抗。他们利用永历帝颁给的空白敕书，私自填写，又暗中铸造了"秦王之宝"金印[3]，于1649年（永历三

[1] 堵胤锡两次上疏见《明季南略》卷十四。按，《滇缅录》记：永历帝决定封孙可望为景国公后，"畏知再言可望不王不用命之故甚力。乃封可望为王，敕谕但曰'王孙朝宗'，不云何王，铸金曰'一字亲王之章'，使司礼杨应春、礼科赵昱往。并加畏知总督滇黔尚书、龚彝侍郎而还"。接着说杨畏知等行至梧州时，堵胤锡认为不合体统，"上疏请封为平辽王，李、刘、艾皆公，即军中铸印填敕畀畏知以行"。这段记载可能有误，当时封二字王已颇为勉强，不可能铸印封为"一字亲王"。

[2] 钱秉镫《所知录》卷三。

[3] 后来孙可望降，洪承畴奏疏中说他缴纳的"秦王之宝"是镀金的，联系到被清缴获的白文选"巩昌王印"为金铸，可以断定胡执恭赍送的"秦王之宝"是颗镀金银印，孙可望"真封"秦王之后仍继续沿用，而不愿另用纯金重铸，以免印文稍异。

年）正月由胡执恭冒充朝廷使臣径自前往云南封孙可望为秦王[1]。在陈邦傅、胡执恭伪撰的敕文中用了许多不伦不类的话，如：“朕率天下臣民以父师事王”，命其“监国”，赐以“九锡”“总理朝纲”“节制天下文武兵马”等等。

孙可望并不知道永历朝廷的腐败纷争以致于此，对胡执恭送来的敕书和“秦王之宝”极为满意。他安排了隆重的仪式，亲自郊迎使者，“肃然就臣礼，先五拜叩头，舞蹈称臣。受秦王封后，率其义兄弟三人并三军士卒各呼万岁后，又秦王升座受义兄弟三人并三军士卒庆贺”[2]。然后把敕书誊黄布告云南各地，欢庆三天。这一连串盛大仪式表明孙可望和义兄弟李定国、刘文秀统辖下的大西军以及他们管理得颇有条理的云南全省已经遵奉南明永历正朔，孙可望本人的领导地位也得到了正式肯定。谁知不久杨畏知等人回到昆明，带来了封孙可望为平辽王的敕印。孙可望大为惊异，说：“我已封秦王矣！”杨畏知问明情况说那是假的；胡执恭争辩说平辽王敕印也是假的，朝廷所封不过是景国公。其实，堵胤锡请封孙可望为平辽王得到了永历帝的核准，并不是假的。鲁可藻记：“御批：胤锡奏朕，已封平辽。朝廷虽小，诏令未可或更。”同年十月又记：“诏仍从堵胤锡原奏，封孙朝宗平辽王，敕令出楚。”[3]次年行在礼部尚书郭之奇在奏疏中说：“滇封之议，创为平辽，已非典则，失名义。矫而为秦，变而为雍，遵何制而定何名，臣俱不得

[1] 胡钦华《天南纪事》载：“五月，封孙可望为秦王，从武康伯胡执恭之密请也。”按，胡钦华即胡执恭之子，所云封可望为秦王乃永历帝从其父之密请，据沈佳《存信编》卷三记陈邦傅矫诏封孙可望为秦王后，曾令胡执恭上封事，谓“臣师武出疆，谨遵便宜从事之节，已封可望”。永历帝得疏后“留中不发”，大约这就是所谓“密请”，但永历帝并未“从”之。瞿式耜永历三年十一月初三日《纠罪镇疏》说：“执恭为庆国公陈邦傅中军，冒滥军功，叨晋五等（指封为武康伯）。其入滇以今年正月，是时可望所遣之杨畏知、龚彝尚未到也。”

[2] 何是非《风倒梧桐记》卷二；《爝火录》卷二十。按，艾能奇已死，义兄弟仅剩李定国、刘文秀二人，所记三人有误。

[3] 鲁可藻《岭表纪年》卷四，浙江古籍出版社1985年版，第一二八页、一四二页。

其解。”[1]这些材料都可以证明永历朝廷经过反复周折后授予孙可望的封号是平辽王。胡执恭到昆明时并不知道朝廷采纳了堵胤锡的建议把封号由原议景国公改为平辽王。孙可望既误信了陈邦傅、胡执恭假造的敕印，举行了隆重的受封典礼，弄得云南军民皆知，这时要降格为二字王，处境的尴尬可想而知。他极为愤慨地说：“为帝为王，吾所自致，何借于彼？而屑屑更易，徒为人笑。”[2]下令把杨畏知、胡执恭关进监狱，给朝廷送去启本说：“于某日接敕封臣秦王，于某日接敕封臣平辽王，莫知所从。”[3]除了把先后所接“敕书”抄送外，并且表示接到秦王敕印后已经郑重宣布，大小官员和军民都已祝贺，无法改变，请朝廷定夺。平心而论，问题出在永历滥发空白敕书和陈邦傅以公爵身份矫诏伪封一字王，孙可望不仅不负任何责任，而且在宣布受封秦王、接受拜贺以后也确实难以退步。永历朝廷在既成事实面前竟毫无灵活性，坚持拒绝封孙可望为秦王。号称“虎牙”的金堡在疏中义形于色地说：“可望应否封王，臣为祖宗守法，即使白刃临臣，臣惟执不封之议。”[4]大学士瞿式耜则抓住孙可望来书“启而不奏，名而不臣，书甲子不书正朔”大做文章，说什么“识者为之寒心，举朝莫不色动”[5]。又针对胡执恭所递伪敕中载有“朕率天下臣民以父师事王”，“崇之以监国”，“许之以九锡”，“推之以总理朝纲、节制天下文武兵马”痛切陈词。其实，正如我们所看到的，孙可望原书只要求封秦王，并没有提出伪

[1] 《潮州耆旧集》卷三十三《郭忠节集·为经权当求至当名器未可轻徇事疏》，见香港潮州会馆影印《潮州文献丛刊之一》第六三四至六三五页。郭之奇本不赞成封孙可望为王，但疏中明白地说所封“平辽”“已非典制”；矫封“秦王”是永历三年事，“变而为雍”是永历四年孙可望仍然坚持封秦王，朝廷以秦王乃明太祖次子所封“首藩”，不便加封异姓，另议封可望为雍王。

[2] 《劫灰录》卷六。

[3] 《所知录》卷下《永历纪年》。

[4] 金堡《岭海焚余·请处分第一疏》。

[5] 《瞿忠宣公集》卷五《纠罪镇疏》。按，瞿昌文《粤行小记》内作者自记在大学士朱天麟处“见秦王孙朝宗入贡章奏，书甲子不书正朔，称启不称臣”。

敕内这些特殊的礼遇和权力。至于启本中不称臣、不奉正朔更是无可非议，因为从历史渊源而言，孙可望、李定国、刘文秀等是张献忠部下的大将，张献忠在世时已经即位称帝，与明政府本处于敌对地位；孙可望主动上书请封时用启本已经是俯心相就，在未得到永历朝廷的封爵前“名而不臣，书甲子不书正朔”，无可指责。只要永历君臣不行事乖张，真伪并出，仅以一纸文书加以笼络，孙可望等人自然会奉永历正朔称臣，实现化敌为友，联合抗清。瞿式耜等人不顾实际情况，妄自尊大，在双方达成协议之前就指责对方不称臣奉正朔，是毫无道理的。至于陈邦傅等所撰伪敕，瞿式耜说：“可望未我降，而我先降之；可望未父师，而我先父师之；可望未纳土请官，而我先纳土请官之。料可望本无此想，今执恭固教之矣！”[1]这些话并没有错，问题是瞿式耜不能从大局出发，在永历君臣自己造成的被动情势下，采取有效的补救措施，比如真封秦王，另颁措辞得体的敕书。他实际上同金堡之流一样对原农民军怀有极深的偏见，反对联合抗清。直到这年七月间，永历幸臣文安侯马吉翔建议封可望为澂江王，可望的使者不敢复命。朝廷又议于秦字上加一字，或兴秦，或定秦，纷争不已。倒是孙可望为打破僵局，派遣御史瞿鸣丰入朝，请求实封秦王，“即用原宝，但求上加敕书一道”。这个折中办法可说是两全其美，维持秦王封号使孙可望在云南军民中可以交代过去；另颁敕书不用伪敕中的“父师事王”“监国”“九锡”“总理朝纲”等不妥措辞，永历朝廷也有个体面的下台机会。可是，大学士严起恒、户部尚书吴贞毓、兵部侍郎杨鼎和等人顽固地拒绝真封秦王，毫无转圜余地[2]。值得注意的是，在大西军提出联合抗清的建议以后，永历朝廷不仅在封爵上多方刁难，还不顾大敌当前，加强了对大西军的防范。“是冬，封黔镇皮熊为匡国公，播镇王祥为忠国公，

[1] 瞿式耜《纠罪镇疏》，见《瞿忠宣公集》卷五。

[2] 王遇《孙可望胁封谋禅本末》，见计六奇《明季南略》卷十二。

防滇寇也”[1]。这就充分说明阻碍和破坏抗清联合阵线的罪魁祸首正是永历朝廷中的掌权人物。

孙可望虽然对永历朝廷极不满意，仍不改初衷，决定出滇抗清。他派中书杨惺先前往行在报告出兵事宜，疏中说：“国姓岂敢冒，王封何敢承。臣等唯一意办虏，功成之日，自听公议。”[2]在南明史籍中，指斥孙可望“胁封”的文字多极了，其中不少出自忠于明室的遗民之手。他们似乎从未想过孙可望提出联明抗清时大西军拥有十万左右的兵力和云南一省的地盘，求一个王爵千难万阻；后来孙可望兵败失势，仅带了一百多名官兵向清朝投降，顺治皇帝立即派人赶赴湖南封他为义王，毫不吝惜爵位俸禄。相形之下，多少可以看出清廷为什么能胜利，南明为什么失败。

第二节　军阀纷争中的川黔

从1647年起，四川、贵州两省处于军阀割据自雄的局面。大西军在孙可望、李定国、刘文秀、艾能奇率领下迅速南撤，三月间已经进入云南。清军方面，肃亲王在正月间驻于合川，委任明朝降将王遵坦为四川巡抚。当时南明四川巡抚马乾扼守内江，豪格命王遵坦对他进行招降，马乾回信说：“某为大臣，义无降理。古人有言，封疆之臣应死封疆，此正某毕命之时也。”二月，内江被清军占领，马乾不屈而死[3]。同月内，豪格进至遵义（明代属四川，今贵州遵义市），明督师大学士

[1]　《粤滇纪略》卷五。

[2]　沈佳《存信编》卷三。黄宗羲《永历纪年》云永历朝廷封孙可望为荆郡王，“赐之国姓，曰朱朝宗。……可望终冀秦王，言：臣唯一意办贼，成功之后，始敢议及封爵耳”。

[3]　欧阳直《蜀乱》；顾山贞《客滇述》。《南疆逸史》卷二十六《马乾传》《樊一蘅传》都说马乾在重庆被清军杀害。

王应熊逃往赤水卫[1]。明四川总兵贾登联、副将谭得胜降清，豪格以设宴犒军为名，把二将及所统官兵全部杀害[2]。由于四川地区连年战乱，社会生产几乎完全停顿，无法解决粮饷供应，豪格只好就此止步，率领满、汉军经陕西回京，留下王遵坦、李国英（原左良玉部下总兵）等明朝降将驻守四川，兵力非常单薄。奉豪格之命分守各地的将领因粮饷不继，加上南明将领的反攻，根本站不住脚，被迫向川北撤退。如清署叙府总兵马化豹守叙府（今宜宾）八个月，从所属州县征得的粮食只有稻谷四十八石、粗米九石，官兵枵腹难忍，除将骡马宰吃外，“凡捉获贼徒未奉职令正法，三军即争剐相食”。马化豹无可奈何，由叙府经富顺撤回保宁。这年十一月间降清的明朝陕西将领赵荣贵反正，领兵“围困保宁府（四川阆中），各镇俱上保宁解围”[3]。成都总兵李国英原在遂宁、射洪一带同于大海、李占春部明军作战，也率兵退回保宁加强防守[4]。清朝在四川实际上只控制着保宁及其附近一小片地区。顺治四年十一月，清四川巡抚王遵坦病死，由李国英继任。

在大西军和清军主力转移以后，四川、贵州大部分地区实际上处于分裂割据状态。南明自弘光朝廷以来虽然任命了阁部、总督、巡抚之类的高级官员，大抵仅拥虚名，实权分别掌握在盘踞各地的军阀手里，他们当中的许多人只知互相争权夺利，不能组成一支统一的队伍，利用清军势单力薄的机会收复全川。其中主要的人物有：

杨展，四川嘉定（今乐山）人，明崇祯十二年武进士，任职参将。大西军入川后他一度被俘，逃出后在叙州（今宜宾）拼凑了一支军队，1646年进抵嘉定、峨眉一带。在兵荒马乱、哀鸿遍野的情况下，杨展能

[1] 《清世祖实录》卷二十一，顺治二年十一月初五日条下记：王“应熊遣其侄更律等投顺，赐更律等鞍马衣帽等物”。

[2] 杨鸿基《蜀难纪实》，见乾隆四十二年《富顺县志》卷五，乡贤下。

[3] 顺治四年十二月署叙州总兵马化豹“为紧急塘报事”揭帖，见《明清档案》第七册，A7—66号。

[4] 顺治五年三月初八日李国英奏本。

够注重恢复生产，“遣使告籴黔楚，自绅士以下至弟子生员皆给资，农民予牛种，使择地而耕，愿从戎者补伍，百工杂流各以艺就养，孤贫无告者廪之”[1]。由于措施得力，一年以后成绩斐然，成了当时四川唯一自给有余的地方。南明永历朝廷先后给他加封华阳伯、锦江侯。

王祥，原为明朝参将，大西军占领四川时他收集了部分残兵盘踞于遵义地区。1647年六月，他趁清军北返出兵入川，前锋总兵王命臣一直推进到顺庆府（府治在南充）。为了扩张自己的势力，他不惜竭泽而渔地榨取地方残存黎民。例如在顺庆府，“其始也，每家给免死牌一张，需银若干两；其继也，每牛给牛票一张，需银若干两。未几，而牵其牛，掠其人，掘其粮，焚其室。胥西南之民而兵之，朝而负耒，夕而荷戈矣”[2]。1648年（顺治五年），清廷委任的夔州镇总兵卢光祖、叙南镇总兵马化豹、永宁镇总兵柏永馥占领顺庆，王命臣等逃回，王祥所据地盘自遵义至江津、合州、彭水、黔江一带。

于大海、李占春，原为曾英部将，拜曾英为义父。这时，老营屯于涪州（今涪陵）西平坝，控制着涪州、长寿、垫江三州县。

侯永锡，原明军偏裨，据守永宁（今叙永）。

马应试，原明朝泸州卫指挥佥事，任游击，据守泸州地区，大肆搜杀焚掠，“江安、纳溪、九姓（九姓司在今泸州市）等处俱遭蹂躏”[3]，经常活动于泸州至富顺地区。

谭文、谭诣、谭弘号称“三谭”，原为忠州卫世袭卫官，驻于忠州（今忠县）、万县、夔州（奉节）一带。

摇、黄各部原为农民起义队伍，后来同当地官、匪纠结，变成一种不伦不类的武装，初期活动于四川东北部地区。各部互不统属，号称“摇黄十三家”，首领人物有争天王袁韬、逼反王刘惟明、震天王白蛟

[1] 彭遵泗《杨展传》，见嘉庆十七年《乐山县志》卷十四，艺文。有的史籍说他得到了张献忠沉于江中的金银，派人从川西土司处买来耕牛种子，实行屯田。

[2] 韩国相《流离外传》，收入民国十八年《南充县志》卷十六。

[3] 乾隆二十四年《直隶泸州志》卷十，杂类。

龙、行十万呼九思、二哨杨秉胤、黄鹞子景可勤、整齐王张显等[1]。袁韬，陕西沔县人，1647年（顺治四年、永历元年）正月，“率众数万，军于涪。名为降顺（指归顺南明），而劫掠如故，涪人流离。至五月，国朝肃王发贝勒、贝子诸营下取涪州，袁韬大败，渡小河东岸走贵州湄潭县去。八月，李占春混名李鹞子同诸营上复渝城。十一月内以本营袁韬与李占春等争功，自相攻杀，占春不胜，退下涪州”。[2]

贵州有总兵皮熊等。1647年三月孙可望等率领大西军余部离开贵阳前往云南，皮熊即领兵乘虚而入，从平越（今贵州福泉）“收复”贵阳[3]。

以上就是1647年清朝豪格统军回京后川、黔各部活动地区的大致情况。实际上这些军阀为了扩充地盘或者由于驻地缺粮经常移动[4]。

南明朝廷自弘光时已任命原大学士王应熊为督师阁部，樊一蘅为川陕总督，马乾为四川巡抚。1647年王应熊病死[5]，马乾被清军杀害[6]。永历帝任命原偏沅巡抚李乾德为川东北巡抚，不久升任总督；又派宗室朱容藩总督军务，杨乔然、江而文为巡抚。“诸人各自署置，官多于民”[7]。樊一蘅见十羊九牧，事权分散，上疏极论其害。

---

[1] 李馥荣《滟滪囊》卷一记：“初犯蜀时，贼首摇天动、黄龙二贼，遂号摇黄。后分为十三家……”费密《荒书》说：“其掌盘子十三人，号摇黄十三家。”但诸书记载十三家头领的姓名和绰号并不一致。

[2] 康熙五十三年《涪州志》卷四，艺文，夏道硕《纪变略言》。

[3] 道光三十年《贵阳府志》卷二《大事记》中。

[4] 顺治四年清军及南明军队交战与移驻情况可参看顺治四年十二月署叙州府总兵马化豹“为紧急塘报事”揭帖，见《明清档案》第七册，A7—66号。

[5] 王应熊病死时间和地点诸书记载不一致。温睿临《南疆逸史》卷二十说丁亥（1647）“遁入毕节卫，十二月卒”。顾山贞《客滇述》记王应熊“遁入仁怀县土城，抑郁而死”。欧阳直《蜀乱》记1647年正月卒于赤水卫。刘道开《东阁大学士礼部尚书王应熊传》云：“丁亥秋卒于永宁之土城”，见道光二十四年《江北厅志》卷七，艺文。刘道开为同时同乡人，所记可能较准确。李天根《爝火录》卷十六于丙戌年（1646）十二月二十五日下记，“明督师王应熊卒于毕节卫”，恐不可靠。

[6] 马乾于1647年二月为清军所杀。《南疆逸史》卷二十六记其在重庆战死，有误。欧阳直当时在马乾幕中，所记死于内江当可信，见欧氏《蜀乱》及自记。

[7] 《南疆逸史》卷二十六《樊一蘅传》。

永历朝廷不仅置之不理，反而又提升杨乔然为总督，任命监军道詹天颜为川北巡抚，另一监军道范文光为川南巡抚。原来的川陕总督樊一蘅“无所施节制，但保叙州一郡而已”[1]。与此同时，永历朝廷又听从委任的各总督、巡抚的保荐，给大小军阀加官晋爵。这种一味以官爵收买人心的愚蠢做法，更加剧了四川军阀的割据和倾轧。反观清方，豪格率军返京时只指定一名总兵（先为王遵坦，后为李国英）任四川巡抚，尽管兵力远逊于南明川黔“诸雄”，却因事权统一，始终固守着以保宁为中心的川北地区。

南明川黔各军阀本已割据自雄，朝廷又叠床架屋地委派总督、巡抚等方面大员，随之而来的是互相争权夺利，抗清大业被置之度外，文官武将热衷于大打内战。在1648—1649年（顺治五至六年、永历二至三年）两年间先后发生杨展攻杀马应试又被王祥击败之战；王祥与皮熊之战；袁韬、武大定杀害杨展、攻占嘉定之战；于大海、李占春等攻杀朱容藩之战。现分述如下：

杨展南攻泸州卫与永宁之战。据时人欧阳直记载，“王祥驻遵，部分三十六挂印总兵官，颇自骄倨。凡过往缙绅若不得其欢心，则每有劫掠之虞。以故士大夫不满于祥，互相唆构御史钱邦芑移书杨展云：有密旨联络勋爵图祥。展得书，信之，以奉讨为名，遣子璟新率兵南下至泸卫，谓马应试作梗，遽杀之，夺其兵。至永宁，为侯天锡合遵兵所败而还”[2]。《泸州志》所记稍异：“杨展自嘉定袭永宁，诡结盟好，假道泸卫，应试开门出犒。忽望城坡上鼓声震天，则展兵已露刃直逼城下。应试故着红裤，不及甲马，徒步奔山。谍者知之，遂就擒。今卫城东丫口有杀人坳，相传应试斩首处也。展至永宁，战不利，还屠泸卫而去。”[3]

---

[1] 《南疆逸史》卷二十六《樊一蘅传》。

[2] 欧阳直《蜀乱》。

[3] 乾隆二十四年《直隶泸州志》卷十《杂类》；道光三十年《贵阳府志》卷二《大事记》中。

王祥、皮熊之战。这场内战从1648年七月一直打到年底。先是遵义总兵王祥领兵攻贵州总兵皮熊，包围了贵阳。八月，贵州将领武邦贤、杨光谦引兵击败王军，贵阳解围。十月，皮熊又出兵攻王祥，在乌江被王祥击败，几乎全军覆没。十二月，双方才言归于好[1]。

袁韬、武大定谋杀杨展。武大定原为明朝陕西裨将。清军入陕后，他曾同孙守法等一道抗清，奉明朝宗藩秦王之子为秦王，以资号召[2]。1648年十月他被清军击败，带领部下劲卒三千人突围入川。由通江西走广元，收服利州卫世袭指挥同知张颠部众一千五百人，“与龙安（府治在平武）赵荣贵、松潘朱化龙、茂州詹天颜等相为掎角，剽掠绵（州）、梓（潼）诸邑”[3]。1649年（顺治六年、永历三年）五月，赵荣贵派人来迎请秦王，武大定早已觊觎赵军兵力，设计让秦王应邀赴赵营，然后趁接回秦王的机会把赵荣贵骗入自己营中加以捕杀。不料这位秦藩宗室是个明白事理的人，见赵荣贵及其部下官兵真心实意抗清复明，就把武大定设下的圈套和盘托出。过了两天，武大定遣使“迎王回营，并邀荣贵面筹大事”[4]，遭到二人婉言拒绝。武大定知道奸计被识破，连夜取道彰明（在今四川江油县与绵阳市之间）南窜[5]。由于成都

[1] 康熙三十一年《贵州通志》卷五《大事记》。

[2] 明朝洪武三年朱元璋封次子朱樉于西安，这就是第一代秦王。崇祯十六年李自成起义军攻克西安，末代秦王朱存枢被俘。顺治二年十一月二十七日定西大将军何洛会、陕西三边总督孟乔芳奏报，“驻西安府秦王有二子”，其一子于初十日被“土贼”“孙姓人带走”，居于五郎山，见《清初内国史院满文档案译编》中册，第二〇二至二〇三页。参见《清世祖实录》卷二十一。《南疆逸史》卷三十八《孙守法传》记“奉秦王第四子称汉中王，开邸五郎山”。费密《荒书》记戊子年（1648）“武大定奉秦王第四子入四川”，赵荣贵“迎秦王子入其营，而拒大定”。《清史稿》卷二五七《许占魁传》记：“六年，土寇赵荣贵拥明宗人森滏号秦王，聚众数万犯阶州。”按，定制秦藩命名辈分中无“森”字，朱存枢之子应为“辅”字辈。

[3] 李馥荣《滟滪囊》卷四。

[4] 《滟滪囊》卷四。

[5] 康熙三十六年《阶州志·扼要》记：“顺治六年，赵荣贵扶伪秦王作叛，从玉垒关直犯阶境，二月初五日，贼薄城下，……几为所陷。十八日平西亲王师至，赵逆授首，余众悉平。”

平原屡经战乱，破坏得十分厉害，几乎荒无人烟，武大定部众饥疲不堪，奔到富顺投靠袁韬。当时，川北巡抚李乾德正在袁韬营中，还有另一支摇黄队伍呼九思部也来会合，“俱绝粮，饿死者甚众”[1]。李乾德是个无耻政客，派到四川以后既没有兵将，也没有地盘，他急于抓权，竟私自铸造了“兵部之印”大方银印，自称兵部尚书，行文各镇。又利用摇黄十三家之一的袁韬归明后没有官衔的机会，另铸定西将军银印送给袁韬，博得袁韬的欢心[2]。不料他钤盖私铸兵部印的文书被杨展的幕客识破，当面质问他朝廷常规“印不离部”，你的“兵部之印”从何而来？李乾德无言以对，不敢再用假印招摇撞骗[3]。李乾德一计不成，又生一计，想以巡抚的身份接管州县，把地方的钱粮抓到手，而让杨展单纯主持军事。可是，嘉定地区的耕地主要是杨展组织军民开垦出来的，李乾德的要求遭到断然拒绝。当时重庆一带城空地荒，杨展建议李乾德率领袁韬等部军队往守重庆，由自己负责粮饷供应[4]，这对南明来说本是个不错的主意。李乾德既对嘉定地区的富庶垂涎三尺，又怕出守重庆将冒清军南下的风险，与其为朝廷收一块危地，不如心黑手狠算计自家人，于是在李乾德导演下终于演出了一场川南火并。他利用袁韬、武大定、呼九思乏粮之机，建议“惟求救于杨展，展若从即无饥乏患矣”，三人都表示赞同，请李乾德立即前往嘉定。“乾德赴嘉定说展曰：‘大定与韬愿归将军帐下。’展不可，曰：‘风土既异，心性必殊，嫌隙所由生也。今部下数万众皆吾梓里，甘苦共之，赴汤蹈火，皆无异志。若增袁、武，恐滋他患。吾意已决矣，幸勿复言。’乾德复说曰：‘从来举大事者不辞众，将军士卒虽精，苦无外援。涪州有余（于）、李，万县有三谭，相为犄角，何分南北哉！二将望风而奔，慕将军之威德

[1] 欧阳直《蜀乱》。按，他书多未记呼九思事。

[2] 《南疆逸史》卷二十六《李乾德传》载李与袁韬深相结纳。

[3] 欧阳直《蜀乱》。

[4] 费密《荒书》。

也。不劳一卒，不发一矢，收万余人于麾下，不大有利于将军邪？机不可失，时不再来，将军其图之。’展沉吟久，乃许给粮饷，资韬、大定于犍为。”[1]乾德见初步目的已经达到，返回富顺告知袁韬、武大定、呼九思。三人大喜，编造兵员花名册送交杨展。杨展拒绝接受，却按月运粮接济。袁韬、武大定、呼九思亲赴嘉定拜会杨展。不久，呼九思病死，“杨展与武大定、袁韬钻刀歃血，三人誓结生死交。杨为长，袁次之，武又次之。展恩视二人如亲弟，恣其所欲，悉应给。令袁韬移营驻犍为，武大定驻青神”[2]。袁、武二人在杨展资助下渡过了难关，却暗中觊觎嘉定的繁盛。李乾德乘机进行挑唆，对袁韬说：“地方钱粮供朝廷之公物也。岂展所私而以布惠于僚友？且展据有西南，终当尾大不掉。公等皆人杰，仰畀于若人耶。”[3]袁韬欣然听从，与武大定密谋定计，以七月二十六日袁韬生日为名邀请杨展赴犍为庆贺。杨展的家属和部将怀疑其中有诈，劝他不要去；杨展自以为对袁韬、武大定有恩，只带了三百名士卒前往犍为赴宴[4]。在筵席上被袁、武擒杀，随从军士也在被灌醉后死于非命[5]。二人随即发兵突袭嘉定。袁韬、武大定背信弃义谋杀杨展的消息传开后，引起南明许多文武官员的愤慨，川陕总督樊一蘅写信责备策划其事的李乾德：“嘉陵、峨眉间二三遗民不与献贼之难者，杨将军力也。且背施忘好而取人杯酒之间，天下其谓我何？”李

[1] 欧阳直《蜀乱》。

[2] 欧阳直《蜀乱》。

[3] 欧阳直《蜀乱》。

[4] 李馥荣《滟滪囊》卷四记，杨展赴犍为时仅带裨将雷震、田贵等十二人率三百人随行。他书或作五百人。

[5] 杨展遇害时间据清四川巡抚李国英顺治六年十一月初十日奏疏说：“七月二十六日袁韬生日，武大定诱杨展到犍为县与袁韬做生日，席上将杨展杀死，跟随人役尽杀，止逃水手数名。”见《李勤襄公抚督秦蜀奏议》，同件又见《明清史料》甲编，第三本，第二五八页。费密当时任杨展幕客，在其所著《荒书》中也记于七月。嘉庆十七年《乐山县志》卷十四《艺文志》收彭遵泗撰《杨展传》说杨展遇害时“年四十有五，时顺治己丑岁（六年，1649）”。

乾德阅信后付之一笑，“以为救时大计非竖儒所能知”[1]。涪州李占春曾经得到过杨展的粮饷资助，“闻变拍案曰：贪利，杀我义士，岂大丈夫耶？”领兵来援嘉定，被袁、武击败。十二月二十四日，袁、武军队经过四个月的围城，攻入嘉定，杨展长子杨璟新带领残兵五十余人经峨眉、新津、灌县逃往保宁，于1650年（顺治七年）正月十六日向清朝四川巡抚李国英投降[2]。袁韬、武大定瓜分了杨展的部众、地盘和库藏，“初意江口所获金银如山积，及搜展府内不满所愿，吊拷夫人并烧毙经事之人，都无窖藏之物。二人大失所望”[3]。李乾德计杀杨展后，又重温旧梦，自称尚书经略，妄图主管地方粮饷，节制袁、武二部兵马，结果嘉定被袁、武二人瓜分，“乾德虽亦分数州县，仍空名而已”[4]。

朱容藩是明朝楚藩通城王的后裔，在宗室内地位很低。当明末社会大动荡之际，他漂泊各地，周旋于各种势力之间，可谓见多识广。永历帝在肇庆即位时，他参与拥戴，被授予掌宗人府事。他不满足于这个虚有其名的官职，想抓点实权。从兵科给事中程源口中听说四川兵将颇多，统御无人，认为机会来了，就奏请入川联络诸部，永历朝廷给以兵部右侍郎兼右佥都御史的官衔总督川东兵马。朱容藩即取道湘西到达湖北施州卫，进入王光兴的兵营；接着又联络驻守四川涪州的李占春（混名李鹞子）、于大海部。1647年（顺治四年、永历元年）夏，清涪州总兵卢光祖部携带大批掳掠来的辎重子女由重庆水陆并进，顺江而下，企图一举打通川鄂交通水道。朱容藩当即命令李占春、于大海率领舟师阻击。七月十一日，两军相遇于忠州（今重庆忠县）。清军辎重既多，又不习水战，被李、于二部击败。明军烧毁清船一千余艘，夺回

[1] 嘉庆《乐山县志》卷十六《杂录》。

[2] 顺治七年七月初九日四川巡抚李国英“为恭报前后招抚川南伪镇将领，躬视投诚，仰慰圣怀事”题本，见《李勤襄公抚督奏蜀奏议》。费密《荒书》载于十一月。

[3] 欧阳直《蜀乱》。

[4] 费密《荒书》。

大批被俘人口和财物。卢光祖带领残兵败卒从达州小路逃回川北保宁（今四川阆中）[1]。

朱容藩初战告捷，又联络忠州卫世袭武将谭文、谭诣、谭弘和摇黄呼九思、景可勤、陈某等部同川南、川西明军会合，于九月间收复重庆。[2]这时，由陕西南下川北的定陇侯赵荣贵正集中兵力进攻保宁。由于清初成都一带凋敝特甚，几乎荒无人烟，清朝设置的四川巡抚、巡按都驻于保宁，这里实际上是清方的四川省会，清朝所委任的四川各镇总兵全部回救保宁。朱容藩和四川、贵州明军几乎收复了保宁以外的四川全境。后来清四川总督李国英回顾道："只因四年（1647）六月王师凯旋（指肃亲王豪格率部回京），留兵单弱，以致群盗蜂起。臣与各镇间关百战，始达保宁。一城之外，尽为贼有。"[3]聚集于保宁的清军名义上有五镇：成都总兵（原为李国英，四川巡抚王遵坦病死后由李接任，改由惠应诏任成都总兵）、叙马总兵马化豹、涪州总兵卢光祖、永宁总兵柏永馥、龙安总兵左勷，实际上兵力极其单薄。四川巡抚李国英1648年（顺治五年）向清廷报告：上年肃亲王豪格拨给四川巡抚标兵一千三百九十名，病死、饿死和逃亡者多达一千三百三十三名，只剩下三百一十名[4]；其他各镇情况也大致相仿，"饿、病死者十去七八"，"每镇不过数百饥病之兵"[5]。南明朝廷本来应该趁此机会，集中兵力攻克保宁，全歼入川清军，然后精兵简政，汰弱留强，招抚流民，垦荒屯田，把四川这块自古以来被称为天府之国的地方经营成抗清基地。然而，各派军阀不仅不愿意减少自己的兵员，而且钩心斗角，互

[1] 费密《荒书》记忠州之战于九月。计六奇《明季南略》卷十一收陈景云撰《朱容藩僭乱本末》记于七月十一日。

[2] 费密《荒书》记于十月。

[3] 顺治十年四月十二日李国英题本，见《李勤襄公抚督奏蜀奏议》。

[4] 李国英顺治五年四月初四日奏疏，同上书。

[5] 李国英顺治五年三月初八日奏"为全蜀四面皆贼，孤军无粮难御，谨据实上闻"疏；同上书。

有吞并之心。永历朝廷又叠床架屋地委派阁部、经略、总督、巡抚等高级官僚，这些人为了争权夺利分别笼络某几个军阀，导致事权分散，以致自相火并。

朱容藩是个小有才具的野心家。他倚仗永历朝廷的名义组织川东等地武装恢复了四川大部分地区的时候，正值永历皇帝由武冈逃往南宁。朱容藩妄图利用四川诸将同朝廷失去联系的机会，拥戴自己爬上皇帝的宝座。会师重庆时，他就示意原偏沅巡抚李乾德联络川南一带文武官员劝进，遭到李乾德等人的拒绝。他怀恨于心，派李占春领兵偷袭李乾德和袁韬的兵营，被袁兵击退。1649年（顺治六年）二月，朱容藩回到涪州（今涪陵）、夔州地区，即自称楚王世子监国（《客滇录》说他自称楚王世子，后称楚王，又改称吴王），铸造了“天下兵马副元帅”金印，改忠州为大定府，府门为承运门；夔州临江有天字城，形势颇为险要，朱容藩改其名为天子城，作为自己的行宫。为了收揽人心，他擅自铸印封王光兴、李占春、于大海、杨朝柱、谭文、谭诣、谭弘、杨展、马应试等人为侯爵、伯爵，授刘惟明、杨秉胤、白蛟龙等人为挂印总兵，任命张京为兵部尚书、程正典为四川总督、朱运久为湖广巡抚，此外还任命了祭酒、科道、鸿胪寺等官员，俨然以朝廷自居。朱容藩的胡作非为引起了川西和川南永历朝廷委派的官员极大不满。四川巡按钱邦芑以“为奸宗谋逆，请正天讨事”上疏揭发其罪行，疏中说：

> 臣察得逆宗朱容藩自元年正月在广西得罪，皇上欲置之死，幸蒙天恩赦宥，还其原官，命料理湖南一带。彼时寇逼湖南，容藩即由施州卫走入川东。五、六月间，寇陷涪州，臣方至彭水界上。川东夔府一带与朝廷消息不通，文武无主，容藩假朝廷之威灵，收拾兵将。至八、九月间，川中各镇如王祥、侯天锡、李占春、余（于）大海、赵荣贵、曹勋、马应试、袁韬等，各出兵剿寇，四路捷报。维时皇上幸广西，川中不知圣驾所在，容藩即自为吏、兵两尚书，铸刻印信，选授文武，笼

络军民，隐有称王之意。今岁六月，臣巡川南，忽军中传来朱容藩刊《谕建置文武榜文》，其自称则曰："予一人""予小子"，如此而欲其终守臣节，其可得乎？今皇上远在百粤，四川僻在极西，沿途兵寇阻道，凡诏谕敕旨，经岁余后通，其浮沉不达者尚多。且西川之地，四围皆蛮夷土司，易生反复。又迭经寇祸，三年之间，四易年号，人情惶惑，莫知适从。故容藩欲乘此摇动人心，谋为变乱。自去岁秋冬，川地渐复，臣不惮艰苦，往来深山大箐，荒城破垒之中，驱除豺虎，翦披荆棘，招集残黎，抚慰土司，宣达皇上威德，西川之地始知正统所属。今声教渐著，法纪方行，而容藩包藏祸心，谋窃神器，阳尊朝廷，阴行僭伪，假皇上之威福，布党乱之爪牙。其意待羽翼既成，便欲盘踞西川以为公孙子阳、王建、孟知祥之事。臣已早窥其隐，先致书告以大义，随即传檄楚督何腾蛟、堵胤锡，川督杨乔然、李乾德及各大镇，俾共尊朝廷，毋为叛臣所惑[1]。

钱邦芑考虑到文书往返动经岁月，就把疏稿誊抄遍送川楚各大臣。督师辅臣堵胤锡当时同马进忠驻于施州卫，收到文书后乘船来到夔州，当面质问朱容藩。朱容藩掩饰道："圣驾播迁，川中不知顺逆，联假名号弹压之耳。"堵胤锡驳斥道："公身自为逆，何能服叛逆之心乎？钱代巡有檄会兵，若再不悛，钱公率兵下，吾截其后，川将皆朝廷臣子，谁为公作贼者？"朱容藩无言以对。川东诸将这才知道朱容藩自署的名号都是假冒的，李占春、于大海等人不再听从他的号令。1649年（顺治六年、永历三年）正月，朱容藩移驻万县天字城，以摇黄白蛟龙、杨秉胤二部为护卫，联络谭文等人割据自雄。七月（明大统历八月），永历朝廷大学士吕大器到达涪州，李占春迎见，正好收到朱容藩发来的会师牌札，上列楚王世子、监国、天下兵马副元帅的头衔。大器笑曰："副

[1] 计六奇《明季南略》卷十一，陈景云作《朱容藩僭乱本末》。

元帅非亲王、太子不敢称，且天子在上，何国可监？此人反叛明矣。”朱容藩为了豢养军队，率领被蒙骗的将领进攻石柱土司，石柱土司求救于李占春、于大海。李、于二将已经弄明白朱容藩是个冒牌货，派出精兵乘船五十艘来援。1649年（顺治六年、永历三年）七月二十五日，两军交锋，朱容藩大败，白蛟龙被活捉，同李占春歃血结盟，保证不再听从朱容藩的指挥，才被释放回到杨秉胤营中。谭文逃回天字城。朱容藩众叛亲离，成了真正的孤家寡人。他落荒而逃，在云阳被擒杀。[1]

南明四川当局的自相残杀，给清方提供了可乘之机。顺治六年十一月初十日清四川巡抚李国英奏疏中说：“窃照蜀中负固诸逆，恃在僻险，观望逾年，臣曾仰体诏赦皇仁，屡持平西王、墨固山令谕差官分头前去招抚（按，当时吴三桂、墨勒根侍卫李国翰的军队驻于陕西汉中，并未入川），如达州刘惟明、剑梓李廷明、唐运会，江油严希赐等悔过投诚，臣已另疏具题外。至如伪朱经略假窃伪号，联络江上李鹞子（李占春）、余（于）大海、三谭、杨（秉胤）、白（蛟龙）等煽乱夔东；而伪阁部吕大器与李鹞子另为一党，驻扎涪州；伪伯杨展招纳武大定、袁韬、曹勋等巢穴嘉、眉、黎、雅，窃据成都一带，而伪总督李乾德与袁韬另为一党往来叙、泸；伪国公王祥等屯聚遵义，出没綦（江）、重（庆）之间；而伪总督杨乔然另扎长寿县，屡谕不悟，蹂躏实深。自王师剿杀伪秦王、赵荣贵之后，兵威震慑，各逆互相疑忌，彼此阴谋残杀，于本年九月初二日据达州知州彭振翮塘报内据达州屯镇刘惟明报称，朱经略同谭伪镇于七月二十五日由万县渡河北岸，被余（于）、李二贼发精兵船五十号追杀大败，谭大单骑逃天字城，朱经略阵亡是实。其朱逆下伪镇白蛟龙与李鹞子歃血钻刀，仍放蛟龙回杨秉胤营内，于八月初六日同在天字城起身，欲来东乡县寨子驻扎等情。随发谕移刘惟明并达州知州彭振翮相机往招。”下文又报告了七月二十七日袁韬等杀

[1] 费密《荒书》。顺治六年十一月初十日四川巡抚李国英揭帖，见《明清史料》甲编，第三本，第二五八页。

害杨展，接着说："乃今天厌其恶，使彼自相仇杀，朱逆受刃，杨展继亡，……其后数家贼逆互相践踏"，"惟候平西王、墨固山振旆之川，又不难直扫逆穴，以成破竹之势"，"而收复全川之机会于在此矣"。[1]

第三节 大西军出滇抗清

大西军的由云南开赴抗清前线，一般史籍都记载为1650年（永历四年、顺治七年），这是就同清军交锋而言的。由于云南和清方占领区之间还有一批南明军阀控制着四川、贵州等地，大西军不仅必须突破他们的阻挠才能到达抗清前线；为了消除内讧，稳定后方，统一军令也需要对南明残留武装实行改编。孙可望部署出兵之际，曾经派中书舍人杨惺先赴行在疏报出师，奉旨："览奏整旅东征，为朝廷剿除逆虏，朕心嘉悦。今恭顺（原注：谓孔有德）入犯武汉，盘踞长、岳，卿率锐出楚，建瓴直下，廓扫中原，以奏光复。该部知道。"[2]孙可望还利用胡执恭送来的伪敕中的"监国""节制天下文武兵马"字样，以永历年号"驰金龙牌，抄敕册文遍调土、汉官军皆为之下"[3]，"自称监国秦王臣，布告云、贵、楚、粤诸勋镇"[4]，要求贵州、四川、湖广等地的南明军队会盟，听从节制。

早在1649年，孙可望就派白文选率领先头部队进入了贵州。康熙《贵州通志》记："己丑（即1649）八月，孙可望遣白文选取安顺府，遂入贵

[1] 顺治六年十一月初十日四川巡抚李国英"为塘报东南伪逆近日情形"事揭帖，见《明清史料》甲编，第三本，第二五八页。

[2] 《滇缅录》附《黔记》。

[3] 王夫之《永历实录》卷十四《李定国列传》。

[4] 查继佐《国寿录》便记《永历始事》。

阳。”并加小字注云：“以通好为辞，旋撤去。”[1]1650年四月，白文选部再次进入贵阳[2]，接着李定国也来到贵阳，同南明匡国公皮熊、贵州巡抚范鑛结盟。同年八月，孙可望亲自统领大军进入贵阳[3]。皮熊自知兵力不敌，派遣使者李之华来“通好称盟”，意在阻止大西军入黔。孙可望回信道：

> 贵爵坐拥貔貅，战则可以摧坚，守则足资保障。独是不肖有司罔知国本，征派日烦，民生日蹙。黔中多敌兵出入之途，宁无救灾恤邻之念？而疑不穀为假道长发之举。若黔若滇，总属朝廷封疆；留守留兵，无非绸缪粮糗。惟欲与行在声息相通，何有一毫私意于其间。若止以一盟了局，为燕雀处堂之计，非不穀所望于君侯也。[4]

南明忠国公王祥也“遣官请盟”。大西军将领冯双礼向孙可望请示是否应该推迟进兵[5]。由于皮熊、王祥之流只知盘踞地方，殃民自肥，既不积极对清方作战，又堵住了大西军出黔抗清的通道[6]，因此，孙可望决定不理睬皮、王“请盟”的虚礼，下令以武力强行改编。于是，冯双礼、王自奇统兵从间道攻平越，活捉皮熊。九月，刘文秀、白文选北上遵义、永宁。明永宁总兵侯天锡归附[7]；“王祥乌合六七万，分为

---

[1] 康熙三十一年《贵州通志》卷五《大事记》；又见道光三十年《贵阳府志》卷二《大事记》中。

[2] 《滇缅录》附《黔记》载这年五月，“命前军都督白文选抚安贵州百姓”。

[3] 康熙三十一年《贵州通志》卷五《大事记》。

[4] 《爝火录》卷二十；《存信编》卷三，二书所载文字稍有不同。《滇缅录》附《黔记》载：“秋八月壬午朔，义师东下发谕贵州。师发云南；师至关岭祀关圣。”当指孙可望亲统大军入贵州。

[5] 《滇缅录》附《黔记》。

[6] 黄宗羲《永历纪年》说：皮、王“两帅接壤，时相构衅，亦不能有所效力”。

[7] 欧阳直《蜀乱》。

三十六镇，与滇兵一战于乌江河而大溃，祥避死真州，遂下遵义”[1]。皮熊、王祥阻挡大西军出黔抗清的图谋被粉碎以后，孙可望下令把他们部下的兵将收编，“不得逃避，一体入营关粮”[2]。这样既扩充了兵员，又防止了散兵游勇生活无着，为害地方。到1650年（永历四年、顺治七年）十二月，孙可望已进至贵州东部的铜仁，贵州全省都处于原大西军管辖之下。

四川的情况也与此相仿。《宜宾县志》载：“庚寅岁（1650）贼首孙可望在滇假翊戴之名，怀窥窃之志，监国贵阳，凡楚、蜀、滇、黔勋爵悉归节制。乃致书樊公（指南明川陕总督樊一蘅），语多矜肆。”樊一蘅派中军都督佥事彭明扬、筠连县知县魏鸣玉充使者前往贵阳，“可望盛陈仪卫召见便殿，于时一二大臣在座，皆东林旧人也。可望卒然问曰：‘樊某为国大臣，经略秦蜀，所办何事？’先生（指彭明扬）翘首曰：‘老臣尽瘁同于武侯，乃心王室同于郗鉴。但兵势有强弱，故成功有迟早耳。殿下若肯相容，大事尚可济也。若必加兵，诚恐来归之人皆解体矣。不几负率土之望乎？’望怒乃解，赐锦币而还”。次年，樊一蘅病卒，所部均为孙可望改编[3]。当时正在武大定幕中的欧阳直记载孙可望招抚武大定、袁韬的情况颇详：“孙可望差官至嘉定，称奉旨联络，内有‘会猎岷峨’等语。”盘踞于嘉定、青神一带的军阀武大定、袁韬犹豫不决。明四川巡抚李乾德说：“此矫诏也，其心未可测。令武（大定）复书，略曰：‘自入蚕丛，荆棘塞道，万里烟绝，一望凄凉，

[1] 黄宗羲《永历纪年》。沈荀蔚《蜀难叙略》记：“九月，孙可望遣其将白文选引兵攻王祥，至乌江。祥率众拒之。文选致书通好，祥报许之。往来相馈遗者数日。祥开宴召文选，文选赴之。及报宴，祥不敢赴，乃引归。文选蹑之，祥众无复部伍，遂溃于道。祥之散走数十里，乃自刎死，其众亦降。于是，遵义、重庆皆属可望。”道光十五年《綦江县志》卷五《武备》记：顺治七年九月“刘文秀、白文选以兵至乌江。王祥战不胜，遂自刎，其众二十万尽降”。

[2] 《黔记》云：“冬十月己丑，赦王爵（即王祥）标镇兵不得逃避，一体入营关粮。”十一月初五日又“赦王爵营镇兵一体录用”。欧阳直《蜀乱》也记载皮熊被迫投降后，可望“分其兵，据其地”。

[3] 嘉庆十七年《宜宾县志》卷四十八，艺文，李洪霁《彭明扬传》。

茂草荒林，惟有马迹，狐游虎逐，罕见人踪。间有一二遗黎，又皆五官残废，割耳截鼻，刖足剁手，如游异域，忽睹罗刹，形不类人，喘延余息。备询厥故，始知令先君（指张献忠）之造福于川，盖功德若此其惨毒也。乃曾不旋踵，君之先君身首异处，尸饱馋鸦，可见天之所报，人之所为，已足昭鉴。公等碌碌，犹尚不悛，欲挟令以欺天，逞前奸之故智，词多悖谬，意实险深。窃揣中藏，岂以皮（熊）、王（祥）视我也。倘修邻好，奉教有期；如云会猎岷峨，则水路可通舟楫，陆路可容车马，弟惟有叉手瞠目而听之矣。’”[1]显然，李乾德授意下写的回信对原大西军充满了敌意，断然拒绝孙可望提议的会盟。1651年（永历五年、顺治八年）孙可望派抚南将军刘文秀总统兵马，分两路入川。刘文秀率部渡金沙江，取道建昌；将军王自奇从毕节取道永宁，大举进攻。武大定亲率全营赴雅州（今雅安），抽调精锐士卒交部将张林秀带往荥经堵截大西军。袁韬和李乾德坐镇嘉定（今乐山市），分兵一支守州（今宜宾市）。这年八月，刘文秀指挥的军队在荥经县鹿角坝全歼武大定精锐，张林秀也被击毙。武大定大惊失色，连夜逃回嘉定；袁韬、李乾德眼看大势已去，三人抱头痛哭，随即下令放火烧毁嘉定城内房舍，次日早晨弃城逃走。由于家口牵累，走了七天才到达井研、仁寿。刘文秀进抵嘉定，派轻骑日夜兼程追击，一天之内就赶到仁寿县。袁韬、李乾德被活捉，押回嘉定。武大定连妻子家属也顾不上，带领十余骑落荒而逃。文秀命大定之子武国治、侄儿武国用招回武大定，以礼相待。免袁韬死罪，发往部下听用；李乾德和他的弟弟李升德押往贵阳治罪，走到犍为县时，二人投水而死[2]。

平定四川南部地方以后，刘文秀领兵顺流而下，派使者带着孙可望“秦王、监国”名义的文书联络川东各支抗清武装，“假首会盟”。夔

[1] 欧阳直《蜀乱》。

[2] 欧阳直《蜀乱》说李乾德兄弟是被大西军“沉之江”。沈荀蔚《蜀难叙略》所记情节与《蜀乱》大致相符，但说袁“韬走荣县被擒，李乾德亦被执，后与其弟升德赴水死”。

东“伪爵贺珍、王光兴、张光翠等一十四家各拥重兵，阴附孙逆”[1]。盘踞涪州（今涪陵）、忠州地区的明定川侯李占春、靖南侯于大海[2]因义父曾英于1647年初在重庆被南撤的大西军击杀，坚决拒绝会盟。刘文秀派部将卢明臣（又作卢名臣）领兵进攻，占春、大海大败，七月间带领马步士卒三万余名和家属乘船逃往湖北向清方投降[3]。途中遭到参与会盟的夔东抗清武装的拦击，十月十一日才进入湖北清方管辖区。清荆州总兵郑四维安置李、于二部于松滋县百里洲，由于未给粮饷，李占春于十四日夜间抛弃妻子部众，入山当了一段时间和尚，后来又在清朝招徕下出任过安陆副将、黄州总兵等职[4]。此外，据守万县一带的谭文、谭诣、谭弘，夔东一带的王光兴、王友进、刘体纯、塔天宝等都“扼险自守，差人申好”[5]。这样，刘文秀的出兵四川基本上达到了预期目的，割据自雄的大小军阀被消灭或收编，同以大顺军余部为主体的夔东抗清武装建立了联系，把四川大部分地区经营成了比较稳定的抗清基地。时人杨鸿基对大西军入川有一段概括性的叙述：

> 适至孙可望自滇据黔，辛卯（1651，顺治八年、永历五年）遣兵逼遵（义）；刘文秀自建南出黎雅，杨景星（按，当作杨璟新，杨展之子）奔投保宁；下兵犍为，擒袁韬而降武大定；再合遵、渝之兵东下，余大海（当作于大海）、李占春放舟而奔楚；他如三谭、（侯）天锡之辈或降或遁。自

[1] 顺治十三年六月左都督暂管郧襄水师事于大海揭帖。

[2] 顺治八年十一月十七日于大海奏本自称“四川靖南侯加封郑国公、今投诚臣于大海”，见《明清史料》丙编，第八本，第七九九页。

[3] 康熙五十三年《涪州志》卷四《艺文》记：“至辛卯（顺治八年，1651）献孽孙可望称秦王，从滇下黔入蜀，势并诸营。檄连占春，不听。七月内，贼至，占春溃，遂同于大海放舟下楚，投诚于国朝，而涪已空矣。”

[4] 上引顺治八年十一月十七日于大海奏本云：“不意占春臣于十月十四日夜飘然远遁，询其由来，总为三军饷匮……”

[5] 欧阳直《蜀乱》。

此三川之阻兵者皆尽。虽杀运犹未尽，民难犹未弭，而回视向之日月捋虎、霜雪衣裘、倾耳戴目、东窜西奔，以赊须臾之死者，已不啻水火衽席之不侔矣。[1]

可见，大西军的再度入川给当地残存百姓带来了生机，让他们有可能重整家园，逐步恢复社会生产，过上安定的生活。

孙可望部署的出兵川、黔，凭借武力收编永历朝廷残存的地方割据武装，是完全正义的。不把这些祸国殃民的军阀势力扫掉，大西军就不可能进入抗清前线，南明的残疆剩土也不可能真正成为抗清基地。孙可望接管贵州和四川南部地区以后，采取了果断措施加以整顿，在很短时间内就把黔、川治理得井井有条。他派白文选镇守贵州，收编当地的散兵游勇。对永历朝廷滥发的文、武官员札付全部收缴，裁革了一大批鱼肉人民的冗官，如派员"会勘平越各官，戮奸蠹民者"[2]，可望令蒋克远会冯双礼安抚人民，招徕商贾。又"令所属文武呈缴滥札，武职加授总制、参游，文官加授监军、督饷、部卿、佥宪，概行裁革。各官作奸蠹民者戮之。令督学刘鸣凤考试贡生，分别伪滥"[3]，从而荡涤了永历朝廷留下的污泥浊水，改善了吏治。同时，致力于恢复农业生产，保护商业流通。有的史籍记载，孙可望收取遵义、石阡、平溪等地以后，"安抚遗黎，大兴屯田，远近多归之"[4]。在四川綦江县也"差官丈田……变牛种为粮数"，并委任贵州拔贡张师素为知县，张到任时见城内"荆榛满目"，乃"招抚遗黎，殷勤保爱"。后来又"发难民千余安插于杜石沙坪一带，多垫江人"。[5]为了活跃经济，互通有无，孙可望

[1] 乾隆四十二年《富顺县志》卷五，杨鸿基《蜀难纪实》。

[2] 《黔记》。

[3] 《存信编》卷三。

[4] 《存信编》卷三。《黔记》卷四也记载顺治"八年，可望遣官清丈思（州府）、石（阡府）、黄（平州）施江内外屯田，征租"。

[5] 道光十五年《綦江县志》卷十。

下令“招徕商贾[1]，令征虏将军（冯双礼）招通平越商贾，失货物者量偿之”[2]。从一些史料来看，孙可望在贵州征收的赋税相当重，如在施秉“临田征租，劫去取十之七”[3]。“庚寅（1650，顺治七年）九月，秦王遣张扈卫复招士民……条银变输谷米共计二石有余，又有皇草、皇柴折价至黔中上纳；所征调银十两，帮补义兵一名器械银五十余两，不敢不从。一切五谷六畜丝麻之类，无隙可逃”[4]。这类材料除了反映当时用兵之际军需孔亟，不得不多征派赋税以外，也表明贵州等地的农业生产已经有所恢复。经过孙可望大刀阔斧的整顿，贵州的面貌为之一新，史载：

> 孙可望在黔，凡官员犯法，重则斩首、剥皮，轻者捆打数十，仍令复任管事。除去革降罚俸等罪，兵民亦如之，无流徒笞杖之法。盖事尚苟简，文案不繁。官绝贪污馈送之弊，民无盗贼攘夺之端。一时反以为便[5]。

为了保证军事行动畅通无阻和百姓安居乐业，孙可望非常注意修筑道路，“凡街衢桥道，务令修葺端整，令民家家植树于门，冬夏常蔚葱可观”。[6]同时，实行路引制度，防止清方间谍混入云贵。原大西军领导人把治理云南的经验推广到贵州全省和四川部分地区，从而扩大了抗清基地，增强了经济和军事实力，为此后在抗清事业中取得辉煌战果奠定了基础。

---

[1] 《存信编》卷三。
[2] 《黔记》。
[3] 《黔记》卷四。
[4] 民国《贵州通志》前事志十七引《杨明吾谱序》。
[5] 《爝火录》卷二十一。
[6] 《爝火录》卷二十一。

第四节　忠贞营的北上夔东和所谓“白毛毡贼”

李自成牺牲以后，大顺军余部始终没有形成一个自己的领导核心。史籍记载，在1645年东、西二路大顺军（由李自成、刘宗敏亲自率领由西安经商洛、豫西、湖北襄阳、武昌一线撤退的大顺军主力为东路；李过、高一功所统陕北及甘肃等地驻军经汉中、四川顺江而下至湖北荆州地区的大顺军为西路）在荆州一带会师后，曾有意拥立李自成的三弟为号召。不久，进攻荆州之役被来自南京的清贝勒勒克德浑部援军击败，自成之弟和田见秀、张鼐、吴汝义等降清被杀，大顺军各部的离心倾向更加有所发展。原随李自成东下的右营将领刘体纯在1645年冬至1646年带领部众经河南西部再度攻入陕西，同武大定等人会合，围攻省会西安，一时声势颇盛。后来被清军击败，转入川东鄂西（即夔东）坚持抗清斗争。袁宗第原是大顺军右营制将军，是刘体纯的上级，但在李自成牺牲后，他显然已经失去了对右营诸将的领导地位，只拥有为数不多的军队同牛万才等部在湖南西部与明朝制辅堵胤锡一道继续抗清。李过（即李锦、李赤心）、高一功（即高必正）同堵胤锡也保持较好的关系，但在1646年初荆州战役后，李过、高一功等部退入巴东、建始一带休整，袁宗第、牛万才等人并没有采取一致行动，留在湘西山区；后来忠贞营奉调入湘，经常德进攻长沙等地，遭到明督师何腾蛟的破坏后，接着是清郑亲王济尔哈朗统兵南下湖南，李过、高一功等率部经湘东、广东撤入广西南宁地区，袁宗第也没有随同前往。湖南被清军占领后，牛万才于顺治八年在溆浦投降清朝，袁宗第已带领部众进入夔东，同刘体纯等部联营。郝摇旗（郝永忠）自1645年以后长期追随南明督师大学士何腾蛟，先后转战于湖南、广西兴安、桂林一带。1648年他奉何腾蛟之命由广西北上击败反正来归的陈友龙部后，在永历朝廷中备受指责。次年（1649）何腾蛟被清军俘杀，他举目无亲，率部北上夔东，同刘体纯、袁宗第，以及王光兴、贺珍等部会合，主要活动于湖北房县、均县一带。

下面着重谈谈南明史上著名的“忠贞营”。“忠贞营”的主体是李过、高一功等率领由陕北南下的西路大顺军，1645年在荆州草坪地区同南明巡抚堵胤锡达成联合抗清协议，由堵胤锡上疏隆武帝，赐名“忠贞营”。这支军队保持大顺军的传统似乎比郝永忠等部要多一点，李自成的妻子高氏自荆州合营后一直随忠贞营行动，该营主将李过是自成的侄儿，高一功是高氏的兄弟，营中称自成为“先帝”，称高氏为“太后”，仿佛另成体系，但实际上并没有建立一个有效的领导核心。从现存文献资料来分析，作为大顺朝皇后的高氏，其性格是比较温顺软弱的，她从未利用自己原来的地位为李自成确立一位继承人。这势必导致两个引人注意的现象，其一是原大顺军并不能都归入忠贞营建制；其二是忠贞营内部没有形成名实相符的领导人，李过（李赤心）曾被视为忠贞营的首领，但无论在名义上还是在实际上他更像一位盟主，而不是一位能发号施令的领袖。这表现在李过在大顺政权中受封亳侯，隆武时期封为兴国侯，永历时期他沿用兴国侯，而忠贞营内刘国昌仍用大顺政权所封淮侯，刘世俊沿用大顺政权所封岳侯，永历二年十一月李赤心的塘报一再用“本爵同各爵”会议字样[1]。这些迹象表明原大顺军缺乏一个坚强的领导核心，在抗清斗争中更多地依附于南明重臣，以致未能相对独立地开创局面。永历三年冬，忠贞营到达广西南宁、横州一带，大将有李过、高一功、党守素、马重禧（改名马腾云）、张能、田虎、刘国昌、刘世俊等。不久，李过、张能、田虎等先后病死，高一功成了忠贞营的主要领导人。当时，忠贞营的处境相当艰难，在广西永历朝廷统治区内，他们既遭到留守桂林大学士瞿式耜的歧视，又遭到镇守南宁、庆远一带的庆国公陈邦傅的猜忌。只是由于忠贞营兵力还比较强大，南明广西当局才对他们无可奈何。1650年，清孔有德、尚可喜、耿继茂三藩兵进攻广东和湘桂时，高一功和党守素曾率领精锐五千兵马到行在朝见永历帝，提出两项重要建议，一是改变勋镇割据的局面，财政收入和官员任命都应该由朝廷统一安排，以便集中有限的财力、兵力救亡图存；

[1] 见《瞿式耜集》卷一《恢复大捷疏》。

一是以忠贞营为主力东救广州。他们的主张得到一部分比较正直的永历朝臣支持，然而，南明诸帝大抵都是托身于军阀，连掌握了部分兵权的大臣如何腾蛟、瞿式耜也沾染“勋镇习气”，一味拥兵据地自重，以邻为壑，从来没有全局打算。尽管当时形势已经相当危急，无论是“东勋”（李成栋养子李元胤及杜永和等）还是“西勋”（庆国公陈邦傅以及瞿式耜节制的将领）都唯恐忠贞营地位上升，使自己失去原有的权势，于是想尽办法加以反对和破坏。

南明史籍中叙述到淮侯刘国昌、岳侯刘世俊领兵会同李元胤、马宝、陈邦傅等东救广州一事均含糊其词，常见的说法是永历三年十一月“忠贞营刘国昌复下梧州，走怀集、阳山。因李赤心等各占地方，国昌无善地。堵胤锡出楚，欲随之”。“总督天下兵马大学士堵胤锡病，卒浔州。胤锡往督忠贞出楚，不从，大拂其意，拟即下梧州，调楚粤各勋。至浔抱病，乃李赤心又以刘国昌之下为胤锡使，遂不赴”[1]。或云：“是时，李元胤守肇。忠贞裨将淮侯刘国昌与高、李相失，溃入肇界。元胤堵御之，受约束，乃去，肇赖以全。”[2]特别使人疑窦丛生的是说刘国昌引部进至广东三水、四会时突然被宣布为“谋反”，遭到援东诸将李元胤、马宝、陈邦傅等部的合击。鲁可藻记：庚寅（1650，永历四年、顺治七年）六月，“刘国昌反。自肇庆夜半开舟，执峡口守将斫其右手足，走攻四会，围四阅月。总兵叶标固守以待，各勋兵到，会赖以全”。又说：“国昌抄掳不必言，拿人辄斫手，剐眼，割鼻。会罗承耀出，马吉翔约共图之。国昌觉，遂反。后虏陷东省，国昌仍驻阳山山间，时出掳掠境上。”[3]只要认真研究一下这类记载，不难发现其中

[1] 鲁可藻《岭表纪年》卷三。

[2] 钱秉镫《所知录》卷四。沈佳《存信编》卷三记：“九月，胤锡期赤心等不至，造其营诘之，赤心等丧败之余无意北出，请高、雷二郡以休息士马，胤锡不可，遂拔营西去，散居南宁、宾、梧之间。胤锡恚恨，病作；别部刘世俊请自劾（效），胤锡喜，自至浔州迎之。未几，病剧。”

[3] 《岭表纪年》卷四。

矛盾百出。比如说刘国昌应堵胤锡之调是因为其所部“无善地”“与高、李相失”，其实当时忠贞营诸将都是寄居他人篱下，高、李等部又何尝有“善地”[1]？高一功面见永历帝时“请身为诸将倡：以兵归兵部，赋归户部，简汰疲弱，分泛战守，较勘功罪，则事尚可为；如因仍离析，兵虽众，将虽尊，皇上求一卒之用亦不可得，有主臣皆陷而已”[2]。可见，忠贞营主要将领对广西勋镇的据地自雄深恶痛绝。其次，刘国昌、刘世俊的领兵东出，正是在高一功、党守素到梧州朝见永历帝的时候，据某些史料记载岳侯刘世俊即病死于梧州[3]。鲁可藻记：永历四年（1650）五月，“忠贞营高必正、党守素奉召援东，见朝。久之，复还南宁”。六月，“加高必正、党守素总统御营兵马，各佩大将军印，援东”[4]。王夫之也记载，五月“高必正、党守素（自南宁至梧州）入见。……谕高必正、党守素援广东。必正请括兵马归兵部，钱粮归户部，铨选归吏部；进止一听朝廷，诸帅不得以便宜专行，奉上亲征。廷议不能从。必正、守素归南宁”[5]。高必正、党守素领兵到达梧州时，永历廷臣“郊迎三十里”，永历帝表面上也言听计从，所谓“谕高必正、党守素援广东”，显然是高、党二人的主动建议，下文说“必正请……奉上亲征”在逻辑上才能衔接起来。依据这一判断，刘国昌的率兵由梧州入广东当系高一功等派出的先遣部队。然而，六月间即传来了救援广州诸将报告“刘国昌反”的消息。七月，“高必正、党守素拔营回南宁”[6]。很明显，这是广东、广西勋镇为防止忠贞营入粤策划的阴谋。当时，尚可喜、耿继茂带领的清军进攻广州并不顺利，永历朝廷由广西和广东肇庆派出的各路援军兵力相当雄厚，如果能齐心合力会同

[1] 鲁可藻《岭表纪年》卷三记：“赤心等散处横州、永淳、南宁、宾州间，土司等不与相安，日有攻击。”

[2] 王夫之《永历实录》卷十三《高李列传》。

[3] 《东明闻见录》。

[4] 鲁可藻《岭表纪年》卷四。

[5] 王夫之《永历实录》卷一《大行皇帝纪》。

[6] 鲁可藻《岭表纪年》卷四。

广州城内的杜永和部内外合击，战胜的把握很大。可是，南明军阀内部矛盾重重，所谓“东勋”李元胤与杜永和等人之间争权夺利，他们与“西勋”陈邦傅等人又钩心斗角，只有在打击和排挤原大顺军上才能携手合作。南明官员说“刘国昌反”，却始终拿不出证据，既没有列出刘国昌反对永历朝廷的任何罪状，又不能不承认刘国昌部在遭到暗算后仍然在广东阳山、英德一带抗清。究其实质，不过是种预谋，先以朝廷名义调忠贞营东援，粮饷却一毫不与，待到忠贞营军队就地筹饷时立即以“劫掠”为名大做文章，聚而歼之。正因为其中黑幕重重，当事人的记载总是吞吞吐吐，欲语还休。例如钱秉镫当时正在永历朝廷中任职，赋诗云：“端州兵不下，返旆御淮侯（自注：忠贞营裨将刘国昌兵散入端州各属）。莫问粤东急，须防内地忧。督师真失策，酿祸至今留。受诏虚縻饷，何时厌尔求（自注：初，督师宜兴堵公招此兵出，至今为患）？”[1]钱秉镫是个门户观念比较重的人，他明知集中于肇庆（端州）的明军不顾广州危急，返旆打内战的实情，却别有用心地把参与援救广州的刘国昌部说成督师堵胤锡招来的祸水。沈佳《存信编》记：“郧国公高必正将兵二万自楚至行在赴援，人马器甲壮甚，西北百战之余也。必正自请击敌。或言请敕必正出怀集、四会，度清远，以断清人后。廷议以永和故不敢用，处之浔、横之间。尝有敕至必正营，必正出迎十里外，步导至营，行礼甚恭，谓敕使曰：‘仆起草野，受国厚恩，欲率众自效，而朝廷不使处于内地，兵之所居，岂得无扰，外忌压境之仇，内残所恃之地，殊非计也。’敕使言之时宰，朱天麟、李用楫颇然之，众莫有听者。”[2]由此可见，忠贞营将领一直以抗清复明为己任，主动请缨，永历朝廷却视之为异己力量，一味加以防范，更谈不上发挥他们的作用了。

到1650年（永历四年、顺治七年）下半年，忠贞营在永历朝廷控制区内已经很难立足，被迫先后转移。刘国昌部在遭到广东、广西军阀

[1] 钱秉镫《藏心阁诗存》卷十二《行朝集·端州杂诗》。

[2] 沈佳《存信编》卷三。

的袭击后，同忠贞营主将失去联系，长期在广东北部阳山、英德、乳源一带抗清。鲁可藻记载，这年九月，“马吉翔、马宝、陈邦傅、马应龙等于四会讨伐刘国昌，败之。降其三分之一，国昌遁去，后仍在连（州）、阳山间”[1]。《英德县志》载：“顺治九年壬辰，贼首吴接踪等踞巢鲤鱼塘，焚劫乡村，韶、英合兵进剿，斩获不计。尔时复有刘国昌绰号白毛毡拥众数万蹂躏属地，四营群寇大王飞等绰号红头贼亦不下万人盘踞浛界，不时剽劫。官兵进剿，六月破四营于流寨，七月败国昌于蕉冈，追至乳源又大破之，西乡一隅颇得安息，迨十一年甲午、十二年乙未又有红头贼、白头贼屯札于红群塘、白水磜等处，日则伏山冲抢，夜则持梯破围，其害较之哨满等不少减焉。”[2]顺治八年十一月清广东巡抚李栖凤揭帖中说到这年七月间“逆寇白毛毡即伪淮侯刘国昌”驻营于距乳源县七十余里的龙溪，“势欲侵犯乳地”，清南雄、韶州驻军先发制人，趁夜翻山度岭进攻龙溪，刘国昌部被击败，阵亡数百名，包括刘国昌的妻子在内约一千余名家属被俘，刘国昌率残兵退入长溪山内凭险拒敌[3]。这些材料都说明在顺治七年清军攻占广州、桂林以后，永历朝廷形同瓦解，大将陈邦傅、杜永和等先后降清，方以智、鲁可藻、钱秉镫、王夫之等人转入清方统治区以遗民自命，而被他们诬陷打击的刘国昌部却一直在粤北山区坚持斗争，其条件之艰苦可想而知。关于刘国昌部还有两点值得说一下，一是所谓“绰号白毛毡”的问题，王夫之记1649年（永历三年）忠贞营撤入广西后，“刘希尧、刘芳亮与（李）赤心不协，率其军自梧州而北，转掠贺县、广宁、四会至宜章，所至剽杀，粤、楚间人尤苦之，呼为白毛毡贼，通粤将杨大甫，欲叛降□（虏）。朝廷执大甫诛之，希尧、芳亮恇慑失据，而彭嵩年、向文明屯

[1]　《岭表纪年》卷四。

[2]　道光二十三年《英德县志》卷十五《前事略》。同治十三年《韶州府志》卷二十四《兵事》。

[3]　《明清史料》丙编，第九本，第八〇二页。

郴南，阻其北降路，日渐溃散。清兵遂至，不及纳款，遂皆败死”[1]。蒙正发记：“制抚堵胤锡同忠贞营由茶陵、攸县、安仁、永兴以至江华、永明一带山悬僻谷中，直达广东之星子、连州，所过杀掳，白骨满山野，民呼为白毛毡。”[2]可见，白毛毡并不是刘国昌的绰号，而是大顺军余部的共称，其原因是将士头戴白毡帽，民间遂以此呼之。蒙正发出于政治偏见，诬蔑为杀人白骨蔽野致有“白毛毡”之名。王夫之在永历朝廷中仅任行人司行人，地位极低，当其处境困难时，郧国公高一功曾伸出援助之手，但他同瞿式耜之流一样心存畛域，拒绝与忠贞营将士往来，因此，尽管他在所著《永历实录》中为高必正、李赤心、李来亨等人做了传记，却往往根据传闻，人名和情节常有错误[3]。

1650年（顺治七年、永历四年）十二月，忠贞营的主力开始由南宁北上，主要原因是他们同原大西军领导人孙可望之间存在隔阂。当孙可望请求永历朝廷加封秦王的时候，忠贞营将领表示不满，高一功、党守素曾经亲自出面训斥孙可望的使者，大意是原大顺军和原大西军地位相类似，大顺军余部联明抗清后，将领最高只封公爵，孙可望却坚持要朝廷封他为一字王，有欠公允，甚至说出了“两家兵马，彼此所知，鞭弭櫜鞬，足以相当也”的威胁性语言[4]。就当时情况来说，大顺军余部兵力既远不如大西军余部强盛，又不像孙可望、李定国、刘文秀等拥有云南全省这样一块后方基地，高一功、党守素卷入永历朝廷同大西军联合的纠葛中是不明智的。自然，孙可望借用陈邦傅和造假敕要求节制天下文武，高一功等人不愿接受孙可望的指挥也是一个重要因素。高一功等人的行动得到永历朝臣中反对封秦的顽固派的赞许，在某种程度上还成了这些人拒绝封秦的武力后

[1] 王夫之《永历实录》卷十三《高李列传》。

[2] 蒙正发《三湘从事录》。

[3] 由于永历朝廷许多人歧视原大顺军，尽管忠贞营退入广西后同永历朝廷共处一地，但留下的记载却很少，忠贞营的将领情况就是一个难以弄清的问题。王夫之把刘国昌、刘世俊记载为刘希尧、刘芳亮，可能有误。

[4] 钱秉镫《所知录》卷下《永历纪年下》。

盾。然而，原大西军联明抗清毕竟是大势所趋，孙可望凭借实力也足以封王。双方的关系在李自成、张献忠生前已经因为争夺四川兵戎相见，封秦之争又加深了裂痕。到孙可望出兵贵州、四川，清军侵入广西时，高一功等忠贞营将士既打不过清定南王孔有德部，又不愿依附于孙可望，剩下的道路就是领兵北上夔东，同刘体纯、袁宗第、郝摇旗等大顺军旧部靠拢。

忠贞营由广西南宁一带北上的时间在各种史籍中记载不一致。《南宁府全志》记，顺治七年“十二月，高、李二家走古坭”[1]。《柳州府志》记，顺治七年“三月，高必正、李来亨由庆远至大榕江过水，从（江）、怀（远）民避兵无宁日”。据顺治八年七月清广西巡抚王一品的报告，这年五月高、李等部仍在怀远、大榕江一带，《柳州府志》可能误记提前了一年。

忠贞营的北上是一次艰难的军事转移。高一功、李来亨等人为了把士卒家属、辎重安全地护送到夔东，不得不取道小路，跋山涉水，经过明清统治力量较弱的少数民族聚居区。1651年（永历五年、顺治八年）忠贞营途经湖南西部保靖时，遭到已经投降清朝的当地土司彭朝柱组织的袭击，高一功不幸中毒箭身死[2]。在李来亨等率领下，忠贞

---

[1] 康熙抄本《南宁府全志·祥异志·附寇变》。

[2] 关于高一功之死，各种常见的南明史籍都说是被孙可望攻杀，如王夫之《永历实录》卷十三《高李列传》记：“时忠贞营诸部存者惟必正、守素及贺锦、李来亨四将屯浔南，日益弱。是年冬，两粤陷，清兵寇浔南，必正自庆远走黔。孙可望薄险要击之，转战旬日，所部多为可望劫降，必正、守素、锦皆殁。余军推李来亨为帅，由黔走施州卫，遂至巴东之西山屯焉。”这段记载很靠不住。贺锦早在1644年大顺政权时期牺牲于青海西宁，王夫之可能把贺珍、贺锦混为一人，但贺珍又非忠贞营将，从未入粤。党守素至康熙初降清，也不是在顺治八年被孙可望攻杀。乾隆二十八年《永顺府志》卷十二《杂记》和同治十年《保靖县志》卷十二《杂记》都记载高一功、李来亨带领忠贞营途经该地时，彭朝柱令其子彭鼎“调苗兵万余，从菁林开路攻杀数千人，高必正亦被药箭死，余皆奔溃”。但这两种方志把时间定在顺治“十一年九月”，《保靖县志》又把“高、李”改为“高必正、李赤心”；李过（赤心）病卒于广西，早在忠贞营北上之前，当为李来亨之误。《府志》引《永顺司宗图》云：“辛卯之冬，又遭高、李之乱。”辛卯为顺治八年，参考其他各书，有关高一功的事迹正是在顺治八年秋天以后再也没有出现，通过这些史籍的混乱记载，大致可以确定高一功是在顺治八年九月间在湖南保靖山区被永顺土司兵用毒箭射死。

营终于突破了重重险阻，到达了夔东。康熙《巫山县志》在顺治八年下记载：“是冬，袁宗第、刘体纯、马重禧、塔天宝、李来亨、董守泰（党守素之误）、郝永忠等营由南渡江，分据兴山、巴东、巫山、大昌等处。”[1]沈佳《存信编》卷三记，永历四年（顺治七年）十二月，“加大学士文安之太子太保、吏、兵两部尚书、督师经略川秦楚豫，赐尚方剑，便宜行事。封王光兴荆国公、郝永忠益国公、刘体纯皖国公、袁宗第靖国公、李来亨临国公、王友进宁国公、塔天宝宜都侯、马翔云阳城侯、郝珍（贺珍之误）岐侯、李复荣渭源侯、谭弘新津侯、谭诣仁寿侯、谭文涪侯、党守素兴平侯，从文安之之请也”。同书同卷又记，永历五年（顺治八年）夏四月，“文安之奉命督师至都匀，孙可望邀止之，迫夺王光兴等敕印，拘留数月，乃听安之回楚，各勋镇敕印俱匿留不发”。从上面叙述的忠贞营诸将李来亨、党守素、塔天宝、马重禧等到达夔东在顺治八年，《存信编》写的封爵时间可能有误，记早了一年。

忠贞营诸将到达夔东后，原大顺军系统的各支队伍基本上会合了。他们同集结在这里的其他拥明抗清武装如在郧、襄反清的王光兴，在陕西反清的贺珍，忠县以谭文、谭弘、谭诣为首的地方武装，摇黄的部分武装互相呼应，被称为夔东十三家，忠贞营的名字不再使用了。在谈到“夔东十三家”这个名词的时候，有两点应当注意：一是明末以来称各部义军常用“十三家”以形容其多，如崇祯年间的所谓“十三家七十二营”，明末清初的“摇黄十三家”，都是一种习惯说法，没有必要也不可能确指十三家的具体领导人和所辖部队。真正值得重视的倒是所谓“夔东十三家”是以原大顺军为主体，他们在作战时互相支持、配合行动比较多。王光兴（某些史籍中沿用“王二、王三”，即王光兴、王昌，似乎是兄弟二营，实际王昌病死后所部均归王光兴领导，何况顺治四年起兵反清时王氏兄弟并未分营）、贺

[1] 康熙五十四年抄本《巫山县志·僭据》。

珍、三谭和摇黄余部则带有较多的地方割据色彩。另一点是聚集于夔东的各支抗清武装就实力而言是相当强盛的，不仅兵马不少，而且多数是身经百战，有的擅长陆战，有的擅长水战，战斗力非常可观。然而，他们的弱点是各自为政，没有形成强有力的领导核心，各部首领互不相下固然是原因之一，但永历朝廷故意在封爵上一视同仁，封了一大批地位相当的公侯，更加强了分立倾向。文安之和他的继任大臣注意联络夔东抗清武装是正确的，但他们总希望维持诸将的“平等”地位，便于自己节制。考虑到永历朝廷大臣几乎没有真正懂得军事的人才，派设的督师阁部也不过虚有其名为永历朝廷象征而已。换句话说，夔东地区的明军既然控制着长江三峡两岸易守难攻的高山大川地区，若推举或任命一位才德兼备的主帅，只需留下少数兵力维持地方，集中主力攻下物产丰盈、人口较多的地区，必将在抗清复明事业中发挥重大作用。正是由于上述原因，加上孙可望掌握了永历朝廷实权后也未能消除双方的隔阂，夔东明军兵力虽强，所据地理位置又是腹心之处，却始终株守穷山僻隅，打不开局面。

第五节　永历帝的进入安龙

1650年（永历四年、顺治七年）正当孙可望部署原大西军由云南入贵州，开赴四川、湖南抗清前线时，清军向永历朝廷管辖下的两广地区展开了大规模的进攻。十一月初四日，清朝平、靖二藩尚可喜、耿继茂部攻占广州；次日，清定南王孔有德部占领桂林，两广地盘土崩瓦解。永历朝廷的文官武将除了少数慷慨就义以外，叛变投降的比比皆是；稍有民族气节的如方以智、钱秉镫等人或是避入深山少数民族居住区，或是披缁为僧，演出了一幕大散场的悲剧。

驻于梧州的永历帝一天之内接到东西两省省会失陷的消息，惊恐万状[1]。在大学士文安之、严起恒等拥簇下于十一月初十日逃往浔州。浔州守将庆国公陈邦傅眼看大厦将倾，决意降清，阴谋劫持永历帝献给清方做贽见礼。朱由榔得到密报，不顾倾盆大雨，仓皇窜往南宁，皇帝的卤簿和随驾官员都被陈邦傅叛军搜劫一空。陈邦傅没有抓到永历帝，竟把宣国公焦琏杀害，向孔有德投降。

十二月初三日，朱由榔在南宁见情况紧急，无兵无将，辖地全失，已经走投无路了，才不得不把希望寄托于原大西军和原大顺军。这月二十一日首席大学士文安之自请往四川督师，以太子太保兼吏、兵二部尚书，赐尚方剑节制以原大顺军为主体的川中诸将。同时派编修刘茝为使者封孙可望为冀王，让他派兵入卫。按明朝制度，一字王为亲王，二字王为郡王，永历帝到危难关头决定破格封孙可望为一字王，却不同意真封秦王，原因是明初朱元璋的次子朱樉受封秦王，位居诸藩之首[2]，传世二百多年，需要避免重复，也有恩自上出的意思。孙可望却因为用秦王名义发号施令已久，不愿拆穿早已誊黄公布的“伪敕”，拒不接受。杨畏知劝他接受冀王封号，说“假王何如真王”，孙可望置之不理[3]。

1651年（永历五年、顺治八年）二月，清军由柳州南下，南宁岌岌可危，永历朝廷覆亡在即。孙可望急忙派遣贺九义（也作贺九仪）、张明志领劲兵五千赶赴南宁护卫永历皇帝，同时也借此机会逼迫朝廷承认伪敕封秦的合法性。贺九义、张明志到达南宁后，杀兵部尚书杨鼎和，逼死阻挠封秦的首席大学士严起恒。许多南明史籍都说严起恒是被孙可望部将击毙或推入水中淹死，实际上是他负气自杀。据钱秉镫记载：“庚寅冬，车驾南幸，明年至南宁。其护卫张明志领铁骑五千迎驾，径

[1] 参看瞿昌文《粤行纪事》卷二（此书长恩阁丛书抄本作《粤行小纪》三卷，当为初本，后来改“小纪”为“纪事”，用词亦由尊明改为尊清）。

[2] 直到明朝末年，封在西安的秦王仍然被视为“首藩”，参见《明熹宗实录》卷二十二、二十三、二十四相关条。

[3] 金钟《皇明末造录》卷上记：“先是，以未允秦封，可望不悦，曰：‘古来遇乱世称帝称王者不知凡几，王莽、曹操、司马炎难道不是做得来？’杨畏知从容向可望曰：‘但是假终不若真足以服人心耳。’可望终不悦。”

登公舟，问封滇是秦邪，非秦邪？公正色曰：‘汝以迎驾来功甚大，朝廷自有重酬，固不惜大国封。今为此语，是挟封也。岂有天朝封爵而可挟者乎？’明志语不逊。公出舟大骂，跃水而死。可望兵大哗。从官后至者，土人言公死状如此。”[1]三月，朱由榔被迫正式承认了陈邦傅、胡执恭矫封孙可望为秦王的敕书和金印。孙可望也上疏谢恩说：

> 秦王臣朝宗望阙奏谢。臣自入滇以来，纪年而不纪号，称帅而不称王，正欲留此大宝以待陛下之中兴。此耿耿孤忠，矢之天日者也[2]。

封秦的争议总算是解决了，但双方的矛盾并没有因此缓和。就孙可望来说，他既需要朱明皇帝这面旗帜，把永历帝掌握在自己手中，借以挟天子以令诸侯；又明知朱由榔和忠于明室的朝臣是在山穷水尽的情况下才违心地同意真封秦王。于是，他采取敬鬼神而远之的策略，名义上尊奉永历年号，正式自称秦国“国主”[3]，在贵阳建立行营六部，以范鑛、马兆羲、任僎、万年策等为吏、户、礼、兵部尚书[4]，从而实际上接管了永历朝廷的权力。永历帝及其为数不多的廷臣仍想威福自操，对于孙可望的日无朝廷、任意格杀、逼死大臣，难免心怀疑惧。接着，

---

[1] 钱秉镫《藏山阁文存》卷五《闽粤死难偶记》；参见《所知录》卷四。按，钱秉镫自桂林失守后即在梧州脱离永历朝廷，他记载永历后期事乃根据随永历入贵州、云南的同官好友汪蛟口述及汪撰《日记》，较他书更为翔实。

[2] 李天根《爝火录》卷二十一；又见《残明纪事》。

[3] 康熙五十四年《新兴州志》卷二《沿革》记：“七年庚寅，孙可望伪称秦王，置百官，取黔中地。八年辛卯二月，孙可望自称国主。”康熙四十四年《平彝县志》卷二《沿革》记载相同。康熙五十八年《澂江府志》卷三《沿革》记：“七年称秦王，旋称国主。”

[4] 见李天根《爝火录》卷二十一。按，该书因字形相似将马兆羲误书作马兆义，其他史籍又常因音同把马兆羲写作马兆熙。康熙五十五年《楚雄府志》卷六《选举志》记马兆羲天启丁卯科举人，崇祯戊辰科进士；卷七《人物志》有马兆羲小传。郭影秋《李定国纪年》第一百页及第一〇一页未察史料之讹，一作马兆熙，一作马兆义，遂歧为二人。

又在杨畏知的问题上进一步激化了双方的矛盾。杨畏知是忠于明室的，他是陕西宝鸡人，和孙可望、李定国、刘文秀等同乡，又较早和原大西军合作共事，如果安排得当本可以从中斡旋，减少双方隔阂。当杨畏知奉孙可望之命来到南宁时，认为贺九义等逼死首席大学士严起恒有伤大体，上疏劾奏二将。永历帝决定破格授予杨畏知礼部侍郎兼东阁大学士的官衔入朝辅政。这一措施本来是为了加强朝廷同原大西军将领之间联络的纽带。不料，孙可望得知后大为不满，命令贺九义把杨畏知押回贵阳，责问他为什么擅自接受永历朝廷大学士职务。杨畏知回答道，既然你已经接受朝廷的秦王封爵，我为什么不可以接受朝廷的大学士职务。孙可望认定他心向永历帝，不忠于己，下令把他拖出斩首。这件事在《滇缅录》内记载得比较详细：

> 八年（辛未，永历五年）从朱天锡（朱天麟）请改封可望为冀王，以编修刘蓝为封使。未至，可望遣其将贺九仪及总兵张胜、张明志、杨威等率兵万人，由广宁驰南宁护跸，且胁改秦封。内阁严启（起）恒、杨鼎和，科臣刘尧珍、吴霖、张载述抗论不允。九仪盗杀鼎和于昆仑关，又击杀起恒水中……，并杀尧珍等。数日，胡执恭自泗城至，泣对曰：曩口之事，诸臣死之，臣膏斧余生，何敢再置一喙。但自封议诪张以来，可望愤然用兵，外并诸镇，内杀重臣，其心已不可问，然我地日蹙，兵日益散，万一势迫长驱，舍西南一块土更无捉足之地，不得不仍申封秦之典，开一线滇黔以备缓急。三月，可望上疏言，臣秦人也，不愿封冀。永历乃缮玺书命执恭往黔慰谕可望，更封秦王。畏知再至，深自恨，痛哭入见。永历留之入阁办事。畏知抗疏劾贺九仪贼杀大臣之罪，九仪报可望。可望怒，使指挥郑国执畏知至黔。畏知入见，即大骂逆贼，终不可与有为，取头上帻击其面。可望怒，杀之。此辛卯五月六日事

也。定国、文秀皆与畏知善，益恨可望。[1]

杨畏知之死，充分暴露了孙可望的野心，他要的只是永历朝廷这块招牌，一切生杀荣辱的大权都揽归自己。这不仅加深了永历君臣的畏惧，也引起原大西军主将李定国、刘文秀等人的不满。这年十一月，清军逼近南宁，永历帝召集廷臣会议何去何从。有的人建议逃往两广海滨依靠李元胤的残兵败卒；有的主张迁入安南避难；也有的提议航海往福建投奔郑成功；掌锦衣卫事文安侯马吉翔和太监庞天寿极力主张前往云南依赖原大西军，首辅吴贞毓由于自己曾经反对封孙可望为秦王，这时顾虑重重，不敢决策。特别是永历帝本身就“不欲就可望”[2]。孙可望派来的护卫将领贺九义见朝廷议论纷纷，多不愿依靠近在咫尺的原大西军，他愤愤不平地入朝对廷臣说：“昔秦王为请移跸滇黔，特命我扈驾。今诸臣既各疑贰，我岂能担此重任乎？”[3]随即拔营而去。十二月初十日，清军线国安部占领南宁[4]。永历君臣经新宁州（今广西扶绥）乘船溯左江逃至濑湍（在今广西崇左县东），由于上游水浅，“尽焚龙舟重器”，派禁兵抬辇由陆路逃难，经龙英（今广西大新西）、归顺（今广西靖西）、镇安（今广西德保）窜至桂滇交界处，遇上原大西军

[1] 《滇缅录》，见《长恩阁丛书》。按，杨畏知被杀事诸书记载不一致。《爝火录》卷二十一两段记载在情节上就互有出入。遇害地点，《滇缅录》《爝火录》等书说在贵阳；屈大均《安龙逸史》卷上则说押回云南被害。康熙三十年《云南通志》卷三《沿革大事考》记，顺治八年（永历五年）五月，“孙可望遣杨畏知诣永历，留为内阁。畏知上疏自劾，又语忤贺九仪，九仪谮于可望，执畏知回黔，畏知大骂可望，求速死，遂遇害。”康熙五十五年《楚雄府志》卷十《艺文志》收马天选《吊副使杨公畏知》诗注云：“公先藁葬楚雄。”参考诸书，孙可望在顺治七年八月到达贵阳后，长期驻于该地，杨畏知当死于贵阳，葬于云南。

[2] 《爝火录》卷二十一。

[3] 《爝火录》卷二十一。胡钦华《天南纪事》云：永历五年“六月，可望复请移于滇。帝优诏拒之。可望遂大怒，九月撤兵还”。可见，贺九义撤兵是奉孙可望之命。

[4] 沈佳《存信编》卷三记，十二月初七日清军占领南宁。

狄三品、高文贵、黑邦俊部才转危为安。南宁失守后，永历朝廷基本上已经没有自己的管辖区了，从此一直驻于原大西军接管的地区内。

1652年（永历六年、顺治九年）正月初一，永历帝和他手下为数不多的臣子、眷属在云南省最东边一个名叫皈朝的村子里度过了传统的节日。半个月后移到了广南府（今云南省广南）。孙可望接到报告后，经过再三斟酌决定把朱由榔及其随行人员迎往贵州安隆千户所城居住，派副总兵王爱秀带兵护送，呈上的奏疏中写道：

> 臣以行在孤处僻粤，再次迎请，未奉允行。今正月初三日接外后营总兵狄三品等塘报，云皇上驾抵皈朝，欲移幸广南，臣不胜欣喜。臣前预虑圣驾必有移幸之日，所以先遣各营兵马肃清夷氛，道路无碍。广南虽云内地，界邻交趾，尚恐敌情叵测。臣再思维，惟安隆所乃滇黔粤三省会区，城廓完坚，行宫修葺，巩固无虞。且以皇上屡历艰危，当思长策，岂可再触惊忧。今若竟抵安隆，暂劳永逸，一切御用粮储朝发夕至，较广南逼近交夷，安危又大不同矣。特遣副总臣王爱秀前来奉迎。若异日中原大拓，东南移都，亦无艰难纡折之苦。临奏不胜激切。[1]

永历朝廷在走投无路的情况下，勉强接受孙可望的安排，在王爱秀护送下搬到了安隆千户所，为了使名字好听一些，改为安龙府。据江之春记载，“壬辰（1652，永历六年、顺治九年）二月初六日，上自广西南宁府移跸贵州安龙府，……时廷臣扈随者，文武止五十余人”[2]，

---

[1] 沈佳《存信编》卷三。《爝火录》卷二十二所载文字较简。按，安隆所或写作安笼所。

[2] 江之春《安龙纪事》，收入神州国光社编《虎口余生记》；又见计六奇《明季南略》卷十四，沈佳《存信编》卷四按干支推算也是二月初六日。

加上少数兵丁、随从人员和家属眷口也不过两千九百余人[1]。《残明纪事》中说："王自入黔，无尺土一民。"其实，更正确的说法应当是：帝无尺土一民，方始入黔。永历帝和他寥寥可数的廷臣迁入原大西军余部的控制区，标志着这位南明皇帝被迫把自己和小朝廷的命运完全托付给原大西军。

这种新情况的出现，如果能够有效地利用本来是可以把全国的抗清斗争推上一个新阶段。因为，自从清兵南下之后，满洲贵族加紧推行民族征服和民族压迫政策，激起了汉族士民的激烈反抗，导致民族矛盾上升为全国的主要矛盾。然而，尽管各地的抗清斗争风起云涌，却大多以失败告终。失败的根本原因在于南明朝廷自身的腐败，内部纷争离析，名义上从属朝廷的各种抗清力量之间，以至于某一个抗清团体的内部，总是矛盾重重，相当大一部分可以用于抗清的力量在内部冲突中被消耗了。改变这种局面，需要两个条件：一是利用汉族绅民长期存在的正统思想，以朱明皇帝作为号召和团结各种抗清势力的旗帜；一是要有一支拥有相当实力又忠于抗清事业的力量作为核心。具体来说，永历皇帝就是当时唯一适合的旗帜，而孙可望为首的原大西军经过改编和养精蓄锐之后，正是支撑、团结各种抗清势力的核心。道理很明显，只有以永历朝廷为正统，以复明为号召，孙可望等的西南抗清力量才能同东南沿海的郑成功抗清义师团结起来；各地汉族官绅士民的反清派是以恢复明朝为宗旨的，他们中间的许多人对原属农民军的孙可望、李定国、高一功、李来亨等怀有很深的偏见，在这种情况下，抛开永历朝廷就不可能达到号召远近的目的；甚至为了使原属大西、大顺这两支农民军的武装（还有曾属农民军的混十万马进忠等人）在抗清斗争中实现有效的联盟，也必须借重永历朝廷。从另一方面说，永历朝廷毕竟是腐朽没落的明王朝的延续，对人民的敌视、内部的腐败和钩心斗角已经成为深入骨髓的痼疾。当它还拥有直属自己的地盘和兵力的时候，无论是对大顺军

[1] 金钟《皇明末造录》卷上。

还是对大西军都采取暗中防范、明加排斥的方针，双方的关系往往陷入僵局，导致丧师失地。在清军追击下，永历朝廷有限的实力和地盘丧失一空，被迫投奔原大西军，实际上是来了一次大换血。这样，推进抗清斗争所必要的两大要素才有可能真正结合起来。

然而，可能性并不一定能够成为现实。当永历帝已经被安置于笼中以后，孙可望作为主角登场了，事实证明他没有演好，他不懂舞台上的主角并不一定是剧情中地位最高的人。对于孙可望的秉政，我们应该有个全面的认识。一方面，他在明清之际的政治风云中确实是出类拔萃的人物，治理军国大政表现了非凡的才能；另一方面，他对权力和地位的欲壑难填使他利令智昏，无法做到高瞻远瞩，正确地驾驭全局。就治军治国的才能而言，他在顺治三年冬（1647年1月）张献忠遇难后接过元气大损的大西军领导权，开疆辟土，把久历战乱的云南治理得相当不错。在接管贵州后，也在短期内就把这个贫瘠的省份治理得井井有条，生产迅速恢复。自然，治理云贵地区不能全部归功于孙可望一个人，但他作为最高决策人所起的作用则不容低估；同样，李定国在顺治九年以后取得的辉煌战果同在云南的休整和后勤支援也是分不开的。

孙可望决策联明抗清是完全正确的，在联络永历朝廷的初期备受朱由榔及其廷臣的欺骗与刁难也是事实。从他不失时机地派兵救出永历皇帝，安置于自己的管辖区来看，表明他对永历皇帝的号召作用是有所认识的。然而，在如何正确利用永历这面旗帜上，孙可望却犯了极大的错误。他光知道暂时需要利用永历朝廷，却不能安置得当，注意维护朝廷的表面尊严。

当时，原大西军管辖区内有两个政治中心，一个是云南省会昆明，另一个是贵州省会贵阳。前者是原大西军四将军长期活动的中心[1]，后

[1] 1655年孙可望致信李定国、刘文秀说："滇南乃公众之地，宜作根本之区。"见《明末滇南纪略》卷五《再图西蜀》。所谓"公众之地"即指云南为孙、李、刘等共有。

者是孙可望以“国主”身份发号施令的场所，这里建立了属于孙可望的六部等中央机构，相当于封建时代皇帝的行在。永历帝迁入原大西军管辖区后，本来应该驻跸于昆明或贵阳，以原大西军建立的政权为基础逐步改造南明朝廷。孙可望却没有这样做，他完全从个人的利害出发，唯恐把永历帝迎至昆明后可能受李定国和刘文秀等的影响，自己不便操纵；如果迎来贵阳，不仅自己得定期朝见称臣，而且重大军国重务总应在形式上取得皇帝的认可。这对于野心勃勃的孙可望都是难以容忍的。因此，他把永历帝及其为数不多的廷臣、随从迁往自己的嫡系军队控制下的安隆，这里原先只是明代的一个千户所城，地方僻小，居民不过百家[1]。永历皇帝居住的千户所公署虽称行宫，其简陋程度可想而知。而王应龙在昆明为孙可望“营造王府，用黄瓦，拆呈贡县城砖石为墙，脚宽六尺。大门外设通政司，立下马牌，制天子仪仗，殿悬五龙，设螭陛，选有声音者为鸿胪寺赞礼。显然有僭称天子之形”[2]。在贵阳也“大兴土木，建立宫殿、楼观甚美伟。又作行宫十余所于滇、黔孔道，以备巡幸”[3]。清朝初年在湖南、贵州任职的彭而述依据亲身经历写道，自宝庆（今湖南邵阳）城外三十里的长烟司直至贵州、云南，每一舍设孙可望行宫一所，如清平卫宫邸“熳烂魁杰，台八九层，榴花亭子布置俨雅，与靖州署同”[4]。这些行宫虽不一定都是新建的，至少也经过维修铺设。国难当头，民力凋敝，孙可望的追求享受，讲究排场，实

[1] 安龙，原名安笼，为安笼守御千户所（明制：守御千户所直隶都司，不属卫管），在贵州普安州城南三百二十里。“洪武二十一年建为宁远堡，寻改为所。所城围一里二百七十步。”见弘治《贵州图经新志》卷十，普安州。乾隆二十九年抄本《南笼府志》卷四《城池》记：“南笼府旧城原为安笼所城，隶安顺府。明永乐二年建，周围二百八十七丈一尺，高一丈四尺。”按，明朝制度卫、所属军事系统，行政系统的府州无权管辖。

[2] 《明末滇南纪略》卷四《悔罪归明》。

[3] 《爝火录》卷二十五。《存信编》卷四记：“可望自居贵州省城，大造宫殿，设立文武。川黔大臣皆挟以威，令刻期朝见，授以职衔，有不从者即杀之。”

[4] 彭而述《读史亭文集》卷十，记下《宝庆至沅州日记》《自沅抵贵日记》。

在令人吃惊。这同他拨给永历帝居住的安龙相比，形成鲜明的对照[1]。

宸居既是如此简陋[2]，供应也极为菲薄。孙可望任命亲信范应旭为安隆府知府，张应科为总理提塘官。每年给银八千两、米六百石供永历君臣、随从支用[3]，“帝以不足用为言，不答”[4]。范应旭、张应科“造册，开皇帝一员、皇后一口，月支银米若干”[5]。他们还奉命对永历朝廷的动静严密监视，随时飞报可望。永历皇帝实际上处于软禁之中。连原大西军领导人物李定国、刘文秀未经孙可望许可都不得直接同永历帝往来。例如，朱由榔刚迁到安龙的时候，“李定国、刘文秀自称孙可望之弟，恭候万安，并进银币，食物值可万计。可望闻而益恶之”[6]。又如，李定国攻克桂林，“报捷于安龙行在。帝以玺书劳慰，极其称奖。孙可望知之，以为捷不报己而报帝，深恨之”[7]。定国桂林之捷不仅向孙可望做了报告，献俘也是解往贵阳，不能说是“不报己而报帝”，但定国派使者赴安龙向永历帝奏捷大概确有其事。孙可望却认为所有军国重事都应由自己一手握定，视永历帝与大将之间文书往来为大忌，足见其心胸偏窄。

---

[1] 民国《贵州通志》前事志十七引《桂王本末》云：“由榔在安隆涂茸薄以自敝，日食脱粟，穷困备至。”略有夸张。

[2] 屈大均《安龙逸史》卷下记，顺治九年四月，孙可望“补任之聪为安龙知府、朱用九为通判、谭江藩为推官，动库银为各处建公署焉”。可见，永历朝廷迁入安龙以后，孙可望曾经命人动工兴建“行在”和衙门办公处所，但是安龙地僻城小，兴建的行在公署肯定不大壮观。

[3] 《残明纪事》云：可望令“张应科每年进银二千两、食米六百石”。诸书记载供应永历君臣的银米数不一致，为数不多当系事实。

[4] 《天南纪事》。

[5] 《爝火录》卷二十二。

[6] 胡钦华《天南纪事》。

[7] 《明末滇南纪略》卷六《进取粤西》。

第二十二章
1651—1653年浙闽赣抗清势力的消长

第一节 舟山之役和鲁监国退位

鲁监国进驻舟山以后，摆脱了郑彩的控制，战略上也由恢复福建改为经营浙江。当时，张名振、阮进、王朝先等部驻于舟山；闽安伯周瑞、平虏伯周鹤芝屯于温州的三盘；宁波府四明山寨的王翊、王江、冯京第等义师同舟山相呼应。以鲁监国为首的兵力还相当强盛，特别是舟山群岛地理位置十分重要，对清廷在江浙地区的统治构成重大威胁。

清摄政王多尔衮眼见在江西、广东、山西、陕西等地的大规模反清复明运动之后，满洲八旗兵被拖得疲惫已极，加上清军不熟悉海上作战，因而对鲁监国政权采取了政治上招降瓦解、军事上利用汉军进攻的对策。1649年（顺治六年、鲁监国四年）正月，江南江西河南总督马国柱报告：“舟山伪佥都严我公率知府许珖等投诚，并献进剿机宜，愿充向导。”[1]多尔衮如获至宝，立即让马国柱把严我公送到北京，亲自两次召见，授予都察院右副都御史招抚沙埕舟山等处招抚使，携带敕书前往浙江招降明方文武官员。严我公即以清朝钦差大臣的身份派遣使者进入四明山寨和舟山群岛到处游说。在他的策动下，这年三月鲁监国所封开远侯吴凯降清[2]，九月清廷封吴凯为沙埕侯，总统沙埕、舟山、大岚、东白海岛军务总兵官[3]。接着，鲁监国下义安伯顾奇勋降清，被封为舟山伯、舟山总兵[4]。随同降清的明开平将军姜君献被任为归义将军，安远将军王用升为怀义将军，翼义将军陈龙为慕义将军，总兵陈德芝为招抚（即严我公）标下右营总兵，雷虎彪为后营总兵，杨子龙为前营总兵，明副使吕一成为沙埕监军副使，高树勋为舟山监军副使，“俱赐敕印并貂帽蟒袍等物”[5]。次年（1650）正月和四月，严我公又疏报招得定远侯石仲芳[6]、昭武将军田得坤、忠勇将军沈乘龙、虎贲将军胡茂芳、定一将军陆鸣时等多人。顺治六年二月初三日，清“皇父摄政王”多尔衮还发出了“与大兰山吴大将军谕旨”，其中说：“将军果投诚归顺，予必使将军富贵无极，子子孙孙世世不绝，山河带砺，与国同

[1] 《清世祖实录》卷四十二。黄宗羲《海外恸哭记》中说严我公是个骗子，并没有在鲁监国政权中任职，他自己“伪为告身银印，曰：吾行朝之都御史也。因客以见国柱，因国柱以见虏主。我公大言憾虏主曰：‘……曩者臣在海上，诸营将故臣之属吏，臣苟得奉明诏，开以丹青之信，则江南之患，可刻日定也。’虏王大悦，以我公为招抚都御史，诏山海之师解甲者复其位，视严我公。然我公故未尝为山海之帅所识……”

[2] 顺治六年三月《绍兴府诸暨县草莽臣吴凯奏本》，见《明清史料》丁编，第一本，第二十九页。据佚名《监国纪年》，鲁监国初立时，“拜新河总兵吴凯为将军，是年（1645）底加封吴凯为开远伯”。

[3] 《明清史料》丁编，第一本，第三十五页。按，吴凯降清不久即死，见顺治七年三月十八日招抚使严我公揭帖，《明清史料》己编，第一本，第七十四页。

[4] 顺治七年三月十六日舟山总兵官顾奇勋揭帖，见《明清史料》丁编，第一本，第三十八页。黄宗羲《海外恸哭记》作“会稽顾虎臣”。

[5] 《清世祖实录》卷四十六。

[6] 顺治七年正月初五日沙埕舟山招抚使严我公揭帖，见《明清史料》丁编，第一本，第三十六页；同书第三十九页严我公揭帖内提到上缴“定原伯石仲芳”敕书，黄宗羲《海外恸哭记》有鲁监国四年七月授萧山石仲芳为挂印将军。

休。”[1]这些事实都表明清廷因自身兵力不足，不得不采取高悬爵禄的方式，连鲁监国滥发敕印授予的官爵只要来降就保留其原官原爵。清廷通过严我公的活动，仅发出一批空头敕印就招来了鲁监国下一批不稳定分子，对于掌握浙东抗清势力的虚实、动摇人心起了不小作用。但光靠这一手解决不了问题。一是鲁监国的主要将领张名振、阮进等人坚贞不移，四明山寨的主帅王翊也把严我公派来的使者付之汤火[2]，严我公对多尔衮夸下的海口无从兑现。另一方面，招来的一批“高官显爵”既没有多大实力又没有粮饷，引起了清朝地方当局的不满，他们心怀妒意，又难于安插。顺治七年四月，清浙闽总督陈锦上疏说：“我公等见行事宜，不便有八。”兵部称赞为“诚为确论”[3]。甚至严我公也承认“天恩过厚”，“缘系招抚镇臣太多”[4]。这场招抚闹剧才草率收场。

除了清方进行的策反活动以外，鲁监国政权内部还存在一些不稳定因素。1650年（顺治七年、鲁监国五年），周瑞和周鹤芝在三盘闹矛盾，鲁监国派巡按吴明中去调解。不料，吴明中“原为清官，为贼所获”，是个潜伏在义师内部的奸细[5]。他到达三盘后，乘机火上加油，大肆挑拨，二将互不相容，周瑞引兵南下福建投靠郑彩，后来成为郑成功的部将；周鹤芝则带领所部兵船北依阮进。

不久，在舟山又爆发了张名振同王朝先的冲突。王朝先原来在舟山受到肃虏侯黄斌卿的压制，内心深为不满，才同张名振、阮进策划了刺杀黄斌卿的行动。鲁监国对张名振非常信任，委以节制诸军大权，王朝

[1] 《明清史料》甲编，第六本，第五一七页。

[2] 黄宗羲《海外恸哭记》。

[3] 顺治七年四月十五日到兵部残揭帖，见《明清史料》己编，第一本，第七十五页。

[4] 沙埕舟山等处招抚使严我公揭帖，见《明清史料》己编，第一本，第七十四页。

[5] 顺治五年二月福建福宁义师首领王公哲派吴明中携带鲁监国诏书入城招降清分巡道潘映娄、总兵涂登华时，由于他告密，把随同进城监视的三百余名明军诱杀。见《明清史料》己编，第一本，第九十页。

先又感到不公平，声称要公开宣传袭杀黄斌卿的主谋是张名振。由于在舟山黄斌卿的旧部尚多，张名振唯恐导致内变，就同阮进密商，先发制人，在1651年二月乙卯日早晨由阮进派健卒冲入王朝先帐中。“朝先未衣，奋夺刀，杀进数人，势不敌，走阁部张肯堂邸，肯堂请避入内室。朝先顾身裸不肯入，反与进对仗庭中”[1]，结果被追卒杀害。事后，张名振即将谋害黄斌卿的责任推到王朝先身上，说他“擅杀斌卿，忘谊不赦”[2]。但是，事情并未因此了结，王朝先的部将张济明、吕廷纪愤恨不平，逾墙缒城，夺得船只驶往宁波向清总兵张杰投降，告以舟山虚实，愿意充当向导。

鲁监国扼守舟山联络内地复明武装开展抗清运动，既对江浙清朝统治构成威胁，又牵制了清军主力不得进入福建，为郑成功的扩充力量创造了条件。清朝当局对此甚感头痛，经过一番策划以后，决定在进攻舟山之前，先对四明山寨抗清义师展开大规模的扫荡，以免大军出海，内地蜂拥而起。1650年（顺治七年、永历四年、鲁监国五年）九月，清将固山额真金砺、提督田雄等调集兵马分别由奉化、余姚进入四明山区搜剿，鲁监国委任的兵部右侍郎冯京第被擒遇难。经略直、浙兵部左侍郎兼左副都御史王翊见清军势大难敌，航海往舟山，准备趁清军主力聚集于大兰山之机，会合王朝先率舟师攻杭州。他到达舟山时，王朝先已被张名振、阮进击杀。1651年，王翊回到四明山中，这时山中诸义师有的被清军剿灭，有的被严我公招降。七月二十四日，王翊被清政府团练兵俘获，八月十二日在定海就义[3]。

清军在大体上平定了四明山区的抗清武装以后，就着手部署大举

[1] 查继佐《罪惟录》列传三十三《黄斌卿传》；黄宗羲《海外恸哭记》。

[2] 查继佐《罪惟录》列传三十三《黄斌卿传》。

[3] 黄宗羲《海外恸哭记》。翁洲老民《海东逸史》卷九《王翊传》记庚寅（1650）八月，进本部尚书，次年八月十四日被杀。朱之瑜为其知友，先后作祭文三篇，书其官衔甚详，然对其就义之日“终不得其真”，拟于八月十三日。见《朱舜水集》卷二十一。

进攻舟山，摧毁鲁监国政权。1651年（顺治八年、永历五年）清浙闽总督陈锦、平南将军固山额真金砺、固山额真刘之源、提督田雄、浙江巡抚萧起元会商进攻舟山机宜。经清廷核准后，公议由提督田雄先于六月十二日从杭州带领兵马前往定关，同定海总兵张杰会合，一面继续搜剿大岚（即四明大兰山区）的抗清义师，一面料理船只，做好渡海准备。七月十三日，固山额真金砺、刘之源统师由杭州经绍兴、宁波往定关；同月十九日总督陈锦率军由衢州出发，经台州、宁波至定关。除了上述军队担任进攻舟山的主力以外，陈锦等还命金华总兵马进宝为总统，带领水陆兵由台州乘船北上；并经清廷批准檄调吴淞水师总兵王燝率部南下，预定八月二十日三路会攻舟山，企图一举歼灭明鲁监国全军[1]。八月中旬，清军云集定关，舟山战役即将开始。

在这“山雨欲来风满楼”之际，鲁监国召集文武群臣会议，商讨堵御对策。决定留荡胡侯阮进带领水师扼守定关海域[2]，安洋将军刘世勋、都督张名扬、中镇总兵马泰等领兵三营防守舟山城；鲁监国和兵部侍郎张煌言、定西侯张名振分别率领军队乘船南北出击，企图使清军陷于顾此失彼的困境。具体部署是：“张名振督张晋爵、叶有成、马龙、阮美、阮骥、方简等遏南师；张煌言、阮骏率顾忠、罗蕴章、鲍国祥、阮骍、郑麟、李英杰、符文焕等断北洋。”[3]

朱以海和他的高级将领做出这种部署，显然是出于以下考虑：他们估计清军水上作战能力很差，大将阮进精于海战，可以在海面击败来

[1] 顺治八年九月浙江福建总督陈锦“为飞报攻克舟山，荡剿海寇大捷事”揭帖，见《明清史料》甲编，第三本，第二八四至二八六页。

[2] 阮进的官爵在《海东逸史》《行朝录》《鲁之春秋》《南疆逸史》等书中都记为荡胡伯；张岱《石匮书后集》卷五十一记鲁监国驻舟山后“封进为荡胡侯”，但该传前后文均误写为阮俊。据清浙江巡抚萧起元顺治八年八月二十八日揭帖报是月二十一日“擒伪荡胡侯阮进并伪敕伪印”，见《明清史料》丁编，第一本，第四十五页。又上引同年九月浙江福建总督陈锦的揭帖里也报告“当阵擒获伪荡湖侯阮进及伪敕伪印”，“荡湖侯”即荡胡侯的讳称。由此可证阮进在这以前确已由荡胡伯晋封荡胡侯。

[3] 任光复《航海纪闻》，见《荆驼逸史》。

犯之清军，确保舟山无虞；而乘江苏、浙江清军主力齐集定海，进军长江口，将使清军陷入进退两难的处境。这正如《海东逸史》所记："王以蛟关未能猝渡，亲帅舟师捣吴淞，以牵其势，荡胡伯阮进居守。"[1]现收入《张苍水集》内的鲁监国《祭海神文》（张煌言代草）正是朱以海亲自率军北攻吴淞时的一篇重要文献，文中说："予起义于浙东，与薪胆俱者七载，而两载泊于此。……今义旅如林，中原响应，且当率文武将吏，誓师扬帆，共图大事。洁诚备物，致告行期。启行之后，日月朗曜，星辰烂陈，风雨靡薄，水波不惊。黄龙蜿蜒，紫气氤氲，棹楫协力，左右同心，功成事定，崇封表灵。……"[2]张煌言后来写的《滃洲行》里也详细描述了当年舟山失守的情况，其中几句是："斯时帝子在行间，吴淞渡口凯歌还。谁知胜败无常势，明朝闻已破岩关。又闻巷战戈旋倒，阖城草草涂肝脑。忠臣尽瘗伯夷山，义士悉到田横岛。"[3]很明显，鲁监国和张名振等率师亲征吴淞是针对清军齐集定海而采取的围魏救赵之计。黄宗羲在记载这一战役时含糊其词地说："虏会浙、直之兵寇行朝……行朝闻之，定西侯张名振、英义将军阮骏扈上出舟山，登舟泊道头（道头即在舟山群岛）。"[4]给读者以避战先逃的印象。据当时正在行间的太常寺卿任廷贵记载："八月，戒严甚。二十日王携世子欲登舟，名振谏曰：臣母耄年，不敢轻去，恐寒将士心。主上督率六师，躬环甲胄，是为有辞，世子岂可遽去？将为民望耶？遂不果行。"[5]从鲁监国出征时宫眷和大学士张肯堂以下的朝廷官员都留驻

---

[1] 翁洲老民《海东逸史》卷三《家人传》；参见同书卷十《张肯堂传》、卷十二《张名振传》。

[2] 张煌言《张苍水集》第一编《冰槎集》。按，朱以海1645年赴绍兴监国，至1651年正为七年，自监国四年移驻舟山亦恰为两载。可证《祭海神文》为鲁监国亲征吴淞时祈求海神庇护之文。

[3] 《张苍水集》第二编《奇零草》。

[4] 黄宗羲《海外恸哭记》。在《行朝录·鲁监国·纪年下》内记载相同，只是把"虏……寇行朝"改作"北师会攻行朝"。

[5] 任光复《航海纪闻》。

舟山、张名振的亲属五十余口也留在舟山，可以判断黄宗羲的说法带有很大的偏见。

八月二十日，陈锦、金砺、刘之源、田雄和定海总兵张杰率军登上战船。次日晨大雾弥漫，清军乘潮蜂拥渡海。舟山群岛明军立即于各山头传烽告警，集合战船，由荡胡侯阮进统领迎敌。双方相遇于横水洋（指舟山岛与岑港即册子山、沥港即金塘山二岛之间的海峡），炮火交加，战况极为激烈。阮进身先士卒，指挥所乘战船直攻清军统帅金砺的座船。他把火球扔向金船，不料火球撞在金船的桅杆上反弹回来落入自己的战船上，顿时引起大火。阮进被火烧伤，弃船跳入海中，被清军擒获，第二天，因伤重而死[1]。海战既以明军失利告终，清军就在当天下午进抵舟山，分一半兵员登陆攻城，一半兵员留在战船上做拦截回援明军和机动之用[2]。在强弱异形的情况下，舟山城中的明军将领如安洋将军刘世勋、都督张名扬仍然奋不顾身，率领营兵五百名、义勇数千人背城力战，给予清军很大杀伤。当时，明、清双方主帅都认识到舟山城的得失是至关重要的。从八月二十二日激战至九月初一日，明总兵金允彦（张名振麾下中军）见城中火药已尽，缒城出降；巡城主事邱元吉也接着降清。城中守军在危急关头志不稍减，把邱元吉的儿子斩首传示四门，激励众心。鲁监国和张名振、张煌言统率的主力虽然取得了在海上阻击浙江台州清军和江苏吴淞清朝水师的胜利，“南北应敌师皆幸

---

[1] 顺治八年八月二十八日浙江巡抚萧起元“为塘报大兵出洋擒获巨魁并攻剿情形事”揭帖，见《明清档案》第十三册，A13—82号；同件又见《明清史料》丁编，第一本，第四十五页。《明清史料》丁编，第一本，第五十八至五十九页，顺治九年正月十九日到浙江福建总督陈锦揭帖残件中，报告擒获阮进的有功人员是“固山额真金砺船上”的兵将，可以同南明方面记载相印证。按，任光复《航海纪闻》记阮进兵败在八月二十二日，较清方记载晚一天。

[2] 参见上引顺治八年八月二十八日萧起元揭帖，顺治八年九月浙闽总督陈锦揭帖。

胜”[1]，忽然接到阮进阵亡、舟山危急的报告，火速回援，但在舟山海域遭到清方留船军队的顽强阻击。清浙江福建总督陈锦在一份奏疏里描述了当时的战况：清军抵舟山道头后，“其城下水寨贼船见我兵奋勇，即出外洋守口；城中贼党闭门抗拒，叠次招抚，怙恶不从。职会同固山额真金砺、刘之源等随发兵一半登岸围城，一半存船御敌。逆魁张名振等拥护伪鲁在船，终日乘潮救应。存船官兵竭力堵御，旬日之内，昼夜不懈。……”[2]九月初二日，围城清军采取挖城竖梯战术，从舟山城西面突破明军防御，蜂拥入城。刘世勋、张名扬、马泰率领部下将士英勇巷战，力尽阵亡，舟山城遂告失守。明鲁监国正妃陈氏等投井而死，西

[1] 任光复《航海纪闻》。前引顺治八年八月二十八日浙江巡抚萧起元揭帖中也说进攻舟山时，“台区官兵料因沿途被贼截住打杖（仗），尚未即到。……苏松水师迄今违期五日尚无影响，且连日俱值便风，而犹然不至，不知何故？”浙闽总督陈锦奏疏中也一再抱怨苏松水师不见踪影，这年十月十一日题本中说：“惟是苏松水师准江宁抚臣土国宝回咨，内开已如期于八月二十日同时出洋，共发大小战舰一百五十余只，各标官兵五千一百有余。乃臣等自抵舟山之后日夜悬望，直至九月十四、五等日方陆续前来，其咨开所发船只仅到一半，则官兵不问可知。苏松兵到之时，正值张名振等逋逃之后，即令苏州总兵王燝亲统战舰五十只，同梅勒章京吴汝砺追剿至南田而返。在该镇之乘风破浪颇有辛劳，但咨开所发之船仍留一半，而又稽迟逾期，鲜得一臂之助，不知何故？”见《明清史料》丁编，第一本，第四十八页。其实，苏松水师出洋后即同鲁监国舟师相遇，交战中损失可能相当大，明军回救舟山，王燝部才跟踪而至。陈锦在王燝到达之后不可能不了解其中缘由，他故意含糊其词，显然是为了争功，贬低苏松“客兵”的作用。

[2] 顺治八年九月浙江福建总督陈锦“为飞报攻克舟山荡剿海寇大捷事”揭帖，见《明清史料》甲编，第三本，第二八四至二八六页。后来（顺治十三年四月）清军再度进攻舟山时，曾总结顺治八年攻克舟山的经验是三路会师，主力由定关出发，“晨发夕至，台区与江南两枝战船俱逾旬继到，盖台州舟师从南田经□（过），有贼船邀截；江南之师亦有寇艅拦阻，且战且行，是以愆期。……因讨论昔年军事，知前任督臣陈锦调度满汉官兵，原分三路进剿，此时贼□止有张名振、阮进，船不满千，察其分布洋面要隘，欲遏我师。前督臣议调江南总兵王燝统领舟师自北而南，与贼战于洋山等处，又督发□（金）华总兵马进宝统驾水艍六十号自南而北，与贼战于林门等处。两路官兵虽皆失期后至，然南北贼船之势实为二镇牵制，使贼不能顾援巢穴，故前督臣同固山、梅勒、提督诸臣统领满汉官兵坐□□（一百）十五号之船，得以从容攻克舟山，此当日胜算之明验也。”见《明清史料》甲编，第四本，第三八一页，顺治十三年四月十三日浙江巡抚秦世祯揭帖。

宫妃荣氏和世子留哥被清军俘获[1]；大学士张肯堂、礼部尚书吴钟峦、兵部尚书李向中、工部尚书朱永祐、通政使郑遵俭、兵科给事中董志宁、兵部职方司郎中朱养时等都自杀殉国，在南明史上写下了壮烈的一页。[2]此外，也有一些文官武将为形势所迫归顺了清朝。据陈锦向清廷报告，清军占领舟山以后明鲁监国下“伪总督部院李长祥、伪伯及伪将军章云飞、尹文举、蔡应选、涂登华等；伪总兵金允彦等，伪礼部丘元吉、伪户部孙延龄、倪三益等；伪太仆寺李师密，伪兵部中军周士礼，伪副、参、都、守周名臣、郑国化、王培元等”先后降清，“俱分发内地善行安插矣”[3]。

鲁监国、张名振、张煌言、阮美、阮骏等人痛惜舟山失守，但已无可奈何，被迫移舟南下温州海域的三盘，这里原是周鹤芝部的驻地，“有房可居，有险可恃”[4]。由于缺乏粮食，张名振等派兵船到温州府属的黄华、龙湾一带搜括。陈锦乘机命金衢总兵马进宝统兵攻克三盘，焚毁岛上的房屋棚厂。朱以海、张名振等又南下沙埕；“沙埕而南即是闽洋海道，非浙中水师所能熟识”，清浙闽总督陈锦命令福建兵将在闽安一带堵剿，同浙江金衢总兵马进宝合击。鲁监国和他的部将在舟山失守后，士气大为低落，尽管他们的兵力还相当可观，但是基地的丧失带来了粮饷、住房的困难；亲属的被俘杀又在心理上造成难以言喻的隐痛。在海上漂泊无定的生活导致了部分将领对前途失望，都督静洋将军

[1] 《明清史料》丁编，第一本，第七十四页有《刑部尚书图海等残题本》，内述鲁监国西宫妃荣氏及子留哥在舟山城破时被清军虏获，荣氏被配给金砺女婿之家人丁守才为妻，后来为鲁监国探知，派人暗中持银来赎，被他人揭发。

[2] 翁洲老民《海东逸史》卷二。顺治八年九月浙江福建总督陈锦“为飞报攻克舟山荡剿海寇大捷事”揭帖，见《明清史料》甲编，第三本，第二八四至二八六页。按，此揭帖中李向中写作“李尚忠”。

[3] 顺治八年十月十一日浙江福建总督陈锦“为续陈追剿逋寇情形及招抚流亡安插舟山善后机宜仰祈圣鉴事”题本，见《明清档案》第十三册，A13—135号；同件又见《明清史料》丁编，第一本，第四十七至四十八页。

[4] 顺治八年十二月浙江福建总督陈锦揭帖，见《明清档案》第十四册，A14—8号。

张英，都督挂印总兵阮述、阮玉，新袭荡胡侯阮美（即阮进之弟）[1]，都督总兵阮捷、魏宾等先后赴福建闽安向清方投降[2]。张名振带领其他兵将保护鲁监国乘船来到海坛岛，这里已属于郑成功据守的范围。郑成功原是尊奉隆武帝，后来遥奉永历帝，一直不承认鲁监国的正统地位。朱以海和拥戴他的定西侯张名振、平夷侯周鹤芝、英义伯阮骏等在浙江沿海站不住脚、没有自己的地盘的情况下，进入郑成功的势力范围是迫不得已的。

1652年（顺治九年、鲁监国七年、永历六年）正月，郑成功同意鲁监国朱以海和部众进驻厦门，随行的有定西侯张名振、大学士沈宸荃、“兵部右侍郎张煌言、曹从龙，太常寺卿任廷贵，太仆卿沈光文，副使马星、俞图南，少司马兼大理寺卿蔡应昌、任颖眉，兵部主事傅启芳、钱肃遴、陈荩卿、张斌卿、叶时茂、林泌，侍读崔相，中书丘子章，赐蟒玉侍郎张冲符，行人张吉生、张伯玉，总兵张之先等，锦衣卫杨灿，内官陈进忠、刘玉、张晋、李国辅、刘文俊数人而已”[3]。由于郑成功不承认鲁监国政权，见面礼节成了问题。郑成功同幕僚人士冯澄世、潘

[1] 任光复《航海遗闻》记，在舟山时晋“阮进太子少傅，进侄英义将军阮美、阮骍、阮骥俱左都督”。据《明清史料》丁编，第三本，第二六七页《抄录伪帅阮美手书》，阮美自称是阮进之弟，舟山时任阮进部右镇，官衔为“前军左都督总兵官挂静海将军印”。阮进阵亡后，鲁监国命他袭荡胡侯爵。英义将军（后加封英义伯）阮骏为阮进之子，阮美信中称之为胞侄。南下金、厦后，鲁监国“各镇争衡，兼并蜂炽，则咸附国藩（指郑成功），听令节制，而胞侄英义伯骏拜入世职，任前镇事矣”。阮美失去了兵权，大为不满，投降清朝。

[2] 顺治八年十二月浙江福建总督陈锦“为逋寇远遁闽洋，浙兵尾追深入，谨将剿抚兼用机宜、逆魁投诚情节备述奏闻以慰圣怀事”揭帖，见《明清档案》第十四册，A14—8号；同件又见《明清史料》丁编，第一本，第五十二页。

[3] 任光复《航海纪闻》。按，李肃求《鲁之春秋》卷二记：顺治九年“东阁大学士沈宸荃，兵部侍郎张煌言、任颖眉、曹从龙、蔡登昌、张中符（当即任光复所记之张冲符），太常卿陈九征、任廷贵（即任光复），太仆卿沈光文，监军副使马星、俞图南，侍读崔相，郎中范可师、万时轸，主事林泌、钱肃遴、傅启芳、陈荩卿、张斌卿、叶时茂，中书舍人丘子章、行人张吉生、张伯玉，监纪推官陈豸，钦天监丞杨玑，定西侯张名振，总兵张子先等，锦衣卫指挥杨灿，内监陈进忠、刘玉、张晋、李国辅、刘文俊扈监国次中左所，寻居金门。”参见同书卷十一《徐孚远传》。

庚钟等商议后，决定自己以隆武帝曾授予的宗人府宗正的身份出面接待。这意味着把朱以海当作明朝宗藩，只保护他的人身安全和在生活上给予优遇，不让他作为恢复明朝的正统象征[1]。不久，朱以海被移往金门居住。

鲁监国和他的文武官员、随从军队南下福建厦门、金门地区之后，同郑成功的关系是南明史上一个比较复杂而微妙的问题。文献的记载由于有的出自亲郑文人笔下，有的出自拥鲁官员的描写，在口径上往往出现很大的差异。就实际情况而言，鲁监国和郑成功都是自成系统的抗清复明势力，谈不上谁管辖谁。舟山失守后，鲁监国为首的官员和军队没有立足之地，借居于郑成功的控制区，本是一种渡过难关的权宜之计。张名振在这年年底给朱之瑜的信中说："别后狡虏窥关（指定关，即定海），三路并至，不意荡胡以轻敌阵亡，虏骑遂得飞渡。不佞直指吴淞，幸获全捷，而孤城（指舟山城）援绝，死守十日，竟为所破。不佞阖门自焚，而全城被僇矣！奈败军之余，尚思卷土，但虑势力单弱，遂扬帆南下。正月已抵厦门，国姓公眷顾殷殷。近在整顿军营，明春三、四月，必去舟山矣。"[2]张名振是鲁监国政权的主要将领，他的这封书信不仅对舟山失利做了准确的叙述，更重要的是表达了借居金、

[1] 翁洲老民《海东逸史》卷二；黄宗羲《行朝录》卷四记朱以海等在1652年（顺治九年、永历六年、鲁监国七年）正月初一日到达厦门。杨英《先王实录》、阮旻锡《海上见闻录》（定本）卷一记于1651年十二月。据《朱舜水集》卷四收定西侯张名振这年致朱之瑜书云：舟山破后，"遂扬帆南下。正月已抵厦门"。张煌言后来在《答闽南缙绅公书》（写于壬寅年，1662）中也说："犹忆壬辰（1652）之春，不肖同定西侯张公（名振）扈从南下，蒙延平殿下（指郑成功，后封延平王）谊笃瓜瓞，慨然安置。"证明朱以海和他的部众到达厦门确为1652年正月，所谓"谊笃瓜瓞"即指以宗人府宗正身份接待；《海东逸史》等书记鲁监国到厦门时，"延平王郑成功朝见，行四拜礼"，恐不可靠。江日升《台湾外纪》卷三误记于1653年十月，但细节颇详，可资参考。

[2] 《朱舜水集》卷四，书简一，附《张定西侯来书》，见中华书局1981年8月排印本第四十一页。按，整理者注："'荡湖'水户本作'荡阴'，马浮本作'荡胡'，均误。'荡湖'乃指荡湖伯阮进也。"荡胡指阮进，甚是，但阮进已晋封侯爵，清方文书中讳胡为湖，不应据以指荡胡为误。

厦以后，他和同事们正在“整顿军营”，准备卷土重来，将于次年三四月间收复舟山群岛。但是，郑成功另有考虑，他采取的措施是把鲁监国及其文臣变成自己的“寓公”“宾客”，对鲁监国的军队则采取容纳和逐步改编的方针。张煌言和曹从龙都是鲁监国政权的兵部侍郎，后来煌言在《曹云霖中丞从龙诗集序》中回忆道：“岁在壬辰（1652年，顺治九年），予避地鹭左（即厦门），云霖俨然在焉，欢然道故。予时栾栾棘人耳，不敢轻有赠答；而云霖囊中草多感时悲逝，亦不肯轻以示人。”[1]这恍如复明志士在清统治区内的境遇，国姓爷对鲁监国诸臣监视之严可想而知。对于鲁监国的将领，郑成功一方面保留他们原来的爵位，另一方面又把他们纳入自己的军事编制，如派张名振管水师前军，周鹤芝管水师后军，阮骏任水师前镇。亲郑史籍如阮旻锡《海上见闻录》根本不提鲁监国，在永历五年（1651）十二月下直书：“定西侯张名振、平夷侯周鹤芝、英毅伯阮骏等自舟山来归，俱授水师镇。”不少史学论著受这种影响，误以为鲁监国的兵将南下金、厦之后，都变成了郑成功的部下。实际情况并非如此。应当说有一部分兵将转入了郑成功藩下，而以张名振为首的大多数鲁监国兵将仍然保持自己的系统。在大敌当前的形势下，双方都承认偏处西南的永历皇帝为正统，大体上维持着相互依存的同盟关系。

1652年（顺治九年、永历六年、鲁监国七年）三月，朱以海决定放弃监国名义，派使者上表给永历朝廷[2]。这就是张煌言所说：“适滇黔

[1] 《张苍水集》，上海古籍出版社，1985年10月版，第四页。

[2] 黄宗羲《行朝录》卷四记，鲁监国八年“三月，王自去监国号”。《海东逸史》卷二记：“三月，王自去监国号，奉表滇中。”按，当时永历帝尚未入滇，所记有误。又，朱之瑜《朱舜水集》卷二内收《监国鲁王敕》，尾署“监国鲁九年三月日”，敕文中有“且今陕、蜀、黔、楚悉入版图，西粤尊正朔，即闽、粤、江、浙亦正在纷纭举动间。……兹特专敕召尔，可即言旋，前来佐予，恢兴事业，当资尔节义、文章。……”某些史籍记载永历帝曾命朱以海仍以监国名义联络东南，但若奉永历命监国似应用永历纪年，此事尚待研究。

之拥戴，是用归藩。”[1]在共戴永历的旗帜下，唐、鲁之争基本上化解了，代之而起的是郑成功同永历朝廷的若即若离。鲁监国政权留下的文官武将如张名振、张煌言、徐孚远等人在内心里比郑成功更效忠于永历帝，只是由于关山阻隔，自身力量又比较单薄，处境相当困难。这表现在一方面他们希望同郑成功保持良好关系，共赴国难；另一方面又得防止郑成功把自己有限的兵力悉数吞并，甚至撇开永历朝廷同清朝媾和。总之，鲁监国朱以海和忠于他的文官武将在南下金、厦之后，同郑成功维系着一种带有依附色彩的同盟关系，他们从来不承认自己是郑成功的部属。1658年（顺治十五年、永历十二年）徐孚远偕永历朝廷兵部职方司黄事忠、都督张自新航海取道安南赴昆明朝见，途中为安南国所阻，徐孚远给安南国王的信中就说：“同赐姓藩大集勋爵，结盟连义于闽岛，与赐姓藩为寮友。”[2]这种同盟关系在张煌言诗文集中也可以得到许多印证。

第二节　1652年郑成功围攻漳州之役

1652年（顺治九年、永历六年）正月初三日，郑成功率领船舰两千余号，直航漳州府海澄港口。清守城参将赫文兴[3]、署海澄县知县甘体垣开城投降，郑成功授赫文兴为前锋镇。初十日，分兵切断由泉州通往漳州的要道江东桥，清漳州总兵王邦俊据守漳州府城（今漳州市）。十二日，郑军占领平和县，漳州“乡民树旗响应，四面皆敌，孤城单危，势在急迫，万难支吾”[4]。二月初二日，郑军奋勇攻城，清军负隅

[1]　《张苍水集》第一编《冰槎集》，《祭监国鲁王表文》。

[2]　徐孚远《交行摘稿》附林霍所作小传。

[3]　阮旻锡《海上见闻录》（定本）等书误书为郝文兴，时间记于正月初二日。

[4]　顺治九年韩代等为“海寇继陷海澄、平和二邑，阻绝要路，据实奏报事”题本，见《明清史料》已编，第二本，第一一八至一一九页。

顽抗，游兵营吴世珍中炮牺牲，强攻未能得手。郑成功下令火器营何明带领士兵挖掘坑道，准备掘进至城墙底下时填塞火药，用放崩法轰塌城墙，乘势突进府城。三月初七日，点燃引线，火药爆发，才发现因测量距离不准，坑道尚未挖到城墙底下，爆破计划失败。郑成功志在必克，改而采取围困战术，“聚集二十七万之悍贼，砌筑八十七座之木寨，环树二层栅木，外挖两重沟濠，棋布星列，浑如铁桶”[1]。

清浙闽总督陈锦见漳州危急，火速抽调两省兵力来援。三月初十日进至马蹄山，与郑军相距五里；十三日两军合战，陈锦部大败，兵员器械损失很多。陈锦退到同安城外扎营。五月，他派浙江金华总兵马进宝统兵援救漳州；郑成功知道城内粮食不多，清援军入城势必增加困难，于是下令对马进宝军不加阻击，任其长驱直入城中，随即发兵切断其后路，继续围困[2]。马进宝军入城后，曾同漳州总兵王邦俊一道开东门出战，被郑军击败，从此闭门固守。

陈锦和福建提督杨名高、右路总兵马得功扎营于同安城外，在马进宝直抵漳州城下时以为已经解围，高兴了一阵子，不久就发现中了郑成功“粮尽自降”的计谋[3]，王、马二部被围在漳州城内，自己手上的兵力又不足以进战解围。陈锦除了向朝廷告急，请派援兵外，弄得一筹莫展。他担心清廷所遣援兵到达之前，漳州可能失守，而漳州一旦失守，郑军乘胜进攻闽浙各地，自己将无力招架。由于心中烦闷，陈锦经常暴躁如雷，对身边服侍人员稍不如意便发怒打骂。他的家奴李进忠、李忠、卢丕昌、陈恩等怀恨在心，暗中商议把陈锦杀了，带上总督印信逃往郑成功处献功，求个一官半职。七月初七日晚上，由李忠下手把陈锦刺杀于同安灌口帐篷中，慌乱当中除李进忠逃至郑军请赏外，李忠等人

---

[1] 《明清史料》丁编，第一本，第七十五页《查明漳州解围功次残件》。

[2] 郑成功有意放马进宝入漳州城事，《台湾外纪》卷三记载颇详。

[3] 参见阮旻锡《海上见闻录》（定本）。

都被擒获[1]。清廷得报漳州形势危急，总督又遇刺身亡，决定派固山额真金砺为平南将军统兵火速入闽。

这年八月，漳州被围已达半年，城中粮食极为紧缺，守军挨家挨户搜括民间粮食，一碗稀粥索价白银四两，接着完全断粜。居民以老鼠、麻雀、树根、树叶、水萍、纸张和皮革等物为食，饿死者不计其数，最后是“城中人自相食，百姓十死其八，兵马尽皆枵腹”[2]。福建巡按王应元后来在题本中说：

> 八年五月发难之初，属县无恙，军需能应。自十二月后，漳浦、海澄破而东南去矣。至扼江东之桥，断朝天之岭，长泰、南靖失而东北咽喉俱塞矣。城堡村寨尽为贼掠，一城孤注，四顾无援，迁延七月犹搜括仓储，派借绅民以支吾。迨浙闽援兵继进，兵马盈万，刍粮倍前，储蓄告匮，民力罄竭。八、九两月，每石米价贵至五百五十两，草根木叶鼠雀牛马搜索食尽，继之人肉。父子相食，爨不烟火者月余，病死、饿死、投水投缳而死，兵丁威取强夺棰楚而死，日以千百计。尸骨山积，秽闻数里。嗟此残民靡有孑遗矣。虎狼士卒晓夜鼎沸，金帛珠玉，腰缠索满，犹有醉酒酣歌以娱其主将者。前无战气，后无守心，使大兵稍迟数日，则城社不为丘墟，文官不为齑粉者鲜矣。[3]

---

[1] 顺治十二年四月十五日刑部尚书刘昌等为审拟“总督遇害”事题本，见《郑成功满文档案史料选译》第九十六至一百一十一页。按，阮旻锡《海上见闻录》定本记：三月间陈锦“为其家丁库成栋所刺，来归，赐姓赏其功，以其杀主，阴令杀之。”时间和人名都有误。《台湾外纪》卷三也记于三月，并注云“有记锦于七月，误也。”此事自当以清方审讯奏报为准。

[2] 《明清史料》丁编，第一本，第七十五页《查明漳州解围功次残件》。

[3] 《明清史料》丁编，第一本，第七十八页，顺治十年二月二十八日福建巡按王应元题本。《明清档案》第二十一册，A21—12号。《吏部残题本》中也说：“围困郡城八有余月，城内士民掘草根树皮以延残喘，男妇老幼饿毙者四隅，日以千计。”

就在漳州清军已经陷入绝境的时候，平南将军固山额真金砺率领的援兵于九月十九日赶到泉州，二十一日会同福建提督杨名高的军队向漳州推进，由长泰县扎篾过河，九月二十八日进至漳州城外。郑成功被迫解围，把兵力部署在城南东山凤巢山。十月初三日，金砺派骑兵向郑军发起猛攻，郑军以铳炮还击。当时正值西北风，炮火烟尘弥漫于郑军阵地，能见度很低，清军骑兵趁势冲入，郑军大乱，后提督黄山、礼武镇陈俸、右先锋镇廖敬、亲丁镇郭廷、护卫右镇洪承宠都在激战中阵亡。郑成功见败局已定，带领余众退守海澄县。清军趁胜收复南靖、漳浦、平和、诏安四县[1]。

第三节 海澄战役

围攻漳州失利后，郑成功命部将镇守海澄，自己在1653年（顺治十年、永历七年）回到厦门[2]。定西侯张名振建议，乘金砺所统南下清军主力集中于福建，浙江、江苏兵力单薄的机会，由他带领原鲁监国舟师北上直入长江，“捣其心腹”，使清方处于进退失据的困境。郑成功同意了这一建议，可能提供了一些船只、粮食和装备，这年秋天张名振、张煌言等带领水师北上江浙。

四月，金砺调集水陆官兵，准备进攻海澄县和中左所（厦门）。郑

[1] 顺治十年《为查报漳州解围功次事残件》，见《明清史料》丁编，第一本，第七十五至七十七页；阮旻锡《海上见闻录》（定本）卷一。顺治九年十月福建巡按王应元揭帖中说，金砺“于九月初十日由省城（福州）进发，闻二十六日已直抵漳境矣”。见《明清史料》丁编，第一本，第七十二页。福建巡抚佟国器在顺治十年十二月初二日“为恭报大兵抵漳，解围获捷，仰慰圣怀事”题本中说：“夫漳围之解在于顺治九年十月初三日也。先该各大人率兵临泉，与杨提督商度进发。遂于九月二十八日兵马抵漳。初二日进剿，初三日贼窜，围解。”见佟国器《三抚捷功奏疏》。

[2] 阮旻锡《海上见闻录》（定本）记郑成功于三月返回厦门，杨英《先王实录》载于二月。

成功为了保卫漳州府沿海基地海澄，先派左军辅明侯林察、左军闽安侯周瑞、后军周鹤芝、前镇阮骏、援剿前镇黄大振等统率官兵乘船阻截清方水师。途中遇上飓风，林察的座船漂入兴化港，被清军擒获。二十八日，金砺指挥的清军扎营于祖山头，摆开了进攻海澄的阵势。五月初一日，郑成功亲统大军到达海澄。他派正中军张英负责组织守城的民夫和器械，北镇陈六御领义武营、仁武营、智武营[1]防守海澄县城；援剿左镇林胜守南门外桥头，左先锋守东门外岳庙，护卫左镇沈明守中权关，正兵镇、奇兵镇守土城、九都城；前锋镇赫文兴、戎旗镇王秀奇、护卫前镇陈尧策守镇远寨，前冲镇万礼守镇远寨外；前提督黄廷、中提督甘辉守关帝庙前木栅，和镇远寨阵地相接。他自己驻于天妃宫督战。初四日，金砺调集铳炮数百号集中火力轰击郑军阵地，郑军据守的籧篨、木栅多被击坏。第二天，后劲镇陈魁、后冲镇叶章见被动挨打不是办法，要求主动出击；郑成功同意了他们的意见，从各镇抽选了精壮勇士数百名由陈、叶二将率领冲锋。清军见郑兵出营，立即以密集铳炮迎击。叶章当即阵亡，陈魁右腿负伤，被迫退回。成功命收兵固守。清军继续用铳炮轰击，镇远寨边新筑的籧篨等防御工事被夷为平地；郑军将士失去了屏障，官兵惊惶不安。郑成功下令挖掘地窝藏身，同时为鼓舞士气，派传宣官持“招讨大将军印”遍谕军中，说：“朝廷以此畀我，我惟有效死勿去而已。诸将中有能率众得功者，愿以此题让。”诸将纷纷来到成功大营中请战。中提督甘辉慷慨陈词：“人生自古谁无死，留此丹心照汗青。此番竭力以守，倘有不测，亦死得其所！”王秀奇等齐声赞同。成功为了进一步增强将士的决心，亲自冒着密集的铳炮登上高耸的敌台观察敌军阵势[2]。他判断清军在持续两日施放铳炮之后，即将发起全面进攻。当天夜里，他派神器镇何明、洪善等把大量火药埋在两军相

[1] 见《先王实录》第五十三页，但该书上文说智武营蓝衍随张名振北征，这里又说派智武营守城，疑记载有误。看来张名振北征时率领的是鲁监国兵将，郑系将领没有参加。

[2] 《海上见闻录》（定本）卷一；参见《先王实录》。

持的河沟边，准备好引线，待机而发。入夜以后，清军铳炮不绝。初七日五鼓，金砺下令以空炮掩护，派绿营兵打头阵，随后是满洲兵，填河攀栅蜂拥而来，直抵城下，箭如雨下，企图一举登城。城上的郑军手持大斧奋勇砍杀，后续清军踩着被砍杀的尸体继续攀城，战况极为激烈。天亮以后，郑成功望见满兵大半过河，当即下令何明等点燃引线，沿河埋设的火药同时爆发，烟焰蔽天，刚过河的清兵大部烧死。甘辉乘机挥军扫荡，残存清军狼狈而窜。金砺见败局已定，急忙督令士兵强迫民夫抬运火炮连夜逃回漳州。郑成功海澄战役的胜利，沉重地打击了金砺部清军，恢复了因漳州失利造成的士气不振。这次战役，双方都是以铳炮火药作为主战武器，在军事史上也是值得注意的。

海澄战役以后，金砺被清廷召回京师。清、郑双方再次处于相持局面。郑成功回到厦门论功行赏，并且利用清军无力发动新的攻势的机会，决心把海澄建设成为大陆上的前进基地。他委任中提督甘辉镇守，派工官冯澄世担任监工，征发民夫重修和加固海澄城防，把原来的土城用石灰、砖石建成两丈多高的城墙，上面再沿外侧筑短墙一道，安置大小铳三千余号；城外挖浚深阔的河港，形成“巨浸茫茫，外通舟楫”的要塞。城中囤积大量米谷、军械，使扼据漳州府出海咽喉的海澄县同厦门、金门相为表里，形成一个进可以攻、退可以守，固若金汤的军事体系。

第四节　江西义师的抗清活动

早在1645年金声桓、王得仁等部清军入据江西的时候，江西许多地方就掀起了抗清斗争。其中比较著名的有永宁王朱由德会合阎罗总义兵收复建昌、抚州；临川（抚州）乡绅揭重熙、傅鼎铨也召募乡兵起而响应。王得仁等率军前来扫荡，永宁王败灭，抚州失守。揭重熙、傅鼎铨到福建朝见隆武帝。1646年五月明江西巡抚刘广胤在援救赣州的战役中被俘，隆武朝廷任命揭重熙接任巡抚[1]。他曾经组织义勇进攻抚州，被清军击败，退入山区坚持了下来。

吉水人王宠，排行第八，人称王来八，自1645年起义兵，“出入吉、赣、临、抚间，骤发倏散，踪若风云，数百里地，敌骑阻绝，士民得安定，服明服者，皆来八力也”[2]。1646年他兵败被俘，设计伪降，盛筵款待清军，用酒灌醉，夜间召集旧部全歼看守之敌，随即换上清军器械旗帜乘船进抵新淦、峡江，清朝知县出迎，都被擒杀，连克二城。清军主力来攻，王宠兵力不敌，战败后随机应变，在旗帜上大书“追剿王来八”，在乱军中大呼“杀贼”，乘清军错愕之际溜之大吉。1647年十月，清江西巡按董学成檄调各府县兵围剿，王来八战败，死于乱军之中[3]。

1648年金声桓、王得仁反正后，又有张自盛、潘永禧、潘自友、洪国玉、杨起龙、魏汝庆、王三岩等人纷纷举兵反清。揭重熙以明朝旧抚的身份联络各部并同阎罗总四营头、九龙营、福建省的宁文龙、陈德容等互通声气。金声桓建议他们向福建方面发展，借以扩大声势，牵制清军。这年春夏之交，揭重熙率领各部义师进攻福建邵武，城内拥明势力已准备开门接应。清方奏报：“今岁四月内，揭（重熙）、洪（国玉）、张（自盛）、曹（大镐）等贼纠合五六万突入邵武界内，列营数十里，其锋甚炽。”[4]由于揭重熙的军队组织松散，纪律不严，清福建左路总兵王之纲带领的援兵一到竟不战而溃，城中起而响应的绅民惨遭屠戮。时人钱秉镫作《哀邵武》诗云：“豫章兵亦锐，主将亦有名（原注：领兵者为揭中丞万年）。今春大出师，曾一近郡城。是时义声震，志

[1] 温睿临《南疆逸史》卷十六《揭重熙传》。按，“逸史”原文说：“刘广胤督兵援赣州，殁于阵”，略误。刘广胤被俘后不久逃出，改名刘远生，任职于永历朝廷。

[2] 《南疆逸史》卷三十七《王宠传》。

[3] 王来八在1647年十月二十四日于江西乐安县高坚地方被金声桓部下副将刘一鹏部擒杀，见顺治四年十一月十六日江西巡抚章于天揭帖，《明清史料》丙编，第七本，第六四一页。

[4] 顺治七年十一月浙江福建总督陈锦“为飞报荡剿流孽出境大获全胜”事揭帖，见《郑成功档案史料选辑》第二十四页。

在开门迎。城外忽奔北，势溃无枝撑。可怜内附者，锋刃骈首婴。攻城既失利，攻野肆榜掠。居积既以尽，搜括罄瓶罂。此岂主将过，或未纪律明，嗟哉乌合众，约法安能行。”[1]

邵武之役既以失败告终，清军谭泰、何洛会部又包围了省会南昌，江西的形势迅速逆转。揭重熙亲赴广东肇庆请求永历帝速派救兵。他痛哭陈情道：“臣足万里不蹶，愿驰内地乱清，而李将军（指李成栋）以正兵东徂，吾蠹虫或补万一，愿得尺一之诏，奋诸敝惰。”永历朝廷接受他的建议，授予兵部尚书、太子太保的官衔组织义师回赣，配合李成栋挽救江西危局[2]。可是，李成栋却把恢复江西视为禁脔，不允许他人插手，他得知揭重熙率义师入赣时，竟派出部将截杀，揭重熙在阎罗总兵保护下冲破拦截到达建昌、抚州一带。不久，金声桓、李成栋先后兵败身死，揭重熙同张自盛、曹大镐、洪国玉等聚集的义兵，活动于赣东、闽西地区。邵武之役后，义军屯于福建建宁县的楚上、楚下地方。清福建提督杨名高会同左路总兵王之纲进剿，义军退回江西所城地方（见顺治七年十一月陈锦揭帖）。到1650年（顺治七年、永历四年）已是“连营百里，动曰数十万”[3]。这年八月，清南赣总兵胡有升向清廷报告：“如渠逆张自盛、洪国玉、揭重熙、金简臣等结连罗、宋、阎、黄、郭诸逆，拥众十余万，出掠于广昌、新城、南丰一带，以及抚（州）属之宜黄、崇（仁）、乐（安）等处。石城、宁都虽经恢复，而诸逆尚在，眈眈虎视，此又心腹之患。”[4]揭重熙、曹大镐、张自盛、洪国玉被清政府称之为“四大寇”[5]。江西、福建两省清朝驻防官军顾

[1] 钱秉镫《藏山阁诗存》卷八《生还集》戊子上。揭重熙字万年。

[2] 张岱《石匮书后集》卷四十六《揭重熙传》。

[3] 顺治八年六月江南江西总督马国柱揭帖，见《明清档案》第十三册，A13—36号。

[4] 胡有升《镇虔奏疏》，卷下，顺治七年八月十七日题本。

[5] 顺治九年六月十二日福建左路总兵王之纲“为塘报擒渠大捷以结钦案事”揭帖，见《明清档案》第十四册，A14—128号；同件又见《明清史料》丁编，第一本，第六十一至六十二页。按，王之纲揭帖中称揭重熙为阁部、曹大镐为总督、张自盛为平江伯、洪国玉为宁洪伯。

此失彼，应接不暇，清廷遂下令江西、福建、南赣三地抽调精兵会剿。拥明义师声势虽盛，但多数是激于民族义愤起来反抗的绅衿百姓，缺乏作战经验和严密的组织，难以同大股正规清军作战。1650年（顺治七年）十月初二日，洪国玉率部与福建清兵交战于江西省新城县（今黎川县）老山岭，兵败后在南丰县境被俘[1]；张自盛、傅鼎铨等带领败众转入江西广信府境江浒山镇，同揭重熙、曹大镐会合，据险设垒，安营扎寨，备带耕牛、种子进行屯田，作持久之计。而阎罗总的四营头、九龙营宁文龙等则活动于福建建宁、泰宁，江西广昌、南丰一带[2]。1651年（顺治八年）五月在优势清军追击下，揭重熙在黄柏村被福建清军活捉[3]，曹大镐[4]也在江西铅山县北都积被江西清军俘获[5]。1651年（顺治

[1] 顺治七年十一月浙江福建总督陈锦“为飞报荡剿流孽出境大获全胜”事揭帖，见《郑成功档案史料选辑》第二十三页；参见顺治十年十二月浙江福建总督刘清泰揭帖，《明清史料》甲编，第四本，第三二二页。洪国玉原为王得仁部下参将，见顺治四年十一月初一日江西巡抚章于天揭帖，《清代农民战争史资料选编》第一册下，第二七七至二七八页。

[2] 顺治八年六月江南江西总督马国柱揭帖，见《明清档案》第十三册，A13—36号。

[3] 见上引顺治九年六月十二日福建左路总兵王之纲揭帖。《南疆逸史》卷十六《揭重熙传》记其遇害时间在同年十一月。

[4] 曹大镐，贵池县人，原为方国安部将，1647年（顺治四年、永历元年）七月，参加王祁领导的建宁战役，鼓勇先登，克城后善守，清兵“攻围数月辄不利去”；不久，同王祁不和，率部入建宁山区。1648年揭重熙入闽，大镐率师来会，“声颇振”，见查继佐《鲁春秋》，该书记揭、曹会师在己丑（1649）二月，有误。

[5] 曹大镐《化碧录》载永历五年（顺治八年）七月二十八日狱中《上父日赞公书》谈到自己被俘情况云：“岂知数厄，浅视胡氛，单骑出闽，薄庆生辰，狡胡叵测，潜匿山林。四月念一，被执黄村。……三十之日，解至章门。”可知他被俘在顺治八年四月二十一日，是月底解至南昌。至于曹大镐的官爵，上引清档称之伪总督；温睿临《南疆逸史》卷十六《揭重熙传》云曹大镐为“威武侯”；同书卷三十七《陈赉典传》又写作“武威侯”；实际上是定南侯。曹大镐被俘后写的《初请死书》署官衔为“钦命恢剿浙直江闽总督节制三十六营文武、稽核将吏功过、联络各路官义兵马、赐蟒玉尚方剑兼理粮饷便宜行事兼兵部尚书、挂平海大将军印总兵官中军都督府、少保兼太子太保、定南侯曹大镐”，其他遗书都写作“定南侯”。上述官爵显然是永历朝廷所封。此外，《南疆逸史·揭重熙传》中说张自盛是“平西伯”，恐为“平江伯”之误。

八年）二月，阎罗总四营头部在清南赣总兵胡有升所遣副将杨遇明、刘伯禄、贾熊兵马的追击下，转战于大庾县云山，后在广东保昌县境林溪被击败，提调总统四营头的明五军都督罗荣被俘，闰二月在赣州遇害。清政府兴奋不已，宣称“得此渠魁，胜杀数十万名”[1]。1652年（顺治九年）正月，张自盛率众万余人屯驻于江西大觉岩（地近福建光泽县）。五月十八日，江西清军攻破该寨；张自盛率领残部一千多人逃往十三都小源，二十九日清军追至小源，张自盛战败被俘[2]。揭重熙、曹大镐、洪国玉、张自盛先后为清政府杀害。

清军的三省会剿，到处烧杀抢掠，给江西百姓造成了极大的灾难。时人张岱以亲身见闻记载道：“癸巳（1653，顺治十年）八月，余上三衢，入广信，所过州县，一城之中，但茅屋数间，余皆蓬蒿荆棘，见之堕泪。讯问遗老，具言兵燹之后，反复再三。江西士大夫，响应金、王，株连殆尽，言之可悯。及至信州，见立寨死守者尚有数十余处，而乡村百姓强半戴发，缙绅先生间有存者，皆隐匿山林，不见当道，文士有知名者不出应试。鼎革已十载，雒邑顽民，犹有故主之思，舍此以往，天下所无也。总之，千古节义，多出江西庐陵、广信。”[3]温睿临也说：金声桓遗党张自盛、洪国玉、曹大镐、李安民“四营既破，所俘献者多有文秀严毅，顾盼伟然，至死不自言姓氏者”[4]。

---

[1] 胡有升《镇虔奏疏》卷下，顺治八年四月初八日“题报三路捣擒灭党大捷疏”。

[2] 顺治十年三月二十二日福建巡抚张学圣“为遵旨会剿擒获巨憝”等事揭帖，见《明清档案》第十六册，A16—145号。又见顺治九年六月十二日福建左路总兵王之纲塘报，《明清史料》丁编第一本，第六十一至六十二页。按，《南疆逸史》卷十六《揭重熙传》云“庚寅（1650）冬，自盛战邵武，兵败死之”，时间有误。据上引顺治十年三月二十二日福建巡抚张学圣揭帖张自盛与“伪道蔡之麟、陈英南、陈杞、伪军师龚继荣”等七人在顺治九年十二月初七日于邵武府被处斩。

[3] 张岱《石匮书后集》卷四十六。

[4] 温睿临《南疆逸史》卷三十九《画网巾先生传》。

第二十三章
孙可望部署的湘、桂、川全面反攻

第一节　孙可望、李定国收复湖南战役

从顺治七年底到顺治八年初，孙可望基本上完成了对永历朝廷残存武装的收编工作。南明政权及其军队实际上已经形成以原大西军为主的抗清实体。在这以后，永历皇帝只是作为用以号召远近的一面抗清旗帜，复明恢汉运动的领导权却掌握在孙可望等原大西军领导人手中。由于孙可望等人已经遵用永历正朔，在他们指挥下的军队又包括了一些原南明参与“会盟”的各种武装，在下面的叙述中不再使用“大西军”一词，一律改称明军。但是，必须指出，正是由于原大西军的联明抗清，才使业已日薄西山、气息奄奄的永历朝廷增添了活力，汉族和西南少数民族在反对满洲贵族推行的民族征服、压迫政策的斗争中大展雄风，南明历史开始了一个新的阶段。

孙可望在接管了贵州全省后，军事部署是由他自己和李定国东攻湖广，刘文秀等进军四川。

1651年（顺治八年、永历五年）四月，孙可望派冯双礼等率领马兵一万余名、步兵数万、战象十余只，大举由黔入湘：一路由铜仁、麻

阳，一路由平溪、便水，一路由大小梭罗，合攻沅州（今湖南芷江）。清沅州守军三营合计只有三千士卒，退入城中，被“围如铁桶”[1]。四月十五日，冯双礼命令明军奋勇攻城，当天就占领了沅州，活捉清将郑一统、知州柴宫桂[2]。冯双礼等攻克沅州后，移兵上攻辰州（府治在沅陵），因清朝辰常总兵徐勇防守甚严，未能得手。清廷委任的挂剿抚湖南将军印续顺公沈永忠领兵二万，竭力支撑，双方在一段时间里呈僵持状态。到1652年（顺治九年、永历六年）四月，李定国率部由贵州进入湖南，会合冯双礼部于五月中旬进攻靖州。清续顺公沈永忠派总兵张国柱领兵八千名往援，在靖州陷入明军重围。经过短暂的交战，清军大败，损失官兵五千一百六十三名（其中满洲兵一百零三名）、战马八百零九匹，几乎全军覆没，张国柱率残部于二十二日“踉跄奔回”[3]。明军趁胜攻克靖州、武冈州[4]。

沈永忠在李定国、冯双礼等部明军的凌厉攻势下，难以招架，派使者前往广西桂林请求定南王孔有德火速派兵来援。孔有德因部下兵马分驻广西各地，又同沈永忠有嫌隙，接到告急信后说“我旧年借支衡、永钱粮，沈公出疏参我。今日地方有事，向我告援，我三镇分驻各府，如何借发？设警逼我境，自有区处”[5]，拒绝出兵相救。

---

[1] 清湖广总督祖泽远“为飞报紧急贼情事”揭帖，见《明清档案》第十七册，A17—148号。

[2] 顺治八年五月清偏沅巡抚金廷献“为飞报贼情事”揭帖，见《明清档案》第十三册，A13—26号：同书A13—28号金廷献揭帖中说攻克沅州的明军是“伪秦王下洪将军（当为冯将军之讹）、陈将军等贼，从贵州抄铜仁小路由细米溪、五朗溪一路而来”；又见清续顺公沈永忠题本，收入《清代档案史料丛编》第六辑，第一七〇至一七一页。

[3] 《明清史料》丙编，第九本，第八二八页，吏部尚书朱马喇等题本。

[4] 顺治十一年十一月二十一日兵部尚书噶达洪等题本中说：冯双礼“探知辰州有备，即合伪西府于五月内连破靖、武二州。”见《明清档案》第二十一册，A21—60号。据顺治十年五月湖广四川总督祖泽远揭帖，“查得靖州之失，顺治九年五月十八日事也”。其中并说到清靖州知州沈一恒被明军处死。见《明清史料》甲编，第四本，第三〇六页。

[5] 瞿昌文《粤行纪事》卷三。

沈永忠求援无望，被迫带着麾下清军自宝庆北遁[1]，六月初二日退至省会长沙，仍然立脚不住，在湘潭接到清廷“不可浪战，移师保守”的密旨，就在八月初六日放弃长沙，一直逃到岳州[2]。清朝在湖南设置的许多道、府、州、县官也随军狼狈北窜，其中有分巡上湖南道张兆罴、分巡下湖南道郭万象、宝庆知府冯桓、永州知府李策鼎、衡州府署印同知赵廷标、长沙知府张弘猷、郴州知州杨士英、道州知州张学仁、茶陵知州萧汉英、署武冈州事赵继登，以及新化、城步、新宁、零陵、祁阳、东安、宁远、永明、江华、衡阳、衡山、常宁、安仁、宜章、桂阳、攸县、长沙、善化、宁乡、益阳、湘乡、桃源、邵阳、浏阳、酃县知县和署印官共三十五名。这样，除岳州、常德尚在清军控制下以外，只剩下徐勇一镇孤零零地据守辰州（府治在沅陵）负隅顽抗[3]。后来，清兵科都给事中魏裔介劾奏“续顺公沈永忠身为大帅，手握重兵，当孙逆攻围辰、永诸郡，一筹莫展，望风宵遁。乞亟赐罢斥，免误封疆”[4]。由此可见，原大西军联明抗清后，初试锋芒就旗开得胜，收复了湖南大部分州县。

第二节　李定国桂林大捷

李定国挥军入湘，收复大批州县的时候，清湖南文武官员已在续顺公沈永忠率领下逃往岳州。清定南王孔有德部与湖广清军相距甚远，后

[1]　康熙二十四年《宝庆府志》卷二十一《武备志·兵纪》云：顺治九年“六月，府城复陷，续顺公还”。

[2]　《明清档案》第二十五册，A25—15号，经略大学士洪承畴“为王师已入湖南，城池指日恢复，仰祈早定功罪以肃法纪，以励后效事”奏疏。

[3]　前引《明清档案》第二十一册，A21—60号，兵部尚书噶达洪等题本说：李定国、冯双礼“六月内复下衡（州）、永（州）、宝（庆）、长（沙）四府，湖南一带仅存辰（州）、常（德）二郡而已”。

[4]　《清世祖实录》卷八十二。

方已形成严重的威胁。然而，孔有德自视甚高，除了在五月二十七日派部将孙龙、李养性防守全州以外，并没有把分镇南宁、柳州、梧州等地的驻军抽回，继续分兵把口，一心做他的广西王。当时奉使广西的著名文人施闰章描写他在桂林拜谒定南王的情况：孔有德“具言其生平及粤西用兵曲折”，“王顾盼叱咤自豪，言出皆诺，无能后”[1]，骄横之状，跃然纸上。

六月间，李定国率领精锐兵马由武冈、新宁直攻全州，二十八日歼灭全州清军，守将孙龙、李养性被击毙[2]。孔有德闻报大惊，第二天亲自带领桂林留守军队前往兴安县严关，企图扼险拒守，被定国军击败，“浮尸蔽江下”[3]；当日傍晚狼狈奔回桂林，下令紧闭城门。六月三十日午后，明军进抵桂林城郊。孔有德见定国军威甚壮，知道仅凭身边有限兵力难以守住桂林，于七月初二日飞檄镇守南宁的提督线国安、镇守梧州一带的左翼总兵马雄、镇守柳州一带的右翼总兵全节放弃地方，领兵回援省会。同一天，李定国大军即将桂林包围得水泄不通。明朝降将王允成当时正在孔有德藩下，他过去同马进忠关系良好，人称“王、马”。马进忠随李定国参加桂林战役，在城下喊话要王允成反正。王允成不敢答应，报告了孔有德。有德自知城中兵力单薄，必破无疑，考虑再三，对王允成说：“汝姑出应之，观彼何所云以报我。”王允成即登上城头，同马进忠接洽归顺事宜。据王允成后来说，孔有德实际上有投降的企图，因受部将挟制错过了时机[4]。初四日中午，明军攻破武胜

[1] 施闰章《使广西记》，见《施愚山文集》。

[2] 顺治十年七月广西巡抚陈维新“为详查失陷缘由以凭具题事”揭帖，见《明清档案》第十七册，A17—123号；同件又见《明清史料》甲编，第三本，第三〇〇页。时在桂林的瞿昌文于《粤行纪事》中记二十七日李养性在双桥战殁，误记一日，但《虞山集》卷十下所收文中又说“六月二十八日，王师入粤境，尽歼李养性之众，只蹄片甲不返”，与清方奏报相符。

[3] 前引施闰章《使广西记》。

[4] 王夫之《永历实录》卷九《王允成传》。《明清史料》丙编，第九本，第八七四至八七五页《定南王下死难各官情由》揭帖中也说王允成于“围城之日射箭传书于贼，登陴示路。城破，拨贼保护其家”。

门，一拥而进，清军抵敌不住，孔有德怅然失色，悲叹道：“已矣！”在王府（即明靖江王府）内自杀，死前命随从将其所居后殿以及掠得的珍宝付之一炬[1]。其妻白氏自缢前把儿子孔庭训托付给侍卫白云龙，嘱咐道：“苟得免，度为沙弥。勿效乃父做贼一生，下场有今日耳。”[2]孔庭训被明军查获，几年后由李定国下令处斩[3]；他的妹妹孔四贞乘乱逃出。桂林城里的明朝降臣原庆国公陈邦傅、其子文水伯陈曾禹、清广西巡按王荃可、署布政使张星光都被活捉[4]。接着，明军南下平乐，杀清府江道周令绪，擒平乐知府尹明廷等[5]；收复柳州，俘清右江道金汉蕙[6]。在一段时间里，李定国亲自坐镇桂林，派出军队收复广西各府县，他委任总兵徐天佑为广西巡抚[7]，并且设置了“布、按、有司”各官[8]。

八月初二日，李定国派人把“伪庆国公陈邦傅父子二人”和清广西巡按王荃可、署布政使张星光解赴贵阳。九月初二日，秦王孙可望下

---

[1] 顺治九年七月清广东巡抚李栖凤“为飞报紧急贼情恳启发兵救援事”揭帖，见《明清档案》第十五册，A15—35号。前引顺治十年七月广西巡抚陈维新揭帖云：“至初四日辰时，贼从山上攀附络绎入城，定南王见城已不能守，回王府手刃宫眷数十人，亲将住室发火，自刎被焚，骸骨化为灰烬。”

[2] 南沙三余氏《南明野史》卷下《永历皇帝纪》。彭而述顺治七年前曾在孔有德麾下，一度被委任为贵州巡抚，三年后他写了《闻定南战死》诗，其中描写孔有德兵败自杀的情况稍有不同，见《读史亭诗集》卷四。

[3] 《清世祖实录》卷一二五载，清廷后来得到报告孔庭训在顺治十五年十二月十六日被李定国处死。参见《明清史料》甲编，第五本，第四八一页，顺治十六年十二月十八日定南王女孔四贞揭帖。按，孔庭训在诸书中常写作“孔廷训”“孔定训”，当以其妹孔四贞奏疏为准。

[4] 顺治十年七月广西巡抚陈维新“为查明大巡殉难根因以凭具题事”揭帖，见《明清档案》第十七册，A17—122号；同件又见《明清史料》甲编，第四本，第三〇一页。按，清广西巡抚王一品在三月间告归，得免。

[5] 嘉庆十年《平乐府志》卷十八《宦绩》。

[6] 谈迁《北游录》纪闻下《金汉蕙》条。该书又云，金汉蕙在十一月二十四日被杀于衡州城外。

[7] 雷亮功《桂林田海记》。顺治九年七月广西左翼总兵马雄禀帖中也说“贼已定徐总兵提兵坐镇”。

[8] 《虞山集》卷十下。

令把陈邦傅父子押赴市曹剥皮，王荃可、张星光处斩[1]。然后将剥皮揎草的陈邦傅尸体送往安龙等地示众，“大书于牌曰：逆犯陈邦傅先经肆劫皇杠，摽掠宫人，罪已漏网。不思建功赎罪，辄行背主反叛。今已拿获，解赴军前，立将邦傅父子剥皮，传示滇、黔，云云”[2]。这种处理方式在安龙的永历朝廷内引发了一件流传颇广的逸事：御史李如月上疏劾奏秦王“擅杀勋爵，僭窃之奸同于莽、操，请除国患；兼敕邦傅罪状，加以恶谥，用惩奸凶”[3]。永历帝既畏惧孙可望的专横，也觉得李如月的奏疏是非不明，便以小臣妄言为名廷杖四十，奏疏留中不发，用意是加以保全。不料李如月性格倔强，偏要太岁头上动土，自己把奏疏另抄一份，封面上写“大明山东道御史揭帖”，递交孙可望派驻安龙的总提塘张应科。孙可望得报后，立即派人到安龙请命将李如月按处置陈邦傅例剥皮揎草。李如月临刑时大骂不屈。这件事后来被一些封建文人大加渲染，把李如月吹捧为忠臣义士。就事情本身而言，陈邦傅在南明时位居庆国公，跋扈殃民；降清时劫驾未成，又诱杀宣国公焦琏，是个典型的乱臣贼子，人人得而诛之。孙可望将他处死，无可非议。李如月把早已降清的陈邦傅仍称为“勋臣”，这不仅是昏庸，而是同他以及南明许多官僚一直把原大顺、大西军视之为“贼”，而对降清的明朝旧官藕断丝连的阶级偏见一脉相承。不过，孙可望命人把这样一个迂腐冥顽小官处以极刑，手段又如此残酷，难免授人以口实。

李定国占领桂林以后，清定南王藩下提督线国安、总兵马雄、全节带领府、州、县官先后窜往同广东接境的梧州。其中以右翼总兵全节最为狼狈，他本人于七月十六日逃到梧州，“其兵马尽行哗散”[4]，左

[1] 前引顺治十年七月广西巡抚陈维新揭帖。

[2] 南沙三余氏《南明野史》卷下。

[3] 这件事在南明史籍中记载甚多，但据当时正在安龙永历朝廷中任职的汪蛟所述有出入。汪氏言，李如月请“加恶谥，可望不察，以请谥为恤典，与己忤。请以诛邦傅法诛之”。未言及李如月劾奏孙可望事，见钱秉镫《藏山阁文存》卷三《汪辰初文集序》。

[4] 《明清史科》丙编，第九本，第八一三页，广西左翼总兵马雄禀帖。

营副将何九成在途中受伤而毙；右营副将郑元勋和中军游击蔡斌带领兵马往桂林投诚；后营副将沈邦清被击毙[1]。八月，李定国乘胜挥军进攻梧州，线国安、马雄、全节不敢迎战，逃入广东乞怜于平南王尚可喜。这月十五日，明军收复梧州，广西全省均告平定[2]。清朝镇守广东的平南、靖南二藩得到孔有德城陷自尽的消息，极为恐慌，急忙命令同广西接境的“州县文武官员如贼果薄城，即便相机护印入肇（庆），以固根本”。广东德庆州属开建县（在今封开县东北）协守副将谢继元当即率领部下弃城逃到肇庆[3]。这说明广东清朝当局已成惊弓之鸟，有意放弃肇庆以西的州县。由于李定国很快率领主力北上湖南，不仅未能乘胜进军广东，连广西的局势也远没有稳固。这年九月间，清军重新占领梧州；十月，派官进驻开建。

李定国收复广西全省，功绩巨大，在南明史上堪称空前。它同1648年江西、广东反正来归大不一样，是力歼强敌大获全胜的辉煌战果。以前广西虽曾处于永历朝廷管辖之下，瞿式耜、陈邦傅以及忠贞营等却各自为政，不可能把广西经营成坚固的抗清基地。李定国军以雷霆万钧之势，一举攻克桂林，使广西、广东清军闻风丧胆，本来可以先行稳定广西，相机收取广东部分地方，扩大南明控制区。可是，孙可望得知清敬谨亲王尼堪军即将进入湖南，竟下令调李定国部由桂入湘迎战。这一决策固然成就了李定国衡阳大捷，但从战略上看，孙可望本应留下一部分军队牵制辰州守敌徐勇，自己同白文选、冯双礼等大将率领主力入湘

---

[1] 《明清史料》丙编，第九本，第八七四页，“定南王下死难各官情由残揭帖”。

[2] 同治十一年《苍梧县志》卷十八《外传纪事下·本朝》记：“九年秋八月，明兵过陷梧州，知府沈纶不屈死，文武官东下。九月乃回。”又云：“李定国兵陷梧州，大掠数日而去。时提镇马雄出兵堵御，屡败。文武官议以桂（林）、平（乐）皆陷，恐梧州孤城难守，乃具舟敛老营避江中。十五日，贼奄至，我兵御之，又败，乃联舟东下，至九月杪始回。”

[3] 两广总督李率泰揭帖残件（顺治十一年九月到），见《明清史料》甲编，第四本，第三四四页。

迎战尼堪。即使需要李定国出兵会战，梧州重镇也应留下足够的兵力防守。联系到下文所述清廷诫谕尚可喜、耿继茂等切勿轻易出兵广西，可以看出孙可望在军事部署上的失算。

十月三十日，李定国亲自统领兵马进抵衡阳[1]。定国主力北上后，留在广西的兵力非常单薄，清平南王尚可喜趁机令线国安、马雄、全节挑选甲兵会同广东水师副将强世爵等从广东封川出发，水、陆并进，于九月初五日重占梧州[2]，由马雄镇守该地。十一月二十八日，徐天佑率部撤往柳州[3]，桂林仅有明朝宗室安西将军朱喜三留守。清军乘虚而进，十二月二十三日在平乐击败明义宁伯龙韬、总兵廖凤部，占领该城[4]。次年（1653）正月十五日清军占领阳朔，朱喜三部下只有一千多杂牌军队，抵挡不住清朝正规军。十九日，清军重占桂林[5]，线国安、全节和新任广西巡抚陈维新盘踞该地。四月间，明将胡一青曾率军来攻桂林，被线国安等击退[6]。七月二十一日，李定国虽曾再次进攻桂林，却未能奏捷[7]。

[1] 陶汝鼐《自订年谱》云："十月晦日，李定国出粤西，复衡阳。"见邓显鹤《沅湘耆旧集》卷三十。

[2] 顺治九年十月初四日平南王尚可喜"为飞报大捷事"揭帖，见《清代档案史料丛编》第六辑，第一八四页。

[3] 顺治十年正月十九日平、靖二王"为解报桂林情形事"揭帖，见《清代档案史料丛编》第六辑，第一八七页。雷亮功《桂林田海记》说，徐天佑是奉李定国之命暂退柳州，腾空城池，诱使退入广东的清军进来，再行歼灭。徐天佑即将桂林焚毁，撤往柳州。

[4] 顺治十年正月十九日平、靖南王"为飞报大捷事"揭帖，见《清代档案史料丛编》第六辑，第一八八至一八九页。

[5] 《明清史料》丙编，第九本，第八三五页《平南王残揭帖》，原件无年月，参考其他文件可定为顺治十年正月事。

[6] 光绪三十年《临桂县志》卷十八《前事志》引旧志。

[7] 《明清史料》丙编，第九本，第八五五页《兵部尚书噶达洪等题本残件》。光绪《临桂县志》记李定国再攻桂林在是年八月，当以档案为准。

第三节　李定国衡阳大捷

李定国等部明军连续攻克湖南大批州县的消息传到北京，顺治皇帝大为震惊。七月十八日他派敬谨亲王尼堪为定远大将军，统八旗精兵南下[1]，二十日离开北京，原定计划是经湖南进入贵州，同吴三桂、李国翰所统四川清军合攻贵阳[2]。孔有德兵败身死的噩耗传来，清廷于八月初五日急令尼堪改变进军方向，先占湖南宝庆府（府治在今湖南邵阳市），然后进军广西[3]。清定南、平南、靖南三藩中孔有德兵力最强，桂林失守后，定藩兵马逃入广东，顺治帝唯恐广东有失，特发专敕告诫平南王尚可喜、靖南王耿继茂："切毋愤恨，轻赴广西；倘贼犯广东，尔等宜图万全为上计。"等候定远大将军尼堪军至广西后，两藩兵力听从尼堪指挥[4]。

十一月十九日，尼堪军至湘潭县；明将马进忠引部众退往宝庆。二十一日，尼堪自湘潭启程，次日进至距离衡州府（今衡阳市）三十余里处。李定国派出部将领兵一千八百名佯抵一阵，随即后撤。尼堪骄心自用，以为明军不堪一击，即于二十二日夜"兼程前进"，次日天色未明到达衡州府，与李定国大军相遇[5]。定国见尼堪轻进寡谋，决定以计取胜，事先埋伏重兵，命令前线将士对阵时稍一接触即装出兵力不敌的

[1]　《敕谕敬谨亲王稿》，见《明清档案》第十四册，A14—177号、A14—178号。177号（又见《明清史料》甲编，第三本，第二九四页）上有"顺治九年七月十八日用宝"字样。尼堪所统兵马数不详，但顺治帝敕谕中说他所统为"精锐兵将"，见《清世祖实录》卷六十五。

[2]　顺治九年七月十八日清帝给平西王吴三桂敕谕中说："今敬谨亲王充定远大将军统大兵于本年七月二十日出都。"《明清史料》甲编，第三本，第二九三页；又见《清世祖实录》卷六十六。

[3]　《清世祖实录》卷六十七。

[4]　顺治九年十月初四日平、靖二王"为钦奉圣谕恭陈谢悃事"揭帖，见《明清档案》第十五册，A15—117号，参见《清世祖实录》卷六十七。

[5]　以上日期均据顺治九年十一月二十三日"定远大将军敬谨亲王尼堪等谨题为塘报事"，原件藏第一档案馆。

样子，主动后撤。尼堪“乘胜”追击二十余里，陷入埋伏。定国一声令下，全军出击，杀声震天，势如潮涌；清军仓皇失措，迅速被明军击败，主帅尼堪也在混战中当场毙命[1]。同时被明军击杀的还有一等伯程尼和尼堪随身护卫多人[2]。定国军士割取尼堪首级献功，“东珠璀璨嵌兜鍪，千金竟购大王头”[3]，全军欢声雷动。清军不敢再战，在多罗贝勒屯齐（或译作吞齐）的率领下垂头丧气退往长沙。

李定国在不到半年的时间里，指挥攻城、野战都取得了辉煌的战绩。他用兵机动灵活，英勇果断，显示出卓越的军事才华。时人张怡根据李定国委任的桂林知县李楚章的话说，“公用兵如神，有小诸葛之称。纪律严明，秋毫无犯，所至人争归之。军中室家老弱各为一营，皆有职事，凡士伍破衣敝絮，皆送入后营，纫织为衬甲、快鞋之用，无弃遗者”[4]。陈聂恒也记载，“定国智勇冠其曹，且严纪律，民皆安之。或传定国兵当以夜至，比晓则已过尽矣。故所至有功”[5]。清军统帅定南王孔有德、敬谨亲王尼堪的相继败亡，对于明清双方都是震动朝野的大事。就其影响而言，桂林、衡阳大捷远远超过了战役本身。攻克桂林之后，李定国趁势收复广西全省，清朝官员“号天大恸；自国家开创以来，未有如今日之挫辱者也”[6]。尼堪贵为亲王，统率满洲八旗精锐出

[1] 乾隆二十六年《衡阳县志》记载，顺治九年敬谨亲王尼堪“督满、汉兵至，与定国接战于城北香水巷、草场，转战于演武亭”，尼堪战败被杀。见该书卷六《忠节》，卷十《祥异·兵燹》。县志云：“时为十一月二十四日也。”据《清世祖实录》卷七十应为二十三日。尼堪阵亡的具体情况诸书记载互歧，《滇缅录》云为明军交枪击毙。

[2] 《清世祖实录》仅记程尼阵亡，未明说在何次战役中，此据《八旗通志》卷一六三《程尼传》。其他阵亡者参见同书卷二二二、二二五、二二六有关部分。

[3] 彭而述《读史亭诗集》卷八《四战歌·草场》。按，彭而述曾任清上湖南分守道，后来又多次往来湖南，对战役经过了解甚详，其题为《草场》，当即尼堪阵亡地名。

[4] 张怡《谀闻续笔》卷二。

[5] 陈聂恒《边州闻见录》卷十《李定国》条。

[6] 顺治九年十一月十六日吏部尚书固山额真朱马喇等题本，见《明清史料》丙编，第九本，第八二五页。

征，竟然兵败身死，更是出乎清廷意料，连顺治皇帝也悲叹："我朝用兵，从无此失。"[1]跟随尼堪出征的贝勒吞齐（即屯齐）、巴思汉，贝子扎喀纳、穆尔佑，固山额真韩岱、伊尔德、阿喇善等高级将领后来都受到革爵、革职等严厉处分[2]。

自从明朝末年以来，文官武将一提到清军无不谈虎色变，依附清廷的汉族官僚每遇军情紧急往往请求朝廷派遣"真正满洲"参战，如顺治六年湖广辰常总兵徐勇在题本中说："总之，逆贼畏满兵，而不怯南兵，南兵如云，何如满旗一旅也。"[3]满洲贵族也自视为天之骄子，所向无敌。李定国挥军转战千里，连杀清朝二王，特别是击毙了贵为亲王的满洲劲旅主帅尼堪，打破了清军不可战胜的神话。其心理上的作用不可低估。就清方而言，兵力上的损失可能还在其次，更重要的是神情沮丧。清广西巡抚王一品因患病回京，幸免于桂林之厄。顺治十一年他已痊愈，吏部仍推荐他复任广西巡抚，王一品如临深渊，规避不前，行贿托人题免，发觉之后被清廷处以绞刑[4]。谈迁也记载，顺治十年有三个人赴吏部谒选，探筹（即抽签决定补用何地何官缺）得广西，"悸惧却不能手"[5]。另一方面，忠于明室的官绅百姓却为之精神振奋，重新燃烧起复兴的希望。人们常常引用黄宗羲的一段话："逮夫李定国桂林、衡州之捷，两蹶名王，天下震动，此万历以来全盛之天下所不能有，功垂成而物败之，可望之肉其足食乎！屈原所以呵笔而问天也！"[6]他写这段话是在事过境迁之后发出的无限感慨，但我们不难想象他和一大批志同道合的人在听到桂林、衡州大捷时那种欣喜欲狂、奔走相告的情景。当时在长江下游从事秘密复明事业的顾炎武闻讯之后赋诗云：

---

[1]《清世祖实录》卷七十九。

[2]《清世祖实录》卷八十六。

[3] 见《明清史料》丙编，第八本，第七六五页。

[4]《清世祖实录》卷八十七。

[5] 谈迁《北游录·纪邮上》。

[6] 黄宗羲《永历纪年》，见《行朝录》卷五。

“廿载吴桥贼（崇祯四年孔有德等在吴桥县叛变，故称吴桥贼），于今伏斧砧。国威方一震，兵势已遥临。张楚三军令，尊周四海心。书生筹往略，不觉泪痕深。”又云：“传闻西极马，新已下湘东。……不有真王礼，谁收一战功。”[1]顾炎武不仅为原大西军联明抗清取得辉煌胜利感动得泣下满襟，还明确地批判了永历朝廷部分官员反对封孙可望为秦王。张怡则对孙、李矛盾激化，导致大局逆转，深表惋惜，写道：“使无此内衅，大功成矣。”[2]

1652年李定国在湘、桂战场上的胜利，对当地和附近具有复明情绪的绅民是一个极大的鼓舞。许多退入山区的明朝残兵败将和隐居乡间的官绅都闻风云集，共襄盛举。如安定伯马宝顺治八年仍在广东坚持抗清，李定国大军收复广西后，他立即出兵配合，攻克阳山、连州、连山等州县，活捉清连阳副将茅生蕙、游击马泗汗、守备白守富。后奉李定国之命率部入湖南，茅生蕙等人均于九年十月二十二日在衡州处斩，“首级悬挂南门”[3]。此外，如胡一青、赵印选、陈邦傅旧部彰武将军袁来朝、曹志建部总兵欧正福等都曾“依附李定国、恃险狂逞”[4]。当时在桂林的瞿昌文记载，广西“八郡中节义大臣，避腥膻于深箐穷谷间，转徙困顿，全发以待时，始终不改其守者，皆府君（指瞿式耜）素所荐拔之士，至是咸幸更生，而山薮野泽之哀鸿，亦莫不相庆复见汉官威仪也”[5]。永历朝廷兵部尚书刘远生、中书舍人管嗣裘、兵部主事朱昌时等人都从瑶族山区出来参见李定国，共商机务，协守桂林[6]。原广

[1] 《顾亭林诗集汇注》卷二《传闻》。

[2] 张怡《谀闻续笔》卷二。

[3] 顺治十一年四月广东巡抚李栖凤揭帖，见《明清史料》甲编，第四本，第三三八至三四〇页。

[4] 顺治十三年六月广西巡抚于时跃揭帖、经略洪承畴揭帖，见《明清史料》甲编，第四本，第三九五页，第三九六至三九八页。

[5] 《虞山集》卷十下。

[6] 王夫之《永历实录》卷十四、卷十七。

西巡按吴德操也应定国之命出任于梧州，“坐门楼，稽出入”[1]，广西全省都安官设吏。湖南的明朝乡绅也纷纷出见，就连自弘光时期已经杜门不出的大臣周堪赓（崇祯时任工部侍郎，弘光初立授以户部尚书，未到任）、郭都贤（崇祯时任江西巡抚，永历帝授以兵部尚书，未就职）等一大批官绅都认为中兴有望，应邀到衡山谒见李定国[2]。郭都贤在《自叙》中写道：“壬辰（顺治九年）恢复湖南，微有赞襄之力。”[3]只是由于不久形势逆转，参与反清复明的官绅为了保全身家性命，不仅销毁有关文书，在自己后来的著作中也竭力加以掩盖，给后人研究这段时期的绅民动向造成了困难。

李定国在衡州大捷前后，活动于湘、赣边境罗霄山脉一带以刘京、李文斌为首的抗清武装备受鼓舞，他们一面高举复明的旗帜号召当地百姓收复失地；一面同李定国联系，请求派兵支援。定国当时正同清军主力周旋于湖南，只派了为数不多的军队配合刘京等部进攻江西吉安府属州县。据《衡州府志》记载，“定国旋自粤入永，次衡，驻兵四月余。遣其将张胜攻湘阴，高必贵掠江西之永新”[4]。十一月初一日，高文贵部攻克永新[5]，接着在刘京等地方义师引导下收复安福[6]、永宁（今江西井冈山市）、龙泉（今江西遂川县）三县。清驻防安福游击张曾显

[1] 钱秉镫《吴廷尉鉴在传》，见《藏山阁文存》卷五。

[2] 邓显鹤《沅湘耆旧集》卷三十《密庵先生陶汝鼐》记，顺治九年李定国大军至衡阳时，“湘潭石见五（名开云）衔命敦促，不得已与周司农（即周堪赓）、郭司马（即郭都贤）并出见，至南岳谒庙而还”。陶汝鼐后来身陷清朝囹圄，为了保命，竭力把自己参加复明活动说成是被迫的。

[3] 陶汝鼐《密庵先生遗集》附《年谱》引《益阳县志》文。

[4] 乾隆二十八年《衡州府志》卷二十九《兵燹》。按，此处高必贵疑为高文贵。

[5] 江西巡抚郎廷佐“为查明失守情形”等事题本残件说，“顺治九年十一月初一日，有象寇数万骤至永新山邑”，永新营兵仅二百余名，“寡不敌众，是以被贼围陷”。见《清代档案史料丛编》第六辑，第二七八至二八〇页。按，“象寇数万”当为夸张之词。

[6] 康熙五十二年《安福县志》卷一《疆域志·祥异》记：“九年壬辰，刘京、倪端倚山作乱，引滇兵入城，劫杀无算。”

"全军被围，尽为贼执去"，张曾显被押解到衡州，李定国下令将其斩首[1]。清江西巡抚蔡士英在题本中说："该臣看得，逆贼乘犯湖南之势，驱其象马，大股而来，其志意颇为不小。又兼土寇刘京历年为江省巨害，潜相勾引，习熟路径。……是以狡贼先设疑兵于袁州插岭关，势欲进窥；而阴以大队突犯吉安，以致永新、安福、永宁、龙泉等处相继沦陷，县令、防将两被执去，更眈眈于吉安府城，思图并力极攻。"[2]正当刘京等围攻吉安府城（今吉安市）时，清江西巡抚蔡士英向江南总督马国柱告急，抽调援兵入赣会同江西提督刘光弼、南赣总兵胡有升所部兵马火速赶赴吉安。由于李定国部主力未能入赣，刘京等部抵敌不住清朝优势兵力，十一月初一日李文斌兵败被擒[3]。定国为集中兵力迎战尼堪，无暇东顾，永新等县驻军"起营退转湖南"，十一月二十三日最后一批精兵撤离永新开往湖南[4]。清军于二十五日进入永新，安福、永宁、龙泉也先后被清军夺回[5]。到1653年（顺治十年）七月二十七日，刘京在同清军交战中被俘[6]，赣西的抗清运动被镇压下去。

---

[1] 《明清史料》丙编，第九本，第八八一至八八二页江西永新等县失陷案残件。

[2] 蔡士英《抚江集》卷一，顺治九年十二月初四日"为恭报连恢二邑仰慰圣怀事"题本。按，《吉安府志》所载与清方当局奏疏略异，其文云："八年辛卯（当为九年壬辰），明刘文煌复永新、安福。吉安守将罗某攻之，拔其城，并获文煌。"注文中说刘文煌是江西泰和人，原随郭维经起兵抗清。李定国派偏师由湖南入江西时，他乘势收复永新、安福二县，正想向吉安进军，恰逢定国的军队撤退，清"吉安守将罗某合各府兵围之，粮尽被俘，死难南昌会城"。罗某指清吉安营参将罗映台。

[3] 《抚江集》卷一，顺治九年十一月初七日"题为报擒贼首洗巢大捷事"。

[4] 顺治九年十二月二十日江西巡按张嘉题本，见《明清史料》丙编，第九本，第八三〇页。

[5] 胡有升《镇虔奏疏》卷下，顺治十年正月二十八日"恭报援剿吉安并恢复龙泉凯捷疏"云：清军十一月二十日收复安福县，二十五日收复永新县，十二月初六日收复龙泉县。蔡士英《抚江集》卷一，顺治九年十二月初四日"为恭报连恢二邑仰慰圣鉴事"题本中说：十一月二十八日江西提督刘光弼报恢复安福，十二月初一日又报收复永新。日期的差异原因是蔡士英根据的是刘光弼塘报时间。

[6] 蔡士英《抚江集》卷五。

第四节　刘文秀进攻保宁之战

到1651年（顺治八年、永历五年），孙可望部署的南明军队已经控制了贵州全省，前锋进入湖南西部和四川南部。针对这一形势，清廷除了加强湖广的防务外，派遣平西王吴三桂、定西将军固山额真李国翰带领所部兵马由陕西汉中入川。1652年二月初七日吴、李二部到达保宁（今四川阆中）[1]。十二日南下，二十二日推进到成都。奉孙可望之命守卫成都的总兵林时泰不战而降。由于林时泰曾经投降过清朝，后来又在潼川反清归明，吴三桂认为他是反复无常、奉有明旨缉捕的“钦犯”，下令把他斩首示众。占领成都以后，吴三桂坐镇该城，由李国翰统兵于二十四日收取眉州，二十五日占领嘉定（今四川乐山市），活捉明总兵龙名扬（倮㑩族，原为云南临安府石屏州宣慰司土官）[2]。三月，吴三桂、李国翰调集梅勒章京葛朝忠、白含真、佟师圣，夔州总兵卢光祖，左路总兵陈德，永宁总兵柏永馥等往攻重庆，初五日占领合州，分水陆二路进逼重庆。明军守将卢明臣因兵力单薄，于十四日放弃重庆。四月下旬，吴三桂等派遣另一支由甲喇章京杨正泰、郭云龙、右路总兵南一魁、叙州总兵马化豹带领的清军进攻叙州，明守将王复臣、白文选主动撤退到永宁（今叙永）[3]。至此，清军除了原先控制的保宁地区外，已夺得成都、重庆、叙州、马湖、邛州、雅州、嘉定、眉州等府县，清政府认为“全蜀渐次底定”，应当讲求“善后”之策了[4]。

---

[1]　李国英《李勤襄公抚督秦蜀奏议》卷八，顺治九年三月初七日题本；同年二月初八日题本。又见《清代农民战争史资料选编》第一册（上）。

[2]　同上。按，龙名扬在《选编》中误排为龙名杨。

[3]　顺治九年八月十五日四川巡抚李国英“为再报东南大捷，仰慰圣怀事”题本，见《李勤襄公抚督秦蜀奏议》卷八；又见《明清史料》甲编，第二本，第二九五页；《清代农民战争史资料选编》第一册（上），第二三五至二三六页。按，此件最准确者为影印揭帖，见《明清档案》第十五册，A15—59号。《奏议》本在文字上已做删改，《选编》所收并非档案原件，而是从《奏议》转录。

[4]　顺治九年八月十五日四川巡抚李国英“为全蜀渐次底定事”题本，见前引《奏议》卷八。

正在这时，孙可望从全局着眼，唯恐清军在四川站稳脚跟后，南犯贵州，遂派抚南王刘文秀统领援兵四五万人三路入川，由建昌、叙永、彭水展开全面反攻[1]。八月初九日，明军攻克叙府，据守该城的清兵“全军覆没，南总兵（南一魁）不知下落，马总兵（马化豹）只身逃回，甲喇、牛录死难者数十余人”[2]。与此同时，明军大将白文选也率部反攻重庆。吴三桂、李国翰见明军势大，于八月十九日在夹江县同四川巡抚李国英紧急会商，决定全师“北撤，以保万全”[3]。驻守重庆的清军将领梅勒章京葛朝忠、佟师圣、白含真、镶红旗章京尹得才，总兵柏永馥、陈德、卢光祖于八月二十四日接到吴三桂的撤退命令，二十五日渡江北还。同一天，明军收复重庆，随即派兵尾追清军，在距离重庆一百二十里的停溪将清军包围，用火器四面围攻。二十八日，清军大败，梅勒章京白含真被活捉[4]，永宁总兵柏永馥带着残兵败卒逃到保宁时，部下“兵支离削弱，才得百人”[5]。

九月十一日，吴三桂等退至绵州，接着又退到广元。清朝在四川的临时省会保宁只有巡按御史郝浴和总兵严自明部下一百多名士卒[6]。吴三桂、李国翰和随军南下的四川巡抚李国英在兵败如山倒的形势下，已有放弃四川，退入陕西汉中的打算。由于郝浴的坚持，李国英、吴三桂、李国翰终于决定回守保宁，在十九日统兵进入该城[7]。清军在撤

[1] 《清史列传》卷七十八《卢光祖传》。

[2] 郝浴《中山奏议》卷一《再报封疆大计疏》。按，李国英奏疏中说马化豹身带枪伤逃回。

[3] 顺治九年八月二十七日李国英“为塘报滇贼入犯事”密奏本，见《李勤襄公抚督秦蜀奏议》卷八。

[4] 李国英《李勤襄公抚督秦蜀奏议》卷八；郝浴《中山奏议》卷一《再报封疆大计疏》。

[5] 《中山奏议》卷一《按蜀疏》。

[6] 《中山奏议》卷一《飞报封疆大计疏》。

[7] 顺治九年九月二十六日四川巡抚李国英“为紧急贼情事”密奏本，见《李勤襄公抚督秦蜀奏议》卷八，参见《清代农民战争史资料选编》第一册（上），第二三七至二三八页。

退过程中，遭到抚南王刘文秀、讨虏将军王复臣的追击，损失颇大。史载："刘文秀之入蜀也，善抚恤军士。蜀人闻大军至，多响应。于是，重庆、叙州诸府县次第皆复。吴三桂迎战辄败，敛军以奔，趋保保宁。"[1]

保宁战役关系到清廷能否在整个西南地区保留一个立足点，战役过后，清朝三方面的负责人都竞相争功。不少史籍都归因于四川巡按郝浴，如《清史稿·郝浴传》记："九年，平西王吴三桂与固山额真李国翰分兵复成都、嘉定、叙州、重庆。已而，两路兵俱败，三桂退驻绵州。浴在保宁监临乡试，可望将数万人薄城，浴飞檄邀三桂，激以大义，谓'不死于贼，必死于法'。逾月，三桂乃赴援，可望等引去。"[2]刘献廷也说："平西同墨勒根虾取四川，兵至叙州府。蜀王刘文秀兵多而锐不可当。平西兵不战而走。至保宁，墨勒根虾已决意去蜀矣。时郝雪海巡按四川，驻陕西境，上疏劾平西不能取蜀，更引敌兵入秦境。平西计无所出，固山杨珅力持进兵议，曰：'王威名震天下，今退走，则一旦扫地矣。今日之计，有进无退。'墨勒根虾惧敌众难之。珅曰：'固山若却，请自退。吾王独进，与敌不两立矣。'遂进兵。……大捷，平西即上疏曰：'臣之退走，所以引敌出险以歼之也。兵家之计，不可先传。按臣书生，不知兵事，妄言摇惑众心，几败大计。'上谴谪雪海于辽东"[3]。郝浴自己在奏疏中说："九月十九日，平西王、固山额真墨勒根虾、抚臣李国英一昼夜接臣七次移会，迫之以'不死于贼，必死于法'之言，已统大兵回札保宁。"[4]又说："臣在保监临，两路利失，方望我兵从中路回保，乃竟舍川北，历险西行梓、剑

[1] 黄宗羲《永历纪年》。

[2] 《清史稿》卷二百七十《郝浴传》。按：吴三桂等统率的军队九月十一日至绵州，同月十九日至保宁，传中所谓"逾月，三桂乃赴援"，不确。此战役为刘文秀指挥，孙可望并未亲至四川，传云可望"薄城""引去"，亦误。

[3] 刘献廷《广阳杂记》卷一。按，是时刘文秀尚未封蜀王。

[4] 郝浴《中山奏议》卷一《再报封疆大计疏》。

矣。重庆北来又有从通、巴入汉一路在。土寇逃卒阒然城外，以为两路兵各自便道归秦；在两路兵颇亦疑保宁府已早为贼吞矣。”为了请求吴三桂等回师扼守保宁，他和总兵严自明派人前往梓（潼）、剑（州）地区邀请，联名启文中说：“川北为汉中门户，有川北后得有汉中；无川北不第无汉中矣。至保宁一隅屯聚朝廷粮饷，又兼设文武，原倚以为全川、收云贵之大镇。王受西南重寄，岂得弃而不顾，等情。臣复独移抚臣，内有朝廷一块土是贵部院一重责任。今秦兵四散，蜀寇蜂拥，贵部院向来所提调之兵马、所管辖之将官不见一人，并贵部院亦竟不知在于何所，则保宁一片封疆将来作何销缴，等情。时虑寇深路阻，以上两项文书自未至丑历七时，照样七次踵发，务要其必归。坐是两路兵俱知各司、道、府死守保宁，因翻然云集。”[1]

李国英的儿子李雯则持另一种说法：

> 雯闻是年叙府失陷，重庆不守，吴三桂遁还。未至保宁三十里地名圆山子，有路通秦。三桂欲拉先公从此路径还汉中。先公曰：“王乃客兵，可以还汉；巡抚乃守土之臣，当与保宁共存亡。王自回汉，巡抚当星夜回保料理守具。”遂辞三桂及固山额真拔营回保。奈固山额真语三桂曰：“我等统领大兵恢川不得，若弃了保宁，丢了巡抚，我朝法度王所素知，复将何辞以对朝廷耶？”三桂乃悟，飞使追回先公，语之曰：“我欲去守保宁，巡抚可有粮么？”先公曰：“保宁粮虽无多，尚够兵马五个月支用。”三桂乃率师同先公于九月十九日至保宁。……[2]
>
> 吴三桂初欲遁还汉中，继乃不得已而守保宁。虽一鼓灭

[1] 郝浴《中山奏议》卷一《敬辞钦赏兼叙守城各官功绩疏》。

[2] 《李勤襄公抚督秦蜀奏议》卷八，顺治九年十月十八日李国英“为飞报大捷仰慰圣怀事”题本后附李雯按语。

贼，所谓置之死地人自为战者，真乃朝廷洪福。其实三桂中情畏怯之甚也。……至按臣郝浴身经围城，目睹战阵，书生从未见兵，痛定尤复思痛，遂谓保宁兵单难守，请今文武各官尽同王师回汉，此则明明弃蜀矣。不知蜀虽荒残，若贼得之，守其要隘，耕其旷土，济以奸诈，招致群丑，不惟数万之师难以进克，即秦中、汉南恐亦岁无宁日矣。[1]

这些记载在某些具体情节上存在分歧，但郝浴上疏的时候，吴三桂贵为藩王，李国翰是清廷亲信重臣，李国英是现任四川巡抚，他疏中说曾经七次行文请求三人领兵回守保宁，当属事实。不过，郝浴“不死于贼，必死于法”一语显然是给李国英信中的话，李国英作为巡抚有守土之责，而吴三桂、李国翰是“客兵”，可进可退，他们原来的意图是带着李国英部一道退入汉中。郝浴既以封疆之责要求李国英回兵保守，自然也请求吴三桂、李国翰统率大军协守。李国英既迫于郝浴的责难拒绝随吴三桂、李国翰撤入汉中，吴、李受道义上的牵制（三桂、国翰部若撤回陕西，保宁必破无疑，即如李国翰所说“弃了保宁，丢了巡抚”，在清廷面前不好交代），才勉强决定回守保宁。《清史稿·郝浴传》把“不死于贼，必死于法”一语直接挂到吴三桂头上，同吴三桂后来发动三藩之乱，成为清朝的逆臣有关。事实上当时清廷以保存实力为原则，有意让吴三桂、李国翰退守汉中。1652年（顺治九年）十月，清廷先派固山额真库鲁克达尔汉阿赖率官属兵丁驻防西安，又调原定往征广东的护军统领阿尔津为安西将军，同固山额真马喇希镇守汉中，敕谕中写道：“今逆贼侵犯四川，黎元惶忧，深厪朕怀，用以尔阿尔津为安西将军，同马喇希总统将士，前赴平西王吴三桂、定西将军墨尔根侍卫李国翰处，驻札汉中，保固地方，整顿兵马。贼若入犯，会同平西王、墨尔

[1] 郝浴《中山奏议》卷一《三报封疆大计疏》；参见李国英《李勤襄公抚督秦蜀奏议》。

根侍卫相机剿除。其进征四川事宜，着候明旨。”[1]可见，清廷已经以确保陕西为目标，四川被置之度外了。

刘文秀在攻克叙州，追败清重庆守敌之后，一路上所向无敌，产生了骄傲轻敌思想。他只看到吴三桂等望风逃窜这一动向，却没有看到入川清军主力基本完整，仍有相当的战斗力。进抵保宁城郊后，刘文秀缺乏大将应有的持重态度，在没有充分把握的情况下，决定强行全面攻城，这在策略上是犯了重大错误的。因为清军所占只是保宁一座孤城，四川全境已大抵收复。保宁城三面环水，西、南二面临嘉陵江，东面为东河，江河对岸是连绵不断的山脉。明军占领了城外各山头，凭借“长技在鸟铳，铳之胜势在高山，延山放铳，据险凭城，不谓不张”[2]。刘文秀本应利用地利派重兵扼守保宁东、南、西三面，随时提防清军出城渡河反击；另派少数兵力渡河进至保宁城北骚扰该城与陕西汉中的交通供应线。在完成这一军事部署的同时，把经营四川提上议事日程。为了说明问题，先谈一下四川各地的情况。自从明末战乱以来，四川大部分地区凋敝荒凉，特别是自然条件最好的成都平原几乎没有人烟，只要经营得法，完全可以建设成南明重要的复兴基地。郝浴在这年给清廷的奏疏中就说过：“成都地大且要，灌口（指都江堰）一泻，襟带三十州县，开耕一年定抵秦运三年。锦城之外，竹木成林，结茅为庐，千百间可立就。锦江之鱼，岸上求之，蓄于鸡豚，收川资本卷在此中矣。”[3]“嘉定（今乐山）据叙（今宜宾）、重（庆）上游，民较三川差多，见饶盐茶。”这些地方都已由刘文秀所统大军收复。清军据守的保宁，人口和耕地却很少。郝浴自顺治八年十一月到任经过调查，次年奏报说：保（宁）、顺（庆）、潼（川）、龙（安）四府州“所垦熟田止二百三十五顷，不及别省中县十分之一”；“三府一州二十九县，共

[1]　《清世祖实录》卷六十九，十月戊申日及辛酉日。

[2]　郝浴《中山奏议》卷一《三报封疆大计疏》。

[3]　《中山奏议》卷一《缓策西南一议》。

得九千三百五十余口，数不及别省半县，而满、汉官兵数倍之。”驻于保宁的清四川“司、道、府、州等官员”连薪俸也拿不到，“惟各令丁奴垦荒自赡”[1]。清军退守保宁时，顺庆、潼川、绵州等地均为明军所收复，清方控制的耕地、人口更是少得可怜。保宁城中储积的一些军粮几乎全是由陕西汉中历尽艰辛转运来的，势必不能持久。顺治十二年五月清朝一件奏疏中还说：“夫沃野千里原指成都而言，其东南俱财赋所出。今归我版图者止山多田瘠、出产寡薄之川北一隅，而东南有食可以养兵之地皆为贼所盘踞”[2]，颇能说明当时四川的经济情况有利于明，不利于清。

刘文秀既然已经把清军堵扼于保宁一隅之地，收复了四川绝大部分地区，军声大振；心怀去志的吴三桂等能守住保宁即已自庆，发动反攻的可能性极小。在这种情形下，刘文秀完全可以暂缓直攻保宁，而在加强对该城清军戒备的同时，采取有力措施经营四川，设官安民，招集流亡，联络土司，加紧屯田，渐兴文教，使自己立于不败之地。就军事而言，收复重庆之后刘文秀同夔东十三家抗清武装已经连成一片，可以动用的兵力大大增加，在适当时机会同作战，不仅收复保宁易如反掌，继续北上陕西汉中或东下湖北，前景必甚可观。总之，刘文秀并没有认识到他的主力直逼保宁城郊之时，恢复四川的战役已经取得辉煌战果，因为稳定了四川局势，经营得法，社会生产逐渐恢复，就可以大大加强南明政权人力、物力和战略上的有利地位，贵州、云南已远离前线，长期局促于川东鄂西贫瘠山区的夔东抗清武装只要刘文秀以大局为重，加意联络，也必将大有作为[3]。

[1] 《中山奏议》卷一《备述蜀省情形疏》。

[2] 《明清史料》甲编，第四本，第三五六页，原件“上缺”，不详作者，但疏中有“臣在蜀言蜀”一语，必为四川官员。

[3] 顺治九年刘文秀统兵入川时并没有会合夔东十三家明军共同作战，几年后他病重上遗表建议永历朝廷移驻四川，重要的理由就是借重十三家之兵力扭转战局，这很可能是总结了自己两度入川未能重用十三家兵力的教训。

然而，刘文秀计不出此。他的意图不仅要乘胜收复保宁，而且要把四川境内的清军杀得片甲不留。十月初二日他率领大将王复臣、王自奇、李本高、祁三升、关友才、张光璧等[1]五万余兵马迫近保宁。刘文秀下令搭造浮桥济师，主力部署在保宁城北面。攻城以前，他甚至抽调一部分军队“北塞葭萌关，东塞梁山关”[2]，防止攻克保宁后清军突围窜入陕西。时人韩国相记载：“是时有南府刘文秀者统兵四万余，追清兵来屯保宁梁山关，声势大振。自以为战必胜，攻必克关。而清兵心胆堕地，主走剑阁出七盘，而已置四川于不问。”[3]这就是说，刘文秀志在全歼吴三桂、李国翰、李国英所部清军，改变了三面据险、俯扼清军的态势，使自己的主力置于保宁城北敌守重镇，东、西背水的危境，在兵法上违背了“围师必缺”的原则。吴三桂等眼看已经没有退路，唯有困兽犹斗、背城一战才可绝处逢生。灭虏将军王复臣对这种部署深为忧虑，向刘文秀建议集中兵力攻打保宁城的薄弱部，破城以后吴三桂等部清军虽不能全歼，但必然逃往陕西，四川全省可以平定；而包围全城，分兵把口势必暴露出己方弱点，给清军以可乘之机。这一正确意见遭到刘文秀断然拒绝，从而导致了保宁战役的惨败。

保宁战役的经过是：十月初八日明军主力齐集保宁城北，刘文秀登上东北山头指挥攻城。吴三桂通过侦察得知攻城明军中张先璧部战斗力最弱，决定集中兵力先打张军[4]。李国英为迷惑明军，命部下绿营兵改打八旗正兵旗[5]。十月十一日黎明，刘文秀麾军攻城，兵马“蔽山而下，炮声震天”，“南自江岸，北至沙沟子，横列十五里，前列战

[1] 《李勤襄公抚督秦蜀奏议》卷八《为飞报大捷事题本》，原文王自奇作王志奇、祁三升作祁三省、关友才作官有才，均因音同致误。

[2] 《李勤襄公抚督秦蜀奏议》卷八，顺治九年十月十八日李国英“为飞报大捷仰慰圣怀事”题本后附其子李雯按语。据乾隆《广元县志》卷三《关隘》记，“葭萌关在县南十里”。郝浴疏中说梁山关在保宁城北。

[3] 韩国相《流离外传》，收入民国十八年《南充县志》卷十六《流离传》。

[4] 张先璧部原为南明官军，后由孙可望接管。

[5] 《李勤襄公抚督秦蜀奏议》卷八，顺治九年十月十八日题本后附李雯按语。

象，次用火炮、鸟铳、挨牌、扁刀、弓箭、长枪，层叠里许，蜂拥攻城”[1]。辰时，吴三桂率部开门出城，直攻张先璧军。张部抵敌不住，纷纷逃窜，败兵把王复臣等部的军队冲得乱成一团。清军趁势鼓勇奋击，明军阵势已乱，立脚不住，这天中午即已全面崩溃。撤退时由于浮桥被砍断，致使大批将士无法过江，被清军追杀或落水而死[2]。明灭虏将军王复臣，总兵姚之贞、张先轸、王继业、杨春普等被清军擒杀，损失士卒大半、战象三只、马骡两千三百余匹，刘文秀的抚南王金印也被清军缴获[3]。

吴三桂于险胜之余，叹息道：“生平未尝见如此劲敌，特欠一着耳。”[4]这年十一月，清廷收到吴三桂、李国翰等人的捷报，才松了一口气，除下诏颁赏外，于十二月将阿尔津由定西将军改为定南将军，同固山额真马喇希统率将士“往征湖广”[5]。

刘文秀率领残兵败卒返回贵州，孙可望深为不满，下令解除他的兵权，发回昆明闲住；张先璧被乱棍打死。

第五节　孙可望逼走李定国和宝庆之败

当李定国驻军衡阳的时候，孙可望在1652年（顺治九年、永历六

---

[1] 同前李国英题本；参见郝浴《中山奏议》卷一《三报封疆大计疏》。

[2] 史籍中关于明军砍断浮桥的原因有两种说法，一种说刘文秀战败渡过嘉陵江后，为了防止清军追击，下令砍断浮桥。另一种说法是刘文秀进攻保宁时令张先璧断后，军队渡江完毕，张先璧之弟张先轸“患其兵之退怯，斩筏桥而不以告”，用意是背水一战，结果撤退时造成重大损失。见王夫之《永历实录》卷十《张先璧传》。

[3] 前引李国英十月十八日题本。按，李国英题本中说刘文秀等“逃遁不满千人”，肯定为夸张之词。南明领兵大将除王复臣被俘外，其余都安全脱险，所部当不致过少。

[4] 黄宗羲《永历纪年》。

[5] 《清世祖实录》卷七十。

年）十一月初一日亲自由贵州来到湖南沅州（今芷江）。他派大将白文选统领马、步兵五万余名进攻辰州。二十一日，明军分水、陆二路进抵辰州城下，把该城四面包围。清辰常总兵徐勇命副将张鹏星领兵出战，被明军炮火击毙。徐勇仍然妄图据城顽抗。次日，白文选以大象为前驱，突破东门，大队兵马冲入城内，徐勇在混战中被乱刀砍死[1]，清分守辰常道刘升祚、辰州知府王任杞[2]等文武官员也被俘处斩。孙可望决定"改沅州为黔兴府，以州治兴沅县附郭，领一州九县：曰靖州、曰兴沅、曰黔阳、曰麻阳、曰通道、曰平溪"[3]，并把该府改隶贵州省[4]。

就当时明、清双方在湖南的态势而言，十一月二十二日孙可望亲自指挥的军队攻克了辰州，次日李定国军在衡阳击毙清军统帅尼堪，应当是孙、李会师全歼入湘清八旗兵进而扩大战果的大好时机。时人丁大任说：

> 壬辰（1652，顺治九年），可望略湖南，自晏衡州府城楼观兵。清朝损兵以万计，王公、文、武无不奔窜，而敬谨王不免焉。而辰州府，武冈、沅、靖三州并十县尚为所据。其行兵有五要：一不杀人，二不放火，三不奸淫，四不宰耕牛，五不抢财货。有一于此，军法无赦。有象阵，马见之惊逸。用罗罗，能跣战，不畏矢，执标枪大刀，常以少胜众。……楚人曰：孙、李二将有五伯之假仁假义、王莽之谦恭下士。而永历之为君，远过乎刘禅，近胜于弘光，奄有云、贵并广西、四川、湖广各半省，五

---

[1] 《明清档案》第二十一册，A21—60号，顺治十一年十一月二十一日兵部尚书噶达洪等题本；同件见《明清史料》甲编，第四本，第三四七至三四八页。参见《清世祖实录》卷八十五。彭而述《读史亭诗集》卷二《悲辰阳》题下注："将军徐勇以壬辰十一月二十二日城陷死之。"

[2] 康熙四十四年《沅陵县志》卷八《灾祥》记：九年"冬，黔兵攻城，镇、道、府、县皆殉难。"按，王任杞于顺治九年十月由辰州知府升任广东巡海道，尚未离任，见《清世祖实录》卷六十九。

[3] 同治十三年《黔阳县志》卷五十六《载记下·流寇》。

[4] 同治十二年《沅州府志》卷三十二《记兵》。

府六部三衙门，春秋两榜，隐成一小朝廷。[1]

在清军接连遭受重大挫折，主帅阵亡，士气沮丧之际，孙可望作为南明的最高实权人物不仅没有抓住战机，部署决战，反而嫉贤妒能，导致内部矛盾激化。探讨南明的历史，有一个基本论点是可以通过大量事实证明的，这就是在力量对比上，南明的兵力和潜在力量（包括清统治区内的复明势力）并不逊于清方。其所以屡战屡败，丧师失地，根本原因在于各种抗清势力之间矛盾重重，互相拆台，甚至自相火并，使兵力相当有限的满洲贵族坐收渔翁之利。1650年到1651年，孙可望凭借在云南休整之后建立起来的精锐之师为核心，通过“会盟”等形式把南明割据自雄的残存兵力加以改编，同时在实际上掌握了永历朝廷的大权，这对于消除内部腐败纷争，建立一支足以同清方抗衡的军事力量和后方基地是一个重大贡献。然而，孙可望器小易盈，缺乏统筹全局、妥善处理内部关系的胸襟。1651年（永历五年、顺治八年）二月，他自称“国主”[2]，不仅在实际上，而且在名义上把军国大权集中于一身。在他看来，可能危及自己“国主”权威的人有三个，即永历帝朱由榔和原在大西军中地位相仿的安西王李定国、抚南王刘文秀。而他最忌讳的就是手握重兵并在原大西军中享有崇高威望的李定国、刘文秀同仍保有皇帝虚名的朱由榔之间建立比较密切的关系。据史书记载，李定国攻克桂林以后，尽管在献俘等事宜上都尊重他这位身居贵阳的“国主”，但孙可望仅因李定国对在安龙的永历朝廷送去了一份报捷奏疏，就大为不满。保宁战役之后，孙可望乘机解除了刘文秀的兵权，发往云南闲住。这一举

[1] 丁大任《永历纪事》，见《荆驼逸史》。按：文中说孙可望在衡州城楼观兵当为李定国驻军衡阳之误。丁大任记载的“行兵五要”是指孙可望、李定国、刘文秀等部的军纪严明，有的史学著作因为孙可望后来降清，把“行兵五要”专归于李定国，有欠公允。

[2] 康熙四十四年《平彝县志》卷二《沿革》；又见康熙五十四年《新兴州志》卷二《沿革》。

措已经表现了孙可望的私心自用，正确的做法本应抽调兵将补充刘文秀部，让他继续经营四川。刘文秀被撤职，不仅他本人心灰意懒，在原大西军部分将领中也引起愤慨不平。

更严重的是，在李定国连歼清朝二王，复地千里，军威大振之时，孙可望嫉妒之心有增无减。李定国攻克桂林之后送到贵阳的缴获物品只有清廷赐给孔有德的定南王金印、金册和人参数捆，没有多少金银财宝。孙可望听信小人之言认定李定国不是私自藏匿就是分赏将士示恩于下。到李定国军在衡阳战役击毙尼堪的消息传来，竟有功高震主之嫌，孙可望已经容不下他了。不少南明史籍记载，当李定国部署衡阳战役的时候，原议由马进忠、冯双礼移军白杲市，定国主力驻于衡州，等待尼堪大军过衡山县，马、冯二部抄至敌后，同定国部南北合击，一举全歼尼堪所统清军。孙可望得知这一部署，唯恐定国大功告成，密令冯双礼退师宝庆，马进忠也随之而走。由于孙可望的拆台，李定国虽击毙了清军主帅尼堪，却因兵单势孤，在十二月间放弃了衡州[1]。衡州战役以后，孙可望又密谋定计以召开军事会议为名，只待定国到来即行拘捕，至于定国所统军队则转交冯双礼指挥。如果说孙可望解除刘文秀的兵权还多少体现了赏功罚败的原则，谋害战功卓越的李定国肯定极不得人心。因此，一些知道内幕的人赶往定国军中告密，劝他绝勿前来赴会。由于这件事在原大西军中属于领导层的核心机密，史籍中关于开会地点和具体情节难免有出入。王夫之记载：

> 可望驰召定国返武冈会议，三昼夜书七至。定国不得已西行，将见可望。至紫阳渡，刘文秀之子密遣人走报定国，言可望俟其至即收杀之。定国大惊，遽引兵东走，缚筏为桥，渡湘

[1] 顺治十一年正月二十八日经略洪承畴揭帖中报告分巡上湖南道张兆罴于“九年十二月内随大兵复衡城”，见《明清史料》丙编，第二本，第一四〇页。

水，渡已，桥绝。可望追兵趋永州，遂自永明走平乐……[1]

计六奇记载：

可望封定国为西宁王，冯双礼兴国侯，差杨惺先往封。至衡州，李定国曰："封赏出自天子，今以王封王，可乎？"遂不受封。可望虑定国功大权重难制，楚粤人心归之，因为书召之。不至。十月，可望出兵至沅江，命张虎督兵复辰州，连书催定国至靖州相会，意欲图之。定国心腹人龚彝至沅州，见可望，探知其意，密书报定国，令勿来，来必不免。癸巳（1653）正月，定国行至武冈州，见书，叹曰："本欲共图恢复，今忌刻如此，安能成大功乎？"因率所部走广西。[2]

李定国本希望孙可望率部由辰州东进，同己部合击湖南清军（尼堪被击毙后，入湘八旗兵由贝勒屯齐统领），若能全歼该军，势必使满洲八旗实力大损，远近闻风丧胆；然后会合夔东十三家兵力北取湖北，东攻江西，很可能形成势如破竹的局面。当他得知孙可望置大局于不顾，蓄意谋害自己的时候，不胜愤慨，对部下将领说："不幸少陷军中，备尝险艰，思立尺寸功，匡扶王室，垂名不朽。今甫得斩名王、奏大捷，而猜忌四起。且我与抚南弟（指刘文秀）同起云南，一旦生误，辄遭废弃。忌我，当必尤甚。我妻子俱在云南，我岂得已而奔哉！"[3]1653年（永历七年、顺治十年）二月下旬，李定国率领所部四五万兵马放弃永

[1] 王夫之《永历实录》卷十四《李定国传》。

[2] 计六奇《明季南略》卷十七《孙李构隙本末》。

[3] 徐鼒《小腆纪年附考》卷十八。

州，经永明越龙虎关撤入广西[1]，从此避免同孙可望见面。二十年左右情同手足的兄弟情谊被孙可望一笔勾销了，原大西军领导集团之间的裂痕使联明抗清以来前所未有的复兴良机变成昙花一现。

古语说：师克在和。孙可望逼走李定国很快就自食恶果。当时孙可望正亲统大军由靖州经武冈进至宝庆（今湖南邵阳），部下有大将白文选、冯双礼等，总兵力据清方记载为十万。三月初六日，清定远大将军屯齐带领满汉主力由永州北上宝庆，十五日驻于岔路口，距明军白文选、冯双礼、马进忠营地周家铺三十里。次日，清军进至周家铺，由于明军营于山顶，地势险要，又遇上天雨，双方列阵相峙。这天晚上孙可望率亲军由宝庆府来增援。十七日，明军下山向清军发起全面进攻，清军分路迎击，双方展开激战。结果孙可望所统明军战败，伤亡颇众，被清军缴获马七百余匹，象一头，清军乘胜占领宝庆府[2]。但是，清军在这次战役中也付出了很大代价，正黄旗两名蒙古梅勒章京韦征、武京都

[1] 《清世祖实录》卷七十六记："定远大将军多罗贝勒吞齐（即屯齐）等奏报：逆贼伪安西王李定国、伪国公马进忠率马步贼兵四万余至永州。臣等以西安府兵暨提督总兵官柯永盛兵驻衡州，大军于二月十三日向永州进发，二十八日抵永州，李定国已遁度龙虎关而去。"康熙六年《永明县志》卷九《兵寇志·兵变》记："顺治九年壬辰，安西王李定国破粤西，旋破湖南，知县尹足法遁去。定国命张昌胤理县事。已而，我师复湖南，定国帅所部五万众走永明，屯三日，旋遁广西。四月，原任知县尹足法复任。"可见，李定国之由湘入桂纯因避开孙可望，主动转移。郭影秋先生作《李定国纪年》时误信清末民初人士伪托明遗民刘彬（云南人）所作《晋王李定国列传》，在该书第一一九至一二〇页写道："清兵知孙、李内讧，遣贝勒屯齐再入湖南，连败定国部张霖于岳州、马进忠于益阳、冯双礼于衡州。于是衡、永、武、靖、辰、沅、黎平诸州郡，复陷于清，民死者百万人。定国精锐亦铩伤殆半。"所述与事实不符。

[2] 这次战役在许多史籍中称之为岔路口之役，其实，岔路口是清军临战前的驻地，双方交战地点在周家铺。康熙二十四年《宝庆府志》卷二十一《武备志·兵纪》云："十年四月（当为三月），贝勒率师大败孙可望于周家铺，横尸遍野。可望单骑走武冈。我师乘胜逐之，遂复宝庆府。"《清世祖实录》卷七十六载吞齐奏报战役经过也可资参考，其中周家铺写作"周家坡"，又述及马进忠部，看来李定国撤入广西时马进忠仍留在湖南境内。

在激战中阵亡[1]。

1652—1653年（顺治九年至十年）春，以原大西军为主力的抗清运动很值得总结，正如吴三桂、李国翰在保宁击败刘文秀后没有力量乘胜南下一样，屯齐部清军在宝庆战役获胜后也未能占领整个湖南，而是同明军长期相持于靖州、武冈一线。这就证明：一、满洲八旗和它的附庸军并不占绝对优势，战争的胜负同双方的内部团结和组织指挥有密切关系；二、以孙可望为首的原大西军首领人物通过治理云、贵，接管永历朝廷的实际权力，避免了这个朝廷内部无休止的纷争，创造了一致对清的局面，是战役前期取得重大成果的主要原因；三、战局的恶化部分同刘文秀指挥失误有关，保宁战役受挫固然造成较大损失，还不致影响全局。真正断送复明运动良机的是孙可望个人野心恶性膨胀，举动乖张，先误于调令李定国全军入湘，以致退入广东的清军乘虚而入，重占梧州、桂林，使刚刚收复的广西未能稳定；接着又逼走李定国，导致复湘之举功败垂成。

[1] 鄂尔泰《八旗通志》卷一百七十《韦征传》《武京传》。《清世祖实录》卷八十七载，顺治十一年十二月“戊午，发帑银十一万八千八百八十两，分恤湖南衡州岔路口阵亡及被伤将士。”又，同书卷九十二载，顺治十二年六月壬申日，“赠湖广衡州府岔路口及福建海澄县阵亡各官”，内有护军统领喀尔他喇，署梅勒章京崇古巴图鲁、伊穆图、齐克讷、恳哲，护军参领鄂克绰特巴、额塞、达海哈尔霸，侍读学士索尔孙，学士马禄等，原文虽未分别说明阵亡地点，但多数是在岔路口战死则可以肯定。这两条材料都证明，屯齐部清军虽取得了战役的胜利，兵员伤亡还是相当大的。

第二十四章
清廷加强推行以汉制汉政策

第一节　满洲八旗兵实力下降

在历史上，每一个新兴王朝在军事上都有一个由盛转衰的过程，清朝也不例外。只是被清廷统治者视为争夺天下和巩固天下的嫡系军队的由盛转衰过程来得特别迅速。1644年到1647年（顺治元年至四年）满洲八旗兵所向无敌的场面就像昙花一现似的再也没有出现过。由于清朝最后统一了全国，它的统治集团从来忌讳谈自身的弱点，后来的史家也很少注意到这一重要转变，没有看出入关初期清廷的不可一世和后来的色厉内荏，因此，也没有认真探讨清廷在初期以满洲八旗兵为主逐渐转化为以汉制汉的政策变化。

满洲八旗兵实力下降，难以继续担任征服全国的主力是出于以下因素：第一，满洲八旗兵来源于满族成年男子，而满族在当时是一个人口相当少的民族，入关初期清军总兵力十万，其中已包括了汉军和蒙古兵，真正可以披甲出征的满族军士不过几万人。进入中原以后屡经战阵，战死和病死的人数很可能超过人口自然繁殖数；进入汉人居住区后，享受着程度不等的胜利者的优待，逐渐滋长起追求生活安逸的风气，远不像入关前后那样淳朴、勇于用命。概括一句话就是兵员少了，士气低了。第二，清朝入关初期叱咤风云的领兵大将由于染上天花[1]，迷恋女色[2]和内部倾轧，凋谢殆尽。如：豫亲王多铎病死于顺治六年，摄政睿亲王多尔衮病死于顺治七年，肃亲王豪格在顺治五年死于狱中，英亲王阿济格于顺治八年被赐死，巽亲王满达海顺治九年二月病死，衍禧郡王罗洛浑顺治三年病死于军中，顺承郡王勒克德浑病死于顺治九年三月，饶余郡王阿巴泰顺治三年病死，其子端重亲王博洛顺治九年三月病死，多罗谦郡王瓦克达顺治九年八月病死，敬谨亲王尼堪于同年十一月阵亡于衡阳。仅存的郑亲王济尔哈朗自顺治五年最后一次统兵出征湖广以后，到顺治八年就因年高处于半退休状态，至顺治十二年病死。看一下上面列举的名字，清楚地表明到顺治九年，清朝赖以开国的久经战阵、功勋卓著的大将都已不复存在。这些亲、郡王死时的年龄一般都比较年轻，济尔哈朗算是最长寿的，也只活到五十七岁。他们的子弟即便承袭爵位，却少不更事，缺乏战斗经验，无法替代父辈驰骋疆场的角色。亲、郡王以下的贵族、将领虽然还留下了一批，但他们也无复当年英锐气概。明清易代之际的著名诗人方文顺治十五年在北游京师时写了《都下竹枝词》，其中二首是："自昔旃裘与酪浆，而今啜茗又焚香。雄心尽向蛾眉老，争肯捐躯入战场。""东戍榆关西渡河，今人不及古

[1] 《清史稿》卷二百四十四《赵开心传》记："满洲兵初入关，畏痘，有染辄死。"类似避痘事实见于许多史籍。清顺治帝和豫亲王多铎等均系染上天花而病死。

[2] 顺治二年十一月十五日，豫亲王多铎由南京凯旋京师，不仅掠得了白银一百八十多万两和其他大批财物，还抢得"才貌超群汉女人一百零三"，送顺治帝十名，摄政王多尔衮三名，辅政郑亲王济尔哈朗三名，肃亲王豪格等各二名，英郡王阿济格等各一名。见《清初内国史院满文档案译编》中册，第一九七页。《清史稿》卷二百四十四《季开生传》记：顺治十二年"民间讹言往扬州买女子，开生上疏极谏。得旨；太祖、太宗制度，宫中从无汉女。朕奉皇太后慈训，岂敢妄行，即太平后尚且不为，何况今日？"说宫中没有汉族女子完全是文过饰非。

人多。风吹草底牛羊见，更有谁能敕勒歌。”[1]说明到1658年满洲将领已经普遍沉浸于温柔乡中，雄心的逐渐消磨自然还要早一些。这种严酷的事实，清廷统治集团内非常清楚，尽管他们讳莫如深，闭口不言，但从对南明各派抗清势力的战略部署和战术安排上都明显地看出他们越来越多地采取以汉制汉的方针。战略上表现在更多地依赖汉族拥清派进行招抚；战术上不到关键时间不动用满洲兵，即使在关键战役中也大抵是让绿营兵和汉军打前阵，满洲兵将处于二线，这样既可减少伤亡，又可起到监视汉军和在最后关头夺取胜利首功的作用。

清廷以汉制汉的策略变化，突出地表现在下面几件事情上：一、顺治十年（1653）起用洪承畴经略西南；二、利用软禁中的郑芝龙招抚东南沿海的郑成功（这两位福建泉州府人的起用，就清廷而言是迫不得已的，在驾驭上颇费心机）；三、顺治十年（1653）八月十九日清廷主持皇室同平西王吴三桂联姻，把公主嫁给三桂之长子吴应熊[2]；四、顺治十一年（1654）二月二十日一度决定把镇守广东的两位汉族藩王之一靖南王耿继茂移镇广西，让他不仅统率原部兵马还兼管原定南王麾下的军队[3]。

第二节　清廷命洪承畴出任五省经略

顺治九年孔有德在桂林兵败自杀，同年十一月尼堪在衡阳阵亡，打破了清军不可战胜的神话。清廷满洲贵族集团经过一番秘密商议，决定派遣内翰林国史院大学士洪承畴以兼兵部尚书、都察院右副都御史的名义总督军务，经略五省。档案材料表明，决定任命洪承畴为五省

[1]　方文《涂山续集·北游草》。按：“争肯”即“怎肯”之义。

[2]　《清初内国史院满文档案译编》下册，第二六八页。

[3]　《清初内国史院满文档案译编》下册，第三〇四、三〇五页。

经略是在顺治十年五月[1]。开初经略的范围是指湖广（今湖北、湖南二省）、广东、广西、云南、贵州等处地方。顺治十年六月洪承畴就以“钦命经略湖广、广东、广西、云南、贵州等处地方总督军务兼理粮饷、太保兼太子太师、内翰林国史院大学士、兵部尚书兼都察院右副都御史”的官衔题本请“选调堪战将兵以期剿抚奏效”[2]。洪承畴建议抽调的兵将分别由京师、直隶、宣大、陕西（包括固原、宁夏）、山东、河南、江南、江西、浙江、福建各处驻军内挑选。陕西、山西、辽东、河南籍的精锐兵将，“其北直、山东、江浙腹里弱兵不得混入”。“通计边镇、内地选调将兵共一万一千有零”，将领有虾（侍卫）张大元、马豹子（即王辅臣），正黄旗下李本深、刘忠，各饶营总兵刘芳名、高第、胡茂祯，副将王平、高谦、高万里、张鹏程、李荣、张洪德、张国勋、刘应杰、范绍祖等，“镶黄旗下替职闲官白广恩老病，不能领兵，止随臣军前为招抚榜样”[3]。不久，清廷考虑到在广东的尚可喜、耿继茂位居王爵，不便交洪承畴节制，在同年七月二十七日由内三院传旨：“广东贼势溃散，地方渐平，且去湖南辽远，应专任两王（指平南王尚可喜、靖南王耿继茂）及该督抚料理。江西切近湖南，一应用官调兵事宜时有关涉，袁州、吉安一带余贼未清，应抚辑剿御，着经略辅臣洪承畴兼理，敕印即与换给。尔内院传谕该部遵行。”[4]洪承畴在八月十四日行至山东武城县郑家口接到新颁敕谕一道、银方印一颗，即将闰六月初八日原任经略湖广、广东、广西、云南、贵州的敕谕、银印交使者

[1] 《清初内国史院满文档案译编》下册，第二七〇页记：“户部尚书车克等谨奏为钦遵圣旨事……顺治十年五月二十五日午刻圣谕内三院（特命洪承畴为经略湖广等五省军务）。”

[2] 原密疏稿及揭帖均见《明清档案》第十七册，A17—76号、A17—77号；另见《明清史料》甲编，第四本，第三〇七至三〇九页。

[3] 均见前二件。

[4] 《明清档案》第十七册，A17—107号《上传》。

缴回[1]。敕谕中说："兹以湖南江户地方底定已久，滇黔阻远，声教罕通，不逞之徒，未喻朕心，时复煽惑蠢动，渐及湖南，以致大兵屡出，百姓未获宁息。朕承天爱民，不忍勤兵黩武，困苦赤子，将以文德绥怀，归我乐宇。必得夙望重臣晓畅民情，练达治理者假以便宜，相机抚剿，方可敉宁，遍察廷臣，惟尔克当斯任。前招抚江南，奏有成效，必能肃将朕命，绥靖南方。兹特命卿经略湖广、江西、广西、云南、贵州等处地方，总督军务，兼理粮饷。"敕谕中授予洪承畴相当大的权力："巡抚、提督、总兵以下悉听节制，兵马粮饷悉听调发，文官五品以下、武官副将以下有违命者听以军法从事。一应抚剿事宜，不从中制，事后具疏报闻。……务使滇黔望风来归，官民怀德恐后，庶称朕诞敷文教至意。功成之日，优加爵赏。候地方既定善后有人，即命还朝，慰朕眷想。"[2]很明显，清廷的再次起用洪承畴是在满洲和亲信辽东将领遭到严重挫折的情况下，为了征服南明而采取的重大措施。这次抽调的兵将大体上是清军入关以后投降的明朝和大顺军旧部，如李本深是高杰的部将，刘忠在大顺政权中曾被封为平南伯。洪承畴在调兵遣将准备就绪后，又以识途老马的姿态上路了。

第三节　清廷对郑成功的招抚活动

1651—1652年（顺治八至九年、永历五至六年），郑成功在福建沿海地区多次击败清军，成了一股不可忽视的力量。原大西军出滇抗清，占领贵州全省，在广西、湖南、四川战场上大显声威。清廷统治者自进关以来从未受到这样重大的挫折，他们在军事上的弱点暴露得越来越明

[1]　《明清档案》第十七册，A17—134号，洪承畴八月十五日揭帖。按，同书中A17—81号有尾书顺治十年闰六月初日之敕谕稿一件，其中已将"广东"圈去，旁改江西；"事关藩王及公者"圈改为"事关续顺公者"。

[2]　《明清档案》第十七册，A17—81号；又见A17—133号洪承畴八月十五日揭帖。

显。于是，为了继续推行其民族征服政策，不得不把以汉制汉作为主要手段。招降郑成功就是为实现这一谋略的重大步骤。在清廷统治者看来，郑氏家族的首脑郑芝龙是自己手里的一张王牌，利用他出面招降其子郑成功可以不费一兵一卒达到平定东南海域的目的。

早在1652年（顺治九年）清廷一件密奏稿内就提出了招抚郑成功的建议。其中写道："成功等做贼既久，狼子野心，臣等非敢保其不叛，亦难必其就抚。但今湖南、川、广处处用兵，力不暇及。且湖南之贼，或由江西，或由广东，皆可通闽，万一勾连狂逞，为祸愈大。故姑以招抚一策，先将此贼牢笼，息兵养民，察其动静；苟有反侧，仍即剪除。若责令赴京归旗，料彼不能从命，不必起其疑惧。至于颁敕往谕，未宜轻率。应赐督臣密敕一道，内开招抚成功等语，先遣才干官同郑芝龙家人到彼宣布德意。彼果真心投顺，欲得朝廷敕书，即以督臣密敕宣示，颇为妥便。若执迷不顺，亦不至损威伤重也。"[1]可见，"力不暇及"是清廷采取招抚政策的主要动机。

顺治皇帝显然很欣赏这项建议。为了使招抚工作得以进行，首先给处于软禁状态的郑芝龙恢复名誉，肯定了他在1646年降清的功绩，把郑芝龙被骗到北京后遭到监视的过失推到多尔衮身上，承认了清廷处置失当，对郑芝龙予以安抚。七月间，顺治帝派内大臣遏必隆、鳌拜、哈世屯、大学士范文程等传谕郑芝龙："朕闻尔子弟在福建为乱。尔投诚有功，毋轻出城行走，恐人借端诬陷。即往坟茔祭扫，亦必奏明乃去。朕嘉尔功，故以此告谕。尔子在京有成立者可送一人入侍。"[2]八月初一日，应郑芝龙请求，将其由正黄旗拨入镶黄旗，授予郑芝龙在京的第二个儿子郑世忠为二等侍卫，同时命兵部给勘合将郑芝龙的部分亲属从福

[1]　《明清史料》丁编，第一本，第六十六页。从语气推测这份奏稿似出于兵部。原件无年月，但稿中有"宜敕督臣刘清泰星驰赴任，察彼情形，量我兵力，能剿则剿，当抚则抚"。刘清泰接任浙江福建总督在顺治九年，此件当作于刘清泰尚未赴任之时。

[2]　《清世祖实录》卷六十六。

建护送来京团聚[1]。

这年十月，清廷给浙闽总督刘清泰发出一件敕谕，对招抚郑成功做了明确指示："近日海寇郑成功等屡次骚扰沿海郡县，本应剪除。朕但思昔年大兵下闽，伊父郑芝龙首先归顺，其子弟何忍背弃父兄，独造叛逆？此必地方官不体朕意，行事乖张，成功等虽有心向化，无路上达。又见伊父归顺之后，墨勒根王（即多尔衮）令人看守防范，又不计在籍亲人做何恩养安插，以致成功等疑惧反侧。朕又思郑芝龙既久经归顺，其子弟即我赤子，何必征剿？若成功等来归，即可用之海上，何必赴京？今已令郑芝龙作书，宣布朕之诚意，遣人往谕成功及伊弟郑鸿逵等知悉。如执迷不悟，尔即进剿。如芝龙家人回信到闽，成功、鸿逵等果发良心悔过，尔即一面奏报，一面遣才干官一二员到彼审察归顺的实，许以赦罪授官，仍听驻扎原住地方，不必赴京。凡浙、闽、广东海寇，俱责成防剿。其往来洋船，俱着管理，稽察奸宄，输纳税课。若能擒馘海中伪藩逆渠，不吝爵赏。此朕厚待归诚大臣至意，尔当开诚推心，令彼悦服，仍详筹熟（察），勿堕狡谋。"[2]

为了体现招抚的诚意，清廷还下令追查1651年福建当局攻入中左所（今厦门）掠夺郑成功等人家产一事。1653年（顺治十年）三月把肇事人福建巡抚张学圣、总兵马得功、兴泉道黄澍、巡按王应元革职，押解回京交三法司审讯。这一案件的另一幕后原因是清朝统治集团的内部矛盾，张学圣、马得功、黄澍把从厦门掠得的大批金银财宝隐匿私分，引起了朝廷和有关官员的忌恨。即如新任浙闽总督刘清泰秘封入告所云："盖厦门一窟，素称逆寇郑成功之老巢，商贾泊洋贩卖货物之薮也。想诸臣之垂涎已非一日。乃不能振旅以犁其庭，而乘成功他出之便，借抚

[1] 《清世祖实录》卷六十七。《明清史料》丁编，第一本，第八十八页，"厢黄旗下正钦尼哈番郑芝龙揭帖"云："职初入京时，蒙朝廷宏恩，拨入正白旗下，赐屋齐化门小街居住。"郑芝龙入京后曾先后隶属正白、正黄、镶黄旗。

[2] 《明清史料》丁编，第一本，第六十七页，顺治九年十月初九日，下注："本日用宝即发与亲领讫。"参见《清世祖实录》卷六十九。

臣巡历之名，道臣黄澍摇尾而进谋，镇臣马得功螳臂而先往，抚臣张学圣继率全军轻身径入。此时一番饱获，自谓无患无争矣。更可异者，马镇搜括数日，竟为所困后恳成功祖母家书，始得释归，丧师辱命。何诸臣智昏于海中之金穴，而竟不顾有朝廷之疆土耶？及成功回，而悉数家珍，非以实抚臣之装者，则已入道、镇之囊。以致借口索偿，弄兵修怨。”[1]刑部、都察院、大理寺三法司会审时，张学圣、马得功、黄澍一口咬定“城内没有财物”，抵赖得干干净净。大概是在暗中用赃物买通了一些官员，三法司在定罪意见（看语）上游移其词，三四其说，最后不了了之[2]。但逮捕巡抚、总兵、道员一举，实际上是对郑成功表示一种和解的政治姿态。

这样，清廷让郑芝龙出面写信，动以父子之情；由浙闽总督刘清泰派人向郑成功转达朝廷招抚密旨，中心意思是只要他剃发归顺，即可保持自己的军队，仍旧镇守福建沿海，不必进京，借以解除郑成功担心重蹈父亲覆辙的疑虑。清廷所做的让步实际上是在兵力不敷分配的情况下企图先稳住东南沿海的郑成功部，集中力量摧毁西南的永历朝廷，然后再迫使郑成功完全就范。郑成功从自身利益出发，既要考虑父亲的安全，又想趁机扩展兵力和势力范围。因此对郑芝龙派家人李德送来的劝降书信迅速做了回答，双方各自怀着自己的打算，开始了“清、郑和谈”。

1653年（顺治十年）四月，清浙闽总督刘清泰依据朝廷密敕精神，写了一封文书派人送到郑成功的祖母黄氏处，托她转给郑成功。文书中强调了两点，一是“宣扬皇上覆载深恩”，二是“陈述父子不应绝情”，以忠孝两全引诱郑成功背明归清。五月初十日，清廷正式颁发敕书，封郑成功为海澄公，郑芝龙为同安侯，郑鸿逵为奉化伯，郑芝豹

[1] 顺治十年刑部等衙门为审拟张学圣等事题本，见《明清史料》丁编，第一本，第七十九至八十二页；又见《郑成功满文档案史料选译》第十三至二十九页所载，顺治十年九月十七日刑部等衙门尚书觉罗巴哈纳“为劣抚轻贪启衅致地方沦陷”事题本。后面一件更完整。

[2] 同上。

授左都督[1]，给泉州一府地方供郑成功安插和供养军队。敕谕中首先肯定了郑芝龙“当大兵南下未抵闽中即遣人来顺，移檄撤兵，父子兄弟归心本朝，厥功懋矣”。接着指责“墨勒根王（多尔衮）不体朕心，仅从薄叙，猜疑不释，防范过严；在闽眷属又不行安插恩养，以致阖门惶惧，不能自安。……加以地方抚、镇、道官不能宣扬德意，曲示怀柔，反贪利冒功，妄行启衅，厦门之事，咎在马得功”，并说明“已将有罪官将提解究拟”。然后说清廷遣人赍敕传谕，开导归诚，郑成功、郑鸿逵“果令李德持家书来，并传口语”，“书词虽涉矜诞，口语具见本怀”，“尔等保众自全，亦非悖逆”，故意不提郑成功以反清复明为旗帜，给以下台之阶。除封爵授官之外，特遣芝龙表弟黄征明为使者专程赴闽传达谕旨，以解疑畏。为了表达诚意，敕谕中宣布“满洲大军即行撤回；闽海地方保障事宜，悉以委托”[2]。郑芝龙也派家人李德、周继武等持亲笔信要成功接受清朝招抚。郑成功阅信后说：“清朝亦欲给我乎？将计就计，权借粮饷，以裕兵食也。”他给郑芝龙写了一封模棱两可的回信，摘要如下：

> 违侍膝下，八年于兹矣。但吾父既不以儿为子，儿亦不敢以子自居。坐是问候阔绝，即一字亦不相通。总由时势殊异，以致骨肉悬隔。盖自古大义灭亲，从治命不从乱命。儿初识字，辄佩服《春秋》之义，自丙戌（1646，顺治三年）冬父驾入京时，儿既筹之熟，而行之决矣。忽承严谕，欲儿移忠作

---

[1] 清廷封郑芝龙、郑成功、郑鸿逵、郑芝豹爵职敕谕稿四件，见《明清史料》丁编，第一本，第八十四、八十五、八十六、八十七页。

[2] 顺治十年五月初十日敕同安侯郑芝龙等稿，见《明清史料》第一本，第八十四页。《清世祖实录》卷七十五收入了这件敕谕，“移檄撤兵”误写为“移檄彻兵”，“墨勒根王”改译“睿王”。按，李德系郑氏家丁，为芝龙、成功父子之亲信，在清、郑和谈中北往南来，传递消息。敕谕中没有明说把泉州府作为郑成功屯兵之地，但给郑成功的敕谕中所授爵衔为“镇守泉州等处地方充总兵官海澄公”，实际含义是封以海澄公虚衔，充任泉州总兵。

孝；仍传清朝面谕，有原系侯伯，即与加衔等话。夫既失信于吾父，儿又安敢以父言为信耶？当贝勒（指博洛）入关之时，父早已退避在家。彼乃卑辞巧语，迎请之使，车马不啻十往还，甚至啖父以三省王爵。始谓一到省便可还家，既又谓一入京便可出镇。今已数年矣，王爵且勿论，出镇且勿论，即欲一过故里亦不可得。彼言岂可信乎？父在本朝，岂非堂堂一平国公哉！即为清朝，岂在人后哉！夫归之最早者且然，而况于最后者？……虽然，儿于己丑岁（1649，顺治六年）亦已扬帆入粤屯田数载矣。不意乘儿远出，妄启干戈，袭破我中左，蹂躏我疆土，虔刘我士民，掳辱我妇女，掠我黄金九十余万、珠宝数百镒、米粟数十万斛；其余将士之财帛，百姓之钱谷，何可胜计？……夫沿海地方，我所固有者也；东西洋饷，我所自生自殖者也。进战退守，绰绰余裕。其肯以坐享者反而受制于人乎？且以闽粤论之，利害明甚，何清朝莫有识者？盖闽粤海边也，离京师数千里，道途阻远，人马疲敝，兼之水土不谙，死亡殆尽。兵寡必难守，兵多则势必召集，召集则粮食必至于难支，兵食不支则地方必不可守。虚耗钱粮而争必不可守之土，此有害而无利者也。如父在本朝时坐镇闽粤，山海宁宁（谧？），朝廷不费一矢之劳，饷兵之外，尚有解京。朝廷享其利，而百姓受其福，此有利而无害者也。清朝不能效本朝之妙算，而劳师远图，年年空费无益之赀，将何以善其后乎？其或者将以三省之虚名，前啖父者，今转而啖儿；儿非不信父言，而实其难信父言者。刘清泰果能承当，实以三省地方相畀，则山海无窃发之虞，清朝无南顾之忧，彼诚厚幸。至于饷兵而外，亦当使清朝享其利。不亦愈于劳师远图，空费帑金万万者乎？况时下我兵数十万，势亦难散。散之则各自啸聚，地方不宁；聚之则师旅繁多，日费巨万。若无省会地方钱粮，是真如前者啖父故智也。父既误于前，儿岂复再误于后乎？儿在本朝，亦既赐姓矣，称藩矣，人臣之位已极，岂复有加者乎？况儿功名之念素淡，若复作冯妇，更非本心。此可为智者道耳。不然，悬乌有之空名，蒙已然之实祸，而人心思奋，江南亦难久安也。专禀。[1]

郑成功给父亲的信实际上是对清廷的答复。信中反复表示他不相信清廷的诚意，因为有郑芝龙前车之鉴。但是，他又不愿把和谈的大门关死，暗示清朝若能将1646年勾引郑芝龙时许下的三省（浙江、福建、广东）交给自己管辖，还是可以谈判的。然而，1653年的形势已不同于1646年，福建、浙江两省除某些濒海地区外都已在清朝管辖之下，广东是平南、靖南两藩的驻地，郑成功自己也知道开出这样的价码，无论是清廷还是闽、浙、粤地方当局都无法接受。所以，他对负有清廷联络使命的郑氏家族私人李德谈话的口气要和缓得多，诉说“兵多地少，难于安插；倘若裁减兵戈，一旦出征，何以制胜？”[2]要求再给“三府屯兵，并辖三省沿海地方”；还提出清廷既封自己为海澄公，“公为五等上爵，充总兵官，尚在提督之下”；另外指责清廷一面招抚，一面派固山额真金砺统兵入闽，似为骗局。最后表示清廷应该“用人莫疑，疑人莫用”，只要将“海上之事”“全权托付”，那么“父亲致力于内，儿尽力于外，付托得人，地方安静”[3]。

清廷研究了李德带回的信息，判断郑成功有归降之意，决定做出让步，引诱郑成功入彀。于是，给郑成功颁发敕谕说：一、“朕念尔兵卒众多，一府难以安插，钱粮委难支给，仍益以漳州、潮州、惠州并泉州四府驻扎，即将四府水陆寨游营兵饷拨给尔部下官兵，不足不另补。正

[1] 杨英《先王实录》，排印本，第六十二至六十四页。

[2] 顺治十一年六月初八日“黄征明为郑成功已领敕印事题本”，见《郑成功满文档案史料选译》第三十九页。

[3] 顺治十一年三月初四日广东巡抚李栖凤题本所引顺治帝敕谕，见《郑成功档案史料选辑》第七十四至七十五页。

课钱粮仍行解部。管民文官俱听部选，尔原辖武官听尔遴选委用，仍将姓名职衔具题造册送部。开洋船只，尔得稽察，收纳税课，送布政司解部”。二、为解决爵、职不相应，特命郑成功“挂靖海将军印”。三、解释派金砺统兵入闽在前，命刘清泰招抚在后，并非骗局；而且告知成功在李德到京反映情况后，清廷当即下令撤回金砺之军[1]。事实上，清廷统治者急于招降郑成功，以便集中力量对付孙可望、李定国等西南抗清势力，表现出相当热心，在郑成功尚未正式受抚以前，就下诏金砺撤兵，“原以示信”。金砺奉旨后六月从泉州起程，八月内撤入浙江境内[2]。

郑成功并不打算投降清朝，他趁和谈的机会，派兵前往福建、广东沿海地区招兵买马、征取粮饷。从这年八月起，郑成功派出的部将官员领兵往福建漳州、泉州、龙岩、惠安、仙游等府、县征粮征饷，“大县十万，小县五万”[3]，使清朝地方当局处于被动状态。据阮旻锡记载，到1654年（顺治十一年、永历八年）二月，郑军在福州、兴化、漳州、泉州四府措饷，“派富户追纳，诸差官俱至各府、县城外屯扎，但不入城耳。计所追凡四百余万”[4]。

1654年正月十三日，清内院侍读学士郑库纳、扎齐讷等赍捧封郑成功为海澄公的敕印到达福州。福建巡抚佟国器依据闽浙总督刘清泰的咨文，派李德往郑军中通知成功。二月初三日，郑成功差中军常寿宁同李德等到福州迎接诏使。十六日清使郑库纳等到达泉州，十九日至安海公馆驻扎。二十日，郑成功设香案拜受敕印，清使坚持要他先剃发然后

[1] 顺治十一年三月初四日广东巡抚李栖凤题本所引顺治帝敕谕，见《郑成功档案史料选辑》第七十四至七十五页。

[2] 佟国器《三抚密奏疏稿·抚闽密奏》，顺治十年十月初六日奏本。

[3] 福建巡抚佟国器顺治十一年十月初九日奏本中说：“自去年至今，成功派银索饷，大县不下十万，中县不下五万……”见《三抚密奏疏稿·抚闽密奏》。

[4] 阮旻锡《海上见闻录》（定本）卷一。

开读诏书；郑成功则以“具疏自行奏请”[1]为托词拒绝剃头。双方相持不下，无法开读诏书。二十五日，郑库纳等离开安海回福州。和谈陷于僵局，清朝福建地方官既无权宣布招抚决裂，对郑军的征粮征饷又穷于应付。佟国器在奏疏中诉苦道：“今各属郡县详称，诏到之后，群贼索饷愈炽，兴（化府）、泉一带在在告急……有司莫知攸措，剿抚两无适从，将来事不可知。”[2]

大约在顺治十一年（1654）三月间，郑成功给清廷写了一封回信。由于信件内容重要，又比较罕见，全文引述如下：

> 去岁（顺治十年，1653）又六月（即闰六月）内章京卲斯、户部黄征明差员李德、周继武等赍到敕谕并海澄公印；本年正月十四日内院郑库纳、兵部贾勒纳复赍敕谕并挂靖海将军印，且益以漳、泉、潮、惠四府驻札。宠命再至，敢不祗承，遂设香案于二月二十日行礼祗承敕命，以遵简命之隆；尚未敢开印着实行事者，其情其势，敬祗诚直陈之朝廷。计安山海是以信用豪杰，豪杰卓有表见总在安攘山海。故用人必视其才，小才而大用之，则不胜任；大才而小用之，则不展舒。信人必本其心。心相猜，近在同堂而能为难；心相许，远在万里而益相亲。自古交孚相得之世，未有用人而不竟其用，亦未有不外度其情，内度其能，而苟且为人用者也。敕谕四府寨游营兵饷不过二十万，计算散给足养万人，而现在精兵数十万，相随多年，诸皆狼野猛戾，无妻子以羁其心，无田宅以果其肠，一旦瓦解，啸聚千万，祸不可测，此地方之忧也。且此全闽地方寇贼充斥，而镇守北兵，地险不平，甲马徒劳，寇至则登陴自

[1] 佟国器《三抚密奏疏稿·抚闽密奏》，下文所引郑成功致清廷信很可能就是他所具的疏。

[2] 佟国器《三抚密奏疏稿·抚闽密奏》，顺治十一年三月二十八日奏本。

守，寂不闻声；寇去则掩袭干戈，赤地千里，朝廷之抚有全闽也可谓有其名而无其实矣。故自入闽以来，马步无暇日，钱粮无粒解，地方无宁刻。若以全闽委畀镇守，就此现在精兵分布周密，给其饷以用其长，既溪洞薮窟之周知，又什伍保甲之列定，人地相宜，将士效命，则镇闽马步可别调，而兵有实用矣。闽省正供可解京，而饷有实济矣。此所谓名实两全者也。朝廷果推诚置腹，无分彼此，无较新旧，又岂有受人委托而反复不信，无借则敛戢，有借则飞扬也哉。此所以矢志誓肌，下解苍生侧悬之苦，上抒朝廷南顾之忧，自惠、潮以至全闽，则野无弄兵者矣。至于海上防剿，成于宁谧，尤未易言，盖大江以南莫非海也。寇东下则在交广，南上则在吴越，而舟山等处尤盗贼之咽喉，窃以为不扼舟山，海不可得而靖也。今在舟山镇将非兵不利、甲不善也，而北人多不谙水战，以致鲸鲵鼓浪，莫之如何，异日酝酿势成，乘风南北，不惟闽粤之害，实江南之忧。故将平靖海氛，必用闽兵屯扎舟山，然后可以弹压海寇；而屯兵尤先议饷，不得不就近支给温、台、宁、绍等处钱粮，以养扎舟山之兵。夫舟山乃海中一孤岛耳，其地不过弹丸，而闽浙隔绝，水汛不常，倘两浙之海有警欲调闽兵，既有鞭长不及之患，欲挽闽饷更苦神鬼转运之劳。旧例镇守福建总兵兼管全温地方，齿牙相错，良有深意。倘以温、台、宁、绍、处五府委任屯扎，调度接应舟山，使寇无窃处，地方宁静，此又可以解苍生倒悬之苦，而抒朝廷南顾之忧也。自两浙以至闽、粤则海无扬波者矣。诚如是也，克奏肤功，计日而得，海内咸知朝廷委任得人，岂不休哉！然则今日非不祇承，慎其事乃所以委其任也。而其宜慎者有三：敕书四府驻扎，而府（指泉州府）镇守尚皆北来兵将，未奉明旨撤回，不独粤平、靖二王未敢擅命，便则泉、漳镇将谁敢交代，一也；前敕旨云镇守泉州等处，今只挂靖海空衔，不言镇守事，则欲行事而文移不便，尤恐行事而画饼竟成，二也；又敕印再加文听部选、武听遴选委用，今泉州总镇刘仲金见在刻日赴任，即一府尚属虚悬，而三府安能取信，三也。是以俯拜对扬之际，实尔挈瓶负薪之恩，除将敕印祗委，奉安平公署，专委官斋盥看守以须后命，隆重付予而后即安焉。总之粮少则兵必散，则地方必危，朝廷欲安地方，当勿吝地方。今日之请非是利地，乃欲靖地方。见今数十万之众嗷嗷待给，区处经画，安插繁杂，伏惟英明决断而施行焉。[1]

郑成功对清廷的招抚正如他自己所说不过是“将计就计，权借粮饷”，虚与委蛇而已。他表面上盛接来使，郑重其事地“三跪九叩头”领受清朝所封海澄公敕印，却拒绝剃发，仍然使用明朝永历年号；同时又借口已受清廷封爵，堂而皇之地派人到闽、粤沿海地区征收粮饷，甚至在清廷允许驻兵的四府以外又提出新的土地要求。从上面引述的郑成功信中可以看出他要求把福建全省，广东惠州、潮州二府，浙江温州、台州、宁波、绍兴、处州五府都交给他屯兵筹粮，只有这样才算是“朝廷委用得人”，实现“海无扬波”“地方宁静”；否则就是“大才小用”，“海寇”四起，“祸不可测”。清政府的许多官员都看出郑成功并无归顺诚意，福建巡抚佟国器、两广总督李率泰先后上疏朝廷希望不要为郑成功所愚弄。连原来主张招抚并充当“保人”的浙闽总督刘清泰也在密奏中说“抚局之变，不可不防，则剿局之备，不可不早”，要求清廷派“固山额真一人统领满洲大兵移镇闽浙之间”[2]。都察院左都御史王永吉在疏中直截了当地说：“郑成功如果实心就抚，但当解甲投戈，

[1] 见《明季稗史》第三种，原题《朱承晃报书》，抄本用朱笔注“疑似郑成功”，墨笔改为“即郑成功”。参考其他文献，这是郑成功给清廷的一封重要书信。

[2] 顺治十一年七月浙闽总督刘清泰“为密报赍到清字咨文事”，此疏虽为七月所上，其中已说“前疏所以秘切入告也”。

遵守国法，上报圣恩。其地方兵马机宜，悉听督抚调度。何得妄以闽、粤为己任？又何得冀望朝廷委以保全浙海？气傲志高，心雄胆大，明明要挟。虽然归顺，实怀二心。以职愚见断之，将来为东南大患者，必郑成功也。从前漂泊海岛，脚根不定。今得盘踞于漳、泉、惠、潮之间，用我土地，养彼人民；用我钱粮，练彼精锐，养成气候，越显神通。”因此，他力主应当“厉兵秣马以应变”[1]。

在一片讨伐声中，身居虎穴的郑芝龙慌了神，他深知自己的生死荣辱取决于能否招抚郑成功。六月间，他上疏清廷一面斥责郑成功“索求不止，致使诏使往来频繁，其罪并非不深”，一面又婉转代为解释，列举成功对清使如何恭敬，有“亲亲敬主之心，则终非叛臣逆子”。谈到郑成功拒绝剃头这一关键问题时，他先引述“差官黄征明、李德、周继武等言，当劝郑成功剃头时，郑成功言，凡为臣者，以礼事君，不在些微细事”等语，借此证明郑成功是“不懂我朝法令，且其五六名亲信下官，不愿剃头，从中梗阻挑唆，以致稽迟”。接着表示自己鞭长莫及，“恨不能亲揪郑成功之头剃发”，一显老爸尊严。最后说他经过昼夜苦思，终于想出了一个妙策，建议清廷准许派他的儿子郑世忠同钦使一道赴闽，“臣次子郑世忠，现为侍卫，每日侍从皇上……伊与郑成功情如手足，朝夕相处。若上传皇恩，下述父言，婉言开导，则郑成功势必心悦诚服。倘若众官内有一二人阻挠归顺，郑世忠则以君父之命，将其立斩，以遏恣意妄为者。如此，郑世忠全可速报奉命剃头一事”[2]。郑芝龙的建议经王、大臣会议后，清廷同意做最后一次努力。顺治十一年（1654）六月二十八日，清帝再次颁发敕谕给郑成功，其中除重申封海澄公、挂靖海将军印，给泉、漳、惠、湖四府驻扎军队外，对郑成功的其他要求断然拒绝，“今据尔奏疏，虽受敕印，尚未剃头，冀望委畀全

[1] 《明清史料》丁编，第一本，第九十七页，顺治十一年四月左都御史王永吉揭帖。

[2] 顺治十一年六月二十五日郑亲王济尔哈朗题本，见《郑成功满文档案史料选译》第四十四至四十五页。

闽，又谬称用兵屯扎舟山，就近支给温（州）、台（州）、宁（波）、绍（兴）等处钱粮。词语多乖，要求无厌。……尔若怀疑犹豫，原无归顺之心，当明白陈说。顺逆两端，一言可决。今如遵照所颁敕印剃头归顺则已；如不归顺，尔其熟思审图，毋贻后悔”[1]。

八月十三日，清廷派遣的内院学士叶成格、理事官阿山（或译作刑部郎中阿尔善）同郑成功二弟郑世忠以及郑氏家族亲旧黄征明、李德、周继武等携带敕书到达福州，先命李德、周继武去厦门向郑成功讲述清廷和郑芝龙的意图。二十四日叶成格、阿山在福建清军护送下进抵泉州，又派郑世忠、黄征明（成功表叔）往厦门晓以利害。郑成功不为所动，依然以敷衍拖延为上策。他让郑世忠回泉州约请叶成格、阿山于九月十七日到安平镇见面。届期，郑成功调集甘辉、王秀奇、陈尧策、万礼、黄廷等二十余名部将统领水陆各镇“列营数十里，旗帜飞扬，盔甲鲜明”，把安平镇布置得“好似铁桶”，自己才同众参军一道前往安平准备同清使会面[2]。叶成格、阿山在清军步骑护卫下来到安平，一看郑军摆下的阵势已感到气氛不对，连郑方安排的迎宾馆舍报恩寺也不敢住，宁可住在清军临时搭盖的帐篷里，双方都处于高度戒备状态。尽管郑成功大设供帐，馈送厚礼，竭力向清使表示友好，在原则上却坚持“一云先要四府地方，前诏只有水路游寨，未言陆路；二则不奉东西调遣；三则不受部、抚节制；恐如姜襄（瓖）、金声桓等俱以剃发后激变，且未与张明振（张名振）议妥，又比高丽不剃发等语”[3]。叶成格、阿山只奉有监视其剃发受敕的严旨，并无谈判的权力，面对郑成功提出的条件知道使命难以完成，于是以“不接诏，不剃发”[4]为理由拒绝成功的隆重礼遇，于二十日返回泉州。二十一日，郑成功遣人致书

[1] 《明清史料》丁编，第二本，第一〇一页。

[2] 江日升《台湾外纪》卷四。

[3] 佟国器《三抚密奏疏稿·抚闽密奏》，顺治十一年九月初九日奏本。按，这里也可看出张名振并不是郑成功的部将。

[4] 杨英《先王实录》第八十六至八十七页载叶成格、阿山复郑成功信。

备礼挽留清使，二使臣回信表示“即使相晤间，不过宣传皇上浩荡德意，与公剃发后上谢恩本，将贵部官做何安插，及四府设防数目修入而已。他复何言哉！似公又不宜以旁语及也。弟以一介微躯而膺朝命，钦限在十月内回京，何敢稽迟，以身试法？伏祈早决一言，俾得星驰复命”。退还所赠礼物，并限二十五日为最后答复时间。二十四日晚上，郑世忠、周继武、李德、黄征明等往见成功，声泪俱下地哀告：“二使此番失意而回，大事难矣。我等复命，必无生理，并太师老爷（指郑芝龙）亦难！”[1]郑世忠说：“若剃发归顺，可全老父阖家。”成功答道：“吾不剃发即可保全父命，剃发则父命休矣。”世忠“复哭劝其回心转意。成功于李德身旁手执银盅，高声恫喝：剃发乃身份大事，本藩自会定夺，谁人敢劝，哪个敢言！世忠未敢再开口”。周继武说他也同郑世忠一起“哭劝成功剃发归顺。成功起誓，先撤官兵，再议剃发之事。佞官沈全期曰：藩主剃发为令尊大人，我等剃头又为谁人。况且同在海上数年矣”[2]。二十六日，郑成功又派旗鼓史说、郑奇逢往泉州请清使来安平再议。叶成格、阿山认为没有什么好谈的，把二人赶回。二十九日，叶、阿派人催促郑世忠、李德、周继武、黄征明回京复命。当天，清廷使臣和随行人员离开泉州，“从间道回延平”[3]，和局至此完全破裂。离别之际，黄征明要求郑成功写一回信给郑芝龙，成功依言写了一封长信说明整个事件经过并表明自己的态度。主要内容是，“和议非本心也”，“不意海澄公之命突至，儿不得已，按兵以示信。继而四府之命又至，儿不得已接诏以示信。至于请益地方，原为安插数十万兵将，固图善后至计；何以曰‘词语多乖，征求无厌’？又不意地方无加增，而四府竟为画饼，欲效前赚吾父故智，不出儿平日所料。遽然剃发，三军为之冲冠！……在清朝总以剃发为是，在儿总以不削发为是。……大

[1] 《先王实录》第八十七页。

[2] 顺治十二年正月初十日同安侯郑芝龙密题本，见《郑成功满文档案史料选译》第八十二至八十三页。

[3] 佟国器顺治十一年十月初九日奏本，见《三抚密奏疏稿·抚闽密奏》。

丈夫做事，磊磊落落，毫无暧昧。清朝若能信儿言，则为清人，屈于吾父为孝；若不能信儿言，则为明臣，尽于吾君为忠”。二使“在泉月余，目睹脱巾情形，未曾与儿商権，徒以剃发二字相逼挟。儿一剃发，即令诸将剃发乎？即令数十万兵皆剃发乎？即令千百万百姓俱剃发乎？一旦突然尽落其形，能保其不激变乎？叶、阿二位不为始终之图，代国家虚心相商，而徒躁气相加。……使臣如此行动，朝廷可知也，能令人无危乎？能令人无惧乎？况儿名闻四海，若使苟且做事，不特不见重于清朝，亦贻笑于天下后世矣。大抵清朝外以礼貌待吾父，内实以奇货居吾父。此番之敕书与叶、阿之举动，明明欲借父以挟子。一挟则无所不挟，儿岂可挟之人乎？且吾父往见贝勒之时，已入彀中。其得全至今者，大幸也。万一父一不幸，天也！命也！儿只有缟素复仇，以结忠孝之局耳！”[1]在给二弟郑世忠的信中他把自己的志向说得更清楚：“兄弟隔别数载，聚首几日，忽然被挟而去，天也！命也！弟之多方劝谏，继以痛哭，可谓无所不至矣。而兄之坚贞自持，不特利害不能以动其心，即斧刃加吾颈，亦不能移吾志。何则？决之已早而筹之已熟矣。今兄之心绪，尽在父亲复禀中，弟闻之亦可以了然矣。大抵清朝若信兄言，则为清人；若不信兄言，则为明臣而已。他何言哉！……夫虎豹生于深山，百物惧焉；一入槛阱之中，摇尾而乞怜者，自知其不足以制之也。夫凤凰翱翔于千仞之上，悠悠乎宇宙之间，任其纵横而所之者，超超然脱乎世俗之外者也。兄名闻华夷久矣，用兵老矣，岂有舍凤凰而就虎豹者哉？惟吾弟善事父母，厥尽孝道，从此之后，勿以兄为念。噫，汉有子瑜而有孔明，楚有伍尚而有子胥，兄弟之间，各行其志，各尽其职焉。”[2]

郑成功在和谈中表现的态度似乎是诡异的，在致父书中引用了清帝敕谕指责他“词语多乖，征求无厌”的话，证明尽管未正式开读，他

[1] 郑成功复父书见《台湾外纪》卷四；《郑成功满文档案史料选译》收顺治十一年十一月十八日郑亲王济尔哈朗题本也引述了书信全文，字句略有不同。

[2] 《先王实录》第八十八至八十九页。

已完全清楚清廷的底牌。既然没有谈判的余地，郑成功为什么又一再挽留清使，做出种种无益的举动呢？这只能说按郑成功的本意是不愿归降清朝，对于父亲的安全虽说置之度外，毕竟不能不有所顾忌，反映在行动上就未免进退失据，措辞更难得体。例如清两广总督李率泰给郑成功的信中就批评说："所云'不知有父久矣'，此言一出，不但伤天性之恩，且贻后世之刺。尊公身为明季重臣，国亡而择主，非背国而事仇也。足下前无顾命，今无共主，何得灭不可易之亲，而从不必然之议也？古之求忠臣于孝子者，几无据矣！至今犹屡执此'三省相畀'之说，胡为乎来哉！今天下中外，帖然十载。而足下身羁海甸，犹欲招徕之，以大一统之势。谁敢取臣服之版图、惟正之资赋而轻议畀乎？且从来无此庙算，无此边筹也。即如足下所云，亦可笑矣。无三省，则舍我而忠于彼；将有三省，即弃彼而忠于我。此皆拂情影借之言，知非足下之心也。"[1]从忠于一姓王朝而言，李率泰的批评是一针见血的，问题是郑成功从来就不是朱明王朝的"纯臣"，也不是郑芝龙的孝子，由于他首先着眼的是维护以自己为首的郑氏家族和东南沿海部分汉族绅、民的利益，当清朝的"大一统"危及这一集团利益时，他只有站在比较软弱的明朝一边，借明朝的名义展开反清斗争。

清廷的招抚郑成功因双方各自坚持自己的条件终告失败。然而，实际上是各有所得。郑成功利用和谈使清方释放了1653年四月遭飓风漂入兴化港的辅明侯林察；在福建、广东某些地区扩军征饷，增强了实力。清廷通过招降也牵制了郑成功在顺治十年、十一年两次的可能出兵广东配合李定国作战。固然，郑成功本不积极于同李定国会师，这点下文还要谈到；但清廷凭借郑芝龙这张王牌进行招抚，无疑助长了郑成功对永历朝廷的离心力，即他给父亲信中所说"按兵以示信"。所以，就全局而言清廷所得远大于所失。

和谈既已失败，清廷改而用兵。1654年（顺治十一年）十一月，

[1] 《台湾外纪》卷四。

“议政王、贝勒、大臣会议，郑成功屡经宽宥，遣官招抚，并无剃发投诚之意。且寄伊父芝龙家书语词悖妄，肆无忌惮，不降之心已决。请敕该督、抚、镇整顿军营，固守汛界，勿令逆众登岸，骚扰生民，遇有乘间上岸者，即时发兵扑剿。从之”[1]。十二月十六日，清廷任命郑亲王（济尔哈朗）世子济度为定远大将军，同多罗贝勒巴尔处浑（二十天后，巴尔处浑即于次年正月初五日病死，肯定未随军入闽）、固山贝子吴达海、固山额真噶达浑等领兵由北京赴福建征剿郑成功[2]。郑芝龙失去了利用价值，清廷官员一再上疏要求严加惩办，他们指出郑芝龙和郑成功利用和谈的机会派出使者多方联络，郑芝龙不仅在给郑氏集团亲属旧部的信中流露了不满情绪，而且必然以口信方式泄露清方军事部署等秘密。从清方截获的几次郑芝龙的私人信件里，确实可以看出他内心的彷徨。在给林忠的谕帖中说：“本爵美景日近，定不忘尔旧人。”给林瑞骥谕帖中说：“本爵得意日近，定不忘尔。”[3]这里所说的“美景日近”“得意日近”究竟是指什么颇难揣度，他这批信件是在顺治十一年十一月间带出北京的，次年正月在清廷任职的福建人杨国永疏中说：“郑芝龙或欲亲往（福建），或欲讹封为王以合其意。”[4]这种推测有一定根据，因为郑芝龙在十一月间一面把郑成功寄来的部分书信上交清

[1] 《清世祖实录》卷八十七。

[2] 《清世祖实录》卷八十七。《明清史料》丁编，第二本，第一〇八页载“敕谕世子吉都稿”，稿内济度译作吉都、巴尔处浑作巴尔出红、吴达海作吴达亥、噶达浑作噶达洪。

[3] 顺治十二年二月二十五日福建巡抚佟国器“为报明缉获书札并投验告示恭候睿裁事”奏本：同年三月十五日佟国器“为再报续获书札仰祈睿鉴事”奏本，均见《三抚密奏疏稿·抚闽密奏》。按，《郑成功满文档案史料选译》第一一七至一一九页收有兵部尚书李际期顺治十二年六月初五日题本，这件题本就是根据佟国器的奏本奉旨详议具奏的，由于从满文译出，所用汉字与佟国器所引郑芝龙原信有出入，如“本爵美景日近”译作“本爵好事日近”，“本爵得意日近”译作“本爵佳音在迩”。语意虽近，仍应以郑芝龙原文为准。又，该书第一一九页第十四至十五行“顺治十二年三月十五日奉旨”有误，三月十五日为佟国器上奏日期，奉旨日期当在这以后。

[4] 《郑成功满文档案史料选译》第九十一页。

廷，指斥“逆子”“请地益饷，抗不剃发，寄臣书信语多违悖，妄诞无忌”[1]；一面派家人回原籍收取田租，还表示打算具题本请求清廷同意让他的第三个儿子郑世恩离开京师回泉州管理田产等事务[2]。如果郑芝龙做的是这种乐观估计，他肯定是失算了。另一种解释则是郑芝龙预感到噩运降临，用的是反语。尽管人们可以做种种解释，郑芝龙的处境显然恶化了。1655年（顺治十二年）正月二十八日吏部员外郎彭长庚疏请“先废郑芝龙以除内奸”；同月三十日正白旗下云骑尉杨国永在题本中说：“灭郑成功易，除郑芝龙难。郑芝龙一日不除，郑成功一日难灭。……伏乞皇上速灭郑芝龙家族。”同日，兵部尚书张秉贞等密题“请将郑芝龙本人及其妻孥一同迁居，另行禁锢。将其家人及财物一并监管原处，视其郑成功系降系拒，再行酌处”[3]。清帝批示：“郑芝龙之案事关重大，着议政王、贝勒、大臣等核实密议具奏。”大约可以判定，郑芝龙及其在京家属于顺治十二年二月间被囚禁[4]。

第四节　1655—1656年郑成功的活动

清、郑和谈由于双方坚持自己的条件，终归破裂。郑成功为加强实

---

[1]　《清世祖实录》卷八十七。

[2]　顺治十二年二月二十五日福建巡抚佟国器“为报明缉获书札并投验告示恭候睿裁事”奏本，见《三抚密奏疏稿·抚闽密奏》。

[3]　上引诸件均见《郑成功满文档案史料选译》，其中吏部员外郎彭长庚原译作“吏科员外郎彭常庚”。

[4]　清实录不载囚禁郑芝龙事。上引正月三十日兵部尚书张秉贞密题本中谈到“其胞弟郑芝豹来京，已乘船抵浙江兰溪等语。今若囚禁郑芝龙，恐其途中闻知而惊逃。故此派本部章京吴克新前往伊处迎之，并与该处官员会同商议，沿途派官兵护送至京”。二月二十一日张秉贞等题报，浙闽总督佟代赴任途中在嘉兴遇“候补左都督总兵官郑芝豹”，兵部请旨将郑芝豹“速解来京”。此件批红：“依议，作速密行。”同年六月初五日兵部尚书李际期疏中则明言：“现今已将郑芝龙囚禁，正待议处之时。”

力，做好迎战准备，采取了一系列措施。

1654年（顺治十一年、永历八年）冬，清漳州府城守门千总刘国轩、守备魏标派人来同郑军接洽，表示愿意充当内应，献城投降。郑成功派忠振伯洪旭、中提督甘辉等带领军队于十二月初一日夜间进抵城下；刘国轩在城头接应，一举夺得漳州。清新任漳州总兵张世耀、知府房星烨见大势已去，只好跟着投降[1]。郑成功在初四日亲自来到漳州，对刘国轩反正来归，深表嘉许，提升他为护卫后镇。接着在同月内派甘辉、前锋镇赫文兴、援剿左镇林胜、北镇陈六御等先后攻克同安、南安、惠安、安溪、永春、德化各县。随即移师，于1655年（顺治十二年）正月初五日攻克仙游县[2]。至此，泉州府城已经处于郑军四面包围之中。郑成功出兵收复漳、泉两府之地，本来意味着和谈完全破裂，然而他似乎出于策略考虑写信给清福建巡抚佟国器和泉州守将韩尚亮、知府申伟抱，以和谈时清廷曾许给漳、泉、潮、惠四府作为自己用兵的理由。这种立论难免游移其词，连他自己也说不清楚是主和还是主战，是为清还是为明。如给泉州官员的信中几乎是说你们先投降我，我再带你们投降清朝。这种信件当然起不了任何作用，难怪佟国器回信中斥之为“侈口而谈，骄蹇满纸，殊堪喷饭”[3]。

1655年（顺治十二年、永历九年）二月，郑成功借口“和议不就，必东征西讨，事务繁多，议设六官并司务，及察言、承宣、审理等宜，分隶庶事，令各官会举而行”[4]。这种做法同孙可望相当类似，实际上是另立以自己为核心的小朝廷，只是他的兵力和地盘远不如孙可望，把所设官职名分上定得低一点罢了。原鲁监国重臣张名振“条陈不宜僭设

[1] 顺治十三年闰五月原同安水师参将杨其志启本，见《郑成功档案史料选辑》第一六一页。杨英《先王实录》第九十七页载于十一月初一日，乃历法不同之故。

[2] 杨英《先王实录》第九十八页。

[3] 《先王实录》第一〇二页，参见《台湾外纪》卷四。

[4] 《先王实录》第一一一页。

司务”，郑成功“遂改司务为都事”，表面敷衍一下，实则我行我素。三月，又设置六察官，“俾其敷陈庶事，讥察利弊”。同月，“六察官周素、叶茂时等条陈：中左兴王之地，不宜因循旧址，顾名思义，请改中左（中左所即厦门）为思明州，亦如新丰故事也。藩从而改之”[1]。亲郑文人著作中常说郑成功六官等职是“承制”，即取得永历皇帝的授权。其实，永历朝廷自处艰难，鞭长莫及，装聋作哑容或有之。温睿临《南疆逸史》中说：“先是，隆武之以总统命成功也，许立武职至一品，文职至六品。至是地大兵众，乃设六官，分理庶事。”[2]夏琳《闽海纪要》则云：“永历九年二月，延平王成功承制设六官。初，成功以明主行在遥隔，军前所委文武职衔，一时不及奏闻；明主许其便宜委用，武职许至一品，文衔许设六部主事。成功复疏请，以六部主事衔卑，难以弹压。明主乃赐诏，许其军前所设六部主事秩比行在侍郎，都事秩比郎中，都吏秩比员外。”[3]这类记载未必可信。承制便宜设官本意为在军前收复地方等情况下，来不及请示暂行委任武将和地方文官，以统辖兵丁或料理地方，这和设立与朝廷相仿的衙门官员大相径庭。所谓许设六品以下官盖指委任地方知县及军中监纪之类官员，而不是朝廷官员。从目前所见有限的永历朝廷文书和与郑成功同处东南滨海的原鲁监国旧臣的文献中几乎见不到郑成功自用官员职务。张煌言《北征录》内讲到南京战役时曾致书郑成功自设的“五军中军”张英，特地加上一句“即所号为五军者”，其不承认成功私署官职，微意存焉。本书指出郑成功的仿设朝官，并非“承制”，毫无站在永历朝廷立场上斥责其僭

[1] 《先王实录》第一一二至一一三页。

[2] 《南疆逸史》卷五十四《郑成功传》。

[3] 夏琳的这种说法不仅未能从其他材料中得到印证，而且难以自圆其说。一代有一代的典章制度，南明自唐、鲁继立起滥发敕、札固为常事，但永历帝未必会下诏规定郑成功自行任命的“主事秩比行在侍郎”。何况这里的“衔”“秩”又说不明白，明制主事为六品官，侍郎为正三品官；前者为部内清吏司属官，后者为六部堂上官。个中奥妙大概只有郑成功和他自己设立的官员才说得清楚。

安之意，而是着眼于分析明清之际战局的整个走向；郑成功的另搞一套和他在战略上坚决避免同李定国、孙可望会师都是他割据自雄思想的表现。

清廷在抚局完全破裂后，决定再次动武，派郑亲王世子济度统满、汉军南下福建。面对清方主力的迫近，郑成功采取的对策是扬长避短，主动放弃业已恢复的漳州、泉州两府属县，把兵力集中到海上。为了避免清军凭城固守和加强己方防务，郑成功下令诸将于征饷后拆毁漳、泉二府属邑的城墙和房屋，所得砖石木料用于建造和加固金门、厦门、浯洲诸岛和滨海的海澄县城垣及营房[1]。郑军收复漳、泉二府属县不到一年，漳州府属派饷银多达一百零八万两，泉州属县也达七十五万两[2]，撤退时又夷为平地，这在军事上有其紧迫性，但后果势必失去民心，使自己立足之地越来越小。

郑成功放弃漳州、泉州大部分地区并不是单纯防御，而是在加强金、厦等岛屿防务的同时，分别派遣部将带领舟师北上浙江、南下广东，使入闽清军主力陷入进战无能、后顾有忧的困境。六月，他派前提督黄廷、后提督万礼统领十三镇兵员南下广东潮州府攻城征饷；七月，又派中提督甘辉、右提督王秀奇等率领陆战兵乘船北上会同定西侯张名振、忠靖伯陈辉部伺机进攻浙江、江苏。

北征的战役取得了相当大的成果。1655年（顺治十二年、永历九年）十月二十二日，甘辉、王秀奇部郑军进抵舟山，次日围城；张名振部也从崇明一带沙洲南下参加会攻舟山战役[3]。清浙江巡抚秦世祯向朝廷报告："自王师（指济度所统清兵）大进，兵力全注于闽中，而郑逆豕奔，贼众亦全注于海上。""闽、浙逆众联合（指北上的甘辉部和南下

[1] 杨英《先王实录》记是年"九月，藩驾驻思明州，漳、泉各属邑并漳城俱报拆完平地"。朱希祖先生据夏琳《闽海纪要》、沈云《台湾郑氏始末》二书评云"所堕不过一府二县一镇城耳"，杨英所记"颇有失实"。陈碧笙先生引两府所属县志及清档，断定杨英所载确为实录，极有见地。

[2] 《先王实录》。

[3] 《明清史料》丁编，第二本，第一二三页《舟山将官投贼残揭帖》。

的张名振部），有排山倒海之势”，“南北贼艘逾千，贼兵数万，围困舟山，声息不通”。[1]二十六日，据守舟山城的清军副将把成功（按，把成功是蒙古族人，姓氏译音，《海上见闻录》写作巴成功，亦可）反正来归。明军收复了舟山群岛这一战略要地[2]。清定关守将张洪德也率部归明[3]。十一月，郑成功考虑到留守金、厦的兵力不足，左提督祥符伯赫文兴又病死，决定调甘辉等率主力回守根本，由总制陈六御“督定西侯张名振、英义伯阮骏等镇守舟山”[4]。不久，张名振去世，死因众说不一[5]。张名振在临终前把自己的旧部托付给监军兵部右侍郎张煌言，郑成功却下令由陈六御接管。次年清军再度占领舟山，陈六御阵亡，张煌言成了原鲁监国系统军队的主要领导人，继续同郑成功联合作战。

十二月十三日，甘辉、王秀奇等率部回到厦门。郑成功对把成功起义来归非常欣赏，改其名为把臣兴，授骁骑将军印管镇事。清台州副将马信在郑军北上时曾经派使者李国宝至军中接洽反正事宜。到1656年（顺治十三年）正月十二日，郑成功派忠振伯洪旭率战船三百余艘进至台州港，是日夜间马信借口“海贼临城，请议堵剿”，待文武官员到齐

---

[1] 顺治十二年十一月初三日浙江巡抚秦世祯揭帖，见《郑成功档案史料选辑》第一三四至一三六页。

[2] 顺治十二年十一月浙江巡按叶舟揭帖，见同上书第一三八至一三九页；参见《明清史料》甲编，第四本，第三八九页，浙江巡按叶舟揭帖。

[3] 杨英《先王实录》等书写作张鸿德，据清方档案及任光复《航海记闻》当为张洪德。又《荆驼逸史》收入《航海记闻》一书误将作者写作汪光复，实为任光复，即任廷贵，谢国桢先生《晚明史籍考》早已纠正。

[4] 阮旻锡《海上见闻录》（定本）卷一。

[5] 亲郑史籍说张名振病死；其他史籍则说是郑成功命人毒死；清江南总督马鸣珮揭帖中据来降兵丁报告说因攻崇明失利，郑成功要捉张名振去杀，名振惊愤得病而死，见《明清档案》第二十九册，A29—88号。张名振去世的时间在顺治十二年十二月间。沈光文有挽定西侯诗（见《沈光文斯庵先生专集》），“陈汉光注：定西侯，即张名振，系隆武元年（顺治三年）鲁王所封，死于永历十年（顺治十三年）。此诗应系是时所作”。按，陈注有误，隆武元年即顺治二年（1645）七月至年底。封定西侯时间已见本书。名振卒年在永历九年（顺治十二年）。

后，马信喝令把兵巡道傅梦吁、知府刘应科、通判李一盛、临海知县徐钰等逮捕。次日，开狱政囚，除将尚未建成的战舰烧毁外，带领部下兵马四百余名、家眷和府、县库存钱粮、兵器弃城乘船来归[1]。郑成功大喜，授予马信挂征虏将军印管中权镇事[2]。郑成功对把成功、马信和后来李必、王戎的来附特别优遇，原因是这些北方将领带来一批擅长骑射、惯于陆战的军队，正可弥补自身军队的不足。这和清廷的致力争取擅长海战的施琅、黄梧、苏利、许龙等人是同一个道理。

南下广东的郑军却不那么顺利。1655年（顺治十二年）八月初五日，黄廷、万礼统领苏茂、林胜等二十余镇将、兵丁六七万包围广东潮州府属揭阳县城，“黄廷围东门，万礼围北门，苏茂围西门，皆树栅开堑为久驻计”，林胜札营于人家头乡阻击潮州府来援清军[3]。同时，分遣兵将到各乡寨去征米征银。这月十三日，郑军击败由广州来援的清将郭登贤、张祥部，歼敌三百余人；二十五日又在狮抛球击败清饶平镇总兵吴六奇部，杀敌八百余名[4]，清军伤亡逾千，狼狈而窜。到九月初七日，揭阳被围已一个多月，守将游击杨伦、知县段有黻等见内无粮草、外无救兵，请求郑军网开一面，以交出揭阳为条件，放他们逃出该县。经黄廷等同意后，清方官兵撤出揭阳，郑军入城委派了知县等官员，“设糜粥以济饥民”[5]。明军乘胜于初九日克普宁县，十二日克澄海县。清广东当局大为震惊，他们探得李定国当时正在广西横州，其部下

[1] 《明清史料》已编，第四本，第三六二至三六三页，户部尚书车克等题本。

[2] 《先王实录》第一三一页；《海上见闻录》（定本）第二十五页。按，彭孙贻《靖海志》实即《海上见闻录》，彭氏不过篡改原书，改明朔为清朔，故“征虏将军”亦避嫌改作“定北将军”。

[3] 乾隆四十四年《揭阳县志》卷七《事纪》附《兵燹》。

[4] 顺治十一年三月二十五日清平南王尚可喜、靖南王耿继茂、两广总督李率泰、广东巡抚李栖凤联名上疏朝廷，建议授吴六奇协镇潮州总兵，驻镇饶平，额定兵员为一千名，见《明清史料》甲编，第四本，第三三六页。狮抛球战役中吴六奇部所受重创可想而知。

[5] 乾隆四十四年《揭阳县志》卷七《事记》附《兵燹》。

"靳、雷、高、李、吴、王"六将都已进至与广东接境的容县[1]，平南王尚可喜、靖南王耿继茂、两广总督李率泰会商后，唯恐郑成功军趁势直下潮、惠，李定国军再入罗定、肇庆，就将陷入两面受敌，前途不堪设想。于是，他们决定趁李定国军尚在广西，首先出兵迎战郑军，抽调平藩下左翼总兵许尔显、靖藩下左翼总兵徐成功部与总督标下兵马共一万余名，会合潮州总兵刘伯禄、饶平总兵吴六奇等部七千余人，大举来援。十二月二十四日，清军在揭阳附近的琅山筑四大营盘，待机而动。清潮州知府"黄廷献令乡寨供粮草，当夫役，百里内竹木祠宇俱毁伐无存；老幼被拘者索取财贿取赎，使令稍不如意，即殴扑至死。又造事诬扳惨毒，无异闽寇"[2]。

双方相持到1656年（顺治十三年）二月，黄廷召集诸将商议作战机宜，左先锋苏茂积极主张进兵决战，自告奋勇打前阵。金武营将郭遂第（即华栋）提出进攻时大军须过钓鳌桥，桥面狭窄，如果作战不利被迫后撤时将会遇到很大困难，因此他主张持重。经过一番争议，黄廷决定采纳苏茂建议，出城决战，由苏茂任前锋，前冲镇黄梧、护卫左镇杜辉继进，殿兵镇林文灿、援剿右镇黄胜为后援；黄廷亲自率领后劲镇杨正等抄出敌后夹击。不料，清方早有部署，先派出小股游骑佯抵一阵，等待郑军大部过桥后突然前后合击，把郑军截为两段。混战当中，苏茂身中两矢一铳，带伤突围而出，郑军阵势大乱，后撤时因桥面过窄，黄胜、林文灿二将和许多士兵被挤入河中淹死，兵员损失多达四五千人[3]。二月二十五日，郑军再次同清军交战于东村渡，又被击败。郑成功接到揭阳战败的消息后，下令放弃该地，命黄廷率师登舟在广东海域

[1] 顺治十三年闰五月两广总督李率泰揭帖，见《明清史料》丁编，第二本，第一五二至一五三页。

[2] 乾隆《揭阳县志》卷七《兵燹》。

[3] 前引《揭阳县志》云郑军战死者四千余人，《海上见闻录》（定本）卷一记"兵死者五千余人"，《先王实录》等书云"折兵大半"。按，《明清史料》丁编，第二本，第一六九页，《会剿揭阳闽寇残件》记双方交战于揭阳万里桥，郑军失利，黄廷下后营镇副将何猛阵亡，年月及情节均与郑方记载不符。

探听永历朝廷消息后返航。三月十三日，黄廷领南征将士放弃揭阳、普宁、澄海三县，于揭阳港登舟出海。回到厦门后向郑成功报告舟师航行到大星所（约为今广东省惠东县南地名港口），探得“行在驻跸高、琼（今广东湛江地区和海南省），声援难通”[1]，当时高州、琼州都在清方控制之下，黄廷连基本情况都没有弄清楚就扬帆东返，带回在潮州地区征得的饷银十万两、米十万石[2]。

南征舟师回到厦门，郑成功立即召集文武官员会议处理揭阳丧师之罪[3]。他提出苏茂轻敌致败，黄梧、杜辉不及时应援反而临阵退却都应该处斩，由于众将跪告求情，才仅斩苏茂一人，杜辉捆打六十棍，黄梧寄责，各戴罪图赎[4]。郑成功御将之道以严著称，这在明末军纪涣散的情况下确有必要，但他的性格过于刚强，往往失之偏激。苏茂在揭阳战役中虽轻敌寡谋，但勇于进战，负伤突围，本应薄责示警，以观后效。郑成功把他处斩，首级传示军中，显然过于苛刻。据江日升记载，郑成功是因为获悉苏茂曾经掩护施琅，使他得以叛逃清方，怀恨于心，必欲杀之，这次借揭阳战败为由将其处斩。诸将不明底细，“咸有微言，曰：论茂揭阳之败，无非天意，岂战之罪？虽不从郭遂第之言，其气可以吞敌，何至于死？况茂战功难以枚举，非他人所可比，藩主如此施行，岂不令人寒心！郑成功见诸将不服，乃厚加殓葬，养其妻孥，自作祭文：‘马谡非无功于蜀，然违三军之令，虽武侯不能为之

[1] 《先王实录》；参见顺治十三年五月初一日广东巡抚李栖凤题本，《明清史料》丁编，第二本，第一三八至一四一页。

[2] 《先王实录》。

[3] 《海上见闻录》《台湾外纪》等书均记甘辉等返回厦门在六月，郑成功诛杀苏茂后，同月内，黄梧、黄明即以海澄县城降清。杨英《先王实录》记二月间郑成功闻败讯，先调回苏茂、黄梧、杜辉等，三月间斩获茂徇军中，甘辉至六月间方返回厦门。看来杨英所记更合情理。

[4] 见《先王实录》《海上见闻录》（定本）。《台湾外纪》作罚黄梧赔偿盔甲五百副。苏茂被杀的具体日期在五月，其弟苏明降清后揭帖中说：“顺治十三年五月内，兄茂以疑被戮。”（见《明清史料》丁编，第二本，第一八二页。）

改’云云”[1]。这显然是在玩弄权术。然而，郑成功更大的错误是在处死苏茂之后立即派黄梧和苏明（苏茂族弟）镇守海澄县。这里“阻山临海，两城对峙，夙称天险”，郑成功动员大量人力修建了坚固的城墙，囤积大量军械、粮食，使之成为进可以战、退可以守的大陆前进基地，同金门、厦门组成犄角之势。黄梧既牵连受责，心怀二意，就同“痛兄苏茂被戮”的后冲镇副将苏明密谋降清[2]。1656年（顺治十三年）六月二十四日夜间，黄梧、苏明带领部下官八十余员，兵丁一千七百余名叛变，把海澄县献给清方[3]。驻守海澄县五都土城的副将林明火速报告郑成功，成功大惊，派大将甘辉统诸将驾快哨船连夜开赴海澄，天亮时清兵已入城据守，甘辉等无可奈何，只能掩护林明部把土城内军械粮食搬运下船，返回厦门。海澄之失，对郑成功是一个重大打击，他叹息道：“吾意海澄城为关中、河内，故诸凡尽积之。岂料黄梧、王元士（知县）如此悖负，后将何如用人也！”[4]清廷得报黄梧、苏明以海澄县来归，欣喜不已，于八月十七日决定封黄梧为海澄公（这本是清郑和谈时准备授予郑成功的爵位）[5]，授苏明为都督佥事，不久加衔为右都督[6]。黄梧叛明投清，受封公爵，大有平步青云之感。可是好景不长，他不久就发现这是清廷玩弄的政治权术。1657年（顺治十四年），黄梧

---

[1] 祭文全文见《台湾外纪》卷四。

[2] 见《明清史料》甲编，第五本，第四一四页。

[3] 顺治十三年七月初六日福建巡抚宜永贵揭帖，见《明清档案》第二十八册，A28—24号，同件又见《明清史料》甲编，第四本，第四〇〇页。

[4] 杨英《先王实录》第一三六页。

[5] 顺治十三年九月初四日兵部揭帖，见《明清史料》丁编，第二本，第一五九页。按，此件中云黄梧“杀其同守伪官华东”，华东当指华栋（即郭遂第），但查有关诸书，华栋虽曾奉命同黄梧守海澄，此后仍在郑军中。又，此件提及与黄梧大致同时降清的还有总兵林兴洙，林兴洙当即林兴珠，此人在康熙前期平定三藩之乱和雅克萨战役中击败沙俄侵略军起过重要作用。清廷“封黄梧为海澄公敕谕稿”见同书，第一六〇页。

[6] 顺治十四年四月初四日都督佥事苏明揭帖，见《明清史料》甲编，第五本，第四一四页。

部下的兵丁被清朝浙江福建总督李率泰调走[1]，无权倒也罢了，可气的是位高而金不多。1659年（顺治十六年）他不得不向清廷诉苦，说自己投顺“已逾两载，而常禄未沾。前岁蒙大将军世子王月命有司暂给爵俸银三十两，而禄米概未有及”，他全家二百余口，不够吃饭，遑论其他[2]。

这年（1656）八月二十二日，清宁海大将军宜尔德、提督田雄指挥满汉兵再次进攻舟山。明将阮骏等率领舟师迎战。到二十六日，清军全力来攻；阮骏伤重而死，总制陈六御、总兵张洪德、张晋爵、李廷选、阮凯、姜英等阵亡，残余明军乘船逃往外洋。次日，清军在舟山登陆，占领了这个群岛[3]。由于当时清朝水战兵力和经验都还不足，为了避免1651年攻占舟山留军戍守结果被郑成功大批海师包围，守将孤立无援、被迫投降的情况再度发生，又为了防止明军重来以舟山为基地，清方文武官员商议后决定把该岛城郭房屋全部拆毁，居民统统赶回大陆。时任浙江巡按的王元曦在奏疏中说：“查舟山经岁之入钱粮不过四千四百余两，粮米不过七百九十余石，悉其所供仅亦锱铢，量其所费，当得巨

[1] 阮旻锡《海上见闻录》（定本）记：1657年九月，“永春义师林忠袭破永福县。清部院李率泰发兵救援，檄海澄公黄梧，未至，疑之，尽拨其辖下官兵分入八旗。黄梧大悔”。杨英《先王实录》亦载此事，并云：“黄梧只剩随从数人，始悔叛之误也。有思来归，藩弗纳之。”据顺治十八年十一月清廷兵部揭帖，升同安副将施琅为同安总兵官时云，“此副将所管兵丁一千原系海澄公标下之兵”，其部“仍作海澄公所属”。实际上黄梧并没有兵权。见《明清史料》丁编，第三本，第二五六页。按，据《明清史料》甲编，第五本，第四三二页，顺治十四年八月浙闽总督李率泰揭帖，“伪伯”林忠与“胞弟伪左都督林暹”“伪中镇左都督郑世雄”率领总兵以下官兵七千人降清，即在上引二书所记之前一月已降清，陈碧笙先生曾指出时间有误。佟国器《三抚密奏疏稿·抚闽密奏》内收顺治十二年二月十五日奏本，称林忠为郑芝龙旧部，“系逆贼郑成功所封伪伯，现今拥贼万余，侵犯永福、闽清二邑”。林忠部一直在德化、永春、永福（今永泰县）一带活动，即如李率泰揭帖中所云“梗化十年”。

[2] 顺治十六年十月初六日海澄公黄梧揭帖，见《明清史料》甲编，第五本，第四二九页。

[3] 浙江巡抚陈应泰揭帖残件（顺治十三年九月二十八日到），见《明清史料》丁编，第二本，第一六一页。按，此件中既说击杀贼首阮骏，又云“伪英义伯阮四”受伤身死。参考各种文献，英义伯即阮骏，“阮四”大概是他的小名。

万。……更有虑者，舟山民物渐集之后，贼以釜底游魂保无窥伺？是有舟山而有居有食，反起贼垂涎之心；无舟山而无居无食，反制贼必死之命。臣区区之愚，窃以舟山原系海外之地，或应暂置海外，无烦议兵增守，以示朝廷不勤远略之意。至于百姓，料亦无多，或于班师之日听其择便，愿为兵者编入卒伍，使之随行报效；愿归业者安插宁波一带，使之耕凿得所。”[1]这一建议得到清廷批准，后来浙江巡抚佟国器在奏疏中谈道：“顺治十三年十一月间议弃舟山，业经奉文遵行讫。……惟是弃舟山之时，毁城迁民，焚毁房屋，当日虑为贼资，是以唯恐不尽。职查舟山旧城周围五里，仅存泥基，砖石抛弃海中。”[2]顺治十五年（1658）郑成功、张煌言领军北伐，再次来到舟山，建造草棚作为屯军临时处所。直到顺治十六年十二月，郑成功因为厦门吃紧，三次发出令箭调回舟山驻军，马信、陈辉部明军才在顺治十七年正月初八日放火烧毁草棚，乘坐大小船只三百余艘南下金、厦[3]。从这时起到康熙二十二年（1683），舟山群岛基本上成了一片废墟。

自从海澄县易手以后，郑成功的兵力虽然还相当强盛，但控制的地盘差不多仅限于金门、厦门、南澳等沿海岛屿。为了解决兵饷来源和扩大影响，郑成功除了通过各种渠道开展海外贸易，还亲自统率军队进攻福建省会福州。1656年（顺治十三年）七月，郑军攻克闽安镇[4]，沿鼓

---

[1] 顺治十三年十月初三日浙江巡按王元曦“为海外孤城已复，封疆善后宜图”事题本，见《明清史料》丁编，第二本，第一六五页。

[2] 顺治十六年十一月十五日浙江巡抚佟国器揭帖，见《明清史料》甲编，第五本，第四六四页。道光二十六年《宁波府志》卷十五《海防》云：“国朝顺治初舟山为明季遗顽所据，八年始讨平之。旋陷于海寇。十二年再攻克之，遂徙其民，弃舟山为界外。”十二年当作十三年。

[3] 顺治十七年二月初四日浙江巡抚佟国器“为汇报舟山海逆南遁情形”事揭帖，见《明清史料》丁编，第三本，第二四三页。张煌言诗文也提到他再到舟山时所见荒凉情景和张名振墓被清军所毁等情况，见《张苍水集》。

[4] 海外散人《榕城纪闻》记：顺治十三年“七月十八日，海兵破闽安镇，陆路由古岭，水路由大江。十九日掠鼓山下各村及东北一带，乡村俱焚。二十一日掠南台至洪塘，皆焚烧无遗。……围城之中（指被围之福州），百姓皆分垛守御，灯火器械，各令自备。至二十七日始退，据闽安镇……”

山一线进军福州，被守城清军击败；郑军固守闽安镇长达一年之久，至次年（1657）九月才为清军收复[1]。郑成功在九月间亲自视察了闽安镇一带的地形，认为这里是福州的门户，令工官冯澄调集民夫增筑土堡城寨，为长久之计，在罗星塔、萧家渡也拨兵戍守，由后提督万礼坐镇闽安，总督水陆防守。这一部署是在福州外围设置重兵，牵制福建清军主力。十二月，郑成功统舟师在福州以北的梅溪登陆，经飞鸾、白鹤岭攻罗源、宁德。清郑亲王世子济度派梅勒章京阿克善等将率军来援。郑成功采取诱敌深入的战术，大败来援的清军，阿克善也被击毙[2]。罗源、宁德二县守城清军闭门不出，郑成功的作战意图本不在于占领该地，他分遣官兵到二县乡村搜括粮食，大约积足三个月之用后就主动撤退了。此后，他还曾多次派出军队到浙江、福建沿海地方筹集粮食。

1657年（顺治十四年）九月，清浙江福建总督李率泰利用郑成功主力进攻浙江台州，福州闽安镇守御力量单薄的机会，决定乘机攻克该镇，以解除福建省会的威胁。他同固山额真图赖、郎赛商议后，抽调满汉大批军队水陆三路进攻闽安镇。九月初七日先派水师出闽江口切断海上来援的郑军，初八日开始陆路分兵二支，一支由鼓山出发，一支由南台西路出发，大举进攻。参加进攻的军队除图赖、郎赛两固山额真统率的满军外，还有总督李率泰标下、巡抚刘汉祚标下军队，精奇尼哈番沈永忠部与提督马得功，总兵王之刚、苏明等部，兵力相当强大。而郑成功北上进攻浙江省台州时，抽调了后提督万礼部主力随行，在闽安镇只

[1] 顺治十四年九月浙江福建总督李率泰“为闽安攻克大捷”事揭帖，见《郑成功档案史料选辑》第二二三至二三五页。

[2] 觉罗阿克善在郑方文献中写作阿克商。杨英《先王实录》第一四三页记为陈蟒所杀；江日升《台湾外纪》与阮旻锡《海上见闻录》说是甘辉所杀。《满汉名臣传》卷九、《清史稿》卷二四二本传中都说他在顺治十四年福建罗源战役中阵亡；鄂尔泰编《八旗通志》卷一五〇本传中却说阿克善在此战役中击败郑成功军，“斩获甚众”，顺治十七年还跟随定西将军爱星阿进军云南，入缅甸阿娃（阿瓦）城，“获伪桂王（永历帝）以归”，恐误。

留下了五军戎政王秀奇节制护卫前镇陈斌、神器镇卢谦、前提督下右镇余程留守闽安镇，兵员不过数千人。双方自初八日开始激战，清军用红衣大炮猛轰闽安寨城，郑军兵单势薄，难以招架，十四日清军攻克闽安镇，驻守顶寨的右镇余程和部下战士全部阵亡。清军转攻罗星塔寨，据守该处的陈斌、卢谦兵力不敌，向郑成功紧急请援。因双方距离过远，救援不及。十五日，陈斌、卢谦在施琅的招徕下带领官兵一千三百人向清方投降，罗星塔要塞失守。清总督李率泰借口事先招降未顺，直至“已断粮饷，又无援兵”的困境下才被迫投降，决定以“犒赏”为名把陈斌、卢谦及部下官兵全部处斩[1]。此外来降的尚有官弁一百二十一名、兵丁二千六百四十八人。闽安战役以清军获胜告终，不仅解除了省会福州的威胁，而且歼灭郑军五六千人。

关于郑成功的封爵，是南明史上比较费解的问题之一。导致后来史学家困惑的原因来自两个方面，其一是郑成功的幕僚人物在追记郑成功事迹时往往用后来更高的爵位叙述他早期的活动（这种情况现代也屡见不鲜）；另一原因是永历朝廷偏处云贵，郑成功等局促于东南沿海地区，中间为清统治区，朝廷决定加封官爵、铸造印章、撰写诰敕需要一段时间，而使者转辗于道，迂回陆路海上，动辄数月，殊非易事。因此从朝廷决定加封到使者开读诏书、颁发敕印，在时间上必有一个相当长的间隔，部分史籍记载上的差异即由此而来。

---

[1] 《清初内国史院满文档案译编》下册，第三七〇页。按，该书云：“逆贼伪镇南将军陈斌率沈奇镇伪总兵陆钱及其属下来降……均杀之。”“沈奇镇伪总兵陆钱”系“神器镇卢谦”之误译。杨英《先王实录》记：“守罗星塔护卫前镇陈斌、神器镇卢谦俱被获逮去，不屈，杀之。”（见福建人民出版社1981年陈碧笙校注本第一六〇页）江日升《台湾外纪》卷四记：“陈斌等死守罗星塔待援。总兵施琅遣人招斌。斌率卢谦等剃发投诚，全师至福州。泰（指李率泰）令大厅按册内花名领赏，五人一队，从东辕门入，由西辕门出，即收其器械，枭首千有余人，斩讫，方收斌与谦等并杀之。”（见福建人民出版社1983年版第一三七至一三八页）阮旻锡《海上见闻录》（定本）（福建人民出版社1982年版第三十一页）记施琅招降陈斌等后有小注云：“后说李率泰尽杀之南台桥，凡五百余人。”被杀降兵数当以满文档案为准。

郑成功在隆武时期已封忠孝伯，但他自己极少用这一爵位发布文告，原因是隆武朝廷和鲁监国封了一批公、侯、伯爵，郑成功看不上眼，他宁可用赐姓、招讨大将军名义显示自己的独特地位。《小腆纪年》记永历二年（1648）十月永历朝廷加封郑成功为威远侯，永历三年（1649）七月封广平公[1]。威远侯事不大清楚，封广平公的记载肯定是错误的。因为同书记载永历七年（1653）六月，封郑成功为漳国公[2]。自1648年到1653年，郑成功的势力有很大发展，连李定国第一次进攻广东（1653）时也对郑氏寄予厚望，永历朝廷不可能仅仅在同等爵位上改封。永历七年晋封漳国公有可靠文献证实，在陈乃乾、陈洙纂《明徐闇公先生孚远年谱》内收有永历八年颁发给徐孚远的诏书，其中就明确称郑成功为“漳国勋臣”，证实了在这以前永历朝廷曾封郑成功为漳国公。郑成功大约由于上述原因，似乎从未用过这个头衔。直到永历十一年九月，朱由榔已迁入云南昆明之后，才决定进封郑成功为延平王，制作印敕完备后，派漳平伯周金汤等为使者取道广西、广东，航海至厦门，行册封礼。周金汤等到达厦门已经是永历十二年（1658，戊戌，顺治十五年）。现将《敕封延平王诰》转录于下：

> 克叙彝伦，首重君臣之义。有功世道，在严夷夏之防。盖天地之常经，实邦家之良翰。尔漳国公赐姓忠猷恺挚，壮略沉雄。方闽浙之飞尘，痛长汀之鸣镝，登舟洒泣，联袍泽以同仇，啮臂盟心，谢辰（晨）昏于异域。而乃戈船浪泊，转战十年，蜡表兴元，间行万里，绝燕山之伪款，覆虎穴之名酋，作砥柱于东南，繁遗民以弁冕，弘勋有奕，苦节弥贞，惟移忠以作孝，斯为大孝，盖忘家而许国，乃克承家铭。具金石之诚，

[1] 徐鼒《小腆纪年附考》卷十五及卷十六，中华书局排印本，第五九六页及第六一八页。

[2] 同上书，卷十八，见排印本第六九二页。

式重河山之誓。是用锡以册封为延平王，其矢志股肱，砥修茅戟，丕建犁庭之业，永承胙土之庥。尚敬之哉！[1]

在这以后，郑成功和他的儿子郑经、孙子郑克塽一直以延平王的身份，奉明朝永历正朔，在东南沿海独树一帜。

[1] 引自许浩基编《郑延平年谱》。读者可参考杨彦杰撰《郑成功封爵新考》，收入厦门大学台湾研究所历史研究室编《郑成功研究国际学术会议论文集》第三一八至三三四页，此论文集由江西人民出版社1989年8月出版。

第二十五章
李定国的两次进军广东

第一节　1653年李定国广东肇庆之役

在广西桂林、湖南衡州大捷之后，孙可望出于嫉妒心理，竭力限制李定国部的发展，甚至设计加以谋害。在这种情况下，李定国被迫改变战略方向，决定由广西向广东进军。这样，既可以避免同驻守在贵州和湖南西部的孙可望发生摩擦，又可以指望与福建厦门一带的郑成功部和广东抗清义师配合。我们已经指出，就总体而言南明的军事力量并不像历来史家想象的那么弱，只是由于无穷无尽的内讧削弱、抵消了自身的实力，大批将领倒戈投降，为清廷征服自己的同胞效力；即便矢志抗清，又往往各自为战，从来没有建立一个有权威的统一指挥中心，不能相互支援，给清军提供了各个击破的机会。孙可望一度改变了这种局面，抗清运动就取得了一系列重大胜利。可惜好景不长，孙可望的跋扈自雄导致以原大西军为主体的西南抗清力量分裂。李定国不愧是南明最杰出的军事家，他不仅始终以反清复明为己任，还用卓越的战略眼光分析全局。同孙可望并力恢复湖广然后东进的计划既不可能实现，就转而另辟蹊径，联络郑成功共图复兴大业。

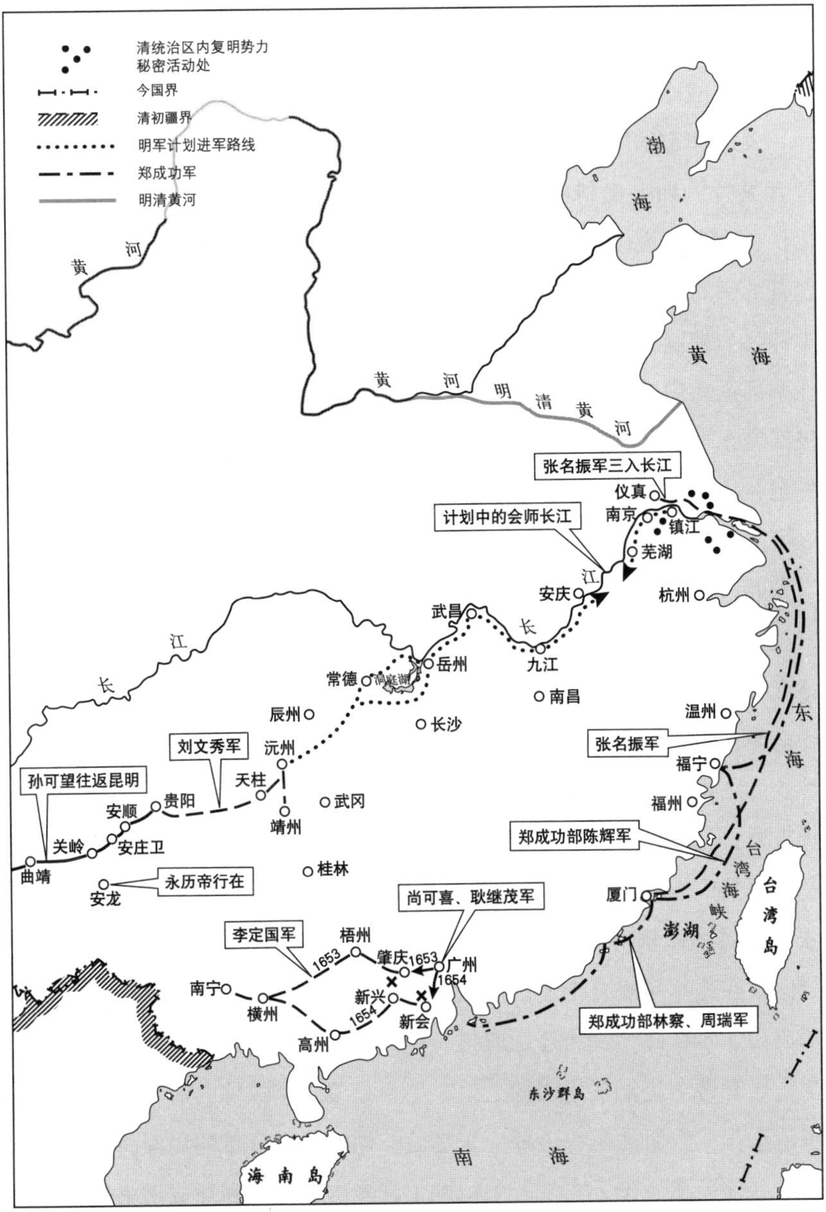

1653—1654年南明会师计划及行动图

他的战略意图是，同郑成功会师，首先收复广东，进而夺取福建、江西、浙江、江苏等省。如果这一计划实现，拥戴南明的各支抗清武装就将控制整个江南，然后分路向北推进，全国形势将大为改观。然而，这一战略目标能否实现很大程度上要看郑成功的态度。

关于李定国同郑成功的关系，已有许多研究成果，由于仁者见仁，智者见智，加上史料的缺乏和混乱，似难取得一致意见。参考各种史籍，也许可以说李定国更多地从抗清大局出发，而郑成功却往往把自己经营的闽海利益置于首位。事实上李定国在衡阳战役后，完全可以凭借本部兵力控制广西全境，威福自操，犯不上苦口婆心地乞援于郑氏。他在率部退入广西以后，一面委曲求全地防止同孙可望完全决裂，一面积极部署东征，希望得到郑成功的全力支持，完全是以大局为重。《台湾外纪》记载，1652年（顺治九年）正月郑成功在海澄县接见周全斌时问以恢复进兵之策。周全斌回答道："若以大势论之，藩主志在勤王，必当先通广西，达行在，会孙可望、李定国师，连粽粤东，出江西，从洞庭直取江南，是为上策。奈金声桓、李成栋已没，广州新破，是粤西之路未得即通，徒自劳也。今且固守各岛，上距舟山，以分北来之势，下守南澳，以遏南边之侵。兴贩洋道，以足粮饷。然后举兵漳、泉，以为基业。陆由汀郡而进，水从福、兴而入，则八闽可得矣。"郑成功大加赞赏说："此诚妙论！"[1]周全斌的意思是以勤王为宗旨，同孙可望、李定国会兵广东然后北进为上策，只是在李成栋败亡以后东西联络不易，才就闽海地区形势提出眼前的作战方案。郑成功欣赏的仅限于后一部分。就在这年年底，李定国决策东攻广东，对郑成功寄予厚望。然而，郑成功志不在此，一味迁延应付。他既不是看不到周全斌建议会合孙、李，连粽粤东是复兴南明的上策，更不是鉴于李成栋的败亡，不敢同广东清军作战，而是担心会师广东之后，他的割据自雄的局面将难以维持下去。杨英在《先王实录》中记载了许多次李定国和郑成功书信往来的

[1]　江日升《台湾外纪》卷三。

事实，只是有的语焉不详，有的年月错乱，给研究者带来很大困难。其中一件写于1653年（顺治十年）的信件，是定国进攻肇庆尚未败退之时要求郑成功出兵相助的："公诚念君德孔厚，父恨深长，则五羊（指广州）赤海，伫睹扬帆，半壁长城，中心是觊。否则中兴告成，京观胜纪，而云台香字，千载传流，国姓不预，其何以仰副殊眷而慰此可为之时势乎？予日望之，匆言，幸照。"[1]信中有一句话很值得注意："知公畴昔之愆期，若有俟不觳今兹之少选，诚有待也。"表明定国在发动肇庆战役以前已经同郑成功约定了会师广东的作战计划。

1653年（顺治十年、永历七年）二月，李定国率部从广西贺县出发，占领战略要地梧州[2]，接着师出广东。三月十四日经封川县攻占开建和德庆州[3]，同月二十五日进抵肇庆城下。次日，定国亲临肇庆城外，指挥部队从东、西、北三面强攻，同时分兵占领四会、广宁[4]。李定国大军入粤，使两广地区的抗清力量受到鼓舞，纷纷起而响应，配合作战。如，广西岑溪的宋国相、韦应登部出攻广东罗定、东安、西宁；广东沿海的抗清义师派出战船二百余艘由新会、顺德境内河流直入九江口，"伪爵镇周金汤、叶标、施尚义、熊朝佐、王翰、邓耀等兵称数万"[5]；韶州清远山中的抗清力量也派使者同李定国联系，准备由从化县南攻广州。特别是镇守广东东部与福建接境的潮州总兵郝尚久也再次树起反清复明的旗帜。郝尚久原为李成栋部将，1648年随成栋反正，1650年叛投清方。他自以为在广州杜永和等未下之时先行降清，又

[1] 《先王实录》第八十四页。按：杨英把这封信记载于永历八年（1654），更奇怪的是放在李定国另一封迎永历帝入滇后写的信件之后。杨英作为当事人恐不至于这样粗疏，有可能是故意颠倒信件前后次序，借此掩盖"藩主"对永历朝廷的真实态度。

[2] 同治十一年《苍梧县志》卷十八《外传纪事下·本朝》。

[3] 刘武元《虔南奏议》卷六。

[4] 《虔南奏议》卷六；《平南王元功垂范》卷上。

[5] 《明清史料》丙编，第九本，第八九三页，顺治十二年四月二十八日平南王、靖南王揭帖引雷州副将先启玉语。

有击退郑成功军之功，会受到清政府的重视。可是，事与愿违，清朝当局对他的反复无常和桀骜不驯早已心怀戒意。1652年（顺治九年）八月，清政府决定派南赣副将刘伯禄接任潮州总兵[1]，调郝尚久为广东水师副将，不仅剥夺了他的兵权和地盘，官职也降了一级。郝尚久拒不遵调，已有一触即发之势。二月间，郝尚久就开始了反清的准备工作，清分巡岭东道陆振芬密报，“近尚久深沟高垒，调集四面土官，勾引郑寇入潮阳、揭阳二县”[2]。李定国攻入广东的消息传来，郝尚久认为时机已到，立即起而响应。三月二十二日，他公开反清，“自称新泰侯，改元永历七年”，“勒令全城割辫裹网”。清巡道陆振芬、潮州知府薛信辰以及普宁、澄海、揭阳、饶平等县的知县都被拘捕[3]。郝尚久任命李信为潮州知府，还委任了其他地方官员[4]，并且派使者同李定国取得联系。这样，广州地区的清平南王尚可喜、靖南王耿继茂等就处于东、西交困的被动地位。但郝尚久兵力有限，东面受到相邻的福建漳州清军牵制；西面惠州总兵黄应杰又效忠于清朝，隔断了郝军西进广州的去路；清总兵吴六奇驻兵于大埔、镇平（今广东蕉岭县）、程乡（今广东梅州市），从北面威胁着潮州。因此，郝尚久凭借本部兵力同李定国会师恢复广东的可能性不大，他同李定国一样事先派出密使请郑成功出兵，只要郑成功践约遣主力西上，广州清军势难两顾，东西合击收复全粤颇有把握。郑成功的按兵不动，使这一计划无从实现。

---

[1] 《清世祖实录》卷六十七，顺治九年八月升南赣副将刘伯禄为广东潮州总兵官。

[2] 《明清史料》己编，第二本，第一五〇至一五四页《广东巡抚揭帖》残件。

[3] 同上。按，郝尚久随李成栋反清后，受封新泰伯；永历四年（1650）加封新泰侯，见鲁可藻《岭表纪年》卷四。戴笠《行在阳秋》卷下记郝尚久反清后自称“复明将军”，疑误。反清时间，徐鼒《小腆纪年附考》卷十八记于顺治十年四月；李天根《爝火录》卷二十三记于六月乙未朔，云“大清潮州守将郝尚久叛降郑成功”，均误。

[4] 刘武元《虔南奏议》卷六。《行在阳秋》卷下记：郝尚久“自称复明将军，挟诸乡绅入城，尽反清所署官属。愿从者仍与原衔，不愿者拘留之，惟教官以下听。下各邑追印，多挟印去，空城以待。惟龙溪知县焦某举城旧之”。

肇庆战役从三月二十六日开始。李定国亲自指挥部队架梯攻城。清肇庆总兵许尔显据城顽抗，抽调一批精兵用绳索缒下城外，反击攻城之兵，夺得攻城用的梯子一百多架。李定国见强攻无效，改用挖掘地道透入城中的战术，命令将士用布袋盛土堆积为墙，栽木成栅，辅以挨牌做掩护，利用鸟枪狙击清军，暗中组织人力开挖地道。许尔显察觉了明军的意图，就在城内挖掘一道同城墙平行的深沟，准备李部士卒开挖的地道一旦透入城内即可及时发觉，在深沟地道中展开肉搏战。由于李军势大，许尔显虽竭力防御，但难以持久，迫不及待地向广州呼吁急派援兵。

坐镇广州的清平南王尚可喜深知局势危险，他分析了四面之敌，说道："余无足虑者，破李定国即自相解散耳！"于是，他亲自率领平南、靖南（耿继茂）两藩主力赶赴肇庆[1]。到达肇庆后，尚可喜登上城墙仔细观察了双方战守形势，对部下将领说："吾所忧乃不在此。"意思是肇庆城墙坚固，易守难攻；他带领的广东清军主力到达之后，双方兵力对比悬殊的局面也已经改变，李定国军攻下该城的可能性不大。但是，广州清军主力既然调到了肇庆，万一李定国派人同潮州郝尚久联络，命郝部破釜沉舟乘虚西攻广州，那么，他就将在肇庆重蹈孔有德桂林之战的覆辙。因此，他通知留守广州的耿继茂派出铁骑扼守三水县西南面的木棉头渡口，切断李定国同郝尚久之间的联系通道。耿兵到达指定位置后，果然遇到李定国遣往潮州联络的一支小部队，清军乘这支李军渡河到一半的时候发起攻击，格杀数百人，挫败了李定国的战略意图。尚可喜解除了后顾之忧，即着手全力对付李定国军。四月初八日，他下令从东、西炮台各凿一侧门，出其不意地冲出城外夺取李军所挖地道。为了鼓舞士气，他高悬赏格："有能出城夺贼地道者，人赏银五十两。"[2]重赏之下，必有勇夫，清军士卒拼死卖命，蜂拥向前。尽管李

[1] 《平南王元功垂范》卷上，参见刘武元《虔南奏议》卷六。

[2] 《平南王元功垂范》卷上。

军“炮火如雨”，清军以挨牌遮挡头部，持刀奋进，夺取了李军的地道口，随即放火熏燎地道内隐藏的李军，死者不知其数。李定国被迫离城五里下营。尚可喜初战得胜，趁明军立足未稳之际，派主力由西、南两门出攻李定国设在龙顶冈的营垒。鉴于李军作战时用长幅布缠头、棉被遮身，刀箭难以奏效，尚可喜给士卒配备了一丈五尺长的挠钩长枪，终于突破了李军阵地。

李定国强攻肇庆既被击退，原寄希望的郑成功、郝尚久军又杳无消息，他审时度势决定主动撤回广西。第一次进攻广东的战役就此结束。按清方记载，李定国在肇庆战役中虽然未能得手，兵员损失并不多，每次战败捐躯者都只有几百人。值得注意的是，尚可喜、耿继茂在李定国开始进攻肇庆时胆战心惊，唯恐落到孔有德的下场，向清廷请派援兵。五月，清廷命驻防江宁昂邦章京喀喀木为靖南将军与梅勒章京噶来道噶率军往广东增援[1]。援军到达时，肇庆战役早已结束，遂转用于镇压潮州郝尚久部。

郝尚久获悉李定国兵败西撤后，自知力薄势单，急忙派使者请郑成功出兵相救。可是，郑成功的行动却颇为微妙。这年五月他在海澄、厦门地区击败清固山额真金砺的进攻，召集诸将议曰：“金酋杀败班回，必有一番说话，虎不足虑矣。我欲兴问罪之师于潮、揭（阳），一则使郝尚久不敢据郡归清，二则鸥汀逆寨屡截粮□，应当扫平也。”六月，成功“督师南下，先攻鸥汀逆寨”，结果因鸥汀寨建筑在水田当中，“雨田泥深，攻打又难”，未能得手。“姑抽回入揭征助行粮，并移谕郝尚久令其固守城池，不可悖叛归清”。七月，郑成功所统主力驻于揭阳，“征输行粮，各寨乐输”。八月，他就返回厦门了。这段时间正是郝尚久生死存亡之际，郑成功亲统大军进入潮州府境，筹集了粮食之后就扬帆满载而归，给郝尚久的只是一纸带有命令口气的空文。八月

[1] 清廷敕稿见《明清档案》第十七册，A17—40号；参见《清世祖实录》卷七十五。

十三日，清靖南王耿继茂、靖南将军喀喀木和奉调来援的南赣兵孔国治部一千七百名在收取了潮州府属各县后包围了府城[1]。经过一个月的拼死搏战，清军终于在九月十四日夜攻陷潮州，郝尚久和他的儿子郝尧自杀[2]。清军“屠城，斩杀无算”[3]。有的史籍记载，郑成功曾派兵援郝，如阮旻锡云：“八月，赐姓回厦门。九月，清兵攻潮州，郝尚久求援，遣陈六御率兵援之。尚久疑，不敢开城纳兵。未几，城破，尚久死，六御乃引还。”[4]江日升所记情节颇有出入，“陈六御舟师甫至南澳，闻潮已破，不敢进援而返”[5]，这很可能是为郑成功见死不救进行开脱。郑成功驻师揭阳时与潮州府城接壤，若有同郝尚久合力迎击广东清军之意，何必在关键时刻撤回福建。杨英虽未明言成功在八月间匆忙返回厦门的原因，但紧接着叙述李德、周继武持郑芝龙手书到，同月成功即“令李德星驰赴京回报”[6]。可见，郑成功的撤兵回厦主要原因是担心救“明新泰侯”将影响和谈。派陈六御援潮州不过是一种姿态，在成功麾下陈六御只是二等将领（北镇），兵力根本不足以挽救郝尚久的覆败。潮州一府是郑军粮食的主要补给基地，郑成功受制于和谈，只顾眼前捞一把，而缺乏长远之计，这多少反映了他动摇于明、清之间的困惑。

[1] 胡有升《镇虔奏疏》卷下《题陈标将随征恢潮功绩恳恩优叙疏》。

[2] 顺治十年九月二十四日靖南王耿继茂题本见《明清档案》第十七册，A17—160号。同件又见《明清史料》甲编，第四本，第三一五页。参见《明清史料》己编，第二本，第一五〇至一五四页《广东巡抚残揭帖》；《平南王元功垂范》卷上。

[3] 乾隆四十四年《揭阳县志》卷七《事纪·附兵燹》。按，该书记清军攻陷潮州在九月十三日夜。

[4] 《海上见闻录》（定本）卷一。

[5] 《台湾外纪》卷三。

[6] 《先王实录》排印本，第六十二页。

第二节　1654年李定国广东新会之战

李定国在肇庆战役失利后，并没有气馁。他正确地总结了第一次入粤作战的经验教训，肯定东、西夹攻，恢复广东是南明中兴的最佳战略。上年的受挫关键在于郑成功迎战金砺部清军，无暇西顾。因此，他在酝酿再度发动广东战役之时，多次派使者前往厦门同郑成功联络，详尽商讨了战役部署和出兵时间。

就当时形势而言，李定国的决策是完全正确的。首先，夺取广东将大大改变南明的地位，孙可望、李定国控制的云、贵、广西，以原大顺军刘体纯、李来亨等为主的夔东十三家控制的川鄂交界地区，郑成功、张煌言控制的闽、浙沿海岛屿，都是生产比较落后、财赋收入不多、人才较为缺乏的地方，在明朝末年广东一省的财赋大约相当于广西的十倍，文化发展水准也是云、贵、桂三省所不能比拟的，换句话说，收复广东对改善南明的物资、人才的匮乏状态将起重要作用。李、郑会师若能实现，西南和东南就将连成一片，不仅将改变呼应不灵、各自为战的被动局面，而且将为第二步收复福建、江西、湖南奠定基础。其次，李定国联合郑成功恢复广东就可能性而言几乎是稳操胜券的。1653年尚可喜、耿继茂等击败李定国、郝尚久后，靖南将军喀喀木所统满洲援军于十月十五日班师回京[1]，广东驻防清军相当单薄。尚、耿担惊受怕，联名向清廷诉苦，说可喜部下兵卒仅二千五百名，继茂部下仅二千三百名，加上绿营兵也不过二万之众，“各处征战不无损伤，难以招募，顶补率皆南人，皆游荡之辈，俱非经战之辈。连年西贼（指李定国军）鸱张，兼土寇四处窃发，兵力多不可恃”。他们请求清廷抽调蒙古兵员三千发来广东助战。清帝交议政王、内大臣会议，答复是“边外投顺蒙古各有部长，不便调发，应请敕兵部自今以后凡外省解到蒙古，

[1]　顺治十年九月二十四日靖南王耿继茂题本，见《明清档案》第十七册，A17—160号。

不得仍送理藩院，但查照送到数目，平分咨送两王入伍效用”。这无异于一纸空文，经顺治帝核准后下达[1]。这一文献证明清朝两广总兵力（连同广西原孔有德藩下兵将）不超过三万人，何况“经战之辈”不多，心怀观望者不少。南明可以投入广东的军事力量要强大得多，李定国部约为四五万人，其中许多将士参加过桂林、衡州战役，既富作战经验，也无畏清若虎的心理压力，足以为入广作战的主力。郑成功自称兵员数十万，可能有所夸张，但在十万以上殆无可疑，拥有大小战舰船只上千艘，机动性很强，如果他肯派主力西征，李、郑联军对广东清军无论在兵员数量上，还是在军士素质、器械装备上都占压倒优势。此外，清政府在广东的统治并不稳固，尚可喜、耿继茂吸取了孔有德分兵镇守导致覆亡的教训，两藩兵力全部集中于广州，其他各府、州则由绿营兵驻守。因此，广东许多地方的拥明义师还相当活跃，他们凭借海岛、港湾、山区等有利地势坚持抗清。例如，在钦州、廉州（今属广西）有邓耀、朱统鍌、周腾凤、张孝起等部，邓耀自顺治七年正月起驻兵钦州的龙门岛，这里“东界合浦，西界交阯，为钦、廉门户，群山错落七十有二，钦江诸水随山而转，彼此相通，亦七十二径而注于海”[2]，形势异常险要。明宁藩镇国将军朱统鍌、海北道周腾凤和高、雷、廉、琼四府巡抚张孝起也来到廉州地区同邓耀相呼应，永历帝因此授予邓耀靖氛将军封号。在广东高州府石城县（今广东廉江县）有永历朝廷所封漳平伯周金汤部驻守。在广东肇庆府阳江县南面海陵岛有李常荣部；恩平县一带有虎贲将军王兴部。在广州府台山县南海中的上川山、下川山两岛中有凌海将军陈奇策部。这些抗清武装实力虽不雄厚，地域比较分散，但一般都接受永历朝廷大学士郭之奇和两广总督连城璧的节制，他们熟悉当地情况，有的还拥有舟师，对于配合大军作战是一股不可忽视的力

[1] 顺治十一年七月二十三日叔和硕郑亲王济尔哈朗等“为请给蒙古兵以奠岩疆事”题本，见《明清档案》第二十册，A20—79号。

[2] 九龙真逸《胜朝粤东遗民录》卷一《邓耀传》。

量。特别是由于他们兵力较弱，在强敌之下竭蹶图存，迫切希望南明大军入广，借以摆脱困境。第三，还必须注意到明、清双方争夺广东在后援兵力上的差异。明方除原在广东的义师不必说，定国和成功的大军都与广东接境，主力可以在短期内集结，后方支援也比较容易；清方正好相反，清兵赴援往返动辄数月，像1653年肇庆之役，尚、耿紧急呼救，三月明军已败，五月清廷才令江宁驻防满军赴援，抵粤时只赶上收拾残局。李定国致郑成功的信中谆谆劝告万勿"愆期"，原因正在于利用清方增援困难，以绝对优势兵力速战速决，一举拿下广东全省。

以上说明了李定国用兵广东的正确。南明复兴的希望在1652年（顺治九年、永历六年）取决于孙、李合作全歼湖南屯齐所统清军，由于可望嫉贤妒能坐失良机；这以后的可能性就是李、郑会师收复广东和东西会师长江收取江南（见下述）。此机一失，南明再无复兴之望。用兵如弈棋，关键一着失误，全盘皆输。李定国不愧是明清之际最杰出的军事家，他的高瞻远瞩，实在是同时诸雄根本无法比拟的。李定国为实现这一重大战略方针呕心沥血，做了极其周密的部署。早在1653年（顺治十年）九月，即李定国在广东肇庆受挫回师广西五个月之后，永历朝廷就派兵部职方司员外郎程邦俊携带诏敕前往广东，向两广总督连城璧宣谕"藩臣定国，勠力效忠，誓复旧疆"，即将进军广东，命连城璧联络广东义师准备接应。1654年正月连城璧回奏他接到敕书后"亲诣镇臣王兴营，与之点算军实，收合勇壮；知会镇臣陈奇策、罗全斌等及各股官、义头目，面定要约，以三月初二水陆毕会，以待王师。众皆踊跃，又是一番朝气矣"[1]。这里最值得注意的是连城璧疏中提到的三月初二会师日期，后来定国大军入粤正是在三月初二日占领高州，证明至少在半年以前李定国就已经做出了第二次进军广东的具体计划。定国进兵广东主要寄希望于郑成功率领主力来会，以收东西夹击之效。既然把会师日期早在半年以前就通知了连城璧预做准备，绝不可能不通知郑成功。由于

[1] 连城璧《蹇愚录》卷一《甲午正月十三日疏》。

南明文书大量被销毁和杨英等郑系官员记载“藩主”事迹多有讳忌，导致李、郑信使往来的准确情况难以弄清。但是不应忘记广东义师多在海滨、岛屿，同郑成功一样拥有舟师，海上联络并不困难。定国在1654年致成功的一件书信中说“遣使帆海……拟阅月可得旋”[1]，前此已多次通使，说明一个月左右使者即可往返，若仅以朝命调兵，仅需半月。定国信内摘引成功来书中语常不见《先王实录》等书，足知杨英等有难言之隐。总之，李定国广东战役方案可说是万事俱备，只欠东风。东风就是郑成功的主力，来与不来，大致决定广东战役的成败，更与南明能否复兴直接相关。

1654年（顺治十一年、永历八年）二月，李定国从广西柳州领兵数万（其中有罗罗兵数千），配备了大象和铳炮，南下横州（今广西横县），经广东灵山（今属广西）攻廉州府（今广西合浦），清总兵郭虎逃走。定国军至高州（今广东茂名市），清高州守将张月和平南王藩下副将陈武、李之珍督兵至石城青头营扼守，被明军击败，李之珍逃往电白县，张月遣使者迎降，陈武被砍死，高州遂为明军占领[2]。接着，清雷州总兵先启玉也以城归降。高、雷既定，李定国在三月初三日亲至高州，广东各处义师群起响应；清平、靖二藩和督抚标兵不敢迎战，集中兵力防守广州地区，向清廷紧急呼救。李定国一面派使者前往厦门再次督促郑成功率主力来粤，他考虑到郑军在水上的优势，从海道来助

[1] 《先王实录》排印本，第八十一页。

[2] 李定国到达高州的时间据嘉庆二十四年《茂名县志》卷十九《杂记》载：“甲午三月初三日，定国率本部人马由柳州而来。”陈舜系《乱离见闻录》卷上云：“三月二日到高。”光绪十四年《化州志》卷十二《前事略》记：“十一年甲午春三月，伪安西王李定国破廉州，自石城至化州高州皆陷。”道光七年《高州府志》卷四《事纪》作“十一年春二月，西寇李定国入高州”。顺治十一年五月二十六日清靖南王、平南王揭帖中说：“西贼（二月）二十九日至石城，郭总兵打仗败回。（三月）初一日一股至化州……初三日复差人打探得张月宰牛备办，差人迎贼入城。”又据逃出兵丁报告，“高州府衙门改造王殿，张月仍封博兴侯，后发敕印与他又是都督同知衔。张月说琼州（今海南省）一方在我，等语”。见《明清史料》甲编，第四本，第三四二页。

可以不受潮州、惠州清军的阻击，因此确定两军会师地点为广州南面的新会。同时他派自己的军队会合广东义师王兴等部向新会进发。定国未能亲统大军东征，是因为他在四月间患病，直到八月间才治愈[1]。主帅没有亲临前线，缺乏坚强的指挥核心；郑成功又未能按期出兵，新会战役的前一阶段自然难以奏捷。据清方报告，定国部署的新会战役从六月二十九日开始，“老本贼（即定国所遣本部兵马）约有一千余，皆有盔甲，马约二百余匹，象二只。余贼皆系绣花针（王兴绰号）及各处土寇”[2]。定国在养病期间仍积极做大战准备，一方面在高州地区筹集粮饷和作战物资，《高州府志》云：“定国入高州，改旧府署僭营王殿，重征叠派，每米一石纳扉、履及铅、铁等物，民甚苦之。”[3]定国以高州府署为住所当系事实，但说他“营”建王殿，似乎在大兴土木，则显为诬蔑之词，因为定国志在复广再图进取，不可能有久居高州之意。从征派的物资看，门扇为盾牌之用，鞋为军士所需，铅、铁乃制造兵器必备之物。另一方面，定国在四月间和大约八月间一再派使者赴厦门催促郑成功出兵，要求成功告知准确师期，以便发起决战。杨英书中收录的定国致成功信是一份极其重要的文件，书曰：

> 孟夏（四月）遣使帆海，诣钤阁，悉机务，并候兴居，拟阅月可得旋。不图至今尚栖迟贵壁。今差员李景至，始知前此籧使林祚者，固不知所下落也。不穀驻师高、凉，秣励养锐，惟候贵爵芳信，即会辔长驱，以成合击；盖不欲俾虏有只

[1] 陈舜系《乱离见闻录》卷上。

[2] 顺治十一年八月清广东巡抚李栖凤为塘报西逆情形事揭帖，见《清代档案史料丛编》第六辑，第二四五页。

[3] 道光七年《高州府志》卷四《事纪》。嘉庆二十四年《茂名县志》卷十九《杂记》云：“高州一郡定国拱手得之，以所亲幸之人委理茂名县事，重征科派，每米一石纳兵鞋五双，及觔角铅铁等物以为战具。分遣兵厮下乡催纳，名为管庄。又督征工匠木料，改府署为王殿，设文武官员，俯伏朝请，俨然夜郎矣。”

蹄□遁耳。乃七月中旬又接皇上敕书，切切以恢东为计。君命不俟驾，宁敢迟迟吾行哉！爰遣水陆二师，齐发新（兴）、肇（庆），托祉有初，两见成绩。盖殄虏于长洋，败李酋（指清两广总督李率泰）于端水（即肇庆）。而会城两虏（指清平南王尚可喜、靖南王耿继茂）恃海撄城，尚稽戎索。兹不穀已驻兴邑（指广东新兴县），刻日直捣五羊。然逆虏以新会为锁钥枢牖，储糗攸资，是用悉所精神，援饷不绝。不穀之意，欲就其地以芟除，庶省城可不劳而下，故亦合力于斯。在彼望风屏息，遵陆知难，遂恃长舸舰，堵我舟师。非借贵爵星言发夕，其谁收此一捷也。企慕甚殷，宜有关切。至于粤东水师官兵抗虏、降虏者，莫不密遣告劳。然详所举止，多伦观望。不思羊城底定后，虽频年抗节，而不千里勤王，亦何夙绩之足道哉！惟贵爵为宣此意，以怂恿各部，则五等上下，庶知国恩祗报在兹，而不谓不穀之功罪可混也。至援虏之来，向亦各闻其概，然通盘策虏，再无敬谨（指被李军击毙的清敬谨亲王尼堪）之强且精者，今安在哉！诚来，当尽缚以报知己。其楚、豫之间，侦使频繁，大略粤事谐而闽、浙、直争传一檄。所谓张侯爵（指明定西侯张名振）鼓楫而前，要知亦缓于今日发粤之举。时乘其所急，名高于易收，执事宁忍置之？差员称：贵爵从潮、惠脂车，则当以初冬为的，其水部必以速临新邑（指新会）为限。均希相要旦旦，足仞至诚，云台虚左，不穀实厚冀于公也。暂复，不备。[1]

这封信说明，李定国三月间挥师入粤，占领高州府属之后，没有得到郑成功出兵夹攻的消息，故在四月再派使者致书成功，商谈会兵“机务”，由于军事紧急，李定国原定一月之内回报。使者到达厦门时，由

[1] 杨英《先王实录》。

于郑成功正同清方“和议”，唯恐定国使者返回后泄露消息，将来使稽留于厦门，拖了一段时间才派李景携来书信复命。郑成功的回信未见，但从定国的信中可以推知其主要内容：一为声称已派部将随张名振北上江、浙；[1]二是应允遣水、陆师入广攻潮、惠，似乎连出师日期也未坦诚相告。[2]郑成功的态度模棱，说明他无意于同定国会师。李定国对此深表不满，正如他在信中所说，“惟候贵爵芳信，即会辔长驱，以成合击”，不啻望眼欲穿。从四月等到八月，郑成功的使者才姗姗来迟，带来的意见又含糊其词。所以，定国在信中透彻地分析了战局态势，指出攻克广东全局皆活，福建、浙江、南直隶（指江苏、安徽）可势如破竹，从此中兴有望，这是就战略而言。从战役而言，恢复广东关键在于攻克新会，即所说“逆虏以新会为锁钥枢牖”，“不穀之意，欲就其地以芟除，庶省城可不劳而下，故亦合力于斯”。但新会地区水道纵横，是广州南面重镇，定国虽有广东义师水军接应，却没有把握在该地击溃广东清军，乘势攻克广州，只要成功率主力相助，即可大功告成。定国信中有时婉转、有时直接地批评了郑成功，如说自己接永历帝敕书后，“君命不俟驾，宁敢迟迟吾行哉！”暗示成功不应虚戴永历名号，不以君命为意；说粤东义军水师“多伦观望”，并不是事实，而是隐喻成功。至于“所谓张侯爵鼓楫而前，要知亦缓于今日发粤之举”；“不思羊城底定后，虽频年抗节而不千里勤王，亦何夙绩之足道哉！”直截了当地指责郑成功自诩之功绩对复明大业无足轻重。以当时二人的关系和习惯用语而言，定国的急于会师，解除成功的犹豫和借口，可说是情见于词了。在这封信发出后，定国仍不放心，又以极其恳切的言语写了一篇短笺：“圣跸艰危，不可言喻。敕中怆怛之语，不穀读之痛心。五月

[1] 郑成功为掩盖自己按兵不动，常以原鲁监国将领张名振统师入长江作为借口，见前引定国信及下节。

[2] 定国信中云：“差员称，贵爵从潮、惠脂车。则当以初冬为的，其水部必以速临新邑为限。”语气显然是定国的意思，以前释为成功所定水、陆进兵计划，不妥。

至今，所待贵爵相应耳。倘确不能来，即示以的。不穀便另议舟师，以图进取。甚（慎）勿然诺浮沉，致贻耽阁。要知十月望后，恐无济于机宜矣。”[1]应该承认，李定国在信中把会师的战略意义、会师地点和日期都说得再清楚不过了。同时也可看出他对郑成功虽寄予厚望，但已经估计到对方缺乏诚意，准备孤注一掷了。

新会战役从六月开始一直打到十二月中旬，长达半年之久。清平南王尚可喜也看出新会的得失直接关系着省会广州的安全，在五月间先后派参将由云龙、右翼总兵吴进忠率部入城协助防守[2]。六月至九月的攻城，是李定国派部将吴子圣等会合广东义师进行的。八月间，陈奇策带领所部水师入西江，攻占江门（今江门市），击毙清广东水师总兵盖一鹏，不仅控制了广州地区的出海口，也切断了广州同新会之间的通道。尚可喜、耿继茂见形势危急，亲自带领官兵于九月十二日前往江门，加强广州南面和西面的防务，但仍不敢同李定国主力决战[3]。十月初三日起，李定国亲统大军号称二十万猛攻新会[4]。明军先后采取挖掘地道、大炮轰城、伐木填壕等战术进行强攻，都因守城清军负隅顽抗，未能得手。十一月初十日，清平南王尚可喜、靖南王耿继茂再次统兵从广州来援，却顿兵于三水，等待清廷所遣满洲军队。

新会被围困日久，粮食告罄，城中清军竟然屠杀居民为食。《新会县志》记载：“而围城之内，自五月防兵一至，悉处民舍，官给月粮，为其私有；日用供需，责之居停。贫民日设酒馔饷兵，办刍豆饷马，少不丰赡，鞭挞随之，仍以糗粮不给为辞，搜粟民家，子女玉帛，恣其卷

[1] 杨英《先王实录》。

[2] 《平南王元功垂范》卷下；乾隆六年《新会县志》卷二《编年》。

[3] 顺治十五年正月初十日平南王揭帖云：“顺治十一年九月内伪安西李定国遣贼将吴子圣攻围新会、高明之时，爵原同靖南王臣耿于九月十二日一齐亲统官兵起行，至十七日抵江门，爵等上岸解围，旋援高明，爵自亲身督阵，擒获贼帅武君禧等一十六员”，见《明清史料》甲编，第五本，第四一七页。

[4] 乾隆六年《新会县志》卷二《编年》作十月初四日，此处据《平南王元功垂范》。

掠。自是民皆绝食，掘鼠罗雀，食及浮萍草履。至腊月初，兵又略人为铺腊，残骼委地，不啻万余。举人莫芝莲，贡生李龄昌，生员余浩、鲁鳌、李炅登等皆为砧上肉。知县黄之正莫敢谁何，抚膺大恸而已。十有四日，援兵解围，城中马有余粟，兵有遗粮，所遗民鸡骨不支。督院李率泰慰将士，存恤百姓，为之流涕曰：'诸将虽有全城之功，亦有肝人之罪。此诸将所以自损其功也。'而悍卒不顾，犹勒城中子女质取金帛；不能办者尽俘以去。李督院数为力言，始覈一二还民；至于靖藩所掠，概留不遣。盖自被围半载，饥死者半，杀食者半，子女被掠者半。天降丧乱，未有如是之惨者也。"[1]

十二月初十日，清廷委派的靖南将军朱马喇等率满、汉兵长途跋涉到达三洲时，新会已危在旦夕。朱马喇部休整三天后，即在十四日会同平、靖二藩军队在新会城外向明军发起总攻，经过四天激烈战斗，到十八日定国的军队抵敌不住，全线溃败[2]。清军乘胜追击，李定国所统明军主力在二十四日退到高州，二十六日晨撤回广西[3]；留部将靳统武领兵数千镇守罗定州（今广东省罗定县），阻滞清军，到次年正月也被迫撤回广西[4]。明军收复的广东州县和部分广西地方重新沦入清方之手。李定国精心筹划的恢复广东、进取江南战略完全失败，这以后他再也没有力量和机会进入广东了，南明复兴的希望从此化作泡影。

总结李定国两次入粤之战，战略方针是完全正确的。广东清军主力当时全部集中在广州，定国的用兵不是直攻该城，而是把广州南面近海

[1] 乾隆六年《新会县志》卷二《编年》。

[2] 以上时日均据《平南王元功垂范》。道光七年《高州府志》卷四《事纪》云："冬十月，定国亲至督战。十八日，将军朱马喇统领满汉兵协同平、靖两藩与定国战于河头，用火箭破其象阵（原注：定国军中有象十二头），定国大败，遁去。结筏而渡，奔回广西。"顺治十二年五月两广总督李率泰报"去年十二月在于新会获象十三只"，见《明清史料》甲编，第四本，第三六五页。

[3] 嘉庆二十四年《茂名县志》卷十九《杂记》。

[4] 顺治十二年二月两广总督李率泰揭帖，见《明清史料》甲编，第四本，第三五四页。

的新会选择为主攻方向，证明他始终盼望郑成功海上之师能够在决战之前到达，东西会合，兵力和士气倍增，广东的局势必将大为改观，可以稳操胜券。无奈郑成功私心自用，一味拖延，空言应付，致使定国所云“许大机宜”功亏一篑。

第三节　郑成功与李定国关系之分析

史学界论述李定国与郑成功关系的文章不少，大多是从他俩都坚持抗清，战绩远非其他抗清武装所能比拟，而且又书信往返，缔结为姻，故赞扬之词充塞史著，仿佛二人都是忠贞于复明事业、共赴国难的佼佼者。但是，就历史事实而言，会师广东的计划是李定国制定的，在1653、1654年（顺治十年、十一年）他梦寐以求的就是同郑成功东西夹攻，迈出收复广东、重整山河的第一步。然而，这只是定国一厢情愿，郑成功并不想这样做。原因不是他看不到会师广东是南明中兴的关键一着，而是郑成功把以他为首的郑氏集团利益放在最重要的地位。研究郑成功起兵以后的整个经历，可以看出他是一位很有大志的人，在明、清对峙，国土分裂的情形下，他鉴于自身力量不够强大，在政治影响上也无法同明、清两个并存的政权争夺民心（包括官绅），因此，他的策略是明、清两方谁能让他独断专行，或者说割地自雄，他就奉谁“正朔”。用他自己的话来说，他的理想是做一个“纵横而所之”的“凤凰”，不愿成为“槛阱之中”的“虎豹”。所以他会说出这样的话：“清朝若能信儿，则为清人；果不信儿言，则为明臣而已。”[1]总之，只能“遥奉”，不能“受制于人”。这就是他和后来的郑经一贯提出的“比于高丽”的思想根源。清廷多次招抚（郑方称为“和议”）之所以失败，正是因为只给他高爵厚禄，绝不答应给他以相对的独立性。在这

[1]　见前引杨英《先王实录》。

种条件下，郑成功只能做一个“明臣”。同样的道理，他的“始终为明”并不意味着他愿意毫无保留地服从明朝廷的调遣，恪守臣节。在东南沿海，隆武帝遇难后，他“始终为唐”（张煌言语），对近在咫尺的鲁监国以客礼相待，而且极力设法使原属鲁监国的兵将听命于己。对永历朝廷，他的内心是矛盾的，一方面他希望奉永历正朔的原大西、大顺军和其他抗清势力能支撑下去，拖住清朝的大部分兵员，借以减轻自己的压力。另一方面，他是很有政治头脑的，预见到如果应定国之约出动主力东西合击，必胜无疑，随之而来的是闽粤兵连一体、地成一片，遥相呼应的局面就要改观。郑成功不会不考虑到自己的相对独立性将受到很大限制，军政大事要禀承于朝廷，否则就难逃僭越之议。更重要的是，自己在兵力、爵位和声望上都略逊于李定国，加以李定国同永历朝廷的关系比他更密切，这些因素必然在郑成功的深谋远虑之中。所以，无论李定国制定的战略如何正确，也不管定国为了实现南明中兴对他怎样苦心相劝，郑成功总像一根插在闽海地区的弹性钢条一样，外力的大小只能造成他左右摇晃的程度，最后还是我自岿然不动的南天一柱。明清之际最优秀的军事家李定国的悲剧在于：出滇抗清前期遭到孙可望的嫉恨，无法在湖广（今湖南、湖北）、江西战场上施展雄才大略；中期寄厚望于郑成功连兵粤、闽，会师北上，得到的回报是虚应故事，新会战败，丧师失地，南明中兴从此无望，他所能做的只是效法诸葛亮“鞠躬尽瘁，死而后已”。

郑成功对广东潮州地区一直非常重视，这是郑氏家族军粮的主要来源地。郑鸿逵和郑成功多次进兵潮州原因就在于此。但他的意图却是希望把潮、惠地区据为自己的粮饷、兵员补给地，而在郑军和永历朝廷之间最好是留下一片清方管辖区，打掉这座隔火墙对郑氏集团不利。于是，他在李定国心急如焚的情况下，一味采取拖延推宕的策略。上面已经说过，李定国部署二次入广战役在半年前就已经把预定的会师日期通知了广东义师，绝不可能不通知指望在全局战略中发挥关键作用的郑成功。四月间定国在高州派遣的使者到达厦门后，郑成功正同清方“和谈”，将使者软禁。八月才派李景为使者来到定国军中，定国的回信中说“兹不榖已驻兴邑（广东新兴县）”，据为定国治病的陈舜系记载，他在八月十六日随定国大营往广、肇（新兴属肇庆府），可以证明这封信写于八月十六日以后，信中所说“五月至今，所待贵爵相应耳”，是说他四月派出使者预料五月可得回音，不料等到八月，成功使者才姗姗来迟，带来的消息又不明确。定国的回信除了明显地流露出不满情绪，仍抱有会师的极大希望，“慎勿然诺浮沉，致贻耽阁。要知十月望后，恐无济于机宜矣”，真可谓语重心长。从《先王实录》中得知，李景和定国使者携带复信返抵厦门不迟于九月初三日，“藩得会师二书，即欲调兵南下勤王。以虏使在泉，令差暂住金门”[1]。然而，他偏要拖过定国信中指定的十月望前（十五日以前）师期，到十月十九日才“遣师南下，与晋王（是时李定国尚未封晋王）等会师勤王。委左军辅明侯林察为水陆总督，提调军中一切机宜；委右军闽安侯周瑞为水师统领”，率兵数万、战舰百只，“克日南征”，同时派官员林云琼赍勤王师表诣行在，并持书会晋王等（定国时为安西王），书云：“季秋幸接尊使，读翰教谅谅，修矛戟而奏肤功，大符夙愿。……兹叠承大教，宁忍濡滞以自失事机？奈尊使到敝营时，值南风盛发，利于北伐而未利于南征。……即欲遣师南下，与贵部共取五羊，缘风信非时，未便发师。……兹届孟冬，北风飙起，即令辅明侯林察、闽安侯周瑞等统领，扬帆东（？）指，虽愧非顺昌旗帜，然勉效一臂之力。水师攻其三面，陆师尽其一网，则粤酋可不战而擒矣。”[2]

郑成功这次出军有几点很值得注意。第一，郑成功自起兵以来凡遇重大战役都亲临指挥，这次入粤之战对南明和清方都关系重大，西线是安西王李定国任主帅，给他的信中又反复强调了会师广东的战略意义，如说“粤事谐而闽、浙、直争传一檄”，那么，他为什么不肯亲自

[1] 《先王实录》。

[2] 《先王实录》。

统军西上呢？唯一的解释是他已有卸责于下的准备。第二，郑成功在众多将领中选择林察出任水陆师正提督可谓独具慧眼，永历朝廷初立之时正是这位林察拥立绍武政权，大打内战，这时让他统军接应永历朝廷的主力在某种意义上确实是“最佳人选”。第三，郑成功是一位久历戎行的统帅，在给其弟世忠信中也说自己“用兵老矣”，何况郑军同清军作战时几次因救援不及时而失城丧师，他当然明白“胜负之际，间不容发”的道理，那么，他在九月初收到定国谆谆嘱咐的十月十五日为郑军到达指定位置的信后，为什么要拖到十九日才调集官兵“克日南征”呢？第四，郑成功自上年就已知道李定国东西夹攻、一举恢粤的计划，其间定国还再三遣使催促他领兵接应。在帆船时代里，海上航行受季候风影响较大，无疑是事实。但在这样长的时间里郑成功没有出兵绝不能用“风信非时”来解释，否则，郑、李使者又怎么能往来海上？何况，上年（1653年）六月至八月郑成功曾经率领舟师南下潮州、揭阳；下年（1655年）八月郑成功又曾派舟师南下广东，九月占领揭阳、普宁、澄海三县，证明秋季并不是不可能南征。退一步说，顺治十年（1653）李定国计划次年东西合攻广东之时，具有丰富海上经验的郑成功如有会师诚意，也应当把海上用兵的最佳时间通知李定国，以便定国确定东西会师打响的月日。明眼人不难看出郑成功的态度暧昧。第五，最引人注意的是，郑成功派出的援师行动极其缓慢，有大造声势之形，无实际作战之心。从清方档案来看，十月初一日郑成功发牌调集兵将，部署南征事宜；初四日他亲临铜山（今东山县）视察兵丁、船工，“授辅明侯林察为正提督，闽安侯（周瑞）为副提督，管辖一百艘大船，派往广东与西部贼兵会合”[1]。十月二十二日，清广东水师副将许龙报告，“上游有数百只船集结，闽安侯周瑞、辅明侯林察有率兵南下之势。盖于二十三、二十四日起程，有言去碣石，有言去广东”。十一月十九日，林察部泊

[1] 顺治十一年十一月初四日两广总督李率泰为紧急塘报事题本，见《郑成功满文档案史料选译》第五十九至六十二页。

于南澳扎营，“商议军务”。铜山距南澳不过百里，郑成功信中说“兹届孟冬，北风飙起”，正值顺风，一天可到。郑成功十月初四日在铜山阅兵命将，一个半月之后才停泊南澳扎营商议什么军务。又过了一个星期即十一月二十五日至二十七日，林察等率领的舟师三百余艘进至广东海丰磡寨村（当即瞰下寨，在海丰县南海滨）。十二月初五日，林察领船只四百余号、士卒三万余众进抵平海所（今惠东县平海）。同月十四日林察派出一队白艚船驶抵大鹏所（与平海隔大亚湾）征输村寨粮米，在这里遇着了广东沿海义师李万荣、陈奇策的队伍，据清方侦察，李万荣曾以猪、酒犒劳郑军。十五日，林察等部乘船三百余艘驶至佛堂门外（在虎门南面二百余里处，距广州四百余里）[1]。上文已说过李定国在新会战败的日期是十二月十四日，也就是林察所遣部分船只到大鹏所同李万荣、陈奇策义师相遇的那一天。当时李万荣等只知新会正在激战，不可能知道定国败退，几乎可以肯定是由于他们的极力劝说，林察才在一天内即从平海进至佛门堂。大约几天之后，他们必定从广东义师处得到定国大军战败急速西撤的消息，在海面观望了很长时间（其中必有派人向郑成功请示之事），于顺治十二年（1655年）五月返回厦门。

明、清双方留下的档案和记载都表明，郑成功虽然派出了军队，却没有参战意图。清闽、粤两省高级官员非常注意郑军动向，向朝廷报告林察等南下的日期和活动颇为详细，却没有任何交战之事内容，也就是说林察、周瑞部绝不是遭到清军阻击不能早日到达定国指定位置；从十月初四日到十二月十四日磨蹭了两个月零十天才驶抵平海，派出部分兵船去大鹏所村寨征收粮食，而杨英记载林察、周瑞出兵时，他以户科身份同忠振伯洪旭“照议”计发行粮十个月，可见也不是由于粮饷不足。剩下的唯一解释就是郑成功在命将时即已亲授机宜：不可假戏真做。这一判断不仅可以从上述郑军处处拖延时日上看出，从清方档案和郑方记

[1] 顺治十一年十二月二十日广东巡抚李栖凤“为闽贼水陆并举、惠潮情势孔亟，仰祈圣鉴事”题本见《郑成功满文档案史料选译》第七十三至七十六页。

载中也找不到任何作战痕迹，给人印象似乎是郑成功组织了一次大规模南海旅游，对组织这次改变明、清战局的战役的李定国采取了虚与委蛇的手段，后果是十分严重的。

《台湾外纪》卷四记林察、周瑞返回厦门后报告“舟师次虎头门（即虎门），侦知李定国战败，梧州失守，不敢进兵，还师”。郑成功玩弄权术，责备林察、周瑞等“勤王入援，君命原无俟驾，逗遛观望而回，朝典何在？尔等合心畏避，当尽正罪”。随即下令将周瑞“削职夺爵，解其兵柄，永不叙用”；林察等人降级有差。在给李定国的信里写道：“客岁蘧使遥来，同仇同袍之订，甚符夙心。用是敿干敹胄，大集楼船，方刻程期，而敝员李景复以台命至，展读再四，知殿下内急君父之忧，外切仇雠之痛；不佞恨不能征帆倏忽，直扫珠江，同挈故土以迎乘舆。讵意船师未到，而大师已先班回数日。有贵部官兵自粤来投者，细讯其故，盖以骄兵致挫。胜负兵家之常，不足深忧。但敝船逗遛，既不能先期会师，又不能奋图后援，实与有罪焉。已将水陆各将，审定功罪，乃知依违不前者，闽安侯周瑞，已重行捆责，革职闲住，乃念其有功，不然已正法矣……”[1]

郑成功对南征诸将的处理和复李定国书是大有讲究的。1654年能否实现东西合击，奏捷广东，直接关系着永历朝廷的前途，是非同小可的一次重大战略行动。郑成功作为一位杰出的政治家和军事统帅绝不至于看不到这一点。他的信中轻描淡写地说“胜负兵家之常，不足深忧”，把关键性战略意图未能实现等同于一般战役的胜负，可说是官样文章。信中首先批评了李定国“骄兵致挫”，然后才谈到自己的舟师“逗遛”“依违不前”，意在把战役失败的主要责任归咎于对方。我们不能说李定国没有犯过骄傲轻敌的错误，但是新会战役的失败却绝不能说成是定国“骄兵致挫”。在人员处理上，郑成功治军之严，在历史上很著名，唯独对这次对南明有决定命运意义的战役中逗留不进的将领却

[1] 夏琳《闽海纪要》。

轻轻发落了事。林察是南征主将，郑成功却把“依违不前”的罪责加在副提督闽安侯周瑞头上，原因是林察为郑氏嫡系将领，周瑞原是鲁监国将领，亲疏之分显而易见。顺便说一下，郑成功的跋扈自雄在致定国信中也有充分的表现。按明、清制度大将专征时皇帝授予的最大权力仅限于副将以下违反节制可以不经请旨以尚方剑处斩。周瑞位居侯爵，成功信中说“念其有功，不然已正法矣”，完全是一国之主的口气。总之，南征之役无功而返是按照郑成功自己的意志行事殆无疑义。

综上所述，1653—1654年李定国策划的广东之役，是南明中兴的最后一次机会。定国计划的重点是联络郑成功东西合击，配合广东各地义师首先全歼广东清军，再展宏图。在这三股抗清力量中，李定国军和广东义师都是全力以赴的，只是由于郑成功志不在此，终于功亏一篑。广东义师为了实现定国的战略意图表现的积极性颇足称赞。在定国新会战役失败之后负责联络广东义师的明两广总督连城璧仍然为这一东西合击战略奔走呼号。他在1655年六月给永历朝廷的奏疏中呼吁：“所望西师迅发，闽帆再扬，而臣与辅臣郭之奇一鼓再鼓，乘敌之疲，用我之壮，粤东不足平也。”[1]次年（1656，顺治十三年、永历十年）七月，连城璧又在疏中说他联络的粤中义师“坚处海滨……枕戈以待王师重来，与闽师期会，收前此未济之功”[2]。由于李定国在新会战役中兵员器械损失较大，又急于赶赴安龙迎接永历帝入滇，顾不上粤东战场了。大好良机付之东流，曷胜浩叹。

[1] 连城璧《蹇愚录》卷一《乙未六月疏》。

[2] 连城璧《蹇愚录》卷一《丙申七月疏》。

第二十六章
1654年会师长江的战略设想

第一节　张名振、张煌言三入长江之役

舟山失守以后，鲁监国朱以海南下福建厦门。当时，部下的兵将还相当多。郑成功把鲁监国的兵败来会，看成是建立自己独霸东南沿海局面的良机。邵廷寀记载：“郑芝龙之北也，遗书戒成功曰：众不可散，城不可攻；南有许龙，北有名振，汝必图之。”[1]这件事可靠程度如何，姑不置论，但郑成功自从起兵以来基本上是按照郑芝龙的路子走的，即以闽海为根据地，对浙江以北、广东以西沿海武装不管是属明还是属清，一概视作异己力量，千方百计加以兼并。

鲁监国政权既然已经失去了自己的基地，漂泊无所，粮饷无源，客观上形成投奔郑成功的势态。这样，在鲁监国的文官武将中就出现了分化，有的转入郑成功部下，如闽安侯周瑞等人；有的则以寓客自居；定西侯张名振和监军张煌言始终只愿同郑成功保持同盟关系。这在以永历为“共主”的大前提下，自然是说得过去的。实际上双方的隔阂以

[1]　邵廷寀《东南纪事》卷十《张名振传》。

至疑惧在许多史籍中都有蛛丝马迹可寻。史载张名振“至厦门见延平王郑成功，成功大言曰：‘汝为定西侯数年，所作何事？’名振曰：‘中兴大业。’成功曰：‘安在？’名振曰：‘济则征之实绩，不济则在方寸间耳。’成功曰：‘方寸何据？’名振曰：‘在背上。’即解衣示之，有‘赤心报国’四字，长径寸，深入肌肤。成功见之愕然，悔谢曰：‘久仰老将军声望，奈多憎之口何！’因出历年谤书盈箧。名振立命火之。于是待名振以上宾，行交拜礼，总制诸军”[1]。这个记载只是反映了郑成功和他的部将对张名振的猜忌，以至于“谤书盈箧”，而说郑成功让张名振“总制诸军”则不符合事实。亲郑文人记载郑成功命张名振管水师前军[2]，意思是把张名振变成郑军部将。以恢复明朝为己任的张名振当然不愿屈从郑氏。正是在这种微妙的情况下，张名振、张煌言决定率军北上，凭借自己的实力（即原鲁监国的军队）开辟抗清斗争的新局面。

1653年（顺治十年、永历七年）八月，张名振和监军兵部侍郎张煌言带领五六百艘战船向北进发，来到长江口的崇明一带的沙洲。崇明城中的清军兵力有限，不敢出战，被围长达八个月。张部明军以崇明和附近沙洲为基地，如清方一份档案中所说：“筑圩耕种，近城十里之外，贼众充斥。百姓菜色相望，饥馑难支。为我用者恹恹待毙，为贼用者欣欣

---

[1] 翁洲老民《海东逸史》卷十二《张名振传》。郑达编辑的《野史无文》卷十收《张名振传》记：乙酉年（1645）“六月初十日，名振刺‘赤心报国’四字于背，自石浦带兵三千，合新募万人，十七日至萧山。”此文未注明作者，推测为张名振之监军金钟所撰。查继佐《罪惟录》卷十二之下《张名振传》云，辛卯（1651）“名振既间关监国，为之乞援国姓思明州。国姓责以无功，名振乃露背所刺‘尽忠报国’字样，矢不二。成功心动……”沈光文《挽定西侯》诗中有“留将背字同埋土”句，注云“背上刺有‘忠心报国’四字”，见侯中一编《沈光文斯庵先生专集》（台湾文海出版社出版沈云龙主编《近代中国史料丛刊续编》第七十四辑）。张名振效法岳飞刺字于背，确有其事，但前二字有三种不同记载。

[2] 杨英《先王实录》。

向荣。”“崇明产米之乡皆在平洋山前东、西阜沙，今被贼踞。”[1]张名振部明军的进驻崇明沙洲只是为长江战役做准备，并不意味着已经进入长江。正如清朝兵部题本中所说：“若夫苏属之有崇明，犹浙属之有舟山也，俱孤悬海外，弹丸独峙……”[2]次年（1654，顺治十一年、永历八年），张军三次进入长江作战，这就是有名的“三入长江”之役。

关于张名振等三入长江之役，在南明史籍中记载最为混乱，连年月也众说纷纭。近人许浩基在所撰《郑延平年谱》中“永历七年癸巳三月张名振、张煌言请师之长江”条下特别加上按语，说：

> 名振与煌言凡三入长江，而未知初入长江为何年？又不知题诗祭陵为何年？各书记载纷歧，莫知所据。《鲁春秋》《东南纪事》俱作壬辰（1652）；《海东逸史》作癸巳（1653）；《小腆纪年》作癸巳初入长江，而甲午（1654）题诗祭陵；《台湾外纪》《海上见闻录》亦作癸巳，而未言祭陵事；《南疆逸史》《明季南略》则俱作甲午。尤有不可解者，全氏（指全祖望）撰苍水碑云，癸巳冬入吴淞，明年军于吴淞，会名振之师入长江，遥祭孝陵。甲午再入长江。盖癸巳之明年即甲午也，既书明年，下复系甲午，误甚。谢山犹恍惚其词，后人更难推测矣。[3]

依据清朝档案，参之以张煌言诗文，再以当时亲身见闻者的记载补

[1] 顺治十一年四月二十七日兵部尚书噶达洪等题本残件，见《明清史料》丁编，第一本，第九十四页。

[2] 顺治十一年二月二十八日兵部尚书噶达洪等题本，见《郑成功档案史料选辑》第七十二页。

[3] 吴兴许杏霞堂刊《郑延平年谱》。许浩基的说法颇有代表性。他把初入长江列在癸巳年（顺治十年，1653）三月，并云张名振于此时至金山“题寺绝壁”；次年甲午（顺治十一年，1654）“正月，张名振再入长江”，至于第三次入长江则避而不谈。直到目前各种史著对“三入长江”的时间仍然说不清楚。

充，可以断定张名振、张煌言三入长江之役都在甲午年（顺治十一年，永历八年，公元1654年，但其第三次在十二月，按公历推算已至1655年）。经过情形如下：

1653年（顺治十年）秋，张名振、张煌言统军乘船由福建北上，九月到达长江口。这在清方档案中有准确记载，是年九月海上明师“联䑸突入黄浦港口”，当地百姓纷纷响应。清总兵王燝致江宁巡抚周国佐手札中说：“海邑人民听其愚惑，上海之衙役挟持县令竟欲开门揖盗。胥役人等公然包网。民心若是，内变堪虞。”又引上海知县阎绍庆的告急禀文说：“上海皆乐贼来，全无一人守城，终日持刀向知县项下逼之通贼，知县死在须臾，皂快为甚，等语。……”周国佐不得不亲自带领军队赶赴上海[1]。张名振等统率的明军屯驻于崇明岛一带的三尖沙、稗沙、平洋等处，安营扎寨，积极联络内地的复明势力，并没有立即发动长江战役[2]。

1654年（顺治十一年）正月十七日起，张名振、刘孔昭、张煌言等部明军乘船分批进入长江口，冲过狼山（今江苏南通市南面沿江重镇）、福山（与狼山隔江相对）、江阴、靖江、孟河、杨舍、三江、圌山（在今镇江市境）等清军江防汛地，二十一日到达瓜洲[3]。明军在金山上岸，缴获清军防江大炮十位和火药、钱粮等物。张名振、刘孔昭、

---

[1] 顺治十年九月江宁巡抚周国佐“为洋寇乘势鸱张，海邑人心煽惑，微臣谨率旅亲临，以寝邪谋，以巩地方事”揭帖，影印件见《明清档案》第十七册，A17—161号。

[2] 有的史著认为张名振部明军到达崇明沙洲就是“三入长江”的开始，这是不对的。崇明诸沙洲位于长江出海口，明清双方都把它们看成沿海屏障，而不当作内地。如顺治三年二月二十九日江南总督洪承畴揭帖中说：“苏州府属八州县，惟崇明县设在海外。”见《明清史料》甲编，第六本，第五〇三页。

[3] 顺治十一年三月初七日兵部尚书噶达洪等“为塘报海寇突犯京口等事”题本，见《郑成功档案史料选辑》第七十六至七十九页；顺治十一年五月“江宁巡抚周国佐揭帖”，见《明清档案》第十九册，A19—181号，同件又见《明清史料》己编，第二本，第一八二页；顺治十二年三月江南总督马国柱“为沿海失事频仍等事”揭帖，见《郑成功档案史料选辑》第一一六至一二三页。

张煌言等带领五百名军士登金山寺，朝东南方向遥祭明孝陵，题诗寄慨，泣下沾襟：

予以接济秦藩，师泊金山，遥拜孝陵，有感而赋。
十年横海一孤臣，佳气钟山望里真。
鹑首义旗方出楚，燕云羽檄已通闽。
王师枹鼓心肝噎，父老壶浆涕泪亲。
南望孝陵兵缟素，看会大纛祃龙津。
甲午年孟春月，定西侯张名振同诚意伯题并书。[1]

张名振部海师在镇江停留了两三天[2]。清江南总督马国柱同驻南京的满、汉官员会商后，紧急派提督管效忠领兵由浦口、六合增援仪真（今仪征）、瓜洲；阿思哈哈番尼堪领兵由龙潭救镇江。明军在清军到达之前，回舟东下。三月初六日，张部明军四五百号在扬州府属吕四场登岸，击败防守清军，缴获大河营守备印[3]。这就是初入长江之役。

三月二十九日，张名振等率水师六百余艘再入长江，四月“初五

[1] 登金山赋诗见计六奇《明季南略》《张名振题诗金山》条，商务印书馆版在卷十，中华书局版在卷十六，诗末句中华本作“会看大纛祃龙津”，应从中华本。张名振题诗时间在后记中明言“甲午孟春月”，即顺治十一年正月。同年清江南江西总督马国柱题本残件中说：“臣于本年正月二十二日据镇江副将张诚塘报，海寇船只数百只乘风上犯，傍岸而来，到金山西马头，请发援兵策应等情。”见《明清史料》丁编，第二本，第一一九页。清工科给事中翁自涵在顺治十一年五月揭帖中也说：“贼登金山顶横槊赋诗，假仁假义，煽我人心。”见《明清史料》己编，第二本，第一七九页。张煌言《张苍水集》第二编《和定西侯张侯服留题金山原韵六首》，当系同行时所作。

[2] 《明季南略》中华书局版卷十六《张明正题诗金山》（明正当作名振）条记，计六奇亲身见闻：正月“二十三日上午，予以候试江阴，因诣北门遥望，见旌旗蔽江而下，彼此炮声霹雳，人人有惧色”。显然，这是明军回舟东下。但他在这一条里记张军正月“十三日抵镇江，泊金山”，“二十日明正等白衣方巾登山”，次日复登山，遥祭孝陵，设醮三日，掠辎重东下，似乎明军在金山停留长达十天，与清方档案不符。

[3] 《漕运总督沈文奎残题本》，见《明清史料》己编，第二本，第一九四页。

日已至圌山”，初七日乘顺风溯流而上，过京口（镇江境内），直抵仪真[1]，在仪真城外江中焚毁盐船数百艘。计六奇记：“四月初五日，海艘千数复上镇江，焚小闸，至仪真，索盐商金，弗与，遂焚六百艘而去。”[2]顺治十一年七月山西道御史胡来相揭帖中说：“今春镇江盐艘被焚，岸市被掠，而财赋之区奚容致此，是防严未密，申饬不切耳。”[3]同年十一月初六日工科给事中张王治在题本中说：“即如四月间，海贼直犯仪真，未能先事绸缪，遂致焚烧盐艘数百号，折耗课赋商本数十万，迟延至今未见两淮运司设策画谋，作何补救。坐视商疲课绌，则悠忽概可见矣。”[4]清江南当局急忙调兵遣将，对深入长江的明朝海师进行袭击。张名振等人在仪真停留的时间很短，就返航东下，撤回崇明一带的沙屿稗沙、平洋等处[5]，是为二入长江。

五月十八日，张名振因兵、饷不足，亲自南下浙江温州买米七船，又到福建厦门面见郑成功，要求提供兵员、火药、器械。这时他的部分兵将仍留驻于崇明一带沙屿[6]。郑成功答应派忠靖伯陈辉统水兵五千、

[1] 顺治十一年五月十一日安徽巡抚李日芃揭帖，见《明清史料》甲编，第四本，第三三七页。

[2] 计六奇《明季南略》卷十六。张名振入长江兵力据清方奏报为六百余艘，计六奇写作“千余”，估计偏高。

[3] 《明清史料》己编，第二本，第一九三页。张名振军在仪真焚烧盐船事在四月初旬，胡来相大约是风闻入告，误写作“今春”。

[4] 张王治《工垣谏草》下册，“为盐法关系甚重，谨陈责成之法以垂永久事”题本。此书前有魏象枢、韩诗顺治十二年写的序，约为顺治年间刻本。

[5] 顺治十一年四月二十七日江宁巡抚周国佐“为贼艘入江窥漕等事”题本，见《郑成功档案史料选辑》第九十二至九十三页；顺治十一年六月二十四日兵部尚书噶达洪等题本，见《郑成功满文档案史料选译》第四十二至四十三页。

[6] 张名振五月间南下浙江、福建时，清江南总督马国柱、江宁巡抚周国佐上疏“铺叙夸张，居功自饰”。其实，清廷也知道张名振“忽尔开艅南下，明有狡谋”。“逆贼仍踞稗沙等处，应行令该督、抚、镇严加防守……勿得稍有懈弛，致堕狡谋”。见《明清史料》甲编，第四本，第三四五页，顺治十一年九月江宁巡抚周国佐揭帖。

陆兵一万、大船近百艘北上支援[1]；张名振认为不虚此行，回舟北返。九月初六日，张名振部进抵上海县城下，清朝上海知县吓得瘫痪于地，城中百姓喧传张军乃“王者之师”，“有执梃而阻遏官府者，有包戴网巾者，有讹言惑众者，有恐喝官府者”[2]。清江宁巡抚周国佐火速领兵来援，以屠城相威胁，才稳定了上海局势。十二月，张名振等率军乘船四百余艘溯江而上，过圌山，十八日由三江营驶过焦山，直抵南京郊外的燕子矶。清朝官员惊呼“咫尺江宁，势甚披猖”，江南江西总督马国柱、提督管效忠指挥驻守南京的满、汉兵丁“奋勇截杀”，“乘胜追至三江口外，非此一举则大江南北岌岌乎殆矣”[3]，可见对东南半壁震动之大。大约在这年底至次年初，张名振的舟师才缓缓东下，退出长江[4]。顺治十二年（1655）五月清朝新任江南总督马鸣珮在奏疏中写道：“上年十二月间，贼艅由海入江，十八日至朱家嘴，焚掳江西粮艘……惟是朱家嘴虽在江宁府上元县境内。……朱家嘴堂奥也，镇江、瓜洲门户也，今贼深入堂奥，岂能飞越而至。”又说：“朱家嘴失事乃贼入犯京口第三次也。”[5]这就是三入长江之役。

在考定张名振、张煌言率领海师三次进入长江的年月以后，下面可以逐节展开讨论这次战役的战略意图和各方配合的情况。

[1] 顺治十一年九月十一日江南总督马国柱题本，见《郑成功满文档案史料选译》第五十至五十四页。

[2] 姚廷舜《历年记》中，见《清代日记汇钞》。

[3] 《明清史料》己编，第三本，第二二一页缺名残揭帖；同书第二二二至二二三页江南江西总督残揭帖。按，这两个残件均无年月，但二二二页残揭帖内有“十二□十八日辰时”，必为十二月十八日。

[4] 南明永历朝廷任命的“督抚浙江军务兼恢剿闽、直”右佥都御史陈璧当时正隐蔽于江苏常熟，在《甲午五十除夕》诗中云：“未知天命将何似，莫问楼船海上军。”自注：“是月闻海兵进京口。”甲午除夕日他只说海师进至京口，还没有得到退出长江的消息。见《陈璧诗文残稿笺注》，上海古籍出版社1984年排印本，第二十九页；参见鲁可藻《岭表纪年》卷四。

[5] 顺治十二年五月江南总督马鸣珮残揭帖，见《明清史料》己编，第三本，第二三五页。

第二节　钱谦益、姚志卓等人密谋策划会师长江

甲午年（顺治十一年、永历八年）张名振统率的南明鲁监国军队乘海舟三次进入长江，第一次进抵镇江、瓜洲，第二次进至仪真，第三次直逼南京，在一年多时间里积极活动于长江下游和入海口。以战绩而言，即如张煌言后来所述：明军“三入长江，登金山，掠瓜、仪，而徒单弱，卒鲜成功”[1]，清方这时还没有建立一支像样的水师，长江下游驻防兵力又很少，只好沿江戒严，重点保卫江南重镇江宁（南京）。总督马国柱在奏疏中自称：“但能保全无恙，便为无罪。”[2]实际上双方没有大的战斗。如果仅仅从表面现象来观察，张名振等发动的三入长江战役颇难令人理解。明军旌旗炫耀，金鼓喧阗，几百艘战船浩浩荡荡直入长江清方要害之区，既不攻城略地，又不同清方派出的援军正面交锋。一年之内，三次进入内河，一次比一次深入，又三次主动撤退，而且始终不离开长江入海口，这里面大有隐情。清廷兵部在奏疏中说：“江南督抚各官每报贼船有数百号，每船有数百人，如是则足有数万矣。若以数万人之力，合而击之，何坚不摧？崇明系弹丸之地，然数月不破者，乃贼之狡谋矣。贼意如破崇明，恐江东郡邑皆以崇明为诫，披甲登城矣。且贼既至京口，何不攻镇江？既渡瓜、仪，何不进扬州？……今贼登上金山横持斧钺作赋，以假仁假义蛊惑人心。贼势全可拔崇明，犯镇江，劫扬州，然贼并不破城分封，与我死战。……贼自海入江，皆张扬虚名。上起湖南，下至闽广，贼必暗中串通。”[3]同年江南江西总督马国柱在破获了平一统（永历朝廷授讨虏前将军职）、阚名世（永历

[1]　张煌言《北征录》，见上海古籍出版社1985年版，第一九二页。郑达《野史无文》卷十三，此句作“此后三入长江，登金山，掠瓜、仪而归，因师旅单弱，讫鲜成绩”。

[2]　顺治十二年三月江南总督马国柱揭帖，见《郑成功档案史料选辑》第一二三页。

[3]　顺治十一年六月初四日兵部尚书噶达洪等题本，见《郑成功满文档案史料选译》第三十四至三十六页。

朝廷授威远将军职）等人潜伏内地的复明志士后向清廷报告："该臣□（看）得，海□（寇）跳梁，逼入内地，若非内有奸徒暗通□（线）索，何敢狂逞至此？"[1]可见，清朝当局也多少察觉到复明势力有东西联络、同时并举的战略意图。

事实上，张名振等三入长江之役确是由内地反清复明人士联络东西、会师长江、恢复大江南北计划的一个组成部分。参与密谋的有原弘光朝礼部尚书钱谦益、鲁监国所封仁武伯姚志卓、鲁监国政权都察院左都御史加督师大学士衔李之椿、兵部侍郎张仲符、明宗室朱周鎮、原兵部职方司主事贺王盛、生员眭本等一大批复明志士。这些人在清统治区内秘密从事复明活动，风险极大。事败之后他们首先销毁证据，有的不幸被捕在审讯时也竭力避免供出细节，牵连同志；迹象还表明仕清的部分汉族官员因各种关系而暗中加以包庇。在这种史料不足征的情况下，只能钩稽材料尽量说明事件的来龙去脉。首先应注意，内地抗清人士的密谋活动由来已久，这里仅就同张名振、张煌言发动长江之役的关系做一点勾画。在西南永历朝廷和东南海上水师之间搭桥的主要策划人是钱谦益和姚志卓。钱谦益的生平事迹已有许多史家论述，姑不赘言。姚志卓，浙江钱塘人，曾组织义军在浙东参加鲁监国的抗清活动，先后转战于天目山区和江西广信府境，受封为仁武伯。他的父亲姚之朔也曾参加义举，兵败后由江西进入广西永历朝廷管辖区，同大学士方以智等人交往颇多，1649年（顺治六年）七月病卒于广西平乐[2]。姚志卓兵败后潜伏于清统治区，曾经不避艰险到过广西、贵州，同永历朝廷建立联系。1652年（顺治九年、永历六年）冬天，钱谦益"迎姚志卓、朱全古祀神于其家，定入黔请命之举"。次年七月，"姚志卓入贵筑（今贵州省贵阳市）行营（即孙可望行营），上疏安隆（即安龙，永历帝驻地）。召

[1] 《明清史料》丁编，第二本，第一一九页，江南江西总督马国柱题本残件。

[2] 方以智《浮山文集》前编，卷八《岭外稿》卷中《姚吴二君墓志铭》《祭姚默先文》。

见，慰劳赐宴，遣志卓东还，招集义兵海上。冢宰范钅以朱全古万里赴义，题授仪制司主事”[1]。同姚志卓一道赴黔的有原兵部职方司主事贺王盛派遣的生员眭本。贺王盛的座师雷跃龙当时正担任孙可望行营的大学士；眭本的父亲眭明永在顺治二年松江抗清斗争中被杀[2]，贺王盛凭借这种关系让眭本以“往云贵请讨伊父恤典”为名，建立同永历朝廷的直接联系。三月间上道，行至湖南湘潭，眭本患病不能前进，姚志卓唯恐耽误大事，自行前往贵州。十一月带回永历三年敕书、孙可望札付、檄文、大学士雷跃龙五封回信和孙可望任命贺王盛为兵部侍郎的敕谕一道。姚志卓把上述文件交给贺王盛，贺王盛又“潜通海寇”，“有茅山道士张充甫系海贼张名振的总线索”[3]。这里说的“茅山道士张充甫”实际上是明鲁监国政权的兵部侍郎，他的名字除张充甫外文献中还有张冲甫[4]、张冲符、张仲符[5]、张中符[6]等不同写法，有关他的事迹还需要进一步查考[7]。姚志卓自己又同钱谦益商议出资募军。钱谦益和夫人柳如是慷慨解囊，这就是钱氏诗中注语所说：“姚神武有先装五百罗汉

---

[1] 沈佳《存信编》卷四。

[2] 钱肃润《南忠纪·教谕眭公》条云：“眭明永，号嵩年，丹阳人，补华亭学博。清兵至，书于明伦堂曰：“明命其永，嵩祝何年。生忝祖父，死依圣贤。’自缢未死，大骂清兵遇害。”

[3] 《明清史料》己编，第二本，第一八四至一八八页《刑部残题本》《江南江西总督马国柱残题本》。按，残题本中说：“与孙可望来的人姚志卓同去。”可证明姚志卓在这以前曾经去过贵州。

[4] 清江南江西总督马国柱顺治十一年奏报擒获“叛逆”残题本中提及“未获”人员有“张冲甫”，见《明清史料》丁编，第二本，第一〇九页。

[5] 彭士望《耻躬堂诗钞》（咸丰二年重镌本）自序中写作张仲符，卷十六《山居感逝》诗中写作张冲符。

[6] 任光复《航海纪闻》中记载鲁监国政权中有兵部侍郎张冲符；李聿求《鲁之春秋》卷二、卷十一作兵部侍郎张中符。

[7] 祁彪佳《祁忠敏公日记·乙酉日历》中记乙酉年（1645）五月初六日“茅山道士张充符过访，言大司监俱有引退者，而韩内监赞周且削发。时事可慨矣”。可见，在鲁王朱以海监国以前张充符确为“茅山道士”，但关心时事，同南明高层人士有来往。鲁监国时出任兵部侍郎，后仍以“茅山道士”身份潜伏清统治区进行复明活动。

之议，内子尽橐以资之，始成一军。”[1]史籍记载张名振、张煌言入长江时，“平原将军姚志倬、诚意伯刘孔昭偕其子永锡以众来依，号召旧旅，破京口，截长江，驻营崇明”[2]。姚志卓率领来会的“众”当即钱氏夫妇出资募集的兵士。钱谦益同刘孔昭在弘光朝廷中共事，到长江战役时仍有联系。《有学集》卷五中所收《郁离公五十寿诗》，用韵和张煌言1654年入长江时作《寿诚意伯刘复阳》相近，钱谦益诗赠刘孔昭祝寿可证明他们之间必定有来往[3]。钱谦益《后秋兴三之三》诗尾句有自注云：“夷陵文相国来书云云”，永历朝廷大学士文安之是夷陵人，当时在贵州、四川一带督师，也同钱谦益有书信往还。这些事实表明在幕后联络东南和西南复明势力高层人物的正是钱谦益。

介绍了上述情况，不难看出姚志卓在1653年十一月从贵州带回永历朝廷和实权人物孙可望的大批文书，一个多月以后，张名振、张煌言等人就率领海师大举入江，三次进至京口，迫近南京，时间之长，活动之频繁，都同等待上游明军主力沿江东下密切相关。初入长江时，定西侯张名振于甲午年（1654）正月二十二日在金山寺题诗明云“予以接济秦藩，师泊金山”。张煌言有题为《同定西侯登金山，以上游师未至，遂左次崇明》诗，其中有句云：“一诏敷天并誓师……已呼苍兕临流早，未审玄骖下濑迟。”[4]这两首诗从题目到内容都充分说明：溯流而上的张军实际上是应诏而来的偏师，战略意图是“接济秦藩（秦王孙可望）”由湖北、湖南东下的主力。只是由于“上游师未至”，张军徘徊

[1] 钱谦益《牧斋全集·投笔集·后秋兴三之三》。姚志卓在鲁监国政权中原任平原将军，见林时对《荷牐丛谈》卷四，后加封仁武伯。钱谦益作诗时借明人典故讳“汉”字为兵士，“先装五百罗汉”即先募数百士卒隐语，仁武伯改称神武，也是一种遁词。按，明代有宗室名汉，自讳其名，其子读《汉书》，讳曰读“兵士书”；其妻供十八罗汉，讳曰“供十八罗兵士”。见谢肇淛《五杂组》。

[2] 徐鼒《小腆纪年附考》卷十八。按，是书记载于顺治十年春，略误，上引档案证明十年十一月姚志卓才从贵州回到江苏。

[3] 参见《张苍水集》第一〇九页。

[4] 张煌言《张苍水集》。

终年，三度接应均无功而返。其间，参与密谋的贺王盛、眭本等人因叛徒出卖，被清政府逮捕，壮烈捐躯。

以钱谦益为核心策划的联络东西会师江南的方案在顺治十一年是有可能实现的。钱谦益长期醉心于收复江南徐图北伐的计划，早在永历三年（顺治六年，1649）给门生瞿式耜（时任永历朝廷留守桂林大学士）的密信中就提出“中兴之基业”是顺江而下夺取江南。他把用兵比喻为弈棋，说：“人之当局如弈棋然，楸枰小技，可以喻大。在今日有全着，有要着，有急着，善弈者视势之所急而善救之。今之急着，即要着也；今之要着，即全着也。夫天下要害必争之地，不过数四，中原根本自在江南。长、淮、汴京，莫非都会，则宜移楚南诸勋重兵全力以恢荆、襄，上扼汉沔，下撼武昌，大江以南在吾指顾之间。江南既定，财赋渐充，根本已固，然后移荆、汴之锋扫清河朔。高皇帝定鼎金陵，大兵北指，庚申帝遁归漠北，此已事之成效也。”又说：“王师亟先北下洞庭，别无反顾支缀。但得一入长江，将处处必多响集……我得以完固根本，养精蓄锐，恢楚恢江，克复京阙，天心既转，人谋允臧。”瞿式耜向永历帝转报钱谦益密信疏中写道：“盖谦益身在虏中，未尝须臾不念本朝，而规画形势，了如指掌，绰有成算。”[1]这个以收复长江中下游为重点的战略方针，钱谦益称之为“楸枰三局”，直到顺治十六年（1659）南明败局已定时，他还在诗中写道“腐儒未谙楸枰谱，三局深惭廑帝思”[2]，流露出无限的惆怅。发动长江战役，东南沿海水师同西南明军主力会师收复江南，取得这块财赋充盈、人才荟萃之地作为扭转明清战局的关键，确实是有相当战略眼光的。如果说在永历三年（1649）他提出这一计划还只是一种设想，当时未必行得通；到1653年冬至1654年，钱谦益依据明清双方力量的消长，判断已经可以付诸实行了。让我们先

---

[1]　《瞿式耜集》卷一，奏疏，永历三年九月《报中兴机会疏》，疏中转报了钱谦益手书。

[2]　钱谦益《投笔集·后秋兴六之一》。

看一下1653—1654年清方长江流域的兵力部署：三峡以上处于明军控制之下，湖广地区清军主力是1652年（顺治九年）清敬谨亲王尼堪由北京带领南下的满洲八旗精锐，同年尼堪在衡州同李定国军作战阵亡后，这支清军由贝勒屯齐统率，虽然在周家铺战役中击败了孙可望的军队，但清军伤亡也相当大，士气不高，急于回京休整。1653年（顺治十年）清廷委任洪承畴为五省经略大学士，次年他调集汉族官兵接替湖南防务时在奏疏中说，“四月初旬内官兵方到各县，正在安插间，即值贝勒大兵班师”[1]，说明这年春夏之交屯齐带领满洲兵马北返。洪承畴调集的兵力全部不过一万余名，由于从北直隶、陕西、河南等地长途跋涉而来，“水土不宜，疾病大作，官兵十病六七”，五月间在宝庆（今湖南邵阳市）甚至发生“夺门私逃”的兵变[2]。湖广以下清军江防兵力也非常单薄，清吏科右给事中郭一鹗的奏疏中说，他于顺治十一年“九月十三日自南昌登舟，溯江而下。每见南北江岸建设墩堡，派兵分守，以防盗贼，法甚善也。及舟泊各处，止见有兵丁一二名者，甚至空堡而无兵丁者，自安庆以下则更寥寥不可问矣。至江宁府（南京），又见演武场操点水师，兵丁不过二百余人，皆老弱不堪，如同儿戏；且战舡狭小，仅容数人，视大艘（指张名振等海师用船）如望高山。如此形状，安望其对垒破敌，决胜于江海之上？所以海寇狂逞屡犯，如入无人之境，汛防官兵未闻乘风波战，一挫其锋，是徒有防守兵将之名，虚糜朝廷金钱，而毫无江防之实效”[3]。

正是在这种情况下，钱谦益、姚志卓等人认为应当把握时机，提出了长江战役的计划。他们不仅主动担负起联络东西两方面的南明军

[1] 顺治十一年六月二十六日《经略洪承畴揭帖》，见《明清史料》丙编，第二本，第一四六页。

[2] 见上引顺治十一年六月二十六日洪承畴揭帖；参见顺治十一年正月二十八日《经略洪承畴揭帖》，见《明清史料》丙编，第二本，第一四三页。

[3] 顺治十二年（原件无奏报日期，仅云“顺治十二年四月二十三日到”）吏科右给事中郭一鹗“为严责成以重江防事”揭帖，见《郑成功档案史料选辑》第一二八页。

队和内地反清义士的责任，还以出资、出力等方式亲自参加了这一重大的军事行动。值得注意的是，发动长江战役，夺取江南为基业，并不是钱谦益等内地少数复明志士一厢情愿的幻想；张名振、张煌言率部全力以赴，表明他们认为这个方案切实可行；西南的孙可望做出了相应的决策，证明他也欣赏和支持这个战略部署。清廷一些官员也看到了潜在的危机，如刑科右给事中张王治就在一件题本中大声疾呼："江南为皇上财赋之区。江南安，天下皆安；江南危，天下皆危。"[1]那么，这一关系全局的重大军事行动为什么半途而废了呢？

第三节　孙可望决策会师长江和计划被搁置的原因

这次由当事人精心策划的会师长江战役，结果却完全令人失望。原因是西南和福建的抗清主力都没有出动。就西南方面说，孙可望让姚志卓带回的信息肯定是许下了从长江中游东下的诺言。当时，他同李定国之间的嫌隙已经比较深，定国带领兵马向广东推进，另行开辟战场。孙可望直接指挥的军队驻于贵州和湖南西部的少数州县，他一方面想在抗清战场上取得辉煌战果，进一步提高自己的威望，另一方面他的政治野心日益膨胀，梦想取代永历皇帝，需要坐镇黔、滇，不愿亲自统兵东下。于是，孙可望决定起用因保宁战役失利废置昆明的抚南王刘文秀。史载1654年（永历八年、顺治十一年）正月，刘文秀被任命为"大招

[1]　《明清史料》己编，第三本，第二六九页。此件为残本，无年月，考张王治在顺治十一年十一月仍任工科给事中，十二月初三日任刑科右给事中，顺治十二年九月解职出京，此件当为十一年十二月至十二年春之间所上。

讨，都督诸军，出师东伐”。[1]几乎可以断定这正是孙可望为了配合张名振展开大规模长江战役而做出的部署。可是，事态的发展并不像孙可望想象的那么顺利。在安龙的永历朝廷和在贵阳的秦王“国主”行营之间的危机已经处于一触即发的阶段。永历帝为了保持自己象征性的地位和生命安全，不得不秘密求助于在广西的安西王李定国率兵“救驾”。就抗清大业而言，孙可望拍板定调决定采纳北线长江会师方案；李定国在顺治十年（1653）、十一年（1654）致力于南线同福建厦门一带的郑成功会师广东的计划。永历八年（1654）朝廷给左佥都御史徐孚远、兵部司臣张元畅的敕谕中说：“今胡氛渐靖，朕业分遣藩勋诸师先定楚粤，建瓴东下。漳国勋臣（指漳国公郑成功）亦遣侯臣张名振等统帅舟师扬帆北上。尔务遥檄三吴忠义，俾乘时响应，共奋同仇，仍一面与勋臣成功商酌机宜，先靖五羊（即广州），会师楚粤，俟稍有成绩，尔等即星驰陛见……”[2]从表面上看，南北两线同时发动大规模的反攻，前景颇为乐观。然而，作为原大西军第三号人物的刘文秀清楚地意识到孙可望的骄横跋扈已经严重地威胁到西南政局的稳定。他立志抗清复明，却不愿意为孙可望打天下。于是，他“屡辞招讨，不获；从容治装者月余，乃上道。至黔（指贵阳）时四月矣”。[3]“行营诸文武郊迎，辄下车揖谢。既至，翊日大宴，可望祭旂纛，授爵授文秀（文字有误）。文秀言：‘某仗皇上洪福，国主威略，诸公侯将士智勇，庶几一日克敌，恢复中原。某菲材，诚恐不胜。’诸人听之皆悦。越数日，乃自于营中请宴文武诸人，优觞半，起谓诸人曰：‘皇上犹佛菩萨也，造金殿玉宇以安之，乃我辈大和尚事。’已启言：‘营镇诸将领征，历经战已久，

[1]　沈桂《存信编》卷四。黄宗羲《行朝录》卷五《永历纪年》载：“永历八年甲午正月壬辰朔，上在安龙府。……诏以刘文秀为大招讨，都督诸军，出师东伐。”《明末滇南纪略·慕义开科》记甲午岁（1654）“春末调蜀王刘文秀带滇中久练兵士齐赴贵州”，下文即述刘文秀、卢明臣是年七月攻湖南常德。记载有误，攻常德是次年（1655）的事情，当时刘文秀也尚未封蜀王。

[2]　陈乃乾、陈洙纂《徐闇公先生年谱》，在徐孚远《钓璜堂存稿》一书之首。

[3]　沈佳《存信篇》卷四。

不患不威勇，当通以忠义谋略，如《百将传》请书宜各颁付，听礼延文儒讲论。’又言：‘军士皆（当）推心爱惜如子，诸营镇不得虐使之，如鞭笞不合道者，我当参治。’”[1]显然，这是对孙可望的批评。他奉劝孙可望应该满足于当好庙中住持、方丈的角色，不要忘乎所以，推倒殿上供奉的佛菩萨，自己爬上宝座，弄得不伦不类，信徒星散。同时针对诸将有勇有谋，却只知“国主”不知皇帝，提出要加强忠贞教育。孙可望听不进去，一意孤行，在这年五六月间由贵阳返回昆明，企图举行禅位礼，黄袍加身。关于孙可望在1654年（顺治十一年、永历八年）五六月间，曾由贵阳赴云南昆明图谋称帝事，不仅在野史和地方志中有明确记载[2]，孙可望本人在途经安庄卫（今贵州镇宁县）白水河大瀑布（即黄果树瀑布）时观赏风景，亲自撰写了一篇《望水亭记》，其中说：

> 甲午（1654）夏，驻跸旧亭，临观赞赏，俄而潭水且涌数丈（黄果树瀑布下有犀牛潭），势若钱塘怒潮，喷云散雾，左右惊视，良久乃平。或曰：此神犀之效灵征异也。爰命所司选胜为亭，以备临眺。亭成而胜益著，因记诸石，以纪厥异云。又题其石壁曰“雪映川霞”。[3]

这就为孙可望在1654年五六月间确实途经安顺、安庄卫往返云、贵提供了最有力的证据。

---

[1] 沈佳《存信篇》卷四。

[2] 康熙三十五年《云南府志》卷五《沿革》记：“六月，孙可望谋僭号，不果，复如贵州。”《云南备征志》卷十七，倪蜕《云南事略》，屈大均《安龙逸史》卷下均有此记载。康熙五十八年《澂江府志》卷三《沿革》记：“十一年甲午六月，孙可望自贵州还云南，复入贵州。张胜率兵同往。”

[3] 孙可望《望水亭记》，民国三十五年《镇宁县志》卷四，艺文志引旧志稿。按，镇宁县在明代为安庄卫，从未修志；清朝道光至光绪年间修了一部《镇宁县志稿》，未刻版印刷。20世纪40年代地方当局访得该稿本，修成《镇宁县志》。明清之际著名人物孙可望留下了少量奏疏，但他写的文章极为罕见。他为黄果树瀑布题的“雪映川霞”四字在瀑布后水帘洞内，“款识已漫灭”。

刘文秀眼见孙可望做事乖张，内部既酝酿着一场重大的危机，自应以稳定政局为首务，“出师东伐”的计划因此搁浅。五月初七日，刘文秀“以单骑出历沅、靖诸营，遍观诸险阻，劳恤军吏，十日而毕。又访求能知天文数术者，夏鸿胪言兴隆山中有隐士李石说星数有验，遣书往聘之。李石至，密言一日夜，赠之衣金而归；复以夏鸿胪荐贤谢之金”。[1]这意味着刘文秀担心内变，一面加强同清方接境地区的防务，一面针对孙可望周围那些谄媚之徒编造的“天命在秦”的“舆论”加以验证。六月，孙可望回到贵阳；七月初六日“大招讨刘文秀择日出师，由平越道，屯于天柱（今贵州天柱县，与湖南接境）[2]。在以后的半年里，刘文秀毫无挥军入楚之意，原因很可能是担心孙可望发动宫廷政变。孙可望同李定国、刘文秀之间的矛盾在永历朝廷内成了公开的秘密。《存信编》卷五记载，永历九年（顺治十二年，1655）二月，“抚南王刘文秀驻川南”。同月二十二日，“简讨朱全古兼兵科给事中视师海上。先是，甲午（1654）秋文安之密与全古曰：‘刘、李之交必合，众志皆与孙离，但未知事机得失如何也。我当以冬还蜀，君可以春还吴楚上下流观察形势，各靖其志，无蹈危殆。’安之寻遁入郝（摇旗）、李（来亨）营中，可望追之不得。是年春，海上有警，行营吏部尚书范鑛请遣使宣谕姚志卓，遂命全古。全古还吴，转渡江，由海门至前山洲，志卓已卒。全古宣敕拜奠。丁酉入楚报命。”

概括起来说，1654年张名振、张煌言等的三入长江是复明势力东西会合战略的一个组成部分。这个战略是由内地隐蔽着的复明分子钱谦益、姚志卓、朱全古、贺王盛等人经过调查研究、秘密策划、东西联络后形成的，决策者是掌握永历朝廷实权的秦王孙可望，积极执行者是定西侯张名振等人。只有弄清整个事件的背景和经过，才不致像目前所见各种史籍那样把张名振、张煌言的三入长江之役看成是一种没有实际意

[1]　《存信编》卷四。

[2]　《存信编》卷四。

义的孤立行动，也不至于受亲郑文人的记载影响以为是郑成功决策发动了这场战役。

南明史籍中一种常见的偏向是以晚节定论，这并不完全正确，因为历史的殿堂不等于忠烈祠。清初反清志士王思任有一段话说：“可以死，可以无死，英雄豪杰自知之也。英雄豪杰一死不足了其事，则可以无死；其事已了而死至，则可以死。……使必以一死为贵，则死而死矣，何济人世事。”[1]钱谦益、孙可望先后投降了清朝，大节有亏，自应遭到非议。然而这两个历史人物都是非常复杂的，尊重历史事实就不能简单对待。钱谦益在弘光朝廷覆亡的时候有苟且贪生之念固然是事实；但他内心里念念不忘恢复明朝，实际行动上多次冒杀身之祸从事反清复明活动，也不容抹杀。如果抓住钱谦益1645年投降过清朝，短期被迫出任清礼部侍郎作为定论，那么，王之仁、金声桓、王得仁、李成栋、姜瓖等人都可以一笔抹杀。孙可望的情况同钱谦益很不一样，他是实力派人物。在1657年反兵内向进攻昆明以前，他处理内部事务虽有不妥之处，总的说来功大于过。接管和改造南明永历朝廷，创造一个足以同清廷抗衡局面的是他，而且除他以外没有任何人做到过。孙可望的缺点在于个人野心太大，特别是在对待永历帝和原来平起平坐的李定国、刘文秀的关系上举措失当。迫使李定国率军由湖广南下两广，虽然在客观上开辟了抗清的新局面，但已经显示出孙可望“国主”的权威运转不灵。1654年他决策部署长江战役是颇具战略眼光的，如果能以大局为重，不论是由他亲自率领大军东下，还是委托刘文秀为前线总指挥，战役的进程必有可观，明、清双方的胜负尚难预料。可是，在这关键时刻孙可望利令智昏，妄图推倒毫无防范能力的永历朝廷，结果激起李定国、刘文秀等人的抵制，蹉跎岁月，事机全失。张名振、张煌言和钱谦益、姚志卓等人翘首以待的会合上游“秦藩”之师夺取江南的

[1] 王思任《王季重十种》，浙江古籍出版社1987年版，第三十五页《颂节录序》。

恢复大计就此化为泡影。

南明之不振，关键在于从来没有一个能够调动全部抗清力量的权威核心。清廷内部虽然也常有钩心斗角，但大体上能做到令行禁止，赏罚分明。清胜明败，根本原因不是强弱异形，而是内部凝聚力的差异。1654年南明发动的两场战役都是有可能取胜的。在南线的广东战场上是西打，东不动；北线的长江战役是东打，西不动。仗打成这个样子，还谈什么胜券。查继佐在《罪惟录》里记载南明几个朝廷的覆败都归之为“天”，其实，完全是人为的。只要郑成功以主力配合李定国，广东必下无疑，尚可喜、耿继茂难逃孔有德的下场。李、郑联军如能收复广东全省，明清局势就将大不一样。长江战役中，明军在水师上占了绝对优势，又有清统治区内大批复明志士的准备接应，西面可以投入的兵力也相当多。除了孙可望指定由刘文秀统军攻常德或岳州顺江东下以外，夔东十三家军队所处的地理位置极为有利，战斗力也非常强。直到清军进占云南（1661年，顺治十八年）以后，张煌言还派职方司吴钼去郧阳同十三家联络力图扭转败局[1]。上文也提及1654年长江战役时钱谦益同文安之有书信往来，那么，为什么夔东十三家的军队没有采取行动的任何迹象呢？看来也是拥明势力内部由于某种原因不能同心合力，孙可望作为永历朝廷的实际行使最高权力的人物，没有做好协调工作当然要负主要责任。

第四节　郑成功与“三入长江”之役的关系

上文已经指出，1651年（顺治八年）清军攻破舟山后，鲁监国在张名振等统率的军队护航下借居于郑成功控制之下的金门、厦门一带。郑成功有意把鲁监国的兵将收编，遭到抵制后，双方保持一种联合大

[1]　《张苍水集》第一四八页《送吴佩远职方南访行在兼会师郧阳》。

于摩擦的同盟关系。1653年，张名振等的统军北上既是为了重展雄风，开拓抗清的新局面，也是为了摆脱郑成功的控制。然而，郑成功却依然以上司自居，把张名振率军北上说成是自己所派。这在前引致李定国信里和永历朝廷给徐孚远等的诏敕里可以看得很清楚。郑成功藩下的文人按照这一口径记述长江之役毫不奇怪。如阮旻锡说：永历七年（顺治十年，1653）"赐姓驻厦门，遣前军定西侯张名振等率水师恢复浙直州县，并遣忠靖伯陈辉等一齐进入长江"[1]。杨英《先王实录》所记大抵相同。后来的史家受其影响，都采取了这种说法。温睿临《南疆逸史》卷五十四《郑成功传》云："张名振、陈辉之入长江也，焚粮艘，夺战舰，舟至金山，望祭孝陵，金陵闻之震动。"徐鼒《小腆纪年附考》卷十八记："是年（顺治十年）春，名振请兵北上，与之兵二万，粮三艘。"这类记载人们已经习以为常，但显然严重有悖史实。第一，张名振等鲁监国的军队基本上是保持独立系统的，并没有变成郑成功的部属，北上长江时肯定同郑成功商量过，但不能说是郑成功所派遣；第二，张名振北上时带领的是自己的旧部（即原鲁监国军队），说成是郑成功拨给士卒二万，毫不足信；第三，把三入长江的张名振与郑系将领陈辉并提，显然是误以为陈辉不仅进入了长江，而且参加了战役的全过程，实际情况完全不是这么回事。

下面依据史实，对张名振等三入长江之役与郑成功的关系做必要的剖析。

首先要说明舟山失守后鲁监国的主力损失并不太大，张名振等统率南下金厦的兵员、船只还相当可观。顺治十一年五月清江宁巡抚周国佐揭帖中说："夫洋逆张名振以十余年之积寇，舡近千艘，众约二万余人，且日事舟楫，久狎波涛。"[2]同年十二月二十二日新任江宁巡抚张中元题本中说，"海寇张名振来犯崇明，联艅千余号"，而郑成功则

---

[1] 阮旻锡《海上见闻录》（定本）。

[2] 《明清史料》甲编，第四本，第三四一页。

“栖居闽省，串通海贼，资助钱粮戈兵，以牵制江南、浙江之兵，使江浙之兵难至闽省会剿”[1]。顺治十二年浙闽总督佟代残题本中也说：“浙有张名振，闽有郑成功，恶比穷奇，势成犄角。”[2]他们依据自己的情报，把张、郑并提，并没有混为一谈。特别是顺治十年到十一年清方正同郑成功“和谈”，对郑成功军队的动向非常注意。郑成功为了避免给清方抓住破坏“和谈”的口实，在张名振领军北上时也确实没有派遣自己的军队去进攻福建以北的清统治区。何况，张名振麾下的将领和军队在史料中有不少详细记载，限于篇幅不能细说。某些史著把张名振描写成“光杆司令”，部下的两万余众得自郑成功拨给，未免疏于查考。

那么，郑成功派忠靖伯陈辉北上的情况如何呢？上文提及顺治十一年五月十八日即二入长江之后，张名振既未接应到上游东下之师，自感兵力不足，曾经南下福建厦门请求郑成功出兵相助。郑成功因为同清廷谈判受挫，答应派忠靖伯陈辉带水陆兵一万五千名北上支援。陈辉等奉命北上不仅是在二入长江之后，而且行动极其迟缓。清方档案记载，“陈辉、陈奇、黄大进、黄兴、林锡、蓝芳、施举、沈奇等连艅八百余号，聚党数万余人，自顺治十一年八月十一日流突福宁三沙地方，劫掠攻堡，四民震恐，本府及左营将领、道标中军督率官兵与寇相持鏖战二十余日……各逆因而失利，于九月初三等日始扬帆败遁北指。本道复令本府提师尾追堵剿至秦屿店、下沙埕一带，诸寇方舍闯入浙海而去”[3]。顺治十二年“福建巡抚残题本”中说：“该道看得，海逆联艅北上，自顺治十一年八月起蹂躏福宁各汛，随处堵剿殆无虚日；至今年五月二十七日贼船三百余只，贼首陈辉等六镇鸠集万余，抛泊官澳内，分一百号进钓澳，截我去路。”[4]这两件档案证明陈辉的率舟师北上是在

[1] 《郑成功满文档案史料选译》第七十七页。

[2] 《明清史料》己编，第三本，第二六九页。

[3] 佟国器《三抚捷功奏疏·查覆疏稿》，顺治十二年十二月福建巡抚宜永贵为塘报事。

[4] 见《明清史料》己编，第三本，第二四五页。

1654年八月间，而且在福建福宁地区进攻清方营堡，直到九月初才起航赴浙江、江苏海域。那么，陈辉部是否参加了这年十二月的三入长江之役呢？回答是也没有。顺治十二年三月初七日，清江南总督马国柱从来降的明游击罗西峰口中获悉："张名振现有水艍、犁艚等舰八十余只、沙船四百余只。张名振曾向国姓夸口南下，故此国姓派陈辉领战船二百艘，并带有兵士；又阮四之大战船近百艘助伊。伊等于去年九月二十六日祭江，其声势浩大。船起航后，因张名振着陈辉降下旗纛，二人于濠头分裂。十月初五日抵达洋山，遇狂风，陈辉船顺风向温州黄华关以南之三都地方聚集。如此可断言其未来本地。阮四前曾行文国姓，请求招募南田之五六百户人家耕种官田，国姓准之，阮四乃屯驻于官田。是故虽经张名振屡次行文调兵，亦未能来。"[1]这场"旗纛"之争的详情不大清楚，但作为郑军嫡系大将陈辉同张名振在距长江口不远的地方会师不过十天左右就闹翻了，陈辉率部南下浙江温州海域。张名振、张煌言的失望可想而知。陈辉的不肯参加入江战役，自然不是他擅作主张，而是奉郑成功之命。次年（1655）正月，郑成功给清福建巡抚佟国器的信中说得很明白："自去岁议和之后，不佞遂按兵不动，即江淮截运之师，亦暂吊回；遣进浙西之旅，亦戒安辑；孙（可望）、李（定国）请援之兵，亦停未举。此示信于清朝，不可为不昭矣。"[2]总之，张名振等进行的长江战役，郑成功给予的帮助是微不足道的。

张名振等三入长江之役尽管没有取得多大实际战果，但他们深入虎穴的英勇献身精神极堪称道，且客观上的作用也不可低估。其意义在于：一是打击了长江下游清朝统治，暴露了清政府长江防务的脆弱。次年（1655）五月，清廷派固山额真石廷柱为镇海将军，领八旗兵驻防镇江京口[3]；同年八月又重新设立江南福山、杨舍、江阴、靖江、孟河、

[1] 顺治十二年六月十一日兵部尚书李际期题本，见《郑成功满文档案史料选译》第一二八至一三二页。按，南田为浙江象山县南与石浦相对的海岛。

[2] 《先王实录》。

[3] 《清世祖实录》卷九十一。

永生各营及沿江汛兵一千八百名[1]，并且把储藏在江宁库中的红衣大炮移至京口，算是亡羊补牢。二是以堂堂之阵、正正之旗，舳舻相接，金鼓齐鸣，直入长江数百里，对大江南北复明势力在心理上是一个不小的鼓舞。三是在战略上配合了李定国进军广东，迫使清政府不敢抽调江南附近的军队赴援广东。四是取得了入江作战的经验，后来郑成功大举进攻南京，由张煌言担任前锋乃是意料中的事。

第五节　刘文秀进攻常德失利

从1653年（永历七年、顺治十年）春天开始，明清双方在湖南战场上长期处于相持局面。这是由于双方都吃了苦头，实力又大致相当的缘故。就南明方面来说，孙可望既同李定国闹摩擦，自己亲自指挥的宝庆周家铺战役又以败北告终，自然不敢轻举妄动，在相当一段时间里扼守着辰州（沅陵）、沅州、武冈一线，同清军对峙[2]。清朝方面也吸取了桂林、衡阳连遭重大挫折的教训，在湖南的满汉大员避免重蹈覆辙，力主持重，守着常德、长沙、宝庆地区，待衅而动。这年（1653）十一月，洪承畴以经略大学士的身份到达武昌。在摸清了双方兵力部署之后，深知自己面临的局势相当棘手，忧心忡忡地向清廷奏报：

> 湖广地方辽阔，襟江带湖，山川险阻，为从来形胜之地。今寇乱多年，用兵最久，人皆知逆贼孙可望等抗拒于湖南，而不知郝摇旗、姚黄、一只虎等肆害于湖北。兼以土寇附合，苗贼胁从，群聚抢攘，是湖广腹里转为冲边要害。臣今暂驻武

[1]　《清世祖实录》卷九十三。

[2]　顺治十一年七月初二日经略洪承畴揭帖中说："孙逆党众见占踞辰州、沅州、武冈各处。"见《明清史料》丙编，第二本，第一五〇页。

昌，见闻最切。如辰、沅、靖州见为孙逆等贼盘踞，水陆不时侵犯。宝庆所属之新化、城步各县虽经归附，而孤悬窎远，屡报危急。永州府地界西粤，瑶贼出没无常。桂东、桂阳又与江西之袁州、吉安各山县接壤，有红头逆贼结聚，官兵见在会剿。至常德一府，前逼辰、沅，后通澧州，苗蛮杂处，时常蠢动。即衡州、长沙虽已收服，而逆党观望，实繁有徒。此湖南之情形也。以湖北论之，汉阳、黄州、安陆、德安四府粗安，而郧阳之房县、保康、竹山、竹溪四县有郝摇旗、刘体纯、袁宗第等诸寇，窟穴于羊角等寨，每营万余，虎踞县界，杀掳肆行。郧县、郧西、上津三县，前此尚恃一水可隔，今贼竟掳舟渡江，两岸蹂躏，逼郧阳仅数十里。近又自均州槐树关渡河者万计。襄阳之宜城、南漳、均州、谷城四州县有一只虎（李过，即李赤心）养子小李（即李来亨）、马蹶子（即马重禧）、党守素、李世威等诸贼，位于七连坪等处，将居民逼扶（挟？）供粮。光化县倚山滨江，残废无人。荆州府属之归州及巴东、兴山、长阳三县接连西蜀，虽升补官员，从来未入版图，无任可到，为姚黄、王二、王三等诸逆老营。而夔州之界，只有贼首谭诣、谭韬诸头目数营，俱窟穴于巫山县等处，游抢于彝陵、鄷都、远安、松滋、枝江五州县地方。郧阳治臣朱国治屡报贼情紧急，亟图会剿。此湖北之情形也。计今日官兵分布机宜，湖南见有满洲大兵、陕西满兵及提督各总兵等官兵，分驻武冈、衡州、宝庆、常德一带，可备防御。然各郡窎远，联络不及，实有首尾难顾之虑。若荆州属县，贼孽正炽，倘由澧州而犯常德，或截岳州以犯湘潭，不惟我兵腹背受敌，而大江以南，恐至骚动，此尤当急为筹划。臣与督臣祖泽远会商，长沙系湖南、北总会之区，衡、永、辰、常、宝庆必由之路，即（既）可以接云贵，又可以达广西，武昌藉以为屏藩，江右倚以为保障，臣必往来驻扎其间，始可回应调度，相机进

取。……[1]

《清实录》在记载上引奏疏，底下接着说：洪承畴“又疏言：顷者桂林虽云恢复，其实附郭止临桂一县，外郡止灵川、兴安、全州三州县而已。逆贼李定国距省仅二百里，眈眈思逞，满洲援剿官兵岂能久留？将来恢复州县，何以分守，兵至则贼退，兵去则贼复合。彼逸我劳，甚犯兵家之忌。又若孙逆探我兵出援，因以靖、沅贼兵截粤西险道，则我首尾难顾，反置孤军于徼外，种种危形，显然易见。……”[2]

身膺经略五省重任的洪承畴这样连篇累牍地叫苦，有他不得已的隐衷。清廷委派他统率从各省抽调来的“精锐”汉兵经营五省，本意是推行以汉制汉政策，顺治九年跟随尼堪、屯齐等出征的大批满洲八旗兵被牵制在湖南，急需返京休息。所以，清廷在委任洪承畴之时，颇有言听计从的样子，实际上是让归附清朝的汉族官僚、兵将扮演征服西南未定地区的主角。然而，洪承畴指定调集的兵马只有一万多人，加上原驻湖广、广西、四川的绿营兵也绝对难以同孙可望、李定国等指挥的南明军队相匹敌。跟随他进入湖广的一个幕僚写道：“时可望营头众盟八十余万，各省俱备，独秦人有万余。”[3]对明军兵员数估计过高，但南明兵力尚强当系事实。1654年（永历八年、顺治十一年）三月底到四月初，洪承畴带领调集的汉兵“精锐”到达湖南，驻防岳州、长沙、宝庆一带，贝勒屯齐立即班师回京，这支八旗兵的进军是清朝入关以来损

[1] 洪承畴的这件题本收入《清代农民战争史资料选编》第一册（上），第一一九至一二一页；但这部书的编者将此题本系时于“顺治九年十一月二十八日”，其实是顺治十年十一月二十八日，同一内容摘要见《清世祖实录》卷七十九，顺治十年十一月庚申日，是月癸巳朔，庚申即二十八日。何况，顺治九年洪承畴还没有被任为五省经略。

[2] 《清世祖实录》卷七十九。

[3] 丁大任《入长沙记》，丁当时在偏沅巡抚袁廓宇幕中任职。

兵折将、被拖住时间最长又最无战果的一次军事行动[1]。屯齐部八旗兵久戍得代以后，洪承畴知道仅仅凭借自己麾下的兵力要对付孙可望直接指挥的湘西、贵州明军和夔东十三家军队不仅不能克敌制胜，连守住湖北彝陵、荆州，湖南常德、长沙、宝庆一线都毫无把握。至于他经略范围内的广西大部分地区仍为南明大将李定国所控制，就更是力不从心。何况，当时湖南久经战乱之后，地方残破，“大敌在前，小寇在野。满兵络绎，加送迎之烦。而招徕一二难民亦复鼠窜。百姓不来，有司欲去”。经略驻节的长沙“满城极目萧条”[2]，宝庆“城内城外无民无房，并蔬菜买卖俱无”[3]。凭借这样一个烂摊子要同明军相周旋，确实不容易。在这种情况下，洪承畴一面竭蹶从事，努力组织绿营等汉兵固守地方，一面请求朝廷另遣满军助战，督促清廷命靖南王耿继茂迅速移镇广西梧州，实际意图是把攻取广西、牵制李定国部明军的责任推给广东当局。[4]

清廷收到洪承畴的奏疏以后，也知道单靠洪承畴节制的汉族兵马难以同明军一竞高低，就在1653年（顺治十年）十二月任命固山额真陈泰为宁南靖寇大将军，同固山额真蓝拜、济席哈、护军统领苏克萨哈等带领满洲八旗兵前往湖北、湖南镇守。敕谕中说：“尔等公同经略辅臣洪承畴悉心商确，择湖南、湖北扼要之处驻札，其用兵机宜，悉同经略议行。……”[5]这里有两点值得注意：一是陈泰被任命为宁南靖寇大将军虽在1653年底，他统兵南下却是相当晚的，大约是在屯齐部清军1654

[1] 顺治十一年六月二十六日经略洪承畴揭帖中说：“四月初旬，官兵方到各县，正在安插间，即值贝勒大兵班师。”见《明清史料》丙编，第二本，第一四六至一四八页。

[2] 丁大任《入长沙记》。

[3] 顺治十一年六月二十六日经略洪承畴揭帖，见《明清史料》丙编，第二本，第一四八页。

[4] 《明清史料》丙编，第二本，第一五〇页，经略洪承畴顺治十一年七月初二日揭帖。

[5] 《清世祖实录》卷七十九。

年回京之后方才起行，到1655年（顺治十二年）春夏之际陈泰派出的先遣八旗兵固山额真济席哈（季什哈）和蓝拜的军队才进入湖南，他本人带领的军队行至湖北监利县境因江水泛滥，河堤冲决，无法前进[1]，直到病死军中也未能参加战斗。二是清廷给他的敕谕措辞上颇有讲究，只命他“镇守”和“驻札”湖北、湖南的扼要地方，而没有“进取”“剿灭”字样，这充分反映了清廷统治者自知己兵有限，南明军势尚强，再也不敢孤注一掷了。清方在周家铺战役险胜之后，满、汉大员屯齐和洪承畴等人满足于株守湖南腹地，避免同近在咫尺的明军决战。明军方面也同样偃旗息鼓，毫无作为。孙可望在宝庆失利后自知斩将搴旗非己所长，决定重新起用抚南王刘文秀。可是，刘文秀自从保宁战败被剥夺兵权后，日趋消极。据史书记载，他废居昆明时“益循循，谨训子（刘震）读书为儒者风，欲入鸡足山学道”[2]。1654年初在孙可望坚持下他出任“大招讨”，由于上面已述的原因，他未能及时领兵出征。直到1655年（永历九年、顺治十二年）春，刘文秀才率领大将卢明臣、冯双礼等部马、步兵丁六万、象四十余只，踏上了东攻湖广的征途。四月，刘文秀部集结于湖南辰州（府治在沅陵），计划先攻占常德，切断洞庭湖西面湖北、湖南的通道，然后收复长沙、衡州、岳州，得手后再北攻武昌[3]。

按照刘文秀的部署，明军进攻常德采取水陆并进的方针。他派卢

[1] 顺治十二年七月初六日经略洪承畴揭帖，见《清代档案史料丛编》第六辑，第二六六页。《清世祖实录》卷九十三记顺治十二年八月“革澧州道张国士职，以大军将往荆州，推诿路险难行，不加修葺，贻误军机也”，可资旁证。

[2] 沈佳《存信编》卷四。

[3] 康熙二十四年《桃源县志》卷一《兵燹》记：“乙未十二年，春二月，寇复东下，知县李瑢被执去。札营邑之邹市、李家洲等处，寻旋兵。夏五月，寇大举，水陆俱下，步马十余万，象四十余只，列营燕子寨一带。连雨溪涨，马、步兵滞留数十日，以水师前锋败死，宵遁。”《清世祖实录》卷九十二，顺治十二年六月宁南靖寇大将军陈泰疏报，刘文秀、卢明臣、冯双礼所统兵马为六万，船千余艘。《清史列传》卷四《陈泰传》也说刘文秀、卢明臣、冯双礼“帅师六万、楼舻千余，分兵犯岳州、武昌，而文秀以精兵攻常德”。

明臣率领一支军队乘船由沅江前进，自己率军由陆路进发。当时，正值涨水季节，卢明臣的军队乘坐一百多艘船只顺江而下，四月十七日即攻克桃源县，活捉清朝知县李瑢。[1]可是，刘文秀亲自带领的主力却因为连日下雨，溪水猛涨，道路泥泞，行进非常困难，“马步兵滞留数十日”，根本无法同卢明臣所统水路军队配合作战。

清朝五省经略洪承畴和宁南靖寇大将军陈泰得到刘文秀大军入湘的消息后，迅速做出对策，除了从衡州等地抽调军队回守省会长沙外，五月初十日，调遣荆州满洲八旗兵赶赴常德，加强防御力量[2]。五月二十三日夜，卢明臣部进至常德城下，遭到优势清军伏击，由于得不到陆路明军的支援，激战到次日，卢明臣中箭落水牺牲，水路明军几乎全军覆没。[3]清军乘胜加强了面对辰州的防务。刘文秀水、陆两路夹攻的计划既告失败，卢明臣的阵亡又严重影响了士气，他随即放弃了攻取常德的计划，带领军队退回贵州。孙可望对刘文秀的举措深表不满，又一

[1] 顺治十二年七月初六日经略洪承畴“为察报桃源失事情形”揭帖，见《清代档案史料丛编》第六辑，第二五八至二六四页。

[2] 经略大学士洪承畴揭帖残件（顺治十二年七月十七日到）云：“常德府于四月十七日果有贼警，二十三日报到衡州。五月初十日职闻荆州已发大兵赴常德援剿。”（《明清史料》甲编，第四本，第三六一页）《清史列传》卷六《苏克萨哈传》说：“十二年，贼帅刘文秀遣伪将卢明臣、冯双礼等分兵犯岳州、武昌，苏克萨哈（时为镶白旗护军统领）伏兵邀击，大败贼众。明臣等复遣贼纵舰拒战，又击败之。文秀引兵寇常德，战舰千余蔽江而下，苏克萨哈指挥军士，奋勇截击，明臣等悉众抗御，我军协力扑剿，六战皆捷，纵火焚其船，斩获无算。明臣赴水死，双礼被创遁，降其伪副将四十余人，文秀走贵州。”

[3] 《清世祖实录》卷九十二记，大将军陈泰这年六月奏疏中说：“明臣赴水死。”《清史列传》卷四《陈泰传》记常德战役清军先后在常德城下、沅江中、德山下击败明军，接着在龙阳（今湖南汉寿县）又败明军，卢明臣即在此地“赴水死，（冯）双礼被创遁”。龙阳靠洞庭湖西，参考清方奏报，刘文秀的战略意图很可能是遣卢明臣、冯双礼率舟师由沅江入洞庭湖，东攻岳州。沈佳《存信编》卷五记，永历九年五月二十三日丙午，“刘文秀、马进忠与武大定等攻常德，不克。……七月癸未朔，孙可望命刘文秀、冯双礼、杨国栋、莫宗文、卢明臣等领兵由辰州袭取常德，水陆并进。明臣战舡夜至常德城下，清将杨□（当为杨遇明）伏兵暗击之，明臣中箭堕水死，水师遂败，陆兵走回”。误将常德战役写成五月、七月两次。

次解除他的兵权，让他返回云南昆明闲住。

刘文秀出师失利的原因是多方面的。首先，他出任大招讨就很勉强，缺乏克敌致胜的信心，水师失利之后，他自己统率的主力并没有同清方对阵即自行撤返。上文说过，陈泰本人带领的清军因道路被洪水淹没受阻于湖北监利县境，此后不久陈泰就病死于军中。刘文秀在前锋失利、主力完整的情况下本来还可以寻找战机，他的不战而返，说明他无意于此。其次，在战术上刘文秀没有考虑到当时的天时、地利。水、陆并举的方针固然正确，但是在夏汛到来之际应该率陆路兵马提前行动，然后才出动水师，由于他安排不当，致使水师孤军深入，陷于呼应不灵的绝境。

孙可望任命刘文秀为大招讨，本意是让他在1654年（顺治十一年、永历八年）率军由湘出长江，同张名振等会师，夺取江南。当时屯齐部清军北撤，陈泰部清军尚未南下，正是一举击破清经略洪承畴拼凑的汉军、进取江南的大好时机。由于孙可望的图谋篡位，刘文秀只好按兵不动，导致东、西会师的计划全盘搁浅。在几经拖延之后，刘文秀才在1655年五月部署了进攻常德之役。这是原大西军联明抗清以来，最后一次主动出击的军事行动。刘文秀无功而返，随之而来的是围绕拥戴和取代永历帝的内部倾轧，南明朝廷已经无力东顾了。清方在陈泰病死后，于1655年（顺治十二年）八月任命固山额真阿尔津接替宁南靖寇大将军职务[1]。阿尔津同洪承畴统率的满、汉官兵在军事上也没有取得什么进展，基本上仍是在湖南西部同明军相持。1656年（顺治十三年）三月十七日，洪承畴在奏疏中承认自己奉经略之命“将及三年，犬马之劳不辞，而尺寸之土未恢”[2]。这种局面直到南明内讧，孙可望叛变投降清朝才改观。

[1] 《清世祖实录》卷九十三。

[2] 见《明清史料》丙编，第二本，第一五六页。

第二十七章
李定国迎永历帝入云南和孙可望的降清

第一节　孙可望的跋扈自雄和阴谋篡位

孙可望自从把永历帝迁到安龙以后，朝廷大权已经完全被他掌握。所谓永历朝廷不过是个虚有其名的空架子，仅靠一小批扈从文武官员勉强支撑门面。军国大事都由孙可望在贵阳裁决，然后在形式上通知永历帝认可，日常事务则根本不关白朝廷。如史籍所记："时可望假天子名号令中外，调兵催饷，皆不上闻。生杀与夺，任意恣肆。帝在安龙，一不与闻。"[1]南明管辖区内的相当一部分文官武将除了奉行永历年号外，心目中只有孙可望这位"国主"，皇帝被置之度外。1655年（永历九年、顺治十二年），明恢讨左将军白某（大概就是白文选）给孙可望的四件启本被清军缴获，本中白某自称臣，用了"启国主御前""封进御览，以慰圣怀"之类的措辞[2]。1654年固原侯王尚礼在云南鸡足山金顶寺铸造大铜香炉一座，炉上镌刻的铭文虽然用了永历八年的明朝正

[1] 李天根《爝火录》卷二十二。

[2] 《明清史料》丙编，第九本，第八九四页。

朔，却一字不提当今皇上朱由榔，一味地吹捧孙可望："固原侯弟子王尚礼，率男广禄，原籍陕西西凉府固原卫群门所张城堡人氏。自丁亥岁躬随国主临滇，发心钦崇三宝，修严各山寺院。……仰赖佛光普照，上祈国主圣寿无疆，皇图巩固。……"[1]这类原始文件说明孙可望已经放任或指使亲信部将拥戴自己登上皇帝的宝座了。他身边的一批文职官员也巧加迎合，乘机劝进。如兵部尚书任僎借天命倡言"明运已终，事不可为矣"，主张由永历帝禅位给孙可望[2]；编修方于宣则为可望"定天子卤簿，定朝仪。言帝星明于井度，上书劝进"[3]。早在朱由榔被迎至安龙的时候，孙可望曾经一度准备去安龙陛见。任僎却说："国主欲进安龙，二龙岂便相见？"[4]于是，孙可望连这个起码的礼节也没有举行[5]。

值得注意的是，连在安龙永历帝身边的权臣马吉翔也为自身富贵着想，暗中依附孙可望。他对太监庞天寿说："今日大势，已归秦王，我辈须早与结纳，以为异日之地。"天寿颇以为然，两人同孙可望派驻安龙的提塘官张应科等结拜兄弟，推心置腹地说："秦王功德隆盛，天下钦仰。今日天命在秦，天之所命，人不能违。我辈意欲劝粤主禅位秦王，烦两公为我先达此意。"[6]马吉翔还派人叫永历朝廷的郎中古其品画一张"尧舜禅受图"准备送给可望。古其品忠于永历帝，拒绝作画。马吉翔怀恨在心，私自报告孙可望。可望竟命人把古其品锁解贵阳，毙之杖下。1652年"六月，秦王有札谕天寿、吉翔云：凡朝廷内外机务，惟执事力为仔肩。若有不法臣工，一听戎政、勇卫两衙门参处，以息

[1] 赵藩、李根源辑《鸡足山志补》卷二，拓片存云南省博物馆。

[2] 《爝火录》卷二十二。

[3] 《旅滇闻见随笔》。

[4] 《残明纪事》。《明末滇南纪略》卷四云："孙可望有迎驾心，屡为任僎所阻。"

[5] 《昆山王源鲁先生遗稿》《小腆纪叙》卷下说"已而可望至安隆，入见，将图不轨"，云云。恐不可靠。

[6] 沈佳《存信编》卷三。

其纷器”[1]。当时在安龙永历朝廷中，马吉翔以文安侯掌戎政事，太监庞天寿提督勇卫营。永历君臣在孙可望派遣的提塘官、安龙知府和心怀异志的马吉翔、庞天寿的严密监视下，简直没有多少自由，完全变成了傀儡。孙可望的谕札在安龙宣读后，永历朝臣大为震惊，不少人感到愤慨。吏科给事中徐极、兵部武选司员外郎林青阳、主事胡士瑞、职方司主事张镌、工部营缮司员外郎蔡缤等上疏劾奏马吉翔、庞天寿“包藏祸心，称臣于秦”[2]。在朝廷自身的命运都操纵在孙可望手中的时候，忠于永历的官员劾奏马、庞二奸，不敢直指秦王，显然只是为朝廷稍存体面而已。

一些史籍记载，1654年（永历八年、顺治十一年）五六月间孙可望曾经专程返回云南昆明，打算正式登基称帝。据说是由于选定的吉日良辰大雨如注，无法举行即位大典[3]，实际上很可能是遇到内部阻力（如与孙可望地位相当又掌握兵权的李定国、刘文秀坚决反对）才未能如愿以偿。孙可望图谋篡位还表现在有时连朱明朝廷的正朔也弃置不用。例如，在湖南宝庆府紫阳河有一株很大的树，孙可望观赏后封之为“树

[1] 江之春《安龙纪事》；又见佚名《明亡述略》。《爝火录》卷二十二云：可望“以朝事尽诿吉翔及庞天寿”。

[2] 江之春《安龙纪事》，见计六奇《明季南略》中华书局排印本卷十四，第四四九页。

[3] 《明末滇南纪略》记载颇详：“乃择期于五月十六日登殿，受百官朝。孙贼乃于四月兼程旋滇，命冯双礼守贵州，期以是日登殿，大事定矣。令各营马步兵是日俱顶盔贯甲，弓上弦，刀出鞘，自五华山摆至南门口。如是之威，自谓有不臣者即发兵擒之，密议号令如此。岂料天不从人，是日自四鼓以至午时，大雨倾盆不住，站队兵士衣甲尽湿，街上水深尺许，丹墀内水及膝，各官侍立，朝服尽湿。及晴，已过午时矣。自是可望不能出殿，不得受朝，由此兵民议论纷纷。”按，《明末滇南纪略》记载月日虽详，但系年不清楚，给人印象是永历七年事。据屈大均《安龙逸史》卷下，甲午（顺治十一年、永历八年）“六月，秦王孙可望僭号不果，复如贵州”。“可望自黔还滇，急谋僭号。及期，冕小不可冠，自辰及午，大雨倾盆，雷电交作。可望不悦而止，遂归贵州。”康熙三十五年《云南府志》卷五《沿革》记是年“六月，孙可望谋僭号，不果，复如贵州”。康熙五十八年《澂江府志》卷三《沿革》记：“十一年甲午六月，孙可望自贵州还云南，复入贵州，张胜率兵同往。”倪蜕《云南事略》所记与《安龙逸史》相同。

王”，树干上刻“岁癸巳秦国主”[1]。癸巳为1653年（永历七年）。次年八月在昆明举行了乡试，“父老相传此《题名录》刻秦甲午科字样”[2]。孙可望在贵阳自设内阁、六部、科道等官，地方文官武将也一概自行任命，官印由明朝的九叠篆文改为八叠[3]。这些措施固然有扫除南明朝廷用人唯贿、整肃官箴的积极意义，但实质上却是帝制自为了。有的史料记载，孙可望在方于宣等人参与策划下，“定仪制，立太庙，庙享三主：太祖高皇帝主于中，张献忠主于左，而右则可望祖父主也。拟改国号曰后明，日夜谋禅受”[4]。孙可望取代朱由榔的图谋在紧锣密鼓中进行。

第二节　密诏李定国救驾和“十八先生案”

在当时的情况下，孙可望大权在握，要玩弄一场“禅让”的把戏是再容易不过的了。问题是，永历帝的宝座可以取代，永历朝廷所能发挥的号召作用却是孙可望取代不了的。孙可望处于进退维谷之中，一方面强烈的野心驱使他继续策划和筹备登极大典；另一方面他又不能不考虑一旦踢开永历朝廷，包括李定国、刘文秀等原大西军高级将领在内的各种抗清势力几乎可以肯定不会承认他这个草头天子。尽管孙可望仍有所顾忌始终没有演出黄袍加身的闹剧，永历帝却感到头顶上悬挂着一把锋利的宝剑，随时都有被废黜以致丧生的危险。为了求得自身和朝廷的安全，朱由榔和他的亲信把唯一的希望寄托于李定国。他们对李定国的战功、兵力、人品和同孙可望之间的矛盾早已有所了解。据史籍记载，

[1] 彭而述《读史亭文集》卷十，记下，《宝庆至沅州日记》。

[2] 倪蜕《滇云历年传》卷十。

[3] 江之春《安龙纪事》。

[4] 江之春《安龙纪事》。

大学士文安之是建议召李定国统兵入卫的主要策划者，他曾做出判断：“刘（文秀）、李（定国）之交必合，众志皆与孙（可望）离，但未知事机得失如何也。”指出要观察形势，秘密行动，“无蹈危殆”[1]。亲身经历召李定国率部勤王的汪蛟也断言这一行动“本夷陵公（即文安之）指也”[2]。于是，为了摆脱孙可望的严密控制，永历朝廷着手秘密联络李定国。朱由榔在私下对内监张福禄、全为国说：“可望待朕无复有人臣礼。奸臣马吉翔、庞天寿为之耳目，朕寝食不安。近闻西藩李定国亲统大师，直捣楚、粤，俘叛逆陈邦傅父子，报国精忠，久播中外，军声丕振。将来出朕于险，必此人也。且定国与可望久有隙，朕欲密撰一敕，差官赍驰行营，召定国来护卫，汝等能为朕密图此事否？”[3]张福禄、全为国提出徐极、林青阳、胡士瑞、张镌、蔡缜曾劾奏马吉翔、庞天寿依附秦王，忠贞可靠，建议同他们密商此事。经永历帝同意后，七人共同商议，均表赞成，即往首席大学士吴贞毓处秘密讨论具体办法。吴贞毓说：“今日朝廷式微至此，正我辈致命之秋也。奈权奸刻刻窥伺，恐事机不密。诸公中谁能充此使者？”林青阳自告奋勇愿行。吴贞毓即命礼部祠祭司员外郎蒋乾昌拟敕稿，兵部职方司主事朱东旦缮写，由张福禄等持入宫内钤盖皇帝之宝。林青阳按照事先计划以请假葬亲为名，身藏密敕于1652年（永历六年、顺治九年）十一月启程前往定国军中。当时，定国正在湖南、广西一带与清军作战，不暇内顾。到1653年六月，永历帝见林青阳出使半年，杳无音耗，让吴贞毓再派使臣前往探听消息；吴贞毓推荐翰林院孔目周官。武安伯郑允元建议应该设法遣开孙可望亲信马吉翔，以免走漏消息。永历帝即以收复南宁后需派重臣留守为名，让马吉翔前往[4]。

---

[1] 沈佳《存信编》卷五。

[2] 钱秉镫《藏山阁文存》卷三《汪辰初文集序》。

[3] 江之春《安龙纪事》，收入计六奇《明季南略》卷十四。

[4] 诸书多记以代祭兴陵为名遣出马吉翔，兴陵在梧州，但又说马吉翔在南宁，显有抵牾。钱秉镫《汪辰初集序》据汪蛟亲述：“会南宁新复，因加吉翔重衔留守。”见《藏山阁文存》卷三。

吉翔离开安龙赴任后，周官即秘密上道。朝廷密使到达李定国营中后，定国读了“词旨哀怆”的敕旨，深受感动，“叩头出血，曰：臣定国一日未死，宁令陛下久蒙幽辱，幸稍忍待之。臣兄事可望有年，宁负友必不负君”。在给大学士吴贞毓的信中又说：“粤中未定，进退维艰，凡事须密，责在老先生。”[1]

不料，马吉翔到达广西后，遇到来自定国军中的永历朝臣刘议新。刘以为马吉翔长期受永历帝宠信，贵为侯爵，必然参与密召定国之事，见面之后竟毫无顾忌地把朝廷两次敕谕李定国领兵迎驾的情况和盘托出，并说：“定国得敕，感激流涕，不日且至安龙迎驾。”[2]马吉翔大吃一惊，立即派人飞报孙可望。可望得报后，深知一旦定国迎驾成功，自己独揽朝政的局面将完全改观。因此，他决心把这件事查个水落石出，派亲信将领郑国、王爱秀于1654年（永历八年）正月初六日进入安龙“皇宫”，逼迫永历帝说清事件原委，“索首事之人”[3]。朱由榔推诿道：“密敕一事，朝中臣子必不敢做。数年以来，外面假敕、假宝亦多，尔等还要密访，岂皆是朝里事？”[4]郑国、王爱秀即与庞天寿合为一伙，于三月初六日逮捕吴贞毓等与密敕有关的官员约二十人，经过严刑拷打后，蔡缤等人为了避免牵涉永历皇帝，承认是部分朝臣勾结内监张福禄、全为国瞒着永历帝私自矫诏密敕李定国。郑国追问道：“皇上知否？”缤等一口咬定：“未经奏明。”郑国与永历朝廷中依附孙可望之人无法可想，只好以“盗宝矫诏，欺君误国”的罪名定案，向秦王孙可望报告。可望命令以永历朝廷名义组织审判，于三月二十日以张镌、张福禄、全为国为首犯，处以剐刑；

---

[1] 邵廷寀《西南纪事》卷十《李定国传》。杨英《先王实录》中收1654年李定国致郑成功信中说：“圣跸艰危，不可言喻。敕中怆怛之语，不觳读之痛心。”可以互相印证。

[2] 金钟《皇明末造录》卷上。

[3] 金钟《皇明末造录》卷上。

[4] 江之春《安龙纪事》。

蒋乾昌、徐极、杨钟、赵赓禹、蔡缜、郑允元、周允吉、李颀、胡士瑞、朱议㶇、李元开、朱东旦、任斗墟、易士佳为从犯，立即处斩；首席大学士吴贞毓为主谋之人，姑念为大臣，勒令自尽[1]。这就是南明史上有名的“十八先生案”。为了解当时情况，将以永历帝名义发布的诏书和孙可望奏疏转录如下：

> 诏曰：朕以藐躬，缵兹危绪，上承祖宗，下临臣庶，阅今八载。险阻备尝，朝夕焦劳，罔有攸济。自武、衡、肇、梧以至邕、新，播迁不定。兹冬濑湍，仓卒西巡，苗截于前，虏迫于后，赖秦王严兵迎扈，得以出险。定跸安隆，获有宁宇。数月间捷音叠至，西蜀三湘以及八桂，洊归版图。忆昔封拜者累累若若，类皆身图自便，任事竟无一人。惟秦王力任安攘，毗予一人。二年以来，渐有成绪，朕实赖之。乃有罪臣吴贞毓、张镌、张福禄、全为国、徐极、郑允元、蔡宿、赵赓禹、周允吉、易士佳、杨钟、任斗枢、朱东旦、李颀、蒋乾昌、朱仪昶、李元开、胡士端，包藏祸心，内外连结，盗宝矫敕，擅行封赏，贻祸封疆。赖祖宗之灵，奸谋发觉，随命朝廷审鞫。除赐辅臣吴贞毓死外，其张镌、张福禄等同谋不法，蒙蔽朝廷，无分首从，宜加伏诛。朕以频年患难，扈从无几，故取下之法，时从宽厚，以至奸回自用，盗出掖廷，朕德不明，深自刻责。此后凡大小臣工，各宜洗涤，廉法共守，以待升平。

[1] 按，十八人姓名各书所记常有出入，如蔡缜作“蔡宿”、杨钟作“林钟”、徐极作“徐吉”之类。乾隆二十九年《南笼府志》卷之末附《外志》记，十八人遇难后，“时人哀之，收遗骸葬于城外之西山麓，题其墓曰：明十八先生成仁处”，然所列姓名杨钟作“杨忠”、徐极作“徐桂”。杨钟名见瞿式耜永历三年十二月初五日《言官直气宜伸疏》，可证他书之误。今贵州安龙县仍保存“明十八先生墓”，碑上大字镌“明十八先生成仁之处”。见《贵州发展中的城镇建设》画册照片，照片上两旁小字难以辨认。

孙可望的奏疏说：

为行在诸奸娇敕盗宝，擅行爵赏，大为骇异。随奉皇上赐书，将诸奸正法，仰见乾纲独揽，离照无私。首恶吴贞毓、张镌、张福禄也，为从者徐极、蔡宿等也。皇上立置重典，以彰国法矣。盖李定国[1]臣弟也，剿虏失律，法自难宽，方责图功，以赎前罪。而敢盗宝行封，是臣议罚，诸奸反以为应赏矣。且臣所部诸将士，比年来艰难百战，应赏应罚，惟臣得以专之。故名器宜重，早已具疏付杨畏知奏明。即畏知之服上刑，亦以晋中枢旋晋内阁之故，原疏具在，可复阅也。因忆两粤并陷时，驾跸南陵（宁），国步既已穷蹙，加之叛爵焚劫于内，虏首弯弓于外，大势岌岌，卒令驰喙潜迹，晏然无恙，不谓非贺九义等遵王朝令星驰入卫之力也。又忆濑湍移跸时，危同累卵，诸奸恶力阻幸黔，坚请随元胤败死，使果幸防城，则误主之罪寸磔遂足赎乎？兹跸安隆三年矣，才获宁宇，又起风波，岂有一防城、一元胤可以再陷圣躬乎！臣累世力农，未叨一命之荣，升斗之禄，亦非原无位号不能自雄者也。沙定洲以云南叛，臣灭定洲而有之，又非无屯兵难于进攻退守者也。总缘孤愤激烈，冀留芳名于万古耳！即秦王之宠命，初意岂能觊此哉！故杨畏知之赍奏疏中有云：今之奏请为联合恢剿之意，原非有意以求封爵也。臣关西布衣，据弹丸以供驻跸，愿皇上卧薪尝胆，毋忘濑湍之危。如皇上以安隆僻隅，钱粮不敷，欲移幸外地，惟听睿断，自当备办夫马钱粮，护送驾行，断不敢阻，以蒙要挟之名。

[1] 《行在阳秋》，本书原署名为刘湘客所著，前辈学者已指明非刘湘客作，但定为戴笠亦无确证。文中李定国写作“李颀”，李颀为十八受难者之一，不知何故误将李定国写作李颀，徐鼒《小腆纪年》卷十八收录此疏已订正为“李定国臣弟也”，但其他文字已稍作删改。

据《爝火录》记载，早在1652年（永历六年）五月，孙可望就在一件奏疏中说：“人或谓臣欲挟天子令诸侯，不知彼时天子尚有诸侯，诸侯亦尚知有天子。今天子已不能自令，臣更挟天子之令，以令何地？以令何人？”[1]

孙可望的专横跋扈在他的言行中已表现得淋漓尽致。他只看到永历帝自南宁失守以后既没有兵，也没有地，不得不迁入他所指定的安龙。好比元末群雄纷争之际，朱元璋领兵把龙凤皇帝韩林儿迎至滁州安置一样，一切大政方针都由自己裁决，发布诏令时用“皇帝圣旨、吴王令旨”，表面上挂个“大宋”国号，暂时保留龙凤年号罢了。孙可望发布的诏书常用“皇帝圣旨、秦王令旨”，颇为相似。任僎之流的“天命在秦”，同刘基的“天命自有在”也如出一辙。然而，孙可望和依附他的文臣武将都不明白元末和明末的形势有一个根本的区别，元末是蒙古贵族统治的瓦解时期，而清初则是满洲贵族勃兴的时期。在民族危机深重之际，孙可望竟然看不到要抗清就必须以复明为号召，复明就必须遵奉永历朝廷。孙可望说：“彼时天子尚有诸侯，诸侯亦尚知有天子，今天子已不能自令……”把永历帝贬得一钱不值，这完全不是事实。即以孙可望赖以威福自操的原大西军来说，李定国就宁愿站在永历帝一边，而不愿受孙可望的颐指气使；何况东南沿海的郑成功、张名振、张煌言等人，夔东以原大顺军为主的抗清武装以及内地各种或明或暗的抗清势力，都是以复明为宗旨，绝不可能接受孙可望为盟主。孙可望的一意孤行，不仅在忠于朱明王朝的汉族官绅中引起强烈不满，也加深了原大西军内部的分歧，最终导致了原大西军的分裂和内讧。

[1] 《爝火录》卷二十二。

第三节　李定国奉迎永历帝入昆明

李定国，陕西绥德人[1]，生年不详[2]，崇祯年间投身农民起义，被张献忠收为养子，是大西军主要将领之一。大西军联明抗清后，李定国对复明事业忠贞不贰，战功卓越。1653—1654年他两次进攻广东的时候，永历帝在孙可望的逼胁下，处境非常困难，一再派使者携带密诏让李定国领兵迎驾。李定国深知永历朝廷的存亡直接关系到抗清事业的成败，他的意图是同郑成功会师收复广东，这样既可以扩大南明控制区，又可以借助郑成功、张名振等闽、浙沿海拥明实力派扼制孙可望。李定国给郑成功的信中说道："圣跸艰危，不可言喻。敕中怆怛之语，不穀读之痛心。"[3]永历朝廷当时僻处安龙，所谓"艰危"显然不是来自清方，定国信中作如是语，正是指望联合郑成功等共扶永历。1654年冬，新会之战定国大败，撤至广西南宁休整士马。联合"东勋"共扶明室的希望落空了，他只有凭借本部兵力亲赴安龙从孙可望的控制下救出永历帝朱由榔。

孙可望得到情报，派部将刘镇国、关有才领兵驻扎于田州（今广西田阳）阻截李定国军北上[4]，甚至下令"凡定国必过之地尽焚刍粮，以绝其归路"[5]。李定国为了突破可望的拦击，抽调精锐，"军中尽易皂

[1]　李定国的籍贯在各种史籍中记载互歧，乾隆五十年《绥德直隶州志》卷八《杂记》载李定国为该州"义让里人"，当以此为准。中华书局1986年版《清代人物传稿》上编，第三卷，第三六〇页。林毓辉撰《李定国传》依据王夫之《永历实录》不可靠的记载说他是"陕西榆林人"，显然失考。

[2]　李定国的生年尚未考出。郭影秋《李定国纪年》假定崇祯三年（1630）定国十岁参加张献忠部，林毓辉仅据郭氏"假定"断言李定国"生于明天启元年（1621）"，不妥。

[3]　杨英《先王实录》。

[4]　刘健《庭闻录》卷三说，可望"遣关有才等以精甲四万拒之田州。定国袭破有才，收其兵"。刘镇国、关有才部兵力肯定有所夸大。

[5]　康熙三十五年《云南府志》卷五《沿革》。这里所说的"归路"是指定国率军返回云贵。

旗”[1]，昼夜兼程，三天就进至田州。刘镇国、关有才摸不清来军的底细，猝不及防，“乘空马驰去”[2]。定国以大局为重，下令不要追逐二将，只派前骑传呼：“西府驾来！”刘、关部下士卒都在道路两旁跪下迎接。定国传谕安抚道：“若等无恐，吾于秦王兄弟也，以细人之言相间，今已无他。若等归营，吾将劳汝。”“于是两兵相遇欢欣如父子兄弟。明日，定国发二万银犒之，且令休息。诸军皆呼千岁。”[3]

孙可望得到李定国突破田州防线向安龙进发的消息，急忙派大将白文选于1655年（永历九年、顺治十二年）十月前往安龙，负责把永历君臣搬入贵阳，置于自己直接控制之下。白文选虽然是孙可望的旧部，但他内心里却并不赞成孙可望对永历帝肆无忌惮的傲慢态度。因此，在后来永历帝每次有可能遭到孙可望的谋害时，他总是或明或暗地加以保护。某些史籍说，文选“及至安龙入谒，见其丰仪，股栗汗下，不敢逼行”[4]。朱由榔长得相貌堂堂，见之许多史册，应属可信；但白文选不敢逼驾未必是因为永历帝一表人才，主要还是他心目中以永历朝廷为正统，不愿做孙可望犯上作乱的打手。十二月，孙可望见白文选还没有把永历君臣押来贵阳，又派亲信百户叶应祯去安龙催促[5]。自从密敕事件发生后，孙可望锋芒毕露，这时一再派兵马来安龙督促他移住贵阳，朱由榔知道此行凶多吉少，“宫中”大小哭泣不止；白文选即以安龙地方僻小，召募民夫不易为理由，拖延时日，等待李定国到来。

[1] 康熙三十五年《云南府志》卷五《沿革》。

[2] 罗谦《残明纪事》。

[3] 罗谦《残明记事》。另见屈大均《安龙逸史》卷下。沈佳《存信编》卷五记，永历十年二月李定国命部将高文贵领兵从归朝小路抄过田州，径出关有才后。三月，一举击败关部，收其兵三千人。

[4] 康熙三十五年《云南府志》卷五《沿革》。

[5] 屈大均《安龙逸史》卷下写作“伪百户叶应祯”，昆明无名氏辑录《滇南外史》、罗谦《残明纪事》亦同；金钟《皇明末造录》作“叶应桢”；钱秉镫《汪辰初文集序》据当时扈跸安龙的汪蛟《日记》说是可望“亲将叶桑”。《清世祖实录》卷一二一，顺治十五年十月清廷授予随孙可望投降官员名单中有叶应祯等授一等阿达哈哈番，当以此为准。

1656年（永历十年、顺治十三年）正月，李定国军距安龙已不远，先派传宣参将杨祥身藏密疏前往安龙，在离城五十里的板屯江（一作坂屯河）被刘镇国部兵擒获，解送到白文选处。文选询问其来意，回答道："我传宣参将杨祥也。国主令我来督催道府州县预备粮草，以候国主之至耳。"当即从衣甲内取出龙牌一纸，"为仰安龙道府备糗粮之具。无他也"。白文选明知杨祥不是"国主"孙可望的使者，假装糊涂，命以酒食款待后即任其自由行动。杨祥得以入城谒见永历帝，呈上衣甲后心所藏密疏，署云"藩臣李定国谨奏"："臣今统兵迎扈，不日至行畿，先遣奏万安，勿轻听奸逆辄行移跸"[1]，奏本上盖有永历密敕所赐"屏翰亲臣"印为信[2]。永历帝知道定国大军即将到达，才比较放心。杨祥完成任务后改换衣装由山路回报定国[3]。十六日，叶应祯听说李定国大军将至安龙，急忙带领士卒戎服贯甲入宫，逼迫永历帝、后立即骑马前赴贵阳。一时"宫中哭声彻内外"，白文选赶来，见叶应祯蛮横无状，把他叫过来说："国主恐安西归清，所以迎驾者，恐陷不测也。事须缓宽，若迫促至此，朝廷玉叶金枝，不同尔我性命。万一变生意外，若能任其责乎？今我往探，若安西果通清兵前来，移跸未晚。倘止是安西还兵，彼乃一家人，我等何得过为逼迫，自取罪戾！"[4]在白文选的干预下，叶应祯被迫退让。二十二日凌晨，大雾弥漫，忽然有几十名骑兵直抵城下，绕城喊道："西府大兵至矣！"城中欢声雷动，叶应祯所领劫驾兵仓促逃回贵阳[5]。接着炮声由远及近，定国亲统大军到达安龙。入城朝见时，永历帝说："久知卿忠义，恨相见之晚。"李定

---

[1] 屈大均《安龙逸史》卷下。

[2] 前引康熙《云南府志》卷五《沿革》。

[3] 《安龙逸史》卷下。按，书中记杨祥入安龙后，先谒司礼监庞天寿，呈上定国密疏，由天寿引见永历帝。然他书多记庞天寿早已投靠孙可望，负有监视永历君臣之责，定国密使是否由他引见，颇有疑问。

[4] 屈大均《安龙逸史》卷下。

[5] 钱秉镫《藏山阁集》卷十五，文存卷三，《汪辰初集序》引汪蛟亲述当时情况。屈大均《安龙逸史》卷下云：有一骑奔至城下，口称"我西府长随夏太监也"。

国激动得泪流满面，说：“臣蒙陛下知遇之恩，欲取两粤以迎銮舆，乃不惟不副臣愿，且重贻陛下忧，至万死无能自赎。”[1]

由于李定国在新会战役中损失兵员较多，贵州地区又是孙可望的势力范围，因此他在朝见回营后就同白文选商议移跸事宜，两人一致意见以迁往云南昆明为上策。定议后，李定国“自选帐下五百人卫宫眷先行”[2]，二十六日，永历君臣离开安龙，向云南进发。二月十一日，到达云南曲靖[3]。定国请永历帝暂时停留在这里，自己带领精兵前往昆明料理。当时，在昆明的大将有抚南王刘文秀、固原侯王尚礼，另有将军王自奇部骑兵驻于楚雄、贺九义部兵五千人扎于武定，总兵力约有二万。王尚礼、王自奇、贺九义是听命于“国主”孙可望的；刘文秀和李定国一样拥护永历朝廷，同孙可望有矛盾，他地位虽高，兵权却不大。李定国保驾已至曲靖的消息传到昆明，刘文秀和王尚礼、沐天波等人会商应付办法，拿不定主意。因为若是开门迎接永历帝近于背叛“国主”，可是出兵相拒又显然不恰当。尽管永历帝在王尚礼等人心目中不过是个傀儡，但又不能不奉他的“正朔”，承认他的皇帝地位，何况护驾而来的李定国是原大西军四大台柱之一，其影响也不可忽视。正在左右为难之际，忽然得到报告李定国已亲统兵马来到昆明城外。王尚礼慌了手脚，在刘文秀的劝说下勉强随众出城迎接[4]。定国同文秀定议迎接

[1] 屈大均《安龙逸史》卷下；罗谦《残明纪事》。

[2] 钱秉镫《藏山阁集》卷十五，《文存》卷三，《汪辰初集序》。

[3] 屈大均《安龙逸史》卷下。按，沈佳《存信编》卷五所记日期不同；二月十九日定国至安龙，二十日“驾发安隆”，二十二日至普安，三月初一日至曲靖。

[4] 金钟《皇明末造录》卷上记：“时守滇者乃刘文秀，其都督王尚礼、王自奇、贺九仪等各兵万人，皆文秀所辖。文秀亦意在保卫宫驾，阳与三人密议城守，而自以数骑往会定国，曰：‘我辈为贪官污吏所逼，因而造反，将朝廷社稷倾覆，实我等有负于国家，国家无负于我等。即今上是烈皇帝嫡派之弟，不若同心共保，倘得借滇黔以恢复中原，那时封妻荫子，荣归故里，也得个青史留芳。如只跟秦王胡乱作为，虽称王称公，到底不得归正。但我辈今日以秦王为董卓，恐董卓之后又换一个曹操。’定国指天自誓，文秀于是迎驾入云南府，时永历十年夏四月也。”按，李定国和白文选决策护帝入滇，必然考虑到在昆明的刘文秀将给予支持。刘文秀的态度对留守云南的将领有重大影响，但说王尚礼、王自奇、贺九义都是他的部将，似欠妥。

永历帝入昆明，王尚礼既不便违抗二王，又不清楚定国部实力，不敢轻举妄动。三月二十六日左右，永历帝在李定国的护卫靳统武、总兵张建带领的军队保护下进入昆明[1]。有明一代，云南被视为偏远之地，真所谓天高皇帝远，这时“真龙天子”驾到，昆明百姓激动不已，“遮道相迎，至有望之泣下者”[2]。朱由榔非常感动，让随从传旨：“朕到，勿分军民老幼，听其仰首观觇，巡视官兵不许乱打。”[3]除了王尚礼等人心中忐忑不安以外，整个昆明城沉浸在一片欢乐的气氛里。定国和文秀决定暂时把云南贡院（大西军入滇后这里曾经是定北将军艾能奇的住所）作为永历帝的行宫，视朝听政。

李定国把永历帝从孙可望控制下的安龙迎接到云南昆明，从维护抗清事业的大局而言，自然应当肯定。然而，不能不看到李定国的原意是会合郑成功收复广东全省后再考虑移跸事宜（永历朝廷建立于广东肇庆，长期驻于广西，定国的意图很可能是会合郑成功、张名振以至鲁监国联名表请奉迎永历帝还驻两广的适当地方，如果出现这种情况，孙可望比较难于阻挡，参见处理“十八先生案”时孙可望的奏疏）。定国兵败新会，原来的计划破灭，只有凭借本部兵力冒险突入安龙，把永历君臣护送入滇。这一重大措施虽侥幸成功，但是李定国部主力经贵州转入云南，他长期经营的广西必然落入清方之手。顺治十三年二月清两广总督李率泰奏报，清方利用定国主力转移，广西明军势单力薄的机会，由平南王尚可喜、靖南王耿继茂统领广东兵马会合湖南（经略洪承畴部）、广西（原定藩线国安部）官兵迅速向广西推进。这年（顺治十三年，1656）正月初二日抵平南县，守浔州府的明仁安将军李承爵、管领

[1] 康熙二十六年《武定府志》卷一《沿革》记：“丙申（顺治十三年）三月二十六日，李定国迎永□（历）至滇，驻武定，民挽运乌撒，民苦之。”计六奇《明季南略》卷十六《孙可望犯阙败逃本末》记：“定国遂护驾径至云南，以可望所造宫殿请上居之，时丙申三月也。”系时相同，但说朱由榔到达昆明后立即住进孙可望宫殿，稍误。

[2] 康熙三十五年《云南府志》卷五《沿革》。

[3] 《明末滇南纪略》卷四《迎帝入滇》。

水师阳春伯李先芳自知兵力不敌，初七日主动撤退，初十日清军占领浔州府。十五日，广东清军进至贵县，与广西提督线国安、经略洪承畴下总兵南一魁、张国柱部会合继续西进，十八日抵横州，明将高文贵、李承爵、施尚义、李先芳不战而退。二月初四日，清军占领南宁府；初九日广西左翼总兵马雄部追至濑湍，明阳春伯李先芳被俘。广西大部分州县都被清军占领[1]。后来，在平定了孙可望的叛变后，李定国虽曾命保康侯贺九义率军收复南宁，贺九义在1658年（顺治十五年）二月初七日派部将阎维龙、曹延生等度东收横州，终因兵力不足，再度放弃该州。不久，因大局逆转，贺九义奉命领兵回滇[2]，南明被迫放弃广西大部州县。因为孙可望有不臣之心，李定国陷入顾此失彼的境地。就后果而言，首先是永历朝廷同广东义师的联络被切断，闽浙沿海抗清武装经海路入粤的通道也极难利用，形成东西呼应不灵、各自为战的被动格局。其次，广西大部分州县的易手，为清方后来三路进攻贵州、云南制造了更有利的态势。由此可见，孙可望的专横跋扈，使南明付出了极大的代价。

1656年（永历十年、顺治十三年）四月，永历帝封李定国为晋王、刘文秀为蜀王、白文选为巩国公、原固原侯王尚礼加封保国公、将军王自奇为夔国公、贺九义为保康侯、秦王护卫张虎为淳化伯、水军都督李本高为崇信伯[3]。黔国公沐天波是明初以来世袭镇守云南勋臣，自然得到永历帝的信任，除了遇有紧急事件可以随时入奏外，还让他执掌禁卫军[4]。朝廷的文臣有大学士扶纲、雷跃龙、吏部尚书张佐宸、吏部文选

[1] 《明清史料》丙编，第十本，第九一二页。

[2] 顺治十五年五月两广总督王国光揭帖，见《明清史料》丙编，第十本，第九五五页。

[3] 胡钦华《天南纪事·永历帝播迁本末之下》。清方在顺治十三年六月间得到土司报告："李定国差伪总兵吴之凤斋伪敕、伪令旨到镇安，称伪永历已移驻云南省，李定国赐封伪晋王。"见《明清史料》丙编，第二本，第一六一页，顺治十三年八月初十日经略洪承畴揭帖。各书记永历帝封李定国为晋王事在时间上差异颇大，郭影秋《李定国纪年》第一四六页指出"晋王之封，当在（永历十年）三、四月间"，较为准确。

[4] 《明末滇南纪略》卷四《迎帝入滇》。

司郎中汪蛟、工部尚书王应龙、户部左侍郎龚彝、兵部左侍郎孙顺、刑部左侍郎冷孟钰、通政使尹三聘、詹事府正詹事杨在、大理寺寺丞张重任等。龚彝受命后奏称自己“在云南受可望十年厚恩”，不愿接受朝廷任命的官职，引起“举朝大哗”，纷纷斥责他死心塌地追随孙可望。原先卖身投靠孙可望的司礼监太监庞天寿、锦衣卫马吉翔已为朝廷所不容，庞天寿服毒自杀，马吉翔一度被李定国亲信将领靳统武拘禁，他摇身一变，乞怜献媚于靳统武、金维新、龚铭，为晋王歌功颂德，终于得到李定国的信任，重新入阁办事[1]。

永历朝廷移跸昆明后，李定国、刘文秀率领各公、侯、伯、将军上疏道：“礼乐征伐自天子出，秦王臣可望所待失人臣礼。臣等集议：奉孙可望出楚，臣定国出粤，臣文秀出蜀，各将所部兵马，从事封疆。凡驭天下之大柄悉还之其主，谨冒死以闻。”朱由榔知道孙可望不会轻易放弃权力，俯就臣节，把这件奏疏留中不发[2]。对于孙可望来说，永历帝被李定国迎入昆明，不啻是当头一棒。因为李定国、刘文秀同自己一样曾是张献忠的养子，是大西军四大将领之一，地位原来就差不多，在将士中有很高的威信。永历帝被软禁于安龙时，朝廷军国大事实际上由他这位“监国”秦王一手握定。这时情况大为改观，永历帝在李定国、刘文秀支持下封爵拜官，权不由己。今后是改弦易辙听命于永历呢，还是维护自己的“国主”威权公开决裂呢？孙可望处于进退维谷之中。

朱由榔、李定国、刘文秀在朝廷迁入昆明的初期，着眼于大局，给孙可望留有相当多的余地。具体表现在：一、永历皇帝并没有住进孙可望为自己建造的豪华宫殿；二、朝廷虽已晋封李定国、刘文秀为一字王，对孙可望“不臣之心”却未加任何指责（上引留中的奏疏虽说可望

---

[1] 程瀚《孙可望犯阙败逃本末》，见中华书局版《明季南略》卷十四。《明末滇南纪略》卷四《迎帝入滇》篇所记官爵任用稍有不同。

[2] 胡钦华《天南纪事》。

“失人臣礼”，仍用了“奉孙可望出楚”的尊称字样），这显然是表示孙可望只要幡然悔悟，地位仍在二王之上；三、给在云南的孙可望亲信部将加官晋爵，毫无歧视之意。为了争取孙可望，稳定西南政局，永历帝派白文选和张虎为使者携带玺书前往贵阳，劝说孙可望消除隔阂，重归于好。临行前，朱由榔各赐金篦一枚，叮嘱道：“卿等往道朕意，务使两藩复敦相好，事事为祖宗社稷起见。卿等功名垂竹帛矣。”[1]白文选、张虎到达贵阳入见可望，可望不仅毫无悛改之意，反而责怪文选、张虎不该擅自接受永历帝的封爵。张虎是可望的亲信，立即呈上永历所封淳化伯印，说：“在彼处不受，恐生疑忌，故伪受之。臣受国主厚恩，岂敢背哉！白文选受国公之职，已为彼所用矣。”又密告可望道：“上虽在滇，端拱而已。文武两班，唯唯诺诺，内外大权，尽归李定国。定国所信文则中书金维新、龚铭，武则靳统武、高文贵，终日升官加赏。兵马不满三万，人无固志，可唾手取也。”[2]可望听了很高兴，夸奖张虎有忠心。白文选见状，知道难以从中调和，试探性地说：“国主倘以旧好为念，不必苛求。若必欲擒之，假臣精兵二万，当立致定国于麾下。”[3]孙可望明知李定国迎驾入昆明是得到了白文选的帮助，认为文选对自己不忠，盛怒之下准备将他处死，经帐下诸将营救，打了一顿板子后，予以释放。永历帝又派“学士杨在、侍郎邓士廉等宣谕，俾同心释忿，济国难”[4]。孙可望深恨李定国不仅打破了自己的皇帝梦，而且连独断专行的“国主”地位也保不住，根本不愿摒弃前嫌，他派张虎回昆明复命，说“须安西亲谢乃可”[5]。这实际上是要把定国骗到贵

[1] 屈大均《安龙逸史》卷下。

[2] 程瀚《孙可望犯阙败逃本末》，见《明季南略》商务印书馆排印本卷十六，第三七二页。中华书局排印本在卷十四，第四五八页，“定国所信文则中书金维新、龚铭”漏“文”字。

[3] 屈大均《安龙逸史》卷下。

[4] 《天南纪事》。

[5] 《安龙逸史》卷下。

阳杀害，凭借自己在黔滇两省的亲信和兵力继续挟制永历。定国等人又遣王自奇同张虎再往贵阳，尽力打破僵局。不料，王自奇和张虎一样顽冥不化，向孙可望讲述“定国孤军易擒”，内外夹攻，可以一战而胜。可望见亲信将领所谈云南情况与白文选所说相符，才恢复了对文选的信任。他命王自奇回云南充当内应。自奇回到昆明后，“力言可望必不可和”，随即辞归楚雄整顿本部兵马，待机行事。[1]

这样，孙可望盘踞的贵州同李定国、刘文秀辅佐下的永历朝廷虽然在名义上都属南明，却已隐成敌国。八月间，李定国奏准将孙可望在云南的妻妾、儿子送往贵阳，命秦王藩下总兵王麟护送。临行前，定国亲自在昆明城郊设宴送行。同月十二日，永历帝由贡院移居秦王宫殿。

清初冯甦说过：“予以辛丑（顺治十八年）至滇。滇中人言：‘可望善治国，定国能用兵。’使其同心协力，西南之功或未有艾，而乃彼此相攻，卒至摧败。”[2]这话虽有一定道理，但是要实现秦晋联好，同心协力，关键在于孙可望必须交出实际大权，俯就臣节，这无疑是与虎谋皮。最高权力之争，终于导致演出了一场南明内战。

第四节　刘文秀领兵入川

永历帝移居昆明以后，李定国、刘文秀仍然希望孙可望能够以大局为重，摒弃前嫌，共图兴复。从刘文秀统兵北上四川可以证明他们没有料到孙可望为了恢复自己独揽大权的地位会不惜动用武力大打内战。刘文秀既受封为蜀王，立即着手部署恢复四川。1656年（永历十年、顺治十三年）春天，刘文秀派部将威宁伯高承恩统兵五千由云南进入四川

[1]　《安龙逸史》卷下。

[2]　《滇缅录》，见《长恩阁丛书》。

雅州（今雅安）[1]。大约在同时，归他调遣的另一支主力由征虏左将军祁三升任总理全川军务，会同援剿后将军狄三品、平虏营总兵杨威、怀远营总兵贺天云、监理重庆屯田总兵郑守豹等统率兵马进至嘉定府（府治在乐山）[2]。九月，刘文秀取道建昌（今四川西昌市）、黎州（在今四川汉源县北）、雅州到达洪雅县（属嘉定府），在该县境内的千秋坪建立帅府。在这里刘文秀撰写了《天生城碑记》，其中说："永历十年，岁在丙申，圣天子廑宸虑，推毂命予秉钺专征，剪桐蜀土，为根本之地。期于水陆分道，力恢陕、豫，略定中原。"[3]可见，这次进军四川是永历朝廷移入云南以后做出的一项重大的军事部署。刘文秀领兵经营四川，有其特定的时代背景。永历帝在李定国、刘文秀等人的拥戴下虽然基本上稳定了云南地区的统治，贵州和湖南西部却控制在孙可望手中，要打开局面只有两种选择，一是东出广西、广东，一是北上四川。东进两广，意味着由李定国统兵出征，这在当时滇、黔对峙的情况下，永历君臣是不敢贸然行事的；剩下的一条路就只能是由蜀王刘文秀出马经营四川了。拨归刘文秀指挥入川的祁三升、狄三品、杨武都是南明著名的将领[4]，兵员有数万当属可信。然而，刘文秀开辟西南抗清第二战场的行动能否成功，又要受到客观条件很大的限制。首先，他入川后的驻节地不能离云南太远，以免孙可望一旦反戈内向，救援不及；其次，他率领大军入川必须选择社会生产破坏较小，基本上能够就地解决粮饷

[1] 李蕃《雅安追记》。

[2] 永历十年丙申孟夏（四月）《重修凌云寺记》，凌云寺在四川乐山，碑记后列衔首为"□（蜀）王驾前亲军卫指挥□（同）知陈起龙序"，下即祁三升、狄三品诸将，请参阅郑天挺《探微集》第四五九至四六〇页。

[3] 光绪十年《洪雅县续志》卷十《艺文补遗·蜀王睿制天生城碑记》。嘉庆五年《清溪县志》卷一《建置志》载，顺治十三年"九月，刘文秀复至蜀"。按，清溪县为明代大渡河所、黎州所合并而成，今废。

[4] 刘献庭《广阳杂记》卷一载，祁三升为延绥人，后降清任吴三桂后营总兵，"其兵为滇南诸营最"，连康熙帝也"颇闻三升勇"，让册封使者同他会见，以便回京讲叙其人。杨武后来统兵在湖南西部同清朝经略洪承畴部对峙，孙可望叛投清方时几乎被他所擒。

的地区；第三，只有在立足已定，并且没有后顾之忧的前提下，才能逐步向成都、重庆一带推进，实现把四川经营为北攻保宁（阆中），东联夔东十三家出战湖北的战略设想。后来的事实证明，孙可望心怀不轨，蓄意犯滇，迫使永历朝廷召回刘文秀和他带领的主力，经营四川收到的效果相当有限，从战略上说是半途而废。

刘文秀的经营四川从他在永历十年（1656）春派出大批部队到他在永历十一年（1657）二月奉诏返回昆明，首尾不到一年；他自己亲驻四川的时间还不到五个月。当时的四川人士对刘文秀这次出师没有取得多大成果非议甚多，主要是不了解他面临的困难。李蕃在《雅安追记》中写道："秋九月，刘文秀由建、黎出雅州，至洪雅鱼丘坪，修王城帅府，宫阙壮丽，劳民伤财。统兵数万，不敢节成都，而来鱼丘坪做帅府，使蜀中有司、绅士尽来朝贺，虽假借永历年号，仍是献贼根苗，真鼠贼矣。数月而返。"[1]时人沈荀蔚记：

> （顺治）十三年丙申秋，刘文秀引兵入川称蜀王……帝制自为，官属皆备。又以夹江县之南安壖为己瑞，乃营而居之。十二月十五日复亲至洪雅西南三十余里之乾坝阳，花溪、雅河所汇处，地虽狭而三面阻水，惟西南通黎、雅，呼为天生城。其舍嘉定而规此者，以川东不复有归路，且恐可望袭之也。于此平邱垄，毁室庐，伐大木，烧绿瓦，建造宫殿及百司府署，各营画地而居，均文秀相度之。后至明年二月，已为定国促归，谋与可望决胜负。未几，病死矣。是役也，费民间几许膏

[1] 按，刘文秀之帅府地，李蕃写作"鱼丘坪"，乾隆四年《雅州府志》卷十《勘乱》记：顺治十三年"九月，刘文秀复经蜀出雅州，至洪雅县千邱坪驻札数月，俄勒兵而返。"嘉庆十八年《洪雅县志》卷二十三《艺文·国朝》收侯之鼎《时变纪略》载："壬辰（顺治九年），又为文秀窃据，僭王号，都马项岩，名曰天生城。丙申（顺治十三年），我师廓清蜀土，文秀败走还滇，步将高承恩逗留雅州，窃据巢穴，改名靖远，割洪雅而辖之。"侯文误将刘文秀两次入川混为一谈，刘文秀还滇，也不是为清兵所败。

汗，竟不得一见，可叹也。此地乃蔚丙戌（1646）以后寄迹之处，有数亩以供饘粥，至是悉为营地……以身受其害故悉其诞妄无才略云。[1]

欧阳直时在刘文秀营中办事，自记：丙申“五月，论平蜀功升授礼部仪制司主事。”“丁酉（顺治十四年、永历十一年，1657）随蜀王奉调回滇。”又记：“丙申，安西将军李定国奉旨册晋王，自安龙奉永历帝驾入滇。抚南刘文秀迎驾，奉旨册蜀王，领兵入蜀，驻洪雅之天生城。丁酉，孙可望称兵，蜀王文秀奉旨回滇，留高将军镇上南。”[2]就当时实际情况而言，成都平原沃野千里屡经战乱后业已渺无人烟，社会生产几乎完全停顿，重庆一带也大致相似。在清军控制下的川北保宁地区和明军控制的川南、川东地区之间早已形成一片广阔的无人区，解决不了粮饷问题，双方都无法推进。顺治十二年（1655）清四川左布政使庄应会在奏疏中写道，“切川北一隅合计钱粮征额每年止五千一百五十余两，各文官俸薪每年共该银八千余两，一年赋额不足抵各官一年俸薪”[3]，官兵粮饷更是全靠陕西挽运。正因为粮饷困难，顺治九年吴三桂、李国翰部在保宁战役中大败刘文秀军后不仅没有乘胜南下，反而只留下四川巡抚李国英部留守保宁，全军返回陕西汉中就粮。尽管当时清四川巡按郝浴就曾经主张收取成都平原垦荒屯田，以蜀粮养蜀兵，可是垦荒屯田除了需要足够的兵力保障地方安定，还需要先投入大量粮食、种子和耕牛、农具做屯田之本。没有这种兵力和财力无疑是画饼充

[1] 沈荀蔚《蜀难纪略》。费密《荒书》所记大致相同，唯云文秀驻兵夹江县之地名为“南安坝”。郭影秋先生《李定国纪年》第一四三页记1656年“十二月，定国遣蜀王文秀略川南”，即引《蜀难纪略》为据，其实沈氏原文明言刘文秀入川在是年秋，十二月十五日为至洪雅县乾坝阳之时日。定国“遣”文秀语亦不妥。

[2] 欧阳直《欧阳氏遗书·自记·蜀乱》。

[3] 乾隆二十二年《广元县志》卷十三下，艺文，疏，疏尾有“顺治十二年八月初□日奉圣旨：该部议奏”。

饥。南明刘文秀率军入川面临着同样的问题，从他先派部将入川，自己又亲到夹江、雅州一带巡视，最后确定在洪雅县千邱坪建立帅府，在这里兴建“宫殿”、营房，联络“蜀中有司、绅士”，目的是在四川残存百姓中树立永历朝廷的威望，同时着手屯田发展生产（上引《重修凌云寺记》列名将领有“监理重庆屯田总兵”，沈荀蔚说他的数亩田悉为“营地”都证明了这一点）。如果孙可望同永历朝廷的关系趋于缓和，刘文秀经营四川的规模和成效必然更加可观。清朝吴三桂、李国翰部军队是在孙可望降清以后，才在顺治十五年（1658）由陕西汉中再度入川，会合李国英部南下。若不发生孙可望的叛变，刘文秀有将近三年的时间经营四川，他绝不可能株守雅州一隅，必然是北收成都、顺庆（今南充），东下重庆与夔东十三家会合，西南战局将是另一种情形。尽管他在永历十一年（1657）二月就奉诏率领主力返回昆明，仍然留下了高承恩部镇守四川雅州地区，成绩是非常明显的。李蕃记：“丁酉（永历十一年，1657）州守钱象坤。是时高承恩驻雅，兵马聚集，几无有司之政。田粮专上谷米豆草，不用民间钱粮，虽夫役征繁，而井里饱暖，民忘其劳焉。”[1]直到1658年（顺治十五年、永历十二年）清军三路入滇时，四川雅州、建昌地区仍在永历朝廷控制之下，这不仅说明刘文秀经营四川功不可没，也表明在平定孙可望叛乱之后，李定国多少显得心胸偏窄，以永历帝名义把刘文秀从贵阳召回，川、黔、湖南西部经略无人，加速了全线的崩溃。

第五节　孙可望内犯和兵败降清

尽管永历帝和李定国为了使孙可望回心转意做了不少工作，却没有收到任何效果。对于孙可望来说，“识迷途其未远，觉今是而昨非”

[1] 李蕃《雅安追记》。

的可能性几乎不存在。首先，在西南的南明军队中他的兵力最强，不仅贵州全省处于他的控制之下，在云南留守的将领中也有不少效忠于他。其次，他以国主的名义总揽了永历朝廷的政务，已习惯于君临一切。何况，他思想深处还存在着一种自己本应位登九五的思想，因为他是张献忠这位大西皇帝的当然继承人，在1647年进入云南后以四将军之首得到献忠御营提督王尚礼和艾能奇部将冯双礼的支持登上了“盟主”的地位；联明抗清后利用永历帝的招牌收编南明残兵溃将进一步提高了自己的声望。在当了几年实际的执政者之后，这时却要交出权力，听命于李定国、刘文秀拥戴的永历皇帝，而且他自知由于过去的所作所为，永历帝、李定国乃至于刘文秀对他都存在程度不同的隔阂。在反复权衡得失之后，孙可望终于在一小撮亲信的策划下，决心诉诸武力，消灭昆明的异己势力。谄附可望的文臣方于宣为他出谋划策说：“今皇上在滇，定国辅之，人心渐属于彼。臣意请国主早正大号，封拜文武世爵，则人心自定矣。”[1]孙可望果然在1657年（顺治十四年、永历十一年）二月，“封马进忠嘉定王、冯双鲤兴安王、张虎东昌侯，余大封有差”[2]。虽然他没有先正“大号”，但封王之举已表明他鼓舞诸将打下昆明，为推翻永历朝廷，自己正式登基做准备了。

在公开举兵之前，双方都做了集结兵力的部署。李定国旧属龙骧营总兵祁三升驻扎在四川，孙可望为了抓到这支军队，令三升率部赴贵州遵义镇守。李定国也下令调三升赴滇。祁三升对部将说：“国主、西府，旧主义均。今西府尊永历为民主，名正言顺，我等亦有所依，当遵西府之调为正。”[3]诸将都表示赞同，于是祁三升拒绝接受孙可望使者传达的命令，率部向云南进发。可望大怒，派兵追击，三升且战且走，辎重丢失殆尽，终于在1656年十月到达昆明。永历帝深表嘉许，封其为

[1] 《粤滇纪略》卷九。
[2] 《天南纪事》。
[3] 屈大均《安龙逸史》卷下。

咸宁伯[1]。孙可望还派程万里赴昆明，要求把秦王旧标人马遣还贵州。永历帝当即同意，提供夫役送出。

平心而论，永历帝和李定国等人对孙可望做到了仁至义尽。孙可望的眷属原住昆明，如果羁留作人质，孙可望不免有所顾忌。李定国以礼送往贵阳以后，孙可望没有内顾之忧，悍然决定进兵云南。当时他掌握的军队大约有二十万人，李定国、刘文秀部下只有三四万人，何况在云南还有镇守昆明的王尚礼、楚雄守将王自奇等人是孙可望的亲信。孙可望认为稳操胜券了，他甚至命人“预制扭锁三百副，曰：破滇之日用以囚永历并定国、文秀诸文武解黔耳”[2]。

1657年（顺治十四年、永历十一年）八月初一日，孙可望在贵阳誓师，亲自统率十四万兵马向云南进发，以白文选为征逆招讨大将军[3]，由冯双礼留镇贵阳。八月十八日，孙可望兵渡盘江，滇中大震。李定国同刘文秀商议后，决定二人亲统主力阻击可望军入滇。永历帝下诏“特加晋王得专征伐，赐尚方剑，便宜行事，挂招讨印；蜀王作副招讨”[4]，负全权指挥之责。为防止王尚礼在昆明发动内变，除了把他部下的兵马分拨各营随同出征，还留下定国中军护卫靳统武会同黔国公沐天波暗中防范。在这以前，王自奇因醉后误杀定国营将，担心定国兴师问罪，在七月间即率所部渡澜沧江西奔永昌府（今保山），由于地处僻远，消息不灵，无法同可望配合行动。九月十五日，双方军队相遇于云南曲靖交水，分别距离十里下营。可望军十余万人列营三十六座；定国、文秀军约三万人布列三营，士卒见可望兵多势众，颇有惧色。十八日，孙可望召见张胜，说：“尔可率领武大定、马宝选铁骑七千，连夜走小路至云南（即昆明）城下暗袭之。城中有王尚礼、龚彝等为内应。尔一入城，则定国、文秀等知家口

[1] 同上。

[2] 《残明纪事》。

[3] 《粤滇纪略》卷九，沈佳《存信编》，程瀚《孙可望犯阙败逃本末》所记大抵相同。

[4] 《明末滇南纪略·称兵犯阙》。

已失，不战而走矣。”[1]

孙可望自以为计划周全，万无一失，却没有料到他的这次出兵讨伐永历帝和李定国、刘文秀师出无名，部下将领内心里都不以为然。原大西军系统的将领白文选等人与李定国、刘文秀长期同甘共苦，不愿自相火并；而由南明军队改编的旧将马进忠、马惟兴、马宝[2]等人又心向永历。于是，作为前线总指挥的白文选私下同马惟兴、马宝约定阵前反戈，文选还以视察前线为名亲自驰入定国、文秀营中通报消息，说：“此时宜速出兵交战，马宝、马惟兴及诸要紧将领已俱有约，稍迟则事机必露，断不可为矣。”定国、文秀对白文选的来意还存有戒心，犹豫不决。文选急切地说：“若再迟，则我辈死无地矣。有一字诳皇上、负国家，当死万箭之下，我当先赴阵前，汝等整兵速进。”说完，上马飞驰而去[3]。这就是三年以后彭而述路过该地时赋诗所云：“道旁遗老为我说：是日东南风正急，秦军大衄宝刀折。秦王帐下曹无伤，夜半曾将军情泄。”[4]奉命领军偷袭昆明的马宝也写了密信差心腹人送入李定国营说：“张胜等已领精兵七千往袭云南，云南若破，则事不可为。必须明日决战，迟则无及矣。”[5]

孙可望与李定国、刘文秀原先约定二十一日会战，他的意图是推迟交锋日期，使张胜、马宝军有更充裕的时间奔袭昆明。李定国听了白文选的意见，又在十八日晚上读到马宝的来信，当机立断传令各营次日出战。十九日天还没有亮，定国、文秀兵马开营出战；可望也挥军迎

[1] 程瀚《孙可望犯阙败逃本末》，见《明季南略》卷十四。

[2] 全祖望《鲒埼亭集》卷三十五《记马惟兴语》中说：“马惟兴者，马宝兄也。”

[3] 程瀚《孙可望犯阙败逃本末》，见《明季南略》卷十四。按，该书记白文选于八月初四日拔营逃至曲靖，初六日单骑入昆明，恐误。

[4] 彭而述《读史亭诗集》卷八《四战歌·交水》。曹无伤是西汉高祖刘邦军中左司马，密通项羽，见《史记》卷七《项羽本纪》。这里借用来隐指白文选。

[5] 程瀚《孙可望犯阙败逃本末》，见《明季南略》卷十四。

敌，双方交战于交水三岔口[1]。对阵之初，文秀骁将崇信伯李本高马蹶被杀，前锋失利。可望立于高阜观战，见已挫定国锐气，即命诸营乘胜前进。白文选知道形势危急，亲率五千铁骑冲入马惟兴营中，二军联合抄出可望阵后，连破数营，定国、文秀趁势挥军进击，可望军大乱，将士大呼："迎晋王！迎晋王！"[2]十几万大军顷刻瓦解。孙可望见形势陡变，在少数兵马保护下，仓皇东窜。过安顺时，马进忠不仅"闭门不纳"，还派出一支军队追击，"使疾走，无得集众"[3]，孙可望匆忙逃往贵阳。

交水之战结束后，定国同文秀商量说："今张胜往袭云南府（即昆明），王自奇又据永昌，我当回救；汝可同文选急追可望，必擒之而后已。"[4]二人分工后，定国即率师回援。张胜、马宝、武大定所统七千精骑取小路经五日夜急行军已进抵昆明城下，马宝唯恐城内疏于防备，故意沿途焚烧房屋，使偷袭变成了明攻。城内王尚礼等听说可望之兵已近，正准备上城接应，却被永历帝召入宫内，由沐天波、靳统武率亲军看守，动弹不得。这时，交水大捷的露布已星驰送到昆明，永历帝命人把捷报大张于金马、碧鸡坊下，安定民心。张胜带兵至昆明城下准备攻城，忽然看见定国、文秀报捷露布，知道可望大军已败，原先约好充当内应的王尚礼又音息全无，城上防守严密，被迫退军，在地名浑水塘处碰上定国回援之师，张胜欲夺路而逃，挥军死战，定国军因交水大战之后急救根本，路远兵疲，几有不支之势。马宝为扭转战局，在张胜阵后连放大炮，拥兵杀来，与定国军前后夹攻。张胜大吃一惊，说："马宝亦反矣！"收拾残兵败卒突阵而逃。第二天，过沾益州，驻守该地的总

---

[1] 康熙四十二年《平彝县志》卷二《沿革》记："九月，李定国、刘文秀逆战可望于曲靖之三岔口，大败之。"顺治十七年至十八年彭而述由湖南入云南，往返都经过该地，记云"三岔高阜乃孙、李战场"，见《读史亭文集》卷十，《记下》《一字孔至滇南日记》《出滇日记》。按，一字孔即亦资孔。

[2] 李天根《爝火录》卷二十七。

[3] 胡钦华《天南逸史》。

[4] 程瀚《孙可望犯阙败逃本末》。

兵李承爵原系他的部将，率兵来迎。张胜喘息方定，正向李承爵叙说战败原因，忽然左右冲出数人，出其不意把张胜擒缚。张胜斥责李承爵道："汝为部将，何敢叛我？"承爵回答道："汝敢叛天子，吾何有于汝乎！"张胜被解至昆明处斩[1]。

九月下旬，孙可望奔回贵阳[2]，命留守大将冯双礼带兵把守威清要路，并同他约定如果刘文秀追兵到来即连放三声号炮报信。冯双礼已经知道孙可望兵败如山倒，出师时貔貅十万，返回贵阳只剩随从十五六骑，因此他决定改弦易辙，不仅不帮助孙可望稳定贵州局势，反而在文秀追兵尚未到达之时就下令连放三炮。可望听见号炮，以为追兵已到，连忙带着妻儿和随从出城东奔。一路上经过新添卫、偏桥、镇远、平溪、沅州，"各守将俱闭营不纳"[3]，"所至城门昼闭，呼之再三，仅垂大筥盛壶飡饷可望；且有不应者"[4]。曾经不可一世的"国主"孙可望众叛亲离，成了丧家之犬。在走投无路的情况下，孙可望决定投降清朝。他对寥寥可数的随从人员说："今为李定国辱孤至此，孤不惜此数茎头毛，行当投清师以报不世之仇耳。"[5]行至湖南靖州，其中书舍人吴逢圣任靖州道，率所部迎接。可望曰："一路人心俱变，惟有投清朝可免。"于是遣杨惺先、郑国先往宝庆（今邵阳）向清方接洽投降。三日后，白文选所统追兵迫近，可望乃与吴逢圣、程万里等连夜奔至武冈界上，又遭到南明镇守武冈总兵杨武截杀，几乎脱不了身。

九月三十日，孙可望派人火急送往清湖南当局一封信，说："李定国、刘文秀等大逆不道，荼毒生灵。可望兴师问罪，反为所诱。乞代奏大清皇帝陛下，发铁骑一万，愿献滇、黔、蜀以归一统，更报不世之

[1] 程瀚《孙可望犯阙败逃本末》，见《明季南略》卷十四。

[2] 道光《贵阳府志》卷二《大事纪中》。按，程瀚记孙可望逃回贵阳为十月初一日，恐有误，因为九月三十日孙可望已经派人赴清接洽投降，见下文。

[3] 程瀚《孙可望犯阙败逃本末》。

[4] 《天南纪事》。

[5] 《残明纪事》。

仇。”[1]清湖广巡抚张长庚接信后向朝廷报告：“大逆孙可望虎踞滇、黔，鸱张区宇，年来费饷勤师，用张征讨。今天殄穷凶，自戕溃败，俯乞皈化，是不劳挞伐而南疆边土共戴皇上如天之福矣。”[2]清湖广当局得知可望处境危急，为了捞到这张王牌，派湖广中路总兵李茹春、左路总兵王平带领军队接应，击退杨武所统拦截之兵，孙可望和妻、子、随从人员才得以在宝庆府南面花桥地方进入清方管辖区，十一月十五日到达宝庆。同一天，孙可望派人送信给清五省经略洪承畴，再次表示：“自行开诚，愿附大清朝，献滇、黔、蜀之土地，岁纳贡赋，祈职（洪承畴揭帖中自称）转奏大清皇帝陛下，请兵报仇，以复滇云，擒渠获丑，荡平叛逆，归版章于一统。”[3]据洪承畴报告，孙可望“所带伪官丁、妇女共约四百余名口，骑马亦约四百余匹”[4]。

孙可望一手挑起的南明内讧和兵败降清，对清廷来说无疑是喜从天降。在这以前，洪承畴受命经略五省总督军务，始终局促于湖南、广西境内，毫无进展。彭而述记载洪承畴治兵长沙，“以四镇驻常（德），两镇驻宝（庆），一镇驻永（州），一镇驻祁（阳），线伯（原定南王孔有德藩下提督线国安）驻粤西，数千里内四年之间棋置星布，皆重镇。转漕吴、越，岁费百万缗”[5]。顺治十四年十月洪承畴在束手无策的情况下，已经请准解任，回京调理。十月二十九日他在离任前的一件奏疏中说：“职经略无能，寸土未拓”[6]，充满了颓丧情绪。不到半个月，他得到了“云贵逆贼自乱”的情报，兴奋不已，在十一月十二日

[1] 第一档案馆藏《顺治朝揭帖》，叛逆类，第四十六号。

[2] 第一档案馆藏《顺治朝揭帖》，叛逆类，第四十六号。

[3] 顺治十四年十一月十八日经略五省洪承畴“为恭报招接云贵伪王率众投诚仰恳上怀事”揭帖，见《明清档案》第三十一册，A31—96号；同件又见《明清史料》甲编，第六本，第五七九至五八〇页。

[4] 同上件。又，《清世祖实录》卷十三记偏沅巡抚袁廓宇奏报，随同孙可望降清的有将校一百二十余名，兵丁家口五百余名，另有内官二十二名。

[5] 彭而述《读史亭文集》卷十五《孙渠归顺纪略》。

[6] 见《明清档案》第三十一册，A31—76号。

转报清廷。同月十五日接到孙可望派人送来的信后，当即上疏说：“既有此情由，即系重大机宜，时刻难以迟误，职不敢以奉旨解任回京调理致误军机。”[1]他再也不提年老失明，抖擞精神要为清廷金瓯一统效犬马之劳了。十二月初五日，顺治帝谕兵部：“经略辅臣洪承畴前已奉旨准解任回京调理。近闻病已痊愈，仍著留原任，亲统所属将士，同宁南靖寇大将军固山额真宗室罗托等，由湖广前进，相机平定贵州。”[2]十一月十七日，洪承畴亲自同固山额真六十等人率领三起满汉兵马从长沙前往湘乡县，同月二十五日孙可望在清将李茹春、王平护送下自宝庆起行，二十八日到达湘乡，同洪承畴等见面。孙可望以投奔之臣，自然歌颂了一番清朝的功德，胡说什么：“云贵远在天末，声教未通，十余年来非敢抗拒王师，实欲待时归命，近益喧传皇上文德绥怀，特恩招抚遐方人心深切向慕，且满洲大兵精强，威声赫濯，自顺治十年岔路口一战杀伤滇黔兵众甚多，十二年出犯常德又折兵万余。……”[3]洪承畴也“开诚优礼，款待尽情”。彭而述还记载了两人相见的情景：洪承畴对孙可望“仍待以王礼。可望自称孤，命记室作降表”。但他说：“人或传明系未绝，可望接永历为帝，以臣自处身。及可望出，乃知可望自为，而不关永历也。”[4]实际上洪承畴的情报比彭而述要灵通得多，他早已知道孙可望是永历朝廷的实际执政者，对这样一位重要人物的来归自然不敢怠慢。在给清廷的奏疏中，他借孙可望之口说：“数年之内，湖南以守为战，无隙可乘，以致云贵内变自生，人心解体。”“连年湖南、广西以守为战，节节严密，遂致内变，而决计奔投。”把自己一个月前说的“经略无能，寸土未拓”粉饰成“以守为战”，导致南明实权

[1] 上引《明清档案》第三十一册，A31—96号。

[2] 《清世祖实录》卷一一三，参见顺治十四年十二月二十六日经略洪承畴密揭帖，见《明清史料》甲编，第六本，第五八四页。

[3] 顺治十四年十二月初六日经略洪承畴揭帖，见《明清档案》第三十一册，A31—119页；同件又见《明清史料》甲编，第六本，第五八二至五八三页。

[4] 彭而述《读史亭文集》卷十五《孙渠归顺纪略》。

人物来降的主要原因。十二月初三日，孙可望随洪承畴到达长沙[1]。洪承畴在奏疏中说："今伪王、伪官、伪丁并眷属人口齐到长沙之日，文武臣工兵民士庶无不喜色相告，共庆太平有日，计滇黔负固之众行见闻风来归，以成大一统之盛。"[2]

清廷对于孙可望的来归极为重视，这年十二月，特旨封孙可望为义王[3]。为了体现赏不逾时，清廷派内翰林弘文院学士麻勒吉为正使，礼部尚书兼内翰林秘书院学士胡兆龙、礼部右侍郎祁彻白为副使赍册、印，专程前往湖南行册封礼。顺治十五年二月二十日在长沙举行典礼，二十八日孙可望即应诏赴京陛见[4]。五月初二日，孙可望在麻勒吉等伴送下到达北京。清廷命和硕简亲王济度、和硕安亲王岳乐带领公、侯、伯、梅勒章京、侍郎等大批高官显爵出城迎接，场面相当隆重。明遗民方文当时正在北京，目睹其事，赋诗寄慨云："南海降王款北庭，路人争拥看其形。紫貂白马苍颜者，曾搅中原是杀星。"[5]次日，顺治皇帝亲自在太和殿接见孙可望。十天之内，皇帝赐宴多达三次，赐银两次共一万二千两，此外赐府第、赐蟒袍、朝衣、缎匹等，孙可望成了清廷上红极一时的人物。这里做一点对比也许更能加深了解清胜明败的原因之一。1649年孙可望统率数十万貔貅之众，以云南全省之地自愿归附风雨飘摇中的永历朝廷，南明君臣在封一字王上备极刁难；而清廷对仅率数百人狼狈来归的孙可望却毫不犹豫地加封王爵。不能不看到清廷的度量和眼光比永历朝廷高明得多。

孙可望受到清廷特殊的恩遇，靠的是出卖云贵川抗清事业。他刚刚逃到湖南宝庆就给清廷递上了"愿取三省上献，以大一统之盛事"的

[1] 见上引顺治十四年十二月初六日洪承畴揭帖。

[2] 上引《明清档案》第三十一册，A31—119号。

[3] 《清世祖实录》卷一一七。

[4] 顺治十五年二月二十四日经略五省大学士洪承畴"为钦遣锡封大臣已到长沙谨报上闻事"密揭帖，见《明清史料》甲编，第六本，第五八九页。

[5] 方文《涂山续集·北游草》。

奏疏，疏中避而不提张献忠开创的大西军事业，说什么“望以关西布衣，适丁明季丧亡之际，不自甘于辕下，遂称藩于滇黔楚蜀之间”，把自己打扮成逐鹿中原的英雄，他俨然以“国主”自居，把大西军称为“望兵”、西南抗清基地为“望土”，恬不知耻地把同系张献忠义子和大将的李定国、刘文秀说成是自己“恩拔”起来的人物，又把李定国等人反对他专横跋扈、帝制自为的措施说成“以奴叛主”。接着，他要求清廷发兵，“则滇黔蜀地愿尽入于皇上之版图，兵马将士愿咸奉皇上之军旅”[1]。到湘乡、长沙同洪承畴见面时，又如洪承畴奏疏所说：“伪王孙可望另有开列云贵形势机宜，职方在查询，再具密疏，恭请宸衷裁断。”[2]他还同清经略洪承畴会同各提督、总兵进行图上作业，“绘图讲究，有同聚米为山，明如指掌”[3]。为了取悦清廷，孙可望不仅提供了永历朝廷军事机密等各方面的情况，献上了“滇黔地图”[4]，还为清军进攻提供了一批熟悉地形的向导。1658年（顺治十五年）初，洪承畴遵照清廷谕旨会同孙可望“于投诚各官内查有熟谙湖南、广西、四川、云贵地利官十九员”，将其中四员派赴罗托军中，其余十员留在洪承畴“军前不时应用”[5]。孙可望到达北京朝见清帝后，又上疏奏言：“大兵征滇，臣报效之日。滇南形势，臣所熟悉。或偕诸将进讨，或随大臣招抚诸境，庶少效奉国初心。”清帝命王、大臣商议，结果“以大兵分三路趋云南，指日奏功，无事可望再往”[6]。尽管清廷出于种种考虑没有

[1] 顺治十四年十一月《秦王孙可望揭帖》，见《明清史料》丙编，第二本，第一七六页。

[2] 上引《明清档案》第三十一册，A31—119号。

[3] 顺治十五年二月初二日经略洪承畴揭帖，见《明清史料》甲编，第六本，第五八六页。

[4] 沈佳《存信编》卷五。王夫之《永历实录》卷十四《李定国传》也记载：“可望之降也，因洪承畴请兵取云贵，尽图山川迂曲及诸将情形、兵食多寡献之。”

[5] 顺治十五年二月初九日“经略洪承畴揭帖”，见《明清史料》丙编，第二本，第一八〇页。

[6] 《清史列传》卷七十九《孙可望传》。

让孙可望亲赴前线，但还是充分利用了他过去在大西军和永历朝廷中的特殊地位，加强了政治攻势。王夫之记载，当清军三路进兵时，“可望又遣人赍手书招诸将帅，言已受王封，视亲王，恩宠无比。诸将降者皆得予厚爵，非他降将比。惟定国一人不赦”[1]。这以后，永历政权在军事上的节节败退，不少原大西军系统的将领倒戈投降，孙可望的现身说法无疑起了很大的诱惑作用。清军在进兵途中，也充分利用了孙可望过去的地位和影响，刘坊在《哀龙江》诗序中说：“戊戌（顺治十五年）冬，清师距遮炎河，谬道路者曰：可望师至矣！我兵闻风皆眦而失色，或寤者曰：国主至矣！至矣！相率惊窜。”[2]李定国支持的永历朝廷的覆亡固然有多种原因，但清廷利用孙可望原来的地位和关系竭力进行瓦解，无疑加速了这一过程。

从顺治十五年（1658）起，清军向西南的进兵是颇为顺利的，这里面自然也包含了孙可望的一份“功劳”。然而，孙可望本人的地位却随着永历朝廷的衰微逐渐走向没落，曾经红极一时的义王越来越感到自己的日子不大好过了，这种变化是通过一些似微实显的迹象体现出来的。顺治十五年，孙可望意外地同自幼失散的弟弟孙可升相会了。明末战乱以来，兄弟二人天各一方，孙可升在几经飘零之后，先混迹于明朝行伍，后来又成了清军的一名士兵。这年七月，孙可升从驻地松江府上海县来到北京，兄弟久别重逢自是惊喜交集。孙可望向朝廷奏报了“聚合之奇缘”，奉旨同住。可是，孙可升的家属奴婢十余口还在上海，搬来北京筹措路费不易。于是，孙可望请求皇帝“敕部给予勘合”，利用政府的驿传实现全家团聚[3]。在孙可望看来这不过小事一桩，所以在疏中写道“想此项恩膏朝廷亦所不靳”。出乎他意料的是这么一件小事却引来一场轩然大波。顺治皇帝批交兵部议奏，左都御史魏裔介立即参

[1] 王夫之《永历实录》卷十四《李定国列传》。

[2] 《永昌府文征》，诗，卷十。

[3] 顺治十五年十一月十三日《义王孙可望奏本》，原件藏中国第一历史档案馆。

上一本，首先抨击孙可望“始以张献忠养子荼毒蜀楚，神人共愤。继而称兵犯顺，逆我颜行。迨众叛亲离，计无复之，然后率数百疲敝之卒，亡命来归”，本不是有“何功何德”受封王爵。接着借题发挥道：“臣观其见之疏章者屡可骇异，即如出师命将出自朝廷，可望甫来归顺，便请从征。若可望文足经邦，武能戡乱，何至坐见败辱，鼠窜奔投，可谓不自揣量，冒昧无知。继则请动内帑，为彼经营。臣闻天子穆穆，端拱垂裳，岂有借财与人，亦岂有人臣借财于天子之事？昨者聚合之奇缘一疏复为伊弟请给勘合，夫勘合之给为朝廷紧急公事及官员来往而设，非庶人下贱可以冒滥也。今可望之弟可升不过一食粮兵丁耳，未授一命之官，搬取家眷则应自备脚力，未闻牧圉小人而可以乘坚策良，逍遥皇华之驿者也。臣闻高爵厚禄惟有德者宜居之，今可望悖礼背义，越分干名，其罪有三。臣忝列宪长岂敢畏避不言。伏祈皇上大奋乾断，严加处分，以肃名分而正纪纲，则冒滥清而臣子咸知敬共之义矣。”[1]魏裔介的劾疏处处流露出对孙可望的轻蔑，给了他当头一棒。孙可望在“伏罪陈情仰吁天鉴”疏中说：“昨闻宪臣有特纠陈请之非，祈正悖谬之罪一疏，本藩汗流浃背，寝食不安，方知前事之非，宪臣之言不谬矣。”[2]

顺治十六年（1659）闰三月，有人揭发孙可望放债取利等事。顺治皇帝虽然明知这种事情在满洲八旗中本是习以为常的现象[3]，却不愿放

---

[1] 魏裔介《特纠陈请之非疏》，见《皇清名臣奏议汇编》初集卷十一。魏裔介疏中所说孙可望向顺治皇帝借钱事，未见详细记载，但《明清档案》第三十二册，A32—130号为顺治十五年八月二十八日义王孙可望揭帖残件，其可见部分为本月十八日“仰恳皇恩一疏，冒陈天听，缘本藩备沐深恩，渥养如子……故一时昏昧，未及熟思。自入告之后，本藩即清夜思维，惶悚无地，自觉细琐之事，□□妄渎天聪。今以小故而擅干上听，冒昧之罪，自知难逭。……”此必为孙可望上疏“借钱”后即遭物议，自请宽宥而上。

[2] 顺治十六年二月十二日“义王孙可望揭帖”，原件藏第一档案馆。

[3] 参见谈迁《北游录》，纪闻，《营债》条。顺治五年十一月清廷明谕：“势豪举放私债，重利剥民，实属违禁。以后止许照律每两三分行利，即至十年不过照本算利。有例外多索者，依律治罪。”见《清世祖实录》卷四十一。可知放债取利是有律可循的。

过这个机会进一步贬损孙可望的政治地位。他派内阁学士马迩吉来到孙可望的住宅宣读谕旨，先训斥一番，然后宣布宽假其罪。孙可望于惊惧之余，连忙上奏本解释自己放债的经过："前蒙皇上赏给银两，臣恐花费，借与天津卫民邓时增银一千两，有文约可据。缘臣初到京城，其人之贤愚，臣不得知。"接着向顺治皇帝摇尾乞怜，陈述自己"郁积之苦衷并所以招尤招谤之原"。他说："臣于明季失身行伍，浪迹疆场，各处人民迁徙逃亡不无失所，此怨臣者有之；今臣叨膺宠眷，无寸功可纪，一旦锡以王爵，此忌臣者有之。再可虑者臣下文官如吴逢圣、武官刘天秀等百有余员蒙皇上格外加恩，官爵太重。每见出入朝班，诸人睨目而视，臣知朝廷有逾分之典，众心腾沸之端也。然怨忌既积于心，诟害自生于外，谤议之事，久知不免。"[1]

此后，孙可望的处境益发难堪了，正如古语所说"神龙失势，与蚯蚓同"。顺治十七年（1660）六月，他被迫上疏请求辞去义王封爵和册印。这时，南明永历皇帝虽然已经逃入缅甸，西南大势已定，但以李定国为首的明军残部仍在边境地区坚持斗争。清廷认为把孙可望虚有其名的义王封号撤掉并不明智，因此，顺治皇帝特地发布了一件措辞大有讲究的圣旨："王自南方孑身投诚，朕心嘉尚，特锡王封。乃举国臣工，意怀轻忽，容或有之。王以孤踪疑畏，控辞册印，理亦宜然。但封爵出自朕裁，孰敢陵侮？虽系孤踪，不必疑畏，册印著仍祇受。"[2]

就在这年的十一月二十日，孙可望死了。官方的说法是病死，真相如何颇有疑义。清初史家就说孙可望是"随出猎被射死"[3]；或者说"封为义王，寻被酖"[4]。康熙八年清廷派刑部尚书明珠等前往福建，

[1] 《义王孙可望密奏本》，见《明清史料》丙编，第十本，第九六七页。

[2] 《清世祖实录》卷一三六。

[3] 《行在阳秋》卷下。王源鲁《小腆纪叙》卷下《孙李构难》亦记："可望既封为义王，后从出猎，毙于流矢。"

[4] 林时对《荷牐丛谈》卷四《端溪滇桂十六载纪元延统》。按，林氏记"可望亦降于三桂"，有误。

会同靖南王耿继茂、总督祖泽沛合议招抚据守台湾的郑经。郑经回信中不无讽刺地说："贵朝宽仁无比，远者不问，以所闻见之事如方国安、孙可望，岂非竭诚贵朝者，今皆安在？往事可鉴，足为寒心。"[1]可见，孙可望之死并非善终在当时一定流传得很广。

孙可望死后，清廷赐谥恪顺，"祭葬加隆"[2]；同时命其子孙征淇袭封义王。几个月后孙征淇病死，弟征淳承袭。顺治十八年（1661），吴三桂等领兵进入缅甸，永历帝被俘回昆明缢杀。次年康熙改元，李定国也病殁于边境。孙可望家族已经没有多大利用价值了，清廷的"恩典"也就逐步降格。康熙七年（1668）朝廷下令将义王孙征淳的年俸由五千两减为三千两。十一年，孙征淳病死，其弟征灏请求袭封。御史孟熊飞上疏说孙可望"前有重大之罪，后无纤微之劳。我国家格外殊恩，授以义王显爵，及伊身死，已袭替二次。……请将孙可望王爵停其袭替，或减等降封"。经议政王、大臣会议，降封为慕义公[3]。孙征灏死后，其子宏相再降袭一等轻车都尉。乾隆三十六年（1771）六月，清廷终于决定："孙可望子孙所有世职，嗣后不必承袭。"[4]从此，孙可望家族在政治舞台上消失了最后的痕迹[5]。

[1] 江日升《台湾外纪》卷十五。

[2] 按，《清圣祖实录》卷二记顺治十八年五月庚午（二十二日）"赐故义王孙可望谥恪顺"，据是年四月十九日所立之"谥恪顺义王碑文"可知实录系时有误。

[3] 《清圣祖实录》卷三十九。

[4] 《清高宗实录》卷八八六，参见《清史列传》卷七十九《孙可望传》。

[5] 孙可望，陕西延长县人。顺治十二年八月《经略洪承畴密揭帖》中报告因擒获了孙可望派往延长家乡探望亲人的使者，清陕西四川总督金砺接兵部咨文后立即派遣员役赴延长县将孙可望亲友十六名口解赴西安、北京，意在相机招抚或挟制孙可望。乾隆二十七年《延长县志》卷九《宦绩》记孙可望为该县"李城里人"；同书卷八《封荫》记载了孙可望的父亲孙选"以子义王贵，追封义王"；子孙征淇、征淳袭封义王等。由于孙可望降清封王，《清史列传》和《清史稿》依据档案记载他是延长人，本不误。林毓辉为《清代人物传稿》撰《孙可望传》却轻信不可靠的野史记载，说他是"陕西米脂人"（见中华书局1986年版，上编，第三卷，第三四六页），疏于考证。

第六节　孙可望叛降后的永历政局

孙可望的叛变，是南明政权内部又一次大动荡。孙可望投降清朝固然对永历朝廷造成一些不利影响，但是，交水之战和随后的扫除亲孙势力，以大西军为主体的云、贵、川和湖广、广西的南明军队并没有多大损失。平定内乱后，以昆明和贵阳为中心的两个隐隐相对的实力集团得到了统一，这未尝不是好事。如果李定国能够同刘文秀等齐心协力，以永历帝为号召，联络郑成功、夔东十三家等各种复明力量，抗清形势必尚可观。

然而，李定国在处理善后事宜上，多少有些偏颇。1658年（永历十二年、顺治十五年）正月，大封剿逆各勋镇，白文选由巩国公晋封巩昌王，马进忠由鄂国公晋封汉阳王，冯双礼由兴国侯晋封庆阳王，马宝由安定伯晋封淮国公，马惟兴由兴山伯晋封叙国公，靳统武由平阳伯晋封平阳侯，祁三升由咸宁伯晋封咸宁侯，高文贵由广昌伯晋封广昌侯，其余有功镇将也分别升赏[1]。狄三品、王会、张光翠等人“以党附可望”的罪名降爵。驻守楚雄、永昌一带的王自奇、张明志、关有才曾经接受孙可望的密令，准备东犯昆明。孙可望败窜后，李定国本可以用朝廷名义对他们赦罪招抚，但他计不出此，亲自率军进攻迤西，“阵擒关有才，降张明志，自奇走腾越，穷蹙自刎。定国回省，适刘文秀获张虎于水西，槛送省城，同关有才磔于市”[2]。在大敌当前之际，以内讧中的“功罪”大申赏罚，对于争取和团结内部，尽量减少损失，无疑是欠妥的。

李定国的失策更重要的是表现在同刘文秀的关系上。就历史渊源而言，李定国和刘文秀在原大西军中都享有很高的威信，联明抗清后两人既不像孙可望那样心怀野心，又多次独当一面，指挥重大战役，在迎接永历入滇和平定孙可望叛乱等问题上都做出了贡献。自然，刘文秀的战功远不及李定国，但在当时稳定南明局势上，晋、蜀二王同为朝野所关

[1]　《残明纪事》。

[2]　《云南备征志》卷十七，倪蜕《云南事略》。

注，合则兼美，离则两伤。可惜，李定国缺乏博大胸襟，未能对刘文秀推心置腹共度时艰。交水之战后，李定国留在云南，刘文秀领兵追拿孙可望，实际上负有稳定贵州以及与清方接境地区的任务。他虽然未能擒获孙可望，但安抚地方和军队的工作做得相当出色。到永历十一年（顺治十四年）十月间，刘文秀见贵州形势已经稳定，而同清方相持的明军仍据守着四川大部和湖广武冈一线，就上疏奏请永历帝移驻贵阳，这样不仅可以体现进取精神，也便于就近指挥，振作士气。永历帝同意了这一建议，命礼部择吉日起行。十一月，李定国在进讨盘踞永昌（今云南保山）的王自奇时，得知永历帝同意刘文秀迁都贵阳的建议后，大为不满，“驻兵永昌，上疏告病，请卸兵事”[1]。永历帝拗不过李定国，“玺书慰劳，召回，迟延三月始赴阙”[2]。永历十二年正月元旦，“李定国请尽撤川楚守边各镇将回云南。遂罢幸黔之议”[3]。这是李、刘之间裂痕的第一次明显暴露。从当时形势来说，刘文秀的建议基本上是正确的，李定国反对移跸贵阳如果是考虑到永历帝秉性怯弱，距敌越远越好，加上移跸之时必然增加沿途各地百姓的负担，主张留驻昆明自有可取之处。但是，他的上疏告病和要挟永历帝撤回川楚守边诸将显然是针对蜀王刘文秀的。因为他的亲信部队主要集中在云南，而刘文秀安抚了贵州、四川、湖广的军队，定国不免有所顾忌，担心移跸贵阳之后，刘文秀的地位将凌驾于自己之上。这年三月，李定国又建议永历帝召回刘文秀，不能不说是很大的失策。清廷正利用南明内讧、孙可望来降的时机调兵遣将准备大举进攻，李定国却心存芥蒂，把刘文秀和处于一线的将领调回大后方昆明，严重地削弱了前方指挥部署。这说明李定国在平定孙可望叛乱以后，对抗清大局缺乏全面考虑，注意力过多地放在巩固自己在永历朝廷中的地位上面。廷臣金简等上疏进谏道：“内患虽除，

[1] 沈佳《存信编》卷五。

[2] 沈佳《存信编》卷五。

[3] 沈佳《存信编》卷五。

外忧方棘，伺我者方雁行顿刃，待两虎之一毙一伤以奋其勇；而我酣歌于漏舟，熟睡于积薪之上，能旦夕否乎？二王老于兵事者也，胡亦泄泄如是。”[1]这里说的二王是指晋王李定国和蜀王刘文秀。刘文秀对局势的危险有清醒的估计，他在追逐孙可望的过程中，注意收集孙可望部下兵将，多达三万余人，加以改编训练，打算用于守卫同清军接境地区。他的豁达大度收到的效果非常明显，孙可望虽然叛变了，但跟着投降清朝的不过几百人，而且没有一个重要将领。这说明原先尊奉“国主”的大批将士在关键时刻是识大体的，不应心存畛域，加以歧视和打击。可是，李定国却缺乏广阔的胸怀，采取了一些歧视原属孙可望部下将士的错误做法，比如“以收获孙可望之兵名曰秦兵，滇省旧兵名曰晋兵”，“由是孙可望之兵心懒矣”[2]。甚至连在迎接永历帝入滇和粉碎孙可望叛乱中做出了重大贡献的刘文秀也受到冷遇。据记载，刘文秀追赶孙可望至贵州后，由于可望事先逃走，刘文秀就留在贵州从事善后事宜，重点是稳定内部，防止清军乘衅进犯。事情刚有头绪，李定国却向永历帝建议召回刘文秀。见面之后，永历帝本应慰劳一番，却一开口就质问孙可望是怎样逃脱的。刘文秀回奏：“彼时杀败孙可望之际，不料他走小路。臣带多兵只从大路追去。及至盘江细问，把桥兵云：不曾从此过。始知走小路奔逃，只得仍从大路追下，且可望仅马上不满百人，随处有马即换，他不说大败之故，谁不应承？连夜前去。臣只一日一站追，故追不及。臣到贵州，冯双礼云已去四日矣。即再发兵追之，已莫可及，可望故此得脱。”永历帝沉默了很久才说道：“若捉不住，原日也不宜追他。今追之不获，反激之投他处，恐滇南之祸不远矣。”[3]朱由榔这一番话简直是语无伦次，难道在交水之战后让孙可望返回贵阳重整兵马就可以充当云南的屏障吗？刘文秀稳定贵州、四川、湖广一带功劳很

[1] 《求野录》。

[2] 《明末滇南纪略》卷八《蜀王旋滇》。

[3] 《明末滇南纪事》卷八《蜀王旋滇》。

大，李定国和永历帝把他和主要将领召回昆明，使刘文秀的善后工作未能有效进行已是重大失误，对刘文秀的乱加指责更使他心灰意懒。刘文秀的被召回，意味着被解除兵权，朝廷在晋、蜀二王之间已明显地倚重李定国，一些目光短浅的举措又使刘文秀深为不满。他内心非常苦闷，甚至私下对人说："退狼进虎，晋王必败国。"[1]把李定国比作孙可望第二，失之偏激，但他对定国大权独揽和处事不当表示反感大体上是正确的。这以后他日趋消极，"凡大朝日始上朝一走，常朝日俱不去"，"将一切兵马事务悉交护卫陈建料理，亦不出府"[2]。不久发病卧床不起，永历帝和李定国都曾去探望，再三宽慰，派医调治。但心病无药医，四月二十五日刘文秀病卒[3]。临终前，刘文秀上遗表云："北兵日逼，国势日危，请入蜀以就十三家之兵。臣有窖金一十六万，可以充饷。臣之妻子族属皆当执鞭弭以从王事。然后出营陕、洛，庶几转败为功。此臣区区之心，死而犹视者也。"[4]刘文秀在病危之时对国家大事仍萦绕于心，所提建议都是从大局出发，不仅不赞成歧视原大西军部分兵将，还主张应该同以原大顺军为主体的夔东十三家兵马紧密团结，共赴国难。言外之意是对李定国执掌朝廷大权后在用人行政上的失误提出了批评[5]。

---

[1] 《求野录》。

[2] 《明末滇南纪略》卷八《蜀王旋滇》。

[3] 据《求野录》。《南疆逸史》卷五十二《李定国刘文秀传》；《残明纪事》；倪蜕《滇云历年传》卷十均系于四月。《明末滇南纪略》卷八《蜀王旋滇》云"于是岁六月薨"，误。

[4] 倪蜕《滇云历年传》卷十。《残明纪事》《安龙逸史》所录遗表文字较简。邓凯《求野录》记文秀遗表文字有异，云："我死，国事可预知。臣精兵三万人皆在黎雅建越之间，尝窖金二十万，臣将郝承裔知之。臣死之后，若有仓促，臣妻操盘匜以待，臣子御驾靮以备暬御。请驾幸蜀，以十三家之兵出营陕、洛，庶几转败为功也。"

[5] 关于刘文秀上遗表事，还有另一种记载，四川乐至县举人邹简臣在永历朝廷任通政司右通政、赞理蜀王军务。"戊戌（永历十二年、顺治十五年）春，还行在，蜀王疾笃，表奏十二事，颇言内阁马吉翔之奸，劝上收大权，用正人。寻卒。定国、吉翔皆知为公笔，心衔之。"见道光《乐至县志》卷十四，人物，宿士敏《邹公易斋传》。

第二十八章
清军大举进攻西南及永历朝廷的播迁

第一节　清军三路进攻贵州、云南

孙可望的发动叛乱和兵败降清，在清廷看来无疑是天赐良机，可以利用南明的内讧，一举荡平黔、滇，实现统一大业了。1657年（顺治十四年、永历十一年）十二月十五日，清廷正式下达三路进军西南的诏谕：一、任命平西王吴三桂为平西大将军，与固山额真、墨勒根侍卫李国翰率领所部，由陕西汉中南下四川，进攻贵州；二、任命原定驻防江宁的固山额真赵布泰为征南将军，统兵南下湖南，由经略洪承畴拨给部分汉兵，取道广西会同定藩下提督线国安部，北攻贵州；三、任命固山额真宗室罗托为宁南靖寇大将军同固山额真济席哈等统兵前往湖南，会合洪承畴节制的汉兵一道由湖南进攻贵州[1]。

1658年（顺治十五年）正月初九日，清廷又任命信郡王多尼为安远靖寇大将军，同平郡王罗可铎，贝勒尚善、杜兰，固山额真伊尔德、阿

[1]　《清世祖实录》卷一一三。同书卷一一二记是年十月间命赵布泰驻防江宁。参见《明清史料》甲编，第六本，第五八六至五八八页经略洪承畴揭帖。

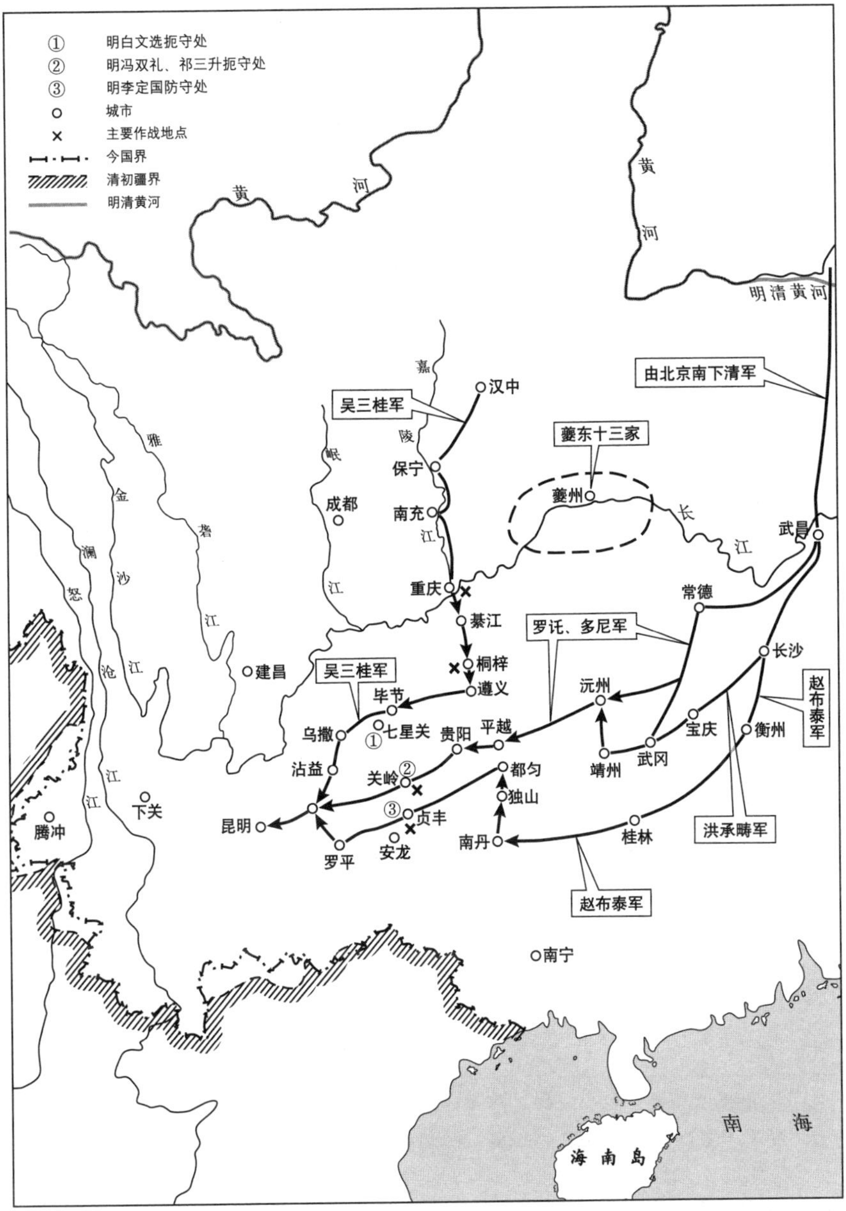

1658—1659年清军三路进攻黔滇图

尔津、巴思汉、卓罗等带领大批八旗兵南下，“专取云南”，敕谕中明确规定“如贵州三路大兵有料理未尽者亦并加绥定”[1]，这意味着赋予多尼以节制三路清军的指挥权。多尼的任命虽距三路进军的诏谕不到一个月，但实际上清廷的意图是要看进攻贵州是否顺利，再决定多尼率军南下攻取云南的日期。

由于李定国在平定孙可望叛乱后，举措不当，不仅没有及时部署针对清方必然乘衅发起的攻势，反而为了“整顿”内部把久经战阵的领兵大员调回昆明，从而严重削弱了同清方接境地区的防御力量。在这种情况下，清军的三路进攻贵州进展得极为顺利。现分述如下：

罗托率军于二月间到达湖南常德后，即会同经略洪承畴部左标提督李本深、右标提督张勇等部官兵一万六千名进占辰州，另由偏沅巡抚袁廓宇领总兵李茹春、王平、南一魁、陈德等部官兵一万一千名由宝庆进占武冈、新宁、城步、绥宁。这月下旬到三月间，罗托、洪承畴指挥的清军已经占领湖南沅州（今芷江）、靖州[2]，长期在湘西同清方相持的明军全线溃败。清军乘胜追击，占领贵州镇远、黄平、平越；四月，占领省会贵阳[3]，南明安顺巡抚冷孟銋兵败而死[4]。

同年二月，平西王吴三桂、固山额真李国翰由陕西汉中统兵南下四川。三月初四日到达保宁，初七日起经南部县、西充县向南推进，十四日到达合州，一路上人烟断绝，“枳棘丛生，箐林密布，虽乡导莫知所从。惟描踪伐木，伐一程木，进一程兵”。吴三桂的记室（文案幕客）马玉赋诗云：“空山惟有啼鹃泪，剩屋曾无乳燕巢”，还自认“未足状

[1] 《清世祖实录》卷一一四。阿尔津不久病死，见同书卷一一七。

[2] 顺治十五年二月初九日经略洪承畴揭帖，见《明清史料》丙编，第二本，第一七九页。

[3] 康熙三十一年《贵州通志》卷五《大事纪》；道光三十年《贵阳府志》卷二《大事记中》：康熙六十一年《思州府志》卷七《事变志·事纪》；参见《清世祖实录》卷一一八。

[4] 康熙三十一年《贵州通志》卷五《大事纪》。

荒凉万一”[1]。南明镇守重庆总兵杜子香弃城而逃，吴三桂部于四月初三日占领重庆。当时川东、川西还驻有不少南明军队，吴三桂和李国翰为了遵守清廷谕旨会攻贵州，于十三日率领主力渡过长江向南推进，为防止后路被切断，留下永宁总兵严自明和新设的重夔总兵程廷俊（原广元副将）镇守该城[2]。吴三桂、李国翰军取道四川綦江县于二十五日进至贵州桐梓县境的三坡、红（虹）关、石台关[3]，这一带山高路窄，“上则摩于九天，下则坠于重渊，人皆覆涩，马皆钉掌，节节陡险，一夫可守”。明将刘镇国带领兵员和大象扼险以守，被吴三桂军击败[4]。三十日，清军占领遵义，明将郭李爱等率部卒五千余名投降[5]。五月初

[1] 马玉《征行纪略》，计六奇摘编入《明季南略》，中华书局排印本卷十五。马玉所记吴三桂军至保宁和自保宁启行日期与顺治十五年三月十二日四川巡抚高民瞻揭帖、同月十五日四川巡按陈洪柱揭帖（二件均藏第一档案馆）完全一致。《清世祖实录》卷一一六记顺治十五年四月初十日吴三桂、李国翰奏报：“官兵败贼于合州，斩获甚多。”据随军的马玉所见，合州“俨同鬼域，盖彼此所不到也”。只是南明重庆总兵杜子香派“轻舟”溯嘉陵江到合州江口侦探清军消息，并没有战斗。

[2] 马玉《征行纪略》。刘健《庭闻录》卷三记“三月初四日至合州”，误。

[3] 《庭闻录》卷三。《清世祖实录》卷一一八记：“贼首李定国、刘文秀遣伪将军刘正国等率贼众、象只在三坡、红关等处据险设伏以拒我兵。”郭影秋《李定国纪年》第一五八页说：“《播雅》云：三坡有二，一为桐梓北六十里，一在酉阳。此处当指后者。”判断失误。吴三桂军正是由重庆、綦江、桐梓南下遵义的。诸书所记以马玉《征行纪略》最为准确，他说吴军“历东溪、安稳、松坎、新站、夜郎”，前两地属綦江，后三地属桐梓。《清世祖实录》卷一二〇记顺治十五年八月吴三桂奏疏中有“臣兵至桐梓”语。清方文书内提及的三坡、红关、石台关均在桐梓县境。民国十八年《桐梓县志》卷十四《军事中》云：“顺治十五年六月（当为四月）……蜀师至三坡，桐梓兵民悉溃。刘镇国拒战，大败。”同书卷六《舆地志中·山脉》记，“山坡，古称上天梯，言其险也”，距县城六十里。“山坡”即三坡，同书卷二十赵旭、李铭诗均有《三坡》诗，述其“险峻处名上天梯”，又名滴泪三坡，为历来两军相争要地。“红关”当作“虹关”，虹关又名酒店垭，即今桐梓县地名“酒店”，在县北一百五十里，“前连綦江界，升之若登九天，下之若降九渊”。石台关疑为石炭关之讹，桐梓县有两处名石炭关，一在东北，一“在西八十里，下有大石横江，谓之关门石，为遵（义）、桐（梓）、仁（怀）三县交界处”，见同书卷七《舆地志下·关津》，今名石关。

[4] 马玉《征行纪略》。

[5] 刘健《庭闻录》卷三。

三日，吴军继续南下，经息烽、扎佐到达贵阳同宁南靖寇大将军罗托会师。十一日回师息烽，在开州（今贵州开阳）倒流水击败明总兵杨武部[1]。不久，吴三桂返驻遵义，一面休养兵马，一面招降南明官员，先后来归的有水西宣慰司安坤、酉阳宣慰司冉奇镳、蔺州宣慰司奢保受、兴宁伯王兴及部下七千余人[2]。

赵布泰军于二月初一日自武昌出发[3]，二十日到达湖南衡州。洪承畴拨给经略标下左路总兵张国柱部兵三千名，于三月初五日赴广西[4]，会合定藩下提督线国安部兵八千余名，取道南丹州、那地州（在今广西南丹县西南），北上进入贵州境，经丰宁司（今贵州独山县上司镇），于五月间攻占独山、都匀[5]。

到1658年（顺治十五年）五月，清方三路大军已经实现了会师贵州的战略目标，占领了包括贵阳在内的全省大部分地方。永历朝廷虽然发动了局部的反攻，如给土司罗大顺加官都督，让他领兵于五月间收复清平（在今凯里、福泉之间）、新添卫（今贵定县）[6]；命张先璧部于八月间两次反攻贵阳[7]，都因兵力单薄，很快被清军击退。

---

[1] 道光三十年《贵阳府志》卷二《大事纪中》；《征行纪略》。《庭闻录》卷三与《清世祖实录》卷一一八均作在开州击败明总兵梁亦英部。按，《庭闻录》卷三引吴三桂顺治十七年九月十五日奏疏曰“杨武原守倒水，经臣战败，至滇只领残兵二百”，降清后“不胜暴戾”云云，可证梁亦英之名为误记。

[2] 参见《清世祖实录》卷一二〇、《征行纪略》及《庭闻录》卷三。明兴宁伯王兴与广东文村的绣花针王兴同名，降清原因三书记载稍有差异。

[3] 顺治十五年二月初九日经略洪承畴揭帖，见《明清史料》丙编，第二本，第一八〇页。

[4] 顺治十五年三月十三日偏沅巡抚袁廓宇揭帖，见《清代档案史料丛编》第六辑，第三〇三页。

[5] 《清世祖实录》卷一一八，丰宁司误写作“抚宁州”。

[6] 道光《贵阳府志》记，罗大顺于五月间“陷清平、新添。七月，洪承畴命张勇击罗大顺于新添，大顺弃城走”。光绪《平越直隶州志》卷八《纪事》云：“七月，故明桂王都督罗大顺夜焚新添卫城，经略右标总兵张勇赴剿，大顺遁入十万溪。”

[7] 道光《贵阳府志》卷二《大事纪中》。一些史籍记载张先璧在顺治九年保宁战役后被孙可望杖毙，两说必有一误，待考。

这年九月，多尼带领的增援大军由湖南进入贵州。十月初五日，在平越州东南的杨老堡召开会议，洪承畴由贵阳，吴三桂由遵义，赵布泰由都匀赶来参加。会议决定分兵三路大举进攻黔西、云南。除了留下罗托和洪承畴带领部分军队暂住贵阳，镇守新定地方，料理粮饷外，中路由多尼统率由贵阳进攻安顺、安庄卫（今镇宁县）、关岭、普安入滇；北路由吴三桂率领（李国翰已于七月间病死[1]）攻毕节、七星关入滇；南路由赵布泰统率本部及线国安、张国柱军，并增派固山额真济席哈部一道由都匀西攻安龙、黄草坝入滇[2]。“十一月，信郡王至贵阳，后数日遂发；吴三桂、卓布泰亦于是日率甲士各五万行”[3]，从十四日起开始了针对云南的大举进攻[4]。

清军由湖广、四川、广西三路进攻，南明军队节节败退。长期同清方相持的湘西、四川、广西防线迅速瓦解，连孙可望掌权时期已经成为后方基地的贵州省也大部分被清军占领。南明西南战局出现这样全面的恶化，李定国的举措失当是主要原因。清军的进军顺利并不是在兵力上占了绝对优势，只要把1658年（顺治十五年）同1652年（顺治九年）清廷向西南战场投入的兵力做一个对比，至少可以看出以下几点：一、清方动用的兵员并没有很大的增加，1652年清方参战的军队有由敬谨亲王尼堪统率的满洲八旗精锐进至湖南；吴三桂、李国翰部由陕西汉中推进到四川南部；广西则有定南王孔有德藩下的军队。到1658年清廷抽调的

[1] 《清世祖实录》卷一二〇记：顺治十五年七月二十八日“固山额真侯李国翰卒”。马玉《征行纪略》亦云：七月“二十八日。定西将军墨侯以病卒于遵义”。

[2] 杨老堡会议见《八旗通志》卷一四一《赵布泰传》，原文说，多尼、吴三桂、赵布泰“会于平越府之杨老堡，议分兵进取云南，多尼自桂（贵）阳入，三桂自遵义入，赵布泰自都匀入，订以十二月会师云南省城”。洪承畴在顺治十五年十二月十六日揭帖中说：他“自贵州省城赴杨罗（当即杨老堡）迎王师会议，十月初七日回至平越府。”见《清代农民战争史资料选编》第一册上，第三四四页。

[3] 道光《贵阳府志》卷二《大事记中》。

[4] 顺治十五年十二月十五日经略洪承畴揭帖，见《清代档案史料丛编》第六辑，第二二〇页。

军队和用兵方向基本没有多大变化。至于统兵将领，奉命由湖南攻贵州的罗托不过是位三等镇国将军、固山额真；被任命为全军统帅的多尼（信郡王）是豫亲王多铎的儿子（袭封时十四岁，这时出任安远靖寇大将军也只有二十三岁），几乎从来没有经过战阵，这同1652年领兵大帅尼堪、多罗贝勒屯齐相比，无论在品级上还是在作战经验上都不可同日而语。二、1652年明军主帅孙可望、李定国、刘文秀都亲临前线，作战胜算多于败算；清军在四川保宁战役和湖南周家铺战役（又名岔路口战役）虽侥幸得胜，但由于损兵折将不敢轻举妄动，战局长期呈现对峙状态。三、1658年清军三路迅速推进时，南明军队不仅没有捕捉战机，主动迎击，而且处处呈现消极避战，清方的奏疏表明，直到三路主力从湖南、四川、广西直趋贵州，占领省会贵阳时，都没有遇到稍具规模的抵抗。这就说明，南明战局的全面恶化同李定国的失误有密切关系：如上文指出，他不应出于猜忌把前线大将调回昆明；清军三路进军贵州的实际行动开始于二月二十五日，李定国到七月才从昆明统军入黔迎战，贻误战机长达半年；与此相关的是，在总体上南明兵力已处于劣势的时候，要打破清军合剿，只有趁三路清军相距尚远之机，集中兵力击溃其中一路，方可赢得战略上的主动地位。马玉说："夫前此数月，三桂驻遵义，征南将军赵布太驻独山州，信郡王在武陵（湖南常德），惟宁南靖寇大将军驻贵州。当大众未合之际，定国观望逡巡。及杨老堡订期进兵，刻日饮马昆明，定国始秉钺而出，事机已失矣。"[1]他作为当事人看到了明军失败的原因，但他说的"事机"已是顺治十五年五月以后，这时多尼的增援八旗兵虽未入黔，但吴三桂驻遵义，罗托驻贵阳，赵布泰驻独山、都匀，已经实现会师，扭转战局为时已晚。

清军大举入黔，败讯不断传到昆明。永历朝廷经过紧张的策划后，才在七月间决定由晋王李定国秉黄钺出师[2]。从清方档案来看，九月到

[1] 《征行纪略》。

[2] 《求野录》。

十月间，李定国的部署是首先收复省会贵阳。他自己驻于关岭，冯双礼、白文选的军队集中于安顺一带，前锋祁三升、李如碧带领兵马三十余营进抵平坝，距离贵阳已经不远了。此外，他还以永历朝廷的名义加封罗大顺为龙平伯，派他领兵再攻新添；另派使者联络原驻四川酉阳宣慰司的宁国公王友进、荆国公王光兴领兵由思南府攻湄潭，借以多方牵制清军[1]。然而，这时贵阳及其附近地区集结的满、汉清军已经相当强盛，除罗托部八旗兵坐镇贵阳外，原归经略洪承畴节制的经略标下汉军基本上都屯扎在黔东地区。李定国数路包抄贵阳的计划无从实现。接着，多尼指挥三路进兵的消息传来，李定国就完全陷入了被动防御的境地。他命冯双礼领兵扼守关岭，祁三升部驻于鸡公背，互相呼应，凭险阻击清多尼部主力[2]；命李成爵部驻于凉水井（在今贞丰县境）[3]，张先璧部驻于黄草坝（今贵州兴义县），阻击赵布泰部清军；命白文选领兵驻守毕节的战略要地七星关[4]，阻击吴三桂部清军。另派窦名望率部增援刘镇国，加强安庄卫的防御力量[5]；给罗大顺提供粮饷，让他由水西骚扰清军后方。李定国亲自统率部分军队驻于北盘江西面的双河口，统筹全局。

十一月，清信郡王多尼指挥的主力进攻安庄卫（今镇宁县），明军迎战失利，刘镇国在城北响水桥阵亡，安庄卫失守[6]。多尼部清军乘胜进攻关岭。冯双礼为了集中兵力，率部由关岭移驻鸡公背，与祁三升合

[1] 见上引顺治十五年十二月十六日洪承畴揭帖。

[2] 据宣统元年《贵州全省地舆图说·永宁州》记："鸡公背山，城东四十里，与关索岭对峙。"按，明代在关索岭置守御千户所，"领有鸡背堡"，鸡背堡即鸡公背，见民国三十五年《镇宁县志》卷一《地理》。

[3] 李成爵在《安顺府志》等书中写作"李成蛟"。凉水井在清方档案及依据档案修成的《清世祖实录》中误译为"梁瑞津"。

[4] 罗英《乡征记》，收入光绪五年《毕节县志》卷十《艺文志·记》。

[5] 见上引《安顺府志》。

[6] 民国《镇宁县志》卷一《前事志》，卷二《营建志·桥梁》记，击败刘镇国军的是多尼部将白尔赫图布叶锡；响水桥后来改名为化龙桥。

营。可是，数以万计的军队齐集于鸡公背山顶，粮草的运输成了难题，士兵饥不得食。当清军发动进攻时，明军士兵弃险不守，自行撤退。冯双礼、祁三升见军心不稳，也只好随军撤退。吴三桂所统清军进抵毕节，见七星关形势险峻，易守难攻，就在向导指引下于十二月初二日由小路绕过险要，直插天生桥（今威宁县北天桥）。白文选被迫放弃七星关，率部由乌撒府（今贵州威宁县）退入云南。赵布泰带领的满汉清军进至北盘江罗炎渡口，明军沉船扼险而守。投降的土知府岑继鲁向清方献策，于夜间捞取沉船从下流十里处偷渡过江[1]。天亮后，扼守渡口的明军发现清军业已过江，仓皇撤退。清军在凉水井击败李成爵所部万人[2]，又在双河口、鲁沟[3]连败李定国军。李定国眼看三路堵击均告失利，特别是北线吴三桂军已经越过七星关，南线赵布泰军已占领安龙、贞丰、黄草坝（今兴义县），不仅无法阻止清军入滇，自己统率的军队也面临腹背受敌的危险。于是，他下令放火烧毁北盘江上的铁索桥[4]，由冯双礼断后，全军撤回云南。清信郡王多尼等见铁索桥已毁，命令军士砍伐竹木，编成排筏渡过盘江，在松岭击败冯双礼部，贵州全省遂落入清军之手。十二月下旬，吴三桂军由乌撒府（今贵州威宁）涉可渡河进入云南，经沾益州（今宣威县）、交水（今沾益县）至罗平，与多

[1] 据宣统元年贵州调查局印行的《贵州全省地舆图说》，罗炎在贞丰州境内，有镇、递铺，为北盘江渡口之一。

[2] 咸丰《安顺府志》卷三十一《信郡王传》中说“卓布泰亦斩李成爵于罗炎河”。《八旗通志》卷一四一《赵布泰传》仅云击败“伪伯李成爵”于梁瑞津（凉水井）。

[3] 据民国《兴仁县补志》卷首兴仁县略图，鲁沟在安龙县北面，宣统《贵州全省地舆图说》标于兴义县北；1986年版《贵州省地图集》第八十一页，凉水井、鲁贡均在今贞丰县境内，鲁贡当即鲁沟。在清方文书如《八旗通志》卷一四一《赵布泰传》，卷二二二《迈图传》中写作“鲁噶”；卷二二三《布尔哈传》写作“芦噶”；卷二二四《库尼雅传》《尹塔锡传》《简泰传》则写作“鲁冈”；《清世祖实录》卷一二三更写作“陆格”。

[4] 铁索桥在永宁州之西、普安州安南县之东，是由黔“入滇要道”，见咸丰《安顺府志》卷四十六李肇基《盘江考》；卷四十七下三元《重修盘江铁索桥碑记》。

尼、赵布泰会合，迅速向昆明推进[1]。

明军全线溃败，李定国下令放弃贵州的时候，已经估计到清军必然乘胜向云南推进，明军不可能保住昆明。十二月初九日他派使者向永历帝报告清军势大难敌，奏请“上当移跸以避清人之锋”[2]。永历朝廷自建立之始，有如一叶扁舟随风漂泊。移驻安龙时虽然比较稳定，但实际上是处于孙可望的挟制之下，苟且偷生。直到1656年（永历十年）移居昆明以后才过上比较安定的日子，朝廷各衙门开始恢复正常工作秩序。云南百姓从1647—1648年大西军平定全省后，生活稳定安乐。然而，好景不长，前方兵败的消息传来，立即在朝野上下引起巨大震动。

李定国建议移跸，在朝诸臣对于放弃昆明以后朝廷移往何处有不同意见，一部分人主张迁往四川，另一部分人则主张向西逃窜。翰林院讲官刘菧听四川、贵州人士说：“方今蜀中全盛，勋镇如云，而巩昌王全师遵义，若幸蜀图兴，万全之策也”[3]，就向永历帝面奏：“今滇云四面皆夷，车驾若幸外国，文武军吏必无一人肯从者。就使奔驰得脱，而羽毛既失，坐毙瘴乡矣。惟建昌连年丰稔，粮草山积。若假道象岭，直入嘉定，养锐以须，即或兵势猖逼嘉阳，战船、商船一刻可刷数千艘，顺流重庆，直抵夔关，十三勋闻圣驾至，必夹江上迎。乘此威灵，下捣荆襄之虚，如唾手尔！”[4]朱由榔认为这一方案很好，让刘菧依据地图指明移跸途径，又派锦衣卫官丁调鼎去征求李定国的意见，定国也赞成这个方案。十二

[1] 咸丰《安顺府志》卷三十一《名宦·信郡王传》记三路清军会于罗平。马玉《征行纪略》云：吴三桂领军“出交水大道，晤信郡王、征南将军于板桥”。板桥在罗平县东偏北。康熙三十年《云南通志》卷三《沿革大事考》记，顺治十五年“十二月，我师三路会于曲靖”；康熙三十五年《云南府志》卷五《沿革》，康熙四十四年《平彝县志》卷二《沿革》所记相同。按，曲靖与罗平接境，三路大军会合于这一地区应属情理当中，但三将会面地点当以马玉所记板桥为准。

[2] 刘菧《狩缅纪事》。

[3] 刘菧《狩缅纪事》。按，当时巩昌王白文选已经退入云南，但在四川的南明军队确实为数尚多。

[4] 刘菧《狩缅纪事》。

月十三日，李定国回到昆明，在召对时建议："此时移跸建昌，必经武定。但武定荒凉，必走宾州一路[1]，庶几粮草为便。"永历帝和晋王既已决定移蜀，当即传旨命户部尚书龚彝、工部尚书王应龙备办粮草，派广昌侯高文贵护驾，预定于十五日启程。然而，另一部分朝臣却出于种种考虑反对移跸四川。据刘茝的记载，十二月十三日晚上文安侯马吉翔同其弟马雄飞、女婿杨在秘密商议移跸事。吉翔首先说道："上为蜀人所惑，坚移跸蜀中。若移跸蜀中，则文安之必来迎驾，此老非扶（指扶纲）、雷（指雷跃龙）之比，我安能不避贤路乎？老身若退，则衣钵又安能及贤婿乎？且入蜀，则程源等必据要津，我等内无金少宰（指金维新）之助，外无晋王之援，倘安龙附孙逆之事发，我等举家无噍类，而贤婿亦罣碍矣。"说着掉下眼泪来，杨在默然无语。马雄飞认为哥哥说得有理，事关全家前途性命，当即拍案而起道："事已至此，莫若于今晚会金少宰，具道其坟墓亲属皆在滇中，安可去蜀？即翔、飞等交结已久，何肯远去？莫若苦劝晋王坚走永昌，事不可为，则幸缅国；若可为，返滇更易。若晋王犹豫，则说以蜀中勋镇林立，今殿下新败之余，远则袁（宗第）、郝（永忠）诸勋之穴，能保诸勋听节制乎？恢复荆襄，能保上不再封郝永忠等数亲王，以与殿下并立乎？则晋王必听之矣。"马吉翔当天晚上就去同金维新商量如何说服李定国改变主意。金维新是云南人[2]，长期担任李

[1] 按，宾州在广西；宾川州在云南，属大理府。《狩缅纪事》所记必为宾川州，传抄时脱落一字。

[2] 金维新原为李定国记室。郭影秋《李定国纪年》第一三八页云："近人李根源《曲石诗录》谓'金公趾，名维新'，不知何据。"按，《求野录》记"督理晋王李定国之军事者为金维新，秩左都御史"。屈大均《安龙逸史》卷下记永历十一年二月"以金维新为吏部侍郎"。刘健《庭闻录》卷三记，李定国"为人勇敢刚直，目不知书。有昆明金公趾者知其可动，取世俗所传《三国志演义》时时为之诵说，定国乐闻之。已遂明斥可望为董卓、曹操，而期定国以诸葛武侯。定国大感悟。"《行在阳秋》记撤离昆明时"晋府中书金公祉，云南人，极言入蜀不利"。可见金维新即金公趾。徐弘祖在《徐霞客游记》卷十一内记载他在崇祯十一年游滇时曾经在昆明会见金公趾，"金公趾名初麟，字颇肖董宗伯（其昌），风流公子也。……公趾昔好客，某奏劾钱士晋军门，名在疏中，黜其青衿焉"。金公趾既擅长书法，好交游，在明季又被革去生员，大西军入滇后充当李定国记室极为可能。

定国的幕僚，备受亲信。他本来就不愿意朝廷从自己的家乡迁走，又同镇守四川建昌总兵王偏头为争夺一位美女闹过纠纷，担心转入建昌后将遭到王偏头的报复。因此，他也同意马吉翔等人的密议，对李定国施加影响[1]。

十二月十五日，永历帝率领文武百官离开昆明，同日到达安宁。临行之前，李定国传谕百姓："本藩在滇多年，与尔人民情均父子。今国事颠危，朝廷移跸，势难同尔等偕行。恐清兵一至，杀掠淫污，猝难逃避，尔等宜乘本藩未行时，各速远遁，毋致自误。"[2]昆明百姓知道大祸临头，城内城外哭声鼎沸，不少人扶老携幼随军向西逃难。李定国同白文选商量准备在朝廷和军民撤退以后把昆明一带的仓库储存粮食烧毁，以免资敌。永历帝却以"恐清师至此无粮，徒苦我百姓"为理由，传出旨意不要烧毁[3]。这种妇人之仁在军事上显然是失策的，贵州地瘠民贫，清军沿途筹粮已极为困难；明军在主动放弃昆明等云南迤东地区时如果按计划实行坚壁清野，清方大军云集，粮刍匮乏，即便勉强立足，也难以乘胜直追。这点在清朝档案中也可以得到印证。顺治十六年九月二十一日经略洪承畴在一份奏疏里谈到入滇清军粮草"千万艰难"时说："所赖王师驻省城，征南将军大兵驻宜良，俱有得获贼遗粮米。职前三月内到云南，蒙信郡王令职同固山额真臣宜尔德、卓罗等委户部章京同提督张勇、总兵马鹞子及府、厅各官雇觅民夫将省城内外仓米稻

---

[1] 屈大均《安龙逸史》卷下记："时清师三路会于曲靖。朝议犹莫知适从。有陈建者，举蜀王遗表请入蜀。马吉翔恐蜀将夺其权，力沮之。沐天波请走迤西，地近缅甸，急则退守阿瓦、太公诸城，缓则据大理两关，犹不失为蒙段。上可其议。"这段话说明包括沐天波在内的云南人士大抵是主张西迁的。

[2] 《安龙逸史》卷下。

[3] 《明末滇南纪略》卷八《西走缅甸》记："晋王于十二月十六日回至省城，与巩昌王等议，欲烧仓廒朝堂府署，惟留一空城。晋王云：我等到云南十余年，也作践百姓勾了，若不留下仓粮，深为民累。于是不烧仓廒官署，腾城而去。"《安龙逸史》卷下云："时秋粮已征贮，定国谕各营不得毁其仓廪，恐清师至此无粮，徒苦我百姓。或曰：上谕晋王，令勿烧毁也。"看来最后一种说法比较可信，但李定国同意当系事实。

谷杂粮逐加盘量实数，派满汉兵丁看守，听户部章京按月支给；其宜良县米谷并委守、巡二道盘查，听征南将军委户部章京支给。所以二路大兵得支至今九月方完，不待用银买运，计节省银数甚多。”[1]可见，留在昆明、宜良的粮食竟供应了入滇清军半年以上的食用，结果是养肥了敌军，拖垮了自己。

从各种史籍留下的迹象来看，南明永历朝廷的放弃昆明很难说是一次有组织的撤退。考虑到清军是在永历帝离开昆明之后半个多月才进入该城，永历朝廷完全有时间召集文武大臣仔细研究战守机宜。可是，事实却表明朱由榔撤离昆明时就已经陷入一片混乱之中。清朝末年在昆明五华山出土了永历皇帝的玉玺“敕命之宝”。这颗玉玺被砸成两半扔下，说明朱由榔等撤离时的慌乱匆迫[2]。放弃昆明以后，庆阳王冯双礼、广平伯陈建、武功伯王会、延安王（艾能奇）长子艾承业率部向四川建昌转移[3]。二十日，朱由榔等从楚雄出发，二十四日到达赵州。这时清兵已逼近交水，李定国在二十一日领兵撤出昆明。金维新把自己同马吉翔商妥的意见向定国报告，李定国果然改变了主

[1] 《明清史料》甲编，第五本，第四五九页，经略洪承畴“为云贵兵饷中断，十分紧急”事揭帖。另外，顺治十五年十二月十五日洪承畴揭帖中对“贵州米谷甚难”，不足以供应驻贵州清军粮草的情况有详细报告；顺治十六年十一月初八日四川巡抚高民瞻报告四川“千里荒烟”，“一切粮饷俱从秦省略阳运发入川”（均见《清代档案史料丛编》第六辑）。这都证明了清朝重兵入滇后，如果不是得到明方留下的大批粮食，极难立足，更谈不上追击。

[2] 永历“敕命之宝”现藏云南省博物馆，为暗绿色玉制，中断为二，虽经黏合，仍稍有残缺。这个玉玺曾有人怀疑为吴三桂伪周时期所造，经前辈学者核对永历敕命文书所钤印文，“尺度字形，不差毫黍”，证明是永历遗物，见方国瑜《云南史料目录概说》，中华书局1984年版，第三册，第一二四二页。按，永历在位时间较长，所造不同用途的国玺应当有多种。方国瑜先生述及此“敕命之宝”时附带提到朱由榔流落缅甸后，囊空若洗，群臣索俸，愤而将黄金制成之“皇帝之宝”錾碎分给（方先生误书为“皇帝之宝玉玺”，实为金制）。估计当时未必没有玉制国玺，只是玉玺砸碎不值钱罢了。现存永历三年五月永历朝廷颁给左都御史袁彭年诰命绢本原件，上钤“制敕之宝”，永历国玺可考者至少有三种。

[3] 刘茝《狩缅纪事》。

意，决策向滇西撤退，派行营兵部侍郎龚应祯赶到赵州，请永历帝前往永昌。就全国形势而言，南明已日趋衰微，永历朝廷无论是向滇西边远地区撤退，还是辗转进入四川，都很难扭转危局。可以探讨的只是两个问题，一是西撤同北上入川两个方案中哪一个较为可取，另一点是应有统一部署。当时拥明抗清势力除永历帝、李定国等直接控制的云南、川西军队外，川东鄂西有夔东十三家，福建沿海有郑成功、张煌言等部。清军对湘西、贵州、广西、四川大举进攻以前，这三股势力就存在相当隔阂，其中据守滇、黔、湘、桂的明军不仅是主力，而且奉为“共主”的永历帝也驻于这一带。随着湘西、桂西和贵州的失守，清军进入云南，永历朝廷和李定国所统主力向西撤入人口稀少、生产不发达的滇西南，兵、饷来源极为有限，同夔东、闽海抗清武装声息难通；放弃昆明一带转入四川，虽然将处于清方包围之中，但存在发展机会。特别是放弃昆明以后，李定国护卫永历帝西撤，冯双礼、陈建、王会、艾承业率部北入四川，这种分道扬镳之势反映了晋王李定国和蜀王刘文秀旧部之间的龃龉公开化。刘文秀同李定国不大一样，在孙可望掌权时期他没有多少嫡系部队，几次出征所统率的主力都是由孙可望拨给的；孙可望降清后，他安抚的军队基本上是孙可望旧部。李定国推行歧视政策，把兵将分为“晋兵”（旧兵）、“秦兵”（新兵），刘文秀实际上被看成是“秦兵”的代表人物。刘文秀失势后郁郁病死，他的部将对李定国更加不满。史料的欠缺使后来的研究者难以说清其中的周折，但是，有一个重要事实是值得注意的，即孙可望掌权时明、清双方长期相持于四川、湖南西部和广西西部，永历朝廷的控制区基本上是稳定的。孙可望发动内讧和兵败出逃，对南明来说在政治上影响比较大，在军事上并没有显著的削弱。清廷决定乘南明内讧三路进攻，南明军队一溃千里，可是无论是清方档案文书还是野史中都看不到双方进行过激战。可见，南明节节败退的主要原因是内部摩擦和部署不当。当时担任通政司右通政使的邹简臣所述情况是：“及大清师压境，（马）吉翔倡走缅计，公（指邹简臣）力争之。定国主吉翔议，弗听。贵州巡抚辜延泰言于公曰：‘吉翔与晋王切齿公，将诬以他故而甘心焉。公死非名，宜早为计。’是夜，定国遣人捕蜀藩旧将广平伯陈建，建夜遁，密报公。公曰：‘祸至矣！’乘夜走避之禄丰。”[1]

文官武将听说朝廷变更了方针，由入川改为西撤，不少人感到前途渺茫，先后脱离朝廷，寻找避难藏身之处，如吏部尚书张佐宸与少詹事汪蛟逃入大理府山中；兵部尚书孙顺、礼部尚书程源、户部侍郎万年策、大理寺少卿刘泌、左佥都御史钱邦芑等行至永平县时改名换号躲入山中。

顺治十六年正月初三日，清军未遇抵抗即占领昆明[2]。初四日，永历帝到达永昌，跟随的官员已经为数不多。初七日，召对随驾官员和永昌地方乡绅耆老时，翰林刘菃和吏科给事中胡显等面奏："陛下前在云南，独出宸断幸蜀，不幸中改，径走永昌，已失中外之望，今永为天末，舍此则夷矣。外间轰传车驾又欲幸缅。缅为外国，叛服不常，就使忠顺来迎，我君臣患难之余，狼狈到彼，亦不能召号中外。况若称兵相阻，则銮舆进退何所恃耶？今中兴二字不过臣子爱君父之言，其实绝无机绪。莫若尝胆卧薪，闭关休养。外之守固关隘，内之劝课农桑，死守年余，以待天意转移。幸而苟全，四方必有勤王者。若敌兵势逼，仍当取道走蜀，犹可瓦全。"[3]说完，号啕大哭，左右侍臣也随之掉泪；永历帝低头无语，随即命刘菃起草《罪己诏》和《告上帝忏文》。《罪己诏》中说："明知祖制之不可灭裂，而力不能见之行事，遂徒托

[1] 道光《乐至县志》卷十四，人物，明按察司佥事宿士敏作《邹公易斋传》。参见道光二十一年《安岳县志》卷十二，《邹简臣传》。

[2] 刘健《庭闻录》卷三。顺治十六年二月十五日经略洪承畴密揭帖云："职先于顺治十六年正月二十四日具有云南省城已报平服，防剿官兵亟应预计等事一疏。……"二月初二日他奉信郡王令谕亲赴滇中，"职于今二月十六日自贵州省城起行，亲赴云南，以候信郡王臣商酌料理"。见《明清史料》甲编，第五本，第四四八页。

[3] 刘菃《狩缅纪事》。

诸宣言；明知邪正之不可混淆，而心几欲辨其贤奸，又渐寝于独断。以致天下忠臣义士，结舌而寒心；当路鬻爵卖官，寡廉而鲜耻。”《告上帝忏文》则云：“祖宗成宪既不知听，率由左右奸回，公然受其蒙蔽。”“惟苍天不早生圣人为中华主，使黎庶得谬推小子作亿兆君。忠孝阻壅于铨门，而臣不及赏；苞苴公行于政府，而臣不及知。”[1]这两件文书指责的重点放在永历帝过于信任权奸马吉翔，以致贿赂公行，丧失人心。然而，马吉翔在孙可望叛变后一度失势，转而千方百计逢迎李定国，定国不察其奸，引为知己，使其重新掌握了朝廷大权[2]。刘莅起草的文书婉转批评了李定国，反映了兵败前后永历朝廷内以原蜀王刘文秀为代表的一部分文臣武将对李定国的用人行政的不满。李定国也引咎自责，奏请奉还黄钺，削去官职，戴罪视事。永历帝给以降三级的名义处分，其他官员大抵降职署事。这不过是同皇帝下《罪己诏》一样的收买人心之举，没有多大实际意义。

永历君臣退至永昌时，留巩昌王白文选守玉龙关。清吴三桂、赵布泰追“至镇南州，闻伪巩昌王白文选拥贼在玉龙关，随遣前锋统领白尔赫图等进剿。白文选拔营先遁，我兵追及，贼复迎战，随击败之，获伪巩昌王金印一颗，生擒伪总兵吕三贵，并获象三只，马一百四十匹。至永平县，贼纵火烧澜沧江之铁锁桥遁去，臣等乘夜发兵渡江，克永昌府，伪永历及李定国遁去走腾越州”[3]。永历朝廷得知白文选兵败，在1659年（顺治十六年、永历十三年）闰正月十五日撤离永昌[4]。李定国命部将平阳侯靳统武领兵护驾，仓促西撤。这时又有一批官员落荒而逃，如大学士扶纲、户部尚书龚彝、礼部侍郎郑逢元、兵科给事中胡

[1] 刘莅《狩缅纪事》。

[2] 屈大均《安龙逸史》卷下云：永历十一年“二月，复以马吉翔兼内阁。吉翔素党可望，知不为朝议所容。时吏部侍郎金维新、兵部侍郎龚铭，方见重于定国，遂谄事之。二人言于定国，得奏请，即令入阁办事”。

[3] 《清世祖实录》卷一二五。

[4] 刘莅《狩缅纪事》。

显、御史陈起相、吏部文选司主事姜之琏等。工部尚书王应龙出身陕北制弓箭匠人，张献忠建立大西政权时任工部尚书，联明抗清后在永历朝廷内任原职，这时已经年迈，行动不便，遂对他的儿子说：“我本草莽微贱，蒙恩授职，官至司空。先不能匡扶社稷，今不能患难从君，尚可配颜求活人世乎？”言毕，自缢殉国。他的儿子哭着说“父殉国难，子成父忠”，也跟着上吊自杀[1]。

明庆阳王冯双礼等人在永历朝廷放弃昆明时，率部入四川建昌地区，本意是避开清军主力，转入敌后，会同夔东十三家的军队另创局面。由于李定国听信了马吉翔之流的意见，带领主力西撤，这两支明朝军队被清朝入滇军队隔断，相距愈来愈远。冯双礼部虽顺利地到达了建昌地区，却力单势孤，难以有所作为。夔东十三家的军队反攻重庆以失败告终（见下节），导致四川西南建昌等地的明朝将领丧失信心，不久就发生了狄三品的叛变降清。顺治十六年四月二十七日“平西大将军平西王吴三桂奏报：大兵克滇之后，伪庆阳王冯双礼同伪德安侯狄三品等遁走四川建昌卫。臣再三招徕，双礼执迷不从。狄三品等用计执之以献，并缴伪庆阳王金印一颗、大将军金印一颗、金册一副、敕一张。双礼或俘解来京，或军前正法，伏候圣裁。得旨：览王奏，计擒伪王冯双礼，具见王筹划周详，指授得宜，预伐狡谋，克奏肤功，朕心嘉悦。狄三品等遵谕效力，擒逆来献，诚悃可嘉，并敖一凤俱著从优议叙具奏。冯双礼附逆梗化，大军所至，不即投诚，窜迹入蜀，本当正法，但今既就擒，杀之无益，姑免死，昭朕好生之心，著押解来京安置。”同一天又记：“吴三桂又奏报：伪延长伯朱养恩、伪总兵龙海阳、伪副将吴宗秀等为李定国守四川嘉定州，今率众投诚，下所司察叙。”[2]这年

[1] 屈大均《安龙逸史》。

[2] 《清世祖实录》卷一二五。按，同书卷一二七记，顺治十六年七月二十三日，“授伪德安侯狄三品为抒诚侯，伪总兵冯万保为都督同知，以擒伪王冯双礼来献故也”。但狄三品实际官职仅为云南广罗镇总兵，康熙元年病卒，同年九月其子狄从仁降袭抒诚伯，见《清圣祖实录》卷六与卷七。

六月二十四日，吴三桂奏报：“官兵进取川南，伪总兵杜子香及伪官等俱缴印札投诚，叙州、马湖（在今宜宾市西，介于明叙州府与建昌卫之间），二府悉定。下所司察叙。”吴三桂又奏报：“四川乌撒军民府（今贵州威宁）土知府安重圣及云南景东府（今云南景东）土知府陶斗等投诚。”[1]这些事实说明，在永历帝撤离昆明的时候，四川西南的宜宾、乐山、西昌一带都还在南明控制之下，联系到以原大顺军为主力的夔东十三家进攻重庆战役，如果李定国只在滇西留下少量兵力会同拥明土司牵制清军，主力转入四川，与夔东明军会师的可能性相当大，明清相持的局面将延续得更长一些。

第二节　夔东十三家进攻重庆之役

当清军大举向黔、滇进攻，永历朝廷险象环生的时候，李定国等人为挽救危局，奏请永历帝派了五名太监前往川东，联络夔东十三家，让他们火速抽兵西上，进攻重庆，借以牵制清军南下。负责联络川东各支抗清力量的永历朝廷大学士（督师阁部）文安之当即组织忠州、万县、梁山地区的涪侯谭文、仁寿侯谭诣、新津侯谭弘（即所谓“三谭”）与驻守巫山、兴山一带的原大顺军余部袁宗第、刘体纯、李来亨、马腾云、塔天宝等抽调精兵十六营乘船溯流而上。川东各明军将领知道形势紧急，都同意出兵反攻重庆。1658年（顺治十五年、永历十二年）七月“三谭”和刘体纯等部明军曾一度进攻重庆[2]。清吴三桂带领的军队当时正推进至遵义（明代遵义属四川省，清朝划归贵州），他唯恐后路被截断，粮饷不继，率领主力赶回重庆防守[3]。

[1]　《清世祖实录》卷一二六。

[2]　顺治十六年八月向化侯谭诣揭帖，见《明清档案》第三十四册，A34—123号。

[3]　刘健《庭闻录》卷三。

川东明军由于兵力不足，被吴三桂军击败[1]。十月，吴三桂部继续南下贵州。十一月，川东明军再次西攻重庆。这次战役事先做了通盘的安排：由太监潘应龙联络“三谭”和“十三家”（指原大顺军余部）的水师乘船进发；督师阁部文安之亲自统领刘体纯、袁宗第、塔天宝、党守素、贺珍、马腾云等全营主力沿长江两岸陆路前进[2]。十二月初二日，谭文和镇北将军牟胜所部七千人乘船一百五十八艘先行到达重庆城下，分三股进攻该城：一路攻朝天门，一路攻临江门、千斯门，一路攻南纪门、储奇门、金子门。清重夔镇总兵程廷俊、建昌镇总兵王明德据城顽抗。战至十二月十三日，谭诣率领所部和“十三家流贼伪总兵”袁尽孝部水师六七千人乘船一百三十艘赶到重庆城下[3]。清四川巡抚高民瞻见明军势大，吓得弃城而逃[4]。十五日，双方仍在激战之中，明军突然发生内变，谭诣把谭文刺杀，率部降清，导致战役全局逆转。据清方文书记载，内变的原因是“谭诣久有归顺之心，苦为文所胁制，故行止不得自由”[5]。谭文从十二月初二日进攻重庆起，同清军激战了十二天，谭诣才率部前来，到达重庆城下后又不肯出头厮杀。谭文、牟胜见他形迹可疑，进行诘问。谭诣心中有鬼，即于十五日晚抢先下手刺杀谭文，随即派总兵冯景明到临江门下

[1] 顺治十六年正月二十日四川总督李国英揭帖，见《明清史料》丙编，第十本。《清世祖实录》卷一二〇记，顺治十五年八月丙寅朔丙子日“平西王吴三桂奏报：贼寇薄重庆城，我军炮击贼船，伤死甚多，贼众败遁”。

[2] 上引顺治十六年八月向化侯谭诣揭帖。揭帖中没有提到郝永忠、李来亨、王光兴等部，估计是让他们留守夔东基地，以防止湖广清军乘虚来袭。

[3] 顺治十六年正月二十日陕西四川总督李国英为“渝围已解，谨汇报情形，仰祈睿鉴事”揭帖，见《明清史料》丙编，第十本，第九五八至九六一页。

[4] 《清世祖实录》卷一三一记载，四川巡抚“高民瞻在重庆时，会夔门诸逆狂逞犯城，竟弃城逃遁，赖大兵救援始解”。同书卷一三八又记：“民瞻在重庆，值夔门诸逆犯城，民瞻弃城逃遁。”顺治十七年七月查实，得旨革职。

[5] 上引顺治十六年正月二十日李国英揭帖。又，谭诣自称他在顺治七年、九年、十五年先后三次暗中派人向清方接洽投降。文安之部署水陆大举进攻重庆后，他又到万县同谭弘密商归附清朝，并派使者赴保宁通报军情，见上引顺治十六年八月谭诣揭帖。

喊话，进城向清朝官员联系投降事宜。当时，重庆城里的清军不多，求救的“羽书迭告”。清陕西四川总督李国英在十二月初九日接到重庆危急的报告，十一月从保宁领援军起程，直到重庆解围，援军还只行至合川。正是在川东明军源源到达，而增援清军尚在途中时，重庆已危如累卵，忽然得到这一意外消息，有如喜从天降。清军守将重赏来使后，马上派人随同前往谭诣营中验视，证实谭文果然被杀。立即同谭诣约定乘其他明军尚未得知真相之机，于次日“协力剿杀”。十六日，清军出城迎战，谭诣也率部突然反戈相向，谭文的部众和袁尽孝所统水师措手不及，“翻船落水者，不知其数”[1]。明军水师大败顺流东撤，清军追到铜锣峡口才收兵回渝。十七日，谭弘在谭诣引导下向清军投降。顺治十六年闰三月，清廷封谭诣为向化侯、谭弘为慕义侯[2]。

由陆路进发的明军行至丰都县时，传来了水师发生重大变故的消息，文安之等人知道攻克重庆的目标已经难于实现，被迫回师东撤[3]。

这样，不仅永历帝和李定国指望夔东明军反攻重庆借以拖住由川入黔清军后腿的计划化作泡影，而且忠州、万县地区也沦入清方之手。双方的距离更加遥远，呼应不灵，完全谈不上配合作战了。

夔东明军进攻重庆之役虽由于谭诣、谭弘叛变致败，然而这一战役本身就说明夔东十三家大多数将领是坚决抗清的，也是顾全大局的。以原大顺军为主体的这支重要的抗清武装在南明朝廷内几乎一直遭到歧视和排挤，早在隆武时期何腾蛟、章旷等人控制着湖南全境时，就在驻地粮饷上对其多方进行刁难，后来在永历朝廷内又受到瞿式耜、陈邦傅、

[1] 前引顺治十六年正月二十日李国英揭帖。

[2] 《清世祖实录》卷一二五。

[3] 前引顺治十六年八月向化侯谭诣揭帖。按，谭诣自称他担心陆路明军知道消息，自己星夜放舟赶到丰都杀败“诸贼”，一直追到万县。这显然是夸功之词。明军水师战败后东撤的残余水兵必然向陆师报告情况，文安之和领兵大将在基本失去水师战船的情况下，只有决定退兵。

李元胤等人的倾轧。孙可望掌权时，也从来没有对其提供后勤支援，把这支能征惯战的军队放在关键位置上。只有堵胤锡和刘文秀胸怀全局，主张重用十三家共图复明大业，但是他们自己就不得志，空言无补。这又从一个侧面说明，李定国受马吉翔等人挑唆，没有采纳刘文秀遗表中的建议由滇入川，在战略上是失策的。作为永历朝廷后期实权人物的李定国，只想利用夔东明军进攻重庆减轻云、贵压力，却未能想到以主力出川，同十三家会师。如果定国主力由建昌、宜宾、乐山向重庆推进，谭诣、谭弘叛变的可能性必然大大减少，西南两大系统的明军会合后兵力还相当强，整个战局的演变将会有所改观。

第三节　磨盘山战役

1659年（顺治十六年）二月（明大统历闰正月）二十一日，清军渡过怒江逼近腾越州（今云南腾冲），这里是明朝西南边境，山高路险，“径隘箐深，屈曲仅容单骑”[1]。李定国估计清军屡胜之后必然骄兵轻进，决定在怒江以西二十里的磨盘山沿羊肠小道两旁草木丛中设下埋伏，以泰安伯窦名望为初伏，广昌侯高文贵为二伏，武靖侯王国玺为三伏，“埋地雷谷中，约曰：敌尽入，初伏乃发；然地雷，二、三伏乃发。首尾击之，敌尽矣”[2]。埋伏的军队携带预先制作的干粮，以免造饭冒出炊烟被清军察觉[3]。部署已定，清满汉军队在吴三桂等率领下果然以为明军已经望风逃窜，逍遥自在地进入伏击区。正在这一决定胜负之际，明光禄寺少卿卢桂生叛变投敌[4]，把定国设下埋伏的机密报告吴

[1]　刘健《庭闻录》卷三。

[2]　《残明纪事》。刘健《庭闻录》作：“俟敌至三伏，山巅举炮，首尾横击之，片甲不令其逃也。”似更合乎情理。

[3]　邵廷寀《西南纪事》卷十《李定国传》。

[4]　《残明纪事》记卢桂生为定国中书。

三桂。三桂大惊，立刻下令已进入二伏的清军前锋后撤，向路旁草木丛中搜杀伏兵。明兵因为没有得到号令不敢擅自出战，伤亡很大。窦名望迫不得已下令鸣炮出战；二伏、三伏军也应声鸣炮，冲入敌军，双方展开一场惊心动魄的恶战，清将固山额真沙里布等[1]被击毙，明将窦名望等也战死[2]。李定国坐镇山阜之上，听见号炮次序不对，知道情况有变化，派后军增援，终于击败吴三桂所统来追清军。但因兵将损失严重，李定国决定离开腾越州（今云南腾冲），令定朔将军吴三省断后并收集溃卒，自己率领主力前往孟定（今云南耿马傣族佤族自治县西之勐定街，他书多讹作孟艮[3]）。卢桂生叛变告密使李定国部署的磨盘山战役未能取得预定效果。卢因在关键时刻有“功”，被清朝赏给云南临元兵备道的官职[4]。

磨盘山战役是李定国统率明军给予占有明显优势的清军最后一次沉重的打击。清廷因损兵折将，大为恼怒，经诸王、大臣会议后于顺治十七年六月惩罚统兵将领；多罗信郡王多尼罚银五千两，多罗平郡王罗

---

[1] 沙里布为多尼部将，蒙古镶白旗固山额真。同时被击毙者尚有阿达哈哈番珲津（见《八旗通志》卷一七〇《沙理布传》、《清史稿》卷二二九，《珲津传》、《沙尔布传》，沙尔布即沙里布的另一译音）。《清史稿·珲津传》作：“十六年四月，克永昌。师渡潞江，明将李定国为伏磨盘山。师至，破其栅，珲津与固山额真沙尔布率众深入，伏起，遂战死，谥壮勤。”沙尔布传云：“明年，与珲津同战死，谥襄壮。”征南将军赵布泰的侄儿多婆罗也被击毙，见《清世祖实录》卷一三七。

[2] 屈大均《安龙逸史》记：“名望为流矢中目，自刎死。”明将在磨盘山战役中牺牲者除窦名望外，诸书记载颇有分歧，如《庭闻录》记王国玺为王玺亦与名望同时阵亡，然刘茝《狩缅纪事》记他自己和王国玺一道在庚子（顺治十七年）正月被叛将杨武所俘，三月解至昆明。

[3] 《南疆逸史》卷五十二《李定国传》作孟定土府；刘健《庭闻录》也说：“定国遂收余兵走孟定。”郭影秋著《李定国纪年》第一七二页认为《逸史》所记可靠。

[4] 雍正九年《建水县志》卷三《兵防》记：卢桂生，字月仙，四川垫江县人，选贡，顺治年间任整饬临元兵备道。道光二十七年《澂江府志》卷八《秩官》记卢桂生于顺治十七年任临元道，又云任迤东道。刘健《庭闻录》记卢桂生初降时任清大理府知府。

可铎罚银四千两，多罗贝勒杜兰罚银二千两，都统济席哈革一拜他喇布勒哈番并所加级，副都统莽古图、傅喀、克星格也受到处分，征南将军赵布泰革职为民。[1]从清廷对三军主帅的处分情况来看，磨盘山之役战斗十分激烈，清军的伤亡肯定相当大。李定国在兵势已如强弩之末时，仍然能够组织和指挥这样一场勇猛的阻击战，证明他不愧是明清之际最杰出的军事家之一。

追剿清军在进抵永昌、腾越、南甸土司一带之后，由于粮草难于接应，在这年闰三月二十四日前后撤回省会昆明[2]。当时，南明军队为数尚多，分别退到边境地区。据清经略洪承畴疏报：除了李定国、白文选、祁三升、沐天波、高文贵、靳统武、杨武、梁杰、吴子圣、吴三省、郭尚贤、王国勋等在云南迤西边境地区外，还有广国公贺九义带领伯、将军、总兵李承爵、雷朝圣、黄元才、王三才、张国用、赵得胜、杨成、彭应伯、何起龙、阎惟龙等部从临安府撤至“沅江府（当为元江府）边外”；“又有伪将军都督邹自贵、马得鸣等领残贼奔逃于顺宁府边外；再有伪伯李如碧等领残贼奔逃于云龙州边外；又伪伯廖鱼等领残贼奔逃于澜沧边外；又伪国公马宝、马惟兴、刘镇国、高启隆等领残贼奔逃于丽江边外。是云南迤西及迤东接界俱所在有贼，所在需兵，先事防备，临时进剿，实为今日至急要著”[3]。只是由于明军撤退时似乎没有一个通盘的计划，兵将虽多，却陷入一片混乱当中，指挥系统失灵，难以集中兵力对入滇清军展开有效的反击。

---

[1] 《清世祖实录》卷一三七。

[2] 顺治十六年闰三月二十九日“经略洪承畴密揭帖”，见《明清史料》甲编，第六本，第五九五至五九六页，其中云：“三路追贼大兵皆以云南迤西无粮，不能久驻。今信郡王大兵俱驻于云南省城及近州近所；平西王臣大兵分驻于省城西北之富民、罗次二县，仅离百里；征南将军臣大兵驻札省城东南之宜良县，离省城仅一百二十里，各行歇喂。”

[3] 见前引洪承畴顺治十六年闰三月二十九日密揭帖，《明清史料》甲编，第六本，第五九五页。

第二十九章
郑成功、张煌言长江之役

第一节　长江之役的战略部署

1658年（顺治十五年、永历十二年），清军三路进兵西南，李定国等战败，永历朝廷形势危急。郑成功见清方主力集中于西南，认为这是扩大以自己为首的东南抗清基地的大好时机，决定率领主力乘船北上，展开长江战役。这年五月，中提督甘辉统领前军乘船进至沙埕；二十七日在桐山（今福建省福鼎市，与浙江省接境）一带征粮。郑成功亲自带领的主力也到达距沙埕三十里的岑屿。六月初十日起，张煌言、甘辉、马信等集中兵力进攻温州府属的瑞安县城。清方报告郑军“联艅数千，甲兵数万，分道突犯，密布帐房，扎营绵亘四十余里，烟火蔽天。此番大举非比寻常登犯，且贼艅横截飞云江口（飞云江流经瑞安县城西南入海），援兵莫渡，平（指平阳县，在飞云江之南）、瑞（安）二县声息不闻。又复水陆并进，窥伺郡城（指温州）。我兵首尾牵制，万分危迫”[1]。清政府除集中浙江驻守军加强防御外，还从河南、江西、山西、山东抽调兵马增援。郑军在温州地区征集粮饷后，即移舟北上，准备入长江，攻取南京。

八月初九日，郑成功统领大批兵马乘船由浙江舟山进抵羊山（今大洋山，属崎岖群岛）。这里是“海道必由之路”，“南至定海，北至吴淞，皆一潮可到，盖江、浙之交界也”[2]。此行的目的正如郑成功所说：“我提师望复神京，以为社稷。”[3]初十日中午，成功召集各提督商讨进兵机宜。不料天有不测风云，陡然之间乌云滚天，狂风骤起，大雨如注，波涛汹涌，郑军舟船对面亦不相见，互相撞击和为大浪颠覆，翻沉损坏的很多。郑成功的六位妃嫔，第二、第三、第五个儿子都被淹死[4]，兵将、船艘、器械损失巨大。郑成功遭到这一意外打击，说：“今船只兵器损失，长江难进矣。须溜回舟山收拾，再作区处。”[5]八月十四日，他督师回到舟山进行整顿。由于该岛一片荒芜，大军难以久留，九月初，郑军船只分三帮经舟山群岛与镇海县之间的海峡南下。这次动员的兵力据清方档案记载至少有船舶一千余艘，陈应泰揭帖中竟说有“五千余艘”[6]，留守金、厦一带的兵力自然比较单薄。“重兵劲卒

[1] 顺治十五年六月二十五日浙江巡抚陈应泰揭帖，见《明清史料》甲编，第五本，第四二一至四二四页。疏中叙述郑成功进攻温州，“率伪镇张、甘、把、马诸逆”，当即张煌言、甘辉、把成功、马信，但把成功五月十四日出师时已患病，行至沙埕病重，不能乘船，移在岸上养病，六月二十三日病死于沙埕，见顺治十六年六月两广总督李栖凤揭帖报俘获把成功子把仁龄口供，《明清史料》甲编，第五本，第四五三至四五四页。可见，把成功部军队参加了温州府战役，他本人不在军中。

[2] 《观海指掌图》。

[3] 杨英《先王实录》。

[4] 顺治十五年九月十五日候代浙江巡抚陈应泰揭帖中报告据被俘郑军供称：“前被飓风，国姓淹死亲子三个，内一个六岁，一个五岁，一个一岁；又淹死老婆三个。”见《明清史料》甲编，第五本，第四三〇页。杨英《先王实录》写作“六位妃嫔”，按明制延平王正妻可称妃，时成功妻董氏不在军中，杨英称其妾为“妃嫔”，显为僭越。

[5] 《先王实录》。

[6] 见前引顺治十五年九月十五日陈应泰揭帖。

尽数而出，所余留守老巢者虽有三镇、五镇之众，不过老弱病养并在其中。”清福建提督马得功乘机出兵于六月初四日攻占了泉州附近的郑军基地白沙（即郑鸿逵归隐地）[1]。郑军中一些清方投降过来的北方兵将不习惯海上军旅生活，被羊山飓风吓坏了，纷纷逃走。郑成功一面整顿队伍，制造器械，修补船舰，筹集粮饷，准备明年再举；一面在南返途中攻克台州、海门卫、黄岩县、磐石卫、乐清县等浙江沿海要地。大致来说，在第一次北征受挫到次年五月入吴淞口进攻南京的半年多时间里，郑军主力一直驻于浙江沿海一带，成功本人也往来于磐石卫、沙关（今浙江、福建交界处之沙埕）二地。

到1659年（顺治十六年、永历十三年）二月二十日[2]，郑成功由沙关来到磐石卫，下令各提督、统领、总镇“速办船只，催完饷务，限三月内齐到磐石卫听令”[3]，着手部署长江战役。这次准备进军有两点值得注意，一是加强了金、厦基地的防务，二是命令将士携带家眷随军行动。先说第一点，郑成功吸取了上年北征时清军乘虚攻陷白沙的教训，留守金门、厦门等地的兵力显然有所加强。这年八月清福建总督李率泰向朝廷报告：

> 今逆孽虽犯江宁，而厦门各岛乃其巢穴，近据各汛报称，有伪提督黄廷等领兵数千留守厦门，尚有多贼分布各汛港口，浯洲则有伪前镇戴捷，沩洲则有伪仁武镇康邦彦，把守海澄港口海沧等处则有伪礼武镇林顺，泉州港口蜂尾等处则有伪中镇黄昌，游移高崎地方乃系伪援剿右镇吴胜，铜山更有伪护卫右镇黄元同伪忠匡伯张进，南澳则有伪忠勇侯陈豹，定海则有伪五军都督陈尧策等。或一伪镇领兵千余名，驾船数百只，或

[1] 顺治十五年六月初十日福建巡抚刘汉祚揭帖，见《明清史料》甲编，第五本，第四二五页。

[2] 按，明大统历闰正月，清时宪历闰三月，此处系明历。

[3] 杨英《先王实录》。

扼守各港要区，或往来沿海窥探。无时不图登掠，无汛不用提防……[1]

这对于保证后方基地安全和牵制福建清军无疑起了重要作用。第二点，郑成功用兵历来把将士的家属安置于比较安全的地方，拨兵保护；这次却“传谕官兵搬眷随征。谕云：官兵远征，不无内顾；携眷偕行，自然乐从。本藩统领大师，北伐丑虏，肃靖中原，以建大业。虑各勋镇将领官兵，永镇之时有为家之念，已经着兵、户官拨赶缯船配载各眷；各令有眷官兵照依派船载来，暂住林门，候令随行”[2]。他还特地指派忠靖伯陈辉、宣毅前镇陈泽领水师一镇保护女眷船只，随军行动。据记载，“时官兵俱各欣悦”，只是苦了晕船的太太小姐们，“颇有怨言”[3]。古语有云“军中有妇，士气不扬”[4]，郑成功当然不会轻易违反这个军事原则。他这样做的原因是认定攻克南京、收取江南有必胜的把握，命令中用了“永镇”字样就是个证据。这无疑犯了轻敌的错误。徐孚远作《北伐命偏裨皆携室行因歌之》诗云：

浪激风帆高入云，相看一半石榴裙。
箫声宛转鼓声起，江左人称娘子军。
长江铁锁一时开，旌旆飞扬羯鼓催。
既喜将军挥羽入，更看素女舞霓来。
挥戈筑垒雨花台，左狎夫人右酒杯。
笑指金陵佳丽地，只愁难带荔枝来[5]。

[1] 《明清史料》甲编，第五本，第四六一页。
[2] 《先王实录》。
[3] 《先王实录》。
[4] 参见《汉书》卷五十四《李广苏建传》。
[5] 徐孚远《钓璜堂存稿》卷二十。

徐孚远的诗对郑成功决定命将士携眷属随军做了巧妙的讽刺。从明、清两代战史来看，明太祖朱元璋曾经规定将领出征不得携带家眷，这固然有扣留妻子为人质，防止将领叛变的意图，但对于将士在前线作战时无旁顾之忧显然起了积极作用。清朝制度也颇为类似，刘献廷记载，“清制：惟王行师可携妇人，贝勒、贝子、公皆有定数；公以下不得有”[1]。郑成功决策的失误，对于进入长江之后郑军不愿舍舟陆行，南京城下战败后匆促撤出长江显然都有密切关系。

郑成功1659年的大举进攻南京，是基于以下几点考虑：一、据他所得到的情报，清军主力除留守北京以外，已开赴云贵一带，驻防南京一带的兵力非常薄弱，其中满洲军队只是昂邦章京喀喀木带领的一支小队伍；二、他从内地复明志士魏耕等人提供的消息中得知江南各地汉族官绅士民反清的潜在势力还相当大，判断以优势兵力大举展开长江战役，必将收到远近来归的效果；三、江南是全国财政的主要来源之地，又是全国的腹心之区，一旦夺得该地，不仅将使明、清在经济实力上发生逆转，而且攻克南京之后趁势收取长江中下游，将造成清朝统治区南北隔断，为下一步用兵创造有利条件；四、朱元璋是以南京为基地完成统一大业的，南京在明代先后是京师和留都，尽管清朝在顺治二年将其改为江宁府，但在相当多的人们心目中这里仍然是全国的政治中心之一。因此，在郑成功等人看来，攻下南京，收取长江中下游各地，复兴大业将由出没海岛之间移到龙盘虎踞的石头城，明清相持的局面将大为改观。这就是郑成功等人发动长江战役的基本战略意图。

[1] 刘献廷《广阳杂记》卷二《建义侯林兴珠阿克萨之捷》条。按，清王公出师时所携妇人亦非正妻。

第二节　郑军进抵南京城下后的双方动向

1659年（顺治十六年、永历十三年）四月，郑成功、张煌言亲统大军北上。二十八日到达浙江定海，经过两天激战，全歼镇守该地的清军，夺取了定海炮城，焚毁清水师船只一百余艘。这样，既解除了后顾之忧，又制造了进攻浙江宁波府的假象，吸引江苏、浙江清军来援。五月初，郑成功率领兵马十余万分乘大小船舰三千余只从定海北上，分三䑸进发，由中提督甘辉统前䑸，郑成功亲率兵将居中，总兵陈文达殿后，浩浩荡荡起航向长江口进发。十九日，郑军由吴淞口进入长江。清苏松提督马逢知（原名马进宝）事前已同郑成功有秘密联系，他按兵不动，实际上是心怀观望，要看郑成功是否能攻下南京才决定公开表态[1]。

当时郑成功的兵力是相当强的。其优势不仅是出动了三千多艘船舰、十余万兵力，而且装备精良。进入长江之前，五月初八日郑成功藩前军前镇马龙在乍浦降清，随马龙降清的有五艘船，其中水艍船二只，双篷船二只，水底䑠一只，兵丁及家属男妇共一百四十余名口，可是携带的装备竟有红衣炮十三位，铜百子炮四十五位，三眼枪、鸟枪十杆，火药四十二桶，连桶共重一千八百八十九斤，红衣铁弹一千六百六十三出，百子铁弹一百八十二桶，连桶共重八千八百九十九斤，铁碎子一百零五桶，连桶共重五千一百九十斤，铁盔甲四十二顶，铁甲二十六身，铁蔽手九副，铁裙九条，铁遮窝十四副，还有棉盔甲、刀、箭、长枪、

[1]　杨英《先王实录》记："十九日，移泊吴淞港口，差监纪刘登密书通报伪提督马进宝，合兵进讨。以前有反正之意，至是未决，欲进围京都时举行，故密遣通之。未报。"按，《清世祖实录》卷一三九记审讯时马逢知招认："将海逆差来伪将刘澄不即诛戮，仍行放回。""阴附逆贼是真。"又记："江南巡按马腾升与逢知结为兄弟，同谋隐徇。"同书卷一四三又记："海逆郑成功曾遣伪副将刘澄说令逢知改服衣冠，领兵往降。逢知声言欲杀刘澄，而实未杀，反馈刘澄银两，又差人以扇遗成功，又将申报成功投诚本先示成功……"

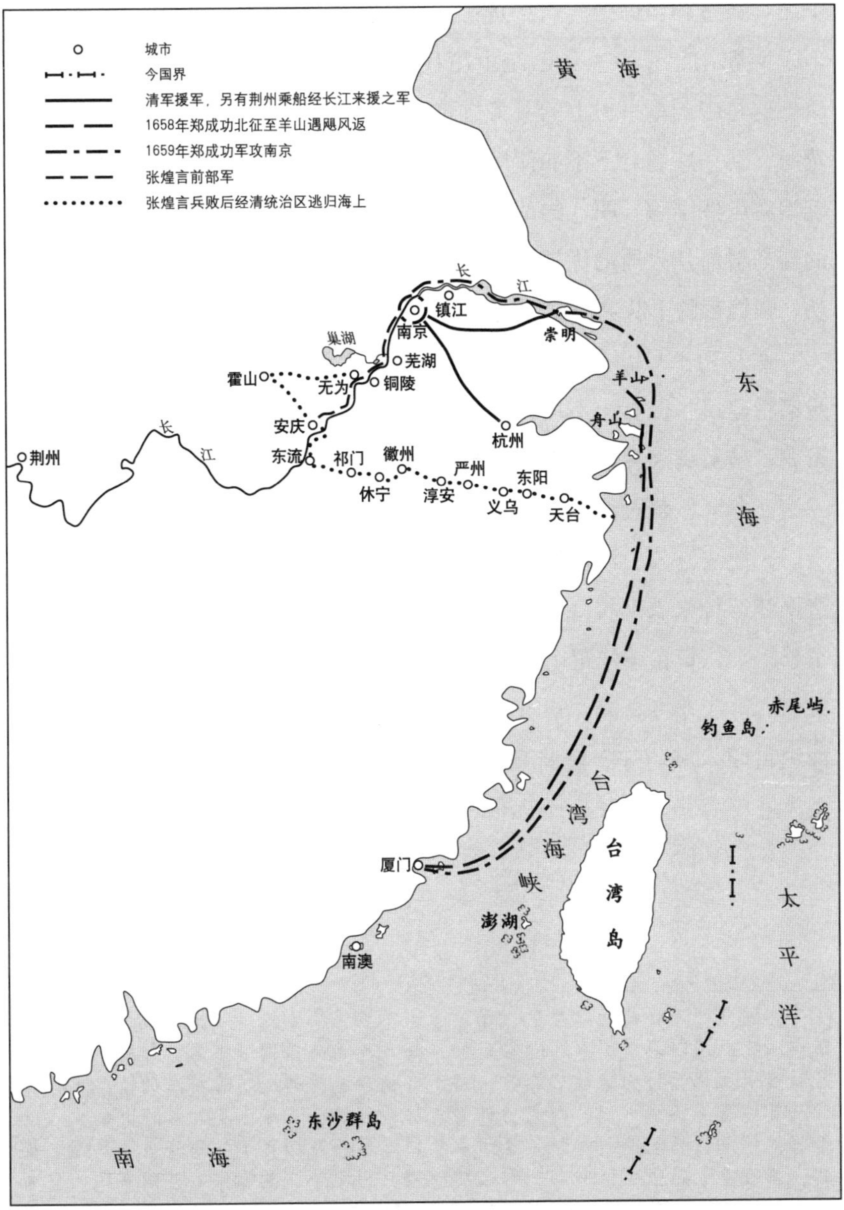

1659年郑成功进攻南京之役图

藤牌之类[1]。这五条船虽仅一百多人，拥有的进攻性火炮和防身的铁盔甲之类数量相当惊人。弱点是：一没有马，二携带妇女家属。顺便说一下，明朝末年军事装备已经由冷兵器为主逐渐向铳炮等热兵器为主过渡。这是中国军事史上的一大进步。由于当时火器性能较差，装药填弹费时，在一些场合下不如使用弓箭刀枪等冷兵器的骑兵机动灵活。清朝统治者虽然继承了明代的部分火器，但总的来说是开倒车，更重视传统的骑马射箭。火器的优越性在江、海水战中能够充分发挥，这正是郑成功、张煌言的军队克敌制胜的主要原因。

六月初一日，郑军进至江阴，清朝文武官员凭城扼守。郑成功接受诸将建议，以县小不攻，率师西上。十六日进攻瓜洲，阵斩清游击左云龙，破敌满汉兵马数千，截断清方用铁链、船只连接而成的锁江防线“滚江龙”，焚毁清军江上浮营（又称木城）三座，夺得谭家洲大炮数十门，使清方苦心经营的江防工事全部瓦解。同一天，郑军攻克瓜洲，清操江巡抚朱衣助投降，郑成功命援剿后镇刘猷镇守该城[2]。接着，郑军于二十二日在镇江银山大破清江宁巡抚蒋国柱、提督管效忠派来的援兵，清镇江守将高谦、知府戴可进献城投降。成功命右武卫周全斌、后冲镇黄昭入城防守，降将高谦以熟悉地利留之协守，其部下兵马调随主力进攻南京。又派工官冯澄世为常镇道，戴可进仍署知府事。二十六

[1] 佟国器《三抚捷功奏疏》，顺治十六年五月二十八日“为恭报投诚伪帅仰祈部从优叙用以彰鼓励事”题本。按，马龙原为鲁监国下张名振部将，张名振死时嘱咐所部兵将由张煌言领导，马龙部被改编为郑成功藩前军的情况不详，但杨英《先王实录》记，郑成功部署入江战役时令五军张英督首程大船，拨就都督罗蕴章、马隆船引港”（见该书排印本第一九〇页）。马隆当即马龙之误写，罗蕴章也是张名振旧部，郑成功凭借兵力优势，改编原鲁监国军队，任命嫡系将领接管，罗蕴章、马龙等仅充向导领港之偏裨。

[2] 朱衣助在瓜洲投降后派家人朱镇到南京接取家属，被清方捕获，朱衣助见家属未至，其父又在北京，故自郑军中逃回。见《清世祖实录》卷一三八、一三九。杨英《先王实录》等书写作朱衣佐。

日，张煌言带领的一支为数不多的舟舰已进抵南京城下[1]。

占领瓜洲、镇江以后，南京已近在咫尺，郑成功本应派主力登陆，直趋南京，以迅雷不及掩耳之势立即攻城；即便一时拿不下来，也应切断清方援军入城的进路。六月十九日喀喀木、郎廷佐给清廷的告急题本中说：“巡抚蒋国柱、提督管效忠等于六月十七日报，瓜洲城两翼所有红衣炮均被掠去等语。旋经询问自瓜洲逃回披甲等，则称瓜洲失陷是实。”[2]既然瓜洲清军败卒在一两天内已逃回南京，郑军当然也可以在差不多的时间里推进到南京城下。然而，他没有这样做，失去了第一次战机。六月十八日晚上，清朝进攻贵州的部分满洲八旗兵在梅勒章京噶褚哈、玛尔赛、吐尔玛率领下由荆州乘船四十艘到达南京，增强了防守力量。清两江总督郎廷佐在题本中说：“自海逆于京口得志后，贼势大盛，于六月二十六等日，已溯江逼近江宁。时因城大兵分，力薄难支，幸由梅勒章京噶褚哈、玛尔赛、吐尔玛等率满洲兵自贵州前来，省城方得无虞。若非贵州凯旋之师抵达，江宁实难保全。”[3]但是，这支由贵州返回的清军数量有限，本是因出征日久由他部替换回北京休息的军队，大部分没有携带战马、盔甲，作战能力比较有限。所以，在他们到达南京之后的第二天，喀喀木和郎廷佐在向朝廷密报瓜洲失守，要求“除准留自贵州回来无乘骑兵丁外，速从京师调遣大兵前来，方可恢复瓜洲，大江两岸城池亦不致失守”[4]。可见，即便在噶褚哈等统率的清军到达以后，南京清军实力仍然是不足的。

---

[1] 顺治十六年八月十五日清两江总督郎廷佐题本、驻江宁府昂邦章京喀喀木奏本、梅勒章京噶褚哈、玛尔赛、吴孝力等奏本，均见《满文兵科史书》，引自安双成《清郑南京战役的若干问题》，此文收入1989年版《郑成功研究国际学术会议论文集》第一一五至一三一页。按，张煌言《北征录》记，攻克瓜洲后郑成功本拟直攻南京，煌言建议应先取镇江。成功采纳了他的建议亲领主力攻镇江，让煌言率舟师先往南京。煌言军抵南京观音门下“乃六月廿有八日也”。

[2] 《满文兵科史书》，转引自安双成《清郑南京战役的若干问题》。

[3] 《满文兵科史书》，转引自安双成《清郑南京战役的若干问题》。

[4] 顺治十六年六月十九日喀喀木、郎廷佐密题本，引自安双成文。

此后，清、郑双方军事的部署颇值得注意，因为它们直接关系到南京之役的胜负。

郑军方面：六月二十四日占领镇江以后，行动异常缓慢。二十五日郑成功亲自巡阅镇江府城，在北门外甘露寺举行了阅兵典礼，谆谆诫谕右武卫周全斌、常镇道冯澄世：“城守贵乎严肃，宁民必以简静。镇江首先归顺，乃为恢复之始，当十分加意抚字，以为天下榜样。宜严束官兵，日夜住宿窝铺，不许混落城下，擅入民家，致行骚扰。该道不时缉解，有扰民者，罪连该统领。其民，不准道府差役扰索，该统领须为查察，有病民者，即拿启报，罪连该道。此处骚扰，即四方望风而遁，天下事自尔等坏矣。慎之，慎之！至于守城机宜，商确而行。”镇江府内果然“市不易肆，民不知兵”[1]。郑成功以镇江为榜样确实收到了显著效果，附近各城“归附者接踵而至”[2]，句容、仪真、滁州、六合等城相继来归。然而，进攻南京这一头等大事却迟迟未行，仅派兵部张煌言和杨戎镇往浦口（南京北岸）安抚。三天以后，郑成功认为镇江地区已安抚就绪，才在二十八日召集各提督、统镇会议，讨论进攻南京事宜。会议开始时，郑成功提出“官兵行程，水、陆孰得快便？”中提督甘辉说：“兵贵神速，乘此大胜，狡虏亡魂丧胆，无暇预备，由陆长驱，昼夜倍道，兼程而进，逼取南都。倘敢迎战，破竹之势，一鼓而收；不则围攻其城，以绝援兵，先破其郡，则孤城不攻自下。若由水而进，则此时风信不顺，时日犹迟，彼必号集援虏，婴城固守，相对□战，我亦多一番功夫矣。”成功赞成这个意见，可是，其他将领却以“我师远来，不习水土，兵多负重，值此炎暑酷热，难责兼程之行也”。又提出正下大雨，河沟皆满，不利于行军[3]。郑成功竟然采纳了这一主张，决定由水路进发。

[1] 《先王实录》。
[2] 《先王实录》。
[3] 《先王实录》。

镇江距南京不过百里之遥，如果由陆路直趋南京，按甘辉的建议“昼夜倍道，兼程而进”，至迟两天内可达；按张煌言的说法，“虽步兵皆铁铠，难疾趋，日行三十里，五日亦当达石头城下”[1]。其实，郑军中身披重铠的“铁人”不过五千（一作八千），其他绝大多数军队携带装备较轻，绝不至于一天只走三十里。所谓“不习水土”“炎暑酷热”，固然有一定道理，但同以辽东和北方人为主组成的清满、汉军队相比，就很难说得过去。至于正逢大雨，不利陆路行军，更是一种借口，因为清方援兵由上海、杭州等地赶赴南京，路程要远得多，竟然在决战以前进入南京。这说明郑成功和他的多数部将不仅过于习惯水上作战，而且缺乏战略眼光。

郑成功所统十几万大军既然决定由水路向南京进发，所乘海船形体巨大，逆水而上，又不顺风，靠纤挽而行，十天之后（七月初九日）才到达南京仪凤门下。按情理说，作战兵将既然是乘船而来，当不致旅途疲劳，进抵南京之后稍事部署即可发起攻城。可是，郑成功仍然慢吞吞地动作，七月十一日他率领大将甘辉、马信等数十人在几百名亲随侍卫保护下“绕观钟山，采踏地势”[2]，“十二日，成功率诸文武祭太祖，哭奠列宗毕，令甘辉、余新扎狮子山；万礼、杨祖扎第二大桥山上；以翁天祐为救应，御仪凤门要路；马信、郭义、黄昭、萧拱宸屯扎汉西门，连林明、林胜、黄昌、魏雄、杨世德诸营垒。又令陈鹏、蓝衍、陈魁、蔡禄、杨好屯扎东南角，依水为营；刘巧、黄应、杨正、戴捷、刘国轩屯扎西北角，傍山为垒，连周瑞、林察、张名振（？）等营。又令张英、陈尧策、林习山屯扎狱庙山，连诸宿镇护卫成功大营。各设鹿角瞭望，深沟木栅防御。江南一时震动”[3]。这实在是一种奇异的部署。明代的南京城垣周围广阔，以郑成功的兵力根本不可能做到将该城包围得

[1] 张煌言《北征录》，见《张苍水集》第四编。

[2] 江日升《台湾外纪》卷四。

[3] 江日升《台湾外纪》卷四。安双成文引喀喀木与噶褚哈、玛尔赛、吴孝力等两件满文奏本均云“七月十二日，海逆逼近省城，立营八十三座”，可资印证。

水泄不通，唯一可取的战术是分兵数路佯攻，借以迷惑城内清军；而以主力选择城守薄弱环节，一举突破。郑成功计不出此，他过分迷信自己在军事和政治上的威慑力量，认为足以迫使城内清军不战而降。因此，从七月十二日部署"围城"安营扎寨，到二十四日全军败退，竟然没有组织过攻城。邵廷寀记："初至，马信即欲挥兵登城。成功不许。"[1]张煌言也说："然延平大军围石头城者已半月（按：实际为十三天），初不闻发一镞射城中。"[2]由于史料不足，我们实在难以准确知道以夺取南京为战略目标的郑成功在石头城下究竟出自何种考虑。野史记载，当成功部署诸将安营之时，"参军潘庚钟曰：细观城内，必然空虚，可令四面攻击，齐倚云梯，此城必然可得"。成功深以为然，正发令各提、镇预备云梯、木牌（类似盾的挡箭牌）、布袋（可装土垒成阶坡供登城之用），以便攻城。南京城内的清水师提督管效忠派人来纳款伪降，口称："大师到此，即当开门延入。奈我朝有例，守城者过三十日，城失则罪不及妻孥。今各官眷口悉在北京，乞藩主宽三十日之限，即当开门迎降。""功允其请，而厚赏之，复谕之曰：'本藩攻此孤城，不过一脚尖耳。既然来降，姑准其宽限者，盖欲取信于天下也。若至期不降，攻入之时，寸草不留。'差者叩首而去。潘庚钟曰：'此乃缓兵之计，不可凭信，可速攻之。'成功曰：'自舟山兴师至此，战必胜，攻必取，彼焉敢缓吾之兵耶？彼朝实有定例，尔勿多疑。'庚钟曰：'孙子有云：辞卑者，诈也；无约而请和者，谋也。欲降则降，岂恋内顾？决是城中空虚。速为进兵攻之，乃为上策。'功曰：'古者攻城为下，攻心为上。今既来降，又准其约，若骤然攻之，彼心不服。俟其不如前约，然后急攻，莫谓城内人心悦服，且使天下皆知我行仁义之师。况太祖皇陵在此，亦不宜震动也。'功实以江上两次之捷，遂不听庚钟之言。发令诸提、镇，严防谨守，日则瞭望，夜则伏路，金鼓之声，日夜

[1] 《东南纪事》卷十一《郑成功》上。

[2] 张煌言《北征录》，出处见前。

不息，守困以待其降。管效忠得差回报允限之言，喜曰：‘此乃朝廷之福。’随密檄附近救援。”[1]江日升的记载在跟随成功南京之役的户官杨英的著作里可以得到印证。杨氏记载，七月十一日郑军截获清提督管效忠自镇江败回后派往苏、松等处调集援兵的公文和给清廷的紧急求援疏，其中说：“海师二十余万、战船千余艘，俱全身是铁，箭射不透，刀斩不入。瓜、镇二战，败回者魂魄犹惊，策战者鞠缩不前。现攻下镇江、太平、宁国等府，浦口、六合、丹涂（当作当涂）、繁昌、句容、浦江等县，滁、和等州；松江提督马进宝阴约归□。现在攻围南都，危如垒卵，乞发大兵南下救援扑灭，免致燎原焰天”，云云。郑成功阅后非常高兴，判断“南都必降”，当即命人草拟招降书，故意引用管效忠给清廷奏疏中的一两句窘迫之语，用箭射入城中。“管效忠回有书报，俱有稿在礼科”[2]。同时，还写了一封密书通知苏松提督马逢知。

郑成功无疑是受骗了。郎廷佐、管效忠和在南京的满洲将领合谋愚弄固然是原因之一，主要因素还是他陶醉于瓜洲、镇江两战胜利和大批州县的望风来附。他的一些作为使人不禁想起宋襄公之仁，似乎完全忘记了在总体上清方的兵力比自己强大得多，轻易许诺的一个月时间内必然造成两种后果：敌方在兵临城下的态势下不仅不会松懈防守意识，而且可以从容调兵遣将，部署反击；己方孤军深入，利在速战，弃此不图，锐气将逐渐消磨。换句话说，郑成功的部署实际上是把主动进攻变成了被动挨打。

下面再看清方的动态。自郑成功军突破长江防线，击败南京来援的管效忠部后，清南京满、汉文官武将已认识到当务之急是确保南京。为了保卫南京，他们一面以管效忠的名义卑辞“请降”，借以缓兵；一面不惜以放弃部分州县为代价，从附近地区调集一切可用的军队，同时

[1] 江日升《台湾外纪》卷四。按：《孙子》原文为“辞卑而益备者，进也……无约而请和者，谋也”（卷中，行军第九）。

[2] 《先王实录》。

向清廷发出十万火急的求援奏疏。在援军陆续到达之前，郎廷佐、喀喀木、噶褚哈、管效忠等人自知兵力不敌，不敢出城作战，因为出战必败，不仅使守城兵力减员，也将影响士气。

清方满文档案记载，六月三十日南京清军曾在江面击败“首帮抵宁贼船”，“缴获船只达二十余条，五十两重镀金王印一颗、锡铸将军印一颗，以及大量器械”[1]。这是清将为向朝廷报功夸大战斗重要性而上报的战果。实际上六月三十日清军江中之战的对手只是张煌言所统“先上芜湖”的“轻舟数十”。煌言自记：“七月朔（按：明历与清历不同），虏侦我大粽尚远，遂发快船百余，载劲虏，侵晨出上新河，顺流而下，击棹如飞。余左右不满十舟，且无利兵，战不利，几困。忽一帆至，则余辖下犁艚也。乘之复战，后粽续至，虏始遁去，而日已曛矣。诘旦，整师前进。虏兵不出。”[2]煌言所部“兵不满千，船不满百”[3]，平均每船仅乘十人，这么小的一支船队被击败后，清军不敢追击，予以全歼，不是兵力不够，而是不能远离南京。这又从一个侧面说明了清南京守御力量相当单薄，也表现出清军将领的深谋远虑。

七月中旬，清军援师陆续赶到南京。苏州水师总兵梁化凤于六月二十八日率四千兵卒由崇明出发，在苏州与巡抚蒋国柱的抚标兵会合，七月十四日进至丹阳，傍晚时分连续接到总督郎廷佐四次调兵入援南京的羽书。化凤知道南京危急，连夜进兵，十五日上午到达句容县，这里是已经向郑成功纳款投降的地方，“丘陵曼衍，草木蒙茏”，化凤怀疑有埋伏，下令严密戒备，搜索前进，结果毫无郑军踪迹。通过险处以后，梁化凤笑着对部下说：“贼何知，反使有数千人蔽林扼险，则吾能安行无恐哉！”当天深夜即到达南京城下，郎廷佐等非常高兴，开正阳

[1] 见前引安双成文。
[2] 张煌言《北征录》。
[3] 张煌言《北征录》。

门让梁军入城[1]。梁化凤部在十四日傍晚接到救援南京命令，自丹阳急速行军，次日深夜就进入南京城，只用了一天多时间；而郑成功在六月十六日攻克瓜洲后，如果由长江南岸登陆，直趋南京，路程比梁化凤还要短。郑军云集南京城下后又满足于附近州县的纳降，并没有派出部队切断清军入援之路。在“围城”的十二天里，不仅梁化凤部长驱直入南京，江苏、浙江等地的驻防清军也相继赶到，“至七月十五日苏松水师总兵官梁化凤亲统马步官兵三千余名至江宁，又抚臣蒋国柱调发苏松提督标下游击徐登第领马步兵三百名、金山营参将张国俊领马步兵一千名、水师右营守备王大成领马步兵一百五十名、驻防杭州协领牙他里等领官兵五百名俱抵江宁”[2]；浙闽总督赵国祚和驻防杭州昂邦章京柯魁派镶黄旗固山大雅大里、甲喇章京佟浩年带领驻防杭州披甲满洲兵五百名，浙江巡抚佟国器派抚标游击刘承荫领精兵五百名也“星驰赴援”[3]；分驻南京上、下游的清军也源源到达。当郑成功沉浸于守城清军即将投降的梦幻之中时，清方却在不断调集援兵，力量的对比逐渐发生变化。

为了说明清方在作战初期的兵力不足和郑成功的坐失时机，应当再谈一下清廷的震惊。六月十九日清两江总督郎廷佐密疏报告瓜洲失守，请求“速从京师调遣大兵前来，方可恢复瓜洲，大江两岸城池亦不致失守”。紧接而来的是镇江失守、江宁（南京）危急一连串噩耗，郑军“势甚猖獗，连艅长驱，□困江宁，侵犯上游，大江南北各州县相继失守，内外信息不通几一越月”[4]。当时正在北京的王沄记载：“居久之，

[1] 吴伟业《梁宫保壮猷记》，见《梅村家藏稿》卷二十五，文集三。《明季南略》卷十六，《郎廷佐大败郑成功》条记：“七月，南京被围既久，廷佐檄松江总兵马进宝及崇明提督梁化凤入援，进宝不奉檄，化凤以四千人至。”

[2] 见《清世祖实录》卷一二七，顺治十六年八月己丑朔江南总督郎廷佐奏报。

[3] 佟国器《三抚捷功奏疏》，书首识语。

[4] 《明清史料》丁编，第三本，第二四二页，“江南总督题海寇异变税课委无可征残本”。

而闻京口之乱，京师大震。东南之客，皆惶怖思归，至有泣下者。”[1]顺治帝福临惊慌失措，西方传教士汤若望叙述当时的情况说：皇帝“完全失去了他镇静的态度，而颇想作逃回满洲之思想。可是皇太后向他加以叱责，她说：他怎么可以把他的祖先们以他们的勇敢所得来的江山，竟这么卑怯地放弃了呢？他一听皇太后的这话，这时反而竟发起了狂暴的急怒。他拔出他的宝剑，并且宣言为他绝不变更的意志，要亲自去出征，或胜或死。为坚固他的言辞，他竟用剑把一座皇帝御座劈成碎块。照这样他要对待一切人们的，只要他们对于这御驾亲征的计划说出一个不字来时。皇太后枉然地尝试着用言辞来平复皇帝的暴躁。另派皇帝以前的奶母到皇帝面前进劝，可是这更增加了他的怒气。各城门已贴出了官方的布告，晓谕人民，皇上要亲自出征。登时全城内便起了极大的激动与恐慌”。关于福临要“御驾亲征”事，中方文献里也有类似记载，王熙当时在清廷任礼部尚书，备受顺治皇帝亲信，他也记载：己亥（1659）“以海逆入犯江南，上拟亲征，奉旨扈从，不果行”[2]。洪若皋也在康熙二十四年（1685）三月追记：“世祖章皇帝闻变，震怒，于八月初九日驾幸海子（指北京供皇帝游猎的南海子），整饬六师亲征。是日申时，江南巡抚蒋国柱报贼已破。初十日子时，驾回宫，传百官于午门宣捷。寇平，以六等治从逆诸人罪，诛杀连年。”[3]七月初八日，清廷“命内大臣达素为安南将军，同固山额真索洪、护军统领赖达等统领官兵征剿海逆郑成功”[4]。清朝最高统治者于震惊之余，派出的仅仅是达素、索洪等二流人物，可以想见清廷在重兵聚集云贵之后，已经处于捉襟见肘的境地了。至于对江南清方当局造成的压力更是不可言喻，

[1] 王沄《漫游纪略》卷二《燕游一》。

[2] 王熙《王文靖公集》，自撰《年谱》。

[3] 汉译魏特《汤若望传》；洪若皋《南沙文集》卷五《海寇记》。按，汤若望说福临放弃亲征是由于他的劝说；洪若皋则说是因为接到了捷报。此事为清廷所讳言，姑且两说并存。洪若皋在康熙初任福建福宁道，摄福建按察使，并曾入京朝觐，他的记载不能看作一般野史。

[4] 《清世祖实录》卷一二七。

除了南京城中的总督郎廷佐等被迫约降以延时日外，漕运总督亢得时因责任攸关，不得不“出师高邮”往援南京，然而他早已闻风丧胆，以为不死于敌必死于法，七月二十一日竟然在途中从船上跳入水中自尽[1]。

第三节　南京战役失败和郑成功退出长江

七月下旬，清方守备南京的兵力已经大大加强，而郑成功顿兵坚城之下不攻不战，士气难免低落。就在清军反攻前几天，郑成功命户官杨英巡视部队，竟发现前锋镇余新部下的士卒离开汛地到江边捕鱼。郑成功得报后很担心余新轻敌“偾事”，说：“取鱼者伙兵则可，或战兵则事去矣。”[2]二十二日晚上，南京城里的满、汉官员认为时机已到，派汉族绿营兵打头阵，由梁化凤率领部下骑兵五百余名出仪凤门、管效忠领兵出钟阜门于次日黎明时分突然对郑军营垒发起冲击。驻守在这里的余新等部盔甲器械都来不及披挂周全就仓促上阵，很快被清军击败，余新被俘[3]。清军初战告捷，收兵在城外扎营。[4]

当天晚上，郑成功依据形势的变化，重新部署军队，以观音山至观音门一带为集结地点，准备同清军决战。派左先锋镇杨祖统率援剿右镇姚国泰、后劲镇杨正、前冲镇蓝衍屯扎大山上，做掎角应援；中提督甘

---

[1]　《清世祖实录》卷一二七。

[2]　《先王实录》。

[3]　《明季南略》卷十六《郎廷佐大败郑成功》记余新之败是因为有奸细输情于清方，说“廿三日为成功生日，诸将卸甲饮酒，乘其不备，可破也”。清兵如计而行，遂获大胜。成功生日为七月十三日，与此不合。郑军懈怠是失利的原因。

[4]　南京城下双方交战的开始诸书记载不完全一致。《先王实录》云：“二十二日午，虏就仪凤门抬炮，与前锋镇对击。我炮架并堵塞路口，俱被击碎，官后无站足。虏齐拥大队冲来，或由厝项爬下，前锋镇余新、左营董廷并各大小将领官兵全军战没，中冲镇副将萧拱柱亦战阵亡，萧拱宸浮水而逃。时藩见前锋营炮响，必是虏警，催左提督迅援不及，虏破前锋镇营，随蜂拥出城住扎。”按，二十二日及二十三日两天的战斗在清方档案中均作二十三、二十四日。

辉、五军张英伏于山内；左武卫林胜、右虎卫陈魁列阵于山下迎敌；他自己督右虎卫陈鹏、右冲镇万禄在观音门往来策应；后提督万礼、宣毅左镇万义等堵御大桥头大路；右提督马信、宣毅后镇吴豪、正兵镇韩英由水路抄蹑其后；左冲镇黄安专门负责水师，防止清军由水上来犯。郑成功的这一临战部署显然是不正确的。因为清军已出城扎营，次日即大举进攻，郑军连夜移营，将士必然感到疲劳，也不可能熟悉地形，做好迎战准备。

南京城中的清方大员在梁化凤、管效忠出战得胜后，决定在第二天全力出击。具体部署是：昂邦章京喀喀木、梅勒章京噶褚哈、玛尔赛、总兵梁化凤等率领主力由陆路出战；提督管效忠等领军由水路配合；总督郎廷佐等在城留守。二十四日晨，清军从观音山后分路直攻杨祖部军，郑军四镇虽顽强抵抗，终因兵力不敌，几乎全线崩溃，前冲镇蓝衍阵亡，杨祖、杨正、姚国泰领残兵逃窜，山头遂被清军占领。郑成功派右虎卫陈鹏、右冲镇万禄登山援救，但为时已晚。清军乘胜由山上以压顶之势向明军猛扑，一举包围了驻守山谷内的中提督甘辉、五军张英部，二将领兵死战不得脱，甘辉被俘，张英阵亡。列营于山下的林胜、陈魁两镇也全军覆没。后提督万礼等在大桥头遭到清兵首尾夹攻，兵败，万礼被俘，万义泅水逃出。郑成功见陆师已经全线崩溃，命令参军户官潘庚钟站在表示统帅驻处的黄盖下面，自己率领亲随卫士赶往江边调水师。但是败局已定，有限的水师既要保护随军眷属，又要为撤退留下后路，没有力量扭转形势了。清军乘战胜之威进攻郑成功的指挥所，潘庚钟挥众力战直至阵亡。郑军虽败，其将士的英勇献身精神实堪称赞。邵廷寀记："余游吴淞，遇梁化凤部将管姓者，述己亥战事颇悉。其人身在军中，自石灰山转战而下，声如崩山。然犹按步鼓收兵，至后乃大溃，延平师有纪律如此。……化凤亦言：当劲敌多矣，未有如郑家之难败者。"[1]至此，攻取南京的战役完全失败，郑成功只有收集残

[1] 《东南纪事》卷十一《郑成功》上。

兵，另图他策了。

张煌言总结这次战役失败的原因说："延平大军围石头城者已半月，初不闻发一炮姑射城中，而镇守润州将帅亦未曾出兵取旁邑，如句容、丹阳实南畿咽喉地，尚未扼塞，故苏、松援兵得长驱集石城。余闻之，即上书延平，大略谓顿兵坚城，师老易生他变，亟宜分遣诸将尽取畿辅诸城，若留都出兵他援，我可以邀击歼之，否则不过自守虏耳。俟四面克复方以全力注之，彼直槛羊阱兽也。无何，石头师挫，缘士卒释兵而嬉，樵苏四出，营垒为空，敌谍知，用轻骑袭破前屯。延平仓促移帐，质明军灶未就，敌倾城出战，兵无斗志，竟大败。"[1]这段话对郑成功的骄傲轻敌，部署不当，做了相当精辟的论述。

二十五日，郑成功率领败军乘船到镇江，查明将领和兵员损失情况，把阵亡、被俘将领部下的士卒拨归其他将领统辖。二十八日，即主动放弃镇江、瓜洲等城市，全军（包括在镇江投降的高谦等部，但不包括张煌言部）退出长江口[2]。

八月初四日，郑军退到吴淞；初七日兵船集中于平洋沙、稗沙一带。郑成功有意攻占崇明县城，控制长江出海口。"初八日，舟师至崇明港，集诸将议曰：师虽少挫，全军犹在，我欲攻克崇明县，以作老营，然后行思明（厦门）吊换前提督等一支，再图进取。一则逼其和局速成，二则采访甘提督等诸将生死信息，三则使虏知我师虽败，尚全力攻城，不敢南下袭我。诸将以为如何？众答曰：可。于是随派防水师并攻城官兵。"初十日郑军在崇明登陆，派右武卫周全斌攻西门，宣毅后镇吴豪攻北门，正兵镇韩英攻东北角，后冲镇攻西南角。次日上午开始大举攻城，郑成功亲自督战。清游击刘国玉、仝光英、王龙、陈定等据城顽抗。韩英和监督王起俸奋勇攻城，都被清军火铳击伤，几天后伤

[1] 张煌言《北征录》，这里的引文据查继佐《鲁春秋》附录本，文字与《张苍水集》所载稍有不同。

[2] 清方记清军收复镇江在七月二十七日，见《郑成功档案史料选辑》，顺治十六年"为报明江宁崇明获捷有功人员事揭帖"残件。

重而死。郑成功还想让其他将领带兵猛攻，周全斌建议："官兵被创之余，昨日韩英被伤，闻者寒心，无心恋战。且得此孤城绝岛亦是无益，不如回师南下休整。"郑成功同意了这一意见，传令班师[1]。

郑成功南京之役，清朝官方指斥为"海贼入犯"固无足论，后来的史学家也评论不一，有的称赞为恢复壮举，有的讥为轻举妄动。本书作者认为可以总结出以下数点：

一、郑成功进攻南京之役是正义的，符合当时百姓的愿望。这从他和张煌言领军溯流而上，大江南北许多州县的绅民望风归附可以看得很清楚。战役前期取得的成果相当惊人。顺治十六年九月二十一日江南总督郎廷佐揭帖中有一段概括性文字说："不意海氛狂逞，自五月初旬即寇崇明，旋入京口，至六月中旬陷瓜洲、破镇江、仪真、六合、江浦，沿江一带四散蹂躏，直逼省城。又分侵上游，以致宁、太、池三郡属邑并和、含等州县相继失守。……以五、六、七月之间在江北而论，如瓜、仪、天长、六合、江浦、滁、和、含山被陷矣，而淮、扬等郡震邻滋蔓也。在江南而论，如丹徒、高淳、溧水、建平残破矣，而上元、江宁、溧阳、丹阳等处界连荼毒也。在上江而论，如太平、宁国、池州、当涂、芜湖、繁昌、宣城、南陵、贵池、铜陵、无为、舒城、庐江、巢县等处失守矣，而安、徽、庐三郡接壤地方祸延不小，室庐货物被其烧毁，子女玉帛被其掳掠，田地禾稻被其蹂躏。今虽寇遁，而逃亡流离大费抚绥。"清方为保卫南京"调集诸路满汉大兵会剿，齐驻省城，甲士云屯，战马鳞集，所需粮饷，日费万有余金……"[2]郎廷佐奏疏中虽不免有诬蔑之词，但不难看出到决战前夕清江南地区已势同瓦解，疏中所列失守城池绝大部分是郑军未到而主动反清归明的，反映了人心的向背。

二、如果郑成功能够采纳正确建议，进至瓜洲一带时统率主力由陆

[1] 杨英《先王实录》。参见顺治十六年"为报明江宁崇明获捷有功人员事揭帖"残件，《郑成功档案史料选辑》第三〇九页。

[2] 《明清史料》甲编，第五本，第四五五至四五七页。

路直趋南京，乘城中清军守备兵力单薄迅速攻城，清方“城大兵单”，突破一处，歼灭守敌的可能性是相当大的。只要攻下南京，在政治上和军事上就已占上风，然后分兵四出，仍在观望之中的清绿营官兵马逢知之流和更多的汉族官绅必然反正来归，顽固不化者聚而歼之。这样，有可能迅速占领江南财赋之区，清廷在经济上必然陷入困境。达素由北京统领南下的一万余名援军和明安达理部先后从荆州东下的两批援军数量既有限，又不熟悉水战，难以扭转战局。清廷如果调回进征云、贵的主力对付郑军，不仅路途遥远，丧失战机，还将给李定国、白文选等以卷土重来的机会。郑成功、张煌言若能联络夔东十三家的兵力，更将使西南清军回救江南造成重大障碍。明、清对峙的局面将延续更长时间。时人沈光文总结南京之役道：

永历己亥之岁，延平扬帆出海，拨棹横江，戈挥于铁瓮（镇江古名）之南，艦系于金陵之北。童叟望云来霓，开天见日，妇女箪食壶浆，镂骨铭肥。惟因人皆济美，遂用汝作楫舟；东吴士尽英髦，于是争先剚刃。瓜、镇没水海师，江龙斩断；义军登城树帜，虏丑全输。京口喋血填濠，守将扶明反正。郑延平六月兴师，十年养锐；张侍郎四方传檄，七郡来归。通金陵城而为营，因岳庙山而树栅。满汉望风披靡，胡廷举朝震骇。死于山者，山变其色；沉于水者，水断其流。当是时，断瓜洲则山东之师不下，据北固则两浙之势不通。延平若听甘辉之言，南都不待回师而定。奈何大势已去，望海兴悲。壮志未成，待机而动。[1]

三、郑成功在南京之役中失利，主要原因是犯了轻敌的错误，导致清军能够扬长避短。“北儿马，南儿船”，自古如此。从整个战役来

[1] 沈光文《台湾赋》，见侯中一编《沈光文斯庵先生专集》。

看，南京城内的清军直到七月十五日梁化凤部入城之时，马匹很少，几乎没有什么优势可言；郑成功军的水师占压倒优势，陆战主要是依赖装备有火器、铁盔甲的步兵，利于攻守城池，不利于野战。若能抓紧战机，乘清军骑兵未集之时猛攻南京，取胜的把握颇大。待到清军各路援军抵达，编组成一支颇有威慑力的骑兵时，郑军就穷于应付了。名将甘辉和其他部署在观音山诸将的覆败，都同缺少骑兵有密切关系。郑成功在战略上的失误还表现在重兵进抵南京城下之后，即便一时不能破城，也应该分派部分军队接管南京周围州县，切断清方援军入城道路。中提督甘辉在进攻南京之前就提出建议："兼程而进，逼取南都。倘敢迎战，破竹之势，一鼓而收；不则围攻其城，以绝援兵，先破其郡，则孤城不攻自下。"[1]可惜郑成功没有采纳他的意见。甘辉被俘之后，同万礼、余新一起押到郎廷佐等满汉官员面前，万礼、余新下跪，甘辉踢之曰："痴汉尚欲求生乎！"大骂不屈，英勇就义。[2]人们常常以成败论英雄，未必正确。在甘辉、张煌言这样有勇有谋、忠贞不渝的将领面前，长江之战的胜利者清方任何一位将领都难以望其项背。吴伟业出于无奈给梁化凤写了《壮猷纪》，但他良心不昧，对出仕清朝深自痛悔，在一首词中写道"为当年沉吟不断，草间偷活"，到头来"竟一钱不值何须说"[3]。梁化凤统兵赴援，争先出击，得了头功以后又把部下的良马抽出供"满洲大兵"乘骑，让自己的部分士兵徒步为"大兵"开路。这种奴才气味十足的做法得到主子的赏识自在情理之中。战役胜利以后，他与巡抚蒋国柱"兵过无锡洛社，花货满载，牛羊络绎不绝，余可知矣。所掠妇人俱在苏州发卖，镇江凡失父母妻子者，贴票各府县寻觅甚众，无锡城门招子粘满"[4]。这同张煌言军的纪律严明适成鲜明对照，谁是

[1] 《先王实录》。

[2] 阮旻锡《海上见闻录》（定本）。

[3] 《吴梅村诗集笺注》卷二十四，诗余《贺新郎·病中有感》。

[4] 计六奇《明季南略》卷十六《郎廷佐大败郑成功》条。

王者之师，谁是殃民之贼，难道还不清楚吗？

四、郑成功嫡系军队中存在海盗遗风也是失败原因之一。史籍记载，郑成功原来计划攻取江南为基业，进军时曾经下令军队不得侵犯长江以南各府州百姓，但可以从江北地区“筹粮征饷”[1]。何况，在长江以南的某些地区郑军也有以征服者自居，任意杀掠的行动。李邺嗣记“己亥之夏……海师忽奄至，纵兵大搜牢，杀（浙江鄞县）东乡万余人”，李邺嗣的好友丘栋隆也由于海师“索其财，无有，因杀之”[2]。李邺嗣是张煌言的好友，顺治九年煌言父张圭章卒于乡，李为之营葬。[3]毕生以复明为志的李邺嗣无论如何也想不到打着复明旗号的郑成功“海师”在自己的家乡演出了一场“露刃如麻，万夫罹凶”的惨剧。乙酉（1645）以后，李邺嗣的父亲李邺和许多亲友被清政府杀害，然而他“未有如哭吾丘君之甚者也”，遗民的隐痛真是难以言表。这就说明，郑成功进攻南京之役不仅在军事上连续犯了大错误，在政治上也有不少丧失人心之举，从而导致全盘覆败。

上面探讨了郑成功南京之役失利的几个原因，就明清双方对峙的局面来考察，郑成功最大的失策是私心自用。南京战役显示了他的兵力相当强盛，当顺治十年、十一年李定国、孙可望军威大振时，郑成功如果真心拥戴永历朝廷，亲率主力会师夹攻，江南必下无疑。可是他始终按兵不动，直到清军占领贵州，永历朝廷已经很难招架的时候，他才大举进攻南京。换句话说，郑成功的复明是以他自己为首的“明”，在西南永历朝廷明军兵势尚盛时，他绝不肯出兵配合作战；他自以为最聪明的战略是西线明军败退已远，又还牵制着清军主力时大举出兵收取江南是最佳方案；相对于清廷权威集中，用兵总能着眼于全局，则是最坏的战略。总之，郑成功的设想和举措同李定国、张煌言很不一致，以往的史

[1] 参见杨英《先王实录》。

[2] 李邺嗣《杲堂诗文集》之《杲堂文钞》卷六，《丘于渭墓志铭》。

[3] 《张苍水集》第二一六页，全祖望撰《年谱》。

学家常把郑成功同李定国、张煌言描绘成志同道合，究其实际却是志不同、道不合。南明之未能中兴，关键正在于许多实力集团的首脑视本集团的利害高于抗清大业。

郑成功的长江战役虽然以失败告终，仍不失为明清之际历史上光辉的一页。它是清初反对满洲贵族推行暴虐的民族征服政策的最后一次大规模战役；它曾经使清廷统治者闻风丧胆、坐卧不宁，各地仁人志士为之兴高采烈、翘首以待；在我国军事史上很难找到类似的战例。清廷于险胜之后，痛恨江南地方官员无能，顺治十七年（1660）三月，清廷以海师入犯，"巡抚蒋国柱、提督管效忠等败绩遁走"分别议罪，得旨："蒋国柱免死革职，与本王下为奴。管效忠免死，革提督并世职，鞭一百，发包衣下辛者库为奴，俱籍没。"协领费雅住巴图鲁、札尔布巴图鲁俱革世职立绞籍没，牛录章京当都、巴龙布达什俱革职立绞籍没[1]。两年之后，大规模地实行沿海迁界（简称迁海），同郑成功、张煌言指挥的长江战役有密切关系。

第四节　张煌言的招抚南京上游州县

张煌言同郑成功北入长江，成功以煌言熟悉长江情形，派他领水军担任先锋。攻克瓜洲后，成功计划直攻南京，煌言认为镇江是长江门户，"若不先下，则虏舟出没，主客之势殊矣。力赞济师铁瓮（即镇江）。而延平犹虑留都援骑，可朝发而夕至也。余曰：何不遣舟师先持观音门，则建业震动，且自守不暇，何能分援他郡。延平意悟，即属余督水师往，且以直达芜湖为约"[2]。他所统水军因海舟长大逆江难行，换乘沙船，牵挽而前。经仪真至六合，得知成功大军已于六月二十四

[1]　《清世祖实录》卷一三三。

[2]　张煌言《北征录》。

日击败清军、克复镇江，即致书五军张英（张英字茂之），“谓兵贵神速，若从水道进师，巨舰逆流，迟拙非策”。极力主张由陆路径趋南京。他自己为配合进攻南京，唯恐后期，命士卒下船于两岸芦苇中昼夜牵缆，六月二十八日到达南京观音门下。不料，成功大军并未登陆，仍旧乘船由水路进发。煌言所部先已改用较小的沙船，尚须索挽而行，成功所统多系海舟，行动迟缓，两军距离越拉越大。七月初一日，清南京守军见煌言所统前锋水军孤立无援，乃发快船一百余艘出上新河顺流拦击煌言军。张军因兵少受挫，但清方知道郑成功大军在后，不敢恋战。煌言集结所部兵船仍游弋于南京附近江中，派出使者招徕各州县。当时，清朝南京一带兵力单薄，江南各地士绅心念明朝者颇不乏人。他们听说海上义师大举入江，不少人起而响应。煌言在南京城下江中失利后，停舟于江北浦口，浦口清军百余骑竟在七月初四日从北门逃遁，煌言部下七名士卒即由南门入城[1]。次日（初五日），成功亲统大批舟师进抵南京城下江中的七里洲，同煌言会商攻取南京。这时，传来了芜湖等地官绅纳降归附的消息，郑成功认为收取上游郡县既可以收复失地，声张兵威，又可以堵截湖广、江西等地顺江来援的清军，就请张煌言率领舟师西上，自己负责进攻南京。这以后两人分兵作战，用张煌言的话来说：“幕府之谋，自此不复与闻矣。”[2]

七月初七日，张煌言到达芜湖，部下兵不满千，船不满百。他以延平郡王郑成功的名义发布檄文告谕州县：

> 昔五胡乱夏，仅一再传而灭。今东虏应谶，适二八秋之期。诚哉天道好还，况也人心思汉。慨自李贼倡叛，神京陆沉。建酋本我属夷，屡生反侧，遂乘多难，窃踞中原。衣冠变

[1] 张煌言《北征录》。杨英《先王实录》记于七月初一日，说有“虎卫将四员”、哨兵四人登岸，防守浦口清兵二百人即由北门逃走，“本县土民迎接官兵八人入城镇守”，“时童谣有云：是虎乎否？八员铁骑，惊走满城守虏”。

[2] 张煌言《北征录》，见《张苍水集》第四编。

为犬羊，江山沦于戎狄。凡有血气，未有不痛心切齿于奴酋者也。本藩奉天倡义，代罪吊民，卧薪尝胆，法古用兵。生聚教训，已逾十年。正朔难偏，仅存一线。兹者亲统大师，首取金陵，出生民于水火，复汉官之威仪。尔伪署文武将吏，皆系大明赤子，谁非中国绅衿。时穷势屈，委质虏廷，察其本怀，宁无隐忍？天经地义，华夷之辨甚明；木本水源，忠孝之良自在。至如辽人，受我朝三百年之豢养，遭逆虏三十载之摧残。祖父既受其刑毒，母妻甚被其宣淫。尔二三孤儿，尚为旗下之奴；百千弱女，竟作胡中之妇。报仇雪耻，岂待异时；归正反邪，端在今日。则张良报韩，先挥博浪之椎；朱序归晋，遂成淮淝之捷。或先机革面，或临敌改图。以全省全部来归者，不吝分茅裂土；以一邑一镇来归者，定与度地纪勋。或率兵而至，则论其众寡而照数授职；或洁身而来，则就其职掌而量材超擢。若蒙古、女真，世受国家抚赏之恩，原非一类，共在天地覆载之内，亦有同仇，无怀二心，视之一体。不但休屠归汉，名高日磾；且如回纥扶唐，烈光叶护矣。本藩仁义素著，赏罚久明。先机者有不次之赏，后至者有不测之诛。一身祸福，介在毫芒；千古勋名，争之顷刻。师不再举，时不再来，布告遐迩，咸使闻知。敬哉特谕。[1]

檄文以先声夺人的政治攻势来弥补自己兵力的不足。这一策略果然收到极大的效果，“江之南北相率来归。郡则太平、宁国、池州、徽州；县则当涂、芜湖、繁昌、宣城、宁国、南陵、南宁、太平、旌德、贵池、铜陵、东流、建德、青阳、石埭、泾县、巢县、含山、舒城、庐江、高淳、溧水、溧阳、建平；州则广德、无为以及和阳，或招降，

[1] 见《张苍水集》第一编。按，尾署“永历十三年七月二十日给”。明朝制度，一字王为亲王，二字王为郡王，郑成功受封延平王，称延平郡王亦可。

或克复，凡得府四、州三，县则二十四焉”。进军过程中，由于部分清军归顺和义勇参加，兵员也不断增加，“水陆兵至万余”[1]。张煌言孤军深入竟然取得这样巨大的成果，原因主要有三个：一是清朝在长江下游的兵力单薄；二是各地绅衿百姓不忘明室；三是煌言治军纪律严明，所到之处秋毫无犯。史籍记载，张煌言驻军于芜湖时，“一兵买面价值四分，止与十钱。店主哄起白张，张问兵，曰：‘诚有之，时无钱耳。’张曰：‘汝食大粮，何云无钱？’将蓝旗一面投下，曰：‘拿下去！’左右缚兵，兵问故，曰：‘张爷令斩汝。’兵大惊曰：‘吾罪岂至此乎？容吾回禀。’张曰：‘吾有谕在外，即一钱亦斩，况四分乎？’遂斩之”[2]。煌言自记：“予之按芜邑，兵不满万，船不盈百，惟以先声相号召，大义为感孚，腾书荐绅，驰檄守令，所过地方，秋毫无犯，偶有游兵阑入摽掠者，即擒治如法。以故远近壶浆恐后，即江楚州中豪杰，多诣军门受约束，请归祃旂相应。”[3]张军纪律严明，受到百姓广泛欢迎，士大夫更以重睹汉官威仪为盛事。史载：“寇之入宣城也，谒文庙，坐明伦堂，博士诸生儒冠洁服，不期而会得数百人。荐绅执事，威仪称盛。”[4]这些事实都说明当时反清复明势力的社会基础还相当大，郑成功在南京战败主要是用兵不当，不能归因于清朝统治已经基本稳固，把郑成功、张煌言发动的长江战役说成是注定要失败的军事冒险。

七月二十四日，郑成功在南京大败，随即主动放弃镇江、瓜洲，仓促退出长江。当时，张煌言正在宁国府（府治宣城）接受新安（即歙

[1] 《张苍水集》中所收《北征录·上监国启》。按，启本中说“通计得江南北府州县三十余城”，与《北征录》记载数字略有差异。又，“南宁”当为误写，查继佐《鲁春秋》附《北征录》无南宁，但仍云“县则二十四”；郑达《野史无文》所收《北征录》亦无南宁，云：“凡得府四、州三、县二十三。”

[2] 计六奇《明季南略》卷十六《郎廷佐大败郑成功》条。

[3] 张煌言《北征录》，此处据郑达《野史无文》卷十三转录本。

[4] 顾公燮《丹午笔记·员文先生》。

县，徽州府治）来降的使者[1]，突然得到南京战败的消息，立即赶回芜湖。他鉴于自己的军队已经收复芜湖、池州、宁国、太平一带地区，但兵力不足，就派了一个名叫松隐的和尚带着帛书由间道去寻找郑成功的行营，信中写道："胜败兵家常事，不异也。今日所恃者民心尔，况上游诸郡邑俱为我守，若能益百艘来助，天下事尚可图也。倘遽舍之而去，其如百万生灵何？"可是，郑成功部主力迅速撤出长江，煌言的帛书根本无从寄达[2]。我们固然不能说如果郑成功在南京城下战败后，留守镇江、瓜洲整顿部伍，并且按张煌言的要求派出一百艘战船增援张军，长江战役就将转败为胜；但有一点是可以肯定的，郑成功既然在兵至南京时再三敦劝张煌言率部收取上流州县，兵败撤退时至少应当通知并等待张军回航后一道东下。从张煌言出险后所作《北征录》中清楚地表明郑成功退出长江时并没有告知张煌言，这无异于置张军于死地。煌言云："初意石头师即偶挫，未必遽登舟；即登舟，未必遽扬帆；即扬帆，必且据守镇江。余故弹压上流不少动。"[3]按当时形势分析，郑军在南京城下陆战大败，江中舟师的优势仍然是显而易见的，在清方组织重兵进攻镇江、瓜洲以前，完全没有必要那样匆促撤退。郑军撤出南京以下水域，使处于芜湖等地的张煌言部陷入极端困难的境地。清两江总督郎廷佐等人认定这是消灭孤立无援的张军的最好时机，他们一面调集水、陆军切断张军出海退路，"江中虏舟密布"，"百计截余归路"；一面写信招降，遭到煌言坚决拒绝。八月初，张煌言得知清安南将军固山

[1] 张煌言《北征录》。按，此文各本稍有出入，《张苍水集》作："时余在宁国，受新都降，报至，遽返芜城。"查继佐《鲁春秋》附《北征录》作："时余在宁国府，受新都降，报至，遽返芜邑。"郑达《野史无文》卷十三作："时予在宁国，受新安降，败报至，遽返芜湖。"新都属四川省，新安为徽州旧称，郑达本较准确。

[2] 张煌言《北征录》，此处引自郑达《野史无文》本。

[3] 《北征录》。张煌言《上监国启》中说："岂意延平藩师溃于金陵，仓卒南旋；臣之孤军，竟陷重地。"《上行在陈南北机宜疏》（致永历朝廷）也有相同说法，见《张苍水集》第十四页、第二十一页。

额真明安达理带领的一支军队为援救南京由荆州乘船东下已经到达安庆[1]，已部已处于东、西夹攻之中。在同部将商议后，煌言决定移舟西上，迎战缺乏水战经验的荆州清军，然后进入江西鄱阳湖，另辟抗清局面。八月初七日，张军在安徽繁昌、荻港、三山江西与明安达理所统清军相遇，双方互有伤亡。[2]这天夜晚，明安达理因为不知道南京已解围，急于东下，发炮起航。煌言部下将士早知退路已断，军心不稳，半夜听见炮声轰然，以为是清军劫营，各自解缆开船，有的返回芜湖，有的前往巢湖，业已溃不成军。天亮以后，湖广清军已东下南京，煌言点检部下兵将寥寥可数，“江西之役，已成画饼矣”。煌言为避免在长江中被清军歼灭，把所乘海船凿沉，准备换坐小舟由水道入巢湖。有内地复明人士向他建议，巢湖入冬水涸，难以长期坚持水战，不如舍舟登岸，直趋皖、鄂交界的英山、霍山地区，这一带绅民曾长期据险抗清，可以同他们会合坚持斗争。煌言接受这一意见，下令焚毁船只，率众登陆，取道桐城前往英、霍山区。由于张军长期在海上作战，不习惯走山路，又携带许多家眷辎重，一天才走三四十里。八月十七日，行至霍山县阳山寨下，“寨在山巅，可容万人，饶水泉，向多义旅”。可是，这时盘踞该寨的褚良甫早已接受清方招抚，又听说郑成功大军已败，坚决拒绝煌言部众入寨。煌言进退失据，部下在清军追击下，四窜山谷。他身边只剩下两名随从，在地方义士的掩护下改装易服，由山路趋安庆、建德、祁门、休宁、衢口、淳安、遂安、义乌、天台、宁海抵海滨，历时近半载，行程二千余里，艰苦备尝，终于回到了海上义师军中。

[1] 张煌言《北征录》（《野史无文》本）作“忽谍报楚来清将罗将军者战船数百只已至安庆”，据《清世祖实录》卷一二七当即明安达理部。

[2] 见《北征录》与《清世祖实录》卷一二七。

第三十章
永历朝廷的覆亡

第一节　永历帝流亡缅甸

1659年（顺治十六年、永历十三年）闰正月二十五日（丙子），朱由榔和小朝廷的文武官员在平阳侯靳统武护卫下，由永昌府（今云南保山市）退到盏达土司，第二天行至布岭，距离中缅边境已经不远了。马吉翔认为只要进入缅甸国境就可以保住身家安全，同他的弟弟马雄飞、女婿杨在秘密商议道："我等百千谋议，方得车驾幸缅。今从官相随又已至此。万一得有宁宇（？），上意必悔不早入蜀；在廷又欲持文墨以议我弟兄。今护卫平阳侯右协孙崇雅与我极为同心。莫若先示以意，使之妄传追逼，则乘舆今夜必兼程入关。伺夜半昏黑，车驾一过关，便将从官尽劫，则东奔西窜，流离万状，必无有随驾者矣。"三人议定后即往告知孙崇雅。孙是靳统武的部将，本已感到前途黯淡，又有马吉翔的怂恿，乘机发一笔国难财，何乐而不为？于是在这天晚上纵兵大肆掳掠。在夜色笼罩之下乱兵抢劫，连永历皇帝也未能幸免，光着脚上不了山，直到天威营等兵赶到，才在深夜窜到铜铁关（指铜壁关和铁壁关），随行的文武官员在流离当中又遭抢劫，苦不堪言；不少将士也

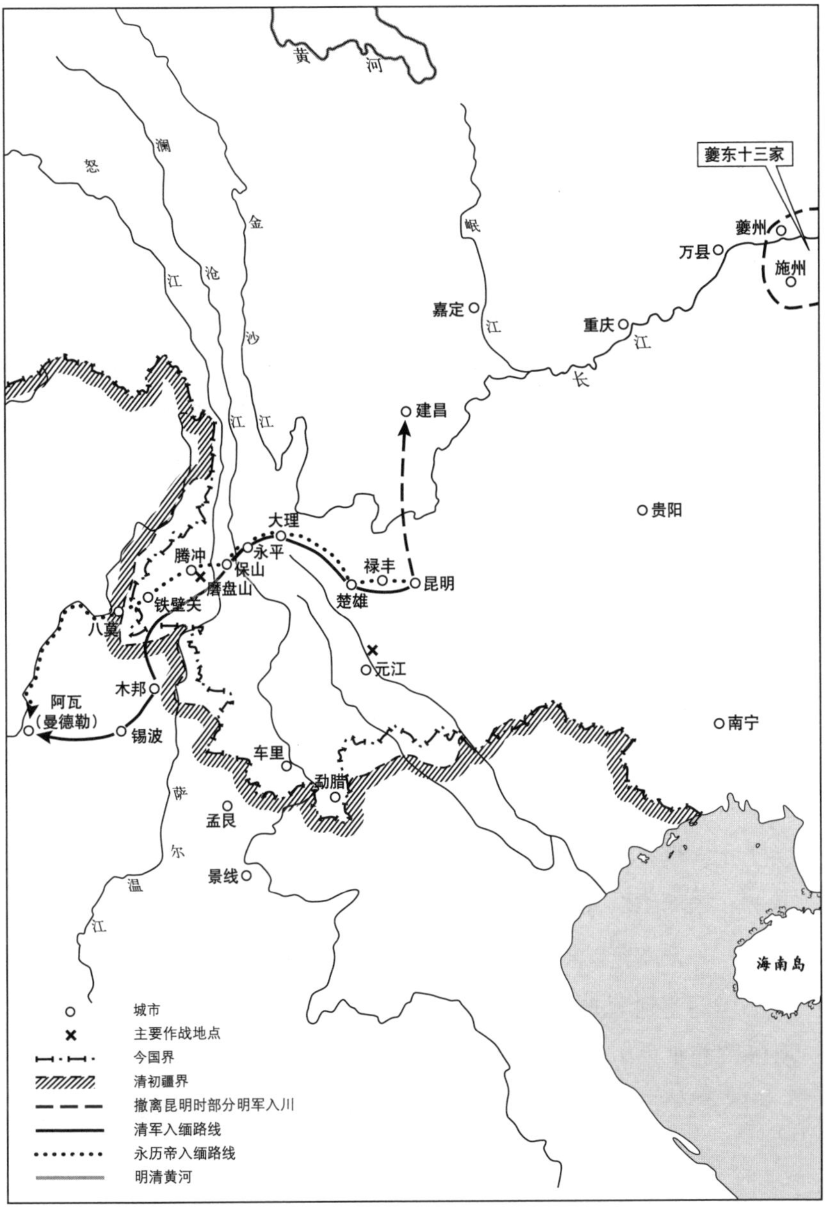
黄
河
怒
澜
沧
江
金
沙
江
江
岷
江
长
江
夔东十三家
夔州
万县
施州
嘉定
重庆
建昌
贵阳
大理
腾冲
永平
保山
磨盘山
禄丰
昆明
楚雄
铁壁关
八莫
元江
木邦
阿瓦
（曼德勒）
锡波
南宁
车里
勐腊
孟艮
萨
尔
温
江
景线
海南岛
城市
主要作战地点
今国界
清初疆界
撤离昆明时部分明军入川
清军入缅路线
永历帝入缅路线
明清黄河

永历帝入缅及败亡图

在混乱当中若鸟兽散。二十六日白天到囊本河，距缅关十里。黔国公沐天波先派人去通知守关缅兵。由于历史的原因，明朝镇守云南的沐国公是缅甸当局熟知的人物，守关缅兵纷纷下马以礼相待。当他们得知随永历帝避难缅甸的文武有近两千人马，要求“必尽释甲仗，始许入关”。永历帝同意，“一时卫士、中官尽解弓刀盔甲，器械山积关前，皆赤手随驾去”[1]。这一举动曾经遭到一些忠于明室的人士的指责，认为自动解除武装是“堕缅人计”，“向使马吉翔、孙崇雅不暮夜兼程，则车驾入缅，护兵不散，犹易于出险而会两藩（指晋王李定国、巩昌王白文选），缅人不敢拘执，况敢献清乎？”[2]就当时形势而言，缅甸是个比较弱小的国家，其当局接受南明皇帝入境避难而要求解除随行人员武装无可非议。问题在于朱由榔贪生怕死，在李定国等人还在云南西部边境地区组织兵力抗击清军时，就在马吉翔之流撺掇下流入外邦，过着寄人篱下的生活，以为这样清朝就可以放过他们，从而苟且偷安。

作为实权人物的李定国在兵力不足以保卫昆明时，对朝廷的去向可能做了不正确的决策。他没有坚持取道建昌入据四川，即便形势危急还可以顺长江而下同据守夔东的抗清义师会合，而赞成了马吉翔等人向中缅边境撤退的错误主张。然而，决策西撤并不等于同意流亡缅甸。事实上他自己当时没有入缅，由他指派的护驾队伍靳统武所辖兵员也只是到关为止，没有跟随永历朝廷进入缅甸。当他接到靳统武的报告，缅甸当局禁止南明军队入境，永历帝下令随行人员自动解除武装后，“虑缅情叵测”，派高允臣赶去，企图追回永历帝和随行人员，不料，高允臣一入缅境即遭到缅方杀害[3]。从后来的情况看，李定国同白文选等一再出兵缅甸想把永历帝迎接回来，表明朱由榔的流亡缅甸根本未征得李定国、白文选等最高将领的同意。从复明事业来看，永历帝慌不择路地进

[1] 刘菃《狩缅纪事》。

[2] 刘菃《狩缅纪事》。

[3] 邵廷寀《西南纪事》卷十《李定国传》。郑达《野史无文》卷九，冯甦《见闻随笔》卷下等书均作高允臣；刘菃《狩缅纪事》写作岳阳伯王允臣。

入外邦避难，标志着旗帜半倒，给各地的复明志士在心理上蒙上了一层浓厚的阴影。对李定国、白文选等人来说，既要在穷山僻壤的边境地区继续抗击清军，又要担心在缅甸的永历帝的安全，弄得顾此失彼，心力交瘁。

朱由榔、沐天波和其他朝廷随行人员在顺治十六年闰正月二十六日进入缅甸以后，二十九日到蛮莫，当地缅甸土官思线前来迎接，永历帝赐给了金牌、缎帛厚礼[1]。当时，黔国公沐天波、华亭侯王惟华、东宫典玺太监李崇实三人头脑还比较清醒，他们认为把朝廷命运完全置于缅甸保护之下，万一缅甸当局态度发生变化，将带来难以预料的后果。因此，经过商议后共同提出建议："此地属缅边，尚未深入。我等若将文武将士一半随大驾（指朱由榔）入缅，以一半导太子入茶山调度各营，即上在缅地亦有外援可恃。不然，深入夷穴，音耗内外不通，终于生困。"永历帝觉得这个建议有道理，可以考虑；可是，中宫王氏却舍不得爱子远离身边，坚持不肯[2]。朱由榔唯恐清军跟踪而来，自身难保，离开蛮莫时即谕土官思线砍倒树木，阻塞道路。思线既得此谕，就在车驾启行后，对关内外山箐搜括三天，碰上仓皇追驾的明朝官员一律加以拘捕，抄没随身财物，身强力壮者杀害于关前沟下，老弱者散给各土寨令其舂米，被折磨而死的即投入江中，销尸灭踪。三十日，行至河边（约为八莫，靠伊洛瓦底江）。二月初二日，缅甸国王派了四艘客船来迎接。由于船只狭小，永历帝挑选随从官员六百四十六人扈从三宫由水道南下，其中有的官员还是自己出资雇买船只随行；剩下的九百多人由总兵潘世荣保护岷王世子等骑马走陆路，其中有文书房太监江国泰、刘九皋、刘衡、段然忠、翟国祯等十四人，文官朱蕴金等，武官温如珍、范存礼、姜承德、向鼎忠、高升、季大胜、谢安祚等。

---

[1] G. E. Harvey（哈威）著，姚枬译注《缅甸史》（1957年3月修订译本）第二三一页记，永历帝赠给缅王黄金一百缅斤（三百六十五磅）。

[2] 刘茝《狩缅纪事》。

永历帝闻风丧胆、自乱阵脚从他即位以来已成司空见惯。逃入缅甸时，李定国还在组织磨盘山战役，清军不可能直接威胁到小朝廷的安全。然而，二月初四日马吉翔、李国泰拥簇着永历帝登上缅甸客船，不仅随从文武官还有不少人船只没有着落，连太后和东宫都没人料理。永历帝坐船开行后，太后大怒，说道："皇帝此时未至颠沛，即不顾亲娘耶？"朱由榔等才停泊了两天，到初六日水路人员草草准备就绪，陆续开船南下。一路上缅甸寨民供应物品，十八日船到井梗（地近当时缅甸都城阿瓦，今曼德勒）。二十四日，缅甸国王请永历帝派两位大臣过舟讲话。朱由榔派中府都督马雄飞（马吉翔之弟）、御史邬昌琦前往"宣谕南幸之意"[1]。尽管永历朝廷仍以宗主国自居，事实上却是逃难而来，这点缅甸君臣自然非常清楚。为了避免礼节上难以处理得当，缅甸国王拒绝接见使者，只派汉人通事居间传达信息。通事拿出明神宗时颁给缅甸的敕书同马雄飞、郭昌琦带来的永历敕书相核对，发现所盖玉玺大小稍有出入，因此对永历朝廷的正统地位产生怀疑[2]。幸亏沐天波携有历代相传的征南将军印是明代同西南沿边土司和接壤国家往来文书中经常使用，缅甸当局对比之后才解除了疑惑，允许永历帝和他的随行人员暂时居留境内。

由潘世荣带领取陆路南行的明朝官员士卒在三月十七日就到达了缅都阿瓦城隔河对岸处。由于人马杂沓，引起缅甸国王的不安，他说："此等非避乱，乃是阴图我国耳！"派出兵丁加以包围，强行把这批南明人员不分男女老幼分别安插于附近各村民家看管，一家一人，禁止往来。这批南明人士顷刻之间妻离子散，家产荡尽，失去了人身自由。通政使朱蕴金、中军姜成德被迫自缢。[3]

---

[1] 《狩缅纪事》；邓凯《也是录》。

[2] 明代历朝相传玉玺在1644年大顺军入京时已被缴获，这以后弘光、隆武、永历三朝都另行制作，为了防止落入他方之手的玉玺可能被利用，每次制作的玉玺规格必然会稍有差异。

[3] 邓凯《也是录》。

五月初七日，缅甸当局才把永历帝及其随从由井梗移到原陆路人马到达的阿瓦城隔河相望的地方，用竹子围造了一座城，里面建草房十间作为永历帝的住所，其他随行官员人等自行构房居住。

朱由榔和他的随从人员在缅都阿瓦城郊居住下来以后，同国内（包括边境地区）的抗清实力之间已经很难保持联系，所谓“朝廷”“正朔”不过虚有其名。缅甸当局虽然允许他们入境避难，却始终没有给予正式的官方接待。尽管缅甸国王住在阿瓦城中，流亡入缅的永历君臣住于阿瓦城外，隔河相望，近在咫尺，各种文献却表明，两人从来没有见过面。

开初，缅甸当局还给予一些物资帮助，即所谓“进贡颇厚”。永历帝也还携带了一点积储，有意回赠一份厚礼，用明朝习惯的说法是居高临下的“赏赐”。缅甸官员表示“未得王命，不敢行礼”[1]，意思是不愿对明朝皇帝行藩臣礼。朱由榔既无实力，也只好听其自然。

永历朝廷暂时得到安置，多数文武官员毫无失国忧君之念，继续过着苟且偷安、苦中作乐的生活。据记载，当地的缅甸居民纷纷来到永历君臣住地进行贸易，这本无可非议，许多南明官员却不顾国体，“短衣跣足，混入缅妇，席地坐笑”[2]。一些缅甸人士也鄙夷这种丑陋行径，私下说道：“天朝大臣如此嬉戏无度，天下安得不亡？”[3]一位通事也说：“我看这几多老爷越发不像个兴王图霸的人。”[4]永历帝为了维护小朝廷的安全和体统，决定派官员轮流巡夜，奉派官员即乘机“张灯高饮，彻夜歌号”[5]。这年八月间，朱由榔左脚患病，昼夜呻吟。马吉翔、李国泰于中秋节晚上会饮于皇亲王维恭家内，维恭家有广东女戏子黎应祥，吉翔、国泰命她歌曲侑酒，黎应祥流着眼泪说：“上宫禁咫尺，玉体违和，此

[1] 《狩缅纪事》。

[2] 《狩缅纪事》。

[3] 《狩缅纪事》。

[4] 金钟《皇明末造录》。

[5] 《狩缅纪事》。

何等时，乃欲行乐。应祥虽小人，不敢应命。”王维恭竟然拿起棍子就打。朱由榔听到哄闹哭泣之声，派人传旨道：“皇亲即目中无朕，亦当念母死新丧，不宜闻乐。”[1]王维恭等人才暂时收敛。此外，绥宁伯蒲缨、太监杨国明等大开赌场，日夜呼幺喝六，一片喧哗。永历帝大怒，命锦衣卫士前往拆毁赌场，诸臣赌兴正浓，哪管什么皇帝圣旨，换个地方重开赌场，喧啸如故。

八月十三日，缅甸国王派人来请黔国公沐天波过江参加十五日的缅历年节。沐天波携带永历帝原拟赠送的礼品过江后，缅甸君臣不准他穿戴明朝衣冠，强迫他换上民族服装同缅属小邦使者一道以臣礼至缅王金殿前朝见。按明朝二百多年的惯例，镇守云南的黔国公沐氏代表明帝国管辖云南土司并处理周边藩属国家的往来事务，体统非常尊贵。这时却倒了过来，要光着脚身穿民族服装向缅王称臣，心中苦恼可想而知。礼毕回来后，沐天波对朝廷诸臣说：“三月在井亘（吉梗）时不用吾言，以至今日进退维谷。我若不屈，则车驾已在虎穴。嗟乎，嗟乎，谁使我至此耶？”说完大哭起来。礼部侍郎杨在、行人任国玺还上疏劾奏沐天波失体辱国，永历帝只好留中不报。

到九月间，马吉翔、李国泰对永历帝诉说廷臣和随从人员生活困难，有的人已经没粮下锅，意思是要朱由榔拿出“内帑”（这时流亡他国，自然不可能有任何财政收入）来救济。朱由榔本来就没有多少家产，这时屡经劫难，已经捉襟见肘，一怒之下把黄金制造的国玺扔到地上，让他们凿碎分给群臣[2]。典玺太监李国用叩头道：“臣万死不敢碎此宝！”马吉翔、李国泰却毫无顾忌，当即将国玺凿碎，分给各臣数钱至一二两不等。这件事充分说明随永历帝入缅的多数官员已如行尸走肉，

[1] 《狩缅纪事》。

[2] 这件事在《求野录》《也是录》《狩缅纪事》《皇明末造录》等书中都有记载，前面已经指出包括永历在内的明清皇帝都有几颗不同用途的“国宝”，其中多数是玉制，称为玉玺，但也有金制的。永历帝这次下令凿碎的显然是金制国玺，谢国桢《南明史略》和司徒琳《南明史》（英文原版一七三页）都说是玉玺，略误。

毫无共赴国难之意。不久，缅甸政府送来一批新收的稻谷，朱由榔指示分给穷困的随行官员。马吉翔却视若己物，分给同自己交情密切的人员，引起小朝廷内部极大不满。护卫总兵邓凯大呼道："时势至此，尚敢蒙蔽上听。升斗之惠，不给从官，良心何在？"马吉翔命手下人把邓凯打翻在地，伤足不能行走。[1]

第二节　清方对西南明军的剿抚政策

清军占领包括贵阳、昆明在内的黔、滇两省腹心地区以后，南明永历朝廷已经出现瓦解的形势。然而，这种局面的形成并不是南明军队受到毁灭性打击的结果，而是永历朝廷决策失误所致。从当时的战局来考察，清军三路迅速推进，南明军队节节败退，长期经营的大片土地被清军占领，明军在阻击过程中虽然损失了一些兵将，但并没有发生大量主力被清军歼灭的情况。这就说明，明军的全线失利主要是战略部署不当。永历帝仓皇逃入缅甸，李定国在磨盘山战役后领兵转入滇南边境地区，散处西南各地的南明文官武将实际上失去了领导核心，他们既缺乏统一部署，只好自寻出路。

清军入滇以后，多尼、赵布泰、吴三桂、线国安的庞大兵力集中于云南，罗托的军队驻守贵阳，加上原属经略洪承畴、吴三桂的部分军队留守交通要道，南明战败后分驻各地的军队不仅很难组织反攻，而且多处于边境穷荒之地，条件异常艰苦。

相对而言，在吴三桂军由贵州进入云南以后，四川的清军防御力量是相当单薄的。李定国在放弃昆明时决策向滇西撤退，没有带领主力由建昌入川，是一个重大失策。在这以后，四川大部分地区有半年左右时

[1]　《狩缅纪事》。邓凯《也是录》仅说因马吉翔私散稻谷，"邓凯见之，大骂吉翔于行殿。吉翔旗鼓吴承爵捽凯而仆，伤其足，遂不能行"。

间仍然在明军控制之下。1659年（顺治十六年）七月十一日，清四川巡抚高民瞻依据川陕总督李国英的指示，派出军队由保宁出发，先后收取灌县、绵竹、什邡、汉州、简州等地，二十六日进抵成都，守城的明朝总兵刘耀、杨有才、曹昌祚、陈安国、赵友鄢等杂牌军队自动撤退，清军就在当天进入“满城荆棘”的省会成都[1]。

上文已提及早在这年闰三月间，明庆阳王冯双礼率领进入四川建昌的军队，由于部将狄三品等叛变，活捉冯双礼向清方投降[2]。九月，清“川陕总督李国英疏报，收复嘉定一路，招降伪将军杨国明、总兵武国用，各州县伪官皆缴印投诚”[3]，“芦山伪武义将军杜学率所部伪官六十余员，兵二千余名缴印投诚”。[4]十月，“四川巡抚高民瞻奏报：伪侯郝成裔、伪伯陈建等谋诛首逆高承恩献土投诚，及伪文武官八十员各缴印札来归，川南底定。”[5]这些事实说明当时四川省内的明朝军队为数尚多，控制的地区也相当可观，主要是因为永历朝廷和李定国统率的主力向滇西撤退，节制无人，才在清方招降下自行瓦解。如果李定国决策奉永历帝由建昌入川，以嘉定、叙府一带为基地，北取成都平原，东攻重庆与夔东十三家会合，只留少数兵力在云南边境联络土司牵制清军，清朝在新定的云南、贵州两省必留重兵镇守，在战略上极易造成被动。即使清方云贵主力回师四川，明军作战不利，顺江而下同郑成功、张煌言会师的可能性也是很大的。

---

[1] 顺治十六年八月二十四日川陕总督李国英“为恭报恢复成都日期并追剿逆贼情形事”揭帖，见《李勤襄公抚督秦蜀奏议》。

[2] 《清世祖实录》卷一二五；参见刘健《庭闻录》卷三。

[3] 《清世祖实录》卷一二八。

[4] 《清世祖实录》卷一二八。

[5] 《清世祖实录》卷一二九。按，同书卷一三一记，高承恩为“伪咸宁侯”，郝成裔是他的“幸僮”，降清时高民瞻收取郝的贿银三万两，“令成裔密造伪玺伪敕，假称曾袭侯爵，以为投诚叙功之地”。顺治十六年十一月初三日川陕总督李国英题本报，九月明镇守黎、雅、荥经、建昌一带地方咸宁侯挂讨夷将军印郝成裔、挂蜀藩（即刘文秀）护卫将军印广平伯陈建率部剃发，纳土投降，见《李勤襄公抚督秦蜀奏议》。据此当为九月间事。

除了四川地区沦入清方之手外，分散在云南边远地方的不少明朝将领也由于群龙无首，同主力联络不上，对前途悲观失望，纷纷投降清朝。其中如叙国公马惟兴、淮国公马宝、将军塔新策、汉阳王马进忠的儿子马自德、公安伯李如碧、宜川伯高启隆等带领兵马六七千人撤到滇西北鹤庆、剑川、丽江、兰州（今云南省兰坪县东南）一带，先后向清朝投降[1]。怀仁侯吴子圣于十二月初一日在永昌府（今云南保山）投降[2]。此外，降清的还有岐山侯王会，总兵杨成、赵武、史文、邓望功等率众四千一百余人，杨武伯廖鱼领兵六百名；文官有东阁大学士张佐宸、户部尚书龚彝、兵部尚书孙顺、侍郎万年策、大理寺少卿刘泌、兵科都给事中胡显等[3]；宗室勋戚有岷藩朱企鋘、皇亲武靖侯王国玺等[4]。次年（顺治十七年）正月，明征蛮后将军杨武收得染瘴身死的广昌侯高文贵（即参加磨盘山战役的明军三将领之一）部卒三千余人向清军投降；五月，咸宁侯祁三升率领孟津伯魏勇之子魏君重、总兵王有功等兵员七千九百余人、马一千三百余匹、象三只降清[5]。这年七月，吴三桂

[1] 刘健《庭闻录》卷三记上述诸将领在五月中旬和下旬降清，李如碧写作李如柏，高启隆写作高启龙。康熙五十三年《剑川州志》卷三《沿革》记："马惟兴、马宝走鹤庆、高启隆走剑川，又至丽江、兰州，十月在剑川州剃发降清。"时间和情节都略有不同。

[2] 顺治十七年正月云贵总督赵廷臣"为请给投诚官兵口粮，鼓励未来人心，仰祈上鉴，敕部议复事"揭帖，见《明清档案》第三十六册，A36—24号。

[3] 刘健《庭闻录》卷三。屈大均《安龙逸史》卷下记："其未扈从者，如东阁大学士雷跃龙、大冢宰（吏部尚书）张佐宸、大司农（户部尚书）龚彝、司马（兵部尚书）孙顺、司寇（刑部尚书）尹三聘、左都御史钱邦芑等皆辅弼大臣，或扶病投清，或潜踪苟活，或祝发沽名。"

[4] 《安龙逸史》卷下记："甚至勋戚如武靖侯王国玺，竟窃太后金宝以媚新朝。"《庭闻录》卷三记王国玺降清，但又说"降将杨武献皇太后金宝一、武靖侯银印一……"

[5] 刘健《庭闻录》卷三。杨武降清事在刘茝《狩缅纪事》中有较详细的记载，他亲身经历其事，说杨武持两端观望，一面同清方联络，一面又派刘茝入缅寻找永历帝，为他求得加封颍国公的敕书。杨武仍决定投降清朝，在顺治十七年正月二十三日押解刘茝、王国玺、尹三聘、朱企鋘、尚宝卿杨桢干、安龙知府范春鳌一齐赴云南，三月初五日解至昆明。由于杨武掠得财物甚多，骄横奢侈，吴三桂密疏请旨，于顺治十八年秋将他处斩于昆明。

奏请朝廷批准，把投降明军分作十营，以马宝、李如碧、高启隆、刘之复、塔新策、王会、刘偁、马惟兴、吴子圣、杨威为十营总兵[1]。从云南边境地区入降的明军兵员总数大约在三万名以上，其中不少拥有相当多的马匹、器械，能征惯战的将领也颇不乏人。何况，撤退到边荒地区之后，因染瘴病死，缺粮饿死，在混乱中逃散的官兵肯定不在少数。如果加上跟随李定国、白文选转往滇缅边境的主力，南明统帅如果能够指挥得当，在清军三路进军时集中兵力歼灭其中一路，整个战局绝不至于这样混乱不堪，一败涂地。联系到给予追击清军以沉重打击的磨盘山战役，李定国部署的只是窦名望、高文贵、王玺三将，兵员据一种记载说是六千余人[2]，由此可见，撤退时缺乏统一部署，各部失去联系，是南明军队瓦解的重要原因。

作为全军主帅的李定国在磨盘山战役以后，率领部分军队向南撤退，崎岖于云南边境地区。他曾经在车里（今西双版纳傣族自治州）停留了一段时间，又转移到孟艮（在今缅甸景栋一带）。由于整个局势恶化，内部军心不稳，李定国既指挥不了散处四川、云南的明军，又要防止随从文官武将的变节。1660年（顺治十七年、永历十四年）六月间，广国公贺九义被他下令乱棍打死。原因是贺九义的妻子被清军俘获，清方乘机写信要挟贺九义投降，贺九义尚在犹豫之中，没有向李定国报告。李定国得知此事后，判断贺是心怀两端，决定立即将其处死。贺九义原是孙可望的部将，他从广西南宁带来的近万名兵马又是一支实力比较强的队伍，定国对他怀有戒心，为了防止贺九义率部降清，就采取了这一断然措施。贺九义被杖杀后，他的部下深为不满，“贺营官兵鼓噪逃出”[3]。李定国又担心逃出的官兵可能充当清军向导，潜来袭击，于是，

[1] 《清世祖实录》卷一三八。

[2] 《八旗通志》卷二二二《孔克德传》云：“复随信郡王多尼等三路大兵追定国，至云南磨盘山，败其六千余众。”

[3] 顺治十七年十二月二十一日平西王吴三桂“为恭报边外逆渠情形事”密奏本，见《清代农民战争史资料选编》第一册（上），第三八三页。

"于九月初五、六两日将孟艮城里房子尽烧，孟艮彝人少壮者掳去，弱幼小的杀了。初七日，撤营走景迈、景线，奔伪巩昌王白文选一处……合营走木邦缅甸"[1]。被李定国杖死的还有他的亲信文官吏部侍郎金维新。金维新有《西行永昌旅次题墨牡丹》诗云："繁华顿谢三春景，尺幅长留冰雪天。玉宇琼楼都似梦，邮亭揽笔意凄然。"[2]吐露了他随军西撤至保山时意气消沉，但被杖死的确切原因则不清楚[3]。

第三节 清军入滇后荼毒百姓和元江府那嵩等人的抗清

顺治十六年闰三月下旬，清军分路追剿南明军队，所过之处烧杀抢掠、无恶不作。洪承畴在三月间到达昆明，在四十多天里依据各道、府、州、县、卫、所的报告，给清廷写了一份奏疏说：

除各土府外，其迤东之云南府以及临安、曲靖、澂江、寻甸各府与迤西之楚雄、武安、姚安、大理、永昌各府，无处不遭兵火，无人不遇劫掠。如衣粮财物头畜俱被抢尽，已不待言；更将男妇大小人口概行掳掠，致令军民父母、兄弟、夫

[1] 顺治十七年十二月二十一日平西王吴三桂"为恭报边外逆渠情形事"密奏本，见《清代农民战争史资料选编》第一册（上），第三八三页。《庭闻录》记："六月十六日，李定国杖杀贺九义。九义初守南宁，大兵入滇，归路断绝，遂由南宁走元江出边外，偕定国驻孟艮。其家在云南，三桂使其仆李登云招之。事泄，定国斩登云，杖九义百四十，次日死。"康熙三十五年《云南府志》卷五《沿革》记，顺治十八年"六月，伪官李维宾以永历情形来告"。原注："维宾，贺九仪标官，九仪欲受信郡王招抚，定国觉，杖杀之。维宾逃至云南投诚。"

[2] 李根源辑《永昌府文征》，诗，卷十二。诗后加按语说："维新曾署吏部侍郎，此诗想系扈跸西奔，参赞晋王军中，行抵永昌时作。其后或死咒水，抑死景线，或逃隐何所，无可考矣。"

[3] 金维新被杖死事见冯甦《见闻随笔》卷下，邵廷寀《西南纪事》卷十等书。

妻、子女分离折散，惨不堪言。所存老弱残废又被捉拿吊拷烧烙，勒要窖粮窖银，房地为之翻尽，庐舍为之焚折，以致人无完衣，体无完肤，家无全口，抢天呼地，莫可控诉。见今省城粮米照湖南新官仓斗每斗增价至一两三钱有余，每石价至一十三两有余；若照云南旧用大斗一石约有新仓斗二石，价至二十六两，犹无处寻买。军民饥饿，道死无虚日。其在永昌一带地方更为惨烈，被杀死、拷烙死者堆满道路，周围数百余里杳无人烟。真使贾生无从痛哭，郑图不能尽绘。职不知滇民何至如此其极也。[1]

洪承畴描写上述云南惨况采取了“没头状纸”笔法，但显然说的是满洲八旗兵和其他清军一手炮制了这一系列暴行。同年十一月清云南巡抚林天擎劾奏“广西提督线国安随大军进剿云南迤西地方，大肆抢掠。及奉旨回粤，奸淫杀戮，暴虐更惨。乞立赐处分。得旨：线国安荼毒云南地方，抢杀淫掠，情罪重大，著议政王、贝勒、大臣速行严察密议具奏”[2]。洪承畴、林天擎不敢直接指斥满洲八旗兵将，彭而述私下著作中倒是透露了一些他所见到的情况。在《邵兵纪事》一文里记载了清征南将军赵布泰的骄横奢侈（赵布泰，鳌拜之兄，或写作卓布泰，彭而述写作邵），说他“有弟方贵重，位上卿，举朝侧目”。

邵性下急阴贼，不喜见士大夫，而又内有奥主，得一意行

[1] 顺治十六年闰三月二十九日五省经略洪承畴“为恭报云南逃贼窜伏地方东西残民惨苦情状并大兵见在驻札事宜仰候庙堂鉴察事”密揭帖，见《明清档案》第三十四册，A34—30号；同件又见《明清史料》甲编，第六本，第五九五页。康熙《永昌府志》卷二十三《灾祥》记：“顺治十八年大兵进缅，腾越斗米值银二两”，可资参证。

[2] 《清世祖实录》卷一三〇。但线国安并未因此受处分，仍以征蛮将军衔镇守广西。康熙十三年参与三藩叛乱，不久病死。见《清史列传》卷八十《逆臣传·线国安》。

恣睢。由通、津达淮扬，船二百，用纤夫、水手凡四五千，兼昼夜醉饱用民，督抚以下隶之，人把其骭或扪其足跗，啖以儿豭、肥牛腱，爪颐淋漓，粲然喜，喉中磔磔有声。反是，竟日怒不释，或人不幸见之，若有父兄深毒刺骨者，反唇撤鼻不知何语，辄狺狺半晌不休。予初率纤夫迎之衡山界马公堰，既而以争旗下房恚中丞，地方官各各重足。驻衡凡十三日，杂夫约六千余人，莝豆若干，鸡豚盐米若干，庵闾兰锜若干。衡地裹傜苗，地多垅墒，频年水旱兵戎，比屋流离，幸经略转饷鏹属不至缺乏。独是非分之求，选扒杆造浮梁，征求诸色匠作，梅勒至厮养鲜有餍其壑者。一不遂则詈辱随之，将军从而生怒，未易了。

彭而述作为监司自称活了五十三岁从来没有见过这样穷于应付的差使，文章结尾叹息道："噫，衡苦我乎！衡之苦不可言矣！"[1]他写的往返湖南和云南的日记里也一再描述了满洲贵族军队或使者过境时的气焰嚣张，如顺治十六年六月"丁酉，晓晴，飞檄昆明县令扫除公廨以待。是夜鼓初下，使者至一里外，喝声如雷，人马羽箭奔腾而来，主人刲羊豕无算，霍霍震邻。余居草屋，离数弓地，永夜喧聒不成寐"[2]。

清朝统治者恬不知耻地把进军云贵说成是"救民于水火"，完全是颠倒黑白。顺治十七年三月初八日经略洪承畴题本中说："三月初五日，又准云贵总督臣赵廷臣手札，内开：云南近状大不如上年。每市斗米一石实卖至二十五六两，沿途穷民有死于道途沟涧，死于寺庙破屋，死于山路田野，死于旁溪曲径，甚有母食其女，子弃其父，惨不忍言。"[3]相形之下，云南在大西军和永历朝廷治理下连年丰收，"大

[1] 彭而述《读史亭文集》卷十五，纪略，《邵兵纪事》。

[2] 彭而述《读史亭文集》卷十，记下《贵州至云南界日记》。

[3] 《明清史料》丙编，第二本，第二〇〇页。

熟”“大有”“百姓丰足”之类的记载不绝于书，直到1656年（顺治十三年）仍是“是岁秋成大有，民食有余”。1658年（顺治十五年）元旦，清军入滇前夕云南“兵民忙忙过岁，戊戌元宵仍放灯火花炮，甚似太平”[1]。由此可见，云南社会生产受到严重破坏，百姓遭难，完全是以征服者自居的清军任情搜刮所造成的。

清军入滇后，大肆奸淫掳掠，引起了云南各族百姓的极大反感。沅江府土知府那嵩忠于明室，实力较强，一直以保护地方、抗击清军为己任。永历帝退往缅甸时，特命加升那嵩总督部院衔，巡抚云南；元江知府一职由其子那焘袭任，又加那嵩之弟那仑为佐明将军，那嵩为怀明将军[2]。黔国公沐天波也以次子沐忠亮入赘为那嵩之婿。这些措施表明永历朝廷希望那嵩能够联络云南各地土司配合李定国等部共同抗清，恢复云南。那嵩父子不负所望，他们趁人心未定之时，与总兵孙应科、赖世勋等秘密联络降清总兵高应凤[3]、延长伯朱养恩以及石屏总兵许名臣、土官龙赞扬（或作龙赞阳，是龙在田的从孙）等迤东土司。到这年七月，那嵩认为联络已定，公开反清复明。清安远靖寇大将军信郡王多尼、平西大将军平西王吴三桂在九月初已向清廷报告：“沅江土知府那嵩、那焘父子主盟，勾连各土司歃血钻刀，真正作叛，若不剿除，则地方震动。且李定国将子妻送往沅江府为质，将金银财物抬送沅江土官，叫沅江并普洱土官由临安出兵，候大兵出边进剿，就来抢云南（指当时

[1] 分见《明末滇南纪略》相关各节。

[2] 刘健《庭闻录》卷三。按，有的史籍说那嵩任云南巡抚、其子弟加官袭职是李定国以晋王身份承制委任的，但联系到沐天波同那嵩联姻，似应在入缅以前或入缅之初联络尚未中断之时。那嵩之弟那岬一作那岱，康熙十二年《石屏州志》卷十三，《志补》云：“石屏西接元江，元江土府那氏，或云侬智高之党，有那天福者颇知读书，子三人，曰嵩、曰岱、曰仑。天福死，嵩袭职。”

[3] 康熙十二年《石屏州志》卷一《沿革》附《造乱事略》记：“顺治十六年二月投诚将军高应凤驻石屏，兵丁扰民，署知州郑相每钳制之，因结怨。应凤忽撤兵北梅箐坡，次早遣数十骑突入州治，杀郑知州于仪门外，遂叛去。”

的云南府，即今昆明市）。”[1]九月，许名臣领兵攻克石屏州[2]，那嵩等人也分兵进攻蒙自等地，一时昆明以南迤东各地纷纷响应。当时，清军占领了云南主要地区，但统治并不稳固。不仅李定国、白文选等南明主力尚在，一些边远地区仍在明朝将领占领之下。经略洪承畴、平西王吴三桂、信郡王多尼等唯恐元江举事将在各地引起连锁反应，决定集中兵力迅速平定元江。他们经过会商后，决定由多尼和固山额真宜尔德带领在滇满军一半留守昆明，固山额真卓罗带领另一半满军同吴三桂部于九月二十一日由昆明出发，经通海县往征元江[3]。二十六日，清军进抵曲江驿，许名臣和龙赞扬撤回元江。十月初一日，清军重占石屏州；初九日到达元江，凭借优势兵力将该城包围。那嵩虽曾派兵出城劫营，被清军击退。吴三桂命降将杨威到城下喊话，声称那嵩只要将高应凤、许名臣缚献，就可以仍旧当元江府土知府。许名臣见清军势大难敌，要求那嵩接受清方要求把自己交给清军处置，换取元江军民的安全。那嵩毅然回答道：“吾三人共事，岂以生死易心乎？”拒绝了吴三桂的要求。吴三桂见那嵩矢志不移，又写信用箭射入明军营中，号召元江军民捆绑那嵩出降，否则屠城。那嵩针锋相对地射书城外，“备列三桂入关以来罪状，且署其衔曰：山海关总兵吴三桂开拆”[4]。吴三桂恼羞成怒，挥军奋力强攻，元江城破。那嵩、那焘父子合家登楼自焚，那嵂、许名臣等自杀，高应凤、孙应斗等被俘[5]。

[1] 《明清史料》丙编，第二本，户部题本。

[2] 康熙十二年《石屏州志》卷一《沿革》记：顺治“十六年废弁许名臣自投诚归，移住马板龙，潜怀异志，遂伪造令牌，撤去驻防兵丁，因逐（石屏）知州文国珍据州城。亲王（吴三桂）统兵到临安，乃奔入元江。”

[3] 康熙三十年《通海县志》卷一《沿革事考》记：顺治十六年“九月，元江土官那嵩、伪总兵许名臣暗通定国，叛。平西王总师由通海讨平之。”参见刘健《庭闻录》卷三。顺治十六年九月二十一日经略洪承畴揭帖可资参证，见《明清史料》甲编，第五本，第四五八页。

[4] 刘健《庭闻录》卷三。

[5] 刘健《庭闻录》卷三。

那嵩、高应凤、许名臣等人在元江领导的抗清虽然是响应李定国的号召而发动的，在具体行动上却没有同定国商量。起事前，高应凤曾建议派人约李定国移兵北上永昌府，等吴三桂主力西进时，迤东各路义军乘虚直捣昆明，使吴三桂等部清军腹背受敌，可收全胜。这一合理建议未被那嵩采纳。元江起事时，李定国部驻于孟艮，遭到当地土司的堵截，为了使自己有个立足之地，他被迫把兵力用于平定地方。元江反清的消息传来时，他深为惋惜，顿足叹息说："何不稍待耶！"[1]元江地区的反清斗争由于孤立无援遂告失败[2]。那嵩、许名臣等人的起事，是在整个形势逆转，许多明军将领先后倒戈降清的情况下进行的。他们面对强敌奋勇拼搏至死不悔的斗争精神实在难能可贵。

在元江反清运动被清政府镇压下去之后，云南、贵州的少数民族还多次举兵反清。贵州在1660年（顺治十七年）九月有郑成功派来的使者吕弘㬂联络水西权时泰、贺鼎等谋攻贵阳；十一月有马乃土司龙吉兆、龙吉祥、龙吉佐"负固弄兵，遥为李定国声援"；1661年九月有刘鼎举兵反清包围定番州[3]；1662年（康熙元年）有南京人常金印（据说是明开平王常遇春的后裔）同丁调鼎、倪生龙来到贵州水西，扬言"海上已立新君，国号平顺；晋王李定国尚在，谕令起兵"[4]，水西宣慰司安坤、原明匡国公皮熊都参与密谋。1664年（康熙三年）正月，安坤聚众数万，以其叔安如鼎为总统，常金印自称荡鲁（虏）大将军湘平伯，制造印敕旗纛、给散札付，"勾聚陈凤麟、高岑、吉士英、米应贵、熊国贤、戴胜、李万紫、陈国才等连结诸土府潜谋分路起兵"[5]。三月初一

[1] 刘健《庭闻录》卷三。

[2] 道光六年《元江府志》卷二《兵防·师旅考附》记："本朝顺治十六年大师平滇，土酋那嵩与伪总兵高应凤、许名臣暗通李定国叛，官兵讨平之，改土设流。"

[3] 康熙三十一年《贵州通志》卷五《大事记》。

[4] 刘健《庭闻录》卷四。

[5] 康熙三十一年《贵州通志》卷五《大事记》。

日，吴三桂统兵北上，经乌蒙（今昭通）东进毕节、七星关入黔；同时檄令贵州提督李本深统领贵州四镇兵向大方推进，以收东西夹击之效。尽管清军在兵力上占了很大的优势，水西的反清运动仍然坚持了半年以上才被吴三桂等镇压下去，安坤、安重圣等被擒杀，皮熊被俘年已八十多岁，“面责三桂，三桂不能答。皮熊绝食十五日而死”[1]。就在吴三桂领兵进剿水西的时候，云南迤东一些土司也准备乘衅而起，他们传布一种讹言说吴三桂已死于水西之役[2]。1665年（康熙四年）三月，宁州土司禄昌贤，新兴王耀祖，嶍峨禄益、王扬祖，王弄土司王朔，蒙自李日森、李世藩、李世屏，石屏龙韬、龙飞扬，路南秦祖根，陆凉资拱，弥勒昂复祖，维摩沈应麟、沈兆麟、王承祖等联兵反清，明黔国公沐天波的幼孙沐神保被土司藏匿在新兴州，王耀祖联络各土司的信中说：“今沐氏有子在，事成奉以为主。”明开国公赵印选也被拥戴为号召之资，“众至数万，攻临安，陷蒙自、嶍峨、宁州、易门，围弥勒、通海、石屏、宜良等州县，各郡震动”[3]。清云贵总督卞三元、云南巡抚袁懋功、提督张国柱调兵进剿，吴三桂也率部兼程赶回，分路击败各反清土司。赵印选、禄昌贤、王效祖、王朔、李日森、李世藩、沈应麟等先后被清军擒杀，直到这年十一月迤东各地方告平定[4]。事实说明，顺治末至康熙初贵州和云南少数民族的反清斗争都同复明运动有密切关系。联系到孙可望、李定国、刘文秀等统率的军中都有大量西南少数民族的将领和兵员，可以看出在南明史上少数民族发挥了相当重要的作用，他们同汉族百姓一道为了反对清廷的民族压迫政策不惜流血牺牲，共同谱写了悲壮的史诗。

---

[1] 刘健《庭闻录》卷四。道光二十年《贵阳府志》余篇卷二十《杂志下》。

[2] 康熙五十八年《澂江府志》卷二《沿革》。

[3] 康熙三十年《云南通志》卷三《沿革大事考》。

[4] 同上书，参见《庭闻录》卷四及康熙三十年《通海县志》卷一《沿革事考》。

第四节　两广抗清义师的被摧毁

李定国在1653—1654年（顺治十年至十一年）以广西为根据地，联络两广义师，竭力邀请郑成功亲率主力实现东西合击，收复广东。这个事关全局的战略计划由于郑成功消极应付，终于功败垂成。到1656年，李定国带领主力赴贵州安龙把永历皇帝迎往昆明，留驻广西的明军只剩下镇守南宁大将贺九义部。当时，永历朝廷同东南抗清势力的联系主要是通过广东沿海（廉州、钦州后划归广西）的义师，李定国主力转入云南，两广局势因而逆转，同东南抗清势力的联系也必然削弱。李定国自然明白形势的严峻，但是他为了挽救南明危局，把永历帝护送入滇，内心是希望秦王孙可望能改弦易辙，俯就臣节，内部安定之后再分路出师。然而，孙可望自以为兵多势众，毫无改悔之意，滇、黔隐成敌国的局面使李定国无暇他顾。等到孙可望公开发动内战，兵败降清后，李定国正着手整顿云南、贵州、四川事宜之际，清朝已部署大规模进攻。永历朝廷一直处于左支右绌的境地，再也没有力量经营两广了。在失去了主力支援的情况下，两广各地复明义师于艰难竭蹶之中各自为战，最后都被占绝对优势的清军击败。

1658年（顺治十五年）冬，贺九义奉李定国的命令率部放弃南宁，返回云南。清朝两广当局乘机向南宁、太平、思恩推进。顺治十六年三月初四日清军由浔州出发，二十七日占领南宁。南宁陷落后，南明将军陈奇策、罗全斌、阁部郭之奇等仍据守上思州（今广西上思）、太平（今广西大新县南）、江州所属土司。闰三月初七日，清广东总兵栗养志攻占上思州，明凌海将军陈奇策带领残部数千人逃往滩宁寨。次日，栗部追至该地，击败明军，陈奇策被活捉[1]。到这年十一月，清方侦报

[1]　顺治十六年十月广西巡抚于时跃揭帖，见《明清史料》甲编，第五本，第四八三至四八八页，原文云："活擒伪将军陈奇策，获水军都督银印一颗，凌海将军木印一颗。"

得知罗全斌藏于忠州（这是广西南宁府下属的忠州，今废，约在现地名“旧城”处，与四川忠州非一地），总兵蔡琦藏于龙州，将军周文龙藏于田州（今广西田阳），阁部郭之奇、总兵阎永德、光泽王等人避入交趾，“伏莽棋布，指不胜屈”[1]。清两广当局因为广西官兵主力已在提督线国安率领下奉命进军云南，兵力不敷分配，移檄“谆谆以招抚为先”，粟养志依计而行，选拔“知事能言之官分途招徕”。于是，明威海将军罗全斌和部下兵将纷纷出降，南宁府和太平府的明朝官员也大批具文归顺，其中包括龙州、下石西州（地近凭祥）、凭祥、思陵州（今废）等与安南接境的州县[2]。安南当局曾经同永历朝廷保持联系，后来看到清朝对中国的统治已趋稳固，在政策上做出调整，由支持南明政权改为支持清朝[3]。这样，永历朝廷李定国等同东南沿海的郑成功、张煌言等联络的陆上—海路交通完全被切断，这以后郑成功、张煌言得到的行在消息大抵都是从清方“捷报”和有限的秘密使者口信中获悉。东、西联络的隔绝从下面这个例子可以明显地看出：永历十二年（顺治十五年，1658）正月，永历帝派漳平伯周金汤（字宪洙）、职方司黄事忠（字臣以）由广东龙门（今属广西防城）乘船航海到达厦门，封郑成功为延平王，同时晋升东南沿海坚持抗清的文武官员爵职。郑成功等派左副都御史徐孚远、总兵张自新（字衡宇，挂都督衔）携带大批官、私文书赴昆明复命。途经安南时遇阻，徐孚远被迫返回，张自新、黄事忠（周金汤似在这以前返回广东）从间道入广西[4]，在思忠府（恐系思明府，地近今广西凭祥）被清军粟养志部擒获，携带的大批奏疏、书信等

[1] 上引顺治十六年十月广西巡抚于时跃揭帖。

[2] 上引顺治十六年十月广西巡抚于时跃揭帖。

[3] 《清世祖实录》卷一三〇载：顺治十六年十二月两广总督李栖凤奏报：“安南都统使司都统使莫敬耀遣使投诚。”事实上，安南态度的转变在这以前就已经发生。

[4] 徐孚远《交行摘稿》有《将回赠臣以职方》诗，题下原注“时臣以议欲间道行复命也”。

文件全部落入清方之手[1]。

清军占领广西以后，在广东沿海地区坚持抗清的义师完全陷于孤立无援的境地，先后被清军剿灭。其中最著名的是大学士郭之奇、总督连城璧联络的王兴部、邓耀部和李常荣部。

王兴，原名萧嘉音，绰号绣花针，明末起义兵反抗地方当局。清军入广东后，他接受永历朝廷广东巡按连城璧的劝告，决定参加抗清复明的行列，被授予虎贲将军的官衔。他同连城璧（后升任两广总督）一道长期以恩平、新兴（今台山）、阳江一带为据点，坚持抗击清军。1653—1654年（顺治十年至十一年）李定国由广西进攻广东的时候，王兴都曾率部积极配合大军作战。新会战役失败后，李定国主力撤回南宁，不久赴贵州安龙迎永历帝入昆明。王兴部力单势孤，在顺治十二年十一月带领部众退到新兴、恩平地区以文村为中心扼守。文村地形复杂，南临大海，东、北、西三面丘陵连绵，只有一条羊肠小道可以同外界相通。王兴利用地利，挖壕筑寨，修建仓库，准备长期据守，以待时机。王兴和连城璧凭借这一隅之地始终坚奉永历年号，遵用明朝服制，因此，许多明朝头面人物如唐王朱聿钐（隆武帝之弟，隆武即位后封弟朱聿𨮁为唐王，朱聿钐续封唐王约为绍武之时）等都迁来文村依居。这里还成为永历朝廷同东南沿海郑成功、张煌言联络的重要通道。1656年（顺治十三年）春，广东清军数万进攻文村，环营十里。王兴临危不惧，率部固守，还不时派奇兵出击，激战两月，清军死伤近万，被迫撤退。次年正月，清军又从新会出军来攻，被王兴事先侦得，派出一支军队在二百里外设下埋伏，击败清军先头部队。清方知道王兴已有准备，再次退回。1657年冬，永历朝廷

[1] 前引顺治十六年十月文本巡抚于时跃揭帖云，栗养志部占领上思州后，又在思忠府擒获“伪国姓张总兵张自新、伪职方司黄事忠”，“查出题奏本六十二道、揭帖六十六件、令谕牌票十一张，疏稿杂书三十五本，书信一百封”。见《明清史料》甲编，第五本，第四八五页。

嘉其忠贞，特派使者敕封为广宁伯[1]。

到1658年（顺治十五年）七月，清平南王尚可喜趁明永历朝廷节节溃败，决定摧毁文村抗清基地，拔除忠于明室的广东据点。由于“王兴所踞地极险阻”，“羊肠鸟道，曲屈丛杂，刺竹与陂塘相间，骑不得驰突，短兵接战，数步一折，多歧而易伏，皆失其所长”[2]。尚可喜乃采取长期围困方针，征调水陆兵和民夫约十万之众，挖掘深沟，筑造高垒，切断文村同外界的联系。围困至次年（1659，顺治十六年）夏秋之间，文村粮食告罄，寨内买一升米要两千文钱（约合白银二两，即一石米价二百两），一只老鼠也索价一百文。王兴下令允许寨中兵民出寨自谋生路，然而多数人却宁愿忍饥挨饿，不肯离去。这年八月，尚可喜又派使者前来招降，首先称赞了王兴的品德和才能，表示如果他能以事明之心转而仕清当委以重任。王兴知道文村外无救兵，内无粮食，陷落已迫在眉睫，对他的弟弟说：“城可恃而食不支，天也。我终不降。弟善抚诸孤以续先祀，我死且不朽。”[3]他一面命人制造了一口巨大的棺材，决心杀身成仁；一面叫自己的五个儿子护送年老的母亲带着永历朝廷颁给的敕书、印信、令箭前往清军大营谒见尚可喜，目的是保护部下将士和百姓的生命安全。尚可喜以为王兴真心投降，非常高兴，又派使者前来致意；王兴避而不见。八月十七日夜间，王兴宴请所部文武官员和依附人士，宣布已经同清政府达成协议，让大家各奔前程，自作主张。席散，王兴先让妻子张氏和十五个妾自缢，接着点燃了事先准备好的火药，葬身于烈焰之中[4]。明唐王朱聿钐也服毒而死；总督连城璧因在外招兵未罹其难，文村陷落后他拒绝接受清朝官职返回故乡（江西金溪）隐居。在文村战役中，明漳平伯周金汤被俘，总兵李常

[1] 永历朝廷封王兴为“县伯”的敕文中有“比者叛逆孙可望罪恶贯盈，称兵犯阙”之语，见连城璧《蹇愚录》所附敕书原文，广宁伯爵名见王兴墓志。

[2] 《平南王元功垂范》卷下。

[3] 屈大均《皇明四朝成仁录》卷十二《广东死事三将军传》。

[4] 同上。参见道光二年《阳江县志》卷八，《编年》。

荣则向清方投降[1]。

文村抗清基地覆灭以后，广东清军转而进攻据守龙门（今属广西防城）的邓耀部明军。1660年（顺治十七年）二月，清平南王尚可喜、靖南王耿继茂和两广总督、广东巡抚会商，决定委派韶州副将张玮暂管高雷廉镇务，总统陆师（时栗养志已革职），会合广州、肇庆、高州、琼州、雷州水师和平藩、督标、抚标抽调的官兵大举进攻。四月二十七日攻克龙门，邓耀率领残兵败卒逃入安南[2]。不料，安南不容其存身，“发兵逆击，杀溺贼众无算”，邓耀走投无路，削发为僧躲藏在广西，被清政府查获，遇难[3]。此外，永历朝廷的武英殿大学士兼礼、兵二部尚书郭之奇原来负责联络广东、广西抗清义师，在两广沿边地区被清军占领以后，流亡安南。清政府多次发出檄文招降，郭之奇均不为所动。1661年（顺治十八年）八月，郭之奇被安南当局献给清方，他矢志不屈，于次年（康熙元年）八月在桂林遇难[4]。

---

[1] 《清世祖实录》卷一四〇记：顺治十七年九月丁卯日，“平南王尚可喜疏报：官兵追剿粤东文村隔水南厅贼寇，生擒伪伯周金汤，伪总兵李尝荣投诚。下兵部知之”。所记日期大约是清廷接报时间，周金汤被俘当在这以前。

[2] 《明清史料》甲编，第五本，第四九五至四九六页，广东巡抚董应魁题本（残件）。

[3] 《清圣祖实录》卷二，顺治十八年五月乙丑日广东巡抚董应魁疏报。

[4] 温睿临《南疆逸史》卷二十二《郭之奇传》。翁辉光《潮州文概》收有郭之奇《交趾被执纪事诗》二首，诗云：“十载艰虞为主恩，居夷避世两堪论。一时平地氛尘满，几叠幽山雾雨翻。晓涧哀泉添热血，暮烟衰草送归魂。到头苦节今方尽，莫向秋风洒泪痕。”“成仁取义忆前贤，几代同心几自鞭。血比苌弘新化碧，魂依望帝久为鹃。曾无尺寸酬高厚，惟有孤丹照简篇。万卷诗书随一炬，千秋霜管俟他年。”诗尾有翁辉东按语云：“郭公在明永历十五年八月被执，至十六年九月成仁。”同书郭之奇《陋吟自序》尾翁辉东按语云：“己亥滇南失守，扈从入缅，行鑾路绝，公乃挈二子避地南交……辛丑，交夷执献，对问无回辞，羁馆阅岁。壬寅八月尽节于粤西。世人拟为宋之文文山云。”据其他书籍记载，永历帝从昆明西撤入缅时，郭之奇在两广滨海一带联络义师，并未扈从。此外，翁辉东述郭之奇死难时间一云九月，一云八月。八月与《南疆逸史》所记相同。饶宗颐《郭之奇年谱》引《宛在堂诗集》卷首黎士弘撰小传云：“先生就义之日，慷慨从容，面无改色；康熙元年八月十九日也，莆田薛生英舒亲见之。”

第五节　李定国、白文选的竭蹶救亡

永历帝进入缅甸，李定国在磨盘山战役中失败后引兵沿边境南撤，互相间的联系逐渐削弱。受李定国派遣负有保护永历皇帝和朝臣、家属责任的靳统武、梁杰等将领眼看朱由榔和随从已经进入缅甸境内，并且接受了缅方解除武装的要求，他们既不敢阻止皇帝的行动，又不愿自动解除武装流亡异邦，因此，靳统武等也带领部下兵将由铜壁关追随李定国部主力向南撤退。

闰正月二十九日，巩昌王白文选领兵由雪山平夷攀崖附木来到陇川。二月十五日，同李定国军相会于木邦。两人都认为云南内地虽然被清军占领，但散处在云、贵、川的兵力还有不少。永历朝廷的逃入缅甸，对诸将的坚持抗清必将在心理上造成极为不利的影响。因此，他们感到当务之急是把永历帝从缅甸接回国内。经过商议以后，由白文选先领兵进至磨整、雍会，这里已是缅境地区。由于天气炎热，白文选命令部下卸甲解鞍，在树荫下休息，派出两名使者找寻缅甸地方官通知这次明军入缅只是为了接回永历皇帝。不料使者在途中被缅人杀害。白文选又派十名骑兵前往说明情由，又遭到缅兵击杀。当时缅甸官员有一种错觉，以为南明皇帝入境避难，明朝的军队大概剩下的不过是一些散兵游勇，已经不堪一击。他们看到白文选军中有不少马匹，就派出一二百骑闯入明军营中抢马。白文选大为震怒，下令整顿兵马，立即反击。缅方抢马的士卒被文选部下兵将追到河边，纷纷溺水而死。缅军主力（据文献说有“数十万”，可能失之夸张）在江对岸列阵，准备迎战。白文选命令部下士卒砍伐树木编造筏排，渡江作战。缅军自恃人多势众，对南明军队看不上眼，主事大臣变牙简说：“汉人无状，然亦不多，须俟其尽渡，然后扼而尽歼诸江中可也。”[1]文选兵坐在木筏上鱼贯而渡，刚渡过一百多骑兵，文选在对岸下令吹起号角，百骑一鼓而前，缅军抵

[1]　刘茝《狩缅纪事》。

敌不住，阵势大乱。明军占领滩头前进基地后，文选主力陆续渡河，全面进攻，缅军大败，被杀伤兵据说在万人以上。缅甸当局这才知道明军强劲，收兵入城据守。白文选意欲攻城，又担心城内的永历帝的安全，不敢莽撞行事。缅甸官员质问朱由榔："尔到我家避难，云何杀我地方？"永历帝并不知道白文选率兵前来接驾的详情，回答道："既是我家兵马，得敕谕自然退去。"[1]随即派官员赍带敕令命明将退兵。缅甸当局唯恐永历使臣同白文选见面后，各自了解对方情形和缅甸态度，不让永历官员出城，而自行派人将敕文送至白文选营。文选叩头接受敕文，当天就下令退兵。

四月间，明将广昌侯高文贵、怀仁侯吴子圣也率领一支兵马入缅迎驾，但他们所取的道路同白文选不一样，大致上就是永历帝入缅的路线。高文贵、吴子圣的军队遭到缅甸当局阻止，他们自以为并没有侵占缅甸领土的意思，不过接出永历君臣罢了。于是，决心动武，杀入蛮莫。缅军抵敌不住，又逼迫永历帝发敕谕责令高、吴退兵。朱由榔一味迁就，派吏部郎杨生芳、锦衣卫丁调鼎前往敕令二将退兵。高文贵、吴子圣接到谕旨后被迫从布岭退兵；文贵忧愤于心，不久病死；而杨生芳、丁调鼎回到流亡小朝廷后，竟以退兵有功，"升秩有差"[2]。永历皇帝甚至在马吉翔和太监李国泰的怂恿下发出敕令给缅甸各守关隘官员说："朕已航闽，后有各营官兵来，可奋力剿歼"，借以换取缅甸当局的欢心[3]。

当时，李定国、白文选部活动于滇缅边境一带，同据守福建海岛的郑成功、张煌言部等拥明势力还断断续续保持着秘密联系[4]，当然知道永历帝仍在缅甸，并未"航闽"。因此，仍然不断地派遣使者甚至出兵迎接永历君臣。1660年（顺治十七年、永历十四年），白文选率领兵

---

[1]　《狩缅纪事》。

[2]　《狩缅纪事》。

[3]　《狩缅纪事》。

[4]　从张煌言等人诗文录里可以知道他们对永历皇帝兵败入缅的情况大体上都知道。

马一直推进到缅甸都城阿瓦附近，九月间永历朝廷收到晋王李定国迎驾疏和致廷臣书，其中写道：“前此三十余疏，未知得达否？今此缅王相约，何地交递？而诸公只顾在内安乐，全不关切出险一事，奈何？奈何？”[1]缅甸当局又要求永历帝发敕书退兵，明军等候多日，不得要领，只好拔营而回。

1661年（顺治十八年、永历十五年）二月二十八日，巩昌王白文选托缅甸人秘密送上奏疏说：“臣所以不敢连破缅者，恐缅未破而害先及于皇上尔！为今之计，令多方委蛇，使缅送驾出来为稳著。”朱由榔当时在缅甸的日子已经相当不好过了，在玺书中恳切地盼望李定国、白文选能够迎驾成功。过了五六天，缅甸百姓传说白文选已经在七十里外搭浮桥准备渡江来救出永历君臣。不料几天以后消息传来缅军已把浮桥篾缆砍断，明军无法渡河，最后一次挽救永历朝廷的入缅军事行动以失败告终。这年三月间，沐天波见缅甸当局派兵看守永历君臣，知道情况不妙，同原属晋王的总兵王启隆商议，歃血定谋组织敢死志士数十人杀掉马吉翔、李国泰，保护太子突围投奔李定国、白文选的队伍。这一密谋很快被马吉翔、李国泰察觉，他们谎奏永历帝说，沐天波、王启隆私下勾结缅甸准备谋害皇室。朱由榔没有弄清情况，就下令把沐天波的家丁李成、王启隆的家丁何爱各付其主立即处死。沐天波、王启隆虽未因此遇害，他们为了挽救明室的最后一片苦心却化作了泡影。

在这以后，还有黎维祚充当在缅的永历帝与在边境地区的李定国等营的秘密使者，做迎驾出缅的最后努力。黎维祚曾经任职永历朝廷，朱由榔进入缅甸以后，诸将分别率领部下士众转入边境土司管辖区。在势同瓦解的情况下，黎维祚遍走各营，劝以大义，残存各藩镇都为他所感动，具表迎驾。黎维祚把诸将迎銮表文藏在挖空的木棒之中，于1661年（顺治十八年）九月十八日到达孟艮府，面呈晋王李定国。定国深表赞同，十月初六日发给令谕一道，其中云：“今皇上

[1] 《狩缅纪事》。

入缅，势已危急，若能走通声息，懋建奇功，决不负若。当即为若转奏。”维祚随即赴缅，历尽艰辛到达阿瓦城，因缅人防范甚严，不能面见，托人转呈永历帝。朱由榔阅疏后，十月十五日给敕书云：“皇帝密敕沥胆将军黎维祚，据晋藩奏，尔忠肝贯日，义胆浑身，穿虎豹，趋辰极，烈风劲草，殊轸朕怀。兹授尔沥胆将军督理滇黔楚蜀，遍历诸勋将士，山林隐逸等，谨慎图防，枕戈以俟。候晋、巩两藩举师，四路策应，旦夕是图，勿迟勿忽。”另外还给予空白敕书百道、印三颗。黎维祚把敕印藏在小船底部夹板之内，船上设置神像，敲击钲锣而行。到达孟艮后，定国大喜，命他转报各营将领。联络初定，黎又于十一月动身入缅复命。行至腾越，缅方已经把永历帝献给清军。黎维祚痛心疾首，在得到清将允许后入见永历。朱由榔对他大哭，维祚泪流满面地说：“事今至此，臣惟疾奔告诸营整兵于要道接驾。”他的意思是估计吴三桂、爱星阿等人将把永历帝押送北京献俘，计划联络忠于明室的将领于途中救出。朱由榔说：“儿子，尔可致意十三家等，若能救我出，我只愿修行去。”哽咽不能言。“手剪御衣一片，密写敕付即行。”黎维祚“昼夜兼程抵荆侯营，谋共于贵州偏桥劫驾”。不料清方也考虑到路途遥远，地方不靖，决定将朱由榔父子在昆明处死。黎维祚计划落空，佯狂而遁。这件事在陈起相《沥胆遗事》一文里有比较详细的记载[1]。

第六节　清廷向缅甸施加压力和“咒水之难”

占领昆明和云南大部分地区以后，清廷和前线统军大帅在顺治十六年五六月间反复研究是否出兵缅甸捉回永历帝朱由榔。由于路途艰险，

[1] 道光二十一年《遵义府志》卷三十三，列传一。按，黎维祚，字名远，四川江津县人。陈起相（一作陈启相），四川富顺县人，县志记他“官河南道御史，明末弃官为僧，寓播（播州即遵义）之平水里，人称为大友和尚”。据刘茝《狩缅纪事》，陈起相直到永历帝入缅前仍在朝廷中任职。

云南地方破坏很大，筹集粮草非常困难，满洲兵将又不适应当地气候，宁南靖寇大将军罗托、安远靖寇大将军多尼、征南将军赵布泰等都不愿担此重任，希望早日班师回京休息。因此，清廷兵部会商的意见是由多尼下固山额真宜尔德留镇省会昆明，让平西王吴三桂为统帅，以汉军和绿营兵为主，会同固山额真卓罗带领的少数满洲兵一道进军缅甸。六月初二日经清廷批准，命经略洪承畴部署具体进军事宜。

洪承畴接到朝廷谕旨后，深感困惑。他上疏报告粮饷、兵力不敷，云南地方“蹂躏至极，兵火残黎，朝不保夕。粮米腾贵，买备无出，军民饥毙载道，惨难见闻”[1]。何况，李定国等“逃窜猛猛、孟艮等处”，“而各路土司、伪营残兵各私受定国伪札、伪印，歃血立盟，伺隙起衅，已屡见告。兹若一闻大兵西追，势必共思狂逞，避实突虚，以复窜内地。彼时追剿大兵相隔已远，不能回顾，而云南大兵又以驻扎省城，未能远追，倘致巨逆窜逸，所关匪小”。因此，他建议本年内不出兵缅甸，待明年（顺治十七年）秋收以后八、九月间进兵。至于兵将的安排，洪承畴建议只留部分精锐满兵由卓罗统领驻扎省城，吴三桂的军队则分驻于迤西永昌、顺宁、云州、景东各要害处所，做好稳定云南地方的工作。这就是他针对当时云南情况制定的基本方针：“须先有内安之计，乃可为外剿之图。”[2]

清政府为了弥补自己在兵力、物力、财力上的不足，还企图通过缅甸当局和云南边境土司之手不战而胜。1659年（顺治十六年）九月，洪承畴奉清朝“皇帝特谕”致书缅甸军民宣慰使司和蛮莫宣抚司，要他们主动交出朱由榔、沐天波和李定国。两件书信的措辞颇多类似之处，前半段均云：

[1] 顺治十六年八月十八日经略洪承畴揭帖，见《清代农民战争史资料选编》第一册（上）第三六四至三六九页。

[2] 上引顺治十六年八月十八日洪承畴揭帖。

> 照得明运告终，草寇蜂起，逆贼张献忠流毒楚、豫、粤、蜀，屠戮几无噍类，实为祸首。旋致闯贼李自成同时煽乱，破坏明室。我皇上原欲与故明讲和，相安无事。惟因明祚沦亡，生民涂炭，不忍置之膜外，乃顺天应人，歼灭群凶，复故明之仇，雪普天之恨。不两年间，统一区宇，臣服中外，殊方绝俗，罔不慕义向风，梯航稽首。惟献贼遗孽李定国自知罪恶滔天，神人共愤，鼠窜云南，假借永历伪号，蛊惑愚民。不知定国既已破坏明朝全盛之天下，安肯复扶明朝疏远之宗支，不过挟制以自专，实图乘衅而自立，横肆暴虐，荼毒生灵，汉土民人，肝脑涂地，实难堪命。……倘或不审时势，有昧事机，匿留中国罪人，不惟自贻虎狼吞噬之患，我大兵除恶务尽，势必寻踪追剿，直捣区薮，彼时玉石难分，后悔无及。[1]

在给缅甸当局的信中有一段说："至闻永历随沐天波避入缅境，想永历为故明宗枝，群逆破坏明室，义不共天，乃为其挟制簸弄，势非得已。今我皇上除李自成、张献忠、李定国，为明复不世之仇，永历若知感德，及时归命，必荷皇恩，彷古三恪，受福无穷。若永历与天波执迷不悟，该宣慰司历事中朝，明权达变，审顺逆之机，早为送出，当照擒逆之功，不靳封赏。不然留匿一人，累及合属疆土，智者必不为也。"[2]给蛮莫土司札中则云："凡土司有能擒缚定国解献军前，则奇功伟绩，本阁部立奏上闻，必蒙皇上优加升赏，传之子孙。"[3]

洪承畴采取的措施，逐步巩固了清朝对西南的统治，为最终结束永历政权奠定了基础。他本人则因老病昏花，于顺治十六年十月间经清廷

[1] 见《故宫文献丛编》第二十四辑。
[2] 见《故宫文献丛编》第二十四辑。
[3] 见《故宫文献丛编》第二十四辑。

批准解除了经略职务，动身返回北京调理[1]。

1660年（顺治十七年、永历十四年），清廷命吴三桂留镇云南，总管该省军民事务[2]。吴三桂大权在握，一心想继承明代沐氏家族世镇云南的地位。据说，他在经略洪承畴回朝复命之前曾经请教“自固之策”，承畴回答道：“不可使滇一日无事也。”“三桂顿首受教”[3]。吴三桂既以“云南王”自居，就极力主张用兵扫灭逃入缅甸的永历帝和南明在云南一带的残余势力。清廷本意认为永历帝逃入缅甸，李定国、白文选等避入边境土司，不过是爝火余烬，无妨大局，可以任其自生自灭。特别是连年用兵，财政困难（在顺治十八年甚至背弃诺言重新征收明末加派的“三饷”），要想出动大批军队征讨边远地区，兵员、粮饷都难以为继，因此并不热心。吴三桂出于自身利益考虑，一再上疏力主用兵。顺治十七年二月二十日奏本充分表达了他的意图，疏中说：

> 臣三桂请进缅，奉旨一则曰：“若势有不可行，慎勿强行。”再则曰：“斟酌而行。”臣窃以为逆渠李定国挟永历逃命出边，是滇土虽收，而滇局未结，边患一日不息，兵马一日不宁。军费益繁，睿虑益切。臣荷恩深重，叨列维藩，职守谓何？忍以此贻忧君父。顾臣向请暂停进缅者，盖谓南服新经开辟，人心向背难知，粮草不充，事多牵系，在当日内重而外轻也。乃拜疏之后，果有元江之事，土司遍地动摇，仗我皇上威灵，一举扫荡，由此蓄谋观望之辈始知逆天之法难逃，人心稍觉帖然。然逆渠在边，终为隐祸。在今日内缓而外急也。臣恭

[1]　《清世祖实录》卷一二九。

[2]　早在顺治十六年三月间清廷经过商议后，即已决定“命平西王驻镇云南，平南王驻镇广东，靖南王驻镇四川”。同年十月命云南文武一切事务“俱暂著该藩总管”。见《清世祖实录》卷一二四、一二九。

[3]　刘健《庭闻录》卷三。

承上谕，一则曰：若势不可行，慎勿强行。再则曰：务必筹画斟酌而行。大哉天语，详慎备至，臣智虑粗疏，言无可采。惟是再三筹斟，窃以为边孽不殄，实有三患二难，臣请毕陈其说。夫永历在缅，而伪王李定国、白文选、伪公侯贺九仪、祁三升等分住三宣、六慰、孟艮一带，借永历以惑众心，傥不乘此天威震赫之时，大举入缅，以尽根株，万一此辈立定脚根，整败亡之众，窥我边防，奋思一逞，比及大兵到时彼已退藏，兵撤复至，迭扰无休，此其患在门户也。土司反复无定，惟利是趋，有如我兵不动，逆党假永历以号召内外诸蛮，饵以高爵重禄，万一如前日元江之事，一被煽惑，遍地蜂起，此其患在肘腋也。投诚官兵虽已次第安插，然革面恐未革心，永历在缅，于中岂无系念？万一边关有警，若辈生心，此其患在腠理也。今滇中兵马云集，粮草问之民间，无论各省银两起解愆期，难以接济，有银到滇召买不一而足，民室苦于悬磬，市中米价日增，公私交困，措饷之难如此也；凡召买粮草，民间须搬运交纳，如此年年召买，岁岁输将，民力尽用官粮，耕作半荒于南亩，人无生趣，势必逃亡，培养之难又如此也。臣彻底打算，惟有及时进兵，早收全局，诚使外孽一净，则边境无伺隙之患，土司无簧惑之端，降人无观望之志。地方稍得苏息，民力稍可宽纾。一举而数利存焉。窃谓救时之方，计在于此。谓臣言可采，敕行臣等遵奉行事。臣拟今岁八月间同固山额真卓罗统兵到边养马，待霜降瘴息，大举出边，直进缅国。明年二月，百草萌芽，即须旋师还境。……

吴三桂在疏中还具体讲述了计划进军所需要的兵员和辅助人员，总数为“通计大兵、绿旗兵、投诚兵、土司倮㑩及四项苦特勒约共十万余口”，兵饷总额“大约此举共得银二百二三十万余两，乃可以告成事，虽所费如此，然一劳永逸宜无不可也”[1]。这件有名的“三患二难”疏是吴三桂借清廷之箸为自己谋划，说服清廷决策进军边境，迫使缅甸国王送出永历帝。后来，吴三桂等发动三藩之变时，清廷打出的一张王牌正是把吴三桂这件奏疏内容公之于众，使吴三桂难以拥立一位朱明宗室为傀儡号召天下，在政治上处于被动地位。这倒是吴三桂始料所不及的，也说明他本意不过是想在清廷统治下保有在云南的世袭地位而已。就当时的形势分析，吴三桂主张的“一劳永逸”确实符合清朝统治的稳定，只要永历帝及其太子尚存，西南边境、东南沿海、夔东山区的抗清武装以及清统治区内的复明势力在心理上就有所归依，还存在一线复兴希望。

四月三十日，清廷经议政王、贝勒、大臣会议后，同意吴三桂相应进剿，由户部拨给兵饷三百三十万两。为了慎重起见，顺治帝派学士麻勒吉、侍郎石图前往云南，同吴三桂面商机宜[2]。到这年八月十八日清廷终于决定采纳吴三桂的意见，任命内大臣、一等公爱星阿为定西将军，率领八旗兵由北京前往云南，会同吴三桂进兵缅甸捉拿永历帝，同时彻底摧毁西南边陲的抗清势力[3]。

缅甸当局态度的转变，也给清廷以可乘之机。朱由榔带领随从进入缅甸时，他们对南明朝廷多少持有善意。后来看到清朝的统治已经基本稳定，不愿因为收留南明流亡政权开罪于中国的实际统治者。李定国、白文选一再进兵缅甸救主，弄成双方兵戎相见，缅甸当局从维护本国利益出发，决定转而配合清兵，消灭残明势力，以便保境安民。1661年（顺治十八年）正月初六日，缅甸国王莽达喇派遣使者来到云南，提出以交出永历帝为条件请清军合攻李定国、白文选部明军。吴三桂认为“虽机会甚佳，而时序已过”，不便出动大军，玩弄策略，只命永昌、

[1] 此件主要依据刘健《庭闻录》，参考了《清世祖实录》卷一三四，顺治十七年四月丙午（二十二）日条，实录所载文字较简，系时当为清廷收到日期。

[2] 《清世祖实录》卷一三四。

[3] 《清世祖实录》卷一三九。

大理守边兵至境上“大张旗鼓，号作先锋”，虚张声势借以牵制缅甸当局不要把永历帝送交李定国、白文选军[1]。

1661年（顺治十八年、永历十五年）五月二十三日，缅甸国王的弟弟莽白在廷臣支持下发动宫廷政变，处死老国王，自立为王[2]。新王派使者来向永历帝索取贺礼，这时永历朝廷漂泊异邦已经一年多了，坐吃山空，经费上业已陷入窘境，拿不出多少像样的贺礼。但是缅甸当局的意图显然不是为了得到财物，而是借仅仅具有象征意义的明朝皇帝致贺来增强自己在政治上的地位。永历君臣“以其事不正，遂不遣贺”[3]。南明流亡政府的这种强硬态度使原已不佳的与缅方关系更形恶化。七月初六日，缅甸大臣来访，当面责备道“我已劳苦三载，老皇帝及大臣辈亦宜重谢我。前年五月，我王欲杀你们，我力保不肯。毫不知恩报恩”[4]，说完怀恨而去。十六日，缅甸国王决定铲除永历随行官员，派人通知永历廷臣过江议事。鉴于双方关系紧张，文武官员心怀疑惧都不敢去。十八日，缅甸使者又来说：“此行无他故，我王恐尔等立心不臧，欲尔去吃咒水盟誓。尔等亦便于贸易。不然断绝往来，并日用

[1] 刘健《庭闻录》卷三。康熙《永昌府志》卷三《沿革》记：“十八年辛丑正月，李定国攻缅甸，缅酋请救。吴三桂发永昌、腾越等处防边兵马遥应之。”按，同书上文云：十七年“设镇于永昌，以张国柱充之；并设腾越协、顺云营”。

[2] 哈威《缅甸史》中译本记缅甸国王名平达格力（Pindalo），其弟继位为王者名莽白（Pye），政变发生后，王妃哀求曰：“君自为王，仅求留命，吾等当奉佛以度残生。”莽白不允其为僧，但答应不加杀害，幽禁于室。数周后，廷臣进言“天无二日”，莽白乃将王、王妃及其子孙投入弥诺江（Chindwin R.）。美国司徒琳著《南明史》引貌·赫丁·昂（Maung Htin Aung）《缅甸史》（*A History of Burma*）的记载云：“1661年六月，缅甸枢密院黑鲁叨（Hluttaw）一怒之下，废黜了缅王平德勒（Pindale），并予处死，更立其弟摆岷（Pye Min）为王。”（中译本第一六二页，英文原版第一七三页，枢密院原文为Council of State）中方史料《求野录》记五月“二十三日，缚酋置篴舆中投之江，立其弟为王”。刘健《庭闻录》卷三及倪蜕《滇云历年传》卷十记老缅王名莽达喇，其弟名莽猛白，政变时间为五月二十二日。

[3] 金钟《皇明末造录》。

[4] 刘蒞《狩缅纪事》。

亦艰矣。”[1]永历廷臣明知其中有诈，即由世镇云南的黔国公沐天波答复道：“尔宣慰司原是我中国封的地方。今我君臣到来，是天朝上邦。你国王该在此应答，才是你下邦之理，如何反将我君臣困在这里。……今又如何行此奸计？尔去告与尔国王，就说我天朝皇帝，不过是天命所使，今已行到无生之地，岂受尔土人之欺？今日我君臣虽在势穷，谅尔国王不敢无礼。任尔国兵百万，象有千条，我君臣不过随天命一死而已。但我君臣死后，自有人来与尔国王算账。”[2]在缅方坚持下，大学士文安侯马吉翔、太监李国泰等提出要由黔国公沐天波一同前往，方能放心。沐氏为明、清及西南边境各邦国、土司重视的人物，马吉翔等认为有沐天波在场，不致变生意外。缅甸当局为实现计划勉强同意。次日黎明，马吉翔等传集大小官员渡河前往者梗之睹波焰塔准备饮咒水盟誓，仅留内官十三人和跛足总兵邓凯看守“行宫”。上午，文武官员到达塔下即被缅兵三千人团团围定。缅方指挥官员命人将沐天波拖出包围圈，沐天波知道变生肘腋，夺取卫士的刀奋起反抗，杀缅兵九人；总兵魏豹、王升、王启隆也抓起柴棒还击，终因寡不敌众，都被杀害[3]。

[1] 刘茝《狩缅纪事》。

[2] 杨德泽《杨监笔记》，收入《玉简斋丛书》。

[3] 哈威《缅甸史》中译本第二三三页记，缅甸当局因李定国、白文选多次领兵入缅救主，“疑永历参与其事，乃决召其七百从人至实阶（即者梗）之睹波焰塔饮咒水为盟，并遣散至各村度生。从人等不愿前往，谓须由兴威以北之芒市土司（Sawbwa of Mong Si）伴行，始能信任，乃许之。比抵塔中，为御林军所围，芒市土司被挟外出，疑有诈变，夺卫士之刀而挥之，余众亦如状争抗，于是禁卫军鸣枪射击，未被枪杀者奉王命概行枭首”。译者姚枬注云：“本书所志芒市王似指松滋王，但击伤缅兵而死者，以黔国公沐天波为首，见邓凯《也是录》。”按，译者只知道咒水之难中遇害人士爵位最高者为松滋王，故推测“芒市土司”即此人。其实，南明宗室诸王徒有虚名，各方视之均无足轻重。Mong Si当为沐氏之音译，即沐天波，而非芒市（今云南潞西县）。清方致信缅甸当局要求引渡永历帝室及明黔国公沐天波，沐氏在缅人心目中的地位已如上述。所以，缅王决定处死永历随行人员时事先已防止伤害沐天波，这既有历史原因，也便于以后向清方交代。马吉翔等深知沐氏在缅甸为中国最有影响之人物，故以沐天波伴行为自身安全之保障。咒水之难发生时，缅军将沐天波拖出围外，有意放其生路。沐天波见危授命，出乎缅甸当局意料。

其他被骗来吃咒水的官员人等全部遇难，其中包括松滋王、马吉翔、马雄飞、王维恭、蒲缨、邓士廉、杨在、邬昌琦、任国玺、邓居诏、王祖望、杨生芳、裴廷谟、潘璜、齐应巽，总兵王自金、陈谦、龚勋、吴承爵，总兵改授通判安朝柱，锦衣卫掌卫事任子信，佥书张拱极、丁调鼎、刘相、宋宗宰、刘广银、宋国柱等，内官李国泰、李茂芳、沈犹龙、李崇贵、杨强益等，吉王府官张伯宗等数十名官员[1]。缅军谋杀明室扈从人员后，随即蜂拥突入永历君臣住所搜掠财物、女子。朱由榔惊慌失措，仓促中决定同中宫皇后自缢。侍卫总兵邓凯规劝道："太后年老，飘落异域。皇上失社稷已不忠，今弃太后又不孝，何以见高皇帝于地下？"永历帝才放弃了自尽的打算[2]。缅兵把永历帝、太后、皇后、太子等二十五人集中于一所小屋内，对其余人员及扈从官员家属滥加侮辱。永历帝的刘、杨二贵人，吉王与妃妾等百余人大都自缢而死。缅兵搜刮已尽时，缅甸大臣才在通事导引下来到，喝令缅兵："王有令在此，不可伤皇帝及沐国公。"[3]可是，沐天波已经在"吃咒水"时被击杀。

当时永历朝廷住地一片狼藉，尸横满地，触目惊心。缅甸官员请朱由榔等移往别处暂住；沐天波屋内尚有内官、妇女二百余人也聚作一处，"母哭其子，妻哭其夫，女哭其父，惊闻数十里"[4]。经过这样一

[1] 邓凯《也是录》；刘茝《狩缅纪事》。刘健《庭闻录》记："七月十九日，缅酋尽杀永历从臣。"《行在阳秋》记六月"十九日，缅酋杀我文武官僚三十余人"。《求野录》云："时清师平西王吴三桂既留镇，其固山杨坤（珅）谋效黔国公世守滇土，以为磐石之计，必入缅取帝以献乃可。遂上疏固请严檄缅甸，令献帝自效。缅人于是谋杀从官以孤帝势。"

[2] 《狩缅纪事》。《也是录》也有类似记载："上闻，与中宫皆欲自缢，内侍之仅存者奏曰：上死固当，其如国母年高何？且既亡社稷，又弃太后，恐贻后世之讥，盍姑缓以俟天命。上遂止。"

[3] 《狩缅纪事》《也是录》。《行在阳秋》既记缅官喝曰："不可害皇上与沐国公。"又引"施氏曰：……缅酋将天波至城上，木板锯解，以示城外。……"施氏所云全不可信。

[4] 《狩缅纪事》。

番彻底的洗劫，幸存人员已无法生活，附近缅甸寺庙的僧众送来饮食，才得以苟延残喘。二十一日，缅方把永历君臣原住地清理以后，又请他们移回居住，给予粮米器物。二十五日，又送来铺盖、银、布等物，传言："缅王实无此意，盖以晋、巩两藩杀害地方，缅民恨入骨髓，因而报仇尔。"[1]这只是在清兵到来以前，为防止永历帝自尽而编造的敷衍之词。因为李定国、白文选引兵入缅目的是接出永历君臣，缅甸当局发兵阻挡，双方才互有杀伤。不过，缅甸当局拒绝把永历君臣送往李、白军中，必然是考虑到了中国当时的局势，清朝统治业已基本稳固，南明残存军队恢复中原无望，势必长期盘踞或转战中缅接境地区，把永历帝掌握在自己手中或引渡给清方，对于遏制南明军队在缅甸境内活动更为有利。所以，在明清交替之际中缅关系上出现的一些问题应该受到指责的不是缅甸当局，而是永历朝廷的决策流亡缅甸。

经过这番咒水之难，朱由榔真正成了孤家寡人，小朝廷实际不存在了，只有内地和沿边的一些复明势力仍然遥奉这位顾影自怜的天子。他受不了这个打击，病了一场，稍好一点时太后又病了。十一月十八日，朱由榔对总兵邓凯说："太后复病，天意若不可挽回，鞑子来杀朕，使太后骸骨得归故土。当日朕为奸臣所误，未将白文选封亲王，马宝封郡王，以致功臣隳心，悔将何及？"[2]这表明他对前途已经完全失望，剩下的只是悔恨与惆怅。

第七节 永历帝被俘杀

顺治十七年（1660）八月，在平西王吴三桂的请求下，清廷决定出兵缅甸，迫使缅方交出明永历皇帝，并且摧毁在云南边境地区继续抗

[1] 《狩缅纪事》《也是录》所记文字稍异。
[2] 《狩缅纪事》。

清的李定国军。内大臣、一等公爱星阿被任为定西将军，率领满洲兵马赴滇，同吴三桂一道负责进军事宜。敕书中说：“兹以逆贼李定国已经败窜，怙恶不悛，宜尽根株，以安疆圉。特命尔爱星阿为定西将军，统兵同平西王吴三桂相机征讨。凡事与都统卓罗、鄂尔泰、孙塔、署护军统领毕立克图、护军统领费雅思哈等会议而行。如进剿，则令卓罗守城……”[1]次年（1661）四月，爱星阿军至贵阳，喂马十天后向云南进发[2]。八月二十四日，吴三桂、爱星阿部署满、汉兵由昆明分两路西进。十一月初九日，吴三桂所遣总兵马宁、副都统石国柱以及降将祁三升、马宝、高启隆、马惟兴等由姚关推进到木邦[3]。吴三桂、爱星阿致书缅甸国王，要求交出永历君臣。清方记载中说：“伪晋王李定国先奔景线，伪巩昌王白文选遁据锡波，凭江为险。官兵自木邦昼夜行三百余里，临江造筏将渡。白文选复奔茶山。吴三桂、爱星阿遣总兵官马宁等率偏师追之，自领大军直趋缅城。先遣人传谕缅酋，令执送伪永历朱由榔，否则兵临城下，后悔无及。”[4]

永历帝得到清军进入缅境的消息后，给吴三桂写了下面这封信：

> 将军本朝之勋臣，新朝之雄镇也。世膺爵秩，藩封外疆，烈皇帝之于将军可谓甚厚。讵意国遭不造，闯逆肆志，突我京师，逼死我先帝，掠杀我人民。将军缟素誓师，提兵问罪，当日之本衷原未尽泯也。奈何清兵入京，外施复仇之虚名，阴行问鼎之实计。红颜幸得故主，顿忘逆贼授首之后，而江北一带土宇，竟非本朝所有矣。南方重臣不忍我社稷颠覆，以为江南半壁，未始不可全图。讵銮舆未暖，戎马

[1] 《清世祖实录》卷一三九。
[2] 康熙三十一年《贵州通志》卷五《大事纪》。
[3] 《清圣祖实录》卷六作初八日，参见《清史列传》卷七十八《马宁传》。
[4] 《清圣祖实录》卷六。

卒至。闵皇帝（指弘光）即位未几，而车驾又蒙尘矣。闽镇兴师，复振位号，不能全宗社于东土，或可偏处于一隅。然雄心未厌，并取隆武皇帝而灭之。当是时，朕远窜粤东，痛心疾首，几不复生，何暇复思宗社计乎？诸臣犹不忍我二祖列宗之殄祀也，强之再四，始膺大统。朕自登极以来，一战而楚失，再战而西粤亡。朕披星戴月，流离惊窜，不可胜数。幸李定国迎朕于贵州，奉朕于南（宁）、安（隆），自谓与人无患，与国无争矣。乃将军忘君父之大德，图开创之丰勋，督师入滇，犯我天阙，致滇南寸地曾不得孑然而处焉。将军之功大矣！将军之心忍乎？不忍乎？朕用是遗弃中国，旋渡沙河，聊借缅国以固吾圉。出险入深，既失世守之江山，复延先泽于外服，亦自幸矣。迩来将军不避艰险，亲至沙漠，提数十万之众，追茕茕羁旅之君，何视天下太隘哉！岂天覆地载之中，竟不能容朕一人哉！岂封王锡爵之后，犹必以歼朕邀功哉！第思高皇帝栉风沐雨之天下，朕不能身受片地，以为将军建功之能。将军既毁宗室，今又欲破我父子，感鸱鸮之章，能不惨然心恻耶？将军犹是中华之人，犹是世禄之裔也。即不为朕怜，独不念先帝乎？即不念先帝，独不念二祖列宗乎？即不念二祖列宗，独不念己身之祖若父乎？不知新王何亲何厚于将军，孤客何仇何怨于将军？彼则尽忠竭力，此则除草绝根，若此者是将军自以为智，而不知适成其愚。将军于清朝自以为厚，而不知厚其所薄，万祀而下，史书记载，且谓将军为何如人也。朕今日兵单力微，卧榻边虽暂容鼾睡，父子之命悬于将军之手也明矣。若必欲得朕之首领，血溅月日，封函报命，固不敢辞。倘能转祸为福，反危就安，以南方片席，俾朕备位共主，惟将军命。是将军虽臣清朝，亦可谓不忘故主之血食，不负先帝之厚恩矣。惟冀裁择焉[1]。

这大概是永历帝留下的最后一份文件了。其音哀愁如秋虫鸣泣，无壮烈之气，有乞生之念。语云：鸟之将死，其鸣也哀。南明志士寄希望于这样的皇帝实现中兴大业，真可说是缘木求鱼了。

顺治十八年十二月初一日，清军迫近缅甸阿瓦[2]，缅甸国王大惊，决定送出朱由榔父子以避免本国卷入明、清之战。刘健记载："十二月朔，三桂至旧晚坡。缅相锡真约我兵往迎永历。锡真持贝叶缅文纳款，译其文有：愿送永历出城，但求退兵扎锡坡，等语。盖恐大兵袭其城也。"[3]初二日未时，一队缅甸士兵突然来到永历住地，口称："中国有兵来近城，我国发兵由此抵敌，宜速移去。"[4]说完，七手八脚把朱由榔连同座椅抬起就走，另外备轿供太后、皇后乘用，太子朱慈烜和其他随从一并起行。在缅兵押送下陆行五里即抵河岸，戌时渡河，只听见对岸兵马往来，人声嘈杂，也不知道是谁家兵马。清军先锋噶喇昂邦担心永历帝室得知实情可能在渡河时投水自尽，事先安排了不久前降清的铁骑前营武功伯王会到河边等候，永历座船抵岸时，他即上前拜见，自称奉晋王李定国之命特来迎驾。朱由榔还蒙在鼓里，对王会慰劳有加。直到王会把永历一行人送入清军营中，朱由榔才发觉上当，愤慨不已，斥

[1] 永历帝致吴三桂书，所见有三种文本：一见蒋良骐《东华录》卷八；一见云南人士吕志伊、李根源于清光绪三十四年（1907）所辑《滇粹》，题下注引自日本丸山正参著《郑成功传》；一见顾公燮《丹午笔记》二二二条。第一、第二两种文字大抵相同，惟《滇粹》本永历自称"朕"，蒋氏《东华录》一律作"仆"。《丹午笔记》本语气更近于明人，且没有"倘得与太平草木同沾雨露于圣朝"等不伦不类的话，故以《丹午笔记》为基础，参考前二文本对文字稍做校正。这封信既收入《东华录》，看来实有其事，而非好事之徒所杜撰。

[2] 《清圣祖实录》卷六。鄂尔泰编《八旗通志》中不少人物传记都提到随军进至缅甸阿娃（阿瓦）。

[3] 刘健《庭闻录》卷三。

[4] 刘莅《狩缅纪事》。

责王会的叛卖行径。王会内心有愧，无言而退[1]。

参考诸书记载，吴三桂等所统清满、汉军主力进至旧晚坡，该处“去缅城（指缅京阿瓦，今曼德勒）六十里”[2]，前锋到达阿瓦城对岸河边，“缅人谋献桂王，请大军留驻”。《阳秋杂录》记：“吴三桂标将有商于吴者。问以旧晚坡之事，据云：十二月初三日，三桂至旧晚坡，檄缅送王，并索从亡诸臣头首。缅迫于兵威，亦遣人相闻。薄暮，缅人送人首三十七至三桂营（按：当即死于咒水之难之明臣），营中讹言王薨。及二鼓，讙言王至矣。随众出迎，见二艘渡江来，一为王及太妃、王妃、世子、郡主，一为遇害诸臣家属。有缅相及蛮兵二百余人俱至。三桂送王及宫眷于公所。王南面坐，达旦。三桂标下旧官相继入见，或拜，或叩首而返。少顷，三桂进见，初甚倔傲，见王长揖。王问为谁？三桂噤不敢对。再问之。遂伏地不能起。及问之数至，始称名应。王切责曰：‘汝非汉人乎？汝非大明臣子乎？何甘为汉奸叛国负君若此？汝自问汝之良心安在？’三桂缄口伏地若死人。王卒曰：‘今亦已矣，我本北京人，欲还见十二陵而死，尔能任之乎？’对曰：‘某能任之。’王令之去，三桂伏不能起，左右扶之出，则色如死灰，汗浃背，自后不复敢见。”[3]

初九日，吴三桂班师[4]。回滇途中，吴三桂于下营时均将朱由榔一家置于附近地方帐篷内，由满洲官兵严密看守。原先随从永历的明朝官员妻妾躲过咒水之难后，又被满洲官兵抢去。侍候朱由榔的人只剩下小内官五人、面貌丑陋的小宫女三四人和跛足侍卫总兵邓凯。

---

[1] 刘健《庭闻录》卷三所记情节稍有不同：十二月初二日，吴三桂遣高得捷等往迎，“是日日昃，缅绐永历曰：‘晋王李定国至矣。今送帝出就晋王军。’缚竹椅为肩舆舁永历入舟，及岸，水浅舟胶，高得捷负以登岸。永历问其名，曰：‘臣平西王前锋高得捷也。’永历曰：‘平西王，吴三桂也。今来此乎！’遂默然。初三日，永历至旧晚坡。”

[2] 《清史稿》卷二五四《毕力克图传》。

[3] 《滇粹》收“失名”《也是录》后附载。

[4] 《庭闻录》作初十日。

康熙元年（1662）三月十二日，清廷以擒获永历帝诏告天下，诏书中说："念永历既获，大勋克集。士卒免征戍之苦，兆姓省挽输之劳。疆圉从此奠安，闾阎获宁干止。是用诏告天下，以慰群情。"[1]五月，吴三桂因擒获朱由榔有功，晋封为亲王[2]。

在清廷诏告全国的同一天，朱由榔和他的眷属被押回云南昆明。昆明城中许多百姓眼见皇帝蒙难，不免黯然神丧。当时一个目击者说："永历之自缅归也，吴三桂迎入，坐辇中。百姓纵观之，无不泣下沾襟。永历面如满月，须长过脐，日角龙颜，顾盼伟如也。"[3]清军把朱由榔一家圈禁在世恩坊原崇信伯李本高宅内[4]。吴三桂等人认为如果押解赴京献俘，路途遥远，恐怕发生意外，建议就地处决，得到清廷核准。四月二十五日，朱由榔、朱慈烜和国戚王维恭的儿子被处死。据记载，行刑前吴三桂主张拖出去砍头，满洲将领不赞成，爱星阿说："永历尝为中国之君，今若斩首，未免太惨，仍当赐以自尽，始为得体。"[5]安南将军卓罗也说："一死而已，彼亦曾为君，全其首领可也。"[6]于是，把朱由榔父子和王维恭子抬到门首小庙内，用弓弦勒死。[7]随即命昆明知县聂联甲带领员役搬运柴薪把三人棺木焚化于北门外。次日，清兵至火化处拾取大骨携回做证。云南人民不忘故主，以出城上坟为借口，寻得未烬小骨葬于太华山。南明最后一帝

[1] 《清圣祖实录》卷六。

[2] 《清圣祖实录》卷六。

[3] 刘献廷《广阳杂记》卷三记吉坦然语。

[4] 刘茝《狩缅纪事》。

[5] 《狩缅纪事》；《求野录》及叶梦珠《续绥寇纪略》卷四《缅甸散》均云朱由榔父子于四月二十五日遇害。《也是录》记四月"初八日，上被难"。《行在阳秋》亦记于四月，书尾附记："东昌李君调云：缅酋送驾旧晚坡在庚子十二月，而龙驭宾天、皇太子遇害则辛丑三月十八日也。君调时在三桂营中目击者。"

[6] 刘健《庭闻录》卷三。

[7] 康熙三十五年《云南府志》卷五《沿革》记：吴三桂"遣固山杨珅、章京夏国相等缢永历于篦子坡，焚其尸扬之，家属送京"。

至此烟消云散。

第八节　李定国之死

1661年（顺治十八年）八月，李定国、白文选仍在缅甸境内要求缅方交出永历君臣。得到缅甸当局杀害朱由榔的扈从人员的消息，感到情况紧急，立即分路进至洞乌，用十六条船装载兵马渡江，向缅军发起攻击。由于缅方已有准备，作战失利，有五条船在江中倾覆。十八日，明军退回洞乌。

在前途黯淡的形势下，白文选的部将张国用、赵得胜等人私下议论道："此地烟瘴，已伤多人，今再深入，气候更热，非尽死不止。宁出云南，无作缅鬼。"士兵们长期转战于中缅边境一带，生活和作战条件极为艰苦，一听主将的这番议论，军心更加动摇。张、赵两人命令军士趁夜间准备好行装，直入白文选的卧帐，请他立即脱离李定国部，退还云南。文选见军心已变，大吃一惊。二将劝他说："大事知不成，更深入瘴地，空死无名。殿下必随晋王，是续贺九义也。"白文选问："尔等今欲何往？"张国用回答："以此人马出云南，何向不重？"意思是凭借部下兵马众多主动降清，必然受到重用。文选又问："若皇上何？"国用断然回称："心力已尽，可见天意。"当即把白文选挟持上马起行，连夜行军七十里。第二天凌晨，李定国得到报告白文选部去向不明，觉得事态严重，他狐疑满腹地说："巩殿下欲何往耶？"派儿子李嗣兴领兵尾随，观察白部动向。他告诫嗣兴不得动武，自己也带领部队缓缓跟进。张国用、赵得胜唯恐主帅白文选留恋旧情，同李定国重归于好，故意让文选走在前面，二人领兵断后。五天之后，兵马行至黑门限（或写作黑门坎），国用和得胜见李嗣兴兵尾追不舍，两人商议道："晋世子急蹑不去我，我军行疲为累，不若就此山势与决战，令彼还，方可前进。"随即挥兵扼据山险，矢炮齐发。李嗣兴大怒，命令部兵强行登山反击。正在这时，李定国赶到，叫嗣兴立刻停止战斗。他不胜感慨地说：“吾昔同事者数十人，今皆尽矣，存者吾与文选耳。何忍更相残？且彼既背主他出，欲自为计，念已绝矣！吾所以使尔随之者，冀其生悔心，或为并力；今大义已乖，任彼所之，吾自尽吾事耳。”[1]途中收留文选部掉队的士卒四十余人，也全部放还。定国父子带领本部兵马返回洞乌。

白文选军继续走了三天，路上遇着从孟定来的吴三省部。吴军营中的马匹已全部倒毙，兵将仍然不顾艰苦，步行入缅寻求和李定国会合。白文选良心不昧，流着眼泪说：“我负皇上与晋殿下矣！将军能率兵至此，使我有太山之助乎。”[2]吴三省从白文选部行军方向判断其部下意图是去投降清朝，就故意扬言：“云南降者皆怨恨，不得所，人心思明，故我辈咸愿步来到此。”文选部兵听了很受感动，张国用、赵得胜也从自己前途考虑，担心降清以后得不到妥善安置，不再坚持前往昆明投降。这时，恰巧有徽州人汪公福不远数千里带来郑成功的约请会师表，白文选决定屯驻于锡薄，派苏总兵去木邦同李定国联络。过了一个多月还没有接到定国的回信。清平西王吴三桂得到消息，派部将马宁和南明降将马宝、马惟兴、祁三升等领兵追赶白文选，两军在孟养相遇。文选部兵就山立营，保持戒备。白文选同马宝、马惟兴等长期保持着较深厚的友谊（他们很可能都是回族），不愿兵刃相见。马宝带着吴三桂的书信单骑进入文选营中，劝他投降。白文选终于决定投降清朝，跟随投降的有官员四百九十九名、兵丁三千八百余名、马三千二百六十匹、象十二只[3]。这年十二月十八日由孟密到达昆明。康熙元年（1662）

[1] 温睿临《南疆逸史》卷五十二《李定国传》。按，邵廷寀《西南纪事》卷十《李定国传》和珠江寓舫偶记《劫灰录》卷六也记载了这件事，文句略有不同。

[2] 邵廷寀《西南纪事》卷十《李定国传》。

[3] 这里是根据《清圣祖实录》卷六康熙元年二月庚午日节录吴三桂、爱星阿奏疏；刘健《庭闻录》记随白文选降清的有一万一千七百四十九人，其中当包括家属。

十一月，清廷封白文选为承恩公[1]。白文选降清时还有几千名精锐将士，如果能同李定国携手合作，云南抗清斗争必定可以再坚持一段时间，他的决策降清，无疑加速了云南边境抗清运动的瓦解。

清军进入缅甸胁取永历帝的时候，李定国统辖的兵马还有五六千人[2]，驻于九龙江（按，九龙江即澜沧江流经西双版纳之一段河名，清代在普洱府下有九龙江宣慰司）。他仍然希望号召土司和其他抗清势力恢复云南。1661年（顺治十八年）五月，暹罗国（即泰国）派使者六十多人来联络，请定国移军景线（亦作锦线，现在泰国境内昌盛附近，与缅甸、老挝接壤）暂时休整，然后由暹罗提供象、马，帮助收复云南。使者除带来丰厚礼物外，还取出明神宗时所给敕书、勘合，表示对明朝眷恋之情。并且告知定国："前者八十二人驾随，流落在我国，王子厚待，每人每日米二升，银三钱。"[3]李定国对暹罗君臣的好意非常感激，盛情款待来使，派兵部主事张心和等十余人同往暹罗联络。1662年（康熙元年）永历帝和太子被清军俘获的噩耗传来，李定国伤心备至，捶胸大哭。他感到拥明抗清的旗帜既倒，再也没有回天之力了，部下兵马由于驻扎在人烟稀少地区，粮食医药不足，病死了差不多一半。定国自知复兴无望，愤郁不已，五月十五日撰写表文焚告上天，"自陈一生素行暨反正辅明皆本至诚，何皇穹不佑至有今日。若明祚未绝，乞赐军马无灾，俾各努力出滇救主。如果大数已尽，乞赐定国一人早死，无害此军民"[4]。六月十一日是李定国的生日，他从这天起发病，到六月

---

[1] 《清圣祖实录》卷七。

[2] 康熙元年四月十二日广东巡抚李栖凤题本，见《清代农民战争史资料选编》第一册（上），第三九一页。

[3] 刘菧《狩缅纪事》。流落在泰国的这批人就是上面提到的由陆路进缅的岷王世子和总兵温如珍所领漂泊江边的九十余人。

[4] 叶梦珠《续编绥寇纪略》卷四《缅甸散》；刘菧《狩缅纪事》亦载此事，文字较简。

二十七日病死于景线[1]。

定国临终前，托孤于部将平阳侯靳统武，命世子李嗣兴拜统武为养父[2]，叮咛道："宁死荒徼，无降也！"[3]一代豪杰终于赍志以殁。他的英名和业绩永远光照史册，激励后世人民为反对压迫和民族征服而献身。李定国的一生应该充分予以肯定，封建史籍的作者一般也给以赞许之词，但他们所赞许的是李定国后半生的"改邪归正"，实际上李定国在明末是反抗封建压迫的英雄；清初是抗击满洲贵族武力征服和暴虐统治的杰出统帅。如果不以成败论英雄，在明清之际各方面的人物当中，他是光彩四耀的一颗巨星，其他任何人都无从望其项背。

李定国去世后，部下将领失去了归依的核心。他的表弟马思良不服靳统武的节制，与总兵胡顺都、王道亨于前途黯淡之时，走上了降清之

---

[1] 关于李定国病死的日期和地点，诸书记载不一致。《清史稿·李定国传》记："六月壬子，其生日也，病作……乙丑，定国卒。"康熙元年六月朔日为壬寅，壬子为十一日，乙丑为二十四日。《劫灰录》、冯甦《见闻随笔》、刘健《庭闻录》、金钟《皇明末造录》、叶梦珠《续编绥寇纪略》、陆桂荣《三藩纪事本末》、郑达《野史无文》均作六月二十七日卒于勐腊。沈佳《存信编》卷五记定国六月二十九日卒于车里猛喇（当即勐腊）。《行在阳秋》记七月二十九日卒于景线。《腾越州志》记"葬于景线"。郭影秋《李定国纪年》认为六月十七日卒于勐腊较可信。但《清圣祖实录》卷七载康熙元年十月十九日"云南巡抚袁懋功疏报，据车里宣慰使刀木祷报称：伪晋王李定国逃奔景线地方染病身死"。勐腊为车里宣慰司属地，刀木祷报定国卒于景线，必有根据。康熙四十一年《永昌府志》卷二十六《杂记》李定国条云："李定国闻永历被执，遂死于景线。所葬之地至今寸草不生，彝人过者必稽颡跪拜而后去，有入其地者曾目击其事云。"同书卷三《沿革》记：康熙元年"八月，李定国死于景线。"康熙三十年《云南通志》卷三《沿革大事考》也说，康熙元年"八月，李定国死于景线"。时间上稍有出入，卒地似以景线较可靠。

[2] 刘茝《狩缅纪事》。

[3] 《三藩纪事本末》卷四《缴缅取王》；《续编绥寇纪略》卷四《缅甸散》作"宁死荒外，毋降也"。《清史稿·李定国传》作"任死荒徼，毋降"。

路[1]。不久，靳统武病死（一说被毒死）[2]，蜀王世子刘震等领兵归附清朝。李嗣兴也未能恪遵定国遗教，在康熙元年九月拜表投降清朝，十一月自普洱派人赴昆明呈缴李定国留下的册、宝和元帅印，十二月十九日带领官兵及家属一千二百余人到洱海接受吴三桂改编安插[3]，清廷授予李嗣兴都统品级[4]，后来曾任清朝陕西宁夏总兵等职。

大致可以说，李定国之死标志着原大西军余部抗清斗争的结束。

[1] 沈佳《存信编》卷五。康熙三十年《云南通志》卷三《沿革大事考》。

[2] 《续编绥寇纪略》卷四记："未几，统武亦卒。"《清史稿·李定国传》云："统武寻亦卒。"《狩缅纪事》却说靳统武与李嗣兴一道降清，但清方奏报中未见靳统武投降事。康熙三十五年《云南府志》卷五《沿革》记，定国"病笃，托孤靳统武，令抚嗣兴。马思良势不相下，乃与胡顺都、王道亨毒杀靳统武，奔出乞降。嗣兴闻思良降，亦移至慢法地方。吴三桂招之，嗣兴遂投诚"。

[3] 康熙元年十二月二十八日平西亲王吴三桂密奏本，见《明清史料》丙编，第十本，第九九七页。

[4] 《清圣祖实录》卷九。

第三十一章
郑成功收复台湾

第一节　郑成功决策复台

台湾自古以来就是我国的领土。在长达千年以上的历史中，大陆断断续续派出的官员、军队以及出海的商人、渔民同岛上的高山族同胞有过接触，福建沿海的居民移居澎湖、台湾的数量也逐渐增多。元朝和明朝在澎湖设立了巡检司，派驻军队，负责澎、台防务。1604年（万历三十二年）荷兰殖民者一度占据澎湖，被明朝都司沈有容领兵驱走。1622年（天启二年）七月十一日，荷兰殖民者再次占领澎湖，在主岛上建立堡垒作为侵华基地。他们从这里派遣船只骚扰台湾沿岸，劫掠大陆濒海地区，烧毁中国村庄和船只，把俘虏的中国百姓贩卖到巴达维亚（今印度尼西亚雅加达）去充当奴隶。荷兰殖民者的野蛮行径激起了中国当局和百姓的极大愤慨，1623年（天启三年）明福建巡抚南居益亲自视察海域，派副总兵俞咨皋等人带领军队先后在铜山（今福建东山）、厦门海面击败来犯的荷兰海盗船，活捉而论那、高文律等七十人。次年（1624），南居益驻于金门岛，派出三千名将士渡海直捣荷兰殖民者在澎湖擅自建立的堡垒。经过八个月的围攻，荷军“食尽计穷，始悔过乞降，拆城夜遁”[1]，“澎湖信地，仍归版图”[2]。

由于明帝国国势衰微，在取得厦门海战和收复澎湖的胜利以后，没有断然阻止荷兰人在台湾建立据点。荷兰东印度公司利用这一时机在现在的台南市海滨一个沙洲（当时把这个四面环水的小沙洲称为大员）上建立要塞，命名为热兰遮堡（Zeelandia Fort），从此开始对附近居民实行殖民统治。从现有材料来看，1624年中国福建当局奉朝廷之命收复澎湖是因为这里设置了管理台、澎军政事务的衙门，“先朝设有两营兵马，堤防甚备”[3]；而允许荷兰人到更远一点的台湾去也仅限于在那里同中国商人做生意，即如疏稿中所说：“况夷求市为名，或天恩之所可宥；及夷据彭以请，则国法之所难容。”[4]荷兰殖民者在澎湖投降后移往台湾大员时，“发现有些中国人定居在这里经营商业”[5]，可见，这里早已是中国领土。然而，他们却莫名其妙地把事情说成是台湾土地“属于中国皇帝。中国皇帝将土地赐予东印度公司，作为我们从澎湖撤退的条件”[6]。这种说法毫无根据。即以荷方引证的天启四年（1624）八月二十日厦门地方长官何某（可能是泉州府海防同知何舜龄）[7]给荷方头目宋克（Maarten Sonk，后来被委为所谓第一任荷兰的台湾长官）的复信

[1] 《明清史料》乙编，第七本，第六二九页《兵部题彭湖捷功残稿》。

[2] 同上，第六二五页《彭湖平夷功次残稿》。

[3] 《明清史料》乙编，第七本，第六二九页。

[4] 《明清史料》乙编，第七本，第六二四页。

[5] 甘为霖《荷兰人侵占下的台湾》，引自福建人民出版社《郑成功收复台湾史料选编》第九十三页。

[6] 福建人民出版社《郑成功收复台湾史料选编》第九十五页。

[7] 上引《郑成功收复台湾史料选编》第九十四页。按，写复信官员原文为“Totokof Amoy”“Foa”，《史料选编》译作“厦门都督”“何”。“Totokof Amoy”可能是“Totok of Amoy”的误排。都督是明朝高级武官职衔，在明朝北京覆亡以前厦门地区不可能有都督。当时泉州府海防同知为何舜龄，上引兵部题“彭湖捷功”残本中说：“何舜龄当夷甫退，善后之图，轻七尺如鸿毛，驾一叶于鲛室，周旋咨度，为人所难。尤宜特与优叙，以示激劝者也。”可证何舜龄不仅负责处理荷军撤出澎湖的善后事宜，而且曾亲自乘船到荷兰军中谈判。他的身份和经历最切合这封信的作者。

而言，措辞是："本函作为阁下要求事项之答复。据报你们已放弃澎湖城砦，该地已恢复原貌，足见你们已忠实执行协定。因此我们深信你们的友好诚意。现在总督大人已获悉荷兰人远道而来，要求在赤道以南的巴达维亚（Batavia）及我方的福摩萨岛（Formosa）之间与我方贸易。因此，我们决定前往福州报告巡抚及衙门，以便以友好关系与你们相处。现在通商之事既已对阁下有了充分保证，你方船队司令可前往巴达维亚向你方长官报告一切。"[1]这里，台湾被称为福摩萨岛不符合中国习惯，但"我方的福摩萨岛"却是明确无误的。

明政府收复澎湖之后，福建沿海恢复了平静。但这种局面并没有维持多久，具有海盗性质的郑芝龙（原名郑一官，在西方文献中即称他为"一官"）集团的势力逐渐扩展，他们是一股主要从事海外贸易的中国商人，但是为了取得粮食、淡水和其他物资常常对福建沿海地区进行掠夺。1628年（崇祯元年）郑芝龙接受明政府的招抚，他利用官方身份扫除其他"海贼"，既可以向朝廷报功，又增强了自己对海外贸易的垄断地位。史料表明，他同荷兰殖民者在利益上有勾结，也有矛盾。1633年（崇祯六年）在明朝福建当局的坚持下，郑芝龙不得不配合其他明军在福建近海挫败了荷兰殖民者为主的海盗武装，但未暇顾及台湾、澎湖。当时，台湾人口稀少，而大陆战乱频繁，福建居民大批迁入台湾垦荒或经商，同荷兰殖民当局的私人贸易也有很大增长。

在本书叙述的年代里，荷兰殖民者是侵华的急先锋。他们在巴达维亚建立东印度公司，作为"经营"东南亚的总部。企图把先来的葡萄牙人和西班牙人赶走，垄断整个东南亚。郑成功以厦门、金门、南澳一带为基地建立强大的抗清武装之后，荷兰殖民者密切注视着明、清双方战事的发展。他们既担心郑成功的军队收复台湾、澎湖；又得寸进尺，凭借武力把西班牙人从台湾北部的鸡笼（今基隆）、淡水逐走，还计划从葡萄牙殖民者手中夺取澳门，然后进攻金门、厦门、南澳、烈屿，"这样，既增加了

---

[1] 同上页注释[6]。

公司的利益，也会使国姓爷（郑成功）陷于衰亡，而且，还可以博得鞑靼人（指清朝）的好感和在中国境内贸易的自由，甚至还可以获得其对外贸易的特权。从此，公司不仅将得到进入中国的根据地，而且还可以防止敌人通过台湾海峡”[1]。

荷兰殖民者对台湾的中国人实行野蛮的掠夺和严酷的统治。1625年一月二十日，他们在台湾本岛上向本地居民“以友好方式”买进了“公司所需要的大片土地”，即后来建立普罗文查城堡及其附近地区的赤嵌，所付的代价是十五匹粗棉布[2]。1651年五月十日，东印度公司决定向台湾的中国人征收人头税，每年达二十万荷盾[3]，尽管他们也知道“如果说有什么人有权征收税款的话，那无疑应该是中国人”[4]。这一类的倒行逆施使“岛上中国居民认为受公司压迫过甚，渴望自由”[5]。1652年九月，赤嵌地区的一个村长郭怀一发动反荷起义，附近中国百姓群起响应，参加者多达一万六千人，他们只有很少一些火枪，绝大多数手持梭标、木棍、竹杆，凭借一腔热血同殖民者展开拼死的搏斗。荷兰的台湾长官尼古拉斯·费尔堡派出军队血腥地镇压了这次起义，郭怀一和部下一千八百人遇难，在这以后的半个月里被杀、被俘的中国人在九千人以上[6]。荷兰

[1] 荷兰东印度公司《巴达维亚城日志》，引自《郑成功收复台湾史料选编》第二三七至二三八页。

[2] 甘为霖《荷兰人侵占下的台湾》，引自《郑成功收复台湾史料选编》第九十六页。

[3] 引自《郑成功收复台湾史料选编》第一一六页。

[4] 引自《郑成功收复台湾史料选编》第九十六页。

[5] C. E. S.《被忽视的福摩萨》，引自《郑成功收复台湾史料选编》第一二四页。

[6] 连横《台湾通史》卷一《开辟记》云：永历“十一年，甲螺郭怀一集同志，欲逐荷人，事泄被戮。怀一在台开垦，家富尚义，多结纳，因愤荷人之虐，思歼灭之。九月朔，集其党，醉以酒，激之曰：‘诸君为红毛所虐，不久皆相率而死。然死等耳，计不如一战。战而胜，台湾我有也，否则亦一死。惟诸君图之！’众皆愤激欲动。初七夜伏兵于外，放火焚市街。居民大扰，屠荷人，乘势迫城。城兵少，不足守，急报热兰遮，荷将富尔马率兵一百二十名来援，击退之。又集归附土番，合兵进击，大战于大湖。郭军又败，死者约四千。是役华人诛夷者千数百人。”按，连横所记多可参考。但郭怀一起义在1652年，连氏记于永历十一年（1657），系时有误。

殖民者认为郭怀一起义是郑成功策动的，无论这种说法有没有根据，参加起义的人数之多证明了台湾的中国人不能忍受荷兰人的殖民统治，他们为光复故土而英勇献身的精神后来为郑成功发扬光大。郭怀一起义被镇压后，荷兰殖民当局在1653年在同大员（热兰遮）一水相望的台湾本岛赤嵌地方修建了另一座较小的城堡，命名为普罗文查（即现在的台南市安平镇赤嵌楼故址），配备火炮二门，常驻士兵十七名，借以加强对台湾本岛上据点的统治，防范当地中国百姓再次反抗。

尽管郑成功将率军收复台湾的流言在荷兰殖民者当中传播了很久，我们也不清楚这个念头在他脑海中何时出现。但有一点可以肯定，郑成功真正酝酿复台是在1658年大举进攻南京遭到失败之后。退回金门、厦门海域时，郑成功仍然拥有相当强大的军事实力，特别是水上舰只损失并不多。凭借海上优势，他击败了达素带领来攻的清军。但是，就全国而言，明、清双方在军事和政治上的形势已经发生很大的变化。西南永历朝廷一蹶不振，郑军有效控制的沿海岛屿无法支持一支庞大军队的后勤供应。为了继续同清廷抗衡，郑成功很自然地把注意的焦点转向了台湾。正如沈光文所说："金门寸土，不足养兵；厦门丸城，奚堪生聚？"[1]

各种史籍大抵都提到了何斌（何廷斌、何斌官）其人。这人在大员（热兰遮）任荷兰东印度公司台湾评议会的通事长达十几年，深悉当地情形。1657年当郑成功禁止中国帆船驶往台湾时，他曾奉荷兰长官和评议会之命来到厦门，向郑成功讯问禁航原因。郑成功回答道："欲在台征收关税。"同年八月，何斌回台报告后，荷兰长官揆一让他再次赴厦门转达："关税如不涉及公司，或不至损害本公司利益，对国姓爷自向中国人课税并无异议。"郑成功对此表示满意，双方贸易重新

[1] 沈光文《台湾赋》，出处见前引。

开放[1]。1659年，何斌被控告勾结郑氏集团，私自征税，被剥夺一切职务，并处以苛重的罚款。他负债累累，难以存身，逃至厦门投向郑成功，建议出兵收复台湾。据说，何斌逃离台湾之前曾经暗中派人测量了进入大员湾的鹿耳门水道，到达厦门以后向郑成功献上了一份秘密地图，标明船舰如何航行才能绕过荷兰炮台在鹿耳门登陆。何斌自告奋勇充当向导，无疑对郑成功率兵复台提供了有利条件。但是，某些史著过分夸张了何斌的作用，似乎没有他出谋划策，郑成功就下不了决心，复台之举也许不会发生。这是由于不了解郑氏集团同台湾的密切关系而产生的一种误解。从郑芝龙开始，郑氏集团就在台湾建立了包括贸易在内的多种联系，其中一种说法是郑芝龙曾经组织了大量移民赴台垦荒。郑成功起兵后，他管辖下的商船经常往来于台湾海峡，他手下的户官郑泰（成功宗兄）还在台湾置有产业。被认为是荷兰末任台湾长官揆一的著作中说得很清楚："其实许多中国居民对公司的情况同何斌一样熟悉"；"国姓爷已经雇到三百名非常熟悉福摩萨海岸的领航员"[2]。揆一固然有为自己辩护的意思，但大量商船经常往来于双方之间证明他说的是事实。真正促使郑成功下决心收复台湾的因素只有两个，一是他需要一块足以解决几十万兵员的粮饷物资供应的后方基地；二是他根据各种渠道（包括何斌提供的情况）获悉荷方在台湾的兵力部署情况，做到心中有数，战则必胜。箭已经搭在弦上，正如俗语所说："万事俱备，只欠东风。"郑成功翘首以待，一旦适宜的季节风来临，他的舰队就将

[1] 引自《郑成功收复台湾史料选编》第二四〇页。按何斌代郑氏集团在台湾征税事荷方记载有不同说法。杨英《先王实录》记：1657年"六月，藩驾驻思明州。台湾红夷酋长揆一遣通事何廷斌至思明启藩，年愿纳贡，和港通商，并陈外国宝物。许之。因先年我洋船到彼，红夷每多留难，本藩遂刻示传令各港澳并东西夷国州府，不准到台湾通商。由是禁绝两年，船只不通，货物涌贵，夷多病疫。至是令廷斌求通，年输银五千两、箭柸十万枝、硫磺千担，遂许通商"。和荷方记载可互相印证补充。

[2] 《被忽视的福摩萨》，引自《郑成功收复台湾史料选编》第一二七页、第一三四页。

破浪前进，向预定的目标驶去。

第二节　驱逐荷兰殖民者收复台湾

郑成功为人志大才雄，遇事独断于心，具有极其坚毅的性格。在决策收复台湾问题上又一次显示了他的这种性格特征。

在进攻南京战役失败以后，郑成功把目光转向了台湾。1659年（顺治十六年、永历十三年）十二月，“议遣前提督黄廷、户官郑泰督率援剿前镇（戴捷）、仁武镇（康邦彦）往平台湾，安顿将领官兵家眷”[1]。次年正月，达素统领清军入闽，郑成功为集中兵力迎战，不得不暂时推迟这次军事行动。击败达素调集的各路清军之后，郑成功加紧了复台的准备工作。1660年冬，他派出大批军队到广东潮州沿海地区筹集粮食。次年正月，他在厦门传令大修船只，听令出征。召集诸将举行秘密会议，训话道：“天未厌乱，闰位犹在，使我南都之势，顿成瓦解之形。去年虽胜达虏（指达素军）一阵，伪朝（指清朝）未必遽肯悔战，则我之南北征驰，眷属未免劳顿。前年何廷斌所进台湾一图，田园万顷，沃野千里，饷税数十万。造船制器，吾民鳞集，所优为者。近为红夷占据，城中夷伙不上千人，攻之可垂手得者。我欲平克台湾，以为根本之地，安顿将领家眷，然后东征西讨，无内顾之忧，并可生聚教训也。”[2]这是郑成功正式提出收复台湾为根本的战略计划。参加会议的多数将领对于收取台湾安顿家眷心存疑虑，一个个面有难色。宣毅后镇吴豪说自己曾经几次到过台湾，那里荷兰人的“炮台利害，水路险恶”，“风水不可，水土多病”，不赞成出兵台湾。大将黄廷说：“台湾地方闻甚广阔，实未曾到，不知情形。如吴豪所陈红毛炮火，果

[1]　杨英《先王实录》第二二三页。

[2]　杨英《先王实录》第二四三至二四四页。

有其名，况船大又无别路可达，若必由炮台前而进，此所谓以兵与敌也。”建威伯马信发言道：“藩主所虑者，诸岛难以久拒清朝，欲先固其根本，而后壮其枝叶，此乃终始万全至计。信，北人也，委实不知。但以人事而论，蜀有高山峻岭，尚可攀藤而上，卷毡而下；吴有铁缆横江，尚可用火烧断。红毛虽桀黠，布置周密，岂无别计可破？今乘将士闲暇，不如统一旅前往探路，倘可进取，则并力而攻；如果利害，再作商量，亦未为晚。此信之管见也。”郑成功听后赞扬道：“此乃因时制宜，见机而动之论。”吴豪再次发言反对，各将领“议论不一”。参军陈永华发言：“凡事必先尽之人，而后听之天。宣毅后镇所言，是身经其地，细陈利害，乃守经之见，亦爱主也，未可为不是。如建威之论，大兴舟师前去，审势度时，乘虚觑便，此乃行权将略也。试行之以尽人力，悉在藩主裁之。”接着，协理五军戎政杨朝栋发言支持郑成功，认为恢台之举可行。郑成功非常高兴，称赞“朝栋之言，可破千古疑惑”，当即拍板决定兴师复台[1]。这次军事会议的显著特点是：郑成功部下将领和兵员多是经济比较发达的福建沿海州县人，而当时台湾尚处于初期开发阶段，吴豪的意见自然有一定的代表性。马信是北方来归将领，陈永华是文官，他们虽支持复台，不足以扭转会议倾向。杨朝栋是郑鸿逵旧将，他表态之后，郑成功立即抓住时机，断然做出决策，体现了他的领导艺术。兴师驱荷，是中国近三百多年来在台湾问题上一个极其重要的决策，对台湾这块自古以来中国的领土的发展前途影响至为深远，出兵前这次军事会议在史册上是重要的一页，多数闽籍将领的留恋乡土，胸无远志，正好衬托了郑成功的目光远大。

郑成功的复台计划，经过周密的准备。除了修理战船，备办粮饷、器械以外，他在军事上的部署值得特别注意。郑成功的基本意图是取台湾为复明基地，而不是撤往该地。所以，他必须考虑既能从荷兰殖民者手中夺回台湾，又不能失去厦门、金门、南澳一带近海岛屿。因此，他

[1] 江日升《台湾外纪》卷五。参见《先王实录》。

决定亲自统率主力出征台湾，这支主力又分为首批和二批；在金门、厦门、南澳一带留下了相当兵力：命忠勇侯陈霸防守南澳，警惕清广东军阀苏利、许龙乘虚而入；派郭义、蔡禄二镇前往铜山（今东山）会同原镇该地的忠匡伯张进守御该岛，必要时策应守南澳的陈霸部；留户官郑泰和参军蔡协吉守金门；洪天祐、杨富、杨来嘉、何义、陈辉守南日、围头、湄洲一带，连接金门，以防北面来犯之敌；由世子郑经守厦门，辅以洪旭、黄廷、王秀奇、林习山、杜辉、林顺、萧泗、郑擎柱、邓会、薛联桂、陈永华、叶亨、柯平，与洪旭之子洪磊、冯澄世之子冯锡范、陈永华之侄陈绳武三人调度各岛防守事宜。

跟随郑成功收复台湾的将领和官员有马信、周全斌、萧拱宸、陈蟒、黄昭、林明、张志、朱尧、罗蕴章、陈泽、杨祥、薛进思、陈瑞、戴捷、黄昌、刘国轩、洪暄、陈广、林福、张在、何祐、吴豪、蔡鸣雷、杨英、谢贤、李胤、李袭。1661年（顺治十八年）誓师，参加誓师礼的有原兵部尚书唐显悦、兵部侍郎王忠孝、浙江巡抚卢若腾、吏科给事中辜朝荐、右副都御史沈全期等，此外还有明宁靖王朱术桂、鲁王世子朱桓、泸溪王、巴东王和留守文官武将。从参加饯行宴会的人来看，基本上包括了当时在金、厦地区的全部明朝头面人物，也许其中一些人并不赞成郑军主力开赴台湾，公开反对的是兵部侍郎张煌言。张煌言认为台湾距大陆较远，郑成功以主力复台即便如愿以偿，却离抗清前线远了，这同他的急切兴复明朝的主张是相左的。张煌言在《上延平王书》中毫不客气地说：

> 窃闻举大事者，先在人和；立大业者，尤在地利。……即如殿下东都（指台南，一本作东宁，误。郑成功改赤嵌为东都，至郑经时改东都为东宁）之役，岂诚谓外岛足以创业开基，不过欲安插文武将吏家室，使无内顾之忧，庶得专意恢剿。但自古未闻以辎重眷属置之外夷，而后经营中原者。所以识者危之。……故当兴师之始，兵情将意，先多疑畏。兹历暑

徂寒，弹丸之域，攻围未下（可见煌言此书写于荷兰台湾殖民者投降前夕）。是无他，人和乖而地利失宜也。语云：与众同欲者罔不兴，与众异欲者罔不败。诚哉是言也。是虏酋短折，孤雏新立（指清帝福临病死，玄烨幼年继位），所云主少国疑者，此其时矣。满党分权，离衅叠告，所云将骄兵懦者，又其时矣。且灾异非常，征科繁急，所云天怒人怨者，又其时矣。兼之虏势已居强弩之末，畏海如虎，不得已而迁徙沿海，为坚壁清野之计，致万姓弃田园，焚庐舍，宵啼露处，蠢蠢思动，望王师何异饥渴。我若稍为激发，此并起亡秦之候也。惜乎殿下东征，各汛守兵，力绵难持，然且东避西移，不从伪令，则民情亦大可见矣。殿下诚能因将士之思归，乘士民之思乱，回旗北指，百万雄师可得，百十名城可下矣。又何必与红夷较雌雄于海外哉！况大明之倚重殿下者，以殿下之能雪耻复仇也。区区台湾，何预于神州赤县，而暴师半载，使壮士涂肝脑于火轮，宿将碎肢体于沙迹，生既非智，死亦非忠，亦大可惜矣。况普天之下，止思明州（厦门）一块干净土，四海所属望，万代所瞻仰者，何啻桐江一丝，系汉九鼎。故虏之虎视，匪朝伊夕，而今守御单弱，兼闻红夷搆虏乞师，万一乘虚窥伺，胜败未可知也。夫思明者，根柢也；台湾者，枝叶也。无思明，是无根柢矣，安能有枝叶乎？此时进退失据，噬脐何及。古人云：宁进一寸死，毋退一尺生。使殿下奄有台湾，亦不免为退步，孰若早返思明，别图所以进步哉！昔年长江之役，虽败犹荣，已足流芳百世，若卷土重来，岂直汾阳、临淮不足专美，即钱镠、窦融亦不足并驾矣。倘寻徐福之行踪，思卢敖之故迹，纵偷安一时，必贻讥千古。即观史载陈宜中、张世杰两人褒贬，可为明鉴。九仞一篑，殿下宁不自爱乎？夫虬髯一剧，祗是传奇滥说，岂真有扶余王乎？若箕子之居朝鲜，又非可以语今日也。某倡义破家以来，恨才力谫薄，不能灭胡恢明，所仗殿下发愤为雄，俾日月幽而复明，山河毁而复完。某得全发归故里，于愿足矣。乃殿下挟有为之资，值可为之势，而所为若是，则其将何所依倚。故不敢缄口结舌，坐观胜败。然词多激切，触冒威严，罔知忌讳，罪实难逭矣。惟愿殿下俯垂鉴纳，有利于国，某虽死亦无所恨。谨启。[1]

很明显，张煌言对郑成功的决策复台是不赞成的，信中处处流露出对郑成功的失望，认为复台的目的是脱离抗清前线，仅从郑氏一家私利考虑取远离大陆的台湾为安身立命之所，是无意复明的表现。这表明张煌言和郑成功两人的着眼点有很大的差异。张煌言是在儒家学说熏陶下成长的仁人志士，具有鞠躬尽瘁、死而后已的精神，缺点是眼界狭窄。他在信中说的清顺治帝去世，主少国疑，实行迁海政策等给复明势力提供了有利时机，虽有一定道理，但从全局来看，清廷已经比较牢固地稳定了在大陆的统治，张煌言的立论未免过于乐观。相形之下，郑成功比他现实得多。郑氏家族本是海上起家的，这种家族历史背景使他视野开阔，台湾、澎湖沃野数千里当然包括在赤县神州之内，为解决数十万兵员和其他人士的粮食、物资供应，光靠金门、厦门、南澳等弹丸之地是绝对支持不下去的。清廷实行沿海迁界政策，郑成功了解的情况绝不亚于张煌言。这一政策并不意味着清朝把沿海约三十里的广袤土地让给郑军，任其屯田扼守；而是一种短视的封锁政策，旨在切断郑军从内地取得物资的通道。如果郑军登陆，清政府将凭借陆战的优势驱逐其下海。郑成功正是有见及此，不顾张煌言和部下多数将领的反对，毅然决定进军复台。何况，张煌言写这封信时正是荷兰殖民当局即将投降之时，如果郑成功采纳了他的意见，就将功亏一篑，台湾的历史走向很可能完全不同，郑氏集团的抗清事业也必然更早失败。这再一次证明分析各种人物在历史上的作用是非常复杂的，即便像张煌言这样出类拔萃的人物也

[1] 《张苍水集》第十八至二十页《上延平王书》。

不免在个别重大问题上做出错误的判断。

1661年（顺治十八年）二月初三日中午，郑成功率领首批军队乘船出料罗湾，次日过午到达澎湖。初六日，他亲祭海岳，巡视附近岛屿，对随行诸将说："台湾若得，则此为门户保障。"[1]随即留下陈广、杨祖、林福、张在四将带兵镇守澎湖。初七日，下令曰："本藩矢志恢复，念切中兴。前者出师北讨，恨尺土之未得，既而舳舻南还，恐孤岛之难居，故冒波涛，欲辟不服之区，暂寄军旅，养晦待时。非为贪恋海外，苟延安乐。自当竭诚祷告皇天，并达列祖，假我潮水，行我舟师。尔从征诸提、镇、营将，勿以红毛火炮为疑畏，当遥观本藩鹢首所向，衔尾而进。"[2]第二天，郑成功在自己的座船上竖起帅旗，发炮三声，金鼓震天，直航台湾。未刻，已抵鹿耳门。成功命何斌坐于斗头引导船队绕过荷兰炮台，强行登陆。在岛上几千名中国人的协助下，不到两个小时已有数千名战士踏上了台湾的土地。大批战舰和船只也驶抵热兰遮和普罗文查（即赤嵌城）之间的海湾。

当时，荷兰在台湾的兵力只有一千多名，长官揆一和评议会率八百多名驻于沙洲上建立的热兰遮城堡，海面有以赫克托号为主的四条战舰，在隔湾（当时称大员湾）相对的台湾本岛上的普罗文查堡有四百名兵员防守。此外，在鸡笼（今基隆）、淡水有微不足道的一点兵力，后来都集中到热兰遮。郑军顺利登陆后，骄横的荷兰殖民者企图在海上和陆地同时发起进攻，一举击败立脚未稳的郑军。他们以最大的赫克托号带领三艘战舰凭借火炮等装备的优势首先向郑军舰船开炮。郑军派出了各装两门火炮的六十艘舰船迎战。战况非常激烈，发射炮弹的硝烟弥漫，以致在稍远的地方无法辨认双方船只。中国的战舰在制造和装备的火炮上虽稍逊于敌舰，但他们英勇奋战，利用自己在数量上的优势四面围攻荷舰。突然，中国战舰的大炮射中了赫克托号的弹药仓，引起强烈

[1] 江日升《台湾外纪》。

[2] 《台湾外纪》卷五。

爆炸，赫克托号连同所载士卒葬身海底。另一艘荷舰斯·格拉弗兰号也被郑军火船引燃，仓皇逃离。海战以荷方惨败告终。陆上的战斗情况也差不多。荷方派贝德尔上尉（中方文献写作拔鬼仔）率领二百四十名精兵出击。贝德尔对中国军队怀有西方殖民者特有的偏见，他认为中国人都胆小如鼠，“只要放一阵排枪，打中其中几个人，他们便会吓得四散逃跑，全部瓦解”，“据荷兰人估计，二十五个中国人合在一起还抵不上一个荷兰兵。他们对整个中华民族都是这样看法：不分农民和士兵，只要是中国人，没有一个不是胆小而不耐久战的，这已经成为我方战士不可推翻的结论。……他们认为，国姓爷士兵只不过同可怜的鞑靼人（指清军）交过锋，还没有同荷兰人较量过；一旦和荷兰人交战，他们便会被打得落花流水，把笑脸变成哭脸”[1]。战斗在郑军登陆的一个名为水线尾的沙洲上展开。郑成功派黄昭带领五百名铳手携连环熕二百门在正面列阵阻击，杨祥率藤牌手五百名绕到敌之左翼侧攻，萧拱宸率领二十艘大船摇旗呐喊，做进攻热兰遮状。贝德尔的军队同黄昭部接战时，以十二人为一排，连放三排枪，出乎他们意料的是郑军并没有一听枪声就失魂落魄地四散奔窜，而是沉着应战，像一座铁壁一样阻挡着荷军前进；杨祥部从旁夹击，“箭如骤雨”，这些自命不凡的荷兰官兵的“勇气”“完全为恐惧所代替，许多人甚至还没向敌人开火便把枪丢掉了。他们抱头鼠窜，落荒而逃”。郑军乘势全线出击，“直到上尉及其部下一百十八人全部战死”，剩下八十名见机行事的士兵涉过水深及颈的海面逃到船上返回热兰遮向他们的长官报告这场出击的经过[2]。

郑军在海上、陆上初战告捷，荷兰人已失去了出击的信心，躲在城

[1] 揆一《被忽视的福摩萨》，引自《郑成功收复台湾史料选编》第一四五页。

[2] 这次水上和陆上的战役，在中、荷双方文献中都有记载，情节大致相符，细节处略有差异。如《被忽视的福摩萨》中说荷方两艘大舰一被郑军射中炸毁，一着火后逃走。《先王实录》记：八月“甲板船来犯，被藩令宣毅前镇陈泽并戎旗左右协、水师陈继美、朱尧、罗蕴章等击败之，夺获甲板二只，小艇三只，宣毅前镇副将林进绅战死。自是，甲板永不敢犯”。按，甲板（又作夹板）是中方称荷兰帆动战舰的用语，其建造性能略优于当时中国战舰。

堡里等待救兵。郑军“切断了海陆交通，包围了普罗文查要塞，切断了它同热兰遮的联络，使各自陷于孤立。他们也完全控制了乡村，禁止福摩萨人同被包围的军民有任何接触，使他们不能帮助遭到攻击的荷兰人（按，此处福摩萨人指高山族同胞，但是高山族百姓绝不会支持以掠夺为目的的荷兰殖民者）。上述行动由于得到中国居民中二万五千名壮丁的帮助，在三四小时内就完成了。那些惊慌绝望的福摩萨人也被迫向敌人屈服，同所有中国居民一样，被利用来危害我方”[1]。

完成对荷兰两座城堡的包围之后，郑成功决定先攻台湾本岛上的普罗文查堡（赤嵌城）。初十月，他命令士卒每人持草一束，堆置城下，派通事向荷军守将描难实叮发出最后通牒，如果再不投降就点火焚城。描难实叮向热兰遮求救无援，被迫投降。《被忽视的福摩萨》记载，五月四日，“司令官献出了普罗文查要塞以及一切军用物资，他本人及所有士兵都成了战俘”[2]。这样，荷兰殖民者在整个台湾地区的据点只剩下近海沙洲上孤零零的一座热兰遮城堡。即如荷方记载，“大员（热兰遮城所在沙洲）只是一块荒漠的沙洲，寸草不生，四面环海，不能跨出一步。他们也没有足够的人力或其他方法打击敌人。唯一的希望是守住热兰遮城堡，等待从巴达维亚得到有力的援助”[3]。

郑成功军在台湾基本站稳脚跟后，于三月下旬（公历五月一日）致信荷兰殖民当局，要求热兰遮投降，荷兰人可以携带全部财物乘船离开台湾。信的全文如下：

大明招封大将军国姓致书于大员长官费烈德瑞克·揆一阁下：澎湖地近漳州诸岛，乃该州所属之地。大员紧依澎湖，故此地亦必归中国同一政府之管辖；事实证明隔海两边地区之

[1] 《被忽视的福摩萨》，引自《郑成功收复台湾史料选编》第一四七页。
[2] 《被忽视的福摩萨》，引自《郑成功收复台湾史料选编》第一五八页。
[3] 《被忽视的福摩萨》，引自《郑成功收复台湾史料选编》第一五七页。

居民皆系中国人，其处田产自古以来即为彼等所有并垦殖。先时，荷兰船只前来要求通商，其人于此处并无尺寸之地，余父一官出于友善指出该地，仅允借给。

余父之时及后来余本人均试图一本友好之念与该公司相处，为此目的余等每遇荷兰人犯即行释放，遣之回乡，遐方诸国尤以贵公司当已洞悉，贵公司定能历述余之深恩厚意。阁下居于此地已历多年，亦必尽知此情，而余之英名阁下谅必早铭于心。

现今余已亲统大军临于此地，意在不仅利用此地区，并将建立容纳众多人口之城池。

你应该知道，继续占领他人之土地（此地属于余等之祖先，现传授于余）是不正当的。阁下与诸议员（若足够明智）定当明于此义，因此，如果你即来谒见余，并通过友好之谈判将城堡转交予我，那么，我将不仅对你加官晋爵，赦免你等及妇孺之生命，并将允许你们保有原有财物，如果你们愿意还可以在余统治下仍居于此地。

但是，如果与此相反，你们不听余言，故持异议，敌视于我，当深思任何人将不获生存，全遭屠戮；假如你们企图暗中离开尔等之城堡，逃入船中，开往巴达维亚，尔国严格之法律有禁于此，亦将处以死刑；在此情况下尔等亦无生路。你们无须在是否投降于我之问题上争论不休，也无须过多地考虑此举是福是祸，因为迁延时日只会错过机会，那时你们将后悔无及，望及早做出决定。

最后，我已派出十二船官兵进入尔等之城，以防止一切抢掠与混乱，这样居住于那里的人——中国人以及荷兰人——都将保有其财物，无人受害，如此一切人均将安全有保，任何人无须害怕余之官兵。

书于永历十五年三月二十九日，钤国姓爷印。[1]

当天，荷兰殖民者在台湾设立的评议会讨论是否接受郑成功所提条件。与会者知道热兰遮市区已被郑军收复，城堡成了孤注，守军只有五百人，形势极为不利，正如这次会上荷兰人表述的：“他们的力量很强大，他们的中国臣民遍布全境，完全能够切断我们的粮食供应。”[2]但是，与会者非常明白一旦投降，荷兰东印度“公司就几乎不可能再回到这个岛屿来”[3]。经过一番紧张的商议后，评议会决定第二天派议员樊・伊伯伦和检察长勒奥纳・德・勒奥纳杜斯为全权代表去同郑成功谈判，他们“婉转地对其率领大军前来表示不满”[4]，要求保留热兰遮炮台及其通往航道的入口和位于赤嵌的普罗文查堡，郑军则可以“不受阻碍地进入全岛的其余部分”[5]。这实际上是一种缓兵之计，其意图是在兵力不足的情况下迷惑郑成功，先行保住在台的两个重要军事据点，等待荷占巴达维亚东印度公司的援军，再重整旗鼓，霸占台湾、澎湖。

郑成功洞察殖民者的阴谋，坚持荷兰人必须全部撤出台湾。他对使者义正词严地说：“该岛一向是属于中国的。在中国人不需要时，可以允许荷兰人暂时借居；现在中国人需要这块土地，来自远方的荷兰客人，自应把它归还原主，这是理所当然的事。”[6]“两使者狼狈而归”[7]。在揆一领导下的荷军固守热兰遮待援。

---

[1] 此文为荷兰胡月涵（Johannes Huber）先生提供之英文本，厦门大学寄赠。原本当为汉文，但在中方文献内尚未发现，现据英文本转译于此，仅供参考。

[2] 《被忽视的福摩萨》引《可靠证据》卷下，第三号，1661年5月1日福摩萨评议会记录，见前引书第二〇五页。

[3] 同上。

[4] 《被忽视的福摩萨》引《可靠证据》卷下，第四号，1661年5月2日大员决议录，见前引书第二〇七页。

[5] 《被忽视的福摩萨》引《可靠证据》卷下，第三号，见前引书第二〇六页。

[6] 《被忽视的福摩萨》，见上引书第一五七页。

[7] 同上，引《可靠证据》第二十号，见上引书第二二三页。

五月，郑成功的第二批军队黄安、刘俊、陈瑞、胡靖、颜望忠、陈璋六镇乘船二十艘到达台湾，军事力量进一步增强了。郑成功即着手建立在台湾的行政机构，把赤嵌改名为承天府，任命杨朝栋为府尹，府下设天兴、万年二县，以庄文烈、祝敬分任知县[1]。这时大军初至台湾，地方尚待开拓，军心未定，所用粮饷、军械仍须由金、厦运送。世子郑经派兵部都事杨荣押送补给物资时，报告守铜山（东山）的蔡禄、郭义二将暗中勾结叛将黄梧，密谋降清。郑成功唯恐后方不稳，命杨荣回厦门向洪旭传达密谕，叫他转令蔡、郭二将立即率部来台，如果二人拖延观望即证明确有异图，授权洪旭当机立断，处死二将。洪旭奉谕派人往铜山传达郑成功的调兵命令。蔡禄、郭义既同黄梧有勾结，接到率部渡海赴台的命令，自知阴谋败露，于是狗急跳墙，决定立即发动叛乱。铜山主要守将忠匡伯张进是忠于复明事业的，蔡禄、郭义为了把铜山献给清朝，企图胁迫他一道降清。他们谎称广东许龙兵到，调兵分据四门。张进得知二将谋反，携印从后门逃出，被叛将追及。张进无奈，只好假装表示愿意同蔡禄、郭义归清；暗中却同部将吕簇商议对策，吕簇建议派人急往厦门向世子郑经请援。张进知道叛军已控制全岛，使者无法通过，决定在自己的卧室内密置火药数十桶，邀请蔡、郭二人前来议事，待二人到后点燃火药，同归于尽。这样，逆首既除，吕簇可以乘机请郑经急派兵将收拾局面。定计后，即由吕簇通知蔡禄、郭义，说张进有机密事相商，因身体不适，请二人前来议事。不料，二人怀疑其中有诈，拒不入内。张进见计不行，叹息道："计不成矣，天也。吾尽吾心而已。"[2]他命吕簇和随从避出，自己点燃火药，轰然一声，壮烈捐躯。

留守厦门等岛屿的郑经在处理铜山谋叛事件上优柔寡断。五月间既已获悉蔡禄、郭义有异谋，却没有及时派兵前往防范。六月初三日接到

[1] 《先王实录》和《海上见闻录》（定本）均记委庄文烈为天兴县知县，祝敬为万年县知县。连横《台湾通史》卷二《建国纪》作"祝敬为天兴知县，庄文列为万年知县"。见商务印书馆1983年版第二十六页。

[2] 《台湾外纪》。

蔡、郭二人公开叛变后才实施戒严，准备船只。初九日得知张进被迫自焚时才由厦门派黄廷、杜辉、黄元、翁天祐、何义、黄昌、杨来嘉等统军乘船南下铜山平叛，镇守南澳的陈霸（即陈豹）也率领舟师前来铜山会剿。蔡禄、郭义直到十九日才纠众把铜山抢掠一空后，在清黄梧、福建右路总兵王进忠、诏安副将刘进忠接应下由八尺门渡至大陆向清方投降。黄廷、陈霸等在铜山登岸已为时过晚，只好派兵防守炮台，安抚遗民，向郑经报告善后情形。郑经命翁天祐、黄元留守该地，黄廷等回厦门，陈霸仍守南澳。

郑成功统率主力部队围困热兰遮城堡，在相当一段时间里没有发动攻击，意图是等待固守堡内的荷军弹尽粮绝，不战自降。当时，郑军的粮食供应也相当困难，士卒甚至靠采集李子等果实充饥。郑成功在台湾百姓（汉族和高山族）的支持下，派出部卒实行屯田和征税，在经营台湾的道路上迈出了重要的一步。据守热兰遮的荷军在长官揆一领导下仍固守待援。八月十二日，荷兰东印度公司从巴达维亚派遣以雅科布·考乌（Jacob Caeuw）为司令的救援舰队到达热兰遮海域，揆一等堡内荷军欣喜异常，以为可以内外配合击退郑军。不料天公不作美，海上飓风突起，考乌带领的荷舰被迫离港，远泊海外达二十八日之久。[1]在风平浪静之后，考乌的舰队也没有再回到热兰遮来，这位司令找了个借口自行返回巴达维亚了。真正的原因是考乌带的援军兵力有限（荷方记载只有七百名士兵），他亲眼看到了郑军的雄姿，断定援救台湾已无济于事了。

援军的溜走，使困在热兰遮堡中的荷军“空喜欢了一场”。何况，“他们知道舰队只载来七百名援军，这不会使他们的处境比战争开始时更好”[2]。时间的推移，使城堡内的荷军精疲力竭，患病的人数增加，

[1] 《被忽视的福摩萨》卷下，见《郑成功收复台湾史料选编》第六九页。按，八月十二日为公历。

[2] 《被忽视的福摩萨》，引自《郑成功收复台湾史料选编》第一六九页。

绝望的情绪蔓延开来。十二月十六日（公历），一批荷兰守兵在军曹拉迪斯（Hans Jurgen Radis）带领下出城向郑军投降。他们不仅讲述了热兰遮城内的详细情况，还提出了两条建议，一条是“充分利用围城内普遍存在的惊慌情绪和疲弱状态，不仅要用封锁，而且要用连续攻击，来彻底疲惫敌人，使其完全绝望。这样做既不费事，又不需要很长时间，因为城堡建筑得很坏，经不起大炮猛轰两个整天”。另一条建议是先攻占热兰遮堡旁边小山头上的乌特利支圆堡，取得制高点[1]。郑成功欣然接受了这些建议，立即调集军队，配备了二十八门巨炮，开始攻坚战役。公历1662年1月25日，郑军攻占乌特利支圆堡，荷兰殖民者知道他们统治台湾的末日已经来临。揆一同评议会的成员经过五六天的会议反复权衡利弊之后，终于决定“趁早把城堡交与敌人，争取优惠条件，是为上策”[2]。在评议会一致同意下，揆一派出使者向郑成功接洽投降事宜。2月1日双方达成协议。投降协议书开头说：“本条约经双方订定，并经双方同意，一方为自1661年5月1日至1662年2月1日包围福摩萨岛热兰遮城堡的大明招讨大将军国姓殿下，另一方为代表荷兰政府的热兰遮城堡长官费烈德瑞克·揆一及其评议会，本条约包括下列十八款。”第一款：“双方停止一切敌对行动，从此不记前仇。”第二款最重要：“荷方应将热兰遮城堡、外堡、大炮、剩余的军用物资、商品、现金以及其他属于公司的财产全部交与国姓殿下。”第六款：“经检查后，荷兰士兵得以在长官指挥下，扬旗、鸣炮、荷枪、击鼓、列队上船。”此外，允许荷兰人携带私人钱财和航行往巴达维亚途中所需的各种生活用品；殖民当局的档案可以运走；双方交换俘虏。据揆一记载：“当这一投降条约由双方按照手续签了字，条约上的各项条件一一履行，一切弹药、储藏物资（指条约允许部分——引者）都运到船上之后，我方战士便全副武

[1] 同上书，第一七六至一七七页。

[2] 《被忽视的福摩萨》引《可靠证据》卷下，第十九号，引自《郑成功收复台湾史科选编》第二一六页。

装，举着旗帜列队从城堡走出，把城堡交给国姓爷的军队，他们立即进入城堡，完全占领该地。”一般学者认为双方签字的日期就是条约中所写的1662年2月1日[1]，荷兰殖民当局及其士兵全部撤走的日期大约是2月10日[2]。时人沈光文正在台湾，对郑成功率领的中国军队光复台湾兴奋不已，赋诗云：“郑王忠勇义旗兴，水陆雄师震海瀛。炮垒巍峨横夕照，东溟夷丑寂无声。”[3]

当16世纪到17世纪西欧殖民者侵入美洲、非洲、东南亚，把大片土著居民世代居住的土地变成自己的殖民地的时候，却在中国被碰得头破血出，举着降旗灰溜溜地离开。究其原因固然同下面两点有关：一、中国当时在科学技术和军事、经济实力上同西方国家差距不大；二、在当时的交通条件下，西欧殖民者到中国近海地区作战必然面临兵员、装备、粮食等后方补给的困难。但是，郑成功个人的作用是不能低估的。他不仅是当时中国人中能够正视世界的佼佼者，又拥有实现自己的理想所必需的力量。在需要为民族的尊严和国家的利益而战斗的时候，郑成功和他的将士无所畏惧，懂得如何利用自己的优势弥补自己的劣势，从而夺取胜利。郑成功在驱逐荷兰殖民者的斗争中表现得大智大勇，为维护祖国神圣的领土做出的贡献，将永远光照史册。

---

[1] 阿布列特·赫波特在《爪哇、福摩萨、前印度及锡兰旅行记》中写道：“1662年2月10日，和约成立了。”并说条约规定，“所有枪炮必须先射击而后留下”，均与此稍异，见《郑成功收复台湾史料选编》第三三〇页。江日升《台湾外纪》载于顺治十八年十二月初三日（旧历）；夏琳《闽海纪要》亦云：“十二月，红夷酋长揆一降于成功。”

[2] 双方签订条约中第九款规定荷方人员被拘禁在台湾者“应于八日至十日内释放”，第十四款规定在荷兰人“全部撤出城堡以前，城堡上除白旗外，不许悬挂别种旗帜”。可知条约签字后双方立即停止敌对行动，但荷兰人交出热兰遮城堡，撤离台湾尚过了八至十天时间。

[3] 侯中一编《沈光文斯庵先生专集》第七十七页，遗诗七言第三十四首《题赤坎城，匾额图》，见台北文海出版社出版之沈云龙主编《近代中国史料丛刊》第七十九辑。

第三节　郑成功的开始经营台湾和病卒

收复台湾以后，郑成功改台湾城为东都，开始了把台、澎经营为抗清基地的紧张活动。他亲自带领何斌、马信、杨祥、萧拱宸等人巡视新港、目加溜湾、萧垄、麻豆、大目降、大武垅、他里雾、半线等地。“见其土地平坦膏沃”，适合屯田养兵。当时台湾地广人稀，高山族同胞“计口而种，不贪盈余”，土地利用率很低，便于移民垦荒。在视察过程中，各处高山族同胞列队欢迎，更使他感到民风淳朴。他对高山族同胞“赐以烟、布，慰以好言”，严禁部卒侵犯他们的利益。视察归来以后，郑成功立即召集各提督、镇将和参军议事，在会上说：“大凡治家治国，以食为先。苟家无食，虽亲如父子夫妇，亦难以和其家；苟国无食，虽有忠君爱国之士，亦难以治其国。今上托皇天垂庇，下赖诸君之力，得有此土。然计食之者众，作之者寡，倘饷一告匮，而师不宿饱，其欲兴邦固国恐亦难矣。故昨日躬身踏勘，揆审情形，细观土地，甚是膏腴。当效寓兵于农之法，庶可饷无匮，兵多粮足，然后静观衅隙而进取。”接着提出具体部署：“留勇卫、侍卫二旅以守安平镇、承天二处。其余诸镇，按镇分地，按地开荒。日以什一者瞭望，相连接应，轮流迭更。是无闲丁，亦无逸民。插竹为社，斩茅为屋。围生牛教之以犁，使野无旷土，而军有余粮。其火兵则无贴田，如正丁出伍，贴田补入可也。其乡仍曰‘社’，不必易；其亩亦曰‘甲’，以便耕。一甲三十一戈二尺五寸，一戈东西南北四至长一丈二尺五寸。今归版图，亦以此为则，照三年开垦，然后定其上、中、下则，以立赋税。但此三年内，收成者借十分之三，以供正用。农隙，则训以武事；有警，则荷戈以战；无警，则负耒以耕。寓兵于农之意如此。”[1]在台各镇当即遵命领兵前往指定地方开荒屯种。郑成功还“首崇文庙，次葺祠宫。岁修禋

[1]　江日升《台湾外纪》第一六八至一六九页。

祀，时奉坛壝”[1]，加强文化建设。

为了促进开发，加固根本，郑成功命令把将士和官员的家属送来台湾。这本来是一件好事，郑成功未免操之过急。在击败达素等统率进犯金、厦的清军以后，大陆沿海岛屿的局势比较稳定，收复台湾以后完全可以随着垦荒、建屋等开发过程的进展，鼓励将士和文官把家属逐步迁来台湾。开辟阶段，条件艰苦，对将士也应予以更多的关怀。郑成功急于求成，立令过严，“犯者虽亲信无赦”。大将马信建议“立国之初，宜用宽典”。郑成功却坚持己见，回答道：“立国之初，法贵于严，庶不至流弊。俾后之守者，自易治耳。”[2]应当承认，郑成功面临紧迫的粮饷问题，不得不严加督责，但在许多方面一意孤行，造成严重恶果。史料记载：“以各社田土分水陆诸提镇，令各搬其家眷至东都居住，兵士俱令屯垦。初至，水土不服，瘴疠大作，病者十之七八，死者甚众。加以用法严峻，果于诛杀；府尹杨朝栋以其用小斗散粮，杀其一家；又杀万年县祝敬，家属发配。于是人心惶惶，诸将解体。”[3]“正月，赐姓严谕搬眷，郑泰、洪旭、黄旭等皆不欲行。于是，不发一船至台湾；而差船来吊监纪洪初辟等十人分管番社，皆留住不遣。海上信息隔绝。”[4]杨朝栋、祝敬用小斗散粮未必是私克入己，很可能是存粮不足，即便罪有应得，也不该牵及家小。至于强令驻守大陆沿海岛屿将士把家属送到台湾，则带有人质性质，意在防止诸将士叛投清方。这同明太祖朱元璋留诸将家属于京师、清廷命文武大员以子弟入宫为侍卫相似，是企图以亲属的安危来维系下级的忠贞，本不足取。何况，台湾那时的荒凉景况还难以同明初南京、清初北京相比。硬行推行这一措施，势必在一部分将士（特别是镇守金门、厦门、南澳等大陆沿海岛屿的将

[1] 沈光文《台湾赋》，出处见前。

[2] 江日升《台湾外纪》第一七〇页。

[3] 阮旻锡《海上见闻录》（定本）。

[4] 阮旻锡《海上见闻录》（定本）。又《台湾外纪》亦云：“各岛搬眷，俱迁延不前。”

士）中引起抵触。人心不平，讹言也随之兴起。有人流传镇守南澳的忠勇侯陈豹（即陈霸）因不愿送家眷入台，已同清朝建藩于广东的平南王尚可喜通款投降。郑成功没有弄清真相，就轻率地下手谕给郑经和洪旭，令周全斌、杜辉、黄昌等带领舟师去南澳平叛。陈豹无以自明，率部卒乘船往虎门向清方投降。[1]

1661年（顺治十八年）十月初三日，清廷见郑成功毫无受抚之意，把拘禁中的郑芝龙和他的儿子郑世恩、郑世荫等全家十一口"照谋叛律族诛"[2]。消息传到台湾，郑成功深感悲痛，尽管他对此早有思想准备，父亲和无辜的弟弟、侄儿满门抄斩毕竟不能无动于衷。

1662年四月，林英从云南逃回，报告了永历帝在缅甸被清军俘虏，西南抗清武装只剩下李定国率领的残部退往边境地区的消息。这意味着东、西遥相呼应的局势已告结束，清廷将集中力量对付郑军。郑成功弄巧成拙，内心的悔恨可想而知。他的实力既不足以公开以隆武帝的继承人同清廷逐鹿中原，只好继续挂着没有永历帝的永历招牌，僻处一隅。不少史籍把郑成功说成是明朝的纯臣，对他和他的继承人存明朝"正朔"三十余年津津乐道。这种见解是比较肤浅的。对复明志士而言，永历朝廷覆亡即已心灰意懒，极少数随郑成功赴台的官绅、宗藩不过借此保住先世衣冠，几乎没有人把仍奉永历年号的郑氏集团作为复兴明朝的希望。郑成功一贯的思想是"东南之事我为政"，不奉近在咫尺的鲁监国而遥奉永历，并不是由于朱由榔在血统上近于帝室，而是欣赏"天高

[1] 《台湾外纪》、《海上见闻录》（定本）记陈豹降清在康熙元年三月；《清圣祖实录》卷八记康熙二年二月"戊午，授投诚伪侯陈豹为慕化伯"。

[2] 《清圣祖实录》卷五。《明清史料》丁编，第三本，第二五五页，顺治十八年九月二十四日《谕兵刑二部》中说：郑芝龙"怙恶不悛，包藏异志，与其子成功潜通，教唆图谋不轨，奸细往来，泄露军机等项事情，经伊家人尹大器出首，究审各款俱实。如此负恩叛国重犯，不宜尚加监候"。命议政王、贝勒、大臣、九卿、科道会议具奏。不到十天，郑芝龙父子即被杀。《海上见闻录》云，郑成功"叱为妄传，中夜悲泣，居常郁悒"。《台湾外纪》作："忽报其父芝龙凶信，功顿足擗踊，望北而哭曰：'若听儿言，何至杀身。然得以苟延今日者，亦不幸之幸也！'令文武官员各挂孝。"

皇帝远”，江日升《台湾外纪》记载郑“经承父例，总兵以下皆自委任，如公、侯、伯及提督，必修表请封，然后出印谕”（二二一页）。所谓“修表请封，然后出印谕”不过是一种形式，等于左手写报告，右手批准，恩威自操，何等愉快。自然，郑成功除了尊帝虚礼以外，也真心实意地希望永历朝廷能够存在下去，这样既可以借朝廷名义吸引东南复明势力的支持，又可以利用永历朝廷支撑于西南牵制清军相当一部分主力。郑成功一厢情愿的如意算盘打得太精，结果事与愿违，使自己陷于进退失据的尴尬局面。饮下自己酿造的苦汁，无疑是导致郑成功晚年心理失去平衡、举动乖张的重要原因之一。

郑成功心中郁积的忧闷终于因为一件极小的事情像火山一样爆发了。世子郑经留镇厦门，同四弟的奶妈陈氏通奸生了一个儿子，这类事情在豪门大家中并不罕见。开初，郑经向父亲报告侍妾生了个儿子，郑成功因添孙高兴，赏了一点银物。不料，郑经的妻子是原兵部尚书唐显悦的孙女，虽“端庄静正，而不相得”。唐显悦为孙女鸣不平，写信给郑成功大加非难，内有“三父八母，乳母亦居其一。令郎狎而生子，不闻饬责，反加赏赉。此治家不正，安能治国乎？”[1]郑成功正因复国无望积愤于心，唐显悦只顾泄私愤危言耸听，使成功“登时气塞胸膛。立差都事黄毓持令箭并画龙桶三、漆红头桶一，过金门与兄泰，同到厦门斩其妻董氏治家不严之罪，并其子经与其所生孙、乳母陈氏”。黄廷、洪旭、陈辉、王秀奇等守金、厦诸将接令后大为震惊，力图大事化小，和郑泰、黄毓商议，采取折中办法，杀陈氏与所生婴儿，诸将联名上启代董夫人及郑经请罪。取得董氏和郑经同意后，即按此办理，由黄毓回台复命。郑成功坚持必须杀掉董夫人和郑经，解下自己的佩剑让黄毓到金门交郑泰执行。郑泰无奈，只好把黄毓送到厦门向郑经说明事处两难。郑经立即把黄毓拘禁起来，和金、厦文武官员商议对策。正在这时，蔡鸣雷从台湾来搬家眷，郑经等向他探问消息，蔡鸣雷因为在台

[1] 江日升《台湾外纪》第一七二页。

湾有过失，怕受成功处罚，故意夸大其词，说藩主发誓要除掉董夫人和郑经，如果金、厦诸官拒不遵命就全部处斩，而且已有密谕给往南澳征陈豹的周全斌命他相机行事。金、厦文官武将一个个面面相觑，不知如何是好。洪旭说："世子，子也，不可以拒父；请将，臣也，不可以拒君。惟泰是兄，兄可以拒弟。凡取粮饷诸物，自当应付，若欲加兵，势必御之。"郑泰同意后，即趁周全斌征南澳回厦门之机，将其拘捕，交援剿左镇黄昌监守。同时给郑成功送去诸将公启，启本中有"报恩有日，候阙无期"的话，明确地表达了金、厦诸将联合拒命的意思。郑成功阅信后，心中愤闷已极。五月初一日，他已感不适，仍每天登将台手持望远镜眺望澎湖方向有没有船来。直到初八日，完全绝望，气噎而死，享年三十八岁。[1]

从1662年四月到六月，永历帝（朱由榔）及其太子、郑成功、李定国相继离开人世，标志着南明复兴最后一线希望的彻底幻灭。在这以后，郑经和坚持于夔东的抗清武装虽然仍以永历纪年，却没有多大号召力了。郑经继承父业为经营台湾做出了重大贡献，尽管他一直以复明相标榜，但他的功业显然不适合纳入南明史的范畴。

第四节　清廷的沿海迁界

1659年（顺治十六年），郑成功、张煌言率领舟师展开的长江战役虽然在南京城下遭到了重大挫折，但这次战役的政治影响却不可低估。此次战役显示了郑成功、张煌言为首的东南沿海义师还拥有雄厚实力，特别是大江两岸缙绅百姓的群起响应，使清朝统治者不寒而栗，他们感到当务之急是不惜代价切断义师同各地居民的联系。1661年（顺治十八年）清廷断

[1]　主要依据江日升《台湾外纪》，郑成功病逝的日期在该书和《海上见闻录》（定本）、《清圣祖实录》中均作五月初八日。

然决定实行大规模的强制迁徙濒海居民的政策，史称“迁海”。

迁海令经过了一个酝酿过程。1655年（顺治十二年）六月，清廷就曾下令“严禁沿海省份，无许片帆入海，违者置重典”[1]。但是，这一禁令收效并不大。顺治十六年福建漳州府海防同知蔡行馨在《敬陈管见三事》一文中写道：

> 至于沿海一带每有倚冒势焰，故立墟场，有如鳞次。但知抽税肥家，不顾通海犯逆。或遇一六、二七、三八等墟期，则米、谷、麻、蔑、柴、油等物无不毕集，有发无发，浑迹贸易，扬帆而去。此接济之尤者，而有司不敢问，官兵不敢动也。[2]

同年，户科给事中王启祚提出了坚壁清野的建议。他说：

> 逆郑虽生踞波涛，势不能不聚粮于平地。臣以为宜效坚壁清野之计，除高山峻岭不可攀缘处所外，凡平原旷野多筑坚厚墙垣，迂回其道，相地广狭，间筑城堡，可贮粮石，扎营寨兵，可守望亦可设伏。地如民产，令民自筑，免其徭粮，如系闲旷，当督守汛兵丁修筑。使彼来无所掠，去不能归，此坐而窘之一道也。[3]

在全面迁界以前，少数地方已经采取了把海滨居民赶入内地的措施。例如，顺治十七年福建总督李率泰以海氛未靖为理由，建议“迁同安之排头、海澄之方田沿海居民入十八堡及海澄内地”。九月，得旨允行[4]。

[1] 蒋良骐《东华录》卷七。

[2] 《皇清名臣奏议汇编》初集卷十二。

[3] 《皇清名臣奏议汇编》初集卷十三《清除弊害以图治安七条》。

[4] 《清世祖实录》卷一四〇。

大规模迁海政策的提出，史籍中有不同说法。其一是说出自黄梧的建议：

海澄公黄梧一本，内密陈灭贼五策：一、金、厦两岛弹丸之区，得延至今日而抗拒者，实由沿海人民走险，粮饷油铁桅船之物，靡不接济。若从山东、江、浙、闽、粤沿海居民，尽徙入内地，设立边界，布置防守，不攻自灭也。……[1]

另一种说法是清廷采纳了旗下汉人房星焕的献策。清初王沄写道：

呜呼，倡为迁海之说者谁与？辛丑（顺治十八年），予从蔡襄敏公（蔡士英）在淮南。执政者遣尚书苏纳海等分诣江浙粤闽迁濒海之民于内地。蔡公曰："此北平人方星焕所献策也。"公曰："星焕者，北平酒家子也。其兄星华，少时被虏出关。……从入关，始与其弟星焕相聚。星华官至漳南太守，星焕从之官。海上兵至，漳城陷，兄弟皆被掠入海，旋纵之归。其主问海外情形，星焕乘间进曰："海舶所用钉、铁、麻、油，神器（指火炮）所用焰硝，以及粟、帛之属，岛上所少。皆我濒海之民阑出贸易，交通接济。今若尽迁其民入内地，斥为空壤，画地为界，仍厉其禁，犯者坐死；彼岛上穷寇内援既断，来无所掠，如婴儿绝乳，立可饿毙矣。其主深然之，今执政新其说得行也。"盖蔡公之言如此。……呜呼，不仁哉！执政者方忻然以为得计也，骤迁星焕官至山左监司……[2]

[1] 江日升《台湾外纪》卷十一。参见《清史稿》卷二六一《黄梧传》。
[2] 王沄《漫游纪略》。

阮旻锡《海上见闻录》持同样说法，只是方星华写作房星烨，方星焕写作房星曜。“原任漳州知府房星烨者，为索国舅门馆客，遂逃入京，使其弟候补通判房星曜上言，以为海兵皆从海边取饷，使空其土，而徙其人，寸版不许下海，则彼无食，而兵自散矣。升房星曜为道员，病死无嗣。至是，上自辽东，下至广东，皆迁徙，筑短墙，立界碑，拨兵戍守，出界者死，百姓失业流离死亡者以亿万计。”[1]康熙《漳州府志》的记载也大抵相同[2]。又，该书卷十《秩官志》记知府有“房星烨，正黄旗人，贡生，（顺治）九年任，十一年郡城破，降贼，既而逃归”。另据康熙《山东通志》记载本省任职官员名单中按察副使项下有“房星焕，北直永平人，廪生，康熙四年任分巡武德道”[3]。

参考各种记载，可以大致确定：先后提出过类似建议的并不限于一个人，但直接引起清廷重视导致发布全面迁海令的却是房星烨、房星焕兄弟。

查考迁海令的策动者究竟是谁，目的在于探讨清初统治集团中不同力量的动向。清廷中占主导地位的是满洲贵族，他们统率的八旗子弟弓马娴熟，是陆战的好手，海上交锋却固非所习，决策迁海可谓是扬长避短。依附清廷的汉族官员或是由于传统观念，或是由于本身利害攸关，大抵都不赞成迁海。迁海诏书发布不久，湖广道御史李芝芳就“冒死条陈”八不可，其中说：“未闻堂堂天朝，迁民避贼者也。……今诏欲徙五省沿海边民，何以垂训后世？”[4]后来，广东巡抚王来任病危，不用再担心“功令之所甚严，诸臣之所忌讲”了，直言不讳地反对迁界：“臣思设兵以卫封疆而资战守，今避海寇侵掠，虑百姓之赍盗粮，不

[1] 《海上见闻录》（定本）卷一。据夏琳《闽海纪要》卷上记，建议沿海迁界者为苏纳海。

[2] 康熙五十三年《漳州府志》卷三十三《灾祥》。

[3] 康熙十七年《山东通志》卷二十五《职官》。房星烨、房星焕两人的名字在各种文献中写法不一致，应以《漳州府志·秩官志》和《山东通志·职官》为准。

[4] 江日升《台湾外纪》卷十一。按，此疏未收入《李文襄公奏议》。

见安攘上策，乃缩地迁民，弃其门户而守堂奥，臣未之前闻也。”[1]康熙七年四月，福建水师提督施琅也奏称：“伏思天下一统，胡为一郑经残孽盘踞绝岛，而折五省边海地方画为界外以避其患？自古帝王致治得一土则守一土，安可以既得之封疆而复割弃？况东南膏腴田园及所产渔盐最为财赋之薮，可资中国之润，不可以西北长城塞外风土为比……”[2]前引漕运总督蔡士英（蔡祖籍为江苏宿迁[3]）的私下非议也透露了个中消息。从另一方面看，清廷推行迁海政策时派往东南沿海各省的巡视大员却毫无例外地全是满洲贵胄。两相对照，多少可以触及这一重大决策的内幕：满洲贵族们怯于海战，决心牺牲一部分汉人的利益。作为满洲家奴的房星焕正是摸准了主子的心理，一言即合，得到越级提拔。

沿海迁界令发布以后，清廷于1661年（顺治十八年）八月派出官员前往各省巡视“立界移民”[4]。从这年九月起就随着钦差大臣的来到，各地雷厉风行地把濒海居民驱赶进内地。迁界的范围原则上包括了沿海各省。福建总督姚启圣在一份奏疏中说：“在当日原因福建海贼猖獗而议迁界，又因贼势蔓延止迁福建一省之界不足困贼，故并迁及广东、浙江、江南、山东、北直五省之界，是迁五省之界者其祸实始于福建之郑贼也。”[5]按照这个记载，当时奉诏迁海的共有直隶、山东、江苏、浙江、福建、广东六省（按现在的分省还包括了广西、海南二省沿海地区）。不过，由于郑成功义师的主要据点在福建，对清政府威胁最大因而迁界令执行得也最严格的是福建和同福建相邻的广东、浙江三省。

---

[1] 王来任遗疏引自光绪十九年《新宁县志》卷十四《事纪略下》。

[2] 《靖海纪事》卷上。施琅轻视西北长城塞外疆土，反映了他的利益所在和眼界局限。

[3] 康熙元年《宿迁县志》卷七，《艺术·蔡士英传》。

[4] 《清圣祖实录》卷三十三。

[5] 《总督福建少保兵部尚书姚公奏疏》（又名《忧畏轩奏疏》卷六，见《闽颂汇编》）。

自江苏以北，迁海政策相对而言执行得稍宽一些。清初上海人叶梦珠谈到迁海情况时说："于是尽徙山东、闽、浙以及江北、江南滨海之地，严禁不许人迹至海壖，片板不容入海洋。……吾乡独从南汇所守备刘效忠议，以为松属沙滩，素号铁板，船不得近，不在迁弃之列。"[1]山东距离福建和台湾较远，迁界的规模和时间都比较有限。1663年（康熙二年），山东总督祖泽溥疏言："宁海州之黄岛等二十岛及蓬莱县之海洋岛，皆远居海中，游氛未靖，奸宄可虞，请暂移其民于内地"，得到清廷的批准[2]。到三年六月祖泽溥的疏中又说："登、青、莱三府属海岛居民已归内地，其岛内地粮应豁免"[3]，看来山东省所迁的只是海岛居民。四年三月，清廷谕兵部："山东青、登、莱等处沿海居民，向赖捕鱼为生，因禁海多有失业。前山东巡抚周有德亦曾将民人无以资生具奏。今应照该抚所请，令其捕鱼，以资生民。"[4]所以，当时人认为清政府推行迁海政策"江浙稍宽，闽为严，粤尤甚"[5]。

顺治十八年十二月十八日，清廷再次发布《严禁通海敕谕》，其中说："郑成功盘踞海徼有年，以波涛为巢穴，无田土物力可以资生，一切需用粮米、铁、木、物料皆系陆地所产，若无奸民交通商贩，潜为资助，则逆贼坐困可待。"下文说"今滨海居民已经内迁，防御稽察亦属甚易"，自康熙元年起如仍有"通贼兴贩者，即行擒拿照通贼叛逆律从重治罪"[6]。这里说的从重治罪的人似乎只是"通贼兴贩者"，实际上掩盖了越界一律处斩的真相。

---

[1] 叶梦珠《阅世编》卷一《田产二》。

[2] 《清圣祖实录》卷九。

[3] 《清圣祖实录》卷十二。

[4] 《清圣祖实录》卷十四。

[5] 《漫游纪略》。

[6] 《明清史料》丁编，第二本，第二五七页。

在立界的距离上，史籍中有说濒海三十里的[1]，有说四十里[2]、五十里[3]以至二三百里的[4]。康熙三年（1664）四月洪若皋《遵谕陈言疏》中有，“顺治十八年奉旨沿海迁移三十里”，又说，“迁界原奉旨三十里”[5]。洪若皋当时任职福建福宁道，他在疏中自称“沿海七百余里，悉臣管辖”，由此可以断定清廷发布的迁海诏书中规定了以距海三十里为界。实际上由于地势不同和奉行官员的任意专断，各地所立的边界距海里数并不一样。洪若皋的疏中就说道，“闽以路为界，遂有不及三十里、远过三十里及四十里者有之”。下面这段记叙多少反映了当时划界的情况：

> 于是朝使至，偕督、抚大吏往相地焉。有司惧供亿之烦扰也，则采山之最高者设帷幕以俟。至则立马高冈，望见海波，扬鞭指画定徙界，往往山下纡折去海辄百余里云。[6]

从康熙二十二年奉命巡视广东、福建两省展界事宜的工部尚书杜臻报告的情况来看，即使在同一个县内各处迁界的里数也不一致。例如，广东的钦州边，“边界以外距海四十里者为织篱围村、鱼洪村；三十里

[1] 乾隆十六年《福州府志》卷十三《海防》记：“顺治十八年辛丑，户部尚书苏纳海至闽迁海边居民入内地，离海三十里。”海外散人所著《榕城纪闻》也说：“福建、浙江、广东、南京四省近海处各移内地三十里。”

[2] 查继佐《鲁春秋》记：“（丁酉）内海禁严，沿海居民内徙四十里，计清野洋师，防其接济，犯者不赦。”

[3] 屈大均《广东新语》卷二说：“令滨海居民悉徙内地五十里，以绝接济台湾之患。”道光十三年《廉州府志》卷二十《事纪·国朝》记：“康熙元年壬寅，诏迁海界。差内大臣科尔坤、介山亲行边海，东起大虎门，西讫钦州防城，令民徙内地五十里，设排栅，严出入，以杜接济台湾之患。”

[4] 野史落帽生许旭《闽中纪略》说：“曩者朝廷差满洲大人阅视海疆，恐沿海百姓相通海上，遂为清野之计，凡沿海二三百里弃为瓯脱，荒畜牧，焚庐舍，百姓尽徙入内地。”

[5] 洪若皋《南沙文集》卷三。

[6] 高兆《长乐福清复界图记》，见《闽颂汇编》，记。

者为黄屋屯、孔明村、大值村；二十五里者瓦灶村、鸡窝村；二十里者根竹村、墟埠村、旧关村、胎暮村、洞晚村；十里者长山村、埠头村、那畔村、料连村；及近海六七里以下至一二里若岭脚村等，皆移并，三年续迁，共豁田地四百七十一顷有奇”。又如福建的福清边，“边界以外斗入海八十里万安所，七十里牛头寨，五十里泽朗寨，四十里松下，十里镇东卫，附海五里海口桥、上迳镇，二里硋灶俱移，共豁田地四千六百三十四顷有奇”[1]。可见，那种认为各地迁界是一律后迁若干里的说法不够准确[2]。

有的地方所立边界屡经后移，离海越来越远。例如，广东迁徙沿海居民在康熙元年二月，清廷派科尔坤、介山二大臣巡视海疆，“令滨海民悉徙内地五十里，以绝接济台湾之患。于是麾兵折界，期三日尽夷其地，空其人民”。康熙二年“华大人来巡边界，再迁其民”[3]。“甲寅（康熙十三年）春月，续迁番禺、顺德、新会、东莞、香山五县沿海之民”[4]。“初立界犹以为近也，再远之，又再远之，凡三迁而界始定”[5]。又如福建省长乐县在顺治十八年十月“命沿海居民迁内地，北从雁山抵金峰，南至大屿转壶井，直至三溪为界，络绎设八寨”。次年，“复命八寨居民内迁，北至鹤岭，南至六都井门为界”[6]。

清政府总是把迁海说成是一项关心民瘼的德政。开始迁海时，清廷在顺治十八年闰七月上谕中说：“前因江南、浙江、福建、广东濒海地方，逼近贼巢，海逆不时侵犯，以致生民不获宁宇，故尽令迁移内地，实为保全民生。”[7]康熙二十三年全面展界，经办大臣在刊示晓谕百姓

[1] 《粤闽巡视纪略》。

[2] 这里说的是实际奉行情况，并不排除朝廷发布的迁海诏书中有一个大致的控制里数，如洪若皋所说的三十里。直到目前还没有见到这份具体诏令。

[3] 《广东新语》卷二。

[4] 钮琇《觚剩》卷七《徙民》。

[5] 王沄《漫游纪略》。

[6] 乾隆二十八年《长乐县志》卷十，《祥异》。

[7] 《清圣祖实录》卷四。

时又说："先因海寇陆梁，游艅出没，不时抄掠尔等。皇上为尔等身家计，权移内地以避贼锋。"[1]这完全是一派谎言。迁海自始至终都是以极其野蛮的方式摧残沿海居民的一场骇人听闻的暴行。清政府画地为牢确定所谓的"边界"以后，就以极其蛮横的手段驱赶界外的居民进入内地。迁徙的时间规定得非常短促，一般是三天[2]，过期派官兵驱赶。为了断绝迁民后顾之心，界外的房屋全部焚毁一空。当时人留下的记载说：

> 以予所见言之，方海患昌被（猖披）时，当事议主坐困，迁濒海数千里内居民入内地，以绝其交通之路。朝命甫下，奉者过于严峻，勒期仅三日，远者未及知，近者知而未信。逾二日，逐骑即至，一时跄踉，富人尽弃其赀，贫人夫荷釜，妻襁儿，携斗米，挟束稿，望门依栖。起江浙，抵闽粤，数千里沃壤捐作蓬蒿，土著尽流移[3]。
>
> 檄下民尽徙。稍后，军骑驰射，火箭焚其庐室，民皇皇鸟兽散，火累月不熄。而水军之战舰数千艘亦同时焚，曰："无资寇用。"[4]
>
> 初，（广东香山县）黄梁都民奉迁时，民多恋土。都地山深谷邃，藏匿者众。平藩（平南王尚可喜）左翼总兵班际盛计诱之曰点阅，报大府即许复业。愚民信其然。际盛乃勒兵长连埔，按名令民自前营入，后营出。入即杀，无一人幸脱者。复界后，枯骨遍地，土民丛葬一阜，树碣曰木龙岁冢。木龙者，甲辰隐语也。[5]

[1] 《粤闽巡视纪略》。

[2] 道光七年《香山县志》卷八《事略》记："官折界期三日，贫无依者不能遽如令。五月，夷其地。"

[3] 《靖海纪事》，陈迁鹤所作《叙》。

[4] 高兆《长乐福清复界图记》，见《闽颂汇编》，记。

[5] 道光七年《香山县志》卷八《事略》。

令下即日，挈妻负子载道路，处其居室，放火焚烧，片石不留。民死过半，枕藉道涂。即一二能至内地者，俱无儋石之粮，饿殍已在目前。……火焚二个月，惨不可言。兴（化）、泉（州）、漳（州）三府尤甚。[1]

当播迁之后，大起民夫，以将官统之出界，毁屋撤墙，民有压死者。至是一望荒芜矣。又下砍树之令，致多年轮囷豫章、数千株成林果树、无数合抱松柏荡然以尽。……三月间，令巡界兵割青，使寸草不留于地上。[2]

先画一界，而以绳直之。其间有一宅而半弃者，有一室而中断者。浚以深沟，别为内外。稍逾跬步，死即随之。[3]

昔者清野令下，迁边民于内地。民之载子女、辇家具入者如归于虚，其不能举者则委而弃之。于是，废丹青，毁神像，凡里社颂祷之神，春秋报赛之祀，皆撤而不举。甚者游食无赖之民刮碧折木瓦以裒衣食。鬼怨神恫，山愁谷怒。[4]

居民被驱赶入界以后，有敢出界者杀无赦。先看福建省的情况：在福宁州，“州地以大路为界，南路以州前岭为界，松山、后港、赤岸、石坝近城亦在界外。道旁木栅，牛马不许出入。每处悬一牌，曰：敢出界者斩！”“越界数步，即行枭首。”[5]在莆田县，“着附海居民搬入离城二十里内居住，二十里外筑土墙为界，寸板不许下海，界外不许闲行，出界以违旨立杀。武兵不时巡界。间有越界，一遇巡兵，登时斩首”[6]。这个县的黄石千总张安“每出界巡哨只带刀，逢人必杀。……

[1] 海外散人《榕城纪闻》。

[2] 余飏《莆变纪事》。

[3] 钮琇《觚剩》卷七《徙民》。

[4] 余飏《芦中全集》，纪一，《界庙记》。

[5] 乾隆二十七年《福宁府志》卷四十三《祥异》。

[6] 陈鸿、陈邦贤《清初莆变小乘》。

截界十余年，杀人以千计”[1]。上引洪若皋疏中说：“闽以边路为界，路下近海者为界外，路上近山者为界内。当日迁移时，凡路下之民居尽毁，而路上不毁。既迁之后，凡路上之民越出路下即为越禁。……孰不知以路为界，民之住于路上而近路边者，檐溜之前即为界外。夫细民势不能不畜鸡豚，鸡豚势不能识界禁，一旦越出路下，人或从而追之，塘兵远了，即加以越界之罪。况道路不无歧口旁径之分，行旅之人未谙路径，跬步失足，防兵群系累之，以越界论，致于有司，即或得辨释放，而行橐衣资已罄掠矣。”福建沿边居民当时处于怎样一种如临深渊、如履薄冰的境地，也就可以想见了。

再看广东省的情况，“东起大虎门，西迄防城，地方三千余里，以为大界。民有阑出咫尺者执而诛戮。而民之以误出墙外死者又不知几何万矣。自有粤东以来，生灵之祸莫惨于此”[2]。“向所谓界者，掘地为沟，广不盈丈，插竹引绳以表之，或遇山则绕山址为沟，曰此界外山也。亦有去城不里许为界者。民间畏同陷阱，侧足不前。而愚懵无知，往往误入其中。是时所司尚有以出界坐辟爰书请者，皆贫嫠村竖往拾蚌蛤之属，为吏所掩获者”[3]。

各省所设立的界线也不一致。浙江“当迁遣时，即将拆毁民房木料，照界造作木城，高三丈余，至海口要路复加一层二层，缜密如城隍。防兵于木城内或三里，或五里搭盖茅厂看守”[4]。福建和广东的情况差不多，开初以插旗、木栅、篱笆为界；后来就越来越严格，或是“浚以深沟”，或是“筑土墙为界”[5]；再后来干脆征发民夫大兴土木，把土墙改筑为界墙，并且沿界建立寨、墩，派设官兵扼守。

---

[1] 陈鸿、陈邦贤《熙朝莆靖小纪》。

[2] 屈大均《广东新语》卷二《地语》。

[3] 王沄《漫游纪略》，《粤游》。

[4] 洪若皋《南沙文集》卷三，奏疏。按，洪若皋为浙江台州人，在福建任职。

[5] 陈鸿、陈邦贤《清初莆变小乘》。

（康熙七年）正月奉文，着南北洋百姓砌筑界墙，从江口至枫亭。墙阔四尺，高六尺，每户计筑二丈一尺。界口起瞭望楼一座，遇海另筑界堤。[1]

关于沿边设兵戍守的堡塞，福建称之为寨、墩，广东称之为台、墩。大致情况是：“界畛既截，虑出入者之无禁也，于是就沿边扼塞建寨四，墩十数，置兵守之。城外乡民按户征银，照丁往役。……一寨之成，费至三四千金，一墩半之。拷掠鞭捶，死于奔命者不知凡几矣。”“寨周阔百六十丈，墩周阔十丈不等。”[2]“五里一墩，十里一台，墩置五兵，台置六兵，禁民外出。”[3]

看了上面列举的事实，不难明白清廷所谓迁海是为了“保全民生”究竟是怎么一回事了。时人卢若腾在《虏迁沿海居民诗》中说：“天寒日又西，男妇相扶携。去去将安适？掩面道旁啼。胡骑严驱遣，克日不容稽。务使濒海土，鞠为茂草萋。富者忽焉贫，贫者谁提撕？欲渔无深渊，欲耕无广畦。内地忧人满，妇姑应勃豀。聚众易生乱，矧为饥所挤。闻将凿长堑，置戍列鼓鼙。防海如防边，劳苦及旄倪。既丧乐生心，溃决谁能堤。”[4]

沿海迁界政策的推行，不仅使大批滨海居民在违旨“透越”的罪名下惨死于清政府屠刀之下，对于我国社会经济的恢复和发展也是个严重的阻碍，主要表现为以下几个方面：

---

[1] 陈鸿、陈邦贤《清初莆变小乘》。

[2] 《莆变纪事》。王来任遗疏中也说：“地迁矣，又在在设重兵以守其界内。立界之所筑墩台、树桩栅，每年每月又用人工土木修整，动用之资不费公家丝粟，皆出之民力。未迁之民日苦派办，流离之民各无栖址，死丧频闻，欲生民不困苦其可得乎？”（见光绪《新宁县志》卷十四，事纪略下）。

[3] 《粤闽巡视纪略》。《广东新语》卷二也说“毁屋庐以作长城，掘坟茔而为深堑，五里一墩，十里一台”。

[4] 《金门志》卷十二，兵事，《历代兵事》。

一、界外弃为灌莽。

我国是世界上海岸线最长的国家之一，人民群众世世代代为开发濒海地区进行了艰辛的劳动。这里有良田沃土，有可资富国的渔业和盐业，有同海外贸易交往的口岸。迁海一声令下，濒海地区遭到清政府官兵的尽情破坏和蹂躏，转瞬之间化成了一片废墟。康熙八年一度展界之后，有人看到界外的情况是：

> 以予所睹，界外所弃，若县若卫所，城郭故址，断垣遗础，髑髅枯骨，隐现草间。粤俗乡村曰墟，惟存瓦砾；盐场曰漏，化为沮洳。水绝桥梁，深厉浅揭，行者病之。其山皆丛莽黑菁，豺虎伏焉。田多膏腴，沟塍久废，一望汗莱，良可惜也。[1]

以荒废的耕地而言，据康熙二十三年奉命巡视粤闽开界事宜的工部尚书杜臻列举的数字，广东一省“广州、惠州、潮州、肇庆、高州、雷州、廉州等七府所属二十七州县、二十卫所沿边迁界并海岛港洲田地共三万一千六百九十二顷”；福建一省“福州、兴化、泉州、漳州等四府、福宁一州，所属十九州县，原迁界外田地共二万五千九百四顷零”[2]。两省合计折合亩数为五百七十五万九千六百余亩。又如浙江省温州府属原额田、园、地二万四千六百一十三顷零，经过康熙八年展界部分复业之后实存田地数也只有一万六千四百九十九顷零。其中平阳一县七千七百五十一顷零田地园在顺治十八年迁界时竟全部“弃置”，康熙九年以后部分展界，招民复业，直到康熙二十年编审时各则田地园还只有三千二百六十三顷零[3]。台州府属的临海县顺治“十八年奉文迁界，弃

[1] 王沄《漫游纪略》卷三。

[2] 杜臻《粤闽巡视纪略》。

[3] 康熙二十三年《温州府志》卷九《贡赋》。

田一十九万九千二百九十三亩零”；宁海县也弃去民田一千一百五十顷六十六亩零，另有民涂田二百一十二顷三十三亩零，也在“顺治十八年全迁”[1]。可见，由于迁海而荒芜的田地数字是非常惊人的。

问题还不仅是耕地，沿海地区历来是捕鱼和煮盐的重要场所。厉行片板不许下海的禁令和迁界之后，“万顷沧波舟楫绝，何人更有羡鱼心？”[2]渔业几乎完全陷入绝境。“渔者靠采捕为生，前此禁网严密，有于界边拾一蛤一蟹者杀无赦。咫尺之地网阱恢张，渔者卖妻鬻子，究竟无处求食，自身难免，饿死者不知其几”[3]。海盐的生产也差不多完全停顿。广东的盐场原有二十九个，康熙“元年迁界，诸场多在界外”。“闽中盐场有七，在福州者曰海口场、曰牛田场，在泉州者曰惠安场、曰浔美场、曰洒洲场、曰浯洲场，在兴化者曰上里场，初迁多在界外”[4]。浙江省温州府属的乐清县长林盐场、瑞安县双穗盐场也在顺治十八年迁海时弃之界外[5]。台州府属“渔盐之利较他郡为胜，但只临海、黄岩、宁海三县有场”。然而，临海县的杜渎场、黄岩县的黄岩场、宁海县的长亭场这三个主要产盐地都成了迁海政策的牺牲品，直到康熙九年局部展界以后才逐渐地恢复起来[6]。正是由于盐场多在界外，使关系民生甚大的食盐生产受到严重影响。福建的老百姓往往“淡食”[7]。广西南宁、太平、思恩三府原来食用广东廉州产盐，郁林州等处食用高州产盐，“路近价贱，有便于民”；迁海之后，高、廉二府的“盐田尽迁”，不得不改销价高的梧州引盐[8]。

[1] 康熙六十一年《台州府志》卷四《屯赋》。

[2] 康熙五十三年《漳州府志》卷二十九，艺文，张士楷《望海》诗。

[3] 《闽颂汇编·恩德述略》。

[4] 杜臻《粤闽巡视纪略》。

[5] 康熙二十三年《温州府志》卷十三《盐法》。

[6] 康熙六十一年《台州府志》卷四《盐课》。

[7] 《闽颂汇编》。

[8] 《清圣祖实录》卷一一二。

二、迁民的颠沛流离。

受迁海之害最深的自然是被迁的所谓界外居民。他们好比生机勃勃的草木突然被拔离故土，忍受烈日的炙烤。广东的情况是：

> 先是，人民被迁者以为不久即归，尚不忍舍离骨肉。至是飘零日久，养生无计。于是父子夫妻相弃，痛哭分携。斗粟一儿，百钱一女。豪民大贾致有不损锱铢、不烦粒米而得人全室以归者。其丁壮者去为兵，老弱者辗转沟壑。或合家饮毒，或尽帑投河。有司视如蝼蚁，无安插之恩；亲戚视如泥沙，无周全之谊。于是八郡之民死者又以数十万计。[1]

福建的情况也并不好一些：

> 海滨迁民，初时带有银米及锱重，变卖尚可支持。日久囊空，既苦糊口无资，又苦栖身无处，流离困迫……谋生无策，丐食无门，卖身无所。辗转待毙，惨不忍言。[2]

康熙元年十一月，也就是福建迁海之后的第一年，礼科给事中胡悉宁上言："据福建抚臣许世昌疏报，海上新迁之民，死亡者八千五百余人。"胡悉宁还说，此外"未经册报者又不知凡几"[3]。康熙四年，李率泰在遗疏中也说："臣先在粤，民尚有资生，近因迁移渐死，十不存八九。"[4]可见徙民受难的深重。

迁民们既然被视若蝼蚁、泥沙，任人践踏，软弱者成了牺牲品，强

[1] 《广东新语》卷二，地语。

[2] 《清初莆变小乘》。

[3] 《清圣祖实录》卷七。

[4] 光绪十九年《新宁县志》卷十四，《事纪略》下。

悍者则铤而走险。一部分迁民参加了郑氏义师[1]，或在当地揭竿而起[2]，由清朝子民被逼成了反清战士。还有一部分迁民在内地无法谋生又不甘心坐以待毙，就砍人树木，伐人坟墓，掠人妻女，无所不为。甚至“夜间什伍为群，剜壁抉门，善入强出，人不敢撄。……又或百十为群，各执枪刀，强劫乡间富室”[3]。内地居民因之惶惶不安，政府官员也穷于应付。

三、清政府赋税收入的减少和百姓的摊赔。

界外土地全部抛荒，自然无法从这些地方征收赋税，清政府的财政收入因而减少。康熙十二年福建总督范承谟的奏疏中写道：“自迁界以来，民田废弃二万余顷，亏减正供约计有二十余万之多，以致赋税日缺，国用不足。”[4]康熙十九年福建总督姚启圣又说：“照得边海地方播迁，百姓抛产弃业，流离失所者二十年矣，朝廷正供以徙界缺额者四百余万两。”[5]根据复界时工部尚书杜臻的报告，福建省由于迁海废弃的田地为二万五千九百余顷，同范承谟所说“民田废弃二万余顷”相合，可知亏减正课二十余万两是福建省一年的数字，缺额四百余万两是福建一省从顺治十八年到康熙十九年二十年间的累计数字。广东由于迁界损失的赋税还要更多些，据康熙七年广东巡抚王来任的遗疏说，该省“每年抛弃地丁钱粮三十余万两”[6]。如果考虑到盐课、渔课、商税等方面的减额，再加上浙江、江南、山东各省的数字，清政府在赋税方面的损失肯定是相当大的。

当时，清朝廷因为连年用兵，财政入不敷出。顺治十二年工

---

[1] 康熙十九年六月福建总督姚启圣上疏请求复界时说，郑部“投诚之众率皆前日迁徙之民也”（见《忧畏轩奏疏》卷四，载《闽颂汇编》；又见《粤闽巡视纪略》）。迁民的参加郑氏义师途径不一，有的是越界，有的是乘三藩之乱。

[2] 道光《香山县志》卷八《事略》就记载了康熙“七年，迁民结党为乱”。

[3] 《清初莆变小乘》。

[4] 范承谟《条陈闽省利害疏》，见《皇朝经世文编》卷八十四。

[5] 《禁止派扰复业》，见《闽颂汇编·忧畏轩文告》。

[6] 光绪十九年《新宁县志》卷十四《事纪略》下引王来任遗疏全文。

科给事中王命岳在疏中就说过："今国家所最急者，财也。岁入千八百一十四万有奇，岁出二千二百六十一万有奇，出浮于入者四百四十七万。国用所以不足，皆由养兵。"[1]顺治十八年还食言自肥，恢复了明朝剿饷，加赋五百多万两。在这种情况下，清政府采取了责令界内居民摊赔的办法来弥补部分缺额。"其（界外）四十里之岁课，同邑共偿之。至有所偿过于其土著者。……自江南达东粤数千里，盐场在界内者勿论，其界外缺额商赔之。"[2]"惟以浙、闽、山东等处因迁而缺之课额均摊于苏、松不迁之地，曰摊派，而盐课之额极重矣。"[3]

四、对外贸易停顿。

我国海上对外贸易在明代已经发展到相当水平。明末崇祯年间由于"通番获利十倍，人舍死趋之"，出现了"穷洋竟同闹市"[4]的兴旺局面。清初实行禁海特别是迁海政策以后，不仅私人海上贸易被阻塞，连封建官府直接控制的市舶贸易也一度完全停顿。杜臻在奉派巡视广东、福建两省展界事宜时说过，"是役也，有当行之事四焉"，其中之一是"故事：直隶天津卫、山东登州府、江南云台山、浙江宁波府、福建漳州府、广东澳门各通市舶，行贾外洋，以禁海暂阻，应酌其可行与否"[5]。他在巡视途中经过澳门，又谈道，"禁海时番舶暂阻，澳人贫困。康熙二十年贡一狮子，求通商，以济远旅。许之。由是番舶复通"。由澳门进口的货物允许经陆路运到香山，朝廷派官员董其事。可见，在迁海政策的直接影响下，从康熙元年到二十年，我国大陆的海上对外贸易中断了二十年。清初慕天颜（曾在福建任知府，后任江宁巡抚、漕运总督等职）说："本朝顺治六、七年间，海禁未设，见市井贸

[1] 《清史稿》卷二四四《王命岳传》。

[2] 查继佐《鲁春秋》。

[3] 叶梦珠《阅世编》卷一《田产二》。

[4] 《明季北略》卷五《浙江巡抚张延登请申海禁》条。

[5] 《粤闽巡视纪略》。

易多以外国银钱，各省流行，所在多有。自一禁海之后，绝迹不见，是塞财源之明验也。”[1]复界之后，禁海政策仍然延续了下来，至多不过是在一段时间里放宽一点出海的限制。这种作茧自缚式的闭关政策严重地阻碍了我国社会的发展。

迁海政策加重了我国社会的闭塞性，人民的活动领域和地区都受到限制。以海南岛为例，清代在这里设琼州府，下辖三州十县。由于岛的内陆五指山区是黎族同胞居住的地方，“州县反环其外，惟定安居中，余皆滨海，势不可迁”。但是，清政府仍然在全岛“边周环立界二千七百里，惟海口所津渡往来如故，自余鱼盐小径俱禁断不行”[2]。可以想象，在这种禁令下海南人民的活动范围是多么狭窄，给他们带来的困苦又是多么严重了。

清政府为了防微杜渐，对入海的河流一律发兵把断，河中钉立木桩，防止舟船透越。如福建省，“其入海之水曰潘渡河、曰铜镜河、曰廉村河、曰洋尾河、曰大梅河、曰赤头河、曰云霄河、曰开溪河，皆断而守之”[3]。苏北兴化县白驹场原来建造了闸口四座，按照旱涝情况调节淮扬一带的河水入海。尽管“白驹场离海甚远，并非沿边地方”，清政府也悍然下令填塞，“以致水无所出，淹没田亩”，使水利变成了水害[4]。

清廷颁布迁海令，原来的目的是断绝郑成功义师的物资供应，以收不攻自破之效。这样的目的达到了没有呢？清政府作为政策的制定者自然是声称效果显著，说什么此策既行，“贼势果绌，降者接踵”[5]。就康熙二十三年台湾回归大陆，实现了全国统一来看，似乎证明迁海政策不无效果。实际上并不是这么回事。

---

[1] 顾炎武《日知录》卷十一《银》条内注文。

[2] 杜臻《粤闽巡视纪略》。

[3] 杜臻《粤闽巡视纪略》。

[4] 《清圣祖实录》卷二十七。

[5] 杜臻《粤闽巡视纪略》。

就在清政府雷厉风行地强迫驱赶沿海百姓迁往内地的时候，郑成功亲统大军渡海作战，从荷兰殖民主义者手中收复了我国神圣疆土台湾。郑成功对清廷的决策迁海深为不满，同部下将领谈及此事时叹息道："吾欲留此数茎发，累及桑梓人民，且以数千里膏腴鱼盐之地、百万亿众生灵，一旦委而弃之，将以为得计乎？徒殃民而已。吾若不决志东征，苟徇诸将意，株守各岛，岂不笑吾英雄为其束缚？今当驰令各处，收沿海之残民，移我东土，开辟草莱，相助耕种，养精蓄锐，俟有衅隙，整甲而西，恢复迎驾，未为晚也。"[1]郑经还接受忠振伯洪旭的建议派遣屯兵入山伐木，修造船舶战舰，"又别遣商船前往各港，多价购船料，载到台湾，兴造洋艘鸟船，装白鹿皮等物，上通日本，制造铜熕、倭刀、盔甲，并铸永历钱；下贩暹罗、交趾、东京各处以富国。从此台湾日盛，田畴市肆，不让内地"[2]。由于布帛等物来源阻隔，价值昂贵，郑经又从参军陈永华之请，派江胜驻扎厦门，"斩茅为市，禁止掳掠，平价交易。凡沿海内地穷民乘夜窃负货物入界，虽儿童无欺。……其达濠货物聚而流通台湾，因此而物价平，洋贩愈兴"[3]。郑氏父子"课耕积谷，务生聚，招徕远人"[4]，凭借着军民的勤奋劳动和优越的自然条件，终于把台湾经营成了"田庐辟，亩浍治，树畜饶"[5]，"人居稠密，户口繁息，农工商贾，各遂其生"的宝岛。到康熙二十三年清军收取台湾时，统军大将施琅所见到的情况是："臣奉旨征讨，亲历其地。备见野沃土膏，物产利溥，耕桑并耦，渔盐滋生，满山皆属茂树，遍处俱植修竹。硫磺、水藤、糖蔗、鹿皮以及一切日用之

---

[1] 江日升《台湾外纪》卷十二。温睿临《南疆逸史》卷五十四《郑成功传》；连横《台湾通史》卷二《建国纪》也记载了郑成功这段话，但比较简略，文字也有所不同。

[2] 《台湾外纪》卷十三。

[3] 《台湾外纪》卷十三。《金门志》卷十二也载：康熙"八年，（郑）经将江胜往来两岛（指金门、厦门），踞埠头与奸民互市。"

[4] 《郑成功海东事·郑成功传》，见《野史无文》卷十二。

[5] 谢金銮《蛤仔难纪略》，见《皇朝经世文编》卷八十四，兵考。

需，无所不有。向之所少者布帛耳，兹则木棉盛出，经织不乏；且舟帆四达，丝缕踵至，饬禁虽严，终难杜绝。实肥饶之区，险阻之域。”[1]杜臻也说：郑成功入台之后，“规度便近地，给兵屯种，而收赋于诸社以自给，又多种桐树及枲麻为治船之需”[2]。这就表明，清廷的迁海政策不仅没有达到从经济上困死郑成功义师的目的，相反地，迫使他们走自力更生之路，在开发台湾的宏伟事业中做出了巨大贡献。

其次，清政府沿着人为的标界挖沟立墙，设兵戍守，固然增加了濒海居民同郑成功义师联络的困难，但并没有能够割断他们之间的来往。清初一位福建人士依据耳闻目睹写了下面一段话：

> 当是时，大吏以界外为大荒，人迹阻绝，寇指日穷饿死。而寇窃笑于岛屿曰：“是畀我以田园矣，予我以薮泽矣。”于是，群浮游于其间，架阁瓯脱，渐通奸民，为越贩之利，物之竹木，食之五谷，器用之油铁，以及布帛麻枲之属，昼伏宵行，络绎成市。……予尝游清漳，过蒜岭，望江阴废城，烟火迷漫，而缠头之寇（指不剃发的郑成功义师）且观剧其市。惊避之，肆主人曰：“无伤也，是征米者。”亦异矣。[3]

这委实是一种滑稽的场面。在距厦门不远的一些地方，清方守边将士为求得安静宁谧，也私下放宽禁令，“虽汛地谨防，而透越不时可通，有佩鞍穿甲追赶者，明是护送；即巡哨屡行，有耀武扬威才出者，明使回避。故台湾货物船料，不乏于用”[4]。一位当时的福建乡绅在诗中不无讽刺地说：“闽海昔迁徙，流离我黔首。高栋灰咸阳，寒烟昏白

[1] 施琅《谨题为恭陈台湾弃留之利害仰祈睿事》，见《靖海纪事》卷下，又见《皇朝经世文编》卷八十四，兵政。

[2] 《粤闽巡视纪略》附纪澎湖台湾。

[3] 高兆《长乐福清复界图记》，见《闽颂汇编·记》。

[4] 《台湾外纪》，卷十五。

昼。四郡美田园，割弃资逋寇。拒门撤藩篱，阶除议战守。群盗方揶揄，佃渔恣奔走。流亡死内地，穷蹙遑相救？”[1]沿海居民不顾禁令，冒着生命危险给郑氏义师提供粮食，在清政府官方文书中也有反映。康熙十七年福建总督姚启圣曾发布文告说：“近闻界内不法居民每每鸠输米谷于贼，公然赍为盗粮。……其中必有为首之人，代贼科敛。”[2]

这些材料令人信服地表明，迁海政策只是给沿海居民造成了极大的灾难，给清政府自身带来了重重困难，对郑成功父子领导的义师并没有起到多大的威胁作用。康熙二十三年台湾的回归大陆是当时的大势所趋，无论在直接意义上还是在间接意义上都不是迁海政策的结果。如果清廷抱住迁海政策不放的话，台湾问题不仅不能解决，分离的局面还将继续拖延下去。值得注意的是，在清朝大臣中主张进取台湾的人（如福建水师提督施琅、福建总督姚启圣）都是迁海政策的反对者。清朝统治者对于自己的文治武功历来是不厌其烦地张扬备至。唯独对于沿海迁界这个涉及东南各省，持续时间长达二十年的重大政策却很少记叙，连清实录当中也只是寥寥数语，一笔带过。这种现象多少可以说明清廷事后终于明白自己的失策。依赖当时承办官员的文书、地方志和私家记载才多少保存了事情的真相，使我们从一个侧面看到清初推行的政策是怎样阻碍了我国社会经济的恢复和发展。

第五节　鲁监国病死与张煌言就义

鲁王朱以海在1645年（顺治二年）七月出任监国以后，在东南沿海的抗清事业中做出了相当大的贡献。1651年（顺治八年）清军攻陷舟山，鲁监国在张名振等的军队扈卫下移居金门、厦门，由于郑成功不承

[1] 《闽颂汇编》，五言古，黄瑾诗。

[2] 姚启圣《忧畏轩文集·文告》，见《闽颂汇编》。

认监国政权，而在西南建立的永历朝廷基本上得到了包括郑成功在内的南明各方势力的一致拥护，1653年三月，朱以海也承认了永历帝的正统地位，派使者上疏提出退位归藩。永历帝为了维护朱明王朝对东南地区的影响，仍然让他保留监国的名义。但这并没有多大实际意义，福建沿海的抗清实力基本上控制在郑成功手里，朱以海只是作为“寓公”过着寄人篱下的生活。

1661年（顺治十八年）永历帝及其太子被清军俘获，明统告绝。东南沿海的一些忠于明室的文官武将又重新酝酿拥戴朱以海出面组织朝廷。但是，掌握实权的郑成功父子对此毫不热心。次年（康熙元年）五月，郑成功突然得病去世。张煌言等一心以恢复明朝为己任的官绅志士立即提出由鲁监国继统。《海东逸史》卷二载：“五月初八日，延平王郑成功卒。海上诸臣议复奉王监国。”这一记载并不准确。“海上诸臣”商议的并不是“奉王监国”，而是拥立朱以海为皇帝。张煌言在这年七月《上鲁监国启》中说：“为国难已极，天命宜还。伏乞早定大计，以存正统，以图中兴事。春来阅邸抄，知去年十一月，缅夷内变，导虏入缅，致我永历皇帝蒙尘，一时扈从宗室官员无一得免。……但中华正统岂可久虚。只今胡亦以诸夏无君，遍张伪檄，荧惑视听。四顾敷天，止海上尚留左袒。臣以为延平藩（郑成功）必当速定大计，以申大义，亟誓大师，以报大仇。而至今寂寂，道路谣传又有子弄父兵难信之事（指郑经在众将领支持下违抗成功之命）。……计惟在闽诸勋镇，正在危疑之际，不若急用收罗之术，以为拥卫之资。然后速正大号，使天下晓然知本朝尚有真主，中国自有正朔。……臣今拟上诏书一道，伏祈主上密与宁靖王及诸缙绅谋之，发愤为雄，以慰遐迩。”[1]当时他在浙江濒海军中，还不知道郑成功病逝。八月间，张煌言得到郑成功在台湾去世的消息，又曾两次启奏鲁国主，其中讲道：“去冬缅甸之变，君亡臣死，天下已无明室矣。止海上犹存一线，而主上尚在龙潜，真乃天留

[1] 《张苍水集》，上海古籍出版社1985年新一版，第二十六至二十七页。

硕果。自当誓师讨贼，以维系人心，以嗣续正统。昔莽移汉鼎，光武中兴；丕废山阳，昭烈践祚；怀愍北狩，晋元称制；徽钦蒙尘，宋高继立。以视今日，谁曰不然。”[1]张煌言明确地表达了他认为在永历朝廷覆灭以后，当务之急是拥立朱以海为帝，借以存有明之正统，号召远近，致力于复兴事业。然而，郑经对鲁监国态度的冷淡却较其父有过之而无不及。如张煌言启本中就提道：“八月八日，御史臣陈修捧纶音至臣营。臣焚香开读，知主上薪胆忧危，较昔倍甚。臣南望仓皇，罔知所措。”另一件启本中说“顾岛上勋贵，罔识春秋大义”，批评了郑经之流不能从大局着眼。更令人惊奇的是在张煌言《答闽南缙绅公书》中竟然出现这样的句子：“日来浙直老稚，喧传鹭左勋镇绅衿，复奉鲁王监国。正在疑信间。及接老先生公函，谆谆以鲁国主玉食为商。”“今不幸延平殿下薨逝，大丧未毕，繁费难支，即军储尚恐不给，何暇言及宗禄。旁观者岂不谅当事苦心？”“然我辈所为何事，而致亲藩流离琐尾，饥饿于我土地，非特诸勋贵之责，亦诸老先生之羞也。若新府（指郑经）肯敬承先志，敦厚天潢，哀王孙而进食。又何烦不肖之片芹寸曝哉。”[2]透过张煌言的启本和书信，不难看出郑经掌权以后，鲁监国的“宗禄”被停发，日常生活都不能保证，还谈什么即位做皇帝。张煌言当时只有少数兵船驻泊于浙江沿海僻岛，用他自己的话来说：“臣以孤军，孑处荒壤，夷艘星列，五倍于臣，而臣又无蚁子之援。臣日夜枕戈，与死为邻，亦以死自誓。若轻为移跸（指从金门迎出鲁监国），则风鹤频惊，臣罪谁倭？倘仍栖浯岛（即金门），窃恐号召既远，复与臣呼应不灵。”[3]处于焦虑两难之中，张煌言仍抱一线希望，“犹幸旧主之在”，拥明诸绅衿将领“或能旋乾转坤”，“首为拥戴”[4]。可是，这个

[1] 《张苍水集》第二十九页。

[2] 《张苍水集》第三十一至三十二页。

[3] 《张苍水集》第二十八页。

[4] 《张苍水集》第二十九页。

希望很快就化作泡影。朱以海当时正值中年，但身体状况却不佳，长期患有哮喘病，这年十一月十三日“中痰”去世[1]，享年四十五岁。

张煌言在鲁王病死后，对前途感到完全绝望。他始终是一位抗清志士，而不是一个独善其身的人。何况他对郑氏父子的所作所为常有异议，所以没有像其他一些官绅那样跟随郑氏移居台湾，满足于保住先人衣冠头发。复明运动的旗帜既已不复存在，继续同清军作战也就失去了意义。1664年（康熙三年）六月，他下令解散自己部下的军队[2]，只留下几个亲信居住于人迹罕至的悬山花岙，这是个距离舟山不远的孤岛。由于岛中不产粮食，日常所需不得不以寺庙和尚的名义前往舟山购买。清浙江提督张杰从降将处探知张煌言藏身于附近海岛，就派遣兵丁潜伏于舟山的普陀、朱家尖一带，不久果然截获了张煌言的购粮船，当即利用所获船只连夜赶往花岙。七月十七日天色未明时分，清兵出其不意地突然闯入煌言居室，煌言及随从被活捉，搜出永历帝颁发的“视师兵部”银印和九枚关防[3]。张煌言被俘以后，断然拒绝了清政府的招降，在押解到宁波、杭州直至就义之前，写下了许多壮丽诗篇。如《被执过故里》诗云：“知者哀其辱，愚者笑其颠。或有贤达士，谓此胜锦旋。人生七尺躯，百岁宁复延。所贵一寸丹，可逾金石坚。求仁而得仁，抑

[1] 光绪八年《金门志》卷二《坟墓》记“监国鲁王墓在古坑后埔”，附录了道光十六年巡道周凯的两篇短文，文中引林霍子濩《续闽书》载“王素有哮疾，壬寅十一月十三日中痰薨。生万历戊午（万历四十六年，1618）五月十五日，年四十有五。葬于金门王所尝游地”。又说，王墓久已湮失，当地土人虽称其墓为王墓，但“不知何王墓也”。道光十二年春天当地生员林树海访得，参考诸书确定为朱以海墓。墓前尚“镌王手书‘汉影云根’四字，并镌从亡诸公题咏”。台湾有关方面在金门曾对鲁监国墓进行发掘考证，有圹志等实物出土，惜未见到详细报告。《海东逸史》卷二记壬寅年“十一月二十三日，王薨”，较《续闽书》所载晚十天。至于野史云鲁监国被郑成功沉于海中毙命，更属不根之谈。

[2] 《张苍水集》第二四七页。

[3] 《清圣祖实录》卷十二引浙江总督赵廷臣疏报七月二十日夜间擒张煌言于悬山范岙。

又何怨焉？”[1]《甲辰八月辞故里》诗更是脍炙人口：“国亡家破欲何之，西子湖头有我师。日月双悬于氏墓，乾坤半壁岳家祠。惭将赤手分三席，敢为丹心借一枝。他日素车东浙路，怒涛岂必属鸱夷。”[2]九月初七日，张煌言在杭州遇害[3]。在南明为数众多的人物中，张煌言的地位并不显赫，然而在长达二十年的抗清斗争中，他历尽了艰难险阻，处处以大局为重，几乎是一位无可挑剔的完人。黄宗羲为他撰墓志铭说：“今公已为千载人物，比之文山，人皆信之。余屈身养母，戋戋自附于晋之处士，未知后之人其许我否也。”[4]可谓定评。

---

[1] 《张苍水集》第一七六页。

[2] 《张苍水集》第一七六页。

[3] 参见《张苍水集》附录之多种材料，特别是高允权作《奇零草后序》，第三三四至三三五页。《清圣祖实录》卷十二记张煌言被杀于十月初十日。

[4] 黄宗羲《有明兵部左侍郎苍水张公墓志铭》，见《张苍水集》附录，第三一二页。

第三十二章
夔东抗清基地的覆灭

第一节　清廷组织三省会剿

清朝初年，由于满洲贵族推行的民族压迫和民族征服政策，使民族矛盾在一段时间里上升成为我国社会的主要矛盾。在长达二十年的抗清斗争中，大顺军余部和大西军余部一直是这一斗争的主力。

顺治十八年（1661），南明永历帝被俘，次年李定国病死，部将有的牺牲，有的降清，结束了以大西军为主体的西南抗清斗争。这时，除了经营台湾的郑氏和张煌言部少数兵力驻于浙江沿海岛屿以外，在中国大地上继续坚持武装抗清的只剩下了四川东部和湖北西部以大顺军余部为主的所谓“夔东十三家”。“十三家”这个词并不大准确，它指的是以李来亨、刘体纯、袁宗第、郝摇旗、党守素、塔天宝、马腾云为首的大顺军余部以及以王光兴、贺珍等为首的其他抗清武装。所谓夔东，大致相当于长江三峡地区，这里山高水急，形势险要，从军事上来说，不仅是易守难攻的地方，而且切断了四川同湖北的通道，进可以出击两湖、豫西、陕南和四川，退可以据险自守。然而，由于这个地区基本上是重峦叠嶂，人烟稀少，生产很不发达，要维持一支足够强大的军队无论在人员补充上还是在物资供应上都有很大困难。直到顺治帝在位的中期，清军用兵的主攻方向是西南地区，不可能调集重兵围攻夔东抗清基地。郝摇旗、李来亨等人还有可能进军郧阳、襄阳一带，既打击了清朝的统治，也取得了部分人力、物力的补充。西南抗清斗争的失败，使清廷可以腾出手来集中兵力镇压夔东抗清武装。

康熙元年（1662）七月，清朝四川总督李国英向朝廷建议发动四川、湖广、陕西三省会剿，并请朝廷确定统一进兵的日期。他在密疏中说：

……闯逆余党郝摇旗、李来亨、刘体纯、贺珍、袁宗第、党守素、塔天宝、王光兴等贼窜伏于荆、郧、蜀东之间。在楚则远安、兴山、归州、巴东、施州卫、房、竹等处；在蜀则大宁、大昌、夔州、巫山、建始等处；而逼近陕西之兴安。计其切（窃）据地方横亘数千余里……楚蜀难通，气脉梗阻。向来勾通滇寇李定国等假窃号召，摇惑人心，其肆猖獗而稽天讨盖有年矣。前者台臣两次建议，奉旨会剿；旋又奉旨暂停。庙谟深远，诚非愚臣所能窥测。但诸逆向所倚恃观望，惟在滇南。今大兵远伐，六诏敉宁；而诸寇尚负固弄兵，阻我声教……逼处内地，有同养痈。……且楚、郧、秦、蜀处处设防，旷日持久，息肩无期。……惟祈立奋乾断，敕行进剿，俾屡年逋诛之巨寇速就殄诛……庙堂之上酌定师期，三省士马同于是日进发。……[1]

李国英的建议正中清廷统治者的下怀。这年九月初四日奉旨：“这所奏三路进兵剿除郝摇旗等贼，说的是。著密速议奏，兵部知道。”兵部经过秘密会议后，同意了李国英的建议，提出如下具体方案：由湖广提督董学礼调总兵三员统兵三万，从湖广进剿；陕西提督王一正调总

[1] 《李勤襄公抚督奏蜀奏议》卷二十。

兵二员统兵二万五千，另调河南省的河北镇总兵鲍照统兵五千，凑足三万，从陕西进剿；四川由总督李国英亲自率领，官兵酌量带往。进剿的日期确定为康熙元年十二月二十日逼近抗清基地，同时发动进攻。这个方案在九月十三日得到清廷的批准，下达给川、楚、陕三省。这年年底，三路清军进迫夔东抗清基地，一场旷日持久的激烈战斗从此开始了。

由于夔东地区重峦叠嶂，山势险峻，进兵运粮困难重重，清政府为了尽量减少损失，采取了剿抚齐下的方针。顺治十八年八月初九日，清廷特地发布一道诏书招降刘体纯、郝摇旗等义军首领；诏书中说“兹特开一面，赦其既往之辜，予以功名之径。刘二虎等果能悔罪投诚，真心向化，即赦其前罪，优加升赏”，云云[1]。次年，又颁发了同一精神的谕旨，在康熙元年，陕西总督白如梅《招抚刘体纯等书》《回贺道宁书》内除了传达清廷旨意，还反复说明清兵入缅、永历朝廷被俘，白文选和李定国之子李嗣兴、刘文秀之子刘震部已投降，郑成功也已病死，“天下事无复可望，又何所待乎？”劝他们做“识时务之俊杰”，并且以孙可望封义王，黄梧封海澄公，谭诣、谭弘封慕义、向化侯做典型，多方引诱。值得注意的是，这两件文书中都提到清方派遣招降义军首领的使者几次被郝永忠阻回[2]。尽管清廷的招降政策收到了部分效果，夔东之战仍然是惊心动魄的。

1663年（康熙二年）正月初一日，李国英趁新春佳节之际，带领重夔镇总兵程廷俊、抚剿署总兵梁加琦两部官兵从夔州（奉节县）出发，顺长江北岸“沿岸前进”，于初三日渡过大宁河，占领了大昌县（今大昌镇）。驻守在这里的明军袁宗第部战败，被迫将城内房屋粮草放火烧

[1] 《明清档案》第三十七册，A37—71号、A37—72号均为此件影印本；《明清史料》丙编，第十本，第九九三页所录文本即A37—71号，个别字模糊不清。第一档案馆藏本亦有残缺，见《清代档案史料丛编》第六辑，第三五二至三五三页。这件诏书现存（北京、台北）共有三份，约为当时颁往相关省份誊黄广为张挂所用。

[2] 《甲申朝事小纪》三编卷七收“陕西白制台”的两封信，白制台即清陕西总督白如梅。这两封信的起草人为白如梅的幕客郑与侨。

毁，撤往茶园坪。据守大昌北面大宁的是岐侯贺珍[1]，这时已经病死，由其子贺道宁以富平伯名义统率部众。贺道宁见袁宗第败走，清兵迫近营垒，吓得失魂丧魄，于正月十八日向李国英投降。李国英即于是月下旬分兵两路夹攻茶园坪，同时派出部分军队堵截郝摇旗、刘体纯来援之路。袁宗第虽然据险拼杀，终因寡不敌众，将士阵亡和跳崖跌死的多达二千五六百人，被俘三百余名，部下新化伯冯启凤缴印投降。袁宗第带着残兵败卒乘夜跳崖脱走，同郝摇旗部合营。四川清军也因为粮草不继，暂时停止了追击。

与此同时，湖广清军在提督董学礼率领下攻占了香溪口，这里是李来亨部据守的兴山县进入长江的重要通道。正月上旬，陕西提督王一正带领陕西、河南兵也由白土关进入湖北，攻占了竹山和竹溪二县。二月十五日，郝摇旗率部同清军交战于房县赤土坡，郝部被击败。清军三十六营驻扎于房县西面的茅坪，接着又在邓川峪再次击败明军[2]。郝摇旗因兵力不敌，在房县境内无法立足，于六月二十日带领部下士卒和家口放弃该县山中营寨，取道上龛，在七月初十日到达川鄂交界处的吴家垣子，同刘体纯部会合[3]。郝摇旗经营了十二年的房县据点从此落入清军之手。

在清军步步进逼、形势逐渐恶化的情况下，郝摇旗同刘体纯商议采取以攻为守的战术，联合以兴山县为基地的李来亨部对清军实行反击，借以变被动为主动，打破清政府的围剿计划。这个提议得到了李来亨的积极赞同，决定首先合力迎击湖广清军。出战之前，李来亨命人杀猪备酒犒赏了刘、郝两部将士，鼓舞斗志。七月二十三日，李来亨、刘体

[1] 贺珍在陕西降清、反清事已见前述。岐侯当为永历朝廷所封。贺珍在大宁屯驻期间颇有建树，道光《夔州府志》载《大宁场龙君庙碑记》云："自岐侯贺公建节兹土，招徕抚集，百堵皆作，籍什一之赋而民租减，革盐法之弊而税课蠲。诸如虑民之病涉也，则造梁以济之，惧神之匮祀也，则捐赀以享之。出则以勤王灭虏为事，入则以课农练兵为本。"

[2] 同治四年《房县志》卷六《事纪》；《竹山县志》卷十八《兵防》。

[3] 李国英《李勤襄公抚督秦蜀奏议》卷二十。

纯、郝摇旗三部联合对湖广清军大举反击。明军英勇作战，清“楚师全军失利”[1]，董学礼指挥的三万官兵被杀得抱头鼠窜，“带伤、死者甚多”[2]，“除杀伤外，挤窜于南阳河（在兴山县境内），水为不流”[3]。湖广清军一直逃回彝陵（今湖北宜昌市），喘息方定。

取得东线重大胜利以后，李来亨、刘体纯、郝摇旗又联合袁宗第、党守素、塔天宝、马腾云共计七部约五万明军（均为原大顺军）乘胜西上，准备一举击破四川清军。当时，清四川总督李国英统率的官兵已进抵巫山县城。部下除提督郑蛟麟和重夔、建昌、遵义、永宁等镇陆师以外，还有不久前降清、熟悉三峡形势的明向化侯谭诣、慕义侯谭弘部水师，兵力相当雄厚。

八月二十四日，刘体纯，李来亨等七部数万之众乘船直抵巫山城下。次日凌晨，开始强行攻城。巫山县地处长江三峡之中，县城面江背山。清人李调元《巫山县》诗云：“小小巫山县，云峰密似麻。天宽才一线，地仄控三巴。……瞿塘天下险，莫更说褒斜。”这一地形特点既决定了它易守难攻，而一旦攻克，守敌势必全军覆没，逃跑的可能性很小。李国英意识到生死成败决于此战，除了两次向清廷告急请速派援兵以外（就巫山战役而言这几乎没有任何实际意义），致力于加强防守。他对部下将领说：“巫地势低凹，难驰骤。贼众若远来，利速战；我坚壁以待，彼不能久持。乘其懈，可击而歼也。”李国英“躬先士卒缮完城垣，北城下锭梅花木桩，桩下挑品字深坑；西城外之高唐观地高峻，

[1] 《李勤襄公抚督秦蜀奏议》卷二十一，康熙二年十一月初十日题本。

[2] 同上书，康熙二年八月初九日题本。如襄阳镇南营游击王进忠、前营守备张所蕴、千总李三畏等均被击毙，见《襄阳府志》卷二十《名宦》。

[3] 乾隆十五年《直隶澧州州志》卷十九《兵难》。康熙五十四年《巫山县志·兵防》记：“五月，郑提督命师于巫。适郝摇旗弃房、竹至巴东，与诸逆合攻七连坪，楚师失利，势猖獗，且谋犯蜀。”（郑提督指四川提督郑蛟麟）康熙八年《当阳县志》卷一《事纪》载：“越明年（指康熙二年）七月，我师稍却，复屯当邑。是年冬，益以禁旅，复由当阳进。”

可瞰城中，立敌楼炮台；东城外一阜峻阔，筑土寨焉”[1]。他责成部将分汛把守，自己坐镇城内最高处调度指挥。为了鼓舞士气，他一面“大书赏罚之格，悬示城头”，一面“以小刀自随，指其地以告将士曰：‘此本部院报国之所，不令诸君独冒锋刃也。’”[2]明军从八月二十五日起昼夜轮番进攻，志在必克。他们建造了土囤、挨牌、云梯等攻城设施，还开挖地道准备用爆破式透入城内的方法夺取县城。李国英则严厉督率部下官兵负隅顽抗。双方拼死搏斗了几天以后，李国英发现了明军给攻城部队运粮的饷道，就派出几百名精兵用白布包头伪装成明军，潜伏在明军运粮路旁。见有运粮士兵经过，就从暗中猝然击杀，然后把尸体和粮食拖到林木荒草间。他还下令把明军为运粮和兵员往来而铺设的浮桥砍断[3]，使攻城明军得不到食品等物资和兵员的补给，陷于饥疲交困之中。九月初七日，李国英认为时机已到，在黎明时分突然开城出战。明军虽然奋勇迎敌，但已成强弩之末，被清军击败，阵亡将士多达七千人[4]。刘体纯、李来亨等被迫于次日撤退。

1663年（康熙二年）七月至九月的东、西两线反击战，是原大顺军改编成的明军在夔东地区为了打破清军围剿而展开的两次规模较大的战役。结果是一胜一负，虽然打击了清军的嚣张气焰，自己却并没有摆脱战略上的被动局面。在这以后，随着清军兵力的不断增强，夔东基地逐渐缩小，抗清义师基本上处于被动挨打的地位。

这年秋天，清廷接到湖广清军严重失利的报告，四川当局又一再求援，决定增派满洲八旗兵参战。命西安将军傅喀禅、副都统杜敏带领驻防西安满兵由陕入川，从水路抵巫山；另调京师八旗禁旅一万名，

---

[1] 康熙五十四年《巫山县志·兵防》。

[2] 《李勤襄公抚督秦蜀奏议》卷二十一，康熙二年十一月初十日题本。

[3] 按，巫山县城在长江北岸，城东为大宁河，这里讲的浮桥当是架设于大宁河上，而不是跨越长江之桥。

[4] 李国英在康熙二年十一月初十日题本中报告巫山之捷说，“通共斩杀伪总兵、副、参、都、守、领旗四十八名，贼兵共六千九百四十四名”，另“正法”被擒“活贼”一百一十九名，见《李勤襄公抚督秦蜀奏议》卷二十一。

以都统穆里玛为靖西将军、都统图海为定西将军率领前往湖广，加强东路清军实力[1]。十一月二十九日，傅喀禅、杜敏带领的西安满洲兵到达巫山。由于途经汉中入川，“栈道崎岖，马匹困惫”，李国英奴颜卑膝地下令把自己所统四川绿营兵的马匹让给满兵骑乘，“鼓励汉兵荷戈步走”[2]。十二月，穆里玛、图海带领的八旗禁旅也进至房县，从北面向兴山推进[3]。清政府重兵的集结，标志着一场大战即将开始。明军内部一些意志薄弱者既震慑于清军的浩大声势，又忍受不了穷山僻水的艰苦生活，不断发生叛变事件。十一月间，郝摇旗部下的挂印总兵罗茂同向清军投降。十二月上旬，又有郝部挂印总兵马进玉、王之炳、张大盛、武自强，袁宗第部下的挂印总兵邓秉志、杨洵、赵云等带领部众集体哗变，叛投清朝。郝摇旗、袁宗第无可奈何，带着为数不多的士卒前往巴东投靠刘体纯[4]。可是，这时刘体纯部的处境也已经相当困难。从四川方面推进的满汉清兵在十二月二十三日逼近了刘体纯的营垒陈家坡，大举进攻。刘体纯部抵敌不住，退到天池寨，部下总兵锁彦龙、吴之奇、王加玉、李之翠、刘应昌、胡君贵、田守一、王之礼等先后降清[5]。清军乘势攻占了刘部重要据点老木崆。刘体纯见大势已去，同家属一道自缢而死。据文献记载，刘体纯“骁勇有方略，御众严明”，“颇知爱民”[6]。他壮烈牺牲的消息传开后，当地百姓都为之伤心落泪。清四川总督李国英为收买民心，下令以礼安葬[7]。二十六日，清军追至黄草坪，郝摇旗、袁宗第两人带领兵丁拼死抵抗，终因敌势过大，郝摇旗、

[1] 《清圣祖实录》卷九。

[2] 《李勤襄公抚督秦蜀奏议》卷二十二，康熙三年二月十九日题本。

[3] 同治四年《房县志》卷六《事纪》云：“十二月，定南将军图海率禁旅抵房，督秦豫诸师入蜀会剿。”按，图海为定西将军，他和穆里玛带领的八旗兵由房县南攻兴山县茅麓山，都在湖北境内，说他“入蜀”不妥。

[4] 《李勤襄公抚督秦蜀奏议》卷二十一。

[5] 同上书，卷二十二。

[6] 光绪六年《巴东县志》卷十四《事变志·寇乱》。

[7] 光绪六年《巴东县志》卷十四《事变志·寇乱》。

袁宗第和永历帝所委派的部院洪育鳌被俘，长期依附于郝摇旗的明东安王朱盛蒗也被清军擒获，永历帝派出的监军太监潘应龙自缢身死。郝摇旗、袁宗第、洪育鳌、朱盛蒗被押解到巫山县城，后奉清廷旨意于1664年（康熙三年）十月十二日在该地杀害[1]。

第二节　关于“韩主定武”政权的考辨

在讲述夔东地区的抗清活动时，有一个重要的问题需要澄清。清朝初年查继佐撰写的《罪惟录》中依据不可靠的传闻在南明诸主间添了一位所谓年号“定武”的“韩主”，对后世研究南明史事造成了很大的混乱，其文云：

> 韩王本铉，系太祖十九子宪王松之后，世封平凉。崇祯十六年，李贼自成陷陕，王被执，间脱。适献贼陷楚，其部将郝永忠者枭悍，军中望永忠摇旗辄奋，遂以郝摇旗著名，敌遇之震。及献贼死，摇旗内款，独奉韩王为主。自闽事坏（指隆武帝遇难），韩便称尊，改元定武。尝移书桂主（指永历帝），叙长幼，不称臣。……癸卯（1663，康熙二年）定武十七年，来亨被困，弃七连，保谭家寨。永忠与二虎（指刘体纯）合力，从来亨北御，大战四昼夜，北协湖广之师大挫。已而，巫山不能守，先败。房山旋败，韩主不终。[2]

[1]　李馥荣《滟滪囊》卷四记：“遂生擒宗第、摇旗献功。太保（指李国英）命囚于巫山，请旨。命下，斩宗第、摇旗。”《南疆逸史》卷二十三《洪育鳌传》记：“甲辰（1664）十月十二日杀于巫山，投尸峡中。”

[2]　《罪惟录》附纪卷二十二《韩王附纪》，见浙江古籍出版社1986年版第四三五页。同书卷十九《鲁王监国附纪》也两处提到“定武”建号称尊，“以延明运”，见第四一六至四一七页。

这段史料中的错误不胜枚举，如：一、郝摇旗原是大顺军李自成部下偏裨，误作大西军张献忠麾下之枭悍。二、永忠乃郝摇旗联明抗清后隆武帝所“赐”之名，误作本名。三、郝摇旗长期追随永历朝廷，不仅同何腾蛟、瞿式耜交往甚多，还曾在桂林亲自护卫永历帝出逃（见上文），误为自隆武帝遇难后即拥戴韩王本铉称尊，改元定武。四、即便有明初所封韩王后裔在大动荡中流落他乡自称或被推为“韩王”，也不可能名为“朱本铉”，因为按朱元璋亲自反复修改酌定后颁布的《皇明祖训》之《礼仪》篇规定了诸藩命名世系的二十字，“本”字为封于山东兖州的鲁王位下第十九世，明朝灭亡时鲁藩才传到第九世“以”字辈，如袭封鲁王朱以派、朱以海（即鲁监国）兄弟，根本不可能出现“本”字辈；韩王位下没有“本”字辈，所谓“韩王朱本铉”完全是空穴来风。查继佐曾经在鲁监国政权中任职，所著《罪惟录》中也记载“自帝系成祖下，预派二十字，世以辅名，名旁按五行取相生义。……而亲王亦各派二十字，载玉牒”[1]，可见疏于查考。查氏立志著史，但常有失误。如他在《鲁春秋》一书中开头就说：“乙酉夏五月，南都不守，……杭诸绅奉皇太后命敦请潞王朱翊镠监国。”把朱常淓误记为其父老潞王。记鲁王监国事又云：朱以海“甲申（1644），甫袭封四日而东师入兖州，王南奔浙江”，显然是把1642年清军攻破兖州与1644年大顺军接管山东两件事混为一谈。记绍武政权则说：“唐王朱聿镇据广州自立”，把朱聿鐭的名字误写作聿镇。查继佐在清初搜罗史料不易，辨别不清，误信讹传本不足怪。

辛亥革命后，孟森先生依据查氏所记，不厌其烦地抄录最常见史籍，撰成《后明韩主》一文，尽管他连东安王朱盛蒗、韩王朱本铉是一人还是两人都说不明白，仍然武断地写道：“是年（1643，崇祯十六年）献忠（？）陷平凉，韩王被执而脱走入楚，遂为郝摇旗所得而奉之。摇旗等盖已先降，其奉韩王，自为明延统之意矣。以后摇旗等久不

[1] 《罪惟录》卷二十五《宗藩志》，排印本第九二四页。

见于史，从《罪惟录》观之，则正于山僻中缔造一韩主之明国时也。韩主立国，在丙戌（1646）九月闽败之后，已当清顺治三年。而十三家之帅，遂以郝永忠、李来亨等著。……”[1]在南明诸将领当中，郝摇旗的记载是比较多比较有系统的，孟森先生说“摇旗等久不见于史”，只能说明他自己所见史料甚少。柳亚子先生撰《南明史纲·史料》一书中有《韩王本铉传》，他察觉了查氏所记有些不可靠，如韩藩排行没有“本”字辈，郝永忠不可能在隆武二年拥立本铉之类，也不列入正“编”（相当本纪）之中，然而在传文中仍然写道：“隆武二年丙戌八月，汀州不守，绍宗襄皇帝殉国。本铉方拥众保郧西乱山中之房县，遂建号自立，改元定武。然局蹐一隅，不能有所展布也。”[2]柳亚子文中根据的除查继佐《罪惟录》外，多次提及全祖望、赵之谦撰写的《张苍水年谱》做旁证。其实，张煌言本人的诗文集中从来没有提到“韩王”“定武”，他写的《送吴佩远职方南行访行在兼会师郧阳》诗，意在寻访昆明破后流离失所的永历帝并且同夔东十三家军建立联系。全祖望、赵之谦撰年谱为此诗作注时即误信查继佐《罪惟录》窜入了“奉韩主本铉为主，改元定武”的情节，既歪曲了张煌言的原意，更无助于证实“韩主定武”。我们无意于对前辈学者吹毛求疵，但是，在南明史上凭空增加一个立国建号十七年的朝廷事关重大，不容不辨。即如孟森所言，“治明史者，不能忽为细事”。既然不是“细事”，又何必在未加详考的情况下做出极大胆的论断？只要对南明众多史料和清初档案加以排比考证，就可以知道根本没有什么年号定武的韩主。

指出称尊建号的“韩主”纯属讹传，并不是说明清易代之际没有一位“韩王”曾在郝摇旗营中参与复明运动。明崇祯朝廷覆亡前后，诸

[1] 孟森《后明韩主》，收入中华书局印《明清史论著集刊》上册，引文见该书第九十四页。

[2] 柳亚子《南明史纲·史料》之《南明人物志》四《韩王本铉传》，见上海人民出版社1994年版第二〇二页。按，《罪惟录》在浙江古籍出版社排印以前一直以抄本行世，“本鉉”“本铉”字形相似，故有差异。

藩有的被擒杀，有的轻信清廷给以“恩养”的谎言自投罗网，有的流离失所。南明自弘光以后，除了对身份明确者予以安置外，已经不能依据谱牒确定袭封人选。朱明宗室人数既多，谱系亦紊，有的自称或被推为一字王（亲王）、二字王（郡王）以资号召，并不足怪。在现存档案、野史等文献中无论是在清统治区还是在南明管辖区都有很多谱系袭封情况不清楚的明朝藩王。郝摇旗营中确实曾经有过几位藩王，一位是东安王朱盛蒗，一位是通山王朱蕴釨[1]，另一位是韩王朱璟溧。朱璟溧是明太祖之子韩宪王朱松的九世孙，顺治五年山西反清运动风起云涌时，他被虞胤、韩昭宣推举为“韩王”，作为复明运动的号召。山西兵败以后，朱璟溧逃到湖广南明控制区，不迟于1651年（顺治八年）进入设于湖北房县山区的郝永忠营里。他虽然很可能不是韩藩世袭近支，但是由于在山西等地复明志士中有一定影响，又受到夔东抗清义师郝摇旗等人的郑重接待，永历朝廷在宗藩凋零、谱系紊乱的情况下，出于策略考虑承认了他的韩王封号。从现有档案等文献看，韩王朱璟溧的任务主要是代表永历朝廷联络北方的复明势力。清初档案内有一件报告“逆王”朱存梧在河南洛阳地区秘密联络反清人士，准备在1656年（顺治十三年）元宵节起事，夺取洛阳的案件。朱存梧被清政府捕获后供述他在1651年（顺治八年）到过郝摇旗部据守的湖北房县山中，“住半年，与韩伪王相处，他是一字王”[2]。朱存梧的供词明确说这位寄居于郝摇旗营中的韩王只是“一字王”，并没有说他建号称尊。何况朱存梧还供称在

[1] 鲁可藻《岭表纪年》卷二记：永历二年（1648）二月郝永忠营中有宗藩通城王蕴舒、东安王盛蒗。“守辅（瞿式耜）为蕴舒，郝永忠为盛蒗疏请承袭楚王”，鲁可藻说这两人都是楚藩疏裔，自称郡王都有问题，更不要说袭封亲王了。通城王蕴舒在瞿式耜《贤王宜优异疏》中作通山王蕴釨，符合明代宗室命名原则（见《瞿式耜集》第一二〇至一二一页）。《岭表纪年》作通城王蕴舒有误，但也说明南明时期宗藩袭封已经无章可循，相当紊乱了。

[2] 刑部尚书图海等题本残件，见《清代农民战争史资料选编》第一册（下），第二〇九页。按，存字为秦王朱樉之后第十一辈，但朱存梧是不是秦藩下世袭郡王已难查考。

这以前（1649，顺治六年），他还“潜身至贵州省下投见永历，说要中兴，领受有龙边伪票一张，无龙边伪札四张，又空头伪札二张，结连会兵”[1]，显然同郝摇旗等人一样是尊奉永历朝廷的。另一件清方档案为湖广总督祖泽远在顺治十三年的奏疏，其中说：山西人李企晟“先在韩城一带与虞胤同韩昭宣结草作乱，私立伪韩王，行伪永历事。企晟自加伪总督职衔，于顺治十二年十一月内自华山出营”，后来取道潼关，河南邓州、淅川，到达湖北均州，“郝永忠将企晟接入营盘安住。……至十三年二月十一日引企晟出山。比企晟遂于贼营内携带镀金印一颗、伪银印五颗、铜关防十八颗，伪永历敕札一道、伪历日一本，伪韩王龙札三十二张、伪龙票一十八张、伪国公札付五十张、伪咨揭帖三件、伪告示一十七张、伪书札五十件”，本拟“往陕西一路给散”，为南明招兵买马，不料进入清辖区不久就被清军捉获。李企晟在供词中说，他“于十二年间自华山来到邓州淅川县，至十一月十五日到均州黄家湾过河，十六日进山，十一月二十四日到房县郝永忠贼营住两月半，见韩王并郝永忠商议联络内外兵马，会同兴山、巴东各家头目，随领出敕印关防共二十四颗并龙告示书札，仍往山西一带散给众党陕西虞胤、太行山牛光天、五台山高鼎等”。值得注意的是，在同一文件中还提到李企晟派随行人员李得福到郝永忠营后“差赴云贵通信未回”[2]。沈佳记：丙申十年（1656，顺治十三年）五月初一日，永历帝由李定国扈卫到昆明不久，就批准了韩王璟溧的请求，加封虞胤为莱国公，仍以文渊阁大学士兼兵部尚书总督军务的头衔联络山西、陕西清统治区内的复明势力进行斗争[3]。从上面引用的文献来分析，韩藩宗室朱璟溧是在山西姜瓖等人于顺治五年反清时被虞胤、韩昭宣等拥立的，以“韩王”名义“行伪永历事”，权宜委任参加起义的文武官职。晋、陕大规模反清运动失败以

[1] 上引刑部尚书图海等残题本。

[2] 湖广总督祖泽远“为飞报密擒渠逆叛党并获金印、银印及伪爵关防敕札，以沮贼谋，以弥内患事”题本，原件尾部残缺，现藏中国第一历史档案馆。

[3] 沈佳《存信编》卷四。

后，朱璟溁辗转逃入湖北房县一带的郝摇旗营中，同永历朝廷的关系肯定比在山西时要密切一些；郝摇旗以至永历朝廷也希望借助他在晋、陕一带的旧有影响和关系联络北方清统治区内的复明力量。尽管我们掌握的只限于几件片断的可信材料，这些材料却毫无例外地证明韩王朱璟溁只是作为永历朝廷的代表人物进行过活动。从1656年（顺治十三年）到1662年（康熙元年）清军对夔东明军根据地展开三省会剿，时间已过六年，没有见到文献中再提及韩王朱璟溁，大约是已死。同郝摇旗、袁宗第等人一道被俘的只有东安王朱盛蒗，毫无"定武十七年，韩主不终"的任何迹象[1]。如果清军擒杀了一位纪号称尊的南明皇帝，当事文官武将必然在奏捷疏中大肆吹嘘一番，怎么可能一字不提呢？至于夔东十三家武装尊奉永历朝廷，十三家首领人物和部将接受永历朝廷颁授的官爵，作为朝廷的象征和负责联络各部的"督师""阁部""部院"和太监都由永历帝委任，有大量材料证明。为了维护历史的真相，必须剔除所谓以"韩主"为首的"定武"朝廷的谬说，以免以讹传讹，贻误后人。

第三节　茅麓山战役

在形势急剧恶化的情况下，原来坚持抗清的一些领导人丧失了信心，先后率部向清朝投降。其中最著名的如据守长江南岸施州卫（今湖北恩施）一带的荆国公王光兴的降清。当清军开始围剿夔东义师时，他还拒绝清方招降，回信说："当日郧阳一举，至今泪滴九原"，"不佞首阳饿夫耳，老此地云云"[2]，表示鉴于其兄王光恩无辜被杀，同清廷势不两立。康熙二年（1663）十月，他却和永历朝廷任命的巡抚蒋尚膺一

[1] 参看《李勤襄公抚督秦蜀奏议》等清方摧毁夔东抗清基地的原始文件。

[2] 查继佐《罪惟录》列传卷九（下）《李来亨传》附。

道带领部下兵丁七千余名向清朝湖广当局投降[1]。康熙三年（1664），永历朝廷委派联络夔东各支义师的最高官员总督部院毛寿登也屈膝降清[2]。甚至原大顺军旧部高级将领马腾云、党守素、塔天宝也觉得大势已去，在这年二月间带领部众向清军投降[3]。

这样，到康熙三年春天，原来的夔东十三家只剩下李来亨（永历朝廷封临国公）部仍然坚持于湖北兴山县境内的茅麓山区，以大无畏的气概抗击着三省清军和增援的满洲八旗兵共达十万之强敌。清靖西将军穆里玛统兵到达茅麓山下后，自以为兵精将勇，为了收取全功贸然下令向山寨发起进攻。李来亨指挥部众凭借山险予以迎头痛击，满洲兵坠崖落涧，伤亡惨重，镶红旗副都统贺布索、一等阿达哈哈番桑图、穆里玛的第三个儿子苏尔马都被击毙[4]。穆里玛追悔莫及[5]，改由汉族军队打前阵，满洲兵督战，实行长期围困。满洲八旗兵在茅麓山区吃尽了苦头，直到凯旋京师以后仍然心有余悸。嘉庆年间，礼亲王昭梿在书中写道："康熙初，命图文襄公海为督师，同川督李公国英、护军统领穆公里玛率三省兵会剿。诸将皆于层岩陡壁间，草衣卉服，攀援荆葛而进，逾年始荡平其巢穴。故今京师中谚语有其事险难者，则曰：'又上茅麓山耶！'则当日之形势可知矣。"[6]

二月初，四川总督李国英、提督郑蛟麟接到穆里玛咨文，领兵进抵茅麓山南面的黄龙山参加围剿。李国英同穆里玛、图海等观察了地势，

[1] 《清圣祖实录》卷十三、卷十五。按，王光兴、王昌（或作王光泰）兄弟自顺治四年反清后，被清军击败，退入巴东县。不久，王昌病死。顺治十三年王光兴在清军压迫下由巴东转入施州卫，"去之日秋毫无犯"，见光绪六年《巴东县志》卷十四《事变志·寇乱》。

[2] 《清圣祖实录》卷十一。

[3] 《清圣祖实录》卷十一。

[4] 鄂尔泰《八旗通志》卷一四一《穆里玛传》；卷一六四《贺布索传》；卷一六六《哈尔松阿传附子桑图传》。

[5] 张玉书《张文贞公集》卷九《柯尔昆神道碑》云："慕公大悔。"穆里玛名译作汉字又作"慕礼袁"。

[6] 昭梿《啸亭杂录》卷八《茅麓山》条。

“见逆寨高险异常，周围一百五十余里”，强攻难以取胜，但当地山岚陡峭，地瘠民稀，粮食等物资不能自给，因此他们决定采取长期围困的战术，由三省官兵会同满洲八旗兵分汛连营扼守。为了达到困死明军的目的，清军构筑木城，挑挖堑沟，竖立排桩，切断明军同外界的一切联系。木城是为清军驻守而设立的，城外挖掘阔深各八尺的壕沟；壕外埋设一道五尺宽的排桩，名为梅花桩。其形制是用长五尺、围一尺的原木一半埋入地中，地面桩高二尺五寸，各根木桩之间相距仅五寸，参差排列，状如梅花。这项耗费巨大人力、物力的工事完成以后，给李来亨部明军的行动和军需供应造成了极大的困难。

双方相持了几个月，李来亨部贮积的粮草消耗得差不多了，求战不得，被迫拼死突围。六月十五日深夜，李来亨亲自率领总兵五名、精兵数千名分路进攻清军防线，另派三名总兵带领士卒旁攻，牵制他部清军赴援。明军抬着云梯、盾牌，手持钩镰大斧，砍断木桩，填平沟堑，“炮矢如雨，蜂拥攻打”。由于清军防御严密，突围未能成功。闰六月初九日夜晚，李来亨再次率领数千名士卒向清军阵地发起猛攻，“枪炮齐发，势如风雨骤至”。明军战士“莫不奋臂争呼，拼死力战”[1]。因双方兵力对比悬殊，明军虽“连攻五阵”，结果仍被清军击退。两次突围的失败，使李来亨深知打破清军重兵包围的希望已化作泡影，但他仍然大义凛然地决心与阵地共存亡。他把清方派来招降的叛徒李有实处斩，表达了宁死不屈的高风亮节[2]。清军见劝降无效，进一步挑深壕堑，加固工事，以求不战而胜。

八月初四日，寨内粮食全部吃完了，军心不稳，少数官兵私自逃出向清方投降。李来亨知道已经到了最后关头，他先把妻子杀死，放火烧

---

[1] 《李勤襄公抚督秦蜀奏议》卷二十三。

[2] 王光谦《东华录》康熙七。

毁房屋，然后自缢而死[1]。我们对李来亨的情况至今了解得并不多，只知道他是李自成的侄儿李过（李赤心）的养子，在大顺军联明抗清后才崭露头角，他带领的军队估计就是李过在南宁地区病死后留下的部众为骨干转战到夔东地区以后扩充起来的。鄂尔泰主编的《八旗通志》《穆理玛传》记载茅麓山战役时，说“来亨子率四千余贼筑城垛，排列枪炮挨牌拒敌”[2]。李来亨有儿子能领兵作战，没有见到其他史籍记载。虽然我们对李来亨的生年和早期情况都不清楚，甚至连他的儿子的名字也难以查考，李自成祖孙四代在明清之际为反抗明朝和清朝统治者的暴政而英勇献身的精神确实令人钦佩不已。李来亨父子牺牲后，部下士卒除少数投降外，都在混战中壮烈捐躯。清朝将领唯恐有明军将士潜藏逃出，派了大批兵丁“四山搜剿”，穷凶极恶地实行斩草除根，用他们自己的话说是“扫穴无遗类”[3]。至此，以原大顺军余部为主体的夔东抗清斗争坚持了二十年之久，以失败告终，大陆上公开以恢复明朝为旗帜的武装抗清运动结束了。

清政府为摧毁茅麓山这一弹丸之地，付出的代价是极其大的。投入的兵力多达十万以上，据李国英的描述，四川清军和驻防西安八旗兵由南面和西面，湖广清军由东面，陕西清军由北面，把茅麓山区一百五十余里的地方团团围住，清军主帅靖西将军穆里玛，定西将军图海驻于茅麓山南面的黄龙山督战，相持在半年以上。附近各省为运送军粮、物资、服其他劳役而征发的民夫更是不计其数，使百姓们承受了难以忍受的负担。王夫之记载：“而□（虏）兵督挽运，丁夫死者积崖谷，益峻法驱里民，三千里外诸军负挽，披蓑笠，缘绝巘峭壁蚁行，延绵弥望不

[1] 李国英康熙四年五月初八日题本，见《李勤襄公抚督秦蜀奏议》卷二十三。光绪十年《兴山县志》卷十九《艺文》收雍正年间知县潘内召《茅麓山记》中说：“三年八月，贼食尽，从党争降。来亨计穷，自焚死。”

[2] 《八旗通志》卷一四一《穆理玛传》；同书卷二二〇《古楞格传》《倭和仁传》有类似记载。

[3] 《李勤襄公抚督秦蜀奏议》卷二十。参见康熙八年《当阳县志》卷一《事纪》。

绝。”[1]李国英之子李雯也写道：“先是楚运自西瀼、渣溪起旱（即由船运改为人挑肩负的旱运），用夫背运至茅麓山。道里险远，往返不下半月，运既无多，夫多饥毙。”[2]康熙二年（1663）湖南宁乡人陶汝鼐作《西山行》诗云：

西山旧将久不服，高据巉岩最深谷。绝缴孤悬楚蜀间，中原已一无秦鹿。何妨弃置守其疆，以逸待劳俟穷蹙。一旦张皇大用兵，仰攻四面如缘木。转输骤檄百万人，风雨雷霆驱比屋。正是萧莆寒食时，长沙一路从军哭。抛田应募五千余，顷刻民间空杼柚。大吏轰轰小吏愁，奸胥更喜剜民肉。纷纷鬻子叹仳离，我亦沾襟遣童仆。此去死生那得知，更番且喜还家速。仆夫垂泪向我言，人力如今贱如犊。西山上天下及泉，负挽步步石磨腹。烈日炙顶渴欲僵，百钱买浆才一掬。摇足便堕万丈崖，死者还遭勾摄牍。泣谈未了催檄来，增夫更饷巴东陆。巫山三峡又崎岖，魂魄初收岂堪复？吁嗟再遣诚万难，髓竭膏枯惨心目。谓天盖高胡不闻，六月炎炎书此竹[3]。

康熙初年任浏阳知县的侯朴也在一首叙事诗中写道：

……加之西山役，繁重不可当。夫草数千万，长驱解荆襄。卖牛卖儿女，赔绝赔逃荒。无计能活口，移徙走他邦。所以五十都，都都鲜全庄。于中逃最多，东乡与坊厢。伶俜几子遗，鹄面而羸尪。我闻父老语，泪下沾衣裳。愿言勤抚字，拯

[1] 王夫之《永历实录》卷十五《李来亨列传》。

[2] 《李勤襄公抚督秦蜀奏议》卷二十二。

[3] 陶汝鼐《荣木堂诗集》卷四。

救此一方[1]。

这真可谓长歌当哭，道出了民间几多辛酸。在地方志里更留下了这方面的许多记载，如湖北《安陆府志》记："康熙二年……民役西山，起运夫于各州县，往来死伤甚众。"[2]《松滋县志》记"顾觅运夫"云："锋镝余生，闻征鼓则返走，见旌旗则魂消。一听派取粮石、人夫运米随征，男儿嚎于道，妇子泣于室。视入山一路不啻刀山剑树矣。""二十三里（这是指里甲的里）携妻挈子担囊负耒逃匿数百里外者踵相接也。""况当事者复迫于军情重务，或差舍严催，或亲临督比，数十万呼庚呼癸之众，嗷嗷待哺，能为我凋残之松民宽乎。"[3]《当阳县志》记载："康熙元年壬寅，李来亨等盘踞竹、房、兴、巴一带，凭险不下，奉旨三省会剿，秦军上庸，蜀军巫山，楚军当阳，转输络绎往返，兵夫不下数百万。"[4]《枝江县志》载："康熙元年壬寅冬，王师征剿西山，民苦夫役"，"三年中枝民流离转徙日以百户计。"[5]连远在湖北东隅的广济县，康熙二年"西山之役，济一岁索夫三千一百七十焉"[6]。湖南《安福县志》记："康熙二年……民役西山，死者十之五。"[7]甚至有的地方还因为夫役负担过重发生哗变，如湖北大冶县，"康熙三年春正月，运夫哗。西山用师，县派民夫运粮，轮至第三批三百余人，中路逃归，拥聚北关外，左公铉等倡首，要索公县，抢掳后衙与猾胥之家。县官屏匿数日始去。而公铉自称左将军。上檄招

[1] 康熙十九年《浏阳县志》卷十二，诗，知县侯朴《咏怀五十韵》。

[2] 康熙六年《安陆府志》卷一《郡纪》。

[3] 康熙九年《松滋县志》卷下《宦绩》。

[4] 康熙八年《当阳县志》卷一《事纪》。

[5] 康熙九年《枝江县志》卷一《灾祥》；卷八《周邑侯实政记》。

[6] 张仁熙《藕湾诗集》卷一《役夫行》题下注文，转引自邓之诚《清诗纪事初编》卷二。

[7] 同治八年《安福县志》卷二十九《祥异》。

安，至县，鼓吹迎之。公铉益恣”[1]。这些零星史料透露清政府围剿夔东抗清武装给湖北、湖南、四川等省百姓造成了极大的灾难，大致与此同时，为对付郑成功而采取的沿海迁界（史称“迁海”），同样使东南沿海百姓流离失所，陷入水深火热之中。据说，“历史是胜利者的历史”，而“胜利者是不受审判的”，当胜利者踌躇满志的时候，被征服被奴役者自然只有忍气吞声，不可能去审判他们。然而，历史是公正的，即便过了几个世纪，云霾散尽，昔日的统治者随时都有押上被告席的可能。

本书作者认为，1664年夔东抗清基地的被摧毁，应当视为南明史的结束。理由是，永历帝虽然在两年以前被俘杀，以明朝为正朔的夔东抗清复明运动仍在继续，他们有永历朝廷委派的全权代表，有相当可观的旗帜鲜明的军队，有地方政权[2]，维护和行使明朝的制度。至于台湾、厦门一带的郑经、郑克塽虽然遵奉永历正朔，一直到康熙二十二年（1683）施琅率军攻克澎湖，刘国轩等劝郑克轩降清为止，从这一角度来看，明朔尚存，衣冠未改，似乎也可以列入南明史内。[3]但是，我们不应忘记康熙十二年（1673）发生了三藩之变，郑经同耿精忠有一段联合与分裂的历史。把三藩之变扯进南明史显然不大合适。自然，南明史的下限学术界同好有不同意见，如主张以永历帝1659年入缅做结束[4]，主张以永历帝被俘、杀做结束，主张以李定国病死、部卒降清做结束，

[1] 康熙二十二年《大冶县志》卷四《治忽·兵寇》。

[2] 夔东地区有永历朝廷委派的总督、巡抚、关南道、大宁、兴山等县知县，参见《李勤襄公抚督秦蜀奏议》。光绪十年《兴山县志》卷七《人物列女表》说：“兴山为李赤心、李来亨先后窃据，士民皆奉宏（弘）光、隆武、永历年号，故县无顺治券契。”

[3] 柳亚子《南明史纲·史料》一书即以“永历三十七年”“武平侯刘国轩、忠诚伯冯锡范奉延平王出降”作为“明亡”的标志，见一〇三页。

[4] 谭其骧先生《俗传中国史朝代起迄纪年匡谬》一文（载《历史研究》1991年第六期）中即主此说，他指出：“一般认为是1661年即永历十五年吴三桂兵入缅甸永历被擒之年”终止“是说不通的”，“又有人说南明终止于1662年永历被杀时，那就更说不通了”。

等等。本书以康熙三年（1664）八月夔东抗清基地彻底覆灭作为南明结束的标志，实际上还考虑到了同年六月间在东海沿海活动的张煌言因为复兴无望，主动解散军队，不久被清军俘杀的因素在内。这只是一种看法和叙述体例，无妨与其他说法并存。

纵观南明长达二十年的曲折历程，不能不承认原来的大顺军和大西军始终发挥了举足轻重的作用。如果把视界放宽一点，郑成功之所以能在明清之际扮演抗清主角之一，同他继承了海盗出身的郑芝龙的部众和资业有密切关系。换句话说，腐败透顶的明王朝自甲申（1644）以后，实际上已经没有自立的能力，同气焰方张的清朝周旋了二十年，主要是靠曾被视作“大逆不道”的“流寇”和“海贼”。没有这种大换血，朱明朝廷早就灰飞烟灭了。弘光在位一年期间奉行“联虏平寇”方针，结果导致了自身的土崩瓦解，何况正是由于大顺军在山西、河南、陕西的抗清，拖住了清军主力，弘光朝廷才得以坐山观虎斗，偏安江左达一年之久。隆武朝廷肇建以后，由于民族矛盾上升改变了“联虏平寇”政策，转而联合农民军余部共同抗清，但当国大臣对原农民军怀有极深的偏见，处处加以歧视和排斥，难以扭转日益深重的民族危机。到永历后期，南明朝廷的“嫡系”杂牌“官军”死、降殆尽，原大西军余部肩负起抗清拥明的重任，取得了一系列彪炳史册的辉煌战果。永历朝廷凭借原大西军的支持才苟延残喘了若干年。1661年永历帝的被俘实际上是中国社会中拥明势力衰微的结果，否则，朱由榔不致落入清军之手。即便朱由榔父子由于其他原因夭折，拥明势力如果还拥有同清方较量的实力，完全可以另选其他朱明宗室作为复兴的号召，就像帝系远裔隆武帝、鲁监国开创的先例一样。当复明运动已经走到山穷水尽的时候，原大西军将领李定国，原大顺军将领刘体纯、李来亨、袁宗第、郝摇旗仍然没有放下武器，在极端穷困的地区面对占绝对优势的清军做顽强的拼搏，用鲜血和生命谱写了一曲曲可歌可泣的壮烈史诗。曲终人散，南明悲剧至此落下帷幕，留下无数功罪听凭后人思索评说。

引用书目

中国第一历史档案馆藏档案原件

其他图书馆博物馆藏档案原件

张伟仁主编《明清档案》

《顺治元年内外官署奏疏》

《顺治录疏》

《故宫文献丛编》

《清代档案史料丛编》

《明清史料》甲编

《明清史料》乙编

《明清史料》丙编

《明清史料》丁编

《明清史料》己编

《明清史料》壬编

《清代农民战争史资料选编》

《郑成功档案史料选辑》

《郑成功满文档案史料选译》

《郑成功收复台湾史料选编》

《清初内国史院满文档案译编》

罗振玉《清初史料丛编》

《史料丛刊初编》

《明神宗实录》

《明熹宗实录》

《清太宗实录》

《清世祖实录》

《清圣祖实录》

《清世宗实录》

《明史》

《清史稿》

《清史列传》

吴晗辑《朝鲜李朝实录中的中国史料》

蒋良骐《东华录》

王先谦《东华录》

鄂尔泰主编《八旗通志》

《满汉名臣传》

李元度《国朝先正事略》

黄宗羲《明文海》

《明经世文编》
《皇清名臣奏议汇编》
《皇朝经世文编》
张岱《石匮书后集》
温睿临《南疆逸史》
李天根《爝火录》
谈迁《国榷》
查继佐《罪惟录》
徐鼒《小腆纪年附考》
沈佳《存信编》
计六奇《明季北略》《明季南略》
郑达《野史无文》
蒋景祁《瑶华集》
陈鼎《东林列传》
吴殳、戴笠《怀陵流寇始终录》（《玄览堂丛书》本）
戴笠、吴乔《流寇长编》（书目文献出版社影印本）
吴伟业《绥寇纪略》
彭孙贻《流寇志》（即《平寇志》）
邵廷寀《东南纪事》
邵廷寀《西南纪事》
孙承泽《春明梦余录》
杨嗣昌《杨文弱先生集》
史可法《史忠正公集》《史可法集》
瞿式耜《瞿忠宣公集》《瞿式耜集》《虞山集》
黄道周《黄漳浦集》
杨廷麟《杨忠节公遗集》
刘城《峄桐集》
刘宗周《刘子全书》
归庄《归庄集》
王思任《王季重十种》
陈子龙《陈子龙诗集》《兵垣奏议》
左懋第《萝石山房文钞》
林时对《留补堂文集选》
王铎《拟山园选集》
管绍宁《赐诚堂文集》
辛升《寒香馆遗稿》
余煌《余忠节公遗文》
张履祥《杨园先生全集》
袁继咸《六柳堂遗集》
袁继咸《浔阳纪事》
阎尔梅《阎古古全集》
金堡《偏行堂集》
金堡《岭海焚余》
顾景星《白茅堂集》
侯方域《壮悔堂集》
祁彪佳《祁忠敏公日记》
张家玉《张文烈遗集》
王锡衮《禄丰王忠节公集》，见《明滇南五名臣集》
陈确《陈确集》
钱秉镫《藏山阁集》
张煌言《张苍水集》
彭孙贻《茗斋集》
邝露《邝海雪集笺》
熊开元《鱼山剩稿》
朱之瑜《朱舜水集》
徐孚远《钓璜堂存稿》
徐孚远《交行摘稿》
李邺嗣《杲堂诗文集》
陶汝鼐《荣木堂诗集》
陶汝鼐《密庵先生遗集》

《昆山王源鲁先生遗稿》
钱谦益《牧斋全集》
彭士望《耻躬堂集》
连城璧《蹇愚录》
侯中一编《沈光文斯庵先生专集》
《陈璧诗文残稿笺注》，江村、瞿冕良笺证
方以智《浮山文集》
戴廷栻《半可集》
顾炎武《顾亭林诗文集》
《顾亭林诗集汇注》，王蘧常辑注
屈大均《翁山佚文辑》
魏耕《雪翁诗集》
方孔炤《抚楚公牍》《西库随笔》，见《桐城方氏七世遗书》
吴伟业《梅村家藏稿》
《吴梅村诗集笺注》，程穆衡、杨学沆笺注
李世熊《寒支初集》《寒支二集》
《夏完淳集校笺》，白坚笺校
张岱《琅嬛文集》
傅山《霜红龛集》
李雯《蓼斋集》
佘一元《潜沧集》
孟乔芳《孟忠毅公奏议》
李国英《李勤襄公抚督秦蜀奏议》
郝浴《中山奏议》
张王治《工垣谏草》
卫周胤《兵言》
张玉书《张文贞公集》
方文《涂山集》
彭而述《读史亭文集》
姚文燮《无异堂文集》
刘武元《虔南奏议》
胡有升《镇虔奏疏》
曹烨《曹司马集》
佟国器《三抚捷功奏疏》
佟国器《三抚密奏疏稿》
施闰章《施愚山文集》
耿兴宗《遵汝山房文稿》
蔡士英《抚江集》
曹寅《楝亭集》
戴名世《戴名世集》
全祖望《鲒埼亭集》
李光地《榕村语录》《榕村续语录》
陈恭尹《独漉堂集》
王熙《王文靖公集》
姚启圣《忧畏轩奏疏》（在《闽颂汇编》内）
洪若皋《南沙文集》
魏裔介《兼济堂诗集选》
龚鼎孳《定山堂集》
刘尚友《定思小记》
张正声《二素纪事》
顾炎武《明季实录》
顾炎武《日知录》
高斗枢《守郧纪略》
《梨洲遗著汇刊》内之《郑成功传》（托名黄宗羲撰）
文秉《烈皇小识》
孙承泽《山书》
刘若愚《酌中志》
张怡《谀闻续笔》
张怡《白云道人自述》
杨士聪《甲申核真录》
冯梦龙《甲申纪事》

姜曰广《过江七事》
陈定生《书事七则》
谈迁《枣林杂俎》
谈迁《北游录》
李清《南渡录》
李清《三垣笔记》
李清《甲申日记》
夏完淳《续幸存录》
徐应芬（聋道人）《遇变纪略》
边大绶《虎口余生记》
钱䎖《甲申传信录》
王度《伪官据城记》，见《荆驼逸史》
郑廉《豫变纪略》
《吴三桂纪略》，见《辛巳丛编》
史惇《恸余杂记》
王秀楚《扬州十日记》
《嘉定屠城纪略》
《江阴城守记》（托名韩菼）
许重熙《江阴城守后纪》
沈涛《江上遗闻》
《思文大纪》
钱秉镫《所知录》
张岱《陶庵梦忆》（《砚云甲编》本）
查继佐《国寿录》
查继佐《敬修堂钓业》
佚名《舟山纪略》
吴晋锡《半生自记》
钱肃润《南忠记》
曹大镐《化碧录》
杨苞《桐川纪事》
素心室主人编《南沙枕秘四种》
翁洲老民《海东逸史》
徐芳烈《浙东纪略》
林佳玑《闽记》，见抄本《明季稗史》第三种
海外散人《榕城纪闻》
任光复《航海遗闻》（又名《航海纪闻》）
查继佐《鲁春秋》
李聿求《鲁之春秋》
费密《荒书》
顾公燮《丹午笔记》
《吴城日记》
姚廷遴《历年纪》
抱阳生《甲申朝事小记》
王应奎《柳南续笔》
《平南王元功垂范》
《研堂见闻杂录》
南园啸客《平吴事略》
张道《临安旬制记》
陆圻《纤言》
《鹿樵纪闻》
应廷吉《青燐屑》
陈济生《再生纪略》
南沙三余氏《南明野史》
陈洪范《北使纪略》
刘献廷《广阳杂记》
茅元仪《平巢事迹考》
姚康《太白剑》
杜登春《社事始末》
黄宗羲《行朝录》
黄宗羲《弘光实录钞》
黄宗羲《海上恸哭记》
黄宗羲《赐姓始末》
黄宗羲《汰存录》

《殷顽录》
华夏《过宜言》
徐世溥《江变纪略》
柳同春《天念录》
佚名《监国纪年》
欧阳直《欧阳氏遗书》《蜀乱》
沈荀蔚《蜀难叙略》
李馥荣《滟滪囊》
李蕃《雅安追记》
顾山贞《客滇述》
傅迪吉《五马先生纪年》
华廷献《闽海月记》
鲁可藻《岭表纪年》
蒙正发《三湘从事录》
王夫之《永历实录》
李介《天香阁随笔》
《大义觉迷录》
缪荃孙《云自在龛笔记》
《希青亭集》
王沄《漫游纪略》
何絜《晴江阁文钞》
何是非《风倒梧桐记》
《两粤新书》
雷亮功《桂林田海记》
《东华录缀言》，见《佳梦轩丛著》
瞿共美《天南逸史》
《粤游见闻》
《滇缅录》附文安之《黔记》
屈大均《安龙逸史》
江之春《安龙纪事》
胡钦华《天南纪事》
瞿昌文《粤行纪事》（又名《粤行小记》）
陈聂恒《边州闻见录》
陈舜系《乱离见闻录》
《行在阳秋》
康范生《仿指南录》
华复蠡《粤中偶记》（又名《两广纪略》）
林时对《荷牐丛谈》
丁大任《永历纪事》
丁大任《入长沙记》
陈伯陶《胜朝粤东遗民录》
杨英《先王实录》（又名《从征实录》）
夏琳《闽海纪要》
阮旻锡《海上见闻录》（定本）（彭孙贻《靖海志》）
江日升《台湾外纪》
沈云《台湾郑氏始末》
许基浩《郑延平年谱》
《延平二王遗集》
《郑成功族谱三种》
庄为玑、王连茂编《闽台关系族谱资料选编》
郑亦邹《郑成功传》
施琅《靖海纪事》
《东明见闻录》
冯甦《滇考》
《滇系》
《滇粹》
叶梦珠《阅世编》
陆桂荣《三藩纪事本末》
（汉译）魏特《汤若望传》
屈大均《皇明四朝成仁录》
屈大均《广东新语》
许旭《闽中纪略》

杜臻《粤闽巡视纪略》
《闽颂汇编》
钮琇《觚剩》
余飏《芦中全集》
余飏《莆变纪事》
陈鸿、陈邦贤《清初莆变小乘》
陈鸿、陈邦贤《熙朝莆靖小纪》
昭梿《啸亭杂录》
《观海指掌图》
刘健《庭闻录》
《旅滇闻见随笔》
罗谦《残明记事》
佚名《明亡述略》
《永昌府文征》
《晋宁诗文征》
倪蜕《滇云历年传》
谢圣纶辑《滇黔志略》
《云南备征志》
珠江寓舫偶记《劫灰录》
客溪樵隐编《求野录》
邓凯《也是录》
刘茝《狩缅纪事》
杨德泽《杨监笔记》
金钟《皇明末造录》
《明末滇南纪略》
昆明无名氏辑《滇南外史》
徐弘祖《徐霞客游记》
纪昀《阅微草堂笔记》
《虞山集》
康熙年间修《佟氏宗谱》
《沅湘耆旧集》
《潮州耆旧集》
卫匡国《鞑靼战纪》，见《清代西人见闻录》
魏源《圣武记》
叶梦珠《续编绥寇纪略》

谢国桢《增订晚明史籍考》
谢国桢《南明史略》
Lynn A. Struve“*The Southern Ming 1644-1662*”（1984）（汉译本　司徒琳《南明史》，上海古籍出版社，1992年版）
柳亚子《怀旧集》
柳亚子《南明史纲・史料》
邓之诚《清诗纪事初编》
连横《台湾通史》
郭影秋《李定国纪年》
《郑成功全传》，台湾史迹研究中心1979年版
何廷瑞《日本平户岛上有关郑成功父子之资料》
陈碧笙《一六四六年郑成功海上起兵经过》，载《历史研究》1978年第二期
《郑成功研究论文集》
《郑成功研究国际学术会议论文集》
马楚坚《明清边政与治乱》
《清史论丛》第二辑，1980年版
《明史论文集》，黄山书社1994年版
台湾《大陆杂志史学丛书》第四辑第五册
方国瑜《云南史料目录概说》
郑天挺《探微集》
汪宗衍《艺文丛谈续编》
G. E. Harvey原著、姚枬译《缅甸史》
罗宗颐《郭之奇年谱》

曹锦炎、王小红《南明官印集释》（打印论文稿）
孟森《明清史论著集刊》
李光涛《明清档案论文集》
《清代人物传稿》上编，第三卷
谭其骧《俗传中国史朝代起迄纪年匡谬》，载《历史研究》1991年第六期

康熙八年《山海关志》
光绪四年《临榆县志》
乾隆三十九年《永平府志》
光绪五年《永平府志》
康熙十一年《重修大名府志》
康熙十五年《元城县志》
乾隆十年《永年县志》
雍正八年《高阳县志》
康熙二十四年《灵寿县志》
雍正十年《肥城县志》
康熙十年《雄县志》
康熙十七年《庆都县志》
康熙四十四年《怀柔县新志》
康熙十一年《遵化州志》
康熙四十三年《蓟州志》
康熙十二年《东安县志》
咸丰三年《大名府志》
康熙十七年《山东通志》
康熙十二年《德州志》
乾隆五十三年《德州志》
康熙六十年《青州府志》
乾隆五十年《济宁直隶州志》
乾隆二十三年《高苑县志》
康熙三十二年《新城县志》
乾隆八年《淄川县志》
乾隆二十一年《曹州府志》
康熙十三年《曹州志》
咸丰九年《武定府志》
道光十一年《冠县志》
康熙二十四年《蒙阴县志》
康熙十二年《高唐州志》
乾隆六年《夏津县志》
乾隆三十三年《金乡县志》
康熙十二年《胶州志》
乾隆二十八年《即墨县志》
康熙三十年《临城县志》
乾隆三十七年《历城县志》
乾隆二十四年《阳信县志》
康熙三十四年《邹平县志》
康熙十二年《莱芜县志》
康熙二十一年《山西通志》
雍正十三年《朔州志》
康熙五十一年《定襄县志》
康熙三十九年《重修静乐县志》
乾隆六年《沁州志》
康熙四十五年《泽州志》
康熙三十二年《平顺县志》
乾隆二年《翼城县志》
康熙三十五年《介休县志》
康熙二十六年《五台县志》
顺治十六年《绛县志》
光绪十二年《永济县志》
光绪七年《荣河县志》
乾隆二十八年《稷山县志》
乾隆三十五年《汾州府志》
康熙二十一年《阳曲县志》

雍正七年《临汾县志》
顺治九年《云中郡志》
乾隆二十七年《延长县志》
乾隆五十年《绥德直隶州志》
康熙三十六年《阶州志》
道光二十七年《吴堡县志》
道光二十一年《榆林府志》
康熙五年《蒲城县志》
康熙十二年《延绥镇志》
康熙二十四年《潼关志》
康熙六年《洛川县志》
顺治四年《白水县志》
康熙十九年《延安府志》
道光二十二年《怀远县志》
康熙四年《续修商志》
康熙七年《咸宁县志》
乾隆四十四年《甘州府志》
道光十三年《兰州府志》
乾隆十一年《西宁府新志》
乾隆十四年《五凉考治六德集全志》
康熙三十四年《怀庆府志》
康熙三十一年《光州志》
康熙二十九年《上蔡县志》
康熙九年《西平县志》
康熙元年《汝宁府志》
乾隆十八年《郾城县志》
康熙三十二年《内乡县志》
顺治十六年《邓州志》
康熙十二年《濮州志》
康熙三十二年《睢州志》
光绪（宣统元年刻）《濮州志》
康熙二十二年《安庆府志》
康熙十二年《安庆府桐城县志》
康熙十四年《太湖县志》
康熙十二年《巢县志》
顺治十三年《新修丰县志》
乾隆十年《铜山县志》
康熙元年《宿迁县志》
康熙十二年《广州府志》
乾隆十八年《南雄府志》
康熙十二年《连州志》
光绪元年《怀集县志》
道光十三年《肇庆府志》
乾隆六年《新会县志》
道光七年《高州府志》
嘉庆二十四年《茂名县志》
光绪十四年《化州志》
乾隆四十四年《揭阳县志》
道光十三年《廉州府志》
道光二十二年《英德县志》
同治十三年《韶州府志》
嘉庆二十四年《三水县志》
光绪十九年《新宁县志》
道光七年《香山县志》
道光二年《阳江县志》
康熙抄本《南宁府全志》
同治十一年《苍梧县志》
嘉庆十年《平乐府志》
光绪三十年《临桂县志》
康熙五十九年《西江志》
乾隆五十四年《南昌府志》
嘉庆二十三年《湖口县志》
康熙十二年《九江府志》
康熙二十二年《彭泽县志》

康熙十九年《宁州志》
康熙二十三年《赣州府续志》
康熙三十二年《福建通志》
乾隆十六年《福州府志》
康熙五十三年《漳州府志》
乾隆二十八年《泉州府志》
乾隆二十七年《福宁府志》
嘉庆八年《惠安县志》
乾隆二十八年《长乐县志》
光绪八年《金门志》
乾隆十七年《汀州府志》
康熙二十五年《杭州府志》
康熙二十二年《金华府志》
道光三年《金华县志》
道光二十六年《宁波府志》
康熙二十三年《温州府志》
康熙六十一年《台州府志》
康熙十一年《襄阳府志》
康熙二十四年《郧阳府志》
康熙六年《安陆府志》
同治四年《房县志》
康熙十二年《均州志》
同治六年《谷城县志》
光绪九年《光化县志》
康熙三年《蕲州志》
康熙二十三年《蕲水县志》
康熙九年《麻城县志》
顺治《孝感县志》
康熙九年《松滋县志》
康熙九年《枝江县志》
康熙二十二年《大冶县志》
康熙二十四年《荆州府志》
同治四年《竹山县志》
康熙八年《当阳县志》
光绪六年《巴东县志》
光绪十年《兴山县志》
康熙五年《德安安陆郡县志》
康熙十二年《德安府志》
康熙四年《通山县志》
乾隆二十八年《衡州府志》
康熙二十四年《宝庆府志》
嘉靖十四年《常德府志》
同治九年《江华县志》
康熙六年《永明县志》
同治十二年《沅州府志》
康熙四十四年《沅陵县志》
乾隆二十八年《永顺府志》
同治十年《保靖县志》
同治十三年《黔阳县志》
康熙二十四年《桃源县志》
康熙十九年《浏阳县志》
康熙三年《湘潭县志》
乾隆二十六年《衡阳县志》
康熙四十二年《长沙县志》
乾隆十五年《澧州志林》
康熙二十四年《岳州府志》
康熙二十四年《巴陵县志》
乾隆二十六年《清泉县志》
乾隆八年《平江县志》
康熙五十二年《安福县志》
同治八年《安福县志》
乾隆四十二年《富顺县志》
嘉庆十七年《乐山县志》
民国十八年《南充县志》

乾隆二十四年《直隶泸州志》
康熙五十三年《涪州志》
道光二十四年《江北厅志》
嘉庆十七年《宜宾县志》
道光十五年《綦江县志》
康熙五十四年抄本《巫山县志》
嘉庆十八年《洪雅县志》
光绪十年《洪雅县续志》
乾隆四年《雅州府志》
嘉庆五年《清溪县志》
乾隆二十二年《广元县志》
道光二十年《乐至县志》
道光七年《夔州府志》
乾隆八年《新繁县志》
道光二十一年《安岳县志》
弘治《贵州图经新志》
康熙三十一年《贵州通志》
宣统元年《贵州全省地舆图说》
道光三十年《贵阳府志》
康熙五十七年《定番州志》
民国三十七年《贵州通志》
道光二十一年《遵义府志》
民国三十五年《镇宁县志》
民国十八年《桐梓县志》
康熙六十一年《思州府志》
光绪二十三年《平越直隶州志》
光绪五年《毕节县志》
咸丰元年《安顺府志》
民国三十二年《兴仁县补志》
乾隆二十九年《南笼府志》
康熙三十年《云南通志》
康熙三十五年《云南府志》
雍正九年《建水州志》
康熙五十八年《澂江府志》
康熙五十五年《楚雄府志》
康熙三十三年《大理府志》
康熙十二年《石屏州志》
嘉庆四年《临安府志》
康熙四十四年《平彝县志》
康熙十二年《阿迷州志》
康熙五十三年《鹤庆府志》
康熙五十四年《新兴州志》
道光二十年《晋宁州志》
康熙二十六年《武定府志》
康熙五十二年《剑川州志》
康熙五十一年《禄丰县志》
康熙四十一年《永昌府志》
乾隆二十六年《东川府志》
康熙三十年《通海县志》
道光六年《元江府志》
康熙四十九年《黑盐井志》
雍正五年《宾川州志》
《鸡足山志补》

原版后记

这部《南明史》终于交付出版社了。说来话长，1982年我写完《明末农民战争史》，就开始了南明史的撰作。大约写了一半草稿，由于一些原因曾经一度搁置。原因之一是我感到明代的卫所制度和相关问题非常重要，值得下功夫去探讨。于是，在教学之余集中时间收集有关卫所的资料进行研究，从1986年起发表了一组这方面的论文。卫所制度的探讨刚有头绪，关心南明史的朋友经常询问书稿的进展情况，出版部门也来联系。自己在《明末农民战争史》的前言里许下诺言要出《南明史》作为“姊妹篇”，姐姐早已出世，妹妹却不见倩影，岂非失信于读者。这样，不得不翻出旧稿，重新开手。

本书的初稿在1990年底以前就写出来了。可是，总觉得不满意。尽管热心的出版社编辑催稿信多达数十封，却迟迟未能交稿。南明史牵涉面太广，头绪太多，史料既庞杂又往往在关键问题上缺乏可信的文献，弄清事实真相殊非易事。经过反反复复地查找材料，增删修改，许多章节是改乱了重抄，誊清后又改，一拖就是五年。自己也陷入矛盾的境地，南明史不交稿，腾不出手来从事其他问题的探索，熟悉和未曾谋面的朋友不断催促，又形成一种压力，拖延下去不是办法。然而，南明史中确实还有许多问题需要继续做深入研究，凭借个人绵薄之力想查个水落石出，可谓不自量。何况，我还发现在反复加工中有时会花费无谓的劳动。清人袁枚说过：“因忆四十年来，将诗改好者固多，改坏者定复不少。”真是经验之谈。那么，就这样交稿吧，敬听读者的批评。在本书撰写过程中，多得内子何龙素从旁协助，谨此致谢。

顾　诚

1996年5月15日